DICCIONARIO DE TÉRMINOS JURÍDICOS

ARIEL DERECHO

SUMARIO

PRÓLOGO

Es un hecho incontrovertible, asumido por la comunidad universitaria y el mundo profesional, que el inglés es la *lingua franca* de la edad contemporánea. Como consecuencia de esta realidad, en el área de filología inglesa de las universidades europeas ha nacido y se ha desarrollado en los últimos años una especialidad interdisciplinar conocida con el nombre de *ESP (English for Specific Purposes)*, especialidad que ha surgido del contacto de la Filología inglesa con otras áreas, como el mundo de la ciencia y la tecnología, así como el jurídico y de los negocios, entre otros. En este contexto se ha aislado el llamado «inglés jurídico», de principal interés para los juristas, pero de gran utilidad también para otros profesionales como los economistas, convirtiéndose a la par en elemento de uso y estudio de los alumnos de las Facultades de Traducción e Interpretación, las de Letras, las Escuelas de Idiomas, etc., y en objeto de análisis e investigación de los Departamentos de Filología inglesa, en donde se han leído y defendido en los últimos años varias tesis doctorales con este carácter interdisciplinar.

Pero la colaboración entre lingüistas y juristas no se limita exclusivamente al campo de la terminología o de la traducción; sigue avanzando en otras líneas. Los lingüistas y filólogos, que desde la antigüedad han sido intérpretes de los textos literarios, han ampliado últimamente su campo de acción al análisis de otros tipos de discurso, como el religioso o el jurídico, y, a estos efectos, se deben resaltar publicaciones recientes del tipo *Postmodern Jurisprudence,* en la que colaboran lingüistas y juristas, que tratan de aunar «las leyes de la literatura con la literatura de las leyes» (*bring the law of literature to the literature of law*). Más recientemente, ha nacido en las universidades de habla inglesa otro campo de interés común, la llamada *forensic linguistics*, basada en las técnicas modernas de análisis del discurso, desgraciadamente no recibidas aún en nuestro país, en cuyos foros sigue floreciendo la más arcaica retórica.

Por todo lo dicho, celebro el nacimiento del *Diccionario de inglés jurídico*, escrito por dos especialistas de Filología inglesa de la Universidad de Alicante, los doctores Enrique Alcaraz Varó y Brian Hughes, quienes cuentan ya con una amplia experiencia en el campo de la traducción e interpretación de textos jurídicos ingleses. Estimo que se trata de un buen diccionario de términos de inglés jurídico por varias razones, entre las que destaco las siguientes:

La mundialización de la economía.   Un fenómeno reciente cuya efectividad no es discutible es la progresiva tendencia hacia la creación de un sistema económico mundial, lo que se realiza bajo la égida de la nación en estos momento líder, Norteamérica, cuyas pautas relacionales se asumen a la par, tal como luce en el lenguaje jurídico-comercial de más frecuente utilización.

La cultura jurídica anglosajona.   Existe una amplia cultura jurídica común a casi todo el mundo de habla inglesa, salvo alguna singularidad regional en Escocia y otros países, basada en el derecho consuetudinario *(common law)* o jurisprudencial *(case law)*, que ha influido, y sigue influyendo en la continental europea, con figuras e instituciones tan importantes como el jurado o el *trust*. Esta cultura jurídica inglesa, asentada sobre el *Tractatus Legibus et Consuetudinibus Regni Angliae* de Glanvill, publicado en 1187, en plena Edad Media, merced al apoyo del rey Enrique II, está marcada por ciertas peculiaridades conceptuales y terminológicas que es preciso conocer para entender el significado de muchos términos jurídicos ingleses. Por esta razón, se agradecen las breves explicaciones o aclaraciones que en la parte primera del diccionario (inglés-español) encuentra el lector sobre los ilícitos civiles o *torts* más típicos del derecho inglés, sobre *estoppel* y *equity*, sobre *fee, entailment, lease, mortgage, covenant* y demás términos relacionados con la propiedad, sobre *solicitors* y *barristers*, y sobre otros muchos, que facilitan, sin duda, la comprensión del significado que se busca. Y en la segunda parte (español-inglés) también hallamos breves explicaciones en inglés sobre el *careo, la legítima, la instrucción*, etc., que, por corresponder a conceptos inexistentes en el inglés jurídico, deben ser de utilidad al lector de habla inglesa.

La tutela del ambiente.   Otra de las características de nuestro tiempo es, felizmente, la difusión de la preocupación ambiental. Aquí también ha existido un claro liderazgo por parte de Norteamérica, que introdujo con estos propósitos la primera ley moderna en 1969. No es de extrañar que la terminología empleada refleje estas influencias; la propia expresión *pollution* conecta con viejas instituciones anglosajonas como el *trespass* y el *nuisance*.

La contextualización de los términos.   Como casi todas las palabras son polisémicas, es muy importante contar en su expresión jurídica con una ubicación oracional para captar su conceptualización. Por eso se recibe con agradecimiento el esfuerzo que en este sentido se realiza para interpretar y traducir un gran número de los términos jurídicos presentados en la primera parte del diccionario.

La relación entre términos.   Otra faceta que considero muy práctica de este diccionario es la relación que se hace de los términos jurídicos entre sí. Una gran parte de ellos remite a otros, ya como sinónimos o antónimos, ya como simples palabras relacionadas. En esta interrelación resultan muy útiles las referencias concretas a los términos del derecho escocés y del norteamericano.

Términos nuevos.   También he podido comprobar que en este diccionario se recogen términos jurídicos ingleses recientes, caso de *insider trading, class action, timesharing*, etc., así como términos españoles que no se encuentran en otros diccionarios de la especialidad, tales como *drogodependencia, narcotráfico, admisión a trámite, el tercio de libre disposición, ordenar la apertura de juicio oral, sentar a alguien en el banquillo, burlar una norma legal, retrato-robot*, etc.

No dudo por tanto que este diccionario tendrá una gran acogida en los distintos medios a que va dirigido. Felicito calurosamente a sus autores, los profesores Alcaraz y Hughes, con los que me une personal amistad, por el esfuerzo realizado, y me congratulo de que esta feliz iniciativa se haya producido en la Universidad que dirijo.

RAMÓN MARTÍN MATEO
Catedrático de Derecho Administrativo
Rector de la Universidad de Alicante

INTRODUCCIÓN

Este diccionario ha nacido de un glosario formado por sus autores en su larga experiencia de más de veinte años como traductores de textos y documentos jurídicos escritos en inglés y en su práctica como profesores de cursos de traducción especializada impartidos en la Universidad de Alicante. En su última versión, el glosario tuvo como objetivo ofrecer a los alumnos de los cursos de traducción no sólo la versión de los términos jurídicos sino también una breve explicación de los mismos y referencias léxicas complementarias. Fueron los propios alumnos los que animaron a los autores a transformar el glosario en diccionario, conservando el esquema básico del mismo.

El diccionario tiene dos partes: inglés-español, español-inglés. De acuerdo con la metodología adoptada, la mayoría de los artículos del diccionario constan de cuatro apartados:

a) La traducción. Dentro de los límites de toda traducción, se han presentado los términos equivalentes de ambas lenguas siempre que ha sido factible. En los casos en que no ha sido posible, se ha ofrecido la versión más aproximada; por ejemplo, *committal proceedings* se ha traducido por «instrucción», ya que es lo más aproximado, teniendo en cuenta que la «instrucción», tal como se entiende en el derecho continental europeo, no existe en el derecho penal inglés; esta situación se ha indicado en muchas ocasiones con la palabra *approx.*

b) La ilustración. Todas las palabras, incluso las que a simple vista pueden ser neutras, no sólo son polisémicas sino que transportan, a la vez, connotaciones diferenciadoras. En muchas de las unidades léxicas de la primera parte del diccionario (inglés-español) se facilita una oración que, como *contexto orientador del uso* de dicha unidad, ayuda a delimitar o precisar su significado.

c) La explicación. Teniendo en cuenta que los orígenes del derecho inglés son distintos a los del derecho continental, es imprescindible en ciertos casos una explicación de tipo conceptual. Véanse, por ejemplo, los artículos que tratan del *common law,* los *equitable rights*, el *use*, la *construction*, o la diferencia entre *tribunals* y *courts* en la primera parte, y los conceptos de *alevosía, dolo, sumario,* etc., en la segunda.

d) Referencias complementarias. Dada la naturaleza huidiza del significado, parece evidente que éste se puede captar mejor cuando se facilitan palabras que mantengan algún tipo de vínculo o relación con él. Al final de la mayoría de los términos aparecen palabras relacionadas, precedidas de **V.** o **S.** *(véase)*, cuando la relación afecta a sólo un término, o de **Cf** *(compárese)*, cuando se trata de una relación más amplia. Estos términos, si son sinónimos parciales, van separados por comas; si son antónimos u otras palabras relacionadas que, en nuestra opinión, facilitan la comprensión del término en cuestión, van separados por punto y coma.

Por eso, teniendo en cuenta que, salvo en raras excepciones, los sinónimos son siempre parciales, se recomienda, cuando quede alguna duda sobre su uso, consultar el significado de la unidad léxica que es objeto de análisis en las dos partes del diccionario (inglés-español, español-inglés), aun teniendo en cuenta que no son completamente iguales o simétricas. No obstante, en las dos se encontrará información útil que ayudará a delimitar y a comprender mejor el significado del término en cuestión y a tomar la decisión oportuna. Por ejemplo, el término español «proyecto de ley» equivale, en principio, a *bill*, pero como en el derecho angloamericano existen diversas modalidades de proyecto de ley, se incluyen algunas de ellas, cuya precisión significativa se perfilará mejor consultando la parte de inglés-español:

> **proyecto de ley** *n*: bill, draft bill, public bill, private bill, omnibus bill, private member's Bill.

Las voces del diccionario y su ordenación

En teoría el número de voces de las dos partes del diccionario debería ser igual. Pero esto no es posible, ya que algunas de las figuras jurídicas del derecho inglés, expresadas en dicha lengua con una unidad léxica simple o compuesta, no encuentran una unidad léxica en español, y son traducidas, consecuentemente, por medio de una perífrasis. Idéntico razonamiento se puede aplicar a las unidades léxicas del español.

En líneas generales, la mayoría de las unidades léxicas de cada entrada son palabras simples; no obstante, tampoco son escasas las palabras compuestas (*presiding judge,* etc.) y ciertas construcciones oracionales o frases (*there is no case,* etc.). Los nombres simples o compuestos y las expresiones nominales van señaladas con una *n*; los adjetivos con una *a*; los adverbios con *adv*; las preposiciones y las conjunciones con *prep* y *conj* respectivamente, y las frases con *fr* o *phr*.

En la ordenación de las citadas unidades léxicas, tres son los criterios que nos han guiado: *claridad, coherencia* y *economía*. De esta forma, y en aras de la claridad, cuando hemos estimado que estábamos ante un término polisémico, cuyos significados mantenían una relación sustantiva entre sí, los hemos agrupado bajo la misma entrada. Sin embargo, cuando hemos creído que en vez de un término polisémico se trataba de varios signos homónimos, hemos optado por presentarlos por separado. Éste es el caso de palabras como *call* o *caution*, que cuentan con varias entradas distintas, o el de *sustain* (sufrir, soportar, experimentar) y *sustain* (sostener, mantener, sustentar; confirmar, corroborar).

Al ser la coherencia un criterio básico, se ha seguido el orden alfabético estricto en la mayoría de los casos. De esta manera, términos como *club call* aparecen dentro de la palabra *club*, sin perjuicio de que en *call* se haga una llamada a la existencia de aquel término; sin embargo, en algunos casos, como el que sigue, se ha colocado en primer lugar la palabra considerada básica *(society)*, saltando por encima de otras derivadas *(social)*, que alfabéticamente deberían precederle:

> **society** *n*: sociedad. *A society is an example of unincorporated association.* [Expresiones: **social** (social), **social security** (seguridad social), **social work assistance** (asistencia social, labor de los asistentes sociales), **social service** (servicio social, prestación social)].

En la ordenación de las unidades léxicas compuestas nos hemos guiado por su valor léxico-semántico, sin tener en cuenta si constituían una sola unidad gráfica (como *taxpayer*), dos palabras unidas por guión (como *lease-back, write-off*, etc.), o dos palabras separadas (como *trade union*); en algunos casos, el uso permite dos posibilidades o incluso las tres.

Y, finalmente, en aras de la economía hemos agrupado, bajo el epígrafe de *expresiones*, términos derivados y compuestos de una palabra básica.

En la parte español-inglés, los nombres y los verbos han sido, en la mayoría de los casos, los centros en torno a los cuales se han ordenado los términos derivados, como por ejemplo *falsificar*, que comprende, a su vez, a *falsificación, falsificado, falsificador*:

> **falsificar** *v*: falsify, forge, misrepresent, counterfeit, adulterate. [Exp: **falsificación** (forgery, counterfeit), **falsificación de pruebas** (fabrication of evidence), **falsificado** (counterfeit, false; S. *espurio, falso*), **falsificado** (false; S. *infundado, fraudulento, con apariencia de validez, postizo, falso*), **falsificar pruebas para inculpar a alguien** (frame, *argot*), **falsificador** (forger; S. *falsario*), **falsificador de documentos públicos** (fabricator)]. *Cf* falsear, adulterar, violar.

De esta manera, creemos que hemos adoptado una postura equilibrada entre *economía, claridad* y *coherencia*.

Algunos de los términos que aparecen en el diccionario no son jurídicos en el sentido más estricto, pero se incluyen porque se utilizan en el lenguaje periodístico y el coloquial relacionado con el mundo de las leyes e incluso, a veces, en las resoluciones motivadas del órgano judicial (*sentar a alguien en el banquillo, burlar la acción de la justicia*, etc.). Cuando corresponde, se avisa al lector del uso geográfico (*amer* o *Amer* por «inglés americano» y *der es* o *Scot* por «derecho escocés»), e igualmente se advierte al usuario del registro o nivel estilístico (*coloquial, vulgar, argot/slang*, etc.). Éste es el caso, por ejemplo, del término *palimony*, que es coloquial, al estar formado por *pal* (amiguito/amiguita) y *alimony* (pensión alimenticia pagadera tras el divorcio).

Y, por último, en algunas ocasiones se ha puesto de relieve la existencia de «falsos amigos», como la palabra *prorogation* (suspensión o clausura temporal del parlamento), cuyo significado es distinto al del parónimo español.

Los límites

Siendo el *breach of contract,* junto con el *tort,* la fuente fundamental de la mayoría de las demandas civiles, no se ha podido eludir el tratamiento del elemento económico, que es también origen de muchos delitos nuevos, como el llamado *insider trading*, a pesar de ser éste un diccionario jurídico; igual argumento es aplicable a muchos términos del comercio marítimo.

En lo que afecta al ámbito regional, el diccionario se ha centrado en el inglés jurídico de Inglaterra y Gales, basado históricamente en el *common law* y la *equity* y modernamente en los *statutes*. No obstante, como existe una amplia cultura jurídica inglesa extendida por los países del antiguo imperio británico, la mayoría de los términos son de aplicación a todos estos países. Atención especial se ha dedicado, sin embargo, a muchos términos jurídicos americanos y también a los del derecho escocés. Este último tiene sus raíces en el derecho continental y, de esta manera, se puede comprobar que muchos términos son similares a los españoles; por ejemplo, «interdicto» se dice *interdict* en el derecho escocés, mientras que en el derecho inglés se emplea el término *injunction*.

Fuentes utilizadas

El glosario original se hizo usando textos y documentos jurídicos auténticos. Son tantos los utilizados que sería imposible nombrarlos todos. De todos modos, por haber servido de consulta y orientación en las definiciones, deben ser citados los siguientes: *The Civil Court in Action* (D. Barnard. Londres: Butterworths, 1985), *The Criminal Court in Action* (D. Barnard. Londres: Butterworths, 1988), *Remedies in Contract and Tort* (D. Harris. Londres: Weindenfeld and Nicolson, 1988), *Garner's Administrative Law* (B. L. Jones. Londres: Butterworth, 1989), *Business and Commercial Law* (A. Kadar *et al.* Londres: Butterworth-Heinemann, 1991), *English for Law* (A. Riley. Londres: MacMillan, 1991), *The English Legal System* (Walker & Walker. Londres: Butterworth, 1985).

Por otra parte, como un diccionario raras veces nace *ex novo*, hemos tenido que consultar otros diccionarios. Por haber bebido en sus fuentes, en mayor o menor grado, debemos citar los siguientes: *Diccionario jurídico-comercial del transporte marítimo* (César Alas. Oviedo: Servicio de Publicaciones de la Universidad de Oviedo, 1984), *Glosario de términos usados en las publicaciones de Amnistía Internacional* (Londres: AI, 1985), *Osborn's Concise Law Dictionary* (Roger Bird. Londres: Sweet and Maxwell, 1983), *Black's Law Dictionary* (Henry C. Black. St. Paul, Minn.: West Publishing Co., Centennial Edition, 1990), *English Law Dictionary* (Peter Collin. Londres: Peter Collin Publishing, 1986), *Multilingual Dictionary* (L. Deems Egbert *et al.* Baden-Baden: Sijhoff, 1979), *Diccionario moderno español-inglés* (R. García-Pelayo y Gross *et al.* París: Ediciones Larousse, 1976), *Glossary of Scottish Legal Terms* (A. D. Gibb. Edimburgo: Green & Son, 1946), *Law Dictionary* (Steven H. Gifis. Nueva York: Barron's, 1991), *Law Dictionary* (E. R. Hardy Ivanmy. Londres: Butterworth, 1988), *Diccionario de derecho, economía y política* (R. Lacasa y J. D. Bustamante. Madrid: Editorial Revista de Derecho Privado, 1980), *Diccionario bilingüe de economía y empresa* (José María Lozano Irueste. Madrid: Pirámide), *A Concise Dictionary of Law* (Elizabeth A. Martin *et al.* Oxford: Oxford University Press, 1990), *Law Dictionary* (Daniel Oran. St. Paul, Miss.: West Publishing, 1975), *Diccionario de Derecho* (Luis Ribó Durán. Barcelona: Bosch Casa Editorial, 1987), *Diccionario de términos legales* (Louis A. Robb. México: Limusa Wiley, 1965), *Sapin. A Guide to the Spanish Criminal Justice System* (Richard Vogler. Londres: Prisoner Abroad, 1989), *The Scottish Legal System* (D. M. Walker. Edimburgo: Green & Son, 1969).

Agradecimientos

Este diccionario está hecho por dos lingüistas, que cuentan con más de veinte años de experiencia en el campo de la traducción de documentos y textos jurídicos y en el de la actuación ante los tribunales. El trabajo, sin embargo, por su carácter técnico, difícilmente se podría haber culminado si no se hubiera contado con el asesoramiento de muchos profesores de la Facultad de Derecho de la Universidad de Alicante. Entre éstos destacamos a D. Juan José Díez y a D. Germán Valencia. El primero resolvió las constantes dudas que surgieron, y el segundo, además de leer críticamente todo el manuscrito, aportó algunos términos jurídicos recientes. Uno de los alumnos destacados del *master*, el abogado en ejercicio D. José Juan Server Gallego, leyó con pulcritud el manuscrito y, por ser el último que examinó el trabajo, precisó el tenor jurídico de muchos de los términos traducidos.

Agradecimiento especial merece el profesor del Departamento de Filología inglesa de la Universidad de Alicante D. Francisco Javier Torres Ribelles. Al profesor Torres le estamos muy reconocidos no sólo porque ha enriquecido el diccionario con términos del derecho marítimo, dada su condición de capitán de la Marina Mercante, sino también, y muy especialmente, por las muy acertadas correcciones estilísticas, que han servido para mejorar muchas de las definiciones y para evitar el uso de anglicismos indeseables o innecesarios.

LOS AUTORES

INGLÉS-ESPAÑOL

A

a.a.r. *fr*: V. *against all risks*.

a.a. *fr*: V. *always afloat*.

A.B. *n*: V. *able(-bodied) seaman*.

ab initio *adv*: desde el principio, *ab initio. A marriage which is annulled is void ab initio.*

ABA *n*: V. *American Bar Association*.

ABS *n*: V. *asset backed securities*.

abaction *n*: abigeato, hurto de cabezas de ganado, cuatrería. *The charge of abaction was common in many 19th century American courtrooms.* [Expresión: **abactor** (abigeo, cuatrero, ladrón de ganado)]. *Cf* abstracting, burglary, robbery, rustle, stealing, theft.

abalienate/abalienation *v/n*: V. *alienate, alienation*.

abandon¹ goods, freights, etc. *v*: abandonar, dejar, desatender, renunciar a mercancías, fletes, etc. *When it was clear that the ship and its cargo were damaged beyond repair, her owners informed the insurers that they were abandoning ownership.* [Expresiones: **abandonee** (cesionario, abandonatario, receptor o beneficiario del abandono de algo por parte de alguien; asegurador a quien se ceden los restos de un naufragio, abordaje, etc., cubiertos por la póliza de seguro; acreedor a favor del cual el naviero hace abandono del buque como medio para limitar su responsabilidad; V. *beneficiary*), **abandonment of ship, cargo, insured property**, etc. (abandono de un barco, mercancía, una propiedad asegurada, etc.; acto de cesión de la posesión de un buque a los aseguradores), **abandoner** (cesionista, abandonador; V. *waiver clause*)]. *Cf* call off, leave.

abandon² children, domicile, etc. *v*: desamparar, abandonar, descuidar, desertar, dejar, desatender (hijos, hogar, etc.). *Parents who abandon their children by failing to feed, clothe or look after them, are liable to prosecution.* [Expresión: **abandonment of domicile, of children** (abandono de hogar, desamparo o abandono de hijos o niños, abandono de familia)]. *Cf* desert, desertion, carelessness, destitution; adoption.

abandon³ an action, an appeal, rights, a claim, etc. *v*: renunciar a, desistir de, abandonar, ceder a una demanda, un recurso o apelación, derechos, una pretensión, etc. *Shortly after the case commenced, the plaintiff abandoned his claim and the action was dismissed.* [Expresiones: **abandonment of action, suit, appeal, rights, claims, easement, lease,** etc. (renuncia a, desistimiento de o abandono de la demanda jurídica, la instancia, el recurso o la apelación, los derechos, las pretensiones, la servidumbre, el arrendamiento, etc.; V. *discharge from prosecution, voluntary nonsuit, abatement of proceedings; notice of abandonment*)]. *Cf* drop, waive, give up, renounce, forsake, relinquish; lapsing of action, claim, demand.

abatable *a*: abolible, suprimible, reducible, desgravable. [Expresión: **abatable nuisance** (perjuicio, daño o infracción eliminable, abolible, suprimible)]. *Cf* abate¹, ², ³.

abate[1] **legacies, gifts, debts**, etc. *v*: disminuir(se), reducir(se) proporcionalmente legados, donaciones, deudas, etc. *Legacies abate in proportion when there are debts to be paid.* [Expresión: **abatement of legacy, gifts,** etc., **amongst legatees**, etc. (reducción, disminución, deducción o rebaja de legado, donaciones, etc., entre legatarios, etc.)]. *Cf* reduce; adeem, ademption, accretion[1].

abate[2] **taxes**, etc. *v*: rebajar(se), disminuir(se), desgravar(se), reducir(se), deducir(se), descontar(se), condonar(se), anular(se) impuestos, etc. *Earned income allowance and personal allowance abate on declared income.* [Expresión: **abatement of debts, tax, declared income, etc. amongst creditors**, etc. (reducción, disminución, deducción o rebaja de deudas, impuestos, renta, etc., entre acreedores; desgravación fiscal; V. *tax abatement, tax relief, rebate*)].

abate[3] **proceedings, a writ**, etc. *v*: anular(se), revocar(se), abolir(se), concluir un procedimiento judicial de oficio, un auto, mandamiento, resolución judicial, etc. *Under older law, proceedings in debt and bankruptcy cases abated on the death of either party.* [Expresiones: **abate an attachment** (declarar la extinción de un embargo, levantar un embargo, desembargar), **abatement of an attachment** (levantamiento de embargo, declaración judicial mediante la cual se produce la extinción de un embargo, desembargo), **abatement of proceedings, a suit/an action** (extinción total o parcial de una demanda, terminación de oficio de un procedimiento judicial; cancelación, anulación; V. *termination, overthrow of a suit*), **abater** (instancia de nulidad)]. *Cf* terminate, abolish, annul, quash.

abate[4] **a nuisance** *v*: suprimir, eliminar, reducir, atenuar un daño. *You may interfere with your neighbour's property (e.g. a burst pipe) in order to abate a nuisance, so long as you cause only the minimum necessary damage.* [Expresiones: **abatement of a nuisance** (supresión, atenuación o eliminación de un daño, perjuicio o acto perjudicial, trámite legal para la extinción de un daño), **abator** (mitigador)]. *Cf* remove, extinguish, eradicate.

abbuttals *n*: V. *abuttals*.

abduct *v*: raptar, secuestrar, arrebatar; plagiar. *The father, who had lost custody of his daughter after the divorce, abducted her and carried her away to Australia.* [Expresiones: **abduction** (secuestro, rapto; sustracción de menores; plagio), **abductor** (secuestrador, raptor)]. *Cf* kidnap, child stealing.

abet *v*: apoyar, prestar apoyo, inducir o incitar al mal; instigar, amparar, favorecer, fomentar un delito; colaborar, ser causante o cómplice de algo. *To abet is to aid, incite or support, either actually or constructively, in the commission of an offence.* [Expresiones: **abetment, abettal** (incitación, inducción, autoría intelectual; instigación, apoyo, protección; V. *incitement*), **abetter, abettor** (inductor, instigador, incitador, cómplice de un delito; V. *accessory, accomplice in a crime, conspirator*)]. *Cf* aid and abet, incitement, inducement.

abeyance *n*: suspensión, inacción transitoria; suspenso, expectativa de reversión. *After the death without issue of the last earl, the title remained in abeyance for forty years.* [Expresiones: **abeyant** (en suspenso, en expectativa, en espera de su dueño legítimo), **in abeyance** (en suspensión, etc.; expectante)]. *Cf* fall into abeyance, hold in abeyance; suspension, interval; revival.

abide by a decision, the terms of an agreement, etc. *v*: observar, someterse a, atenerse a, ajustarse a, acatar, respetar, obrar de acuerdo con una resolución, las condiciones de un acuerdo, etc. *It is a principle of all games, as well as of law, that participants agree to abide by the rules.* *Cf* comply with, observe.

abiding laws *n*: leyes permanentes, inmutables o incuestionables; principios del derecho. *He tried to challenge the abiding precedents of the Supreme Court.* *Cf* settled law; law-abiding.

abintestate *a*: abintestato, muerto sin testar. *Cf* intestacy.

able(-bodied) seaman (A.B.) *n*: marinero preferente. *An able-bodied seaman knows a ship from stem to stern.*

abode *n*: domicilio, residencia, estancia, morada, habitación. *Under the 1971 Immigration Act, Commonwealth citizens had the right of abode in the U.K. Cf* residence, dwelling place, domicile, home; unknown whereabouts, with no fixed abode.

abolish *v*: suprimir, derogar, anular, abolir, revocar. *Since capital punishment was abolished in Britain in the sixties, there have been many attempts to revive it.* [Expresión: **abolition/abolishment** (supresión, derogación, anulación, rescisión, revocación, abolición)]. *Cf* annul, abrogate, quash, repeal, abate[4]; annulment, abatement; derogate.

abortion *n*: aborto. [Expresión: **abortive trial** (juicio abortado o sin sentencia; juicio concluido sin recaer sentencia)]. *Cf* miscarriage; legal abortion.

above *prep*: por encima de, ante. [Expresiones: **above line** (por encima de la paridad), **above-line expenditure** (gasto público superior a lo normal; connota «que se ha pasado de la raya»), **above-mentioned** (supradicho, susodicho, antedicho, prenombrado), **above par** (sobre par, por encima del valor nominal)]. *Cf* before; below.

aboveboard *a/adv*: legítimo, abierto; sin trampas. *It is the task of the auditors to ensure that a company's returned accounts are all quite clear and aboveboard.*

abridge[1] *v*: resumir, abreviar, compendiar, extractar. *Occasionally some documents may be presented in an abridged form in legal proceedings.* [Expresión: **abridgement** (compendio, abreviación; V. *abstract*)]. *Cf* abbreviate, summarize.

abridge[2] *v*: reducir, privar, cercenar (un derecho o privilegio). *In the opinion of some jurists, the Bill of the Safety of Persons currently before Parliament abridges basic liberties.* [Expresiones: **abridgement** (disminución), **abridgment of damages** (moderación del *quantum* indemnizatorio; reducción o disminución, dictada por un tribunal, del importe correspondiente a la compensación por daños y perjuicios)]. *Cf* curtail, diminish, reduce, shorten.

abrogate *v*: revocar, abrogar, anular, casar, derogar (por disposición legislativa). *Certain constitutional rights cannot be abrogated by Parliament.* [Expresiones: **abrogation** (revocación, rescisión, derogación, abrogación, anulación, abolición, casación), **abrogative** (derogatorio, revocatorio)]. *Cf* abolish, annul, invalidate, quash, repeal, revoke, set aside

abscond *v*: fugarse, esconderse, evadir la justicia, substraerse a la acción de la justicia, eludir la acción de la justicia, alzarse. *The company secretary absconded with the funds.* [Expresión: **absconder** (prófugo, fugitivo, alzado, contumaz, rebelde, declarado en rebeldía; V. *escaped*)]. *Cf* jump bail, escape, flee, run away; rebel; surrender to custody.

absence *n*: incomparecencia; ausencia, inasistencia; rebeldía. *Due to the absence of a witness that had been subpoenaed, the hearing was adjourned.* [Expresiones: **absence without leave, AWOL** (ausencia o incomparecencia no justificada), **absentee conscript** (insumiso; rebelde; prófugo), **absentee landlord** (terrateniente absentista)]. *Cf* nonappearance, failure to appear, beyond the seas. *Cf* leave of absence.

absolute *a*: definitivo, firme, absoluto, pleno, perfecto, incondicional, categórico, real, tajante, perentorio, ineludible, inaplazable. *An absolute rule or order can be put into force at once.* [El adjetivo *absolute* se aplica a lo «definitivo, categórico, firme, incondicional, etc.»; en este sentido es sinónimo parcial de *express*, siendo antónimos suyos, entre otros, *qualified, conditional, nisi*, etc. La palabra *final* no tiene la fuerza «definitiva» de *absolute*. Expresiones: **absolute acceptance** (conforme absoluto o sin condiciones, aceptación expresa y absoluta), **absolute bequest** (legado incondicional, manda), **absolute conveyance** (cesión libre o sin condiciones), **absolute disability** (inhabilitación absoluta), **absolute divorce** (divorcio en firme), **absolute discharge** (absolución total), **absolute estate** (propiedad absoluta o de pleno derecho; V. *estate in fee simple*), **absolute failure** (fallido absoluto), **absolute gift** (donación absoluta, donación incondicional o incondicionada, donación *inter vivos*), **absolute guarantee** (garantía incondicional), **absolute interest** (intereses fijados o establecidos), **absolute legacy** (legado incondicional), **absolute liability** (obligación incondicional o ilimitada), **absolute nullity** (nulidad radical, ilegalidad absoluta de un acto, nulidad absoluta, manifiesta o de pleno derecho, inexistencia), **absolute ownership** (pleno dominio; V. *fee simple*), **absolute pardon** (indulto, o amnistía, incondicional), **absolute presumption** (presunción absoluta, indicio claro, sospecha fundada o indudable), **absolute privilege** (fuero, inmunidad, privilegio absoluto; los parlamentarios, entre otros, gozan de este privilegio; V. *qualified privilege*), **absolute property** (propiedad absoluta, plena propiedad, propiedad sin restricciones; V. *possessory title; title to property, bad title, clear title, cloud on title*), **absolute rights** (derechos singulares), **absolute rule** (fallo definitivo, fallo imperativo; gobierno absoluto), **absolute sale** (venta incondicional), **absolute warranty** (garantía completa, garantía total o incondicionada), **absolute title** (título absoluto o de plena propiedad; V. *qualified title, possessory title; title to property bad title, clear title, cloud on title*)]. *Cf* conclusive, definitive; qualified, constructive, conditional, nisi; forfeiture order absolute.

absolution *n*: sentencia absolutoria. *Cf* acquittal.

absolutive, absolutory, absolving *a*: absolutorio. *Cf* absolve.

absolve *v*: absolver, dispensar, liberar, desligar, eximir. *The judge acquitted the driver and, in his final speech, absolved him from all blame. Cf* acquit, exonerate, pardon.

absolvitor (*der esc*) *n*: sentencia absolutoria, absolución, descargo. *Cf* acquittal, release, discharge.

absorbe *v*: absorber. *That company has been absorbed by a foreign bank. Cf* merge.

abstain *v*: abstenerse, inhibirse. *The High Court clarified the point of law referred to it, but abstained from making an order as to sentence. Cf* abandon[3].

abstention *n*: inhibición. *Abstention is a policy whereby a federal court declines or refuses to hear a case and passes it to a state court. Cf* inhibition.

abstract *n*: compendio, extracto, resumen, síntesis, sinopsis. *Under Scots law, conveyancing of property is still largely a matter of producing a lengthy abstract of title, containing the history and the validity of the title.* [Expresiones: **abstract of title** (copia del título, resumen o extracto del título en el que se establece el origen y titulación de la misma), **abstract of judgment** (sumario del fallo de un tribunal), **abstract of record** (sinopsis de los autos)]. *Cf* abridgment, brief of title, epitome of title, summary; requisitions of title.

abstract *v*: hurtar, sustraer. *Abstracting electricity, for example, is an offence, since the electricity company is defrauded of due payment.* [Expresión: **abstraction** (hurto, robo, sustracción, ratería)]. *Cf* burglary, stealing, theft; lifting, hacking.

abuse *n*: abuso, engaño, abuso de posición dominante, explotación abusiva, prácticas abusivas, corruptela; injuria, ofensa, exabrupto, afrenta, invectiva; vejaciones, tratos vejatorios, atropello, malos tratos, desmanes. *Abusive language, in certain circumstances, may constitute a breach of the peace.* [Expresiones: **abuse of authority, judicial discretion, power, privilege, law,** etc. (abuso de jurisdicción, autoridad, poder discrecional, posición dominante, privilegio, derecho, etc.), **abuse of the process of the court** (abuso procesal; V. *in due process of law*), **abuser** (abusador, déspota, tirano; seductor, embaucador), **abusive language/behaviour** (lenguaje/comportamiento ofensivo, intimidador, insultante, injurioso, bajo, grosero, procaz; V. *insulting language,* *contemptuous words, libel, actionable words, invective; threatening behaviour*), **abusiveness** (vituperación, vilipendio, insulto, ofensa)]. *Cf* misuse of law, misuse of power, sex abuse, ill-treatment.

abuse *v*: engañar, violar, ultrajar, profanar, abusar, seducir, injuriar, maltratar de palabra. *The Court decided that the Bank had abused the good faith of its creditors and was therefore guilty of fraud.*

abut *v*: lindar, limitar, confinar. *The owner of land abutting on the property of another often has a duty of easement of light, water,* etc. [Expresiones: **abuttals** (linderos, lindes, apeo, deslinde o demarcación de una propiedad; *V. landmark, boundary, party wall*), **abutter** (dueño colindante)].

a/c *n*: V. *account*.

acc. *n*: V. *acceptance*.

ACAS *n*: V. *Advisory, Conciliation and Arbitration Service*.

accede[1] *v*: acceder, entrar en funciones, alcanzar; adherirse a. *When James VI of Scotland acceded to the throne of England, he became the first de facto monarch of Great Britain. Cf* renounce, resign.

accede[2] *v*: asentir, aceptar, consentir en. *The Minister has acceded to the County's education proposals. Cf* reject, resist.

acceleration *n*: aceleración, anticipación. *Big companies often introduce acceleration clauses into their contracts to protect themselves against loss and lengthy litigation.* [Expresiones: **acceleration clause** (cláusula de amortización anticipada, cláusula de anticipación o aceleración; provisión o cláusula para el vencimiento anticipado de una deuda; provisión o estipulación en una hipoteca, o contrato de préstamo, mediante la cual el saldo pendiente se reintegra cuando se incumplen otras cláusulas, por ejemplo, el pago de las deudas), **acceleration note** (pagaré con opción de pago adelantado), **acceleration premium** (prima de aceleración)].

accept *v*: aceptar, reconocer, admitir. *By accepting a bill of exchange, you effectively bind yourself to make payment of the full amount at maturity.* [Expresiones: **accept a bill of exchange, a draft** (aceptar una letra), **accept a legacy subject to an inventory** (aceptar una herencia a beneficio de inventario; *V. acceptance without liability beyond the assets descended, election*), **accept a sentence** (aceptar los términos de una sentencia, sin interponer ningún tipo de recurso), **accept service** (recibir la notificación de una demanda, darse por notificado de que se ha incoado una demanda contra el interesado; *V. acknowledge service of a writ*), **accept subject to** (aceptar a reserva de, sin perjuicio de), **accepted judgment** (sentencia consentida), **acceptor** (aceptante de una letra de cambio, etc.; *V. drawee*), **acceptor for honour/supra protest** (aceptante por intervención; *V. backer*)]. *Cf* honour; reject, refuse.

acceptance (acc.) *n*: aceptación, allanamiento; anuencia. *The act of agreeing with an offer (a bill, for example) and becoming bound to the terms of a contract.* [Expresiones: **acceptance bill** (letra aceptada, aceptación), **acceptance for less amount** (aceptación por menor cuantía), **acceptance house** (banco comercial de negocios), **acceptance of an estate, a legacy, an offer,** etc. (aceptación/admisión/acogida de una sucesión, un legado, una oferta, etc.), **acceptance of service** (aceptación o enterado oficial de la demanda presentada contra el interesado; *V. acknowledgment of service*), **acceptance supra protest** (aceptación por intervención), **acceptance without liability beyond the assets descended** (aceptación a beneficio de inventario; *V. accept subject to inventory*)]. *Cf* consent, approval, acknowledgment; accommodation acceptance; dedication and acceptance.

acceptilation (*der es*) *n*: finiquito gratuito, condonación de una deuda no satisfecha. *Acceptilation is formal discharge from a debt that has not been paid. Cf* acquittance.

access[1] *n*: (derecho de) entrada y salida, acceso. *An easement of access is the right which an abuttting owner has of ingress and egress from his premises. Cf* right of access.

access[2] *n*: (derecho) de visita de los padres a los hijos menores de edad. *Provision is usually made in divorce settlements for both parents to have access to the children.* [Desde la Ley de Menores de 1989 se ha sustituido el término *access* por el de *contact*].

access[3] *n*: relaciones íntimas o carnales. *If it can be demonstrated that there was no access, or sexual intercourse between husband and wife, the child is not legitimate. Cf* carnal knowledge.

accessary *n*: V. *accessory*[2].

accession[1] *n*: advenimiento, acceso, llegada. *The accession of King Juan Carlos was made possible by his father's renunciation. Cf* accede[1].

accession[2] *n*: acta de adhesión y aceptación; entrada, admisión. *Spain has become a party to engagements in force in other countries since its accession to the EEC. Cf* adhesion, adherence; apply to accede.

accession[3] *n*: accesión, incorporación de modo inseparable, asentamiento. *The judgment gave the creditor possession of the house, and by accesssion, of the garage attached to it.* [Expresión: **accession tax** (impuesto sobre adquisiciones, impuesto sobre herencias y donaciones acumuladas; V. *death duties*)]. *Cf* accretion, proprietary estoppel.

accessory[1] *a*: subsidiario, accesorio, incidental. *It is often quicker and more convenient to consider accessory claims jointly with the principal one.* [Se aplica a términos como *action, penalty, claim,* etc.). Expresión: **accesory penalties** (penas accesorias)]. *Cf* subsidiary, appurtenant.

accessory[2] (**accessary**) *n*: cómplice, cómplice necesario, colaborador; cooperador de un delito. *A person who is a party to a crime that is actually committed by someone else, the perpetrator, is called the accessory.* [Expresiones: **accessory after the fact** (cómplice encubridor de un delito cometido), **accessory before the fact** (cómplice instigador de un delito), **accessory during/at the fact** (cómplice, autor de un delito de omisión del deber de impedir determinados delitos; por ejemplo, el que al observar un delito, no presta ayuda, a saber, llamar a la policía, es un *accessory during the fact*)]. *Cf* abettor, accomplice, conspirator; perpetrator.

accident *n*: accidente. *Even in relatively minor collisions, it is wise to request the presence of the police, so that an official accident report can be drawn up.* [Expresiones: **accident at work/accident on the way to and from home** (accidente *in itinere*, accidente laboral; V. *industrial accident, occupational injury, occupational accident*), **accident benefit** (indemnización por accidente), **accident insurance** (seguro de accidentes), **accident report** (parte de un accidente, informe sobre accidente, denuncia de accidente), **accidents of navigation** (accidentes de navegación, siniestros navales, siniestros marítimos, accidentes del comercio marítimo)]. *Cf* negligence, misconduct, fatal accident.

accidental *a*: fortuito, casual, accidental, inevitable. [Expresiones: **accidental collision** (abordaje fortuito; V. *collision, negligent collision; both-to-blame collision, rules of the road*), **accidental death** (muerte por accidente), **accidental death benefit** (compensación complementaria por muerte en accidente)].

accomenda *n*: contrato mediante el que se reparten los beneficios el patrón de un barco y el armador sin que este último se comprometa a hacer frente a las pérdidas si las hubiere.

accommodate[1] *v*: acomodar, ajustar, adaptar. *The company reached an accommodation with all its creditors.* [Expresión: **accommodation** (convenio, ajuste, arreglo, acomodo, adaptación; V. *compromise, settlement, agreement, accord*)].

accommodate[2] *v*: prestar dinero sin garantía o con una garantía provisional. *Accommodation makers are persons who sign without receiving value for the purpose of lending their names or credit to somebody else.* [Expresiones: **accommodating policy** (política permisiva o complaciente), **accommodated maker/party** (parte acomodada), **accommodation** (servicio, favor; afianzamiento encubierto; préstamo, crédito), **accommodation acceptance** (aceptación de favor, de complacencia o por acomodamiento), **accommodation bill of exchange** (letra o efecto de favor o de complacencia, letra de cambio aceptada, pagaré de favor o de cortesía, letra de deferencia o de acomodamiento, letra de pelota, letra proforma, pagaré; V. *bill of exchange*), **accommodation bill of lading** (conocimiento de embarque de favor), **accommodation endorsement** (aval, endoso de favor, endoso por aval o por acomodamiento, endoso de garantía a fin de sostener el crédito de otra persona o compañía), **accommodation line** (línea de crédito) **accommodation maker/party** (favorecedor, afianzador; parte o firmante por acomodación), **accommodation note/draft/ paper** (letra de complacencia a cargo propio, letra de favor)]. *Cf* loan, credit, false draft.

accommodatum *n*: comodato.

accompanying *a*: concomitante, adjunto. *Cf* attendant.

accomplice *n*: cómplice. *The bank robber, who fired the shot, and his accomplice, who was also armed, were held to be jointly responsible for the death of the policeman. Cf* perpetrator; abetter/abettor, accessory[2], conspirator.

accomplish *v*: efectuar, realizar, llevar a cabo; completar, concluir, cumplir, consumar. *Pleadings deal technically with the law, and have little to do with accomplished facts.* [Expresión: **accomplished fact** (hecho consumado, situación de hecho)]. *Cf* fait accompli.

accord/accordance *n*: acuerdo, convenio, concierto, conformidad; acomodamiento, buena inteligencia. *In bankruptcy cases, when the full amount of a debt cannot be paid, the bankrupt's duty is to compound with his creditors and reach a good accord in lieu of full settlement. Cf* accommodation, agreement, arrangement, settlement.

accord *v*: conceder, otorgar, aplicar. *Constables are accorded more extensive powers than those accorded the ordinary citizen. Cf* grant, award.

accord and satisfaction *n*: (acto de) conciliación, transacción, arreglo de una disputa, oferta y aceptación de modificación. *Transaction by means of which a party agrees to release the other party from his contractual obligations.*

accord, of one's own *adv*: espontáneamente. *It was established that the accused had acted of his own accord and not under duress as he had claimed. Cf* under duress.

accordance with, in *prep*: conforme a, con arreglo a, de acuerdo con, según, en el marco de. *In accordance with the principles of English Law, an accused person is innocent until proved guilty.*

according to law, to business practice, to section 4, etc. *prep*: conforme a derecho, siguiendo los usos y costumbres mercantiles, según lo dispuesto en el artículo 4.º, etc. *Cf* act according to/contrary to.

accordingly *conj*: y a ese respecto, consecuentemente, teniendo en cuenta lo anterior.

accost *v*: arrimarse, acercarse, abordar. *The man who accosts a woman persistently in a public place for the purpose of prostitution may be accused of the offence of soliciting.*

account[1] *n*: cuenta, relación, estado, informe, declaración, información. *On account of his age, he was released from prison before serving the full sentence.* [Expresiones: **account in trust** (cuenta fiduciaria), **account subject to notice** (cuenta a plazo fijo, cuenta con preaviso de retiro), **account stated** (cuenta convenida), **accounts payable** (deudas, cuentas por pagar), **accounts receivable** (créditos, sumas por cobrar, cuentas a recibir, cuentas en cobranza, cuentas por cobrar), **for/on account and risk of** (por cuenta de y riesgo), **on account of** (por motivo de, debido a, a causa de)]. *Cf* blocked account, call account, charge account, current account, clearing account, credit account, dead account, fixed deposit account, inventory account, joint account, loan account, open account, operating account, returned account, stated account, trading account, overdrawn account.

account² *n/v*: dación de cuentas; rendir cuentas, dar cuentas. *The secretary could not account for the missing money.* [El término *account* se refiere al derecho que asiste a cualquier socio de una entidad comercial a solicitar del juez que el otro o los otros socios le rindan cuentas. Éste es un recurso de equidad]. *Cf* action for accounting, action for an account, order for account; equitable remedy.

account³ of profits *n*: liquidación de beneficios. *A remedy that a plaintiff can claim as an alternative to damages in certain circumstances.* [En las demandas, el actor suele pedir normalmente indemnización por daños y perjuicios; en determinados casos, puede solicitar, en su lugar, liquidación de beneficios]. *Cf* damages.

accountability *n*: responsabilidad. *The principle in which the Civil Service is based is one of hierarchical responsibility; every servant is accountable to his or her immediate superior.* [Expresión: **accountable** (responsable; V. *liable, answerable, responsible*)]. *Cf* liability.

accountancy *n*: contabilidad. *Cf* bookkeeping.

accountant *n*: contable. *Cf* bookkeeper, keeper of books, certified public accountant.

accounting *n*: contabilidad, contaduría; estado de cuentas. [Expresiones: **accounting day** (día del vencimiento; V. *maturity*), **accounting entry** (anotación contable), **accounting period** (ejercicio o período contable), **accounting year** (ejercicio económico, ejercicio social)]. *Cf* trust accounting.

accredit *v*: acreditar; dar credenciales; dar crédito, autorizar (diplomáticamente). *Before he can begin to act in his official capacity, a new ambassador must be accredited as an envoy of the authorities of his own country.*

accretion¹ *n*: acrecencia, acrecentamiento, derecho de acrecer que tienen los herederos; acumulación (contable). *If one of the co-heirs to an inheritance dies after the death of the testator, the legacies of the remaining heirs may be increased proportionally by accretion of the share of the failing co-heir. Cf* abate¹.

accretion² *n*: accesión natural en inmuebles, acrecencia, acrecentamiento, avulsión (predios). *The increase of the boundaries of land by the gradual or imperceptible action of natural forces (i.e. alluvial accretion, the gradual recession of the water from the usual watermark or the deposit of dirt on its banks). Cf* avulsion, dereliction.

accroach *v*: usurpar. *The rebels face trial for attempting to accroach sovereign power to themselves.*

accrual *n*: acumulación, devengo; aparición, surgimiento. *Actions in tort must be brought within six years of the accrual of the cause of action.* [Expresiones: **accrual basis** (base acumulativa, base de acumulación), **accrual of a right** (nacimiento de un derecho que se puede ejercitar a través de una acción; el hecho que da lugar al citado nacimiento), **accrual of exchange** (afluencia, acumulación de divisas; V. *accumulation*)]. *Cf* accrue¹, ².

accrue¹ *v*: acumular, incrementar, devengar. *In a commercial transaction you may accrue a profit or a loss.* [El adjetivo *accrued* se aplica a lo «vencido, diferido, acumulado, por pagar, o por cobrar devengado y no cobrado», en expresiones como *accrued alimony, accrued commissions, accrued dividend, accrued expense, accrued payroll, accrued wages*, etc., y a lo «acumulado» en expresiones como **accrued assets** (activo acumulado), **accrued liabilites** (pasivo acumulado, gastos ocasionados y no vencidos), **accrued wage** (salario acumulado), **accruing right** (derecho de acrecer)]. *Cf* accumulate; due and payable.

accrue² *n/v*: nacimiento; surgir, nacer (aplicado a un derecho, prerrogativa o privilegio). *A right accrues when it comes into existence as an enforceable claim or as a cause of action.* [Expresiones: **accruing** (surgimiento, nacimiento), **accrued right** (derecho de iniciar acción judicial)].

accumulate *v*: acumular. *The accused was imprisoned for 2 years on the first charge and for six moths on the second, the sentence being accumulative.* [Expresiones: **accumulative legacy** (legado adicional, legado acumulado), **accumulative sentences** (condenas acumuladas, condenas acumulables),

accumulatively (en común, proindiviso; V. *jointly*)]. *Cf* accrue; concurrent.

accusation *n*: acusación, imputación, cargo, denuncia. *A formal charge made to a court that a person is guilty of an offence. Cf* indictment, charge; count; information.

accusation of, on/under the *fr*: acusado de. *In many countries individuals can be prosecuted on/under the accusation of a policeman.*

accusatorial (accusatory) procedure *n*: procedimiento acusatorio. [Desde el punto de vista inglés, su sistema penal es acusatorio y el continental es inquisitorio. En el primero, que es el que siguen los países herederos del *common law*, el juez actúa de simple árbitro y las conclusiones en cuanto a las responsabilidades penales se alcanzan mediante el proceso de acusación (*prosecution*) y defensa (*defence*), siendo prácticamente irrelevante la función del juez instructor (*examining magistrate*), ya que, desde que en el siglo XIX se concedió al acusado la facultad de permanecer en silencio (V. *standing mute*), la instrucción (*committal proceedings*) es un trámite abreviado cuya misión fundamental es «filtrar» sólo las causas en que haya indicios claros de criminalidad. La clasificación anterior es exagerada ya que, si bien en la fase de instrucción del derecho continental predomina el principio inquisitorio, en la fase de juicio oral es también acusatorio]. *Cf* adversary procedure; inquisitorial procedure.

accusatory *a*: acusatorio. *The indictment, the information and the complaint are three accusatory instruments.*

accuse *v*: acusar, imputar, inculpar, delatar, denunciar. *After being questioned by the police, the man was accused of murder. Cf* indict, charge; convict.

accused *a/n*: acusado, encausado, imputado, inculpado, procesado. *When appearing before the Court, the accused is asked whether he pleads guilty or not guilty to the charge. Cf* defendant, indictee, prisoner at the bar, charged; panel.

accuser/accusant *n*: acusador, denunciante. *Cf* prosecutor, accused, defendant.

achieve *v*: cumplir. [Expresión: **achievement** (cumplimiento)].

acknowledge[1] *v*: reconocer, certificar, admitir o atestar (un hecho, una deuda, una pretensión, una firma). *It is wise to wait until a cheque has been cleared before acknowledging receipt.* [Este verbo va seguido normalmente de palabra como *a fact, a debt, a claim, a signature,* etc. Expresiones: **acknowledge an illegitimate child** (reconocer a un hijo ilegítimo), **acknowledge receipt** (acusar recibo, dar por recibido), **acknowledge service of a writ** (acusar recibo de la notificación de una demanda, darse por notificado; V. *accept service*)]. *Cf* admit, affirm, avow, declare, recognize.

acknowledgment *n*: (acta o escritura de) reconocimiento o aceptación, atestación. *The defendant or his solicitor accepts service when any of them endorses (or signs on the back of) the writ of summons sent by the plaintiff.* [Normalmente *acknowledgment of* aparece con *an illegitimate child, paternity, a fact, a debt, a claim, a signature,* etc. (reconocimiento de hijo ilegítimo, paternidad, de un hecho, de una deuda, de una pretensión, de una firma). Expresiones: **acknowledgment of receipt** (acuse de recibo; recibo, justificante), **acknowledgment of service** (acuse de recibo de una demanda aceptándola oficialmente; V. *acceptance of service*)]. *Cf* admission, affidavit, avowal; deposition.

acquaint *v*: informar, avisar, advertir, comunicar, dar parte. *"Before you deny the charge, let me acquaint you of the fact that you were observed to take the money". Cf* advise.

acquest *v*: propiedad adquirida, adquisición. *Cf* acquire.

acquiesce *v*: allanarse, consentir, asentir. *Acquiescence is assent to an infringement of rights or recognition of the existence of a transaction.* [Expresión: **acquiescence** (allanamiento, consentimiento, conformidad, sumisión, sometimiento, aquiescencia. *Acquiescence* implica asentimiento activo, mientras que *laches* sugiere asentimiento pasivo o descuido)]. *Cf* admit, submit, assent, comply, yield; encroach; compliance, conformity; laches.

acquire *v*: adquirir. *Smith now controls the company, after acquiring 55 % of the shares.* [Expresiones: **acquired rights** (derechos adquiridos), **acquisition of a company** (compra de una empresa; V. *derivative acquisition*), **acquisitive prescription** (usucapión, prescripción adquisitiva, prescripción positiva, derecho adquirido por uso continuo; V. *negative prescription, prescriptive right*)]. *Cf* purchase, absorbe.

acquit *v*: absolver, exonerar, liberar, exculpar, eximir, descargar, dispensar, relevar; pagar (una deuda). *He was acquitted of three charges of perjury.* [Expresión: **acquitment, acquittal** (sentencia absolutoria, absolución; exoneración, descargo; pago; V. *absolution, exoneration*)]. *Cf* absolvitor, absolve, pardon, release, discharge; convict, conviction.

acquittance *n*: finiquito, descargo de una deuda, carta de pago, recibo. *A writing evidencing a full discharge of some contract, debt or liability.* *Cf* discharge, acceptilation.

act¹ *n*: acto, hecho, acción. *Events such as earthquakes, storms, floods, etc. caused entirely by nature alone are acts of God. Cf* force majeur. [Expresiones: **act at law** (demanda, proceso, acción), **act in law** (acto jurídico), **act of bankruptcy** (declaración de cese de pago, acto de quiebra), **act of benevolence** (acto unilateral), **act of disposal** (acto de disposición), **act of God/Providence** (fuerza mayor, acto fortuito, desgracia o tragedia motivada por las fuerzas de la naturaleza), **act of honour** (aceptación o pago haciendo honor a la firma), **act of hostility** (acto de hostilidad), **act of insolvency** (actuación en fraude de los derechos de los acreedores; actuación en perjuicio de los acreedores; alzamiento de bienes), **act of law** (aplicación de la ley, acto/hecho jurídico), **act of omission** (acto de omisión), **act of ownership** (acto de dominio), **act of pais** (acto extrajudicial; V. *pais*), **act of state** (acto político, acto de dominio, acto soberano), **act of trespass** (acto de transgresión; violación del ordenamiento, ilícito), **act of war** (acto bélico o de guerra, hecho de guerra), **act or default** (acción u omisión)]. *Cf* conduct, deed, legal act; administrative action; unnatural acts.

act² *n*: acta, documento, escritura. [Expresiones: **act of accommodation** (acta de complacencia), **act of sale** (escritura de venta; V. *deed*), **act of partition** (acta de partición), **act of protest** (acta de protesto), **act of subrogation, of substitution** (acta subrogatoria)]. *Cf* deed, title.

act³ (of Congress, of Parliament) *n*: ley (acta) del Congreso, del Parlamento. *"The Companies Act 1948, s. 10 (2) (a) (ii)" means sub-paragragh (ii) of paragraph (a) of subsection (2) of section 10 of that Act.* [Las leyes (*acts*) son promulgadas en el Reino Unido por el monarca tras haber sido aprobadas por el Parlamento. Los *acts* pueden ser públicos o privados; antes de ser *acts* son proyectos o *bills* que el Gobierno envía al Parlamento; los anteproyectos se llaman *drafts*. Las leyes constan de las siguientes partes: *short title, preamble, long title, schedules,* etc. Las partes o divisiones de los distintos instrumentos jurídicos, *acts, bills,* etc., no reciben siempre el mismo nombre; las *acts* constan de *sections, subsections* y *paragraghs.* Expresión: **act of settlement** (ley de sucesión al trono)]. *Cf* private act, public act, statute, bill, private bill, private member's bill, public bill; common law, equity; legislature; enactment.

act *v*: obrar, actuar, pronunciarse, hacer, ejecutar, operar, funcionar, representar. *The Court decided that the defendant had acted in the best interests of his clients when selling the shares.* [Expresiones: **act according to (law, business usage, section 4, instructions,** etc.) (obrar, actuar conforme a derecho, siguiendo los usos y costumbres mercantiles, según lo dispuesto en el artículo 4.º, ateniéndose a las instrucciones, etc.), **act as intermediary** (actuar de intermediario), **act as security for somebody** (salir fiador de alguien), **act contrary to business usage, section 4, instructions,** etc. (contravenir los usos y costumbres mercantiles, lo dispuesto en el artículo 4.º, las instrucciones recibidas, etc.), **act in the capacity of** (actuar en calidad de), **act on somebody's behalf** (actuar en representación de alguien), **act in conjunction** (actuar colectivamente), **act in good faith** (actuar de buena fe), **act ultra vires** (sobrepasar sus atribuciones, excederse en el uso de sus atribuciones, infringir la ley por exceso), **act with full powers** (representar con plenos poderes)]. *Cf* perform; act contrary to.

acting (president/chairman, manager, secretary, partner, etc.) *a*: (presidente, gerente, secretario, socio, etc.) en funciones, en ejercicio, suplente, interino, provisional, de servicio. *Owing to the illness of the senior member, the secretary signed the document as acting chairman. Cf* caretaker, alternate.

action[1] *n*: operación, intervención, labor, actuación. *Due to the Government's early action, the passage of the Bill through the House was easy. Cf* police action.

action[2] *n*: movilizaciones laborales, acciones de protesta. *Industrial action at the port caused delay in the loading of the ship's cargo, and the shipowner put in a claim for demurrage. Cf* strike.

action[3] *n*: actuación judicial, trámites (jurídicos), medidas (judiciales), resolución, diligencias, acto. *Cf* performance; measure; administrative action, civil action, disciplinary action.

action[4] *n*: proceso, demanda, litigio, pleito, acción legal o judicial, recurso, instancia; acciones legales; expediente; juicio. *Most civil actions, although not all, are either actions in tort for the harm caused by the defendant or actions for breach of contract.* [Expresiones: **action at law** (acción judicial, demanda, proceso), **action or remedy available** (acción a que tuviere derecho), **action ex contractu** (acción derivada del contrato; V. *action on contract*), **action ex delicto** (acción derivada del delito o por causa de agravio; V. *action on the case*), **action for accounting/action for an account** (acción para rendir cuentas; el objeto de esta demanda, basada en la equidad, es aclarar las cuentas entre las partes y aprobar un balance definitivo; V. *account, order for account*), **action for breach of contract** (demanda civil reclamando indemnización por haber daños y perjuicios por incumplimiento de contrato), **action for cancellation** (condición resolutoria), **action for damages** (demanda por daños y perjuicios), **action for declaration of title to land** (expediente de dominio; acción de reivindicación inmobiliaria), **action for defamation** (querella por difamación), **action for divorce** (demanda de divorcio), **action for infringement of rights** (demanda por violación de propiedad industrial), **action for libel** (demanda/querella por difamación escrita o por libelo), **action for payment** (reclamación de cantidad, acción de apremio, demanda para obtener el pago de una deuda; V. *action of debt*), **action for recovery** (acción para recuperar la posesión; repetición; acción de reivindicación de la propiedad, acción jurídica interpuesta por el que ha sido desposeído, obligado o condenado), **action for rescission** (demanda para la rescisión de un contrato), **action for separation of bed and board** (demanda para la separación de cuerpos y bienes; V. *thoro et mensa*), **action for specific performance** (ejecución específica, demanda solicitando el cumplimiento estricto de lo que se acordó en el contrato), **action for/in trespass** (demanda por transgresión o violación del ordenamiento jurídico, acción de transgresión; V. *action in tort, claim in tort*), **action in abatement** (acción para reducción de la herencia; V. *abate*), **action in/for damages** (demanda por daños y perjuicios), **action in equity** (acción en equidad; V. *equity*), **action in jactation/jactitation** (acción de jactancia), **action in personam** (acción contra persona, acción personal), **action in rem** (acción real, acción *in rem* o contra la cosa), **action in tort** (acción por ilícito civil, demanda civil reclamando indemnización por daños y perjuicios debido a ilícito civil; V. *action for/in damages, action for breach of contract*), **action of assumpsit** (demanda por incumplimiento de promesa o de contrato), **action of covenant** (demanda por incumplimiento de contrato; V. *action of assumpsit*), **action of debt** (acción de apremio; reclamación de cantidad; V. *action for payment*), **action of detinue** (acción para recobrar la posesión, acción para la recuperación de la posesión de bienes muebles), **action of eviction** (demanda de desahucio), **action of pledge** (ejecución del derecho de prenda; acción pignoraticia), **action of replevin** (demanda de reivindicación, acción reivindicatoria de dominio), **action of trespass** (acción de transgresión; V. *trespass*), **action of trover** (acción para recuperar), **action on contract** (acción contractual o proveniente de contrato, acción directa; V. *action ex contractu*), **action on the case** (acción civil proveniente de culpa o negligencia, acción derivada de un ilícito civil, acción derivada de culpa aquiliana o extracontractual), **action to amend** (recurso de reforma), **actions to have decisions declared void** (recursos de nulidad), **action to quiet title** (acción para fijar la validez de un título, acción declarativa de dominio), **action to remove cloud on title** (acción para eliminar defectos de un título de propiedad, expediente de liberación de cargas; V. *action to quiet title*), **action ultra vires** (actuación de un órgano judicial o administrativo excediéndose en el uso de sus atribuciones, actuación administrativa que se excede en el desarrollo de una ley de bases, actuación desproporcionada, actuación de un representante que excede de su poder o representación; V. *ultra vires*), **action which may lie** (acción a que hubiere lugar), **action which does not lie** (acción que no ha lugar)]. *Cf* suit, case, lawsuit; legal actions, right of action; writ of summons, proceedings, military action.

action-taking *a*: litigioso, querellante, contencioso.

actionable *a*: punible, perseguible. *Slander of goods is a form of malicious falsehood and is actionable under certain circumstances.* [Suele acompañar este término a *breach, tort/wrong*, etc.]. *Cf* damageable; triable.

actionable words *n*: lenguaje (palabras) difamatorio, infamatorio, calumniador o perseguible; manifestaciones que pueden dar lugar a un proceso por injurias. *Journalists criticising or ridiculing society personalities should take care that the words they use are not actionable.* *Cf* insulting language, abusive language, libel, slander, invective.

active *a*: activo. [Expresiones: **active bond** (valor/bono al portador; V. *bearer*), **active debt** (deuda que devenga intereses; V. *passive bond*), **active fault/negligence** (imprudencia temeraria, culpa lata, negligencia; V. *active negligence, contributory negligence*), **active trust** (fideicomiso activo; V. *bare trust*)].

actor *n*: actor, demandante en juicio. *Cf* plaintiff.

actual *a*: efectivo, real, visible, físico, original. *Although the accused did not actually use violence, the court decided that his threats constituted an affray.* [El adjetivo *actual* (real, efectivo, expreso) es antónimo de *constructive*; se usa en expresiones en las que se quiere resaltar o poner de relieve de forma clara la efectividad real de un hecho, acontecimiento o circunstancia. Expresiones: **actual assets** (bienes efectivos o reales), **actual bailment** (fianza efectiva, depósito efectivo), **actual coercion** (coacción física, coacción efectiva), **actual crime** (delito flagrante), **actual custody** (custodia efectiva; V. *care and control*), **actual damage** (daño directo, daño efectivamente causado), **actual damages** (daños efectivos, indemnización compensatoria por daños directos, generales o efectivamente causados; este tipo de indemnización, también llamado *general/compensatory damages*, se concede cuando se puede determinar fácilmente el valor de lo perdido o dañado), **actual eviction/ouster** (desahucio efectivo), **actual knowledge** (conocimiento real), **actual malice** (dolo directo, maldad, ruindad, dolo, malicia expresa o de hecho; V. *express malice, implied malice, malice in fact*), **actual notice** (notificación efectiva), **actual total loss** (pérdida efectiva total; V. *constructive total loss, partial loss*), **actual wages** (salarios reales), **actual value**

(valor real; V. *market value*), **actually** (de forma real o efectiva; V. *constructively*)]. *Cf* effective.

actus reus *n*: acción u omisión que constituyen delito. *Cf* mens rea.

ad litem *fr*: *ad litem*, para el juicio, con motivo de un proceso. *If a party to a disputed inheritance is a minor, the court appoints a guardian* ad litem *to represent his or her interests*.

ad valorem (Ad Val) *fr*: *ad valorem,* por el valor. *Some customs duties are* ad valorem *duties, that is, in the form of a percentage of the value of the goods*.

adamant *a*: duro, inflexible. *The witness tried to ignore the question but the prosecutor was adamant*. *Cf* hard, harsh.

addendum *n*: apéndice, suplemento, adición. *Cf* schedule.

addiction *n*: toxicomanía.

address¹ *n*: dirección, señas, domicilio. *Address for service is the address where writs, notices, summonses, orders, etc. may be served*. [Expresiones: **address for service** (domicilio para notificaciones oficiales, dirección oficial a efectos judiciales; V. *legal address*), **addressee** (destinatario; V. *consignee*)]. *Cf* business address, domicile, registered office.

address² *n*: memorial, petición; alocución, discurso, mensaje. *Judges are removed only following an address to the Monarch from both Houses of Parliament requesting dismissal*. [Expresión: **give an address** (dar un discurso, arenga o alocución)]. *Cf* charge to the jury.

address¹ *v*: dirigirse (al jurado, al tribunal, a la asamblea, etc.). *After evidence has been heard in criminal trials, the judge addresses the jury to give them directions*. *Cf* charge to the jury.

address² *v*: encararse, afrontar. *A new Antidumping Code is necessary in order to address dumping practices that cause injury*.

adduce evidence *v*: aducir, aportar, rendir, presentar, evacuar pruebas, alegar. *The testimony of witnesses is adduced as evidence supporting the contentions of either side in a case*. *Cf* call evidence, lead evidence, turn up evidence, produce evidence, allege.

adduction *n*: alegación, aducción.

adeem a legacy from a will *v*: revocar, extinguir, anular un legado (o parte del mismo) de una herencia; resarcir, recompensar. *In his will, the old man bequeathed his library to his son, but the legacy was adeemed since the father sold his books before he died*. *Cf* abate.

ademption *n*: revocación o anulación (de un legado), enajenación en vida de bienes testados; anulación; resarcimiento. *Cf* adeem.

adequacy *n*: idoneidad, pertinencia, suficiencia, oportunidad, aceptabilidad, puesta a punto.

adequate *a*: apropiado, propio, razonable, indicado, satisfactorio, pertinente, suficiente, justificante. [Expresiones: **adequate cause** (motivo suficiente; V. *ground, cause*), **adequate consideration** (causa contractual adecuada)].

adhere to *v*: defender con firmeza, sostener una postura o una versión. *The accused adhered to his original original version of events despite all the evidence against him*.

adherence *n*: (acta de) adhesión, entrada. *Cf* accession, adhesion.

adhesion *n*: acta de adhesión y aceptación; entrada. *Cf* accession, adherence.

adjacent/adjoining *a*: colindante, contiguo, adyacente, limítrofe, contérmino. *Adjacent/adjoining properties often give rise to litigation concerning rights of way, easements, etc*. [Se utiliza junto a *properties, owners*, etc.]. *Cf* abut.

adjective law *n*: ley adjetiva o procesal, derecho procesal o adjetivo. *Cf* procedural law, positive law.

adjourn a meeting, a hearing, etc. *v*: suspender, diferir, trasladar o levantar (una sesión, una vista oral, etc.). *The court adjourned its hearing and called for a transcript of the evidence*. [Expresión: **adjourned session** (sesión aplazada, suspendida o levantada)]. *Cf* close a meeting, postpone, suspend, sine die, meeting stands adjourned.

adjournment (of a sitting, a hearing, a meeting, etc.) *n*: aplazamiento, suspensión (de una sesión, vista, junta, etc.). *There was an adjournment of the meeting when a clash* *arose between two shareholders.* [Expresión: **adjournment day** (día señalado para la reanudación de la vista oral)]. *Cf* suspension, postponement.

adjudge (a claim, etc.**)** *v*: fallar, juzgar, sentenciar, adjudicar, declarar judicialmente, determinar judicialmente (una demanda, etc.); conceder. *The contract was adjudged void on a technicality.* [Expresión: **be adjudged a bankrupt** (ser declarado en quiebra por los tribunales)]. *Cf* adjudicate, conclude, judge, arbitrate, award.

adjudicate *v*: fallar, adjudicar, determinar judicialmente, decidir, declarar, sentenciar. *The two firms agreed to call in an arbitrator to adjudicate between them. Cf* adjudge.

adjudicatee *v*: comprador o adjudicatario de una venta judicial.

adjudication *n*: fallo, adjudicación. *If the bankruptcy petition is accepted by the court, it makes a bankruptcy order* [Expresiones: **adjudication of bankruptcy** (declaración judicial de quiebra), **adjudication order** (auto de declaración judicial de quiebra; hoy el *bankruptcy order* ha sustituido a los antiguos *adjudication order* y *receiving order* en Inglaterra), **adjudicative decree** (acto declarativo), **adjudicator** (órgano decisorio o adjudicante, órgano sentenciador)]. *Cf* bankruptcy order, receiving order, bankruptcy proceedings.

adjust¹ *v*: adaptar, adecuar, ajustar, acomodar, concertar; reglar, regularizar, regular. *The civil list for the upkeep of the royal household is adjusted annually.*

adjust² *v*: tasar, calibrar. *When a number of cars are involved in a motorway pile-up, it is quite tricky for the insurance companies to adjust the various claims. Cf* adjustment of average.

adjuster, adjustor *n*: tasador, ajustador, componedor, asesor. *Cf* average adjuster, loss adjustor, claim-adjuster.

adjusted trial balance *n*: balance de comprobación ajustado o regularizado.

adjusting entry *n*: asiento de ajuste, corrección o actualización.

adjustment *n*: tasación, ajuste, arreglo. *The cost of general average or salvage charges is adjusted according to the contract of affreightment and/or the governing law and practice.* [Expresiones: **adjustment of average** (tasación de avería, liquidación de avería, arreglo o reparto de avería), **adjustment of the difference** (ajuste, acomodo, arreglo, liquidación, compromiso o composición de los puntos en litigio)]. *Cf* property adjustment order.

administer *v*: administrar. [Expresiones: **administer an oath** (tomar juramento a alguien; V. *take an oath, swear*), **administer a portfolio, justice,** etc. (administrar, una cartera de valores, justicia, etc.)].

administration of (a bankrupt's estate, an estate, property) *n*: administración (de una quiebra, de una sucesión, de bienes).

administration of an oath *n*: prestación de juramento. *Cf* take an oath.

administrative *a*: administrativo. *In some countries administrative detentions for petty offences can mean indefinite punishment.* [Expresiones: **administrative action** (acto administrativo), **administrative court** (jurisdicción de lo contencioso-administrativo), **administrative authority** (órgano administrativo), **administrative detention** (detención o retención administrativa), **administrative enquiry** (expediente administrativo), **administrative law** (derecho administrativo), **administrative machinery** (aparato administrativo), **administrative procedure** (procedimiento administrativo)].

administrative tribunal *n*: tribunal administrativo. [Los *administrative tribunals* son tribunales de justicia, como los *industrial tribunals*, los *rent assessment committees,* etc., creados por ley parlamentaria para conocer y resolver determinados tipos de demandas; estos tribunales están sometidos a la jurisdicción de los tribunales ordinarios (*courts*) que, por ser parte del poder judicial, nacen de la prerrogativa real, como su etimología puede sugerir]. *Cf* tribunal, industrial tribunal.

administrator *n*: administrador, gerente. *It is the*

duty of the administrator of an estate to collect, watch over and answer for the properties and articles entrusted to him or her. [Expresiones: **administrator of an estate** (administrador; albacea testamentario; V. *executor*), **administrator in bankruptcy** (liquidador, síndico, administrador; V. *receiver*), **administrator de bonis non administratis** (albacea secundario encargado de la distribución de bienes adicionales, nuevo albacea en una sucesión)]. *Cf* manager.

Admiralty *n*: Ministerio de Marina. [Expresiones: **Admiralty Court** (Tribunal del Almirantazgo, Tribunal de derecho marítimo. Dentro del *Queen's Bench* existen dos tribunales especiales: el *Commercial Court* y el *Admiralty Court*; este último entiende de los pleitos relacionados con el mundo del mar (salvamentos, abordajes, etc.). Hasta 1971 este tribunal estuvo en la división del *High Court of Justice* llamada *Probate, Divorce and Admiralty Division*, que se convirtió en la *Family Division*), **Admiralty law** (derecho marítimo o del almirantazgo; V. *maritime law*), **Admiralty Sailing Directions** (derroteros del Almirantazgo)].

admissibility of (evidence, an appeal, etc.) *n*: admisibilidad de (pruebas, recurso, etc.). *Cf* multiple admissibility, admissible.

admissible *a*: admisible. *If the police fail to inform an arrested of his rights, including the right to have counsel present and the consequences of his answers, the questions and answers are not admissible in evidence at the trial or hearing of the arrested person.* [Expresión: **admissible action** (recurso admisible)].

admission *n*: confesión, reconocimiento, admisión, declaración. *Acknowledgment of service does not imply admission of liability.* [Expresiones: **admission against interest** (admisión desfavorable o lesiva), **admission of evidence** (admisión de pruebas), **admission of guilt/liability** (confesión o reconocimiento de culpabilidad/responsabilidad), **admission under duress** (confesión bajo coacción), **admission to the Bar** (ingreso/ingresar en el

colegio de abogados —*barristers*— tras el preceptivo examen; V. *call to the bar, admit to the bar, Inns of Court*), **on his own admission** (según él mismo reconoce)]. *Cf* admit, confession, make admissions.

admissions tax *n*: impuesto sobre las entradas a espectáculos.

admit[1] *v*: confesar, reconocer, admitir, aceptar, asentir. *The young man admitted having fired the gun, but alleged that he did so in self-defence. Cf* confess.

admit[2] *v*: admitir, dar entrada; recibir, conceder (un derecho o privilegio). *Underage people are not admitted.* [Expresiones: **admit a claim** (hacer justicia a una demanda), **admit as evidence** (aceptar como prueba), **admit to bail** (poner en libertad bajo fianza; V. *grant bail, remand on bail, release on bail; furnish bail; stand bail, on parole*)]. *Cf* allow.

admit[3] *v*: dar de alta en el colegio de abogados (*solicitors*). *He was admitted to practise as a solicitor two years after his graduation in law. Cf* call to the bar; solicitor, barrister.

admittance except on business, no *n*: prohibida la entrada a las personas ajenas a este centro o dependencia.

admitted assets *n*: activo computable, activo aprobado o confirmado. *Cf* affected liabilities.

admonish *v*: amonestar, advertir. *The young man admitted the lesser charge, and the judge admonished him but did not fine him. Cf* reprimand.

admonishment *n*: amonestación, reprensión. [En el derecho escocés significa «advertencia obligatoria que, de sus derechos, se debe hacer al detenido», como *caution*[3] en el derecho inglés].

admonition *n*: apercibimiento, admonición, advertencia, reprensión.

adopt[1] *v*: sancionar, autorizar, aprobar, asumir; hacer suyo, etc. *When he was of age he adopted the case commenced by his guardians when he was underage.* [Suele acompañar a términos como *a case, a contract, the balance, a resolution*. Expresiones: **adopt rules** (establecer el reglamento o la normativa), **adopt the agenda** (aprobar el orden del día),

adopt the balance sheet (aprobar el balance de situación)]. *Cf* approve, ratify, confirm; repudiate.

adopt² *v*: adoptar. *The court may allow a child to be adopted if its parents are guilty of abandonment.* [Expresiones: **adoption** (adopción), **adoption proceedings** (expediente de adopción)]. *Cf* abandon, desert, destitution.

adrift *adv*: a la deriva. *Cf* drift.

adulterate *v*: falsificar, adulterar, viciar.

advance *n*: anticipo, préstamo; provisión de fondos. *Some employees are given salary advances in order to pay their installments.* [Expresiones: **advanced freight** (flete por adelantado), **advanced vocational training** (perfeccionamiento profesional)]. *Cf* advancement, free advance payment.

advancement¹ *n*: promoción, progreso, avance. *Successful companies offer advancement potential to highly-qualified professionals. Cf* development, progress.

advancement² *n*: anticipo de la herencia hecha por los fideicomisarios; donación (total o de parte) de la herencia en vida; bienes dotales, bienes parafernales. *The trustees of the estate decided that the wording of the deed gave them power of advancement of a reasonable sum to the beneficiaries. Cf* trust; beneficiary, cestui que trust.

advantage *n*: ventaja. *For a contract to be enforceable, the promise must have or bring about an economic advantage. Cf* promise, value.

adversary procedure *n*: procedimiento inspirado en el principio de contradicción. *In the adversary procedure the accused may, to the same extent as his victim, freely put forward his arguments in court.* [Se le conoce normalmente con el nombre de *accusatorial procedure*]. *Cf* accusatorial procedure; inquisitorial procedure.

adversary proceeding/suit *n*: juicio regido por el principio de contradicción.

adverse *a*: adverso, contrario, hostil, opuesto, desafortunado. *A trespasser who remains in adverse possesion for over 12 years may acquire a "squatter's title", which is valid in law against the person who had been lawfully entitled to possession.* [Expresiones: **adverse balance of trade** (balance comercial desfavorable o negativo, balanza de pagos deficitaria; V. *unfavorable balance of trade*), **adverse claim** (reclamación de tercero sobre bienes de otro que se encuentran embargados, tercería de dominio, tercería de mejor dominio), **adverse enjoyment** (servidumbre, gravamen, carga), **adverse party** (parte contraria), **adverse possession** (posesión sin justo título, posesión que puede dar lugar a una prescripción, prescripción adquisitiva; V. *squatter's title*), **adverse witness** (testigo adverso, desfavorable u hostil; testimonio en contra)].

advert to a case, a point of law, etc. *v*: referirse. *In summarizing the case, the judge adverted to the ambiguity of the Act.*

advice¹ *n*: asesoramiento, consejo. *Before you sign a contract you should seek legal advice. Cf* expert advice, legal advice.

advice² *n*: aviso, anuncio, notificación, denuncia. [Expresiones: **advice of acceptance** (aviso de aceptación), **advice of fate** (aviso de suerte)].

advice and consent *n*: consejo y aprobación, consulta y aprobación.

advice of, on the *fr*: asesorado por, con el consejo de.

advice note *n*: nota de aviso. *The advice note is used to give its receiver information about the arrival of shipments, the despatch of goods, etc. Cf* notice of readiness.

advice on evidence *n*: nota del *barrister* al *solicitor* sobre el desarrollo de un pleito. *In his advice on evidence, a barrister informs the solicitor instructing him of how the pleadings have gone and of their client's possibilities of success. Cf* brief.

advise¹ *v*: asesorar, aconsejar. [Expresiones: **advise against** (desaconsejar), **advisable** (conveniente, oportuno, aconsejable, prudente)].

advise² *v*: notificar, informar, participar, avisar. *Clients are advised that no goods shall be despatched until payment is received.* [Expresión: **advising bank** (banco avisador)]. *Cf* announce, inform, notify.

adviser, advisor *n*: asesor, consejero. *He was appointed financial adviser. Cf* consultant, counsellor; tax advisor.

advisedly *adv*: juiciosamente, con sensatez. *He acted advisedly in delaying the decision until he had spoken to his lawyer.*

advisement, under *fr*: en/a consideración, en deliberación; en tela de juicio. *When a judge takes a case under advisement, he adjourns the session pending his consideration. Cf* avizandum.

advisory *a*: consultivo, asesor. *As he is a member of this board he has been acting in his advisory capacity.* [Expresiones: **advisory board/commission** (comisión asesora), **advisory body** (organismo consultivo o asesor), **advisory capacity** (facultad o competencia de asesoramiento), **Advisory Conciliation and Arbitration Service, ACAS** (Instituto de Mediación, Arbitraje y Conciliación; está encargado de promover posibles acuerdos entre las partes en litigio antes de acudir a un juzgado de lo social o *industrial tribunal*), **advisory opinion** (dictamen consultivo), **advisory powers** (competencias consultivas)]. *Cf* consultant.

advocate *n/v*: defensor; abogado (*der es*); abogar, defender, apoyar. *Advocates are barristers and solicitors who argue a case for a client in court.* [Los términos *lawyer* y *advocate* son sinónimos parciales, aunque este último normalmente se emplea sólo para referirse a la abogacía que se ejerce ante los tribunales y, por eso, también se les llama *advocates in court*. En Escocia el término *advocate* es el equivalente del *barrister* inglés. Expresiones: **advocacy** (abogacía), **Advocate-General** (juez asesor en la Corte Europea de Justicia), **advocate-depute** (fiscal en el derecho escocés; se trata de un abogado nombrado por el *Lord Advocate* para encausar en su nombre a los acusados; V. *deputy*)]. *Cf* attorney, lawyer, solicitor, barrister, faculty of advocates, Lord Advocate.

aequo et bono *fr*: V. *ex aequo et bono.*

A. F. *n*: V. *advanced freight.*

affect *v*: afectar; hipotecar, pignorar. [Ex-presiones: **affected liabilities** (pasivos computables; V. *admitted assets*), **affected with a public interest** (de interés público)].

affiant *n*: declarante, deponente, el que firma un *affidavit. Cf* affirmant, deponent.

affidavit *n*: declaración jurada por escrito, acta notarial, testimonio, juramento, atestiguación, declaración privada. *The witness swore an affidavit, which was taken by the judge.* [Expresiones: **affidavit of defence** (declaración jurada de las alegaciones de la defensa), **affidavit on demurrer** (declaración del mérito de la excepción), **affidavit of merits** (declaración jurada sobre las alegaciones de la defensa), **affidavit for attachment** (declaración jurada para providencia de embargo), **affidavit of service** (declaración jurada de que se notificó la demanda al demandado)]. *Cf* acknowledgement, deposition.

affiliate *n*: empresa filial. *Some affiliates are more concerned with distribution and maintenance than with manufacturing. Cf* corporation, branch, parent company, subsidiary.

affiliate *v*: afiliar, prohijar, adoptar, legitimar, afiliarse. *After a series of deals the company became affiliated with one of the Chase Manhattan's European subsidiaries.* [Expresiones: **affiliated child** (hijo adoptado), **affiliated company** (sociedad mercantil afiliada o asociada)].

affiliation order *n*: sentencia o auto judicial por la que se declara la paternidad. *With an affiliation order a Magistrates' Court can oblige the alleged father of an illegitimate child to make payments towards his upkeep.*

affinity *n*: afinidad. *You are related to your sister by consanguinity and to your sister-in-law by affinity. Cf* blood relations.

affirm¹ *v*: afirmar, declarar, aseverar, ratificar, asegurar, confirmar.

affirm² *v*: prometer. *A person who does not wish to swear an oath may solemnly affirm that he is telling the truth. Cf* swear, take an oath.

affirmance of judgment *n*: confirmación, ratificación de la sentencia.

affirmant *n*: declarante, el que presta una declaración. *Cf* affiant.

affirmation[1] *n*: afirmación, aserción, palabra, declaración, aserto, confirmación, ratificación.

affirmation[2] *n*: promesa solemne. *An affirmation serves the same purpose as an oath. Cf* take an oath, swear.

affirmative *a*: afirmativo, positivo. [Expresiones: **affirmative defence** (defensa afirmativa), **affirmative easement** (servidumbre positiva), **affirmative judgment** (juicio confirmativo), **affirmative plea** (defensa afirmativa), **affirmative pregnant** (afirmación o aseveración positiva que contiene otra negativa; V. *negative pregnant*), **affirmative relief** (reparación positiva), **affirmative resolution** (resolución afirmativa; V. *delegated legislation, lay before Parliament, negative resolution*), **affirmative servitude** (servidumbre positiva), **affirmative warranty** (garantía escrita o expresa)].

affix *v*: añadir. [Expresiones: **affix a signature** (suscribir), **affix the seal** (pegar, poner o adherir el sello; sellar. *The document is not legal unless the Registrar signs it and affixes his seal to it*)]. *Cf* remove the seals.

affray *n*: riña, pendencia, combate, tumulto, refriega. *Although the accused did not actually use violence, the court decided that his threats constituted an affray.* [Expresión: **affrayment** (tumulto, riña, pendencia)]. *Cf* assault, riot, violent disorder.

affreight *v*: fletar. [Expresión: **affreighter** (fletador, el que fleta una embarcación, fletante)]. *Cf* contract of affreightment.

affront *n*: insulto, ofensa. [Expresión: **affronting** (insultante, humillante, injurioso, provocativo)]. *Cf* abusive language, insult, offence.

alfoat *adv*: a flote.

aforegoing *a*: antecedente, precedente. *Cf* foregoing.

aforementioned *a*: antedicho, mencionado. *Cf* aforesaid.

aforesaid *a*: antedicho.

aforethought *a*: con premeditación, premeditado. *Murder is homicide with malice*

aforethought, i.e., with the intention of killing or causing serious bodily harm. Cf malice aforethought, premeditate.

after *prep*: después. [Expresiones: **after born** (póstumo), **after-inquiry** (pesquisa o investigación ulterior, examen posterior), **after-hours market** (mercado no oficial después del cierre), **after-tax profits** (beneficios tras la liquidación de impuestos, beneficio después de impuestos)].

A.G. *n*: V. *Attorney General.*

against all risks (a.a.r.) *fr*: a todo riesgo.

against documents *fr*: contra entrega de documentos. *Collection against documents is not unusual in foreign trade.*

against interest, admission *n*: V. *admission against interest.*

against pledged securities, etc. *fr*: a cambio de, como contra partida de, sobre (pignoración de efectos, efectos pignorados, etc.). *We have received an advance payment against pledged securities.*

against the evidence/the weight of evidence *fr*: contra la preponderancia de la prueba, contra la prueba.

against the peace *fr*: contra el orden público. *Cf* breach of the peace.

against the will *fr*: sin el consentimiento, contra la voluntad.

age *n*: edad. *Sexual intercourse with a girl before she reaches the age of consent constitutes an indecent assault.* [Expresiones: **age of consent** (edad núbil), **age of discretion** (edad de razón o discreción), **age of retirement** (edad de jubilación)]. *Cf* full legal age, underage.

agency[1] *n*: organismo, servicio, agencia, gestoría, oficina; contrato de representación, gestión, acción, mediación, intermediación, intervención, factoraje; apoderado, condición de agente. *In an agency a relationship arises between one person, known as the agent, who acts on behalf of another person, known as the principal. Cf* governement agency, law-enforcement agency.

agency[2] *n*: honorarios o gastos de/por agencia.

agenda *n*: orden del día de una junta, programa, temario, puntos a debatir o tratar. *There are* *three items on the agenda for today's meeting: ordinary business, the president's report and a proposal to buy new premises.* Cf order of the day; adopt the agenda, appear on the agenda, discuss the agenda, draw up the agenda, include in the agenda, put down in the agenda, remove from the agenda, withdraw from the agenda; order of business, point of order.

agent *n*: representante, agente, consignatario de buques, mandatario, apoderado, factor, gestor. *An agent is accountable to his principal for all actions done in his name.* [Expresiones: **agent sole** (agente exclusivo. Este adjetivo va muchas veces pospuesto al nombre que acompaña; V. *aggregate*), **agentship** (agencia, factoría, el oficio de agente o factor)]. Cf general agent, assignee, attorney, factor, proxy; principal.

aggravate *v*: agravar. *Courts may award aggravated damages against the defendant who acts maliciously, in order to compensate the plaintiff's injured feelings.* [Expresiones: **aggravated** (con circunstancias agravantes), **aggravated assault** (agresión con daños físicos graves; V. *assault with a deadly or dangerous weapon*), **aggravated damages** (indemnización adicional por daños morales, indemnización adicional para reparar daños y perjuicios que afectan a la esfera moral del demandante; esta indemnización suplementaria la conceden los jueces cuando valoran culpabilidad o grave intencionalidad en el incumplimiento de las obligaciones por parte del demandado; V. *bereavement damages*), **aggravating circumstances** (circunstancias agravantes; V. *mitigating circumstances*), **aggravation** (agravante)].

aggregate *a*: que consta de varios individuos o miembros reunidos, total. *For the purposes of succession, a group of incorporated companies is deemed a corporation aggregate.* [Este adjetivo va pospuesto, así como su antónimo *sole*. Expresión: **aggregate amount** (monte o importe total)]. Cf sole.

aggregate *n*: conjunto, colección, totalidad, agregado.

aggression *n*: ataque, asalto, agresión,

acometimiento. [Expresión: **aggressive collection** (cobro de deuda utilizando recursos judiciales como *attachment, execution, garnishment*)]. Cf attack, assault; harassment of debtors.

aggressor *n*: agresor.

aggrieve *v*: dañar, perjudicar. [Expresión: **aggrieved party** (parte perjudicada, agraviada o dañada; V. *grievance, offended party*)].

A.G.M. *n*: V. *Annual General Meeting*.

agree *v*: convenir, acordar, concordar, pactar, concertar, ponerse de acuerdo, acceder, consentir, aprobar. [El verbo *agree* puede ser transitivo (*The two companies have agreed terms*), preposicional con *on* (*They have agreed on the price and a bargain was struck*) y preposicional con *to* (*John agreed to pay Peter £5,000 but then failed to honour his pledge*. Expresiones: **agreed easement** (servidumbre acordada), **as may be agreed upon** (según se convenga)]. Cf stipulate.

agree as a correct record *v*: aprobar el acta. *The minutes were agreed as a correct record.* Cf minutes.

agreement *n*: convenio, acuerdo, conformidad, pacto, estipulación, contrato, transacción, acomodamiento, consentimiento, anuencia. *An agreement is the essential basis of a contract, usually proved by showing an offer by one party and acceptance of it by the other.* [Expresiones: **agreement for insurance** (resguardo provisional que garantiza que se está amparado por la póliza de seguro solicitada, documento de cobertura provisional; V. *cover note*), **agreement to the contrary** (pacto en contra)]. Cf accord, settlement, accommodation, area of agreement, arrangement, standstill agreement; pact, treaty, covenant.

aground *a*: embarrancado, varado, encallado. Cf stranded, astrand; ground; run aground.

aid *n*: ayuda, auxilio, favor, socorro, asistencia, subsidio; ayudante; ayudar, auxiliar, prestar apoyo, socorrer, coadyuvar, apoyar, sufragar, subvenir. *Anyone guilty of aiding and abeting another before or during the perpetration of a crime is held to have committed that crime.*

[Expresiones: **aid and abet** (cooperar o colaborar en la comisión de un delito; auxiliar e incitar, ayudar, asistir, dar cobijo, coadyuvar, sufragar, socorrer, ser cómplice necesario; V. *induce*), **aider and abettor** (colaborador, auxiliador e incitador, instigador, cómplice; V. *accomplice, accessory*), **aiding and abetting** (cooperación/participación delictiva)]. *Cf* counsel and procure, incitement, harbour, succour, assist, assistance, help, abet.

AIDS *n*: sida. *Hospital regulations make special provisions for dealing with AIDS cases.*

air *n*: aire. [Expresiones: **air consignment note** (carta de porte aéreo; V. *consignment note, railway bill*), **airlift** (puente aéreo), **air transport** (navegación aérea), **airport authority** (junta nacional de aeropuertos), **airspace** (vuelos, aires; V. *land*)].

aka, a.k.a (also known as) *fr*: también conocido con el nombre de. *Cf* alias, assumed name; hereinafter, aforesaid.

alderman *n*: concejal, edil; teniente de alcalde (EE.UU.). *Cf* bailie, borough.

aldermanship *n*: concejalía, condición de concejal.

alias *a*: segundo, adicional, suplementario, sustituto. *Courts usually issue an alias subpoena after the first has been returned without having accomplished its purpose.* [Se emplea junto a *summons, execution, subpoena, writ* con los significados dados].

alias *n*: nombre supuesto, alias. [Expresión: **go under several aliases** (tener varios nombres supuestos)]. *Cf* a.k.a., assumed name.

alibi *n*: coartada. *He had an exellent alibi for the time of the crime; he had been dining with the Chief Constable. Cf* establish an alibi.

alien *a*: foráneo, extranjero. *The man, who had no valid travelling papers and no means of subsistence, was deported as an undesirable alien.* [Expresión: **alien law** (derecho de extranjería)].

alien (*obs*) *v*: V. *alienate*.

alienate *v*: enajenar, traspasar, transferir, ceder. *Her will, alienating her property to a nurse, was declared null and void.* [Los verbos *abalienate* y *alien* son menos usados, prefiriéndose en su lugar *alienate*. Expresiones: **alienation** (enajenación de bienes; el término *abalienation* es menos usado, prefiriéndose *alienation* en la actualidad), **alienation of property** (enajenación de bienes), **alienator** (enajenador), **alienee** (persona que adquiere el bien o derecho enajenado)]. *Cf* transfer, convey, assign.

align *n*: alinear, ponerse al lado de. [Expresión: **alignment** (aproximación; V. *price alignment*)].

alimony *n*: alimentos o pensión alimenticia, pensión compensatoria entre cónyuges. *In American divorce settlements, alimonies are sometimes extremely high.* [El término jurídico utilizado actualmente en Inglaterra es *maintenance* o *financial provision* en vez de *alimony*]. *Cf* maintenance; financial provision order; allowance for necessaries; palimony; estovers.

all and singular *fr*: todos y cada uno.

all and sundry *fr*: colectiva e individualmente.

all fours, be/run, stand on (*col*) *v*: estar en armonía, concordar, ser idéntico. *The two cases were almost exactly parallel and the judgement ran on all fours.*

all-in policy (*amer*) *n*: seguro contra todo riesgo. *Cf* all-risk policy, fully comprehensive policy.

all rights reserved *n*: reservados todos los derechos.

all risks *n*: V. *against all risks*.

all-round price *n*: precio global. *Cf* lump sum.

allegation *n*: denuncia, alegación, aseveración, manifestación, alegato, razón, excusa, disculpa, etc. *An allegation is any statement of fact in a pleading, affidavit or indictment that the contributing party is prepared to prove.* [Tanto *allegations* como *pleadings* son alegaciones o alegatos, pero las primeras se refieren a los contenidos orales o escritos, a los datos o manifestaciones de los escritos civiles (*pleading, affidavit,* etc.) o penales (*indictment*), mientras que las segundas son los documentos formales de la demanda civil. Expresión: **allegation of faculties** (declaración que hace la esposa sobre los bienes de su marido en su solicitud de divorcio; V. *clean* *break, financial provision order, property adjustment order*)]. *Cf* pleadings; contents of the pleadings; argumentative allegation, averment; sensitive information.

allege *v*: alegar, declarar, sostener. *The prosecution alleged that the accused had uttered threats against the victim.* [Expresiones: **alleged** (supuesto, presunto, alegado; V. *presumed*), **allegedly** (presuntamente)]. *Cf* plead.

allegiance *n*: fidelidad, pleitesía, obediencia debida. *All subjects owe allegiance to the Crown, but officers of the Crown must swear an oath. Cf* oath of allegiance, pledge allegiance, swear allegiance.

alleviate *v*: paliar, atenuar, mitigar penas. *The stated purpose of this act was the alleviation of consumer uncertainties.* [Expresiones: **alleviating** (atenuante), **alleviation** (paliativo, alivio)]. *Cf* aggravate.

alliance *n*: alianza, unión.

allocate *v*: asignar, aplicar, conceder, distribuir. *Council funds have been allocated for the building of a new school.* [Expresión: **allocation** (asignación de recursos, provisión de fondos, asignación presupuestaria; V. *resource allocation, appropriation, allotment, apportionment, cost allocation; misallocation*)]. *Cf* appropriate, earmark.

allocution *n*: palabras que dirige el juez al acusado, tras el veredicto del jurado y antes de dictar sentencia, pidiéndole que manifieste lo que estime conveniente. *Cf* calling upon the prisoner.

allodial ownership *n*: pleno dominio de bienes o tierras, heredad o dominio alodial.

allonge *n*: añadido, suplemento, hoja de prolongamiento, hoja adjunta a una letra de cambio, anexo incorporado por medio de hoja adjunta, etc.

allot *v*: repartir, adjudicar, atribuir, asignar, destinar, distribuir por lotes. *The applicant was allotted 200 shares in the company.* [Expresiones: **allotment** (parte, cuota, porción, asignación en un reparto; V. *allocation, letter of allotment, apportionment*), **allotment of shares,** etc. (adjudicación de acciones, etc.; V.

letter of allotment), **allottee** (suscriptor, asignado, partícipe en un reparto)].

allow¹ *v*: permitir, tolerar, autorizar, posibilitar; descontar. *"The law allows it and the court awards it"* (Shakespeare, *Merchant of Venice*). *Cf* award, grant leave.

allow² *v*: admitir a trámite, autorizar. *The action was allowed to proceed. Cf* grant leave.

allow an appeal *v*: estimar el recurso, fallar a favor del apelante. *The appeal was allowed on the ground that a tenancy at will had existed for some time. Cf* dismiss an appeal, refuse an appeal.

allow time *v*: conceder una prórroga. *Cf* grant a delay.

allowable¹ *a*: deducible, admisible, permisible. *A casualty loss due to fire, a storm, etc., is allowable as a deduction in computing taxable income.* [Se aplica a *deductions, expenses*, etc.]. *Cf* allowance; unallowable.

allowable² *a*: admisible, permitido, lícito, legítimo, conforme a derecho. *Some legal defects are allowable and the court may even waive them. Cf* allowance, unallowable.

allowance *n*: asignación, concesión; bonificación, gasto deducible, dietas, subsidio; concesiones. *The judge made allowances for the youth of the accused and only fined him £25.* [Expresión: **allowance for necessaries** (pensión alimenticia; V. *necessaries*)]. *Cf* exemption; child allowance, customs duties allowance, earned income allowance, entertainment allowance, per diem allowance, personal allowance, resettlement allowances, sales allowance, subsistence allowance, tax allowance, travelling allowance; deduction; alimony; earned income allowance; make allowances for.

alls *n*: bienes, todo lo que se posee, patrimonio total.

alongside *adv*: atracado.

alter *v*: modificar. *Cf* amend.

altercation *n*: altercado, riña, disputa. *Police evidence indicated that the accused had hurled abuse at his neighbours during the altercation. Cf* abusive language.

alternate *a*: sustituto, suplente, otro; contra.

[Expresiones: **alternate member** (vocal o miembro suplente o sustituto; V. *alternative*), **alternate proposal** (contraproyecto)]. *Cf* acting; counter.

alternative[1] *a*: alternativo, otro. *The jury found the accused not guilty of murder, but brought in an alternative veredict of culpable homicide.* [Con el sentido de «alternativo», acompaña a palabras como *judgment, obligation, sentence, relief,* etc. Expresiones: **alternative verdict** (veredicto alternativo; en este caso el jurado declara inocente al acusado del delito por el que ha sido encausado, pero culpable de otro inducido o deducible de los hechos imputados), **alternative writ** (auto alternativo)]. *Cf* accumulative sentence, consecutive sentence, concurrent sentence.

alternative[2] *a*: sustituto, suplente. [Expresión: **alternative juror** (jurado sustituto; V. *alternate*)].

alternative *n*: disyuntiva, alternativa, remedio, salida, solución de recambio.

always afloat (a.a) *n*: siempre a flote.

ambit *n*: ámbito. *Cf* scope.

ambassador-at-large *n*: embajador visitador, embajador especial.

ambush *n/v*: emboscada; tender una emboscada, atacar por sorpresa. *The soldiers were caught in an ambush laid by the terrorists. Cf* sniper.

amelioration *n*: mejoramiento. *Cf* betterment.

amenable[1] *n*: responsable, sujeto a la jurisdicción. *As a member of Parliament hè is not amenable to the orders of this court. Cf* answerable, accountable.

amenable[2] *n*: dúctil, sensible, consciente, tratable. *Most criminals are stubborn and wilful and rarely amenable to reason. Cf* obedient, tractable, observant.

amend (an act, a pleading, etc.) *v*: reformar, reparar, rectificar, modificar, corregir, enmendar (una ley, un alegato, etc.). *The Central Arbitration Committee have power to amend discriminatory collective agreements. Cf* alter; consolidate, as amended.

amendment *n*: enmienda, modificación, reforma o rectificación. *Cf* cure a defect.

amends *n*: reparación, compensación, satis-facción. [Expresión: **make amends** (ofrecer excusas, compensación o reparación, dar cumplida satisfacción, satisfacer, indemnizar, reparar, gratificar)]. *Cf* make amends, tender of amends.

amercement (*obs*) *n*: multa.

American Bar Association (ABA) *n*: Colegio de Abogados de EE.UU. *Cf* Faculty of advocates.

amicable *a*: amistoso. *They reached an amicable agreement and avoided the expense of litigation.* [Expresiones: **amicable agreement/settlement** (acuerdo amistoso, transacción amistosa), **amicable/friendly compounder** (árbitro extrajudicial)]. *Cf* friendly; hostile.

amnesty *n*: amnistía. *When amnesty is granted to a group of people, there is abrogation of both the offence and the punishment. Cf* grant amnesty; full pardon, free pardon; tax evasion amnesty.

amount involved *n*: cuantía. *When the amount involved is small, civil cases are heard in County Courts.*

amortization quota *n*: tasa de amortización.

anchor *n*: ancla. [Expresiones: **anchorage** (fondeadero; derechos que se pagan por fondear), **anchorage dues** (derecho de anclaje, derecho de permanencia en un puerto)]. *Cf* petty average, towage, bridge toll.

ancient lights *n*: servidumbre de luces adquirida por prescripción. *Cf* easement.

ancillary *a*: accesorio, anciliario, auxiliar, secundario; subordinado, dependiente, subsidiario. [Expresión: **ancillary proceeding** (proceso auxiliar o secundario, procedimiento incidental, procedimiento subsidiario)]. *Cf* accesory[2].

annex *n/v*: anexo; incorporar como anexo.

annotate *v*: anotar. [Expresión: **annotation** (nota marginal, nota al margen)].

announce *v*: presentar. *The Chancellor announces the National budget every year.* [Expresión: **announcement of death, marriage,** etc. (aviso, anuncio, comunicado, comunicación de defunción, de matrimonio, etc.)]. *Cf* declare, pronounce; advice, notice.

annual *a*: anual. *Overall policy is discussed at*

the Annual General Meeting. [Expresiones: **annual general meeting, AGM** (junta general anual), **annual return** (informe o memoria anual de las empresas, indicando su estado financiero y el nombre de los consejeros)]. *Cf* yearly.

annuitant *n*: rentista, censuario. [Expresión: **annuity** (renta, anualidad; V. *life annuity, retirement annuity*)].

annul *v*: anular, cancelar, invalidar, revocar, casar, rescindir, derogar. *In an annulment of a marriage, the court declares that the marriage inquestion was never valid.* [*Annul, abolish, abrogate, repeal*, etc., tienen significados similares; el más general es *annul*, aunque también connota que el hecho anulado nunca existió desde un punto de vista legal; *abolish* se refiere a la anulación por medio de leyes o por la costumbre; *repeal* es la derogación por medio de otra ley. [Expresiones: **annulling clause** (cláusula abrogatoria), **annulment** (anulación, rescisión, cancelación, revocación, casación, derogación, derogatoria; V. *nullity of marriage; dissolve*)]. *Cf* dissolve, terminate, quash, abate proceedings, abolish, repeal, set aside, invalidate, quash, revoke, abrogate.

answer *n*: defensa, contestación a la demanda, réplica. *The first pleading by the defendant in a lawsuit in response to the plaintiff's statement of claim.* [*Answer* es la primera alegación, llamada también *defence*, equivaliendo a «defensa o contestación a la demanda»; en Inglaterra se utiliza más el término *defence* que *answer*. Expresiones: **answer to a charge** (descargo), **answer to interrogatories** (absolución de posiciones, contestación a interrogatorios), **have a complete answer to the charges** (probar su inocencia)]. *Cf* defence, plea; statement of claims.

answer *v*: comparecer, responder, dar satisfacción, responder por.

answerable to *a*: responsable ante. *In the exercise of his powers, the policeman is answerable to the law.* *Cf* accountable, amenable, liable, responsible.

answerer *n*: fiador.

antecedents *n*: antecedentes penales. *Antecedents reports usually give details of the accused's age, education, etc. and of previous convictions.* *Cf* police record, conviction records.

antedate *v*: retrotraer, antedatar.

anticipation, in *prep*: confiando que, con la esperanza de que, previendo, adelantándose a. *The landlord let him spend the night in the flat in anticipation that they would be able to agree terms of a lease the next day.* *Cf* in contemplation.

anti-waiver clause *n*: cláusula antirrenuncia.

Anton Piller order *n*: auto o mandato judicial que autoriza al demandante a tener acceso a algún establecimiento de la propiedad del demandado para inspeccionar o copiar o poner a buen recaudo documentos que el primero sospecha que el segundo puede ocultar o destruir.

apologies for absence from a meeting *fr*: disculpan su inasistencia a la junta.

apology, make an *n*: presentar excusas o justificación. *If a libel is published without malice or gross negligence, an apology made by the defendant may be taken into account in mitigation of damages.*

apparent *a*: evidente, manifiesto, presunto, obvio; aparente. *His apparent lack of means is a blind; he is really very rich.* [Expresión: **apparently** (a juzgar por las apariencias, en apariencia)]. *Cf* heir apparent; on the surface.

appeal¹ *n*: testimonio de un reo que confiesa su delito y acusa a sus cómplices (*appellees*) con el fin de obtener el perdón; también se le conoce con el nombre de *approvement*.

appeal² *n*: apelación, alzada, recurso de alzada, súplica, petición, instancia. *The ten-year sentence was reduced to six on appeal.* [Expresiones: **appeal bond** (fianza de apelación, fianza que exige la ley para recurrir), **appeal for amendment** (recurso de reforma o de enmienda), **appeal for annulment** (recurso de anulación), **appeal for protection** (recurso de amparo), **appeal for reconsideration** (recurso de súplica o de revisión), **appeal for reversal** (recurso de reposición), **appeal on procedural defect** (recurso por quebrantamiento de forma), **appeal on the law** (recurso por infracción de ley), **on appeal** (en recurso de apelación)]. *Cf* leave to appeal, launch/lodge/make an appeal, review; lie to.

appeal against a conviction, a decision, an interim injunction, etc. *v*: recurrir una condena, una resolución judicial, un interdicto provisional.

appeal by way of case stated *n*: recurso de apelación por error en la jurisprudencia aplicada por el tribunal, o para aclarar la interpretación de éstos en alguna cuestión jurídica; requerimiento dirigido por la parte que desea recurrir una sentencia al juez que la ha dictado para que haga explícita la motivación de la misma con el fin de poder determinar los motivos concretos sobre los que fundamentar el recurso. *Cf* case stated.

appeals court *n*: tribunal de apelación. *An appeals court released him on bail. Cf* court of appeal, appellate court.

appear *v*: comparecer, responder en persona o por procurador o abogado. *The plaintiff failed to appear on the day set for trial and the action was struck off the list.* [Expresión: **appear on the agenda** (figurar en el orden del día)].

appearance *n*: comparecencia, acto de presencia. [Expresiones: **appearance bail** (fianza de comparecencia), **appearance docket** (lista de comparecientes; V. *calendar of causes, calendar of cases, trial docket*)]. *Cf* make an appearance in court; special appearance in court; default.

appeasement *n*: apaciguamiento.

appellant *n*: recurrente, apelante.

appellate court *n*: tribunal (con competencia) de apelación. *An appellate court released him on bail.* [Todos los tribunales superiores son a la vez tribunales de apelación de las resoluciones de los inferiores. Expresiones: **appellate division** (sala de apelación), **appellate jurisdiction** (jurisdicción de apelación; V. *original jurisdiction, higher courts, High Court of Justice*), **appellate review** (revisión

por un tribunal de apelación)]. *Cf* court of appeal, high courts, lower courts, courts of first instance.

appellee *n*: apelado, parte apelada o recurrida. *Cf* respondent, defendant; approver.

appertaining *a*: relativo a, perteneciente, concerniente.

applicable *a*: pertinente o de aplicación, aplicable. [Expresiones: **applicable to** (concerniente a), **when applicable** (cuando sea de aplicación)].

applicant *n*: demandante, aspirante, solicitante; recurrente. *Applicants for the post must fill out all the forms in triplicate.*

application[1] *n*: solicitud, instancia, petición, súplica. *Certain applications must be backed by affidavits.* [Los términos *application, petition* y *motion* tienen significados compartidos; el más general de todos es *application*. Expresiones: **application by the party** (petición), **application for amendment** (recurso de reforma), **application form** (impreso o formulario de solicitud), **applications for employment** (demandas de empleo), **on/upon application of** (a instancias, súplica, petición, solicitud escrita de)]. *Cf* petition, motion, plea, file/make an application.

application[2] *n*: ejecución de una norma. *Cf* enforcement.

apply *v*: solicitar. *Those rules do not apply to us.* [Expresiones: **apply for leave to proceed** (solicitar la admisión a trámite), **apply to** (ser de aplicación a, aplicar, ser aplicable a, atañer, comprender a, ajustarse a), **apply to accede** (solicitar la adhesión; V. *accession*)].

appoint[1] *v*: nombrar. *On the retirement of Lord Smith, Lord McGregor was appointed Master of the Rolls.* [Expresiones: **by appointment** (cita previa), **appointee** (persona con nombramiento oficial; V. *designee*), **appointer** (nominador o apoderado; V. *power of appointment*), **appointment** (nombramiento, mandato, designación; V. *designation; dismissal; power of appointment*), **appointment vacants** (plazas o puestos de trabajo libres o sin ocupar)]. *Cf* commission, designate.

appoint² *v*: asignar. *The trustees had powers to appoint the capital by deed or by will in unequal shares to Lord Highsnow's children.*

appoint³ *v*: fijar, señalar. *They failed to appear at the appointed time. Cf* set.

apportion the expenses, etc. *n*: repartir, prorratear, hacer una derrama.

apportionment *n*: reparto, prorrateo, prorrata, repartición, derrama. *In cases of bankruptcy, the trustees must work out an equitable apportionment of the assets. Cf* allocation, appropriation, allotment.

appraise *v*: valuar, tasar, justipreciar, aforar. *A careful examination of the evidence suggests Smith knew in advance of the company's impending collapse.* [Expresiones: **appraisable** (valuable, evaluable, tasable), **appraisal** (avalúo, tasación de los bienes a subastar, valoración, tasación), **appraisement** (valoración, aprecio, justiprecio, estimación, tasación; V. *assessment*), **appraised value** (justo precio, valor de tasación, valor de avalúo, valor estimado), **appraiser** (tasador, justipreciador, perito, valuador)].

appreciate *n*: estimar, valuar, tasar; subir en valor. *When estimating the value of real estate, allowance must be made for appreciation.* [Expresiones: **appreciation** (apreciación), **appreciation of property, assets, currency,** etc. (revaluación de bienes, activos, moneda, etc.)]. *Cf* depreciation.

apprehend¹ a criminal *v*: prender, detener, arrestar a un delicuente. *The suspect, who had escaped, was apprehended and taken before the magistrate.* [Expresión: **apprehension** (detención, arresto, prisión, reclusión, detención provisional)]. *Cf* arrest, capture.

apprehend² *v*: comprender; sospechar, temer. *The judge refused to grant bail since there was reason to apprehend that the accused would flee the country. Cf* understand, appreciate.

apprise *v*: informar, avisar, dar parte. *When apprised of these circumstances, the judge ordered the prisoner to be released. Cf* informe, notify.

apprizer *n*: perito, valuador.

appropriate *a*: correcto, procedente, útil, pertinente, adecuado. *The local authorities have taken the appropriate steps in order to raise funds for the building of a new school. Cf* where appropriate.

appropriate¹ *v*: asignar, aplicar, consignar, destinar; conceder, distribuir. *Council funds have been allocated for the building of a new school.* [Expresiones: **appropriation** (asignación de recursos, crédito autorizado, consignación), **appropriation account** (cuenta de aplicación, de dotación o de consignación; cuenta de distribución de beneficios), **appropriation bill** (proyecto de ley de provisión de fondos o de asignación presupuestaria), **appropriation warrant** (autorización de nuevas asignaciones de crédito)]. *Cf* allocation, allocate, earmark; unappropriate.

appropriate² *v*: apropiarse, posesionarse, incautarse, adjudicarse. *It is illegal to appropriate intellectual property. Cf* abstract, steal.

approval *n*: aprobación, conformidad, conforme, visto bueno. *The new wording of the Act met with the MPs' approval and it was duly passed.* [Expresiones: **on approval** (a prueba, sujeto a/pendiente de aprobación), **have the approval of** (estar refrendado por)]. *Cf* assent, endorsement, prior approval, sanction.

approve *v*: aprobar, sancionar, autorizar un contrato, dar fuerza de ley. [Expresiones: **approved auditor** (auditor oficial o autorizado), **approved agenda** (orden del día definitivo)]. *Cf* agree as a correct record.

approvement (*obs*) *n*: testimonio de un reo (*approver*) que confiesa su delito y acusa a sus cómplices con el fin de obtener el perdón; también se le conoce con el nombre de *appeal*. [Expresión: **approver** (reo que acusa a sus cómplices o *appellees*)].

approximate cause *n*: V. *proximate cause*.

approximation *n*: aproximación. [Expresión: **approximation of legal provisions** (aproximación de las disposiciones legales)]. *Cf* harmonization.

appurtenances *n*: pertenencias, dependencias anexas o adjuntas, derechos accesorios. *A right of way may be considered an appurtenance.* [Expresiones: **appurtenant** (aparejado, perteneciente a, propio de; accesorio, subsidiario; V. *accessory, subsidiary*), **appurtenant easement** (servidumbre real o accesoria)].

A. R. *n*: V. *all risks*.

arbiter *n*: árbitro, compromisario. *Cf* arbitrator, umpire.

arbitrage *n*: arbitraje. [Expresión: **arbitrager** (arbitrajista, cambista. Consiste el arbitraje en comprar y vender simultáneamente una misma mercancía o producto financiero en dos mercados distintos con el fin de obtener beneficios buscando la diferencia de precios de ambos; el arbitrajista, aprovechando las ineficiencias del mercado, casa operaciones sin riesgo obteniendo pequeños beneficios; consecuentemente se habla de *currency arbitrage, merchandise arbitrage,* etc.)].

arbitral *a*: arbitral. [Expresiones: **arbitral settlement** (arreglo arbitral), **arbitral award** (laudo arbitral; V. *umpirage*)].

arbitrament (*formal*) *n*: arbitraje.

arbitrary *a*: arbitrario. *Cf* discretional.

arbitrate a quarrel, etc. *v*: arbitrar, componer (una disputa); mediar, negociar. *Cf* adjudge, adjudicate.

arbitration *n*: arbitraje; tercería. *Many modern contracts include arbitration clauses, with the aim of keeping legal costs down in the event of disagreement.* [Expresiones: **arbitration award/bond/council,** etc. (sentencia, fianza, tribunal, etc., arbitral o de arbitraje; V. *award*), **arbitration board/council/panel** (cámara, tribunal, órgano o junta de arbitraje), **arbitration clause** (cláusula arbitral), **arbitration proceedings** (juicio arbitral, procedimiento arbitral), **arbitrator** (árbitro, compromisario, hombre bueno, amigable componedor; V. *umpire*), **by arbitration** (por vía arbitral)]. *Cf* settle.

arguable *a*: controvertible, discutible, dudoso; demostrable, sostenible, susceptible de demostración.

arguably, be *v*: poder afirmarse, sostenerse o defenderse. *He is arguably the finest lawyer in the country.*

argue¹ a point of law, etc. in court *v*: debatir, argüir, discutir, razonar, disputar, defender, probar con argumentos, argumentar, contender (ante los tribunales). *Barristers argue a case in court with the briefs prepared by the solicitors.* *Cf* contend for, debate.

argue² *v*: servir de prueba, ser base de apoyo, hablar (en favor de). *The fact that he gave himself up voluntarily argues in his favour.*

argument¹ *n*: disputa, desacuerdo acalorado. *Cf* dispute, controversy.

argument² *n*: argumento, alegato, defensa, prueba. [Expresión: **arguments** (descargos, alegaciones)]. *Cf* reason, ground, proof.

argumentative *a*: combativo, terco, discutidor. *An argumentative affidavit is a sworn written statement containing arguments related to facts used to back certain applications.* [Expresiones: **argumentative affidavit** (certificación jurada que expone no sólo hechos sino conclusiones también), **argumentative allegation** (alegaciones razonadas; V. *averment*)]. *Cf* contentious, litigious, quarrelsome.

armed *a*: armado. *Heavily armed policemen entered his residence to recover computer records.* *Cf* heavily armed.

arraign *v*: presentar un acusado ante el tribunal, acusar, denunciar, procesar, leer la acusación. *When a person is arraigned, he is brought to the bar of the court so that the indictment can be read to him.* [Expresión: **arraignment** (procesamiento, acusación, acto de acusación formal hecha por el juez al acusado con el que empieza el proceso penal en el *Crown Court*)]. *Cf* plea in bar.

arrangement¹ *n*: gestión, trámites. *He has made out the necessary arrangements for the deal to go through without delay.* *Cf* plan, step, provision.

arrangement² *n*: acuerdo, arreglo, concierto, sistema. *It is better and cheaper for everybody if an arrangement can be made and a trial avoided.* [Expresión: **arrangement accord**

(arreglo, conciliación, transacción)]. *Cf* agreement, composition, deal, accord, settlement, amicable arrangement, scheme of composition.

array *n/v*: lista; lista de candidatos a formar parte de un jurado; escoger los jurados, formar la lista. [A esta lista de candidatos a formar el jurado también se la llama *panel*]. *Cf* panel, call the jury; empanel; challenge to the array.

arrears of wages, interest, rent, etc. *n*: demora o atraso(s) en el pago de (sueldo, intereses, alquiler, etc.); deudas, atrasos. *An employee who is owed wages can sue his employer for arrears of pay.* [Expresión: **in arrears** (en descubierto, en mora, atrasado)]. *Cf* back, overdue, unsettled, pending, outstanding, default.

arrest[1] *n*: detención, prisión; arresto (de un militar). *When an arrest is made, the accused must be told that he is being arrested and given the ground for his arrest.* [Los términos *detention* y *arrest* son sinónimos parciales; el primero equivale a «retención» y el segundo a «detención», aunque, debido a la influencia del inglés, algunos usan «arresto». *Arrest* connota que se ha utilizado la fuerza (física, verbal, psicológica, etc.)]. *Cf* apprehension, detention, warrant of/for arrest.

arrest[2] *n*: embargo de bienes, traba. *Cf* attachment, garnishment, search and seizure.

arrest *v*: detener, arrestar. *Cf* apprehend, capture.

arrest of sentence/judgment *n*: solicitud de suspensión del pronunciamiento de una sentencia o de nulidad de una causa por defecto de forma; aplazamiento de la sentencia. *After his client's conviction, Counsel moved for arrest of sentence on the ground of defect in the indictment.* [Se puede pedir esta suspensión después del veredicto y antes de que el juez pronuncie la sentencia]. *Cf* stay; motion in arrest of judgment.

arrest, under *fr*: detenido.

arrestable offence *n*: delito grave o muy grave. *People suspected of having committed arrestable offences can be arrested without a warrant.* [Desde el punto de vista de la policía, los delitos pueden ser: *arrestable offences*

(delitos en los que la policía, sin necesidad de una orden de arresto, puede detener a los sospechosos) y *non-arrestable offences* (delitos en los que la policía no puede detener a los presuntos delincuentes sin orden de arresto)]. *Cf* indictable offence, felony.

arrogate *v*: arrogarse, alegar algún derecho infundado.

arson *n*: incendio doloso, intencional o provocado. [Expresión: **arsonist** (incendiario)]. *Cf* set fire to.

art *n*: V. *terms of arts.*

article *n*: sección; artículo, término, cláusula, estipulación. *Cf* clause, section, paragraph. *The articles of association of a company are its detailed internal rules, which refer to such matters as the appointment and duties of the managing director,* etc. [En las leyes inglesas, *section* equivale a «artículo» y *article* a «sección» o división que comprende varios artículos o *sections*; en las comunitarias, *article* es artículo. Expresiones: **articles and conditions** (pliego de condiciones), **articles of agreement** (artículos de un convenio, tratado), **articles of association** (estatutos o reglamento de una asociación; V. *memorandum of association, certificate of incorporation, articles of partnership*), **articles of incorporation** (estatutos o reglamento de una sociedad mercantil; en algunos estados norteamericanos se emplea el término *articles of incorporation* en el sentido de *articles of association* y, a veces, en el de *memorandum of association*), **articles of partnership** (contrato de sociedad, estatutos de una sociedad), **articles of war** (reglamento de los conflictos armados, código de justicia militar), **under articles** (es-criturado; V. *under seal*)]. *Cf* part, section.

article *v*: pactar, convenir. *Before one lawyer can become a solicitor, a period in articles in a solicitor's office is compulsory.* [Expresiones: **article an apprentice** (tutelar a un profesional en su período de prácticas; V. *serve articles*), **articled clerk** (pasante, abogado en prácticas), **articles** (período de práctica como pasante)]. *Cf* ship's articles.

artificial person *n*: persona jurídica. *A corporation, for example, is an artificial person as the law gives it some of the rights and duties of a person. Cf* juristic/legal person.

as far as is necessary *fr*: cuando fuere necesario, en caso necesario, en tanto fuere necesario. *Cf* where necessary.

as amended *fr*: enmendado. *Section II of the Act, as amended by s 10 (1981) ... Cf* section.

as at (December 31) *prep*: A (31 de diciembre). *The Balance Sheet shows the state of the company's finances as at 31 December 1990.*

as is *prep*: tal cual.

as of *prep*: a partir de (fecha), con fecha de. *As of the 15th of June, parking outside the building is for permit-holders only.*

as per advice, contract, invoice, agreement, order, etc. *fr*: con referencia a, según consta en el aviso, el contrato, la factura, el convenio, el pedido, etc. *The goods are chargeable as per invoice, and we would appreciate prompt payment by cheque or order.*

ascertain *v*: estimar, fijar, aclarar, esclarecer, averiguar, determinar, evaluar, descubrir. *It is not always easy for a judge to ascertain the intention of the contending parties.* [Expresiones: **ascertainable** (averiguable, determinable, evaluable), **ascertainment of the damage,** etc. (estimación, determinación, valoración, fijación, averiguación del daño, etc.)]. *Cf* determine, establish, assess.

ashore, run *n*: encallar, envarar. *Cf* aground, stranded.

aside, set *n*: V. *set aside*.

asperse *n*: difamar, calumniar, denigrar. *Cf* slander.

asperser *n*: infamador, calumniador. *The accused is not allowed to cast aspersions on the conduct of the prosecution or their witnesses.* [Expresión: **aspersion** (difamación, calumnia, mácula, tacha, deshonra; V. *calumny, slander*)].

asportation *n*: acarreo de bienes robados.

assailant *n*: asaltante, agresor.

assailment *n*: asalto, agresión, acometimiento. *Cf* assault, attack.

assassinate *n*: asesinar a una figura relevante.

John Lenon was assassinated. [Expresiones: **assassin** (asesino; V. *killer, gunman, murderer, triggerman, homicide, slayer*), **assassination** (asesinato)].

assault *n*: ataque, agresión ilegítima; amenaza, insulto. [Los términos *assault* y *battery* se usan como sinónimos y, con frecuencia, formando la unidad léxica *assault and battery*. Para que haya *battery* debe haber contacto físico agresivo, mientras que para el *assault* basta con gestos o palabras ofensivas o agresivas; con *assault and battery* existe agresión física y también la gestual y la verbal. Expresiones: **assault and battery** (amenazas y agresión, maltrato de obra y de palabra; V. *battery*), **assault with a deadly weapon** (asalto a mano armada), **assault with intent to commit a felony** (asalto con intención criminal)]. *Cf* aggravated assault, assault and battery, abuse. common/simple assault, indecent assault, sexual assault.

assault *v*: amenazar, acometer, hostigar, insultar, asaltar, atacar, provocar, meterse con. *Cf* abuse, assault and battery, attack.

assembly *n*: junta, asamblea; Asamblea, Parlamento Europeo. [Expresión: **assembly room** (sala de juntas o de sesiones; V. *boardroom*)]. *Cf* European Parliament.

assent *n/v*: asentimiento, aprobación, refrendo, ratificación, beneplácito; confesión, reconocimiento, declaración, dictamen; sancionar. *By means of the Royal assent a bill becomes a statute or parliamentary act. Cf* mutual assent, vesting assent; approval, compliance, sanction.

assert *v*: sancionar, afirmar, asentir, mantener, aprobar, sostener, asegurar, alegar. [Expresiones: **assertion** (aserción), **assertory** (afirmativo)].

assess *n*: determinar, fijar, imponer; evaluar, valorar, calcular, tasar. *The term assessment can refer both to the "evaluation" of the worth of property for taxing it and to the "amount" assessed or fixed.* [Se suele aplicar a *taxes, damages, costs, the premium*. Expresiones: **assess damages** (fijar daños y perjuicios), **assessed income** (renta gravada, renta sujeta a tributación), **assessed taxes** (contribuciones directas), **assessed value** (valor fiscal, valor castastral), **assessable** (imponible, gravable, sujeto a tributación; V. *taxable*), **assessment** (base imponible, valoración o determinación; valoración o tasación fiscal, determinación del valor imponible; V. *jeopardy assessment, pre-hearing assessment*), **assessment base/basis** (base imponible), **assessment bond** (bono garantizado con impuestos), **assessor** (tasador, técnico, perito amillarador, evaluador, especialista; se suele nombrar *assessors* para los procesos incoados en el *Admiralty Court* y para la determinación de costas o *taxation of costs*; V. *taxation of costs, taxing master*)]. *Cf* Evaluation of the worth of property for taxing it, adjust, determine, establish, ascertain, fix the value of.

asset, assets *n*: activo, bienes, patrimonio, haber, capital, fondos de valores en cartera, fondos de una quiebra, fondos de una sucesión. [Expresiones: **asset backed securities, ABS** (valores respaldados por activos), **asset value** (valor de activo neto), **assets of a bankruptcy** (masa de la quiebra; V. *bankrupt's estate*), **assets/capital of a partnership** (capital social)]. *Cf* accrued assets, admitted assets, business assets, capital assets, cash assets, fixed assets, deferred assets, diminishing assets, floating assets, frozen assets, inmaterial assets, liquid assets, net quick assets, personal assets, pledged assets, quick assets, passive assets, real assets; liabilities.

assign *v*: asignar, traspasar, ceder, consignar, transferir, dejar en testamento. *Her will, assigning her property to a nurse, was declared null and void.* [Expresiones: **assign a day for trial** (señalar día para el juicio), **assign rights** (ceder derechos), **assignment** (cesión, traslación de dominio, transferencia, escritura de cesión o traspaso de bienes, tradición, transmisión de la propiedad; asignación; V. *general assignment, make an assignment, preferential assignment, voluntary assignment*), **assignment of patent** (transmisión de patente), **assignment of rights** (cesión de derechos), **assignment value** (valor

de cesión), **assignee** (sucesor, apoderado, cesionario), **assigner, assignor** (cedente, cesionista)]. *Cf* transfer, convey.

assistance *n*: auxilio, ayuda, socorro.

Assize Courts *n*: antiguos tribunales de lo penal, que se convirtieron en el *Crown Court*.

associate *a/n*: suplente; asociado, socio, correligionario. [Expresiones: **associate judge** (juez asesor), **associate justice** (juez suplente)].

association *n*: cooperativa, sociedad, asociación, confederación. *Cf* building and loan association; articles of association, memorandum of association.

assume *v*: asumir, aceptar. [Expresiones: **assumed** (fingido, supuesto; V. *alleged*), **assumed name** (seudónimo; V. *alias, a.k.a.*), **assuming that** (en la hipótesis de que)].

assumpsit *n*: (proceso por) incumplimiento de compromiso implícito. *"Assumpsit" means "He promised"*. *Cf* action of assumpsit, general assumpsit.

assumption *n*: asunción, arrogación; presunción, suposición, supuesto. [Expresiones: **assumption of authority** (arrogación de poder, facultades o autoridad; V. *delegation of authority*), **assumption of office** (entrada en funciones), **assumption of risk** (asunción de riesgo)].

assurance *n*: seguro de vida. *Cf* insurance.

assure *v*: asegurar contra algún riesgo. [Expresiones: **assured** (asegurado), **assured tenancy** (contrato de arrendamiento regulado por el *Housing Act* de 1988 que garantiza al inquilino el derecho a vivir en la vivienda por tiempo indefinido; V. *protected tenancy*), **assurer** (asegurador)]. *Cf* insure.

astrand *v*: encallado. *Cf* aground, stranded; derelict.

asylum *n*: V. *right of asylum, refuge*.

att'y *n*: abreviatura de *attorney*.

attach[1] *v*: anexar; adscribir. [Expresión: **attached to** (inherente a)]. *Cf* annex.

attach[2] *v*: embargar, secuestrar, retener mediante orden judicial; atribuir. [Expresiones: **attach property** (ejecutar bienes), **attachment** (embargo, incautación, secuestro, retención, decomiso, comiso; V. *affidavit for attachment, aggressive collection, arrest, warrant of attachment, writ of attachment*), **attachment bond** (consignación para evitar/liberar un embargo), **attachment execution** (ejecución de embargo), **attachment of goods/real property** (secuestro de bienes, de inmuebles), **attachment proceedings** (proceso para el secuestro judicial, diligencias de embargo), **attachable** (embargable, secuestrable)].

attaché *n*: agregado.

attack, collateral *n*: V. *collateral attack*.

attain *v*: lograr, conseguir, alcanzar. [Expresiones: **attain (one's) majority** (llegar a la mayoría de edad), **attainment** (consecución, realización)].

attaint (*obs*) *v*: estigmatizar, condenar, proscribir. *Until 1870 when a person was sentenced to death he was said to be "attainted" and his property was forfeited.*

attainder, bill of *n*: V. *bill of attainder*.

attempt *n*: tentativa.

attempted *a*: frustrado. [Se utiliza en expresiones como *attempted murder, attempted robbery*, etc.].

attend a meeting *v*: asistir a una reunión.

attend to *v*: cumplir con (las formalidades), cuidar, atender, estar al frente de. *He has been declared incompetent to attend to his daily affairs. Cf* comply with.

attendance *n*: asistencia, comparecencia. [Expresiones: **attendance fees** (dietas por asistencia), **attendance of witnesses** (comparecencia de testigos)]. *Cf* appearance.

attendant (circumstances, etc.) *a*: concomitante, concurrente. *Cf* accompanying, connected with.

attest *v*: dar fe, atestar, legalizar, certificar, compulsar. [Expresiones: **attest a signature** (legalizar/reconocer una firma), **attestation** (atestación, atestado, testimonio, certificación; V. *police report*), **attested copy of a document** (compulsa, documento compulsado), **attesting** (fehaciente, acreditativo, demostrativo), **attesting witness** (testigo instrumental, testigo declarante), **attestor** (testigo certificador)]. *Cf* bear witness to, certify.

attitude *n*: postura.

attorn *v*: transferir.

attorney[1] *n*: apoderado, procurador, mandatario, poderhabiente. [Expresiones: **by attorney** (por poder), **attorney's lien** (derecho de retención que ostenta el apoderado, embargo preventivo)]. *Cf* att'y, agent, proxy, representative; power of attorney, letter of attorney.

attorney[2] **(-at-law)** *n*: abogado (en EE.UU.), procurador. *Since the Judicature Act 1985 all attorneys in England have been officially called solicitors. Cf* att'y, advocate, lawyer, solicitor, barrister.

Attorney-General[1] **(AG)** *n*: Fiscal General del Estado. [La Fiscalía del Estado la dirige el Director de la Acusación Pública (*Director of Public Prosecution*), conocido por las siglas *DPP*, quien, a su vez, depende del Fiscal General (*Attorney-General*), que normalmente es un diputado parlamentario y, como tal, es la instancia política responsable de este servicio ante el Parlamento].

Attorney-General[2] **(AG)** (*amer*) *n*: ministro de Justicia en los EE.UU.

attornment *n*: reconocimiento por el arrendatario (u obligado) de los derechos del nuevo propietario o titular.

auction *n/v*: subasta, remate, venta en pública subasta; subastar, rematar. [Expresiones: **auction bid** (licitación en la subasta, puja), **auctioneer** (subastador, persona a cargo de una subasta)]. *Cf* Dutch auction; put up something for auction.

audience *n*: audiencia (pública). *Cf* right of audience.

audit *v*: intervenir, revisar una cuenta, certificar, auditar. *It is the task of the auditors to ensure that a company's returned accounts are all quite clear and aboveboard.* [Expresiones: **audit report** (informe de auditoría), **audited statement** (cuenta certificada o auditada), **auditing** (auditoría, censura de cuentas), **auditor** (interventor de cuentas, auditor, censor de cuentas, experto contable, ordenador de pagos; V. *approved auditor, court of auditors*)].

authentic *a*: auténtico, fehaciente, legalizado, certificado. [Se aplica a *document, copy, act*, etc. Expresiones: **authentic evidence** (prueba fehaciente), **authenticate** (autenticar, autorizar, refrendar, legalizar), **authentication** (autenticación, legalización de documentos)].

authority[1] *n*: poder, potestad, competencia, jurisdicción, facultades, autoridad; autorización, permiso. *He acted on the authority of the court*. [Expresiones: **authority by estoppel** (autorización derivada de la doctrina de los propios actos, autorización basada en la apariencia judicial), **by authority** (por poder, pp)]. *Cf* full autority, power, licence, permission, letter of authority; parental authority, pass, permit; assumption of authority.

authority[2] *n*: organismo público, organismo autónomo, entidad, ente público, servicio, agencia estatal, junta. *London Airport Authority. Cf* board.

authority[3] *n*: autoridad, fuente de prestigio jurídico; dominio; cita a leyes (*statutes*), normas (*rules*), reglamentos (*regulations*), resolución judicial (*judicial decision*), libros de texto, etc.; doctrina legal, doctrina científica. *Mr Justice Westland cited* Scott v. Aland *as authority for holding that a debtor was bound on his public examination to answer all the question*. [Con frecuencia se usa en plural]. *Cf* persuasive authority.

authorize[1] *v*: autorizar, habilitar. [Expresión: **authorized dealer** (distribuidor autorizado)]. *Cf* entitle, qualify.

authorize[2] *v*: escriturar, otorgar ante notario. [Expresión: **authorized capital** (capital autorizado)]. *Cf* nominal capital; uncalled capital.

automatic directions *n*: directrices o providencias ordinarias dadas por el juez, tras el cierre de la fase de alegatos, para la celebración de la vista oral, especialmente en una demanda por daños. *Cf* close of pleadings, summons for directions.

automatism *n*: automatismo, ejecución de actos sin intervención de la voluntad de forma normal o patológica. *Automatism, involuntary conduct and self-defence are three kinds of general defence.*

autopsy *n*: autopsia. *Cf* coroner's inquest, medical examiner, post-mortem.

autrefois acquit/convict *n*: ya absuelto/ya condenado, excepción de cosa juzgada. [Se trata de dos cuestiones previas que puede presentar la defensa en el acto formal de acusación (*arraignment*), intentando demostrar que la acusación es improcedente por haber sido el acusado o absuelto o condenado por el delito que se le imputa. De prosperar, impiden la continuación del juicio]. *Cf* peremptory plea, plea in bar, special plea.

avail *v*: aprovechar, hacer uso; ser útil. *If no absolute proof is available, a party to a suit may be entitled to a verdict in his favour on the balance of probabilities*. [Expresiones: **avail oneself of** (recurrir a, aprovechar, hacer uso), **be available** (disponer de, estar disponible o a disposición; V. *make available to*), **availability** (disponibilidad)].

Av. *n*: V. *average*.

A.V. *n*: V. *ad valorem freight*.

aver *v*: afirmar, declarar. *Cf* averment.

average[1] (**Av**) *n*: avería, pérdida, daño o gasto extraordinario surgidos durante el transporte marítimo. [Expresiones: **average adjuster/ adjustor** (liquidador, tasador de averías), **average bond** (garantía o fianza de avería, obligación de avería, compromiso de avería), **average statement** (declaración de avería), **average unless general** (avería distinta de la avería general o gruesa), **average surveyor** (comisario de averías)]. *Cf* adjustment of average, general average, gross average, make good an average, particular average, petty average, certificate of damage, sea damage, taker of averages.

average[2] *n*: promedio, término medio. [Expresión: **average rate** (tipo medio)].

averment *n*: declaración o aseveración positiva basada en hechos, que se presenta en los alegatos llamados *pleadings. Cf* avowal, admission, confession, acknowledgment, negative averment, particular averment; argumentative allegation.

avizandum, in *adv*: en consideración, en tela de juicio. *In Scottish law when a judge takes a case in avizandum, he adjourns the session pending his consideration.* *Cf* under advisement.

avoid *v*: anular un contrato, invalidar, evitar. *Cf* annul, cancel, set aside; voidable contracts.

avoidable *n*: anulable, evitable. *One person injured by tort of another is not entitled to recover damages for any avoidable harm he could have avoided.*

avoidance of tax *n*: V. *tax avoidance.*

avoirs *n*: activo líquido.

avoué *n*: abogado. [En el derecho canadiense equivale a las figuras de *barrister, solicitor, attorney*].

avow *v*: reconocer y justificar una acción en las alegaciones llamadas *pleadings*; declarar. [Expresiones: **avowal** (declaración, admisión, confesión, reconocimiento; V. *admission, confession, acknowledgment*), **avowant** (justificador), **avowry** (justificación; es una alegación o *pleading* en las demandas de reivindicación o *action of replevin*)]. *Cf* avowry.

avulsion *n*: avulsión (respecto a los predios).

Avulsion distinguishes from accretion in the sudden action of natural forces. *Cf* accretion, reliction.

awaiting *a*: pendiente, a la espera de. *A person held in legal custody awaiting trial or appealing against a criminal conviction may be entitled to bail.* *Cf* pending.

award *n/v*: laudo (arbitral), fallo arbitral, juicio, compromiso, adjudicación (en contrato); decisión de conceder la custodia de un menor a una de las partes; fallar a favor de una de las partes, pronunciar una sentencia o laudo, juzgar, otorgar, adjudicar, conceder, conferir. *The plaintiff was awarded damages and the defendant was ordered to pay the costs of both parties.* [El fallo de los tribunales de lo social (*industrial tribunals*) se llama *award*]. *Cf* decree, judgment, sentence, ruling, verdict, adjudication; damages award, protective award; find, hold, adjudge, accord.

AWOL *n*: V. *absence without (official) leave.* *Cf* desertion.

ayes and nays, the *n*: votos a favor y votos en contra. [Expresión: **the ayes have it** (ganan los síes)]. *Cf* nayes.

B

b *n*: V. *bag, bale.*

baby bond (*col*) *n*: bono u obligación cuyo nominal es inferior a mil dólares.

back *a*: atrasado, pendiente, vencido, devengado y no pagado. *When she realized that the Inland Revenue inspectors were investigating her, she made a voluntary payment of back taxes.* [Se aplica a *interest, payments, pensions, taxes,* etc.]. *Cf* arrears, outstanding, overdue, unsettled, pending.

back *n*: dorso. *Cheques are endorsed on the back.* [Expresión: **back to back credit** (crédito respaldado, crédito subsidiario)].

back/back up *v*: avalar, prestar fianza, endosar, afianzar, respaldar, apoyar, sostener. *The backed bills were accepted as surety for a further loan.* [Expresiones: **back bond** (contrafianza; V. *bond of indemnity*), **backer** (avalista; V. *surety, sponsor, guarantor, bondsman, acceptor for honour/supra protest*), **backing** (aval, garantía)]. *Cf* support, uphold, endorse, second.

back-bencher *n*: diputado de la Cámara de los Comunes que, por no tener cargo en el gobierno, se sienta en los escaños de atrás. *Cf* front-bencher, rank and file.

back down (*col*) *v*: echarse atrás, cambiar de idea. *They threatened to sue us, but backed down when we showed them the clause in the contract.*

back out of (*col*) *v*: retirarse, echarse atrás. *You can't back out of the deal now: you've signed.*

back up *v*: V. *back.*

backadation *n*: V. *backwardation.*

backbite (*col*) *v*: calumniar, difamar, desacreditar, murmurar. *To backbite is to express damaging opinions.* [Expresiones: **backbiter** (detractor, murmurador), **backbiting** (calumnia, murmuración, maledicencia, detracción)]. *Cf* slander, defamation, calumny; disparagement.

backdate *v*: retrotraer, anticipar. *The pay increase has been backdated to April 1st.* [Expresión: **backdated** (con efectos retroactivos)]. *Cf* date, foredate.

background[1] *n*: circunstancias, trasfondo, telón de fondo, información general.

background[2] *n*: educación, base (cultural), formación (cultural), ambiente cultural o social.

background[3] *n*: antecedentes penales o policiales. *Sentences are often deferred to give the judge time to read the background reports.* [Expresión: **background report** (ficha policial, ficha de antecedentes penales)]. *Cf* antecedents, conviction background, police record, record of convictions.

backlog of orders *n*: cartera de pedidos atrasados, trabajo acumulado o atrasado. *There is a backlog when there is an accumulation of unfilled orders.*

backward *a*: retroactivo, hacia atrás. [Expresiones: **backward action** (bonificación), **backward letter** (carta de garantía o indemnidad), **backwardness** (retraso)].

backwardation *n*: margen de cobertura; diferencia entre precios de entrega inmediata y futura; interés que paga el bajista; prima pagada por entrega aplazada; retardo. *If you buy stock for delivery at a future date (for example, at the next account), the "backwardation" —or difference between the prices— is paid by the seller.* Cf contango.

bad *a*: deficiente, defectuoso, inadecuado, nulo, sin valor, falso, perverso. *The judge ruled that the claim was bad, being based on an invalid contract.* [Expresiones: **bad cheque** (cheque sin fondos), **bad debt risk** (riesgo de insolvencia), **bad debts** (fallidos, deudas incobrables, impagados, cuentas dudosas), **bad debtor** (deudor moroso, cliente fallido; insolvencias), **bad faith** (dolo), **bad loan** (fallido), **bad title** (título defectuoso o imperfecto; V. *cloud on title*), **in bad faith** (de mala fe)]. *Cf* wrong; ineffectual, inoperative, void; base; go to the bad; debtor in default, recoverable debts; write-off.

bad, be to the (*col*) *v*: haber perdido (una determinada cantidad de dinero). *Once we had paid expenses and overheads, we found we were £2,000 to the bad.* Cf loss, write-off, out of pocket.

badge of fraud *n*: indicio o sospecha fundada de fraude o estafa. *Fictitious consideration or transfer of all of a debtor's property in anticipation of suit or execution are clear badges of fraud.* Cf evidence.

baffle (*col*) *v*: burlar, frustrar; engañar. *The complexity of the company's finances baffled the attempts of the investigators to trace the source of the payments.*

bag *n*: saco. Cf BIBO.

bail[1] *n*: fiador judicial. *A bail is a person who puts up money for the release of an arrested pending trial or appeal.* Cf surety, guarantee.

bail[2] *n/v*: fianza, fianza carcelaria, caución, afianzamiento, abonamiento; puesta en libertad con fianza; poner en libertad bajo fianza, caucionar, fiar, dar fianza, ser fiador de otro. *When an arrested is granted bail it means that he is set free.* [Expresiones: **bail a person out** (pagar la fianza para poner en libertad provisional a alguien; V. *release on bail, remand on bail, setting at liberty; admit to bail, furnish bail, give bail, go/stand bail, grant bail, post bail*), **bail above** (fianza de arraigo, aseguramiento que se exige al demandante extranjero), **bail absolute** (caución absoluta), **bail below** (fianza ordinaria), **bail bond** (escritura de afianzamiento o caución; V. *surety*), **bail hostels** (centros de rehabilitación; V. *on probation*), **bail in error** (depósito para recurrir en casación), **bail jumping** (*col*) (violación de la libertad condicional, quebranto del arraigo), **bail to the action** (fianza especial o de arraigo), **bailable** (caucionable, susceptible de fianza o caución, con derecho a ser puesto en libertad con fianza; se aplica a *action, offence, process, attachment,* etc.), **bailee** (depositario de bienes, locatario, depositante de fianza, comodatario), **bailee policy** (póliza de seguro de la responsabilidad civil del depositario), **bailee's lien** (retención prendaria), **bailer, bailor** (depositante; fiador, garante; **on bail** (en libertad bajo fianza, con fianza; V. *remand on bail*)]. *Cf* security; release on bail, remand on bail, jump bail.

Bailey, Old *n*: V. *Old Bailey*.

bailie (*der es*) *n*: concejal de un ayuntamiento escocés al que, por votación de los miembros del consistorio, se le han concedido atribuciones especiales, como la de actuar de *magistrate*.

bailiff *n*: alguacil, agente municipal que ejecuta los embargos, etc.; administrador de una señoría. *When a family is evicted, the bailiffs take possession of their home and any distrained property.* Cf deputy to a sheriff (*amer*).

bailiwick *n*: bailía, distrito de *bailiff* o *bailie*, alguacilazgo.

bailment *n*: depósito; entrega en depósito de algo a un tercero; depósito caucional, fianza. *Goods in the keeping of a pawnbroker are in bailment, and he has a duty to take reasonable care of them.* Cf gratuitous bailment, involuntary bailment.

balance *n/v*: saldo, balance; balanza; saldar, cuadrar, equilibrar, nivelar. *Each month your bank should send you a slip showing the movements of your account and the current balance.* [Expresiones: **balance an account** (cuadrar una cuenta, saldar una cuenta), **balance carried forward** (saldo a cuenta nueva), **balance of payments** (balanza de pagos), **balance sheet** (balance de situación, hoja de balance, balance general, estado contable, estado financiero), **balance the budget,** etc. (equilibrar el presupuesto, etc.), **balanced view, budget, differences,** etc. (punto de vista, presupuesto, diferencias, etc., equilibrado, compensado), **in balance** (equilibrado), **on the balance of** (poniendo en la balanza, en un cálculo de; V. *proof*)]. *Cf* credit balance, debit balance, trade balance.

bale *n*: fardo, bala.

ballast *n*: lastre.

balloon loan/note/payment *n*: préstamo en el que el último plazo es muy superior a los anteriores, préstamo globo. [Algunos Estados norteamericanos los prohíben por su posible carácter engañoso]. *Cf* deception.

ballot *n*: votación, voto secreto; papeleta de voto. *After the election results were published, the losing party accused their rivals of ballot-rigging.* [Expresiones: **ballot box** (urna electoral), **ballot-paper** (papeleta de voto; V. *voting-slip*), **by ballot** (con papeleta de voto, en votación secreta; V. *show of hand*), **ballot-rigging** (manipulación fraudulenta de una votación, «pucherazo electoral»; V. *rig, fraud, cheat*)]. *Cf* second ballot, secret ballot, single ballot.

ban *n/v*: bando, edicto; prohibir. *Some statutes ban canvassing under certain circumstances. Cf* forbid, proscribe, outlaw, prohibit.

banc/bank, en/in *fr*: (por) el tribunal en pleno. *A matter may be reheard "en banc", that is, in a session of all judges sitting together, at the court's motion or at the request of the litigants. Cf* at bar.

banishment *n*: deportación, destierro. [Expresiones: **banish** (desterrar, deportar), **banished person** (desterrado, deportado, proscrito)].

bank[1] *n/v*: banco; depositar en el banco, ingresar en cuenta. *Monthly bills for gas, electricity, water, etc. can be paid by banker's order.* [Expresiones: **bank acceptance** (aceptación bancaria), **bank book, bank-book** (cartilla, libreta), **bank charter** (escritura de constitución de un banco, ficha bancaria), **bank clearing** (compensación bancaria), **bank commercial paper** (bono de caja), **bank rate** (tipo bancario), **bank rate cut** (reducción del tipo bancario, rebaja del tipo de descuento; V. *fall in the discount rate*), **bank draft** (giro bancario), **bank failure** (quiebra bancaria; V. *bankruptcy*), **bank holiday** (día feriado; V. *clear days*), **bank lien** (gravamen bancario en prevención; V. *banker's lien*), **bank loan** (crédito bancario), **bank mandate** (autorización para llevar a cabo ciertas operaciones, como la firma de cheques, etc.), **bank overdraft** (crédito en descubierto o en cuenta corriente), **bank paper** (títulos bancarios; V. *bankable, commercial, negotiable*), **bank of issue** (banco emisor), **bank reserves** (activo de caja, reservas bancarias), **bank reserves ratio** (coeficiente bancario obligatorio; V. *ratio*), **bank statement** (extracto de cuenta), **bank vault** (cámara acorazada de un banco), **bankable paper** (efectos negociables o descontables; V. *bills and notes, bank paper*), **banker's lien** (gravamen bancario en prevención; V. *bank lien*), **banker's order** (orden dada al banco para la domiciliación de pagos regulares), **banking** (banca), **banking syndicate** (consorcio bancario), **banknotes** (billetes de banco; V. *dud*)].

bank[2] *n*: tribunal en pleno, pleno del tribunal. *Cf* banc.

bankrupt *a*: quebrado, en situación de quiebra, insolvente, concursado, fallido. *The firm went bankrupt as a result of poor management and a series of risky investments.* [«Declararse en quiebra» o «ir a la quiebra» se forma con *go, become, be made, be adjudicated.* Expresiones: **bankrupt's estate** (masa de la quiebra, conjunto o cuerpo de bienes de un quebrado; V *assets of a bankruptcy*), **bankruptcy** (quiebra, bancarrota), **bank-**

ruptcy commissioner (comisario de la quiebra), **bankruptcy court** (tribunal de quiebras), **bankruptcy discharge** (revocación del estado quiebra, rehabilitación del quebrado), **bankruptcy order** (auto judicial declarativo de quiebra; el *bankruptcy order* sustituye a los antiguos *adjudication order* y *receiving order*), **bankruptcy petition** (petición o solicitud de declaración de quiebra), **bankruptcy proceedings** (procedimiento o proceso de quiebra, ejecución concursal, concurso de acreedores), **bankruptcy surety** (fiador en bancarrota), **bankruptcy trustee** (síndico de la quiebra; V. *trusteee inbankruptcy*)]. *Cf* insolvent; adjudication of bankruptcy, bank failure; assets of a bankruptcy, composition in bankruptcy, criminal bankruptcy, date of bankruptcy/cleavage, discharge in bankruptcy, dismiss a petition in bankruptcy, involuntary bankruptcy, fortuitous bankruptcy, necessary bankruptcy; adjudicate, file a petition in bankruptcy; declare someone bankrupt.

banns of matrimony *n*: amonestaciones matrimoniales, admonición, proclamas de matrimonio. *According to English law, people intending marriage must have the banns proclaimed in a church on three successive Sundays.*

bar¹ *n*: impedimento legal, obstáculo legal, excepción. [Expresiones: **bar relief** (excepción perentoria a alguna alegación, impedimento legal), **bar to proceedings** (obstrucción a los procedimientos, excepción dilatoria)]. *Cf* in bar of trial, plea in bar, estoppel, demurrer.

bar² *n*: foro, estrado, lugar reservado para el tribunal y los abogados, sala de vistas. *"Prisoner at the bar, how do you answer the charges made against you?".*

Bar³ *n*: el tribunal en pleno. *In its strictest sense, the bar is the court sitting in full term.* [A veces el término *bar* se emplea para referirse al tribunal; normalmente la expresión *Bench and Bar* significa «los jueces y los letrados». Expresiones: **bar, at** (en sesión plenaria; V. *en/in banc*)]. *Cf* bench.

Bar⁴ *n*: los abogados de la acusación y de la defensa llamados *barristers*; trámites procesales. [Se llaman «*The bar*» porque tienen el privilegio de sobrepasar la barra (*bar of the court*), que no es más que la línea imaginaria que separa a los jueces (*The Bench*) del público. *Bar* se emplea también en sentido figurado para referirse a los trámites procesales. Sólo los *barristers*, es decir, los que pertenecen al *Bar*, pueden aspirar a ser jueces]. [Expresiones: **bar, be called/admitted to the** (entrar en el Colegio de Abogados o *barristers*, tras pasar las pruebas correspondientes; darse de alta en el Colegio de Abogados; V. *admit*), **Bar Council** (Colegio de Abogados o *barristers* de Inglaterra y Gales. El *Bar Council* entiende de los honorarios y de las normas profesionales por las que se rigen estos letrados)]. *Cf* Senate of the Inns of Court; Law Society; Bench; American Bar Association, legal etiquette; admission/call to the bar.

bar⁵ *n*: barra de entrada a un río. [Expresión: **bar pilot** (práctico de barra; V. *pilot, dock pilot*)].

bar *v*: excluir, prohibir, impedir. *He has been barred from dealing in Treasury securities because of his past misconduct.* [Expresiones: **barred** (excluido, rayado, arrancado), **barred by statute of limitations** (V. *statute barred*)]. *Cf* treasure.

bar of the court, be brought to the *fr*: comparecer ante el tribunal. *When a person is arraigned, he is brought to the bar of the court so that the indictment can be read to him.*

Bar of the House *n*: barra situada frente al presidente (*Speaker's chair*) de la Cámara de los Comunes que marca el límite territorial de esta cámara.

bar of trial, in *fr*: como excepción perentoria; cuestión previa; artículo de previo pronunciamiento. *An accused person may tender a special plea, such as insanity, in bar of trial. Cf* plea, peremptory plea.

bare *a*: escaso, insuficiente, simple, desprovisto, nudo, carente de las condiciones necesarias. [Expresiones: **bare contract** (contrato/obligación unilateral; V. *naked contract*), **bare**

majority (mayoría escasa), **bare possession** (posesión de hecho, posesión natural; V. *naked possession*), **bare power** (poder nudo; V. *power of appointment*), **bare trustee** (fiduciario pasivo o nominal, sin más autoridad ni más obligación que la de retener el título de propiedad hasta que el beneficiario alcance la mayoría de edad; V. *active trust*)]. *Cf* naked.

bare-boat charter *n*: contrato de fletamento por el que se cede el buque, corriendo los gastos de navegación por cuenta del fletador. *Cf* charter.

barge *n*: barcaza, gabarra.

barge bill of lading (*amer*) *n*: conocimiento de embarque para transporte fluvial. *Cf* bill of lading.

bargain[1] *n/v*: pacto, acuerdo; negociar, pactar, ajustar, regatear. *After tense negotiations, a bargain was struck and the two sides signed a contract.* [Expresiones: **bargaining** (regateo), **bargain and sale** (contrato de compraventa inmediata), **bargain for** (contar con, esperar), **bargain price** (precio de ocasión, precio de saldo), **bargain sale** (venta de rebajas), **bargainee** (contratante comprador), **bargainor** (contratante vendedor), **bargaining rights** (derechos de negociación colectiva)]. *Cf* collective bargaining, strike a bargain.

bargain[2] *n*: regateo. *He is a very shrewd businessman who drives a hard bargain.*

bargain[3] (*col*) *n*: ganga, oportunidad. *You should buy the car: it's a bargain at the price.*

baron (*col*) *n*: pez gordo, cacique, mandamás, persona influyente en un negocio, sector o círculo. *There was a meeting last week of the Press Barons to discuss strategy following the passing of new laws affecting the media.* [Este término, de carácter peyorativo, no siempre connota ilegalidad, aunque a veces sí, como en *"Barons" are inmates who have more power in prison than others*]. *Cf* drug lord.

barrator *n*: pleitista, el que sin fundamento claro promueve pleitos. [Expresiones: **barratry, barretry** (delito de incitación a los litigios o embrollos jurídicos, propensión a pleitear. Cometen este delito, entre otros, los abogados que incitan a iniciar procesos sin causa justa, para obtener beneficios personales; V.

champerty), **barratry of master and mariners** (baratería, actos de baratería; engaño, embrollo jurídico, delito cometido por la pérdida causada a los armadores o a los cargadores de un barco por dolo o engaño del capitán o la tripulación; V. *scuttling a ship, embezzling the cargo, forfeiture of the ship*)].

barrel *n*: barril, barrica.

barren money *n*: dinero improductivo, dinero prestado sin interés. *Cf* yield, bear interest.

barrier *n*: obstáculo. [Expresión: **barriers to trade** (obstáculos comerciales)].

barring *prep*: salvo, excepto. *Barring accidents, the meeting will be held on Monday.*

barrister (at-law) *n*: abogado que actúa ante los tribunales. *A barrister is an advocate that has exclusive rights of audience in the High Court, Court of Appeals and House of Lords.* [Los *barristers* son los letrados que gozan del derecho exclusivo para ejercer la abogacía ante los tribunales superiores de Inglaterra y Gales (*High Court of Justice, Crown Court, Court of Appeal*), pudiendo representar tanto a particulares como a la Corona]. *Cf* advocate, lawyer, solicitor, trial lawyer, attorney at-law, solicitor, counsel.

bars, behind (*col*) *fr*: encarcelado, entre rejas. *He was four months behind bars.* *Cf* imprisoned.

barter *n*: trueque, compensación o permuta. [Suele acompañar a palabras como *agreement, economy,* etc.].

base *a*: vil, infame, despreciable. *In sentencing the man, the judge described his conduct as base and cowardly.* *Cf* bad, corrupt.

base *v*: fundar, fundamentar, establecer, basar. *His claim was based on the will his mother made during her last illness.* *Cf* ground, found.

based in, be *fr*: tener la sede en, con sede en. *The company is based in Manchester, and is a market leader in knitted goods.* *Cf* seat of a company.

baseless *a*: infundado, sin fundamento. *Cf* groundless.

basic *a*: básico. [Expresiones: **basic patent** (patente primitiva), **basic principles** (principios fundamentales)].

basis[1] *n*: fundamento, base, cimientos. *His claims have no basis in law. Cf* legal basis. [Expresión: **on the basis of** (basado en, basándose en)]. *Cf* provisional basis; coleection basis.

basis[2] *n*: régimen; gestión; modalidad, forma. *Most insurance premiums are paid on a periodic basis. Cf* collection basis.

basket of currencies *n*: cesta de monedas nacionales.

bate (*obs*) *v*: minorar, disminuir, rebajar. [Por ser un término anticuado, en su lugar se emplea *abate, rebate,* etc.].

batement (*obs*) *n*: disminución, merma o menoscabo. [Por ser un término anticuado, en su lugar se emplea *abatement, rebate,* etc.].

batter *v*: agredir, apalear, golpear, acometer, arremeter. *A worrying number of battered wives and battered children are now coming to light. Cf* assault.

battery *n*: agresión, intimidación violenta, ataque físico, acometida, ofensa. *You need not actually* batter *somebody to be guilty of battery; it is enough in law, that you lay hold of him in a way that suggests violent intent. Cf* assault and battery, grievous bodily harm.

bawdy *a/n*: obsceno, deshonesto; alcahueta, celestina. [Expresión: **bawdy house** (casa de lenocinio, prostíbulo; V. *brothel, disorderly house, house of ill fame/repute, cathouse*)]. *Cf* base, obscene.

bay, at *fr*: a raya. *A man armed wih an automatic rifle climbed to the top of a building in the city centre and held police at bay for 4 hours. Cf* hold at bay.

B.C. *n*: antes de Cristo.

be it known *fr*: sépase, entiendan todos.

beach *v*: varar un buque voluntariamente.

beacon *n*: baliza.

beak (*argot*) *n*: magistrado, juez. *He came up before the beak for breach of the peace. Cf* baron.

bear *a/n/v*: bajista, inversor bursátil con expectativas bajistas; oso; especular a la baja. *The investor that sells securities or commodities in expectation of a price decline.* [Expresiones: **bear market** (mercado bajista o

replegado a la baja; el uso de la palabra *bear* en este contexto probablemente venga del dicho inglés *selling the bearskin before catching the bear*), **bear the market** (jugar a la baja, especular a la baja, provocar bajas en el mercado), **bearish** (bajista, pesimista; V. *bullish*), **bearish tendency** (tendencia a la baja; V. *downward trend*)]. *Cf* bull, bull market; averaging down.

bear[1] *v*: llevar, cargar; sufrir, soportar. *The judge told the mother that she bore a heavy responsibility, through her negligence, for her daughter's death.*

bear[2] *v*: guardar relación con, relacionarse con. *I don't see how this evidence bears on the case. Cf* bear resemblance.

bear[3] *v*: parir, dar a luz. *Surrogate mothers, who bear children for other women, are a source of new legal problems.*

bear[4] **interest** *v*: devengar o producir intereses. *Cf* yield, carry.

bear out *v*: corroborar. *His statement was borne out by the testimony of two eyewitnesses.*

bear raiding *n*: oferta súbita de valores para producir una baja instantánea de la cotización. *Cf* dawn raid.

bear resemblance *v*: guardar parecido. *The witness remembered the woman's face, since she bore a striking resemblance to a famous singer.*

bear witness to *v*: dar testimonio, atestiguar. *The lines on his face bear witness to the strain he is suffering.* [Como en el ejemplo dado, también se puede usar en sentido figurado]. *Cf* testify, give evidence.

bearer *n*: portador. *Pay to the bearer the sum of £500.* [Expresiones: **bearer bond (payable to bearer)** (bono al portador), **bearer certificate** (título al portador), **bearer shares/stock** (acciones al portador)]. *Cf* registered bond.

bearing[1] *n*: relación, conexión. *This statement has no bearing on the issue.*

bearing[2] *n*: orientación; marcación (naut.). *It is difficult to find one's bearings amidst the complexities of the evidence.*

beat *n*: área de control y vigilancia de un policía, ronda.

beat, on one's *fr*: del campo de uno, de la especialidad de uno. *I don't know much about Criminal Law, it is not on my beat.*

beating *n*: paliza.

become *v*: convertirse, llegar a ser. *Only members of the Bar are eligible to become judges.* [Expresiones: **become public** (ser de dominio público), **become bankrupt** (declararse en quiebra, ir a la quiebra)].

bedevil *v*: endiablar, envenenar, confundir. *Some areas of American trade and local government are bedevilled by racketeers and gangsters.*

before *prep*: ante. [Expresiones: **before-cited** (antedicho), **before-mentioned** (susodicho)].

begin functions *v*: entrar en funciones.

behalf of, on *fr*: en nombre de, por. *An attorney acts on behalf of the donor of the power.*

behaviour *n*: V. *unreasonable behaviour.*

belibel (*obs*) *v*: V. *libel.*

belief, to the best of my knowledge and *fr*: según mi leal saber y entender. [Fórmula utilizada en declaraciones juradas, testimonios, etc.].

belongings *n*: efectos, pertenencias. *Cf* personal effects, personal belongings, chattels.

below par *fr*: por debajo del valor nominal.

Bench *n*: la magistratura, los jueces; tribunal o sala de justicia. [Expresiones: **be on the bench** (ser juez, pertenecer a la judicatura), **bench legislation** (derecho jurisprudencial), **bench trial** (juicio sin jurado), **bench warrant** (auto de prisión dictado por un tribunal superior); este auto contiene una orden de prisión (*order of committal*) por desacato (*contempt of court*) a la citación de comparecencia (*summons, subpoena*)]. *Cf* Queen's Bench, banc; Bar.

benchers/Masters of the Bench *n*: (miembros de la) Junta de Gobierno de cada uno de los *Inns of Court*, Decanos. *Benchers exercise disciplinary powers over the members of the Inn.*

beneficial *n*: ventajoso, provechoso, útil. [Expresiones: **beneficial association** (sociedad de beneficencia), **beneficial improvement** (mejora patrimonial)]. *Cf* benefit society, charitable society.

beneficiary *n*: beneficiario de una herencia, derechohabiente; beneficiario, dueño en equidad o *trustee* de los bienes de un fideicomiso llamado en el pasado *cestui que trust*; cesionario, abandonatario. *Cf* abandonee, recipient, releasee; trustee; equitable owner.

benefit *n*: privilegio, beneficio, bien, ventaja, provecho; prestaciones, alimentos, indemnización, prestaciones sociales. [Expresiones: **benefit of the doubt** (beneficio de la duda, presunción de inocencia; V. *presumption*), **benefit society** (sociedad de beneficencia; V. *beneficial association, charitable society*)]. *Cf* unemployment benefit, accident benefit, sick benefit, supplementary benefit.

bequeath *v*: mandar, dejar en testamento, legar (especialmente un bien mueble). *The antique furniture came to us as a bequest from a maiden aunt.* [Expresiones: **bequeathal/bequeathment** (testamento, acto de testar, manda, legado), **bequest** (legado)]. *Cf* absolute bequest; devise.

bereave *v*: despojar, quitar, robar, desposeer, arrebatar. *She was bereaved of her father at an early age.* [En la actualidad se usa casi siempre en sentido figurado: (1) cuando se refiere a cualidades o posesiones abstractas (la vida, la esperanza, etc.), se emplea el participio *bereft* (*Bereft of hope and comfort, he died a bitter man*); (2) cuando se refiere a la muerte de un familar, se usa *bereaved*].

bereavement *n*: desgracia, aflicción, pérdida de un familiar. *Terrorists' atrocities have led some sociologists to study this special experience of bereavement.* [Expresión: **bereavement damages** (indemnización por daños morales)]. *Cf* aggravated damages.

bereft *a*: despojado, desposeído. *Cf* bereave.

berth[1] *n/v*: atraque, muelle, atracadero, amarradero, puerto de atraque, muelle, lugar o espacio que ocupa un buque en un fondeadero; atracar, amarrar. *Cf* accommodation berth, whether in berth or not.

berth[2] (*col*) *n*: acomodo, puesto de trabajo, etc. *He's found a new berth in the Finance Department, as assistant manager. Cf* niche.

beseech (*formal*) *v*: suplicar, rogar, pedir, instar. *The defence besought the court to consider the fresh evidence.*

beset *a*: acosado. *The firm is beset with difficulties. Cf* harass.

bestiality *n*: bestialidad, sodomía. *Cf* buggery, sodomy, unnatural acts.

bestow *v*: donar, otorgar, conceder. *The knighthood was bestowed on him in recognition of his services. Cf* grant, endow.

bet *n/v*: apuesta; apostar. *The rules governing all forms of gambling are laid out in the Betting, Gaming and Lotteries Act.* [Expresión: **Betting, Gaming and Lotteries Act** (Ley reguladora de los juegos de azar)]. *Cf* game.

betray *v*: traicionar. *The statements she made to the Press were regarded by her employees as a betrayal of confidence.* [Expresiones: **betrayal** (perfidia, traición, abuso; V. *breach of trust*), **betrayal of confidence** (abuso de confianza)].

betrothal *n*: esponsales, noviazgo.

betterment *n*: mejora. *Certain home improvements are deemed "betterments" and are tax deductible.* [Expresión: **betterment tax** (tributo para llevar a cabo una mejora pública)]. *Cf* melioration; repairs.

beyond *prep*: más allá de, fuera de. *The judge reminded the jury that it was their duty to decide on the guilt beyond reasonable doubt.* [Expresiones: **beyond reasonable doubt** (fuera de toda duda razonable, sin que quede la menor duda; V. *proof beyond reasonable doubt*), **beyond the assets descended** (V. *acceptance without liability beyond the assets descended*)].

beyond repair *fr*: sin posibilidad de reparación. *When it was clear that the ship and her cargo were damaged beyond repair, her owners informed the insurers that they were abandoning ownership. Cf* total constructive loss.

beyond the seas *fr*: fuera del país, en el extranjero, ilocalizable. *As the witness that had been subpoenaed was beyond the seas, the hearing was adjourned. Cf* absence.

biannual *a*: semestral.

bias *n/v*: parcialidad, prejuicio, propensión, predisposición; sesgar, inclinar, predisponer. *The judge discounted the evidence of three witnesses who were clearly biased against the police.* [Expresión: **biased judgment** (fallo parcial o sesgado; V. *impartial; partial, prejudiced*)].

BIBO *n*: carga a granel, descarga en sacos. [Acrónimo formado por *bulk-in, bag-out*].

bicker *v*: reñir, disputar. *The Divorce Court was told that, though the couple bickered constantly, there were no violent quarrels between them.*

bid[1] *n*: puja, licitación, propuesta, oferta, oferta de adquisición; pujar, ofrecer, entrar en licitación. *A Japanese company is expected to put in a bid for the bank.* [Las formas irregulares de este verbo son *bid, bid, bid*. Expresiones: **bid bond** (fianza de licitación o de participación en un concurso, aval de oferta, caución o garantía de licitador), **bid price** (precio de oferta), **bidder** (concursante, postor, pujador, licitador, licitante; suele formar expresiones como *best bidder, highest bidder*, etc.; V. *offerer*), **bidding** (licitación, pliego de condiciones), **bidding conditions/specifications/form** (pliego de condiciones, bases de licitación)]. *Cf* call for bids, hostile bid, take-over bid.

bid[2] (*obs*) *v*: rogar, mandar, decir. [Las tres formas de este verbo irregular son *bid, bade, bidden*; su uso no es muy frecuente excepto en expresiones formales como *bid someone adieu, welcome*, etc.].

bilateral (contract, agreement, treaty) *a*: (contrato, acuerdo, tratado) bilateral. *Cf* mutual, reciprocal.

bilk (*col*) *v*: estafar, defraudar, dejar a alguien empantanado, dar plantón a alguien. *He bilked his creditors and disappeared without trace.*

bill[1] *n*: factura, cuenta, efecto de comercio; boleto; cartel de anuncios. *Monthly bills for gas, electricity, water, etc., can be paid by banker's order.* [En esta acepción, *a bill* es una factura, una cuenta o un efecto de comercio. Expresiones: **bill broker** (corredor de obligaciones, agente de letras), **bill discount** (descuento de efecto), **bill obligatory** (pagaré), **bill of costs** (pliego de costas), **bill of credit** (carta de crédito), **bill of debt** (pagaré), **bill of entry** (declaración de entrada en aduanas), **bill of favour** (efecto de favor), **bill of exchange** (letra de cambio; V. *accommodation bill of exchange*), **bill of exceptions** (pliego de excepciones), **bill of freight** (contrato de transporte, carta de porte), **bill of sale** (contrato de compraventa de bienes muebles, comprobante de venta), **bills payable** (letras a pagar, efectos o letras al cobro), **bill receivable** (letras o efectos al cobro), **bill with documents attached** (letra documentaria, también llamada *documentary draft*), **billing** (facturación), **bills and notes** (efectos o títulos negociables; V. *bankable*)]. *Cf* accommodation bill, promissory bill, treasury bill.

bill² *n*: escrito de petición, instancia o súplica; recurso; acta, auto. [En esta segunda acepción, *bill* es un documento de solicitud o súplica, utilizado también en las alegaciones de las demandas de equidad (*equity*). Expresiones: **bill for a new trial** (*amer*) (petición de nuevo juicio; normalmente se emplea en su lugar *motion for a new trial* en Inglaterra y Gales), **bill for foreclosure** (demanda en juicio hipotecario, escrito inicial), **bill for fraud** (reclamación por fraude), **bill in equity** (petición, demanda o recurso de equidad), **bill of appeal** (escrito de apelación), **bill of attainder** (decreto de confiscación de bienes, proscripción o extinción de los derechos civiles del individuo condenado por delito de traición; proscripción y confiscación; muerte civil; actualmente está derogado), **bill of costs** (pliego de costas; V. *taxing master, taxation of costs, assessor*), **bill of discovery** (petición a la parte contraria en una demanda de que declare los documentos que obran en su poder relacionados con el asunto civil; petición de declaración de hechos presentada por el demandado), **bill of certiorari** (solicitud de auto de avocación), **bill of complaint** (demanda judicial, escrito de agravios), **bill of evidence** (acta taquigráfica), **bill of exception** (escrito de recusaciones, escrito de súplica, nota de excepciones, escrito oponiéndose a las diligencias efectuadas o a las providencias dictadas por el tribunal), **bill of particulars** (petición de delimitación de la imputación,

petición de pormenorización del objeto de la demanda o contrademanda, petición que hace una de las partes a la otra solicitando escrito pormenorizado aclarando todo lo que alegan en su demanda), **bill of peace** (solicitud de prevención de litigios múltiples), **bill of review** (solicitud de revisión judicial; V. *judicial review*), **no bill, not a true bill** (no ha lugar a procesamiento; V. *ignoramus, not found*)]. *Cf* petition; equity; quia timet bill.

bill³ *n*: proyecto de ley. *All statutes begin as bills which are discussed in Parliament.* [En esta tercera acepción, *bill* es un proyecto de ley, aunque se pueda traducir como «ley» en expresiones como **bill of rights** (ley de derechos, carta o declaración de derechos). Las divisiones de los distintos instrumentos jurídicos, *acts, bills,* etc., no reciben siempre el mismo nombre; los *bill* constan de *clauses, sub-clauses* y *paragraphs*]. *Cf* act, private bill, private act, public bill, private member's bill, statute; common law, equity; legislature; enactment; appropriation bill, deficiency bill, legislative bill; clause.

bill⁴ (*amer*) *n*: billete de banco. *Cf* note.

bill⁵ *n*: cartel de anuncios. [Se emplea especialmente en la expresión **No bills** (Se prohíbe fijar carteles)].

bill *v*: enviar la factura, facturar. *To our horror we were billed for £3,000.*

bill of health *n*: patente de sanidad. [La patente de sanidad ha sido sustituida por la Declaración Marítima de Sanidad (*Maritime Declaration of Health*, expedida por el capitán)]. *Cf* clean bill of health, foul bill of health.

bill of indictment *n*: auto de procesamiento, escrito de acusación, acta de acusación dictada por un Gran Jurado (EE.UU.), informe de acusación. *A bill of indictment is a formal accusation for a serious criminal offence, also called indictable offence.* [El *indictment*, escrito formal en el que se le imputa algún delito a alguien, lo dicta en Inglaterra y en Gales un Tribunal de Magistrados (*Magistrates' Court*), constituido en jueces instructores (*examining magistrates*); en EE.UU., este escrito lo dicta un Gran Jurado

(*Grand Jury*)]. *Cf* committal proceedings, complaint, charge, summary offence, prefer, true bill, libel of accusation (*der es*).

bill of interpleader *n*: petición del demandado por acción entre dos demandantes. *The bankrupt's goods were seized for debt, but the bank then faced a bill/summons of interpleader from the estate goods agents, who claimed the house was theirs.*

bill of lading (blading, B/L) *n*: conocimiento de embarque, transporte de mercancías en régimen de conocimiento. *A bill of lading may be regarded as a receipt, as a proof of property and as a summary of the shipping contract. Cf* certified bill of lading, clean bill of lading, common carrier bill of lading, direct bill of lading, foul bill of lading, named bill of lading, on board bill of lading, straight bill of lading, through bill of lading, truck bill of lading, stale bill of lading; mate's receipt.

billion *n*: mil millones en Estados Unidos, un millón de millones en el Reino Unido.

bind *v*: vincular(se), obligar(se). *To be effective, the terms of a contract must be considered binding by both parties.*

bind oneself *v*: comprometerse, vincularse, obligarse. *By accepting a bill of exchange, you effectively bind yourself to make payment of the full amount at maturity. Cf* honour; reject, refuse to accept.

bind over *v*: imponer la obligación de, obligar el juez a una persona a cumplir alguna obligación, poner bajo fianza. *He was found guilty of committing a breach of the peace and was bound over to be of good behaviour.*

binder *n*: resguardo provisional. *Cf* voucher.

binding *a*: vinculante, obligatorio, preceptivo. *Minors have no capacity to sue or to enter into a legally binding contract.* [Expresiones: **binding force** (carácter o fuerza vinculante), **binding precedent** (precedente vinculante)]. *Cf* legally binding, obliging, mandatory.

birth *n*: nacimiento. *It is expected that the declining birth rate in developed countries will have a long-term effect on pension funds.* [Expresiones: **birth certificate** (partida de nacimiento), **birth rate** (índice o tasa de

natalidad), **birth record** (inscripción en el registro civil)]. *Cf* death.

bite (*argot*) *n*: chantaje, amenaza, presión. *I wouldn't deal with that firm if I were you: they'll involve you in some shady business and then put the bite on you.*

biyearly *a*: bianual. *Cf* half-yearly.

B/L *n*: V. *bill of lading.*

black *a*: negro. *He was accused of being a blackleg and thrown out of the union by his workmates* [Expresiones: **Black Maria** (*col*) (coche celular; V. *police van*), **black-market, economy** (mercado negro, contrabando, economía sumergida), **black-market exchange** (cambio de contrabando), **blackener** (difamador, calumniador, denigrador), **blackleg** (esquirol; V. *scab*), **blackmail** (extorsión, chantaje; extorsionar, chantajear), **blackmailer** (chantajista, extorsionista)].

blading (B/L) *n*: acrónimo de *bill of lading.*

blameful *a*: culpable, reprensible.

blank, in *a*: en blanco, al descubierto. *When we checked in the Land Register, we found the name of the owner of the property had been left blank.*

blatant *a*: claro, manifiesto, evidente; descarado.

blemish *n*: tacha, deshonra, mancha en la reputación.

block (an account, currency, funds, etc.) *v*: bloquear, congelar (una cuenta, dinero, fondos, etc.). *Pending the Fraud Squad's investigation, the man's account has been blocked. Cf* freeze, control.

block of shares *n*: paquete de acciones. *The company hopes to solve its liquidity problems when the new block of shares comes on the market next week. Cf* body of shareholders.

blockade *n*: bloqueo.

blood relations *n*: parientes consanguíneos. *Cf* cognate, affinity, prohibited degrees of relationships.

bloodshedding *n*: homicidio, derramamiento de sangre.

blood-test *n*: análisis de sangre. *Courts may order blood-tests in paternity suits, cases of drunk driving,* etc.

blue chip stock *n*: valores seguros, valores

punteros en bolsa, valores sólidos o de toda confianza. *Stock of the best-known and most reputed companies in the United States is called "blue chip stock".* Cf gilt-edged securities, high grade bond.

blueprint[1] *n*: cianotipo, copia heliográfica.

blueprint[2] (*col*) *n*: proyecto, plan. *The Government's blueprint for a new system of taxation was discussed at a meeting of the Cabinet.*

blunt instrument *n*: arma contundente.

board *n*: órganos rectores, concejo, consejo (de administración), junta. *The board of directors are collectively responsible for the management of a company.* [Expresiones: **board member/boardmember** (vocal de un consejo o junta), **board meeting** (reunión de la junta), **board of directors** (junta directiva, consejo de administración), **board of equalization** (junta de revisión de avalúos), **board of management** (consejo de gestión), **Board of Trade** (Ministerio de Comercio; el nombre actual es *Department of Trade*), **board of trustees** (consejo de fideicomisarios, patronato, junta o consejo de síndicos, consejo de gerencia, consejo de gestión), **board of underwriters** (junta o consejo de aseguradores), **boardroom** (sala de juntas; V. *assembly room*), **on board** (a bordo), **on board bill of lading** (conocimiento que atestigua que la mercancía está a bordo)]. *Cf* arbitration board, draft board; aboveboard.

bodily *a*: corporal; de sangre, de familia. *Murder is homicide with malice aforethought, i.e., with the intention of killing or causing grievous bodily harm.* [Expresiones: **bodily harm** (daños corporales), **bodily heirs** (herederos en línea directa; V. *consanguinity*), **bodily injuries** (lesiones corporales, daños personales)]. *Cf* grievous bodily harm.

body[1] *n*: organismo, órgano, institución, cuerpo. *The Council of Ministers is the formal legislative body of the European Economic Community.* [Expresiones: **body corporate** (persona jurídica, sociedad anónima; se puede decir indistintamente *body corporate* o *corporate body*; V. *artificial person, juristic person*), **as a body** (colectivamente)]. *Cf* authority.

body[2] *n*: contenido; volumen, caudal, masa. *The body of a deed is its operative part.* [Expresiones: **body of a deed, a document, a law** (contenido sustantivo u operativo de una escritura, un documento, disposiciones sustantivas de una ley), **body of an estate** (caudal de una herencia), **body of creditors** (masa de acreedores), **body of rules** (cuerpo de disposiciones), **body of shareholders** (accionariado; V. *block of shares*), **body of the crime** (cuerpo del delito, *corpus delicti*)].

bodyguard *n*: guardaespaldas. *The visiting President stepped out of the car surrounded by his bodyguards.* *Cf* henchman.

bogus *a*: falso, espurio, imitado. *The Stock Market issued a warning to people not to buy the shares of the bogus company.* *Cf* counterfeit, hoax, impersonate.

bomb hoax *n*: aviso falso de bomba, falsa alarma. *Police believe the bomb hoax in Parliament last week was a deliberate attempt to spread panic.*

bona fide *a*: de buena fe, auténtico, sin engaño o mala intención. *The documents proved that he was a* bona fide *trader; some failures which are not intentional sometimes result from a bona fide error.* [Se aplica en expresiones como **bona fide error** (error de buena fe), **bona fide holder** (titular de buena fe), **bona fide transaction** (negocio de buena fe), etc.]. *Cf* hoax, bogus.

bona vacantia *n*: bienes vacantes, propiedad real o personal sin dueño.

bond[1] *n*: compromiso, pacto; lazo, vínculo. *"My word is my bond" is a common English saying, but legally you need someone's written promise.* [Expresiones: **bond for title** (pacto condicionado de traspaso), **bondage** (servidumbre, atadura; V. *easement*)].

bond[2] *n*: bono, obligación, título, pagaré, cédula (hipotecaria). *Bonds are long term debt instruments of a corporation.* [Expresiones: **bond certificate** (título de obligaciones), **bondholder** (tenedor de bonos, bonista, obligacionista; V. *obligor, obligee; share-*

holder) **bond indenture** (contrato de empréstito, escritura de emisión de bonos), **bond washing** (venta y recompra en Bolsa de los mismos valores para evitar pagar impuestos, justificando minusvalías o disminuciones patrimoniales; V. *tax avoidance*)]. *Cf* active bond, annuity bond, assessment bond, baby bond, bail bond, callable bond, claim bond, collateral trust bond, continued bond, dated bond, debenture bond, double-barreled bond, fixed rates securities, government bond, high grade bond, income bond, indemnity bond, junk bond, local authority bond, non-marketable bond, passive bond, public bond, refunding bond, registered bond, treasury bond; share, debenture.

bond³ *n/v*: fianza, garantía; garantizar. *A secured bond is protected by the ledge of landed property (real) or personal property.* [Expresiones: **bond creditor** (acreedor con caución), **bond for demurrage** (garantía para demoras o sobrestadías), **bond forfeiture** (caducidad de la fianza), **bond loan** (empréstito de amortización), **bond note** (certificado de depósito; V. *certificate*), **bond of indemnity** (contrafianza, fianza de indemnización; V. *indemnity bond, back bond*), **bond of notary** (fianza notarial), **bond secured** (bono con garantía, bono hipotecario; con bienes raíces, se llama *bond secured on landed property*, con bienes personales, *bond secured on personal property*), **bonded** (garantizado por obligación escrita, afianzado, hipotecado, asegurado, depositado bajo fianza para el pago de los derechos arancelarios), **bonded area** (zona franca), **bonded debt** (deuda afianzada, garantizada con pagarés u obligación escrita, pasivo representado por bonos), **bonded goods** (mercancías almacenadas o en depósito y sujetas al pago de derechos arancelarios), **bonded warehouse** (depósito de aduana, depósito/almacén afianzado, bodega fiscal), **bonder** (depositario, guarda, almacén), **bonding company** (compañía fiadora), **bondsman** (fiador, garante, afianzador, persona que da fianza por otra; V. *backer, guarantor*), **in/under bond** (en depósito)]. *Cf* appeal bond, arbitration bond, asessment bond, attachment bond, average bond, bail bond, bid bond, back bond, bottomry bond, customs bonds, fidelity bond, customs bonds, judgment bond, land bond, penalty bond, performance bond; give bond, under bond.

bonus *n*: prima, gratificación, bono, bonificación; sobresueldo, paga extraordinaria. *The workers in the car industry have been offered a productivity bonus.* [Expresiones: **bonus issue** (entrega de acciones gratuitas, emisión gratuita, entrega de acciones liberadas, dividendo en acciones), **bonus shares/stock** (acciones liberadas, acciones gratuitas)]. *Cf* no-claims bonus.

book *n*: libro (de contabilidad, oficial, etc.). *Revaluation is the process of writing up the book value of an asset to its market value.* [Expresiones: **book benefit** (beneficio de balance, contable o según libros), **book of proceedings** (libro de actas; V. *record of proceedings*), **book value** (valor contable o en libros), **bookkeeping** (teneduría de libros), **bookkeeping by single/double entry** (contabilidad o teneduría de libros por partida simple/doble; V. *accountancy, double entry bookkeeping, single entry bookkeeping*)].

booth, election *n*: V. *election booth*.

bootlegger (*argot, amer*) *n*: contrabandista, traficante (de licores, etc.), especialmente durante la Ley Seca americana.

booty *n*: botín, despojo, producto de pillaje. *The police found the stolen jewels and the rest of the booty hidden in a garden-shed.*

borderline case (*col*) *n*: caso dudoso. *In a borderline case, a judge may find in favour of the party whose need is greater.*

borough *n*: distritos municipales de la ciudad de Londres. [Hasta 1972 había *boroughs* en las grandes ciudades inglesas, regidos por un *mayor* y *aldermen*; hoy sólo existen en la ciudad de Londres]. *Cf* burgh.

borrow *v*: tomar a préstamo. [Expresiones: **borrower** (prestatario, comodatario; V. *lender*), **borrowing** (endeudamiento, empréstito; solicitud de crédito)]. *Cf* loan.

Borstal *n*: V. *detention in a young offender institution.*

bote *n*: trozo, parte, mordisco. [La palabra *bote*, forma dialectal inglesa del verbo *bite* (morder), se emplea en expresiones como *house bote, plough bote, hay bote* para referirse a los árboles que el inquilino de una finca puede cortar para reparar la casa, el arado o la valla]. *Cf* estovers.

both-to-blame collision clause *n*: cláusula, incluida en los contratos de fletamento y conocimientos de embarque, de aplicación en uso de abordaje culpable bilateral. *Cf* collision, accidental collision, negligent collision; rules of the road.

bottomry *n*: préstamo a la gruesa, préstamo con hipoteca del barco (con el fin de reparar el buque). [Expresiones: **bottomry bond** (garantía/fianza del préstamo o contrato a la gruesa, hipoteca a la gruesa, contrata a la gruesa), **bottomry loan** (préstamo/empréstito a la gruesa, hipoteca naval; el término *bottomry*, que casi siempre se emplea en el sentido de *bottomry loan,* deriva de *bottom* o casco y quilla del barco; en realidad, se trata de una sinécdoque, porque se usa una parte por el todo, para referirse al barco. En el pasado, raramente en la actualidad, los *loans on bottomry* o *bottomry loans* eran solicitados por los armadores o los capitanes de un barco, en determinadas circunstancias, quedando el barco pignorado como garantía de la devolución del préstamo)].

bounce *n*: devolver (un cheque, etc.) por falta de fondos. *The payments into my accounts were delayed, so the cheques I had written all bounced.* [Aunque literalmente significa «rebotar», se aplica en expresiones como **bounced cheques** (cheques devueltos)].

bouncer *n*: bravucón encargado de expulsar a camorristas, reventadores de mítines, etc., de los establecimientos. *The heckler was ejected from the political meeting by the bouncers. Cf* heckler; bodyguard.

bound by the law, be *v*: estar obligado en virtud de una a ley. *Cf* binding.

bound *n*: límite.

boundary *n*: linderos, límites, frontera, linde, confín, término, línea limítrofe. *The description of the property lodged at the Land Registry clearly describes the bounderies. Cf* landmark, call, abuttals, call.

bounty *n*: prima, subvención, bonificación; generosidad. *Under U.S. law, a subsidy is a bounty or grant that confers a financial benefit on the production, manufacture or distribution of a good. Cf* grant.

box, witness *n*: V. *witness box.*

boycott *n/v*: boicoteo, bloqueo económico; boicotear, aislar. *The international community sometimes puts pressure on an unpopular regime by boycotting its goods. Cf* embargo, garnishment.

bracket (income, age) *n*: grupo, nivel, clase de personas (por ingresos, edades), sector (del abanico salarial). *Recent figures show that the tax adjustments have favoured the upper income bracket.*

brain drain *n*: fuga de cerebros. *Eastern and central European countries are worried about the brain drain to the west following the collapse of the communist systems.*

branch office *n*: sucursal.

brawl *n/v*: disputa, pendencia, alboroto; alborotar. *A passer-by injured in the brawl is suing the brawlers for damages. Cf* breach of the peace.

breach *n/v*: infracción, contravención, quiebra, violación, incumplimiento; desorden en la vía pública, escándalo público, perturbación del orden público; incumplir, contravenir, violar, vulnerar. *The opposition claimed that the government's proposals were a breach of statutory rights.* [Expresiones: **breach of authority** (abuso de poder o autoridad), **breach of close** (infracción de la intimidad, translimitación; V. *trespass*), **breach of confidence** (cohecho, abuso de confianza), **breach of contract** (incumplimiento/violación/contravención/ruptura de contrato; V. *inducement, infringement of contract*), **breach of duty** (V. *breach of statutory duty*), **breach of faith** (cohecho, abuso de confianza), **breach of official duty**

(prevaricación), **breach of privilege** (violación o menoscabo de los privilegios), **breach of statutory duty** (incumplimiento de los deberes exigidos por la ley; V. *derelection of duty, neglect of official duty*), **breach/ disturbance of the peace** (delito de alteración del orden público; V. *against the peace, keep the peace, maintenance of order, public nuisance*), **breach of trust** (quebrar la confianza legítima, abuso de confianza, infidelidad en la custodia de documentos, violación de secretos, transgredir la buena fe contractual, prevaricación), **breach of warranty** (violación de garantía)]. *Cf* trespass.

breadth *n*: manga de un barco. *Cf* extreme breadth; length, overall.

break *v*: infringir, incumplir, transgredir, violar, vulnerar (la ley, las normas, etc.). *After hours of cross-examination, the alleged victim of attack broke down and confessed she had made the story up.* [Expresiones: **break a will** (quebrantar un testamento, nulificar un testamento; V. *defeat a person's will*), **break bulk** (comenzar la descarga), **break down** (derrumbarse), **break into a house** (entrar por la fuerza, allanar una morada; V. *housebreaking, burglary*), **break jail** (fugarse de la cárcel), **break one's oath** (faltar al juramento; V. *false oath; swear; administer an oath*), **break up an estate** (dividir una herencia)].

breaking *n*: transgresión, violación, quebrantamiento. [Expresiones: **breaking a case** (discusión preliminar entre jueces de un tribunal), **breaking jail** (fuga de la cárcel)].

breakdown[1] *n*: desglose (de los detalles de un documento, etc.). *I can tell you the total amount of the bill, but not the breakdown, as I haven't got the details right now.* *Cf* itemize.

breakdown[2] **(of talks, negotiations,** etc.) *n*: punto muerto, bloqueo (en discusiones, negociaciones, etc.). *Following the breakdown of peace talks, fighting has broken out again in the area.*

breakdown[3] *n/v*: avería; averiarse.

breaking a case *n*: examen previo de una causa efectuado por el tribunal.

breaking and entering *n*: allanamiento de morada, violación de domicilio, robo con escalo. *Cf* housebreaking.

breakout sale *n*: venta de remate.

breakwater *n*: escollera, rompeolas.

breathalise *v*: someter a la prueba de alcoholemia. *The driver failed the breathaliser and he was taken to the police station where he was charged with driving while over the legal limit.* [Expresión: **breathaliser test** (prueba de alcoholemia)]. *Cf* specimen of blood/breath.

brethren *n*: jueces, hermanos. [Los jueces, al hablar de los otros miembros del tribunal, los llaman «hermanos»].

bribe *n/v*: soborno, cohecho; sobornar, cohechar. *It was proved that two of the councillors had taken bribes in return for the granting of building permission.* *Cf* take bribes, graft.

bribery *n*: soborno, cohecho. *Anyone caught trying to bribe a public official faces the serious charge of bribery and corruption.*

bridge loan *n*: préstamo puente o de empalme.

brief *a*: breve. [Expresión: **brief imprisonment** (arresto mayor)].

brief *n*: apuntamiento, escrito; expediente e informe de un caso jurídico preparado por el *solicitor* para el *barrister*. *Barristers argue a case in court with the briefs, or instructions in the case, prepared by the solicitors.* [El *brief*, también llamado *trial brief*, es el expediente preparado por el *solicitor* para el *barrister*, abogado que actúa en los tribunales superiores, el cual consta de una descripción pormenorizada de los hechos, las referencias a los artículos pertinentes, la opinión del asesor jurídico del bufete y, en general, consejos u orientaciones relativos a la mejor manera de conducir el asunto; todos los documentos que forman parte del *brief* se reúnen en un expediente llamado *bundle* (fajo o legajo), atado con cinta roja, si el cliente es un particular, o blanca si el abogado representa a la Corona]. *Cf* trial brief, advice on evidence.

brief a barrister *v*: facilitar a un *barrister*, por parte del *solicitor* que atiende al cliente, los datos de una causa en el expediente llamado *brief*.

brief of title *n*: resumen de título. *Cf* abstract of title.

brigand *n*: bandido, bandolero. [Se suele usar en sentido jocoso].

bring (an action, a case, a prosecution, proceedings, suit) against somebody *v*: incoar, presentar, interponer (una demanda, una acción judicial) contra alguien, entablar proceso, entablar pleito, demandar, iniciar una acción judicial, querellarse, proceder contra alguien, ejercer. *We brought an action for trespass against the poacher*. [Expresiones: **bring a charge** (acusar, procesar; V. *lay charges, prosecute*), **bring a complaint** (presentar una denuncia; V. *complaint, information, lodge a complaint*), **bring in a bill** (presentar un proyecto de ley), **bring in capital** (aportar capital; V. *put in*), **bring into line** (acomodarse a), **bring to an end** (poner fin), **bring up for trial** (someter a juicio), **bring to justice** (capturar), **bring up to date** (actualizar; V. *update*)]. *Cf* lodge a complaint, institute proceedings, proceed against somebody, sue somebody, file, take legal steps, sue, take to court, commence a case, prosecute.

broad lines *n*: líneas directrices.

broker *n*: corredor de comercio, mediador, agente de valores y bolsa, intermediario, agente, comisionista. *Most of the actual buying and selling on ther Stock Market floor is done by brokers rather than by the principals*. [Expresión: **broker's commission** (corretaje)]. *Cf* factor, dealer, jobber, bill broker, stockbroker; brokerage.

brokerage *n*: corretaje, honorarios por gestión o agencia; casa de corretaje. *Cf* fees, agency, clearing.

brothel *n*: burdel, lupanar, casa de prostitución. *Keeping a brothel is an offence in Great Britain*. *Cf* bawdy house, disorderly house, house of ill fame/repute, cathouse.

bucket shop (*col*) *n*: oficina de reventa, agencia paralela. *We bought cheap return tickets to New York in a London bucket shop*.

budget *n*: presupuesto. *The Chancellor announces the National budget every year*. [Expresión: **budgetary** (presupuestario)]. *Cf* balance the budget, implement the budget.

buffer state *n*: estado pantalla entre dos países rivales. *Belgium was once considered an important buffer state between France and Germany*.

bugger *n*: sodomizar. [Expresión: **buggery** (sodomía)]. *Cf* indecency, perversion, rape; bestiality.

building *n*: edificio, construcción. *Most British house-buyers arrange their mortgages with building societies rather than with banks*. [Expresiones: **building and loan association** (cooperativa de crédito para la construcción), **building code** (ordenanzas municipales reguladoras de la construcción), **building land/plot** (parcela), **building lease** (arrendamiento especial, arriendo-compra mediante el cual un propietario cede una parcela a un constructor durante un período de 99 años para que construya ciertos edificios sobre la misma. El arrendatario está obligado a pagar un alquiler por el valor de la parcela (*ground rent*) y, al final de dicho período, los edificios pasan al propietario o a sus herederos), **building materials** (materiales de construcción), **building permit** (permiso de obra nueva, autorización para edificar; V. *certificate of occupancy; bribe*), **building preservation notice** (declaración de interés histórico-artístico de un edificio: V. *listed building*), **building society** (sociedad cooperativa de viviendas, mutua constructora, empresa constructora)].

bulk *n*: granel. [Expresiones: **bulk cargo** (cargamento a granel), **bulk carrier** (buque de carga a granel), **bulk-in, bag-out** (carga a granel, descarga en sacos; V. *BIBO*), **in bulk** (a granel)]. *Cf* break bulk, OBO ship.

bull *a/n*: alcista, especulador de acciones al alza. *If you buy in the present bull market conditions, you may pay more than the shares are worth*. [Expresiones: **bull market** (mercado alcista), **bullish** (alcista; V. *bull*)]. *Cf* bullish; bear, averaging up.

bullet-proof *a*: a prueba de balas. *Fortunately, the politician was wearing a bullet-proof jacket when he was attacked, and so escaped with only minor wounds.* [Expresión: **bullet-proof jacket** (chaleco antibalas)].

bulletin board *n*: tablón de anuncios.

bullion *n*: lingote de oro o plata. *The Bank of England has a special account for bullion reserves.*

bundle *n*: atado, fardo.

bunker *n*: tanque de combustible.

burden *n*: carga, peso. *The object of bail is to relieve the accused pending trial of the burden of imprisonment.*

burden of proof *n*: carga de la prueba, *onus probandi*. *In some enforcement actions the burden of proving causation is very light.* Cf onus of proof.

burden[1] *v*: afligir, apesadumbrar, vejar, oprimir, dañar.

burden[2] *v*: gravar, cargar. *The old house is burdened with mortgages taxes.*

bureau *n*: oficina, entidad, agencia, negociado, dirección, cámara.

burgh (*der es*) *n*: municipio, villa con privilegio. [Los *burghs* de Escocia equivalen a los *boroughs* de Londres, y están regidos por un *provost, bailies* y *councillors*]. Cf borough.

burglary *n*: allanamiento de morada, robo con escalo. *The burglar's footprints were clearly visible in the mud below the window.* [Expresión: **burglar** (ladrón; V. *thief*)]. Cf housebreaking, break into a house, theft, stealing, lifting, hacking, abstracting.

bursar *n*: sobrecargo (de un avión).

business *n*: negocio; empresa. *Business names are protected by statute, and anyone using the same or similar to mislead customers may be sued for passing off.* [Expresiones: **business address** (domicilio social de una empresa; V. *address for service*), **business assets** (fondos comerciales), **business concern/enterprise** (entidad comercial), **business day** (día laborable, día hábil; V. *clear day, non-business day, bank holiday, legal holiday*), **business hours** (horario de negocios, de oficina o de trabajo), **business name** (razón social, nombre comercial), **business tenancy** (alquiler de oficinas con fines comerciales), **business trust** (fideicomiso comercial), **business year** (ejercicio social)]. *Cf* current business, goodwill; special business.

businesslike *a*: serio, profesional. *I like dealing with them; they are efficient and businesslike.*

buy on the lay away plan *fr*: compra de cosa previamente apartada.

buyout *n*: adquisición (de una empresa). *Cf* leveraged buyout; bid, take over.

by-election *n*: elección parcial por fallecimiento, renuncia o enfermedad del titular del escaño. *Cf* election.

by-law/bye-law/byelaw *n*: estatuto, normativa, reglamento, disposiciones; estatutos sociales; ordenanzas municipales. [Los *bye-laws* son reglamentos, normas o disposiciones aprobadas por ciertos organismos autónomos, por ejemplo, Aeropuertos Británicos (*British Airport Authorities*), y por las administraciones locales; aunque forman parte de la legislación delegada (*delegated legislation*) no necesitan ser refrendados por el Parlamento. La tendencia actual en EE.UU. es reservar la palabra *ordinance* para los de las corporaciones locales y *bye-laws* para los demás organismos públicos]. *Cf* delegated legislation, statutory instruments, lay before Parliament.

byproduct *n*: subproducto, producto secundario, derivados. *Many plastics are byproducts of the petro-cheminals industry.*

C

c.a. *n*: V. *chartered accountant*.

c.a. *n*: V. *current account*.

cabinet *n*: gabinete, consejo de ministros, gobierno. *The scandal over the case of sexual harassment involving one of the senior ministers has led to a major reshuffle of the Cabinet. Cf* Shadow Cabinet.

CAD/c.a.d. *n*: V. *cash against documents*.

cadastre *n*: catastro, centro estadístico de fincas. *A cadastre records property boundaries, subdivision lines, buildings and other details.* [En realidad el término *cadastre* es más propio del derecho continental]. *Cf* H.M. Land Registry, Department of the Register of Scotland, Registrar General (Irlanda del Norte); land office, land certificate, property register, registration of title to property; landmark, call, survey.

caduciary right (*der es*) *n*: derecho de reversión al Estado de bienes raíces por falta de herederos. *Cf* escheat.

caducity *n*: caducidad. *Cf* statute of limitations.

CAF/c.a.f. *n*: V. *cost and freight*.

Calderbank letter *n*: carta mediante la que se propone a la parte contraria una solución al litigio, siempre que las pretensiones de ésta no se refieran a deudas o a indemnización por daños y perjuicios. [El nombre nace de la causa *Calderbank v. Calderbank* (1976) y su singularidad reside en el hecho de que si se llegara a juicio no se podría utilizar la misma contra la parte que hizo la propuesta]. *Cf* "without prejudice".

calendar *n*: calendario judicial; lista de litigios o pleitos durante un período de sesiones. *A calendar of cases contains a list of the cases or of the prisoners to be tried in court.* [*Calendar* en el sentido de «calendario judicial» también recibe el nombre de *calendar of causes.* Expresiones: **calendar call** (lectura de las causas que se han de ver, efectuada al principio del período de sesiones, en la que se define su naturaleza y se señalan las fechas de las vistas), **calendar clear** (lista sin causas para el tribunal), **calendar clerk** (secretario, escribano o funcionario judicial responsable de la lista de causas o pleitos), **calendar commissioner** (juez o secretario responsable del calendario judicial o lista de litigios), **calendar days** (días naturales, días seguidos), **calendar judge** (juez de la lista de causas, juez del calendario), **calendar of appeals** (lista de causas recurridas), **calendar of cases** (*amer*) (calendario judicial; lista de litigios o de procesados que han de ser juzgados por un tribunal), **calendar year** (año natural, año civil)]. *Cf* cause book, cause list, court calendar, equity calendar, motion calendar; docket, appearance docket, trial docket, trial list, pre-trial calendar; dropped calendar, strike off the list, mark off.

call[1] *n*: emplazamiento, citación, convocatoria. *Cf* call for bids.

call[2] *n*: llamamiento, petición o requerimiento que se hace a los accionistas de una sociedad mercantil para que desembolsen el importe de las acciones suscritas, de acuerdo con los estatutos; demanda de pago; dividendo pasivo; plazo. *The company has issued a call to shareholders for the payment of the balance outstanding on the shares.* Cf notice, citation; capital call; instalment; pay up shares; uncalled capital; make a call for funds; contributory; liability.

call³ *n*: contribución, derrama. [En este sentido se emplea en expresiones como *club calls* (derramas que hacen los miembros de las cooperativas de seguros)]. *Cf* club call, protection and indemnity club.

call⁴ *n*: motivo, necesidad. *There is no call to speak in that disrespectful way.* Cf cause, justification.

call⁵ *n*: años de ejercicio de la profesión de abogado. *He is five years' call.* Cf practice of law.

call⁶ *n*: ingreso o toma de posesión como miembro del Colegio de Abogados. *Cf* call to the bar; Bar, Bar Council.

call⁷ *n*: opción de compra de valores. *Option to buy shares at a certain price, called the "strike price", until a specified date, called the expiration date.* Cf call option, put option.

call⁸ *n*: derecho a transferir, redimir o amortizar un bono o acción antes de su vencimiento. *Cf* option.

call⁹ *n*: visita. *After lunch, George went out to pay a business call.*

call¹⁰ (*amer*) *n*: mojón; marca, objeto, accidente o señal natural usados como linde entre heredades; hito. *In the survey conducted by the land commission, some old oak trees were used as a call of the eastern boundary.* Cf landmark, metes and bounds, abuttal.

call¹¹ *n/v*: escala; hacer escala. [Expresión: **call costs** (gastos de escala)]. *Cf* port of call; emergency call; stopover.

call (a general meeting, a strike, an election, etc.) *v*: convocar (una junta general, una huelga, elecciones, etc.). *A Government which cannot command a majority in the Commons will advise the Sovereign to dissolve Parliament and call an election.*

call and put option, call-and-put-option *n*: opción de venta y compra. *Cf* call option, put option.

call as a witness *v*: citar como testigo, llamar a testimoniar. *The couple were called as witnesses at the fatal accident enquiry.* Cf call to witness.

call, at *a*: a la vista, exigible en cualquier momento. *Cf* call deposit account; on demand.

call back *v*: revocar, anular, destituir. *Once you have given your promise, you cannot call it back.* Cf annul, cancel, recall.

call calendar *n*: lista de pleitos para fijación de fechas.

call (deposit account, money) *n*: (cuenta de depósito, dinero) a la vista o exigible en cualquier momento; dinero exigible con preaviso de un día. *Call money markets are big banks which provide brokers with call money.* Cf at call, money at call.

call evidence *v*: aportar (aducir, alegar, rendir, presentar) pruebas. *Cf* adduce/lead/turn up, allege evidence.

call for¹ *v*: hacer un llamamiento. *Washington lawmakers are calling for tighter regulations in the securities market.*

call for² *v*: necesitar, requerir, exigir. *The political situation in the country is delicate and calls for careful handling by the government.*

call for bids *n/v*: convocatoria de propuestas, citación o llamada a licitadores, concurso; convocar a concurso o licitación, sacar a licitación pública. *The company has come up for sale and the board has issued a call for bids.*

call for capital *n*: solicitud de desembolso de capital. [Expresión: **make a call for funds** (demandar fondos)]. *Cf* capital call.

call for redress *n*: solicitud de reparación o desagravio. *Cf* relief, redress.

call forth *v*: provocar, causar. *The politician's racist remark called forth a storm of protest.*

call in¹ *v*: retirar fondos, pedir la devolución de dinero, denunciar o redimir un préstamo, solicitar la devolución de fondos o dinero. *The company went into liquidation when the banks called in the debt.*

call in² v: pedir el asesoramiento de. *The police have called in a handwriting expert to assist with their enquiries.*

call loan n: préstamo diario, préstamo a la vista. [Este tipo de préstamo, que suelen hacer los bancos a los agentes de Bolsa con el fin de facilitar las transacciones de valores, es exigible con preaviso de veinticuatro horas].

call number n: índice de referencia. *Call numbers used in legal proceedings are characteristic of this profession. Cf* reference.

call off¹ v: cancelar. *The deal that was to be signed next month has been called off because of the uncertain international situation. Cf* cancel, repeal, revoke.

call off² v: abandonar. *The search for the three missing mountaineers has been called off due to bad weather. Cf* abandon.

call, on a: de guardia. *Dr. Smith is on call this week.*

call option n: opción de compra de valores. *Option to buy shares at a certain price, called the "strike price", until a specified date, called the expiration date. Cf* put option.

call out v: llamar a la huelga. *The electricians' union has called its members out. Cf* come out on strike.

call, port of n: V. *port of call.*

call premium n: prima de amortización anticipada, prima de rescate. *Cf* bond premium.

call price n: precio de redención o amortización de un bono por anticipación de su vencimiento a la fecha fijada. *Cf* redemption price.

call protection n: protección contra rescate anticipado.

call the jury v: anunciar los nombres de los jurados. *Once the full list of people who are to serve as jurors is drawn out of the ballot-box, the jury is called, i.e., the names are announced and published. Cf* array the jury, empanel a jury.

call to account v: llamar a capítulo. *If anything goes wrong, it is the manager who is called to account.*

call to order v: llamar al orden. *The exchanges during the debate were heated, and the* speaker had to call the MPs to order on several occasions.

call to the Bar n/v: ceremonia de ingreso (ingresar) en el Colegio de Abogados (*barristers*) tras el preceptivo examen. *The call to the bar is a ceremony whereby a member of an Inn of Court is admitted as barrister. Cf* admission to the bar, Inns of Court.

call to witness v: poner por testigo. *I call you to witness that the jewels are in this safe. Cf* call as a witness.

call value n: valor por amortización anticipada. *Cf* face value, surrender value.

callable bond, capital, etc. a: (bono, capital, etc.) redimible, exigible, retirable, amortizable o rescatable antes de su vencimiento a opción de la entidad emisora. *Cf* redeemable; surrender, rescue, release.

called-up (share) capital n: capital social constituido por acciones pagaderas; capital cuyo desembolso se ha solicitado, capital desembolsado. *Cf* call, uncalled capital.

calling upon the prisoner n: petición que hace el presidente del tribunal al reo condenado por el jurado para que alegue lo que crea conveniente antes de que el tribunal dicte sentencia. *Cf* pass judgment, plea of mitigation; allocution.

calumniate v: calumniar, denigrar.

calumny n: calumnia, injuria, difamación. *Cf* slander, defamation, disparagement.

cambist n: banquero, cambista.

camera, in fr: en sesión secreta, a puerta cerrada. *When family matters are involved in a civil cause it may be heard in camera, where the public is not present. Cf* chamber, closed session.

cancel v: rescindir, cancelar, suspender, anular, dar de baja, invalidar. *The cancellation of a document may be done by means of a rubber stamp saying "cancelled" or by crossing it with lines with the purpose of depriving it of its effect.* [Expresiones: **cancel a contract** (rescindir un contrato), **cancel a document/deed/document** (anular, invalidar, cancelar una escritura o documento), **cancel a debt** (saldar una deuda), **cancel a meeting**

(suspender una reunión), **cancel an order** (anular un pedido, revocar una orden), **cancellable** (anulable, rescindible, abrogable), **cancellation** (anulación, cancelación, rescisión, resolución, condonación; V. *equitable remedies*), **cancellation/cancelling clause** (cláusula resolutiva; cláusula de rescisión del contrato de fletamento), **cancelling entry** (apunte, registro, entrada o anotación de anulación)]. *Cf* annul, repeal, terminate, call back, call off, rescind, repudiate; callable; defeasance clause; flat cancellation, write-offs.

canon law *n*: derecho canónico. [En Inglaterra comprende también el derecho de la Iglesia Anglicana. Expresión: **canonical disability** (impedimento dirimente)].

canons *n*: reglas, normas o principios. [Expresiones: **canons of construction** (reglas de interpretación judicial de leyes, documentos, contratos, etc.), **canons of inheritance** (normas de sucesión), **canons of taxation** (principios tributarios)].

canvass[1] *v*: abordar, discutir, someter a debate o discusión (una cuestión o tema). *Local lobbyists canvassed the issue of a new municipal water-tax.*

canvass[2] *v*: sondear (la intención de voto); solicitar (votos) puerta a puerta, hacer campaña (política, de *marketing*, etc.) en una zona o en un sector determinado; conquistar (clientes). *The liberal candidate spent yesterday canvassing votes in the west of the city.* [Expresiones: **canvasser** (vendedor de productos a domicilio), **canvassing of votes, customers,** etc. (solicitación, localización de votos, disputa de clientes, etc. El derecho a ejercer *canvassing* está prohibido en ciertos casos, por ejemplo, cuando se intenta influir en el nombramiento de un cargo público, un puesto institucional, etc.)]. *Cf* solicit.

capability *n*: capacidad, aptitud legal.

capable[1] *a*: competente, apto, idóneo. *She is a very capable barrister. Cf* competent, qualified.

capable[2] **(of pleading,** etc.) *a*: capaz, competente (para litigar, etc.). *She is capable of pleading because she is over eighteen and has a sound mind. Cf* competent.

capacity *n*: capacidad de obrar, competencia, personalidad, capacidad jurídica; habilidad. *Minors have no capacity to sue or to enter into a legally binding contract.* [Expresiones: **capacity to be a party to a suit** (capacidad procesal), **capacity to contract** (capacidad contractual), **capacity to sue** (capacidad procesal, personalidad procesal, capacidad para ser parte; V. *legal capacity*), **in an advisory,** etc., **capacity** (a título consultivo, etc., en calidad de asesor, etc.), **in the capacity of** (en calidad de, a título de, con carácter de; V. *qua, acting*)]. *Cf* competence, power, faculty, diminished capacity, full capacity, contractual capacity, legal capacity, private capacity; disability.

capias, writ of *n*: V. *writ of capias.*

capital *a*: capital, mortal; principal. *A minor convicted of a capital offence can be ordered to be detained during her Majesty's pleasure.* [Expresiones: **capital crime/offence** (delito punible con la pena de muerte), **capital punishment** (pena capital o de muerte)]. *Cf* execution.

capital *n*: capital, recursos propios, patrimonio. *Shares issued under the Business Expansion Scheme are exempt from capital gains tax.* [Expresiones: **capital allowances** (desgravaciones sobre bienes de capital, deducciones de capital, amortización fiscal), **capital assets** (activo de capital, activo fijo o inmovilizado, bienes de capital), **capital call** (dividendo pasivo), **capital debentures** (obligaciones), **capital decrease** (reducción de capital), **capital duties** (impuestos sobre el capital), **capital equipment** (bienes de equipo), **capital flight** (evasión de capital), **capital flow** (flujo de capital, corriente de capital, capital circulante), **capital gains** (plusvalías de capital, ganancias de capital, incremento del patrimonio; V. *profit*), **capital gains tax** (impuesto sobre incrementos de patrimonio, impuesto sobre plusvalías, impuestos sobre ganancias de capital, impuesto de aumento de patrimonio), **capital**

gearing (apalancamiento de capital), **capital goods** (bienes de inversión, bienes de capital, bienes de equipo, bienes invertidos), **capital grant** (donación de capital), **capital increase** (ampliación de capital, capitalización), **capital inflow** (entradas de capital), **capital levy** (impuesto, gravamen o exacción sobre el capital o el patrimonio), **capital liabilities** (capital pasivo, pasivo patrimonial, pasivo fijo o no exigible, obligaciones de capital), **capital loss** (minusvalías, pérdidas de capital), **capital/assets of a partnership** (capital social), **capital outlays** (gastos de capital), **capital profits** (beneficios del capital), **capital reduction** (reducción de capital), **capital stock** (capital social, acciones de capital, capital escriturado, masa de capital), **capital surplus** (excedente de capital), **capital tax** (impuesto de patrimonio), **capital transfer tax, CTT** (impuesto sobre sucesiones; este impuesto, llamado en el pasado *estate duty*, fue sustituido por el *capital-transfer tax* y desde 1986 por el *inheritance tax*), **capital turnover** (rendimiento de la inversión, renovación o movimiento del capital, aumento de capital)]. *Cf* authorized capital, called-up capital, called-up (share) capital, debenture capital, impaired capital, nominal capital, paid-up capital, uncalled capital.

capitalization *n*: capitalización. [Expresión: **capitalization of reserves** (incorporación de reservas)].

capitation *n*: impuesto por cabeza, capitación. *Cf* poll tax.

capsize *v*: naufragar, zozobrar, dar la voltereta.

captain's protest *n*: protesta del capitán. [Declaración hecha ante notario por el capitán de un barco inglés al llegar a puerto, detallando las circunstancias irremediables que han ocasionado o han podido ocasionar algún daño o perjuicio al barco y/o a la carga]. *Cf* master's protest, protest in common form, note of protest; average.

caption¹ *n*: título, encabezamiento de un auto o documento, pie (de foto), texto (de un dibujo, chiste, etc.). *Standardized court forms begin with a caption containing the names of the*

parties, the court, the index or docket number, etc.

caption² (*obs*) *n*: captura, apresamiento, prisión. [En lugar de *caption* se suele emplear *capture*].

capture¹ *n/v*: captura, apresamiento, aprehensión; prender, apresar, capturar. *The police have not captured the thief yet. Cf* seizure.

capture² *v*: captar. *That provocative advertisement is dangerous because it captures the attention of motor-drivers.*

capture³ *n/v*: salvamento, extracción; rescatar (un barco naufragado, etc.). *The wreckage of a sunk ship may be deemed as a "res nullius" and a person capturing it may acquire ownership rights.*

care *n*: diligencia razonable, diligencia del buen padre de familia, prudencia, cuidado, precaución, atención, cautela; protección. *When driving, a person must act with care expected from a normal person under the circumstances. Cf* due care; children in care; great care; day care centre; negligence.

care and attention, with/without due *fr*: con/sin la prudencia o diligencia debida. *According to the Road Traffic Act 1972 careless driving is driving a motor vehicle on a road without due care and attention. Cf* careless and inconsiderate driving.

care and control *n*: guarda y tutela, cuidado de la integridad física y moral del menor, tutela efectiva. *By the divorce settlement, the parents were granted joint custody of their child, the mother being further granted care and control.* [Cuando se divorcia un matrimonio que tiene hijos menores, el tribunal se pronuncia explícitamente sobre la patria potestad (*custody*), esto es, sobre los deberes y obligaciones que tienen los padres para con sus hijos. La patria potestad puede otorgarse a uno solo de los cónyuges o a ambos conjuntamente (*joint-custody*). En este último caso el tribunal declara de forma expresa cuál de los dos tiene la guarda y tutela (*care and control*) del menor, llamada también tutela efectiva (*actual custody*). En resumen, el término *custody* se refiere al cuidado físico de la persona del menor y el de *care and control* a cuestiones educativas, religiosas y morales. No es imposible, aunque se suele evitar en la práctica, que la *custody* la posea uno de los cónyuges y el *care and control* el otro]. *Cf* custody; children in care.

care of, under the *prep*: bajo la custodia de.

care order *n*: auto judicial mediante el que se encomienda el cuidado de un menor a una institución local. *In view of the parents' manifest incapacity to restrain him, the Juvenile Court made a care order against the young offender. Cf* community homes; custodianship order.

care proceedings *n*: procedimiento judicial relacionado con la guarda y tutela de los menores. *Action in court to put a child in the care of someone.*

career training *n*: formación profesional.

careless driving *n*: conducción imprudente, caracterizada por la falta de previsibilidad, la imprudencia, la falta de reflejos o error de cálculo. *According to the Road Traffic Act 1972 careless driving is driving a motor vehicle on a road without due care and attention. Cf* care and attention; dangerous driving, drunk driving, inconsiderate driving, reckless driving.

carelessness *n*: imprudencia, negligencia, descuido, falta de previsión, falta de diligencia debida, indiferencia.

caretaker president, chairman, etc. *n*: presidente en funciones. *Cf* acting.

cargo *n*: carga, cargamento. *The word cargo usually refers to goods or merchandise shipped for carriage by water. Cf* freight, goods, merchandise; shipment.

carnage *n*: carnicería, matanza, mortandad, estrago.

carnal knowledge *n*: conocimiento carnal, relación sexual. *Carnal knowledge with a female under the age of consent constitutes rape. Cf* access,[3] sexual abuse, sexual assault, sexual harassment, rape.

carry[1] *v*: transportar, llevar. [Expresiones: **carriage** (porte, transporte, carta de porte; V. *haulage*), **carried forward** (suma y sigue; saldo llevado a cuenta nueva; V. *carried over*), **carrier** (empresa de transportes, transportista, porteador, ordinario), **carrier's bond** (fianza de transportista), **carrier's lien** (derecho de retención del transportista, gravamen de transportista), **carrier's risk** (riesgo del porteador; V. *common carrier, private carrier*), **carrying company** (compañía de transportes)].

carry[2] *v*: ser sancionado con, conllevar, llevar aparejado, llevar consigo. *That offence carries a maximum sentence of four years' imprisonment.*

carry[3] *v*: devengar, producir; entrañar, comportar. *A dead account carries no interests. Cf* yield.

carry[4] *v*: ganar, imponer, aprobar. *After a lengthy debate, the House proceeded to a vote and the motion was carried by a narrow majority.* [Expresiones: **carry a vote** (ganar una votación), **carry a motion** (aprobar una moción), **carry a point** (imponer un criterio o punto de vista)]. *Cf* defeat a motion, reject a motion, motion carried.

carry away by force *v*: arrebatar, robar con violencia. *The divorced woman claimed that her son had not willingly accompanied his father to the USA, but had been carried away by force.*

carry-back *n*: traslación de pérdidas a un período anterior a efectos fiscales. [Norma tributaria que permite a una empresa utilizar las pérdidas de un ejercicio para reducir los impuestos del anterior]. *Cf* carry-over.

carry costs *v*: ganar un juicio con costas. *When a verdict "carries costs" the unsuccessful party must pay costs to the successful party.*

carry in stock *v*: tener en existencias, tener en almacén, vender. *"I'm sorry sir, you have come to the wrong shop; we don't carry that article".*

carry into effect *v*: poner en ejecución. *In Spain after a ministerial decision has been published in the Official Gazette, it is carried into effect by the Administration. Cf* effect.

carry off *v*: robar, llevarse sin autorización.

During the riots, looters smashed in shop windows and carried off most of the goods.

carry out *v*: desempeñar, ejecutar, practicar. *He was imprisoned for carrying out an abortion.* [Expresiones: **carry out an abortion** (practicar un aborto), **carry out an agreement** (ejecutar un acuerdo), **carrying out of the agreements/programmes** (ejecución de los acuerdos, los programas), **carrying out of the tasks** (desempeño de las funciones)]. *Cf* fulfill, implement.

carry-over[1] *n*: remanente; traslación de pérdidas a un ejercicio futuro a efectos fiscales. [Norma tributaria que permite a una empresa servirse de las pérdidas para reducir los impuestos del año siguiente. Expresión: **carry-over arrangements** (sistemas de compensación de remanentes)]. *Cf* carry-back.

carry-over[2] *n/v*: saldo anterior, suma y sigue; pasar a cuenta nueva.

carry forward *v*: pasar a cuenta nueva.

carrying charges *n*: sobregastos, cargos mensuales por saldo inferior al acordado. *Costs of owning property, such as land taxes, mortgage payments, etc.*

carrying value *n*: valor en libros; valor no recuperado.

carte blanche, give *v*: dar carta blanca o poderes ilimitados. *He has been given carte blanche to act on behalf of the company.*

cartel *n*: cártel; combinación. *Corporations which combine in a cartel do so with the aim of keeping prices high, and their methods are sometimes legally dubious. Cf* monopoly, conference.

carve out (*col*) *n*: distribución interesada, grabar. [Expresión: **carve out a career** (labrarse un porvenir)].

carve out (*col*) *v*: parcelar, dividir, cortar la tarta. *The terms of the will carved a smaller estate out of the original one, which was much larger.*

carve out a market niche (*col*) *v*: abrirse o asegurarse (con esfuerzos) una cuota de mercado. *A firm may decide to dump to carve out its market niche in an already competitive market.*

carve up (*col*) *n*: reparto interesado, chanchullo. *The reshuffle in the boardroom was supposed to ensure improved efficiency, but a lot of shareholders believed it was a carve-up.*

carve up (*col*) *v*: parcelar, dividir, cortar la tarta.

case[1] *n*: causa judicial, causa criminal, proceso civil; sumario; demanda judicial, pleito, caso. *The plaintiff failed to appear on the date set for trial and the judge dismissed the case.* [El anglicismo *caso*, equivalente a «causa» o «proceso», se ha infiltrado en el lenguaje coloquial y en el de la prensa, pero no tanto en el jurídico]. *Cf* suit, lawsuit, action, cause, issue, law of the case.

case[2] *n*: asunto, expediente, caso. *This lawyer has many cases. The police has five constables working on the case.* [En esta acepción, la palabra *case* no tiene el significado anterior de pleito o proceso en *case*[1]].

case[3] *n*: soporte legal, motivos, fundamentos; argumentos jurídicos de la defensa/acusación; indicios racionales de criminalidad. *The solicitors have spent over ten days preparing their case. Cf* argument, grounds, prove one's case, sufficient case, there is no case to answer you have no case.

case agreed on *n*: acuerdo alcanzado por los abogados de las dos partes sobre los hechos.

case at bar *n*: causa en curso, causa enjuiciada o en procedimiento. *Cf* case under consideration, case in hand, case on trial.

case heard and concluded *n*: causa conocida y resuelta. *Cf* case settled.

case in hand *n*: causa en cuestión, enjuiciada o en procedimiento. *Cf* case under consideration, case at bar, case on trial.

case in point *n*: ejemplo ilustrativo, caso aplicable.

case law *a*: derecho jurisprudencial, derecho consuetudinario, precedentes, jurisprudencia. [Al derecho consuetudinario (*common law*), también se le llama derecho jurisprudencial (*case law*); las resoluciones judiciales de que consta este derecho, están recogidas en los llamados *Law Reports* recopilados y publicados por el *Council of Law Reporting*]. *Cf* jurisprudence, common Law, Law Reports.

case may be, as the *fr*: según el caso, dependiente del caso concreto.

case of, in the *fr*: tratándose de, en el caso de.

case on trial *n*: causa enjuiciada o en procedimiento. *Cf* case under consideration, case at bar, case in hand.

case settled *n*: causa dictaminada. *Cf* case heard and concluded, dispose.

case stated *n*: dictamen hecho por un tribunal de magistrados sobre los hechos de la causa procesal, a instancias de una de las partes agraviadas por la sentencia dictada por el tribunal. *He appealed by way of case stated.* [En sus sentencias, los Tribunales de Magistrados (*Magistrates' Courts*) no están obligados a dar cuenta de las razones que les guiaron al dictar las mismas, a menos que la parte agraviada solicite un dictamen en el que expliquen los hechos procesales (*state the case*), dictamen que servirá de base para recurrir a la instancia superior; estos «hechos» se refieren al procedimiento. El dictamen, preparado técnicamente por el *clerk*, y firmado por el magistrado que dictó la sentencia, termina normalmente con una pregunta: «Tras los hechos expuestos, ¿hice bien en condenar al acusado? ¿Actué bien al desestimar el testimonio de X?, etc.»]. *Cf* appeal by way of case stated, judgment on case stated, submission of no case.

case system *n*: enseñanza del derecho mediante el estudio de precedentes.

case, that being the *fr*: de ser así, siendo así.

case under consideration. *n*: causa en curso, causa enjuiciada o en procedimiento. *In the case under consideration, it is questionable whether the evidence of the husband was competent. Cf* case at bar, case trial.

case-law *n*: V. *case law*.

cash *n*: dinero efectivo, activo disponible, metálico, caja, tesorería, liquidez. *Cash means ready money, and it is the starting point and the finishing point of economic activity.* [Expresiones: **cash advance** (anticipo de tesorería, anticipo de caja), **cash against documents** (pago contra entrega de documentos), **cash and bank** (activo disponible, te-sorería disponible), **cash and carry** (autoservicio mayorista), **cash assets** (activos disponibles), **cash balance** (saldo de caja), **cash count** (arqueo de dinero), **cash entry** (asiento de caja), **cash loan** (préstamo en dinero efectivo), **cash management** (gestión de tesorería, gestión de liquidez), **cash price** (precio al contado), **cash voucher** (justificante de caja)]. *Cf* budget cash, in kind, management cash, petty cash.

cash *v*: cobrar, cambiar, hacer efectivo (una letra, un cheque, un cupón, etc.); descontar, negociar a descuento, hacer efectiva (una letra). *To cash a cheque, you normally have to go to the branch of the bank where the signatory keeps his account.*

cash flow *n*: beneficios más amortizaciones, flujo de efectivo, flujo de caja, flujo de tesorería. [Éste es un término polisémico, cuyo significado inicial es «flujo de efectivo o de caja»; por extensión semántica se están formando todos los demás: recursos generados, índice de la capacidad de autofinanciación de una sociedad mercantil, resultado de los movimientos de tesorería durante un período largo; conjunto formado por los beneficios netos, las amortizaciones, las reservas legales, los impuestos y las plusvalías; margen bruto de financiación, recursos generales. Pese a su popularidad, el término es impreciso, y para los economistas no tiene más que un valor relativo, siendo uno de entre los varios indicadores del volumen de negocio generado por la empresa y, consecuentemente, de su marcha general, sobre todo en lo que se refiere a liquidez].

cash on delivery (COD, c.o.d.) *n*: pago a reembolso, contra-reembolso. *All articles are sent C.O.D. Cf* collect on delivery.

cash on the nail (*argot*): en metálico, contante y sonante. *I hate being in debt; I'd much rather pay cash on the nail for anything I buy, and do without if I haven't got the ready money. Cf* cash down.

cashier *n*: cajero, contador. *Cf* teller.

cassare *v*: anular o invalidar. [Ésta es una adaptación del «casar» continental; el término inglés correspondiente es *quash*]. *Cf* quash.

cassation of judgment *n*: casación, anulación o revocación de una sentencia. *Cf cassare.*

cast a vote *v*: votar, emitir un voto. *Under proportional representation the number of seats won by a party, etc., is calculated as a percentage of the total votes cast.*

cast aspersion *v*: difamar, calumniar. *The accused used the cross-examination as an opportunity to cast aspersions on the character and motives of the plaintiff.*

castaway *n*: náufrago.

cast off *v*: desheredar, despojar, abandonar, desamparar, despedir. *By the terms of the will, the deceased cast off his eldest son, and the estate was divided among the other two.*

casting vote *n*: voto de calidad, preponderante o decisivo. *When the opinions of his fellow judges are evenly balanced, the president uses his casting vote to decide the issue.*

casual *a*: casual, eventual, temporero, co-yuntural, fortuito. *The evidence of a casual witness to a transaction may prove crucial at the trial.* [Expresión: **casual evidence** (prueba fortuita o incidental)].

casual delegation *n*: responsabilidad por hecho ajeno. *A loan of a car constitutes a casual delegation of responsibility.* [Principio según el cual el que presta algo (por ejemplo, un vehículo) puede ser responsable de los daños causados por éste a terceros]. *Cf strict liability.*

casualty *n*: siniestro, accidente, baja, muerto; contingencia. *A casualty loss is due to an event that is sudden, unexpected or unusual (fire, storm, etc.).* [Expresiones: **casualty insurance** (seguro de accidentes, seguro voluntario en el que no están incluidos daños a terceros, incendio y robo), **casualty loss** (pérdida por siniestro, pérdida fortuita)]. *Cf third-party, fire and theft; fully comprehensive.*

catch (*col*) *n*: trampa, pega. *Before you sign a contract, always read the small print very carefully; there is a catch somewhere.* [Expresión: **catch question** (pregunta capciosa o insidiosa)]. *Cf leading question.*

catch *v*: apresar, coger, aprehender, prender.

catching bargain *n*: contrato fraudulento, acuerdo gravoso para una de las partes. *Where a person has been induced by pressure or by unscrupulous means to sign a contract which is evidently unequal or exorbitant, a court will find the contract void on the ground that is a catching bargain.*

catering department *n*: departamento de fonda o de restauración.

caucus¹ *n*: comité popular elegido entre los ciudadanos de una circunscripción con el fin de organizar la actividad política de la misma.

caucus² (*amer*) *n*: comité electoral; camarilla política (*col*), grupo de presión. *In some eastern states, it is the caucuses which choose the presidential candidate in the primary elections.*

causation *n*: causa interventora, circunstancias causantes, causalidad, nexo causal, relación entre causa y efecto. *In marine insurance there are very strict rules for determining causation in cases of loss.*

cause¹ *n/v*: motivo, razón, principio, origen; antecedente; causar, provocar, tener por directo. [Expresiones: **cause of action** (causa o motivo suficiente para acudir a los tribunales, causa o motivo de demanda o acción civil, base legal suficiente; pretensión), **causeless** (infundado, injusto; sin razón, causa, motivo o fundamento; V. *groundless*), **causer** (causador, causante, autor), **for cause** (por motivo justificado)]. *Cf adequate cause, ground, call; right of action show cause; occasion.*

cause² *n*: causa, proceso, litigio, caso, juicio. *Cf suit, action, case, lawsuit. When the defendant files a demurrer or a plea in bar he tries to prove that there is not a cause for action.* [Expresiones: **Cause Book** (libro de registro de las demandas, órdenes de comparecencia, etc.), **cause for/of action** (derecho de acción, derecho de la demanda, hechos que dan derecho a incoar un pleito, causa o derecho de acción de demanda, fundamento o razón para presentar una demanda, derecho de pedir; V. *right of action*), **cause list** (lista de litigios para el período de sesiones), **cause ready for trial** (causa en condiciones de conocer)]. *Cf case.*

cautio *n*: fianza. [Expresiones: **cautio pro expensis** (fianza para costas), **cautio usufructuaria** (fianza de usufructuario)].

caution[1] *n*: fianza, garantía, caución, medida cautelar. [En Escocia esta palabra se pronuncia /'keishon/]. *Cf* security, bail, guarantee.

caution[2] *n*: reserva, cautela, medida cautelar. *A person who has an interest in registered land may lodge a caution at the Land Registry to ensure that he is notified of any attempt to register the land in another's person name. Cf* lodge a caution.

caution[3] *n*: advertencia obligatoria de la policía al detenido, ilustración obligatoria al detenido acerca de sus derechos. [En Estados Unidos a esta advertencia se la conoce también con el nombre de *Miranda warning* o *Miranda Rule*]. *Cf* caution a suspect, juratory caution, right of silence, under caution; admonishment.

caution[4] *n*: advertencia, reprimenda. *The Magistrate released the drunkard with a caution. Cf* warning.

caution *v*: avisar, amonestar, caucionar; afianzar, dar fianza.

caution a suspect *v*: leer los derechos al detenido, prevenir al detenido de sus derechos, advertir al detenido de que si lo desea puede no declarar pero si lo hace cualquier cosa que diga se podrá usar como prueba contra él. [La fórmula que suele emplear el policía antes del interrogatorio es la siguiente: *"You do not have to say anything unless you wish to do so, but what you say may be given in evidence"*; en Escocia esta advertencia obligatoria recibe el nombre de *admonishment*]. *Cf* under caution, warning, admonition, caveat.

cautionary *a*: cautelar, caucionado, dado como fianza, dicho como advertencia u orientación, preventivo. [Expresiones: **cautionary instruction** (orientación que da el juez al jurado), **cautionary payment** (fianza)]. *Cf* security, guarantee, bail.

cautioner *n*: fiador; persona que presenta una cautela o caución.

cautious *n*: prudente, juicioso, discreto. *Cf* caution,[2] judicious, prúdent.

caveat *n*: advertencia, anotación preventiva, anotación provisional para asegurar el cumplimiento de resolución judicial. *The deceased's son entered a caveat at the Land Registry to prevent the estate from passing into the hands of his cousin.* [Expresiones: **caveat actor** (a riesgo del actor), **caveat emptor** (por cuenta y riesgo del comprador), **caveat to will** (advertencia contra la validación de un testamento), **caveat venditor** (por cuenta y riesgo del vendedor)]. *Cf* warning of caveat.

cavil *v*: exponer argumentos capciosos, sutilizar. *The judge told the barrister to stop cavilling over the meaning of ordinary words. Cf* quibble.

cavillation *n*: aprehensión infundada, juicio poco meditado. *Cf* baseless, groundless.

CC *n*: Civil code, county court, circuit court, criminal cases.

CD/c.d. *n*: V. *certificate of deposit.*

cease *n/v*: extinción; cesar, terminar, extinguir(se). *A carrier's liability for goods ceases when the goods have been delivered. Cf* terminate.

cease and desist order (*amer*) *n*: mandamiento ordenando el cese de determinada práctica comercial, conducta, etc. *Cease and desist orders instructing a business to cease certain trade practices that limit competition are issued by the Federal Trade Commission. Cf* mandatory injunction; combination in restraint of commerce/trade; code of fair competition.

cease-fire *n*: alto el fuego; armisticio. *European Community observers and diplomats are trying to arrange a cease-fire in the region as a preliminary to peace talks. Cf* cessation.

cell *n*: celda. *Cf* dark cell.

Central Arbitration Committee *n*: Comisión central de arbitraje. *The main goal of the Central Arbitration Committee is to offer arbitration to the parties to an industrial dispute.* [Esta comisión, creada por ley parlamentaria, ofrece mediación a las partes en un conflicto laboral]. *Cf* industrial dispute.

CEO *n*: V. *chief executive officer.*

certificate *n*: certificado, título, partida. [Expresiones: **certificate of acknow-**

ledgement (certificado notarial de reconocimiento; acta notarial), **certificate of
damage** (certificado de averías), **certificate
of death** (partida de defunción), **certificate of
deposit, CD/c.d.** (certificado de depósito),
certificate of freeboard (certificado de
francobordo), **certificate of occupancy**
(cédula de habitabilidad; V. *building permit*),
**certificate of registration of title to a
property** (título de propiedad), **certificate of
residence** (carta de vecindad, certificado de
residencia)]. *Cf* bearer certificate.

certificate of incorporation *n*: certificado de
constitución o de incorporación de una
sociedad mercantil. *A certificate of
incorporation is a company's birth certificate.*
[El responsable del Registro de Sociedades
extiende este certificado cuando comprueba
que el *memorandum of association,* los
articles of association y demás documentos
cumplen los requisitos marcados por la ley; en
algunos Estados norteamericanos también se
usa el término *certificate of incorporation* en
el sentido de *memorandum of association* o en
el de *articles of association*]. *Cf* memorandum
of association, comply with the statutory
requirements.

certificate of independence *n*: certificado de
reconocimiento de independencia. [Este
certificado, expedido por el *Certification
Officer*, garantiza que un sindicato es
independiente y que no está sometido a ningún
control empresarial. Sólo los sindicatos que
posean este certificado pueden tener acceso a
información privilegiada (*disclosure of
information*), gozar de la condición o *status* de
tener miembros liberados, etc.].

certificate of registry *n*: patente de navegación;
certificado de registro.

Certification Officer *n*: funcionario que expide
los *certificates of independence* y es
responsable ante el Ministerio de Trabajo de la
fiscalización de las cuentas de los sindicatos,
etc. *Cf* certificate of independence.

certify *v*: certificar, acreditar, dar fe, comprobar,
atestiguar, afirmar, autorizar. *The doctor
certified that the victim had died between 2*

and 6 a.m. [Expresiones: **certified bill of
lading** (conocimiento con certificación
consular), **certified cheque** (cheque
conformado, aceptado o visado), **certified
copy** (copia certificada, copia auténtica),
certified public accountant, CPA (contador
público, censor público/jurado de cuentas;
contable), **certifying** (fehaciente)]. *Cf* attest.

certiorari *n*: auto de avocación dictado por el *High
Court of Justice* a un tribunal inferior. *The
defence applied for judicial review of the case,
and obtained a writ of certiorari removing the
matter to the Supreme Court.* [El *certiorari*,
junto con el *mandamus* y el *prohibition*, es un
auto de prerrogativa que puede dictar el *High
Court of Justice* a cualquiera de los tribunales
inferiores dentro de su jurisdicción de control y
tutela de los mismos, avocando para sí la causa
pendiente en un tribunal inferior]. *Cf* mandamus,
prohibition.

cessation *n*: cese, suspensión. *Before an
armistice can be agreed there must be
cessation of hostilities.* *Cf* cease-fire.

cesser *n*: extinción anticipada de un derecho o
interés; cesación de responsabilidad.

cession *n*: cesión. *Cf* transfer, assignment.

cessionary bankrupt *n*: fallido, cedente de todos
sus bienes.

cestui que trust *n*: beneficiario de los bienes que
están a cargo de fiduciario. *Cf* trustee,
beneficiary of a trust.

cestui que use *n*: usufructuario. [Término del
francés antiguo, en el que *use* significa
«beneficio, usufructo, uso o disfrute»]. *Cf* use.

cestui que vie *n*: beneficiario vitalicio de una
propiedad; persona cuya vida sirve de punto de
referencia de la posesión o concesión de un
interés en una heredad.

C.G.T. *n*: V. *capital gains tax.*

chain *n*: cadena, encadenamiento. *The family's
fortune is based on their ownership of a chain
of department stores.* [Expresiones: **chain of
causation** (nexo causal), **chain of title** (cadena
de título)].

chair *n/v*: presidencia; presidir. *The meeting was
chaired by the Head of Finance.* *Cf* preside
over.

chairmanship *n*: presidencia. *Cf* co-chairman, joint-co-chairmanship.

challenge *n/v*: reto, desafío, tacha o recusación del jurado; poner en entredicho, recusar a, poner excepción a, tachar a (un jurado, un juez, etc.). *That juror has been challenged by one of the parties.* [Las principales causas que se esgrimen en la recusación del jurado son la inhabilitación o descalificación (*disqualification*), la inelegibilidad (*ineligibility*) o la parcialidad (*partiality*) de los miembros de la lista. Expresiones: **challenge a precedent** (desafiar, recusar un precedente), **challenge for cause** (tacha con causa o justificación), **challenge for favour** (tacha por parcialidad), **challenge propter affectum** (tacha por parcialidad), **challenge propter defectum** (recusación por falta de competencia), **challenge propter delictum** (recusación por delincuencia), **challenge to the array** (tacha, recusación, objeción a todo el jurado; la defensa puede tachar a todos los miembros de la lista de candidatos a miembros del jurado alegando parcialidad en el funcionario que confeccionó dicha lista; también se llama *challenge to the whole array* o *challenge propter affectum*), **challenge to the separate polls** (tacha, recusación, objeción a determinados miembros del jurado), **challenge to the whole panel** (tacha, recusación, objeción a todo el jurado colectivamente)]. *Cf* peremptory challenge, dispute.

chamber *n*: sala, cámara o despacho privado del juez. *When family matters are involved in a civil cause it may be heard in chamber, where the public is not present.* [Al despacho del juez se le llama *chamber* o *camera*. Expresiones: **chamber of commerce** (cámara de comercio), **chamber of presence** (sala de estrados), **chambers** (despacho o bufete de un *barrister*), **chamber's judgment** (sentencia leída en privado), **in chambers** (en sesión secreta, a puerta cerrada)]. *Cf* in camera, closed session; open court.

champarty/champerty and maintenance *n*: mediación interesada en un pleito por persona indebida. *Cf* barratry.

champion (*col*) *n/v*: defensor de una causa; defender, ponerse al frente de una causa. *He is a very brave as well as a very brilliant barrister, and has championed the cause of human rights in some famous cases.*

Chancellor *n*: V. *Lord Chancellor*.

Chancellor of the Exchequer *n*: ministro de Hacienda. *The Chancellor of the Exchequer, who is usually regarded as the senior Minister, lives at 11 Downing Street. Cf* Exchequer.

Chancery Division *n*: División o Sala de la Cancillería. [Es la Sala del *High Court of Justice*, que presidida por el Lord Canciller, está encargada de conocer los pleitos de mayor cuantía relacionados con quiebras, hipotecas, escrituras, testamentarías contenciosas, administración de patrimonios, etc. Tiene dos tribunales especiales: uno, el tribunal de sociedades mercantiles (*Company Court*), que entiende de los pleitos y cuestiones de estas sociedades, y otro, el tribunal de patentes (*Patents Court*), que resuelve las cuestiones relacionadas con las patentes. Los pleitos de esta división se incoan por medio de *originating summons*]. *Cf* High Court of Justice; originating summons.

change *v*: cambiar. *When a property changes hands, fresh title deeds must be drawn up.* [Expresiones: **change hands** (cambiar de dueño o de propietario), **change of possession** (traspaso)].

chapter *n*: cabildo, capítulo. [Expresión: **chapter house** (sala capitular)].

character *n*: reputación, fama. *The man, summoned by the defence as a character witness, told the court that the accused was a quiet man, a good worker and a family man.* [Expresiones: **character evidence** (testimonio de reputación), **character loan** (préstamo a persona de solvencia, sin garantía colateral), **character witness** (testigo de conducta y carácter)]. *The letter of recommendation gave her an excellent character.*

charge[1] *n*: coste, precio, cargo, adeudo. *Bank charges are going up and up, especially if you use cheques.* [Expresiones: **charge account** (cuenta de crédito, cuenta abierta), **charge**

note (cuenta de flete)]. *Cf* accrued charges, operating charges, salvage charges, surrender charge.

charge² *n/v*: gravamen, garantía de una deuda, exacción; canon, derechos; afectar, dar como garantía, gravar. *The company was forced to charge part of its assets as security for the debt.* [Expresión: **charge on transactions** (canon sobre las transacciones)]. *Cf* charges register; dues.

charge³ *n*: cargo, acusación, imputación. *When a person is arrested the duty sergeant at the police-station notes down the accusation in the charge sheet.* [Expresiones: **charge sheet** (lista de inculpados con expresión de la acusación completa que consta en comisarías y en Tribunales de Magistrados), **on a charge of** (acusado de)]. *Cf* accusation, count.

charge⁴ *n/v*: instrucción; dar instrucciones. [Expresiones: **charge a jury** (instruir o dar instrucciones al jurado), **charge to jury** (instrucciones al jurado, discurso final que da el juez al jurado antes de que éste se retire a deliberar sobre el veredicto. Este discurso contiene instrucciones y orientaciones sobre las normas jurídicas que son de aplicación y que, por tanto, los miembros del jurado deben aceptar y aplicar; también se le llama *jury instructions*; V. *note of exceptions, jury instructions, direction; mischarge; address*)].

charge¹ *v*: cobrar, cargar en cuenta, adeudar. *Please charge the bill on my account.* *Cf* overcharge, undercharge.

charge² *v*: imputar, acusar a alguien de falta o delito. *The man was arrested and taken to the police-station where he was formally charged with murder.* [Expresión: **charged** (imputado; V. *accused, indictee, prisoner at the bar*)]. *Cf* bring charges against s.o., face charges, answer charges, indict.

charge of, in *fr*: al frente de, a cargo de, al mando de.

charge off *v:* dar de baja (en libros), cancelar con cargo a beneficios.

charge-and-discharge statement *n*: informe emitido por el albacea sobre la masa

hereditaria y el destino que se le debe dar a la misma.

chargeable *a*: imputable, sometido, acusable, sujeto, obligado. *In calculating a chargeable gain, the cost of the asset may be increased to take account of inflation.* [Expresiones: **chargeable gain** (plusvalía imputable, incremento patrimonial sujeto a contribución), **chargeable period** (período impositivo)].

charges register *n*: relación de cargas. *Interests adverse to the proprietor, such as mortgages, easements, etc. are charges.* [Parte tercera de un asiento o inscripción en el *Land Register*, en la que se relacionan las cargas, los gravámenes, las hipotecas, etc., si las hay]. *Cf* encumbrances, land register, registration of encumbrances.

charging document *n*: escrito de acusación, escrito de denuncia. *The complaint, the information and the indictment are three charging documents.*

charging lien *n*: gravamen del letrado o abogado.

charging order *n*: auto judicial ordenando el pago mediante embargo de bienes del deudor.

charitable *a*: benéfico. *Money collected or set aside for charitable purposes may be tax-deductible.* [Expresiones: **charitable institution** (entidad benéfica, caritativa o de beneficencia), **charitable trust** (fideicomiso benéfico)]. *Cf* beneficial association, benefit society].

charity *n*: institución benéfica, obra benéfica, institución, entidad o sociedad de beneficencia. [Expresión: **charity fund** (fondo destinado a beneficencia o fines benéficos)]. *Cf* benefit society, beneficial association, eleemosynary corporation.

chart *n*: cuadro, plan, carta náutica, *chart*; escritura de constitución. *Cf* organisation chart.

charta partita *n*: V. *charter party*.

charter¹ *n/v*: privilegio real, cédula real, carta estatutaria; carta fundacional, escritura de constitución; estatuir, establecer por ley, constituir, autorizar. *British Universities are founded by charter, i.e. by express grant of* *privilege from the Crown*, [También se le llama *royal charter*. Las entidades de beneficencia, las academias (*learned societies*) son *chartered societies* porque se han constituido mediante cédula o privilegio real. Expresiones: **charter member** (miembro fundador), **chartered accountant, C.A.** (contador público, censor público/jurado de cuentas, contador público titulado; experto contable, perito, diplomado en contabilidad; V. *certified public accountant*), **chartered bank** (banco con privilegios), **chartered company** (sociedad mercantil nacional creada por cédula real; V. *registered companies, statutory companies*)]. Cf bank charter, European Social Charter, privilege.

charter² *n/v*: fletamento, alquiler de un medio de transporte; fletar (un barco, autobús, etc.) para un viaje discrecional. *A charter party is an arrangement by which the owner of a ship lets his ship to a person, known as the charterer, for the purpose of carrying a cargo.* [Expresiones: **charter party** (póliza de fletamento, carta, contrato de fletamento de un buque, contrato de arrendamiento de un buque; el término *charter party* es una derivación de «charta partita», porque el contrato, tras su firma, se dividía en dos partes que guardaban cada uno de los contratantes), **charterer** (fletador), **chartering agent** (corredor de fletamentos, agente fletador; son comisionistas cuya función es buscar —en nombre de los transportistas— buques para transportar sus cargamentos), **chartering broker** (corredor fletador; son intermediarios de los armadores que buscan empleo para sus buques)]. Cf indenture; bare-boat charter, lump sum charter.

chastisement *n*: correctivo, castigo. *In English law a parent or guardian has the right to inflict reasonable and moderate physical punishment or chastisement on his children.* Cf retribution.

chattel(s) *n*: bienes muebles, enseres, prenda. *Property in English law may be divided into real property and chattels.* [Expresiones: los *chattels* se dividen en **chattels personal** (efectos personales, bienes tangibles) y **chattels real** (bienes raíces que se disfrutan en arrendamiento), **chattel mortgage** (hipoteca prendaria, gravamen sobre bienes muebles, crédito mobiliario, prenda, pignoración)]. Cf personal belongings, personal effects, goods and chattels; real property, freehold, fee.

cheat *n/v*: tramposo, estafador, cónyuge infiel; estafar, hacer trampas, timar. *She cheated her brother out of his share in the estate.* [Expresión: **cheating** (estafa)]. Cf swindle, embezzle.

check¹ *n/v*: comprobación, revisión, control; revisar, cotejar, compulsar, puntear, controlar, comprobar, fiscalizar, verificar. *Bills and invoices have to be checked carefully for errors.* [Expresión: **checkpoint** (punto de control o vigilancia)]. Cf oversee, inspect.

check² *n/v*: obstáculo, restricción, freno; parar, impedir, refrenar, obstaculizar. *These subsidiary rules act as a check to unscrupulous business methods.*

check³ (*amer*) *n*: V. *cheque*.

cheque *n*: talón, cheque. [Expresiones: **cheque alteration insurance** (seguro contra alteración del importe del cheque), **cheque-book** (talonario de cheques), **cheque not covered by funds** (cheque al descubierto), **cheque not transferable by endorsement** (cheque nominativo)]. Cf certified cheque, crossed cheque.

chief *n*: jefe, director. [Expresiones: **chief-clerk** (oficial mayor), **Chief Crown Prosecutor** (Fiscal jefe de zona), **chief engineer** (jefe de máquinas), **chief executive officer, C.E.O.** (primer responsable ejecutivo), **chief judge/justice** (juez presidente, presidente de Sala, Presidente de la Corte Suprema), **chief of police** (comisario jefe de policía), **chief officer** (primer oficial), **chief witness** (testigo principal)]. Cf Lord Chief Justice.

child/children *n*: menor/es. *For the purposes of law, a child is any person under the age of 18:* [Expresiones: **child allowance** (desgravación por hijos, subsidio familiar por hijos), **child stealing** (secuestro o rapto de menores), **children's court** (tribunal de menores), **children in care** (acogimiento de menores, menores bajo la tutela de cualquier institución pública por haber sido abandonados por sus padres o por haber cometido algún delito)]. *Cf* care and control; abduct, kidnap.

chose *n*: cosa, bien, posesión. *A chose in action, for example a negotiable instrument, is a property right which can only be enforced by legal action.* [En el derecho inglés un *chose* es fundamentalmente un bien mueble, pero, como también puede ser un derecho, en la práctica se distinguen dos clases: **chose in possession** (bien mueble, objeto o propiedad: un collar, un coche, un cuadro, etc.), **chose in action** (derecho que tiene cualquier persona a hacer efectivo, mediante la acción judicial, si fuera necesario, una póliza, una orden de pago, una letra de cambio, etc., a su favor, o a ser indemnizado por un agravio del que ha sido víctima: incumplimiento de contrato, daños y perjuicios, etc.; V. *right of action*). Expresión: **chose local** (anexo a una propiedad)]. *Cf* appurtenant, negotiable instrument.

CI (c.&.i.) *n*: V. *cost and insurance.*

CIF (c.i.f) *n*: V. *cost, insurance and freight.*

circuit *n*: distrito judicial, división o región judicial, circuito. [Expresiones: **circuit court** (tribunal de distrito o circuito), **circuit court of appeal** (*amer*) (tribunal federal de apelaciones), **circuit judge** (juez titular, juez comarcal o de distrito; estos jueces son nombrados de entre abogados —*barristers*— de prestigio que cuenten con más de siete años de práctica profesiona)].

circulation *n*: circulación, práctica. *Cf* free circulation.

circumstantial evidence *n*: pruebas indirectas; indicios, prueba circunstancial o indiciaria; conjetura fundada en la probabilidad. *Contrary to popular belief, circumstantial evidence may lead to conviction if direct evidence is not available. Cf* direct evidence.

circumstantially *adv*: circunstancialmente, incidentalmente, de forma accesoria.

circumvent *v*: enredar, engañar con artificios, burlar, salvar (obstáculos). *The new proposals try to prevent countries from circumventing countervailing duties on products they are subsidising.*

circumvention (*formal*) *n*: engaño, impostura, trampa, enredo, embrollo.

citation *n*: emplazamiento judicial, notificación, convocatoria, citación de comparecencia ante un tribunal. *They received citations to appear in court as witnesses. Cf* call, notice, citation, service.

citation of authorities *n*: cita de autoridades, como leyes (*statutes*), normas (*rules*), reglamentos (*regulations*), precedente (*legal case*), etc. *Citations of authorities are often made in support of the legal positions contended for. Cf* quotation.

citizenship *n*: ciudadanía, nacionalidad. *Under present law, a "British subject" does not have British citizenship. Cf* subject, naturalisation, registration.

City Code *n*: normas de las instituciones financieras de la *City* londinense. *The main purpose of the City Code is to insure that shareholders in public companies should have full information about intended takeovers and mergers, and that they, rather than the Board, should make the decisions in such cases. Cf* takeover, dawn raid.

city hall *n*: ayuntamiento, casa consistorial.

civil *a*: civil. [Expresiones: **civil action** (proceso civil, demanda o acción legal o judicial; las demandas, según sus cuantías, se interponen en los *county courts* o en el *High Court of Justice*), **civil bail** (caución por acción civil), **civil code** (código civil; no existe un código completo de las leyes inglesas; este término se emplea para hablar de los códigos de otros países, especialmente los derivados del derecho romano), **civil contempt** (cuasi-contumacia, desacato indirecto), **civil court** (tribunal, juzgado o sala de lo Civil), **civil damages** (daños civiles, daños producidos por infracción de la legislación antialcohólica), **civil death** (muerte civil, privación de los derechos, inhabilitación perpetua), **civil disability** (incapacidad jurídica o legal), **civil law** (derecho civil), **civil liability** (responsabilidad civil), **civil liberties** (garantías constitucionales, derechos individuales), **civil list** (lista civil o presupuesto de la Casa Real

Inglesa), **civil rights** (derechos civiles, derechos subjetivos), **civil service** (funcionariado del Estado), **civil servant** (funcionario público, V. *functionary, public servant*), **civil status** (registro civil), **civil wrong** (ilícito civil)]. *Cf* civil disability, attainder, consolidated fund, tort, common law.

claim *n/v*: pretensión, demanda, reclamación, reivindicación, alegar, afirmar, demandar, exigir, reclamar, requerir, reivindicar, pedir en juicio. *His claim was based on the will his mother made during her last illness*. [El verbo *claim*, en su sentido de «afirmar o alegar», es sinónimo parcial de *state, affirm, declare, assert, maintain*; en el sentido de «reclamar» es sinónimo de *demand, exact*. Expresiones: **claim adjuster** (tasador o ajustador de reclamaciones), **claim bond** (fianza de reclamante), **claim damages/claim for damages** (reclamar daños y perjuicios), **claimable** (reclamable o exigible en derecho), **claimant** (demandante, actor, litigante, derechohabiente, reclamante, pretendiente a un trono)]. *Cf* statement, plea, misclaim, no-claims bonus, plaintiff, put in a claim.

clare constat (*der es*): instrumento que declara probado el título de propiedad de la persona nombrada en el mismo título. *Cf* title deed.

class *n*: clase. [Expresiones: **class action** (*amer*) (acciones de grupo en las que se hacen valer individualmente intereses compartidos por varios sujetos, por ejemplo en materia ambiental), **class gift** (manda o donación referida a una clase de personas, más que a las personas concretas, por ejemplo: «A mis hijos lego…» en vez de «A mis hijos A y B les lego…»)].

class rights *n*: derechos (de voto, dividendos, etc.) correspondientes a una clase concreta de accionistas.

classify *v*: clasificar como materia secreta o reservada, declarar secreto. [Expresiones: **classification** (calificación de secreto o reservado), **classified material** (documentos secretos)]. *Cf* secret.

clause *n*: cláusula, artículo. *Special care must be taken over the exact wording of each clause in a contract*. [Los artículos de los *Bills*, o proyectos de ley, se llaman *clauses*; en cuanto el proyecto se convierte en *Act* (ley), se llaman *sections*]. *Cf* article, section, paragraph.

clean *a*: limpio, sin tacha, sencillo, simple. *It is the duty of the court to ensure, wherever possible, that a clean break is achieved through divorce settlements*. [Expresiones: **clean acceptance** (aceptación libre o general), **clean bill of exchange** (letra de cambio limpia, sin documentos o no documentaria), **clean bill of health** (certificado de buena salud, patente de sanidad limpia), **clean bill of lading** (conocimiento limpio, conocimiento sin reservas o cláusulas restrictivas en cuanto a defectos de la mercancía, el embalaje, etc.), **clean break** (arreglo financiero definitivo, especialmente en una sentencia de divorcio; V. *property adjustment order*), **clean charter** (contrato justo de fletamento), **clean collection** (remesa simple), **clean draft** (letra no documentaria, libranza simple), **clean hands** (conducta intachable, manos limpias, conciencia sin culpa; para acudir a los tribunales de equidad o *equity*, las partes deben mostrar buena conducta), **clean letter of credit** (carta de crédito simple o abierta)]. *Cf* dirty, foul, unclean, documentary draft, bill with documents attached, settlement, equity.

clear[1] *a*: limpio, sin mancha, sin cargas. [Expresiones: **clear estate** (propiedad libre de hipotecas, gravámenes, etc.), **clear reputation** (reputación sin mancha), **clear title** (título limpio, título seguro o inobjetable)]. *Cf* good title, marketable title, cloud on title, bad title, in the clear, dark.

clear[2] *a*: claro, convincente. *It is a clear case*. [Expresión: **clear and convincing proof** (prueba clara y convincente/contundente)].

clear[3] *a*: neto, líquido. [Expresión: **net gain/profit/value** (ganancia/provecho/valor neto)]. *Cf* net.

clear[4] *a*: completo, natural, hábil. *You have thirty clear days to file the claim*. [Se emplea en expresiones de cantidad; para el cálculo de plazos en que aparezca la palabra *clear* no se tendrá en cuenta ni el día de comienzo ni el último, es decir, «ambos exclusive»]. *Cf* calendar clear.

clear¹ *v*: absolver. *He was cleared of the charge of fraud.*

clear² *v*: despejar o desalojar (la sala). *The judge commanded that the courtroom should be cleared.*

clear³ *v*: compensar, liquidar, saldar. *It is wise to wait until a cheque has been cleared before acknowledging receipt.* [Expresión: **clear a mortgage** (pagar o levantar una hipoteca)].

clear⁴ *v*: aclarar, disipar, despejar. [Expresión: **clear up** (aclarar, poner en orden, desembrollar)].

clear, in the *fr*: libre (de deudas, sospechas, imputaciones, etc.). *We have paid off the last mortgage instalment and we are now in the clear.*

clearance¹ *n*: formalidades aduaneras, despacho de aduanas, certificación o recibo del pago de derechos de aduanas. *You'll have to obtain customs clearance before you can move the goods.* [Expresiones: **clearance by customs** (aduanar), **clearance inwards** (despacho de entrada, cumplimentación de las formalidades del despacho de entrada), **clearance outwards** (despacho de salida, cumplimentación de las formalidades del despacho de salida)]. *Cf* customs clearance.

clearance² *n*: liquidación (de existencias). [Se emplea solo o en la expresión *clearance sale*].

clearance³ *n*: acreditación, identificación (seguridad). *We had to get security clearance before we were allowed into the building.*

clearance⁴ order *n*: orden de desalojo y derribo (de un grupo de casas, un barrio, etc.). *The local council declared the houses unfit for human habitation and issued a clearance order, including arrangements for rehousing the people.*

clearing *n*: compensación bancaria; convenio bilateral de pagos. [Expresiones: **clearing account** (cuenta transitoria), **clearing agreement** (convenio de compensaciones, acuerdo de *clearing*), **clearing house** (cámara de compensación), **clearing title** (saneamiento de título)]. *Cf* bank clearing.

cleavage/bankruptcy, date of *fr*: V. *date of bankruptcy/cleavage*.

clemency *n*: indulto, clemencia, gracia.

clerical error *n*: error de escritura o de anotación.

clerical work *n*: trabajo de oficina.

clerk *n*: secretario, escribano, funcionario, administrativo, pasante. *It is the duty of the clerk of the court to keep a full record of all proceedings and sometimes, as in appeals by "stated case" to draw up an account of them for official use.* [Expresiones: **clerk of the court/court clerk** (oficial del juzgado, secretario de un tribunal, escribano; actuario; V. *law clerk*), **Clerk of the House** (Secretario Permanente de la Cámara de los Comunes), **Clerk of the Parliaments** (Secretario Permanente de la Cámara de los Lores, entre cuyas funciones destaca la de fijar la fecha de las leyes tras la firma real), **clerk to the justices** (letrado consejero de los tribunales de magistrados, en Inglaterra y Gales; como la mayoría de los jueces que forman los *Magistrates' Courts* son legos, estos letrados, también llamados *justices' clerks* o *magistrates' clerks*, les asesoran en cuestiones jurídicas y procesales)]. *Cf* calendar clerk.

clinch *v*: afirmar, fijar, afianzar, confirmar. *After the two companies had clinched the deal, a contract was drawn up and signed.*

clink (*argot*) *n*: cárcel, chirona, trena, etc. *He fiddled the Stock Market and wound up in the clink. Cf* jail, gaol, jug, cooler, quod.

close *a*: minucioso, pormenorizado, reservado, íntimo, cerrado, estrecho. *The witness was subjected to close questioning by the counsel for defence.* [Expresiones: **close company/corporation** (sociedad anónima especial, controlada por un máximo de cinco socios, llamados «participantes», con privilegios fiscales y cuya sede debe estar en Gran Bretaña; V. *participator*), **close relationship** (parentesco íntimo), **close surveillance** (estrecha vigilancia)].

close *n*: fin, conclusión, cierre, término, intimidad. [Expresiones: **close of pleadings** (cierre de la fase de alegaciones; V. *summons* *for directions, setting down for trial*), **close season** (veda, período de veda)]. *Cf* breach of close.

close *v*: cerrar, formalizar, concluir un negocio, etc., clausurar, etc. [Expresiones: **close a bank account** (cerrar una cuenta bancaria), **close a bargain** (cerrar un trato), **close a mortgage** (registrar la hipoteca), **close a treaty** (formalizar un tratado), **close the meeting** (levantar o clausurar la sesión), **closed end fund** (fondo de inversión cerrado), **closed session** (sesión a puerta cerrada), **closed shop agreement** (monopolio gremial, plantilla de sindicación obligada; existe acuerdo de *closed shop* entre un patrono o empleador y un sindicato cuando el primero se compromete a contratar sólo a empleados de un determinado sindicato. Si se acuerda que la afiliación se haga antes de entrar en la empresa se llama *pre-entry closed shop* y, si se hace después, se llama *post-entry closed shop*), **in closed session** (a puerta cerrada)]. *Cf* adjourn, in camera, in chamber, conclude, enter into a contract.

closing *n*: cierre, clausura. *Their house has suffered structural damage and the local council has issued a closing order, as they intend to demolish it.* [Expresiones: **closing-down sale** (venta por liquidación), **closing entry** (asiento de cierre), **closing order** (orden de clausura de un inmueble), **closing speech** (conclusiones finales), **closing statement** (conclusiones finales, declaración final, conclusiones de la defensa o la acusación)].

closure/cloture *n*: cierre forzado de un debate parlamentario, procedimiento parlamentario cuya finalidad es evitar el filibusterismo parlamentario, zanjando el debate y sometiendo la cuestión a votación. *In the United States a two-thirds majority vote of the body is required to invoke cloture and terminate debate.* [En Gran Bretaña se le conoce como *closure*]. *Cf* filibustering.

cloud *n*: sombra de sospecha o de mala reputación. *The accountant's negligence cost his company a lot of money and he is now under a cloud.* [Expresión: **cloud on title**

(imperfección del título, título insuficiente)]. *Cf* badge, action to remove cloud on title, colour of title, clear title, abstract of title, paper title, title to property, cure a defect.

club *n*: asociación, peña. *A club is an example of unincorporated association.* [Expresión: **club call** (contribución o derrama a una cooperativa de seguro, etc., de la que se es socio; V. *call, protection and indemnity club*)].

club together *v*: reunir dinero, contribuir a gastos comunes, escotar, pagar a prorrateo, mancomunar. *A group of people decided to sue the newspaper and they clubbed together to raise the money necessary to meet the costs of litigation.* *Cf* raise money, club call.

clue *n*: pista. *Cf* lead.

co- *prefijo*: co-, adjunto. [El prefijo inglés *co-* tiene el mismo significado que en español, equivaliendo a «co-» o a «adjunto», «mancomunado». Expresiones: **co-chairman** (co-presidente), **co-defendant** (co-demandado), **co-drawer** (co-girador), **co-executor** (albacea testamentario adjunto o mancomunado), **co-guarantor** (co-fiador, co-avalista), **co-heir** (coheredero), **co-inhabitant** (convecino), **co-inheritance** (herencia conjunta, herencia compartida), **co-inheritor** (coheredero), **co-insurance** (coaseguro, seguro copartícipe), **co-insurer** (coasegurador), **co-lessee** (mediero, el que toma a medias una finca, coarrendatario), **co-lessor** (coarrendador), **co-litigant** (colitigante), **comaker** (cogirador, fiador, codeudor), **co-management** (co-gestión), **co-opt** (co-optar, elegir a alguien por co-optación), **co-owned property** (propiedad poseída en común), **co-owner** (condueño, condómino, co-propietario; V. *joint owner; words of severance*), **co-ownership** (co-propiedad, dominio de una cosa tenida en común por varias personas), **co-parcenary** (herencia conjunta), **co-parcener** (coheredero), **co-partnership** (asociación, sociedad comanditaria), **co-respondent** (codemandado), **co-surety** (cofiador; V. *co-guarantor*)]. *Cf* joint, mutual.

coast *n/v*: costa; costear. [Expresiones: **coaster** (barco de cabotaje), **coastal trade** (cabotaje, comercio de cabotaje), **coasting** (cabotaje, navegación costera), **coastwise** (barajando la costa)].

code[1] *n*: normas, código. *It is the duty of every driver to be thoroughly familiar with the highway code.* [Expresiones: **code of civil procedure** (*amer*) (código o ley de procedimiento o de enjuiciamiento civil; V. *The White Book, Rules of the Supreme Court*), **code of conduct/practice** (normas de conducta profesional, código deontológico, normas profesionales y protocolarias de los profesionales del derecho, la medicina, etc.; los términos *code of conduct, code of practice, y code of professional ethics* son prácticamente intercambiables; sin embargo, el primero tiene un carácter menos formal y se puede referir a normas no escritas), **code of criminal procedure/prosecution** (ley de enjuiciamiento criminal), **code of fair competition/trading** (normas que regulan la justa o leal competencia profesional o comercial; V. *Restrictive Practices Court, combination in restraint of commerce/trade*), **coce of precedure** (práctica forense), **code of professional ethics** (código de ética profesional; V. *code of practice*), **code of professional responsibility** (código deontológico y de responsabilidad de los Colegios de Abogados Americanos o *American Bar Association*), **code pleading** (*amer*) (sistema regulado por ley para la presentación de alegaciones ante los tribunales; de acuerdo con este sistema, en muchos países de habla inglesa se han refundido, en lo que se conoce como *code pleading,* las normas que se seguían para la presentación de alegaciones en los procesos de derecho consuetudinario o *common law* y de equidad o *equity*)]. *Cf* building code, civil code, criminal code, highway code.

code[2] *n*: compilación de leyes. *The Roman Law is usually derived from the Code of Justinian. Cf* digest.

code[3] *n*: clave, código. *Electronic codes on packaged foodstuffs must include the sell-by date. Cf* identification code.

code *v*: cifrar. *They sent us a coded message to prevent the information from falling into the wrong hands.* [Expresiones: **in code** (cifrado), **coding** (codificación o cifrado)].

COD, c.o.d. *n*: V. *cash on delivery, collect on delivery.*

codify *v*: compilar las leyes, formar un código, codificar. *Statutes are occasionally enacted to codify the whole existing body of Law relating to a particular area.* [Expresión: **codifying legislation** (ley parlamentaria que unifica en una sola ley las disposiciones de derecho consuetudinario y las estatutarias referidas a una misma cuestión jurídica)]. *Cf* consolidation, enabling act.

coemption *n*: acaparamiento de toda la oferta. *Cf* corner, monopoly, engrossment.

coerce *v*: forzar, obligar, coartar, violentar. *In testamentary law there is coercion when there is undue influence upon the testator.* [Expresiones: **coercion** (coacción, coerción, fuerza, opresión; apremio), **coercive** (coercitivo; V. *restraining*)]. *Cf* compel, force, duress, actual coercion, undue influence.

cogent (argument, reasoning, etc.) *a*: (argumento, razonamiento) convincente, poderoso, bien construido, satisfactorio. *The barrister spoke wittily and well but his arguments were not really cogent.* [Expresión: **cogent evidence** (prueba rotunda o convincente)]. *Cf* convincing.

cognate *n*: cognado, consanguíneo. [Expresiones: **cognateness** (consanguinidad, parentesco cognaticio), **cognation** (consanguinidad; V. *consanguinity*)]. *Cf* cognateness, half-blood, whole blood, affinity.

cognizable *a*: conocible, de la competencia o jurisdicción. *A cause is cognizable by a court when it has the power to adjudicate the interest in controversy. Cf* cognisance/cognizance.

cognisance/cognizance[1] *n*: cognición, presunción, conocimiento por un tribunal de hechos públicos y notorios, reconocimiento por un tribunal de lo que es de dominio público. *The plaintiff asked for judicial cognizance to be taken of Spanish immigration law.* [El derecho de los países anglófonos da el nombre de *judicial cognizance* o *judicial notice* al conocimiento implícito que se da por sentado tienen los jueces y, a veces, el jurado, de los hechos, situaciones, condiciones o estado que son del dominio público o que nadie puede poner razonablemente en duda (por ejemplo, que Madrid es la capital de España o que el embarazo de la mujer dura nueve meses) o bien circunstancias de las que se puede enterar consultando las fuentes adecuadas. En ambos casos, el juez no precisa pruebas: se da, sin más, por enterado y la parte interesada no tiene que demostrar la veracidad de lo que afirma sino que basta con su afirmación. Además, una vez que el juez se da por enterado (*takes judicial cognisance*) de un hecho no se admiten pruebas ni alegatos en contra]. *Cf* take judicial cognizance, judicial notice.

cognisance/cognizance² *n*: jurisdicción, competencia, conocimiento. *The issue between the parties comes under the cognisance of the County Court. Cf* jurisdiction.

cohabitation *n*: cohabitación matrimonial, marital, contubernio, amancebamiento. *It is not necessary to prove the existence of a sexual relationship in order to establish cohabitation.*

coin *v*: acuñar moneda.

cold-blooded *a*: sangre fría, inhumano. *The prosecution described the killing of the victim as premeditated and cold-blooded murder.* [Expresión: **in cold blood** (a sangre fría)]

collapse *n/v*: hundimiento, derrumbamiento; hundirse, caerse. *When the share prices collapsed the firm went into liquidation.* [Expresión: **collapsible company** (mercantil defraudadora de impuestos)]. *Cf* heavy fall, crumbling.

collate *v*: cotejar, compulsar. *After collating the two documents, experts pronounced them identical.*

collateral¹ *n*: garantía prendaria, prenda, seguridad colateral, contravalor, pignoración, resguardo. *If the chairman of a football club offers a player money as an inducement to sign the contract, he is effectively offering a collateral contract.* [Expresiones: **collateral business** (asunto colateral), **collateral contract** (contrato de prenda), **collateral covenant** (pacto, convención o garantía colateral o de materia ajena), **collateral loan** (préstamo con garantía prendaria, empréstito con garantía, préstamo sobre valores, préstamo pignoraticio, pignoración), **collateral note** (pagaré con garantía prendaria), **collateral power** (poder colateral; V. *power of appointment*), **collateral security** (fianza pignoraticia o prendaria), **collateral trust bond** (bono con garantía prendaria o con garantía de valores, bono colateral), **collateral trust certificate** (certificado con garantía prendaria)]. *Cf* guarantee, pledge, security, collateral assurance, impairment of collateral.

collateral² *a*: consanguíneo, colateral. *After his death, his estate passed to his cousins as collateral heirs.* [Expresiones: **collateral consanguinity** (consanguinidad colateral), **collateral kinsmen** (parientes colaterales)]. *Cf* cognate.

collateral³ *a*: colateral, secundario, paralelo, subsidiario, adicional, incidental. *For the moment we are interested in establishing her right of title: her other claims are merely collateral issues.* [Expresiones: **collateral assurance/security** (garantía subsidiaria, secundaria o indirecta), **collateral attack** (alegato de nulidad), **collateral negligence** (negligencia colateral, subordinada o incidental), **collateral signature** (aval, firma colateral), **collateral undertaking** (compromiso colateral)]. *Cf* ancillary, auxiliary, accessory, appurtenant.

collateral estoppel *n*: impedimento colateral. *In order to avoid double jeopardy a defendant has the right to plead collateral estoppel. Cf* estoppel, issue preclusion, res judicata.

collaterally *adv*: colateralmente, subsidiariamente.

collation *n*: comparación, cotejo, colación.

collect *v*: cobrar (deudas, intereses, etc.), recaudar (impuestos, derechos, etc.), percibir (dividendos, etc.), recoger. *Some of the means used by money lenders to collect debts are* *extremely dubious, as they often involve threats of violence.* [Expresiones: **collect call** (*amer*) (conferencia telefónica a cobro revertido; V. *reverse charge call*), **collect evidence** (diligenciar pruebas), **collect freight** (flete a cobrar, flete contra entrega; V. *paid freight*), **collect on delivery (COD, c.o.d.)** (*amer*) (pago a reembolso, contra-reembolso; V. *cash on delivery*)].

collection *n*: cobro, cobranza, percepción, recaudación (de impuestos), colecta. *Cf* items for collection. *The standard collection policy in foreign trade is not collection against documents but "thirty days net".* [Expresiones: **collection basis** (gestión de cobro), **collection draft** (efecto al cobro, letra de cobro), **collection fee** (comisión de cobro), **collection policy** (norma de cobro, política recaudadora), **collection of tax** (recaudación de impuestos), **collection management/negotiation** (gestión de cobro)].

collective *a*: colectivo, sindical. *In a collective bargaining there are negotiations between management and trade unions about wages and working conditions.* [Expresiones: **collective agreement** (convenio colectivo), **collective bargaining** (negociación sindical, negociación colectiva), **collective ownership** (propiedad social, colectiva o pública)].

collector *n*: recaudador, cobrador, vista (de aduanas). [Expresiones: **collector of internal revenue, collector of taxes, tax collector** (recaudador de impuestos o contribuciones), **collector of a port/the customs** (vista de aduanas, administrador de aduanas)]. *Cf* customs officer.

collide *v*: abordar. *Even in relatively minor collisions, it is wise to send for the police, so that an official accident report can be drawn up.* [Expresiones: **collision** (choque, colisión), **collision of ships** (abordaje)]. *Cf* accidental collision, both-to blame collision, come into collision, crash, negligent collision, rules of the road, run into.

collude *v*: confabularse contra alguien, pactar en perjuicio de tercero, intrigar, maquinar, estar en connivencia. *Cf* connive.

collusion *n*: colusión, connivencia desleal, confabulación. *The court revoked the order for payment when it transpired that the two litigants had acted in collusion to cheat the insurance company.* [En el uso común, *collusion* significa «confabularse»; no obstante, en sentido jurídico su significado es muy preciso: ponerse de acuerdo las partes opuestas para obrar en perjuicio de un tercero, engañando al tribunal; en las demandas de divorcio, dicha connivencia ya no anula los efectos de la sentencia].

collusive *n*: colusorio. [Expresión: **collusive tendering** (práctica restrictiva del comercio consistente en el reparto, y consiguiente dominio, del mercado por determinadas empresas)]. *Cf* restrictive practices.

collusor *n*: colusor, el que está en connivencia con alguien para llevar a cabo actividades ilícitas. *Husband and wife were accused of being collusors when they agreed to commit adultery in order to get a quick divorce.*

collusory *n*: alegación falsificada o colusoria. *Cf* covinous.

colo(u)r *n*: apariencia convincente pero sin sustancia, apariencia, pretexto, fingimiento, apariencia engañosa o especiosa. *To lend colour to his claim to solvency, he produced an impressive number of cheques and bonds, but investigation showed they were worthless.* [Expresiones: **colo(u)r of authority** (autoridad aparente), **colo(u)r of law** (apariencia de legalidad)].

colo(u)r of title *n*: título aparente. *One person holding a lapsed or forged deed is said to have mere colour of title.* *Cf* cloud on title, clear title, abstract of title, title to property, cure a defect.

colo(u)rable *n*: engañoso, especioso, con apariencia de validez o de derecho. *We are tired of their colourable excuses for non-payment: our best course is to sue them.* [Expresiones: **colo(u)rable claim** (reclamación con apariencia de legalidad o sujeción a las normas de derecho), **colo(u)rable title** (título con apariencia de validez)]. *Cf* false, counterfeit.

combination¹ *n*: combinación, concentración (de empresas) asociación. [Expresión: **combination fund** (sociedad inversionista de valores, bonos y acciones preferentes)]. *Cf* combine.

combination² *n*: trama, conspiración, conjuración, unión, coalición, liga. [La palabra *combination*, aunque no tenga por sí sola sentido peyorativo, lo puede adquirir en ciertos usos y expresiones como **combination in restraint of commerce/trade** (acuerdo monopolista o de limitación de la competencia), **illegal combination** (coalición ilegal); la presencia de las palabras negativas *restraint* o *illegal* da la connotación negativa y orienta la traducción hacia «conspiración, trama, complot, etc.»]. *Cf* code of fair competition/trading, Restrictive Practices Court, conspiracy in restraint of trade.

combine *n*: grupo industrial, asociación. [Expresión: **combine group** (grupo industrial), si es nombre, el acento recae sobre la primera sílaba, y si es verbo, sobre la segunda]. *Cf* conglomerate, holding, group. group of companies, trust.

combine¹ *v*: unirse, fusionar, mancomunar. *Cf* merge.

combine² *v*: maquinar, conspirar. *Cf* conspiration.

combined transport bill of lading *n*: conocimiento de embarque combinado, conocimiento de embarque corrido, conocimiento que cubre la expedición de mercancías por dos o más medios de transporte. *Cf* through bill of lading, direct bill of lading.

come into effect/force *v*: entrar en vigor. *Acts of Parliament come into effect as laws when they have received the royal assent. Cf* effect, take effect, come into force, be effective, be operative from.

come into office *v*: entrar en funciones, llegar al poder, asumir un cargo. *Cf* begin functions.

come into operation *v*: entrar en vigor.

come out (on strike) *v*: declararse en huelga. *The members of the Electricians' Union have come out in sympathy with the miners. Cf* call out.

come under *v*: estar sujeto a, aparecer bajo el epígrafe de, estar comprendido en. *The matter comes under the jurisdiction of the Queen's Bench Division.*

come up before *v* (*col*): comparecer. *He came up before the beak for breach of the peace. Cf* appear.

come up for judgment/sentence *v*: ocurrir, tener lugar, estar previsto que se dicte el fallo, llegar el momento del fallo, presentarse, comparecer para recibir, conocer, serle notificada la sentencia, etc. *The Smith case is coming up for judgment next week.*

come up for sale *n*: ponerse en venta, salir a la venta. *The company has come up for sale and the board has issued a call for bids.*

comity of nations *n*: cortesía internacional, *comitas gentium*, acuerdo de reciprocidad entre naciones en el respeto de las leyes.

command papers *n*: documentos o proposiciones gubernamentales presentados al Parlamento. [Se trata de proposiciones, estudios, etc., que el ejecutivo, por mandato real (de ahí viene el nombre de *command*), presenta al Parlamento para su consideración; entre estos documentos destacan los **white papers** (proposiciones de ley), y los **green papers** (proposiciones no de ley)].

commandeering *n*: requisa.

commandite *n*: sociedad comanditaria, en comandita simple. *Cf* partnership.

commence *v*: incoar. *A suit is officially commenced when the plaintiff takes a writ advising the defendant of his intention to proceed.* [Expresiones: **commence a suit, legal proceedings,** etc. (incoar una demanda o proceso civil, incoar una causa criminal, instruir un proceso; V. *bring a case, sue*), **commencement** (entrada en vigor de una ley; V. *date of commencement*)].

commerce *n*: comercio, negocio. *Cf* trade.

commercial *a*: comercial, mercantil. [Expresiones: **commercial agreements** (acuerdos comerciales), **commercial arbitration** (arbitraje comercial), **commercial banking**

(banco de comercio/mercantil), **commercial company/enterprise** (empresa mercantil), **commercial discount** (descuento comercial), **commercial law** (derecho mercantil), **commercial set** (juego de documentos de embarque), **commercial transaction** (operación mercantil)].

Commercial Court *n*: Tribunal de Comercio, Sala de lo mercantil. [Dentro del *Queen's Bench* existen dos tribunales especiales: el *Admiralty Court* y el *Commercial Court*; este último entiende de pleitos relacionados con cuestiones mercantiles, como, por ejemplo, los pleitos del mundo de los seguros. Muchas de las causas surgen por la insatisfacción de alguna de las partes en los laudos arbitrales (*arbitration awards*) dictados en los tribunales de arbitraje]. *Cf* High Court of Justice, Queen's Bench.

commercial instruments/papers *n*: efectos mercantiles, documentos negociables, documentos comerciales. *Securities, shares, stocks, cheques, bonds, bills of exchange, drafts, etc. are commercial instruments. Cf* bankable paper.

commission[1] *n*: encargo, despacho, mandato, cargo, nombramiento. *I am acting as the bank's representative here and my commission is from its Board of Directors. Cf* authority, on behalf of, appointment, designation.

commission[2] *n*: comisión, porcentaje. *An agent's commission is commonly calculated as a percentage of the business he or she attracts. Cf* fee.

commission[3] *n*: comisión de investigación, comisión de encuesta. *When a public enquiry into an accident, miscarriage of justice, etc. is ordered, it is entrusted to a commission, usually called after its chairperson, e.g. the Harvey Commission.*

Commission[4] *n*: Comisión Europea. *The Commission forwards proposals to the Council of Ministers.*

commission *v*: comisionar, encargar, diputar, capacitar. *Cf* appoint.

Commission for Racial Equality *n*: Comisión para las relaciones entre las razas. [Comisión

permanente del Reino Unido encargada de favorecer la igualdad en el trato y la armonía social entre personas de razas distintas]. *Cf* Race Relations Act.

commission of a crime *n*: perpetración de un delito.

commission stage *n*: (en) fase de comisión (parlamentaria). *When the Cabinet send a bill to Parliament it goes through different stages. Cf* report stage.

commissioner *n*: comisario, comisionado. *Any practising solicitor may act as a commissioner for oaths so long as he or she is not directly interested in the case* [Expresiones: **commissioner for oaths** (fedatario público, notario), **commissioner of patents** (comisario de patentes)]. *Cf* calendar commissioner, Crown Estates Commissioners.

commit[1] *v*: perpetrar, cometer, provocar, incurrir. *He spent two years in prison for a crime he never committed.* [En este sentido se emplea en **commit a crime/an infraction/murder** (cometer un delito, un asesinato), **commit a tort** (cometer un ilícito civil, ser responsable de daños y perjuicios), **commit adultery** (incurrir en adulterio), **commit arson** (provocar un incendio de forma voluntaria), **commit perjury** (jurar en falso, perjurar)]. *Cf* commission of a crime.

commit[2] *v*: encomendar, confiar, encargar. *The juvenile court committed the child to the care of the local authority. Cf* entrust.

commit[3] *v*: procesar, dictar auto de prisión, ordenar la apertura de juicio oral. *After examining police evidence, the magistrates committed the accused to the Crown Court for trial.* [Hay tres supuestos en los que el acusado puede ser *committed*: (a) cuando el juez o los jueces del *Magistrate Court*, constituidos en *examining magistrates*, deciden que hay indicios suficientes de criminalidad, en este caso, el acusado queda *committed for trial*, esto es, a disposición del *Crown Court*, que es el tribunal superior de lo penal; (b) cuando los jueces del *Magistrates' Court*, tras declarar culpable al acusado, lo remiten al *Crown Court* para que sea éste quien imponga la sentencia (*committal for sentence*), debido a la gravedad de la pena; (c) en casos de desacato (*committal order*). En estos tres casos el procedimiento es preventivo o cautelar y no tiene carácter de condena *strictu sensu*. Expresiones: **commit for trial** (procesar, ordenar la apertura de juicio oral), **commit to prison** (ordenar el ingreso en prisión)]. *Cf* prosecute, bill of indictment, committal proceedings.

commitment[1] *n*: compromiso, deber, obligación. *Cf* engagement.

commitment[2] *n*: auto de procesamiento, auto de prisión. *Cf* committal.

committal for sentence *n*: traslado de una causa desde un Tribunal de Magistrados (*Magistrates' Courts*) al Tribunal de la Corona (*Crown Court*) con el fin de que éste dicte la sentencia. *Cf* commit[3].

committal for trial order *n*: auto de procesamiento, auto ordenando la apertura de juicio oral con jurado en el *Crown Court*. [Este auto (*order*) contiene la resolución del juez instructor (*examining magistrate*) trasladando la causa al Tribunal de la Corona (*Crown Court*) por haber encontrado indicios suficientes de criminalidad en la instrucción (*committal proceedings*)]. *Cf* committal proceedings, Crown Court.

committal order *n*: orden de ingreso en prisión (por desacato, impago, etc.).

committal proceedings *n*: diligencias de procesamiento, instrucción de una causa criminal. [El objeto de las *committal proceedings*, que tienen lugar en los *Magistrates' Courts*, es servir de filtro para que no tengan que comparecer ante el *Crown Court* los acusados contra quienes no existan indicios suficientes de criminalidad (*sufficient evidence*); en estas diligencias de procesamiento se acompañan las declaraciones de los testigos (*depositions from all the witnesses*). *Cf* preliminary inquiry, committal for trial, Crown Court, examining magistrates, accusatorial/accusatory procedure, precognition, short committal.

committee *n*: consejo, comisión, junta,

delegación. *For convenience, a great deal of the business of Parliament is handled by standing committees.* [Expresiones: **committee of control** (comisión de vigilancia), **Committee of Ways and Means** (Pleno especial de la Cámara de los Comunes para considerar los presupuestos nacionales), **Committee of the Whole House** (Pleno especial de la Cámara de los Comunes para debatir una medida especialmente compleja o importante)]. *Cf* board.

committing magistrate *n*: juez instructor. *Cf* examining magistrate.

commodatum, commodate *n*: comodato.

commodity *n*: mercadería, mercancía, género, artículo de comercio. *Oil, coffee, sugar and other articles are bought and sold in commodity exchanges and futures markets.* [Expresión: **commodity exchange** (mercado de materias primas, bolsa de comercio)]. *Cf* futures markets, goods exchange, stock exchange, merchandise.

common *a*: ordinario, común, corriente, habitual. [Expresiones: **common bail** (fianza simple u ordinaria), **common carrier** (empresa de transporte público, porteador común), **common counts** (cargos generales; V. *counts*), **common convict** (preso común), **common disaster clause** (cláusula de las pólizas de seguro referida al fallecimiento simultáneo de asegurado y beneficiario; V. *survivorship clause*), **common equity** (capital social y reservas), **common knowledge** (hecho de todos conocido), **common nuisance** (molestia, estorbo o disturbio público), **common ownership** (condominio), **common peril** (riesgo corriente o común), **common repute** (reputación conocida), **common stock** (acciones ordinarias)].

common *n*: pastos comunales, bien comunal, derecho de pastoreo, servidumbre de pastor. *An old and bitter jibe remarks that "the law will hang the man or woman that steals the goose from the common but lets the greater villain loose that steals the common from the goose".* [Expresiones: **common at large/in gross** (derecho poseído en comunidad con otros, que afecta a la persona y no a la heredad), **common of pasture** (derechos de pastoreo)]. *Cf* commonage, commonland, tenancy in common.

common/simple assault *n*: ataque, agresión, violencias físicas, intimidación. *The prosecution proved that the accused had shaken his fists at the victim, and the court decided that this constituted common assault. Cf* battery, grievous bodily harm.

common carrier bill of lading (*amer*) *n*: conocimiento de los transportistas públicos que explotan líneas regulares. [Este término es más corriente ahora en los Estados Unidos que en Gran Bretaña]. *Cf* bill of lading.

common duty of care *n*: obligación de prevención, precaución de los más elementales cuidados exigibles a toda persona; obligación legal que tiene quien ocupa o habita una casa de velar por la seguridad de los invitados y visitantes (conservación, señalización de peligros, etc.). *Cf* occupier's liability, dangerous.

common, in *fr*: proindiviso, en común. *Cf* joint.

common land *n*: tierras comunales. *Cf* common, profit à prendre.

common law *n*: derecho consuetudinario. *English lawyers use the term "civil law" to refer to legal systems based on Roman Law, and "common law" for the English system.* [El derecho consuetudinario (*common law*) y la equidad (*equity*) son las fuentes más idiosincráticas del derecho inglés o angloamericano. El término *common law* se entiende, al menos, en dos sentidos: (a) las resoluciones judiciales contenidas en las sentencias que, recogidas en los **Law Reports** (Compilación de Decisiones Judiciales), constituyen jurisprudencia; en este sentido también se le llama **case law** (derecho jurisprudencial, precedentes, jurisprudencia) o **judge-made law** (derecho creado por los jueces); (b) las fuentes históricas del derecho inglés. En EE.UU. se aplica el término al derecho preconstitucional heredado de Inglaterra y no derogado. Expresiones: **common law action** (demanda de acuerdo con el derecho común o consuetudinario; V.

equity), **common-law marriage** (matrimonio de hecho, matrimonio que no ha observado las formalidades legales, matrimonio por consenso; esta expresión, muy arraigada en el habla común, no tiene un sentido legal estricto; el derecho habla de *cohabitation* o de *living together as man and wife*)]. *Cf* case law, equity, statute law.

Common Market *n*: Mercado Común Europeo. *Cf* EC.

commonage *n*: derecho de pastoreo. *Cf* profit à prendre, common.

commoner *n*: plebeyo, ciudadano sin título nobiliario. *There was a certain amount of uneasiness when it was announced that the princess was to marry a commoner.*

Commonwealth *n*: Mancomunidad de Naciones.

commonwealth *n*: mancomunidad, comunidad, asociación político-económica. *Commonwealth citizens have a privileged status in British law.*

communication *n*: notificación, comunicación escrita, mensaje. *Cf* notice.

community *n*: comunidad. *The introduction of the "community charge" to replace the old system of "rates" caused a great social upheaval.* [Expresiones: **community charge** (impuesto local, capitación, impuesto municipal calculado por cabeza), **community estate/property** (comunidad de bienes, bienes gananciales), **community of property** (comunidad de bienes)].

community homes *n*: hogares de acogimiento de menores regidos por autoridades de la administración local. *Children committed to the care of local authorities are sent to community homes run by those authorities. Cf* remand homes, detention in a young offender institution.

community law *n*: derecho comunitario. *Community law is now in many instances suspending the national law of the member states.* [Los actos jurídicos comunitarios son los tratados (*treaties*), los reglamentos (*regulations*), las directivas (*directives*) y las decisiones (*decisions*)]. *Cf* European Court.

community service *n*: trabajos comunitarios. *Judges are increasingly issuing community service orders rather than probation orders in dealing with young offenders.* [Expresión: **community order** (auto ordenando la prestación social sustitutoria como sanción a determinados condenados)]. *Cf* probation, day training centre.

commutation of imprisonment/sentence *n*: conmutación de la pena de cárcel/sentencia, abono de tiempo de prisión.

commute a sentence *v*: conmutar una sentencia.

compact *n*: pacto, concierto.

company[1] *n*: sociedad mercantil. *A company, once formed, has a legal personality distinct from its members.* [Las *companies* se llaman también *corporations*, y pueden ser *chartered companies, statutory companies* y *registered companies.* Expresiones: **Companies House** (séde del Registro Mercantil), **company law** (derecho de sociedades), **company limited by shares** (sociedad limitada, también llamada *limited company*), **company name** (razón social), **company report** (Memoria de la sociedad), **company tax** (impuesto de sociedades), **company taxation** (tributación de sociedades)]. *Cf* affiliated company, dormant company, joint-stock company, limited company, parent company, part-nership, corporation.

company[2] *n*: tripulación de un buque.

company court *n*: V. *Chancery Court.*

compared with, as *fr*: con respecto a, con relación a.

comparison *n*: comparación, cotejo. [Expresión: **comparison of handwriting** (cotejo de letra)]. *Cf* collation.

compel *v*: urgir, apremiar, forzar. [Expresiones: **compel payment** (apremiar el pago), **compellable witness** (testigo competente, que puede ser requerido u obligado a testificar; de acuerdo con la ley inglesa, los testigos competentes, que son los mayores de edad y con facultades mentales suficientes, tienen obligación de declarar. Ahora bien, el derecho inglés distingue entre *competent* y *compellable*; por ejemplo, la esposa de un acusado normalmente no es *competent*, pero sí lo es si a su marido se le acusa de agresión contra ella; aun así, la esposa no es *compellable*)]. *Cf* competent witness.

compensate *v*: indemnizar, desagraviar, remunerar, compensar.

compensation *n*: compensación, indemnización, reparación, retribución, remuneración, desagravio. [Se utiliza normalmente *compensation for loss* y *damages for injury*]. *Cf* damages, indemnity, recovery, relief.

compensatory award *n*: laudo de indemnización por despido improcedente. *Cf* industrial tribunal.

compensatory damages *n*: daños efectivos, indemnización compensatoria por daños directos, generales o efectivamente causados. [Este tipo de indemnización, también llamado *actual/general damages*, lo conceden los tribunales cuando se puede determinar con facilidad el valor de lo perdido o dañado]. *Cf* actual/general damages, consequential/special damages.

competence *n*: competencia jurisdiccional, capacidad, competencia. *Every person of sound mind and sufficient understanding has competence to make a will and to be a witness.* *Cf* compellable witness.

competent *a*: competente, capacitado, idóneo, capaz. *If your car is stolen from a car-park, an action may be competent against the owners or management for negligence.* [Expresiones: **competent, be** (corresponderle a uno en derecho, haber fundamento para), **competent evidence** (prueba admisible), **competent witness** (testigo competente o capacitado; V. *spouse, compellable witness, unfitness to serve*)].

competition *n*: competencia, concurrencia, concurso. *E.C. law expressly forbids any form of dealing or trading, which distorts or restricts competition within the Common Market. Cf* code of fair competition/trading, Restrictive Practices Court, combination in restraint of commerce/trade, conspiracy in restraint of trade.

competitive examination *n*: oposición, concurso. *Admission to the Civil Service and* *promotion within it is by competitive examination.*

complain *v*: presentar una reclamación, denunciar.

complainant *n*: denunciante, demandante, acusador, querellante. *A complainant alleging rape, attempted rape, incitement to rape, or being an accessory to rape is allowed by statute to remain anonymous.* [Los términos *complainant, petitioner* y *plaintiff* son equivalentes en líneas generales, aunque hay diferencias entre ellos: *complainant* es el más general, pudiéndose emplear tanto en la jurisdicción civil, como en la penal de los *Magistrates' Courts*; *plaintiff* (demandante) se utiliza en la jurisdicción civil, y *petitioner* en las apelaciones, así como en los pleitos de equidad y en los incoados ante el *Chancery Court*]. *Cf* respondent.

complaint[1] *n*: denuncia, querella, queja, escrito de agravios. *The girl brought a complaint against the couple for stealing her handbag.* [Significa «denuncia, queja, etc.»; en la jurisdicción penal es la acusación preliminar que hace cualquier persona particular contra alguien antes de presentar la *information* o el *indictment*]. *Cf* lodge make/bring a complaint against somebody.

complaint[2] (*amer*) *n*: demanda, reclamación. [En la jurisdicción civil americana, es la primera alegación que hace el demandante, exponiendo sus pretensiones y la reparación, satisfacción o indemnización solicitada]. *Cf* statement of claim, plaint.

complete *a*: definitivo, firme, absoluto, pleno, incondicional, categórico. *Cf absolute, final, unconditional.*

complete *v*: perfeccionar, cumplir, realizar, consumar, ejecutar, satisfacer hasta sus últimas consecuencias. *Cf* fail to complete.

completion *n*: consumación, conclusión, perfección, cumplimiento o realización plena. *Completion of a land contract takes place when the purchaser pays in full the sum agreed and the vendor conveys the estate to him in due form.*

compliance *n*: cumplimiento, conformidad.

[Expresiones: **compliance with or acceptance of the claim made by the defendant** (allanamiento a la demanda), **in compliance with the provisions** (de acuerdo con lo dispuesto)]. *Cf* approval, assent.

comply *v*: cumplir, atenerse a, someterse a lo pactado o dispuesto. *Failure to comply with a court order may lead to prosecution for contempt of court.* [Expresión: **comply with a demand** (acceder a una demanda, allanarse)]. *Cf* observe, conform, observe, follow, abide by.

component *n*: elemento, componente.

composite name *n*: denominaciones compuestas.

composition agreement/settlement *n*: acomodamiento, composición, transacción, ajuste, avenencia. *A debtor or bankrupt who is unable to meet his obligations in full may arrange a composition with his creditors whereby the payment of a proportion of the debts owing is legally deemed to discharge the full debt.* [Expresiones: **composition in bankruptcy** (avenencia jurídica entre el quebrado y los acreedores), **composition of creditors** (convenio de acreedores), **make a composition with creditors** (pactar un convenio con los acreedores)]. *Cf* arrangement, make a composition with creditors, scheme of composition.

compound *a*: compuesto. [Expresión: **compound interest** (interés compuesto)].

compound *v*: transigir, componer, llegar a compromiso, incurrir en soborno. *The bankrupt's duty is to compound with his creditors and reach a good accord.* [Los términos *compound and compromise* suelen ir juntos con el significado «llegar a compromisos y transacciones»]. *Cf* compromise.

compounding a felony/an offence *n*: delito consistente en sobornar al querellante o al testigo para que no aporten pruebas en una causa criminal, soborno de testigos. *A person advertising a reward for the return of stolen goods and specifying that no prosecution will result can be charged with compounding an offence.*

compromise *n/v*: compromiso, conciliación, acuerdo, componenda, acomodación, transacción, llegar a un compromiso, avenirse. *In a compromise, disputes are settled by concessions made by all the parties involved.* [Expresiones: **compromise formula** (fórmula de conciliación), **compromise bargain** (veredicto por acomodación o avenencia; V. *plea bargain*)]. *Cf* compound, consent judgment.

compulsion *n*: apremio, compulsión, coacción. *Third party insurance is compulsory in most European countries.* [Expresiones: **compulsory** (obligatorio; V. *conscripted, forced, binding, mandatory*), **compulsory purchase order** (expropiación forzosa; V. *expropriation, condemnation*), **compulsory non-suit** (sobreseimiento involuntario), **compulsory process** (procedimiento de apremio), **compulsory retirement** (cese; V. *early retirement*), **compulsory winding up by the court** (liquidación forzosa de una mercantil; V. *voluntary winding up*)]. *Cf* under compulsory powers.

compute *v*: calcular. *A casualty loss (due to fire, a storm, etc.) is allowable as a deduction in computing taxable income.*

concealment *n*: ocultación (bienes, valores, etc.). *Concealment of material facts in making a contract —like failing to tell of damage already suffered by property— is a bankruptcy offence.* [Expresión: **concealment of assets** (alzamiento de bienes)]. *Cf* nondisclosure; discovery, disclosure.

concern[1] *n*: asuntos, consideración, interés.

concern[2] *n*: empresa. *Cf* going concern.

concern *v*: corresponder. *To whom it may concern.* [Esta fórmula, que se emplea en el encabezamiento de los certificados, equivale a la que se utiliza en español para cerrar los mismos: «Y para que conste en donde convenga...»].

concert *v*: concertar. [Expresión: **concerted practices** (prácticas concertadas)].

concession *n*: concesión. [Expresiones: **concessionaire/concessionnaire** (concesionario), **concessionary** (concesionario)]. *Cf* licence, dealer.

conciliation *n*: conciliación. [Expresiones: **conciliation act** (acto de conciliación, acuerdo para evitar el litigio), **conciliation officer** (funcionario del *Advisory Conciliation and Arbitration Service*)].

conclude *v*: terminar, concluir, acabar, finalizar, llegar a la conclusión, deducir, sacar la conclusión, llegar a un acuerdo, convenir. [Expresiones: **conclude a contract** (celebrar un contrato), **conclude a transaction** (cerrar una operación), **conclude a treaty** (suscribir un tratado), **conclusion** (expiración, rescisión)]. *Cf* enter into a contract, close a contract.

conclusive *a*: definitivo, irrefutable. *A person's birth certificate is conclusive evidence of his or her nationality.* [Expresiones: **conclusive evidence** (prueba contundente, concluyente o definitiva), **conclusive presumption** (presunción absoluta, indicio claro)]. *Cf* absolute, definitive.

concurrent *a*: simultáneo, concurrente. *The man was sentenced to six month's imprisonment on the first charge and two months on the second, the sentences to run concurrently.* [Expresiones: **concurrent interests** (intereses concurrentes), **concurrent judgment/sentences** (sentencias simultáneas o concurrentes), **concurrent jurisdiction** (jurisdicción coexistente o concurrente), **concurrent obligation** (obligación concurrente), **concurrent tortfeasors** (co-responsables de un ilícito civil de forma individual o personal; V. *joint-tortfeasor*)]. *Cf* accummulative, consecutive, joint.

concurring opinion *n*: opinión contraria.

concussion *n*: concusión, extorsión.

condemnation proceeding *n*: juicio de expropiación forzosa. *Cf* compulsory purchase.

condemned cells *n*: celdas de condenados a muerte. *Cf* death row.

condescendence (*der es*) *n*: alegatos de hecho. *Cf* plea-in-law.

condition[1] *n*: condición, estipulación básica de un contrato. *Even though a manufacturer describes a term in a contract from the sale of goods as a warranty, a court may decide that it is in fact a condition.* [La *condition* es la raíz misma del contrato, de modo que, si se incumple, el contrato queda anulado; en cambio, la *warranty* es una promesa colateral, cuyo incumplimiento no resuelve el contrato. Expresiones: **condition in fact** (condición de hecho), **condition in law** (condición de derecho), **condition precedent** (condición suspensiva o precedente), **condition subsequent** (condición resolutoria), **conditions** (plazos y condiciones)]. *Cf* express condition, implied condition, stipulation, suspensive condition, term, warranty.

condition[2] *n*: estado. [Expresión: **in apparent good condition** (aparentemente en buen estado)].

conditional *n*: condicional, condicionado, contingente, eventual, con reservas. *In a conditional offer, if a condition is not met, the offer is terminated.* [Se utiliza en contratos, acuerdos, ofertas, ventas, etc.; si la condición se incumple, el contrato, la oferta, etc., quedan extinguidos. Expresiones: **conditional bequest** (legado condicional), **conditional endorsement/indorsement** (endoso condicional), **conditional covenant** (pacto condicionado), **conditional discharge** (libertad condicional), **conditional legacy** (legado contingente o condicional), **conditional release/discharge** (libertad condicional), **conditional sale** (venta condicionada)]. *Cf* contingent, qualified, provisional, absolute.

conditionally *adv*: condicionalmente o con reserva. *His proposal was accepted conditionally. Cf* provisionally, qualified.

condominium[1] *n*: condominio (soberanía compartida).

condominium[2] (*amer*) *n*: condominio (comunidad de propietarios).

conduct *n*: V. *involuntary conduct.*

conduct a case *n*: tramitar, llevar, gestionar (una causa, un expediente, un juicio, etc.). *The defendant lodged an appeal on the ground that the judge had conducted the case unfairly.*

conduct a poll *v*: efectuar una encuesta. *According to a poll conducted last week, only one in four favour the Government's policy. Cf* inquiry.

confer *v*: otorgar, conferir, reconocer. *The terms of the will conferred special rights on the trustees it appointed.* [Expresión: **confer a right** (reconocer un derecho)]. *Cf* exercise a right.

conference[1] *n*: comisión conjunta de miembros de la Cámara de los Lores y de los Comunes para intentar solventar los problemas habidos en una de las Cámaras con un Proyecto de Ley emanado de la otra.

conference[2] *n*: consulta entre *barrister* y *solicitor* para intercambiar puntos de vista en relación a la causa que el primero debe defender ante los tribunales a instancias de un cliente del segundo.

confession *n*: confesión, admisión, reconocimiento. *The principal evidence led by the prosecution was a confession signed by the accused.* [Expresión: **confession of faith** (profesión de fe)].

confession and avoidance *n*: excepción especial, confesión y anulación, defensa de descargo. *The accused, who is charged with murder, has lodged a plea of confession and avoidance, claiming he killed the victim in self-defence. Cf* plea of confession and avoidance.

confine *v*: recluir. [Expresión: **confinement** (reclusión, internamiento)].

confiscation *n*: comiso.

confirm *v*: confirmar, sancionar, ratificar, corroborar, verificar. [Expresiones: **confirmation** (ratificación), **confirmed letter of credit** (carta de crédito confirmada)]. *Cf* approve, ratify, adopt; repudiate.

conflict *n*: conflicto. [Expresiones: **conflict of jurisdiction** (conflicto de competencia, conflicto de jurisdicción), **conflict of laws** (conflicto de derecho o de leyes; *conflict of laws* se emplea también en el sentido de *Private International Law/International Private Law* o derecho internacional privado), **conflict with** (contravenir), **conflicting evidence** (testimonio contradictorio)].

conform to *v*: cumplir, atenerse a. *Articles exported to other member states must conform to EC standards. Cf* observe, comply with, observe, follow, abide by.

confront *v*: carear, llevar a cabo un careo, confrontar, comparar, cotejar; compulsar. *The Spanish judicial tactic of confronting the accused with a hostile witness to check their versions of events against one another has no exact parallel in English law*. [Expresiones: **be confronted with** (hallarse en, atravesar), **confrontation** (confrontación, conflictividad; V. *identification parade*)].

confute *v*: confutar. *Cf* disprove, refute.

conglomerate *n*: grupo industrial, asociación, conglomerado. *Large corporation made up of many different and unrelated firms. Cf* holding, combine, group, combine, holding, group of companies, trust.

connive *v*: tolerar, consentir tácitamente (en un fraude o daño hecho a tercero). *To connive at a crime is to be a party to it*. [En el uso habitual, *connive* en inglés y «connivar» en español son «falsos amigos», ya que el término inglés ha conservado el sentido etimológico de «cerrar los ojos ante algo», mientras que su homólogo español suele tener sentido activo o participativo; en este caso, en inglés se utilizaría el verbo *collude*. Nótese que el verbo inglés se construye con la preposición *at* cuando se expresa el negocio, engaño o delito. Expresión: **connivance** (connivencia)]. *Cf* collude.

conscience *n*: conciencia. [Expresiones: **conscientious objector** (objetor de conciencia), **consciousness campaign** (campaña de sensibilización)].

conscript *n/v*: recluta (obligatorio); reclutar para el servicio militar obligatorio, alistar, llamar a filas. *Conscription has not been in force in Great Britain since 1959*. [Expresiones: **conscripted** (forzado, obligado), **conscripted labour** (trabajo forzoso; V. *hard labour*), **conscription** (reclutamiento, alistamiento, servicio militar obligatorio)]. *Cf* absentee conscript.

consanguinity *n*: consanguinidad, parentesco cognaticio. *Cf* cognateness, half-blood, whole blood, affinity.

consensus ad idem *n*: consentimiento en la cosa y en la causa contractual. *Cf* consideration.

consent *n/v*: conformidad, consentimiento, aquiescencia, anuencia, venia; prestar consentimiento. *It is unlawful to have sexual intercourse with a girl below the age of sixteen, which is the age of consent*. [Expresiones: **by common consent** (de común acuerdo), **consent judgment** (sentencia acordada; V. *plea bargaining*), **consent settlement** (avenencia), **consenting adults** (consentimiento entre mayores de edad, base de la tolerancia jurídica de la homosexualidad)]. *Cf* permission, leave; compromise; age of consent; judgment by consent.

consequential *a*: consecuente. [Expresiones: **consequential damages** (daños emergentes, consecuentes o especiales; V. *special damages*), **consequential loss** (pérdida consecuente)].

consideration *n*: causa contractual, contrapartida de un contrato, prestación; remuneración. *In a contract of sale of goods the consideration is a money consideration, called price*. [Un contrato no es válido si carece de causa o contrapartida; quien no ofrezca causa o contrapartida (*consideration*) en un contrato no puede exigir el cumplimiento de la promesa de la otra parte; el *facio ut des* del derecho romano es una fórmula de prestación o *consideration*. Expresiones: **considerations** (exposición de motivos en un juicio), **under consideration** (en estudio)]. *Cf* good/fair/illegal/implied/fictitious/meritorious/moral/nominal/past consideration; failure of consideration; for a small consideration.

consign *v*: consignar, remitir, enviar. *The consignee should receive an invoice together with the goods*. [Expresiones: **consignee** (destinatario, consignatario; V. *addressee*); **consignor** (expedidor), **consignment** (envío, expedición, partida, entrega, consignación; V. *shipment*), **consignment note** (carta de porte por carretera; V. *air consignment note, railway bill*)].

consistent *a*: consecuente, coherente. *This construction of the clause is consistent with habitual practice*.

consistorial (*der es*) *a*: relativo a las relaciones entre marido y mujer, por ejemplo *consistorial proceedings*.

consolidate *v*: refundir, consolidar. *A consolidation Act bring together under a single Act provisions that were scattered over a number of different Acts*. [Expresiones: **consolidated actions** (juicios acumulados), **consolidating statute** (ley refundida, ley que refunde otras), **consolidation** (concentración o fusión de sociedades; consolidación o refundición de leyes, ley refundida), **consolidation of actions** (unión de litigios)]. *Cf* bring together, codify.

Consolidated Fund *n*: fondos públicos (en Gran Bretaña), fondo consolidado. *The civil list for the upkeep of the royal household is adjusted annually and paid out of the Consolidated Fund. Cf* civil list.

conspiracy *n*: conspiración, confabulación, conjura, complot. *Changes to the laws on conspiracy have not affected the offence of conspiracy to defraud*. [Expresiones: **conspiracy in restraint of trade** (confabulación para restringir el libre comercio), **conspiracy to deceive creditors** (quiebra fraudulenta), **conspiracy to rob** (conspiración para robar), **conspirator** (conjurador, confabulado; V. *accessory, accomplice in a crime, abetter*), **conspire** (conspirar, conjurar contra alguien)]. *Cf* contract in restraint of trade.

constable *n*: (agente de) policía, guardia. *All police officers are constables regardless of their rank within the force, but the term is commonly used to apply to the lowest rank of policemen*. [Expresión: **constabulary** (cuerpo de policía)]. *Cf* policeman.

constitute *v*: constituir. [Expresión: **constitute a quorum** (reunir o constituir *quorum*; V. *counted out*)].

constituency *n*: distrito electoral, circunscripción electoral. *MPS's usually try to keep in touch with their constituents either by attending public meetings or by answering letters*. [Expresiones: **constituent** (constituyente), **constituent** (persona con derecho a voto

dentro de una circunscripción dada)]. *Cf* electoral ward.

constitutional protection *n*: amparo constitucional. *He is entitled to constitutional protection. Cf* protection, equity.

constraint *n*: restricción, limitación; apremio.

construction[1] *n*: construcción. *The Treaty of Rome was the first step for the construction of the Union of Europe*. [Este término nace de *construct* (construir), mientras que en la segunda acepción se deriva de *construe* (interpretar)]. *Cf* build, establish, raise.

construction[2] *n*: interpretación judicial, interpretación por deducción; explicación, deducción; razonamiento por analogía, analogía de ley, equivalencia procesal. *A contractual licence may be irrevocable depending on the construction of the terms of the contracts between the parties*. [Se llama *construction* al proceso mediante el cual los tribunales interpretan el alcance y profundidad de las palabras y de las oraciones en los contratos y en las leyes, de acuerdo con las normas de interpretación (*canons of construction*); de esta forma se habla de *construction of a will, construction of the terms,* etc. El término *interpretation*, en muchos casos, puede considerarse como sinónimo del anterior aunque tiene matices diferentes]. *Cf* construe, canons of construction, intendment, interpretation, strict construction; misconstruction.

constructional defect *n*: defecto de interpretación.

constructive[1] *a*: constructivo, positivo. *Law students are expected to use the legal body of knowledge in a most constructive way*. [Este adjetivo se deriva del verbo *construct* (construir, edificar)]. *Cf* effective, productive.

constructive[2] *a*: analógico, por deducción, presuntivo, a efectos legales, sobreentendido, virtual, implícito, tácito, lo que la ley considera que tuvo lugar aunque no haya sucedido. *After two years' separation, the wife, who was living with her parents, was granted a divorce on the ground of her husband's desertion*. [El adjetivo *constructive* se deriva del verbo *construe* (interpretar); *implied* y *constructive* son sinónimos parciales aunque hay diferencias entre ellos: el primero se refiere a las intenciones de una de las partes y el segundo a lo que la ley considera que «hay que interpretar como si realmente hubiera ocurrido», es decir, a lo que es deducible de las acciones y comportamientos de las personas o de las palabras escritas, sean leyes o documentos, sin tener en cuenta las posibles intenciones ni siquiera la información que se tiene de los hechos. En español se emplea el término «analógico», como en «atenuante analógica». A estos efectos, la doctrina del *constructive notice*, por ejemplo, presume que una persona tiene conocimiento de aquello que es razonable suponer que conoce con independencia del estado real de sus conocimientos; por lo tanto, el que adquiere una propiedad creyendo que se encuentra libre de gravámenes y luego descubre que no es así, es el único responsable de las pérdidas ocasionadas ya que existían medios para que una persona prudente se pudiera enterar de la situación en que se encontraba la propiedad que adquirió; y en un *constructive dismissal* no ha habido despido por parte de la empresa, pero a efectos legales «como si lo hubiera habido». El antónimo de *constructive* es *actual*, en tanto que el de *implied* es *expressly*. Expresiones: **constructive assent** (consentimiento implícito), **constructive acceptance** (aceptación deducida o tácita), **constructive contempt** (contumacia o desacato indirecto), **constructive conversion** (apropiación implícita o virtual), **constructive crime** (delito establecido por deducción del tribunal), **constructive delivery** (cuasi-entrega, presunta entrega, expresión que se refiere a la posesión provisional de mercancías por el comprador a plazos; V. *symbolic delivery*), **constructive desertion** (abandono implícito del hogar; cuando un cónyuge abandona el hogar porque el otro le hace la vida imposible, a efectos legales ha abandonado el hogar el que hizo imposible la convivencia), **constructive dismissal** (despido

sobreentendido, despido analógico; cuando un empleado se ve obligado a marcharse de su empresa porque la convivencia es imposible, por ejemplo, por sufrir acoso sexual, etc., a efectos legales ha habido despido), **constructive eviction** (desalojo indirecto), **constructive fraud** (fraude implícito), **constructive knowledge** (conocimiento derivado o por deducción), **constructive mortgage** (hipoteca equitativa), **constructive notice** (notificación sobreentendida) **constructive possession** (posesión sobreentendida, etc.), **constructive total loss** (pérdida total implícita o virtual; curiosamente, en el mundo de los seguros marítimos se emplea el calco del inglés «pérdida total constructiva»; V. *actual total loss, beyond repair*), **constructive trust** (fideicomiso impuesto por la ley; V. *resulting trust*), **constructively** (de forma implícita, como si lo hubiera sido o estado, como debe entenderse o interpretarse)]. *Cf* implied, inferred, understood, undeclared, words to like effect; actual, actually.

construe *v*: interpretar. *The outcome of the case will depend on how the court construes the statute. Cf* constructive, interpretation.

consult *n/v*: consulta; consultar, celebrar consultas. *An arrested person has the right to consult a solicitor.* [Expresiones: **consultancy** (asesoría, consultoría), **consultant** (asesor, consejero, consultor; V. *adviser, advisor, management consultant*), **consultation** (consultas; V. *mutual consultation*), **consulting solicitors** (letrados asesores)].

consumer *n*: usuario, consumidor. *Under the Consumer Protection Act 1987, suppliers of all consumer goods must ensure that the goods comply with general safety requirements.* [Expresiones: **consumer goods** (bienes de consumo), **consumer price index, cpi** (índice de precios al consumo), **Consumer Credit Act** (Ley de Crédito al Consumidor)].

consumption tax *n*: impuesto al consumo.

contact *n/v*: contacto, comunicación; establecer comunicación, ponerse en contacto. *Cf* access[2].

container *n*: V. *full container ships, FC ships.*

contango *n/v*: diferimiento, interés de aplazamiento de valores en Bolsa, contango, reporte; aplazar. *Contango is the opposite of backwardation: it is the percentage paid by the buyer for deferring payment due on stock.* *Cf* backwardation.

contemplate *v*: prever. *A defendant is liable for damage if he is presumed to have contemplated it to be likely to result.* [Expresiones: **contemplation** (previsión, proyecto, plan, expectativa), **in contemplation that** (en previsión de, confiando que, con la esperanza de que)]. *Cf* in anticipation.

contempt *n*: desprecio, contumacia, desacato. [Expresiones: **contempt of authority** (rebeldía), **contempt of court** (desacato, desobediencia, rebeldía, quebrantamiento del secreto del sumario; *contempt of court* se refiere exclusivamente al desacato a los tribunales o a sus representantes, no existiendo el concepto más general de desacato a las autoridades; el que insulte a un ministro insulta a un particular que cuenta con los recursos legales habituales), **common law contempt** (desacato a la justicia de derecho consuetudinario)]. *Cf* direct contempt.

contemptuous (words) *a*: (lenguaje) ofensivo, insultante, injurioso, bajo, grosero, procaz; rebelde. *Abusive language is insulting, coarse and contemptuous.* *Cf* insulting language, contemptuous words, libel, actionable words, invective.

contend *v*: afirmar, sostener; defender ante los tribunales, probar con argumentos, argumentar, debatir, defender, discutir, razonar. *Barristers contend a case in court with briefs prepared by the solicitors.* *Cf* assert, maintain, hold; argue, debate.

contention *n*: alegato, argumento, postura, posición defendida. *The testimony of witnesses is adduced as evidence supporting the contentions of either side in a case.*

contentious *a*: contencioso; combativo, terco, discutidor. *The costs payable to a solicitor will depend on whether the business is contentious or non-contentious.* *Cf* argumentative, litigious, quarrelsome.

contents of the pleadings *n*: contenido de los alegatos. *Cf* allegations; merits of the case.

conterminous *a*: contiguo, adyacente, limítrofe, colindante. *Conterminous properties have a common boundary.* *Cf* abutting, adjacent, adjoining, coterminous.

contest *n/v*: litigio, impugnación; impugnar, alegar, contestar. *The husband did not contest the action for divorce brought by his wife.* *Cf* dispute, challenge.

contingent *a*: condicional, contingente, aleatorio; accidental. *Contingent remainders are now deemed equitable interests.* [Expresiones: **contingent beneficiary** (beneficiario condicional), **contingent estate** (propiedad contingente), **contingent fee** (honorario condicional), **contingent remainder** (legado bajo condición, derecho de propiedad que se hará efectivo cuando se cumpla alguna condición predeterminada)]. *Cf* conditional.

continue *n*: aplazar; continuar. *Continuity of employment is important for the purposes of qualifying for certain statutory employment rights, for example, redundancy payments.* [Expresiones: **continuance** (prosecución, continuación; aplazamiento), **continuation** (prórroga), **continued bond** (bono con vencimiento aplazado), **continuity of employment** (continuidad en el empleo), **continuous** (continuo, repetido), **continuous easement** (servidumbre continua), **continuous employment** (empleo ininterrumpido)]. *Cf* prorogation.

contra proferentum rule *n*: norma interpretativa de cláusulas de contratos ambiguas mediante la cual los jueces fallan en contra de la parte que hizo la redacción de las mismas.

contract *n*: contrato; pacto, convenio. *Engagements to marry are no longer treated as enforceable legal contracts.* [Expresiones: **contract of affreightment** (contrato de fletamento), **contract of apprenticeship** (contrato de aprendizaje o de prácticas), **contract in restraint of trade** (confabulación para restringir el libre comercio), **contract of**

carriage (by sea) (contrato de transporte, de fletamento), **contract of hire** (contrato de alquiler), **contract of employment** (contrato de empleo), **contract of service/for services** (contrato de servicios), **contract of sale** (contrato de compraventa), **contract uberrimae fidei** (contrato de buena fe, contrato *uberrimae fidei*), **contract under seal** (contrato protocolizado o documentado)]. *Cf* consideration, representation, fraudulent representation; enter into contract; breach of contract; conspiracy in restraint of trade; yellow-dog contract.

contract *v*: contratar. *The Treaty of Rome and related European Community was established among the High Contracting Parties* [Expresiones: **contracting parties** (partes contratantes, pactante; V. *covenantee*), **contractor** (contratista, contratista en un contrato de salvamento)].

contractual *a*: contractual. *A body incorporated by royal charter has full contractual capacity.* [Expresiones: **contractual capacity** (capacidad contractual), **contractual obligation** (obligación o vínculo contractual), **contractual option** (cláusula de rescisión), **contractual provisions** (términos o condiciones contractuales)].

contradiction *n*: contradicción, impugnación.

contrary to *fr*: contraviniendo, infringiendo (el artículo, etc.). *He has been accused of taking a conveyance without authority, contrary to section 12(1) of the Theft Act.* [Expresiones: **contrary to law/business usage/section 4**, etc. (en contra de las normas del derecho, los usos y costumbres mercantiles, lo dispuesto en el artículo 4.º, etc.), **contrary to one's knowledge** (en contradicción con su propio saber), **unless there is evidence to the contrary** (salvo prueba en contra)]. *Cf* act contrary to; according to.

contravene *v*: infringir, contravenir. [Expresión: **contravention** (infracción)].

contribution¹ *n*: aportación, donativo, donación, contribución. *Certain capital contributions are tax-deductible.* [Expresiones: **contribute** (aportar, contribuir), **contributor** (contribuyente, cooperante)]. *Cf* cash contribution, charitable contribution.

contribution² *n*: parte alícuota de la indemnización exigida por el condenado a otra u otras personas con las que es responsable solidariamente de un agravio hecho a un tercero. *Smith claimed contribution from the other two tortfeasors after judgment was given against all three but he alone was sued for damages.* [Expresiones: **civil liability contribution** (parte alícuota de la indemnización por responsabilidad civil), **contribution notice** (notificación de demanda por responsabilidad compartida)].

contributory¹ *a*: parcial, negligente, contribuyente. *A person sued for causing injury loss through reckless driving may plead contributory negligence in his defence if the injured party was not wearing a seat-belt* [Expresiones: **contributory infringement** (infracción contribuyente), **contributory fault/negligence** (imprudencia negligente o contribuyente, negligencia concurrente, negligencia culposa)]. *Cf* collateral negligence.

contributory² *n*: socio comanditario, socio responsable de una aportación.

control *n/v*: fiscalización, control, intervención; controlar, fiscalizar, dominar. [Expresiones: **control test** (prueba utilizada por los tribunales de lo social para determinar la relación contractual entre empleador y empleado, consistente en preguntar al empleador si tiene derecho a controlar lo que hace el empleado o cómo lo hace), **controlled company** (mercantil filial o dominada), **controlled drugs** (estupefacientes), **controlled market** (mercado intervenido), **controlled trust** (fideicomiso del que es fiduciario un abogado), **controlling company** (sociedad mercantil dominante), **controller/comptroller** (interventor), **controlling interest** (participación de control o dominante, interés dominante)]. *Cf* freeze, block.

controversy *n*: disputa, desacuerdo, controversia, litigio. *Legal controversies are settled by the courts. Cf* argument, dispute.

contumacy (*formal*) *n*: rebeldía, contumacia.

contusive weapon *n*: arma contundente.

convene *v*: convocar, citar, reunir; reunirse. *The committee convened in the afternoon to discuss the issue.* [Expresión: **convener** (secretario de una reunión, persona que convoca, etc.)].

convention[1] *n*: asamblea, congreso, convención. *During the US elections, the major parties celebrate huge conventions attended by thousands of delegates and supporters.*

convention[2] *n*: conveniencia, norma de uso, convención. *The convention is that people should stand while the National Anthem is played.* [Expresiones: **conventional** (convencional, corriente, normal, habitual), **conventional weapons** (armas clásicas)].

convention[3] *n*: tratado de derecho internacional, convención. *The Hague Convention includes procedure to ease the exchange and acceptance of documents across international frontiers.*

conversion[1] *n*: conversión, canje; reconversión. [Expresiones: **conversión of an undertaking** (reconversión de una empresa), **convert** (canjear), **convert into a public document or deed** (elevar a instrumento público; V. *put on record*), **convertible bonds, debt, stock** (bonos, deuda, acciones convertibles), **convertible foreign currency** (divisa convertible)].

conversion[2] *n*: realización en dinero efectivo, conversión en dinero del valor de las propiedades. [Expresión: **convert** (realizar el valor de una propiedad mediante venta, etc.)]. *Cf* crime.

conversion[3] *n*: apropiación ilícita de los bienes ajenos; apropiarse indebidamente de los bienes de otro. *The deliberate withholding of goods from their rightful owner is conversion, as clearly defined in the law of tort.*

convey[1] *v*: transportar, acarrear. *Goods being conveyed under a transport contract should be insured.* [Expresiones: **conveyance** (vehículo, medio de transporte), **conveyance by road** (transporte o acarreo por carretera, porte; V. *vehicle, public conveyance*)]. *Cf* haulage.

convey[2] (**property,** etc.) *v*: traspasar, transferir, ceder, consignar. *Conveyancing is a specialist field in the legal profession, since the property laws are often highly complex.* [Expresiones: **conveyance** (cesión; transmisión de propiedad; traslación de dominio; acta o escritura de transmisión de propiedad o traspaso; V. *absolute conveyance*), **conveyancer** (especialista en los trámites, documentos, etc., relacionados con cambios y transmisión de propiedad; V. *licensed conveyancer*), **conveyancing** (especialidad jurídica encargada de lo relacionado con la transmisión de la propiedad), **Conveyancing Standing Committee** (Comisión permanente de vigilancia de asuntos relacionados con la transmisión de propiedad)]. *Cf* licensed conveyancers.

convict somebody of an offence *v*: condenar, pronunciar sentencia condenatoria, declarar culpable a un acusado. *He was tried and convicted of having performed an illegal abortion. Cf* prove guilty; acquit.

conviction *n*: sentencia condenatoria, condena, fallo condenatorio. *It is important to distinguish between conviction, which is adjudging the accused guilty, and sentence, which is the announcement of the punishment.* [En los juicios con jurado, celebrados en el *Crown Court*, la condena la pronuncia el jurado; en los juicios celebrados en el *Magistrates' Court*, los jueces de dicho tribunal pronuncian la condena e imponen la sentencia. Expresión: **conviction background/record** (antecedentes penales, historial delictivo; V. *criminal record, previous convictions*)]. *Cf* summary conviction; find, pass a sentence; acquittal.

convincing *a*: convincente, satisfactorio. *The barrister spoke wittily and well but his arguments were not really convincing. Cf* cogent.

cooler (argot) *n*: cárcel, chirona, trena, etc. *He fiddled the Stock Market and wound up in the cooler. Cf* jail, gaol, jug, quod, clink.

cooling-off period *n*: período de reflexión que la Ley de Crédito al Consumidor (*Consumer Credit Act*) concede al tomador de un crédito, que suele ser de cinco días entre la firma del primer acuerdo y la del acuerdo definitivo.

copy not negotiable *n*: copia de un documento sin valor transaccional. *Cf not negotiable.*

copyright *n*: propiedad intelectual, derechos de autor. *Plagiarism is a breach of copyright.*

corner *n/v*: acaparamiento; acaparar el mercado. *An excellent sales campaign enabled the new firm to corner the market in their product.* *Cf* monopoly, commodity, exchange; co-emption, engrossment, monopoly.

coroner *n*: funcionario o magistrado, médico o abogado, que investiga las muertes por causas súbitas; pesquisidor. *If a criminal act is suspected, a coroner's inquest will be called.* [La institución del *coroner* —literalmente, representante de la Corona— es una de las peculiaridades del derecho inglés. Cuando las circunstancias de la muerte no quedan lo suficientemente claras tras la autopsia correspondiente, el *coroner* tiene potestad para constituir un jurado compuesto entre 7 y 11 vecinos. Examinados los indicios y oídos los testigos, el jurado emite un veredicto, llamado *inquisition*. En muchos Estados norte-americanos el *coroner* ha sido sustituido por la figura del *medical examiner*. Expresiones: **coroner's inquest** (investigación hecha por magistrado público), **coroner's jury** (V. *inquest*)]. *Cf* autopsy.

corporal *a*: corporal; solemne. [Expresiones: **corporal oath** (juramento solemne), **corporal punishment** (castigo corporal o físico)]. *Cf* chastisement.

corporate *a*: social; jurídico; referido a una mercantil. *A registered building society is a body corporate and as such must sue and be sued in its registered name.* [El término *corporate* se aplica a lo relacionado con sociedades mercantiles; en algunos casos puede ir delante del nombre o detrás de él, como en *corporate body* o *body corporate*. Expresiones: **corporate assets** (activo social), **corporate body** (persona jurídica), **corporate capital** (capital social), **corporate group** (grupo de empresas), **corporate leader** (dirigente empresarial), **corporate logo**

(logotipo social), **corporate name** (razón social), **corporate stocks** (acciones de sociedades), **corporate tax** (impuesto de sociedades; V. *corporation tax*), **corporate year** (ejercicio social)]. *Cf* artificial person.

corporation *n*: sociedad mercantil, empresa. *An artificial entity that may legally own property and engage in business activity.* [Las *corporations* también se llaman *companies*. Expresiones: **corporation charter** (escritura de constitución), **corporation incorporated by royal charter** (sociedad constituida mediante el otorgamiento de cédula real), **corporation/company law** (derecho de sociedades), **corporation papers** (escritura social), **corporation sole** (persona jurídica constituida por una sola persona), **corporation tax** (impuesto de sociedades)]. *Cf* firm, enterprise, corporation papers, deed of incorporation, certificate of incorporation, articles of incorporation, statutory corporation; company, private companies.

corporeal *a*: material, tangible, corpóreo. [Expresiones: **corporeal hereditaments** (bienes tangibles por heredar, propiedad real, tangible y transmisible; V. *incorporeal*), **corporeal security** (garantía tangible)]. *Cf* incorporeal hereditaments; intangible.

corps *n*: V. *diplomatic corps.*

corpse *n*: cadáver. *The corpse was found by the river, buried in a shallow grave.*

corpus delicti *n*: cuerpo de delito.

corrupt *a/v*: vil, infame, despreciable, corrupto; sobornar, corromper. *In the famous phrase, all power corrupts and absolute power corrupts absolutely.* [Expresiones: **corrupt practices** (corrupción, costumbres corruptas), **corruption** (perversión), **corruption of a witness** (soborno de un testigo)]. *Cf* misuse, abuse.

cost *n*: coste, precio; costas. *Companies in difficulties attempt to reduce costs by reducing staff and overheads.* [Expresiones: **cost accounting** (contabilidad de costes), **cost allocation** (imputación de costes), **cost and freight, CAF, c.a.f., c. & f.** (coste y flete), **cost and insurance, c&i** (coste o precio y seguro), **cost, insurance and freight, CIF** (coste, seguro y flete), **cost of living** (coste de la vida), **costs** (costas, litis expensas), **costs in any event** (orden judicial de que la parte perdedora de la etapa interlocutoria de una demanda pague las costas de la parte ganadora, cualquiera que sea la resolución final del juicio; V. *interlocutory proceedings*), **costs reserved** (orden mediante la cual el juez se reserva, hasta la resolución final del juicio, el pronunciamiento sobre el pago de las costas de la fase interlocutoria; V. *interlocutory proceedings*)]. *Cf* court costs; carry costs, profits costs.

costs draftsman *n*: experto que determina el total de las costas judiciales. *Cf* profits costs.

council *n*: consejo. [Expresiones: **Council of arbitration** (Tribunal de arbitraje), **Council of Law Reporting** (organismo semioficial encargado de redactar y publicar los resúmenes, análisis e informes relativos a las causas más relevantes o de mayor interés jurídico; V. *case law*), **Council of Ministers** (Consejo de Ministros; el Consejo de Ministros de la Comunidad da forma legislativa a las propuestas que le eleva la Comisión; en el Reino Unido al Consejo de Ministros se le llama *Cabinet of Ministers*)]. *Cf* counsel.

councillor *n*: concejal; consejero. [Los *burghs* de Escocia equivalen a los *boroughs* de Londres, y están regidos por un *provost, bailies* y *councillors*]. *Cf* bailie, provost.

counsel *n*: abogado, defensa letrada; asistencia letrada, asesor legal; consejo. *When acting professionally barristers are known as "counsel"*. [Los letrados de la defensa (*counsel for the defence*) y de la acusación (*counsel for prosecution*) son *barristers* y reciben el nombre genérico de *counsel* o de *counsel-at-law*. Los términos *council* y *counsel* son homófonos pero no son sinónimos; el primero se refiere a un organismo deliberativo y con funciones ejecutivas, municipales, etc.; el segundo se refiere a organismos consultivos oficiales o a la figura del abogado que actúa ante los tribunales]. *Cf* Queen's counsel, barrister, legal assistance.

counsel and procure *v*: instigar a cometer un delito. *To incite, encourage, help or guide somebody (an accomplice) in the commission of a crime. Cf* to counsel and procure, to aid and abet.

counsellor *n*: asesor jurídico, consejero, letrado. *He was appointed financial counsellor.* [Expresiones: **Counsellor-at-law** (letrado, asesor legal), **counsellor delegate** (consejero delegado)]. *Cf* adviser, advisor, consultant.

count *n/v*: cuenta, acusación, cargo; contar. *A complaint or offence may contain one or more counts.* [Expresiones: **count of an indictment** (motivo de acusación, imputación, cargo, cada una de las alegaciones contenidas en el escrito de acusación; el escrito de acusación —*indictment*— especifica todos los cargos —*counts* o *criminal counts*—, indicando el nombre del delito junto con su tipificación —*statement of offence*— y las circunstancias del mismo —*particulars of offence*—), **counts framed in the alternative** (imputaciones alternativas expresadas en el acta de acusación o *indictment*; cuando los mismos hechos pueden ser constitutivos de acusaciones distintas que son mutuamente excluyentes, la fiscalía tiene potestad para expresar ambas posibilidades, dejando a la elección del juez y el jurado la aplicación del derecho y la interpretación de los hechos)]. *Cf* statement of offence, particulars of offence, indictment, charge.

count, cash *n*: V. *cash count*.

counted out, be *v*: carecer del *quorum* necesario. *Suspension or adjournment of a sitting of the House of Commons is automatic if at any time the House is "counted out". Cf* constitute a quorum.

counter *a/v*: contra, recíproco; contestar, replicar, hacer frente. *In jury trials, the senior barristers make the most difficult tasks of persuading the jury and countering the other side's arguments.* [Expresiones: **counter accusation** (contradenuncia), **counter appeal** (contraapelación, contraapelar; V. *cross* appeal), **counter-charge** (contradenuncia), **counter claim** (contrademanda, reconvención), **counter evidence** (contraprueba), **counter guarantee** (contragarantía), **counteroffer** (contraoferta), **counter motion** (contraproposición), **counterproductive** (contraproducente), **counter proposal** (contraproyecto), **countersign** (refrendar), **countersignature** (visto bueno, refrendo), **counter will** (testamento recíproco)]. *Cf* alternate proposal, set off, cross-claim.

counter *n*: contador; mostrador. *Cf* over the counter transactions, over the counter market.

counterfeit *a/n/v*: falso, falsificado, espurio; falsificación, moneda falsa; falsificar. [Expresiones: **counterfeit money** (dinero falso), **counterfeiter** (falsario)]. *Cf* false, falsify, forge; colorable, bogus, hoax, impersonate.

countermand an order *n*: revocar un mandamiento.

countervailing duties *v*: gravamen o derechos compensatorios. *Countervailing duties are special duties imposed on imports to offset the benefits of subsidies to the producers or exporters in the exporting country.*

counting (of votes) *n*: escrutinio.

County Court *n*: Tribunal de Condado, Tribunal local. *All divorce suits must originate in the County Court.* [Los *County Courts*, de los que hay más de cuatrocientos en Inglaterra y Gales, son los tribunales inferiores de lo civil, que resuelven la mayor parte de los pleitos relacionados con contratos, ilícitos civiles (*tort*), fideicomisos (*trusts*), hipotecas (*mortgages*), demandas por incumplimiento de contrato (*breach of contract*), demandas por daños y perjuicios (*damages*), demandas por títulos de la propiedad, quiebras (*bankruptcies*), testamentarías (*probates*), demandas matrimoniales, asuntos del Almirantazgo (en lo que afecta a la jurisdicción marítima), y otras cuestiones como la adopción y tutela de niños (*adoption and wardship of children*), la ejecución (*enforcement*) de la legislación sobre arrendamientos, etc., siempre teniendo en cuenta la cuantía (*amount of money involved*) y la naturaleza de la demanda. Los jueces de estos tribunales son *circuit judges*, y además cada *county court* dispone de un juez a tiempo parcial, llamado *recorder*, que colabora con los jueces y actúa en pleitos de menor importancia. Los pleitos de mayor cuantía se resuelven en el *High Court of Justice*. Expresión: **County Court Rules** (Normas Procesales de los Tribunales de Condado; están contenidas en *The Green Book* que, a pesar de no ser un libro oficial, se acepta como texto de autoridad; V. *order*[4])]. *Cf* High Court of Justice; registrar.

county prosecutor (*amer*) *n*: fiscal público. [En Estados Unidos a los fiscales públicos (*state prosecutors*) se les llama *county prosecutors* o *district attorney*]. *Cf* district attorney, state prosecutor.

coup d´Etat *n*: golpe de Estado.

course *n*: rumbo, derrota; curso.

court *n*: tribunal de justicia, órgano jurisdiccional, sala, juzgado, audiencia. *Court decisions are enforceable in a number of ways, ranging from seizure of goods to imprisonment.* [Expresiones: **court calendar** (lista de litigios o pleitos durante un período de sesiones, calendario judicial), **court case** (juicio), **court clerk** (oficial del juzgado, secretario de un tribunal, escribano), **court costs** (costas judiciales o procesales, gastos de un procedimiento o pleito, costas judiciales), **court decision/judgment** (resolución judicial, sentencia; V. *award, sentence*), **court in banc** (tribunal en pleno), **courthouse** (palacio de justicia), **court list** (relación de detenidos por la policía que se llevan al juzgado), **court martial** (consejo de guerra), **court of auditors** (tribunal de cuentas), **court of bankruptcy** (V. *bankruptcy court*), **court of equity** (V. *equity*), **court of exchequer** (uno de los tres tribunales de *common law* que existieron en el pasado; tribunal de cuentas), **court of first instance** (tribunal de primera instancia; V. *court of last resort*), **court of general instance** (*amer*) **Court of Justice of the European Communities** (Tribunal de Justicia de las Comunidades Europeas; V. *European Court*), **court of last resort** (tribunal de última instancia; V. *resort, last resort*), **court of law** (juzgado, tribunal de justicia), **court of record** (se aplica el término a los tribunales que guardan constancia de los autos o del sumario; en la práctica lo que implica es que éstos tienen facultad para condenar por *contempt of court*), **Court of Session** (Corte Suprema de Escocia), **court of summary jurisdiction** (V. *Magistrates' Courts*), **court office** (secretaría del juzgado), **court order** (auto, providencia, decreto, orden, apremio; V. *order, sentence, award, decision, writ, warrant; make a court order*), **court pleadings** (alegaciones ante los tribunales), **court protection** (amparo de los tribunales), **court rules** (reglamento procesal; V. *law/rules of the court, law of procedure*), **courtroom** (sala de audiencia), **court stenographer** (taquígrafo de los tribunales)]. *Cf* tribunal; juvenile court; make a court order; settle out of court; take somebody to court; place oneself on the court record.

Court of Appeal *n*: tribunal de apelación. [El tribunal de apelación es la instancia inmediatamente anterior a *The House of Lords*. Tiene una división civil para los recursos presentados contra las sentencias del *High Court of Justice*, los *County Courts* y algunos *tribunals*; la sección penal entiende de los recursos contra las sentencias dictadas por el *Crown Court*. Además, todos los tribunales superiores son a la vez tribunales de apelación, *appellate courts,* contra las resoluciones de los inferiores]. *Cf* appellate court; The House of Lords, original jurisdiction.

Court of Probate *n*: tribunal testamentario o de sucesiones. [Hasta 1971 el tribunal se llamaba *Probate, Divorce and Admiralty Division*; desde entonces el *Court of Probate* forma parte de la *Family Division* del *High Court of Justice*].

Court of Session (*der es*) *n*: Tribunal Superior de Justicia en Edimburgo. [Este alto tribunal escocés equivale al *High Court of Justice* de Inglaterra y Gales].

covenant *n*: pacto, contrato, concierto, promesa, convención; cautela; garantía; documento solemne. *In modern law, restrictive covenants run with the land, but positive covenants do not.* [El *covenant* es una clase particular de contrato, que se asemeja en parte al concepto español de «convención», tal como lo emplean muchos juristas, aunque se puede traducir también por los otros términos indicados. Se distingue del *contract* por dos razones fundamentales: (a) lo prometido en él es vinculante aunque no exista la causa contractual (*consideration*), característica de los contratos puros; (b) tiene que otorgarse mediante escritura pública (*deed*), en la que el **covenantee** (garantizado) recibe la promesa del **covenantor** (garantizante o signatario) de que éste hará o dejará de hacer alguna cosa. En el primer caso se habla de *positive covenant* y en el segundo de *negative (restrictive) covenant*. También se incluyen los *covenants* en las escrituras de cesión o traspaso de tierras y propiedades, surgiendo con frecuencia la duda de si los herederos y otros cesionarios están vinculados por la obligación o promesa adquirida o hecha en la escritura original, o en el caso de los herederos de la promesa del *covenant*, si también tienen derecho a beneficiarse de la promesa dada. Aparece entonces la doctrina de que los *covenants run with the land*, esto es, «corren parejos con la tierra» o «se transmiten con la propiedad de la cosas». Expresiones: **covenant action** (demanda por incumplimiento de contrato; V. *action of assumpsit*), **covenant against encumbrance** (garantía de que una tierra o propiedad se encuentra libre de gravamen), **covenant for title** (garantía del título del vendedor de una propiedad), **covenant to repair** (garantía de mantenimiento y conservación de una propiedad arrendada), **covenantee** (pactante; V. *contracting party*)]. *Cf* absolute covenant, collateral covenant, escrow, general covenant, implied covenant agreement, negative covenant; arrangement.

cover *v*: cubrir (gastos, daños, etc.), amparar; recoger, contemplar. *My insurance policy covers me against losses occasioned by third party, fire and theft.* [Expresiones: **cover note** (documento acreditativo de cobertura, resguardo provisional de seguro mientras se tramita éste), **coverage** (cobertura)].

cover up, use as a *v*: usar como pantalla. *Cf* front.

covert *a*: V. *feme covert*.

coverture *n*: amparo y dependencia de la mujer casada; esta dependencia le impedía celebrar contratos sin el permiso de su marido. *Cf* feme covert, feme sole.

CPA *n*: V. *Certified Public Accountant*.

cpi *n*: V. *consumer price index*.

CPS *n*: V. *Crown Prosecution Service*.

crackdown *n*: redada policial.

crash *n/v*: choque, colisión, desplome de la Bolsa; chocar. *Cf* collision.

crave (*der es*) *n/v*: súplica, pedimento; suplicar, pedir. *The initial writ in Sheriff Court Practice includes the crave, or petition*. *Cf* petition.

create *v*: crear, tipificar. *Offences are created by statute*. [Expresiones: **create a crime/an offence** (tipificar un delito), **create a precedent** (crear un precedente)]. *Cf* make an offence.

credible witness *n*: testigo digno de crédito. *The judge instructed the jury to discount the evidence of the man since his behaviour and testimony showed he was not a credible witness*.

credit *n/v*: crédito; credibilidad, reputación; acreditar, abonar en cuenta, consignar en el haber. *We were able to get a bank loan easily as our credit is good*. [Expresiones: **credit account** (cuenta de crédito), **credit balance** (saldo a favor o acreedor, haber), **credit bureau** (*amer*) (agencia que proporciona información sobre la solvencia crediticia de empresa y particulares; V. *rating bureau*), **credit broker** (agente de créditos), **credit card** (tarjeta de crédito), **credit company** (sociedad financiera), **credit entry** (abono), **credit facilities/provisions** (facilidades de crédito), **credit insurance** (seguro de riesgo de insolvencia, seguro sobre el crédito), **credit life insurance** (seguro de garantía para el pago de la deuda en caso de muerte del asegurado), **credit note** (nota o aviso de abono), **credit**

rating (clasificación o índice de la solvencia crediticia proporcionada por la *credit reference agency*), **credit reference agency** (agencia de calificación de riesgos, agencia que proporciona información sobre la solvencia crediticia de empresa y particulares), **credit standing** (solvencia crediticia), **credit union** (cooperativa de crédito, asociación de crédito, unión crediticia), **credit sale** (venta a crédito, venta a plazos), **credit standing/worthiness** (solvencia, reputación financiera o crediticia), **creditor** (acreedor; V. *judgment creditor, debtor; composition*), **creditor of a bankruptcy** (acreedor concursal), **creditors' meeting** (concurso de acreedores; V. *bankruptcy proceeding*)]. *Cf* bond creditor, mortgaging credit, non-instalment credit, secured credit, deferment, standing.

creeping inflation *n*: serpiente inflacionaria.

crew *n*: tripulación, tripulante; personal de cabina. [Expresión: **crew list** (lista de tripulantes)]

crime *n*: delito. *Handling stolen goods is a crime, but conversion, which sometimes looks similar, is a tort*. [Aunque los términos *crime* y *offence* son intercambiables, se suele hablar de **crimes against the person** (delitos contra las personas), **crimes against property** (delitos contra la propiedad), pero de **sexual offences** (delitos contra la honestidad), **political offences** (delitos políticos), **offences against justice** (delitos contra la justicia), **public order offences** (delitos contra el orden público), y de **road traffic offences** (delitos por infracción de las normas de circulación del tráfico rodado); de todas formas, el término *offence* es más técnico y el de *crime* posee connotaciones humanas y morales. Expresiones: **crime squad** (policía judicial), **crimes against nature** (actos *contra naturam*; V. *sodomy, bestiality*), **crimes of strict liability** (delitos de responsabilidad inexcusable; entre estos delitos, que normalmente se sancionan con una multa, destacan los relacionados con los vehículos rodados, los descuidos en la manipulación de fármacos, alimentos, etc.; en ellos no aparece la *mens rea* o intención dolosa y la sanción suele ser una multa)]. *Cf* actual crime; offence, misdemeanour.

criminal *a*: penal, criminal. *When sentencing a convicted prisoner, judges take his or her criminal record into account.* [Expresiones: **criminal action** (acción penal o criminal), **criminal attempt** (atentado), **criminal bankruptcy** (quiebra fraudulenta), **criminal charges** (acusación, cargos), **criminal code** (código penal), **criminal contempt** (contumacia), **criminal count** (V. *count of an indictment*), **Criminal Division of the Court of Appeal** (V. *Court of Appeal*), **criminal intent** (intención dolosa, *mens rea*), **criminal damage** (daños dolosos), **criminal investigation department** (policía judicial), **criminal intent** (intención dolosa, *mens rea*), **criminal law** (derecho penal), **criminal liability** (responsabilidad penal), **criminal procedure** (normas procesales), **criminal prosecution** (enjuiciamiento penal, causa criminal), **criminal prosecution on indictment** (enjuiciamiento penal de causas graves), **criminal record** (ficha delictiva, antecedentes penales; V. *conviction background/record, no criminal record*)]. *Cf* summary conviction; find, pass a sentence; acquittal.

criticism *n*: V. *scrutiny and criticism*.

cross-action *n*: contrademanda, contraquerella.

cross-claim *n*: contrademanda, contrarreclamación. *If both the original claim and the defendant's cross-claim are upheld, separate judgments may be given. Cf* counterclaim.

cross-default *n*: cancelación simultánea.

cross-examination *n*: repreguntas, contrainterrogatorio, interrogatorio de la parte contraria que ha presentado el testigo. *The accused broke down under cross-examination and confessed to the crime. Cf* direct examination, redirect examination; deposition.

cross-reference *n*: remisión, referencia cruzada. *It is the duty of the auditors examining a company's accounts to check all cross-references in the annual report and ensure all the entries tally.*

crossed cheque *n*: cheque cruzado.

Crown Court *n*: Tribunal de la Corona, Audiencia provincial. *After committal proceedings at the Magistrates' Court, the man appeared on indictment before the Crown Court, charged with murder.* [El *Crown Court*, heredero de los antiguos *Assize Courts*, juzga los delitos graves y muy graves (*indictment offences*); está formado por jueces y jurado. Los jueces son profesionales o de carrera (*qualified judges*), es decir, *High Court judges, circuit judges* o *recorders*. Este tribunal es, a su vez, tribunal de apelación (*appellate court*) de las sentencias dictadas por el *Magistrates' Court*, que sólo pueden ser recurridas (*to appeal*) por la defensa de los acusados; la instancia siguiente de apelación es la División Penal del Tribunal de Apelación (*Criminal Division of the Court of Appeal*) y, si procede, la Cámara de los Lores (*The House of Lords*)]. *Cf* committal proceedings, Magistrates' Court.

Crown Estates/Crown Lands *n*: patrimonio de la Corona administrado por el *Crown Estates Commissioners* (Comisarios del Patrimonio del Estado).

Crown privilege *n*: inmunidad especial de la Corona o el Estado, fundamentalmente en lo que afecta a la obligación de presentar pruebas documentales, cuando, a criterio del Estado, éstas podrían ir en contra del interés o de la seguridad pública. *Cf* Royal prerogative.

Crown proceedings *n*: procedimientos especiales (recogidos en el *Crown Proceedings Act* de 1947), que regulan las demandas presentadas contra la Corona. *Cf* Royal Prerogative, Crown privilege.

Crown Prosecution Service (CPS) *n*: Fiscalía General del Estado. *With the division of Great Britain into regions, the CPS is represented regionally by an officer known as the Chief Crown Prosecutor.* [Este servicio, creado por la Ley de Enjuiciamiento Criminal de 1985 (*Prosecution of Offences Act 1985*), está constituido por **Crown Prosecutors** (fiscales del Estado), bajo la dirección del Director de la Acusación Pública (*Director of Public Prosecutions*), conocido por las siglas *DPP*, quien, a su vez, depende del Fiscal General (*Attorney-General*), última instancia responsable políticamente ante el Parlamento. Con frecuencia, el *Attorney General*, o en su nombre el *DPP*, encarga, mediante contrato, los servicios de la acusación del Estado a abogados que no pertenecen a la fiscalía, los llamados *Treasury Counsel*].

cruelty *n*: crueldad, ensañamiento. [En las demandas modernas de divorcio ya no se emplea el término *cruelty*, que ha sido sustituido por el de *unreasonable behaviour*]. *Cf* mental cruelty.

crumbling of prices *n*: caída repentina de las cotizaciones de Bolsa. *Cf* collapse, fall, crash, dawn raid.

CTT *n*: V. *capital transfer tax*.

culpable *a*: culposo, inexcusable. *The jury found the accused not guilty of murder, but brought in an alternative veredict of culpable homicide*. [Expresiones: **culpable negligence** (negligencia inexcusable o culposa), **culpable homicide** (imprudencia temeraria con resultado de muerte, homicidio involuntario)]. *Cf* criminal, reckless, gross.

culprit *n*: delincuente, reo, criminal.

cumulative *a*: acumulativo, acumulable, adicional. [Expresiones: **cumulative evidence** (prueba acumulativa), **cumulative legacy** (legado adicional), **cumulative remedy** (recurso adicional), **cumulative sentences** (condenas acumuladas)]. *Cf* concurrent sentences.

curative *a*: enmendador, rectificador. *A curative statute is enacted to remedy a defect in previously enacted legislation*. [Se aplica a las leyes o disposiciones legislativas, jurídicas o administrativas que corrigen o salvan defectos de forma o de fondo de disposiciones anteriores].

cure *n/v*: cura, remedio; salvar, curar. [Expresión: **cure a defect** (salvar o subsanar un error, rectificar un error; V. *amendment*)]. *Cf* no cure no pay.

curfew *n*: toque de queda.

currency *n*: moneda. [Expresión: **currency reserves** (reservas en moneda extranjera)]. *Cf* foreign currency; arbitrage.

current *a*: actual; corriente, presente. *Current legislation on trading must take account of European Community Law*. [Expresiones: **current account, c.a.** (cuenta corriente), **current assets** (activo corriente, activo circulante, activo disponible a corto plazo; V. *liquid assets, quick assets, circulating assets, floating assets, working assets*), **current business** (asuntos de la administración ordinaria), **current expenditure** (gasto corriente; V. *above-the-line expenditure*), **current liabilities** (pasivo circulante, obligaciones a corto plazo, pasivo flotante), **current ratio** (índice de solvencia; V. *rate, ratio*), **currently** (en el momento actual)].

current *n*: corriente (marina).

curriculum vitae (CV) *n*: historial, currículum. *Candidates for the post should send the completed application forms and a full CV to the above address*.

curtail *v*: reducir(se). *Powers can be extended or curtailed by a legal document*. *Cf* reduce; extend.

curtilage (*obs*) *n*: patio, jardín, etc., pertenecientes a un *dwelling-house*.

custodial *a*: se aplica a los significados de *custody*. *Custodial sentences are required to protect the public from further harm*. [Expresiones: **custodial sentences** (sentencias con pena privativa de libertad), **custodial interrogation** (interrogatorio policial realizado mientras el detenido está bajo la custodia policial)]. *Cf* non-custodial.

custodian *n*: tutor. *A custodian has the legal custody of a child or minor committed to his/her care*. [Expresiones: **custodianship** (tutela, condición de tutor de un menor), **custodianship order** (auto judicial mediante el cual se concede la tutela de un menor)]. *Cf* foster parents, adoption, commit[2].

custody[1] *n*: prisión, cárcel, encierro, privación de libertad; custodia judicial, protección judicial. *She was taken into custody by two plainclothes policemen*. [Aunque *custody* normalmente significa «prisión, cárcel o encierro», el término es bastante flexible ya que también se aplica a los que gozan de libertad provisional con fianza (*on bail*), a los condenados en libertad provisional (*on probation, on parole, on own recognizance*); en estos últimos casos su significado es el de «limitación de libertad» (*restraint of liberty*). Expresiones: **custody awaiting trial** (prisión preventiva; V. *pre-trial custody, preventive custody, protective custody*), **custody for life** (cadena perpetua), **in custody** (encarcelado, bajo custodia), **custody officer** (funcionario policial bajo cuya custodia se encuentra el detenido en una comisaría), **custody record** (ficha policial del que está bajo custodia policial), **in custody** (a disposición policial o de los tribunales)]. *Cf* arrest, confinement, detention, restraint of liberty, take into custody.

custody² (of children) *n*: patria potestad, custodia. *The father, who had lost custody of his daughter after the divorce, abducted her and carried her away to Australia. Cf* actual custody, care and control, wardship, guardianship, parental authority.

custom¹ *n*: uso, costumbre; ley no escrita establecida por el uso. *Custom, or customary behaviour of society, is the original source of common law.* [Expresión: **custom and usage** (uso y costumbre)]. *Cf* customary law.

custom² *n*: práctica o uso comercial. *Certain local customs, including, trade customs, have the force of law if they are long-established and generally accepted.*

custom³ *n*: clientela habitual, costumbre que tiene una persona de preferir un comercio a otro u otros; patrocinio. *The shop was very proud to have the custom of such a distinguished public figure.*

customary *a*: usual, habitual, consuetudinario, convencional, de acuerdo con los usos o las costumbres, acostumbrado, a fuero. *The customary behaviour of society is the original source of the common law.* [Expresión: **customary law** (derecho consuetudinario; V. *common law*)].

customs *n*: aduanas. *Generally speaking, imported goods are subject to customs duty.* [Expresiones: **customs appraiser** (aforador de aduana), **customs barrier** (barrera aduanera), **customs bond** (fianza aduanera), **customs clearance** (despacho de aduana), **customs declaration** (declaración de aduana), **customs duty** (derecho, tasa, derecho arancelario, arancel de aduanas), **customs duties allowance** (bonificación arancelaria), **customs free** (libre de derechos), **customs house** (aduanas, edificio de aduanas), **customs inspector** (vista de aduanas), **customs inwards** (derechos de entrada), **customs officer** (oficial de aduanas), **customs seal** (precinto de aduanas), **customs tariffs** (arancel aduanero), **customs warrant** (resguardo de aduana)]. *Cf* excise duty, stamp duty, tariff.

cut *n/v*: rebaja, reducción, recorte; reducir, rebajar, recortar. *Cuts in public spending, especially on health and education, have led to social unrest.* [Expresión: **cut-price** (rebajado, a precio reducido)].

cut-throat *a/n*: agresivo, letal, violento, intenso; asesino. *This cut-throat competition is ruining the trade. Cf* killer, gunman, murderer, triggerman, homicide, slayer, assassin.

C.V. *n*: V. *curriculum vitae*.

cy-près *a/adv*: lo más aproximado posible, lo más parecido posible. [Esta palabra se emplea en las expresiones *cy-près power* (facultad para aplicar a lo más aproximado) y *cy-près doctrine* (norma de lo más aproximado). La *cy-près doctrine* se aplica a la interpretación de las disposiciones testamentarias y concretamente cuando el beneficiario es una institución u obra benéfica. Si la voluntad del donante es clara, pero ya no existe la institución nombrada, y también cuando sobre dinero o bienes después de satisfacer el legado, el *trust* (o en su caso el tribunal) puede invocar dicha doctrina para aplicar el legado a otro fin lo más aproximado posible.

D

D.A. *n*: V. *District Attorney*.

dabs (*col, argot*) *n*: huella dactilar. *Cf* fingerprints.

Dáil Éireann *n*: Cámara de Representantes del *Oireachtas* (Asamblea legislativa o Parlamento de la República de Irlanda o Eire).

damage *n*: pérdida, daño, agravio, menoscabo material o moral causado a una persona, quebranto, perjuicio, desperfecto, avería, siniestro. *Damage may be caused to one's person, property or economic position.* [*Damage*, en singular, se aplica al menoscabo material o moral que cualquiera puede experimentar en su persona, en sus derechos, en su reputación o en sus bienes como consecuencia de incumplimiento de contrato. Expresiones: **damage provision** (cláusula sobre reparación o indemnización por daños y perjuicios), **damage recovery** (reparación de los daños, resarcimiento de daños), **damage report** (denuncia, atestado, acta de avería), **damage survey** (valoración de daños)]. *Cf* certificate of damage (bodily), harm, injury, irreparable injury, wrong, sea damage, damages, direct damages, assessment, average.

damage *v*: dañar, damnificar, perjudicar la reputación, averiar. *In the trial he alleged that the newspaper article had damaged his reputation as a singer. Cf* average.

damage feasant *n*: situación en la que el ganado de una persona causa perjuicio en las propiedades de otro. *Cf* distress damage feasant.

damages *n*: indemnización, reparación o compensación económica por daños y perjuicios, por daños y menoscabos, resarcimiento, indemnización pecuniaria. *He won a damages award in a High Court libel verdict.* [La palabra *damages*, en plural, se aplica a la indemnización por los daños y perjuicios sufridos por el demandante debido al incumplimiento de contrato del demandado o a los daños morales o materiales causados por éste (*injury*); a veces se emplea, en su lugar, el término *damages award*. Los *damages* pueden ser: **liquidated damages** (indemnización por daños y perjuicios cuantificada) y **unliquidated damages** (indemnización por daños y perjuicios no cuantificada). Expresiones: **damages award** (fallo de indemnización por daños y perjuicios), **damages in contract/damages for breach of contract** (indemnización de daños y perjuicios por incumplimiento de contrato), **damages in tort** (indemnización de daños y perjuicios por ilícito civil o por agravio)]. *Cf* actual damages, aggravated damages, bereavement damages, compensation, compensatory damages, consequential damages, expectation damages, general damages, incidental damages, land damages, liquidated damages, malicious damages, necessary damages, nominal damages, unliquidated damages, indemnity, proceedings for damages, recovery, redress, quantum of damages, strict liability, remoteness of damage; account of profits.

damages in lieu *n*: indemnización sustitutoria de la prestación pactada y no cumplida. *When the singer failed to appear at the concert, the promoters sued her for breach of contract, stating that they no longer wished her to perform and claiming damages in lieu.* [En muchas demandas, en lugar de solicitar la ejecución o estricto cumplimiento del contrato (*specific performance*) se puede pedir indemnización sustitutoria de daños y perjuicios]. *Cf* specific performance.

damaging *a*: perjudicial, dañoso. *Under cross-examination, the leading witness for the defence made a number of damaging admissions, which seriously undermined the defence's case.*

damnification *n*: perjuicio. [Expresión: **damnify** (dañar, perjudicar, injuriar)]. *Cf* harm.

damnum absque injuria *n*: perjuicio sin acción legal; daño que no constituye ilícito civil por concurrir alguna causa de justificación.

danger money *n*: plus de peligrosidad, plus por trabajo peligroso. *Workers on oil-platforms are highly paid because their wages include danger money. Cf* ultraharzadous activities.

dangerous *a*: peligroso, potencialmente peligroso. [El adjetivo *dangerous* está relacionado con la obligación legal que tiene quien ocupa o habita una finca, casa u otra propiedad de velar por la seguridad de los invitados y visitantes (*common duty of care*), y con la exigencia de responsabilidad civil inexcusable o estricta (*strict liability rule*) por los daños causados. Expresiones: **dangerous animals** (animales peligrosos), **dangerous driving** (conducción temeraria o peligrosa, caracterizada por la negligencia grave o la imprudencia temeraria; este término es sinónimo de *reckless driving*; V. *inconsiderate driving, careless driving*), **dangerous premises** (edificios peligrosos o en estado de ruina)]. *Cf* common duty of care.

dark *a*: oscuro. [Expresiones: **dark cell** (calabozo, mazmorra; V. *dungeon*), **dark-side hacking** (expresión popular usada para referirse a la contaminación maliciosa de

ordenadores por medio de virus informáticos; V. *hacking*)]. *Cf* clear.

data protection *n*: protección o salvaguardia de los datos personales almacenados electrónicamente. *Cf* hacking, dark-side hacking.

date *n/v*: fecha, fechar, datar. *The date of commencement of an Act of Parliament is the day when it takes effect.* [Expresiones: **date of bankruptcy/cleavage** (fecha de presentación de la petición de quiebra), **date of commencement** (fecha de entrada en vigor de una ley), **date of maturity** (día del vencimiento; V. *maturity date*), **date of issue** (fecha de emisión), **date of record** (fecha de registro; fecha de reparto de dividendos), **dated securities** (títulos con vencimiento a plazo fijo), **under date of** (con fecha de)]. *Cf* backdate, declaration date, delivery date, effective date.

date back *v*: retroceder, antedatar. *Cf* backdate.

dation *n*: dación.

dawn raid *n*: avalancha o venta masiva de acciones para ocasionar o provocar una caída en la cotización. *Last week's dawn raid on the shares of a major electronics firm is being investigated by the Fraud Squad following complaints from small shareholders that they were not notified in time.* [Literalmente significa «redada (policial) al alba»]. *Cf* bear raiding.

day *n*: día. *The old maxim is "A fair day's work for a fair day's pay".* [Expresiones: **daybook** (libro de entradas y salidas, diario), **day labourer** (jornalero), **day care centre** (guardería), **daylight** (claro, diáfano), **daylight trading** (contratación a la luz del día; V. *aboveboard, insider trading*), **day/days of grace** (período de gracia, prórroga especial; V. *grace period*), **day training centre** (centro de educación/rehabilitación de jóvenes delincuentes en régimen abierto, al que deben acudir todos los días los que gocen del beneficio de la remisión condicional o *on probation*; V. *young offender institution*), **day-to-day** (rutinario, diario, día a día), **days' date** (a uno o más días fecha), **day's wages/pay** (jornal)]. *Cf* accounting day, business day, clear day, motion day, non-business day, non-judicial day, order of the day, quarter day, running days.

DC *n*: V. *detective constable*.

DCC *n*: *Deputy Chief Constable*.

de *prep*: de. [Con esta preposición latina se forman muchas expresiones corrientes en inglés jurídico: **de cujus** (causante), **de dolo** (con mala intención), **de facto** (de hecho), **de jure** (de derecho; V. *by law, of right*), **de son tort** (torticero, torticeramente; se utiliza en expresiones como *trustee de son sort, executor de son sort*)].

dead *n*: inactivo, sin movimiento, sin valor. *As nobody takes heed of this regulation it has become in fact a dead letter*. [Expresiones: **dead account** (cuenta imaginaria, cuenta de persona fallecida), **dead freight** (flete falso), **dead letter** (papel mojado, carta no reclamada)].

deadline *n*: plazo, término, cierre, fecha límite, fin del plazo. *We have been set a two-month deadline, so we'll have to step up the pace to get the work finished. Cf* mature, meet a deadline.

deadlock *n/v*: punto muerto, bloquear. *The talks are deadlocked because of one particular clause in the proposed agreement*.

dead reckoning *n*: navegación de estima.

dead weight *n*: peso muerto de un buque. [Expresión: **dead weight tons, DWT, dwt** (toneladas de peso muerto)].

deal *n*: trato, acuerdo comercial o de negocios, acuerdo, pacto. *If this deal goes through it will be extremely beneficial to the firm's subsidiary. Cf* contract, arrangement, new deal, package deal; pocket.

deal¹ *v*: negociar, comerciar, tratar, traficar, agenciar, pactar. *He likes to deal in political matters*.

deal² with *v*: despachar, dar salida. *The secretary was extremely efficient, she dealt with all the mail in about fifteen minutes*.

deal³ with *v*: resolver judicialmente, decidir. *In dealing with such cases, judges normally bear in mind subsection (iv) of the act. Cf* section.

deal⁴ with *v*: castigar. *The judge dealt very severely with the two main offender*. [Esta acepción es una variante de la anterior, es decir, «decidir el castigo, la sanción o la pena». *Cf* dispose.

deal⁵ with *v*: ser responsable de, encargarse de. *I'm afraid you are speaking to the wrong department: we don't deal with customers enquiries*.

dealer¹ *n*: creador de mercado; miembro de un mercado financiero que actúa, no sólo por cuenta ajena, sino también por cuenta propia, adoptando una posición determinada en el mercado; miembro de una sociedad de valores; comisionista de valores, corredor de bolsa, agente, tratante. [Los *brokers* son simples intermediarios mientras que los *dealers* pueden, además, negociar por cuenta propia]. *Cf* broker, wheeler-dealer.

dealer² *n*: concesionario, distribuidor. [Expresión: **authorized dealer** (distribuidor oficial o autorizado)].

dealing *n*: contratación (en Bolsa), negocio, transacciones, gestión, comercio, trato. *In the course of the dealing, it became clear that the manager of the firm had dealings with a government representative*. [Expresión: **have dealings with a person** (hacer negocios con alguien)]. *Cf* arrangement, insider dealing/trading.

death *n*: muerte. *After having been found guilty he has to await execution on death row*. [Expresiones: **death-bed confession** (confesión *in articulo mortis*), **death-bed statement** (declaración *in articulo mortis*), **death benefit** (indemnización por fallecimiento del asegurado), **death by misadventure** (muerte accidental; V. *inquest, misadventure*), **death chamber** (cámara letal), **death certificate** (partida de defunción, fe de óbito, acta de defunción), **death grant** (subsidio para gastos de entierro), **death in service** (indemnización por muerte en acto de servicio), **death sentence** (sentencia de muerte), **death penalty** (pena capital o de muerte), **death rate/roll** (índice o tasa de mortalidad), **death row** (corredor de la muerte, celdas de condenados que esperan ser ejecutados; V. *condemned cells*), **death warrant** (orden de ejecución)]. *Cf* sudden death, birth rate, at/on the point of death.

death duty *n*: impuesto de sucesiones, contribución sobre la herencia. *Almost half the value of the estate was swallowed by death duties*. [Todos los impuestos sobre sucesiones (*estate duty, legacy duty, succession duty* y *capital transfer tax*) son conocidos en Estados Unidos y en el Reino Unido con el nombre genérico de *death duties*; en este último país, a su vez, han sido sustituidos por el llamado *inheritance tax*, que es el nombre moderno de este impuesto].

debar *v*: prohibir, excluir, impedir. *He was debarred from voting because he was enrolled on the list after the deadline. Cf* disbar.

debate *n/v*: debate, discusión, contienda, litigio, disputa, controversia, examen, análisis; debatir, discutir, argüir, razonar, disputar, defender, probar con argumentos, argumentar, contender (ante los tribunales). *The debate of the Bill on Abortion in the House of Commons was very stormy*. [Expresión: **debatable** (discutible, dudoso)]. *Cf* discuss, argue, contend for.

debauch *v*: corromper, seducir. *In sentencing the accused, the judge deplored the life of debauchery he had had*. [Expresiones: **debauchery** (libertinaje, vida disoluta o licenciosa), **debauchee** (persona licenciosa o viciosa, libertino)].

debenture *n*: valor de renta fija a largo plazo; obligación, bono, vale, cédula. *Cf* bond, treasury bill. *Debentures are commonly secured on the assets of the company*. [Expresiones: **debenture bond** (cédula hipotecaria, obligación, bono con garantía de activos), **debenture holder** (obligacionista, tenedor de obligaciones, acreedor), **debenture capital** (capital en obligaciones), **debenture loan** (crédito instrumentalizado mediante obligaciones), **debenture stock** (cartera de obligaciones; cartera de renta fija)]. *Cf* bond, certificate of deposit, mortgage debenture, fixed rates securities, treasury bill.

debit *n/v*: adeudo, débito, cargo, saldo deudor, debe, cargar en cuenta, debitar, adeudar, consignar en el debe. *In double-entry book-keeping, increases in assets and decreases in liabilities go on the debit side of the account*. [Expresiones: **debit balance** (saldo deudor), **debit note** (nota de adeudo)]. *Cf* credit, standing order.

debt *n*: deuda. *Life will be a lot easier once we have paid off that debt*. [Expresiones: **debt conversion** (conversión de la deuda pública), **debt factor** (agente comisionado que negocia el cobro de deudas), **debt redemption** (amortización de la deuda), **debt of record** (deuda por juicio), **debt warrant** (opción de compra de bonos), **debtee** (acreedor; V. *creditor*), **debtor** (deudor, prestatario), **debtor in default** (deudor moroso, deudor en mora)]. *Cf* bad debts, bonded debt, floating debt, judgment debt, passive debt, recoverable debt, discharge a debt, get into debt, write off.

decease *n/v*: muerte, fallecimiento, defunción, óbito; morir, fallecer. *By the terms of the will, the deceased cast off his eldest son, and the estate was divided among the other two*. [Expresión: **deceased** (finado; V. *decedent*)].

decedent *n*: finado, difunto, causante. *Cf* deceased.

deceit *n*: engaño, fraude, dolo, impostura. *Cf* fraudulent representation. [Expresiones: **deceitful** (falso, doloso, engañoso), **deceivable** (engañadizo, engañoso)]. *Cf* deception.

deceive *v*: engañar, defraudar. *He deceived the shareholders into thinking the company was able to meet its liabilities*. [Expresiones: **deceiver** (impostor, engañador), **deceptive** (falso, engañoso), **deceptive apparent** (de apariencia engañosa)]. *Cf* defraud.

deception *n*: engaño. *It is an offence under the Theft Act 1978 to obtain services by deceit or deception*. [Expresión: **by deception** (por medio de engaño; V. *by fraud*)]. *Cf* practise deception.

decern (*der es*) *v*: fallar, dictar sentencia, decidir, resolver, pronunciar el *decree*.

decide *n*: fallar, sentenciar, adjudicar, decidir,

determinar, resolver. [Expresiones: **decision** (decisión o resolución judicial, providencia, auto o sentencia; en el derecho comunitario, decisión o acto jurídico dirigido, con carácter vinculante, a un Estado en particular o a cualquier individuo; V. *directive*), **decision making** (toma de decisiones), **decision-making body/power** (órgano decisorio, competencia decisoria), **decision tree** (organigrama del proceso de toma de decisiones)].

decisory oath *n*: juramento decisorio.

deck *n*: cubierta de un buque. [Expresiones: **deck cargo** (carga en/sobre cubierta), **deck hand** (marinero; V. *able-bodied seaman, hand*), **deck load** (cubertada)].

declaration[1] *n*: declaración, declaración hecha por el acusado al quedar procesado, exposición, explicación. *After the charge was read, no plea or declaration was made and the accused was remanded in custody pending committal proceedings.* [Expresiones: **declaration against interest** (declaración contra el interés propio), **declaration concerning pedigree** (manifestación oral de la voluntad del poseedor de un título nobiliario antes de fallecer, en lo que afecta a la sucesión del título, admitida excepcionalmente como prueba frente a otros testimonios documentales), **declaration date** (fecha de anuncio de dividendos), **declaration in chief** (demanda principal), **declaration of bankruptcy** (declaración de quiebra o de concurso), **declaration of income** (declaración de la renta; V. *tax returns*), **declaration of trust** (declaración de fideicomiso)]. *Cf* statutory declaration.

declaration[2] *n*: juicio declarativo. [En algunas demandas se puede solicitar indemnización por daños y perjuicios (*damages*) y también un fallo declarativo (*declaratory judgment*) de los tribunales]. *Cf* declaratory judgment, show standing.

declarator (*der es*) *n*: sentencia declarativa.

declaratory *a*: declarativo, demostrativo. *A declaratory judgment simply states the judge's findings on a matter, without making any statement as to the consequences.* [Ex-

presiones: **declaratory action** (acción declarativa), **declaratory exception** (excepción declarativa), **declaratory judgment** (juicio o fallo declarativo, sentencia interpretativa de un documento, sentencia declarativa; V. *standing*), **declaratory proceeding** (juicio o procedimiento declarativo), **declaratory statute/act** (ley declarativa)].

declare *v*: declarar, afirmar, proclamar, asegurar, confesar, escriturar, testificar. *The tax inspectors questioned the company closely about the declared value of the premises, which seemed very low.* [Expresiones: **declare a court in session** (declarar abierta la sesión), **declare a dividend** (acordar un dividendo), **declare an interest** (manifestar en público las acciones, los valores, los contactos, en suma, las relaciones que se tienen con determinadas empresas; declaración de interés), **declare someone bankrupt** (declarar en quiebra)]. *Cf* announce, pronounce.

declassify *v*: levantar el secreto. *Cf* classify.

declinatory *n*: declinatoria; la petición en que se solicita al juez que se abstenga de conocer de un determinado litigio, por carecer de competencia según la ley. [Expresión: **declinatory plea** (excepción declinatoria, declinatoria)].

decline[1] *n/v*: baja, caída, debilitamiento, contracción, descender, bajar. *The country's population is declining.* [Expresión: **decline in demand** (contracción en la demanda)].

decline[2] *v*: declinar, renunciar, negarse a, rehusar. *The parents declined to take any further responsibility for their son's actions.*

decode *v*: descifrar. *Improper use of a decoder to watch satellite TV is a breach of copyright.* [Expresión: **decoder** (descodificador)]. *Cf* coding.

decoy *n/v*: seducción, embaucar mediante reclamos, señuelos o trampas. *The spy used his beautiful assistant to decoy the enemy agent away from the rendezvous.*

decrease *n/v*: retroceso, reducción (de capital), disminución (de valor), disminuir, reducir. *In April reserves showed a slight decrease.*

decree *n/v*: sentencia (de un tribunal de equidad), fallo, decreto, auto, bando, apremio; decretar, mandar, ordenar, establecer, determinar. *After all the particulars of the judgment had been complied with, the divorced woman was granted a decree absolute*. [En el derecho escocés es el término que se emplea en vez de *judgment*, por ejemplo *to pronounce decree, to grant the pursuer decree*, etc. En el derecho inglés, *decree* se refiere a los autos, fallos o sentencias de los tribunales de equidad (*courts of equity*), es decir, testamentarías (*Probates*), derecho marítimo (*Admiralty*) y derecho de familia (*Family Division*); se llaman *decrees* porque estas resoluciones eran «decretadas» por el Lord Canciller. No obstante, *judgment*, fallo o sentencia de los tribunales de justicia (*courts of law*), se utiliza cada vez con mayor frecuencia en todos los casos. Expresiones: **decree absolute** (sentencia de divorcio firme o definitivo), **decree law** (decreto-ley), **decree nisi** (fallo de divorcio condicional), **decree of bankruptcy** (declaración judicial de quiebra), **decree of insolvency** (declaración de insolvencia), **decree of nullity** (auto de nulidad, declaración de nulidad)]. *Cf* interlocutory decree, judgment, award, court of law, give judgment, pass sentence, decern.

dedication *n*: otorgamiento de servidumbre pública, que se presume tras 20 años de uso público de un camino privado. [Expresión: **dedication and acceptance** (presunción legal de otorgamiento por el dueño y aceptación por el público de servidumbre pública)].

deduce *v*: deducir, concluir.

deduct *v*: deducir, sustraer, rebajar. *Certain home improvements are deemed "betterments" and are tax deductible*. [Expresiones: **deductible** (deducible), **deductible expense** (gasto deducible), **deduction** (deducción, desgravación, reducción, rebaja), **deductions at source** (deducción en la fuente de ingresos o salario)]. *Cf* abatement, allowance.

deed[1] *n*: escritura, título legal, documento jurídico; escritura traslativa de dominio. *Deeds must be witnessed, signed and sealed before they are legally binding*. [Expresiones: **deed in fee** (escritura de pleno dominio), **deed of arrangement** (convenio de quita y espera), **deed of assignment** (escritura de cesión de la propiedad del deudor al acreedor), **deed of conveyance** (escritura de traspaso), **deed of covenant** (escritura de garantía), **deed of gift** (escritura de donación), **deed of incorporation** (acta constitutiva de una sociedad mercantil, escritura de constitución de una sociedad; aunque con menor frecuencia, a veces se emplea el término *deed of incorporation* en el sentido de *memorandum of association*; V. *memorandum of association, statutory declaration*), **deed of partnership** (acta o escritura de constitución de una sociedad colectiva; V. *partnership*), **deed of release** (escritura de cesión de derechos), **deed of sale** (escritura de compraventa), **deed of trust** (escritura de fideicomiso), **deed poll** (escritura acreditativa de declaración unilateral, estas escrituras normalmente comienzan con *Know all men by these presents...*, y se emplean, por ejemplo, para dar fe de un cambio de nombre o apellido decidido voluntariamente por el interesado)]. *Cf* title, title deeds, operative, vesting deed.

deed[2] *n*: acto, hecho, hazaña, realidad. [Expresión: **in deed** (de hecho)]. *Cf* act.

deem *v*: juzgar, considerar, pensar, estimar. *For the purposes of giving effect to the provisions of statutes, the singular is deemed to include the plural and the masculine to include the feminine, except where only the former of these is clearly intended*.

deemster *n*: juez, magistrado de la isla de Man y de la de Jersey.

deface *v*: mutilar, destrozar. *The prosecution held that the accused had deliberately defaced the document, making the signature illegible*. [Expresión: **defacement** (destrucción maliciosa o mutilación de un documento, etc.)].

defalcate *v*: desfalcar. [Expresiones: **defalcation** (desfalco, malversación, defraudación), **defalcator** (malversador)]. *Cf* embezzle, defraud, misappropriate.

defamation *n*: difamación. *He sued the newspaper for defamation over an article which he claimed ridiculed him.* [Hay dos formas de difamación: **libel** (libelo o difamación escrita) y **slander** (difamación oral). Expresiones: **defamatory statement** (expresión difamatoria), **defame** (difamar, desacreditar, calumniar), **defamer** (difamador, calumniador)]. *Cf* libel, slander, fair comment, rolled-up plea, action for defamation, privacy.

default *n*: incumplimiento (de un contrato), quebrantamiento, mora, falta de pago, omisión, incomparecencia, rebeldía, contumacia. *He was elected by default.* [Expresiones: **by default** (en defecto o ausencia de los demás, porque nadie acudió o se presentó; en rebeldía), **default action** (demanda que se interpone en un *County Court* para el cobro de una deuda), **default judgment** (fallo o sentencia judicial por incomparecencia de la parte; sentencia en rebeldía), **default notice** (notificación al interesado de incumplimiento de alguna cláusula contractual, previa a cualquier demanda ante los tribunales), **default risk** (riesgo de cobro), **in default** (haber incumplido un contrato, en mora, moroso, en ausencia), **in default of payment** (por falta de pago), **make default** (no comparecer)]. *Cf* derelection, breach.

default *v*: faltar, incumplir, desatender, no comparecer, incumplir algún contrato o estipulación, constituirse en rebeldía. *They defaulted on payment of their mortgage and their house was repossessed.* [Expresiones: **default on payments** (no hacer frente, incumplir o retrasarse en los pagos acordados contractualmente), **defaulted contract** (contrato incumplido), **defaulted bond** (obligación en mora, bono impagado en mora), **defaulting** (incompareciente), **defaulting witness** (testigo que no comparece)].

defaulter *n*: defraudador, malversador, rebelde, delincuente, contumaz.

defeasance *n*: anulación, resolución, abrogación o revocación de algún contrato, escritura de anulación o revocación. *Defeasance clauses are contained in one document but have the effect of annulling contracted obligations regarding interest in property which appear in another deed, e.g. a title deed.* [Expresiones: **defeasance clause** (cláusula resolutoria; V. *cancellation/cancelling clause*), **defeasible** (anulable, revocable)].

defeat[1] *n/v*: derrota, derrotar. *When the bill presented by the government was defeated, the Prime Minister dissolved Parliament and announced elections.* [Expresión: **defeat a motion** (derrotar una moción; V. *reject a motion, carry a motion*)].

defeat[2] *v*: anular, revocar un acuerdo o contrato. *A condition which appears in a document may have the effect, if the situation comes about, of defeating an estate or interest in property.* [Expresiones: **defeat a bill** (revocar, anular un proyecto de ley), **defeat a person's will** (anular el testamento de alguien; V. *break a will*)]. *Cf* reject a motion, carry a motion.

defect *a*: defecto, vicio. [Expresiones: **defect of substance** (defecto material), **hidden, inherent, latent defects** (defectuoso o con vicios ocultos, inherentes, latentes; V. *patent defect*), **defective** (defectuoso, imperfecto, con defecto de forma; V. *fault, faulty*)].

defence[1] *n*: defensa, alegación, justificación, apología, contestación a la demanda, réplica. *Judges often have to decide whether a given defence is available in a given case, a matter which may have to be decided by reference to the procedural orders of the Rules of the Supreme Court.* [Es la primera alegación, llamada también *answer* o *reply*; el orden de los alegatos en el derecho procesal inglés es el siguiente: *claim/defence, reply/rejoinder, surrejoinder/rebutter*; a partir del *rejoinder*, sólo se pueden presentar si el tribunal los admite a trámite —*with the leave of the court*—, y a partir del *surrejoinder* son una rareza en la práctica moderna]. *Cf* answer, plea, incidental pleas of defence.

defence[2] *n*: causas de justificación, causas de inimputabilidad criminal, circunstancias eximentes de la responsabilidad criminal, eximente, circunstancias, medios o argumentos que se aducen en la defensa, defensa. *In murder charges, the defence of duress is never available to the principal, though it may be pleaded by an accessory*. [Expresiones: **defence of necessity** (eximente de necesidad), **defence of previous accord or settlement** (excepción de compromiso previo), **defence of res judicata** (excepción de cosa juzgada)]. *Cf* general defences, legal defence, specific defences.

defendant[1] *n*: demandado, parte demandada (derecho civil), reo, acusado, procesado, inculpado (derecho penal). *In civil actions, plaintiffs commonly claim that defendants have breached a legal duty or interfered with a legal right*. [Expresiones: **defendant's bond** (fianza de demandado), **defendant's seat in court** (banco o banquillo de los acusados; V. *dock for prisoners*)]. *Cf* respondent, plaintiff, appellee, civil action, accused, prisoner at the bar, criminal proceedings.

defended action *n*: contencioso, pleito o litigio en el que el demandado opone resistencia a la demanda. *Cf* undefended.

defender (*der es*) *n*: demandado. *Cf* pursuer.

defense (*amer*) *n*: V. *defence* [En inglés americano se emplea *defense* en vez de *defence*].

defensory *a*: defensivo, justificativo.

defer *v*: aplazar, atrasar, diferir, demorar, suspender. *Sentences are often deferred to give the judge time to read the background reports*. [Expresiones: **deferred annuity** (anualidad o renta aplazada o diferida), **deferred bond** (bono de interés diferido, bono de cupón cero, título diferido), **deferred calendar** (calendario de causas diferidas; V. *dropped calendar*), **deferred liabilities** (pasivo diferido), **deferred shares** (acciones de dividendo diferido; V. *founder's shares*)]. *Cf* delay, put off, remand.

deferment, deferral *n*: moratoria, aplazamiento. *The government has granted a tax deferral for people that have suffered from recent floods*. *Cf* adjournment, postponement, tax deferral.

defiance *n*: desafío, terquedad, contumacia, provocación. *The judge ordered the man to be imprisoned for persistent defiance of court orders*. [Expresiones: **defiant** (provocador), **in defiance of** (a despecho de)].

deficiency *n*: deficiencia, déficit, falta. [Expresiones: **deficiency bill** (ley de créditos suplementarios para hacer frente a deficiencias o déficit presupuestario), **deficiency judgment** (fallo de deficiencia)].

definitive *a*: definitivo, en firme. *Judicial precedent, though it must be followed in some cases, is regarded as an authoritative rather than as a definitive statement of the law*. *Cf* absolute, conclusive.

deflection of trade *n*: desviación del tráfico comercial.

deforce *v*: detentar. [Expresión: **deforcement** (deforcement)]. *Cf* keep illegally.

defraud *v*: defraudar, usurpar fraudulentamente, estafar. *The customer, who had altered the circuits to bypass the electricity metre, was sued by the electricity company for defrauding them of due payment*. *Cf* theft, burglary, stealing, forgery.

defray *v*: sufragar, hacer frente a, pagar (gastos, etc.). *The firm undertook to defray reasonable expenses incurred by interviewees for travel and overnight stay*.

defy *v*: desafiar, contravenir, oponerse con terquedad, negarse a cumplir. [Expresión: **defiance** (desafío, reto, provocación, insolencia, desobediencia, oposición obstinada)]. *Cf* challenge.

del credere agent *n*: agente del crédere.

delation *n*: delación. *Cf* accusation.

delay *n/v*: demora, retraso, dilación, tardanza; demorar, retardar, diferir. *The dilatoriness of legal procedure is not a new thing — Shakespeare's Hamlet complained of "the law's delay"*. *Cf* demurrage, time.

delegate *a/n/v*: delegado, comisionado; delegar, comisionar, diputar. *Statutory instruments and by-laws are examples of delegated legislation*. [Expresiones: **delegate responsibility** (responsabilidad delegada), **delegated legislation** (legislación delegada, legislación subordinada, disposiciones legislativas delegadas. Muchos órganos políticos y de la administración (los ministerios, los órganos de la administración local, etc., incluso la Corona) tienen capacidad para legislar y desarrollar determinadas cuestiones de las leyes parlamentarias, gracias a las atribuciones conferidas por una *enabling statute*, ley de autorización, o *parent act*, ley matriz. Por ejemplo, las normas de derecho procesal llamadas *Rules of the Supreme Court* pertenecen a este tipo de leyes, siendo su ley matriz más reciente la *Supreme Court Act 1981*. Paradójicamente, esta legislación delegada o subordinada es hoy más voluminosa que la que emana directamente del Parlamento; V. *statutory instruments, enabling statute, parent act, bylaw, lay before Parliament, negative resolution, affirmative resolution*), **delegation** (delegación, diputación, comisión, transmisión de una deuda), **delegation of authority/powers** (delegación de atribuciones o competencias, delegación de poderes; V. *assumption of authority*)].

delete *v*: borrar. [Expresión: **deletion** (borradura, tachadura)].

deliberate *a*: intencionado, premeditado. *Cf* willful.

deliberate *v*: deliberar.

delinquency *n*: delincuencia. *The upsurge in juvenile delinquency is worrying parents as well as educational and legal authorities.* [Normalmente se aplica a las faltas y delitos menores. Expresiones: **delinquent** (delincuente, moroso, atrasado, debido y no pagado), **delinquent debtor** (deudor moroso)]. *Cf* offence, crime.

deliver[1] *v*: entregar, traspasar, enviar, otorgar una escritura, transmitir, librar fondos. *When goods are delivered, the customer signs the delivery note.* [Expresiones: **deliver a judgment** (dictar una sentencia), **deliver a speech** (pronunciar un discurso), **deliver an opinion** (emitir un dictamen), **delivery** (entrega, traspaso, envío, cesión, remesa, libramiento de fondos, otorgamiento, distribución), **delivery bond** (compromiso de entrega), **delivery date** (plazos de entrega), **delivery note** (albarán), **delivery order**

(bono de entrega), **delivery period** (plazo de entrega), **delivery of goods** (pagadero a la entrega), **on delivery** (pagadero a la entrega)]. *Cf* constructive delivery, symbolic delivery, bailment, conveyance, grant, port of delivery.

deliver[3] **a judgment, a decision,** etc. *v*: dictar una sentencia, una resolución, etc. *The court heard argument in camera and delivered judgment in open court. Cf* pass judgment.

deliver[4] **a speech** *v*: pronunciar un discurso. *In courtroom testimony demeanour and delivery are crucial.* [Expresión: **delivery** (forma de hablar, dicción, declamación, exposición oral)]. *Cf* make a speech.

deliver[5] **a deed** *v*: otorgar una escritura. *Deeds take effect from the moment of their delivery.*

deliver[5] **of a child** *v*: dar a luz.

demand *n/v*: demanda, exigencia, requerimiento, acción en alegación de derecho de alguna cosa; exigir, demandar, reclamar, exigir con autoridad, exponer el actor su acción o derecho. [El término español «demanda» (y también «demandar») en su acepción de «acto de iniciación de un proceso judicial civil» no es nunca *demand* sino *civil action, case, suit, bring a case,* etc.; un sinónimo de *demand* es *claim.* Expresiones: **demand a debt** (reclamar una deuda), **demand bill/draft** (letra o giro a la vista), **demand deposit** (depósito exigible o disponible a la vista), **demand draft** (letra a la vista), **demand exchange** (divisa a la vista), **demand for payment** (intimación de pago, requerimiento de pago), **demand liabilities** (obligaciones a la vista), **demand note** (pagaré a la vista), **demand security** (exigir garantía), **demand with menaces** (coaccionar o chantajear con amenazas o violencia para cobrar deudas), **on demand** (a la vista)]. *Cf* claim, final demand, on sight, at call, upon presentation, waive, renounce, abandon, harassment of debtors.

demesne *n*: posesión de bienes raíces, casa propiedad o heredad poseída de pleno derecho, tierras solariegas, jardines, etc., de una mansión. *Cf* hold in demesne.

demeanour *n*: porte, aspecto exterior. *The*

witness's demeanour favourably impressed the jury.

demerger *n*: escisión. *Cf* split-off.

demerit *n*: demérito.

demise *n*: cesión, arrendamiento, muerte, transferir o ceder los derechos o el dominio real de algo, arrendar, legar, dejar en testamento. *Under the terms of the will, the heir was allowed to demise the farm to his cousin.* [El significado de «fallecimiento» está ligado a la causa de «transmisión y sucesión en la propiedad de una heredad»; ésta es la razón por la que, cuando lo pida el contexto, equivale a «muerte, deceso». Expresiones: **demise charter** (fletamento *demise*, en el que el armador o dueño abandona la gestión náutica), **demise of the Crown** (muerte del soberano y sucesión de la Corona)]. *Cf* devise.

demonstration *n*. manifestación pública. [Expresiones: **demonstrative** (demostrativo), **demonstrative evidence** (prueba demostrativa), **demonstrative legacy** (legado con cargo a fondo particular, legado demostrativo)].

demur *v*: objetar, presentar trabas, objeciones, excepciones o reparos, excepcionar. *At first the prosecution demurred to the production of the wife as a witness, but after hearing the defence's arguments they agreed.* [Expresión: **demurrable** (aplazable, prorrogable)].

demurrage *n*: estadía, demora o gastos de demora, sobrestadía. *Industrial action at the port caused delay in the loading of the ship's cargo, and the shipowner put in a claim for demurrage.* [Expresión: **demurrage bond** (garantía o fianza para demoras o sobrestadías; V. *lien for demurrage*)]. *Cf* delay, lay days, statement of facts.

demurrer *n*: excepción perentoria, admisión de los hechos alegando que no constituyen causa suficiente o *cause of action*, excepción previa. *The defence has put in a demurrer against the claim on the ground that the plaintiff is not the legal owner of the property.* [Expresiones: **demurrer to evidence** (objeción a pruebas defectuosas), **demurrer to interrogatories** (objeción a interrogatorios o a prestar declaración)]. *Cf* general demurrer, put in a demurrer, special demurrer.

denial *n*: denegación, refutación, desmentido, repulsa. [Expresiones: **denial of justice** (denegación de justicia), **denial of rent** (resistencia a pagar la renta o alquiler)]. *Cf* specific denial.

denouncement/denunciation *n*: denuncia, acusación.

deny *n/v*: desmentido, negar, contradecir, desmentir, no aceptar. *The accused denied the charge but several eyewitnesses testified to seeing him take the money.*

depart *v*: apartarse, desviarse. *The judge remarked that if the witness was not lying, she had to some extent departed from the truth. Cf* departure.

department *n*: departamento, ministerio, negociado. [Normalmente no se emplea el término *ministry* sino el de *department*: **Department of Trade and Industry, DTT** (Ministerio de Comercio e Industria), **Department of Health and Social Security, DHSS** (Ministerio Sanidad y de la Seguridad Social), etc., en algunos casos se emplea *Office*: *Home Office* (Ministerio del Interior), *Foreign Office* (Ministerio de Asuntos Exteriores)]. *Cf* office.

Department of the Register of Scotland (*der es*) *n*: catastro, Registro de la Propiedad Inmobiliaria. *Cf* H.M. Land Registry.

departure *n*: salida, partida; desviación; alegación improcedente; alteración o ampliación indebida del objeto del proceso; cambio de rumbo inadmisible en los alegatos. *Counsel for the defence argued that the plaintiff's additional arguments in pleading amounted to a departure from the original claim and therefore should not be allowed. Cf* depart, E.T.D.

dependants *n*: familiares, personas a cargo del cabeza de familia, subalternos, subordinados, derechohabientes. *Tax relief may be claimed by people who support dependants.*

dependency *n*: dependencia, pertenencia, sucursal. [Expresiones: **dependent** (dependiente), **dependent relative revocation**

(revocación relativa subordinada; de acuerdo con esta doctrina del derecho testamentario, la revocación de un testamento, por voluntad expresa del testador, en otro testamento posterior queda sin efecto si, apreciándose claramente la intención del testador de establecer entre ambos una relación de sustitución, resulta que el segundo no es válido por cualquier razón. Por ejemplo, es válido el primero si el segundo no reúne los requisitos legales o se fundamenta en creencias inciertas o estipula condiciones imposibles de cumplir; V. *wills*), **dependent territories** (territorios dependientes)].

deplete *v*: mermar, agotar (fondos recursos, etc.). *The company's liquid assets have been depleted by spending on emergency op-rations.* [Expresión: **depletion** (agotamiento de recursos)].

depone (*der es*) *v*: deponer, declarar bajo juramento. *Cf* depose.

deponent *n*: deponente, declarante, dicente, firmante de una *deposition*.

deport *v*: deportar, expulsar, desplazar. *The man, who had no valid travelling papers and no means of subsistence, was deported as an undesirable alien. Cf* banish.

deportation *n*: deportación, destierro, expulsión. *The deportation order was revoked on appeal. Cf* banishment.

depose[1] *v*: testificar. *Three witnesses signed sworn statements deposing to the identity of the accused. Cf* deposition, depone.

depose[2] *v*: deponer, destituir, destronar, degradar. *The president was deposed by a military junta.*

deposit *n*: señal, arras, depósito, fianza, prenda, consignación, ingreso a cuenta. *If a contract is completed without dispute the deposit becomes part of the payment.* [Expresiones: **deposit box** (caja de seguridad; V. *safety deposit box*), **Deposit Guarantee Fund** (Fondo de Garantía de Depósito), **deposit in escrow** (depósito sujeto a condiciones contractuales entre terceros), **deposit rundown** (retirada masiva de fondos), **deposit slip/receipt** (nota o resguardo de depósito), **deposit subject to notice** (depósito con preaviso)]. *Cf* time deposit, gazumping, bailment.

deposit *v*: ingresar, depositar, consignar. *Sums accruing to the trust fund are lodged with the depositaries appointed under the trust itself.* [Expresiones: **depositary** (depositario, guardián, almacenista), **depositor** (depositante, impositor), **depository** (lugar de custodia, depositaría, almacén de depósitos)]. *Cf* withdraw.

deposition *n*: declaración jurada por escrito, confesión, deposición, confesión judicial, testimonio, atestiguación. *The statements made by the witnesses under oath were taken down by the notary, who signed their depositions.* [Las declaraciones hechas por los testigos (*depositions by a witness*) en el período de instrucción (*committal proceedings*) son recogidas por escrito por el letrado asesor (*magistrates's clerk*) y tras ser firmadas por el testigo son certificadas por el juez instructor (*examining magistrate*). No obstante, para que puedan ser usadas en la vista oral deben haberse sometido a las repreguntas o contra-interrogatorio (*cross-examination*) de la defensa del acusado]. *Cf* deponent, affidavit, acknowledgment.

depot *n*: depósito. *Cf* free depot.

deprave *v*: depravar, corromper. *The Obscene Publications Act defines obscene material as that which is "liable to deprave or corrupt".*

depreciation *n*: amortización, depreciación. *The book value of fixed assets like machinery and vehicles is subject to depreciation, and its value must be adjusted downwards on the balance sheet each year.* [Expresiones: **depreciable** (amortizable), **depreciate** (depreciar, depreciarse), **depreciation allowance** (asignación para depreciación), **depreciation fund** (fondo de amortización)]. *Cf* appreciation.

depress *v*: deprimir. *In contemporary economic jargon, depression combined with inflation is known as "stagflation" The demand for copper has been depressed due to its substitution for fibre optics.* [Expresión: **depression** (depresión, crisis económica, bache)].

deprivation *n*: privación, pérdida, destitución, deposición. *A report by social workers suggested that there was a link between the rise in the local crime rate and the economic and cultural deprivation of young people in the area.* [Expresión: **deprivation of rights** (privación de derechos; desafuero)].

deprive of *n*: privar del, despojar, quitar. *The cancellation of a document deprives it of its effect.* [Expresiones: **deprive of a privilege** (desaforar), **deprive of the right to a pension** (privar del derecho de pensión)].

depute (*der es*) *a*: sustituto, en especial en la expresión *Advocate-Depute*.

depute *v*: delegar, nombrar sustituto, asignar un cargo. *In the absence of the senior partner, the junior partner was deputed to look after the clients.*

deputy *n*: diputado, delegado, suplente, sustituto, comisario, comisionado, teniente, lugarteniente, sub-, vice-. *The Chairman is unable to attend today's meeting, but the vice-chairman will deputize for him.* [El término *deputy* aparece junto a otros como *manager, president, chairman,* etc., con el significado de «suplente, adjunto, sub-, vice-», a saber, subdirector, director adjunto, vicepresidente, etc. Expresiones: **deputy attorney** (teniente fiscal), **deputy chairman** (vicepresidente), **Deputy Chief Constable** DCC (Subjefe provincial de policía), **deputy mayor** (teniente alcalde), **deputy registrar** (registrador suplente), **deputy to a sheriff** (*amer*) (alguacil, agente municipal que ejecuta los embargos, etc.; V. *bailiff*), **deputize** (sustituir a otro, desempeñar las funciones de otro)].

deraign *v*: probar. [Expresión: **deraignment** (prueba, justificación)].

derangement *n*: V. *mental derangement.*

deregulate *v*: liberalizar, quitar regulación legislativa. *This government has deregulated interest rates.* [Expresión: **deregulation** (desregulación, derregulación, liberalización de las normas o reglamentos)].

derelict *a/n*: abandonado, buque abandonado, objeto abandonado. *The two police officers who had failed to report the theft were accused of dereliction of duty.* [Expresiones: **derelict lands** (tierras abandonadas; V. *ownerless property, avulsion, accretion*), **dereliction** (derrelicción, abandono de bienes muebles, negligencia, abandono, desamparo, dejación; V. *abandonment, destitution*), **derelection of duty** (abandono de funciones públicas, abandono del servicio; V. *breach of duty*)]. *Cf* flotsam.

derive *v*: derivar, recibir por transmisión. *His right to the title derives from descent through the female line.* [Expresiones: **derivative** (derivativo, consecuencial), **derivative acquisition** (adquisición derivativa), **derivative action** (demanda derivada; se llama así a la demanda interpuesta a título personal por los accionistas minoritarios de una empresa cuando ésta ha sufrido un perjuicio pero no puede entablar pleito por tratarse de una materia que escapa de sus competencias; V. *ultra vires*), **derivative deed** (instrumento derivado, escritura auxiliar o subordinada), **derivative nullity** (nulidad derivada), **derivative possession** (posesión derivativa), **derivative trust** (fideicomiso derivativo; V. *subtrust*)]. *Cf* descend.

derogate *v*: detraer, detractar, restringir un derecho, una obligación etc., derogar parcialmente, afectar; derogar, reducir. *You cannot derogate from a grant once you have made it.* [Las palabras *derogate* y *derogation* ya no tienen en inglés moderno el significado original de «anular o anular una ley o disposición legislativa» que conservan sus homólogos castellanos. Expresiones: **derogation** (derogación, desestimación, detractación), **derogations** (supuestos de inaplicabilidad de una disposición legislativa)]. *Cf* quash, repeal, abolish.

derogatory *a*: despectivo. *The judge ruled that certain expressions published in the article were derogatory and offensive to the chairman of the company.*

derrick *n*: puntal de carga.

descend *v*: transmitirse, heredarse, pasar a. *A fee-tail is an entailed estate which must descend in a particular line.* [Se aplica a las herencias, legados o bienes que pasan de padres a hijos, etc. Expresión: **descendant** (descendiente)]. *Cf* acceptance without liability beyond the assets descended.

descent *n*: sucesión, transmisión hereditaria, herencia, descendencia. *The old laws governing inheritance by descent when the owner of the property died have been changed.* *Cf* lineal descent, mediate descent.

desert children, wife, etc. *v*: desamparar, abandonar, descuidar, dejar, desatender, desertar hijos, esposa, etc. *Children are deserted when they are abandoned to their fate or no longer looked after.* [Expresiones: **desert one's trust** (faltar a su deber), **deserted wife** (esposa abandonada), **deserter** (tránsfuga, desertor)]. *Cf* abandon, destitution, adoption.

desertion *n*: abandono de cónyuge, abandono de familia; deserción, defección. *Desertion is a ground for divorce. Cf* abandonment, nonsupport, AWOL.

design *n*: proyecto, plan, designio, intención. *The judge reminded the jury that they had to decide whether the acts of the accused revealed unlawful designs.* [Se suele aplicar a intenciones perversas o maliciosas].

designate *a*: designado, nombrado, electo. *The chairman designate made a speech thanking his supporters and promising to put the company back on the rails.* [Se aplica a la persona nombrada para un cargo que no ha tomado posesión del mismo aún. Este adjetivo se coloca siempre detrás del nombre al igual que *elect*].

designate *v*: nombrar, destinar, designar. [Expresiones: **designation** (nombramiento, designación, destino), **designee** (persona nombrada)]. *Cf* appoint, appointment, appointee.

desist *n*: desistir, abandonar las pretensiones. *Cf* abandon, cease and desist order.

desistement (*amer*) *n*: interpretación de un testamento extranjero. [Mediante la doctrina del *desistement*, los testamentos extranjeros se interpretan siguiendo las normas americanas].

despatch *n*: V. *dispatch*.

despoil *v*: despojar.

destitute *a*: desamparado, desvalido, indigente. *It was a principle of English law that, as a man could dispose of his property as he wished, he was free to leave his family and dependants destitute.* [Expresión: **destitution** (destitución, privación, desamparo, abandono; V. *abandonment*)]. *Cf* derelict.

desuetude *n*: desuso, falta de ejercicio de algún derecho. *Many of the old property laws had fallen into desuetude before they were abolished by the 1925 Act.*

detain *v*: detener, retener; prender; detentar. *The Police and Criminal Evidence Act allows an arrested person to be detained without charge for a maximum of 36 hours without the authorization of a Magistrates' Court.* [Expresiones: **detained in custody** (prisión preventiva), **detainee** (detenido, retenido), **detainer** (detención, detentador, retenedor)]. *Cf* detention, internment.

detainment *n*: retención, detención. [Se suele usar en las pólizas de seguro marítimo para referirse a la retención del barco por orden de la superioridad].

detect *v*: descubrir, detectar. *Dogs can detect drugs more easily than men.* [Expresiones: **detecter** (denunciante, delator), **detection** (declaración, revelación), **detective constable, DC** (policía, guardia)].

detention *n*: retención, detención. *The arrested was searched in the detention-room and a list of his property was compiled on the Custody Record.* [Se entiende que existe *detention* cuando un agente se acerca a alguien para pedirle su identificación o para interrogarle; si se le imputa algún cargo, se trata de *an arrest.* También se usa el término *detention* para aludir al período que se permanece bajo custodia policial tras el arresto. Expresiones: **detention camp** (campo de concentración; V. *concentration camp, internment camp*), **detention centre** (correccional, centro de educación y rehabilitación de menores), **detention centre order** (V. *detention in a young offender institution*), **detention for questioning** (retención para interrogatorio, identificación, etc., cuando la policía retiene a una persona para interrogarla, aun sin imputarle cargo alguno, utiliza la expresión *A man/woman is helping/assisting the police with their enquiries*), **detention in a young offender institution** (internamiento en un centro de rehabilitación de jóvenes; ésta es la única sentencia que se puede imponer a los menores de 21 años, la cual sustituye a dos más antiguas llamadas *detention centre orders* y *youth custody sentences*; también ha caído en desuso el término *Borstal*, aplicado en el pasado a este tipo de centros, por tener connotaciones más carcelarias que de rehabilitación; V. *youth custody sentence, community home*), **detention order** (orden de detención), **detention room** (sala de interrogatorios, sala de detenidos)]. *Cf* administrative detention, internment, detain, arrest.

deter *v*: desaconsejar, disuadir, escarmentar. *The ideas of punishment is to deter people from committing crimes. Cf* deterrence, restrain.

deterioration *n*: deterioro. *Cf* devaluation.

determinate *a*: fijo, cierto, etc. [Se aplica, por ejemplo, a las penas de reclusión (*determinate sentences*) cuya duración está fijada por ley parlamentaria].

determination[1] *n*: resolución o decisión judicial, auto definitivo, sentencia, determinación. *In his determination of case, a judge weighs up both the particular facts and relevant legal precedent.* [Expresiones: **determine** (resolver, adoptar, determinar), **determine a dispute** (resolver un litigio), **determine amendments** (adoptar enmiendas)]. *Cf* decide, settle, adopt.

determination[2] *n*: prescripción, expiración, caducidad de un derecho, un plazo, etc. *The family's interest in the estate determined upon the death without issue of the old duke.* [Expresiones: **determinable interest** (propiedad, dominio, etc., que puede terminar antes del plazo previsto), **determine** (prescribir)].

deterrence *n*: disuasión, escarmiento. [Expresión: **deterrent** (disuasivo, freno, medida disuasoria o represiva)]. *Cf* deter.

detinue *n*: retención ilegal de bienes muebles. *Cf* action of detinue.

detraction *n*: difamación, detracción.

detriment *n*: detrimento, daño, perjuicio, pérdida, quebranto. *The contract contains a clause which is detrimental to our interests.* [Expresión: **detrimental** (perjudicial; V. *prejudice*)].

devaluation *n*: devaluación, depreciación. *Cf* deterioration.

develop[1] *v*: crecer, desarrollarse, madurar, elaborar. *The developed law has preserved many customs from earlier periods.* [Expresiones: **developed country** (país desarrollado), **developing country** (país en vías de desarrollo)]. *Cf* underdeveloped country.

develop[2] *v*: urbanizar. *The east side of the city has been undergoing development and the slums are disappearing. Cf* permitted development, property developer.

development[1] *n*: fomento, promoción, progreso, avance, impulso, desarrollo; evolución. *During the Renaissance, arts and sciences experienced a substantial development. Cf* advancement, progress.

development[2] *n*: cambio, novedad, acontecimiento. *There have been new developments in the political scandal that is rocking the nation.*

development[3] *n*: desarrollo urbanístico, urbanización. [Expresión: **development land** (terrenos urbanizables, terrenos edificables)]. *Cf* use classes.

devest *v*: enajenar, desposeer. *Cf* divest.

deviate *v*: desviarse, apartarse. *They would not let us deviate in any way from the strict terms of the contract.*

deviance[1] *n*: conducta pervertida, anormal o antisocial. *The prosecution dwelt on the deviance of the accused's behaviour.*

deviance[2] (*col*) *n*: astucia, malicia, picardía; argucias. *We won the case thanks to our lawyer's deviance.* [El término *deviance* se suele aplicar a las conductas no aceptadas por la sociedad, por ejemplo, en el comportamiento sexual, consumo de drogas, etc., y tiene, por tanto, connotaciones negativas].

deviation *n*: desvío, desviación, divergencia. *The judge's decision shared a slight deviation from established precedent.* [Expresiones: **deviation clause** (cláusula para cambiar el rumbo de un barco; mediante esta cláusula se autoriza al buque para hacer escalas en cualquier puerto con cualquier fin, navegar sin práctico, remolcar o auxiliar a otros buques, etc., con el objeto de salvar vidas o propiedades), **deviation warrant** (garantía contra desviación)].

devil *v*: realizar tareas legales un abogado por otro.

devise *n/v*: legado de bienes raíces, disposición testamentaria; legar, especialmente, bienes raíces o inmuebles, divisa, letra de cambio. *In her will, the old lady devised her country house to her nephew.* [Suele haber confusión entre los términos *devise, legacy* y *bequest*; los dos segundos son sinónimos y se aplican a bienes personales, mientras que el primero se refiere a bienes raíces. Expresiones: **devisal** (legado), **devisee** (legatario de bienes raíces), **devisor** (testador que lega bienes raíces)]. *Cf* demise, bequest, legacy, bequeath.

devolution *n*: traspaso de derecho de dominio, transferencia de competencias, autonomía. *With the strength of nationalist feeling in Scotland, some form of devolution for the country is now highly probable.* [Expresión: **devolution appeal** (apelación con efecto devolutivo)].

devolve *v*: traspasar, devolver, transmitir. [Expresión: **devolved parliament** (parlamento autonómico)].

dictate *n*: dictamen, precepto, doctrina, documento. *Cf* opinion.

dictum *n*: opinión de un juez expresada en una sentencia o en cualquier momento de la vista. *The report made it clear that the judge's remarks were "obiter dicta" and incidental to the legal ground of his decision.* [*Dictum*, y su plural *dicta*, son formas elípticas de *obiter dictum*, término con el que se alude a las opiniones no vinculantes expresadas por un juez en la sentencia y que no constituyen un precedente jurisprudencial para posteriores resoluciones de los tribunales]. *Cf* ratio decidendi, precedent.

dies juridicus *n*: día hábil a efectos jurídicos. [Expresión: **dies non-juridicus** (día inhábil a efectos jurídicos)]. *Cf* legal day, working day.

digest *n/v*: recopilación, sumario, repertorio, digesto. *Cf* code, abstract.

dilapidated *a*: en ruinas, deteriorado. *They declined the inheritance in view of the dilapidated condition of the house.* [Expresión: **dilapidations** (estado de ruina; esta palabra, que no tiene nunca el significado de su homóloga «dilapidar», se encuentra en las cláusulas de los contratos de arrendamiento y se refiere a las reparaciones que son necesarias por el deterioro producido hasta el final del inquilinato)]. *Cf* fair wear and tear; waste; tenancy.

dilatory *a*: lento, tardo, dilatorio. *The defence put in a dilatory plea alleging want of proper parties in the originating writ.* [Expresión: **dilatory plea** (excepción dilatoria; las excepciones dilatorias, llamadas también *dilatory defences* y *dilatory exceptions*, son alegaciones aducidas por el demandado para evitar la continuación del pleito, que afectan principalmente a cuestiones formales; si prosperan, impiden que el juez pase a conocer el fondo del asunto; V. *plea, peremptory pleas, demurrer, statement of defence*)].

diligence[1] *n*: precaución, diligencia, prudencia o cuidado que la ley exige en las acciones o actuaciones de toda persona.

diligence[2] (*der es*) *n*: ejecución de los autos y las sentencias; medidas tendentes a asegurar la ejecución o cumplimiento de las decisiones judiciales, similar al *enforcement* del sistema inglés; diligencias procesales.

diminish *v*: disminuir. *Diminished capacity is a special defence to a charge of murder.* [Expresiones: **diminished capacity** (*amer*) (incapacidad legal, perturbación de las facultades legales), **diminished responsibility** (responsabilidad atenuada; V. *diminished capacity*), **diminishing assets** (activo amortizable), **diminishing returns** (rendimiento o utilidad decreciente)].

diminution *n*: reducción. [Expresiones: **diminution of capital** (reducción de capital), **diminution of the record** (omisión de algunos documentos del sumario o expediente)].

diplomatic *a*: diplomático. *He is involved in a scandal of arms smuggling by means of diplomatic pouches.* [Expresiones: **diplomatic corps** (cuerpo diplomático), **diplomatic pouch** (valija diplomática)].

dip (*argot*) *n*: ratero. *Cf* pickpocket.

direct *a*: directo. *Exclusion from employment or promotion on the grounds of sex or race are forms of direct discrimination.* [Expresiones: **direct action** (acción directa), **direct admission** (admisión directa), **direct bill of lading** (conocimiento de embarque sin trasbordos), **direct contempt** (contumacia directa o penal), **direct damages** (daños generales o directos), **direct discrimination** (discriminación directa), **direct evidence** (prueba directa, interrogatorio), **direct examination** (interrogatorio directo), **direct investment** (inversión directa), **direct liability** (responsabilidad directa o definida), **direct loss** (pérdida efectiva o directa), **direct tax** (impuesto directo), **direct taxation** (imposición directa, tributación directa)].

direct *v*: disponer, orientar, ordenar, dar/dictar instrucciones, pedir, solicitar, administrar. *In view of the breakdown of the prosecution's case, the judge directed the jury to return a verdict of not guilty.* [Expresión: **directed verdict** (veredicto dictado por el juez; V. *motion for a directed verdict*)].

direction *n*: dirección, instrucción. [Expresiones: **direction, in either** (por encima o por debajo, en más o en menos), **direction of the court** (providencia, norma, instrucción; V. *charge, incorrect direction, instruction, misdirect, order*)].

directive *n*: directiva, directriz. *Directives must be implemented by member states.* [Acto jurídico de la Comunidad Europea que obliga a modificar leyes de algunos estados miembros]. *Under Community Law, directives must be implemented by member states kut the Community is interested only in the achievement of the result, not in the means by which it is achieved. Cf* opinion.

director *n*: consejero, miembro del consejo de administración. *The articles of association of a company contain such matters as the appointments and duties of the directors and managing director.* [Expresiones: **Director of Public Prosecution, DPP** (Director General del Servicio de Acusación Pública, Fiscal Jefe del Servicio de Acusación Pública; V. *Attorney General, Crown Prosecution Service*), **Director-General of Fair Trading** (Director General de la Competencia; V. *The Restrictive Practices Court*)]. *Cf* board of directors, articles of association.

directorate *n*: directiva, dirección, junta o consejo de administración.

dis- *prefijo*: dis-, des-, in-. [El prefijo inglés *dis-*, en la mayoría de los casos, otorga, como en castellano, un significado negativo a la palabra de la que es constituyente, equivaliendo a los españoles «des», «dis», «in», etc. Expresiones: **disadvantage** (menoscabo, detrimento, desventaja), **disaffirm** (denegar la conformidad, repudiar, negar, invalidar, anular, rechazar), **disaffirmance** (renuncia, repudiación), **disagree** (disentir, desavenirse), **disagreement** (desacuerdo, desavenencia, inconformidad, discordancia, disensión), **disallow** (desaprobar, rechazar la autoridad de alguien, denegar, censurar, culpar), **disapprobation/disapproval** (desaprobación, censura, reprobación, disconformidad, inconformidad), **disapprove** (desaprobar, improbar), **disaffirmation** (impugnación, confutación), **disavow** (desautorizar, repudiar, desaprobar), **disavowal** (desautorizar), **disband** (licenciar del servicio militar, retirarse, desmandarse, desbandarse), **disbandment** (licenciamiento, el acto y efecto de licenciar a la tropa), **discredit** (descrédito, desacreditar), **discommon** (apropiarse de bienes comunales, de algún privilegio común), **discomposition** (discordia, descomposición), **discord** (disensión, desavenencia), **discordance** (desacuerdo), **discordant** (discordante), **discounsel** (disuadir, inducir o mudar de intento o de dictamen), **disembargo** (desembargar), **disembark** (desembarcar), **disencumber** (desgravar), **disencumbrance** (desgravamen, saneamiento), **disendow** (degradar, despojar de un título o calidad de nobleza), **disentail** (desamortizar, desvincular), **disenthrall** (libertar, emancipar, manumitir), **disenthrallment** (emancipación, manumisión), **disentitle** (privar de un título o derecho), **disheir** (desheredar, excluir a alguien del testamento), **disheritance** (desheredación), **disincorporate** (disolver una sociedad mercantil, liquidar una mercantil), **disinherison** (desheredación), **disinherit** (desheredar), **disinheritance** (desheredación, desheredamiento), **disloyal** (desleal, traidor), **disloyalty** (deslealtad, infidelidad)], etc.

disability *a*: incapacidad, invalidez, inhabilitación, incapacidad legal o procesal, impedimento. *Children and the mentally handicapped are sometimes described as persons "under disability"*. [Expresiones: **civil disability** (incapacidad civil), **disability benefits** (pensión de invalidez), **under a disability** (incapacitado, inhabilitado)]. *Cf* canonical disability, physical disability, capacity to sue, non-scheduled disability.

disable *v*: incapacitar. *There are special rules governing the legal rights of the disabled*. [Expresiones: **disabled person** (persona impedida, disminuida, imposibilitada o incapacitada física o legalmente), **disablement** (impedimento legal, inhabilitación, incapacidad física, disminución física), **disabling statute** (ley que restringe el ejercicio de un derecho)]. *Cf* handicapped, enabling statute.

disbar *v*: expulsar del Colegio de Abogados, inhabilitar para el ejercicio de la abogacía, desaforar, excluir del ejercicio de la abogacía, desaforar. *He was disbarred for manifest incompetence and for bringing the profession into disrepute*. [Expresión: **disbarment** (exclusión del foro, desaforo)]. *Cf* call to the bar, strike off the Rolls, debar.

disburse *v*: desembolsar, pagar, gastar. *A solicitor's bill of cost, often calculated by an expert called a "costs draftsman", includes both the lawyer's fees ("profits costs") and expenses ("disbursements")*. [Expresión: **disbursements** (gastos, desembolso, egreso, pago, salida de efectivo)].

discharge[1] *n/v*: descarga, descargar. *The cargo was discharged within 48 hours of the ship's arrival at the port.*

discharge[2] *n/v*: extinción de un contrato, finiquito, anulación, carta de pago, baja, cancelación; cumplir, satisfacer, liquidar, pagar. *The contract will be deemed to be discharged if any of these conditions are not satisfied.* [Expresiones: **discharge a debt** (saldar, pagar o liquidar una deuda), **discharge a claim** (satisfacer una reclamación), **discharge an obligation** (cumplir una obligación o un compromiso), **discharge an offer** (revocar, cancelar), **discharge-of-attachment bond** (fianza de levantamiento de embargo), **discharge of bill** (extinción de los derechos de demanda por una letra de cambio), **discharge by agreement** (finiquito por consenso), **discharge of a contract** (anulación o extinción de un contrato)]. *Cf* termination, abandonment, terminate, satisfy, repudiate.

discharge[3] *n/v*: perdón o absolución al condenado por algún delito, exoneración, exención, exonerar, dispensar, liberar, poner en libertad, eximir de alguna obligación, absolver, anular un auto judicial. *In view of the accused's age and previous behaviour, the magistrate who had found him guilty granted him an absolute discharge.* [El perdón o absolución (*discharge*) puede ser total (*absolute*) o condicional (*qualified, conditional*). Expresiones: **discharge an order/a writ** (anular un auto o mandamiento judicial), **discharge from the army** (licenciar del servicio militar), **discharge from prosecution** (abandono de la acusación)]. *Cf* acquit, absolve, absolute discharge.

discharge[4] *n/v*: rehabilitación, descargo, fallido o quebrado rehabilitado; rehabilitar. *Bankruptcy is terminated when the court makes an order of discharge in bankruptcy.* [Expresiones: **discharge in bankruptcy** (rehabilitación del quebrado), **discharged bankrupt** (quebrado o fallido rehabilitado)]. *Cf* certificated bankrupt. *Cf* bankruptcy discharge.

disciplinary *a*: disciplinario. [Expresiones: **disciplinary measures** (medidas disciplinarias), **disciplinary proceedings** (expediente o proceso disciplinario)].

disclaim *v*: renunciar a, abandonar, denegar. *A beneficiary under a will may disclaim a burdensome gift.* [Expresión: **disclaimer** (abandono, renuncia, negación, negador)].

disclose *v*: divulgar, revelar. *Although silence is not actionable, law does provide for the duty of one party to disclose certain facts in certain cases to the other.* [Expresión: **disclosure** (divulgación, declaración o revelación de la situación financiera de una empresa, pruebas que obran en el poder de una de las partes, obligación de revelar los datos y las pruebas, V. *duty of disclosure, discovery, concealment*; *certificate of independence*)]. *Cf* discovery.

discontinuance *n*: abandono de la acción, caducidad de la instancia, sobreseimiento. *In the High Court a claim is abandoned by serving a notice of discontinuance.* [Expresiones: **discontinue** (suspender, interrumpir), **discontinuous easement** (servidumbre discontinua), **discontinuous employment** (empleo discontinuo)]. *Cf* notice of discontinuance.

discount *n/v*: descuento comercial, rebaja, bonificación, descontar, tener en cuenta. *The judge discounted the evidence of three witnesses who were clearly biased.* [Expresiones: **discount the evidence** (tener en cuenta en la valoración, rebajar, descontar), **discountable bill** (efecto descontable), **discounting of bills** (descuento de efectos)]. *Cf* rebate, allowance discount, diminution, abatement.

discourage *v*,: desaconsejar. *Cf* promote.

discovert feme *n*: mujer soltera. *Cf* feme sole.

discovery *n*: acción *ad exhibendum*, revelación, exhibición, descubrimiento. *Discovery of documents between the two sides must take place after the close of pleadings.* [En los procesos civiles ingleses cada una de las partes tiene derecho a conocer las alegaciones (*pleadings*) de la contraria pero no así las pruebas (*evidence*) que utilizarán en la vista para demostrar sus argumentos; en el *Chancery Court* y en el *Family Division* del *High Court of Justice* cualquiera de las partes puede, además, obligar a la otra a poner al descubierto sus pruebas (*reveal his evidence*); a este proceso se le llama descubrimiento de las pruebas (*discovery of evidence*)]. *Cf* disclosure, reveal evidence, disclosure, concealment.

discretion *n*: potestad judicial o administrativa, facultad moderadora de los jueces, función decisoria de los jueces o de la administración, discreción, oportunidad, arbitrio, apreciación; voluntad. *Costs in lawsuits are within the discretion of the court.* [Expresiones: **discretional/discretionary** (potestativo, arbitral, moderador, discrecional, prudencial), **discretionary powers** (facultades, potestad, poderes discrecionales)]. *Cf* judicial discretion.

discriminate against *v*: discriminar en contra. [Expresiones: **discriminating** (discriminatorio), **discrimination** (discriminación)].

discussion *n*: examen, debate, discusión, excusión. [Expresión: **discussion document** (ponencia, propuesta escrita que sirve de base de una discusión o debate)].

disfranchise *v*: privar de los derechos civiles.

disguise *v*: encubrir, cubrir, disfrazar.

dishonour *n/v*: deshonra, deshonor, ignominia, incumplimiento de un pago, incumplir la palabra, desatender el pago. *Cheques that are dishonoured on presentation are bad cheques.* [Expresiones: **dishonour a cheque/bill of exchange,** etc. (incumplir el pago, negarse a aceptar una obligación, no atender un compromiso contraído, etc.), **dishonoured bill of exchange** (letra devuelta, rehusada, no atendida)]. *Cf* meet one's duties, honour.

disinter *v*: exhumar.

disiquilibria *n*: desequilibrios.

dismember *v*: descuartizar, desmembrar. *The convicted murderer showed police where he had buried the bodies after dismembering them.*

dismiss[1] *v*: desestimar, declarar sin lugar,

sobreseer una causa. *The magistrates detected inconsistencies in the police evidence and dismissed the case.* Cf non-suit, convict. [Expresiones: **dismiss a case** (desestimar una causa, demanda o pleito), **dismiss a petition in bankruptcy** (rechazar una petición de quiebra por falta de masa), **dismiss an appeal** (desestimar un recurso de apelación), **dismiss an application** (denegar una solicitud, desestimar una solicitud o súplica), **dismiss an indictment** (dejar sin efecto un procesamiento), **dismiss upon the merits** (desechar por falta de causa o mérito), **dismissal** (denegación, absolución de la demanda, anulación de la instancia, declaración de no ha lugar), **dismissal for want of equity** (desestimado por falta de equidad), **dismissal for want of prosecution** (sobreseimiento por tardanza excesiva del demandante), **dismissal from civil service** (separación del servicio), **dismissal pay** (finiquito laboral), **dismissal of proceedings** (sobreseimiento), **dismissal with prejudice** (denegación con pérdida de derecho a nuevo juicio por parte del actor, quedando el demandado liberado de lo solicitado en la demanda), **dismissal without prejudice** (denegación sin pérdida del derecho del actor a nuevo juicio)]. Cf quash, allow, motion to dismiss.

dismiss² v: despedir, cesar, destituir (a un empleado), licenciar (a un militar), dejar cesante (a un funcionario). *Industrial tribunals are empowered to award compensation to employees who have been dismissed unfairly, or even to him or her to be reinstated.* [Expresiones: **dismissal** (cese, despido, destitución, desahucio; V. *constructive dismissal, protective award*), **dismissal indemnity** (indemnización por despido, cesantía), **dismissal letter** (carta de despido), **dismissal statement** (carta de despido explicando los motivos del mismo)]. Cf sack, fire, discharge, appointment, designation.

disorder n/v: desorden; desordenar. Cf mentally disordered.

disorderliness n: escándalo, turbulencia, alboroto. Cf riot.

disorderly a: ilícito, ilegal, contrario a la ley, licencioso, inmoral. *Keeping a disorderly house is an offence in Great Britain.* [Expresiones: **disorderly conduct** (conducta contra la moral pública, desorden público), **disorderly house** (casa de prostitución; V. *brothel*)]. Cf drunk and disorderly.

disown v: repudiar, negar, renunciar, renegar, desconocer.

disparage v: desacreditar, menospreciar. *One can sue for disparagement of title, of property or of goods if the court decides the slander has caused its victim unreasonable distress or loss of reputation or actual financial loss.* [Expresiones: **disparagement** (menosprecio, desdoro, falsedad), **disparagement of title, property, goods** (descrédito de título, bienes, mercancías)]. Cf slander, backbiting.

disparity n: desigualdad.

dispatch v: expedir, despachar. [Expresión: **dispatch money** (prima o bonificación de celeridad en contratos de fletamentos, premio por *despatch money*)].

displaced people n: refugiados, deportados, desplazados.

display n: cosa o instrumento que puede ser llevado como prueba a los tribunales.

dispone (*der es*) v: enajenar, traspasar, donar en forma legal.

disposable a: desechable, disponible. *The abandonment of disposable goods in a public place is punishable by a fine.*

disposal n: evacuación, disposición, enajenación, resolución judicial. [Expresión: **disposal of radioactive waste** (evacuación de residuos radiactivos; V. *waste*)].

dispose¹ of v: resolver, dar salida. *In disposing of a case, the judge will make any order he thinks fit.* Cf settle a cause, deal.

dispose² of property v: enajenar, transferir. *According to English law, a man can dispose of his property as he wishes.*

disposition¹ n: legado, herencia, traspaso; disposición legal; dictamen de un tribunal. Cf legacy.

disposition² n: temperamento, carácter, propensión. *Evidence of the disposition of an* *accused person may be admissible if it is relevant to judgment of his or her credibility.*

disposition[3] *n*: disposición, arreglo, organización. *It is incumbent on a company secretary to oversee the orderly disposition of its affairs.* [Expresión: **disposition to the contrary** (disposición en contrario)].

dispossess *v*: desposeer, desalojar, despojar, desahuciar, lanzar. [Expresión: **dispossession** (desposeimiento, lanzamiento; V. *ouster*)].

disproof *n*: refutación, confutación, prueba contraria, impugnación.

disproperty *v*: desposeer a alguien del dominio de propiedades o tierras.

disprove *v*: refutar, confutar. *The fresh evidence has weakened the defence's case, but it has not disproved it. Cf* confute, refute.

dispute *n/v*: disputa, desacuerdo, controversia, conflicto, disputar, impugnar. *Labour-management disputes are often solved by arbitration which is binding on both parties.* [Expresiones: **dispute an inheritance** (impugnar una herencia), **dispute a judgment** (impugnar una sentencia), **disputable presumption** (presunción dudosa), **in dispute** (en litigio)]. *Cf* challenge, attack, contest a judgment, controversy, labour disputes, industrial disputes.

disqualify *v*: inhabilitar, descalificar. [Expresión: **disqualification** (inhabilitación, descalificación, tacha)]. *Cf* ineligibility, disability.

disqualified *a*: inhabilitado, incompetente, incapacitado, impedido, descalificado. *The driver was fined for speeding and disqualified for driving for a year. Cf* legal incapacity.

disregard *n/v*: desconsideración, desacato; no tener en cuenta. *The presiding judge instructed jurors to disregard the statement given by the last witness.*

disreputable *a*: de mala fama, que tiene mala reputación. *I refuse to deal with that disreputable company.*

disseise *n*: usurpar bienes raíces, desposeer, despojar del dominio, usurpar el dominio. [Expresión: **disseisin** (desposesión ilegítima, usurpación)].

dissent *n/v*: disensión, disidencia; disentir, presentar un voto particular. *One of the appeal judges dissented from the opinion of his brethren.* [Expresiones: **dissenting** (disidente o disconforme), **dissenting vote** (voto en contra)].

dissimulation *n*: ocultamiento, disimulación. *Cf* discovery.

dissolution *n*: liquidación, disolución. *The dissolution of the partnership was done by court order.*

dissolve *v*: disolver, anular. *A decree absolute finally dissolves a marriage.* [Expresión: **dissolving condition** (condición resolutiva)].

distinctive feature *n*: peculiaridad.

distinguish a case *n*: introducir distingos explicando en qué la causa que se enjuicia se diferencia del precedente, sentando nueva jurisprudencia, mediante esta distinción pormenorizada; plantear una distinción. *The judge allowed there were similarities between the case and the precedent suggested, but he held that the facts were substantially different and the present case should be distinguished. Cf* precedent, ratio decidendi, obiter dictum.

distinguished from, as *fr*: en contraste con, a diferencia de. *Cf* unlike.

distortion *n*: falseamiento, distorsión.

distrain *v*: detener, retener, embargar, secuestrar, trabar ejecución. *When a family is evicted, the bailiffs take possession of their home and any distrained property.* [Expresiones: **distrainer** (embargante; V. *garnisher*), **distraint** (embargo, secuestro, retención, detención, traba de ejecución)].

distress[1] *n*: dolor, aflicción, angustia, daños psicológicos, sufrimiento mental, peligro, apuros. *In his divorce petition, the husband claimed his wife's behaviour had caused him acute distress.* [Expresión: **distress signals** (señales de socorro o auxilio)]. *Cf* port of distress, vessel in distress.

distress[2] *n/v*: embargo, secuestro, detención, efectos embargados, embargar, ejecutar el embargo de bienes. [Expresiones: **distress damage feasant** (derecho a quedarse con el ganado ajeno que cause daños en las tierras propias. Este derecho, proveniente del *common law*, ha sido sustituido desde 1971 por el derecho del dueño de una finca a vender el ganado que invada la misma; V. *damage feasant*), **distress warrant** (auto o providencia que ordena un embargo; V. *warrant of distress*)]. *Cf* seize, attach, second distress, sequestration.

distribute *v*: distribuir, repartir. [Expresiones: **distribution** (entrega a los beneficiarios de los bienes heredados, reparto de beneficios a accionistas), **distribution clause** (cláusula de un testamento referida a reparto del patrimonio del finado)].

district *n*: distrito. *Under the American system, district judges are elected at the polls.* [Expresiones: **district attorney** (*amer*) (fiscal de distrito, fiscal público), **district court** (juzgado o tribunal federal de primera instancia), **district judge** (*amer*) (juez de distrito)]. *Cf* state prosecutor, county prosecutor.

distrust *n/v*: desconfianza, falta de confianza; desconfiar.

disturb *v*: perturbar. *Two youths were arrested for causing a disturbance in the town centre.* [Expresiones: **disturbance** (alteración del orden público, desorden, perturbación), **disturbance of the peace** (disturbio, desorden, alteración del orden público), **disturber** (perturbador)].

divert *v*: destinar a fines distintos de los previstos, apartar, desviar, distraer (fondos).

divest/devest *v*: despojar, desposeer. *The court upheld the validity of the second will and divested the heir under the first of all the property.* [Expresión: **divestment** (despojo, acción de despojar)].

dividend *n*: dividendo, cupón. [Expresiones: **dividend paid on account** (entrega de dividendo a cuenta), **dividend paying shares** (acciones generadoras de dividendos)]. *Cf* interim dividend, stock dividend.

division *n*: división, sala. [El *High Court of Justice* consta de tres grandes salas o divisiones: *Queen's Bench, Chancery Court* y *The Family Division*. Expresión: **Divisional Courts** (tribunales formados por dos o tres jueces de cada una de las tres *divisions* del *High Court of Justice*, encargados de conocer de determinados recursos de apelación, que por su importancia menor son resueltos en esta instancia inferior al *Court of Appeal*)]. *Cf* High Court of Justice.

divorce *n*: divorcio. *Divorce proceedings commence when one of the spouses files a petition for divorce.* [Expresión: **divorce petition** (demanda de divorcio; V. *petition of divorce*)]. *Cf* nullity of marriage, judicial separation.

dock *n*: muelle, dique. [Expresiones: **dock pilot** (práctico de puerto; V. *pilot, bar pilot*), **dockage** (derechos de atraque), **docker** (cargador del muelle)]. *Cf* dry dock.

dock for prisoners *n*: banquillo de los acusados. *In serious criminal cases, the prisoner in the dock is usually handcuffed and guarded.* *Cf* defendant's seat in court.

docket *n*: lista de pleitos o litigios para un período de sesiones, extracto o lista de autos, sentencias, etc., de un tribunal. *Your case is on the docket for next Monday.* *Cf* cause list, court calendar, trial list, judgment docket.

document *n*: instrumento, acta, documento. *The documents in a case are usually tied together in bundles.* [Expresiones: **documentary** (documental, documentario, literal o escrito), **documentary bills/drafts** (letras/efectos documentarios), **documentary credit** (crédito documentario), **documentary draft** (letra documentaria, también llamada *bill with documents attached*), **documentary evidence** (prueba documental, literal o escrita; V. *parol evidence*), **documentary letter of credit** (carta de crédito documentaria), **documentary remittance** (remesa documentaria), **documentation** (documentación)].

dodge *n/v*: artificio, trampa, evasión; hacer trampas. [Expresiones: **dodge the draft** (eludir el servicio militar), **dodger** (estafador)].

domain *n*: propiedad, dominio, bienes, tierras patrimoniales, tierra solariega. [En sentido figurado, «campo, esfera o área de conocimiento o del saber, actividad, etc.»]. *Cf* public domain.

domesday *n*: V. *doomsday*.

domestic *a*: nacional, interior, familiar, intestino. *Nobody can appeal to the European Court of Human Rights without having exhausted domestic remedies*. [Expresiones: **domestic administration** (administración interior), **domestic agreement** (acuerdo familiar), **domestic attachment** (embargo contra deudor residente), **domestic bill** (letra girada en el interior), **domestic commerce** (comercio interior), **domestic law** (legislación interna), **domestic trade** (comercio interior), **domestic remedies** (recursos o soluciones jurídicas ofrecidos por los jueces o tribunales nacionales; V. *European Court of Human Rights*), **domestic tribunal** (tribunal interior), **domestic war** (guerra intestina)].

domicile *n/v*: país, domicilio, domiciliar. *Nobody can have two domiciles under British law*. [La palabra *domicile* en el sentido de «casa donde se reside» es americana, así como en el sentido de «domiciliar cuentas»; en inglés británico los términos correspondientes son *home address* y *pay by banker's order*. Expresiones: **domicile a bill** (domiciliar una letra de cambio), **domicile of corporation** (domicilio social), **domicile of choice** (país de adopción), **domicile of origin** (país de origen), **domiciliation of bills** (domiciliación de efectos), **domiciling bank** (banco domiciliatario de las declaraciones y licencias de importación y exportación)]. *Cf* abode, abandonment of domicile, address for service, matrimonial home, necessary domicile, residence.

dominant *a*: dominante. *The dominant tenement enjoys an easement from the servient tenement*. [Expresiones: **dominant estate** (predio o heredad dominante), **dominant owner** (dueño de predio dominante), **dominant tenement** (predio dominante, heredad dominante)]. *Cf* easement, servient tenement.

donate *v*: donar, contribuir. [Expresiones: **donation** (donación, donativo, dádiva),

donator (donante, donador), **donee** (donatario o receptor de una donación, apoderado), **donor** (donante, dador, mandante)]. *Cf* power of attorney.

doomsday-book *n*: catastro de Inglaterra, hecho en el reinado de Guillermo el Conquistador. *Cf* domesday.

dormant *a*: inactivo, oculto, secreto, durmiente, latente, en letargo. *If a dormant account is not reactivated within 60 months, the funds in the account are escheated to the State*. [Expresiones: **dormant account** (cuenta inactiva), **dormant commerce clause** (cláusula de comercio durmiente), **dormant company** (mercantil cuyo domicilio social, a efectos fiscales, está en el extranjero), **dormant execution** (ejecución provisional), **dormant partner** (socio comanditario inactivo; V. *sleeping partner, silent partner, ostensible partner*)].

double *a*: doble. *He double-crossed his accomplices in the bank robbery by escaping alone with all the money*. [Expresiones: **double-barrelled bond** (bono con doble garantía), **double cross** (engaño, traición; engañar, traicionar jugando a dos bandas o barajas), **double-dealing** (simulación, doblez), **double entry** (partida doble; V. *bookkeeping by simple/double entry, single entry*), **double entry bookkeeping** (teneduría de libros por partida doble; V. *single-entry bookkeeping*), **double indemnity** (indemnización doble por muerte accidental), **double liabilities** (responsabilidad suplementaria), **double taxation** (doble imposición)].

down *adv/n/v*: abajo, entrega, pagar (o pago) en efectivo como señal o primera entrega. *Today's bargain buy in washing-machines: £50 down and 4 interest-free instalments*. [Expresiones: **down-payment** (primer plazo, entrega a cuenta, pago inicial), **downturn** (caída en el volumen de negocios; V. *drop, turnover*), **downward trend** (tendencia a la baja; V. *bearish tendency; upward trend*)].

dowry *n*: dote, bienes dotales.

DPP *n*: V. *Director of Public Prosecution*.

draft[1] *n/v*: anteproyecto de ley, borrador,

redactar un anteproyecto de ley. *The draftsman used the concept of "relevant association" for the purposes of exemption from the community charge.* [Expresiones: **drafting committee** (comité de redacción), **draftsman** (legislador, redactor de una ley; V. *costs draftsman*)]. *Cf* rough draft.

draft² *n/v*: letra de cambio, efecto, libramiento, letra girada, girar una letra de cambio. [Expresión: **bank draft** (giro bancario)]. *Cf* sight draft, collection draft.

draft³ *n/v*: reclutar. [Expresión: **draft board** (consejo o junta de reclutamiento)]. *Cf* dodge the draft.

draught *n*: calado de un buque. [Expresión: **draught marks** (marcas de calado)].

draw¹ *n*: librar, emitir, extender, girar o expedir. [Expresiones: **draw a bill on somebody** (girar un letra a cargo de alguien), **draw a cheque** (extender un cheque), **draw one's salary** (cobrar el sueldo), **draw up** (elaborar, establecer; V. *work out*), **draw up a programme** (establecer, redactar un programa), **drawee of a bill of exchange** (librado, girado de una letra de cambio, tomador, aceptante; V. *acceptor*), **drawer** (dador), **drawer of a bill of exchange** (librador, girador de una letra de cambio)]. *Cf* long-drawn-out.

draw² *n*: sortear. *Bonds are redeemable by drawing.* [Expresiones: **draw lots** (echar suertes; V. *throw in one's lot with someone*), **drawn bond** (título sorteado)].

drawback *n*: devolución, reembolso, reintegro, restitución de derechos, rebaja o descuento. [Expresión: **drawback debenture** (certificado para reintegro)].

drift *n*: deriva. *Cf* adrift.

driver's licence *n*: permiso de conducir.

driving *n*: conducción. [Expresión: **driving licence** (permiso de conducir)]. *Cf* inconsiderate driving, careless driving, dangerous driving, drunk driving, reckless driving.

drop *n/v*: caída, baja; abandonar, desistir, dejar caer. *The police dropped the case against one suspect for lack of evidence.* [Expresiones: **drop a case/an appeal** (desistir de/renunciar a una instancia/apelación; V. *abandon*), **drop charges** (retirar la acusación), **drop-out** (marginado social), **dropped calendar** (lista de causas abandonadas; V. *deferred calendar*)]. *Cf* downturn.

drug *n*: narcótico, droga. *The bank served as a cash conduit for terrorists, gun-runners, and drug thugs.* [Expresiones: **drug addict** (toxicómano), **drug use** (consumo de drogas), **drug lord** (jefe de bandas de drogas), **drug thug** (mafia de la droga)].

drunk *a*: borracho, ebrio. *Police have statutory powers to obtain blood samples from people stopped on suspicion of drunk driving.* [Expresiones: **drunk and disorderly** (se aplica a la persona que incurre en escándalo por su estado de embriaguez, el cual, cuando es público y notorio, también constituye delito), **drunk driving** (conducción en estado de embriaguez)].

dry dock *a*: dique seco. *Cf* graving dock, wet dock.

dry trust *n*: fideicomiso pasivo.

dud (*col*): falso. *The banknotes turned out to be duds. Cf* dummy.

due¹ *a*: debido, exigible, vencido. *Those bills are due on July 5th.* [Expresiones: **due and payable** (vencido y pagadero), **due balance** (saldo vencido), **due bill** (letra aceptada), **due coupon** (cupón vencido), **due date** (fecha de vencimiento, plazo), **due interest** (intereses vencidos), **due notice** (aviso de vencimiento), **due on demand** (pagadero a la vista), **due to** (debido a), **due to arrive** (debe llegar), **in due course** (a su debido tiempo), **in due form** (en forma debida)]. *Cf* become due, come due, fall due.

due² *a*: razonable, justo, legítimo, propio, apropiado, correspondiente, debido, conveniente, oportuno, esperado. *According to the Road Traffic Act (1972), driving a motor vehicle on a road without due care and attention is careless driving.* [Expresiones: **due and proper care** (la atención razonable que se espera), **due care and attention** (diligencia debida, cuidado y atención razonables), **due compensation** (indemnización apropiada, justa remuneración), **due consideration** (causa contractual razonable), **due course of law** (proceso legal vigente, proceso que marca la ley), **due diligence** (diligencia debida; diligencia en poner el buque que ha de efectuar el transporte en las debidas condiciones de navegabilidad), **due process of law** (con las garantías procesales debidas, ajustado a derecho, debido procedimiento legal; V. *abuse of the process of the court*), **due proof** (prueba razonable o debida), **in due course** (como es debido, con las garantías pertinentes), **in due form** (en buena y debida forma, de forma apropiada, en la forma debida o adecuada, en forma legal), **in due process** (con las garantías procesales)]. *Cf* negligent, due diligence.

dues *n*: derechos, tributos. *I've had a letter from the Union asking me to pay my dues. Cf* pier dues.

duly *adv*: debidamente. *The new wording of the Act met with the MPs' approval and it was duly passed.* [Expresión: **duly qualified** (con los títulos pertinentes)]. *Cf* suitably, timely.

dummy *a/n*: ficticio, simulado, entidad fantasma, hombre de paja. *I've checked in the registry and that firm is a dummy.* [Expresiones: **dummy corporation** (empresa fantasma o simulada), **dummy director** (directivos o consejeros ficticios), **dummy stockholders** (accionistas fantasmas)]. *Cf* dud.

dumping *n*: dumping. [El verbo *dump* significa «verter, deshacerse de basura o de objetos inservibles»; librarse de acciones-basura en la Bolsa o de mercancías obsoletas o de mala calidad, sobre todo, en países del tercer mundo; vender productos por debajo de su valor con el fin de trastornar o desbaratar el mercado]. *Cf* countervailing duties.

dupe *n/v*: víctima de engaño o dolo, engañar, embaucar. *They duped him into thinking the shares were valuable.*

duress *n*: coacciones, coacción con violencia, presión, compulsión. *Acts carried out under duress usually have no legal effect.* [Expresiones: **duress of goods and property** (compulsión por detención de bienes), **duress of imprisonment** (detención ilegal de una persona), **duressor** (el que emplea la coacción), **under duress** (con intimidación, coaccionado, bajo coacción; V. *undue influence*)]. *Cf* coercion, self-defence, under violence.

during Her/His Majesty's pleasure *fr*: por tiempo indefinido, a discreción de las autoridades. *A minor convicted of a capital offence can be ordered to be detained during her Majesty's pleasure.* [Expresión que se refiere al tiempo de retención impuesto al menor o al disminuido mental que ha incurrido en delito grave].

Dutch auction *n*: subasta a la baja.

duty[1] *n*: obligación, deber, responsabilidad, competencia. *It is the duty of every driver to be thoroughly familiar with the highway code.* [Expresiones: **from duty** (por obligación), **duty of care** (deber de prevención, deber legal de prudencia, precaución y diligencia hacia los demás y sus bienes), **duty of disclosure** (obligación de ofrecer datos, de acuerdo con la ley, a la parte contraria en un pleito; V. *disclosure*), **duty of fidelity/good faith** (deber de fidelidad que tienen los empleados con relación a los intereses de su empresa), **duty to account** (obligación que tiene todo agente de rendir cuentas al principal)]. *Cf* liabilities, responsibilities.

duty[2] *n*: servicio, turno, guardia. *The two guards who were on duty when the break-in occurred gave a full report to the police.* [Expresiones: **duty officer** (policía u oficial de guardia o de servicio en comisaría), **duty solicitor** (abogado o letrado de guardia o de oficio), **on duty** (de guardia)].

duty[3] *n*: tasa, derecho arancelario, derecho de aduana. *These goods are subject to customs duty.* [Expresiones: **duty-free** (libre de impuestos, con franquicia), **duty-free zone** (zona franca)]. *Cf* countervailing duties.

dwelling-house *n*: residencia, morada, domicilio. *Cf* domicile, whereabouts, curtilage.

dying declaration *n*: prueba testifical *in articulo mortis*, testimonio de moribundo oído y repetido luego por testigos.

E

early *a*: prematuro, anticipado; precoz. [Expresión: **early retirement** (jubilación anticipada)]. *Cf* redundancy, scheme.

earmark *n/v*: marca, señal, etc., efectuada para identificar bienes, partidas, cuentas, etc.; asignar, afectar, destinar, reservar o consignar (fondos, cuentas, impuestos, etc.) a fines específicos. *Council funds have been earmarked for the building of a new school.* [Expresiones: **earmarked account** (cuenta reservada), **earmarked funds** (fondos afectados), **earmarked taxes** (impuestos finalistas, impuestos afectados)]. *Cf* allocate, reserve, set aside, appropriate.

earn *v*: ganar, obtener, devengar, producir. *You pay income tax on money earned from working or from interest on property.* [Expresiones: **earned income** (ingresos devengados, renta salarial o del trabajo, ingresos, retribución por el trabajo), **earned income allowance** (deducciones por renta de trabajo), **earned interest** (intereses devengados), **earned premium** (prima devengada), **earning assets** (activo que devenga intereses), **earnings** (rentabilidad, rendimiento, beneficio, producto, renta; entradas, ganancias, ingresos), **earnings per share, EPS** (rendimientos por acción), **earnings statement** (estado de resultados, estadillo de pérdidas y ganancias), **earned surplus** (beneficios acumulados)]. *Cf* rebate; profit; revenue; wages; pay-as-you-earn; recapture of earnings, spendable earnings.

earnest (money) *n*: arras, señal. *Cf* hand money.

earwitness *n*: testigo de oídas o auricular. *The servant did not see the transaction, but was an earwitness to what was said. Cf* eyewitness.

easement *n*: servidumbre. *The owner of land abutting on the property of another often has a duty of easement of light, water, etc.* [Expresiones: **easement appendant/appurtenant** (servidumbre real, servidumbre sobre finca colindante), **easement by estoppel** (por acción innegable), **easement by implication** (servidumbre tácita o sobreentendida), **easement by prescription** (servidumbre por prescripción), **easement in gross** (servidumbre personal), **easement of access** (servidumbre de paso o acceso), **easement of convenience** (servidumbre de conveniencia), **easement of light** (servidumbre de luces), **easement of necessity** (servidumbre legal, necesaria o imprescindible), **easement of view** (servidumbre de vistas)]. *Cf* affirmative easement, agreed easement, implied easement, intermittent easement; servitude; bind; bondage, dominant tenement, servient tenement.

easy terms of payment *n*: facilidades de pago.

EAT *n*: V. *Employment Appeal Tribunal.*

eavesdrop *v*: fisgonear; escuchar sin ser visto, disimuladamente, clandestinamente, en secreto o ilegalmente (por ejemplo, detrás de las puertas, con medios electrónicos, etc.). *Many people are worried about the increase in electronic eavesdropping which is being* *tolerated by the courts.* *Cf* electronic surveillance, spy, bug, wire-tapping.

EC *n*: V. *European Community.*

ECU *n*: V. *European Currency Unit.*

edict *n*: edicto, bando, auto, decreto.

EEC *n*: V. *European Economic Community.*

effect[1] *n*: resultado, influencia, efecto, consecuencias, repercusión. *Cf* implication, suspensory effect; take effect.

effect[2] *n*: vigencia. *That statute is no longer in effect, so we can ignore its provisions.* [Expresiones: **be in effect** (regir, tener vigencia, estar vigente o en vigor), **with effect from** (con efectos desde, vigente a partir de)]. *Cf* take effect, come into effect, come into force, be effective, be operative.

effect[1] *v*: efectuar, realizar, llevar a cabo, poner en ejecución. *Payment may be effected by cheque, postal order or banker's draft.* [Expresiones: **effect an arrest** (detener), **effect investments** (llevar a cabo inversiones), **effector** (causador, actor)]. *Cf* carry into effect, achieve, bring about.

effect[2] *v*: entrar en vigor, empezar a regir, entrar en vigencia.

effective *a*: efectivo, eficaz, convincente, operativo, práctico, de valor, real. *The defence's arguments were clear and effective.* [Expresiones: **be effective** (entrar en vigor, empezar a regir, entrar en vigencia), **effective cause** (causa real), **effective date** (fecha de entrada en vigor, fecha de valor o de vigencia), **effective date of termination** (fecha real de extinción de un contrato), **effective yield** (rendimiento efectivo)]. *Cf* actual; come into effect, take effect, come into force, be operative from, obtain.

effects *n*: pertenencias, efectos, bienes, caudal. *A person's effects are his property including his goods and chattels.* *Cf* chattels, property, personal effects, personal belongings.

efficacy *n*: eficacia, poder, validez, eficiencia.

efficiency *n*: rendimiento, productividad; eficacia, eficiencia; buena marcha. [También se encuentra la forma sinónima *efficience*. Expresiones: **efficiency bonus** (prima de rendimiento), **efficient** (eficiente, eficaz,

competente, que rinde, de elevado rendimiento; apto, capaz; bien organizado), **efficient cause** (causa eficiente; V. *proximate cause*), **efficiently** (bien, con economía de medios, con rapidez y economía, con habilidad, con diligencia)].

EFTA *n*: V. *European Free Trade Association.*

egg on *v* (*col*): incitar, inducir, provocar. *Smith, egged on by his friends, punched the man who had insulted him.* [Expresiones: **egger** (incitador, instigador), **egging** (instigación)].

either way, offences triable *n*: V. *offences triable either way.*

eject *v*: expulsar, desalojar. *The heckler was ejected from the political meeting by the bouncers.* [Expresión: **ejectment** (diligencias de lanzamiento; V. *dispossess proceedings*)].

ejusdem generis rule (e.g.) *fr*: del mismo género. [Norma de interpretación judicial merced a la cual se interpretan como iguales cosas de la misma naturaleza, siempre que vayan en expresiones como *etc.* o *and all other perils*].

elaborate on *v*: dar detalles sobre, extenderse en consideraciones sobre.

elapse *v*: transcurrir el tiempo. *A driver whose licence has been endorsed may apply to have a new "clean" licence after 4 years have elapsed.* *Cf* endorsement.

elder *a*: mayor. [En la Iglesia Presbiteriana de Escocia, se dice del presbítero o feligrés con voz y voto en los asuntos de la Iglesia. Expresiones: **Elder Brethren** (asesores en los procesos incoados en el *Admiralty Court*), **the elderly** (los ancianos), **our elders** (nuestros mayores)]. *Cf* underage.

elect *a/n*: electo; elegir. [El adjetivo *elect*, al igual que *designate*, se coloca detrás del nombre. Expresión: **elected domicile** (domicilio convencional o convenido)].

election[1] *n*: comicios, elección. *Parliament was dissolved shortly after the announcement of the date the general election.* [Expresiones: **election board** (junta electoral), **election booth** (cabina electoral), **election court** (tribunal que entiende de las querellas por fraude electoral), **election of remedies**

(facultad del demandante para elegir el recurso que solicita en su demanda), **election petition** (querella por fraude electoral), **election returns** (resultados de una elección)]. *Cf* by-election, general election, local election; voting by proxy.

election[2] *n*: opción, fundada en el derecho de equidad (*equity*), que tiene el heredero a aceptar a la vez los beneficios (activo) y las cargas (pasivo) de una herencia o a repudiarla; aceptación a beneficio de inventario. *Cf* accept a legacy subject to an inventory, acceptance without liability beyond the assets descended.

elective benefits *n*: opción que se le da al asegurado para que elija el beneficio alternativo que más le interese de los ofrecidos en una póliza de seguros.

elector[1] *n*: elector. [Expresiones: **electoral** (electoral), **electoral college** (colegio electoral; en inglés se refiere al conjunto de electores elegidos, a su vez, por un gran colectivo con el fin de que voten en representación de éste; en el sentido de lugar en donde se lleva a cabo la votación, colegio electoral se llama *polling station*), **electoral ward** (circunscripción)]. *Cf* register of electors.

elector[2] *n*: persona que hace uso de *elective benefits*.

electrocution *n*: electrocución. *Cf* death penalty.

electronic surveillance *n*: escuchas electrónicas. *Electronic surveillance of private citizens is a disturbing area of modern police practice. Cf* eavesdropping, wire-tapping.

eleemosynary corporation (*amer*) *n*: sociedad de beneficencia privada. *Cf* charity.

eligible *a*: elegible, con derecho a, aspirante, que reúne o cumple los requisitos o condiciones para ser elegido o designado. *He is eligible to vote.* [Expresiones: **eligible paper** (*amer*) (efectos redescontables), **eligibility** (elegibilidad)].

elimination *n*: supresión, erradicación.

elope *v*: fugarse dos amantes. *The two youngsters eloped to Gretna Green and were married over the ansil.* [Expresión: **elopement** (fuga de amantes)].

embargo *n*: bloqueo económico, embargo, secuestro de géneros, detención de buques, prohibición de cargar o descargar, afectación de bienes a un proceso. *The government ordered an embargo on ships belonging to the foreign power which was threatening international stability. Cf* boycott, lay an embargo on goods.

embezzle *v*: desfalcar, malversar, sustraer dinero, hurtar. *An enquiry into the disappearance of the company secretary revealed that he had embezzled £1,000,000 from the accounts.* [Expresiones: **embezzlement** (desfalco, malversación de fondos), **embezzler** (desfalcador, malversador)]. *Cf* theft, misappropriation, misuse of trust, peculation; forfeiture of the ship, scuttling a ship, barratry of masters and mariners.

embrace *v*: cohechar, abarcar. [Expresiones: **embracer** (cohechador, sobornador), **embracery** (tentativa de influir en la decisión de un miembro del jurado, cohecho, soborno)].

encourage *v*: fomentar.

emend *v*: enmendar, corregir. [Expresiones: **emendation** (revisión, enmienda de textos, etc.), **emendator** (corrector, revisor)].

emergency *n*: urgencia, crisis, emergencia, accidente, caso o situación de urgencia o de fuerza mayor, caso de necesidad, caso imprevisto, necesidad o apuro. [Expresiones: **emergency call** (arribada forzosa), **emergency legislation** (legislación de excepción o de emergencia), **emergency powers** (poderes excepcionales asumidos por el Jefe del Estado o del Gobierno), **emergency procedure** (procedimiento de urgencia), **emergency protection order** (mandamiento judicial mediante el que se encomienda la patria potestad a una institución de la administración local)]. *Cf* safety order.

empanel a jury *v*: constituir el jurado. *The jury is empanelled and sworn and a foreman appointed. Cf* array, panel; challenge, packing the jury.

emphyteusis *n*: enfiteusis. [Expresión: **emphyteuticary** (enfiteuta, el que tiene el dominio útil de alguna hacienda y está obligado a pagar un canon por él)].

employ *n*: emplear, dar trabajo o empleo; empleo (*formal*). *The court held that the company was partly responsible for the acts of those in its employ.* [Expresiones: **employee** (asalariado, empleado, dependiente, subalterno, oficinista), **employer** (empresario, patrón, dueño, patrono, empleador), **employer's liability insurance** (seguro de responsabilidad patronal), **employers association** (asociación patronal o de patronos), **employment** (empleo; V. *applications for employment*), **employment agency/bureau** (agencia de empleos, bolsa de trabajo), **employment contract** (contrato de trabajo), **employment opportunities** (posibilidades de empleo), **employment service** (administración de trabajo)]. *Cf* master, servant, management.

Employment Appeal Tribunal (EAT) *n*: Tribunal de Apelación de las resoluciones adoptadas por los tribunales de lo social (*industrial tribunals*) en lo que afecta a cuestiones de derechos.

empower *v*: facultar, capacitar, dar poder, autorizar, conferir poderes, diputar. *The statute empowers the state to withdraw the licences of persons contravening the provisions of the Act.* *Cf* enable.

emption *n*: compra, adquisición; la acción de comprar o adquirir y sus efectos.

empty *a*: vacío, nulo, de ningún valor ni efecto. *It is an empty phrase with no legal meaning.* *Cf* null, void.

enable *v*: habilitar, hacer posible que, hacer capaz, capacitar. *An enabling statute provides the general legal framework and the appropriate legal bodies make detailed regulations.* [Expresión: **enabling act/statute** (ley de autorización)]. *Cf* delegated legislation, parent act; empower.

enact *n*: promulgar, sancionar, estatuir, adoptar una medida. *All Acts of Parliament begin with the words "Be it enacted that ...".* [Expresiones: **be it enacted** (queda promulgado, decrétese), **enact a measure** (adoptar una medida), **enacting clause** (cláusula de declaración de vigencia de la ley), **enactment** (ley, estatuto, promulgación de una ley), **on enactment** (en el momento de su promulgación)].

enclose *v*: incluir, circundar, encerrar. [Expresión: **enclosure** (anexo, recinto, contenido)].

encroach *v*: invadir poco a poco o gradualmente el terreno o los derechos de otro; usurpar, abusar. *We couldn't build the garage at the corner, as we would have been encroaching on our neighbour's land.* [Expresiones: **encroacher** (usurpador), **encroaching** (usurpación), **encroachingly** (por usurpación o intrusión), **encroachment** (intrusión, usurpación, invasión; si el que sufrió la usurpación del terreno consiente durante 12 años, el terreno pasa a poder del usurpador)]. *Cf* usurpate, trespass; acquiesce.

encumber *v*: gravar, hipotecar, afectar. *The estate was encumbered with mortgages.* [Expresiones: **encumbered** (gravado con hipoteca, etc.; cargado de deudas, obligaciones, etc.), **encumbrance** (gravamen, carga, impedimento, afectación, servidumbre), **encumbrancer** (acreedor hipotecario, tenedor de gravámenes)]. *Cf* registration of encumbrances, charges register; lien.

endanger *v*: perjudicar, poner en peligro. [Expresión: **endangered species** (especie en peligro de extinción; V. *extinct species*)]. *Cf* poaching of endangered species.

endeavour *v*: procurar.

endorse *v*: endosar, apoyar, garantizar, aceptar, suscribir, respaldar; aprobar, sancionar, ratificar; anotar las infracciones en el permiso de conducir. *He was fired and had his licence endorsed for speeding.* [Expresiones: **endorsable** (endosable), **endorsable credit** (crédito transferible), **endorsed bond** (bono asumido o garantizado por otra empresa), **endorsee** (endosatario, tenedor o portador por endoso), **endorser** (endosante, cedente, endosador)].

endorsement *n*: endoso, garantía, aval, aceptación, respaldo; anotación; anotación en el permiso de conducir de las infracciones y delitos cometidos; anotación al dorso de un documento público de firmas o datos exigidos por la ley; aditamento o suplemento que modifica parcialmente una póliza de seguro. *The endorsement consists in signing or endorsing a note or a draft acting as a guarantor or surety for the borrower.* [Expresiones: **endorsement in full** (endoso completo o perfecto), **endorsement in blank** (endoso en blanco), **endorsement of service** (acuse de recibo y aceptación, por parte del abogado, de la demanda presentada contra su cliente), **endorsement of writ** (anotación al dorso de la citación de la demanda —*writ of summons*— indicando, además de los datos del demandado, la naturaleza de la demanda y, en su caso, la cantidad reclamada), **endorsement without recourse** (endoso limitado o condicional)]. *Cf* support, guaranteed by endorsement, accommodation endorsement, conditional endorsement.

endow *v*: dotar, fundar. *The marriage formula includes the phrase "with all my worldly goods I thee endow".* [Expresiones: **endowment** (dotación, dote, fundación), **endowment annuity** (anualidad o pensión dotal), **endowment mortgage** (hipoteca avalada por una dote o fundación), **endowment policy** (póliza dotal)]. *Cf* wordly goods.

enforce *v*: aplicar, ejecutar, hacer cumplir, poner en vigor, asegurar el cumplimiento de una ley, hacer valer, exigir, forzar el cumplimiento, imponer. *Courts have statutory powers to enforce the orders that they make.* [Expresiones: **enforce a law** (aplicar la ley), **enforce a sentence** (ejecutar una sentencia), **enforceable** (ejecutable, defendible ante los tribunales, exigible por ley, que se puede hacer cumplir, ejecutorio; ser título ejecutivo), **enforceable judgment** (ejecutoria), **enforceability** (fuerza ejecutiva), **enforceable** (ejecutorio), **enforceable, be** (tener fuerza ejecutiva, legal), **enforced collection action** (procedimiento de cobro coercitivo)].

enforcement *n*: ejecución, ejecución forzosa, cumplimiento, observancia, respeto a una ley. [El término *enforcement* se utiliza en el sentido de «aplicación, cumplimiento o ejecución». La expresión más corriente es **enforcement of judgment** (cumplimiento de una sentencia firme); la ejecución se puede llevar a cabo por medio de: *a writ of fieri facias, a warrant of execution, garnishee proceedings, charging orders, the appointment of a receiver, a writ of sequestration, attachment of the debtor's earnings, a writ of possession, a writ of delivery, a warrant of delivery, an injunction, order of committal.* Expresiones: **enforcement action** (ejecutoria, demanda solicitando el cumplimiento o la ejecución de una ley o de una sentencia), **enforcement notice** (orden municipal dada a un promotor o constructor que incumple las ordenanzas de la construcción, para que repare lo incumplido o detenga las obras), **enforcement order** (auto o sentencia de ejecución de otra sentencia dictado por un tribunal), **enforcement of a judgment** (ejecución de una sentencia o fallo judicial)]. *Cf* execution, law enforcement, law enforcement agency, law enforcement officer; order for enforcement; application; implementation.

enfranchise *v*: conceder el derecho al voto, franquear, dar carta de naturaleza. *The statutes enfranchising women were a major breakthrough for the feminist movement.* [Expresión: **enfranchisement of tenancy** (derecho que tiene el inquilino a adquirir la vivienda en donde vive)].

engage *v*: contratar, emplear. *They engaged the services of a lawyer.* [Expresiones: **engagement** (contrato, compromiso, obligación), **engaging** (contagioso, atractivo)]. *Cf* commitment; gift.

engaol (*obs*) *v*: encarcelar, aprisionar. *Cf* gaol.

engine *n*: máquina de un barco. [Expresiones: **engineer** (maquinista, oficial de máquinas), **engine room** (sala de máquinas)]. *Cf* chief engineer, motor.

engross[1] *v*: redactar en forma legal. *The deed was engrossed and signed by the solicitors for the two parties* [Expresiones: **engrossing** (copia de un instrumento legal), **engrosser** (calígrafo), **engrossed bill** (proyecto de ley aprobado por las dos Cámaras del Congreso norteamericano listo para ser firmado por el Presidente), **engrossment** (redacción definitiva de un documento; transcripción manuscrita de un documento), **engrossment paper** (papel de barba, papel de documentos oficiales)].

engross[2] (*obs*) *v*: monopolizar, acaparar mercancías. *The deed was engrossed and signed by the solicitors for the two parties.* [Expresiones: **engrossing** (acaparamiento), **engrosser** (acaparador), **engrossment** (monopolio, acaparamiento)]. *Cf* corner, coemption, monopoly.

enjoin *v*: mandar, prohibir; requerir. *The writ enjoined the company from removing the goods from the store.* [El verbo *enjoin* expresa la acción derivada del término *injunction*. Expresión: **enjoinment** (orden, mandato, precepto)].

enjoy *v*: gozar. [Expresiones: **enjoy a right, a privilege, a monopoly** (gozar o disfrutar de un derecho, privilegio o monopolio), **enjoy exemption from duty** (disfrutar de franquicia aduanera), **enjoyment of a right** (disfrute o usufructo de un derecho)]. *Cf* quiet enjoyment, adverse enjoyment.

enlarge *v*: ampliar. *The new law enlarges the scope of the old Act.* [Expresión: **enlargement** (ampliación)]. *Cf* extension, widening.

enlist *v*: alistarse; procurarse, conseguir (apoyo, etc.). *They enlisted the support of a group of shareholders opposed to the company's present policies.* [Expresión: **enlistment** (enganche, alistamiento)]. *Cf* conscription.

enquire/inquire *v*: inquirir, investigar, pedir información. *We enquired at the Post Office whether the giro had been sent.*

enquiry/inquiry *n*: estudio, encuesta, investigación, indagación, pesquisa, consulta. *The couple were called as witnesses at the fatal accident enquiry.* *Cf* fatal accident enquiry.

enroll *v*: inscribirse, matricularse. *He couldn't vote because he was enrolled on the list after the deadline.*

enrollment *n*: matriculación, inscripción.

ensue *v*: seguir, ser la consecuencia de premisas o actos anteriores. *They sent a letter of complaint to the local MP and an enquiry ensued.* *Cf* follow.

ensure *v*: garantizar, asegurar(se). *It is the driver's duty to ensure that the passenger's seat-belt is properly fastened.* *Cf* insure, assure.

entail[1] *v*: implicar, tener, entrañar, traer consigo. *That offence entails a penalty.* *Cf* carry, involve.

entail[2] *n/v*: condición impuesta al titular de determinados bienes raíces para que la sucesión siga una determinada línea, por ejemplo, sólo los primogénitos, sólo los varones, sólo las mujeres, etc.; transformar un dominio libre (*fee simple*) en un dominio vinculado o limitado a herederos (*fee tail*), vincular, amortizar. [Expresiones: **entailed property/estate/interest** (interés o bienes vinculados o con condición modal; este tipo de bien o interés es anacrónico en la actualidad; V. *estate tail*), **entailment** (limitaciones a la libre disposición, vinculación, acción de vincular un inmueble)].

enter[1] *v*: registrar, inscribir, contabilizar. [Expresiones: **entered as second class matter** (registrado como artículo de segunda clase), **entered value** (valor declarado)]. *Cf* entry.

enter[2] *v*: formalizar, celebrar, incoar; aducir, presentar; dictar. *Writs carry a warning that if the defendant fails to appear on the date stated, judgment may be entered against him or her.* [Expresiones: **enter a judgment** (dictar una sentencia), **enter a judgment for the plaintiff** (prosperar la demanda, acoger una sentencia la pretensión del demandante), **enter a document into record** (protocolizar un documento), **enter into a contract, an insurance, partnership,** etc. (celebrar un contrato, formalizar un seguro, constituir una sociedad colectiva, etc.), **enter into a mutual engagement** (obligarse recíprocamente), **enter into possession** (entrar en posesión)]. *Cf* conclude.

enterprise *n*: empresa. *Cf* entrepreneur.

entertain *v*: estar dispuesto a considerar. *The*

court will not entertain pleadings or arguments clearly designed to gain time. [Expresión: **entertainment allowance** (gastos de representación)].

entice *v*: instigar, incitar, atraerse. *If a company can prove that one of its rivals has enticed away an employee, it may sue for loss of the employee's services.* [Expresiones: **enticement** (instigación), **enticer** (incitador, instigador)].

entire *a*: indivisible, entero. [Expresiones: **entirety** (totalidad, íntegramente), **entirety of contract** (indivisibilidad del contrato)]. *Cf* estate by entirety.

entitle *v*: tener derecho; conceder el derecho. *People who are 18 on the 10 of October are entitled to vote.* [Expresión: **be entitled** (estar legitimado)].

entitlement *n*: título, derecho. *Possession of shares gives the shareholder entitlement to a proportion of any profits accruing.*

entrapment *n*: trampa, añagaza, inducción dolosa a la comisión de un delito, autoría intelectual. *Entrapment, even if proved, is not a defence to prosecution for the offence. Cf* ambush.

entrench *v*: infringir, violar.

entrepot *n*: almacén, depósito (especialmente en puerto franco).

entrepreneur *n*: empresario. *Cf* enterprise.

entrust *v*: confiar, asignar; atribuir. *A bailee is a person to whom goods are entrusted by way of bailment. Cf* commit².

entry¹ *n*: asiento, apunte o anotación contable, partida, registro, inscripción; palabra, vocablo o artículo de un diccionario. *When the accounts don't balance, every entry must be checked. Cf* accounting entry, adjusting entry, cancelling entry, cash entry, closing entry, complementing entry, credit entry, cross entry, debit entry, double entry, ledger entry, opening entry, reversing entry, simple entry.

entry² *n*: entrada. [Expresiones: **entry customs** (aduana de entrada; V. *passing customs*), **entry into force** (entrada en vigor; V. *take effect, come into effect, come into force, be effective, be operative*), **entry inwards** (mercancías de entrada; despacho, cum-

plimentación de los trámites de entrada o descarga de un buque), **entry outwards** (mercancías de salida; cumplimentación de los trámites de carga o salida de un buque)]. *Cf* forcible entry, make an entry.

environment *n*: medio ambiente. [Expresión: **environmental law** (derecho medio-ambiental)].

envisage *v*: prever. *Cf* contemplate.

envoy *n*: enviado, jefe de legación. *An envoy ranks between an ambassador and a chargé d'affaires.*

e. o. e. *fr*: V. *errors and omissions excepted*.

e. o. h. p. *fr*: V. *except otherwise herein provided*.

epitome of title *n*: epítome de título. *An epitome of title lists all the documents going back to the root of title. Cf* abstract of title.

eps *n*: V. *earnings per share*.

equal *a*: igual, imparcial. [Expresiones: **equal pay** (igual retribución), **equal protection of the law** (amparo jurídico), **Equal Opportunities Commission** (Organismo oficial encargado de velar y de fomentar el principio de igualdad de oportunidades), **on equal terms** (en igualdad de condiciones)].

equitable¹ *a*: justo, equitativo. [Expresión: **on an equitable basis** (de forma equitativa)]. *Cf* fair.

equitable² *a*: equitativo, igualitario, justo, imparcial, relacionado con el derecho de equidad. *Equitable estoppel is a rule of law that prevents a person from denying the truth of a statement he has made or from denying facts that he has alleged to exist.* [Los **equitable remedies** (recursos, remedios o soluciones de equidad) nacieron en su día en un tribunal de equidad (*equity court*) o siguiendo las máximas de la equidad; por ejemplo, el recurso llamado «ejecución de un contrato» (*specific performance*) es un remedio de equidad porque nació en un tribunal de equidad, frente a la solución general, llamada *damages*, dada por los tribunales ordinarios de justicia (*courts of law*). Para acudir a un tribunal de equidad la conducta del peticionario debía ser intachable (*clean hands*). Entre los recursos de equidad más importantes destacan: *specific performance* (cumplimiento estricto del contrato), *rescission* (rescisión), *cancellation* (cancelación), *rectification* (rectificación), *account* (rendición de cuentas), *injunction* (interdicto), *equitable receivership* (administración judicial en equidad). Expresiones: **equitable assets** (bienes sucesorios que forman parte del activo solamente por disposición de un Tribunal de equidad), **equitable construction** (interpretación amplia o equitativa), **equitable defence** (defensa basada en el principio de equidad), **equitable easement** (servidumbre equitativa o necesaria), **equitable estate** (propiedad basada en el derecho de equidad), **equitable estoppel** (exclusión o impedimento en equidad), **equitable execution** (procedimiento de ejecución equitativa de una sentencia por parte del acreedor de la misma. La ejecución de las sentencias normalmente se hace por medio de un embargo —*seizure*—; no obstante, si esto no es posible, el acreedor, basándose en la ejecución equitativa, y para evitar que el deudor pueda comerciar con sus bienes o fondos, puede solicitar del juez que dicte un *injunction* o que nombre un administrador judicial —*receiver*—; V. *enforcement, execution*), **equitative fraud** (fraude implícito o legal), **equitable garnishment** (procedimiento dirigido a descubrir bienes del demandado, para satisfacción de la sentencia), **equitable interest** (intereses de equidad; V. *ownership*), **equitable lien** (gravamen equitativo), **equitable mortgage** (hipoteca equitativa), **equitable owner** (dueño en equidad), **equitable receivership** (administración judicial en equidad), **equitable right** (derecho de equidad; V. *legal right*), **equitative rescission** (rescisión en equidad), **equitable title** (título en equidad), **equitable value** (valor equitativo de venta)]. *Cf* legal remedies.

equities *n*: acciones ordinarias de una mercantil, renta variable. *He sold all his equities before the stockmarket crash. Cf* equity², ordinary shares, common stock.

equity *n*: justicia, derecho de equidad, derecho de amparo, derecho lato. [Una de las características singulares del derecho inglés reside en el hecho de que durante mucho tiempo hubo dos tipos de tribunales: *Common law courts* y *Courts of equity*. Los primeros enjuiciaban los litigios surgidos entre los ciudadanos por cuestiones de tierras (*property*), por daños personales (*personal injuries*) y por vulneración de los contratos (*breach of contracts*), basándose en los precedentes (*case law*), es decir, en las decisiones o resoluciones adoptadas por los jueces en casos anteriores similares. Si alguno de los litigantes no estaba de acuerdo con la decisión de los jueces acudía al rey en busca de amparo o justicia; éste, a través del Lord Chancellor, clérigo en quien residía la conciencia de la Corona, ejercía la justicia por medio de la equidad (*equity*). La equidad, basada en el derecho natural más que en la letra estricta de la ley, la administraba el Lord Canciller con los recursos de equidad (*equitable remedies*), aplicando libremente principios de conciencia. En el siglo XVII el rey Jacobo I resolvió que, en cualquier conflicto entre la ley y la equidad, debía prevalecer siempre la equidad, y a partir de ese momento el tribunal del Lord Chancellor, llamado *Court of Chancery*, empezó a desarrollar un corpus de doctrina y de jurisprudencia que está en la raíz de las leyes modernas inglesas, sobre todo las que rigen la propiedad (*ownership*), las herencias (*wills*) y los fideicomisos (*trusts*); abolido dicho tribunal en el siglo XIX porque el retraso de sus resoluciones se había hecho insoportable debido a la propia inflexibilidad de los fundamentos jurídicos que, de acuerdo con su misión fundacional, debía haber combatido, se creó la *Chancery Division* del *High Court of Justice* con jurisdicción similar en cuestiones de propiedad. En la actualidad, los tribunales ordinarios (*courts of law*) administran tanto la ley como la equidad, aunque ésta tenga su propia doctrina y jurisprudencia, basada en las **equity/equitable maxims** (máximas de equidad). Muchas de las demandas, como *action for accounting*, son de equidad; en estos casos, el demandante (*plaintiff*) recibe el nombre genérico de *complainant* o *petitioner*, y al demandado (*defendant*) se le llama *respondent*. Expresiones: **equity calendar** (lista de causas para los tribunales de equidad), **equity court** (tribunal de equidad o sin jurado), **equity of redemption** (derecho de rescate o de redención. Si el acreedor hipotecario —*mortgagee*— ejerce su derecho a forzar la venta de la propiedad por impago, el derecho legal del deudor sobre la propiedad se transfiere, mediante la operación de *overreaching*, al dinero producto de la venta; de esta manera, se protege el derecho del deudor al mismo tiempo que se garantiza que la propiedad traspasada esté libre de cargas o *charges/encumbrances*), **equity right** (V. *equitable right*), **equity receivership** (administración judicial en equidad), **equity to a settlement** (*obs*) (derecho de retención de bienes por la esposa contra la reclamación del esposo o de sus acreedores)]. *Cf* equity maxims, equitable; common law.

equity/equitable maxims *n*: máximas de equidad. [Entre las máximas de equidad destacan las siguientes: **equity acts in personam** (la equidad actúa *in personam*), **equity aids the vigilant, not the indolent** (la equidad asiste al diligente, no al indolente), **equity follows the law** (la equidad está subordinada a la ley), **equity imputes an intent to fulfill an obligation** (la equidad presupone la intención de cumplir una obligación), **equity is equality** (equidad es igualdad), **equity looks to the intent rather than to the form** (la equidad considera más la intención que la forma), **equity looks upon that as done which ought have been done**, (la equidad presume que se halla consumado aquello que debiera realizarse), **equitable remedies are discretionary** (las resoluciones equitativas dependen de la discreción del Tribunal), **equity suffers not a right without a remedy** (la equidad no tolera ningún agravio sin una reparación), **delay defeats equity** (los retrasos anulan la equidad), **he who comes into equity must come with clean hands** (quien busca equidad debe tener la conciencia tranquila), **where there are equal equities, the law prevails** (ante dos equidades iguales prevalece la ley escrita), **where there are equal equities the first in time prevails** (ante dos equidades iguales prevalece el derecho anterior en el tiempo)]. *Cf* clean hands.

equity securities/shares *n*: acciones ordinarias. *Cf* equities.

equivocal *a*: equívoco. *We shall have to request an interpretation as the wording of the statute is equivocal*. [Expresión: **equivocation** (tergiversación)].

eradicate *v*: extirpar o desarraigar una injusticia. *Those abuses have been eradicated by reform of the old laws*.

erase *v*: borrar. [Expresión: **erasure** (tachadura)].

err in law (*der es*) *v*: cometer un error judicial.

error *n*: error, yerro, equivocación; auto de casación; falta, culpa. *The recent spate of revelations of judicial error in Britain provide good arguments for the abolition of the death penalty everywhere*. [*Error* se usa, de forma elíptica, con el significado de *writ of error*. Expresiones: **error in law** (error de derecho), **error in vacuo** (error que no perjudica los derechos del apelante), **error of fact** (error de hecho o sobre la cosa), **error of law on the face of record** (error judicial en las actuaciones judiciales, error subsanable por un tribunal superior), **errors and omissions excepted, e. o. e.** (salvo error u omisión)]. *Cf* bail error, judicial error, clerical error.

escape *n/v*: fuga, huida, escape; escapar(se), huir, eludir, evitar. [Expresiones: **escape clause** (cláusula de salvaguardia o de evasión, cláusula que permite ajustar las condiciones o retirarse de un contrato; V. *saving clause*), **escape-proof prison** (prisión de alta seguridad; V. *top-security prison*), **escaped** (prófugo, fugitivo, contumaz, rebelde, declarado en rebeldía; V. *absconder*), **escaping** (escape, huida, evasión)]. *Cf* run away, flee, abscond.

escheat *v/n*: caer en reversión; en el pasado, derecho de reversión al Estado de bienes raíces por falta de herederos; derecho a la sucesión o herencia de una persona por caducidad; confiscación por falta de herederos o por prescripción (EE.UU.). *If a dormant account is not reactivated within 60 months, the funds in the account are escheated to the State.* Cf caduciary right (*der es*).

escrow *n*: plica, garantía bloqueada, escritura otorgada que no entra en vigor el día de su otorgamiento, sino en una fecha aplazada o cuando se cumpla una determinada condición. *The deed detailing the lease was prepared as an escrow and handed over to a solicitor to be kept by him till the marriage had been celebrated.* [Expresiones: **escrow agent** (depositario de plica), **escrow deposit** (depósito de plica), **escrow funds** (fondos en plica), **escrow officer** (oficial de custodia o de plica)].

est. *a*: V. *estimated.*

establish *v*: establecer, adoptar, crear, fundar, instituir; acreditar, probar, quedar probado, dejar probado, demostrar; determinar, averiguar; proclamar. *It was established during the hearing that the accused had acted of his own accord and not under duress as he had claimed.* [Expresiones: **establish the existence** (probar la existencia), **established usage** (uso establecido), **establishment** (establecimiento, institución; poder establecido; V. *institution*), **establishment of a system** (institución de un sistema)]. *Cf* ascertain, determine, draw up, hold.

estate[1] *n*: propiedades (patrimonio de), bienes raíces, hacienda; herencia, caudal hereditario, masa hereditaria, activo neto relicto. *The only estates in land that can be created or conveyed at law are an "estate in fee simple absolute possession" and a "term of years absolute".* [Expresiones: **estate administration** (liquidación de una sucesión), **estate at will** (posesión terminable por el locador o el locatario), **estate by entirety** (co-propiedad de cónyuges), **estate by sufferance** (posesión por tolerancia, posesión a título precario), **estate**

distribution (partición de la herencia), **estate duty/duties** (impuesto sobre sucesiones, contribución sobre la herencia; esta denominación pertenece al pasado; después se llamó *capital-transfer tax*, y desde 1986 *inheritance tax*), **estate for years** (posesión por tiempo fijo), **estate in fee simple absolute possession** (propiedad en dominio pleno, alodio, patrimonio de dominio pleno o absoluto; V. *fee simple, term of years, absolute possession*), **estate of a deceased person** (caudal hereditario, sucesión), **estate of freehold** (V. *estate in fee simple absolute possession*), **estate tail** (heredad o propiedad con derecho de sucesión limitado a la línea de los varones sólo —*tail male*— o de las mujeres sólo —*tail female*—; desde 1925 una propiedad así sólo puede constituir derecho en equidad y, por tanto, materia de fideicomiso, pero no puede ser traspasada), **estate upon condition** (propiedad condicional)]. *Cf* absolute estate, acceptance of an estate, administrator of an estate, bankrupt's estate, community estate, death duty, equitable interest, freehold estate, leasehold estate, legacy duty, property, real estate, residual estate, realty, succession duty, capital transfer tax, inheritance tax.

esteem *n/v*: estimación, aprecio; estimar, apreciar, valuar.

estimate *n/v*: estimación, cálculo, previsión; estimar, tasar, computar, hacer un presupuesto. *We are planning to build a new wing on to our house and have requested estimates from a few firms.* [Expresiones: **est.** (forma abreviada de *estimated*), **estimate the damage** (tasar el daño), **estimated time of arrival, E.T.A** (tiempo estimado de llegada), **estimated time of departure, E.T.D.** (tiempo estimado de partida), **estimator** (justipreciador)].

estop *v*: impedir, prevenir, anular.

estoppel *n*: impedimento legal, acción innegable, exclusión, doctrina de los propios actos. *It is an old principle of law that estoppel works to prevent a person from denying in one court what he has averred in another.* [El término *estoppel*, derivado del normando antiguo *estouper*, se aplica a la norma legal y/o testifical mediante la cual el que ha inducido a otro a actuar de determinada manera (aseverando algo, con su conducta, con su silencio, por medio de una escritura pública, etc.) no puede negar lo dicho o hecho, o volverse atrás cuando las consecuencias jurídicas de su aseveración le son desfavorables. Expresiones: **estoppel by conduct** (impedimento por razón de conducta, impedimento por contradicción con manifestaciones o comportamientos anteriores), **estoppel by deed** (impedimento por escritura), **estoppel by laches** (impedimento por negligencia), **estoppel by record or by judgment** (impedimento por registro público), **estoppel by representation** (impedimento por tergiversación), **estoppel by silence** (impedimento por falta de declaración), **estoppel in pais** (V. *estoppel by conduct*)]. *Cf* collateral estoppel, issue estoppel, bar, promissory estoppel, proprietary estoppel.

estovers *n*: derecho a cortar árboles. [Este derecho lo disfruta normalmente el arrendatario (*lessee*) así como el inquilino vitalicio (*tenant for life*); los *estovers* gozan de la consideración de *profits à prendre* y como tales son *appurtenants*; a la madera que pueden cortar para diversos usos se la llama *bote*]. *Cf* bote.

estrange *v*: extrañar, indisponer, enajenar, alejar. *She has become estranged from her husband and is thinking of asking for a divorce.* [Expresión: **estrangement** (enajenamiento, alejamiento)].

estray *n*: animal sin dueño que aparece en la finca de un particular, pudiendo, tras las proclamas oportunas, pasar a pertenecer al dueño de la finca o a la Corona. [*Estray* es una forma antigua de *stray*].

estreat *n/v*: extracto, copia o traslado, sobre todo de una orden judicial imponiendo una multa o decretando fianza; en el sentido más usual, significa «orden confiscando una fianza, etc., por incomparecencia, incumplimiento de la condición impuesta, etc.». Como verbo, significa «perder fianza», «quedar deco-

misado». *The bail deposited by the boy's uncle estreated when he failed to appear in court. Cf* forfeit.

estrepe *v*: causar deterioros en la tierra o propiedad de la que se es inquilino. [Expresión: **estrepement** (deterioros causados en tierras o bosques con perjuicio del propietario)].

E.T.A. *fr*: V. *estimated time of arrival.*

E.T.D. *fr*: V. *estimated time of departure.*

etiquette *n*: normas profesionales y protocolarias de la alta sociedad y de la conducta de los profesionales. *The barrister's treatment of the witness, though not illegal, was a clear breach of professional etiquette. Cf* code of practice.

European Commission *n*: Comisión Europea. *The European Commission is responsible for the formulation of community policy.*

European Community (EC) *n*: Comunidad Europea. *Cf* Common Market, European Economic Community, Single European Act.

European Convention on Human Rights *n*: Convención Europea de Derechos Humanos.

European Court of Justice *n*: Tribunal de Justicia Europeo. *The decisions of the European Court may also be regarded as community law as its decisions are binding.* [El Tribunal de Justicia Europeo, también llamado *Court of Justice of the European Communities*, está constituido por nueve jueces asistidos por cuatro *Advocates-General* y es la instancia última en la interpretación de la legislación comunitaria]. *Cf* community law, Court of Justice of the European Communities.

European Court of Human Rights *n*: Tribunal Europeo de Derechos Humanos. *The Commission or a member State may file complaints alleging violation of the European Convention to the European Court of Human Rights.*

European currency unit (ECU) *n*: unidad de cuenta europea, unidad de cambio europea.

European Economic Community (EEC) *n*: Comunidad Económica Europea. *Cf* Common Market, Single European Act.

European investment bank *n*: banco europeo de inversiones.

European Free Trade Association (EFTA) *n*: Asociación Europea de Libre Comercio.

European Parliament *n*: Parlamento Europeo. *The functions of the European Parliament, sometimes referred to as the Assembly, are mostly advisory and consultative.*

European Social Charter *n*: Carta Social Europea.

evade *v*: eludir, evadir, evitar, esquivar, soslayar, substraerse a. [Se aplica a *evade payments, liability, taxes,* etc. Expresión: **evade rules** (sustraerse a las normas)]. *Cf* evasion.

evaluate *v*: valuar, tasar, evaluar, juzgar, ponderar, calcular; determinar, precisar. [Expresión: **evaluation** (avalúo, evaluación)].

evasion *n*: evasión, evasión fiscal, impago; acción o efecto de sustraerse a una responsabilidad. *Al Capone was finally caught and jailed for tax evasion. Cf* evade.

evenhanded *a*: imparcial, justo. *Justice is usually described as even-handed, though it is sometimes difficult to agree with its decisions.* [Expresión: **evenness** (imparcialidad)].

event *n*: acontecimiento, suceso, evento; resultado; decisión. *In the event of owner of the land dying intestate, the property reverts to the Crown.* [El significado de «decisión» es propio del lenguaje jurídico. Expresión: **in the event of the...** (en el caso de que..., si aconteciere que...)].

evict *v*: desahuciar, desalojar. *The court order evicting the family for failure to pay the rent was considered harsh by many observers.* [Expresiones: **eviction** (expropiación de bienes por sentencia judicial, desahucio, desalojo, expulsión, lanzamiento), **eviction proceedings** (juicio de desahucio), **certificate of eviction** (orden de desahucio)]. *Cf* actual eviction, action of eviction.

evidence *n*: testimonio, prueba, probanza, pruebas documentales, indicios. *In trial by jury, it is up to the jury to find a verdict by examining the facts of the case as determined by the evidence.* [Expresiones: **evidence by inspection** (prueba real), **evidence for the defence** (prueba de descargo), **evidence for the prosecution** (prueba de cargo), **evidence in rebuttal** (pruebas en refutación de las pruebas aportadas por la parte contraria), **evidence on/to the contrary** (pruebas en contra; V. *eyewitnesses*), **evidence of identity** (prueba de la identidad; V. *prove the identity, establish identity*), **evidence of opinion** (prueba pericial; V. *opinion*), **evidence production** (presentación de pruebas), **evidence sufficient in law** (prueba real o material)]. *Cf* adduce evidence, call evidence, casual evidence, character evidence, circumstantial evidence, conflicting evidence, conclusive evidence, corroborating evidence, cumulative evidence, direct evidence, documentary evidence, expert evidence, extrinsic evidence, fabricated evidence, furnish evidence, give evidence, hearsay evidence, incriminating evidence, inadmissibility of evidence, lack of evidence, law of evidence, lead evidence, material evidence, pertinent evidence, proof, parol evidence, preponderance of evidence, presumptive evidence, prima facie evidence, probative evidence, rebutting evidence, rules of evidence, secondary evidence, take evidence from, taking of evidence, testimony evidence, turn King's/Queen's evidence, turn up evidence; display.

evidence *v*: testimoniar, dar muestras de, ser testigo de. *The witness's demeanour evidenced her extreme nervousness. Cf* evince.

evident *a*: evidente.

evidential/evidentiary *a*: probatorio. [Expresiones: **evidential/evidentiary exposure** (presentación documental de pruebas), **evidential/evidentiary facts** (hechos justificativos, hechos evidenciales)].

evil *a/n*: depravado, dañoso, pernicioso; maldad, depravación. *The judge described the accused's conduct as an evil scheme to pervert innocent children.* [Expresión: **evildoer** (malhechor; V. *wrongdoer*)].

evince *v*: justificar, probar, patentizar, testimoniar, dar muestras de. *Cf* evidence.

ex- *prefijo*: ex-. *The woman, who feared violence from her husband, applied for an ex parte injunction preventing him from entering the* *matrimonial home*. [El prefijo inglés *ex-* tiene el mismo significado y valor que en español, equivaliendo a «ex-» o a «por». Expresiones: **ex aequo et bono** (ex aequo et bono, en equidad y justicia), **ex contractu** (por contrato), **ex delito** (ex delito, por delito), **ex dock, ex quay** (franco en el muelle), **ex gratia payment** (gratificación graciable por servicios a la empresa; V. *golden handshake*), **ex officio** (ex oficio, oficialmente, nato), **ex interest** (sin interés), **ex parte** (a petición de parte interesada, de una de las partes solamente), **ex post facto** (de hechos posteriores), **ex ship** (franco, fuera del buque), **ex-convict** (ex penado)]. *Cf* former.

exact *v*: exigir. *The contract gives us the right to exact full payment by next week*.

examination *n*: interrogatorio, examen, registro, indagación, reconocimiento, exploración. [Expresiones: **examination-in-chief** (primer interrogatorio de testigo), **examination before the trial** (examen antes del juicio), **examination of a witness** (interrogatorio o examen de un testigo), **examination of title** (revisión de título)]. *Cf* cross-examination, direct examination, preliminary examination, search, inquiry, interrogatory.

examine *v*: examinar, interrogar, reconocer, registrar. [Expresiones: **examiner** (examinador, inspector), **examining magistrate** (juez instructor; V. *committing magistrate, magistrates' court, preliminary inquiry, committal for trial, Crown Court, accusatorial/accusatory procedure*)].

exceed *v*: sobrepasar, superar, exceder. *Offer exceeds the demand*. [Expresiones: **exceed one's powers** (abusar de sus poderes), **exceeding** (que excede)]. *Cf* abuse of power, ultra vires.

except *conj/prep/v*: excepto; exceptuar; recusar, excepcionar, deducir excepción. [Expresiones: **except against** (alegar una excepción), **except as otherwise provided by this section** (salvo que se disponga expresamente lo contrario, excepto en donde se disponga lo contrario a lo de esta sección), **except otherwise herein provided, e. o. h. p.** (a menos que se estipule lo contrario)].

exceptio *n*: [Expresiones: **exceptio in personam** (excepción personal), **exceptio in rem** (excepción real), **exceptio rei judicatae** (excepción de cosa juzgada)].

exception *n*: excepción, objeción, salvedad. *Exceptions are pleas in bar of the plaintiff's action, challenging the legal basis of the claim*. [Expresiones: **exception of compact** (excepción de compromiso previo; V. *defence of previous accord or settlement*), **exception of lack of capacity** (excepción de incapacidad de la parte o de falta de personalidad), **exception of misjoinder** (excepción de acumulación errónea o de unión indebida), **exception of no cause of action** (excepción de falta de causa de acción), **exception of no right of action** (excepción de falta de derecho de acción), **exception of want of interest** (excepción de falta de interés o de acción), **exceptionable** (impugnable, oponible, recusable), **exceptionableness** (impugnabilidad, recusabilidad), **exceptional** (excepcional, de carácter excepcional), **exceptional powers** (poderes excepcionales)].

excess *n*: exceso; franquicia en los contratos de seguros. *I received my car insurance with a £100 excess*. [Expresiones: **excess profit** (ganancias extraordinarias), **excess-profit tax** (impuesto sobre beneficios extraordinarios), **excess loss** (exceso de siniestralidad)].

exchange *n/v*: cambio, canje, trueque o permuta, intercambio, cambio exterior, comisión de cobro; mercado, lonja, bolsa; canjear, cambiar, intercambiar. *With the liberalisation of the economy and the growth of the EC, exchange controls have been lifted*. [Expresiones: **exchange broker** (agente corredor de Bolsa), **exchange bureau** (casa de cambio), **exchange control** (control de cambios), **exchange control board** (junta de control de cambios), **exchange cover** (cobertura de cambio), **exchange floor** (sala o parqué de la Bolsa), **exchange insurance** (seguro de cambio), **exchange man** (bolsista, jugador de Bolsa), **exchange of money** (cambio de moneda), **exchange of notes** (intercambio de notas), **exchange on the black-market** (cambio en el mercado negro), **exchange rate** (tipo de cambio; índice de cotización), **exchange value** (contravalor)]. *Cf* foreign exchange, commodity exchange stock, law of exchange, rate of exchange, Stock Exchange.

Exchequer *n*: erario público. *Cf* Chancellor of the Exchequer, Consolidated Fund, Treasury.

Exchequer, Court of *n*: V. *Court of Exchequer*.

excise *n*: impuesto sobre el consumo. *Alcoholic drinks are excisable liquors*. [Expresiones: **excisable** (imponible, sujeto a exacción), **excise duty** (tasa, impuesto sobre consumos específicos, derecho arancelario, derecho de aduana), **excise tax** (impuesto sobre consumos o ventas, arbitrios)].

exclude *v*: excluir. *Prices shown are exclusive of VAT*. [Expresiones: **excluding** (sin contar, descontado, excluido, con exclusión de; V. *exclusive of*), **exclusion order** (orden judicial requiriendo que abandone el hogar temporal o definitivamente el marido que maltrata a su esposa; V. *non-molestation order*), **exclusive** (exclusivo, cerrado, selecto, distinguido, caro, lujoso; noticia en exclusiva), **exclusive agency** (agencia única o exclusiva), **exclusive jurisdiction** (jurisdicción exclusiva), **exclusive licence** (licencia/permiso exclusivo), **exclusive of** (sin contar, con exclusión de; V. *excluding*), **exclusive possession** (posesión exclusiva), **exclusive remedy** (recurso exclusivo), **exclusive rights** (derechos exclusivos)].

exculpate *v*: justificar, disculpar [Expresiones: **exculpatory** (eximente, exculpatorio, justificativo, disculpable, dispensable), **exculpatory circumstances** (circunstancias eximentes)].

excusable *a*: excusable, involuntario. *The court decided that the fatal shooting of the sportsman by his friend while they were hunting was excusable homicide*. [Expresión: **excusable homicide** (homicidio involuntario)].

excussion *n*: excusión, embargo de bienes.

exeat *n*: V. *writ of ne exeat*.

execute¹ *v*: ejecutar, ajusticiar. [Expresiones: **execute a criminal** (ejecutar a un reo),

execution (ejecución de la pena de muerte, ajusticiamiento), **executioner** (verdugo)]. *Cf* capital punishment.

execute² *v*: ejecutar los derechos del acreedor en virtud de una sentencia. *Cf* enforcement, execution, equitable execution.

execute³ *v*: celebrar, perfeccionar, completar, formalizar, legalizar, ejecutar, consumir, otorgar. *The deed was executed by the solicitor in the presence of both parties and of witnesses*. [Expresiones: **executable judgment** (sentencia firme), **execute a deed** (otorgar una escritura), **execute an order** (servir un pedido), **executed consideration** (causa contractual ejecutada), **executed contract** (contrato perfeccionado), **executed estate** (propiedad y posesión actual), **executed licence** (permiso para acto hecho), **executed remainder** (propiedad actual con derecho de posesión futura), **executed sale** (venta consumada), **executed trust** (fideicomiso formalizado o perfecto; V. *perfect trust*), **executed verbal agreement** (pacto verbal cumplido por ambas partes)]. *Cf* equitable execution, perfect trust, completely constituted trust.

execution¹ *n*: otorgamiento, acto de otorgamiento, formalización, celebración; firma, sellado y entrega de un instrumento. [Expresiones: **execution committee** (comité ejecutivo), **execution creditor** (acreedor ejecutante), **execution of a deed, a will, an instrument** (otorgamiento de una escritura, testamento, documento)].

execution² *n*: ejecución de los derechos del acreedor, mandamiento judicial, vía ejecutiva. [En la mayoría de los casos, «ejecución» equivale a *enforcement*. En cambio, cuando la ejecución consiste en el embargo de bienes muebles del deudor mediante **a writ of execution** o **warrant of execution** se habla de *execution*. Expresiones: **execution creditor** (acreedor ejecutante), **execution docket** (lista de ejecuciones pendientes), **execution lien** (gravamen por ejecución), **execution of will** (llevar a cabo la ejecución de un testamento), **execution sale** (venta judicial)]. *Cf* dormant execution, equitable execution, enforcement, warrant of execution; put into execution, stay of execution.

execution[3] *n*: cumplimiento (del deber, etc.). *A police officer was assaulted in the execution of his duty.*

executive *a/n*: ejecutivo, directivo, alto cargo, alto funcionario; poder ejecutivo. [Expresiones: **executive agreement** (convenio ejecutivo), **executive committee** (comisión directiva o gestora o ejecutiva), **executive council** (consejo ejecutivo), **executive meeting** (sesión ejecutiva)]. *Cf* legal executive, managing clerk; judiciary.

executor *n*: albacea testamentario. *Executors are usually appointed by a will.* [Expresiones: **executor by substitution** (albacea en sustitución, albacea sucesivo), **executor dative** (albacea nombrado por el tribunal), **executor de son tort** (albacea torticero, usurpador de los derechos de un albacea; V. *de son tort*), **executorship** (albaceazgo)]. *Cf* general executor; estate administrator.

executory *a*: ejecutorio, por efectuar, que ha de cumplirse. *Executory agreements "leave something to be done", so that an executory trust is an agreement to create a trust at some future date.* [El antónimo de *executory* es *executed.* Expresiones: **executory agreement** (acuerdo que ha de cumplirse en el futuro), **executory bequest** (legado contingente o diferido de bienes muebles), **executory consideration** (causa contractual o contraprestación realizable o ejecutable; la promesa hecha por una de las partes de un contrato de forma vinculante es ejecutable), **executory contract** (contrato para ser cumplido), **executory estate** (derecho de propiedad, cuyo goce depende de determinada contingencia), **executory interests** (intereses futuros), **executory license** (permiso para actos futuros), **executory process** (juicio o procedimiento ejecutivo), **executory sale** (venta acordada, pero no realizada), **executory trust** (fideicomiso imperfecto, que no puede ser ejecutado por los beneficiarios sin el cumplimiento de alguna condición), **executory**

uses (usos contingentes), **executory warranties** (garantías de condiciones futuras)].

exemplary damages *n*: daños punitivos o ejemplares. *In awarding exemplary damages against the defendants for writing and publishing their "scurrilous and defamatory brok" against the plaintiff, the judge told them that he was determined to stamp out trafficking in sensationalism and make it clear that "tort, like crime, does no pay".* [Los daños punitivos no tienen como objeto la compensación de las pérdidas causadas al demandante sino el castigo por la conducta desconsiderada del demandado]. *Cf* punitive damages, presumptive damages, vindictive damages.

exempt *a/v*: exento; eximir, franquear, dispensar, exceptuar. *Exemption clauses do not necessarily limit the liability of the person including them in the contract, and may even be in breach of the Unfair Contract Acts.* [Expresiones: **exemption** (exención, franquicia, inmunidad, dispensa, privilegio; V. *allowance*), **exemption clause** (cláusula de exención de responsabilidad en un contrato; V. *main purpose rule*), **exemption for dependants** (exención por personas a su cargo), **exemption from duty** (exención de derechos)]. *Cf* free from.

exequatur *n*: procedimiento del juicio de exequátur.

exercise *n/v*: ejercicio; ejercer. [Expresiones: **exercise a profession** (ejercer una profesión; V. *practise*), **exercise a right** (ejercer un derecho), **exercise of his powers, in the** (en el ejercicio de sus funciones), **exercise of jurisdiction** (ejercicio de la jurisdicción)].

exhaust *v*: agotar. *Nobody can appeal before the European Court of Human Rights without having exhausted domestic remedies.* [Expresiones: **exhaustion** (agotamiento), **exhaustion of remedies** (agotamiento de todos los recursos)]. *Cf* domestic remedies.

exhibit *n*: prueba, documento; cualquier objeto o documento presentado como prueba en un tribunal de justicia. *Counsel for the* *prosecution showed the jury a knife, labelled "Exhibit A", which he told them had been used in the attack.*

existing *a*: en vigor, actual. [Expresiones: **existing laws** (leyes vigentes), **existing right** (derecho existente)].

exonerate *v*: exonerar, descargar. *It is the duty of the defence, if possible, to lead evidence tending to exonerate the accused.* [Expresión: **exoneration** (exoneración, liberación, descargo)]. *Cf* acquittal, discharge, pardon.

expansion *n*: intensificación, ampliación.

expectant *a*: vacante, en expectativa. *An unfair contract in which an expectant heir is induced to sign away his expectations at much less than their true value in return for immediate cash, may be set aside by a court.* [Expresiones: **expectant beneficiary** (beneficiario en expectativa), **expectant heir** (heredero en expectativa)].

expected *a*: estimado. [Expresión: **expect ready to load** (hora estimada de inicio de las operaciones de carga)].

expendable *a*: prescindible, que no es innecesario o insustituible.

expediency *n*: conveniencia, oportunidad. [Expresión: **expedient** (conveniente, oportuno)].

expenditure *n*: gasto, desembolso, consumo. *Cf* above-line expenditure.

expert *a/n*: especialista, experto, perito, entendido, técnico; pericial. [Expresiones: **expert accountant** (contador, perito mercantil, técnico contable), **expert advice** (asesoramiento técnico), **expert appraisal** (tasación pericial), **expert appraiser** (perito tasador o valuador), **expert opinion** (dictamen pericial), **expert's report** (juicio de los peritos), **expert testimony** (peritaje, dictamen pericial), **expert witness** (testigo pericial)]. *Cf* handwriting expert.

expertise *n*: pericia. *In joint ventures, American partners usually provide the technology and the expertise. Cf* know-how.

expiration *n*: expiración, caducidad, término, vencimiento. [Expresiones: **expiration date** (fecha de caducidad), **expiration day** (fecha de vencimiento), **expiration of a contract** (vencimiento de un contrato), **expiration of a partnership** (término de una asociación mercantil; V. *partnership*)]. *Cf* maturity.

explore *v*: estudiar, examinar, explorar.

expire *v*: caducar, prescribir, vencer, expirar. [Expresiones: **expiry** (vencimiento, expiración), **expiry date** (fecha o plazo de vencimiento), **expiry period** (plazo o fecha de vencimiento, plazo de prescripción)]. *Cf* maturity.

exploratory *a*: indagatorio.

export licence *n*: permiso de exportación. *Cf* import licence.

expose *v*: denunciar, poner al descubierto, revelar, dar publicidad. *The blackmailer threatened to expose her affair with the politician if she didn't pay him.* [Expresión: **exposure** (denuncia, publicidad, revelación; ridículo; V. *indecent exposure*)].

expound *v*: exponer, interpretar, analizar. *The book is a little arid, but it expounds the law with great authority.*

express *a/v*: absoluto, expreso, preciso, explícito, inequívoco, manifiesto, por escrito; expresar. *Until we have their express consent in writing we can do nothing further in the matter.* [El significado del adjetivo *express* es aproximado al de *absolute*, pero mientras que el primero resalta lo «definitivo e irrevocable», este último pone de relieve lo «inequívoco y explícito»; antónimos de *express* son *implied, implicit* y *constructive*. Expresiones: **express acceptance** (aceptación absoluta o expresa), **express admission** (aceptación absoluta o expresa), **express agreement** (acuerdo expreso), **express assumpsit** (compromiso expreso), **express authority** (autorización expresa), **express condition** (condición expresa), **express consent** (consentimiento expreso), **express consideration** (causa o contraprestación), **express contract** (contrato expreso o explícito), **express covenant** (convenio expreso o de hecho), **express license** (patente expresa), **express malice** (malicia de hecho o expresa de cometer un asesinato; V. *actual malice, implied malice*),

express obligation (obligación expresa o convencional), **express repeal** (derogación expresa de una ley al promulgar una nueva), **express reserves** (reservas expresas), **express terms** (términos inequívocos), **express trust** (fideicomiso directo o expreso), **express waiver** (renuncia voluntaria o expresa), **express warranties** (garantías escritas, expresas)]. *Cf* tacit, constructive.

expropriate *v*: expropiar. *The difference between a compulsory purchase order and expropriation is that, in the latter case, no compensation need be paid.* [Expresiones: **expropriation** (expropiación, enajenación forzosa, confiscación; en la mayoría de los casos equivale a «confiscación o nacionalización», sin derecho a indemnización, y debe hacerse mediante ley parlamentaria), **expropriator** (expropiador, expropiante)]. *Cf* compulsory purchase order.

extend *v*: extender, ampliar, prorrogar, prolongar, renovar. *Powers can be extended or qualified by a legal document.* [Expresiones: **extend a mortgage** (aplazar o prorrogar el vencimiento de la hipoteca), **extend a note** (aplazar un pagaré, extender el plazo), **extend credit** (conceder crédito), **extend powers** (ampliar los poderes), **extend terms** (conceder plazos), **extend the time** (dar prórroga), **extend the time of payment** (prorrogar el plazo de vencimiento, diferir el plazo), **extended sentence** (pena ampliada; en determinadas condiciones el juez puede imponer una pena más amplia que la máxima normalmente imponible por un delito concreto, al condenado que ha incurrido persistente y contumazmente en el delito), **extendible** (prorrogable, extensible)]. *Cf* curtail, qualify.

extend to *v*: ser de aplicación a. *This Act does not extend to Northern Ireland.*

extenuating circumstances *n*: circunstancias modificativas o atenuantes.

extension *n*: prórroga, ampliación del plazo. *Constables are accorded more extensive powers than those accorded the ordinary citizen.* [Expresiones: **extensive** (extenso, extensivo, amplio), **extensive interpretation** (interpretación por extensión o extensiva), **extension of lease term by operation of law** (prórroga tácita del contrato de alquiler), **extensive powers** (amplios poderes o facultades)]. *Cf* enlargement, widening.

extent, to the *fr*: en la medida en que. *Cf* in so far as.

extinct *a*: extinto, abolido, suprimido. *The title had been extinct since the death of the last earl fifty years ago.* [Expresiones: **extinct species** (especie extinta; V. *endangered species*), **extinction** (anulación, abolición, amortización), **extinction of a maturity** (amortización de una renta, de una anualidad), **extinctive prescription** (prescripción extintiva)].

extinguish *v*: prescribir, extinguirse, desaparecer. *His liability was extinguished upon payment of the debt.* [Expresiones: **extinguishing condition** (condición extintiva), **extinguishment** (extinción, anulación, prescripción)]. *Cf* abate.

extort *v*: exigir sin derecho, extorsionar. [Expresiones: **extortion** (extorsión, concusión, exacción, el delito que comete un empleado público realizando exacciones injustas), **extortionate** (inmoderado, gravoso, excesivo), **extortioner, extortionist** (extorsionador, concusionario)].

extract *n*: fragmento, extracto. [Los significados inglés y español no son enteramente coincidentes; en inglés significa «fragmento», mientras que en español equivale a «resumen». Expresión: **extract of account** (extracto de cuenta, últimos movimientos de la cuenta; V. *statement*)].

extradite *v*: extradir, llevar a cabo la extradición de una persona. *Most western nations will not extradite suspects accused of "political crimes".*

extradition *n*: extradición.

extrajudicial *a*: extrajudicial. [Expresiones: **extrajudicial divorce** (divorcio extrajudicial; se aplica al divorcio otorgado en el Reino Unido por secta religiosa no reconocida oficialmente), **extrajudicial oath** (juramento extrajudicial)]. *Cf* pais.

extralegal *n*: extrajurídico.

extraneous *a*: externo, no esencial. [Expresiones: **extraneous evidence** (prueba que no guarda relación con el proceso en curso), **extraneous offence** (delito no relacionado con el del juicio en curso), **extraneous perils** (peligros no previstos en las pólizas de seguro a todo riesgo de transporte de mercancías por mar; V. *navigation perils*)].

extraordinary *a*: extraordinaria, excepcional. [Expresiones: **extraordinary care** (prudencia o diligencia extraordinaria) **extraordinary legal remedies** (recursos legales excepcionales)]. *Cf* ordinary.

extraterritorial *a*: extraterritorial. *According to the legal fiction of extraterritoriality, a monarch on a state visit is not really in the foreign country, but his/her own.* [Expresión: **extraterritoriality** (extraterritorialidad)]. *Cf* país.

extreme breadth *n*: manga máxima de un buque.

extrinsic *a*: extrínseco. [Expresión: **extrinsic evidence** (prueba de fuente distinta)].

eyewitness *n*: testigo presencial u ocular. *Unless there is evidence on the contrary, the statements of two eyewitnesses is sufficient proof. Cf* earwitness; evidence on/to the contrary.

F

fabricate *v*: urdir, fingir, fabricar. *Investigations have shown that the evidence on which the men were convicted was fabricated by the police.* [Expresiones: **fabricated evidence** (prueba falsificada), **fabrication of evidence** (falsificación de pruebas), **fabricator** (falsificador de documentos públicos)]. *Cf* falsify, fix, forgery, counterfeit, false fact; padding; frame.

face *n*: faz, cara, anverso; importe o valor nominal; idea literal o aparente expresada por las palabras escritas. *A document is valid on its face.* [Expresiones: **face amount** (importe nominal o pagadero al vencimiento), **face of a bill of exchange** (importe de una letra de cambio), **face of judgment** (importe de la sentencia sin interés), **face of record** (el sentido de la documentación, lo que se colige de la transcripción literal de un acta; autos, expediente completo, sumario), **face value** (valor nominal o principal de un instrumento de comercio), **in the face of** (en presencia de), **on its face** (por lo que dice)]. *Cf* back; call value, market value, surrender value.

face *v*: arrostrar, enfrentarse a, afrontar. *He faces three charges of insider trading.*

facilitation *n*: complicidad indirecta.

facilities *n*: facilidades; prestaciones; medios, recursos, servicios e instalaciones. *It is sometimes cheaper to take a cash loan from your own bank than to accept the credit facilities offered by shops.* *Cf* credit facilities.

fact *n*: hecho, dato. *In a jury trial the jury are said to be "masters of the facts".* [Expresiones: **facts as found** (los hechos tal como han quedado demostrados), **facts in issue** (hechos, puntos o cuestiones en litigio), **fact-finding** (determinación de los hechos), **fact-finding mission** (misión de investigación), **fact of common knowledge** (hecho notorio)]. *Cf* false fact, marshalling of facts, material fact, matters of fact, question of fact, recital of facts, statement of facts; competent evidence; trier of fact.

factor[1] *n*: elemento, factor. *Cf* imponderable factors.

factor[2] *n*: factor; agente comisionado que negocia el cobro de deudas; administrador de fincas en Escocia. *In Scotland the rent-collector is commonly called "the factor".* [El *factor* se diferencia del *agent* en que el primero guarda en depósito las mercancías que vende como intermediario. Expresiones: **factor's lien** (gravamen de factor), **factorage** (factoraje, comisión, corretaje o porcentaje que reciben los comisionistas), **factoring** (venta de deudas a un *factor*, cobro de deudas de otra persona, descuento de facturas, compañía de seguros que paga en operaciones con empresas extranjeras, facturación; V. *factoring*)]. *Cf* agent, debt factor, dealer; factorize.

factorize (*amer*): embargar. [En algunos Estados norteamericanos el término **factorizing** (sentencia o auto de embargo) equivale a *garnishment* y, consecuentemente, **factor** (embargado) equivale a de *garnishee*].

factory *n*: fábrica, factoría.

facultative *a*: facultativo, potestativo. *Cf* discretionary.

faculty *n*: competencia, personalidad, capacidad. *A person whose mental faculties are impaired lacks the necessary legal capacity to enjoy rights or to incur liabilities or obligations. Cf* capacity; disability.

faculty of advocates (*der es*) *n*: colegio de abogados de Escocia. *Cf* Bar Council, American Bar Association (ABA).

fail *v*: fallar, fracasar, abortar, dejar de, faltar. *Due to the failure to appear of the witness that had been subpoenaed, the hearing was adjourned.* [Expresiones: **due to fail** (debido a fallo), **fail to complete** (incumplir, dejar de cumplir), **fail to fulfill** (incumplir), **fail to perform** (incumplir), **failing** (quiebra, insolvencia), **failure** (incumplimiento, falta, fracaso, fallo; quiebra, bancarrota; V. *absolute failure*), **failure of consideration** (falta de causa contractual), **failure of evidence** (falta de prueba), **failure of issue** (falta de sucesión o descendencia, muerte sin descendencia), **failure of justice** (perjuicio de derechos, injusticia), **failure of title** (falta de título bueno), **failure to act** (incumplimiento), **failure to appear** (incomparecencia), **failure to complete** (incumplimiento; V. *complete*), **failure to comply** (falta de cumplimiento; V. *comply*), **failure to operate** (incumplimiento de aplicación), **failure to pay** (impago, falta de pago), **failure to perform** (incumplimiento), **without fail** (sin falta)]. *Cf* failure to complete.

faint *a*: borroso, poco claro. [Expresiones: **faint action** (acción sin derecho), **faint pleading** (alegación falsificada o colusoria)]. *Cf* feigned action.

fair *a*: justo, leal, equitativo, razonable, imparcial; justiciero. *It is a principle of democratic societies that every person accused of a crime has a right to a fair trial and to an opportunity to defend himself.* [Expresiones: **fair and feasible** (justo y factible), **fair and just** (justo y equitativo; V. *right and proper*), **fair cash value** (valor justo de mercado o en efectivo), **fair comment** (sana crítica, comentario directo o claro, pero no malicioso; derecho a criticar la conducta de los políticos y funcionarios sin ser acusado de difamación. La doctrina del *fair comment* ha nacido de los continuos conflictos entre dos derechos básicos: el del público a tener acceso a información veraz y objetiva de los asuntos de interés público y el de los individuos a su intimidad; V. *rolled-up plea, defamation; scandalous statement*), **fair competition** (competencia leal o justa), **fair consideration** (causa justa o razonable), **fair copy** (copia limpia o en limpio; V. *rough draft*), **fair dealing** (conducta justa y equitativa), **fair field** (condiciones justas y equitativas), **fair hearing** (vista imparcial), **fair market value** (valor normal de mercado, valor equitativo de venta), **fair play** (proceder leal, juego limpio), **fair preponderance** (preponderancia evidente), **fair price** (precio justo), **fair return** (beneficio justo, producto equitativo), **fair question** (pregunta legítima), **fair trade** (mercado basado en la libre y leal competencia), **fair trial** (juicio imparcial), **fair wear and tear** (V. *wear and tear*), **fair warning** (aviso oportuno o de antemano, prevención), **fairness** (equidad, imparcialidad)]. *Cf* just; equity.

fait accompli *n*: hecho consumado. *The idea of a "dawn raid" is to present the small shareholders with a fait accompli. Cf* accomplished fact.

faithful *n*: fiel. [Expresión: **faithful observance/performance** (fiel cumplimiento)].

fall *n/v*: caída, baja, rebaja, reducción; caer, bajar, reducir. *Many of the old property laws have fallen into abeyance.* [Expresiones: **fall due** (vencer un efecto de comercio), **fall foul of** (chocar con, tener un encontronazo con alguien, estar a malas o en conflicto), **fall in demand** (caída de la demanda), **fall in prices** (baja de los precios), **fall in the discount rate** (reducción del tipo bancario, rebaja del tipo de descuento; V. *bank rate cut*), **fall into abeyance** (caer en desuso)]. *Cf* mature; bank rate cut.

fallacious *a*: falaz, engañoso, fraudulento.

false *n*: falso, falsificado, falaz, infundado, fraudulento; con apariencia de validez; postizo. *He was accused of obtaining the money under false pretences*. [Expresiones: **false action** (acción falsa), **false accusation** (calumnia, acusación falsa), **false arrest** (arresto ilegal; privación injustificada de la libertad de una persona), **false claim** (pretensión infundada, reclamación fraudulenta), **false draft** (letra de «pelota» o de favor), **false evidence** (pruebas falsas), **false fact** (hecho fabricado, falso), **false impersonation** (suplantación de la personalidad para fines ilícitos), **false imprisonment** (detención ilegal, detención injustificada, secuestro, prisión o encarcelamiento ilegal), **false imputation** (impostura), **false instrument** (documento o escritura falsificados), **false oath** (perjurio, falso juramento), **false plea** (alegación falsa o ficticia), **false pretences** (mentiras o falsas apariencias para engañar o estafar a alguien; medios fraudulentos, falsos pretextos, impostura; V. *pretence*), **false representation** (representación falsa), **false return** (falsedad en la declaración de renta; incumplimiento del deber; se aplica a los funcionarios que sin cumplir su deber, al volver —*return*— afirman que sí lo han hecho), **false statement** (aseveración falsa, mentira), **false swearing** (perjurio), **false testimony** (falso testimonio), **false verdict** (veredicto injusto)]. *Cf* counterfeit, perjury. *Cf* sham defence/plea.

falsehood *n*: falsedad, engaño, perfidia. *Slander of goods is a form of malicious falsehood and is actionable under certain circumstances. Cf* slander, backbiting.

falsify *v*: falsificar, falsear, adulterar, violar. *Cf* fabricate.

Family Division *n*: División o Sala de Asuntos de la Familia. [Es la Sala del Tribunal Superior de Justicia (*High Court of Justice*), encargada de conocer los pleitos matrimoniales (*defended divorces*), las adopciones (*adoptions*), las tutelas (*wardships*), etc., así como las testamentarías no contenciosas (*non contentious probates*) o de mutuo acuerdo. Es, al mismo tiempo, tribunal de apelación (*appellate court*) de los recursos interpuestos contra las sentencias dictadas por *Magistrates' Courts* y *County Courts* en asuntos de familia; el nombre de este tribunal antes de 1971 era *Probate, Divorce and Admiralty Division*]. *Cf* High Court of Justice.

far as, in so *fr*: en la medida en que. *Cf* to the extent.

fare *n*: tarifa de transporte de viajeros en tren.

farm *n*: granja. [Expresión: **farm partnership** (sociedad agraria de transformación)].

f.a.s *n*: V. *free alongside ship*.

fasten *v*: trincar, afirmar.

fatal *a*: mortal. [Expresiones: **fatal accident** (accidente mortal), **fatal accident enquiry** (investigación de las causas de un accidente con resultado de muerte), **fatal injury** (lesión o herida mortal)]. *Cf* right of action relating to fatal accident.

fault *n*: defecto; falta, culpa, vicio, negligencia. [Aunque en el habla cotidiana se emplea este término aplicado a conductas culposas, en la práctica jurídica no tiene un sentido especial o técnico; técnicamente se habla de *crime, offence, liability, responsibility, tort* o *breach* según el caso. Expresión: **faulty** (defectuoso, imperfecto, culpable)]. *Cf* active fault, defect.

favour *n/v*: favor; estar a favor de, estar de acuerdo con, favorecer, patrocinar, proteger. *It is the duty of the court to dispense justice impartially, without fear or favour.*

FC ships *n*: V. *full container ship*.

FCS *s:* V. *free from capture and seizure*.

F & D *n*: V. *freight and demurrage*.

feasant, damage *n*: V. *damage feasant*.

feasible *a*: factible, practicable, viable, hacedero. *It is simply not feasible to build flats here: the municipal by-laws expressly forbid it.* [Expresión: **feasibility** (viabilidad)].

federal *a*: federal. [Expresiones: **Federal Court** (Tribunal Federal, Juzgado Federal), **Federal Reserve Bank** (Banco de la Reserva Federal), **Federal Reserve Board** (Comisión de la Reserva Federal)].

Federal Rules of Civil Procedure (*amer*) *n*:

Derecho procesal civil. *Cf* Rules of the Supreme Court, The White Book, The Green Book.

fee[1] *n*: pleno dominio o propiedad susceptible de ser vendida o heredada, bienes raíces en pleno dominio. *A conveyance of freehold land without words of limitations passes the fee simple, unless a contrary intention appears.* [La palabra *fee*, derivada de *feudal* o de *feodor*, significa «tierra o bienes raíces» sobre los que se tiene pleno dominio y, consecuentemente, se pueden vender o dejar en herencia; en este sentido, eran sinónimas *fee, fee absolute* y *fee simple*, pero desde la Ley de la Propiedad de 1925, la única clase de propiedad legal que subsiste es la de *fee simple absolute in possession*, que es el dominio pleno, absoluto e inmediato. Todas las demás formas de *fee* se han convertido en derechos o intereses de equidad (*equity interests*), lo que ayuda a garantizar que los derechos contingentes (*trust, lease, mortgage, covenant,* etc.) sean validados y tengan primacía sobre los derechos legales, puesto que si surge un conflicto entre *law* y *equity* siempre triunfa ésta. Expresiones: **fee absolute** (dominio absoluto, dominio pleno), **fee contract** (contrato a costo más honorarios), **fee damages** (daños indirectos a bienes raíces), **fee expectant** (dominio expectante), **fee owner** (dueño en propiedad), **fee simple** (pleno dominio, dominio absoluto; V. *absolute ownership*), **fee simple absolute** (pleno dominio, dominio absoluto), **fee tail** (dominio limitado con condición modal a determinados herederos), **in fee** (en propiedad)]. *Cf* chattel, freehold, firm fee, grant in fee simple.

fee[2] *n*: derechos, honorarios, retribución, cargo (consular), derechos, estipendio; asesoría, dominio, gratificación. *People often refrain from going to law because they cannot afford to pay the lawyers' fees.* [Expresiones: **fee scale** (arancel), **fee splitting** (división de los honorarios)]. *Cf* attendance fees, management fees.

feodum talliatum *n*: V. *tail*.

feudal incidents *n*: V. *use*.

feign *v*: fingir, simular. [Expresiones: **feigned action** (acción sin derecho), **feigned issue** (cuestión artificial)]. *Cf* fraud, deceit.

fellow *n*: compañero. *People who do not pay their taxes are cheating their fellow-citizens.* [Expresiones: **fellow-citizen** (conciudadano, compatriota), **fellow-commoner** (quien participa de los mismos derechos que los demás), **fellow-heir** (coheredero, partícipe de una herencia), **fellow-helper** (coadjutor, coadyuvador), **fellow-partner** (consocio), **fellowship** (sociedad, asociación, comunidad de intereses)].

felon *n*: felón, criminal. [Expresiones: **felonious** (criminal), **felonious assault** (ataque o asalto con intención criminal), **felonious homicide** (homicidio premeditado o culposo), **felony** (felonía, crimen, delito mayor o grave; hasta 1967, *felony* era el nombre que se daba a los delitos graves; desde entonces se les llama *indictable offences*, aunque todavía se emplea en muchos países de habla inglesa)]. *Cf* misdemeanour, compound a felony.

feme *n*: mujer (en el derecho consuetudinario). [Expresiones: **feme covert** (mujer casada, mujer que se halla bajo la potestad o autoridad del marido), **feme discovert/feme sole** (mujer soltera, viuda o divorciada; V. *discovert feme*)]. *Cf* coverture.

fence (*col*) *n*: receptador de objetos robados. *The man was widely known to be a fence but the police could never find stolen goods on his premises. Cf* receiving stolen goods, handling, reset.

fend *v*: defender, proteger.

feoffment *n*: acción de investir, legar o traspasar. [Expresión: **feoffor** (donante)].

ferry *v*: transbordar. [Expresión: **ferryboat** (transbordador de coches y trenes)].

fetters *n*: grilletes,

feud *n*: enemistad heredada, hostilidad tradicional entre dos familias, grupos, pueblos, «vendetta». [Por extensión y popularmente: riña, disputa, encono].

fiat *n*: fiat, decreto; hágase, cúmplase; orden judicial, providencia, mandato absoluto.

fib *n*: V. *free into barge*.

fiction *n*: ficción. *Fictitious consideration or transfer of all of a debtor's property are clear badges of fraud.* [Expresiones: **fictitious** (ficticio, falso), **fictitious consideration** (causa fingida)].

fidelity bond *n*: fianza de fidelidad.

fiducial/fiduciary *a*: fiduciario, de fideicomiso. *Cf* trust.

field *n*: campo, materia, especialidad. [Expresión: **field of application** (campo de aplicación; V. *scope*)].

fieri facias *n*: V. *writ of fieri facias*.

fifo *n*: V. *first-in, first-out*.

fifth amendment *n*: V. *incriminate*.

file *n*: expediente, sumario, autos. *The file in a case includes the original complaint and all the pleadings and papers belonging thereto.* [Expresiones: **filing cabinet** (archivador), **on file** (archivado)]. *Cf* open a file; record, docket.

file *v*: cursar, elevar, instar, formular, iniciar, entablar; archivar, residenciar. *She has filed for divorce on the ground of her husband's infidelity.* [Expresiones: **file a bill/petition in bankruptcy** (declararse en quiebra, instar la declaración judicial de quiebra), **file a claim/complaint** (elevar una queja, reclamación), **file a lawsuit/suit** (demandar, entablar un pleito), **file a motion** (cursar, elevar un recurso), **file a protest** (elevar una protesta), **file a return** (presentar la declaración de la renta), **file a suit** (demandar, incoar un proceso civil, entablar un pleito), **file an appeal** (interponer un recurso de apelación), **file an application** (presentar una instancia, presentar una súplica o petición; V. *table*), **file an exception** (plantear excepción), **file an objection** (formular un reparo), **file for divorce** (presentar una demanda de divorcio), **file separately** (presentar por separado un matrimonio la declaración de la renta), **filing** (presentación de una instancia, documento, etc.)]. *Cf* lodge.

filibustering *n*: filibusterismo, obstrucción parlamentaria por medio de discursos prolongados e irrelevantes. *Cloture is a means of cutting off filibustering. Cf* cloture.

fill *v*: llenar, rellenar, ocupar, proveer.

[Expresiones: **fill a seat/vacancy** (proveer una vacante, cubrir/ocupar una vacante), **fill in** (rellenar un impreso, etc.), **fill an order** (cumplimentar o ejecutar un pedido)].

filo *n*: V. *first-in, last-out*.

final *a*: definitivo, firme, absoluto, pleno, incondicional, categórico, final, decisivo. *The judge acquitted the driver and, in his final speech, absolved him from all blame.* [El adjetivo *final* es antónimo de *interlocutory* (provisional, cautelar). Expresiones: **final decision or decree** (auto definitivo), **final injunction** (interdicto definitivo, mandamiento final), **final judgment** (sentencia definitiva), **final jurisdiction** (jurisdicción de último grado), **final pleadings** (escritos de conclusión), **final receipt** (finiquito), **final speech** (conclusiones finales del juez), **final trial balance** (balance de prueba final o definitivo)]. *Cf* absolute, complete.

finance *a/v*: financiero; financiar. [Expresiones: **finance company** (entidad financiera, compañía de crédito comercial), **finance bills** (efectos financieros), **finance house** (establecimiento financiero)].

financial *a*: financiero, monetario, bancario. *Treasury bills and Treasury Bonds are among the most popular financial assets held by small investors.* [Expresiones: **financial liability** (responsabilidad pecuniaria o económica), **financial paper** (efectos financieros), **financial product** (producto financiero), **financial provision** (pensión compensatoria entre cónyuges separados o divorciados; V. *alimony*), **financial provision order** (orden judicial disponiendo el pago de una pensión o indemnización a uno de los cónyuges tras el divorcio o separación legal; V. *property adjustment order; alimony*), **financial rating** (categoría financiera; V. *standing*), **financial statement** (estado financiero, extracto), **financial year** (ejercicio económico; V. *fiscal year*)].

find *v*: fallar, declarar. *In a borderline case, a judge may find in favour of the party whose need is greater.* [Expresiones: **find against/for the plaintiff** (fallar en contra del/a favor del demandante), **find guilty** (declarar culpable, hallar culpable, condenar), **finding** (fallo, laudo, determinación sobre una cuestión de hecho, comprobación; conclusión de un juez, ponente, etc.; sentencia, decisión; V. *fact-finding*), **finding of fact** (decisión sobre cuestión de hecho), **findings** (conclusiones, resultados de una investigación), **not found** (no ha lugar a procesamiento; V. *ignoramus, no bill, not a true bill*)].

fine *n*: multa. *He was fined £100 for speeding.* [Expresión: **fineable** (castigable, multable)].

fingerprint *n*: huellas dactilares o digitales, dactilograma. *Cf* blue prints, dabs.

f.i.o *n*: V. *free in and out.*

fire *n*: fuego, incendio. *The laws governing the possession of firearms are much stricter in Europe than in the USA.* [Expresiones: **firearms** (armas de fuego), **fire insurance** (seguro contra incendios), **fire underwriters** (asegurador contra incendios), **fire-proof** (incombustible)].

fire (*col*) *v*: cesar, echar, despedir. *Cf* dismiss, sack.

firm[1] *a*: firme, fijo, definitivo. [Expresiones: **firm fee** (dominio útil; V. *fee*), **firm offer** (oferta en firme), **firm order** (pedido en firme), **firm price** (precio fijo o definitivo, **firm quotation** (cotización en firme), **firm sale** (venta en firme)].

firm[2] *n*: empresa, sociedad mercantil, compañía. [Expresión: **firm name** (razón social, denominación comercial)]. *Cf* trade name.

first *a*: inicial, primero. [Expresiones: **first cost** (valor de adquisición), **first degree murder** (homicidio premeditado), **first-in, first-out, fifo** (método de valoración de existencias basado en el principio de que los primeros artículos que entraron en el inventario son los primeros en ser vendidos), **first-in, last-out, filo** (método de valoración de existencias basado en el principio de que los primeros artículos que entraron en el inventario son los últimos en ser vendidos), **first lien** (primer gravamen), **First Lord of Treasury** (Primer Lord de la Tesorería; V. *treasure*), **first mate** (primer oficial de un buque), **first mortgage**

bond/loan, etc. (bono/préstamo, etc., de primera hipoteca), **first offence** (primera infracción), **first-stage processing** (primera transformación), **first time offender** (persona declarada culpable de un delito por primera vez; V. *habitual offender*)].

fiscal year *n*: ejercicio económico, año fiscal. *Cf* accounting year, calendar year, financial year, tax year.

fish *n/v*: pescador, pescar. [Expresiones: **fishery** (pesquería), **fishing gear** (aparejos), **fishing grounds** (caladeros), **fishing vessel** (buque pesquero)].

fittings *n*: accesorios.

fix (*col*) *n*: lío, problema, trampa, tongo. *The whole thing is a fix: they have tampered with the jury and fabricated the evidence.*

fix[1] (*col*) *v*: arreglar, trapichear; sobornar; cargarse a uno, arreglar a uno. *They fixed a jury who brought in a not-guilty verdict. Cf* jury fixing.

fix[2] *v*: fijar, determinar, evaluar, valorar, calcular, tasar. [Expresiones: **fixed assets** (activo inmovilizado, activo fijo), **fixed debt** (*amer*) (deuda perpetua, deuda consolidada), **fixed interest securities** (renta fija, valores de renta fija), **fixed liabilities** (pasivo fijo no exigible, deuda consolidada), **fixed liability** (responsabilidad determinada), **fixed rate of interest** (tipo fijo de interés), **fixed term** (plazo fijo), **fixed term deposits** (imposiciones a plazo), **fixed-term tenancy** (alquiler por un período fijo o determinado; V. *periodic tenancy*), **fixed trust** (sociedad inversora con restricciones), **fixed yield** (renta/rendimiento fijo), **fixing** (cambio base), **with no fixed abode** (paradero desconocido; V. *unknown whereabouts*)]. *Cf* assess, adjust, determine, establish, ascertain, funded liabitity.

fixation *n*: residencia fija en algún lugar. *Cf* whereabouts.

fixture *n*: instalación accesoria a un bien inmueble, accesorio fijo. *Cf* appurtenant, tenant's fixtures.

flag *n/v*: pabellón, bandera; hacer señales. *The police at the road block flagged down the* *motorists*. [Expresiones: **flag down** (hacer señales a un conductor para que se detenga), **flag of convenience** (bandera de conveniencia), **flag of distress** (señal de socorro), **flag of truce** (bandera de parlamento o de tregua), **flag ship** (buque insignia)].

flagrant *a*: flagrante, notorio, escandaloso. *Cf* notorious.

flat *a*: claro, definitivo, lisa y llanamente. *Our offer was turned down flat.* [Expresiones: **flat cancellation** (rescisión definitiva sin prima de indemnización), **flat fee** (comisión fija), **flat loan** (préstamo sin interés)]. *Cf* write-offs.

flaw *n*: error, vicio; tara. *There was a flaw in the prosecution's case which the defence lawyer cleverly exploited.*

flee *v*: escaparse, fugarse. *The bank robbers got away with the money and fled to Brazil. Cf* abscond, escape, run away.

fleet *n*: flota.

flight of capital *n*: fuga de capitales, evasión de capitales.

flit (*der es, col*) *v*: cambiar de residencia. [Expresión: **flitting** (mudanza)].

float *n/v*: flotación; poner en circulación, emitir. [Expresiones: **float a loan** (emitir un empréstito), **floating** (con el significado de «flotante, circulante» se aplica a *assets, capital debt, exchange rate*, etc.; V. *current assets, quick assets, circulating assets, liquid assets, working assets*), **floating dock** (dique flotante), **floating policy** (póliza general o flotante)]. *Cf* managed float.

floor *n*: corro, parqué. *Most of the actual buying and selling on the Stock Market floor is done by brokers rather than by the principals.* [Expresión: **give/have the floor** (dar/tener la palabra)].

flotsam *n*: derelicto, restos flotantes de un naufragio. [Expresión: **flotsam and jetsam** (derelicto)]. *Cf* jetsam, derelict.

flow chart *n*: diagrama de flujo.

fluctuate *v*: oscilar. *Market fluctuation.* [Expresiones: **fluctuation** (oscilación, fluctuación), **fluctuation margins/range** (bandas de fluctuación), **fluctuating unemployment** (paro fluctuante)]. *Cf* forced unemployment.

fob off (*col.*) *n*: deshacerse de alguien con engaños o excusas; «meterle» a uno una mercancía inferior. *The used-car dealer fobbed me off with a car which lasted a month.*

FOB, f.o.b *n*: V. *free on board*.

follow *v*: seguir; cumplir, atenerse a. *Following last week's controversial judgment, a parliamentary committee has been set up to look into the wording of the Act.* [Expresiones: **as follows** (como sigue, lo siguiente), **follow trust property** (mantener el dominio de la propiedad fiduciaria; se dice del derecho del beneficiario a seguir siendo el dueño en potencia de bienes si el fideicomisario los ha enajenado fraudulentamente o los ha mezclado con los suyos), **follow-up letter** (carta de seguimiento), **following** (a raíz de, como consecuencia de, a consecuencia de, a resultas de; V. *due to*)]. *Cf* observe, conform, observe, comply with, abide by; ensue.

fonds perdu, à *fr*: a fondo perdido. *Cf* non-recoverable grant.

footprint *n*: huella de pisada. *The burglar's footprints were clearly visible in the mud below the window.*

forbear *v*: desistir, abstenerse (de ejercer un derecho, etc.). *Forbearance to sue for debt may, if it is the result of a fresh promise by the debtor to pay, be interpreted as the new basis of a new contract.* [Expresión: **forbearance** (abstención de ejercer un derecho)]. *Cf* waive, forfeit.

forbid *v*: prohibir. [Los verbos *forbid* y *prohibit* son sinónimos, prefiriéndose el segundo para las cuestiones jurídicas y el primero para las morales o religiosas. Expresión: **forbidden degrees** (V. *prohibited degrees*)].

force *n*: fuerza, vigor. *Sections 8 and 22 came into force on enactment* [Expresiones: **force majeure** (fuerza mayor), **force of law** (fuerza de ley), **forced heir** (heredero forzoso, heredero necesario), **forced labour** (trabajos forzados; V. *conscripted labour, hard labour, penal servitude*), **forced loan** (empréstito forzoso), **forced sale** (venta forzosa), **in force** (en vigor, en vigencia, vigente)]. *Cf* binding force, come into force/effect, take effect, be effective from; put into force.

forcible *a*: obligatorio, violento, caracterizado por el uso de la fuerza. *In certain circumstances, the police may make a forcible entry into private premises for the purpose of search and arrest.* [Expresiones: **forcible detainer** (detención violenta), **forcible entry** (allanamiento de morada, toma de posesión violenta), **forcible trespass** (translimitación con violencia)]. *Cf* unlawful entry.

foreclose *v*: privar (al deudor hipotecario) del bien hipotecado, entablar juicio hipotecario; embargar los bienes hipotecados por impago. *In the High Court action, the mortgager was foreclosed from the property for failure to redeem the mortgage.* [Expresiones: **foreclose a mortgage** (ejecutar una hipoteca), **foreclosure** (privación, procedimiento ejecutivo hipotecario, embargo de bienes hipotecados, ejecución coactiva), **foreclosure order absolute** (orden judicial ejecutando la hipoteca y concediendo plenos derechos al acreedor hipotecario sobre los bienes hipotecados), **foreclosure order nisi** (orden judicial pidiendo al deudor hipotecario que pague las deudas pendientes al acreedor hipotecario; V. *nisi*), **foreclosure proceedings** (acción hipotecaria), **foreclosure sale** (venta judicial o hipotecaria), **foreclosure suit** (juicio hipotecario)].

foredate *n*: antefechar. *Cf* backdate.

foregoing *a*: antecedente, precedente. *Cf* aforegoing.

foreign *a*: extranjero, exterior. *The government's foreign policy has recently come under attack from the opposition.* [Expresiones: **foreign attachment** (embargo contra persona no residente), **foreign currency** (divisas, moneda extranjera), **foreign exchange** (divisas, cambio exterior), **foreign law** (derecho extranjero; el derecho escocés también es extranjero para el sistema inglés), **foreign nationals** (extranjeros), **Foreign Office** (Ministerio de Asuntos Exteriores; V. *Ministry of Foreign Affairs*), **foreign plea** (excepción declinatoria, consistente en oponerse a la competencia del juez; excepción de incompetencia), **foreign policy** (política exterior)].

forejudge *v*: juzgar con anticipación, prejuzgar. [Expresión: **forejudgment** (prejuicio)].

foreman *n*: capataz. [Expresión: **foreman of a jury** (presidente o portavoz del jurado)].

forensic analysis *n*: análisis forense. *The keys found in the glove compartment were sent away for forensic analysis but no fingerprints were found.* *Cf* autopsy, medical examiner, coroner.

foreseeable damage *n*: daños previsibles o posibles, deber de prudencia. *The keeper of a dangerous animal is liable for any damages it causes, whether foreseeable or unforeseeable.* *Cf* duty of care.

foresight *n*: V. *lack of foresight*.

forfeit *a*: sujeto a multa, confiscado. *Property used to commit a crime, like a getaway car in a bank robbery, is forfeit to the Crown.*

forfeit *n/v*: comiso, decomiso; caducidad, prescripción, pérdida legal de algún derecho; perder el derecho a una cosa. *She forfeited her right to the property by failing to keep her side of the bargain.* [Expresiones: **forfeit clause** (cláusula de confiscación), **forfeiture** (confiscación, decomiso, secuestro; pérdida legal del derecho de propiedad o de cualquier otro bien; multa; caducidad), **forfeitable** (confiscable), **forfeiture of a bond** (caducidad de la fianza), **forfeiture of a recognizance** (pérdida de la fianza por incumplimiento de las condiciones), **forfeiture of payment** (pérdida legal de pago)]. *Cf* bond forfeiture, confiscate; estreat.

forge *v*: falsificar, falsear. *His signature was forged by his son.* [Expresiones: **forger** (falsificador, falsario), **forgery** (falsificación, falsedad), **forgery bond** (fianza de falsificación), **forgery insurance** (seguro contra falsificación), **forgery-proof** (infalsificable)]. *Cf* fabrication, counterfeit.

forgiveness *n*: condonación.

form *n*: formulario, cuestionario, modelo; forma. *Candidates should complete the attached form and return it within 10 days.* *Cf* application form.

form (a company, etc.) *v*: fundar, constituir una mercantil. *The company was formed by merging three older firms. Cf* incorporate.

formal *a*: solemne, formal, ceremonioso; esencial, constitutivo. [Expresiones: **formal contract** (contrato formal), **formal defect** (defecto de forma), **formal issue/question** (detalle técnico), **formal opening** (acto solemne de inauguración), **formal promise** (promesa formal), **formal requirement** (requisito formal)].

formalities *n*: trámites, diligencias; solemnidades. *Once the formalities were over, the session got under way. Cf* step, proceedings.

former *a*: anterior, previo, antiguo. *The firm's president is a former High Court judge. Cf* ex-.

forsake *v*: renunciar a, desistir de, abandonar, ceder a. [Suele acompañar a *an action, an appeal, rights, a claim*, aunque en la actualidad es un término obsoleto, prefiriéndose en su lugar *waive, renounce, abandon, relinquish*].

forswear (*obs*) *v*: abjurar, jurar en falso, perjurar.

forthwith (*formal*) *adv*: inmediatamente, en seguida.

fortuitous *a*: accidental, fortuito. [Expresiones: **fortuitous bankruptcy** (quiebra fortuita), **fortuitousness** (eventualidad)].

forward *a*: a plazo, en el futuro. [Expresiones: **forward contract** (contrato anticipado o de futuro), **forward market** (mercado de futuros, mercado a plazo fijo), **forward sale** (ventas para entrega en el futuro, venta a plazo), **forward transaction** (operación a plazo)].

forward *v*: remitir, enviar, elevar, proponer. *The European Commission forwards proposals to the Council of Ministers.* [Expresiones: **forwarder merchant** (comisionista expedidor), **forwarding agency/agent** (expedidor; V. *shipper*), **forwarding address** (dirección para hacer seguir el correo)].

foster parents *n*: padres adoptivos. *Strictly speaking, foster parents have no legal rights over the children they look after. Cf* custodianship order.

foul *a/n*: sucio, viciado, defectuoso; mal, juego sucio o innoble. *Police report that, following the discovery of the body of an elderly man in the park, foul play is not suspected.* [Expresiones: **foul play** (juego sucio, violencia criminal, proceder desleal), **foul bill of health** (patente de sanidad con anotaciones), **foul bill of lading** (conocimiento de embarque tachado, sucio, con defectos, etc.)]. *Cf* clean, fair; unclean; fall foul of.

found¹ *v*: constituir, fundar, fundamentar, establecer, basar. *That big international company was founded as a local concern in the last century.* [Expresiones: **founder** (fundador), **founder's shares** (cédulas de fundador, cédulas beneficiarias, acciones de los promotores)]. *Cf* create, build.

found² (**a claim, a demand,** etc.) *v*: basar, apoyar, fundar, fundamentar, establecer. *His claim was founded on the will his mother made during her last illness.* [Expresión: **foundation** (fundamento, fundación; V. *lay the foundation*)]. *Cf* base, ground.

foundling *n*: niño expósito, inclusero.

frame¹ *n/v*: marco, sistema; enmarcar. *An enabling statute provides the general legal framework, and the appropriate legal bodies make detailed regulations.* [Expresiones: **frame-up** (complot, estratagema, trampa, ardid, maniobra), **framed evidence** (prueba falsificada, testimonio fraudulento), **framework** (marco, sistema, ámbito), **framework agreement** (acuerdo marco)]. *Cf* delegated legislation, parent act, legal framework.

frame² (*argot*) *v*: falsificar pruebas para inculpar a alguien. *The jailed man claimed he had been framed.* [Expresión: **framed evidence** (testimonio fraudulento)]. *Cf* fabricate.

franchise *n*: franquicia, privilegio, patente, inmunidad, exención, derechos. *The firm holds the franchise to run ferries to the outlying islands. Cf* enfranchise, charter, lie in franchise.

fraud *n/v*: estafa, fraude, engaño; estafar, engañar. *In the court's opinion, the description of the goods provided on the box and in the* *brochure was tantamount to fraudulent representation.* [Expresiones: **by fraud** (por medio de fraude o engaño; V. *by deception*), **fraud charge** (delito fiscal), **Fraud Squad** (brigada anti-corrupción), **fraudulence, fraudulency** (fraudulencia), **fraudulent** (fraudulento), **fraudulent bankrupt** (quiebra fraudulenta), **fraudulent conversion** (apropiación ilícita; V. *conversion*³), **fraudulent representation** (afirmación o descripción fraudulenta, escrito fraudulento, falsedad fraudulenta, fraude; V. *representation, misrepresentation*)]. *Cf* deceit, rigging, cheat, feign; constructive fraud; Serious Fraud office.

free *a/v*: libre, franco, sin intereses, gratuito; liberar, poner en libertad, librar de carga, responsabilidad, impuestos, etc. *When a free pardon is given both the sentence and the conviction are struck off.* [Expresiones: **free advance payment** (adelanto sin intereses), **free alongside vessel, f.a.s** (libre o franco al costado del vapor), **free circulation** (libre práctica), **free convertibility** (convertibilidad gratuita), **free depot** (depósito franco), **free from capture and seizure (FCS)** (exento de la responsabilidad que surja por actos de piratería, etc.; esta cláusula en los seguros marinos exime de responsabilidad a los aseguradores por las pérdidas causadas por actos de piratería y similares; a veces va redactada de esta forma: *free of capture and seizure and riots and civil commotions*), **free from encumbrance** (sanear), **free in and out, f.i.o.** (sin gastos dentro y fuera), **free-interest loan** (adelanto sin intereses), **free into barge, fib** (franco en barcaza), **free market economy** (economía libre de mercado), **free movements of capital** (libre circulación de capitales), **free of/from** (libre de, exento de, franco de), **free of charge** (gratis), **free of charges** (libre de cargas), **free of duty** (libre o franco de derechos), **free of incumbrances** (libre de gravámenes), **free of interest** (sin interés), **free of particular average** (franco de avería particular), **free of stamp** (exento de timbre), **free on board FOB, f.o.b** (franco a bordo),

free on quay (sobre muelle), **free on rail** (libre sobre vagón, franco en estación), **free on truck** (sobre vagón), **free pardon** (amnistía, indulto, perdón, medida de gracia; V. *amnesty, full pardon*), **free port** (puerto franco), **free-trade** (libre cambio, libertad comercial), **free-trade area** (zona de libre cambio), **free trader** (librecambista)]. *Cf* set free, release.

freedom *n*: libertad. [Expresiones: **freedom of movement** (libre circulación), **freedom on bail** (libertad bajo fianza, libertad caucional), **freedom without bail** (libertad sin fianza; V. *on one's own recognizance*)].

freehold *n*: dominio absoluto e inmediato. *Freehold tenure is the most complete form of legal ownership of land or property.* [Expresiones: **freehold estate/property** (propiedad de dominio absoluto, propiedad sin limitación alguna), **freeholder** (dueño, propietario absoluto de una casa, heredad, etc.)]. *Cf* absolute ownership, fee, chattel.

freelance *a*: independiente, autónomo. [Expresión: **freelance translator** (traductor autónomo)].

freeze an account, currency, funds, etc. *v*: bloquear, congelar (una cuenta, dinero, fondos, etc.). *The firm's assets have been frozen by a court order, pending an inquiry into the true state of its finances.* *Cf* block.

freight *n/v*: flete; cargamento, carga, mercancías transportadas; fletar. *If the freight is not paid, the shipowner has a lien over the goods.* [Expresiones: **freight a vessel** (fletar un buque), **freight allowances** (bonificaciones sobre fletes), **freight and demurrage, F&D** (flete más demoras), **freight paid** (flete pagado), **freight rate** (tarifa o precio de transporte), **freightage** (carga, su transporte, el flete), **freighter** (fletador), **freightment contract** (contrato de fletamento)]. *Cf* cargo, shipment, collect freight, dead freight.

friendly *a*: amigable, favorable. [Expresiones: **friendly receivership** (sindicatura amigable), **friendly settlement** (transacción amigable), **friendly suit** (acción amigable) **friendly witness** (testigo favorable)]. *Cf* amicable; hostile witness.

frisk *n/v*: cacheo; cachear. *Cf* search for arms and weapons.

fringe benefits *n*: beneficios laborales, ingresos suplementarios, beneficios marginales, beneficios adicionales o suplementarios al salario normal, ventajas adicionales. *One of the benefits of the job is that the firm pays our children's school fees.*

front *a*: delantero; aparente, espurio (fig.). [Expresiones: **front man** (hombre de paja, testaferro), **front-bencher** (diputado de la Cámara de los Comunes que, por tener un cargo en el gobierno, se sienta en los escaños de la primera fila, banco azul; V. *back bencher, rank and file*)]. *Cf* back.

front *n*: delantera; tapadera; apariencia, persona o empresa con apariencia de respetabilidad detrás de la que se oculta una organización criminal u otra empresa (fig.). *His profession as a lawyer was a front for his terrorist activities.*

front *n*: frente. *The firm went bankrupt through operating on too many fronts.*

frustrate *v*: frustrar. [Expresión: **frustration** (frustración). El término más habitual para describir el delito en grado de frustración es *attempted*: *attempted murder, attempted robbery,* etc.].

fugitive *n*: fugitivo.

fulfil *v*: cumplir, cumplir con (un deber, una promesa); realizar (ambición, etc.), satisfacer (una condición); ejecutar (una orden, etc.). *They fulfilled their promise to give us first refusal of the house when it came up for sale.* [Expresiones: **fulfil a formality** (cumplir un trámite, cumplimentar un requisito), **fulfilment** (cumplimiento, ejecución)].

full *a*: pleno, completo, suficiente. *A person over eighteen having a sound mind has full capacity.* [Expresiones: **full age** (mayoría de edad, edad legal; V. *lawful age*), **full and final settlement** (finiquito), **full authority** (capacidad plena), **full bill of lading** (conocimiento con responsabilidad completa de la empresa de transporte), **full capacity** (plenitud de capacidad de obrar), **full container ships, FC ships** (buque portacontenedores), **full copy** (transcripción completa), **full court** (pleno del Tribunal), **full covenants** (garantía de título), **full employment** (pleno empleo), **full endorsement** (endoso completo o regular o a la orden), **full pardon** (indulto total, amnistía, medida de gracia), **full jurisdiction** (plena competencia), **full legal age** (mayoría de edad), **full power(s)** (carta blanca, plenos poderes; V. *charte blanche*), **full set of bills of lading** (juego completo de conocimientos de embarque), **full settlement** (pago completo), **full stock** (acción con valor a la par), **in full** (íntegramente)].

fully *adv*: totalmente, por completo. *Many people think it wise to take out a fully comprehensive insurance policy on a new car.* [Expresiones: **fully comprehensive insurance** (seguro a todo riesgo; V. *all-risk policy, all-in policy*), **third-party, fire and theft** (seguro contra terceros, incendio y robo), **all-risk insurance** (seguro a todo riesgo), **fully empowered** (con plenos poderes, plenamente autorizado), **fully paid-up share** (acción completamente liberada)].

function *n*: función, ocupación, atribución. [Expresión: **functionary** (funcionario; para referirse a los funcionarios del Reino Unido se prefiere, no obstante, el término *civil servant*)].

fund *n/v*: fondo, caja; consolidar. [En plural, *funds*, significa fondos, recursos financieros, dinero. Expresiones: **fund a debt** (consolidar una deuda), **fund-holder** (rentista; tenedor de acciones), **funded debt** (deuda perpetua consolidada; pasivo consolidado), **funded liabilities** (pasivo fijo), **funded trust** (fideicomiso con depósito de fondos), **funding bond** (bono de consolidación), **funds and properties** (bienes muebles y bienes raíces), **funds available** (activo disponible; V. *cash assets*), **funds statement** (estado de flujo de fondos)]. *Cf* closed end fund, management fund, pension fund, public funds, sinking fund, redemption fund, reserve fund, renewal fund, strike fund, super annuation fund, trust fund.

fundamental *a*: esencial, fundamental. [Expresiones: **fundamental law** (derecho orgánico, ley fundamental, legislación de fondo), **fundamental error** (error esencial, error de raíz), **fundamental rights** (derechos fundamentales)].

fungible *a/n*: fungible. [Expresiones: **fungibles/fungible articles** (fungibles)].

furnish *v*: facilitar, proveer, proporcionar. *He could furnish no proof in support of his claim.* [Expresiones: **furnish a bond** (otorgar una fianza), **furnish a guaranty** (otorgar, efectuar una garantía), **furnish a legal opinion** (evacuar una consulta), **furnish bail** (prestar, constituir fianza o caución), **furnish capital** (aportar capital), **furnish evidence/proof** (presentar/suministrar una prueba, evacuar pruebas), **furnish information** (facilitar informes)]. *Cf* supply.

furniture and fixtures *n*: muebles y enseres, mobiliario y equipo. *Cf* chattel(s).

further *a*: adicional, más; además, adicionalmente. *No further points were raised and the judge adjourned the session.* [Expresiones: **furthermore** (otrosí, además), **till further order** (hasta nueva orden)].

futures *n*: futuros. *Oil, coffee, sugar and other articles are bought and sold in commodity exchanges and futures markets.* [Expresiones: **futures contracts** (contratos de futuros), **futures markets** (mercado de futuros), **future interests** (intereses futuros). En el pasado, los contratos de futuros eran considerados como juego y no se podían defender ante los tribunales; hoy en día, sin embargo, son ejecutables como los demás]. *Cf* commodity exchange; forward, enforceable.

fuzz (argot) *n*: la policía, la poli, la bofia, etc.

G

G/A *n*: V. *general average.*

gage[1] *n*: prenda, caución. *Cf* pawn.

gage[2], **gauge** *n/v*: medida, cálculo; calcular, medir, aforar.

gain *n/v*: ganancia, beneficio, utilidad, lucro; obtener, ganar. *They spent their ill-gotten gains in the London casinos and night-clubs.* [Expresiones: **gain and loss statement** (estado de pérdidas y ganancias), **gainful employment** (actividad lucrativa, empleo provechoso), **gainings** (ganancias), **gains** (ganancias), **gainsay** (contradecir, negar)]. *Cf* capital gains, ill-gotten, profit.

gallows *n*: horca. [Expresión: **gallows bird** (carne de horca)].

game[1] *n*: caza. [En esta acepción *game* no tiene plural. Expresión: **game licence** (permiso de caza)]. *Cf* poaching.

game[2] *n/v*: juego; jugar. *It is against the law for under 18s to be in a casino when gaming is taking place.* [Expresiones: **game of chance** (juego de azar), **gaming** (jugarse el dinero a juegos de azar), **gaming licence** (autorización para abrir establecimientos dedicados a juegos de azar)]. *Cf* gamble, wager, bet.

gamble *n/v*: juego de azar; riesgo, jugada arriesgada, apuesta; jugar por dinero, apostar. *He lost all his money in a Stock Market gamble.* [Expresión: **gamble in stock** (hacer agiotaje)]. *Cf* speculate on exchange, gaming.

gang *n*: mano, cuadrilla, pandilla; colla de estibadores. *Police are hunting for the members of the armed gang which hijacked a security van.* [Expresiones: **gang of crooks** (banda criminal; V. *mob of gangsters*), **gang of robbers**, etc. (pandilla o cuadrilla de ladrones), **gangster** (gángster, bandido, hampón), **gangland** (mafia de gángsters)].

gaol *n/v*: cárcel; encarcelar. *He was gaoled.* [En Gran Bretaña se usan *gaol* y *jail* indistintamente. Expresiones: **gaol delivery** (auto de excarcelación inmediata que, en el pasado, dictaban los *circuit judges* de los *Assize Courts*), **gaoler** (carcelero)]. *Cf* engaol, jail.

garnish *v*: prevenir, emplazar; ordenar judicialmente la retención de una cosa, embargar. [El verbo *garnish* se emplea en el sentido de iniciar acciones judiciales para obtener de los tribunales un **garnishment order** (sentencia o auto de embargo), siendo un caso de *enforcement* (ejecutoria), ya que sólo puede solicitar el auto correspondiente el acreedor que cuente con el respaldo de una sentencia favorable; en este caso también se puede emplear el verbo *to garnishee*. Lo peculiar de esta sentencia reside en el hecho de que se embarguen bienes (derechos, etc.) del deudor que se hallan en posesión de un tercero; la persona contra la que se dicta la sentencia se llama **garnishee** (embargado, el que recibe un mandato de entredicho), el acreedor se llama **garnisher/garnishor** (embargante) y el procedimiento se llama **garnishment proceedings** (procedimiento de embargo)]. *Cf* attachment, boycott, embargo, equitable garnishment, execution, factorizing, lien of garnishment.

gather information *v*: recabar información. *Cf* obtain.

gazette *n*: diario oficial. *The London Gazette, the Belfast Gazette and the Edinburgh Gazette are official publications which contain "bankruptcy order, proclamations, and so on". Cf* official journal.

gazumping *n*: retirada del contrato, ruptura de las negociaciones contractuales. [Voz inventada, pero tan popular como la práctica que describe. Ésta consiste en retractarse el que vende una casa o propiedad en el último momento, cuando ya hay acuerdo pero aún no se ha firmado el contrato, porque ha recibido otra oferta superior o para obligar al comprador a pagar un precio más alto. La acción no es ilegal pero causa muchos trastornos y pérdidas económicas, ya que el comprador frustrado tiene que pagar a su *solicitor* aunque no se perfeccione el contrato. La *Conveyancing Standing Committee* aconseja a los abogados que insten a las partes a que aporten una señal al principio de las negociaciones como prueba de buena fe, señal que se perdería en caso de que una de las partes se echara atrás sin justificación].

gbh *n*: V. *grievous bodily harm*.

gdp *n*: V. *gross domestic product*.

gear *v*: incrementar el apalancamiento financiero, a saber, la relación entre el pasivo exigible y los fondos propios en la estructura financiera de la empresa. *Low-profit highly-geared companies are taking risks with their shareholders' money*. [Expresión: **gearing** (apalancamiento)]. *Cf* capital gearing, leverage

general *a*: general, universal. *Automatism, involuntary conduct and self-defence are three kinds of general defence*. [El adjetivo *general* tiene un amplio uso en el inglés jurídico, siendo sus antónimos más corrientes *special, limited, particular* y también *qualified*; en algunos casos, *gross* es sinónimo de *general*. Expresiones: **general agent** (apoderado, mandatario o agente general), **general assignment in favour of creditors** (cesión de bienes), **general assumpsit** (proceso por incumplimiento de compromiso implícito), **general/gross average, G/A** (avería gruesa; la avería general o gruesa deben costearla proporcionalmente las partes que se benefician de ella; V. *particular average*), **general cargo** (carga general), **general charge** (instrucciones generales dadas por el juez a los miembros del jurado), **general committee** (presidencia, mesa presidencial), **general covenant** (garantía general), **general customs** (costumbres nacionales, práctica comercial), **general damages** (daños efectivos, indemnización compensatoria por daños directos, generales o efectivamente causados, de acuerdo con lo que la ley estima que el agraviado debe recibir; este tipo de indemnización también se llama *actual/compensatory damages*; cuando se puede precisar fácilmente el valor de lo perdido o dañado se habla de *specific damages*), **general defences** (eximentes generales; V. *specific defences*), **general demurrer** (excepción general), **general devisee** (legatario general), **general ice clause** (cláusula de hielo, que se incluye en las pólizas de fletamento), **general issue** (excepción a la totalidad; declaración general de que son falsos todos los hechos alegados por la parte contraria; en la actualidad está en desuso ya que hay que rebatir las alegaciones punto por punto), **general elections** (elecciones generales), **general execution** (*amer*) (ejecución general de los derechos del acreedor mediante auto de embargo dictado al *sheriff*), **general executor** (albacea universal), **general legacy** (legado general), **general lien** (*amer*) (gravamen, derecho prendario, embargo preventivo), **general meeting of share-holders** (junta general de accionistas), **general partner** (socio colectivo), **general public** (población), **general strike** (huelga general), **general tenancy** (tenencia sin plazo), **general verdict** (veredicto general; V. *special verdict*), **general warrant** (auto de detención general), **general verdict** (veredicto ordinario)]. *Cf* special, limited, qualified, particular.

gentlemen's agreement *n*: pacto de caballeros. [Se aplica en materia de acuerdos internacionales para restarles fuerza vinculante].

genuine *a*: auténtico, legítimo, genuino, veraz. [Expresión: **genuineness** (autenticidad)].

get *v*: conseguir, obtener, alcanzar. [Expresiones: **get into debt** (endeudarse), **get the sack** (ser despedido)].

gift *n*: donación, regalo, dádiva. *An engagement gift is an absolute gift and cannot be recovered when the engagement is broken.* [Expresiones: **as a gift** (a título gratuito), **gift inter vivos** (donación inter vivos), **gift mortis causa** (donación por causa de muerte), **gift tax** (impuesto sobre donaciones o sobre transferencias a título gratuito)]. *Cf* absolute gift, legacy, capital grant, sealed instrument, contract under seal.

gilt-edged securities *n*: bonos o valores del Estado, valores de primera clase, valores de canto rodado, valores de toda confianza. *Cf* blue chip bond, high-grade bond.

give *v*: dar, otorgar, etc. *He gave me his word in front of witnesses that he would repay the loan.* [Expresiones: **give a sentence** (imponer una pena), **give a suspended sentence** (dictar una sentencia condicional), **give bail** (prestar, constituir fianza, caución), **give evidence** (prestar declaración, declarar, deponer, aportar pruebas, dar testimonio, testificar, atestiguar; V. *evidence, take evidence from*), **give leave for a case to go ahead** (admitir a trámite), **give judgment against/in favour of** (fallar a favor/en contra, emitir un fallo, dictar sentencia; V. *grant a decree, pass a sentence, issue an order, find against/for*), **give leave to appeal** (admitir a trámite la apelación), **give notice** (emplazar, comunicar, citar, notificar a la otra parte sobre la rescisión del contrato laboral, siguiendo los plazos que marca la ley; dar aviso de despido; autodespedirse, despedirse de un puesto de trabajo voluntariamente, dando la notificación reglamentaria, notificar la extinción del contrato por voluntad de trabajador), **give oneself up** (entregarse), **give preliminary rulings** (pronunciarse con carácter pre-

judicial), **give redress** (reparar), **give something in evidence** (utilizar como prueba), **give the floor** (ceder/dar el uso de la palabra), **give the sack** (*col*) (despedir, echar a uno), **give up** (renunciar)]. *Cf* confer.

glut *n/v*: saturación, exceso; saturar. *These articles are a glut on the market at the moment.*

GMT *n*: V. *Greenwich Mean Time.*

go *v*: ir, salir, etc. *They have invested a lot of money in the business and it is once more a going concern.* [Expresiones: **go bail** (salir fiador), **go-between** (intermediario; V. *agent*), **go into bankruptcy** (ir a la quiebra; V. *winding-up*), **go into hiding** (pasar a la clandestinidad), **go into receivership** (pasar a administración judicial), **go on strike** (declararse en huelga), **go public** (entrar en Bolsa, cotizar en Bolsa), **go surety for** (fiar), **go to law** (entablar juicio, demandar, meterse en pleitos), **go to the bad** (malearse; V. *bad*), **go to the polls** (ir/acudir a las urnas), **going** (en marcha, que funciona, vigente), **going concern** (negocio en marcha), **going rate** (tipo de cambio vigente), **go straight** (*col*) (mantener una conducta reformada, hacer vida nueva; V. *straight*)].

golden handshake (*col*) *n*: broche de oro, gratificación otorgada a la jubilación de un empleado que ha prestado largos servicios. *Cf* ex gratia payment.

good *a*: bueno. *In claims based on equity it is essential for the plaintiff to show that he or she acted in good faith.* [Expresiones: **good cause** (motivo suficiente), **good consideration** (causa contractual adecuada), **good offices** (buenos oficios), **good title** (título válido, título seguro o inobjetable; V. *clear title; bad title, cloud on title*), **good until cancelled** (válido hasta nueva orden), **in good faith** (de buena fe)]. *Cf* show good cause; bad.

goods *n*: productos, bienes, mercancías, efectos de comercio, géneros, especies, mercaderías. *Ordinary commercial transactions are regulated by the Sale of Goods Act.* [Expresiones: **goods and chattels** (bártulos), **goods and services** (bienes y servicios), **goods**

exchange (bolsa de comercio)]. *Cf* bonded goods, consumer goods, perishable goods, investment goods, chattels.

goodwill *n*: clientela de una empresa o negocio; fondo de comercio, plusvalía. *The goodwill of a firm is part of its intangible fixed assets. Cf* negative goodwill.

govern *v*: regir. *A court's discretion is governed by the law of the court where the case is tried.* [Expresiones: **governing board** (Consejo de administración), **governing body** (órgano, organismo o junta directiva), **governing law** (ley vigente)].

government *n*: gobierno, Estado, administración del Estado. *Three new ministers have entered the government as a result of the Cabinet reshuffle.* [Expresiones: **government agency** (organismo público), **government attorney** (*amer*) (fiscal), **government bank** (banco estatal o nacional), **government circulars** (directrices ministeriales), **government department** (ministerio), **government securities** (títulos o valores del Estado, efectos públicos)].

gown *n*: toga. [Expresión: **gownman** (togado)].

grace period *n*: período de gracia o de espera. *Cf* days of grace.

graft (*col*) *n*: chanchullos, corrupción, soborno político. *The mayor of the town promised to look into allegations that several councillors are mixed up in the graft scandal involving building contracts.* [Expresión: **grafter** (especulador)].

grand jury *n*: gran jurado, jurado de acusación. [En Estados Unidos, el gran jurado tiene como función decidir si existen indicios razonables para procesar a un acusado, función que en Inglaterra realiza el *Magistrates' Court*]. *Cf* petty jury; ignoramus, true bill.

grand larceny *n*: hurto mayor. [Este término y su homónimo *petty larceny* (hurto menor) ya no tienen vigencia jurídica, empleándose la palabra *theft* para todos los casos de robo]. *Cf* theft.

grant *n/v*: concesión, donación, cesión, permiso; privilegio, decreto, subvención, beca, bolsa (de estudios o de viaje); otorgar, conceder, ceder, dar, dispensar. *Her divorce petition was undefended and she was granted a decree nisi.* [Expresiones: **grant a decree** (dictar sentencia un tribunal de equidad), **grant a delay** (acordar/conceder una prórroga o dilación; V. *allow time*), **grant a discount/an allowance** (conceder/hacer un descuento/una rebaja), **grant a licence** (otorgar una licencia o concesión), **grant a loan** (conceder un préstamo), **grant a patent** (otorgar una patente), **grant a postponement** (conceder un plazo para el pago), **grant a request** (acceder a una demanda), **grant a respite** (acordar una moratoria), **grant a stay** (conceder la suspensión de la instancia), **grant a subsidy** (conceder una subvención), **grant amnesty** (amnistiar, conceder una amnistía), **grant an application** (acceder a lo solicitado, aceptar, admitir a trámite una petición, instancia o solicitud), **grant an injunction** (dictar un mandato judicial o interdicto), **grant bail** (poner en libertad bajo fianza), **grant of favour or privilege** (acto graciable), **grant-in-aid** (ayudas estatales; subvención; aplicación de fondos de un gobierno central a proyectos específicos), **grant in fee simple** (transmitir en pleno dominio), **grant relief** (exonerar, reparar), **grantee** (cesionario, concesionario), **granting of licences** (concesión de licencias), **grantor** (cesionista, otorgante, poderdante)]. *Cf* bounty, bestow, confer; non-recoverable grants; take for granted.

grants basis, on a *fr*: en régimen de/a título de donación.

grassroots movements *n*: movimientos de comunidades de base.

gratuitous *a*: gratuito, gracioso. [Expresiones: **gratuitous contract** (contrato a título gratuito), **gratuitous bailment** (comodato, depósito civil), **gratuity** (gratificación)].

graving dock *n*: dique seco. *Cf* dry dock.

green *a*: verde. *The government has published a green paper on new legislation against drug abuse.* [Expresiones: **Green book** (libro que contiene las normas procesales de los *County Courts*; V. *rule*), **green paper** (proposición no de ley; se trata de proposiciones, estudios, etc., que el ejecutivo, por mandato real, presenta al Parlamento para su consideración; entre estos documentos destacan los *white papers* y los *green papers*)]. *Cf* white papers, command papers.

Greenwich Mean Time *n*: tiempo universal, tiempo medio de Greenwich.

grievance *n*: agravio, injuria, injusticia, ofensa. *The civil courts exist to give people an opportunity to air their grievances and have issue judicially decided.*

grievous *a*: ofensivo. *Murder is homicide with malice aforethought, i.e., with the intention of killing or causing grievous bodily harm.* [Expresión: **grievous bodily harm** (lesiones graves)]. *Cf* battery; bodily harm; redress a grievance.

grocer's shop exchange *n*: lonja.

gross¹ *a*: bruto. [Con el sentido de «bruto», es decir, «no neto» aparece junto a *dividends, earnings, income, margin, price, proceeds, profit, revenue,* etcétera. Expresiones: **gross/general average, G/A** (avería gruesa o común), **gross charter** (fletamento con operación por cuenta del fletante), **gross domestic product, gdp** (producto interior bruto), **gross margin** (margen comercial bruto), **gross national product, gnp** (producto nacional bruto), **gross register tonnage, GRT** (tonelaje de registro bruto; V. *net register tonnage*), **gross weight** (peso bruto)]. *Cf* net.

gross² *a*: grave, flagrante, temerario; evidente. *We are claiming damages on the ground of the railway company's gross negligence.* [Expresiones: **gross fault** (negligencia grave), **gross inadequacy** (insuficiencia evidente; V. *flagrant*), **gross indecency** (abusos deshonestos), **gross negligence** (imprudencia o negligencia temeraria, negligencia grave; a pesar de que los tribunales rechazan el término, alegando que la negligencia existe o no existe y no tiene adjetivos, la expresión es frecuente y se asemeja bastante al espíritu del término «negligencia temeraria»)]. *Cf* flagrant, obvious.

gross, in *fr*: absoluto, por derecho propio. [La expresión *in gross* se aplica en expresiones como *a profit à prendre in gross* para señalar que el derecho es absoluto con independencia de que se tenga o no la propiedad de la tierra]. *Cf* in common.

ground¹ *n/v*: fundamento, causa, razón, motivo, base, argumento, alegato, defensa; terreno; fundar, fundamentar, establecer, basar. *His claim was grounded on the will his mother made during her last illness.* [Expresiones: **ground for appeal** (motivo de apelación), **ground for divorce** (causa de divorcio), **ground rent** (renta pagadera sobre el terreno pero no sobre las casas u otros edificios), **groundless** (sin causa), **groundlessness** (inconsistencia, falta de razón o fundamento), **on grounds of** (por razón de, por razones de), **on the ground that** (basándose en, alegando que)]. *Cf* argument, reason; legal ground, proof, reasonable grounds.

ground² *v*: embarrancar. *Cf* aground; run aground.

guarantee *n*: garante; garantía, caución, aval, fianza, abono; avalar, garantizar, constituirse en fiador, afianzar. *The company could not find a bank willing to guarantee the loan, and had to sell some of its assets.* [Las palabras *guarantee, guaranty* y *warranty* son sinónimas en cierto sentido, pero no son completamente intercambiables; en principio, *guarantee* se refiere al fiador, es decir, al que ofrece una *guaranty* (aval). Expresiones: **guarantee bond** (fianza), **guarantee debenture** (obligación garantizada), **guarantee fund** (fondos de reserva o de garantía), **guarantee stocks** (valores garantizados), **guaranteed** (avalado), **guaranteed by endorsement** (avalado), **guarantor** (avalista, fiador, garante de una fianza judicial)]. *Cf* surety, absolute guarantee, guaranty, warranty.

guaranty *n*: V. *guarantee.*

guardian *n*: tutor, guardián, custodio. *As the orphan is a minor, the court has appointed a guardian to exercise parental rights and duties.* [Expresiones: **guardian *ad litem*/ guardian for the suit** (defensor judicial, curador *ad litem*), **guardian by election** (tutor elegido por el menor), **guardian by statute**

(tutor testamentario), **guardianship** (tutela; V. *tutorship*)].

guidance *n*: guía, orientación. *Cf* provide guidance.

guidelines *n*: orientaciones.

guild *n*: gremio, corporación, cuerpo. *The old trade guilds were the ancestors of the modern trade unions.*

guile *n*: astucia, insidia. *The fraud trial showed the extent of the businessman's guile and the depth of his knowledge of finance.*

guilt *n*: culpa, culpabilidad. *Under Scots law there are three possible verdicts: guilty, not guilty and not proven.* [Expresiones: **guilty** (culpable), **guilty knowledge** (dolo), **guilty party** (parte culpable)]. *Cf* plead guilty, find guilty.

gun *n*: pistola. *No civilised person would uphold a contract signed at gun-point.* [Expresiones: **at gun-point** (a punta de pistola; V. *point blank, at knife-point*), **gunman** (bandido, pistolero; V. *killer, cut-throat, murderer, triggerman, homicidal, slayer, assassin*), **gun-runner** (traficante de armas)].

H

habeas corpus *n*: *habeas corpus*, auto de prerrogativa de protección de los derechos del detenido, ley básica de protección de los derechos del detenido. *Cf* writ, writ of habeas corpus.

habendum *n*: parte o división de una escritura de propiedad que comienza con *to have and to held.*

habitual *a*: habitual, reincidente. [Expresiones: **habitual drunkard** (bebedor o borracho habitual o reincidente), **habitual offender** (delincuente habitual; V. *first time offender, persistent offender, recidivist*)].

hacking *n*: hurto de información contenida en ordenadores. *Cf* dark-side hacking, theft, burglary, stealing, lifting, abstracting.

Hague Convention, The *n*: Convención de la Haya.

half-yearly *n*: semestral. *Cf* biyearly.

half-blood *n*: consanguinidad. *Cf* consanguinity, affinity.

hand *n/v*: mano; obrero; entregar con la mano. *I have your report to hand and I see you recommend a price increase.* [Expresiones: **hand and seal** (firma y sello), **hand down a decision/sentence** (anunciar un fallo o decisión, una condena), **hand in a report** (elevar o presentar un informe o una memoria), **hand out information** (facilitar noticias), **hand money** (arras, depósito), **hand-out** (expediente, notas), **to hand** (a mano), **under my hand and seal** (firmado de mi puño y letra y con mi sello, firmado y sellado por mí)]. *Cf* change hands, deck hand, show of hands, high-handed.

handcuff *n/v*: esposas; maniatar, esposar. *The accused, who was reputed to be dangerous, sat handcuffed to two wardens throughout the trial.*

handicap *n/v*: impedimento, impedir. *Physically handicapped people are allowed to vote by proxy.* [Expresión: **handicapped** (disminuido, desfavorecido)]. *Cf* disabled.

handle *v*: manejar, comerciar (en determinados artículos o negocios), tratar con, manejar (personas). *Handling stolen goods is a very serious offence and covers a wide range of activities such as sharing in the proceeds of blackmail or assisting in the disposing of anything bought with the proceeds of robbery, etc.* [Expresiones: **handler** (tratante, comerciante), **handling stolen goods** (tráfico de artículos robados; V. *receiving stolen goods, fence*)].

handwriting expert *n*: perito caligráfico. *The police have called in a handwriting expert to assist with their inquiries.*

hang *v*: ahorcar. [Con el significado de «ahorcar», el verbo *hang* es regular. Expresiones: **hanging** (patibulario, muerte en la horca, ahorcamiento), **hangman** (verdugo, ejecutor de la justicia)]. *Cf* gallows.

Hansard *n*: Libro de Actas del Parlamento Británico. *The only reliable source of information on exactly what is said in Parliament are the reports in Handsard.*

[Aunque hoy son publicadas por la Imprenta Oficial de la Corona (*HMSO*), las actas taquigráficas del Parlamento británico todavía conservan el nombre de la familia Hansard, en cuya imprenta se publicaron hasta el siglo xix].

harass *v*: acosar, hostigar, atormentar. *Harassing a witness may lead to a charge of interfering with witnesses.* [Expresiones: **harassment** (hostigamiento), **harassment of debtors** (delito de coacción violenta para el cobro de deudas; V. *demand with menaces, aggressive collection*), **harassment of occupier** (coacción violenta para desalojar a un inquilino)]. *Cf* sexual harassment.

harbo(u)r *n/v*: puerto; cobijar, esconder, abrigar, albergar. [Expresiones: **harbour a criminal** (cobijar o esconder a un delincuente; V. *impeding apprehension or prosecution*), **harbour dues** (derechos de puerto), **harbour master** (capitán de puerto; V. *warden of a port*)]. *Cf* aid and abet.

hard *a*: duro, severo, empedernido. *That judge has the reputation of being hard but fair.* [Expresiones: **hard money** (moneda contante y sonante, moneda metálica), **hard and fast rule** (regla rígida; V. *inflexible*), **hard cash** (dinero efectivo o en metálico), **hard currency** (moneda o divisa fuerte), **hard labour** (trabajos forzados; V. *conscripted labour*), **hard words** (palabras duras, severas o injuriosas), **hardship** (opresión, injuria, injusticia, penalidad)]. *Cf* harsh.

harm *n/v:* daño, perjuicio, agravio, detrimento; dañar, perjudicar. *It was generally felt that internment without trial as a means of combating terrorism in Northern Ireland did more harm than good.* [Expresiones: **harmful** (nocivo, perjudicial, peligroso), **harmful error** (error perjudicial, error inexcusable), **harmless** (inocuo, inofensivo), **harmless error** (error sin perjuicio o excusable)]. *Cf* bodily harm.

harmonisation *n*: equiparación, armonización. [Expresión: **harmonisation of laws** (armonización de leyes)]. *The Council of Ministers of the EC periodically issues directives aimed at securing a harmonisation of laws between member states. Cf* approximation.

harsh *a*: duro, severo, áspero. *Counsel for the defence, who felt his client had been harshly treated, lodged an appeal against the sentence.* [Expresión: **harsh treatment** (severidad)].

hatch *n*: escotilla.

haulage *n*: portes, transporte. *Haulage contractors are responsible for the safety of they goods they transport. Cf* carriage, conveyance.

have no case, you *fr*: sus argumentos no tienen base/consistencia jurídica.

have no record *v*: no tener constancia.

haven *n*: puerto. *Cf* tax haven.

hay bote *n*: V. *bote.*

hazard *n/v*: peligro, riesgo, azar; arriesgar, poner en peligro. [Expresiones: **hazardous** (arriesgado, peligroso), **hazardous and noxious substance, HNS** (producto peligroso y tóxico), **hazardous contract** (contrato aleatorio), **hazardous negligence** (imprudencia temeraria; V. *gross negligence*), **hazardousness** (peligro, riesgo)]. *Cf* dangerous; occupational hazard, industrial accident; jeopardy, ultrahazardous activities.

head[1] *n*: jefe, principal, superior, cabeza. [Expresiones: **head of the company** (presidente de la empresa), **head office** (oficina principal, central, casa matriz, sede), **headquarters** (sede principal, cuartel general), **head tax** (capitación; V. *poll tax*)].

head[2] *n*: epígrafe, título. *The headings used at the start of the sections of a statute give shape to the Act and are helpful in resolving possible ambiguities.* [Expresión: **heading** (título, partido, epígrafe; V. *title, rubric*)].

health *n*: salud, higiene. *Under the Health and Safety at Work Act dangerous machinery must be securely fenced.* [Expresiones: **Health and Safety at Work Act** (ley de seguridad e higiene en el trabajo), **health care** (atención sanitaria, cuidado sanitario), **health insurance** (seguro de enfermedad)].

hear *n*: oír, ver, conocer. *A civil action is usually heard by a single judge.* [Expresiones: **hear a**

case (conocer de una causa, ver una causa), **hear evidence** (practicar una prueba), **hearing** (vista, audiencia, examen de testigos, juicio; V. *pre-hearing assessment, pre-trial hearing*), **hearsay evidence** (testimonio o prueba por referencia, por rumor o de oídas)].

heavy *a*: grave, fuerte, importante; oneroso. *He resigned because he found the burden of responsibility too heavy to carry.* [Expresiones: **heavily armed** (fuertemente armados), **heaviness of the market** (depresión del mercado), **heavy fall** (hundimiento, derrumbamiento, colapso; V. *collapse*), **heavy lift** (izada de una pieza pesada), **heavy penalty** (pena grave), **heavy sentence** (sentencia o condena grave; V. *serious*)].

heckle *v*: abuchear a un conferenciante o político, reventar un mitin. *The bodyguards ejected a number of hecklers from yesterday's political meeting.* [Expresión: **heckler** (reventador de mítines)].

henchman *n*: seguidor político, secuaz, hombre de confianza, gorila. *The politician was always surrounded by a group of henchmen. Cf* bodyguard, bouncer.

hedge (*col*) *v*: responder con evasivas; compensar las apuestas u operaciones de bolsa entre sí; cubrir los contratos de futuros, compensar contratos. *The firm hedged its bets by investing in safe stock to cover against the eventuality of losses elsewhere.* [Expresiones: **hedger** (inversor asegurado), **hedging** (cobertura)]. *Cf* long investor, writer.

heel *v*: escorar.

heir *n*: heredero. *He married an American oil heiress, apparently for love.* [Con *heir*, muchos adjetivos aparecen pospuestos al nombre, aunque también pueden precederle. Expresiones: **heir apparent** (heredero forzoso, presunto heredero), **heir-at-law** (heredero legítimo), **heir by adoption** (heredero adoptivo), **heir collateral** (heredero colateral), **heir expectant** (heredero en expectativa o expectante), **heir presumptive** (heredero presunto), **heir testamentary** (heredero testamentario o instituido, heredero voluntario), **heir unconditional** (heredero absoluto o libre), **heir under a will** (heredero testamentario), **heiress** (heredera)]. *Cf* conventional heir, joint heir, presumptive heir, rightful heir, testamentary heir, unconditional heir.

Her Majesty's pleasure, during *fr*: por tiempo ilimitado, mientras lo quiera, lo disponga o lo estime conveniente la Corona; de acuerdo con el criterio de los jueces. *A minor who kills somebody cannot be tried, but he/she may be detained during Her Majesty's pleasure.*

Her Majesty's Stationery Office (HMSO) *n*: imprenta oficial de la Corona/del Estado.

here *adv*: aquí. *The present contract, hereinafter called the agreement, has been voluntarily entered into by the two principals, who agree as follows...* [Expresiones: **hereabouts** (por aquí, en estos alredededores), **here unto set his hand and seal** (firmó y selló el presente), **hereafter** (en el futuro, de hoy en adelante), **hereby** (por este acto, por este medio, de este modo), **herefrom** (de ahí, por esto), **herein** (en dicho documento o lugar, en la presente, adjunto), **hereinafter** (más abajo, después, más adelante), **hereinafter called** (que en adelante llamaremos; V. *aforementioned, aforesaid*), **hereof** (de eso mismo, perteneciente al, a lo mismo, etc.), **hereto** (anteriormente; hasta ahora), **heretofore** (en otro tiempo, anteriormente; hasta ahora), **hereupon** (sobre esto; en eso, acto seguido, a raíz de eso), **herewith** (adjunto, con la presente)]. *Cf* there.

hereditament *n*: herencia, propiedades, derechos reales susceptibles de ser heredados. [Expresiones: **hereditary** (hereditario), **hereditary prince** (príncipe heredero), **hereditary succession** (sucesión hereditaria), **heritor** (propietario; en el derecho escocés propietario de un derecho o bien transmisible)]. *Cf* corporeal hereditament, incorporeal hereditament.

hesitant *a*: vacilante. *The witness gave his evidence in a hesitant, unconvincing manner.* [Expresión: **hesitant market** (mercado indeciso)]. *Cf* fluctuate.

hide *v*: ocultar, encubrir. [Expresiones: **hidden**

(subyacente, oculto; V. *dromant*), **hidden defect** (defecto o vicio oculto), **hidden inflation** (inflación subyacente), **hidden obstacles to trade** (barreras encubiertas a la libre transacción comercial), **hidden protectionism** (proteccionismo encubierto), **hidden reserves** (reservas encubiertas en los libros, reservas ocultas), **hide-out** (escondite), **hiding** (encubrimiento; V. *go into hiding*)]. *Cf* dormant.

high *a*: superior, elevado, alto; grave. *Drugs were found aboard the ship on the high seas after the police had received a tip-off from her last port of call.* [Expresiones: **high and dry** (buque en seco, en bajamar), **High Commissioner for Refugees** (Alto Comisionado para Refugiados), **high-handed** (arbitrario, imperioso), **high-grade bond** (bono de confianza, de canto rodado; V. *gilt-edged securities, blue chip bond*), **high seas, on the** (en alta mar; V. *open seas*), **high treason** (alta traición), **high water** (pleamar)].

High Court of Justice *n*: Tribunal (o Corte) Superior de Justicia, Audiencia Nacional. *Though the High Court deals mainly with important civil actions, it is also a court of appeal in criminal matters.* [En Inglaterra y Gales, se puede acudir a dos clases de tribunales civiles: los inferiores, llamados Tribunales del Condado (*County Court*), y el superior, llamado Tribunal Superior de Justicia (*The High Court of Justice*), cuya sede está en Londres. La naturaleza de la demanda y, sobre todo, su cuantía, es lo que determinará que se acuda en primera instancia a un tribunal o a otro. Este tribunal, que es de primera instancia, aunque también es de apelación para ciertas cuestiones penales, consta de tres divisiones: *Queen's Bench Division*, *Chancery Division* y *Family Division*]. *Cf* division, Queen's Bench Division, Chancery Division, Family Division; Court of Session (*der es*).

High Court of Justiciary (*der es*) *n*: V. *solemn procedure*.

higher courts *n*: tribunales superiores. *All higher court are appellate courts as they have jurisdiction to review decisions taken by lower courts.* [Además del *Court of Appeal* y de *The House of the Lords*, que tienen jurisdicción de apelación, los tribunales superiores son *The High Court of Justice* en lo civil (y en ciertas cuestiones de lo penal) y *The Crown Court* en lo penal)]. *Cf* superior courts, lower courts.

highjack *v*: secuestrar un vehículo, un avión, etc. *The highjackers forced the pilot to fly them to Iran.* [Expresiones: **highjacking** (secuestro, piratería), **highjacker** (secuestrador)]. *Cf* commandeer, seize, seizure.

highway *n*: carretera. *He failed his driving test because he didn't know the highway code thoroughly.* [Expresiones: **highway code** (código de la circulación), **highway robbery** (atraco)]. *Cf* holdup.

hijacking/hijack *n/v*: piratería aérea; secuestrar un avión.

hinder *v*: impedir, obstaculizar, estorbar, causar o poner impedimentos. [Expresión: **hindrance** (impedimento, obstáculo, estorbó)]. *Cf* impend.

hinterland *n*: traspaís.

hire *n/v*: alquiler, arriendo, contratación; alquilar, tomar en arrendamiento; contratar personal. [Expresiones: **hire-purchase** (compra, o venta, a plazos), **hireling** (mercenario), **hiring** (arrendamiento)]. *Cf* rent, lease.

HNS *n*: V. *hazardous and noxious substance*.

H.M. *n*: siglas de *His/Her Majesty*, que se encuentran en documentos e instituciones oficiales del Estado británico, a saber, **Her/His Majesty's Ship** (Buque de la Marina Real), **H.M. Land Registry** (Catastro oficial), **HMSO, Her/His Majesty's Stationery Office** (Imprenta oficial del Estado)].

hoard *v*: acaparar. *People often hoard food when there is a threat of war.* *Cf* victualling, corner.

hoax *n*: broma pesada, trampa; falsa alarma. [Expresión: **bomb hoax** (aviso falso de bomba)]. *Hundreds of children were sent home as a result of a bomb hoax. Cf* counterfeit, bogus, impersonate.

hold[1] *n*: apresamiento, custodia, posesión. *The man had some hold over her and was blackmailing her.* [Expresiones: **have a hold-over** (dominar a uno, ejercer influencia sobre uno, tener a alguien a su merced), **hold-up** (atraco, asalto; atracar, asaltar), **hold-up man** (atracador, asaltante; V. *robber*)]. *Cf* keep hold of, lay hold of.

hold² *n*: bodega de un barco.

hold¹ *v*: tener, poseer, gozar, guardar, ocupar. *The Lord of Exchequer's tough economic measures have been held in abeyance.* [Expresiones: **hold as pledge** (conservar como fianza), **hold at bay** (tener a raya; V. *at bay, keep in check, keep off*), **hold harmless** (librar de responsabilidad, conservar sano y salvo, amparar, dejar a salvo), **hold in abeyance** (tener o quedar en expectativa, dejar en suspenso, pendiente), **hold in demesne** (tener en dominio pleno), **hold in due course** (poseer de acuerdo con la ley, tener en la forma debida), **hold in trust** (guardar en depósito)].

hold² *v*: mantener, opinar, defender, sostener, tener un punto de vista, considerar, estimar, juzgar, creer. *The court held that the payment was good consideration and dismissed the appeal for nullity of contract.*

hold³ *v*: detener, retener. *An arrested person will not normally be held more than 24 hours without being charged.* [Expresiones: **hold for trial** (detener para proceso), **hold in legal custody** (detener, retener), **hold over** (retener posesión el inquilino o arrendatario después del vencimiento del contrato), **hold without bail** (detener sin fianza)]. *Cf* retain, detain, imprison, administrative detention.

hold⁴ *v*: celebrar, tener lugar. *The trial is to be held later this month.* [Expresiones: **hold a hearing** (celebrar una audiencia), **hold a session** (celebrar una reunión), **hold an inquest** (V. *inquest*), **hold an interview** (mantener un entrevista), **hold court** (celebrar sesión, hallarse en sesión), **hold elections** (celebrar elecciones), **hold pleas** (conocer causas)].

hold⁵ office *v*: ostentar un cargo, desempeñar una función, desempeñar un cargo público. *She held office under the previous Prime Minister and may very well be offered a senior post in the new government.*

hold⁶ out for *v*: empeñarse en conseguir algo, no

rendirse hasta recibir algo. *The strikers are holding out for a further £30 a week.*

hold⁷ to *v*: aferrarse, persistir. *During the five hours of cross-examination, the alleged victim held to her main accusation. Cf* stick to.

holder *n*: titular, portador, tenedor, poseedor. *The holder of a bill is the person who is entitled to claim on it, whether he be the bearer, the payee or the endorsee.* [Expresiones: **holder in due course** (tenedor legítimo o de buena fe; V. *in due course*), **holder of a chattel mortgage** (acreedor prendario), **holder of an account** (titular de una cuenta), **holder of bonds/debentures/shares** (bonista, obligacionista, accionista), **holder of record** (tenedor inscrito)].

holding *n*: tenencia, pertenencia, posesión, posesión de tierras, terratenencia; grupo industrial, asociación, sociedades tenedoras de títulos. *A holding company is one which controls another company or companies through possession of at least half of its shares.* [Expresiones: **holding company** (compañía tenedora o matriz, sociedad de control), **holdings** (cartera, valores en cartera, tenencias, propiedades)]. *Cf* combine, conglomerate.

holdup *n*: atraco, asalto. [Expresión: **holdup man** (atracador, salteador de caminos)].

holograph *a*: hológrafo, ológrafo. [Expresión: **holographic will** (testamento ológrafo)].

Holy See *n*: Santa Sede.

home *n*: hogar, nación. *Recently there has been strong support for the idea of home rule for Scotland.* [Expresiones: **Home Office** (Ministerio del Interior; V. *Ministry of the Interior*), **home rule** (autonomía; V. *self-governing*), **Home Secretary** (ministro del Interior)]. *Cf* community homes.

homestead *n*: casa, sobre todo la parte donde vive la familia. [Expresiones: **homestead exception** (*amer*) (excepción de embargo, privilegio del que gozan algunas granjas), **homestead right** (derecho de posesión y goce de la residencia particular)].

homicide *n*: homicidio. [Expresiones: **homicidal**

attempt (tentativa de homicidio), **homicide by misadventure** (homicidio involuntario o accidental), **homicide by necessity** (homicidio por necesidad), **homicide by negligence** (homicidio por imprudencia), **homicide squad** (policía criminal)]. *Cf* excusable homicide, felonious homicide, justifiable homicide, inculpable homicide, involuntary homicide, voluntary homicide.

homosexual conduct *n*: comportamiento homosexual.

honest *a*: honesto, honrado, sincero, legítimo, leal, de buena fe. [Expresiones: **honest confession** (confesión sincera), **honest dealing** (proceder leal, de buena fe), **honesty** (probidad, integridad)]. *Cf* fair.

hono(u)r *n/v*: honor, honradez, rectitud; hacer frente a, atender, pagar una deuda, una letra, un pago. *When a bill has been honoured, a cancelled copy is delivered to the drawee.* [Expresiones: **hono(u)r a debt, a bill,** etc. (pagar una deuda, una letra), **honor supra protest** (pago por intervención), **your honour** (señoría; V. *amer*)]. *Cf* meet one's duties; dishonour.

hostage *n*: rehén. *During the riot at the prison, 6 warders were held as hostages.*

hostile *a*: hostil. *The judge warned the hostile witness that, whatever his feeling towards the accused, he must tell the truth.* [Expresiones: **hostile bid** (puja hostil, opa hostil), **hostile embargo** (embargo de buques enemigos), **hostile possession** (posesión hostil), **hostile takeover bid** (opa hostil; oferta pública de adquisición de acciones), **hostile witness** (testigo desfavorable; V. *friendly witness*)]. *Cf* friendly, amicable.

hot *a*: caliente. *In some very dubious financial transactions, hot money is moved rapidly from one operation to another.* [Expresiones: **hot money** (*col*) (dinero caliente, dinero que entra y sale, dinero especulativo), **hot pursuit** (persecución extraterritorial)].

hotchpot *n*: colación.

house *n*: casa. [Expresiones: **house bote** (V. *bote*), **house breaker, housebreaker** (escalador, ladrón), **housebreaking** (allanamiento de morada, escalamiento; V. *break into a house, burglary*), **House of Commons** (Cámara de los Comunes), **house of evil/ill fame** (burdel), **House of Keys** (Cámara del Parlamento de la Isla de Man; V. *Tynwold*), **House of Lords** (Cámara de los Lores, Tribunal de Apelación. *The House of Lords* es la autoridad judicial suprema y la última instancia de apelación, con funciones de Tribunal Supremo y de Tribunal Constitucional; V. *Court of Appeals, appellate court*), **House of Representatives** (*amer*) (Cámara de los Representantes en el Congreso de Estados Unidos), **house-agent** (agente de la propiedad inmobiliaria; V. *real estate property agent, realtor*), **Housing Act** (ley de la Vivienda), **housing estate** (barrio periférico, urbanización de casas baratas; sociológicamente este término tiene connotaciones de barrio popular con casas modernas, normalmente en las afueras de una gran ciudad), **housing shortage** (carestía o falta de viviendas)]. *Cf* slum, suburb.

hulk *n*: pontón.

hull *n*: casco de un buque.

human *a*: humano. [Expresiones: **human rights** (derechos humanos), **human relations** (relaciones humanas), **humane** (humanitario)].

hurl abuse *v*: insultar. *Police evidence indicated that the accused had hurled abuse at his neighbours during the altercation. Cf* abusive language.

hush-money (*col*) *n*: soborno. *Cf* bribe.

hypothecate *v*: hipotecar, pignorar, empeñar. [Término empleado en el derecho marítimo para describir la acción del capitán de un buque al hipotecar el barco y/o el cargamento como garantía de la devolución de un préstamo pedido por causa urgente (reparaciones, avería, etc.). Expresiones: **hypothecation** (pignoración), **hypothecator** (hipotecante)].

I

ice *n*: hielo. [Expresiones: **icebound** (bloqueado por el hielo), **icebreaker** (rompehielos)].

identification *n*: identificación. *At an identification parade, the witness, who is concealed from view, is asked to look at a row of people, not all of whom are suspects, and to say whether any of them are, or are like, the person, or persons seen in the vicinity of a crime.* [Expresiones: **identification code** (referencia técnica, clave de identificación), **identification parade** (rueda de presos, de reconocimiento o de identificación; V. *confrontation*), **identify** (identificar), **identity of causes** (identidad de litigios), **identity of parties** (identidad de las partes)]. *Cf* evidence of identity, prove the identity, establish identity.

identikit *n*: retrato-robot.

idle *a*: inactivo, estéril, infecundo, ocioso o improductivo, desocupado, desganado, no utilizado. *Instead of letting your money lie idle at the bank, you should invest it. Cf* inactive, dormant.

ignoramus (*amer*): palabra que en el pasado escribía el Gran Jurado (*grand jury*) al dorso del escrito de acusación (*bill of indictment*) presentado por la fiscalía o la acusación, declarando que no había lugar al procesamiento o la apertura de juicio oral. En la actualidad la fórmula empleada es *No bill, Not a true bill, Not found*; no obstante, a la acción se le llama *ignore the bill.*

ignore *v*: no tener en cuenta, no hacer caso, hacer caso omiso de, prescindir. *The witness tried to ignore the question but the prosecutor was adamant.* [Expresiones: **ignorance** (ignorancia, desconocimiento), **ignorance of the law is no excuse** (la ignorancia de la ley no exime de su cumplimiento), **ignore the bill** (declarar que no ha lugar a procesamiento o a la apertura de juicio oral]. *Cf* ignoramus, plead ignorance.

il- *prefijo*: i-. *Children born out of wedlock are considered illegitimate in some English-speaking countries.* [El prefijo negativo inglés *in-* adopta la forma *-il* cuando la palabra siguiente comienza por *l*. Expresiones: **illegal** (ilegal, ilícito, ilegítimo, contrario a la ley), **illegal practice** (corruptela; V. *malpractice*), **illegal consideration** (causa contractual ilícita), **illegal strike** (huelga no autorizada), **illegalize** (ilegalizar), **illegally** (ilegalmente), **illegitimate** (ilegítimo, falso; espúreo, bastardo; ilegitimar, declarar ilegítimo), **illegitimate child** (hijo bastardo; V. *acknowledge an illegitimate child*), **illegitimacy** (ilegitimidad), **illicit** (ilícito, prohibido, contrario a la ley, ilegal; V. *pocket*), **illiquid funds** (activo no realizable o convertible en efectivo)]. *Cf* unlawful, void; legal, lawful.

ill *a*: malo, enfermo. *Ill-treatment of wives and child-abuse are two scourges of modern society.* [Expresiones: **ill-gotten gains** (lucro o beneficio del robo de un negocio poco honrado), **ill-treat** (maltratar), **ill-treatment** (malos tratos; V. *abuse*)].

im- *prefijo*: in-. *It is an offence to live off the product of immoral earnings, as in the case of a man investing or banking money earned by a prostitute.* [El prefijo negativo inglés *in-* adopta la forma *-im* cuando la palabra comienza por *m*, *b* o *p*. Expresiones: **immaterial** (irrelevante, impertinente, sin importancia), **immobilized assets** (activo fijo, activo inmovilizado), **immoral** (inmoral), **immovables** (bienes inmuebles), **impartial** (imparcial; V. *biased*), **impartiality** (imparcialidad), **imperfect** (imperfecto, incompleto, defectuoso), **imperfect right** (derecho imperfecto o indeterminado), **imperfect competition** (competencia imperfecta), **imperfect obligation** (obligación ética), **imperfect ownership** (dominio imperfecto), **imperfect title** (título imperfecto; V. *cloud on title, legal title*), **imperfect trust** (fideicomiso imperfecto; V. *perfect trust*), **impossibility of performance** (imposibilidad de cumplimiento), **impossible condition** (condición imposible), **impotent** (incapaz, impotente), **imprescriptible** (imprescriptible), **improper** (incorrecto, inadecuado; impropio, indecente), **improper use** (abuso; uso incorrecto o inadecuado)].

imaginary *a*: simulado, imaginario. [Expresión: **imaginary account** (cuenta simulada)].

IMF *n*: V. *International Monetary Fund*.

immaterial *a*: impertinente, sin importancia.

immovables *n*: bienes inmuebles o raíces.

immediacy *n*: independencia absoluta, capacidad de actuación sin dependencia o intervención de otros. [Expresiones: **immediate cause** (causa inmediata), **immediate specific performance** (ejecución forzosa inmediata)]. *Cf* specific performance.

immunity *n*: inmunidad, exención de cargas y obligaciones impuestas, libertad, franquicia. *Parliamentary privilege gives MPs rights and immunities, such as immunity from civil arrest.* [Expresiones: **immune from seizure** (exento de embargo), **immunity from suit** (excepción de jurisdicción)]. *Cf* privilege.

impair *v*: dañar, perjudicar, menoscabar, deteriorar, empeorar. *A person whose mental faculties are impaired lacks the necessary legal capacity to enjoy rights or to incur liabilities or obligations.* [Expresiones: **impaired capital** (capital no respaldado por activo equivalente), **impaired hearing** (facultad auditiva afectada o sensiblemente reducida), **impairment** (menoscabo, deterioro, afectación; V. *disability*), **impairment of collateral** (deterioro de la garantía prendaria), **without impairment** (sin menoscabo)].

impanel *v*: V. *empanel*.

impawn *v*: empeñar. *Cf* pawn, pledge.

impeach[1] *v*: acusar de traición u otro grave delito. *President Nixon resigned when it became clear that the alternative was impeachment.* [Expresiones: **impeachment** (acusación, recusación, tacha; juicio político; formulación solemne de cargos contra un alto funcionario; en el Reino Unido esta práctica es obsoleta, pero en los EE.UU. se sigue contra cargos electos o altos funcionarios; proceso de inhabilitación o de sustitución, proceso de residencia), **impeachment proceedings** (proceso o juicio contra altos cargos o de residencia), **impeachable** (procesable, susceptible de acusación; V. *actionable*), **impeacher** (fiscal)].

impeach[2] (*amer*) *v*: recusar o tachar. *A witness who gives evidence unfavourable to the party who called him cannot be impeached.* [Expresión: **impeach a witness** (recusar a un testigo)]. *Cf* challenge.

impecunious *a*: carente de fondos, sin fondos, insolvente. *Cf* insolvent.

impede *v*: obstaculizar, impedir, trabar. *Withholding evidence, obstructing a police officer, giving false or misleading information and harbouring a known criminal or helping him to escape or avoid detection are all ways of impeding apprehension or prosecution.* [Expresiones: **impede apprehension or prosecution** (obstaculizar, entorpercer, obstruir la acción de la justicia o la autoridad), **impediment** (impedimento, obstáculo)]. *Cf* aid and abet, harbouring.

imperative *a*: imperativo, imperioso, perentorio, apremiante, ineludible.

impersonate *v*: hacerse pasar por, utilizar nombre ajeno, usurpar o suplantar la personalidad. *The woman was caught impersonating a neighbour at the polling station.* [Se emplean indistintamente *personate* e *impersonate*. Expresión: **impersonation** (uso indebido de nombre; suplantación de la personalidad, falsa personalidad, usurpación de nombre ajeno; V. *false impersonation*)]. *Cf* personate, counterfeit, bogus, hoax.

implead *v*: entablar un pleito, demandar.

implement *v*: ejecutar, cumplir, instrumentar, llevar a cabo. *The implementation of the new system of social security benefits involves individual notification to claimants of their new codes.* [Expresiones: **implement the budget** (ejecutar el presupuesto), **implementation** (cumplimiento, aplicación, ejecución, instrumentalización, realización, puesta en práctica, desarrollo), **implements** (útiles, utensilios, herramientas)]. *Cf* effect, execute, achieve.

implicate *v*: implicar, complicar; acusar, comprometer. *The evidence shows that there are several other companies implicated in the fraud.*

implication *n*: repercusión, consecuencias, efecto; complicidad; deducción, inducción. *The new statute has far-reaching implications for shareholders. Cf* effect.

implied *n*: implícito, sobreentendido, tácito, presunto. [Los términos *implied, tacit* e *implicit* son sinónimos parciales y, hasta cierto punto, también lo es *constructive. Implied* se refiere a lo que hay que interpretar para poder llevar a efecto la voluntad de las partes, y su antónimo es *express.* Expresiones: **implied abandonment** (desistimiento o abandono tácito), **implied acceptance** (aceptación implícita), **implied assumpsit** (compromiso implícito), **implied authority** (autorización sobreentendida o implícita), **implied condition** (condición implícita), **implied consent** (consentimiento tácito o implícito), **implied consideration** (causa contractual implícita), **implied covenant** (pacto o convención tácitos), **implied easement** (servidumbre tácita o sobreentendida), **import**

licence/permit (permiso o certificado o licencia de importación), **implied malice** (intención de causar lesiones; V. *actual, express malice*), **implied obligation** (obligación implícita), **implied power** (autoridad administrativa presunta o sobreentendida), **implied rescission** (rescisión tácita), **implied trust** (fideicomiso implícito; tanto los *constructive trust* como los *resulting trusts* son *implied trusts*), **implied waiver** (renuncia implícita o tácita), **implied warranties** (garantías implícitas), **imply** (implicar, significar, presuponer)]. *Cf* constructive; expressly, imputed.

imponderable *a*: imponderable. [Expresión: **imponderables** (factores imponderables)]. *Cf* acts of God.

import[1] *n/v*: importación, artículo de importación; importar. *He works for an import-export company in Hong Kong.* [Expresiones: **import duties** (derechos de importación), **import licence** (permiso o licencia de importación; V. *export licence*), **importer** (importador), **importation** (importación de mercancías)].

import[2] *n/v*: importancia, significación; significar. *The ambiguity of the wording makes it difficult to determine the import of the document. Cf* purport, gist.

impose *v*: imponer, prescribir, exigir. *The law imposes a general duty of prudence on all responsible adults.* [Expresiones: **impose a fine** (imponer una multa), **impose on/upon** (abusar de), **impose secrecy** (exigir el secreto), **impose taxes** (establecer impuestos; V. *levy*), **imposition** (imposición, carga, obligación impuesta; abuso)].

impost *n*: impuesto, contribución, derechos de aduana. *Cf* tax, duty.

impostor *n*: impostor, embaucador. [Expresión: **imposture** (impostura, engaño culpable, fraude)].

impound *v*: incautar, embargar, confiscar, depositar. *The goods shipped from Australia were impounded at Southampton pending payment of customs duties.* [Expresión: **impounder** (embargante)].

imprison *v*: encarcelar, recluir, apresar. *Indictable offences are often punishable by imprisonment.* [Expresión: **imprisonment** (ingreso en prisión, arresto, reclusión, prisión, presidio, arresto correccional)]. *Cf* false imprisonment.

improve *v*: hacer producir (una finca, una industria), explotar, mejorar. *A tenant may, in certain circumstances, claim compensation from the owner for improvements made to the property.* [Expresiones: **improved real estate** (predio edificado, terreno con edificios), **improvement** (mejoras; V. *betterments*), **improvement notice** (aviso dado al propietario de una finca o fábrica de la obligación de efectuar reparaciones o mejoras por razones de seguridad o sanidad; V. *prohibition notice*), **improver** (mejorador, enmendador)].

impugn *v*: impugnar, contradecir, poner en tela de juicio. [Expresiones: **impugnable** (impugnable), **impugnment** (impugnación, acción de impugnar), **impunity** (impunidad)]. *Cf* contest, challenge.

impute *v*: imputar, acumular. [Expresiones: **imputable** (imputable), **imputed knowledge** (conocimiento implícito), **imputation** (imputación, acusación), **imputation service** (sistema de imputación de liquidación de impuestos), **imputed notice** (notificación implícita), **imputed negligence** (negligencia derivada)]. *Cf* implicit, constructive.

in- *prefijo*: in-. *The petition in bankruptcy has been dismissed for insufficiency.* [El prefijo inglés *in-* tiene el mismo significado negativo que en español, equivaliendo en la mayoría de los casos a «in-»; también equivale a «dis» y en ocasiones se acude a la perífrasis «falta de» para su traducción; a veces, el prefijo *in-*, por influencia de la consonante que sigue, se transforma en *il-* (*illicit*, etc.), en *im-* (*immobilized*, etc.) o en *ir-* (*irrelevant*, etc.). Expresiones: **inability** (inhabilidad, impotencia, incapacidad, falta de medios), **inaction** (inacción, descanso), **inactive** (inactivo; V. *idle*), **inactive account** (cuenta sin movimiento; V. *dormant*), **inadequacy** (insuficiencia), **inadequate** (V. *inadequate*), **inadmissibility of evidence** (inadmisibilidad de prueba), **inadmissible** (inadmisible), **inalienable** (inalienable; V. *render inalienable*), **inappelable** (inapelable, no susceptible de recurso), **incapable** (incapaz), **incapacitated** (incapacitado), **incapacitation** (incapacitación; V. *legal incapacity*), **incapacity** (V. *legal incapacity*), **inchoate** (incoado, empezado pero no terminado), **incogitancy** (imprudencia), **incompetency** (incompetencia, inhabilidad), **incompetent** (inepto, incompetente; V. *disqualified*), **inconclusive** (no convincente, no concluyente, inacabado, relativo), **inconclusive presumption** (presunción relativa, presunción no concluyente), **inconformity** (disconformidad, falta de oportunidad), **inconsistency** (V. *inconsistency*), **incontestability** (incontestabilidad, inatacabilidad), **incontestable** (irrecusable), **incorporeal** (intangible; V. *intangible*), **incorporeal hereditaments** (bienes intangibles por heredar), **incorporeal property** (bienes intangibles; V. *intangible*), **indecency** (obscenidad, indecencia, indecoro), **indecent assault** (agresión sexual, abusos deshonestos; V. *sexual harassment, sexual abuse, rape*), **indecent exposure** (exhibicionismo, exhibición impúdica, escándalo u ofensa contra el pudor; V. *flasher*), **indecision** (indecisión, irresolución), **indefeasibility** (irrevocabilidad), **indefeasible** (irrevocable, inabrogable), **indefectibility** (indefectibilidad), **indefinite failure of issue** (falta de sucesión sin límite de tiempo), **indefinite legacy** (legado de cosa indeterminada), **indeterminate** (indeterminado), **indeterminate obligation** (obligación de dar cosa incierta), **indeterminate sentence** (sentencia indeterminada cuya duración está condicionada a la conducta del recluso), **indirect** (indirecto, implícito), **indirect claim** (demanda indirecta; demanda por daño emergente), **indirect confession** (confesión implícita), **indirect damages** (daños indirectos, daño emergente), **indirect discrimination** (discriminación indirecta; V.

direct discrimination), **indirect evidence** (prueba indirecta), **indirect tax** (impuesto indirecto), **ineffective** (ineficaz), **ineffectual** (que no surte efectos, ineficaz; persona poco eficaz, inútil o poco convincente; V. *bad, wrong, inoperative, void*), **ineligibility** (incapacidad o imposibilidad de ser elegido para ejercer un cargo; V. *disqualification*), **ineligible** (inaceptable, no elegible; V. *disqualified*), **inequitable** (injusto), **inequity** (injusticia, falta de equidad), **inexcusable** (imperdonable, injustificable), **inexecution** (falta de ejecución o de cumplimiento; V. *enforcement*), **infamous** (despreciable, infame; infamar, quitar la fama u honra a alguien), **infamous crime** (delito infamante), **infamous punishment** (pena infamante), **infamy** (infamia, descrédito, oprobio; V. *vicious, corrupt*), **inflexible** (inflexible; V. *hard and fast*), **iniquity** (iniquidad, injusticia), **innocence** (inocencia; V. *presumption of innocence*), **innocent** (de buena fe, inocente), **innocent holder for value** (tenedor por valor o de buena fe, portador inocente), **innocent misrepresentation** (falsedad inocente o no culpable), **innocent party** (parte inocente, parte de buena fe), **innocent purchaser** (comprador de buena fe; V. *bona fidei*), **injustice** (injusticia, iniquidad, agravio), **inoperative** (ineficaz; V. *bad, wrong, ineffectual, void*), **input** (aducto; V. *output*), **insane** (demente; V. *non compos mentis*), **insanity** (demencia), **insecure** (insolvente), **insincerity** (doblez, simulación), **insolvency** (insolvencia), **insolvency practitioner** (profesional especialista en liquidación de quiebras), **insolvency proceedings** (concurso de acreedores), **insolvent** (insolvente, fallido; V. *impecunious*), **insolvent debtor** (deudor insolvente), **insufficiency in bankruptcy** (falta de masa), **insufficient** (insuficiente), **insufficient consideration** (causa contractual insuficiente o no reconocida por la ley), **insufficient funds** (saldo insuficiente), **insufficient in law** (insuficiente en derecho, que carece de la base jurídica necesaria), **intangible assets** (activo nominal, activo inmaterial), **intangible fixed assets** (activos intangibles inmovilizados, intangibles; V. *goodwill*), **intangible property** (bienes incorporales), **intransmissible** (intransmisible), **invalid** (inválido, nulo, írrito; V. *null*), **invalidate** (anular, invalidar, cancelar), **invalidation** (invalidación), **invalidity** (nulidad, incapacidad, invalidez), **involuntary** (fortuito, involuntario, accidental), **involuntary conduct** (automatismo, acto reflejo; acto realizado bajo coacción en defensa propia o como resultado de enajenación transitoria), **involuntary bankruptcy** (quiebra forzosa o fortuita, concurso necesario), **involuntary bailment** (depósito accidental), **involuntary confession** (confesión provocada o involuntaria), **involuntary manslaughter** (homicidio accidental o involuntario; V. *voluntary manslaughter*), **involuntary nonsuit** (sobreseimiento involuntario), **involuntary trust** (fideicomiso sobreentendido o implícito)].

inadequate *a*: insuficiente, inadecuado, inoportuno; incapaz. *The court ruled that the evidence was inadequate*. [En muchos casos, *inadequate* y el término español «inadecuado» son «falsos amigos»; por ejemplo, en inglés nunca tiene el valor de «inoportuno» o «inapropiado», para lo que habría que decir *unsuitable, improper, unfitting, unseemly, unbecoming*, etc. Expresiones: **inadequacy** (insuficiencia, desproporción), **inadequate damages** (daños no equitativos), **inadequate evidence** (prueba insuficiente), **inadequate lawyer**, etc. (abogado, etc., incapaz, inepto, incompetente), **inadequate report** (relación incompleta)]. *Cf* insufficient, unqualified.

inauguration *n*: ceremonia de transmisión de poderes públicos. *In the inauguration ceremony, the new president of the United States is sworn in*. [Expresión: **inaugurate** (transmitir el cargo)]. *Cf* swear.

inc. *n*: V. *incorporated company*.

incarcerate *v*: encarcelar. [Expresión: **incarceration** (encarcelamiento)].

incendiarism *n*: incendio doloso, intencional o premeditado. [Expresión: **incendiary** (incendiario)]. *Cf* arson.

incentive *n*: móvil, incentivo. *The pay deal agreed between the employers and the union included overtime bonuses and incentive payments. Cf* inducement, incitement.

incest *n*: incesto. [Expresiones: **incestuous** (incestuoso)].

inchoate *a*: rudimentario, inmaduro, incompleto; iniciado y no concluido. *Someone who attempts to persuade someone else to commit a crime is guilty of an inchoate offence of incitement.* [Expresiones: **inchoate instrument** (instrumento no registrado), **inchoate offence** (delitos de conspiración o incitación), **inchoate right** (derecho en expectativa), **inchoate title** (título en trámite)]. *Cf* abeyance.

incidence *n*: incidencia. *The court ruled that most of the woman's evidence was irrelevant, since it bore on matters incidental to the main cause of action.* [Expresiones: **incident** (incidente), **incidental** (accesorio, incidental), **incidental loss** (pérdidas suplementarias ocasionadas al demandante), **incidental pleas of defence** (excepciones, alegaciones o peticiones, expuestas por el demandado, que, si prosperan, evitan la continuación del pleito; V. *pleas in suspension, pleas in abatement*), **incidental powers** (poderes accesorios o concomitantes)].

incite *v*: incitar, instigar. *The complainant alleging rape, attempted rape, incitement to rape, or being an accessory to rape is allowed by statute to remain anonymous.* [Expresión: **incitement** (motivo, móvil; incitación, instigación, provocación, auxilio, inducción, autoría intelectual, apoyo; V. *aid and abet, incentive, inducement*)]. *Cf* induce.

include *v*: comprender, englobar, encerrar, incluir; insertar, meter. [Expresión: **be included in the agenda** (figurar en el orden del día)]. *Cf* agenda.

income *n*: renta, ingreso. *The essence of sound economics is balancing income against expenditure.* [Expresiones: **income allowance** (deducción o desgravación fiscal por gastos personales), **income bond** (bono con retención fiscal de los intereses), **income support** (V. *supplementary benefit*), **income tax** (impuesto sobre la renta), **income tax return** (declaración de la renta)]. *Cf* abate, rebate, abatements, earned income.

inconclusive *a*: inconcluyente. [Expresión: **inconclusive proof** (prueba inconclusa)].

inconsiderate *a*: desconsiderado, sin educación o cortesía. *Inconsiderate driving, such as driving aggressively or splashing pedestrians with water or mud, may constitute an offence under the Road Traffic Act.* [Expresión: **inconsiderate driving** (conducción descuidada, faltando al respeto, con desconsideración o sin la atención debida; V. *careless driving, dangerous driving*)].

inconsistency *n*: falta de coherencia, contradicción, inconsecuencia. *The defence pointed out an inconsistency between two versions presented by the police.* [Esta palabra se refiere a la incongruencia entre dos cosas o dos partes de un argumento, etc.; es, por tanto, la *incoherencia lógica* la que el término pondera, más que la debilidad o pobreza del fondo o la forma del discurso. Por esta razón, no es equivalente al término castellano «inconsistente», que sería más bien *weak, flimsy, loose,* etc. Expresión: **inconsistent** (contradictorio, incongruente)].

incontestable *a*: indisputable, irrecusable.

incorporate *v*: incorporar, agregar, incluir; constituir (una sociedad mercantil, etc.). *The agreement of both parties is necessary before any new clauses can be incorporated into a contract.* [Expresiones: **incorporate a company** (constituir una sociedad mercantil), **incorporated company, inc** (sociedad anónima), **Incorporated Council of Law Reporting** (organismo semioficial formado por representantes de *The Inns of the Court, The Law Society* y *The Bar Council,* responsable de la publicación de los *Law Reports* o Compilación del derecho jurisprudencial, en donde se recogen las decisiones judiciales que constituyen jurisprudencia), **incorporation** (constitución de una sociedad anónima, acto constitutivo; incorporación, en sentido general), **incorporation by royal charter** (sociedad creada mediante cédula o privilegio real; V. *corporation charter*), **incorporation papers** (escritura social o constitutiva, contrato de sociedad; certificado de incorporación; V. *deed of incorporation, certificate of incorporation, articles of incorporation*), **incorporator** (otorgante)]. *Cf* form a company.

Incorporating Council of Law Reporting *n*: V. *Law Reports*.

incorrect *a*: incorrecto, inválido, erróneo. [Expresión: **incorrect direction by a judge** (instrucciones erróneas dadas por el juez al jurado en una cuestión de derecho; V. *misdirect*)].

increase *n/v*: aumento, ampliación, elevación, alza; aumentar, ampliar, elevar. *The recent price increases are going to make it difficult for the government to keep inflation within the limits forecast.*

incriminate *v*: incriminar, acriminar, acusar de un crimen o de un delito. *Under American law, a person may decline to answer a question if he fears the reply might incriminate him; this is called "taking the fifth amendment".* [Expresiones: **incriminating** (acriminadora, inculpatoria), **incriminating circumstance** (circunstancia inculpatoria), **incriminating evidence** (pieza de acusación), **incriminating statement** (aseveración incriminadora)]. *Cf* standing mute.

inculpate *v*: inculpar, incriminar. [Expresión: **inculpation** (inculpación, incriminación)].

incumbent (*amer*) *n*: titular de un cargo. *It is incumbent on her, as the plaintiff, to prove the truth of what she alleges.* [En el Reino Unido se prefiere *holder*, por ser *incumbent* arcaico o jocoso en este sentido. Expresión: **be incumbent on** (incumbirle a uno)].

incumbrance *n*: V. *encumbrance*.

incur *v*: incurrir, contraer, asumir, sobrevenir. *Any expenses incurred when about the firm's business are refundable.* [Expresiones: **incur a**

debt/expenses (contraer una deuda, gastos), **incur a liability** (contraer una responsabilidad), **incur suspicion** (caer en sospecha)].

indebted *a*: adeudado, endeudado. [Expresiones: **indebtedness** (adeudo, deudas, pasivo, obligaciones, endeudamiento), **indebtedness certificates** (certificado de deuda)]. *Cf* evidence of indebtedness.

indemnification *n*: indemnización, saneamiento. *Judgment went against him and he had to indemnify the plaintiff for the full amount of the bill plus costs.* [Expresiones: **indemnify** (indemnizar), **indemnify oneself** (resarcirse), **indemnity** (indemnización, resarcimiento; V. *compensation, protection and indemnity club*), **indemnity agreement/ contract** (pacto de indemnización), **indemnity bond** (contrafianza, caución de indemnidad, fianza de indemnización; V. *back bond, bond of indemnity*), **indemnity clause** (cláusula de indemnización)].

indenture *n*: escritura, contrato, instrumento. *She is indentured to a law firm but will have served her time by next spring.* [El *indenture*, que, al igual que el *charterparty*, se partía en dos trozos (de ahí viene el nombre de «dentado», por las irregularidades que quedaban en los bordes del papel al partirlo), es un término obsoleto en algunos sentidos; en su lugar se prefiere *deed*. No obstante, se emplea en: **be indentured to** (tener contrato de aprendiz o de prácticas en una empresa), **bond/debentures indentures** (escritura de emisión de bonos/obligaciones), **trust indenture** (escritura de fideicomiso, contrato fiduciario)].

index *n/v*: índice, indexar. [Expresiones: **index on appeal** (sumario del expediente en apelación), **indexed pension** (pensión actualizada al coste de la vida)].

indicia *n*: indicios.

indication *n*: indicio.

indict *v*: encausar, procesar por delito o falta grave, procesar para juicio con jurado. *A person accused of a serious offence appears on indictment at the Crown Court.* [Expresiones: **indictable** (encausable, procesable; V. *triable*), **indictable offence** (delito grave o muy grave; estos delitos se juzgan en el Tribunal de la Corona o *Crown Court*, en juicio con jurado, tras la resolución adoptada por los magistrados de un *Magistrates' Court* en su función de jueces de instrucción o *examining magistrates* durante la instrucción o *committal proceedings*; V. *notifiable offence; solemn procedure*), **indictee** (procesado, acusado; V. *accused, charged, prisoner at the bar*), **indicter** (demandante, denunciante acusador, fiscal), **indictment** (acta o escrito de acusación solemne utilizado en los juicios con jurado presididos por jueces profesionales en el *Crown Court*; cumple la misma función que la *information* en los juicios celebrados en el *Magistrates' Court*; en los EE.UU. esta función la lleva a cabo el Gran Jurado)]. *Cf* bill of indictment, information, complaint, trial on indictment.

indignity *n*: ultraje, indignidad. *Cf* unworthiness.

indirect *n*: indirecto, implícito.

individual *n*: persona natural. [Expresiones: **in one's individual capacity** (a título personal), **individual income tax return** (declaración de la renta por separado; V. *joint income tax return*)].

indorse/indorsement *v/n*: V. *endorse, endorsement*.

induce *v*: instigar, inducir, incentivar. *The football star's club plans to sue their rivals for inducing their player to break his contract with them*. [Los términos *incitement, abetting* e *inducement* son sinónimos parciales; *incitement* y *abetting* describen dos delitos penales, siendo el primero la acción de inducir a otro, por cualquier medio, para que cometa un delito; *abetting*, que casi siempre aparece en la expresión *aiding and abetting*, se refiere a la acción de cómplice del transgresor, normalmente en tareas secundarias, como la vigilancia, el desplazamiento en coche al lugar del delito, etc. *Induce* no tiene siempre connotación negativa, aunque sí es negativo en **induce breach of contract** (inducir a la ruptura de contrato por medio de ventajas

ofrecidas que constituyen ilícito civil)]. *Cf* procure.

inducement[1] *n*: instigación, persuasión; acicate, aliciente, incentivo, móvil. [Contiene la idea de la promesa de una ventaja o premio]. *Cf* incentive, procurement.

inducement[2] *n*: prólogo o preámbulo de los alegatos; introducción explicativa de los alegatos.

induction (*formal*) *n*: presentación, toma de posesión de un cargo. *The formal induction of the new judges will take place at a ceremony next week*.

industrial *a*: industrial, referido a las relaciones laborales. [El término *industrial* se aplica al mundo de lo social de la empresa, mientras que *corporate* se aplica a la esfera de la patronal. Expresiones: **industrial accident** (accidente laboral; V. *occupational injury, accident at work*), **industrial action** (medidas reivindicativas, de conflicto colectivo o de fuerza; acciones de reivindicación), **industrial arbitration** (arbitraje entre empresa y obreros), **industrial dispute** (conflicto laboral), **industrial insurance** (seguro contra accidentes del trabajo), **insurance carrier** (entidad aseguradora), **industrial park** (polígono industrial), **industrial partnership** (empresa laboral, empresa cooperativa), **industrial property** (propiedad industrial: patentes, marcas, etc.), **industrial relations** (relaciones laborales), **industrial restructuring** (reconversión industrial; V. *rationalisation of a sector*), **industrial shares** (valores industriales), **industrial unrest** (malestar laboral, clima de crispación laboral)].

industrial tribunal *n*: magistratura de trabajo, juzgado de lo social. *Industrial tribunals are empowered to award compensation to employees who have been dismissed unfairly*. [Los *industrial tribunals*, constituidos por un juez o especialista del mundo del derecho y dos representantes del mundo laboral, conocen de las denuncias (*complaints*) por despido improcedente (*unfair dismissal*), discriminación y expedientes de regulación de empleo (*redundancy*)]. *Cf* tribunal, labour court.

infamous *a*: famoso por su maldad, perversión o vileza, de notoria maldad; despreciable. [La palabra inglesa implica no sólo mala reputación o vileza externa sino celebridad, de modo que a veces es conveniente traducirla por «famoso» como en *the infamous Jack the Ripper*, «el famoso Jack el destripador». Nunca se aplica a una cosa cotidiana que nos disguste mucho; es decir, no tiene el sentido coloquial del español, «infame» aplicado, por ejemplo, a una comida, que, en todo caso, sería *awful, disgusting, loathsome,* etc., o a la conducta de una persona, que sería *disgraceful,* etc. Expresiones: **infame** (infamar, quitar la fama u honra a alguno), **infamous crime** (delito infamante), **infamous punishment** (pena infamante)].

infant *n*: minoridad, menor de edad. [Expresiones: **infant mortality** (mortalidad infantil; V. *birth rate*), **infanticide** (infanticidio)]. *Cf* under age.

infer *v*: deducir, inferir, concluir. [Expresiones: **inference** (deducción, inferencia, conclusión), **inferences of law** (inferencias ajustadas a derecho; V. *allegation of law*), **inferential** (deductivo)].

inferior courts *n*: tribunales inferiores. [Los tribunales inferiores son los *County Courts* en lo civil y los *Magistrates' Courts* en lo penal)]. *Cf* lower courts; higher courts, superior courts.

inflation *n*: inflación. *Inflation is running at above 5 per cent.*

inflict *v*: infligir, castigar. [Expresión: **inflict wounds** (infligir heridas)].

inflow *n*: entrada (de capitales, inversiones). *The country is benefiting from a steady inflow of foreign investment. Cf* capital inflow, capital flight.

inform *v*: avisar, informar; denunciar. *The police got word of the planned robbery from an underworld informer.* [Expresiones: **informer** (delator, informador, denunciador), **informing** (acusador, denunciante), **informing officer** (agente de policía encargado de denunciar las infracciones de la ley)]. *Cf* information.

informal *a*: no solemne, familiar, oficioso, extraoficial, sencillo. [Expresiones: **informal**

issue (cuestión extraoficial o que no se ajusta a las reglas de procedimiento), **informality** (diligencia o trámite que no sigue los cauces procedimentales; cordialidad, sencillez)]. *Cf* formalities.

information[1] *n*: aviso, información. [Expresiones: **information for bidders** (pliego de licitación, bases del concurso), **information of the failure** (aviso de la quiebra)]. *Cf* notice, advice, information for bidders, information of the failure, price sensitive information.

information[2] *n*: denuncia, acusación. *Following a number of complaints from neighbours, the police laid information before the magistrate, who issued a warrant for the man's arrest.* [Los términos *information* y *complaint*, ambos con el sentido de «denuncia», son similares, si bien el primero es más oficial o formal y el segundo más corriente. Aunque cualquier ciudadano puede presentar una denuncia en un juzgado (*lay an information before a magistrate*) verbalmente o por escrito, esta expresión se reserva normalmente para la denuncia que hace la policía ante el juez. La acción que ejerce el ciudadano ante el juzgado o la comisaría se llama *make a complaint, complain*. El escrito de acusación que sirve de base para la acusación en los juicios graves se llama *indictment*]. *Cf* indictment, lay an information before a magistrate, informing officer.

infract (*amer*) *n*: quebrantar, violar. [Expresiones: **infraction** (infracción, violación, contravención, transgresión), **infractor** (infractor)]. *Cf* infringe, trespass, breach.

infringe *v*: infringir, violar, vulnerar, conculcar. *The publication of the author's manuscript without his permission and in the absence of a contract was a clear infringement of copyright.* [La palabra *infringe* y sus derivados aluden principalmente a la violación, vulneración, etc., de los derechos de patentes (*patents*), marcas comerciales (*trademarks*), derechos de autor (*copyrights*), etc. Expresiones: **infringe a contract/right/rule,** etc. (infringir un contrato, derecho, norma, etc.), **infringe a patent** (falsificar una patente), **infringement** (incumplimiento, vulneración, infracción, violación, contravención, uso indebido; V. *repetition of infringement*), **infringement of the law/rights,** etc. (violación, infracción de la ley/derechos), **infringer** (infractor, violador)].

inherit *n*: heredar. [Expresiones: **inheritable** (heredable), **inheritance** (herencia, sucesión, abolengo, posesión de los bienes heredados), **inheritance tax** (impuesto sobre sucesiones, impuesto hereditario; el impuesto sobre sucesiones, llamado en el pasado *estate duty*, fue sustituido posteriormente por el *capital-transfer tax*, y desde 1986 por el *inheritance tax*), **inheritance per capita** (sucesión por cabeza), **inheritor** (heredero)]. *Cf* estate tax, death duties; canons of inheritance.

inhibit *v*: inhibir, prohibir. [Expresiones: **inhibition** (inhibición; prohibición de la inscripción en el registro de la propiedad por fraude, quiebra, etc.; V. *abstention*), **inhibitory** (inhibitorio)].

inhibition *n*: inhibición, auto inhibitorio.

initial *v*: rubricar, poner las iniciales a un documento. [Expresión: **initials** (siglas, iniciales)].

initiate (a prosecution, an action, etc.) *v*: emprender, incoar, iniciar un procesamiento, una demanda, etc. *Cf* institute, commence.

initiative *n*: iniciativa.

initio, ab *fr*: V. *ab initio*.

injunction *n*: interdicto, requerimiento judicial, prohibición, mandato judicial, orden de juicio de amparo, orden de actuación o de abstención. *The firm took out an injunction preventing their competitors from marketing a product copied from their own.* [El *injunction* es un recurso de equidad consistente en un mandamiento mediante el cual el juez pide o prohíbe que se haga algo; normalmente es de carácter cautelar (*interim, interlocutory, equitable remedy*). Expresiones: **injunction bond** (fianza de entredicho), **injunctive relief** (desagravio por mandato judicial)]. *Cf* interdict, grant an injunction, mandatory injunction, perpetual injunction, prohibitory injunction, temporary injunction; restraining order; order, command.

injure *v*: dañar, perjudicar, lesionar, damnificar, injuriar, agraviar, ofender. *A body called the Criminal Injuries Board examines applications from the victims of criminal violence and assesses the compensation that is payable.* [Expresiones: **injured** (agraviado, injuriado, lesionado, siniestrado, dañado), **injured party** (parte perjudicada, ofendida o agraviada; V. *aggrieved party*), **injurer** (injuriador; V. *wrong-doer*), **injuries and losses** (daños y perjuicios), **injurious** (perjudicial, injurioso, ofensivo), **injuriously** (injuriosamente), **injuriousness** (injuria), **injury** (lesión, herida, daños corporales, perjuicio, agravio; V. *loss, damages, legal injury*), **injury to credit** (descrédito)]. *Cf* sustain injury, occupational injury, damages.

inland *a*: del interior de Gran Bretaña, doméstico. *When she realized that the Inland Revenue inspectors were investigating her, she made a voluntary payment of back taxes.* [Expresiones: **inland bill of exchange** (letra de cambio interior), **inland revenue** (Hacienda pública de Gran Bretaña responsable de la recaudación de los impuestos y de la inspección correspondiente), **inland transportation** (transporte terrestre), **inland waterway** (vía navegable)].

inmate *n*: preso, recluso. *Cf* prisoner, intern, pretrial inmate.

innominate contract *n*: contrato innominado.

Inns of Court *n*: cada uno de los cuatro colegios de abogados (*Gray's Inn, Lincoln's Inn, Inner Temple, Middle Temple*) a los que están afiliados jueces y *barristers*. *Cf* benchers, call to the Bar.

inquest *n*: investigación, sumario, información judicial, indagatoria, encuesta, investigación. [La principal función de las *inquests* en la actualidad es determinar las circunstancias de cualquier muerte violenta o no natural acaecida en el distrito de un *coroner*, que es el funcionario que dirige la investigación y eleva el informe final. Si lo estima pertinente, nombra un jurado compuesto por vecinos de conducta intachable (*coroner's jury*), el cual puede fallar que la muerte se debe a suicidio, asesinato (*murder by a person or persons unknown*) o accidente (*accidental death, death by misadventure*)]. *Cf* matrimonial inquest.

inquiry *n*: V. *enquiry*.

inquisition *n*: V. *coroner; inquest*.

inquisitorial procedure *n*: procedimiento inquisitorial. [Desde el punto de vista inglés, el sistema penal que se sigue en el continente europeo es inquisitorio porque los jueces dirigen la práctica de las pruebas, interrogan a los testigos, etc., durante la vista oral y, previamente, un juez instructor ha instruido un sumario]. *Cf* accusatorial procedure, adversary procedure, committal proceedings, examining magistrates.

inscription *n*: inscripción, admisión. [Expresión: **inscription on stock-exchange list** (admisión a cotización oficial)].

insane *a*: demente, loco. *Counsel for defence claimed that his client was insane and unfit to plead*. [Expresión: **insanity** (demencia, locura)].

insert *v*: insertar, introducir. [Expresión: **insertion** (inclusión, inserción)].

insider *n*: persona con información privilegiada, enterado, «iniciado», el que está dentro de un secreto, el de dentro. *The liberalization of commercial laws and the close contacts between financial and political institutions have led recently to a lot of accusations of insider trading*. [Expresión: **insider dealings/trading** (contratación en Bolsa con información privilegiada, delito de iniciado; tráfico de información privilegiada, especialmente, en la contratación —*trading*— y transacciones llevadas a cabo en los mercados de valores; transacciones comerciales hechas utilizando información privilegiada a la que tienen fácil acceso muy pocas personas en razón de su cargo o de su puesto de trabajo en una empresa)]. *Cf* aboveboard, daylight trading, price sensitive information.

inspect *v*: revisar, reconocer, examinar, registrar, fiscalizar. [Expresión: **inspector** (inspector, revisor; V. *sergeant, superintendent*)]. *Cf* acceptance inspection, customs inspector.

install *v*: instalar, dar posesión al que ha obtenido algún empleo, cargo o beneficio religioso o académico. *He was installed as Bishop of Winchester at last month's ceremony*.

installment, instalment *n*: entrega; plazo; pago o desembolso del nominal total o parcial de las acciones de una sociedad mercantil en la fecha predeterminada el día de su emisión. *Shareholders are hereby notified that the payment of the second instalment on the May issue is now due*. [Expresiones: **installment buying** (comprar a plazos), **instalment credit** (crédito que se devuelve en un solo plazo), **instalment payment** (pago escalonado)]. *Cf* call; non-instalment credit.

instance *n*: solicitud, ruego, instancia. *An informal meeting between the parties was held at the instance of the arbitrator*. *Cf* court of first instance.

instant *a*: inmediato. [Expresión: **instant committal** (procesamiento abreviado)]. *Cf* summary.

instigate *v*: incitar, inducir, instigar, apoyar, favorecer, sostener. [Expresiones: **instigation** (instigación, provocación a hacer daño), **instigator** (instigador)]. *Cf* accessory, abettor.

institute[1] *v*: incoar, instruir, entablar. *The holder of the bills has instituted proceedings to recover the debt*. [Expresiones: **institute an action** (entablar una acción), **institute proceedings** (instruir un proceso, interponer recurso), **institute private proceedings** (querellarse)]. *Cf* commence, initiate.

institute[2] *v*: crear, fundar (una sociedad, una institución). [Expresión: **institution** (institución; V. *establishment*)]. *Cf* incorporate, form.

instruct *v*: dar instrucciones, dirigir, dar, instruir. *The presiding judge instructed jurors to disregard the statement given by the last witness*. [Expresiones: **as instructed** (siguiendo las instrucciones recibidas), **instruction** (providencia, instrucción; norma, orientación), **instruction court** (juzgado de guardia; este término es la traducción literal del correspondiente en el derecho europeo; como tales, los juzgados de guardia no existen; son los *magistrates* de los *magistrates' courts* los que hacen la instrucción en su calidad de *examining/committing magistrates*)]. *Cf* charge, direction, order. *Cf* cautionary instruction.

instrument *n*: documento, instrumento, escritura. *In the Forgery and Counterfeiting Act, the term "false instrument" covers computer disks, recordings and stamps as well as instruments.* [Expresiones: **instrument of evidence** (medio de prueba), **instrument negotiable** (título o valor negociable), **instrumental** (eficaz; instrumental), **instrumental trust** (fideicomiso, sin albedrío fiduciario), **instrumentality** (agencia, medio)]. *Cf* false instrument, negotiable instruments.

insult *n/v*: injuria, insulto, ultraje; injuriar, insultar, ultrajar. *He was accused of using insulting language and of committing breach of the peace.* [Expresiones: **insulting** (injurioso, insultante), **insulting language** (ofensa, palabras injuriosas; V. *libel, actionable words, invective, abusive language*)].

insurance *n*: seguro. *In order to obtain credit it is often necessary to give collateral security, for example, an insurance policy on property.* [Expresiones: **insurance against fire** (seguro contra incendios), **insurance agent/broker** (corredor de seguros), **insurance and bonds** (seguros y fianzas), **insurance policy** (póliza de seguro), **insurance premium** (prima de seguro), **insurance trust** (fideicomiso de seguro)]. *Cf* accident insurance, blanket insurance, casualty insurance, disability insurance, endowment insurance, life insurance.

insure *v*: asegurar. [Expresiones: **insure against sea risks** (asegurar contra riesgos marítimos), **insurable** (asegurable), **insured** (asegurado), **insured bank** (banco asegurador de depósito), **insurer** (asegurador; V. *underwriter*)]. *Cf* assure, ensure; uberrimae fidei.

intangible *a*: intangible. [Expresiones: **intangible assets** (inmovilizado inmaterial), **intangible property** (bienes intangibles o inmateriales)]. *Cf* incorporeal.

integral part *n*: parte integrante.

integration *n*: integración.

intelligence *n*: información; inteligencia. [Expresión: **intelligence service** (comisaría general de información)].

intellectual property *n*: propiedad intelectual. *Intellectual property rights includes such things as copyright, patents, trade-marks, registered designs and know-how. Cf* copyright.

intendment of law *n*: intención, significado o interpretación correcta de la ley. *The meaning of any ambiguous section of an act may be settled by common intendment, or failing that, by judicial decision.* [Expresión: **common intendment** (interpretación tradicional, lectura habitual)].

intent *n*: intención, intento. *The attacker was accused of assault with intent to wound.* [Expresiones: **letter of intent** (carta de intenciones o de compromiso), **to all intents and purposes** (prácticamente, en realidad, en efecto)]. *Cf* assault with intent, loiter with intent.

intercessor *n*: intercesor, administrador, mediador.

intercorporate *a*: intercorporativo.

interdict (*der es*) *n*: interdicto. *What English law calls an "injunction" is an "interdict" in Scots law. Cf* prohibitory interdict.

interdiction *n*: prohibición, interdicción, interdicto. *In Scotland a person of unsound mind may be restrained by an interdiction from managing his or her own affairs. Cf* injunction.

interest[1] *n*: intereses o relaciones jurídicas transmisibles, derecho que se tiene sobre alguna propiedad, bienes, derechos. *A person made a tenant for life under a will or trust is said to have an equitable interest in the property thus owned.* [El término *interest* se emplea en expresiones tales como *equitable interests, interest in property*, etc., para aludir a los derechos que alguien posee sobre alguna propiedad, como pueden ser *a mortgage, an easement, a lease,* etc., y también a las responsabilidades que emanen de su relación con ella].

interest² n: renta, interés. [Expresiones: **interest-bearing paper/securities** (valores que generan intereses; V. *yield*), **interest charge** (cobro de intereses), **interest-free** (sin intereses), **interest groups** (grupos dominantes), **interest of capital** (renta de capital), **interest payment** (abono de intereses, pago de intereses), **interest rate** (tipo de interés)]. *Cf* absolute interest, rate of interest.

interested party n: parte interesada.

interfere¹ v: interponerse, entrometerse, intervenir sin autorización o justificación, meterse. *It is unwise to interfere in quarrels between husband and wife.* [Es conveniente utilizar las equivalencias dadas, en lugar de traducir siempre con el calco inglés «interferirse»].

interfere² v: estorbar, impedir, obstaculizar. *Any attempt to influence the evidence given by a witness constitutes the offence of interference with witnesses.* [Expresiones: **interfere with vehicles** (rondar un vehículo de forma sospechosa), **interfere with witnesses** (presionar a los testigos mediante amenazas o soborno), **interference** (obstaculización)]. *Cf* tamper, perverting the course of justice, subornation of perjury.

interference n: injerencia, intromisión; obstaculización, incumplimiento, influencia indebida, soborno, etc.

interim a: provisional, provisorio, interino, precautorio. [Expresiones: **interim arrangements** (disposiciones provisorias), **interim balance sheet** (balance provisional), **interim dividend** (dividendo provisional, a cuenta), **interim injunction** (interdicto, requerimiento o mandato cautelar; V. *interlocutory injunction, mesne process*), **interim judgment** (sentencia interlocutoria, provisional), **interim order** (auto cautelar, apremio provisional), **interim report** (informe provisional), **interim relief** (medida cautelar de suspensión de una ley o reglamento, remedio o indemnización provisional o cautelar)]. *Cf* interlocutory, provisional.

interlocution n: auto interlocutorio.

interlocutor (*der es*) **n:** fallo. *After listening to the pleas of each side in a civil action, a Scottish judge issues an interlocutor or decision, disposing of the points raised.*

interlocutory a: provisional, incidental, cautelar, procesal; interlocutorio. *The court decided that an interlocutory order should be granted in favour of the defendant.* [La palabra *interlocutory* es sinónimo parcial de *interim* (provisional), y *final* (definitivo) es uno de sus antónimos. El término *interlocutory* acompaña a *decree/judgment/order* para indicar el carácter provisional o cautelar de las medidas o providencias procesales, o simplemente para hacer constar que no entran en el fondo de la cuestión (*merits of the case*). También significa «interlocutorio», es decir, aplicado a la fase en la que las partes de un proceso civil entran en contacto para exponer sus pretensiones. En este sentido, se opone al término *trial* que, además de significar «juicio» o «proceso» en general, tiene el significado técnico de «prueba» o «fase de prueba». Expresiones: **interlocutory decree/judgment** (auto o decreto cautelar, interlocutorio o procesal), **interlocutory injunction** (interdicto, requerimiento o mandato cautelar; V. *interim injunction*), **interlocutory order** (auto interlocutorio, apremio o providencia cautelar), **interlocutory proceedings** (actuaciones interlocutorias, autos incidentales, trámites en los que se formulan alegaciones de fijación y las alegaciones conclusivas, fase declarativa, fase cognoscitiva, fase interlocutoria de los procesos civiles; entre el momento en que se dicta la citación de la demanda —*the issue of the writ of summons*— y la vista oral —*hearing*— existe un largo período de trámites preparatorios de la vista oral llamado fase declarativa, cognoscitiva o interlocutoria, en el curso de los cuales se determina la identidad de las partes, la naturaleza de las pretensiones y las alegaciones, y el juez puede dictar las providencias cautelares a fin de proteger los derechos de las partes; V. *pre-trial review*), **interlocutory question** (cuestión incidental), **interlocutory relief** (V. *interim relief*)]. *Cf* interim, provisional, temporary.

intermediary *n*: intermediario. *Cf* agent.

intermediate order *n*: auto o apremio interlocutorio.

intermission *n*: intermisión.

intermittent easement *n*: servidumbre intermitente.

intern *v*: recluir, encerrar, encarcelar (sobre todo sin juicio previo, de acuerdo con las leyes antiterroristas). *The use of internment without trial of terrorist suspects in Northern Ireland was widely criticised as unconstitutional.* [Expresiones: **internee** (encarcelado, recluido), **internment** (reclusión, encarcelamiento, encierro; V. *detention*), **internment camp** (campo de internamiento o concentración; V. *concentration camp, detention camp*)]. *Cf* inmate.

international *a*: internacional. [Expresiones: **International Bank for Reconstruction and Development** (Banco Internacional para la Reconstrucción y el Desarrollo; V. *World Bank*), **International Court of Justice** (Tribunal de Justicia Internacional), **International Chamber of Commerce** (Cámara de Comercio Internacional), **international tax agreements** (acuerdos fiscales internacionales), **International Monetary Fund, IMF** (Fondo Monetario Internacional), **International Military Tribunal** (Tribunal Militar Internacional)].

interpellation *n*: interpelación. [La voz inglesa es traducción literal del francés y la realidad que describe no tiene equivalente directa en la tradición parlamentaria británica, cuya práctica de interpelación consta de iniciativas parlamentarias tales como *questions from the floor of the House* y *tabling a motion*].

interpplead *v*: pleitear entre sí varios demandantes. *Both the building society and the insurance company laid claim to the debtor's funds, so the bank, which was being sued by both, applied for interpleader summons to be served on them.* [Expresiones: **interpleader** (procedimiento mediante el cual el tenedor accidental de un bien pretendido por dos derechohabientes rivales emplaza a ambos a que diriman sus diferencias ante un tribunal pleiteando entre sí —*interpleading*—), **interpleader summons** (citación para iniciar el procedimiento de *interpleader*; se distinguen dos clases: *stakeholder's interpleader* y *sheriff's interpleader*)].

interpretation *n*: interpretación. *Though the general rule is that all words and expressions used in an Act are to have their usual meaning, the interpretation section clarifies any possible ambiguities.* [La *interpretation* y la *construction* son dos funciones fundamentales de los jueces, previas a la toma de cualquier decisión o resolución; en muchos casos, *interpretation* y *construction* son términos intercambiables, ya que se puede decir *the construction of a will* o *the interpretation of a will*. Sin embargo, afinando más, la *construction* trata de explicar el significado textual que una palabra, cláusula u oración tiene dentro de un enunciado o de un documento completo, tras un análisis lingüístico en el que se tiene muy en cuenta, por supuesto, el significado dado por el diccionario, la puntuación ortográfica y todo el contexto gramatical. En cambio, la *interpretation* se hace a la luz de una teoría, de una creencia, de las normas morales de las sociedades modernas, etc., o del precedente judicial, es decir, del precedente sentado por un tribunal superior. Expresiones: **interpretation clause** (cláusula o apartado de definiciones de los términos utilizados en un documento), **Interpretation Act** (Ley de 1978 que define el sentido en que han de entenderse muchos términos de uso frecuente en los *Acts of Parliament*), **interpretation section** (sección de una ley dedicada a la definición de los términos utilizados)]. *Cf* construction, comparative interpretation, strict interpretation, intendment.

interrogate *v*: interrogar, examinar. [Expresiones: **interrogator** (policía, juez, etc., interrogador), **interrogatory** (interrogatorio; V. *examination*)]. *Cf* examining magistrate.

interval *n*: intervalo, período, plazo; suspensión, interrupción. *Bills are collected at monthly intervals.*

intervene *v*: intervenir, tomar la palabra, tomar cartas en un asunto. [Expresiones: **intervene a draft** (intervenir una letra), **intervene for non acceptance** (intervención por falta de aceptación), **intervene for the honour of a signature** (intervenir en honor de una firma), **intervener** (interventor, tercerista), **intervening cause** (causa interpuesta), **intervening damages** (daños por demora de la apelación), **intervening defendant** (demandado interviniente), **intervening party** (avalista), **intervention** (intervención, tercería)].

intestacy *n*: falta de testamento, situación de intestado. *When the millionaire died intestate, a host of claimants to his estate came forward.* [Expresión: **intestate** (intestado; fallecer sin testar)]. *Cf* abintestate.

intoxicated *a*: embriagado, ebrio. *Fines for driving while intoxicated are getting higher and higher.* [Expresión: **intoxication** (embriaguez)]. *Cf* inebriate.

intra vires *fr*: dentro de su competencia. [Se aplica a las decisiones administrativas, judiciales, etc., tomadas, dentro de su competencia, por cualquier organismo]. *Cf* ultra vires.

introduce *v*: introducir. [Expresiones: **introduce a provision** (adoptar una disposición), **introduce evidence** (presentar pruebas)].

intrude *v*: apoderarse de una cosa sin tener derecho a ello. *The old lady was awakened by the noise made by the intruders, who escaped without taking anything.* [Expresiones: **intruder** (intruso, ladrón), **intrusion** (intrusismo, invasión o vulneración de los derechos de otro; V. *trespass*)].

intrust *v*: V. *entrust*.

invade one's rights *v*: usurpar los derechos de alguno. *Cf* encroach.

inventory *n*: inventario, existencias. [Expresiones: **inventory account** (cuenta de inventario o de almacén), **inventory turnover** (movimiento del inventario, rotación de existencias)]. *Cf* estate inventory.

invest[1] *v*: invertir. *She invested part of her savings in gilt-edged securities.* [Expresiones:

investment (inversión, colocación), **investment bank** (banco de negocios, banco de inversiones; V. *merchant bank*), **investment paper** (valor de colocación), **investment portfolio** (cartera de inversiones), **investment securities** (valores propios para inversión), **investment trust** (compañía de inversiones o de rentas, compañía de sustitución de valores, fondo de inversión cerrado, sociedad de cartera), **investor** (inversor, inversionista), **investing company** (compañía de inversiones)].

invest[2] *v*: revestir, investir de poder, autoridad, dignidad, etc. *The powers invested in the House of Lords include the right to sit as the Highest Court of Appeal.* *Cf* vest.

investigation *n*: investigación, indagación.

invitation *n*: invitación, ruego, petición, solicitud. *Technically, the displaying of an article for sale in a shop is construed as an invitation to treat.* [Expresiones: **invitation to bidders** (convocatoria a licitadores, llamada a licitación, citación a licitadores), **invitation to treat** (solicitud de ofertas, licitaciones), **invite tenders** (sacar a concurso, convocar a licitadores), **invited error** (decisión errónea del tribunal a solicitud de parte)].

invoice *n/v*: factura; facturar. [Expresión: **invoicing** (facturación)]. *Cf* proforma invoice.

involve *v*: complicar, involucrar, implicar. [Expresión: **involvement** (complicación, implicación, participación)]. *Cf* implication.

inwards *n*: hacia el interior, de importación. *Cf* carriage inwards, clearance inwards.

I.O.U. *n*: pagaré, reconocimiento de deuda. [Las cuasi-siglas *I.O.U.* corresponden a la oración *I owe you*].

ir- *prefijo*: im-, in-, ir-. [Expresiones: **irrebutable** (indicio claro), **irrebuttable presumption** (presunción absoluta, presunción irrefutable), **irrecoverable debt** (crédito incobrable; V. *bad debts*), **irredeemable** (irredimible, que no se puede redimir, rescatar o reembolsar; V. *callable*), **irrefutable** (inatacable), **irregular** (irregular, anormal, anómalo, ocasional, casual), **irregular bid** (propuesta informal), **irregular endorsement**

(endoso irregular), **irregular deposit** (depósito irregular), **irregular dividend** (dividendo casual u ocasional), **irregularity** (irregularidad), **irrelevant** (impertinente, inoportuno, fuera de lugar), **irremovability** (inamovilidad), **irrepealability** (irrevocabilidad), **irrepleviable** (no reivindicable), **irreprehensible** (irreprensible), **irreprehensiblegoods** (bienes perecederos), **irrepleviable** (no reivindicable), **irreprochable** (intachable), **irretrievable breakdown of marriage** (ruptura o fracaso matrimonial irrecuperable), **irrevocable documentary credit** (crédito documentario irrevocable)].

irrespective of *fr*: con independencia de, independientemente de, no obstante (lo anterior). [Expresión: **irrespective of the terms of the agreement** (no obstante lo dispuesto en el contrato)].

issue[1] *n*: emisión (de moneda, valores, etc.), edición, tirada, libramiento, conclusión, expedición. [Expresión: **issue price** (tipo de emisión)]. *Cf* bank of issue, date of issue, new issue, rights issue, scrip issue.

issue[2]: punto, asunto, controversia. *The point at issue is whether the contract is binding or not.* [Expresiones: **at/in issue** (en disputa), **issue estoppel** (exclusión o impedimento de una parte de los alegatos por haber sido juzgado ya en un juicio previo; V. *res judicata*), **issue in law** (cuestión de derecho), **issue in litigation** (cuestión objeto de disputa), **issue of fact** (cuestión de hecho), **issue of law** (cuestión jurídica, cuestión de derecho)]. *Cf* collateral issue, join issue.

issue[3] *n*: descendencia, sucesión, prole. *He died without issue. Cf* failure of issue, offspring.

issue[4] *n*: resultado, consecuencias, decisión. *Counsel for the defence argued his case well, but in the issue his client was found liable.* [Expresión: **in the issue** (al final)].

issue[1] *v*: emitir, expedir, librar. *The firm is expected to issue a new batch of shares next month.* [Expresiones: **issuable** (emisible), **isuable plea** (defensa negable), **issuance day** (día de emisión), **issue a cheque** (extender o librar un cheque), **issue a loan** (emitir un empréstito), **issued capital** (capital emitido; V. *called-up capital*), **issued stock** (acciones libradas o emitidas), **issuer** (dador, emisor, persona o sociedad emisora de valores), **issuing bank** (banco emisor)].

issue[2] *v*: dictar, emitir, publicar, expedir. *The magistrate issued a warrant for the arrest of the suspect.* [*Issue an order* es «dictar un auto», aunque en algunas ocasiones convenga traducirlo por «dictar una sentencia», por ejemplo *issue a probation order*]. *Cf* give a judgment, grant an order, pass a sentence.

item *n*: artículo, punto (del orden del día), efecto(s), valor(es); asiento, apunte, partida de un balance. *Items under this head are tax exempt.* [Expresiones: **item(s) for collection** (valores al cobro), **item(s) in transit** (efectos en tránsito), **item of evidence** (elemento de juicio), **item of proof** (elemento probatorio), **item on the agenda** (punto del orden del día), **itemized invoice** (factura detallada o pormenorizada; V. *breakdown*)]. *Cf* article, issue, point, entry.

J

jactitation of marriage (*obs*) *n*: declaración falsa de ser cónyuge de quien no se es. *Cf* action in jactitation, presumption of marriage.

jail *n/v*: cárcel, calabozos judiciales, prisión; encarcelar. [Expresiones: **jail-bird** (*col*) (presidiario, recurrente de la cárcel), **jail-keeper** (carcelero), **jailbreaker** (fugitivo de la cárcel), **jailer** (carcelero)]. *Cf* gaol, cell, police station lockup, prison.

jeopardise *v*: poner en peligro, exponer, arriesgar.

jeopardy *n*: riesgo, peligro. *The board's foolhardy investment policy put the company in jeopardy.* [Expresiones: **jeopardy assessment** (evaluación y exacción de impuestos por vía impositiva), **in jeopardy** (en peligro)]. *Cf* double jeopardy.

jetsam *n*: artículos o mercancías arrojadas al mar, echazón. *Cf* flotsam, jettisoned goods.

jettison *v*: arrojar artículos o mercancías al mar, alijar; (*fig*) abandonar a alguien o algún proyecto por embarazoso, molesto o costoso. *The firm quickly jettisoned the project when they realised how much it would cost them.*

jetty *n*: pantalán, espigón.

job *n*: puesto de trabajo, empleo. [Expresiones: **job title** (puesto de trabajo, denominación del puesto de trabajo; la ley exige que el puesto de trabajo tenga una denominación, a efectos de definir los derechos y obligaciones contractuales), **job-seeker** (persona que busca empleo), **jobless** (desempleado)].

job in stocks *v*: jugar al alza y baja en la Bolsa.

Jobbers are agents who buy and sell for other people. [Expresiones: **jobber** (agiotador, agiotista, el que negocia con fondos públicos, especulador, corredor, intermediario, agente de cambio y bolsa, corredor de bolsa; V. *broker*), **jobbing** (agiotaje de Bolsa)].

join *v*: afiliarse, incorporarse a, inscribirse en una asociación, unirse a. *The opposition has joined issue with the government over its plans to redraw electoral boundaries.* [Expresiones: **join a firm** (entrar en una empresa), **join an agreement** (adherirse a un acuerdo), **join issue** (ponerse de acuerdo las dos partes en la cuestión o cuestiones a dirimir; formular alegaciones de fijación; oponerse a alguien, llevarle la contraria en un asunto), **joined issue** (cuestión sustantiva fijada en los alegatos para ser el centro de debate), **joined shares** (agrupación de acciones)].

joinder *n*: unión, asociación, acumulación de acciones, proceso acumulativo, concurrencia de acciones; junta, unión. *When a person is accused of a number of similar or related offences, joinder of charges is a convenient means of bringing him to trial on all counts at the same time.* [Expresiones: **joinder in demurrer** (aceptación de la excepción), **joinder in pleading** (aceptación de la cuestión y del método de instrucción), **joinder of actions** (unión de varias demandas en una sola), **joinder of charges** (unión de cargos o acusaciones emanados del mismo delito o de una serie de delitos en el mismo escrito de acusación o *indictment*), **joinder of error** (negación de errores que han sido alegados), **joinder of issue** (fijación de la litis; aclaración del punto o puntos que fundamentan el litigio), **joinder of offences** (unión de varias acusaciones en un mismo proceso penal)].

joint *a*: conjunto, colectivo, común, mancomunado, co-partícipe, en participación, asociado. [Como prefijo, equivale a «co-», «con-» (*joint owner, joint participation, joint property,* etc.), pero es distinto a *common,* a *concurrent* y a otros. Por ejemplo: *joint tort-feasors* es distinto de *concurrent tort-feasors* porque los primeros actúan mancomunadamente mientras que los segundos no (por ejemplo, los involucrados en un accidente culposo). Expresiones: **joint account** (cuenta mancomunada, cuenta conjunta), **joint action** (proceso colectivo, acción mancomunada o conjunta), **joint agent** (coagente), **joint agreement** (acuerdo mutuo, convenio), **joint aid** (asistencia recíproca), **joint-and-service annuity** (anualidad, pensión mancomunada o de supervivencia), **joint and several** (solidario, solidariamente), **joint and several bond** (fianza solidaria), **joint and several liability** (responsabilidad solidaria), **joint-and-survivor annuity** (anualidad o pensión mancomunada y de supervivencia o de última vida), **joint bond** (fianza u obligación mancomunada), **joint cash** (caja social), **joint covenant** (pacto mancomunado), **joint-chairmanship** (presidencia conjunta), **joint committee** (comité conjunto), **joint contract** (contrato colectivo o conjunto), **joint creditors** (coacreedores, acreedores mancomunados), **joint debt** (débito mancomunado), **joint debtor** (co-deudor, deudor manconmunado), **joint defendant** (co-demandado, co-encausado, co-acusado), **joint enterprise** (empresa colectiva común o conjunta), **joint estate** (copropiedad, propiedad mancomunada), **joint executor** (coalbacea, albacea mancomunado), **joint income tax return** (declaración de la renta conjunta; V. *individual income tax return*), **joint indictment** (procesamiento colectivo o conjunto), **joint interest** (interés común, colectivo), **joint insurance** (seguro colectivo), **joint liabilities** (pasivo mancomunado), **joint liability** (responsabilidad conjunta, obligación mancomunada), **joint management** (co-gestión), **joint negligence** (negligencia conjunta), **joint note** (pagaré mancomunado), **joint obligation** (obligación conjunta o mancomunada), **joint obligor** (coobligado, obligado mancomunado), **joint offence** (delito conjunto de dos o más personas), **joint owner** (comunero, copropietario, condómino, condueño; V. *co-owner*), **joint ownership** (condominio, propiedad mancomunada, coposesión, co-propiedad, comunidad de bienes), **joint partnership** (empresa colectiva), **joint policy** (póliza conjunta), **joint procedure** (procedimiento conjunto), **joint property** (propiedad indivisa), **joint production** (producción conjunta), **joint programme** (programa común), **joint resolution** (resolución conjunta), **joint return** (declaración de la renta conjunta), **joint security** (garantía mancomunada), **joint signature** (firma colectiva o mancomunada), **joint stock company/firm** (sociedad en comandita por acciones), **joint surety** (cofiador, garante mancomunado), **joint tenancy** (coarriendo, condominio), **joint tenant** (coarrendatario, usufructuario mancomunado; V. *tenants in common*), **joint tort** (agravio conjunto), **joint tort-feasors** (responsables conjuntos de un acto negligente; V. *concurrent tort-feasor*), **joint trustee** (cofiduciario), **joint surety** (fiador mancomunado, cofiador), **joint venture** (empresa conjunta, empresa en común; riesgo comercial compartido, riesgo colectivo, sociedad en participación), **joint will** (testamento conjunto), **joint-and-mutual will** (testamento conjunto y mutuo)]. *Cf in common, mutual, concurrent.*

jointly *a/adv a*: mancomunado; conjuntamente, colectivamente, mancomunadamente, acordadamente. *This project is being jointly developed by a Spanish and British firm.* [Expresiones: **jointly liable** (responsable), **jointly and severally** (mancomunada y solidariamente), **jointly with** (en colaboración con)].

joy-riding (*col*) *n*: viaje en vehículo robado. *Joy-riding is on the increase among unemployed youths from the depressed areas of the country.*

JP *n*: V. *Justice of the Peace.*

journal, official *n*: V. *official journal.*

judge *n*: juez. *Judges are appointed by the Crown, but cannot be dismissed by the Crown or by anyone else except for gross misconduct or discreditable behaviour.* [El término *juez* se aplica normalmente al «juez de carrera» (*qualified judge*); los jueces legos (*lay judges*) se llaman *magistrates*. Los jueces de carrera son *circuit judges* y *puisne judges*, aunque también hay otros jueces auxiliares, como los *recorders*; los *puisne*, que son los de mayor categoría, actúan en los tribunales superiores. Expresiones: **judge advocate** (auditor de guerra), **judge entertaining/having jurisdiction** (juez competente), **judge of appeals courts** (juez de alzada o de apelación), **judge of first instance** (juez de primera instancia), **judge in charge of the settlement of industrial disputes** (magistrado de trabajo), **judge-made law** (derecho jurisprudencial, jurisprudencia establecida por resolución judicial), **judge sitting alone without a jury** (juez único), **judge's order** (auto dictado por un juez que actúa *in camera*), **judge's rules** (directrices preparadas por el poder judicial para uso de la policía y relativas a las normas a seguir al detener, interrogar o acusar a un ciudadano)]. *Cf* associate judge, lawful judge, lay judge, presiding judge, puisne judge, qualified judge; industrial tribunals.

judge *n/v*: juzgar, enjuiciar, sentenciar, obrar, actuar. *Each case must be judged on its own merits.*

judgment, judgement *n*: fallo, sentencia, decisión judicial. *After delivering judgment in favour of the plaintiff, the court made an order awarding him damages of £75,000.* [La decisión, resolución o fallo que adoptan los jueces y los tribunales se llaman *judgment,*

sentence, decree, court decision, e incluso, *finding(s)*; *verdict* es la resolución de un jurado. La palabra *judgment* se aplica a los fallos o sentencias de los tribunales civiles (*courts of law*) y *decree* a los fallos de los tribunales de equidad (*courts of equity*) y a cualquier resolución de los tribunales escoceses; no obstante, *judgment* se utiliza cada vez más en la mayoría de los casos; al fallo contenido en la sentencia se le llama también *ruling*. Expresiones: **judgment bond** (fianza de apelación), **judgment by default** (sentencia en contumacia, sentencia en rebeldía), **judgment by consent** (sentencia acordada), **judgment debt** (deuda decretada en juicio), **judgment debtor** (deudor en virtud de una sentencia), **judgment creditor** (acreedor por fallo o juicio), **judgment docket** (registro de sentencias), **judgment filed** (sentencia registrada), **judgment in civil matters** (juicio por lo civil), **judgment in rem** (sentencia contra la cosa, sentencia relativa a una obligación real), **judgment in retraxit** (sentencia después de retirada la acción), **judgment lien** (gravamen por fallo o por juicio), **judgment of foreclosure** (sentencia o auto de ejecución), **judgment on demurrer** (sentencia sobre excepción previa), **judgment on the merits** (sentencia relativa al fondo de la demanda), **judgment on verdict** (sentencia conforme al veredicto del jurado), **judgment roll** (legajo de sentencia; V. *roll*), **judgment on case stated** (resolución del tribunal superior respecto de la cuestión de derecho planteada por un tribunal inferior), **judgment in error** (decisión del tribunal de apelaciones por error), **judgment of dismissal** (declaración que no ha lugar, sentencia desestimatoria), **judgment in personam** (sentencia relativa a una obligación personal), **judgment of affirmance** (sentencia de confirmación), **judgment of conviction** (fallo de condena, sentencia condenatoria)]. *Cf* judgment, court judgment, ruling, decision, decree, order, consent judgment, default judgment, interlocutory judgment, give judgment, render judgment.

judicature *n*: judicatura, tribunal, jurisdicción, magistratura (*amer*).

judicial *a*: judicial, procesal. *To construe law or to apply it to a particular set of facts are typical judicial acts.* [Expresiones: **judicial act** (acto/actuación judicial), **judicial action** (actuación judicial), **judicial admission** (admisión procesal o judicial), **judicial bond** (fianza judicial), **judicial cognizance** (presunción, hechos que el juez tiene que dar por sentados, conocimientos que el juez tiene de oficio; V. *take judicial cognizance*), **judicial confession** (confesión judicial o en juicio o en pleno tribunal), **judicial construction** (interpretación judicial), **judicial custody** (custodia judicial), **judicial decision** (resolución judicial), **judicial deposit** (consignación o depósito judicial), **judicial discretion** (capacidad decisoria de los jueces), **judicial enquiry** (encuesta judicial), **judicial error** (error judicial), **judicial estoppel** (impedimento judicial), **judicial immunity** (inmunidad judicial), **judicial notice** (citación judicial; V. *judicial cognizance*), **judicial oath** (juramento legal), **judicial power** (poder judicial), **judicial precedent** (V. *precedent*), **judicial proceedings** (procedimiento judicial) **judicial process** (procedimiento judicial; las *warrants, summons*, etc., y, en general, los mandamientos, autos, providencias judiciales que piden la comparecencia del demandado y las notificaciones que sirven para entablar un proceso o demanda, reciben el nombre genérico de *process*), **judicial question** (cuestión que han de decidir los tribunales), **judicial record** (acta, protocolo judicial; V. *record of the proceedings*), **judicial remedy** (recurso legal), **judicial review** (revisión judicial; recurso contencioso-administrativo; V. *review, order*[3]), **judicial sale** (venta judicial), **judicial separation** (separación de cuerpos; V. *a mensa et thoro, nullity of marriage, divorce*), **judicial sequestration** (secuestro judicial), **judicial settlement** (arreglo judicial; V. *out-of-court settlement*), **judicial valuation** (valuación judicial), **judicial trustee** (fiduciario judicial, funcionario de un tribunal de equidad), **judicial settlement** (arreglo judicial; V. *out-of court settlement*), **judicial writ** (orden o auto judicial)].

Judicial Committee of the Privy Council *n*: Comisión Judicial del Consejo del Reino. [Este organismo tiene, sobre todo, funciones consultivas y una jurisdicción reducida a apelaciones que emanan de contenciosos derivados de la aplicación de *Acts of Parliament* y, en especial, a las presentadas al *Privy Council* por algunos países de la Commonwealth].

judiciary *n*: poder judicial, judicatura. *The procedures for appointing members of the judiciary are supposed to guarantee its independence. Cf legislature.*

jug (*argot*) *n/v*: cárcel, chirona, trena, etc.; encarcelar, meter en chirona. *The gang leader told his mates how the cops had nicked him and he'd been jugged. Cf* jail, gaol, cooler, quod, clink.

jump bail (*col*) *v*: quebrantar la libertad bajo fianza, fugarse. *He jumped bail and disappeared.*

junior *a*: joven, inferior, secundario, menor. *In jury trials, the junior barristers often make the introductory speeches to the jury, whilst the most difficult tasks of persuading the jury and countering the other side's arguments are left to the more experienced senior barristers.* [Expresiones: **junior accountant** (contador auxiliar), **junior barrister** (*barrister* que no ha llegado al grado de *Queen's Counsel*, o bien el de menor rango o experiencia de los que representan a un cliente; V. *silk*), **junior creditor** (acreedor secundario), **junior execution** (ejecución posterior o inferior), **junior lien** (gravamen inferior), **junior mortgage** (hipoteca secundaria o posterior), **junior partner** (socio menor), **junior staff** (personal en formación o de poca experiencia, personal auxiliar)]. *Cf* Queen's counsel. *Cf* senior.

junk bond *n*: bono basura. *Although junk bonds are high-risk, low-rated bonds, some people find them attractive because they yield high interest. Cf* bond.

jurat *n*: magistrado (en las Islas del Canal de la Mancha); legalización de una declaración; también se aplica el término de *jurat* a la parte de una certificación o declaración jurada en la que se identifican la persona que presta la declaración y la que la toma.

juridical *a*: jurídico. [Expresión: **juridical day** (día hábil para la administración de justicia)].

jurisconsult *n*: jurisconsulto.

jurisdiction *n*: jurisdicción, competencia, potestad, fuero. *In certain cases, leave may be obtained by a court to serve writs out of the jurisdiction*. [Expresiones: **jurisdictional** (jurisdiccional), **jurisdiction of subject matter** (competencia material), **jurisdictional plea** (defensa dilatoria o jurisdiccional; V. *plea to the jurisdiction*)]. *Cf* claim jurisdiction, cognizance, concurrence of jurisdiction, outside the jurisdiction, venue.

jurisprudence *n*: jurisprudencia, jurispericia. [Técnicamente el término inglés *jurisprudence* puede tener el significado con que suele emplearse su homónimo español «jurisprudencia», esto es, según un comentarista, como «sinónimo grandilocuente» de la práctica o dogmática de un sistema jurídico determinado. Sin embargo, dadas las peculiaridades del sistema inglés, con relativamente pocas leyes escritas y una gran masa de precedentes y decisiones judiciales, la costumbre más arraigada es la de emplear el término *case-law* para jurisprudencia, reservando el de *jurisprudence* para designar los fundamentos históricos, científicos y filosóficos del derecho. Por esta razón, es muy importante tener presente el contexto en el que aparece el término para traducirlo adecuadamente. Entre las posibles traducciones destacamos «filosofía del derecho», «ciencia jurídica», «dogmática jurídica comparada», «jurispericia» y «jurisprudencia»].

jurist *n*: jurista, jurisconsulto, jurisperito. *American sometimes call lawyers "jurists", but in British usage the term means a legal writer or expert.*

juristic *a*: jurídico. *A corporation, for example, is a juristic person as the law gives it some of the rights and duties of a person.* [Expresiones: **juristic act** (acto jurídico, hecho jurídico), **juristic person** (persona jurídica; V. *artificial person, legal person, natural person*)].

juror *n*: jurado, miembro del jurado. *Cf* jury.

jury *n*: jurado, tribunal del pueblo; jueces populares, jueces de conciencia. *Under English law, any person charged with a serious crime is brought to trial by jury.* [Al jurado, también se le llama *petty jury*, para diferenciarlo del *grand jury*. Expresiones: **jury box** (tribuna del jurado), **jury calendar** (lista de causas que han de ser vistas con jurado), **jury bribing** (soborno de jurados), **jury fixing** (soborno de los miembros de un jurado), **jury instructions** (V. *charge to jury, direct*), **jury panel** (lista de personas preseleccionadas para formar el jurado por medio de sorteo; V. *panel of jurors*), **jury summoning officer** (funcionario judicial que confecciona la lista de candidatos a jurado o *array*; en los Estados Unidos este funcionario es el *sheriff*), **jury process** (citación de jurados), **jury trial** (juicio con jurado; V. *trial by jury*)]. *Cf* charge to jury; address; juror.

just *a*: equitativo, legítimo, razonable, de justicia, justificado. *It is sometimes hard to remember that the law concerns itself with what is legally just or unjust, rather than what is right or wrong.* [Expresión: **just charge** (acusación fundada)]. *Cf* fair, equitable.

justice[1] *n*: justicia, equidad. *Cf* fairness.

justice[2] *n*: juez, justicia. *Apart from its use in the expression "Justice of the Peace", the word "justice" is used as a courtesy term in speaking of High Court judges, who are called Mr/Mrs Justice Smith, etc.* [Expresiones: **Justice of the Peace, JP** (juez de paz; V. *magistrate*), **justices' clerk** (V. *clerk to the justices*)]. *Cf* chief justice, magistrate, do justice.

justiciary (*der es*) *n*: V. *solemn procedure*.

justifiable *a*: aceptable, justificable. *In an action for defamation, the defence of justification puts the onus on the defendant to prove that*

his or her offensive words are true.
[Expresiones: **justifiable homicide** (homicidio inculpable), **justification** (justificación; defensa en un juicio por difamación, que consiste en alegar que las palabras deshonrosas no son difamatorias puesto que responden a la verdad; V. *fair statement*)].

juvenile *a*: juvenil, de menores. *In cases heard by juvenile courts every reasonable precaution is taken to ensure that no publicity is given to what is said, and the identity of the children involved is kept secret.* [Expresiones: **juvenile court** (tribunal de menores), **juvenile delinquency** (delincuencia juvenil), **juvenile delinquent/offender** (delincuente juvenil)]. *Cf* delinquency, community service.

K

K.B. *n*: V. *King's Bench. Cf* Q.B.

keelage *n*: derechos de puerto.

keep *n*: manutención, alimentación.

keep¹ *v*: mantener, contener. *As it was the young man's first offence, he was bound over to keep the peace.* [Expresiones: **keep hold of** (no soltar, guardar para sí), **keep in check** (tener a raya; V. *hold at bay*), **keep off** (tener a raya; V. *hold at bay*), **keep the peace** (mantener el orden público, jurar no alterar el orden público; V. *breach of the peace*)].

keep² *v*: retener, detener. *After his arrest, he was kept in custody pending police enquiries.* [Expresiones: **keep illegally** (detentar; V. *deforce*), **keep under observation** (vigilar, tener bajo vigilancia)]. *Cf* detain, impound, imprison, incarcerate.

keep³ *v*: regentar, estar al frente de, ser responsable de. *Keeping a disorderly house is an offence in Great Britain. Cf* manage, control, supervise.

keep⁴ **books, an account, a register,** etc. *v*: llevar libros de comercio, una cuenta, un registro, etc. *Cf* bookkeeping.

keeper *n*: guardián, carcelero; defensor. *The Lord Chancellor is the keeper of the Great Seal.* [Expresiones: **Keeper of the Great Seal** (Guardián del Sello Real o Gran Sello), **Keeper of the King's Conscience** (Guardián de la conciencia real)].

kerb-crawling (*col*) *n*: incitación persistente a la prostitución o a la corrupción hecha por un hombre desde un coche o tras apearse de él causando molestias a la mujer o a la vecindad. *Cf* soliciting.

kickback (*col*) *v*: soborno. *In the modern business world the payment of kickbacks and sweeteners seems to be prevalent everywhere.*

kidnap *v*: secuestrar. *Kidnappers are often caught when they try to pick up the ransom.* [Expresiones: **kidnapper** (secuestrador), **kidnapping** (secuestro, rapto; plagio)]. *Cf* child stealing; abduct, ransom.

kill *v*: matar. *If the victim of an assault dies, his assailant may be charged with murder even if he did not intend to kill him.* [Expresiones: **kill oneself** (suicidarse), **killer** (asesino; V. *cutthroat, gunman, murderer, triggerman, homicide, slayer, assassin*), **killing** (asesinato, homicidio), **killing spree** (matanza indiscriminada)]. *Cf* manslaughter, mercy killing.

kin *n*: familia, parientes, parentesco, vínculo, conexión. *Cf* next-of-kin, kindred.

kind, in *adv*: en especie. *Payment in kind is still the norm in many underdeveloped countries. Cf* in cash; barter.

kindred *n*: parentesco, parentela, deudos. *Cf* kin; relatives.

King's Bench *n*: V. *Queen's Bench.*

King's Bench Division (K.B.) *n*: V. *Queen's Bench Division.*

kite mark *n*: marca que se coloca en los productos ingleses para indicar que cumplen los requisitos y el control de calidad.

kiting *n*: circulación de cheques en descubierto. *Cf* balloon, overdraft.

knife-point, at *fr*: con arma blanca; V. *at gun-point*.

knock down *v*: rematar, adjudicar en pública subasta. *Auctioned products are knocked down to the highest bidder. Cf* adjudge.

know all men by these presents *fr*: Por la presente se hace saber... Sepan todos los que el presente vieren... Esta fómula se suele emplear en las escrituras llamadas *deed polls* (escrituras acreditativas de declaración unilateral).

know-how (*col*) *n*: pericia, experiencia, práctica.

Some of the old industrial areas of Europe now specialise in selling know-how rather than manufactured products. Cf expertise.

knowingly *adv*: a sabiendas, a conciencia, con dolo. *A person who knowingly and voluntarily helps another commit an offence is guilty as an accessory. Cf* scienter; substandard.

knowledge *n*: conocimiento, saber. [Expresión: **to the best of my knowledge and belief** (según mi leal saber y entender)]. *Cf* constructive knowledge, carnal knowledge.

L

label *n/v*: etiqueta; etiquetar, tachar a alguien de.

labo(u)r *n*: mano de obra. *In some countries political detainees are assigned to labour camps with no judicial hearing.* [Expresiones: **labour camp** (campo de trabajos forzados, colonia penitenciaria), **labour court** (magistratura de trabajo; V. *industrial tribunal*), **labour dispute** (conflicto o disputa laboral), **labour force** (fuerza laboral; V. *manpower, work-force*), **labour law** (derecho del trabajo, reglamentos sociales), **labour organizations** (organizaciones de trabajadores), **labour turnover** (rotación de personal), **labour union** (gremio o sindicato obrero), **labourer** (peón, jornalero, obrero, trabajador)]. *Cf* hard labour.

laches *n*: prescripción negativa, tardanza en reclamar un derecho o en actuar, negligencia. *The doctrine behind the concept of laches is that the "law will not help those who sleep on their rights".* [*Laches* se refiere a la negligencia del demandante en hacer valer un derecho, normalmente un derecho de equidad; V. *equity right*]. *Cf* limitation.

lack *n/v*: ausencia, falta, carencia; carecer. *Lack of age and lack of consent are grounds for nullity of marriage.* [Expresiones: **lack of evidence** (falta de pruebas), **lack of foresight** (imprevisión; V. *unwariness, common duty of care*), **lack of legal capacity** (incapacidad jurídica, legal o procesal)].

lade *v*: cargar un buque.

lading, bill of *n*: V. *bill of lading*.

Lady Day *n*: Fiesta de la Anunciación. *March 25th, Lady Day, is one of the quarter days when rent is paid for land. Cf quarter day.*

lag (*col*) *n*: ex presidiario, persona que ha pasado numerosos períodos en la cárcel. *The witness was known to be an old lag and his evidence counted for little with the jury.*

land *n/v*: tierra, terreno; propiedad, bienes raíces; nación; descargar, desembarcar. *The purchaser of a property owns the land on which it stands and the airspace above it.* [Expresiones: **land agent** (administrador de fincas), **land and buildings** (bienes raíces, propiedades inmuebles), **land bond** (fianza de desembarque), **land certificate** (certificado expedido por el Registro de la Propiedad Inmobiliaria o *Land Registry*; el asiento o inscripción que se hace en el *Land Register* consta de tres partes: *property register, proprietorship register* y *charges register*), **land charges** (cargas a las que está sometido un bien raíz, como hipotecas, contribución y también las servidumbres que pesan sobre la propiedad; V. *registration encumbrances*), **land damages** (indemnización por terreno expropiado o por daños producidos a terreno colindante), **landfall** (recalada), **land office** (oficina del catastro; V. *cadastre*), **land registration** (inscripción de la propiedad inmobiliaria; V. *register, registration, registry*), **Land Registry** (Catastro, Registro de la Propiedad Inmobiliaria; V. *Department of the Register of Scotland, Registrar General of Northern Ireland*), **land surveyor**

(agrimensor), **land tax** (contribución rústica, contribución territorial), **land tenure** (terratenencia), **landed price** (precio puesto en destino), **landed property** (bienes raíces, predio), **landed proprietor** (terrateniente; V. *landlord, landowner*), **landing bond** (fianza de desembarque), **landing charges** (gastos de descarga), **landing order** (autorización de descarga), **lands in abeyance** (bienes mostrencos; V. *abeyance; unclaimed goods, waif*)]. *Cf* building land/plot, Crown lands, derelict lands; load.

landlady *n*: patrona.

landlord *n*: arrendador, casero, terrateniente, patrón. *There are special rules governing the relations between landlord and tenant. Cf* lessee, lessor, tenant; landowner; absentee landlord; landed proprietor.

landmark *n*: mojón de lindero, marca de lindes, señal, límite. *A land mark is an identifiable natural object serving to mark the boundary of the land in an instrument of conveyance. Cf* abuttals, call, boundary.

landowner *n*: terrateniente, dueño de una finca. *Cf* landed proprietor.

lapse *n/v*: lapso, caducidad; caducar, prescribir, extinguirse. *There are rights which lapse if they are not exercised.* [Expresiones: **lapsable** (prescriptible), **lapsation** (caducidad), **lapse of time** (caducidad, transcurso o lapso de tiempo), **lapsed** (caducado, prescrito), **lapsed devise or legacy** (legado anulado por muerte del legatario, legado caducado), **lapsed policy** (póliza caducada), **lapsing of action** (caducidad de la instancia; V. *abandonment of action*)]. *Cf* ademption, laches.

larceny *n*: hurto, robo de poca importancia, ratería, robo de cantidades pequeñas. *The statutory offence of larceny has been abolished and all forms of stealing are now known as "theft".* [Expresión: **larcenist** (ladrón, ratero)]. *Cf* simple larceny, grand larceny.

large, at (*amer*) *a*: con amplios poderes, general; en libertad. *The murderer is still at large. Cf* ambassador-at-large.

lash *n*: trinca. [Expresión: **lashing** (trinca)].

last in, first out (lifo) (*col*) *fr*: norma laboral por la que en caso de expediente de regulación de empleo o *redundancy*, se despide a los que entraron en último lugar, es decir, los últimos que entraron son los primeros en salir. *Redundancies have been announced in the steelworks on a "last in, first out" basis. Cf* fifo, filo.

last resort *n*: última instancia, último recurso. [En Gran Bretaña la jurisdicción de última instancia la ejerce la Cámara de los Lores, constituida en Tribunal de Apelación y, contra su resolución, no cabe más recurso. Expresión: **as a last resort** (como último recurso, a la desesperada, en último caso o término)]. *Cf* court of last resort.

last will and testament *n*: última voluntad, testamento. [Los términos *will* y *testament* son sinónimos en inglés, de modo que la expresión es parcialmente redundante, aunque sancionada por el uso; en cambio, *testament* se usa menos y, cuando se aplica en sentido estricto, se refiere, de acuerdo con la terminología del derecho consuetudinario, sólo a los bienes personales, no a los bienes raíces o *property*; sin embargo, esta distinción ha caído en desuso]. *Cf* will, testament.

lastage *n*: derechos de flete o embarco, lastre, cargamento de un buque.

late *a*: tarde; difunto. [Expresiones: **at the latest** (a más tardar), **latest date** (fecha límite; V. *deadline*)]. *Cf* not later than.

latent *a*: latente, oculto. [Expresiones: **latent ambiguity** (ambigüedad latente), **latent deed** (escritura de propiedad oculta durante más de veinte años), **latent defect** (vicio o defecto oculto)].

launch *v*: iniciar, emprender; lanzar en bolea, botar; botadura. [Expresión: **launch an appeal** (apelar, interponer recurso de apelación; V. *make/lodge an appeal*)].

launder money *v*: blanquear dinero. *An investigation by the Fraud Squad revealed that the firms transacted no real business and existed solely for the purpose of laundering money. Cf* money laundering.

lavish *a*: pródigo. [Expresión: **lavishly** (pródigamente)].

law *n*: derecho, ley, jurisprudencia. [La palabra *law* equivale a «derecho» y a «ley». En este segundo sentido es sinónima parcial de *act*, aunque ésta se refiera a «ley positiva», es decir, la norma legal escrita aprobada por el Parlamento, mientras que la primera se aplicaría en expresiones como **at law** (de forma legal, de acuerdo con las leyes, de derecho), **break the law** (infringir, incumplir, transgredir, violar, vulnerar la ley, las normas, etc.), **go against the law** (ir contra la ley) y **go to law** (pleitear, recurrir a los tribunales). Expresiones: **law-abiding** (cumplidor, decente, cumplidor con/observante de la ley), **law adviser** (asesor jurídico), **law and order** (orden público, ley y orden), **law-breaker** (infractor, transgresor, el que viola la ley), **lawbreaking** (infracción de ley), **law clerk** (pasante; V. *managing clerk, legal executive*), **law court** (palacio de justicia), **law day** (día de vencimiento), **law digest** (recopilación de leyes), **law enforcement** (ejecución de la ley, cumplimiento de la ley, observancia forzosa), **law enforcement authority** (autoridad competente), **law enforcement agencies** (organismos públicos encargados de velar por el cumplimiento de las leyes), **law enforcement officer** (agente de la autoridad, funcionario encargado del cumplimiento de la ley), **law enforcement services** (agentes de la ley/autoridad, la policía), **law expenses** (gastos del pleito), **law lord** (jueces del *Court of Appeal*, que reciben el tratamiento de *Lord* para poder actuar como miembros del Tribunal de Apelación de la Cámara de los Lores), **law list** (lista oficial de profesionales de la abogacía publicada cada año; V. *roll*), **law merchant** (derecho mercantil; V. *mercantile law*), **law of evidence** (derecho probatorio, derecho dedicado a la regulación de la prueba, código de pruebas), **law of exchange** (derecho cambiario; V. *law of instruments*), **law of mercantile companies** (ley general de sociedades mercantiles; V. *corporation law*), **law of mortgages** (derecho hipotecario, ley hipotecaria), **law of nature** (derecho natural), **law of negotiable instruments** (ley cambiaria;

V. *law of exchange*), **law of procedure** (derecho procesal, leyes de enjuiciamiento; V. *law of the court, adjective law*), **law of real property** (derecho inmobiliario), **law of supply and demand** (ley de la oferta y la demanda), **law of the court** (derecho procesal; V. *rules of the court, law of procedure*), **law of the land** (derecho común), **law of torts** (derecho de responsabilidad civil, ley sobre ilícitos civiles), **Law Reports** (Libro de derecho jurisprudencial, compilación de decisiones judiciales, jurisprudencia. El derecho jurisprudencial consta de las resoluciones judiciales dictadas por los jueces en sus sentencias; estas resoluciones están recogidas en los *Law Reports*, publicado por el *Incorporated Council of Law Reporting*, organismo semioficial formado por representantes de *The Inns of the Court*, *The Law Society* y *The Bar Council*; V. *case law*), **Law School** (Facultad de Derecho), **Law Society** (Colegio de Abogados o *solicitors* de Inglaterra y Gales; V. *British Legal Association, Bar Council*), **laws** (legislaciones, disposiciones legales; V. *legislation*)]. Cf adjective law, administrative law, admiralty law, alien law, anti-trust law, business law, case law, civil law, codified law, commercial law, comparative law, corporation law, ecclesiastical law, maritime law, martial law, mercantile/merchant law, patent law, statute law, tax law.

lawful *a*: legal, lícito, legítimo; hábil. *It is for the court to decide whether an action is lawful*. [Expresiones: **lawful age** (mayor de edad, edad legal; V. *full age*), **lawful day** (día hábil), **lawful holder** (tenedor o titular legal), **lawful issue** (hijos legítimos, descendencia legítima), **lawful title** (título legítimo), **lawfully** (legalmente, legítimamente), **lawfulness** (legalidad, legitimidad)].

lawgiver *n*: legislador. Cf law-maker.

lawless *n*: ilegal, ilícito, desaforado; licencioso, desordenado. [Expresión: **lawlessness** (ilegalidad, ilicitud, desorden, desobediencia)].

law-maker *n*: legislador. [Expresión: **law-making power** (competencia legislativa)]. Cf law-giver.

187

lawsuit *n*: pleito, litigio, proceso/acción/demanda judicial. *A lawsuit is a case brought to a court by a private person.* Cf action, case, suit.

lawyer *n*: abogado, jurisconsulto, procurador, jurista. [Expresión: **lawyer's office** (bufete)]. Cf barrister, solicitor, advocate.

lay *a*: lego; seglar, secular. [Expresiones: **lay corporation** (sociedad secular), **lay magistrates** (magistrados legos; V. *stipendiary magistrate, qualified judges*), **layman** (lego)].

lay *v*: poner, colocar, imponer cargas u obligaciones. *When an order is laid before Parliament, petitions for its amendment or annulment may be presented.* [Expresiones: **lay/place/put an embargo on goods,** etc. (prohibir el comercio con mercancías, etc., secuestrar mercancías), **lay an information before a magistrate** (denunciar, presentar una denuncia en un juzgado; V. *information, complaint*), **lay before Parliament** (exponer a la consideración del Parlamento, dar cuenta anticipada al Parlamento; antes de su entrada en vigor, los instrumentos de legislación delegada deben quedar expuestos durante 40 días a la consideración del Parlamento o *laid before Parliament*, el cual ejerce control sobre los mismos; V. *parliamentary control, negative resolution, affirmative resolution, delegated legislation*), **lay claim to** (demandar), **lay damages** (reclamar daños y perjuicios), **lay down a provision/the time and the agenda** (establecer o fijar una disposición, fijar la hora y el orden del día), **lay hold of,** (agarrar, hacerse con; V. *battery, assault*), **lay off** (despido, despedir), **lay out** (gastar, invertir dinero; V. *outlay*), **lay over** (aplazar), **lay the foundation** (sentar las bases), **lay an action to someone's charge** (acusar de una acción, considerar responsable), **lay-up return** (reducción de la prima del seguro de un barco que está fuera de servicio; V. *laying up clause*), **laying up clause** (cláusula de reducción de la prima de seguro en caso de que el buque quede fuera de servicio; V. *lay-up return*)].

lay time *n*: plancha, tiempo de plancha. [Expresiones: **lay days** (plancha; se usan indistintamente los términos *lay time* y *lay days*; el *lay time* se refiere al tiempo que un buque permanece dedicado a tareas de carga o descarga, cuya duración y cómputo se acuerda en las pólizas de fletamento; V. *running days; reporting day*), **lay time for discharging** (tiempo de plancha para la descarga), **lay time for loading** (tiempo de plancha para la carga)]. Cf demurrage; reversible laydays.

lead *n*: pista. *The police are following several leads in the investigation of this murder.* Cf clue.

lead evidence *v*: aportar, aducir, alegar, rendir, presentar pruebas. *Counsel for the plaintiff led evidence of the defendant's failure to repay the loan.* Cf adduce/call/allege evidence.

leader *n*: dirigente, jefe. [Expresiones: **Leader of the House of Commons/Lords** (ministro Responsable de las Relaciones con el Parlamento; V. *Speaker*), **Leader of the Opposition** (Jefe de la Oposición; V. *Shadow Cabinet*)].

leading[1] *a*: principal. *In asking for a precedent to be taken into consideration, a barrister is expected to cite the leading case.* [Expresiones: **leading case** (caso considerado como precedente, causa o proceso determinante), **leading counsel** (abogado principal)].

leading[2] *a*: tendencioso, capcioso, sugestivo, impertinente. *Leading questions like "Have you stopped beating your wife?" are not allowed in examination.* [Se aplica a las preguntas o repreguntas que se hagan a los testigos en la práctica de las pruebas]. Cf catch question.

league *n/v*: liga, alianza, confederación, unión; confederarse, ligarse, aliarse, unirse. [Expresión: **League of Nations** (Liga de Naciones)].

leak *n/v*: fuga (de agua, de información, etc.); derramar; filtrar información o noticias; hacer agua. *An unofficial account of the Cabinet's discussions was leaked to the press.* [Expresiones: **leak information** (pasar información al adversario), **leakage** (merma, derrame, escape, vía de agua; descuento por derrame; V. *extraneous perils*)].

lease *n/v*: arriendo (escritura de), arrendamiento o locación, contrata de arriendo, alquiler-compra; tomar en arrendamiento; arrendar. *We have taken a lease on the property for 21 years.* [Expresiones: **on a lease** (en arrendamiento), **lease at will** (arriendo a voluntad, arriendo denunciable o sin plazo fijo de duración), **lease-back** (cesión-arrendamiento), **lease for years** (arriendo a plazo), **lease on parol** (arriendo verbal), **lease period** (plazo o período de duración del arrendamiento)]. *Cf* let on lease, net lease, parole lease, take on lease, extension of lease.

leasehold *n*: inquilinato, derecho de arrendamiento, contrato de locación. [Expresiones: **leasehold improvements** (mejoras en propiedad arrendada; V. *improvements*), **leasehold mortgage bond** (cédula hipotecaria garantizada con el arrendamiento de una propiedad), **leased property** (propiedad arrendada), **leaseholder** (arrendatario)]. *Cf* estate.

leasing *n*: alquiler con opción a compra, arrendamiento financiero. [Expresión: **leasing company** (sociedad de arrendamiento financiero)].

leave *n/v*: venia, autorización, permiso, licencia; abandonar, dejar. *The prisoner was found guilty and leave to appeal was refused.* [Expresiones: **leave of absence** (licencia sin sueldo, permiso para ausentarse; V. *absence without leave*), **leave of court** (venia del Tribunal), **leave office** (abandonar o dimitir de un cargo), **leave to appeal** (autorización para presentar recurso), **leave to proceed** (admisión a trámite)]. *Cf* maternity leave, grant leave, refuse leave; permission.

LC *n*: V. *Lord Chancellor*.

L/C *n*: V. *Letter of credit*.

ledger *n*: libro Mayor. [Expresiones: **ledger entry** (asiento del libro Mayor), **ledger value** (valor en los libros)].

leeward *a*: sotavento. [Expresión: **leeway** (abatimiento de un buque)].

leap-frog procedure *n*: salto de jurisdicciones. [En los casos excepcionales en que se precise la interpretación de una ley parlamentaria, desde el año 1969 la apelación puede pasar directamente a la Cámara de los Lores «saltando» por encima de la instancia intermedia que es el Tribunal de Apelación o *Court of Appeal*]. *Cf* House of Lords, Court of Appeal.

legacy *n*: legado, manda. *That nice old desk was a legacy from my aunt.* [Los términos *legacy* y *bequest* se consideran sinónimos y se aplican sólo a los bienes personales; en el lenguaje corriente se emplea el primero con mayor frecuencia; el término *devise* se refiere a bienes inmuebles o bienes raíces]. *Cf* gift; absolute legacy, lapsed legacy, substitutional legacy.

legal *a*: jurídico, legal, que marca la ley, en derecho, de acuerdo con la ley; implícito. [El término *legal* se suele aplicar a los derechos, resoluciones, etc., procedentes del *common law*, frente a *equitable*, nacido de la equidad. Expresiones: **legal abortion** (aborto despenalizado), **legal act** (acto jurídico), **legal action** (acto procesal, actuación judicial; V. *take legal actions*), **legal address** (domicilio a efectos legales; V. *address for service*), **legal advice** (asesoramiento jurídico), **legal adviser** (asesor jurídico, asesor letrado), **legal age** (mayoría de edad), **legal aid and assistance** (asistencia letrada al detenido), **legal aid lawyer** (abogado de turno), **legal aid scheme** (turno de oficio), **legal aid board** (junta que, con amplios poderes, está encargada de la organización del turno de oficio y de la administración de los fondos correspondientes), **legal aid lawyer** (abogado de oficio), **legal assets** (bienes sucesorios disponibles para liquidación de deudas), **legal assistance** (abogado, defensa letrada; asistencia letrada, asistencia letrada al detenido, asesor legal; V. *right of access to a solicitor*), **legal capacity** (capacidad legal; V. *disability, lack of legal capacity*), **legal capacity to sue** (capacidad procesal), **legal cause** (causa legal, inmediata o próxima), **legal charges** (gastos judiciales), **legal consideration** (causa contractual lícita), **legal consultant** (jurisconsulto), **legal counsel**

(asesor jurídico), **legal cruelty** (crueldad que justifica el divorcio), **legal currency** (moneda de curso legal), **legal damages** (perjuicios indemnizables), **legal debts** (deudas documentarias), **legal defence** (legítima defensa), **legal dependent** (persona con derecho de alimentos de acuerdo con la ley; V. *alimony*), **legal disability** (incapacidad jurídica), **legal entity** (persona o entidad jurídica; V. *juristic person, artificial person*), **legal executive** (pasante; en el pasado se les llamaba *managing clerks*), **legal fees** (honorarios del letrado), **legal framework** (marco legal o jurídico), **legal holiday** (día inhábil; V. *business day*), **legal incapacity** (inhabilidad, incapacidad jurídica; V. *disqualified*), **legal injury** (vulneración de derechos legales), **legal irregularity** (irregularidad en la forma), **legal liability** (responsabilidad jurídica), **legal mandate** (imperativo legal), **legal measures** (trámites, diligencias, medidas o medios jurídicos), **legal money** (dinero de curso legal), **legal mortgage** (hipoteca legal), **legal name** (denominación legal), **legal negligence** (negligencia clara o evidente), **legal notice** (notificación legal, notificación implícita), **legal obligation** (obligación legal), **legal opinion** (dictamen jurídico), **legal owner** (dueño en derecho), **legal parlance** (jerga jurídica), **legal person** (persona jurídica; V. *artificial person, juristic person*), **legal possession** (posesión legal o de jure), **legal practitioner** (abogado, letrado), **legal prescriptions** (prescripciones legales), **legal presumption** (presunción legal), **legal principles** (principios jurídicos), **legal proceeding** (acto jurídico, procedimiento judicial), **legal proceedings for collection** (apremio), **legal procedure** (tramitación legal, trámites establecidos), **legal process** (mandamiento, decreto u orden dictada por un tribunal; V. *process*), **legal profession** (abogacía), **legal protection** (amparo jurídico, amparo legal), **legal question** (cuestión jurídica), **legal rate** (tipo de interés que marca la ley), **legal relevancy** (pertinencia o admisibilidad en derecho), **legal remedies** (recursos, remedios, medios o soluciones legales; desde un punto histórico, *legal remedy* alude a las soluciones o recursos dados por los tribunales de derecho consuetudinario; V. *equitable remedies*), **legal representation** (abogado y procurador), **legal requirement** (imperativo legal), **legal reserve** (reserva legal o estatutaria), **legal residence** (domicilio legal), **legal separation** (separación legal), **legal services** (asistencia jurídica; V. *legal assistance*), **legal status** (situación jurídica), **legal strike** (huelga autorizada), **legal system** (régimen jurídico), **legal tender** (moneda de curso legal), **legal title** (título perfecto), **legal vacuum** (vacío legal), **legal validity** (validez legal), **legal vulnerability** (impugnabilidad), **legal year** (año civil; V. *accounting year, calendar year, fiscal year, tax year*)]. *Cf* equity.

legality *n*: legalidad, legitimidad.

legalization *v*: legalización.

legalize *v*: legalizar, legitimar.

legally *adv*: legalmente, de acuerdo con la ley. *Once a contract has been signed by both parties, its terms are legally binding on them.* [Expresiones: **legally binding** (de obligado cumplimiento, preceptivo), **legally constituted** (establecido de acuerdo con las leyes vigentes), **legally proved** (establecido por pruebas), **legally sufficient evidence** (prueba admisible y suficiente; indicios razonables, indicios suficientes; V. *sufficient case*), **legally vulnerable** (impugnable)].

legate *n*: legado.

legatary *n*: legatario.

legatee *n*: legatario, asignatario, acreedor testamentario. *Cf* residual legatee.

legator *n*: testador.

legation *n*: legación.

legislate *v*: legislar. *Modern societies try to keep the legislative separate from the judiciary.* [Expresiones: **legislation** (legislación, actos jurídicos, facultad legislativa; V. *laws, Bench legislation*), **legislative body** (cuerpo legislativo), **legislature** (legislativo, poder legislativo, asamblea legislativa)]. *Cf* legislative body, act; judiciary.

legitimacy *n*: legitimidad, legalidad.

legitimate *a/v*: legítimo; legitimar, legalizar. [Expresiones: **legitimate bargain** (operación legítima), **legitimate child** (hijo legítimo), **legitimate claim** (pretensión legítima)]. *Cf* lawful.

legitimation *n*: legalización, legitimación.

lend *v*: prestar. [Expresiones: **lend-lease** (préstamo y arriendo), **lend on bottomry/collateral/pawn,** etc. (prestar dinero a la gruesa, con seguridad colateral, con prenda, etc.), **lender** (prestamista; V. *borrower*), **lending rate** (tipo de interés en préstamos)]. *Cf* loan.

length *n*: eslora de un buque. [Expresión: **length overall** (eslora total)]. *Cf* breadth.

leniency *n*: clemencia, lenidad.

lenient *a*: poco severo, blando, indulgente.

lessee *n*: arrendatario, locatario, inquilino. [Expresión: **lessor** (arrendador, locador; V. *tenant; landlord*)].

let *n*: estorbo, obstáculo. *British passports contain a request to foreign authorities to allow British subjects to travel freely through their country without let or hindrance.* [Expresión: **without let or hindrance** (sin estorbo ni obstáculo)].

let *v*: arrendar, permitir. [Expresiones: **let a bill lie over** (no atender una letra; V. *dishonour*), **let the contract** (adjudicar el contrato), **letting** (arrendamiento)].

letter *n*: carta. [Expresiones: **letter of advice** (carta de aviso, de expedición), **letter of allotment** (aviso de asignación), **letter of application** (instancia, carta de solicitud), **letter of attorney** (poder, procuración, carta; los términos *letter of attorney* y *power of attorney* son intercambiables; el primero se refiere al documento que lleva la autorización; V. *power of attorney*), **letter of authority** (carta de autorización), **letter of credence** (carta credencial), **letter of credit, L/C** (carta de crédito, letra de crédito), **letter of delegation** (carta de diputación, poder), **letter of guaranty** (carta de garantía), **letter of indemnity** (carta de garantía o indemnidad; V. *backward letter*), **letter of licence** (escritura de concordato; moratoria, espera), **letter of recommendation** (carta de recomendación), **letter of request** (carta suplicatoria enviada por un juez a otro juez de un país extranjero, rogándole le tome declaración un particular; comisión rogatoria; V. *rogatory commission*), **letter of safe-conduct** (salvoconducto), **letter of the law** (letra de la ley), **letter of transmittal** (escrito u oficio de remisión), **letter of undertaking** (carta de compromiso), **letter-proxy** (carta poder), **letters of administration** (auto de autorización del administrador, auto judicial de designación de albacea), **letters of guardianship** (cartas de tutoría), **letters patent** (cédula o patente de invención; título de privilegio), **letters testamentary** (auto judicial de autorización de albacea, carta testamentaria)]. *Cf* dead letter, notice of readiness.

level *n*: nivel, cuantía. *Cf* standard.

leverage *n*: apalancamiento financiero. [Expresión: **leveraged buy-outs** (operaciones de compra basadas en el endeudamiento, compra de activos mediante emisión de obligaciones)]. *Cf* gearing.

levy *n/v*: exacción, exacción reguladora, imposición, gravamen; gravar, imponer. *It is the responsibility of the Customs and Excise to levy duties on all products imported from abroad.* [Expresiones: **levy a distress** (exigir el pago de una deuda mediante secuestro o embargo), **levy taxes** (gravar impuestos), **levy duties/taxes** (recaudar impuestos)]. *Cf* capital levy.

LGC *n*: V. *liquified gas carrier*.

liabilities *n*: pasivo, deudas, obligaciones. [En plural, se aplica al pasivo, siendo el antónimo de *assets*]. *Cf* capital liabilities, current liabilities, double liabilities, joint liabilities, net liabilities, passive liabilities.

liability *n*: responsabilidad civil, obligación. *Some newspapers insure against liability for defamation.* [Expresión: **liability bond** (fianza de responsabilidad civil)]. *Cf* double liability, joint and several liability, strict liability; incur liability, meet liabilities.

liable[1] *a*: responsable, obligado. *The court held the actress to be in breach of contract and* *liable in damages to the agency.* *Cf* answerable, responsible.

liable[2] *a*: expuesto a, amenazado con. *Parents who do not look after their children are liable to be prosecuted.* *Cf* exposed, open, subject to.

liaison *n*: enlace. [Expresión: **liaison officer** (oficial de enlace)].

libel *n/v*: libelo, difamación escrita; difamar por escrito. *The heavy sums awarded by juries in recent libels suits has led to debate over whether these cases should not be tried by judges alone.* [Expresiones: **libel suit** (proceso, demanda o querella por difamación), **libelant** (demandante, libelista), **libelee** (demandado), **libeler** (libelista, difamador), **libelous** (difamante, difamatorio)]. *Cf* abusive language, insulting language; actionable words, invective.

liberty *n*: libertad. [Expresiones: **liberal** (amplio, liberal), **liberal interpretation** (interpretación amplia, sentido lato; V. *narrow construction*)]. *Cf* civil liberties.

licence *n*: permiso, autorización, matrícula, licencia; permiso de conducción. *In Britain and other European countries you need a television licence, renewable annually.* [En inglés americano se escribe *license*. Expresión: **under licence** (con licencia)]. *Cf* driving licence, exclusive licence, export/import licence, game licence, gaming licence, granting of licences, off-licence.

license *v*: autorizar, dar permiso, licenciar. *Only licensed restaurants may serve wine with meals.* [Expresiones: **license a car** (sacar el impuesto de circulación), **licensed conveyancer** (profesional autorizado para emitir escrituras de traspaso de dominio), **licensed premises** (establecimiento autorizado para vender bebidas alcohólicas), **licensed trader** (comerciante autorizado), **licensee** (persona autorizada, concesionario, beneficiario de la licencia), **licensor** (concedente, otorgante de una licencia)]. *Cf* authority, permit, leave.

licentious *a*: licencioso, libertino. [Expresión **licentiousness** (libertinaje)]. *Cf* profligate, abandoned.

licit *a*: lícito, permitido. [Expresión: **licitness** (legalidad)]. *Cf* lawful.

lie[1] *n/v*: mentira; mentir. [Expresión: **lie detector** (detector de mentiras)].

lie[2] *v*: yacer. [Expresión: **lie at anchor** (estar fondeado un buque)].

lie[3] *v*: haber/tener lugar, haber fundamento para, corresponder, caer, venir. *If your car is stolen from a car-park, an action may lie against the owners or management for negligence.* [Expresiones: **lie in livery** (ser susceptible de traspaso por entrega efectiva), **lie in franchise** (estar sujeto a posesión sin acción judicial), **lie in grant** (estar sujeto a traspaso por escritura solamente), **lie over** (V. *let a bill/letter lie over*)]. *Cf* action which does not lie.

lie[4] **to** *v*: ser de la incumbencia de, competer a. *Appeals from a Magistrates' Court lie to the Crown Court from both Conviction and/or sentence.*

lien *n*: retención, derecho de retención, derecho prendario, embargo preventivo, gravamen. *The seller of a property has an equitable lien on it for the purchase price, and this gives him the right to remain in possession until the full price has been paid.* [Expresiones: **lien creditor** (acreedor embargante, acreedor prendario), **lien of partners** (derecho equitativo del socio en la distribución de los bienes sociales), **lienee** (embargado), **lienor** (embargante o embargador)]. *Cf* attorney's lien, bailee lien, banker's lien, carrier's lien, charging lien, mechanic's lien, vendor's lien; encumbrance, easement.

lieu of, in *prep*: en lugar de. *In bankruptcy cases, when the full amount of a debt cannot be paid, the bankrupt's duty is to compound with his creditors and reach a good accord in lieu of full settlement.* *Cf* damages in lieu.

life *n*: vida, vigencia, plazo, duración; vitalicio. *A person with a life interest in an estate cannot transfer that right or alienate the property.* [Cuando acompaña a palabras como *contract*, *loan*, etc., equivale a «plazo». Expresiones: **life annuity** (renta vitalicia, censo de por vida), **life assurance/insurance policy** (póliza de seguro de vida), **life beneficiary**

(beneficiario vitalicio), **life estate** (dominio vitalicio), **life expectancy** (esperanza de vida al nacer), **life imprisonment** (cadena perpetua), **life member** (socio o miembro vitalicio), **life of a Parliament** (legislatura parlamentaria), **life of a guaranty** (vigencia de la garantía), **life of a patent** (plazo o duración de la patente), **life tenant** (propietario vitalicio), **for life** (con carácter vitalicio)]. *Cf* service life.

lifo *n*: V. *last in, first out.*

lift¹ *v*: alzar, levantar. *The government has lifted the embargo on the sale of firearms.* [Expresiones: **lift a ban** (levantar una prohibición), **lift a mortgage** (extinguir una hipoteca; V. *raise, remove*), **lift an embargo** (levantar un embargo)]. *Cf* raise, remove.

lift² (*col, argot*) *v*: birlar, mangar, robar, plagiar; hurtar, robar, despojar. [Expresiones: **lift a mortgage** (extinguir una hipoteca; V. *raise, remove*), **lifter** (ladrón, ratero), **lifting** (hurtar)]. *Cf* abstracting, shoplifting, stealing, theft, burglary, hacking.

light *a*: (de un buque) sin cargar, en lastre. [Expresiones: **light draught** (calado en lastre), **light presumption** (indicio leve), **lighter** (gabarra), **lighterage** (gastos de gabarra)].

like effect, to *fr*: del mismo efecto, del mismo significado o valor. *Cf* words to like effect; construction.

limitation *n*: limitación, prescripción. *Section 33 gives a judge the discretion to proceed despite the expiry of the limitation period.* [Expresiones: **limitation of action** (prescripción de acción), **limitation of liability** (limitación de responsabilidad), **limitation period** (plazo de prescripción)]. *Cf* statute of limitations.

limited *a*: limitado, parcial, restringido. *In a company limited by shares the maximum liability of a contributor is limited to the amount unpaid on shares.* [El adjetivo *limited* es sinónimo de *qualified* y antónimo de *absolute*. Expresiones: **limited company** (sociedad de capitales; V. *company limited by shares*), **limited interpretation** (interpretación restrictiva), **limited jurisdiction** (jurisdicción limitada), **limited liability company** (sociedad de responsabilidad limitada), **limited liability partner** (socio comanditario), **limted oath** (juramento condicional), **limited partnership** (sociedad en comandita, sociedad personalista de responsabilidad limitada), **limited partnership by shares** (sociedad comanditaria por acciones)].

line expenditure, above *fr*: V. *above-line expenditure.*

lineage *n*: linaje, línea.

lineal *a*: directo, en línea directa. *Property descends in lineal descent.* [Expresiones: **lineal ancestor** (ascendiente en línea directa, ascendiente directo; V. *descendant*); **lineal consanguinity** (consanguinidad lineal), **lineal descent** (descendencia en línea directa), **lineal heir** (heredero en línea directa)].

liner *n*: buque de línea regular. *Cf* tramp.

lines *n*: cabos de amarre de un buque.

liquid *a*: líquido, disponible, realizable. *The company went into liquidation when the banks called in the debt.* [Expresiones: **liquid assets** (activo circulante, realizable o disponible; V. *current assets, quick assets, circulating assets, floating assets, working assets*), **liquid money** (dinero líquido), **liquid reserves** (reserva realizable), **liquidate** (liquidar, pagar, cancelar; el verbo *liquidate* se aplica normalmente a la liquidación por orden judicial; V. *wind up*), **liquidate by order of the Court** (liquidar judicialmente), **liquidated** (liquidado, definitivo, efectivo, líquido, fijo, pagado; el adjetivo *liquidated*, cuando acompaña a palabras como *claim* o *damages*, indica que el monto de la pretensión o de los daños ha sido prefijado en el contrato), **liquidated claim** (reclamación en cantidad prefijada), **liquidated damages** (indemnización por daños y perjuicios exigible y líquida o determinada por operación matemática, indemnización cuyo monto ha sido fijado o convenido en un contrato; V. *unliquidated damages*), **liquidated debt** (deuda líquida), **liquidating value** (valor liquidable, o en liquidación o en realización), **liquidation** (liquidación, pago, cancelación), **liquidator** (liquidador, síndico, administrador judicial; V. *receiver*), **liquidity** (liquidez), **liquified gas carrier, LGC** (buque de transporte de gas licuado)]. ·

lis pendens *n*: litispendencia.

list *n*: lista, relación, boletín, nómina, planilla; (de un buque) escora. *The plaintiff failed to appear on the day set for trial and the action was struck off the list* [Expresiones: **list of assets** (cartera), **list of cases** (lista de causas; V. *calendar, court calendar, calendar of cases, docket, trial list*), **list of quotations** (boletín de cambios), **listed building** (edificio declarado de interés histórico), **listed company** (empresa cotizada en Bolsa; V. *quoted company*), **listed securities** (títulos admitidos a cotización en Bolsa, valores cotizados, valores registrados en Bolsa), **listed share/stock** (acción cotizable o cotizada), **listing** (listado)]. *Cf* building preservation notice, civil list, law list.

litigate *v*: litigar, pleitear. *These anti-fraud provisions have precipitated more litigations than any other regulations.* [Expresiones: **litigant** (litigante), **litigated issues** (peticiones contenciosas), **litigation** (litigio, litigación, pleito)]. *Cf* argumentative, quarrelsome, contentious.

livery *n*: entrega, el acto formal de traspasar dominio. [La palabra *livery* es una forma arcaica de *delivery*, entrega, y se oponía a *grant*, otorgamiento por escritura, en que la primera implicaba la entrega física de la cosa, aunque fuera una propiedad real, mediante la transmisión simbólica de un objeto perteneciente a la propiedad y/o una fórmula verbal de concesión de la posesión. Cayó en desuso al desaparecer los últimos vestigios de la posesión feudal, pero aún se encuentra en muchos documentos referidos al dominio de la propiedad; V. *seisin*. Expresión: **livery of seisin** (entrega efectiva de la propiedad real, transmisión o traspaso de dominio)].

living trust *n*: fideicomiso activo.

living wage *n*: salario mínimo.

Lloyd's *n*: sociedad inglesa de aseguradores marítimos. [Expresiones: **Lloyd's agent** (agente del *Lloyd's*), **Lloyd's Register** (sociedad registradora y clasificadora del *Lloyd's* de Londres; relación de buques clasificados por *Lloyd's*)].

load *v*: cargar. [Expresiones: **load lines** (líneas de máxima carga), **load draught** (calado en cargo), **loading** (operación de carga)].

loan *n*: préstamo, empréstito. [Expresiones: **loan account** (cuenta de préstamo, cuenta de crédito), **loan against securities** (préstamo garantizado con títulos-valores), **loan on bottomry** (préstamo a la gruesa; V. *bottomry loan*), **loan payment** (plazo)]. *Cf* borrowing, bond loan, capital loan, cash loan, debenture loan.

lobby *n/v*: grupo de presión o de intereses; presionar, cabildear, tratar de influir. *In modern parliamentary practice, lobbying by interested parties is a frequent and effective means of getting the law changed.* [Expresiones: **lobbying** (cabildeo; gestión para influir en los legisladores), **lobbyist** (cabildero; V. *pressure group*)].

local *a*: municipal, nacional. [Expresiones: **local authority** (administración local), **local currency** (moneda nacional), **local election** (elecciones municipales), **local government** (gobierno municipal), **local rates** (impuestos municipales), **local venue** (*amer*) (jurisdicción en un solo condado)].

lock *n/v*: cerradura; cerrar con llave. *In country districts arrested people are locked up at the police station pending examination by a magistrate or JP.* [Expresiones: **lock gate** (puerto de esclusa), **lockout** (cierre patronal), **lock up** (encerrar), **lockup** (calabozo)]: *Cf* police station lockup.

locum tenens *n*: sustituto. *When a doctor is sick or absent, he must arrange for his patients to be looked after by a locum tenens.*

locus sigilli (L.S.) *n*: lugar del sello.

locus standi *n*: derecho de audiencia, derecho a dar a conocer la versión de uno (por alusiones, etc.).

lodge *v*: presentar, formular, remitir, entregar, cursar, residenciar. *He lodged an appeal against the decision of the Queen's Bench Divisional Court.* [Expresiones: **lodge a**

caution (pagar una fianza), **lodge a complaint against somebody** (querellarse contra alguien; V. *bring action, institute proceedings, proceed, sue*), **lodge an appeal** (recurrir, apelar, interponer un recurso de apelación; V. *make/launch an appeal*), **lodge an objection** (impugnar), **lodge claims** (formular pretensiones), **lodge with the court** (someter al tribunal, remitir a la justicia)]. *Cf* file.

lodge *n*: logia, reunión de francmasones.

log-book *n*: cuaderno de bitácora; (para vehículos) cuaderno de inspección, mantenimiento y traspasos, historial técnico. [Expresión: **logging** (anotación en el cuaderno de bitácora)].

logo (*col*) *n*: logotipo. *After two years of research we are very proud of our corporate logo.* [Forma coloquial de *logotype*]. *Cf* corporate logo.

logrolling (*col*) *n*: intercambio de favores políticos. *Some politicians seem to spend more time logrolling than looking after their constituents' interests.*

loiter *v*: holgazanear, merodear. [Expresión: **loiter with intent** (merodear o rondar con fines delictivos o sospechosos)].

long *a/adv*: largo; largamente, por mucho tiempo. *The long-standing agreement between the two countries cannot simply be ignored.* [Expresiones: **long-dated** (a largo plazo), **long-distance** (interurbano, internacional), **long-drawn-out** (exhaustivo, prolongado, larguísimo), **long-established** (arraigado, tradicional, ancestral), **long investor** (inversor asegurado; V. *hedger, writer*), **longshoreman** (*amer*) (estibador; V. *stevedore*), **long-standing** (en pie hace tiempo, histórico, de rancia tradición; V. *standing*), **long tenancy** (arrendamiento por más de 21 años), **long-term** (a largo plazo; se aplica a *bonds, creditors, debt, liabilities, loans,* etc.; V. *short-term*), **long-term liabilities** (pasivo a largo plazo), **long title** (título completo de una ley; V. *act, short title*)].

loop-hole *n*: escapatoria. *There is almost always a loophole in the law if you look close enough.*

loot *n/v*: botín, pillaje; saquear, pillar. *Cf* sack.

Lord *n*: lord, señor. *The Lord Chancellor, who is the Speaker of the House of Lords and President of the Supreme Court, is the highest ranking legal official in Great Britain.* [Además de los pares del Reino, tienen el tratamiento de *Lord* algunos jueces y alcaldes, como son el **Lord Advocate** (equivalente en Escocia al *Attorney General* de Inglaterra), **Law Lords** (jueces del *Court of Appeal*, que reciben el tratamiento de *Lord* para poder actuar como miembros del Tribunal de Apelación de la Cámara de los Lores), **Lord Provost** (Alcalde o Preboste de algunas ciudades escocesas como Glasgow o Edimburgo). Expresiones: **Lord Chancellor, LC** (Lord Canciller o Gran Canciller, Juez Presidente del Tribunal Constitucional y del Supremo, máxima autoridad judicial de Gran Bretaña, Presidente de la Cámara de los Lores; es, además, miembro nato del *Privy Council* y presidente del Tribunal de Apelación de los Lores, con rango de ministro. Su escaño en los Lores se denomina *Woolsack* o «saca de lana» para distinguirlo en comodidad y prestancia del de los meros pares), **Lord Chief Justice** (Presidente de la Sección Penal del *Court of Appeal*, Presidente del Tribunal Supremo, en Inglaterra), **Lord Mayor** (Alcalde presidente), **Lordship** (señoría), **with your Lordship's permission** (con la venia de su señoría; V. *leave*)]. *Cf* drug lord.

loss *n*: pérdida, quebranto, comiso, daño, detrimento, quiebra, siniestro. [Expresiones: **loss according to the books** (pérdida contable), **loss adjustor** (tasador de los siniestros; V. *average adjuster*), **losses incurred** (daños sobrevenidos, siniestros pendientes), **loss of profit** (lucro cesante)]. *Cf* capital loss; compensation, be to the bad, write off.

lot[1] (*amer*) *n*: terreno, solar. *The land the old station stood on has been turned into a parking lot.*

lot[2] *n*: lote. *The paintings and statues were auctioned together as a lot.*

lot[3] *n*: suerte. *Cf* draw lots.

low profile *n*: nivel de compromiso o

participación bajo, actuación distante o poco comprometida. *He maintained a low profile in his neighbourhood.*

lower *a/v*: inferir; reducir. *Judgments by the lower courts do not establish precedents.* [Expresión: **lower courts** (tribunales inferiores; los tribunales inferiores en la jurisdicción civil son los *County Courts*, y en la penal, y en algunos asuntos de la civil, también los *Magistrates' Courts*; V. *superior courts*)]. *Cf* reduce; raise.

L.S. *n*: V. *locus sigilli.*

Ltd. *s*: V. *limited company; Inc.*

lucrative *a*: lucrativo.

lump sum *n*: precio global, cifra global, cantidad global, tanto alzado. *Workers who took early retirement were guaranteed a lump sum under the scheme.* [Expresiones: **lump sum charter** (fletamento a tanto alzado), **lump sum settlement** (indemnización a tanto alzado), **lump-entry** (asiento global), **lump-sum contract** (contrato a tanto alzado)]. *Cf* all-round price.

lynch *v*: linchar, tomarse la justicia por su mano, ejecutar sumariamente. *Police had to intervene to prevent the rapist being lynched.*

M

machine *n*: máquina, maquinaria. *Once the legal machinery has been put in motion, it is very hard to stop it.* [Expresiones: **machinate** (maquinar, fraguar), **machination** (maquinación, conjura, trama), **machinery** (máquinas; aparato, organización, maquinaria, mecanismos; V. *administrative machinery*)].

magistracy *n*: magistratura.

magistrate *n*: magistrado, juez de paz, juez de primera instancia e instrucción, justicia. *The terms "judge" and "magistrate" are not synonymous in English.* [Los términos «magistrado» y *magistrate* no se corresponden, ya que si el primero se refiere al juez superior, el *magistrate* inglés es un juez de paz o *justice of the peace*. Aunque unos pocos son profesionales o *stipendiary magistrates*, la mayoría de ellos son legos o *lay magistrates* y no reciben retribución alguna por su trabajo. Expresiones: **Magistrates' Court** (Tribunal de Magistrados. Estos tribunales, conocidos también con el nombre de *Courts of Summary Jurisdiction*, son de primera instancia y, en cierto sentido, de instrucción, y constituyen la piedra angular del sistema penal anglosajón, aunque también tienen competencias en la jurisdicción civil, como en los procedimientos de adopción, los de afiliación, etc. Cuando un acusado o imputado comparece ante un Tribunal de Magistrados, si se trata de una falta o delito leve (*summary offence*), es juzgado por éstos; si es grave (*indictment offence*), los magistrados actúan de jueces instructores o *examining magistrates*, instruyendo las diligencias de procesamiento o *committal proceedings*; V. *a sufficient case* y *preliminary inquiry*), **magistrates' clerk** (auditor o letrado asesor de los tribunales de magistrados; V. *clerk to the justices, clerk of the court*)]. *Cf* justice, lay magistrate, metropolitan stipendiary magistrate, stipendiary magistrate; committal proceedings.

Magna Charta *n*: Carta Magna. [La Carta Magna, firmada en 1215 por el rey Juan, es la primera declaración escrita de libertades cívicas y políticas del Reino Unido].

maiden *n*: doncella, señorita; virgen. *Married women are required to give their maiden name in many official documents.* [Expresiones: **maiden name** (apellido de soltera. De acuerdo con la legislación y la convención, la mujer al casarse pierde el apellido paterno y toma el del marido, si no expresa formalmente el deseo contrario. Sin embargo, en muchos casos se sigue pidiéndole que consigne su nombre de soltera en los documentos oficiales para que no haya confusiones de identidad, y en las declaraciones es frecuente el uso de la fórmula *Margaret Smith née Jones*, en donde la expresión francesa *née* introduce el nombre de soltera; V. *née*), **maiden speech** (primer discurso parlamentario pronunciado por un diputado nuevo), **maiden voyage** (viaje inaugural, primer viaje)].

maim *v*: mutilar. *Cf* mayhem.

main *a*: fundamental, básico, principal. *The main*

clauses in a contract are those which identify the parties, stipulate the mutual aims and consideration and state the period of validity. [Expresiones: **main office** (oficina central, casa matriz, sede social o central; V. *headquarters*), **main purpose rule** (norma de interpretación jurídica por la que ninguna cláusula de excepción de un contrato, a menos que lo exprese de forma clara y manifiesta, puede ir contra el fin fundamental del mismo; V. *exemption clause, construction*)]. *Cf* major.

maintain[1] *v*: conservar, preservar, mantener, sustentar. *The court made out a maintenance order against the man, obliging him to contribute towards the upkeep of his wife and children.* [Expresión: **maintaining peace** (mantenimiento de la paz)]. *Cf* keep, preserve, repair.

maintain[2] *v*: defender, argumentar, justificar, sostener, mantener. *The defence maintains that there is no case against their client.* [Expresión: **maintain one's right** (hacer valer su derecho)]. *Cf* argue, assert, claim, hold.

maintenance *n*: conservación; entretenimiento, mantenimiento, cuidado; sustento, alimentación; pensión compensatoria entre cónyuges separados o divorciados. [Éste es el término técnico que se usa en Inglaterra para referirse a lo que comúnmente se llama *alimony*. Expresiones: **maintenance bond** (fianza de conservación o de manutención), **maintenance charges** (gastos de conservación), **maintenance of order** (mantenimiento del orden), **maintenance order** (sentencia ordenando el pago de pensión de alimentos a ex mujer e hijos), **maintenance pending suit** (alimentos a la espera del juicio)]. *Cf* upkeep, alimony, financial provisión.

Majesty's pleasure, during her/his *fr*: por tiempo ilimitado, a discreción de las autoridades. *A minor convicted of a capital offence can be ordered to be detained during her Majesty's pleasure.* [Expresión que se refiere al tiempo de retención impuesto al menor o al disminuido mental que ha incurrido en delito grave].

major *a*: fundamental, principal, sustantivo, mayoritario, de primera importancia; mayor de edad. *Anton Piller order and Mareva Injunctions are two modern examples of major legal innovation.* [Expresiones: **major-minor holding company structure** (estructura de control multiestratificada o mayor-menor), **major part of the capital** (mayoría del capital), **major provisions** (disposiciones más importantes), **major retail outlets** (grandes superficies de venta)]. *Cf* main.

majority *n*: mayoría, mayoritario; mayoría de edad. *If a jury returns a majority verdict, the foreman must inform the court how many jurors voted for and against.* [Expresiones: **majority holding** (participación mayoritaria), **majority-held subsidiary** (compañía subsidiaria controlada por interés mayoritario), **majority of votes** (mayoría de votos), **majority rule** (por mayoría de votos), **majority verdict** (veredicto mayoritario; en este tipo de veredictos debe haber al menos 10 votos a favor o en contra sobre los doce posibles), **majority vote** (voto mayoritario)].

make *v*: hacer. *Leaving a restaurant without paying after having had a meal is an offence called "making off without payment".* [Expresiones: **make a claim, a complaint, a demand, a petition, a protest** (exponer/cursar/elevar/formular una pretensión, una queja, una demanda, una petición, una protesta), **make a composition with creditors** (pactar un convenio con los acreedores), **make a contract** (celebrar un contrato), **make a court order** (dictar una providencia o mandamiento judicial, acordar el inicio de la vía de apremio), **make a recommendation** (dirigir una recomendación), **make admissions** (declararse culpable), **make allowances for** (hacer concesiones, tener en cuenta, ser comprensivo o poco severo, ser considerado), **make an appeal** (apelar, interponer recurso de apelación; V. *launch/lodge an appeal*), **make an appearance in court** (comparecer ante el tribunal), **make an application** (cursar una solicitud), **make an assignment** (hacer cesión), **make an entry** (asentar una partida, efectuar un asiento, inscribir en un libro), **make an order** (dictar un auto), **make available to** (poner a disposición de), **make away with** (llevarse, hurtar; huir), **making away/off without payment** (irse sin pagar), **make allowances for** (tener en cuenta, ser comprensivo o poco severo, ser considerado; V. *allowances*), **make default** (no comparecer), **make good a damage** (indemnizar o compensar daños), **make recommendations** (formular recomendaciones), **make some-one redundant** (despedir a alguien por exceso de mano de obra), **make out documents, certificates,** etc. (expedir), **make over a business** (traspasar, ceder un negocio)].

maker *n*: firmante, otorgante, girador, librador. *The maker of a bad cheque must satisfy the payee upon notice of dishonour. Cf* market maker; sign.

makeshift *a*: provisional, temporal, improvisado; arreglo improvisado o temporal.

maladministration *n*: incompetencia en la administración.

male issue *n*: descendientes directos por la línea masculina.

malefactor *n*: malhechor, criminal, culpable.

malevolence *n*: malevolencia; adversión. [Expresión: **malevolent** (malévolo)].

malfeasance *n*: falta, fechoría, perversión, corrupción, acto ilegal, impropio o de mala conducta. *Carelessness in building or repairs undertaken by a local authority may lead to an action against the authority for malfeasance if anybody is hurt as a result.*

malice *n*: maldad, malicia, ruindad. *Killing does not amount to murder unless done with malice aforethought.* [Expresiones: **malice aforethought** (premeditación, malicia premeditada, intención dolosa), **malice in fact** (malicia de hecho o expresa; V. *actual malice*), **with/without malice** (con/sin premeditación)]. *Cf* actual malice, express malice, implied malice.

malicious *a*: malicioso, doloso, avieso; premeditado, intencional. *Slander of goods is a form of malicious falsehood and is actionable under certain circumstances.* [Expresiones: **malicious arrest** (detención maliciosa), **malicious falsehood** (falsedad dolosa o intencionada), **malicious mischief** (agravio malicioso), **malicious prosecution** (enjuiciamiento malicioso, demanda de mala fe), **malicious trespass** (violación maliciosa), **maliciously** (dolosamente, con alevosía o mala fe), **maliciousness** (malicia, maldad, mala intención)]. *Cf* wilfully, slander, backbiting.

malign *v*: calumniar, difamar.

malingering *n*: simulación de enfermedad. *The personnel manager told the industrial tribunal he had advised his superior to sack the woman for continual malingering.*

malpractice *n*: conducta ilegal o inmoral en el ejercicio de una profesión, corruptela. *The doctor was struck off the roll for blatant malpractice. Cf* illegal practice.

maltreat *v*: maltratar, ultrajar. [Expresión: **maltreatment** (maltrato)]. *Cf* ill-treatment.

man of straw *n*: testaferro. *Cf* straw man.

manacles *n*: esposas. *Cf* handcuffs.

manage *v*: dirigir, gestionar, administrar, controlar; planificar, intervenir. [Expresiones: **managed currency/economy** (moneda/economía intervenida, controlada o dirigida), **managed float** (flotación dirigida o sucia)].

management *n*: patronal, empresa, administración, dirección empresarial; gestión, dirección. *The relations between management and work-force are a crucial area of modern business practice.* [Expresiones: **management by walking around** (dirección por contacto, dirección por paseo), **management buy-out** (compra por ejecutivos de la empresa), **management committee** (comité de dirección), **management company** (sociedad gestora), **management consultant** (asesor en organización y gestión empresarial), **management fee** (comisión de gestión), **management fund** (fondo de maniobra), **management of business** (gerencia empresarial), **management of portfolio** (gestión de cartera de valores; V. *portfolio investment*), **management report** (informe de gestión), **management representative**

(representante patronal), **management trainee** (ejecutivo en formación), **management trust** (sociedad inversora sin restricción de colocaciones)]. *Cf* mismanagement.

manager *n*: director, empresario, gerente, administrador. *To be a successful manager you have to be able to take snap decisions.* [Expresiones: **manageress** (directora, gerente, etc.), **managerial** (directivo, administrativo), **managerial position** (cargo de gestión, o administrativo), **managerial posts** (órganos de gestión), **managing agent** (agente administrador), **managing clerk** (pasante; V. *law clerk, legal executive*), **managing director** (consejero delegado, miembro del consejo de administración; administrador, director, gerente, gestor, ejecutivo, jefe, responsable; V. *chief executive officer*), **managing partner** (socio gerente o administrador)].

mandamus *n*: auto, mandato judicial dictado por el *High Court of Justice* a un tribunal inferior ordenando el cumplimiento de un deber legal. *A Magistrates' Court can be compelled to "state a case" by a mandamus.* [El *mandamus*, junto con el *certiorari* y el *prohibition*, son tres autos judiciales de prerrogativas o *prerogative order*s que puede dictar el *High Court of Justice* a cualquiera de los tribunales inferiores dentro de su jurisdicción de control y tutela de los mismos. Este recurso se plantea normalmente al alegar falta de jurisdicción del tribunal inferior o al suplicar el amparo del *High Court* por el supuesto exceso en el uso de sus facultades o *ultra vires* del tribunal inferior]. *Cf* certiorari, prohibition, writ.

mandate *n*: mandato, mandamiento, imperativo legal, orden, procuración, encargo. *By means of a mandatory injunction a court can compel a party to remove an erection built on land in contravention of a restrictive covenant.* [Expresiones: **mandatary** (mandatario), **mandator** (mandante), **mandatory** (preceptivo, forzoso, mandatorio, obligatorio; *mandatory* significa «preceptivo»; por ejemplo, un informe preceptivo no tiene por qué ser vinculante (*binding*) para la persona que lo solicita), **mandatory injunction**

(mandamiento, mandato de ejecución, requerimiento imperativo, interdicto mandatario; V. *prohibitory injunction*), **mandatory instructions** (mandato imperativo), **mandatory power** (potencia mandataria), **mandatory statute** (estatuto esencial al procedimiento o de obligada aplicación), **mandatum** (mandato)]. *Cf* bank mandate.

maniac *n*: maníaco.

manifest *a/n*: obvio, manifiesto; manifiesto de aduanas, declaración de mercancías importadas o exportadas. *All goods shipped by sea or air are identified on the manifest. Cf* passenger manifest.

manipulate *v*: manipular. [Expresiones: **manipulation** (manipulación), **manipulator** (manipulador)]. *Cf* stock market manipulator.

man-killer *n*: asesino. [Expresión: **man-killing** (asesinato)].

manpower *n*: mano de obra. *Cf* labour, workforce.

manslaughter *n*: homicidio sin premeditación. *Manslaughter is never accidental killing; it is close to murder and differs from it only if some mitigating circumstance is present. Cf* involuntary manslaughter, voluntary manslaughter.

manufacture *n/v*: manufactura, fabricación; fabricar, manufacturar. [Expresiones: **manufacturer** (fabricante), **manufacturing** (fabricación)].

marauding *n*: merodeo, saqueo.

Mareva injunction *n*: interdicto Mareva. *The London firm took out a Mareva injunction against the German contractors, freezing their London assets.* [Aunque este interdicto está ya consolidado en ley parlamentaria (*Supreme Court Act, 1981, s. 337*), nació del caso *Mareva Compañía Naviera S.A. v. International Bulkcarriers S.A.* en 1975. Normalmente los tribunales no conceden interdictos para congelar las cuentas de los demandados; sin embargo, excepcionalmente, dentro del campo del comercio internacional, para impedir los posibles movimientos fraudulentos de capitales efectuados con el fin de evitar responder a las demandas, los tribunales, mediante este interdicto, pueden bloquear el activo (*freeze the assets*) de los demandados extranjeros, si lo creen necesario, con el fin de que el demandante pueda demandar con garantía al demandado por incumplimiento de contrato (*breach of contract*)].

margin *n*: margen. [Expresiones: **margin buying** (crédito al mercado), **marginal** (marginal, mínimo, nimio, insignificante), **marginal cost** (coste marginal), **marginal note** (nota al margen, apostilla), **marginal revenue** (ingreso marginal)]. *Cf* gross margin.

marine *a*: marino. [Expresiones: **marine underwriters** (aseguradores contra riesgos marítimos), **marine insurance** (seguro marítimo), **marine interest** (interés sobre préstamos o según contrato a la gruesa)].

marital *a*: matrimonial, marital. [Expresiones: **marital privileges** (privilegio o inmunidad que garantiza que ningún cónyuge tenga que declarar en contra del otro, salvo en raras excepciones), **marital rights** (derechos conyugales), **marital status** (estado civil)].

maritime *a*: marítimo. [Expresiones: **maritime cause** (litigio dentro del derecho marítimo), **maritime Court** (Tribunal marítimo), **maritime declaration of health** (V. *bill of health, foul bill of health*), **maritime interest** (interés sobre préstamos o según contrato a la gruesa), **maritime law** (derecho marítimo), **maritime lien** (gravamen o privilegio marítimo), **maritime perils** (V. *perils of the sea*), **maritime tort** (agravio, falta o delito marítimo)].

mark *n/v*: marca; marcar. [Expresiones: **mark off the calendar** (borrar de las listas de causas; V. *calendar*), **marked down prices** (precios con rebaja), **marks and numbers** (marcas y números de la carga), **marksman** (persona que, por no saber escribir, firma con una marca o X; francotirador, tirador de primera; V. *sniper, sharpshooter*), **markup** (aumento del margen comercial, incremento del precio)]. *Cf* kite mark.

market *n/v*: mercado, bolsa, plaza; vender, explotar comercialmente, lanzar al mercado,

poner en venta. *The market price of goods is supposed to be determined by the law of supply and demand*. [Expresiones: **market economy** (economía de mercado; V. *planned economy*), **market hours** (horas de contratación bursátil), **market maker** (sociedad de contrapartida), **market niche** (nicho o cuota de mercado; V. *niche*), **market overt** (mercado abierto), **market share** (cuota de mercado; V. *market niche*), **market sluggishness** (atonía del mercado), **market value** (valor de plaza o de mercado; V. *actual value, revaluation*), **marketable** (vendible, comerciable, realizable), **marketable bond** (bono negociable), **marketable title** (título limpio, título válido, seguro o inobjetable; V. *good title, clear title; cloud on title, bad title*), **marketable papers** (valores cotizables), **marketing** (comercialización, mercadotecnia), **market quotation** (precio del mercado)]. *Cf* be priced out of the market, black market, bull market, Common Market, forward markets, market maker.

marriage *n*: matrimonio. [Expresiones: **marriage articles** (capitulaciones matrimoniales; V. *matrimonial articles*), **marriage banns** (amonestaciones), **marriage by proxy** (matrimonio por poderes), **marriage certificate** (acta de matrimonio), **marriage fertility rate** (tasa de fecundidad), **marriage licence** (licencia, certificado o título de matrimonio), **marriage of convenience** (matrimonio de conveniencia para adquirir la nacionalidad o para obtener alguna ventaja; V. *sham marriage*), **marriage portion** (dote), **marriage settlement** (régimen de bienes, contrato matrimonial), **married couple** (cónyuges, marido y mujer)]. *Cf* common-law marriage, Scotch marriage.

marshal[1] *n*: oficial de justicia; funcionario encargado de los trámites y del funcionamiento del *Admiralty Court*.

marshal[2] (*amer*) *n*: alguacil, ejecutor de los decretos de los tribunales federales. [En los tribunales federales, un *marshal* desempeña prácticamente las misma funciones que el *sheriff* de los tribunales estatales americanos)].

marshal *v*: ordenar, clasificar, graduar, establecer una prelación. *A good barrister must have the ability to marshall facts in arguing.* [Expresiones: **marshalling assets and claims** (ordenación de los bienes y clasificación de las deudas según un orden de prioridad a fin de satisfacerlas con los bienes existentes), **marshal remedies** (ordenar recursos), **marshal assets** (graduar la masa de la quiebra), **marshalling of facts** (presentación ordenada de hechos), **marshalling securities** (ordenamiento de gravámenes en caso de quiebra)].

martial law *n*: ley marcial. *Cf* court-martial.

mass *n*: masa. *The power of the mass media is viewed by some people with anxiety.* [Expresiones: **mass media** (medios de comunicación social), **mass meeting** (reunión o concentración popular), **mass killings** (carnicería, masacre; V. *carnage, massacre*), **mass production** (producción en masa), **mass transportation** (transporte público o colectivo)].

massacre *n*: carnicería, matanza. *Cf* mass killings, carnage.

mast *n*: palo de un buque.

master[1] *n*: principal, maestro, original. [Expresión: **master copy of a file** (copia maestra)].

master[2] *n*: patrono, dueño, amo; capitán de barco. *A dog's master is responsible for any injury it does to people or property.* [Hasta no hace mucho, al hablar de las relaciones entre la patronal y la parte social se utilizaban los términos *masters and servants*; hoy se emplea, en su lugar, *employers and employees*. Expresión: **master's protest** (protesta del capitán; V. *captain's protest*)]. *Cf* management.

Master[3] *n*: asesor o ayudante de los jueces de la *High Court of Justice*. *Interlocutory proceedings in the High Court are often heard by Masters rather than judges.* [Expresiones: **Master of the Rolls** (juez presidente de la sección civil del *Court of Appeal* y presidente nato del *Roll of Solicitors* y, como tal, responsable de la admisión de abogados al mismo; V. *roll*), **Master Warden of the Mint** (director de la Casa de la Moneda), **Masters of the Bench** (miembros o decanos de la Junta de Gobierno de cada uno de los *Inns of Court*; V. *benchers*)]. *Cf* taxing master.

mate *n*: oficial de puente de un barco mercante. [El término *mate* se emplea en expresiones como *first mate, second mate* y *third mate* con el significado de primer piloto, segundo piloto y tercer piloto. Expresión: **mate's receipt** (recibo del piloto que se entrega como justificante de haber recibido las mercancías)]. *Cf* first mate.

material *a*: esencial, importante, influyente, apreciable, significativo; material, físico. *In drawing pleadings in a civil action, counsel must restrict allegations to material facts.* [Expresiones: **material alteration** (modificación deliberada de un dato fundamental que invalida el documento), **material evidence** (prueba pertinente o sustancial; V. *pertinent evidence*), **material fact** (hecho esencial, fundamental o pertinente), **material misrepresentation** (falsedad importante), **material witness** (testigo importante o esencial)]. *Cf* pertinent evidence; physical; immaterial.

material *n*: datos, notas, observaciones, documentación. *The commissioners assemble the facts, then deliver the material to the secretary, who prepares the report.* [En expresiones como **building materials** (materiales de construcción), **raw materials** (materias primas), etc., normalmente se emplea en plural. Expresiones: **material available** (disponibilidades existentes), **materialize** (convertirse en realidad, materializarse)]. *Cf* classified material, obscene material, raw material.

maternity leave *n*: baja por maternidad. *Cf* leave.

matrimonial *a*: marital, matrimonial. [Expresiones: **matrimonial articles** (V. *marriage articles*), **matrimonial causes** (procedimientos de separación, divorcio, etc.), **matrimonial home** (domicilio habitual del matrimonio), **matrimonial inquest** (examen en juicio matrimonial), **matrimonial power** (poder matrimonial), **matrimonial settlement** (V. *marriage settlement*)].

matter *n*: cuestión, materia. *When the information contained in a document can be revealed to the public, the document is said to be a matter of public record.* [Expresiones: **as a matter of course** (por rutina), **as a matter of fact** (de hecho, en realidad, el caso es que...), **matter at/in issue** (cuestión objeto de disputa, cuestión en litigio), **matter in controversy/dispute** (cuestión, disputa o litigio; V. *matter in issue*), **matter in deed** (cuestión de hecho), **matter in pais** (cuestión resuelta o asunto concluido sin conocimiento de los tribunales, fuera de la sala, sin procedimiento legal; V. *pais*), **matter of course** (cosa o hecho natural), **matter of fact** (cuestión de hecho), **matter of public record** (asunto de interés público, documento público), **matter of record** (materia de registro o de autos), **matter of law** (cuestión de derecho), **matter of substance** (cuestión sustancial), **matter on the agenda** (punto del orden del día; V. *item*)].

mature *a/v*: vencido; maduro, suficientemente estudiado o trabajado; vencer (un efecto de comercio), cumplirse el plazo, caer. *When a long-term loan matures, the principal is redeemable.* [Expresiones: **maturity** (vencimiento de un efecto, etc.; V. *expiration*), **maturity date** (fecha de vencimiento; V. *date of maturity, expiry*), **maturity period** (período de maduración), **maturity value** (valor al vencimiento)]. *Cf* deadline; fall due.

maximization *n*: optimización.

maximum punishment *n*: pena máxima. *Cf* capital punishment.

mayhem *n*: mutilación criminal de una parte del cuerpo. *Cf* maim.

mayor *n*: alcalde; alcalde corregidor, alcalde municipal. [Expresión: **mayor's office** (alcaldía)].

M.C. *n*: V. *Member of Congress*.

mean *n*: medio; promedio.

means *n*: recursos, ingresos. *The defendant was without means, so he was granted legal aid. Cf* statement of means.

measure *n*: medida; diligencia, trámite, evaluación. *The new safety measures come into force this month.* [Expresión: **measure of damages/indemnity** (medida o evaluación de los daños/indemnización)]. *Cf* action, disciplinary measures, illegal measures, retaliatory measures, safety measures, step.

mechanic's lien *n*: embargo de constructor.

media *n*: V. *mass media*.

mediate *a/v*: mediato; mediar, intervenir. [Expresiones: **mediate descent** (descendencia mediata), **mediate interest** (interés mediato), **mediate powers** (poder incidental o necesario), **mediate testimony** (prueba derivada), **mediation** (mediación, tercería, interposición, intercesión), **mediator** (mediador, tercero, avenidor, medianero)]. *Cf* arbitration.

medical *a*: médico. [Expresiones: **medical evidence** (testimonio pericial médico), **medical examiner** (funcionario encargado de la investigación de las muertes súbitas; V. *coroner, forensic medicine, autopsy*), **medical jurisprudence** (medicina legal, jurisprudencia médica)].

medium *a*: medio. *This scheme will encourage small and medium-sized firms.* [Expresiones: **medium-sized firms** (empresas medianas), **medium-term** (a medio plazo)].

meet *v*: responder, satisfacer, atender, hacer frente a (gastos, obligaciones, etc.). *The firm was unable to meet its liabilities and went into liquidation.* [Expresiones: **meet a deadline** (cumplir los plazos de vencimiento), **meet a draft** (atender una letra), **meet one's liabilities** (hacer frente a los compromisos contraídos), **meet the needs** (satisfacer las exigencias), **meet the requirements** (cumplir requisitos, satisfacer las necesidades), **meeting** (asamblea, sesión, reunión, junta general), **meeting of creditors/shareholders,** etc. (junta de acreedores, de accionistas, etc.), **meeting of minds** (coincidencias/concierto/acuerdo de voluntades; V. *mutual assent*), **meeting of parliament** (sesión parlamentaria), **meeting-room** (sala de juntas; V. *boardroom*), **the meeting stands adjourned** (se levanta la sesión)]. *Cf* board meeting, mass meeting, roundtable meeting.

meliorate *v*: mejorar, beneficiar. [Expresión: **melioration** (mejora; V. *betterment*)].

member *n*: socio, miembro, vocal, afiliado, integrante. *The new wording of the Act met with the MPs' approval and it was duly passed.* [Expresiones: **Member of Congress, MC** (diputado, congresista, miembro del Congreso), **Member of Parliament, MP** (diputado), **member of the bar** (abogado en ejercicio, letrado), **member of the board** (vocal; V. *boardmember*), **member of the crew** (tripulante)].

membership *n*: calidad de miembro o socio, conjunto de socios. *Those applying for membership of the association must be proposed and seconded by active members.* [Expresión: **membership dues** (cuotas de asociaciones; V. *association dues*)].

memo *n*: forma abreviada de *memorandum*.

memorandum *n*: memoria, memorándum, nota. *The memorandum of association of a company or corporation contains such matters as the purpose of the company, its authorized capital, etc.* [Expresiones: **memorandum account** (cuenta de orden), **memorandum agreement** (memoria de un acuerdo concertado), **memorandum bill of lading** (copia justificativa de que se ha emitido el conocimiento original), **memorandum invoice** (factura provisional), **memorandum of association** (escritura de constitución de una sociedad mercantil, carta constitucional, estatutos sociales; V. *certificate of incorporation, articles of incorporation*), **memorandum of satisfaction** (documento de satisfacción o de cancelación, documento del acuerdo entre las partes por la cancelación de la hipoteca, etc.; V. *satisfaction piece*), **memorandum clause** (cláusula o lista de excepciones que limita la responsabilidad en avería simple; V. *particular average*)].

menace *n/v*: amenaza; amenazar. *Cf* demand with menaces.

mens rea *n*: *mens rea*, intención dolosa. *It is not usually sufficient to show that an act is illegal:* to get a verdict, the prosecution must prove "mens rea" (criminal intent) on the part of the accused. *Cf* criminal intent, guilty knowledge; actus reus.

mensa et thoro, a *fr*: de mesa y lecho. *Cf* judicial separation.

mental *a*: mental, psíquico. *A contract made by a person who is mentally disordered or drunk is voidable.* [Expresiones: **mental alienation** (enajenación mental), **mental cruelty** (crueldad mental; V. *unreasonable behaviour, cruelty, non compos mentis*), **mental derangement** (alienación), **mental disturbance** (trastornos mentales), **mental incapacity/incompetency** (incapacidad mental; V. *non compos mentis*), **mental reservation** (reserva mental; reserva tácita), **mentally disordered person** (personas con las facultades perturbadas)]. *Cf* stand mute; visitation of God.

mercantile *a*: mercantil, comercial, mercante. [Expresiones: **mercantile law** (derecho mercantil o comercial; V. *law merchant*), **mercantile marine** (marina mercante; V. *merchantile marine*), **mercantile paper** (efectos de comercio, papel comercial)].

merchandise *n*: mercancía, mercaderías, primeras materias, géneros. [Expresión: **merchandising** (comercialización)]. *Cf* commodity; arbitrage.

merchant *n*: comerciante, negociante, mercader. *Goods which are offered for sale are supposed to be of merchantable quality.* [Expresiones: **merchant bank** (banco financiero, banco de negocios; V. *investment bank*), **merchantable** (comerciable, negociable), **merchant marine** *amer* (marina mercante; V. *mercantile marine*), **merchantable goods** (mercancía apta para el comercio o consumo), **merchantable title** (titulo válido o seguro)]. *Cf* trader, dealer.

mercy *n*: clemencia, gracia. *So-called "mercy killing" or euthanasia is considered unlawful killing in all systems of developed law.* [Expresiones: **merciless** (inmisericorde, cruel), **mercy killing** (eutanasia)]. *Cf* grant mercy, petition for mercy.

merge *v*: fusionar, combinar, unir. *The BBV was*

formed by a merger of two Basque-based banks. [Expresión: **merger** (fusión, incorporación, unión, consolidación de empresas)]. Cf absorbe.

mere a: mero. [Expresión: **mere equity** (derecho equitativo de naturaleza estrictamente privada o particular)]. Cf bare, naked.

merit n/v: mérito; fondo de la cuestión, fundamento, fundamentos de derecho; tener derecho a reclamar. As the issue was raised in interlocutory proceedings, the court did not pronounce on the merits of the case. [Expresiones: **merits of the case** (fondo o sustancia del asunto, fondo del litigio, cuestión central del proceso o pleito, base jurídica de la causa, bases de la acción, mérito procesal, cognitio judicial; V. pleadings on the merit of the case, theory of the case, object of an action), **meritorious** (meritorio, benemérito), **meritorious defence** (buena defensa), **meritorious consideration** (causa contractual valiosa), **on the merits** (visto el fondo de la cuestión)]. Cf basis, ground.

mesne n: intermedio. [Se pronuncia miin. Expresión: **mesne profits** (demanda entablada para recuperar el lucro cesante por ocupación de una vivienda pasado el plazo acordado)].

metes and bounds fr: marcas de lindes, naturales o artificiales. The purchaser of the property requested a copy of the surveyor's plan setting out the metes and bounds of the property. Cf landmark.

method n: método, modalidad, procedimiento. [Expresiones: **method of settlement** (procedimiento de solución), **methods of quotation** (modalidades de cotización)].

metropolitan stipendiary magistrate n: juez único estipendiario en los Tribunales de Magistrados de Londres.

middleman n: intermediario, mediador, comerciante, agente de negocios. It's the middleman's profit margin that makes costs so high in some service industries.

militant a: activista, radical, extremista.

military action n: intervención militar.

mind, of unsound fr: V. of unsound mind.

minimum-term imprisonment n: arresto menor.

minister n: ministro. [Las expresiones **Minister of the Interior** (ministro del Interior; V. Secretary of State for the Home Office, Home Secretary), **Minister of Finance** (ministro de Finanzas; V. Chancellor of the Exchequer), etc., son traducciones de los cargos ministeriales más frecuentes en otros países. Expresiones: **Minister of State** (ministro de Estado, con rango inferior al de minister), **Minister without Portfolio** (ministro sin cartera)]. Cf secretary, Secretary of State for the Foreign Office.

ministerial a: ministerial. [Expresiones: **ministerial act** (acto ministerial), **ministerial trust** (fideicomiso, sin albedrío fiduciario), **ministerial benches** (bancos o escaños ministeriales)].

ministry n: ministerio. [Normalmente al hablar de los ministerios británicos no se emplea el término ministry sino department; sí se usa, en cambio, para referirse a los de países extranjeros. Expresiones: **Ministry of the Interior** (Ministerio de Gobernación, del Interior; V. Home Office), **Ministry of Foreign Relations** (Ministerio de Relaciones Exteriores, Ministerio de Asuntos Exteriores; V. Foreign Office), **Ministry of Industry** (Ministerio de Industria), **Ministry of Treasury** (Ministerio de Hacienda)]. Cf board, department, office.

minor a/n: menor, menor de edad. [Expresiones: **minor offence** (contravención; V. petty offence, regulatory offence), **minority** (minoría, minoritario), **minority interest** (intereses de minoría, participación de la minoría), **minority parties** (partidos de la minoría), **minority protection** (legislación que ampara a los accionistas minoritarios de las mercantiles frente a los posibles abusos cometidos por los accionistas mayoritarios), **minority shareholder or stockholder** (accionista minoritario)]. Cf under age, next friend, next-of-friend.

mint n/v: moneda, Casa de la Moneda; acuñar moneda. Cf Master Warden of the Mint.

minutes n: actas. The minutes were agreed as a

correct record. Cf proceedings, record, transcript; agree as correct record.

Miranda hearing (*amer*) *n*: vista pública para determinar que la policía cumplió con el requisito de *caution* también llamado *Miranda warning* o *Miranda Rule*. [Expresión: **Miranda warning/rule** (*amer*) (V. *caution*)]. *Cf* caution, privilege against self-incrimination.

mis- *prefijo*: dis-, des-, in-. [El prefijo inglés *mis-*, en la mayoría de los casos, transporta la idea negativa de «error, falsedad, fracaso, anulación, mala intención», etc. Expresiones: **misacceptation** (aceptación falsa), **misadventure** (contratiempo, desgracia; V. *death by misadventure, inquest*), **misallegation** (alegación falsa, errónea), **misallege** (alegar falsamente), **misallocation** (asignación desacertada o inadecuada), **misappropriate** (malversar, distraer fondos; V. *embezzle*), **misappropriation** (malversación, defraudación, apropiación indebida, distracción de fondos; V. *embezzlement, misappropriation*), **misbehaviour** (mala conducta), **miscarriage of justice** (error judicial, injusticia, perjuicio de derechos), **mischarge** (instrucciones erróneas dadas por el juez al jurado; V. *misdirection*), **mischief** (perjuicio, daño, agravio; V. *malicious mischief*), **mischief rule** (principio de interpretación que consiste en averiguar cuál era el daño o agravio que la ley ha de subsanar), **misconduct** (mala conducta, conducta indebida; V. *professional misconduct; treasury*), **misconstruction** (mala interpretación, interpretación errónea; V. *construction*), **misconstrue** (interpretar erróneamente; V. *misinterpret*), **misdeed** (transgresión, crimen, delito, fechoría), **misdemeanant** (reo de delito menor o falta), **misdemeanour** (falta, delito menor, contravención, infracción penal, delito menor, desafuero, conducta criminal; V. *offence*), **misdirect** (dar instrucciones erróneas al jurado), **misdirection** (error cometido por un juez al dar instrucciones incorrectas al jurado en cuestiones de derecho, instrucciones erróneas al Jurado; V. *mischarge*), **misenter** (inscribir por error), **misfeasance** (acto legal efectuado de forma ilegal, abuso de autoridad, infidencia o infidelidad; negligencia, dejación del deber con resultado de agravio o perjuicio causado a un ciudadano; V. *malfeasance*), **misguide** (inducir a error), **misinterpret** (mal interpretar; V. *misconstrue*), **misinterpretation** (falsa interpretación), **misjoinder** (unión errónea o indebida, acumulación impropia de acciones), **misjudge** (juzgar erróneamente), **mislead** (engañar), **misleading** (engañoso), **mismanagement** (mala administración), **misnomer** (nombre equivocado o inapropiado), **mispleading** (alegatos erróneos), **misprision** (ocultación de un delito), **misprision of treason** (ocultación de traición), **misrepresent** (falsificar), **misrepresentation** (impostura, falsedad en documento, versión falsa, falsas representaciones; V. *fraudulent representation, material representation, negligent misrepresentation*), **misstatement** (tergiversación, error, información falsa o equivocada), **misswear** (jurar en falso), **mistake in venue** (elección incorrecta del tribunal en donde interponer la demanda), **mistake of law** (error de derecho), **mistake of fact** (error de hecho), **mistrial** (juicio nulo, juicio viciado de nulidad), **misunderstand** (interpretar mal, entender mal), **misunderstanding** (malentendido), **misuse** (explotación abusiva, aplicación abusiva, aplicar o explotar abusivamente; V. *abuse, corruption, perversion*), **misuse of power** (desviación de poder, abuso de poder; V. *abuse of power*), **misuse of trust** (abuso de confianza; V. *embezzlement*), **misuse of authority** (abuso de autoridad; V. *abuse*), **misuse of law** (abuso, uso indebido; V. *abuse of law*), **misused** (de manera abusiva)].

migration *n*: migración.

minimum *n*: mínimo. [Expresión: **minimize** (reducir al mínimo)]. *We must maximize efficiency and minimize costs if the business is to survive.*

missing *a*: ausente.

mittimus *n*: auto de prisión dirigido por el juez al alcaide de una cárcel ordenándole que tenga al detenido a buen recaudo y a disposición del tribunal.

mitigate *v*: mitigar, atenuar, aliviar. *The judge took mitigating circumstances into consideration in passing sentence.* [Expresiones: **mitigating circumstances** (circunstancias atenuantes, circunstancias minorantes), **mitigation** (atenuación), **mitigation of damages** (atenuante, minoración; V. *abatement of damage*), **mitigation of loss** (reducción de las pérdidas), **mitigation of sentence** (atenuación de la sentencia)]. *Cf* aggravating.

mixed *a*: mixto. *In its origins, the trust fund was a mixed fund, made up of the proceeds of the sale of the estate and the movables.* [Expresiones: **mixed action** (acción real y personal, proceso mixto), **mixed condition** (condición mixta), **mixed contract** (contrato mixto), **mixed marriage** (matrimonio entre personas de religiones o razas distintas, matrimonio mixto), **mixed insurance company** (sociedad de seguros de mutua y de acciones), **mixed policy** (póliza mixta, en derecho marítimo se trata de una «póliza de doble»), **mixed presumption** (presunción de hecho y de derecho), **mixed property** (bienes reales y personales), **mixed question of law and facts** (materia que comparte cuestiones de derecho y de hecho)].

mob of gangsters *n*: banda criminal. *Cf* gang of crooks.

mobilization *n*: movilización.

mode *n*: tipo. [Expresiones: **mode of proceeding** (modo de proceder), **modes of transport** (tipos de transporte)].

model rules of professional conduct *n*: código deontológico del colegio de abogados americano (American Bar Association). [Esta normativa ha sustituido al llamado *Code of Professional Responsibility* desde 1984]. *Cf* code of professional responsibility.

money *n*: dinero. *It is one of the greatest seizures ever made in money-laundering.* [Expresiones: **money at/on call** (dinero a la vista, dinero con preaviso de un día), **money broker** (corredor de cambios, cambista), **money flow** (flujos monetarios), **money-lender** (prestamista), **money-laundering** (blanqueo de dinero; V. *launder money*), **money market house** (sociedad mediadora del mercado de dinero), **money order** (giro postal), **monies** (cantidades, fondos)].

monopoly *n*: monopolio. *The telephone service is a regulated monopoly in Spain.* [Expresiones: **monopolist** (monopolizador, acaparador), **monopolize** (monopolizar, acaparar), **monopolizer** (acaparador)]. *Cf* cartel, coemption, commodity, corner, trust.

monthly installment *n*: mensualidad.

moonlighting (*col*) *n*: pluriempleo. *One consequence of the economic liberalism of the past two decades has been the increase in moonlighting.* [Expresión: **moonlighter** (pluriempleado)].

moor *v*: amarrar, atracar; fondear. [Expresión: **moorage** (derechos de amarre)].

moot *a*: discutible, dudoso. *Whether the proposed changes would be beneficial or otherwise is a moot point.*

moot *n/v*: debate, discusión, intercambio de ideas y propuestas; debatir, discutir (algún punto de derecho, sobre todo, como práctica para los estudiantes de Derecho), someter a discusión, proponer a debate. *The question of a new bus service for the area was mooted at a recent meeting of the town council.* [Expresiones: **moot case** (acción constitutiva, causa determinante, discusión de un caso práctico, caso académico), **Moot Court** (tribunal ficticio de los estudiantes de Derecho)].

moral consideration *n*: causa contractual equitativa.

mortality *n*: mortandad. *Cf* birth rate.

mortgage *n*: hipoteca, fianza hipotecaria. *People unable to meet their mortgage repayments face possession.* [Expresiones: **mortgage bank** (banco hipotecario o de crédito inmobiliario), **mortgage bond** (cédula hipotecaria, bono hipotecario, obligación hipotecaria), **mortgage certificate** (cédula hipotecaria), **mortgage credit** (crédito hipotecario), **mortgage company** (sociedad de crédito hipotecario), **mortgage debenture** (cédula hipotecaria),

mortgage debt (escritura hipotecaria), **mortgage law** (derecho hipotecario), **mortgage loan** (préstamo hipotecario), **mortgage loan bank** (banco de crédito hipotecario), **mortgage note** (pagaré hipotecario), **mortgage in possession** (acreedor hipotecario con posesión de la propiedad), **mortgage ordered by the court** (hipoteca judicial), **mortgage receivable** (hipoteca a cobrar), **mortgage securities** (títulos hipotecarios), **mortgage security** (garantía hipotecaria), **mortgaged** (gravado con hipoteca; V. *covered by a mortgage*), **mortgagee** (acreedor hipotecario), **mortgaging credit** (crédito hipotecario), **mortgaging creditor** (acreedor hipotecario; V. *mortgagee, tenant in mortgage*), **mortgagor** (deudor hipotecario), **mortgageable** (hipotecable)]. *Cf* endowment mortgage, equitable mortgage, general mortgage, pledge, real estate mortgage, regulated mortgage, security, tenant in mortgage, trust mortgage.

motion *n*: moción, iniciativa, propuesta, petición, ponencia, pedimento. *The court has to decide of its own motion whether it should sit in camera or adjourn into chambers.* [Los términos *application, petition* y *motion* tienen significados compartidos, ya que los tres son peticiones dirigidas a los tribunales. El más general de todos es *application* (solicitud, instancia, petición o súplica). *Motion* es una solicitud normalmente oral, aunque también puede ser escrita, dirigida al tribunal suplicando que adopte alguna medida o que dicte alguna resolución antes, durante o después del juicio. La resolución que se pide que dicte el tribunal por medio de la *motion* se llama *order* (auto, providencia, resolución judicial). Las peticiones que tienen como fin obtener un *remedy* se llaman *petitions*. Expresiones: **of one's own motion** (a iniciativa propia) **motion calendar** (lista de causas para elevación de recursos, lista de recursos contenciosos), **motion day** (día designado para discusión y resolución de las peticiones dirigidas al tribunal), **motion for a new trial** (petición para que se abra de nuevo el juicio), **motion for a directed verdict** (petición para que sea el juez el que dicte el veredicto en vez del jurado), **motion for a repleader** (petición para presentar nuevos alegatos), **motion for a venire facias de novo** (solicitud de un nuevo juicio ante otro jurado), **motion in arrest of judgment** (petición para impedir el registro de la sentencia), **motion of censure** (moción de censura; V. *table a motion of censure*), **motion papers** (instancia de solicitud, documentos de la petición), **motion to adjourn** (moción para aplazar la sesión, levantar la sesión), **motion to dismiss** (solicitud de declaración de no ha lugar, petición para que una demanda sea rechazada), **motion to quash indictment** (recurso de reforma), **motion to set aside** (recurso de reposición, moción para dejar sin efecto), **motion to preclude** (petición para prevenir), **motion to vacate a judgment** (recurso de casación, demanda de nulidad), **on the motion of** (por iniciativa de; V. *at the request of*)]. *Cf* carry a motion, defeat a motion, file/make a motion, put a motion to the vote, second a motion, set aside a motion, table a motion.

motive *n*: motivo, razón, móvil.

motor *n*: máquina, motor. [Expresiones: **motor insurance** (seguro de automóvil), **Motor Insurers' Bureau** (consorcio de aseguradores de automóviles), **motorship, M/S, m/s, M.S.** (motonave), **motor vehicle code** (código de circulación; V. *highway code*), **motorway** (autopista; V. *toll*), **motoring offences** (delitos o faltas por infracción del código de circulación)]. *Cf* engine.

mounted police *n*: policía montada.

movable *a*: V. *moveable*.

move *n/v*: iniciativa, movimiento; tomar una iniciativa, promover, incitar, impulsar; peticionar. *If the jury returns a verdict of guilty, counsel for the Prosecution moves for sentence to be passed.* [Expresiones: **move an amendment** (proponer una enmienda, presentar una propuesta de reforma o rectificación), **move to sedition** (incitar a la sedición), **moveable/movable estate/property** (bienes muebles; V. *real property*), **movables**

(bienes muebles, valores mobiliarios), **movement** (movimiento, circulación; V. *freedom of movement*), **movements of capital** (circulación de capitales; V. *free movements of capital*)]. *Cf* take a step.

MP *n*: V. *Member of Parliament*.

M/S, m/s, M.S. *n*: V. *motorship*.

mug¹ (*argot, col*) *n*: cara, rostro, morro, jeta. [Expresión: **mug shot** (foto del preso tomada al ingresar en prisión)].

mug² (*argot, col*) *v*: robar mediante tirón. [Expresión: **mugging** (asalto con robo, sobre todo cuando la víctima está sola en la calle y los asaltantes son varios; robo del bolso; robo mediante tirón)].

multifariousness *n*: desemejanza de alegatos.

multiple admissibility *n*: principio de las normas que regulan la admisibilidad de las pruebas según el cual, cuando hay **multiplicity of issues** (múltiples cuestiones), no se puede desestimar una prueba que sería admisible para decidir una de ellas sólo porque sea inadmisible en otras, **multiplicity of suit** (multiplicidad de acciones judiciales)].

multi-stage tax *n*: imposición en cascada.

municipal *a*: municipal. [Expresiones: **municipal council** (cabildo, ayuntamiento), **municipal lien** (gravamen municipal por tasación para mejoras), **municipal loan** (empréstito municipal), **municipal ordinance** (estatuto municipal; ordenanza municipal), **municipality** (municipio)].

murder *n*: asesinato, crimen; asesinar. *Murder is homicide with malice aforethought, i.e., with the intention of killing or causing serious bodily harm.* [Expresiones: **murder in the first degree** (homicidio premeditado, asesinato en primer grado; V. *wilful murder*), **murder in the second decree** (homicidio en segundo grado), **murderer** (asesino, homicida)].

mutatis mutandis *fr*: por analogía.

mute *a*: V. *stand mute*.

mutilate *v*: mutilar.

mutiny *n/v*: motín, rebelión; amotinarse, rebelarse. [La palabra inglesa se emplea casi exclusivamente para referirse a la sublevación de los marineros o la tropa contra sus oficiales. Si el motín es de presos en una cárcel, por ejemplo, se habla de *riot*. Expresión: **mutineer** (amotinador, sedicioso, rebelde)]. *Cf* riot.

mutual *a*: mutuo, recíproco. *Cf* bilateral. [Expresiones: **mutual agreement** (convenio mutuo), **mutual assent** (mutuo acuerdo; V. *meeting of the minds*), **mutual condition** (condición mutua), **mutual consent** (consentimiento mutuo), **mutual consideration** (causa contractual recíproca), **mutual consultation** (consultas recíprocas), **mutual covenant** (pacto de obligación mutua), **mutual dealings** (relaciones mutuas), **mutual debt** (débito recíproco), **mutual fund** (mutualidad, fondo de inversion mobiliaria, fondo mutualista), **mutual guarantee company** (sociedad de garantía recíproca), **mutual insurance company** (mutua de seguros, compañía de seguros mutuos), **mutual investment company** (sociedad mutualista de inversiones), **mutual mistake** (error mutuo cometido por las partes contratantes que invalida el contrato), **mutual obligation** (obligación recíproca), **mutual savings bank** (caja mutua de ahorros), **mutual society** (sociedad mutua), **mutual trust and confidence** (obligación legal de respeto y confianza mutuos entre empleador y empleado), **mutual understanding** (convenio recíproco), **mutual wills** (testamentos mutuos), **mutuality** (mutualidad), **mutuum** (mutuo, contrato de mutuo)].

N

naked *a*: desnudo, nudo; mero; carente de las condiciones necesarias. *The trustee in a naked trust has no rights of any kind and no other responsibility than that of handing over the property to the beneficiary when the time comes.* [Este adjetivo y los sinónimos *bare* y *mere* se combinan espontáneamente con un gran número de sustantivos, siempre con la idea de un «sin más» o «sin otros elementos». Expresiones: **naked confession** (confesión sin confirmación), **naked contract** (V. *bare contract*), **naked possession** (nuda posesión, posesión sin título, posesión de hecho; V. *bare possession*), **naked power** (poder sin interés del apoderado; V. *power of appointment*), **naked promise** (promesa unilateral o sin causa), **naked trust** (fideicomiso pasivo), **naked truth** (verdad pura)].

name *n/v*: nombre; nombrar. *Police named two of the accused but withheld the names of two others, who are minors.* [Expresiones: **in the name of** (en nombre de; V. *on behalf of*), **name of the company** (razón social; V. *trade name, registered office*), **named bill of lading** (conocimiento de embarque nominativo; V. *straight bill of lading*), **naming** (nombramiento, documento o título de nombramiento; V. *appointment*), **namely** (a saber)]. *Cf* composite name.

narcotics *n*: narcóticos, estupefacientes, drogas. *Cf* drug.

narrative recitals *n*: considerandos (de un instrumento); relación de hechos (escritura, etc.). *Cf* whereas clauses.

narrow *a/v*: estrecho, restrictivo, restringido; reducir, estrechar. *The defence objected to the narrow construction of the terms of the Act advanced by the plaintiff.* [Expresiones: **narrow definition approach sense** (definición o interpretación estricta o restrictiva; V. *wide definition approach sense*), **narrow down** (reducirse, restringirse), **narrow market** (mercado escaso, mercado con escaso volumen de contratación), **narrow the commercial margin** (reducir el margen comercial)]. *Cf* tight.

national *a/n*: nacional; súbdito, ciudadano. [Los adjetivos *domestic* y *national* son casi sinónimos. Expresiones: **National Coal Board, NCB** (Junta Nacional del Carbón), **national debt** (deuda pública; V. *private debt*), **National Health Service** (Servicio Nacional de Salud), **national heritage** (patrimonio nacional; V. *national treasures*), **national insurance** (seguridad social), **national insurance tribunal** (tribunal que entiende de las reclamaciones de subsidio de paro, enfermedad, accidentes laborales, etc.), **National Labor Relations Board** *amer* (Junta Nacional de Relaciones Laborales), **national security** (defensa nacional), **national treasures** (patrimonio nacional; V. *national heritage*), **nationality** (nacionalidad), **nationalise** (nacionalizar), **nationalised industry** (industria estatal o nacionalizada)].

Cf gross national product, foreign national; domestic.

natural *a*: natural, nativo; ilegítimo, nacido fuera de matrimonio; razonable. [Expresiones: **natural-born citizen** (ciudadano por nacimiento, ciudadano con nacionalidad adquirida por nacimiento; V. *naturalization, naturalized citizen*), **natural death** (muerte natural; V. *civil death, sudden death*), **natural child** (hijo natural), **natural domicile** (domicilio de origen), **natural guardian** (tutor natural, el padre o la madre), **natural heir** (heredero natural), **natural justice** (justicia natural, derecho natural; V. *equity*), **natural law** (ley natural, derecho natural), **natural obligation** (deber natural), **natural person** (persona física; V. *artificial person, juristic person, legal person*), **natural possessor** (poseedor originario), **natural presumption** (inferencia natural o lógica), **natural rights** (derechos naturales), **natural succession** (sucesión natural), **naturalization** (naturalización), **naturalization papers** (carta de naturaleza o naturalización), **naturalized citizen** (ciudadano nacionalizado o naturalizado; V. *natural-born citizen*)].

navigation *n*: navegación. [Expresiones: **navigation company** (compañía naviera), **navigation perils** (peligros del mar; V. *extraneous perils*. En las pólizas de seguro a todo riesgo de transporte de mercancía por mar). El término *navigation perils* se aplica a **negligence** (negligencia, imprudencia), **short delivery** (merma, entrega corta, insuficiente o deficiente) y **leakage** (derrame), recibiendo los demás riesgos el nombre de *extraneous perils*]. *Cf* perils of the sea.

nay *n*: voto negativo. [Expresión: **The nays have it** (ganan los noes)]. *Cf* ayes.

ne exeat regno *n*: providencia precautoria de arraigo, depósito de personas; aseguramiento que se exige al demandante extranjero. *Cf* writ of ne exeat; bail above.

neap tides *n*: mareas muertas.

NCB *n*: V. *National Coal Board*.

necessary *a*: necesario, indispensable; lógico, razonable. *Necessity can be a defence to an action in tort under certain circumstances.* [Expresiones: **necessaries** (auxilios necesarios para la vida, lo imprescindible, cosas necesarias, ropa y sustento; V. *alimony, allowance, palimony*), **necessary bankruptcy** (quiebra forzosa), **necessary damages** (daños generales o directos), **necessary domicile** (domicilio necesario), **necessary inference** (deducción razonable o lógica), **necessary parties** (partes indispensables), **necessity** (estado de necesidad; V. *need*)].

née *a*: nacida (con el nombre de), de soltera. [La palabra francesa *née* introduce el nombre de soltera para que no haya confusiones de identidad]. *Cf* maiden name.

need *n*: necesidad, exigencia. V. *meet the needs*. *Cf* necessity.

negative *a/n*: negativo; negativa. [Esta palabra se combina espontáneamente con gran número de sustantivos: **negative averment** (negativa, aseveración negativa), **negative covenant** (acuerdo o promesa de no hacer algo), **negative easement** (servidumbre negativa o pasiva), **negative evidence** (prueba negativa, prueba indirecta), **negative goodwill** (plusvalía negativa), **negative pregnant** (respuesta o alegación negativa que puede conllevar una idea afirmativa; cuando el fiscal, por ejemplo, pregunta al acusado si recibió mil libras, éste, si la cantidad fue superior o inferior, siempre podrá dar una respuesta negativa, ya que no percibió esa cantidad exacta; V. *affirmative pregnant*), **negative prescription** (prescripción por falta de ejercicio), **negative misprision** (ocultación de un delito), **negative resolution** (resolución negativa; V. *parliamentary control, delegated legislation, lay before Parliament, affirmative resolution*), **negative testimony** (testimonio negativo o por inferencia), **negatory** (negatorio)]. *Cf* deal, manage.

neglect *n/v*: descuido, negligencia; descuidar, desatender. [Expresiones: **neglect of official duty** (incumplimiento o inobservancia de un deber oficial; V. *breach of statutory duty, dereliction of duty*), **neglectful** (descuidado)].

negligence *n*: negligencia, imprudencia. *A*

negligent misrepresentation, however innocently made, may be actionable if another party to a contract relies upon it in making the contract and suffers loss as a result. [Expresiones: **negligence in law** (negligencia procesable; V. *active fault/negligence, actionable negligence, comparative negligence, contributory negligence, gross negligence*), **negligent** (negligente, culposo), **negligent act** (omisión negligente), **negligent collision** (abordaje culpable, abordaje con negligencia; V. *accidental collision, both-to-blame colision, rules of the road*), **negligent misrepresentation/mis-statement** (aseveración falsa hecha por descuido y sin ánimo de engañar, falsedad negligente), **negligent offence** (delito por negligencia)]. *Cf* contributory negligence, misconduct, extraneous perils, remiss.

negotiate *v*: negociar, gestionar, agenciar, discutir. *The payment was negotiated by our Hong Kong representative with a local bank.* [Expresiones: **negotiable bill of lading** (conocimiento al portador), **negotiable instrument** (efectos, títulos, instrumentos o valores negociables), **negotiable securities** (valores transmisibles), **negotiation** (negociación; negociación con valores o letras de cambio), **negotiator** (negociador, gestor)].

nem. con. *fr*: sin oposición, objeciones o votos en contra. *The motion was carried nem. con.* [Es la forma abreviada de *nemine contradicente*].

net *a*: neto, líquido. [Con el sentido de «neto, líquido», aparece junto a *assets, dividends, earnings, income, margin, price, proceeds, profit, revenue, worth, yield*, etc. Expresiones: **net charter** (póliza de fletamento en la que los gastos de operación corren por cuenta del fletador; V. *gross charter*), **net lease** (arrendamiento más gastos, arrendamiento en el que el arrendatario se hace cargo, además, del pago de impuestos, del seguro y del mantenimiento), **net liabilities** (pasivo real), **net option** (opción de compra a precio prefijado), **net quick assets** (activo neto realizable), **net register** (toneladas de registro neto), **net register tonnage, NRT** (tonelaje de registro neto), **net weight** (peso neto; V. *gross weight*), **net worth** (capital neto)]. *Cf* clear.

net *n*: red. *The firm's sales network covers the entire country.* [Expresión: **network** (red de distribución, de ventas, etc.)].

net *v*: ganar una cantidad neta. *The company netted £2 m on all activities last year.*

new *a*: nuevo. [Expresiones: **new deal** (programa o pacto político-económico ofrecido por el presidente Roosevelt), **new issue** (emisión de acciones nuevas), **new trial** (nuevo juicio ordenado por el tribunal de apelación; V. *retrial, former trial*), **newly discovered evidence** (prueba descubierta después de la sentencia)].

next *a*: próximo. *When somebody dies in an accident, their next-of-kin should be informed as soon as possible.* [Expresiones: **next friend** (representante de un menor o de un incapacitado), **next-of-kin** (pariente más próximo; V. *related in the direct line*)].

niche *(fig)* *n*: colocación conveniente, nicho, cuota. *A firm may decide to dump in order to carve out its market niche in an already competitive market. Cf* market niche.

nick *(argot)* *n/v*: trena, jaula; mangar, birlar, afanar, trincar. *Bert was nicked for pinching a motorbike. Cf* arrest, jug, steal.

night *n*: noche. [Expresiones: **night court** (juzgado de guardia), **night duty** (servicio nocturno), **night shift** (turno de noche)].

nisi *a*: provisional. *An order or rule nisi is made on the application of one party.* [La palabra *nisi* implica la idea de «condición», «advertencia» (y si no), o «provisionalidad». Se usa en expresiones como *order nisi, decree nisi*, etc. En el pasado se empleó **nisi prius** (auto, ahora en desuso, que ordenaba al *sheriff* del Condado en el que se había originado un pleito, que reuniera al jurado y lo enviase a Londres para celebrar allí el juicio, a no ser que antes —*nisi prius*— de la fecha prevista se hubiese celebrado ya en el *Assize Court* del Condado en cuestión; el proceso se llamaba también *trial at nisi prius*; con la desaparición del *Assize Court*, cuya jurisdicción se distribuyó entre el *High Court* y el *Crown Court*, este auto ha quedado obsoleto)]. *Cf* absolute; decree nisi, decree absolute, foreclosure order nisi.

no *adv*: no, sin. [El adverbio *no* actúa como prefijo en ciertas expresiones, pudiendo estar a veces unido por medio de guión: **no admittance except on business** (prohibida la entrada a las personas ajenas a este centro), **no bill, not a true bill** (no ha lugar a procesamiento; V. *ignoramus, not found*), **no bills** (se prohíbe fijar carteles), **no case to answer** (V. *there is no case to answer*), **no-claims bonus** (reducción o bonificación en la prima anual de la póliza de seguro por no haber sufrido ningún siniestro), **no collateral** (sin garantías), **no criminal record** (sin antecedentes penales), **no cure, no pay** (regla de salvamento según la cual el salvamento sin éxito no es remunerado; V. *salvage*), **no-fault liability** (responsabilidad en daños sin culpa; mediante esta norma, la víctima de un accidente tiene derecho a indemnización sin que se tenga que demostrar la culpa o negligencia de otro), **no-par-value stock** (acciones sin valor nominal)].

nobble (*argot*) *v*: intentar sobornar o influir en alguien. *Associates of the defence were suspected of nobbling two members of the jury.*

nolle prosequi *fr*: abandono de la instancia. [Ahora se emplea el término *discontinuance*. Sin embargo, el *Attorney General*, y en su caso el fiscal, utiliza esta fórmula para anunciar que no sigue adelante en el procesamiento del reo, bien porque éste sufra algún tipo de incapacidad, bien porque, a juicio de los anteriores, dicho procesamiento no es deseable. Esta acción no equivale a retirar los cargos, ni impide que la acusación siga adelante en un momento posterior]. *Cf* abandonment, discontinuance.

nominal *a*: nominal. *Nominal damages, which are usually very small amounts, are awarded to show that the loss or harm was technical rather than actual.* [Expresiones: **nominal accounts** (cuentas de resultados, cuentas nominales), **nominal capital** (capital autorizado, capital nominal; V. *uncalled capital, authorized capital*), **nominal consideration** (causa contractual o precio nominal), **nominal damages** (daños nominales; V. *actual damages*), **nominal partner** (socio nominal), **nominal plaintiff** (demandante nominal sin interés en la causa), **nominal trust** (fideicomiso nominal), **nominal value** (valor nominal; V. *face, par value*)].

nominate *v*: designar, nombrar, proponer una candidatura, dar nombres de candidatos. *Candidacy for the post of Secretary General is by nomination only.* [Expresiones: **nomination** (designación, nominación, presentación de candidaturas, candidatura, propuesta, nombramiento), **nominations commitee** (comité de candidaturas), **nominate someone as proxy** (nombrar representante), **nominate somebody to a post** (designar a alguien para un cargo o puesto no electivo), **nominative** (nominativo), **nominative cheque** (cheque nominativo), **nominee** (candidato propuesto, nominatario)].

non *prefijo*: no, dis, etc. [*Non* actúa como prefijo negativo. Puede presentarse de forma discontinua, es decir, sin constituir una palabra con la unidad léxica que sigue, o de forma continua, ya con guión, ya sin él. Se traduce normalmente por «in», «falta de»; no obstante, a veces es preferible recurrir a un antónimo o a una perífrasis para evitar, en lo posible, una traducción forzada o extranjerizante. Expresiones: **non-acceptance** (rechazo de algún instrumento comercial, etc.), **non-accrual assets** (activo no acumulado), **non admission** (inadmisión, rechazo, no admisión), **non-admitted assets** (activo no confirmado), **non-admitted carrier** (compañía de transporte no autorizada), **non-apparent easement** (servidumbre discontinua, no aparente), **non appearance** (contumacia, incomparecencia, rebeldía; V. *absence, failure to appear, beyond the seas*), **non apportionable annuity** (anualidad sin pago por muerte), **non-arrestable offence** (delito que lleva aparejada una pena inferior a 5 años o no especificada), **non assenting stockholders** (accionistas disidentes), **non assessable stocks** (acciones no gravables), **non assignable** (no transferible, no negociable), **non attendance** (inasistencia; V. *appearance*), **non bailable** (no caucionable, que no admite fianza), **non-business day** (día no laboral), **non callable bond** (bono no retirable), **non-commercial agreement** (acuerdo no especulativo), **non committal** (evasivo, equívoco), **non compliance** (incumplimiento, falta de cumplimiento), **non compos mentis** (demente, con las facultades mentales perturbadas; V. *insane, unreasonable behaviour, cruelty*), **non concurrent** (no concurrente), **non conformance** (no conformidad, falta de conformidad), **non consolidated** (no consolidado), **non contentious** (no contencioso, que no implica litigio), **non contestable** (incontestable, indisputable), **non-contractual** (extra-contractual), **non-delivery** (incumplimiento de la entrega prometida), **non-custodial sentence** (sentencia no privativa de libertad; V. *custodial*), **non direction** (error o insuficiencia en las instrucciones que da el juez al jurado), **non-disclosure** (omisión del deber de revelar datos o hechos en un proceso civil, en una póliza de seguros, etc.; V. *concealment, disclosure, discovery*), **non dutiable** (franco de derechos), **non-executive director** (consejero sin cargo ejecutivo), **non fatal injury** (lesión no mortal), **nonfeasance** (inobservancia, omisión, negligencia, incumplimiento), **non forfeitable** (inconfiscable, indecomisable, inalienable, no sujeto a pérdida), **non fulfillment** (falta de cumplimiento, incumplimiento), **non fundable** (no consolidable), **non-indictable offence** (falta leve), **non-instalment credit** (crédito a devolver de una sola vez), **non interest bearing** (que no devenga interés), **non joinder** (falta de unión o de asociación), **non judicial day** (día inhábil), **non jury calendar** (lista de causas para vistas sin jurado), **non leviable** (no gravable, no embargable), **non marketable bond** (bono no transferible), **non member** (no asociado, que no es socio), **non-molestation order** (mandamiento judicial exigiendo que cesen los malos tratos o las vejaciones a su cónyuge; V. *exclusion order*), **non negotiable** (no negociable, intransferible), **non observance** (inobservancia, incumplimiento), **non observance of a formality** (incumplimiento de un trámite o formalidad), **non occupational accident** (accidente no laboral), **non par stock** (acciones sin valor nominal), **non par** (que no participa en el sistema de compensaciones a la par), **nonpayment** (impago, falta de pago; V. *failure to pay*), **non-performance** (incumplimiento, falta de ejecución o de cumplimiento; V. *specific performance*), **non-performing loan** (fallido), **non profit organization** (empresa u organización sin ánimo de lucro, ente moral), **non renewable** (improrrogable, no extendible), **non resident** (no residente), **non restrictive** (sin restricción, completo; V. *qualified*), **non scheduled disability** (incapacidad no especificada en la ley), **non scheduled airline** (línea aérea no regular o independiente), **non stock corporation** (sociedad sin acciones), **nonsuit** (sobreseimiento, sobreseer; desistimiento, renuncia a la instancia, actualmente llamado *discontinuance* o *withdrawal*; V. *abandonment, there is no case to answer, dismissal of a case, want of prosecution, withdrawal*), **non support** (falta de manutención), **non-transferable** (intransferible, innegociable), **non-voting share/stock** (acciones sin derecho a voto), **non-recoverable grant** (subvención a fondo perdido; V. *à fonds perdu*), **non taxable** (exento de impuestos, no gravable, libre de contribución), **non-tenure** (alegación de exención de jurisdicción), **non-user** (abandono de un derecho, prescripción o pérdida de un derecho por falta de ejercicio)].

norm *n*: norma, ley, regla. [Expresiones: **normal tax** (impuesto normal o básico), **normal value** (valor normal)]. *Cf* standard; rule.

not *adv*: no. *The jury returned a verdict of not proven and the prisoner was immediately assoilzied and discharged.* [Expresiones: **not due** (no vencido), **not guilty** (no culpable), not later than (en un plazo no superior a), **not liable** (irresponsable, no responsable), **not negotiable** (no negociable; V. *copy not negotiable*), **not otherwise herein provided** (salvo disposición contraria en la presente ley, etc.), **not proven** (absuelto por inocente por falta de pruebas; una peculiaridad del derecho penal escocés reside en el hecho de que se disponga de tres veredictos: *guilty, not guilty, not proven*. El acusado en este último caso queda absuelto o *assoilzied* y es puesto en libertad, pero no tiene la satisfacción de ver su honor restablecido)].

notarial *a*: notarial. [Expresiones: **notarial act/certificate** (acta o testimonio notarial), **notarial instrument** (escritura pública), **notarial power** (poder notarial), **notarization** (atestación por notario público), **notarize** (otorgar ante notario), **notary** (notario), **notary's office** (notaría)]. *Cf* public notary.

note[1] *n*: pagaré, efecto, obligación, nota de crédito; documento fehaciente. [Expresiones: **note-holder** (tenedor de pagaré u obligación), **note of hand** (pagaré), **notes payable** (efectos a pagar, pagarés), **note of protest** (notificación del protesto efectuado por el notario, protesta del mar/averías; V. *captain's protest*), **notes receivable** (efectos a cobrar), **notes to the accounts** (notas a los estados financieros)]. *Cf* air consignment note, acceleration note, bank note, bearer note, consignment note, credit note, debit note, joint note, promissory note.

note[2] *n*: billete de banco. *Tourists visiting foreign countries find large denomination notes inconvenient. Cf* bill (*amer*).

note *v*: levantar acta, impugnar, protestar una letra, un efecto, etc. *When the judge declined to retract of his charge to the jury, counsel for the defence made out and presented a note of exceptions.* [Expresiones: **note a bill, a draft** (protestar un pagaré o una letra, levantar acta notarial, a instancias del tenedor, en la que se hace constar la falta de aceptación o falta de pago del librado; V. *protest*), **note an exception** (anotar excepción; como sustantivo se llama *note of exceptions*, y alude al certificado redactado en la sala por el abogado de la parte que quiere impugnar algunas de las aseveraciones contenidas en las instrucciones dadas por el juez al jurado o *charge to the jury*. Contiene una relación de las bases de la impugnación y de las estimaciones contrarias del juez, quien lo firma para que pueda ser presentado en un posible recurso), **noting a bill** (protesto de una letra)].

notice *n*: aviso, informe, nota; preaviso, notificación formal, notificación por anticipado, notificación con la antelación debida, emplazamiento, citación, convocatoria. *A party to a lawsuit may abandon an action in the High Court by serving a notice of discontinuance.* [Expresiones: **at short notice** (a corto plazo, con poca anticipación), **notice clause** (cláusula de notificación incluida en la póliza de seguros, mediante la cual el asegurado está obligado a notificar a la compañía de seguros los siniestros ocurridos, dentro de un tiempo marcado), **Notice is hereby given that** (Por la presente se hace saber que...; ésta es la frase usual con la que comienzan las convocatorias a asambleas, juntas, etc.; V. *notice of meeting*), **notice of abandonment** (aviso de abandono; este escrito lo remite un asegurado a su compañía de seguros en reclamación de una pérdida total; V. *abandonment*), **notice of appeal** (notificación de apelación), **notice of appearance** (aviso de comparecencia), **notice of discharge** (expediente de despido; V. *give notice*), **notice of discontinuance** (notificación de desistimiento o abandono de la demanda; V. *abandonment*), **notice of dishonour** (notificación o aviso de no aceptación de una letra), **notice of intention to defend** (notificación al demandante de que defenderá la demanda contra él presentada), **notice of judgment** (notificación de sentencia registrada), **notice of meeting** (convocatoria, citación; V. *Notice is hereby given*), **notice of motion** (V. *originating notice of motion*), **notice of protest** (aviso de protesto), **notice of readiness** (carta de aviso, carta de alistamiento dando cuenta de que se está listo para cargar o descargar estando con póliza de fletamento o en *charter*), **notice of trial** (notificación del juicio o del proceso), **notice of withdrawal** (preaviso de retiro), **notice to plead** (notificación al demandado para que presente alegatos), **notice to produce** (notificación instando a la parte contraria a que presente un determinado documento; V. *discovery*), **notice to quit** (aviso de desalojo, requerimiento del casero al arrendatario para que desaloje la vivienda, previo al inicio del proceso de desahucio; V. *fixed term tenancy, periodic tenancy*), **on/upon notice of** (al serle notificado, al recibir la notificación; V. *on presentation*), **until further notice** (hasta nuevo aviso, hasta aviso en contra), **without previous notice** (sin previo aviso)]. *Cf* call; citation; account subject to notice; give notice, serve notice; service; special notice.

notification *n*: citación, notificación.

notify *v*: notificar, participar. [Expresión: **notifiable offence** (delito grave; V. *indictable offence*)]. *Cf* advise, inform, announce, upon being notified.

notional day *n*: día imaginario, hipotético, teórico, convencional, nominal; fracción de día real.

notorious *a*: notorio, público. [El adjetivo *notorious* siempre tiene un significado negativo y, por tanto, acompaña a palabras negativas: **notorious insolvency** (insolvencia notoria)]. *Cf* flagrant.

novation *n*: novación, sustitución; delegación. *For the substitution or novation of a new party to a contract instead of the original debtor, the consent of the party entitled to benefit is necessary.*

noxious *a*: dañino, perjudicial. *Cf* hazardous and noxious substance.

NRT *n*: V. *net register tonnage*.

nude contract *n*: contrato sin causa, nudo pacto. *Cf* naked contract, bare contract.

nuisance *n*: molestia, perjuicio, daño, acto perjudicial, infracción de las normas de convivencia civilizada; actividades insalubres o molestas, nocivas o peligrosas; infracción del reglamento de actividades molestas, insalubres, nocivas y peligrosas. *The owners of the discotheque are being sued by the neighbours for causing a nuisance by playing music too loudly late at night.* [De los varios ilícitos civiles (*torts*), sobresalen dos, las molestias, daños o perjuicios causados a la convivencia civilizada, y la translimitación (*trespass*). Expresión: **nuisance abatement** (V. *abatable nuisance, abatement of nuisance*)]. *Cf* private nuisance, public nuisance.

null *a/v*: nulo, sin valor; anular. *Failure to honour this part of the bargain will render the entire contract null and void.* [Expresiones: **null and void** (nulo de pleno derecho, nulo y sin efecto, sin valor, írrito), **nullification** (anulación), **nullify** (anular, invalidar), **nullity** (nulidad, vicio de fondo o de forma; V. *absolute nullity, derivative nullity*), **nullity of marriage** (nulidad matrimonial; V. *annulment, judicial separation, divorce*), **nullity plea** (recurso de nulidad)]. *Cf* invalid, ineffectual, bad, wrong, inoperative, void.

nunc pro tunc *fr*: con efecto retroactivo.

nuncupate *v*: testar oralmente. [Expresiones: **nuncupative** (nuncupativo, verbal, de viva voz), **nuncupative will** (testamento nuncupativo)].

O

oath *n*: juramento. *Witnesses at a trial swear upon oath to tell the truth, the whole truth and nothing but the truth.* [Expresiones: **oath-breaking** (perjurio, violación de juramento; incurrir en perjurio, quebrantar un juramento), **oath in item** (juramento del demandante para probar el valor de lo que constituye el objeto del pleito), **oath of allegiance** (juramento de fidelidad), **oath of office** (juramento de toma de posesión de un cargo público), **on/upon oath** (bajo juramento)]. *Cf* administer an oath to someone, break one's oath, take an oath, commissioner for oaths, false oath.

obiter dictum *n*: *obiter dictum,* opinión o dictamen incidental expresado por un juez en la fundamentación de la sentencia, sin que suponga la *ratio decidendi. Cf* precedent; distinguish; persuasive authority.

object *n*: objeto, fin, propósito, materia, punto. [Expresiones: **object of an action** (objeto de la demanda o acción; V. *merits of the case*), **objects clause** (cláusula de la carta constitucional de una sociedad mercantil —*Memorandum of Association*— que expresa los fines de la misma)]. *Cf* purpose.

object to *v*: oponerse a, objetar, impugnar, formular reparos, hacer cargos. *The judge sustained the prosecution's objection to the leading questions put to the witness by the defence.* [Expresiones: **I object** (me opongo, pido la palabra; fórmula utilizada para intervenir en un debate político), **objectable** (objetable, discutible), **objection** (reparo, objeción, oposición, impugnación, recusación, excepción, réplica, reclamación; V. *raise an objection*), **objection to the jurisdiction** (excepción de incompetencia), **objectionable** (objetable, censurable), **objector** (objetor, impugnador, recusante; V. *conscientious objector*)]. *Cf* raise objection, lodge objection, sustain an objection.

oblige/obligate *v*: apremiar, obligar, ligar; hacer un favor. *The guarantor is obliged to pay the principal debtor's liabilities if the latter fails to pay.* [En inglés americano se usa también la palabra *obligate.* Expresiones: **obligation** (obligación, deuda; responsabilidad, compromiso, deber, incumbencia; V. *duty, liability, promise*), **obligatory** (obligatorio, vinculante; V. *binding, mandatory*), **obligee** (tenedor de una obligación, obligante, sujeto activo de una obligación), **obligor** (deudor, obligado, persona que contrae una obligación; sujeto pasivo de una obligación)].

obliteration *n*: tachadura, cancelación, extinción.

OBO ship *n*: forma abreviada de *ore bulk oil* (mineral, granel/grano, crudo)].

obscene *a*: obsceno, indecente, procaz, grosero, impúdico, libidinoso, pornográfico; escandaloso. *Obscene publications are now generally defined as being those "liable to deprave and corrupt".* [Expresiones: **obscene material** (pornografía), **obscenity** (obscenidad, pornografía)]. *Cf* bawdy.

observe *v*: observar, cumplir, guardar, atenerse a, respetar, velar por el cumplimiento. *Members* *failing to observe the club's regulations will be refused entry.* [Expresiones: **observance** (cumplimiento, acatamiento, observancia), **observant** (celoso cumplidor de su deber), **observation** (observación, comentario), **observe all the formalities** (cumplir todos los trámites, requisitos o formalidades)]. *Cf* conform, follow, comply with, abide by; compliance, acquiescence.

obstacle *n*: impedimento, traba, cortapisas, obstáculo. *Cf* bar.

obstruct *v*: obstruir, impedir, poner trabas, obstaculizar, bloquear, impedir. *Obstructing an officer is an offence.* [Expresiones: **obstruct a police officer/justice** (poner resistencia a la autoridad), **obstruction** (obstrucción, traba; V. *obstacle*)]. *Cf* resist arrest.

obtain¹ *v*: recabar, sacar, adquirir, obtener, lograr. *A marriage licence must be obtained from the Registry Office before the marriage can take place. Cf* seek.

obtain² *v*: existir, ser el caso, estar en vigor, regir, prevalecer. *This right does not obtain in judicial proceedings. Cf* come into effect, take effect, come into force, be operative from.

obtrude *v*: entrometerse, imponer una opinión, etc., de forma molesta a los demás, molestar a los demás, importunar. [Expresiones: **obtruder** (intruso, entremetido), **obtrusion** (entremetimiento, imposición), **obtrusive** (intruso, entrometido; V. *trespass*)].

occasion *n/v*: ocasión, motivo, causa, origen; causar, ocasionar. *Sh alleged that her wounds were occasioned by her husband's ill-treatment.* [Expresión: **one's lawful occasions** (actividades legítimas de uno)]. *Cf* cause, provoke.

occultation *n*: ocultación, acción de ocultar. *Cf* discovery.

occupy¹ *v*: habitar una casa. *The letter was addressed to the owner or occupier.* [Expresiones: **occupancy** (tenencia, ocupación, toma de posesión de alguna cosa que no pertenece a nadie, el hecho de vivir en un sitio), **occupancy permit** (cédula de habitabilidad), **occupant** (ocupante, el que toma posesión,

inquilino), **occupation** (ocupación), **occupier** (inquilino, ocupante), **occupier's liability** (responsabilidad del ocupante de una vivienda; V. *common duty of care*)]. *Cf* certificate of occupancy, owner-occupier.

occupy² *v*: dar empleo o trabajo; tomar posesión de. [Expresiones: **be occupied** (dedicarse), **occupation** (empleo, ocupación, profesión; V. *job*), **occupational** (laboral, profesional; en estos casos aparece junto a *accident, disease, injury, hazard, illness, injury,* etc.; V. *industrial accident, accident at work*; *non-occupational*), **occupational disease** (enfermedad laboral), **occupational pension scheme** (plan de pensiones), **occupational seniority** (prioridad en el cargo de acuerdo con la antigüedad), **occupational therapy** (terapia de rehabilitación laboral por haber sufrido amputación de algún miembro, etc.)].

occur *v*: ocurrir, suceder. [Expresión: **occurrence** (hecho, suceso, incidente, acaecimiento, suceso fortuito; caso)].

of right/of course *fr*: natural, de derecho. *He came into his estate, as of right, when he reached the age of eighteen.*

off *adv*: de permiso; frente a la costa, a la altura de. *He has taken three days off.* [Expresiones: **off calendar** (removido de la lista de causas), **off-licence** (permiso para vender bebidas alcohólicas que van a ser consumidas fuera del establecimiento; establecimiento con este permiso), **off the price** (descuento sobre el precio marcado), **off the record** (sin que conste en acta, fuera de actas; en jerga periodística significa «no atribuible, sin que se pueda revelar la fuente, etc.»; V. *on the record*), **off the Rolls** (suspendido del ejercicio de la abogacía; V. *strike off the Rolls, suspend a solicitor from practice*)].

offence *n*: delito, violación, acto punible, ofensa. *It is an offence to obstruct to force passage of vehicles on the road.* [Los términos *crime* y *offence* son sinónimos; en inglés americano se escribe *offense*. Los delitos se clasifican en: (a) **summary offences** (delitos menores o menos graves, que juzgan directamente y mediante un procedimiento inmediato o abreviado, caracterizado por la rapidez y la sumariedad, los jueces del tribunal de magistrados de primera instancia o *Magistrates' Court*); (b) **indictable offences** (delitos graves y muy graves, que se juzgan en el *Crown Court* en un juicio con jurado, tras el encausamiento que se sigue mediante el escrito formal o solemne de acusación, *indictment*, después de que lo hayan decidido los magistrados); (c) **offences triable either way** (delitos de tipo intermedio, que se pueden juzgar por cualquiera de los procedimientos anteriores, es decir, por los jueces del *Magistrates' Court* o en el *Crown Court*, en este último caso con jueces y jurado). Expresión: **offences relating to road traffic** (delitos relacionados con el tráfico rodado)]. *Cf* crime; misdemeanour; arrestable offence; create an offence; statement of offence.

offend *v*: ofender, ultrajar, agraviar, faltar a. [Expresiones: **offended party** (parte perjudicada, agraviada, dañada; V. *aggrieved party*), **offender** (delincuente, ofensor, malhechor, transgresor de la ley), **offending** (delincuente, injurioso, ofensivo, ultrajante), **offensive** (ofensivo, injurioso, ultrajante; V. *abusive; outrage*)].

offer *n/v*: oferta; ofrecer, proponer. [Expresiones: **offer an exhibit** (presentar una prueba; V. *evidence*), **offer and acceptance** (oferta y aceptación), **offer in evidence** (presentar como prueba), **offer resistance** (ofrecer resistencia)].

office *n*: oficina, despacho, bufete; cargo; ministerio, cartera ministerial. *On leaving office, the former Chancellor took up a post as consultant to a finance firm*. [La palabra *office* precedida del nombre de un cargo indica el rango del mismo, por ejemplo: **dean's office** (decanato), **prosecutor's office** (fiscalía); también se emplea con el significado de Ministerio, en **Home Office** (Ministerio del Interior), **Foreign Office** (Ministerio de Asuntos Exteriores; V. *Department, Secretary*). [Expresiones: **in office, be** (tener el poder; V. *out of office*), **office holder** (empleado o funcionario público), **office of a minister** (cartera ministerial), **office-seeker**

(candidato), **office supplies** (suplidos, material de oficina)]. *Cf* be in/out of office, come into office, good offices, hold office, leave office, perform the office of, political office, remain in office, serve an office, take office.

officer *n*: funcionario, oficial, ejecutivo, administrador, tesorero, secretario. [Las palabras *officer* y *official* no son intercambiables. La primera suele designar a un funcionario uniformado, como un oficial del ejército o cualquier agente de la policía, mientras que la segunda se aplica preferentemente a los funcionarios civiles con responsabilidad en sección, negociado, departamento, etc. No obstante, muchos funcionarios civiles (de los tribunales y de los ministerios) también se llaman *officers*, y el mismo término se aplica a veces a los médicos con una región a su cargo, incluso a los directivos o responsables de algunas grandes empresas]. *Cf* functionary, official.

official *a/n*: oficial, público; funcionario público, autoridad, dignatario, juez eclesiástico, provisor. [Expresiones: **for official use only** (reservado para uso oficial), **official authority** (poder público), **official bond** (fianza de funcionario público), **official document** (acta pública, documento oficial), **official duties** (funciones públicas), **official journal** (gaceta oficial, boletín oficial; V. *gazette*), **official logbook** (diario de navegación), **official quotation** (precio oficial, cotización oficial en Bolsa), **official return** (declararación oficial), **official receiver** (administrador judicial de una quiebra), **Official Referee's business** (ajuste de cuentas, tasación, etc., preparado por un juez árbitro nombrado por el Supremo; V. *Scott schedule*), **official secrets Act** (ley de secretos oficiales)]. *Cf* officer.

offset *n/v*: compensación, equivalencia; absorber, compensar, contrarrestar, equilibrar. *The payment of these large debts was offset by a fresh injection of funds from the subsidiaries*. [Expresiones: **offset account** (contracuenta), **offset liabilities** (absorber pérdidas)]. *Cf* setoff.

offshore *n*: frente a la costa. [Expresiones:

offshore oil (petróleo procedente de las plataformas de perforación marítima), **offshore company** (compañía explotadora de plataformas petrolíferas)].

offspring *n*: descendencia, prole. *Cf* issue.

oil exchange *n*: mercado de petróleo.

Oireachtas *n*: Asamblea legislativa o Parlamento de la República de Irlanda o Eire. *Cf* Dáil Éireann.

Old Bailey *n*: Tribunal Central de lo Criminal de Londres. *Cf* Crown Court.

old-age *n*: vejez. [Expresiones: **old-age insurance** (seguro de vejez), **old-age pension** (jubilación de vejez), **old-age pensioner** (pensionista)]. *Cf* underage.

ombudsman *n*: defensor del pueblo, comisario parlamentario, *ombudsman*. V. *Parliamentary Commissioner for Administration*.

omit *v*: omitir; suprimir, olvidar. *The form was returned to us because we had omitted to fill in one section.* [Expresión: **omittance** (omisión)].

omnibus bill *v*: proyecto de ley que trata de varias cuestiones.

onerous *a*: oneroso, a título oneroso. [Expresión: **onerous title** (título oneroso)].

onus *n*: carga, peso de la prueba. *The onus is on the plaintiff to prove his case.* [Expresiones: **onus probandi/onus of proof** (*onus probandi*, carga de la prueba, obligación de probar; V. *burden of proof*), **the onus is upon him on...** (le incumbe a él)].

open *a*: abierto; público, claro, notorio; no resuelto, pendiente. *The court heard argument in camera and delivered judgement in open court.* [Expresiones: **open account** (cuenta abierta; V. *charge account*), **open and notorious adultery** (adulterio notorio o flagrante), **open charter** (contrato de fletamento abierto, contrato de fletamento en el que no se especifica la carga o el destino), **open cheque** (cheque abierto, no cruzado; V. *uncrossed cheque*), **open door policy** (política de puertas abiertas), **open-end investment company** (empresa inversionista de capital variable y fondo mutualista), **open-end mortgage** (hipoteca sin límite de importe), **open-end trust** (sociedad inversionista),

open-ended (sin límites preestablecidos, abierto, no limitado de antemano), **open market** (mercado abierto), **open policy** (póliza abierta), **open question** (cuestión pendiente, punto sin resolver), **open seas** (alta mar; V. *high seas*), **open shop** (empresa asequible a todos los trabajadores; V. *closed shop agreement*), **open verdict** (veredicto de «causa de muerte desconocida» en caso de muerte repentina emitido por el *coroner*), **in open court** (ante la sala, en sesión pública, en audiencia pública, en pleno; V. *in camera*)].

open *v*: abrir. *Inspectors from the Board of Trade have opened a file on the activities of the firm.* [Expresiones: **open a file** (abrir/incoar un expediente), **open a case** (abrir el juicio), **open a default** (anular una sentencia en rebeldía o contumacia), **open an inquiry** (abrir una investigación, instruir diligencias), **open bids** (abrir propuestas), **open court** (iniciar la sesión), **open negotiations** (entablar conversaciones), **open the meeting** (abrir la sesión; V. *call the meeting to order*), **open the pleadings** (comenzar el turno de alegatos, hacer sumario de los alegatos), **opened quota** (contingente abierto)].

opening *a/n*: inicial, inaugural; apertura. [Expresiones: **opening balance** (saldo de apertura), **opening bids** (apertura de propuestas), **opening entries** (asientos de apertura o de constitución), **opening of accounts** (apertura de cuentas), **opening of new markets** (apertura de nuevos mercados), **opening inventory** (inventario inicial), **opening licence** (licencia de apertura), **opening speech** (discurso inaugural; V. *closing speech*), **opening statement** (declaración inaugural)].

operate *v*: operar, funcionar; obrar, proceder; negociar, llevar a cabo operaciones comerciales, desarrollar actividades; ejercer una influencia o un poder moral; hacer funcionar, poner en marcha, conducir, pilotar, dirigir, explotar. [Expresiones: **operate under cover of** (tener como pantalla), **operating** (operativo), **operating assets** (activo de explotación; V. *working assets*), **operating**

accounts (cuentas de explotación), **operating charges** (gastos de explotación), **operating company** (compañía operadora o de explotación, empresa de explotación), **operating earnings/profit** (beneficio de explotación, ganancias especulativas o de explotación), **operating expenses** (gastos de operación, gastos de funcionamiento, gastos de explotación), **operating income** (entrada neta de operación), **operating results** (beneficios de explotación; V. *trading profits*), **operating statement** (estado de pérdidas y ganancias)].

operation *n*: operación, transacción, funcionamiento, actividad. [Expresiones: **be in operation** (funcionar), **by operation of law** (de oficio, por efecto o ministerio de la ley, de forma tácita o implícita), **in operation** (en curso)]. *Cf* come into operation.

operative *a*: válido, operativo, eficaz, vigente. [Expresiones: **be operative from** (estar en vigor desde), **operative part** (parte o sección efectiva de una escritura), **operative words** (fórmula verbal que expresa lo esencial de una escritura o instrumento, palabras valederas)]. *Cf* come into effect, take effect, come into force, be effective from.

operator *n*: agente, corredor de Bolsa.

opinion *n*: opinión, dictamen, resolución. [Expresiones: **opinion evidence** (V. *evidence of opinion*), **opinion of counsel** (dictamen jurídico), **opinion poll** (encuesta, sondeo de opinión)]. *Cf* advisory opinion, auditor's opinion, expert opinion, evidence opinion, deliver an opinion.

opportunity *n*: ocasión, posibilidad. *Cf* employment opportunities.

oppose *n*: oponerse. *There has been a lot of opposition to the new building regulations.* [Expresiones: **opponent** (adversario, contrario, antagonista, rival, oponente, opositor), **opposition** (oposición), **opposition party** (partido de la oposición)].

opting out clause *n*: cláusula de autoexclusión.

option *n*: opción, alternativa, derecho de elección, derecho prioritario; prima de opción. *They had an option to buy the house they were renting, but allowed it to lapse.* [Expresiones: **option stock** (acciones con prima), **option to purchase** (opción de compra), **option warrant** (certificado para compra de acciones a precio definitivo), **optional** (facultativo, opcional, discrecional), **optional clause** (cláusula facultativa), **optional condition** (condición potestativa)]. *Cf* call option, put option, stock option; pre-emption.

O.R. *n*: V. *own recognizance*.

oral *a*: oral, no solemne. [Expresiones: **oral agreement** (acuerdo verbal), **oral argument** (alegato), **oral contract** (contrato verbal), **oral defamation** (calumnia, difamación oral), **oral evidence** (prueba verbal o testimonial), **oral trust** (fideicomiso no solemne), **oral vote** (votación oral; V. *show of hands*)]. *Cf* written.

ordeal *n*: mal rato, prueba dura, experiencia difícil o desagradable; ordalía (*obs*). *The prosecutor's cross-examination was quite an ordeal for the witness.*

order[1] *n/v*: orden; ordenar, poner en orden. [En esta primera acepción, *order* es sinónimo de «método, sistema, etc.». Expresiones: **in order** (ordenado; V. *out of order*), **order of business** (orden del día), **order of precedence/priority/seating** (orden de prioridad; disposición o distribución de los asientos), **order of the day** (orden del día, agenda; V. *agenda, order of business, point of order*), **ordered** (ordenado), **orderly** (metódico, ordenado, sistemático)]. *Cf* maintenance of order, call to order.

order[2] *n*: orden, orden ministerial, decreto; resolución; ordenar, dar/dictar una orden, gobernar, dirigir. *Subordinate legislation may be created by orders in Council.* [En este caso, *order* equivale a «mandato político o administrativo». Expresiones: **by order and on account of** (de orden y por cuenta de), **by order of** (por orden de), **order in Council** (decreto ley, decreto legislativo; las *orders in council* son disposiciones legislativas promulgadas solemnemente por el monarca y el Consejo Privado —*Privy Council*—, sin necesidad de ser ratificadas por el Parlamento; están formadas por *articles, paragraphs* y *subparagraphs*; V. *delegated legislation, statutory instruments*), **to the order of** (a la orden de)]. *Cf* executive order, interim order.

order³ *n*: resolución judicial, actuación judicial, auto, mandamiento, orden judicial, providencia, precepto. *The High Court clarified the point of law referred to it, but abstained from making an order as to sentence*. [Este significado es similar al anterior, pero aquí las órdenes o mandatos son de tipo judicial, equivaliendo a «resoluciones», «autos» o «fallos judiciales» y pueden ser de distintas clases: *prerogative orders, writs, warrants, summons*, etc.; las peticiones que se elevan a los tribunales para que dicten *an order* se llaman *motions* y también *bills*. Las *orders* pueden ser: (a) *prerogative orders*, que son las que dicta el *High Court of Justice* en su función de *review* o tutela y control de los tribunales inferiores, y (b) *writs*, que son autos dictados en nombre del monarca. El término *order* también equivale a «providencia», siendo sinónimo, en este caso, de *instruction, direction* y *charge*; V. *prerogative order*. Expresiones: **order 14 summons** (petición de fallo rápido o sumarial en procesos civiles; cuando el demandante está seguro de que el demandado no cuenta con una defensa sólida contra su demanda, especialmente en procesos por deudas o daños y perjuicios, puede pedir al tribunal que dicte un fallo rápido o sumarial, cumplimentando el impreso *Order 14 summons*), **order for account** (auto ordenando que las partes en litigio sometan el cómputo de las cuentas pendientes al arbitrio de un tribunal especializado), **order for enforcement** (orden ejecutiva, orden de ejecución), **order of arrest** (orden de arresto; V. *warrant of arrest*), **order of commitment to prison** (auto de prisión), **order of committal** (auto de prisión), **order of confinement** (orden de detención, prisión), **order of filiation** (decreto de filiación), **order of mandamus** (V. *mandamus*), **order of release** (orden de puesta en libertad), **order to proceed** (auto de sustanciación, auto de proceder), **order to show cause** (V. *show cause*). *Cf* adjudication order, charge,

direction, instruction; judgment; motion; make an order; prerogative order; review.

order⁴ *n*: sección, norma, artículo; reglamento. *There are a total of 115 orders in the* Rules of the Supreme Court. [Las normas de derecho procesal civil, contenidas en *Rules of the Supreme Court* (*The White Book*) y el *County Court Rules* (*The Green Book*) se llaman *rules*, las cuales se agrupan en varias grandes secciones (*orders*). Así, la sección de citaciones (*Order 7*) del *County Court Rules* consta de más de veinte artículos agrupados en distintas partes, según los títulos de éstas (la general, sobre los plazos, etc.). Las divisiones numeradas de cada *rule* se llaman respectivamente *paragraphs* y *subparagraphs*. Esta denominación es sólo válida para el derecho procesal. En las leyes parlamentarias se habla de *sections* y de *articles*]. *Cf* paragraph, subparagraph, section; delegated legislation.

order⁵ *n/v*: pedido, encargo; hacer un pedido. *The shop placed an order for 500 pairs of shoes*. [Expresiones: **order acceptance** (aceptación del pedido), **order bill of lading** (conocimiento negociable o a la orden, carta al portador o a la orden), **order book** (libro de pedidos)]. *Cf* money order, place an order (hacer un pedido), order, purchase order, sales order, shipping order.

order⁶ *n*: condecoración. [Expresiones: **Order of the Garter** (Orden de la Jarretera), **Order of the British Empire** (Orden del Imperio Británico)]. *Cf* decree.

ordinance *n*: ordenanzas. [En EE.UU. se aplica a las ordenanzas municipales, mientras que en Inglaterra se aplica a ordenanzas o leyes coloniales]. *Cf* precept, bye-law.

ordinary *a*: ordinario, común, normal, corriente. *They got through the ordinary business of the meeting quickly and were able to spend more time on the complex issue of finance*. [Expresiones: **ordinary annuity** (anualidad ordinaria), **ordinary care** (diligencia razonable o normal; prudencia), **ordinary hazards** (riesgo profesional sin negligencia, riesgos normales; V. *occupational hazards*), ordinary mail (correo ordinario), **ordinary meeting** (junta ordinaria), **ordinary negligence** (negligencia ordinaria), **ordinary offence** (delito común), **ordinary proceeding** (procedimiento ordinario, acción plenaria u ordinaria, procedimiento ordinario), **ordinary share/stock** (acción ordinaria; a las acciones ordinarias también se las llama *equities*)].

ore *n*: mineral. [Expresión: **ore ship** (buque mineralero)]. *Cf* OBO ship.

organise *v*: organizar(se), constituir(se). [Expresiones: **organization/organisation** (organización), **organisation chart** (organigrama), **organisation meeting** (asamblea o sesión constitutiva), **organiser** (organizador; agenda profesional muy completa)]

original *a/n*: original, inicial, primario o no derivado; documento original. [Expresiones: **original acquisition** (adquisición original), **original bill** (demanda original; V. *bill*), **original bill of lading** (conocimiento de embarque original), **original capital** (capital inicial), **original jurisdiction** (jurisdicción en primera instancia; V. *appellate jurisdiction*), **original process** (proceso inicial)].

originating notice of motion *n*: notificación que el demandante hace llegar al demandado de haber solicitado verbalmente, por medio de una *motion*, algún remedio interlocutorio o cautelar, como una *injunction*, etc.

originating petition *n*: auto incoativo en el que consta el remedio solicitado en las causas incoadas por divorcio, quiebra o fraude. *Cf* originating process, petition.

originating process *n*: citación incoativa, orden de comparecencia, notificación, emplazamiento, auto inicial. [Este término, que incluye el *summons, originating summons, writ of summons, originating petition* y *originating notice of motion*, es el más general de los empleados en inglés para referirse al documento oficial mediante el que se pone en conocimiento de la otra parte la incoación del proceso, citándole para que comparezca en el día y hora señalados].

originating summons *n*: citación para la incoación de un proceso; notificación que sirve para entablar un proceso civil en el *Chancery Division* del *High Court of Justice*. [La forma habitual de entablar una demanda es mediante *a writ of summons*; no obstante, cuando se prevé que la disputa girará en torno a cuestiones de derecho, estando claras las de hecho, el mecanismo empleado es el *originating summons*. Tal es el caso de los procesos ante el *Chancery Division*, y a veces ante el *Queen's Bench Division*, referidos a la administración del caudal hereditario, la interpretación de una ley, un testamento, una escritura o las obligaciones contractuales. En la citación, el demandante hace constar el punto o los puntos de derecho de los que pide aclaración, y expone la causa de la demanda que presenta y el remedio o recurso que solicita]. *Cf* writ of summons.

ostensible *a*: aparente, pretendido. *His ostensible purpose is bringing the action was to claim damages, but what he really wanted to do was to humiliate his former partner.* [Esta palabra es un «falso amigo», ya que en inglés tiene la connotación de «aparente más que real». Expresiones: **ostensible partner** (socio aparente; V. *dormant partner*), **ostensible right** (derecho aparente o pretendido)]. *Cf* apparent.

OTC market *n*: V. *over-the-counter market*.

otherwise *adv*: de lo contrario, de no haber mediado dicha circunstancia. *Cf* except as otherwise provided by this section, except otherwise herein provided, unless otherwise stated.

oust *v*: desalojar, desposeer, despedir, dictar orden de lanzamiento. *There is a presumption that the jurisdiction of the courts is never ousted by any statute nor the terms of a contract.* [Expresiones: **ouster** (ocupación ilegal, violación del derecho de propiedad), **ouster order** (orden de lanzamiento, auto judicial que restringe o anula el derecho de uno de los esposos a ocupar el domicilio matrimonial), **ouster of jurisdiction** (suspensión o anulación de la jurisdicción, supresión de la jurisdicción de un tribunal en una causa concreta)]. *Cf* eject, overthrow.

out *adv/prep*: fuera, afuera, pasado. *It is out of order for the defence to adduce fresh proofs at this stage.* [Expresiones: **out-of-court settlement** (arreglo extrajudicial; V. *judicial settlement*), **out of date** (caducado), **out of office, be** (no tener el poder; V. *in office*), **out of order** (inadmisible; roto, que no funciona, desarreglado, descompuesto), **out of term** (fuera del período de sesiones)]. *Cf* be to the bad.

out- *prefijo*: Como prefijo tiene muchos significados, confiriendo la idea de «más alto, hacia afuera, exceso, etc.». [Expresiones: **outbid** (licitar más alto, sobrepujar), **outbound vessel** (buque de salida), **outbreak** (estallido), **outcast** (desterrado, proscrito; ilegalizar), **outcome** (resultado, consecuencia), **outlaw** (proscrito, declarar fuera de la ley, proscribir; V. *ban, proscribe, prohibit*), **outlay** (gastos; V. *lay out*), **outlet** (punto de venta, establecimiento, mercado; salida comercial; V. *retail outlets, major retail outlets*), **outline** (bosquejo, esquema, líneas generales; delinear), **outlook** (actitud, punto de vista, perspectiva, expectativa), **output** (producción; rendimiento; educto; V. *input*), **output rate** (tasa o índice de rendimiento o beneficio; V. *yield rate, rate of return*), **outrage** (ultraje, injuria, atropello, escándalo; ultrajar, atropellar, escandalizar; atentado; V. *offensive, abuse*), **outsell** (vender a mayor precio), **outside** (fuera de), **outside the jurisdiction** (no sometido a la jurisdicción), **outstanding** (destacado; pendiente de pago, atrasado, en mora, vencido, devengado y no pagado; V. *overdue, unsettled, pending, arrears, back*), **outstanding balance** (saldo pendiente), **outstanding bills of exchange** (letras o efectos por pagar o impagados), **outstanding share/stock** (acción en circulación), **outward** (de ida, de salida), **outward and home freight** (flete de ida y vuelta), **outward bill** (letra de remesa o salida), **outward cargo** (cargamento de ida; V. *clearance outwards*), **outward clearance** (despacho de salida de un buque), **outweigh** (compensar, pesar más que, contrapesar; V. *punitive damages*)].

over *prep*: de más, por exceso. [*Over* puede actuar como prefijo con el significado de «exceso», «sobre», siendo antónimo, en este caso, de *under*. Expresiones: **overall** (global; eslora total; V. *length, length overall; breadth*), **overall measures** (medidas generales), **overall policy** (política general), **overall survey** (visión de conjunto; V. *survey*), **overboard** (por encima de la borda), **overbooking** (exceso de contratación de plazas hoteleras, de transportes, etc.), **overburden** (sobrecargar), **overcapitalize** (sobrecapitalizar), **overcharge** (cobro excesivo, recargo, carga excesiva; cobrar de más; V. *undercharge*), **overcome** (superar, vencer), **overcredit** (abonar de más), **overdraft** (descubierto bancario; V. *bank overdraft*), **overdebit** (debitar de más), **overdraw** (sobregirar, girar en descubierto), **overdrawn** (en descubierto), **overdue** (vencido, en mora, atrasado, pendiente, devengado y no pagado; V. *back, unsettled, pending, outstanding, arrears*), **overdue bill** (efecto impagado), **overdue coupon** (cupón pendiente por falta de pago), **overfishing** (exceso de captura pesquera), **overhead charges/expenses** (gastos generales o indirectos), **overheads** (sobrecarga, gastos indirectos, gastos de fábrica), **overissue** (emisión excesiva), **overinvestment** (sobreinversión, inversión excesiva), **overlap** (superponer), **overload** (sobrecargar), **overpopulation** (exceso de población), **overproduction** (sobreproducción), **overrate** (sobrevalorar), **overreach/overreaching** (V. *overreaching*), **override** (no hacer caso de, anular, invalidar; V. *annul*), **overrule** (denegar, anular, rechazar, desestimar; V. *annul; protest*), **overrun** (exceder, rebosar, pasarse; exceso, rebosamiento), **overseas** (en el extranjero, foráneo), **overseas divorce** (divorcio concedido por un tribunal extranjero), **oversight** (descuido, inadvertencia; V. *carelessness*), **overstock** (abarrotar, acumular en exceso), **oversubscribe** (haber más solicitudes que acciones disponibles), **oversubscription** (suscripción cubierta con exceso), **overtake** (adelantar a otro vehículo), overtax (gravar en exceso), **overthrow** (derribar, derrocar; anular), **overtime** (horas extraordinarias), **overturn** (revocar, anular, dar un vuelco a la sentencia), **overvalue** (tasar, valuar en exceso)].

overreach *v*: sobrepasar, ir más allá de, convertir un derecho real en el valor correspondiente, realizar el valor de una propiedad, cancelar o extinguir un derecho mediante su conversión en el valor correspondiente. *In cases of land held on trust for sale, the legal rights attaching to the estate are overreached by sale of the property by the trustees, who then become trustees for the resultant proceeds.* [La doctrina del *overreaching* se invoca para dar prioridad entre dos derechos reales en conflicto. De esta manera, el acreedor hipotecario (*mortgagee*) puede ir más allá (*overreach*) del derecho del deudor hipotecario (*mortgagor*) mediante la venta forzosa de la propiedad por impago, con lo que los derechos de cada uno en la propiedad quedan convertidos en su equivalente monetario. Se extinguen y convierten de igual forma los derechos de las partes de un *trust* y, en general, en cualquier caso de intereses de equidad (*equitable interests*). De esta forma queda claro que prevalecen los derechos de equidad sobre los legales]. *Cf* equity.

over the counter transactions *v*: operaciones hechas directamente sin pasar por la Bolsa de Comercio. [Expresión: **over the counter market, OTC** (segundo mercado)].

over-and-short *n*: cuenta de faltas y sobrantes.

overt *a*: abierto, público. *Prosecution for treason must rely on an overt act of the accused calculated to place the monarch's life* [Expresión: **overt act** (acción que revela la intención del que la ejecuta)]. *Cf* market overt.

overtures *n*: propuesta, tanteo. *The multinational company has made overtures to a Hong Kong bank which it is interested in purchasing.*

owe *v*: deber, adeudar. [Expresión: **owing to** (debido a, por culpa de, a causa de)].

own *a*: propio. *For your own sake you had better withdraw the charges, or you may get into serious trouble.* [Expresiones: **for one's own sake** (por su propio bien, por el bien de uno), **on one's own recognizance** (con la palabra y compromiso personal, por su propia reputación; V. *recognizance*), **for own account** (por cuenta propia), **own cost and risk** (costo y riesgo propios)].

own *n*: poseer, tener a propio. *Buying and selling involves changes in ownership.* [Expresiones: **own outright** (ser dueño absoluto), **owner** (dueño, propietario, armador, naviero, titular; V. *proprietor, freehold owner*), **owner-occupier** (propietario o inquilino a largo plazo), **owner of record** (propietario registrado; V. *registered*), **ownerless property** (objeto abandonado; V. *derelict*), **ownership** (titularidad, propiedad, pertenencia, dominio, posesión. La ley actual de propiedad se funda en la reforma radical que tuvo lugar en 1925, basada, a su vez, en la antigua distinción entre derechos legales —*legal rights*— y derechos de equidad —*equitable rights*—; dicha reforma fija con toda claridad el concepto de propiedad típicamente inglés, delimitando, a la vez, los derechos y las obligaciones del propietario en su relación con otros interesados; V. *proprietorship, possession; act of ownership, imperfect ownership*)]. *Cf* act of ownership.

oyer and terminer *fr*: entender y resolver. [Esta fórmula era utilizada para poner a disposición de un tribunal de lo penal al acusado en quien el *grand jury* encontraba indicios razonables de criminalidad. Ahora esta jurisdicción la ejerce el *Crown Court*].

oyez *n*: voz para imponer silencio en los juicios.

P

P *n*: V. *President of the Family Division of the High Court. Cf* puisne, judge.

PA *n*: V. *particular average.*

PACE *n*: V. *Police and Criminal Evidence Act 1984.*

pack[1] *n/v*: embalaje, envase, paquete, fardo, bulto; embalar, envasar. *The judge ordered a re-trial when it was discovered that the associates of the accused had packed the jury.* [Expresiones: **packing** (envasado, embalaje), **pack a jury/meeting** (formar un jurado/llenar un mitin con partidarios incondicionales o el claque del interesado)].

pack[2] *n*: campo de hielo.

package, pkge *n*: embalaje, envase; bulto, paquete; lote, conjunto; condiciones, propuesta; paquete o conjunto de medidas económicas; conjunto de servicios ofrecidos a un precio unitario o global. [Expresión: **package deal** («paquete», venta de un conjunto de artículos o servicios a un precio económico y único)].

pact *n*: convenio, pacto, convención, acuerdo. *Cf* agreement, covenant, treaty.

paid *a*: pagado, retribuido. *Issued capital and paid-up capital are the same when a company has received the full nominal value of the capital issued.* [Expresiones: **paid-in capital** (*amer*) (capital desembolsado), **paid-in surplus** (prima de emisión), **paid leave/permit** (licencia o permiso con sueldo), **paid-up capital** (capital desembolsado; V. *paid-in capital*), **paid-up shares/stock** (acciones cubiertas, acciones liberadas)]. *Cf* authorized capital; uncalled capital.

pain and suffering *n*: lesiones y sufrimientos psíquicos y morales, tenidos en consideración al valorar la indemnización por daños y perjuicios (*damages*).

pair off/pairing off *n*: práctica parlamentaria inglesa mediante la cual dos miembros de opiniones distintas se abstienen de tomar parte en la votación durante cierto tiempo.

pais *n*: territorio nacional considerado como ámbito extrajudicial. [Los actos *in pais* son los acuerdos, negocios, etc., que las personas llevan a cabo sin la intervención de los tribunales o sus representantes, y sin que medien escrituras u otros documentos legales. *Matter in pais must be proved by parol evidence, since by definition there are no documents or deeds available.* Expresiones: **in pais** (extrajudicial), **per pais** (juicio, etc., con jurado)]. *Cf* matter in pais.

palimony (*col*) *n*: alimentos o pensión alimenticia. *Some Hollywood lawyers make a good living out of palimony cases, which abound in the area.* [Es una palabra jocosa basada en un juego de palabras entre *pal* (amiguito/amiguita) y *alimony* (pensión alimenticia pagadera tras el divorcio)]. *Cf* alimony, necessaries.

panel *n*: tribunal, jurado; comisión, comité, comisión técnica; acusado (*der es*). *The matter was referred to a panel of experts, who were asked to provide their personal opinion in* *writing.* [Expresiones: **panel of jurors** (lista de candidatos a formar parte de un jurado, propuestos normalmente por el *sheriff*; a esta lista igualmente se la llama *array,* y el acto de constitución del jurado también recibe el nombre de *empanelling a jury*; V. *jury panel*), **panel of experts** (comisión de expertos)]. *Cf* arbitration panel.

paper *n*: papel, efectos, instrumento de crédito. *She is not a very good public speaker, but she is very thorough on the paper work.* [Expresiones: **paper money** (papel moneda), **paper profit** (beneficio ficticio o sobre el papel), **paper title** (título dudoso; V. *cloud on title, paramount*), **paper work** (burocracia, papeleo, trabajo administrativo; V. *redtape*), **papers** (documentos, documentación)]. *Cf* accommodation paper, engrossment paper, ship's papers, financial paper, working paper.

par *n*: paridad, equivalencia. *The par value on bonds specifies both the maturity payment and interest base.* [Expresiones: **at par** (a la par), **below par** (bajo par), **par items** (efectos cobrables sin comisión), **par of exchange** (cambio a la par), **par value** (paridad, valor a la par, sin prima ni descuento)]. *Cf* above par, below par.

parade *n*: V. *identification parade*.

paragraph *n*: apartado, párrafo, sección. *"The Companies Act 1948, s. 10 (2) (a) (ii)" means sub-paragraph (ii) of paragraph (a) of subsection (2) of section 10 of that Act.* [Las divisiones de los distintos instrumentos jurídicos, *acts, bills,* etc., no reciben siempre el mismo nombre]. *Cf* bill, act, schedule, order in council; regulations, rules; clause, section, subparagraph.

paramount *a*: supremo, superior, con mejor título o derecho, indiscutible. [Expresiones: **paramount clause** (cláusula suprema o principal que contienen todos los conocimientos de embarque a los que se les aplica el arbitrio de las Reglas de La Haya de 1924; V. *bill of lading*), **paramount title** (título de propiedad indiscutible)].

parcel[1] *n*: parcela de terreno, partida. *Cf* plot.

parcel[2] *n*: sección de una escritura que describe la propiedad objeto del traspaso y establece sus límites.

parcenary *n*: herencia de varios herederos. [Es más frecuente, en su lugar, el término *coparcenary*].

pardon *n/v*: indulto, perdón, medida de gracia, amnistía; indultar, amnistiar, perdonar. *The political prisoners were pardoned by the newly elected president. Cf* acquit, exonerate, free pardon, reprieve; peremptory plea.

parent *n*: padre o madre. *Both parents exercise parental rights and duties jointly.* [Expresiones: **parent act** (ley de autorización; V. *delegated legislation, enabling statute*), **parent company** (empresa o sociedad matriz, controladora o principal; V. *affiliate, subsidiary*), **parents' liability** (responsabilidad civil de los padres)].

parity *n*: paridad.

parlance *n*: jerga. *Cf* legal parlance.

Parliament *n*: Parlamento británico, compuesto por **The House of Lords** (Cámara de los Lores) y **The House of Commons** (Cámara de los Comunes). [Expresiones: **Parliament roll** (nómina o relación de los miembros del Parlamento), **Parliamentary Commissioner for Administration** (Defensor del Pueblo; V. *Ombudsman*), **parliamentary control** (control parlamentario; la mayor parte de las disposiciones legislativas adoptadas en desarrollo de lo que preceptúa una ley de autorización o *enabling statute*, son controladas por el Parlamento por medio de *affirmative resolutions* o *negative resolutions*; en el primer caso hace falta la aprobación expresa de las Cámaras para que la disposición entre en vigor; en el segundo, la disposición entra en vigor a menos que haya una resolución negativa; a veces, sin embargo, el control parlamentario se reduce a la exigencia de que la nueva legislación sea presentada en las Cámaras), **parliamentary counsel** (letrados del Parlamento), **parliamentary practice** (práctica o uso parlamentario), **parliamentary privilege** (inmunidad parlamentaria)]. *Cf* delegated legislation, lay before Parliament; affirmative resolution, negative resolution.

parol *a*: verbal, oral, no solemne. *It is unusual for extrinsic evidence, such as parol evidence, to be admitted to supplement, modify or clarify the terms of a written transaction, like a contract.* [Expresiones: **parol agrement** (acuerdo verbal o no escriturado; V. *under seal*), **parol arrest** (detención por orden verbal del juez), **parol contract** (contrato verbal), **parol evidence** (testimonio oral; V. *documentary evidence, pais*), **parole evidence rule** (norma que regula la admisibilidad de pruebas verbales para la interpretación de documentos), **parol lease** (contrato de arrendamiento informal o de palabra)].

parole *n/v*: libertad vigilada, libertad condicional; dar la libertad condicional o vigilada. *The board is responsible for the granting, denying, revocation and supervision of parole.* [Expresiones: **on parole** (bajo palabra de honor), **parole board** (junta que examina y concede las solicitudes de libertad condicional bajo palabra de honor), **parolee** (condenado por un tribunal al que se le ha concedido libertad vigilada)]. *Cf* probation, suspended sentence; on bail.

parricide *n*: parricidio.

part *n*: parte, sección, pieza; papel. *The plaintiff had no written record of the contract to buy the defendant's house, but she alleged that the fact that she had paid him £5000 and was in possession constituted part performance of the informal contract.* [Expresiones: **part-owner** (condueño, copropietario; V. *time-sharing*), **part-performance** (ejecución/cumplimiento parcial, satisfacción parcial; doctrina de la validez del contrato satisfecho en parte; esta doctrina de equidad sobre las responsabilidades contractuales asumidas se puede invocar para impedir que una de las partes contratantes, aprovechándose de un defecto de forma, se eche atrás cuando la otra ha empezado a obrar de acuerdo con lo estipulado en el contrato), **part-time** (a tiempo parcial)]. *Cf* section.

partial¹ *a*: sesgado, parcial. *A partial judge.* *Cf* prejudiced, biased.

partial² *a*: incompleto. [Expresiones: **partial cargo** (carga parcial), **partial dismissal of proceedings** (sobreseimiento definitivo parcial), **partial loss, P/L** (pérdida parcial; V. *actual total loss*), **partial verdict** (sentencia parcial)].

participate *v*: participar. [Expresiones: **participant** (partícipe, participante), **participator** (socio de una *close company*)].

particular *a*: determinado. *The vendor or repairer of specified goods may have a particular lien over them.* [Expresiones: **particular average** (avería particular o simple, pérdida; V. *average, gross average; memorandum clause*), **particular estate** (dominio por tiempo fijo, dominio parcial, limitado o condicionado; expresión en desuso desde la Ley de la Propiedad de 1925), **particular lien** (derecho de retención de un objeto o bien concreto)]. *Cf* bill of particulars.

particulars *n*: datos, datos personales; pormenores, detalles, informe pormenorizado. *We have written to the insurance company giving full particulars of the accident and our claim.* [Expresiones: **particulars of claim** (exposición de las pretensiones de una reclamación o demanda y de las soluciones o remedios jurídicos que se piden al tribunal; este documento se presenta en las demandas interpuestas en los tribunales de jurisdicción civil inferiores o *County Courts*; en el Tribunal Superior de Justicia o *High Court of Justice* el documento se llama *statement of claims*), **particulars of offence** (descripción o detalles del delito cometido; el escrito de acusación o *indictment*, que contiene todos los cargos o *counts*, especifica el nombre del delito junto con su tipificación o *statement of offence* y las circunstancias del mismo o *particulars of offence*)]. *Cf* count; indictment; statement of offence.

parties *n*: V. *party*

partition *n*: partición o división política; reparto o distribución formal de bienes inmuebles entre copropietarios. *The partition of the estate among the joint owners, which must be recorded on a deed, gives each absolute ownership of his or her part.* [Expresiones: **partition of chattels** (reparto de bienes muebles entre copropietarios), **partible** (partible; se aplica a los objetos de reparto que se pueden dividir sin quedar destruidos)].

partition wall *n*: pared medianera. *Cf* party wall.

partitioner *n*: contador, partidor. *Cf* executor.

partner *n*: socio, asociado; partícipe. *In a general partnership each of the members is liable for all the debts of the business up to the full extent of their personal fortunes.* [Expresiones: **partnership** (sociedad civil; sociedad colectiva, entidad social; V. *deed of partnership, limited partnership, limited partnership by shares, special partnership*; *capital of a partnership*), **partnership account** (cuenta colectiva), **partnership agreement** (contrato de sociedad), **partnership articles** (cláusulas estatutarias, estatutos, escritura de sociedad), **partnership contract** (contrato de sociedad), **partnership property** (fondo social, bienes sociales), **partnership at will** (sociedad sin plazo fijo de duración; V. *at will*)]. *Cf* dormant partner, managing partner, senior partner, silent partner, sleeping partner; limited company, farm partnership.

party *n*: partido político; parte, persona. *The burden of proof is on the plaintiff, as the party who instigated the action.* [Expresiones: **be party to something** (ser parte interesada o afectada en algo, apersonarse, personarse en algo), **parties in litigation** (partes litigantes), **parties to the suit** (litigantes, partes de la demanda, partes titulares del proceso, sujetos de la acción), **party and party basis of taxation** (sistema según el cual la parte que perdía un pleito era condenada a pagar todas las costas razonables de la parte ganadora; V. *standard basis of taxation*), **party ticket** (programa del partido), **party to a crime** (cómplice en un crimen), **party to the contract** (parte contratante)]. *Cf* accommodation party, guilty party, injured party, necessary parties.

party wall *n*: medianera. *Cf* partition wall, abuttals.

pass *n*: permiso, autorización, pase. *Cf* permit, authority.

pass *v*: aprobar, pasar. *The only custodial sentence that can be passed on a person under 21 is "detention in a young offender institution".* [Expresiones: **pass a judgment/sentence** (fallar, resolver, dictaminar, pronunciar sentencia; V. *judgment, sentence*), **pass a test** (soportar una prueba), **pass a law** (votar o aprobar una ley), **pass a resolution** (acordar/adoptar un acuerdo o resolución), **pass off** (engañar haciendo pasar sus productos por los de otro, cometer el fraude de imitación), **pass over** (pasar por alto; V. *promotion*), **pass sentence** (condenar, dictar/pronunciar una sentencia condenatoria), **pass the case** (diferir la causa), **pass up a claim** (renunciar a un derecho), **passage of a law** (aprobación de una ley), **passing customs** (aduana de paso; V. *entry customs*)].

passbook *n*: libreta de ahorros. *Cf* savings book.

passenger *n*: pasajero, viajero. [Expresiones: **passenger clause** (cláusula que concede doble indemnización por muerte o lesión del viajero), **passenger liner** (buque de viajeros), **passenger list** (lista de pasajeros; V. *crew list*)].

passive *a*: pasivo. [Expresiones: **passive assets** (activo intangible), **passive bond** (bono sin intereses), **passive debt** (deuda que no lleva aparejado interés), **passive liabilities** (pasivo fijo), **passive trust** (fideicomiso pasivo)].

past *a*: pasado. [Expresiones: **past consideration** (causa contractual pasada), **past due** (sobrevencido), **past record** (antecedentes)].

pasture *n*: pastos, derechos de pastos. [Se considera *a profit à prendre*].

patent[1] *a*: manifiesto, claro, evidente, patente. [Expresiones: **patent ambiguity** (ambigüedad patente), **patent defect** (vicio manifiesto o patente; V. *hidden, inherent; latent defects*)].

patent[2] *n/v*: patente, privilegio de invención; patentar. [Expresiones: **patent an invention** (patentar un invento) **patent and trademark office** (oficina de marcas y patentes), **patent attorney** (abogado especializado en patentes), **patent infringement** (violación o infracción de patente), **patent law** (derecho de patente), **patent licence** (licencia de patente), **patent**

office bureau (oficina de patentes), **patent pending** (patente en tramitación), **patents rolls** (registro de patentes), **patent royalty** (derechos de patente, derechos de fabricación), **Patents Court** (tribunal formado por jueces especializados en cuestiones de patentes)]. *Cf* basic patent.

paternity *n*: paternidad. *Courts may order blood-tests in paternity suits, cases of drunk driving, etc.* [Expresión: **paternity suit** (pleito para determinar la paternidad)].

patrimony *n*: patrimonio.

patrol car *n*: coche patrulla, furgón policial. *Police in patrol cars tour the area at night in case of trouble. Cf* prison van, Black Maria.

pawn *n/v*: prenda; dejar en prenda, empeñar. *In a pawnbroker's loan, the lender has physical possession of the security for the loan.* [Expresiones: **in pawn** (en prenda), **in pawn to** (a merced de, en manos de), **pawnee** (prestamista, prendero, el que recibe un objeto en prenda), **pawner** (prestatario, el que deja un objeto en prenda), **pawning** (empeño, pignoración), **pawnbroker** (prestamista, fiador), **pawnbroker's shop** (casa de préstamos, monte de piedad)]. *Cf* agent, broker, factor; pledge, lend, borrow.

pay *n/v*: paga, sueldo, abono; pagar, satisfacer, abonar, hacer efectivo, retribuir, desembolsar; consignar, remunerar, producir ganancia, ser provechoso. *The judge handed out a stiff sentence, remarking that crime doesn't pay.* [Expresiones: **pay accounts** (saldar/liquidar/ajustar cuentas), **pay-as-you-earn, PAYE** (impuesto a cuenta, retención de impuestos en la fuente de la renta de trabajo; esta retención, también llamada *pay-as-you-go*, se aplica mensual o semanalmente a las rentas de trabajo), **pay back** (devolver, pagar una deuda), **pay-bed** (cama o habitación por la que se paga en un hospital estatal), **pay calls on shares** (pagar los plazos de las acciones), **pay cash** (pagar en efectivo o en metálico), **pay claim** (reivindicación salarial), **pay-day** (día de paga), **pay dispute** (conflicto salarial; V. *pay settlement*), **pay down** (pagar al contado; pagar como depósito o desembolso inicial),

pay-in slip (impreso de ingreso), **pay into court as security** (prestar fianza ante el juzgado, pagar como consignación), **paymaster** (pagador; gerente, habilitado, funcionario o empleado encargado de pagar los salarios), **paymaster general** (ordenador general de pagos, habilitado general), **pay off** (saldar, liquidar una deuda, etc.; despedir a un empleado, liquidándole los haberes; amortizar o redimir una hipoteca, etc.; ajustar cuentas, lit. y fig.), **pay off a mortgage** (deshipotecar), **pay out** (desembolsar), **pay settlement** (acuerdo salarial; V. *pay conflict*), **pay over** (entregar una cantidad), **payroll** (nómina), **payroll tax** (impuesto sobre rentas de trabajo; V. *pay-as-you-earn*), **pay statement** (nómina; hoja detallada de haberes), **pay up** (desembolsar acciones, etc.), **payee of a bill, a cheque,** etc. (tomador, tenedor o portador de una letra, beneficiario de un cheque), **payable** (pagadero, por pagar, pagable, debido), **payable at sight** (pagadero a la vista), **payable on presentation** (pagadero a su presentación), **payable to order** (pagadero a la orden), **payables** (efectos a pagar), **payment** (pago, desembolso), **payment bond** (fianza, fianza de pago), **payment cash against documents** (pago contra entrega de documentos; V. *cash against documents*), **payment for honour** (pago por honor o por intervención), **payment into Court** (pago por consignación al Tribunal), **payment of freight** (pago del flete), **payment on delivery, P.O.D** (pago contra entrega)]. *Cf* ex gratia payment; keep accounts, settle accounts; wage, salary; sick pay.

peace *n*: paz. [Expresiones: **peace-breaker** (perturbador del orden público), **peace talks** (negociaciones de paz), **peace terms** (condiciones de paz)]. *Cf* disturbance of the peace, maintaining peace.

peage *n*: peaje. *Cf* toll.

P.C. *n*: V. *Privy Councillor/police constable*.

peculation *n*: desfalco, distracción de fondos. *Cf* embezzlement, misappropriation.

pecuniary *a*: pecuniario.

peddlar *n*: buhonero, vendedor ambulante. *Cf* drug peddler.

pederast *n*: pederasta. [Expresión: **pederasty**
(pederastía)]. *Cf* unnatural acts.

pedigree *n*: genealogía, linaje.

peer *n*: par, compañero; noble británico. [Expre-
siones: **peer of the realm** (par del reino),
peerage (dignidad de par, nómina de los
pares)].

penal *a*: penal. [Expresiones: **penal action**
(acción penal), **penal bond** (obligación penal,
fianza para multa), **penal clause** (cláusula
penal; V. *penalty clause*), **penal interest**
(intereses punitivos o de moratoria, intereses
de demora), **penal laws** (leyes penales, código
penal), **penal servitude** (trabajos forzados; V.
*forced labour, conscripted labour, hard
labour*), **penalize** (penalizar, sancionar,
castigar, multar, causar inconvenientes),
penalty (pena; penalidad, inconveniente;
cláusula penal; precio, perjuicio, consecuencias desagradables), **penalty bond** (fianza
de incumplimiento), **penalty clause** (cláusula
de penalización; V. *penal clause, prepayment
penalty*), **under penalty of** (so pena de)].

pending[1] *a*: pendiente, en trámite, sin resolver.
There are a lot of questions pending. [Como
adjetivo puede colocarse también detrás del
nombre]. *Cf* overdue, outstanding, unsettled;
arrears.

pending[2] *prep*: en trámite, pendiente de, a la
espera de, hasta que. *The manager has been
suspended from duty pending an enquiry into
his running of affairs.* *Cf* awaiting; patent
pending.

penitentiary *n*: penal, penitenciaría, presidio,
centro penitenciario.

pension *n/v*: jubilación, pensión, retiro; jubilar,
pensionar. *The woman, who was a chronic
invalid, was pensioned by the firm.*
[Expresiones: **pension fund** (fondo de
pensiones), **pension trust** (fideicomiso de
pensiones), **pensioner** (jubilado, pensionista)].
Cf indexed pension.

peppercorn rent *n*: alquiler nominal.

per capita *fr*: per cápita, por cabeza.

per diem (allowance) *n*: dieta. *Cf* travelling
allowance.

peremption *n*: instancia a que no ha lugar. *Unlike*
*dilatory pleas, peremptory pleas are defences
on the merits, and if successful, they put an
end to the plaintiff's claim.* [Expresiones:
peremptory (perentorio), **peremptory
challenge** (tacha sin causa o justificación,
recusación sin causa; la defensa, pero no la
acusación, puede tachar hasta tres miembros de
la lista de candidatos a miembros del jurado sin
tener que justificarlo), **peremptory defence**
(*der es*) (excepción perentoria), **peremptory
exception** (excepción perentoria), **peremptory
plea** (excepción de nulidad; artículos de previo
pronunciamiento; en los juicios por delitos
graves o *trials on indictment* son cuatro las
excepciones de nulidad: *autrefois acquit,
autrefois convict, pardon* y *special liability to
repair*; en las demandas civiles, las *peremptory
pleas* o excepciones perentorias, llamadas
también *demurrers* y *pleas in bar*, eran escritos
de protesta que el demandado instaba al tribunal
intentando demostrar que el asunto presentado
por el demandante carecía de base legal
suficiente; si prosperaban eliminaban el derecho
del actor por afectar al fondo del pleito o *merits
of the case*; en el derecho escocés se mantienen
estas excepciones, y en algunos países de habla
inglesa han sido sustituidas por el *statement of
defence*; V. *plea; demurrer, pleas in bar;
dilatory plea*), **peremptory rule** (fallo
definitivo), **peremptory writ** (auto perentorio o
definitivo)].

perfect *a*: legal, perfecto, completado,
formalizado. [Expresiones: **perfect equity**
(título completo de equidad), **perfect
obligation** (obligación perfeccionada), **perfect
ownership** (dominio perfecto), **perfect trust**
(fideicomiso formalizado o perfecto, que
puede ser ejecutado por los beneficiarios; V.
*executed trust, executory trust, imperfect
trust*)].

perfidy *n*: perfidia, alevosía.

perforce *adv*: a la fuerza, por fuerza.

perform *v*: cumplir, ejercer, practicar, desempeñar, ejecutar. *The parties to a contract are
legally bound to perform their obligations under
it.* [Expresiones: **perform an autopsy** (practicar
una autopsia), **perform a contract** (cumplir un

contrato), **perform a duty** (cumplir con un deber), **perform a task/a function** (llevar a cabo una tarea, desempeñar una función), **perform the office of** (suplir a alguien en un cargo, hacer las veces de alguien)].

performance[1] *n*: cumplimiento, desempeño, ejercicio, ejecución. *He did that in the performance of his duties*. [Expresiones: **performance bond** (aval de cumplimiento, fianza de cumplimiento), **in the performance of his duties** (en el ejercicio/desempeño de su cargo)]. *Cf* part performance, non-performance, specific performance.

performance[2] *n*: rendimiento, nivel de ejecución. *Our products help businesses reduce costs, increase productivity and improve performance*.

perfunctory *a*: descuidado, desganado, negligente. *The court ruled that the carrier had acted in a perfunctory manner and had failed in his duty of care*. [Expresión: **perfunctoriness** (descuido, negligencia)].

peril *n*: peligro, riesgo. [Expresión: **perils of the sea** (riesgo, accidentes o eventualidades del mar)]. *Cf* maritime perils, dangerous, extraneous perils.

period *n*: época, período, plazo. [Expresiones: **period of appointment** (duración de las funciones), **period of grace** (período o plazo de gracia; V. *days of grace*), **period of validity** (período de vigencia), **periodic tenancy** (arriendo o inquilinato por tiempo indefinido; V. *fixed-term tenancy, notice to quit*)]. *Cf* transitional period.

perishable goods *n*: productos perecederos. *Cf* wasting assets.

perjury *n*: perjurio, falso testimonio, juramento falso. *A person who makes an affirmation is subject to the same penalty for perjury as a person who makes an oath*. *Cf* false statements, commit perjury.

perk (*col*) *n*: plus, extra, emolumento, gaje. *The basic salary is not great, but if you add perks it's not a bad job*. *Cf* perquisite.

permanent *a*: permanente, definitivo. [Expresiones: **permanent assets** (activo fijo, movilizado o permanente), **permanent**

injunction (interdicto o requerimiento permanente; V. *injunction*), **permanent total disability** (incapacidad absoluta permanente)].

permit *n/v*: autorización, licencia, permiso, patente; permitir, autorizar. *As of the 15th of June, parking outside the building is for permit-holders only*. [Expresiones: **permissible** (permisible), **permission** (licencia, permiso, autorización), **permissive** (permisivo, tolerante, indulgente), **permissive waste** (deterioro que sufre una vivienda por la negligencia del inquilino; omisión del deber de reparar; V. *waste*), **permissiveness** (tolerancia), **permit-holder** (titular de un permiso, autorizado), **permittance** (permiso, autorización), **permitted development** (urbanización autorizada), **permittee** (autorizado, tenedor de licencia o de patente)]. *Cf* authority, licence; building permit.

permutation *n*: permuta, trueque, cambio. *Cf* barter.

perpetrate *v*: perpetrar, consumar, cometer. [Expresiones: **perpetration** (perpetración, acción de cometer un crimen, un atentado, un delito), **perpetrator** (autor material de un crimen, perpetrador)].

perpetual *a*: perpetuo. [Expresiones: **perpetual annuity** (censo perpetuo, anualidad perpetua o continua), **perpetual bond** (bono a perpetuidad, bono sin vencimiento, bono de renta perpetua), **perpetual debt** (deuda perpetua), **perpetual injunction** (requerimiento perpetuo o permanente, mandamiento perpetuo), **perpetual loan** (empréstito de renta perpetua), **perpetual trust** (fideicomiso perpetuo), **perpetuate** (perpetuar, hacer permanente) **perpetuating testimony** (toma de declaración testimonial anticipada para conservarla; se emplea en algunos casos cuando hay riesgo de que el testigo fallezca antes de la vista; perpetuación de una prueba testimonial)].

perquisite *n*: plus, extra, emolumento. [Se usa más la forma coloquial *perk*].

persecute *v*: perseguir, agobiar. [Expresiones: **persecution** (persecución), **persecutor** (perseguidor)].

persistent offender *n*: delincuente habitual. *Persistent offenders are liable to heavier punishment.* Cf habitual offender.

person *n*: persona. [Expresiones: **in person** (en persona), **person of unsound mind** (persona demente), **person or persons unknown** (por desconocido, a manos de persona o personas sin identificar; se trata de la fórmula utilizada por el *coroner* en su informe cuando el veredicto es de asesinato y se desconoce la identidad del culpable o de los culpables), **personal** (personal, particular, privado, individual), **personal account** (cuenta individual o personal), **personal allowance** (deducción o desgravación por gastos personales; V. *abate, rebate*), **personal bar** (*der es*) (impedimento personal; equivale al *estoppel* del derecho inglés), **personal belongings** (efectos personales; V. *chattels, belongings, personal effects*), **personal bond** (bono personal o particular), **personal defence** (excepción personal), **personal effects** (efectos personales; V. *chattels, belongings, personal belongings*), **personal property** (bienes muebles), **personal protection** (protección policial), **personal question** (pregunta sobre la intimidad de alguien), **personal representative** (albacea; V. *executor*), **personal service** (notificación personal de la demanda, entrega en mano de la notificación; V. *service, address for service*), **personality** (personalidad), **personalty** (bienes muebles; V. *personal property; realty*), **personate** (incurrir en el delito de uso indebido de nombre, hacerse pasar por, usurpar nombre, estado legal ajeno; representar, subrogarse en los derechos y obligaciones de otro; se emplean indistintamente *personate* e *impersonate* y sus derivados)]. Cf artificial person, juristic person, natural person.

personnel *n*: personal de una empresa. [Expresión: **personnel manager** (jefe de personal)].

persuade *v*: persuadir, convencer, incitar. [Expresiones: **persuading to murder** (inducción o instigación al asesinato, autoría

intelectual), **persuasive authority** (precedente convincente pero no vinculante; entre estos precedentes destacan los *obiter dicta* de los jueces, los fallos de los tribunales inferiores y algunas resoluciones de tribunales escoceses, de la *Commonwealth* o del extranjero)].

pertinent evidence *n*: prueba pertinente. Cf material evidence.

perturb *v*: perturbar, inquietar. [Expresión: **perturbation** (perturbación)].

perverse *a*: perverso. [Expresiones: **perverse verdict** (veredicto perverso, veredicto contrario a los hechos probados o a las directrices judiciales), **perversion** (perversión; V. *misuse, corruption, misuse; buggery, perversion, unnatural acts; rape*), **perverting of the course of justice** (distorsión, manipulación, perversión de la justicia; bajo este concepto se incluyen los delitos de falso testimonio, destrucción u ocultación de pruebas, y el intento, consumado o no, de sobornar o amenazar a los testigos o influir en su testimonio)]. Cf tamper, contempt of court, interfere, obstruction.

petition *n/v*: escrito de súplica, solicitud, petición, demanda, recurso; suplicar, rogar, dirigir una petición. [Los términos *application, petition* y *motion* son sinónimos parciales. Una *petition* es un escrito de súplica dirigido a la Corona, al Parlamento o a los tribunales, con el fin de incoar, entre otras, demandas de divorcio, quiebras, etc., mediante un *prayer* (súplica, ruego), o para la obtención de un remedio civil. Expresiones: **petition for annulment** (petición de anulación), **petition for arrangement** (solicitud de arreglo o acuerdo), **petition for divorce** (demanda de divorcio; V. *divorce petition*), **petition for mercy** (solicitud de clemencia), **petition for redress of grievances** (derecho de amparo), **petition for rehearing** (petición de nueva vista oral), **petition in bankruptcy** (solicitud de declaración de quiebra; V. *bankruptcy proceedings*), **petition in error** (recurso de queja), **petition of clemency** (petición de gracia o de clemencia), **petition of right** (demanda contra el Estado hasta 1947; desde entonces, contra el Estado se sigue el procedimiento ordinario), **petitionary** (demandante), **petitioner** (demandante, peticionario, recurrente, suplicante, solicitante; V. *claimant, complainant, plaintiff; respondent*)]. *Cf* application, motion, bill, crave (*der. esc.*); originating process.

petty *a*: menor, pequeño, insignificante, de poca monta. [Expresiones: **petty cash** (fondo para gastos menores; V. *management cash*), **petty crime** (V. *petty offence*), **petty expenditure** (gastos menores), **petty jury** (jurado de juicio, jurado; V. *jury, grand jury*), **petty larceny** (hurto de cosas de poco valor; V. *grand larceny*), **petty offence** (infracción; V. *minor offence, regulatory offence, violation*), **petty offender** (infractor), **petty officer** (maestranza, contramaestre)].

petty sessions *n*: tribunales o juzgado de primera instancia, hoy llamados *Magistrates' Courts. A probation order shall name the petty sessions area in which the offender resides or will reside.* [Expresión: **petty sessions area** (distrito de jurisdicción del *Magistrates' Court*)].

P & I *n*: V. *protection and indemnity.*

phone-tapping *n*: llevar a cabo escuchas telefónicas ilegales. *Cf* eavesdropping, electronic surveillance, wire-tapping.

physical¹ *a*: material, real, tangible, inmediato. *In a pawnbroker's loan, the lender has physical possession of the security for the loan.* [Expresiones: **physical assets** (valores materiales), **physical fact** (hecho tangible), **physical impossibility** (imposibilidad material), **physical injury** (lesión corporal), **physical inventory** (inventario real o físico), **physical possesion** (posesión material)]. *Cf* substantial, material.

physical² *a*: corporal, físico, natural. [Expresiones: **physical disability** (invalidez o incapacidad física; V. *handicapped*), **physical injury** (lesión corporal), **physical necessity** (necesidad natural o física)].

picket *n/v*: piquete de huelga, miembro de piquete; estacionar piquetes de huelguistas. *Picketing is not illegal so long as it has been agreed by a ballot of the members of the trade union involved.* [Expresión: **picketline** (barrera que forma el piquete, piquete, grupo de huelguistas)].

picklock *n*: ganzúa.

pickpocket *n*: carterista, ratero, caco. *Cf* dip.

piece *n*: V. *satisfaction piece, work at piece rates.*

pier *n*: espigón, muelle. [Expresión: **pier due** (derecho de muelle)].

pignoration *n*: pignoración. *Cf* pledge.

pilfer *v*: hurtar, ratear, sisar. [Expresiones: **pilferage** (hurto, ratería, sisa), **pilferer** (ratero)].

pilot *n*: práctico. [Expresiones: **pilot boat** (embarcación de práctico), **pilotaje** (practicaje)]. *Cf* bar pilot, dock pilot.

pimp *n/v*: alcahuete, alcahuetear. *A pimp arranges prostitution for a customer.*

piracy *n*: piratería; plagio, violación de los derechos de autor. *Cf* plagiarism; copyright.

pit (*amer*) *n*: corro. *A pit is a section of the floor of an exchange used for a specific commodity, i.e. the oil pit. Cf* ring.

pitfalls *n*: fallos, escollos, trampas.

P/L *n*: V. *partial loss.*

placard *n*: pancarta.

place *v*: situar, colocar. *As investigators came upon more evidence linking him to the cartel he was placed under surveillance.* [Expresiones: **place and date of issue** (lugar y fecha de la emisión, de la firma, de la expedición, etc.), **place an order** (hacer un pedido), **place money** (invertir; V. *raise money*), **place on the record** (hacer constar en acta), **place oneself on the court record** (aceptar la jurisdicción), **place somebody under surveillance** (mantener vigilado a alguien)].

plagiarism *n*: plagio. *Plagiarism is a breach of copyright.* [Expresiones: **plagiarist** (plagiario), **plagiarize** (plagiar, hurtar)]. *Cf* piracy; copyright.

plain-clothes (**police/security personal/ policemen**) *n*: policías de paisano, policía no uniformada, agente de policía secreta. *She was taken into custody by two plain-clothes policemen. Cf* uniformed security personal.

plaint *n*: demanda, reclamación, querella. [En la jurisdicción civil de los *County Courts* es la primera alegación que hace el demandante, exponiendo sus pretensiones y la reparación, satisfacción o indemnización solicitada]. *Cf* statement of claim, complaint.

plaintiff *n*: demandante, actor, parte actora. *In most civil actions, plaintiffs usually claim that defendants have broken a legal provision.* [Expresiones: **plaintiff's final brief** (petición concluyente), **plaintiff in error** (demandante por auto de casación)]. *Cf* complainant, petitioner, pursuer; defendant, respondent.

plan *n/v*: plan, proyecto; planificar/planear. *Through careful planning and energetic execution many firms have achieved increases in their revenues and earnings.* [Expresiones: **planned economy** (economía dirigida o planificada; V. *market economy*), **planning** (planificación, programación, organización, previsión; V. *town planning*), **planning permission** (autorización de urbanización; plan de urbanización; V. *development, permitted development, plot, town planning*)].

plc *n*: V. *public limited company*.

plea *n*: alegato, alegación; contestación, declaración, defensa. *An accused person may tender a special plea, such as insanity, in bar of trial.* [La palabra *plea*, en términos generales, se refiere: (1) a las alegaciones que hace el demandado, en cuyo caso es sinónima de *explanation* o *justification*; con un significado más preciso, (2) equivale a la primera alegación que hace el demandado, conocida también con el nombre de *defence* o *answer*, es decir, defensa o contestación; pero también significa, en una tercera acepción (3) «excepción, instancia». En este sentido, se distinguen dos clases de excepciones: las *peremptory pleas* y las *dilatory pleas*. Estas excepciones se conservan en el derecho escocés; sin embargo, en algunos países de habla inglesa han sido sustituidas por el *statement of defence* o «pliego de defensas», escrito que contiene la contestación a la demanda, aunque aún se mantiene el término *peremptory pleas* en los juicios con jurado por delitos graves. Con el uso generalizado del *statement of defence*, van quedando en desuso en algunos países varias de las expresiones que recogemos a continuación, utilizadas, no obstante, en los trabajos jurídicos: **plea bargaining** (sentencia de conformidad; sentencia acordada; pacto entre el ministerio fiscal y la defensa en una causa penal; consiste en que el acusado acepte declararse culpable a cambio de la sustitución del delito imputado por otro menos grave, de la retirada de alguno de los cargos, si hay varios, o de la garantía de una rebaja en la pena impuesta por el juez; tales negociaciones se llevan a cabo entre el juez, el fiscal y el abogado defensor, y el acusado no puede intervenir directamente en las mismas, aunque no puede haber acuerdo sin su consentimiento; requieren mucho tacto, ya que el juez no puede dar garantías absolutas ni debe indicar en ningún momento la pena que tiene pensado aplicar en los distintos casos; V. *compromise verdict, consent judgment*), **plea in abatement** (instancia de nulidad; V. *abatement, revival*), **plea in bar** (excepción dilatoria, impedimento legal; en el derecho escocés, sin embargo, son «alegatos de incapacidad de defenderse por demencia»), **plea in confession and avoidance** (alegación admitiendo hechos pero negando responsabilidad), **plea in discharge** (defensa de descargo), **plea-in-law** (*der es*) (en el derecho escocés *pleas-in-law* son los alegatos, tanto del demandante o *pursuer* como del demandado, que se consignan por escrito en los documentos que dan origen al juicio; completan así el *condescendence* o «alegatos de hecho»), **plea in mitigation of damages** (petición de reducción o rebaja de daños y perjuicios), **plea in reconvention** (contrademanda, reconvención), **plea in suspension** (petición o instancia de suspensión de la pena; V. *stay of sentence*), **plea of confession and avoidance** (defensa de descargo), **plea of estoppel** (excepción de impedimento), **plea of guilty** (declaración de culpabilidad), **plea of insufficiency of plea** (excepción de demanda insuficiente), **plea of**

not guilty (declaración de inocencia), **plea of release** (alegación que admite los hechos, pero alega que la obligación ha sido satisfecha), **plea puis darrein continuance** (introducción *a posteriori* de nuevos hechos), **plea to the jurisdiction of the court** (excepción de incompetencia, excepción declinatoria; V. *jurisdictional plea*)]. *Cf* demurrer, dilatory plea, foreign plea, peremptory plea; incidental pleas of defence, put in a plea.

plead *v*: defender una causa, alegar, abogar, defender. *Defendants can plead that they had reasonable grounds or they can also plead ignorance.* [Expresiones: **plead guilty** (declararse culpable, autoinculparse), **plead ignorance** (alegar ignorancia), **plead not guilty** (declararse inocente), **pleadable** (alegable, abogable), **pleader** (alegador, alegante)]. *Cf* plea, code pleading.

pleading *n*: alegato, alegación, actuaciones alegatorias de las partes, escrito solemne conteniendo las alegaciones de hechos que dirigen al tribunal cada una de las partes de una demanda o acción civil. *Pleadings must contain only allegations of relevant facts and a statement of claim.* [Los *pleadings* más importantes son *statement of claims, answer, replication*, etc. Expresiones: **pleadings in the alternative** (presentación de alegatos, técnica de presentar dos o más alegatos, derivados de los mismos hechos, para que el tribunal atienda la petición mejor fundada), **pleadings on the merits of the case** (alegaciones sobre el fondo de la cuestión), **pleadings plea** (defensa, contestación a la demanda), **pleadings rebutter** (respuesta a la tríplica), **pleadings rejoinder** (contrarréplica), **pleadings surrejoinder** (tríplica, respuesta a la dúplica)]. *Cf* allegations, code pleadings, close of pleadings, dilatory pleas, file pleading; surrebutter.

pleasure of the Crown, at the *fr*: a discreción gubernamental. *Judges hold office during good behaviour and not at the pleasure of the Crown. Cf* during her/his Majesty's pleasure.

plebiscite *n*: plebiscito.

pledge *n/v*: prenda, promesa, caución, pig-

noración, garantía, caución, derechos reales de garantía; dar en prenda, dejar en prenda, pignorar. *We have received an advance payment against pledged securities.* [Expresiones: **pledge allegiance** (jurar lealtad; V. *oath of allegiance*), **pledge loan** (préstamo pignoraticio o prendario; V. *mortgage, security*), **pledgeable** (pignorable), **pledged assets** (activos gravados), **pledged securities** (efectos pignorados; V. *against pledged securities*), **pledgee** (depositario, tenedor de una prenda), **pledger** (prendador)].

plenary meeting *n*: sesión plenaria.

plenipotentiary *n*: plenipotenciario.

plight *v*: dar, empeñar. [Expresión: **plight one's troth** (*col*) (dar palabra de matrimonio, prometerse)].

plot¹ *n*: complot, trama, conspiración; conspirar, urdir, tramar, intrigar. *Senior army officers were arrested when a plot to overthrow the government was discovered.* [Expresión: **plotting** (conspiración, confabulación)].

plot² *n*: parcela de terreno, solar. *They discovered after buying the plot of land that planning permission for the area had been refused. Cf* building land/plot.

plunder *n/v*: despojo, pillaje, botín; despojar, pillar, saquear. *Cf* loot, sack.

ply *n*: comerciar, ejercer un negocio, practicar, llevar un negocio; (aplicado a buques) tener una línea regular; realizar el servicio entre dos puntos concretos. [Expresiones: **ply between** (hacer el servicio entre), **ply for hire** (ofrecer sus servicios el trabajador autónomo poniéndose regularmente en un lugar convenido, como los taxistas, etc.), **ply one's trade** (llevar un negocio), **ply with questions** (acosar con preguntas, importunar)].

PM *n*: V. *Prime Minister*.

pm *n*: V. *premium*.

poaching *n*: caza o pesca furtiva o en vedado.

P.O.D *n*: V. *payment on delivery*.

pocket *n/v*: bolsillo, embolsarse (*col*). *The five executives were accused of pocketing the money they had made on illicit deals. Cf* net.

point *n*: punto, cuestión, proposición. [Expresiones: **at/on point of death** (en artículo de muerte), **point at issue** (punto en cuestión), **point blank** (a quemarropa; V. *at gun-point*), **point of law** (cuestión de derecho), **point of order** (cuestión de orden, cuestión de procedimiento), **point of sale** (punto de venta; V. *outlet*)]. *Cf* issue.

poison *n/v*: veneno; envenenar.

police *n*: policía. *All police officers are constables regardless of their rank within the force.* [Expresiones: **police action** (intervención policial), **Police and Criminal Evidence Act 1984, PACE** (Ley de enjuiciamiento criminal; ley sobre policía judicial y su dependencia de la acusación pública), **police background** (antecedentes o historial delictivo; V. *record of convictions*), **police beat** (ronda de policía), **police commissioner** (comisaría de policía), **police constable, PC** (agente de policía), **police control, under** (bajo vigilancia policial), **police court** (juzgado de guardia; nombre con que se conocía antiguamente a los *Magistrates' Courts*; V. *night court*), **police dog** (perro policía), **police evidence** (pruebas aportadas por la policía), **police force** (cuerpo de policía), **police headquarters** (jefatura de policía), **police inspector** (comisario de policía), **police officer** (agente de policía), **police power** (fuerza pública, facultad policial), **police precinct** (distrito de una comisaría), **police record** (antecedentes delictivos; V. *criminal record*), **police report** (atestado policial), **police regulations** (código de policía), **police raid** (redada policial, incursión policial; V. *dawn raid*), **police report** (atestado policial, parte policial de incidencias), **police station** (comisaría de policía), **police state** (estado policial), **police station lockup** (depósito policial, dependencias policiales, calabozo policial; V. *jail, prison*), **police swoop** (redada policial)].

policy[1] *n*: política, programa, directrices, normas de actuación, líneas de conducta. *Overall policy is discussed at the Annual General Meeting.* [Expresión: **policy of welfare** (política de bienestar)].

policy[2] *n*: póliza. *The policy only covers us against third-party, fire and theft.* [Expresión: **policy-holder** (asegurado, titular de una póliza de seguros)]. *Cf* open policy, sea/marine policy.

politics *n*: política. [Expresiones: **politician** (político), **political** (político), **political asylum** (asilo político), **political funds** (fondos sindicales destinados a objetivos políticos), **political offence** (delito político), **political prisoner** (preso político), **political office** (cargo político, función política)].

poll *n/v*: cabeza, persona, individuo; encuesta, sondeo, votación; elección, elecciones, escrutinio, lista electoral; votar, obtener votos; sondear, realizar una encuesta. *Under the new legislation, a strike called by a union must be decided by a poll of its members.* [Expresiones: **poll a jury** (preguntar a los jurados individualmente su conformidad con el veredicto), **poll tax** (capitación, reparto de tributos o contribuciones, por personas o cabezas; V. *capitation, head tax, rate*), **polling** (sondeo), **polling-booth** (cabina electoral), **polling-place/polling station** (mesa electoral, colegio electoral; se refiere al lugar en donde se lleva a cabo la votación; el conjunto de electores elegidos por un gran colectivo con el fin de que, a su vez, voten en representación de éstos se llama *electoral college*)]. *Cf* conduct a poll, go to the polls, opinion poll.

pollicitation *n*: policitación, compromiso, oferta o compromiso contraído por alguno, sin ser aceptado por la otra parte.

pollute *v*: contaminar. *The seriousness of the pollution problem has led to the creation of the Ministry of the Environment.* [Expresión: **pollution** (contaminación)].

polygamy *n*: poligamia.

pool *n/v*: fondo, equipo, consorcio, fuente, reserva; mancomunar, unir esfuerzos o recursos, contribuir. *The Ministry is staffed by a pool of 100 typists.* [Expresiones: **pool resources** (unir los recursos, unir esfuerzos, llegar a un acuerdo de cooperación), **pooling agreement** (acuerdos que establecen empresas para reducir la competencia en algunas líneas; V. *shipping pool*)]. *Cf* monopoly.

pornography *n*: pornografía.

port *n*: puerto; babor. *Drugs were found aboard the ship on the high seas after the police had received a tip-off from her last port of call.* [Expresiones: **port authorities** (autoridades portuarias), **port dues** (gastos de puerto), **port of call** (puerto de escala), **port of delivery** (puerto final o terminal), **port of departure** (puerto de salida), **port of distress** (puerto de refugio o de arribada forzosa; V. *distress, vessel in distress*), **port of entry** (puerto de entrada o aduanero; puerto fiscal, puerto habilitado), **port of refuge** (puerto de refugio, de arribada forzosa o de amparo)].

portfolio *n*: cartera. *A major part of the portfolios of banks, insurance companies, pension funds, investments trusts, and so on, now consists of foreign investments.* [Expresiones: **portfolio investments** (inversiones de cartera), **portfolio management** (gestión de cartera de valores)].

portion *n/v*: lote, parte; distribuir, repartir. *By the terms of her father's will, the girl was entitled to her portion on her marriage.*

position *n*: empleo, situación. *She has found a new position with a London bank. Cf post.*

positive *a*: positivo, afirmativo, directo, claro, seguro. *The witness was positive she had seen the man outside the bank.* [Expresiones: **positive easement** (servidumbre positiva; V. *affirmative easement*), **positive evidence** (prueba directa), **positive identification** (identificación positiva o sin confusión posible), **positive law** (derecho positivo), **positive proof** (prueba positiva)].

possess *v*: tener, poseer, gozar, disfrutar. *The laws governing the possession of firearms are much stricter in Europe than in the USA.* [Expresiones: **possession** (tenencia, goce, disfrute, posesión; V. *constructive possession*), **possession in deed or in fact** (posesión efectiva o de hecho), **possession in law** (posesión legal o *de jure*), **possessor** (poseedor), **possessor bona fides** (poseedor de buena fe), **mala fides** (poseedor de mala fe), **possessory** (posesorio), **possessory action** (acción o pleito posesorio), **possessory**

judgment (sentencia posesoria), **possessory lien** (gravamen posesorio), **possessory offence** (delito contra la propiedad), **possessory title** (título posesorio de propiedad)]. *Cf* adverse possession, quiet possession, take possession, writ of possession.

post¹ *n*: correos; enviar por correo, echar una carta. [Expresiones: **post code** (código postal; V. *zip code*), **postage** (franqueo), **postage stamp** (sello), **postal authority** (administración postal), **postal money order** (giro postal), **postal order** (giro postal), **postmark** (poner el matasellos), **postmaster** (administrador de correos), **Postmaster General** (Director General de Correos), **post-office** (oficina de correos), **post-office box** (apartado de correos)].

post² *n*: puesto, empleo, cargo. *Cf* position.

post¹ *v*: avisar, pegar carteles. *On the walls of buildings you sometimes see the sign "Post no bills". Cf* bill.

post² *v*: pasar asientos al Libro Mayor.

post³ bail *v*: pagar la fianza. *The person that posts bail acts as a guarantor or surety. Cf* setting at liberty; admit to bail, furnish bail, give bail, go/stand bail, grant bail, put up bail.

post- *prefijo*: post-. *A post-mortem is always carried out when a person dies suddenly or as the result of an accident.* [Expresiones: **post-entry closed shop** (lugar de trabajo cuyo reglamento interno incluye la obligación de hacerse militante de un sindicato determinado dentro de un plazo señalado a partir de la admisión como empleado; V. *closed shop, pre-entry closed shop*), **post-mortem examination** (autopsia; el término *post-mortem* se prefiere en Gran Bretaña al *autopsy*, que es más frecuente en EE.UU.; *coroner's inquest, autopsy, medical examiner*), **post-obit** (después de la muerte), **post-obit bond** (obligación pagadera después de la muerte de un tercero de la que el prestatario es heredero)].

postpone *v*: aplazar, posponer, diferir, dilatar, postergar. [Expresiones: **postponable** (aplazable, prorrogable), **postponment** (aplazamiento, prórroga)].

potential *n*: capacidad.

pouch *n*: V. *diplomatic pouch*.

poverty *n*: indigencia, pobreza.

power *n*: poder, competencia, capacidad, potestad, poder de acción, facultad, competencia; apoderamiento; potencia, energía. *To act* ultra vires *is to do something beyond the scope of one's powers*. [Expresiones: **by power of attorney** (por poder, pp; V. *by authority*), **in power** (gobernante, en el poder), **power appurtenant or coupled with interest** (V. *power of appointment*), **power-driven vessel** (buque de propulsión mecánica; V. *sailing-boat*), **power in gross** (V. *power of appointment*; *sailing boat*), **power of appointment** (V. *power of appointment*), **power of attorney** (poder de representación, mandato de procuraduría, poder notarial), **power of disposition** (poder de disposición), **power of revocation** (poder de revocación), **power of substitution** (poder de sustitución), **power to take decisions** (poder de decision), **powerful** (poderoso, omnipotente)]. *Cf* competence, capacity, faculty; advisory powers, decision-making powers; police power; purchasing power; supervisory powers, under compulsory powers.

power of appointment *n*: derecho, facultad o capacidad de disponer de una propiedad nombrando a un beneficiario. [Este poder, que es parecido a un *trust*, nace de un poderdante o *donor* y lo ejerce el donatario o *donee*, en su calidad de nominador o *appointer* para designar al beneficiario de la propiedad objeto del poder. Se distinguen tres clases de poder: **power appurtenant or coupled with interest** (poder subordinado a la propiedad; cuando el apoderado es parte interesada en la propiedad), **power in gross** (poder independiente de la propiedad, en cuyo caso el propio apoderado puede declararse beneficiario de acuerdo con el poder), **bare/naked/collateral power** (V. *bare power, naked power, collateral power*). Desde la Ley de la Propiedad de 1925, este derecho se entiende como derecho equitativo o *equity right*].

practice *n*: práctica, uso, costumbre, tramitación. [Expresiones: **practice directions** (directrices que publican periódicamente los jueces del Supremo, dando instrucciones para la correcta aplicación de las leyes y los procedimientos), **practice of law** (ejercicio de la profesión de abogado)].

practise law/a profession *v*: ejercer la abogacía, una profesión. *A practising lawyer must be either a solicitor or a barrister*. [Expresiones: **practise as** (ejercer una profesión), **practising lawyer** (abogado en ejercicio), **practitioner** (profesional; normalmente se aplica a los profesionales de la abogacía y de la medicina; V. *legal practitioner*)]. *Cf* solicitors, barristers.

pray *v*: rogar, suplicar. [Expresiones: **prayer** (súplica, petición, parte rogatoria o suplicatoria de las *petitions*), **prayer for relief** (petición o demanda de satisfacción o remedio jurídico)]. *Cf* petition, crave.

pre- *prefijo*: pre. [Expresiones: **precognition** (*der es*) (diligencias instruidas por el fiscal escocés para determinar antes de un juicio la naturaleza y calidad del testimonio que pueden aportar los testigos incluidos en el sumario; V. *committal proceedings*), **pre-decease clause** (cláusula de premoriencia; V. *common disaster clause, survivorship clause*), **pre-empt** (tener derecho de prioridad), **pre-emption** (prioridad, derecho de prioridad, opción de compra prioritaria), **pre-emption clause** (cláusula de prioridad), **pre-emptive right** (prioridad que tiene todo accionista a suscribir acciones de nuevas emisiones; V. *rights issue*), **pre-entry closed shop** (empresa o lugar de trabajo que, por acuerdo sindical, condiciona la contratación de nuevo personal a la afiliación de éste al sindicato en cuestión; V. *closed shop, post-entry closed shop, shop steward, union rules*), **prefinancing** (prefinanciación), **pre-hearing assessment** (sesión evaluativa de un tribunal de lo social, previa a la vista oral, con el fin de evaluar las posibilidades de que prosperen las tesis de las partes; V. *industrial tribunal*), **pre-judicial** (prejudicial; V. *prejudice*), **preconceived malice** (malicia premeditada), **predecease** (premorir, premoriencia), **pre-engage** (comprometer a alguien), **predominate** (predominar, tener prioridad), **predominancy** (predominio), **prejudge** (prejuzgar), **prejudgment** (prejuicio), **preorganization certificate** (título provisional de accionista antes de la fundación de la mercantil; V. *incorporation*), **prepaid** (pagado por anticipado, pagado en origen), **prepayable** (a pagar, pagadero por anticipado), **prepayment** (anticipo, pago previo o por adelantado), **prepayment penalty/premium** (sanción/prima por cancelar el préstamo antes de su vencimiento), **pre-tax profits** (beneficios antes de impuestos), **pre-trial** (anterior a la causa), **pre-trial calendar** (relación de causas para composición), **pre-trial custody** (prisión preventiva; V. *custody awaiting trial*), **pre-trial hearing/review** (vista preliminar; antejuicio; reunión preliminar que mantiene un juez auxiliar o *registrar* del *County Court* con las partes antes de la iniciación del proceso con el fin de estudiar su aligeramiento y reducir costes; procedimientos similares se celebran en el *Magistrates' Courts* y en el *Crown Court*; V. *interlocutory proceedings*), **pre-trial inmates** (presos preventivos), **pre-trial proceedings** (instrucción), **pre-trial release** (libertad provisional)].

preamble *n*: preámbulo. *Cf* act.

precarious *a*: precario. [Expresiones: **precarious possession** (posesión precaria), **precarious right** (derecho o título precario)].

precatory *a*: de súplica, rogatorio. *Though precatory words in a deed of gift may be a guide to the donor's intention, a court will consider the entire deed before deciding if a trust was intended to be created.* [Expresiones: **precatory words** (palabras que implican un ruego o expresan un deseo), **precatory trust** (fideicomiso implícito, fideicomiso creado mediante la interpretación de un testamento u otro documento, atendiendo al deseo implícito del testador de que el beneficiario disponga de su propiedad de una manera determinada)].

precedent *n*: precedente contenido en un fallo anterior, decisión que crea jurisprudencia. *The judicial decisions of higher courts create precedents which are binding on all lower ones.* [En el derecho inglés, el precedente o *judge-made law* es una fuente muy importante de jurisprudencia. Las decisiones de un tribunal superior son vinculantes para todos los tribunales inferiores, pero no siempre para el propio tribunal de origen, respetando la jerarquía establecida de *House of Lords, Court of Appeal* y *High Court of Justice*. El precedente está contenido en los fundamentos de la sentencia, en la parte llamada *ratio decidendi*, y no en la resolución en sí ni en las apreciaciones incidentales del juez original —*obiter dicta*—. En los fundamentos de la sentencia el juez decide si sigue o no el precedente que le reclaman; si ve que efectivamente hay gran similitud entre la causa presente y la señalada como precedente, queda vinculado por aquella decisión; pero si, a su juicio, se dan elementos nuevos o distintos, la doctrina le permite *distinguish the case*, esto es, introducir distingos explicando en qué se diferencia esta causa de aquélla, pudiendo a su vez sentar nueva jurisprudencia mediante esta distinción pormenorizada. Expresiones: **precedent condition** (condición precedente o suspensiva), **precedents law** (derecho jurisprudencial)]. *Cf* dictum, statute law, case law.

precept *n*: directriz, precepto, mandato, mandamiento; norma, canon, orden cursada por un organismo oficial a otro inferior, orden de recaudar. *The county council may issue a precept ordering a district council to levy rates on its behalf.*

precinct *n*: circunscripción electoral, distrito o división administrativa, barrio. *Cf* police precinct.

precipitate *v*: dar lugar a, acelerar. *These anti-fraud provisions have precipitated more litigations than any other regulations.*

preclude *v*: impedir, prevenir, excluir, imposibilitar, ser obstáculo. *You are not precluded by the decision from lodging an appeal. Cf* forbid.

predecessor *n*: predecesor, antecesor, cada uno

PREFER 240

prefer[1] *v*: dar preferencia o prioridad. [Los términos *preference, preferential, preferred* aplicados a *terms, price, discount, tariff,* etc., tienen el sentido de «preferente, privilegiado, prioritario», siendo sinónimos parciales de *privileged* y de *priority*. Expresiones: **preference** (preferencia; V. *order of preference*), **preference beneficiary** (beneficiario de preferencia), **preference shares/stock** (acciones privilegiadas, acciones de capital, acciones preferentes), **preference-shareholder** (titular de acciones privilegiadas), **preferential** (privilegiado, preferente, con prioridades), **preferential agreement** (acuerdo preferencial), **preferential assignment** (cesión con prioridades), **preferential bond/debenture** (obligación preferente), **preferential creditor** (acreedor preferente), **preferential debt** (deuda privilegiada; V. *priority of debts, privileged debt*), **preferential shares/stock** (títulos o acciones preferentes o privilegiadas en Bolsa), **preferential tariff** (aranceles preferenciales), **preferential treatment** (trato preferencial, medidas preferenciales), **preferred as to assets/dividend** (privilegiado en el patrimonio, privilegiado en los dividendos), **preferred causes** (causas con prioridad), **preferred creditor** (acreedor privilegiado o preferente), **preferred debt** (deuda privilegiada o de prioridad), **preferred lien** (gravamen preferente)].

prefer[2] *v*: interponer, presentar cargos. *The usual method of preferring a bill of indictment, i.e, of bringing it before a court is by committal proceedings before a magistrate court.* [Expresiones: **prefer an indictment** (levantar acta de acusación, acusar formalmente, acusar), **prefer charges** (presentar cargos, acusar)]. *Cf* bring, lay.

prefer[3] *v*: ascender, nombrar para un cargo o dignidad. [Expresión: **preferment** (ascenso)].

prejudice *n/v*: detrimento, perjuicio, daño; prejuicio; producir o acarrear perjuicios, lesionar; prejuzgar. *Contracts to commit acts prejudicial to public safety, for example sexually immoral contracts, are totally illegal.* [Esta palabra tiene los significados repartidos entre los españoles «perjuicio, perjudicar» y «prejuicio, prejuzgar». Expresiones: **to the prejudice of** (en perjuicio de), **prejudiced** (con prejuicio, parcial; V. *bias, partial*), **prejudicial** (perjudicial), **without prejudice to** (sin perjuicio de, sin perjuicio o detrimento de los propios derechos)]. *Cf* without prejudice; detriment.

preliminary *a/n*: preliminar, previo; ceremonias previas, preparativos, etc. *As the meeting is very important, we shall dispense with preliminaries.* [Expresiones: **preliminary examination** (interrogatorio preliminar), **preliminary hearing** (vista o examen preliminar), **preliminary inquiry/investigation** (investigación hecha por el juez instructor para decidir si encuentra suficientes indicios de criminalidad; V. *sufficient case*), **preliminary proceedings** (actuaciones preliminares), **preliminary point of law** (cuestión legal fundamental que se ha de dilucidar antes de entrar en el fondo de la cuestión), **preliminary question** (cuestión previa), **preliminary report** (informe preliminar), **preliminary rulings** (cuestiones prejudiciales; V. *give preliminary rulings*)].

premature *a*: prematuro. *Cf* mature.

premeditate *v*: premeditar. [Expresión: **premeditation** (premeditación, intención)]. *Cf* aforethought.

premise *n*: premisa. *The premise from which his argument starts out is false.*

premises *n*: establecimiento, local, propiedad. *Unauthorised personnel are not permitted to enter these premises.* [Expresión: **on the premises** (en el lugar/casa/establecimiento, etc.)]. *Cf* dangerous premises.

premium, pm *n*: prima. *His insurance premium went up as a result of the accident.* [Expresiones: **be at a premium** (ser muy solicitado, tener buena demanda), **premium bond** (bono del Estado que entra en un sorteo periódico), **premium note** (pagaré del asegurado para la prima), **premium stock** (acción con prima o primada)]. *Cf* insurance premium, acceleration premium, earned premium, prepayment premium.

preponderance of evidence *n*: preponderancia de la prueba, prueba irrefutable, inclinación de la balanza. *Cf* fair preponderance.

prerequisite *n*: condición, requisito necesario o previo. *A knowledge of Common Market Law is a prerequisite for the post.*

prerogative *n*: prerrogativa, privilegio. [Expresiones: **prerogative Court** (Tribunal testamentario), **prerogative order** (auto judicial de prerrogativa; este auto lo dicta el *High Court* en el ejercicio de su prerrogativa de tutela de los tribunales inferiores; V. *review*), **prerogative writ** (mandamiento real de prerrogativa; V. *writ, writ of habeas corpus*)]. *Cf* writ; royal prerogative.

prescribe *v*: prescribir, caducar; ordenar. *The police breathalized the driver, and found he was over the prescribed limit.* [Expresiones: **as prescribed by law** (con arreglo a la ley), **prescribed limit** (límite máximo de alcohol en sangre permitido a los conductores), **prescription** (prescripción; V. *extinctive prescription*), **prescriptive owner** (propietario por prescripción), **prescriptive right** (derecho real o de servidumbre adquirido por uso continuado y por consecuente prescripción del derecho de otro; V. *acquisitive prescription, negative prescription*), **under prescribed conditions** (de acuerdo con lo establecido por las leyes)].

present *a*: actual, presente. [Expresiones: **present interest** (derecho de posesión inmediato), **present use** (uso actual), **these presents** (la presente, el presente certificado/documento, etc.)].

present *v*: presentar, elevar (una petición, documentos), dar, entablar, denunciar, citar. *Cheques that are dishonoured on presentation are bad cheques.* [Expresiones: **present for acceptance** (presentar a la aceptación), **present for collection/payment** (presentar al cobro, al pago), **present for signature** (presentar a la firma), **presentation**

(presentación), **on/upon presentation** (al ser presentado; a la vista; V. *at sight, on call, on demand, on notice of*)].

preserve *v*: garantizar, asegurar, salvaguardar. [Expresión: **preservation** (conservación; V. *building preservation notice*)].

preside over *v*: presidir. *The Queen presides over the ceremony in Parliament.* [Expresiones: **President, P** (juez presidente de la *Family Division of the High Court*), **presiding judge** (juez presidente de la sala; juez del *High Court* encargado de supervisar la labor judicial en un distrito o *circuit*)]. *Cf* chair.

press *n/v*: prensa, periodistas; presionar, apremiar, instar, obligar, abrumar, afligir. *The bank is pressing us for repayment of the loan.* [Expresiones: **press a debtor** (apremiar a un deudor), **press coverage** (cobertura informativa), **press gallery** (tribuna de prensa; V. *reporter's gallery*), **pressure** (urgencia, presión), **pressure group** (grupo de presión; V. *lobby*), **under pressure** (presionado)].

presume *v*: suponer, presumir, dar por hecho; partir del principio. *In English law the accused is presumed to be innocent until he is proved to be guilty.*

presumption *n*: presunción. *A binding presumption in a contract can be rebutted by the express words of the parties.* [Expresiones: **presumptive heir** (heredero presunto), **presumption of death, fact, innocence, sanity, survivorship** (presunción de muerte, hecho, inocencia, capacidad mental, supervivencia), **presumption of legality** (conformidad a derecho, legitimidad), **presumptive** (presunto), **presumptive death** (muerte presunta), **presumptive evidence** (prueba que fundamenta la presunción; V. *prima facie evidence*), **presumptive heir** (heredero presunto)]. *Cf* absolute presumption, legal presumption, mixed presumption; survivorship clause.

presuppose *v*: presuponer. [Expresión: **presupposition** (presupuesto, presuposición)].

pretend *v*: fingir; pretender. *The thieves gained entry by pretending to be electricians.* [Expresiones: **pretended child** (hijo putativo;

V. putative), **pretender** (pretendiente), **pretence** (pretensión, pretexto, fingimiento; *V. false pretences, under false pretences*), **pretension** (pretensión; *V. claim*)].

prevail *v*: predominar, prevalecer. *The prevailing view among the courts is that there is a substantial legal vacuum in the regulation of electronic money*. [Expresiones: **prevailing** (corriente, extendido, preponderante, dominante, predominante, común, generalizado, imperante, reinante), **prevailing opinion** (opinión generalizada), **prevalence** (predominio, frecuencia), **prevalent** (predominante)].

prevaricate *v*: contestar con evasivas, ocultar la verdad. [Expresión inglesa que nada tiene que ver con su parónimo español; en el derecho escocés se emplea con el sentido formal de «tergiversar, ocultar voluntariamente la verdad». *The judge intervened sharply to remind the witness that she was on oath and must stop prevaricating*. Expresiones: **prevarication** (evasivas, tergiversación), **prevaricator** (prevaricador, transgresor)].

prevent *v*: evitar, impedir. [Expresiones: **prevention** (prevención, protección), **prevention of rights** (tutela de los derechos), **preventive** (preventivo, precautorio, cautelar), **preventive action** (proceso cautelar), **preventive arrest** (arresto preventivo), **preventive attachment** (secuestro precautorio), **preventive detention** (detención preventiva), **preventive injunction** (interdicto preventivo, requerimiento precautorio), **preventive measures** (medidas preventivas), **preventive rights** (derechos precautorios)].

previous *a*: previo, anterior. [Expresiones: **previous convictions** (antecedentes penales), **previous statements rule** (norma de inadmisibilidad de testimonio cuando se demuestra que es incompatible con otras versiones dadas por el mismo testigo en algún momento anterior al juicio; el juez advierte al jurado que no lo tenga en cuenta), **with no previous convictions** (sin antecedentes penales)].

price *n/v*: precio; fijar, poner o calcular el precio; estimar. *Western manufacturers are being priced out of the market by the low costs and high efficiency of Japanese industry*. [Expresiones: **be priced out of the market** (no poder competir por lo elevado de los costos o los precios), **price alignment** (aproximaciones de precios), **price control** (control de precios), **price-fixing** (acuerdo o fijación de precios), **price earning ratio** (indicador de relación entre precios y beneficios), **price list** (lista de precios), **price-rigging** (manipulación de precios; maquinación para alterar el precio de las cosas), **price sensitive information** (información privilegiada que afecta a la cotización de valores; *V. insider dealing*), **price war** (guerra de precios)].

prima facie *a*: a primera vista, tras un primer examen. *The plaintiff built up a strong prima facie case suggesting that the defendant had dismissed him unfairly*. [Expresiones: **prima facie case** (versión de una de las partes que viene avalada por pruebas que, sin ser concluyentes, tienen cierto peso y pueden ser suficientes, si la otra parte no las tiene mejores), **prima facie evidence** (indicios o pruebas que fundamentan una presunción, indicios razonables pero no concluyentes; *V. presumptive evidence*)].

primage *n*: capa, bonificación que daba el cargador al capitán de un buque; hoy en día va aparejada al flete y la percibe el armador.

primary *a*: primario, primordial, directo. *Evidence like an original document is called primary evidence, because it suggests that none better will be produced*. [Expresiones: **primaries** (elecciones preliminares), **primary evidence** (prueba primaria; *V. secondary evidence*), **primary powers** (poderes primarios o principales)].

prime *a*: principal. *The prime rate, available only to the top American corporations is the basis of the whole commercial structure in the USA*. [Expresiones: **prime bills** (letras de cambios sin riesgo), **prime costs** (costes variables), **prime lending rate** (tipo preferencial, tipo básico), **Prime Minister, PM** (Primer Ministro).

primogeniture *n*: primogenitura.

principal *a*: principal, fundamental, primario, básico. *Cf* chief, main, primary.

principal[1] *n*: principal, jefe, poderdante, cedente, mandante. *An agent or attorney is accountable to his principal for all actions done in his name.* [Expresión: **principal and agent** (poderdante y apoderado, mandante y mandatario, principal y agente)]. *Cf* donor; agent, assignee, attorney, factor, proxy.

principal[2] *n*: autor material, actor principal de un delito, principal, causante. *A person who aids, abets, counsels or procures the commission of a summary offence is treated as principal.* [Expresiones: **principal in the first degree** (autor material), **principal in the second degree** (cómplice)]. *Cf* offender, accessory.

principal[3] *n*: capital, principal, valor actual. [Expresión: **principal and interest** (capital e intereses)].

principle *n*: principio, norma fundamental.

print *v*: imprimir. [Expresión: **printed matter** (impresos)].

prior *a*: anterior, previo; privilegiado. [Expresiones: **prior approval** (aprobación previa), **prior creditor** (acreedor privilegiado), **prior indorser** (endosante anterior), **prior jeopardy** (procesamiento por segunda vez por un mismo delito; V. *double jeopardy, former jeopardy*), **prior lien** (gravamen precedente o anterior, obligación preferente), **prior negligence** (negligencia indirecta), **prior preferred stock** (acciones preferidas superiores), **prior repayment** (reembolso anticipado), **prior request** (previa petición), **prior to** (antes de), **prior to maturity** (antes del vencimiento), **priority** (prioridad, precedencia), **priority of debt** (prioridad de la deuda, deuda privilegiada; V. *privileged debt*)].

prison *n*: prisión, cárcel, penitenciaría, penal, presidio. *People accused of serious offences are kept in prison until trial unless the judge grants bail.* [Expresiones: **prison benefits** (beneficios penitenciarios), **prison sentence** (sentencia de privación de libertad en un establecimiento penitenciario; V. *custodial*),

prison term (pena), **prison van** (coche celular; V. *Black Maria*), **prisoner** (recluso, preso), **prisoner at the bar** (acusado, reo; V. *accused, defendant, charged, indictee*), **prisoner of war, POW** (prisionero de guerra), **prisoners' aid desk** (asistencia letrada al detenido; V. *legal aid and assistance*)]. *Cf* police station lockup, jail, escape-proof prison, top security prison.

privacy *n*: intimidad. *Unlike Spanish law, English law does not explicitly recognise the right to privacy, though some protection is given by the laws of trespass and defamation.*

private *a/n*: privado, particular; soldado raso. [Expresiones: **private limited company, limited, ltd.** (compañía cuyas acciones no se ofrecen al público; V. *public limited company*), **private act** (ley aprobada por el Parlamento a petición o iniciativa de un particular o de una autoridad local, de quien es privativa; V. *public act*), **private bill** (proyecto de ley presentado por la parte interesada que luego, por su interés, se convertirá en *public act* o en *private act*), **private capacity** (oficiosamente, a título personal, sin carácter oficial), **private carrier** (transportista privado; el transportista privado suele estar especializado en el transporte de mercancías homogéneas, no estando sujeto a las obligaciones del porteador común; V. *common carrier*), **private company/corporation** (empresa privada, sociedad particular, corporación privada, entidad de derecho privado), **private defence** (defensa en un pleito por *tort* o ilícito civil, alegando defensa de la persona, los familiares o la propiedad del demandado), **private easement** (servidumbre particular), **private enterprise** (empresa libre), **private hearing** (audiencia a puerta cerrada; V. *chambers*), **private international law** (Derecho internacional privado), **private member's Bill** (proyecto de ley presentado por un diputado parlamentario que no es miembro del gobierno; V. *bill, private act, public bill*), **private nuisance** (invasión o lesión del derecho que tiene toda persona a la tranquilidad o al disfrute tranquilo de una posesión; V. *public nuisance, nuisance*), **private party/person** (particular), **private police** (guardas jurados), **private proceedings** (querella; V. *institute private proceedings*), **private property** (propiedad particular), **private prosecution** (querella; V. *Scottish Sheriff Court*), **private prosecutor** (acusador particular), **private rights** (derechos particulares o de dominio privado), **private sale** (venta en documento privado), **private trust** (fideicomiso particular o privado), **private view** (opinión personal o extra-oficial)].

privatization *n*: privatización. *The government has recently privatised water in Britain.* [Expresión: **privatise** (privatizar)]. *Cf* nationalization.

privilege *n*: fuero, inmunidad, concesión, privilegio, gracia, prerrogativa, dispensa, patente, opción. *Courts cannot order the disclosure of the contents of privileged communication whether in evidence or any other purpose.* [Expresiones: **privilege against self-incrimination** (derecho, prerrogativa o privilegio que tiene el testigo de negarse a contestar a una pregunta si teme que la respuesta pueda inculparlo; derecho de no inculparse; V. *caution, Miranda warning/rule*), **privilege from arrest** (inmunidad de arresto), **privileged** (aforado, privilegiado), **privileged communication** (comunicación de confianza o privilegiada, por ejemplo entre profesional y cliente, etc.), **privileged bank** (banco privilegiado), **privileged debt** (deuda privilegiada o prioritaria; V. *preferential debt*), **privileged person** (persona aforada), **privileged plea** (alegación privilegiada), **privileged witness** (testigo exento o privilegiado), **privileges and inmunities** (privilegios e inmunidades; V. *immunity, priority*), **privileged will** (testamento privilegiado, testamento exento de las formalidades habituales)]. *Cf* absolute privilege, marital privilege, qualified privilege; breach of privilege; immunity; charter.

privity *n*: relación de partes, de interés común, co-participación, consentimiento culpable, coparticipación, co-responsabilidad en la falta o culpa de algún subordinado. *Mere privity to a crime may involve legal penalties.* [Expresiones: **privity in estate** (interés mutuo en la propiedad, relación entre arrendador y arrendatario, relación que vincula al subarrendatario con el arrendamiento original), **privity of contract** (obligación contractual, relación particular de las partes contratantes)].

privy *a*: privado, secreto; partícipe, copartícipe. *As the secretary of the organisation, he is privy to the secrets of the boardroom.* [Expresiones: **be privy to** (tener conocimiento de, estar en el secreto, ocultar o dejar de denunciar lo que uno sabe de un asunto), **Privy Council** (consejo privado del soberano), **privy verdict** (veredicto oral declarado al juez fuera de la Sala), **Privy Councillor** (miembro del *Privy Council*)]. *Cf* privity.

prize *n*: presa marítima; botín. [Expresiones: **prize-court** (Tribunal marítimo que conoce de la propiedad de buques y sus cargamentos y de su captura en tiempo de guerra; en la actualidad la jurisdicción la tiene el *Admiralty Court*), **prize law** (derecho de presas)]. *Cf* booty.

pro *prep*: a favor de, por. [Expresiones: **pro-forma invoice** (factura proforma), **pro rata** (prorrata), **pro tempore** (interino, *pro tempore*)].

probable *a*: probable. *The doctor gave evidence that the probable cause of death was heart failure.* [Expresiones: **probable cause** (causa razonable, causa presunta), **probable evidence** (prueba presunta)].

probate *n/v*: certificado de testamentaría; validación de un testamento; validar un testamento. [Expresiones: **probate a will** (probar judicialmente un testamento), **probate action** (demanda de testamentaría), **probate court** (V. *court of probate*), **probate duty** (impuesto de sucesión; V. *capital-transfer tax*), **probate juridistion** (fuero de sucesiones), **probate of adoption** (juicio de adopción), **probate order** (fallo de validación del testamento), **probate proceedings** (juicio testamentario o sucesorio; V. *propounder*)]. *Cf* court of probate.

probation[1] *n*: período de prueba en un empleo. *Before being given a permanent job, most teachers are on probation.* Cf on trial.

probation[2] *n*: libertad condicional o a prueba, libertad probatoria, decisión judicial en la que el condenado goza de libertad bajo la supervisión de un **probation officer** (oficial probatorio, agente de libertad vigilada o a prueba) durante un período no inferior a seis meses ni superior a tres años; probatoria. *Since it was the young man's first offence, he was put on probation for a year.* [La diferencia entre *parole* o *release on licence* y *probation* radica en que la primera la concede la *parole board*, que es la junta encargada de examinar y conceder las peticiones de libertad bajo palabra de honor a determinados internos, condenados a más de 3 años de cárcel, tras haber cumplido parte de la condena en una institución penitenciaria. En cambio, la *probation* o libertad condicional a prueba la otorga el tribunal cuando estima que, en vez de imponer una pena de privación de libertad, es más conveniente dictar un *probation order*, teniendo en cuenta la naturaleza y las circunstancias del delito, el historial del delicuente, etc. Expresiones: **probation order** (auto mediante el que se otorga la libertad condicional a prueba, sentencia de libertad probatoria; V. *petty sessions area*), **on probation** (a prueba; V. *day training centre, community service order*), **probational** (probatorio), **probationary** (probatorio), **probationary period** (período de libertad vigilada), **probationer** (condenado en régimen de libertad a prueba)]. Cf parole, suspended sentence; on bail.

probative *a*: probatorio. [Expresiones: **probative evidence** (prueba eficiente), **probative value** (valor probatorio; V. *value as evidence*), **probatory term** (término probatorio, probatorio)].

probe *n/v*: investigar, tantear, explorar, sondear; investigación, pesquisa, tanteo. *When people apply for sensitive posts at the Ministry of Defence, the authorities probe fairly deeply into their background.*

procedure *n*: trámites, procedimiento, tramitación, medida, normas de procedimiento; proceder. *The articles of association of a company contain such matters as the procedure to be followed at meetings.* [Expresiones: **procedure for revising** (procedimiento de revisión), **procedural** (procedimental, procesal, de carácter procesal), **procedural defects** (quebrantamiento de forma; V. *recursos por quebrantamiento de forma*), **procedural law** (derecho procesal, ley de procedimientos), **procedural protection** (amparo procesal), **procedural steps** (diligencias, medidas)]. Cf administrative procedure, civil procedure, emergency procedure, court rule, law of the court, legal procedure, customs procedure, rules of procedures.

proceed *v*: proceder, actuar, seguir los trámites. *The letter warned the company that if they failed to pay, the bank would proceed against them.* [Se suele decir *proceed* o *proceed legally*. Expresiones: **proceed against somebody** (procesar a alguien, demandar a alguien, proceder legalmente contra alguien; V. *sue somebody*), **proceed to** (dirigirse a), **proceed to liquidation** (proceder a la liquidación)].

proceeding(s)[1] *n*: procedimiento, actuaciones, trámites, diligencias, actos, acto procesal, proceso. *Proceedings in criminal trials begin with the reading of the charge.* [Expresiones: **proceedings for damages** (recurso de indemnización), **proceedings for settlement of an estate** (juicio sucesorio o mortuorio), **proceedings in bankruptcy** (procedimiento de la quiebra)]. Cf action, adversary proceeding, bar to proceedings, committal proceedings, conduct of proceedings, institute proceedings, interlocutory proceedings, legal proceedings, preliminary proceedings, private proceedings, probate proceedings, take proceedings; stay of proceedings.

proceedings[2] *n*: actas, minutas, autos. *It is the duty of the secretary to make a note of the proceedings of official meeetings.* Cf book of proceedings, record of proceedings, minutes, certificates, files, record.

proceeds *n*: ganancias, frutos, productos, producto neto o líquido de una operación. *The proceeds of the sale will be distributed among the members of the company.* Cf returns.

process[1] *n*: actos procesales, proceso; notificación judicial; acta de procedimiento, procedimiento judicial. [*Process* es el nombre genérico para referirse a los procedimientos seguidos en un juicio, desde el inicio hasta el fallo, los cuales quedan reflejados en los autos del tribunal y en los alegatos escritos por las partes; éste es el sentido que se conserva en el derecho escocés; en cambio, en el derecho inglés se refiere a los documentos de la etapa inicial del proceso, ya sean *writs* o *summons*. Expresión: **process-server** (agente judicial, notificador, portador de citaciones o notificaciones judiciales, ujier)]. Cf jury process, writ, summons.

process[2] *n/v*: proceso, método; elaborar, procesar, transformar. *Application will be processed and an answer will be returned as soon as possible.* [Expresiones: **in process** (en gestión o en curso), **process of garnishment** (proceso de embargo), **process of law** (proceso legal), **processed product** (producto transformado), **processing** (trámite; elaboración, transformación; V. *products of first-stage processing*)]. Cf abuse of process, civil process, criminal process, serve a process.

proctor *n*: procurador; antiguamente, abogado o procurador de los tribunales eclesiásticos, ahora sólo se emplea en *Queen's Proctor.*

procuration *n*: procuración, poder, agencia. [Expresiones: **procuration money** (derecho de comisión sobre un préstamo), **procuration fee** (honorarios de procurador), **procurator** (procurador; en Escocia, fiscal, acusador), **procurator-fiscal for the area** (*der es*) (fiscal de zona)]. Cf proxy.

procure *v*: instigar; conseguir, obtener; alcahuetear, dedicarse al proxenetismo. [Expresiones: **procure funds** (obtener fondos), **procurement** (alcahuetería), **procurer** (alcahuete, proxeneta)]. Cf counsel, aid and abet, soliciting.

produce[1] *v*: presentar. *A credit card allows a customer to receive goods from a shop on production of the card.* [Expresiones: **on production** (a la presentación, al presentar; V. *on demand, upon request*), **produce evidence** (presentar pruebas)]. Cf show, present.

produce[2] *n/v*: producto, producir. *Our products help businesses reduce costs, increase productivity and improve performance.* [Expresiones: **produce** (producto), **produce a profit** (producir beneficio), **product** (producto; V. *products of first-stage processing*), **product/products liability** (responsabilidad por productos defectuosos), **production** (producción), **productive** (rentable, remunerativo; V. *profitable*), **productivity** (productividad, coste)].

professional *a*: profesional. *The doctor was struck off the rolls for professional misconduct.* [Expresiones: **professional misconduct** (mala conducta profesional, falta de ética profesional), **professional disease** (enfermedad profesional; V. *industrial disease*)].

profit *n*: beneficio, utilidad, ganancia, lucro. *You have capital gains when you sell shares at a profit.* [Expresiones: **at a profit** (con beneficio), **profit à prendre** (derecho de extracción de minerales, de pasto para el ganado, etc., en terrenos comunales; el usufructo, los objetos extraídos, los beneficios conseguidos, etc.; V. *commonland*), **profit and loss account** (cuenta de pérdidas y ganancias), **profit and loss statement** (balance de resultados, estado de pérdidas y ganancias), **profit by** (sacar provecho de), **profit-taking session** (sesión bursátil de realización de beneficios), **profitability** (rentabilidad), **profitable** (fructífero, provechoso, ventajoso, rentable), **profiteer** (agiotista, acaparador, logrero; usurear, explotar, dedicarse a la usura o al estraperlo)].

profits costs *n*: honorarios del letrado. *A solicitor's bill of cost, often calculated by an expert called a "costs draftsman", includes both the lawyer's fees ("profits costs") and expenses ("disbursements").*

programme *n*: programa; campaña.

progress *n/v*: promoción, progreso, avance; progresar, subir la cotización. *BP shares have been progressing.* [Expresiones: **in progress** (en curso), **progress report** (informe sobre la marcha de los trabajos), **progressive tax** (impuesto progresivo)]. *Cf* advancement, development.

prohibit *v*: prohibir. [Expresiones: **prohibited** (prohibido), **prohibited degrees of relationships** (impedimentos matrimoniales por razón de parentesco, consanguinidad, adopción, afinidad, etc.; V. *blood relationships*), **prohibited weapon** (arma peligrosa, arma prohibida), **prohibition** (prohibición, auto inhibitorio; V. *writ of prohibition, prerogative orders*), **prohibition notice** (orden dictada por la inspección de trabajo prohibiendo la actividad laboral hasta que se haya subsanado el riesgo o el peligro detectado; V. *improvement notice*), **prohibitory injunction** (prohibición, interdicto prohibitivo), **prohibitory interdict** (*der es*) (interdicto prohibitorio; V. *interdict*)]. *Cf* forbid.

prolixity *n*: prolijidad.

prolongation of time *n*: ampliación del plazo. *Cf* extension; prorogue.

promise *n/v*: promesa; prometer. *A promise is legally binding if it is contained in a contract or made by deed.* [Expresiones: **promisee** (tenedor de una promesa), **promissor** (el que promete), **promissory** (promisorio), **promissory oath** (juramento promisorio), **promissory bill** (pagaré), **promissory estoppel** (impedimento por promesa), **promissory note** (pagaré, vale, abonaré, nota de pago, reconocimiento de deuda, papel comercial; V. *note of hand*), **promissory warranty** (garantía promisoria)].

promote *v*: agenciar, fomentar, promover, promocionar, ascender. *She took early retirement after being passed over for promotion.* [Expresiones: **promoter** (gestor, promotor de una mercantil; V. *developer*), **promotion** (ascenso, promoción; fomento)].

promulgate *v*: promulgar. [Expresión: **promulgation** (promulgación)]. *Cf* enact.

pronounce *v*: declarar, decretar. *After collating the two documents, experts pronounced them identical.* [Expresiones: **pronounce a judgment** (pronunciar sentencia o fallo), **pronounce sentence** (decretar una pena), **pronouncement** (pronunciamiento)]. *Cf* declare, announce.

proof *n*: prueba, práctica de la prueba, demostración, comprobación, probanza. *If conclusive proof is not available, cases are decided on the balance of probabilities.* [Expresiones: **proof by witness** (prueba testifical), **proof department** (departamento de comprobación), **proof of evidence** (práctica de la prueba), **proof of handwriting** (prueba caligráfica), **proof beyond reasonable doubt** (prueba suficiente sin que quede duda razonable; el juez utiliza esta expresión en las instrucciones que da al jurado antes de que éste se retire a deliberar; el principio básico es que, si persiste una duda «razonable» respecto de la culpabilidad del acusado, debe ser declarado inocente)]. *Cf* evidence, furnish proofs.

proper *a*: adecuado, apropiado, razonable, correcto. [Expresiones: **proper care** (prudencia razonable), **proper evidence** (prueba admisible), **proper law of a contract** (ley de aplicación de un contrato)].

property *n*: bienes, pertenencias; inmueble, bienes inmuebles, propiedad; haberes. [La palabra *property*, en términos generales, se aplica a cualquier cosa de la que uno es el dueño o propietario; aunque siempre hay que tener en cuenta el contexto, se suele entender como «bienes raíces». Expresiones: **property adjustment order** (orden judicial disponiendo la conclusión y liquidación de la sociedad de gananciales; V. *allegation of faculties, clean break, financial provision order*), **property developer** (promotor de viviendas; V. *development, permitted development*), **property holder** (tenedor de bienes), **property increment tax** (impuesto de plusvalía o sobre incremento de valor), **property register** (parte primera de un asiento o inscripción en el *Land Register*, en la que se describe el bien mueble objeto de la inscripción), **proprietorship register** (parte segunda de un asiento o inscripción en el *Land Register*, donde quedan consignados el nombre del titular y la clase de título que posee, a saber, absoluto, posesorio, limitado, etc.), **property rights** (derechos de propiedad), **property tort** (agravio contra la propiedad)]. *Cf* real assets, absolute property, incorporeal property, joint property, movable property, private property, real property.

propose *v*: proponer; proyectar. *The proponent always bears the burden of proof in relation to an issue in litigation.* [Expresiones: **proponent** (proponente), **proposal** (propuesta, proyecto, proposición, oferta)].

propound *v*: proponer, exponer; defender la validez de un testamento. *The theory of property propounded by the Roman lawyers has been developed in many European countries.* [Expresiones: **propound a question** (plantear, presentar una cuestión; V. *raise a question*), **propounder** (la parte que, en un juicio de testamentaría, defiende la validez de un testamento; V. *probate proceedings*)].

proprietary *a*: propietario. *Proprietary estoppel exists to prevent anyone from taking unfair advantage of another person's good faith.* [Expresiones: **proprietary estoppel** (impedimento por creación de derecho de propiedad; si una persona cree que un terreno le pertenece y empieza, con el consentimiento del verdadero propietario, a construir una casa en la finca, el dueño legal no puede alegar después que la casa es suya, ya que calló mientras el otro hacía los gastos; V. *accession, estoppel*), **proprietary rights** (derechos de propiedad)].

proprietor *n*: propietario, dueño, titular. [Las palabras *owner* y *proprietor* son casi sinónimas; la primera es más general (*the owner of a car*), y la segunda se aplica con más frecuencia a propiedad inmobiliaria (*the proprietor of land, a building,* etc.). [Expresiones: **propriety** (lo que es correcto, apropiado o decente; esta palabra es sinónima de *appropriateness*, no de *property*),

proprietorship (derecho de propiedad, calidad de propietario), **proprietorship certificate** (certificado de propiedad), **proprietorship register** (registro de la titularidad de los bienes raíces; V. *land certificate, land registry, land registration, property register*)]. *Cf* owner; land registration.

prorogue *v*: suspender temporalmente las sesiones del Parlamento u otra asamblea legislativa, aplazar las sesiones, clausurar por vacaciones. [Expresiones: **prorogation** (suspensión o clausura temporal del Parlamento; en el derecho escocés, extensión de la jurisdicción de un tribunal, prórroga o ampliación de un plazo), **prorogate** (*der es*) (extender la jurisdicción de un tribunal; ampliar un plazo; prorrogar; nótese que la expresión del derecho escocés, como tantas otras, se parece a la española; en cambio, el sentido inglés es radicalmente distinto, tratándose de un «falso amigo» tan sorprendente que equivale al contrario de su parónimo español)]. *Cf* prolongation of time; continuation.

pros and cons *n*: argumentos a favor y en contra.

proscribe *v*: prohibir, proscribir. [Expresión: **proscribed organization** (organización proscrita o prohibida por el Ministerio del Interior de acuerdo con la ley)]. *Cf* ban, outlaw, prohibit.

prosecute *v*: procesar, acusar. *The prosecution must withdraw the charge if they cannot gather enough evidence.* [Expresiones: **prosecute a claim** (presentar una demanda), **prosecute a criminal** (encausar o enjuiciar a un delincuente), **prosecute a suit** (seguir un pleito o una causa), **prosecuting attorney** (*amer*) (abogado acusador o fiscal), **prosecuting authorities** (fiscales), **prosecuting witness** (testigo de cargo; V. *witness*), **prosecution** (acusación, procesamiento, seguimiento de una causa criminal, enjuiciamiento), **prosecution of an action** (ejercicio de la acción), **prosecutor** (fiscal, acusador público; V. *Crown prosecutor, private prosecutor*)]. *Cf* initiate a prosecution, private prosecution, DPP.

prostitute *n*: prostituta. [Expresión: **prostitution ring** (red de prostitución)]. *Cf* immoral earnings, procure, pimp, kerb-crawling, solicit.

protect *v*: proteger, amparar, tutelar. [Expresiones: **protected persons** (personas con derecho a protección oficial), **protected by law** (tutelado por la ley), **protected shorthold tenancy** (similar al *protected tenancy* pero por tiempo fijado), **protected tenancy** (contrato de arrendamiento regulado por leyes anteriores al *Housing Act* de 1988; V. *assured tenancy*), **protection** (protección, amparo; V. *constitutional protection, legal protection, procedural protection*), **protection and indemnity club** (club o asociación de protección e indemnidad; V. *club call*), **protection racket** (*amer*) (extorsión sistematizada), **protective** (protector, amparador, que protege), **protective award** (fallo que condena al empleador a pagar una indemnización a un empleado por despido sin preaviso o sin notificación suficiente; V. *dismissal, redundancy*), **protective custody** (prisión preventiva), **protective measures** (medidas de salvaguardia, medidas protectoras, medidas de protección), **protective trust** (fideicomiso alimenticio, fideicomiso vitalicio para amparar al beneficiario y su familia en caso de quiebra), **protector of settlement** (persona con derecho prioritario en el orden de sucesión o *settlement* de una propiedad; V. *settlor*)]. *Cf* constitutional protection, procedural protection, court protection, writ of protection.

protest *n/v*: protesta, protestar; protesto. *The Counsel for the Defence protested about the prosecution's treatment of his witness, but his objection was overruled.* [Expresiones: **protest in common form** (protesta del capitán, declaración hecha ante cónsul o notario por el capitán de un barco inglés al llegar a puerto, detallando las circunstancias irremediables que han ocasionado algún daño o perjuicio; V. *captain's protest; note of protest*), **protestable** (protestable; con gastos), **protest charges** (gastos de protesto), **protest for non-acceptance** (protesto por falta de aceptación), **protest for non-payment** (protesto por falta de pago), **protest of a bill** (protesto de una letra), **protestee** (protestado), **protestor** (acreedor que ordena levantar un protesto), **protested bill** (letra o efecto protestado), **under protest** (protestado)]. *Cf* file a protest, note a bill, serve a protest.

prove *v*: probar, comprobar, demostrar, verificar. [Expresiones: **prove a will** (homologar un testamento, hacerlo público), **prove by evidence** (demostrar por medio de pruebas), **prove one's case** (demostrar con argumentos la verdad que uno defiende), **prove the truth of one's statement** (demostrar la verdad de una declaración), **proved facts** (hechos probados)]. *Cf* establish.

proven, not (*der es*) *fr*: veredicto de «sin pruebas o de falta de pruebas». *Under Scots law there are three possible verdicts: guilty, not guilty, not proven. Cf* verdict.

provide¹ *v*: disponer, establecer, estipular, estatuir, fijar, señalar. *The specific provisions of an Act are laid out in numbered sections.* [Expresión: **provision** (disposición, precepto, artículo; V. *regulation*)].

provide² *v*: facilitar, ofrecer, proveer, suministrar. *The law provides the lender with remedies if the borrower doesn't pay his debt.* [Expresiones: **provide for acceptance** (cubrir aceptaciones), **provide guidance** (orientar), **provide with acceptance** (poner la aceptación), **provide with implements** (pertrechar, dotar de los medios necesarios), **provider** (proveedor), **provision** (abastecimiento, provisión), **provision of funds** (provisión de fondos)].

provided that *conj*: a condición de que, siempre que, con tal que.

provisional *a*: provisional, provisorio, cautelar, interino. *Bankruptcy orders usually include provisional measures to be taken until the estate is wound up.* [Expresiones: **provisional basis, on** (a título provisional), **provisional injunction** (mandato interlocutorio, requerimiento provisional), **provisional measures** (medidas provisionales), **provisional remedy**

(recurso interino, proceso cautelar)]. *Cf* qualified, conditional.

proviso *n*: condición, estipulación, requisito.

provoke *v*: provocar. [Expresión: **provocative** (provocativo)]. *Cf* defy.

provost (*der es*) *n*: alcalde. [Los *burghs* de Escocia equivalen a los *boroughs* de Londres, y están regidos por un *provost, bailies* y *councillors*]. *Cf* Lord Provost, councillor.

proximate *a*: próximo. [Expresiones: **proximate cause** (causa inmediata o próxima; son sinónimos de *proximate cause* los siguientes: *causa causans, causa proxima, dominant cause, efficient cause, immediate cause, legal cause, moving cause, next cause, producing cause*), **proximate consequence** (consecuencia inmediata, natural o próxima), **proximate damages** (daños inmediatos), **proximate result** (resultado natural)].

proxy *n*: poder, procuración, delegación; apoderado, mandatario, poderhabiente, representante o delegado en una junta. [Expresiones: **as proxy for** (en sustitución de), **by proxy** (por persona interpuesta, por poder), **proxy form** (impreso de representación; cuando el interesado no puede ir a un junta o reunión delega su voto por medio de este impreso; algunas sociedades mercantiles exigen que este representante sea un abogado en ejercicio —*a qualified legal practitioner*— o un auditor oficial —*an approved auditor*—), **proxy holder** (apoderado, poderhabiente)]. *Cf* procuration.

puberty *n*: pubertad.

public *a*: público. *Noise and pollution can be public nuisance*. [Expresiones: **public act** (ley general; ley de aplicación nacional o regional), **public administrator** (testamentario público de una sucesión *ab intestato*), **public accountant** (contador público; V. *certified public accountant*), **public attorney** (fiscal), **public auction** (subasta, venta en almoneda), **public authority** (organismo público autónomo, autoridad pública), **public bill** (proyecto de ley presentado por el gobierno; V. *private member's bill*), **public body** (organismo público), **public bond** (letra del

tesoro; V. *treasury bill, treasury bond*), **public bonded warehouse** (almacén afianzado para todos los importadores), **public domain** (información, terrenos o propiedades que están a disposición del público), **public corporation** (corporación pública o municipal; entidad de derecho público), **public debt** (deuda pública; V. *sink the public debt*), **public document** (escritura pública), **public domain** (dominio público; información, terrenos o propiedades que están a disposición del público; V. *public property*), **public easement** (servidumbre pública), **public enterprise** (empresa pública), **public funds** (fondos públicos), **public hearing** (vista pública, audiencia pública), **public instrument** (instrumento público), **public interest** (interés público), **public law** (derecho público), **public liability** (responsabilidad civil o pública, responsabilidad ante terceros), **public liability insurance** (seguro de responsabilidad civil), **public limited company, plc** (sociedad anónima que cotiza en Bolsa; V. *incorporated company*), **public nuisance** (delito contra la tranquilidad, seguridad o salud pública, por exceso de ruido, fabricación o venta de productos en mal estado, contaminación, etc.; *public nuisance* es un delito mientras que *private nuisance* simplemente es un ilícito civil; V. *nuisance*), **public order** (orden público), **public notary** (notario público), **public notice** (aviso al público), **public office/service** (cargo público), **public opinion** (opinión pública), **public peace** (orden público), **public plaintiff** (acusador público), **public policy** (política pública), **public property** (bienes públicos o de dominio público; V. *public domain*), **public prosecutor** (fiscal, acusador público; V. *Crown prosecutor*), **public record** (documento público, registro público, archivo público; V. *matter of public record*), **public service corporation** (empresa de servicio público), **public spending** (gasto público), **public trust** (fideicomiso público o de beneficencia), **public utilities** (empresas de interés público), **public welfare** (bienestar público), **public works** (obras públicas),

public wrong (acto ilícito civil de carácter público), **with public interest** (de interés o uso público; V. *affected with a public interest*)]. *Cf* become public, general public, go public.

publication *n*: publicación, edición, divulgación. [Expresiones: **publicise** (dar publicidad a), **publish** (publicar, promulgar; V. *issue*)].

puisne *a*: de segundo orden o rango (viene del francés antiguo *puis né*, nacido después). [Expresiones: **puisne judges** (jueces superiores, magistrados, magistrados de término; paradójicamente se aplica a los jueces del Supremo o superiores, quienes en jerarquía van detrás del *Lord Chancellor*, del *Lord Chief Justice* y del *President of the Family Division*), **puisne mortgage** (hipoteca secundaria sobre una propiedad o finca no inscrita en el registro; dado que el acreedor hipotecario original se queda normalmente con la escritura, es aconsejable que el tenedor de la segunda —que es de tipo legal o *legal*, a diferencia de la primera que es de equidad o *equity*— registre su derecho como carga sobre la propiedad)]. *Cf* judge.

punish *v*: castigar. *Speeding is punishable by a fine and ban from driving.* [Expresiones: **punishable** (punible, sancionable, castigable), **punishment** (pena, castigo, sanción), **punishment cell** (celda de castigo)].

punitive damages *n*: daños punitivos, daños ejemplares. *A court may award punitive damages if it comes to the conclusion that the defendant has calculated that the advantage to him of committing the tort would outweigh the damages against him.* *Cf* exemplary damages.

pur autre vie *fr*: durante la vida de otro. [Se aplica esta expresión en algunos tipos de contrato, como los de arrendamiento].

purchase *n/v*: compra, adquisición; comprar, adquirir. [Expresiones: **purchase order** (pedido u orden de compra, carta de pedido), **purchaser** (adquirente), **purchasing agent** (agente de compras), **purchasing power** (poder adquisitivo)]. *Cf* compulsory purchase order.

pure *a*: puro. [Expresiones: **pure accident** (accidente inevitable), **pure endowment** (dotación pura), **pure interest** (interés puro)].

purloin *v*: hurtar, sustraer, robar.

purport *n/v*: sentido, significado; pretender, dar a entender. *A letter purporting to be from the owner of the property arrived yesterday.* [Expresiones: **purported** (presunto), **purportedly** (presuntamente; V. *allegedly*)].

purpose *n*: intención, propósito, objeto. *In the criminal law it is sufficient to show that the accused was aware of the probable consequences of his act to establish that his purpose was criminal.* [Expresiones: **on purpose** (a propósito), **purpose trusts** (se trata de fondos excepcionales, creados para el cuidado de animales, el mantenimiento de tumbas, para que digan misas en sufragio de los fallecidos, etc.)]. *Cf* object, stated purpose, mens rea.

purser *n*: sobrecargo (de un barco o avión).

pursue *v*: procesar, demandar; proseguir, seguir, continuar. *He will not be allowed to pursue if he does not put up $1,5 m security for costs.* [Expresiones: **pursuance** (cumplimiento), **pursuance of, in** (de conformidad con, a tenor de, en cumplimiento de; V. *under*), **pursuant to** (en virtud de, en aplicación de, de conformidad con, de acuerdo con, a tenor de lo dispuesto), **pursue a policy** (aplicar una política), **pursuer** (*der es*) (demandante; equivale al *plaintiff* del derecho inglés), **pursuit** (búsqueda; persecución, persecución, persecución; ejercicio; V. *hot pursuit*)].

purvey *v*: proveer, suministrar. *The witness was described as a purveyor of wines and spirits.* [Expresión: **purveyor** (abastecedor)].

put *n*: opción de venta de una opción. [Se puede vender o comprar una opción de venta. La primera da opción a vender ese activo en la fecha acordada; la segunda obliga a comprar el bono por el precio acordado. Expresión: **put option** (opción de venta de acciones, prima de opción a vender; V. *call-and-put option, seller's option*)].

put *v*: poner. *He put in a claim to his insurance company when his house was burgled.* [Expresiones: **I put it to you** (diga ser cierto

que...; V. *I submit*), **put a motion to the vote** (someter a votación una moción), **put down on the agenda** (incluir en el orden del día), **put forward** (exponer, presentar, plantear, sugerir), **put in** (presentar, cursar; V. *file*), **put in a bid** (pujar), **put in a demurrer, a plea, a claim** (presentar o cursar una defensa de excepción, un alegato, una demanda o reclamación; V. *plead*), **put in capital** (aportar capital), **put into effect** (ejecutar), **put into execution** (poner en ejecución), **put off**
(posponer), **put on record** (elevar a documento público, dejar constancia; V. *convert into a public document oro deed*), **put over** (prorrogar, diferir), **put to a vote** (someter a votación), **put to death** (ajusticiar, ejecutar), **put up** (aportar), **put up bail** (pagar la fianza), **put up something for auction** (sacar a pública subasta, subastar, rematar; V. *auction*), **put up something for sale** (poner en venta, sacar a la venta)].

putative *a*: putativo. *Cf* pretended child.

Q

QB/QBD *n*: V. *Queen's Bench Division*.

QC *n*: V. *Queen's Counsel*.

qua *prep*: en funciones de, en su condición de. *The Lord Chancellor took this decision qua head of the Judiciary. Cf* acting, in the capacity of.

qualification¹ *n*: capacitación profesional, preparación, formación. [En plural, *qualifications*, significa «formación, capacidad y méritos»].

qualification² *n*: salvedad, excepción.

qualify¹ *v*: habilitar, capacitar, autorizar; tener derecho a, cumplir los requisitos. *October the 10th is the qualifying date to register as an elector in Great Britain.* [En esta acepción, el adjetivo *qualified* equivale a «profesional, preparado, que reúne las condiciones o requisitos, que está en posesión del título que lo habilita para el ejercicio de una profesión», aunque haya calado en algunos usos el anglicismo *cualificado*. Expresiones: **qualified elector** (elector habilitado), **qualified judge** (juez de carrera o profesional; V. *lay magistrate*), **qualified voter** (elector habilitado), **qualifying date** (fecha límite) **qualifying period** (período o plazo legal o que ha sido fijado reglamentariamente), **qualified possession** (posesión limitada)]. *Cf* entitle.

qualify² *v*: restringir, limitar. [En esta segunda acepción, significa «restringir» y *qualified* equivale a «condicional, limitado, con salvedades», siendo sinónimo de *conditional* y antónimo de *absolute*. En algunos casos puede ser ambiguo el significado; por ejemplo, *a qualified opinion* puede ser «un dictamen autorizado» o «un dictamen restrictivo». Expresiones: **qualified acceptance** (aceptación limitada, especificada o condicional), **qualified endorsement** (endoso limitado o condicional), **qualified estate** (posesión contingente o limitada), **qualified interest** (interés limitado), **qualified oath** (juramento limitado o condicional), **qualified owner** (tenedor de interés limitado), **qualified1 privilege** (inmunidad limitada; se puede tener inmunidad ilimitada para ciertas situaciones, por ejemplo, para hablar mal de alguien sin incurrir en el delito de difamación; esta situación se puede presentar al informar de lo sucedido o en el Parlamento, o al llamar la atención sobre una injusticia pública y manifiesta, siempre que se haga sin ánimo de ofender y con la debida precisión y objetividad; V. *absolute privilege*), **qualified property** (interés limitado, dominio imperfecto), **qualified rights** (derechos limitados o condicionales)]. *Cf* conditional; absolute.

qualify³ as *v*: efectuar estudios de, prepararse, capacitarse, habilitarse.

qualify⁴ for *v*: cumplir los requisitos, tener derecho. *She qualifies for unemployment pay. Cf* entitle.

quango *n*: organismo para-estatal. *The University Grants Committee is one instance of a quango.* [La palabra *quango* se forma con las siglas de qu*asi-autonomous* non-*governmental* o*rganization*].

quantity surveyor *n*: aparejador. *Cf* surveyor.

quantum *n*: cantidad, cuantificación, cuanto. *As they could not agree on the quantum of damages they had to go to trial.* [En muchos procesos por incumplimiento de contrato, el demandante solicita que se le indemnice «lo que se considere justo» por lo que ya hizo; y si el pleito es por mercancías, «por su valor». Expresiones: **quantum of damages** (cuantificación de la indemnización por daños y perjuicios), **quantum meruit** (tanto como se ha merecido, lo que se considere justo), **quantum valebat** (tanto como valía, por su valor)].

quarantine *n*: cuarentena.

quarter *n*: trimestre. [Es frecuente que la renta de alquiler se abone por anticipado en los llamados **quarter days** (días en que se debe abonar el alquiler: 25 de marzo, 24 de junio, 29 de septiembre y 25 de diciembre; V. *Lady's Day*), **quarter session** (*obs*) (antiguos tribunales de lo penal, sustituidos en la actualidad por el *Crown Court*), **quarter's rent** (alquiler trimestral; V. *quarter days*)].

quash *v*: anular, invalidar, casar, abrogar, derogar. *Her conviction was quashed on appeal.* [Esta anulación se produce por decisión judicial, mientras que *repeal*, por ejemplo, se debe a decisión parlamentaria o gubernamental; *quash* etimológicamente está relacionada con *cassare*]. *Cf* cassare, set aside, strike out/off; annul, abrogate, repeal, abate[4]; annulment, abatement; derogate; overrule, repel, overturn.

quasi *a*: cuasi. Se aplica en expresiones como *quasi-contractual, cuasi crime, quasi tort*, etc., con el mismo significado que en español. [Expresiones: **quasi-contract** (cuasi contrato), **quasi easement** (cuasi servidumbre), **quasi entail** (derecho de usufructo o posesión y sucesión que termina con la muerte del creador del vínculo), **quasi judicial** (cuasi judicial; se dice de la capacidad decisoria y de interpretación que nace del poder ejecutivo más que de la aplicación de las leyes), **quasi-**

public corporation (persona privada de derecho público)].

quay *n*: muelle de atraque.

Queen's Bench Division (QB/QBD) *n*: La *Queen's Bench Division* es la sala más importante del *High Court of Justice* y conoce de cualquier tipo de demanda civil; dentro de esta división está también el *Admiralty Court* y el *Commercial Court* que entienden de cuestiones mercantiles (por ejemplo, los pleitos del mundo de los seguros). Esta división también tiene jurisdicción de apelación en lo penal en las causas juzgadas en Tribunales de Magistrados o *Magistrates' Court* y en el Tribunal de la Corona o *Crown Court*.

Queen's Counsel (QC) *n*: barrister. [Cada año la reina eleva a la categoría de *Queen's Counsel* a los *barristers* que han destacado profesionalmente. Se les llama también *silks* porque sus togas son de seda; a los demás *barristers* se les llama simplemente *barristers* o *junior barristers*. Cuando el titular de la corona es un rey, el *Queen's Bench* se llama *King's Bench*].

Queen's evidence *fr*: V. *turn Queen's evidence*.

Queen's Proctor *n*: representante del Estado con capacidad para intervenir en las demandas complejas de divorcio y de testamentaría. [El cargo lo suele ostentar el Letrado de Hacienda (*Treasurer Solicitor*)].

querela *n*: acción; demanda, querella.

question *v/n*: pregunta; cuestión; interrogar preguntar; dudar; disputar; recusar. [Expresiones: **question at issue** (cuestión palpitante), **question of fact** (cuestión de hecho; V. *facts in issue*), **question of law** (cuestión de derecho), **question time** (V. *statement of facts*), **questioner** (interrogador), **questioning** (interrogatorio), **questionnaire** (cuestionario de encuestas sociológicas, etc.), **questions from the floor of the House** (turno de preguntas abierto a los diputados que no ostentan cargo; V. *interpellation*)]. *Cf* preliminary question; propound a question.

quia timet bill *n*: solicitud de una orden judicial para impedir un daño futuro; en esta solicitud se pide al tribunal que el demandado haga o no haga algo a fin de evitar un daño previsto en sus bienes, porque se teme (*quia timet*) que sin esa orden los daños sean irreparables. *Cf* injunction.

quick *a*: rápido. [Expresiones: **quick assets** (activo disponible o realizable, valores realizables; V. *net quick assets; current assets, circulating assets, floating assets, liquid assets, working assets*), **quickie** (*col*) (divorcio por procedimiento rápido)]. *Cf* summary; net quick assets.

quid pro quo *fr*: *quid pro quo*, una cosa por otra, equivalente.

quiet enjoyment *n*: posesión pacífica y tranquila por parte del arrendatario, derecho del inquilino a disfrutar de la posesión de la vivienda alquilada sin trabas de ningún tipo.

[Cuando se trata de un bien comprado, se utiliza en el contrato de compraventa el término **quiet possession** (disfrute y posesión plena de lo adquirido)].

quit *v*: abandonar. [Expresiones: **quitclaim** (finiquito), **quittance** (finiquito, descargo)]. *Cf* settlement, full and final settlement.

quod (*argot*) *n*: cárcel, chirona, trena, etc. *He fiddled the Stock Market and wound up in the quod. Cf* jail, clink, gaol, jug, cooler.

quorum *n*: quórum.

quota *n*: cuota, contribución; cupo, contingente. [Expresión: **quota system** (sistema de cuotas)]. *Cf* opened quota.

quote *v*: citar; cotizar (precio). [Expresión: **quoted company** (mercantil cuyas acciones cotizan en Bolsa; V. *listed company*)].

R

R *n*: abreviatura de rey (*Rex*) o reina (*Regina*).

r & d *n*: V. *research and development*.

race *n*: raza, etnia. *The politician's racist remark called forth a storm of protest*. [Expresiones: **Race Relations Act** (Ley de relaciones interraciales), **Race Relations Board** (Comisión encargada de la vigilancia del cumplimiento del *Race Relations Act*, ahora llamada *Commission for Racial Equality*), **racial** (racial), **racial segregation** (segregación racial), **racist** (racista)]. *Cf* stir up.

rack rent *n*: arriendo exorbitante. *Cf* rent, quarter's rent.

racket (*amer*) *n*: extorsión sistematizada. *Some areas of American trade and local government are said to be bedevilled by racketeers and gangsters*. [Expresiones: **racketeer** (extorsionista, extorsionador, pandillero, bandolero), **Racketeer influenced and corrupt organizations act, RICO Act** (Ley contra el crimen organizado), **racketeering** (bandolerismo, extorsión de chantaje e intimidación)]. *Cf* protection racket.

raid *n/v*: redada policial; hacer una redada; irrumpir en un local. *The police have raided several night clubs where they found drugs. Cf* bear raiding, dawn raid, police swoop.

railway bill *n*: documento fehaciente de contrato de mercancías por ferrocarril. *Cf* air consignment note, consignment note, note.

raise *v*: elevar, subir, levantar, alzar; promover, fundar, promocionar; reunir. *The company is desperately trying to raise funds to stave off bankruptcy*. [Expresiones: **raise a loan** (conseguir un empréstito), **raise a point** (plantear una cuestión; V. *point of order*), **raise a mortgage** (levantar una hipoteca; V. *lift, remove*), **raise a presumption** (suscitar una presunción), **raise a requisition on title** (solicitar un certificado oficial que garantice que un inmueble está libre de cargas; V. *requisition*), **raise an embargo, an injunction,** etc. (alzar, levantar un embargo, un entredicho, etc.; V. *lift, remove*), **raise an objection** (formular un reparo u objeción; V. *overrule an objection*), **raise cash/money** (arbitrar recursos, recoger fondos, sacar dinero, procurar(se) dinero o efectivo, movilizar fondos; V. *club*), **raise difficulties** (suscitar dificultades), **raising an embargo or attachment** (desembargo)].

rampage *n* : turbulencia, alboroto.

range of *n*: hilera, serie, fila, gama, banda. [Expresión: **range of tide** (amplitud de la marea)].

rank *n/v*: grado, rango, categoría, dignidad, empleo, honores, graduación; figurar, contarse entre, encuadrarse, colocarse, clasificar. *An envoy ranks between an ambassador and a chargé d'affaires*. [Expresiones: **in the ranks** (en filas, en el servicio militar), **rank and file** (soldado raso; aplicado a partidos políticos, sindicatos, etc., significa «bases de un partido, militantes de base»; V. *backbencher, frontbencher*), **ranking** (clasificación, orden de importancia, lugar que se ocupa en una clasificación)].

ransack *v*: saquear.

ransom *n*: rescate, redención.

rapacious *a*: rapaz, con tendencia al robo, hurto o rapiña.

rape *n/v*: violación, estupro; violar. *Carnal knowledge with a female under the age of consent constitutes rape.* [Expresión: rapist (violador)]. *Cf* attempted rape, incitation to rape, accessory to rape, access, sexual abuse, sexual assault, sexual harassment.

rapporteur *n*: ponente. [Expresión: judge acting as rapporteur (juez ponente)].

rash *a*: temerario, imprudente. [Expresión: rash presumption (suposición temeraria o infundada, indicio leve)].

rate *n/v*: índice, coeficiente, tasa, tarifa, flete; cambio, canon; proporción, grado, razón, tipo, cotización, impuesto o contribución municipal; precio, honorarios; rédito; valor; tasar, evaluar, calificar, baremar. *This company has a low financial rating.* [Expresiones: rate base (base tarifada), rate of exchange (tasa de cambio, tipo de cambio, cotización de divisas), rate of interest (rédito, tipo o tasa de interés, precio del dinero), rate of issue (tasa de emisión), rate of rental (canon de arrendamiento), rate of return (tasa o índice de rendimiento o beneficio; V. *yield rate, output rate*), rate per cent (tanto por ciento), rateable (valuable, tasable), rated concern (empresa clasificada por una agencia de crédito), ratepayer (contribuyente municipal), rating (categoría, rango; clasificación, tasación, valor asignado), rating bureau (agencia ajustadora de tipos de prima, agencia calificadora; V. *financial rating; credit bureau*)]. *Cf* average rate, bank rate, birth rate, mortality rate, poll tax; poll.

ratify *v*: ratificar, confirmar. *When he was of age he ratified the contract that had been signed by him when he was a minor.* [Expresión: ratification (ratificación)]. *Cf* adopt, approve; repudiate.

ratio *n*: índice, razón, cociente, relación, coeficiente, proporción, porcentaje, grado. *It is the "ratio decidendi" in a given decision that may serve as a precedent in a future similar case.* [Expresiones: ratio decidendi (fun-damentación de una sentencia; V. *obiter dictum, precedent, distinguish*), ratio of collection (índice de cobros)]. *Cf* current ratio, working capital ratio.

raw materials *n*: materias primas.

re- *prefijo*: re-, de nuevo; volver a. *Once you have given your promise, you cannot recall it.* [Expresiones: readjournment (nuevo aplazamiento), readmission (readmisión), readmittance (readmisión), reappraisal (reavalúo), reappraisement (revaluación, retasación), reassume (arrogarse de nuevo), reassurance (reaseguro), rebound tax (impuesto repercutido), recall (revocación, retiro; revocar, anular, destituir; V. *annul, call back*), recapitalization (recapitalización), recaption (rescate legal de los bienes embargados, secuestrados o retenidos ilegalmente), recapture (rescate, recupe-ración; represa de un navío), recapture of earnings (reintegro al Tesoro del superávit de las empresas públicas), recede from a contract (retractarse, volverse atrás en un contrato), reclaim (reclamar), recompense (resarcir un daño, indemnizar, recompen-sar; V. *reward*), reconcile (reconciliar), reconcilement (reconciliación), recon-ciliation (conciliación), reconvene (convocar de nuevo, reunirse de nuevo), reconvention (reconvención, contrademanda), reconversion (reconversión; ficción mediante la cual una conversión anterior, puramente imaginaria, de una finca, etc., en su valor crematístico queda anulada por una segunda conversión que «restituye» la propiedad a su estado ante-rior, que en realidad nunca cambió; V. *conversion²*), reconvey (transferir a un poseedor precedente), recoup one's losses (resarcirse de las pérdidas), recoupment (reembolso, resarcimiento), recover (recu-perar, recobrar, resarcirse, recuperar de daños y perjuicios), recoverable (recuperable, indemnizable, recobrable, reivindicable; V. *debtor in default, write-off*), recovery (resarcimiento, recuperación), recross-exam-ination (repregunta), redeliver (devolver), redelivery (devolución, restitución), redemise (restituir, devolver), **redirect examination** (segundo interrogatorio directo), **rediscount** (redescuento; redescontar), **reexamine** (volver a examinar o inspeccionar), **regrant** (restitución), **rehabilitate** (rehabilitar, reinsertar), **rehabilitation** (rehabilitación, reinserción), **rehear** (repetir un juicio o vista oral), **rehearing** (nueva vista pública, nuevo juicio, nueva audiencia), **rehouse** (realojar, acomodar en nuevas viviendas), **reimburse** (reembolsar, reintegrar), **reimbursement** (reembolso, reintegración; V. *withdrawal*), **reinstate** (readmitir, rehabilitar, restablecer), **reinstatement** (readmisión, reposición; V. *unfair dismissal, dismissal statement*), **reinsurance** (reaseguro), **reinsurance pool** (consorcio de reaseguro; V. *syndicate*), **reintegration of a prisoner** (reinserción/rehabilitación social de un penado), **rejudge** (juzgar de nuevo; V. *rehear*), **relocation** (reasentamiento), **renegotiate** (reajustar, renegociar), **renegotiation** (renegociación), **renew** (prorrogar, extender, reanudar, renovar; se aplica a *contracts, bills of exchange,* etc.), **renewal** (renovación), **reopen a case** (reabrir la causa), **re-opening** (reanudación), **reorganization** (reorganización), **reorganize** (reorganizar, reconstituir), **repay** (reembolsar, reintegrar, devolver), **repayment** (pago, reembolso, devolución), **replacement** (renovación, reemplazo, sustitución), **replacement cost** (costo o valor de reposición, reemplazo o renovación; amortización; V. *repairs, betterment*), **replead** (presentar alegatos nuevos), **repleader** (alegatos nuevos), **replenishment** (nueva provisión de fondos o existencias), **repleviable** (reivindicable), **replevin/replevy** (réplica, derecho de disponer de lo que se había embargado; recurso de amparo, acción de reivindicación; reivindicar; desembargar, alzar el embargo o secuestro), **replevisor** (reivindicador; V. *action of replevin*), **replevy bond** (fianza reivindicatoria), **repossess** (V. *repossess*), **repurchase** (readquisición por el vendedor original), **re-registration** (transformación o adaptación de una mercantil en otra con nueva

inscripción en el registro mercantil), **resale** (reventa, venta de segunda mano), **resell** (revender), **resell back** (retrovender), **reset** (*der es*) (receptar; receptación de objetos robados; V. *receiving stolen goods, handling*), **resetter** (perista, el que recibe los géneros robados), **resettlement** (traslado), **resettlement allowances** (indemnizaciones por traslado), **reship** (reembarcar), **reshipment** (reembarque), **re-training** (reconversión profesional; V. *vocational retraining*), **retransfer** (retransmisión), **retrial** (nuevo juicio ordenado por el tribunal de apelación; V. *new trial, review*), **retry** (conocer de nuevo, celebrar un nuevo juicio), **revaluation** (revaluación, revalorización, revalúo, adaptar el valor que consta en los libros al precio del mercado), **revest** (volver a la propiedad de, recuperar la propiedad de)].

ready *a*: listo, dispuesto. [Expresiones: **readiness** (V. *notice of readiness*), **ready money** (efectivo, dinero contante; V. *cash*)].

re[1] *fr*: con relación a; asunto. *Re your enquiry of 28 April, we enclose details of our offer.*

re[2] *fr*: en el proceso de, en la causa de. *This issue arose in re Smith's will (1972).* [En los *Law Reports*, o compilaciones de decisiones judiciales, se emplea la fórmula *(in) re ...* seguida por el apellido del demandante o interesado o la materia objeto de litigio].

ready for sea *fr*: a son de mar. *Cf* seaworthy.

real *a*: efectivo, real, material. *Real evidence usually takes the form of physical objects, called "exhibits", or a person's physical appearance.* [Expresiones: **real action** (antiguamente, demanda cuyo objeto era la recuperación de bienes inmuebles), **real assets** (bienes inmuebles, bienes raíces; V. *real estate, realty, property*), **real bond** (bono inmobiliario, bono hipotecario), **real evidence** (pruebas reales o materiales), **real injury** (perjuicio material), **real defence** (legítima defensa o legal), **real estate** (bienes raíces o inmuebles; propiedad real; V. *realty, estate, real assets*), **real estate agency** (agencia de la propiedad inmobiliaria), **real estate agent/broker** (agente de la propiedad inmobiliaria), **real estate bond** (bono hipotecario), **real estate mortgage** (hipoteca inmobiliaria), **real estate tax** (impuesto sobre bienes raíces, contribución inmobiliaria), **real property** (bienes inmuebles), **real security** (garantía hipotecaria), **realty** (bienes raíces; V. *real estate; personal property*)]. *Cf* actual.

realise¹, realize *v*: liquidar, convertir en efectivo. *The duties of the trustee in bankruptcy are to administer and to realise the bankrupt's estate for the creditors.* [Expresiones: **realizable value** (valor realizable), **realization** (realización), **realization value** (valor en liquidación)].

realise², realize *v*: darse cuenta, comprender, ver, hacerse cargo.

reason *n/v*: argumento, alegato, defensa, razón, motivo; motivar, razonar. *She said that she had reasonable grounds for suspicion.* [Expresiones: **by reason of** (a causa de), **reasonable** (fundado, razonable, racional, moderado, decoroso, justo, prudencial, equitativo, legítimo, lógico, suficiente), **reasonable doubt** (duda razonable; V. *proof beyond reasonable doubt*), **reasonable evidence** (indicios racionales de criminalidad), **reasonable grounds** (motivos fundados), **reasoned decision** (sentencia motivada), **reasoned opinion** (dictamen motivado), **reasoning** (razonamiento)]. *Cf* argument, ground, proof.

rebate *n/v*: devolución o desgravación fiscal, bonificación; desgravar, reducir, descontar, anular. *We bought a new TV with the tax rebate we got last month. Cf* allowance.

rebel *n/v*: rebelde; rebelarse, sublevarse. [Expresiones: **rebellion** (rebelión, acto de rebeldía; V. *uprising*), **rebellious** (rebelde)].

rebut *n*: refutar, contradecir, rebatir. *A binding presumption in a contract can be rebutted by the express words of the parties.* [Expresiones: **rebuttable** (refutable, disputable), **rebuttable presumption** (presunción refutable o disputable, presunción simple; V. *res ipsa loquitur*), **rebuttal** (refutación), **rebutter** (contrarréplica a la tríplica, respuesta a la tríplica, refutación; V. *surrebutter*), **rebutting evidence** (contraprueba)].

recaption *n*: recobro o recuperación de bienes.

receipt *n*: recibo, resguardo, carta de pago, recibí, talón; recepción; extender un recibo, finiquitar una deuda, dar recibo. *You should keep the receipt as proof of payment.* [Expresiones: **receipt and expenditures** (entradas y salidas), **receipt in full** (finiquito, recibo por saldo de cuenta), **receipt of goods** (recepción de la mercancía)].

receive *v*: recibir, cobrar, percibir. *The company has stopped payments and an official receiver has been called in.* [Expresiones: **receivable** (a/por cobrar, vencido), **receivables** (partidas a cobrar, activo exigible), **receiver** (receptor), **receiver or trustee in bankruptcy** (síndico de la quiebra, administrador concursal, depositario, tenedor, consignatario, síndico; V. *official receiver, referee*), **receiver of stolen goods** (receptador), **receiver of taxes** (recaudador de impuestos; V. *tax collector*), **receiver's certificate** (certificado del síndico), **receivership** (sindicatura, receptoría, administración judicial; V. *friendly receivership, go into receivership, temporary receivership*), **receiving book** (libro de entradas), **receiving order** (auto de declaración judicial de quiebra; los antiguos *receiving orders* y *adjudication orders* han sido sustituidos por el *bankruptcy order*), **receiving stolen goods** (receptación de cosas robadas; V. *handling, fence*)].

recess *n*: suspensión, descanso; vacaciones parlamentarias. *Cf* adjournment.

recession *n*: regresión económica, retroceso de la actividad económica, recesión.

recidivist *a*: reincidente, delincuente habitual; recidivista. *Cf* habitual offender.

recipient *n*: beneficiario, destinatario. *Cf* beneficiary.

reciprocal *a*: bilateral, mutuo, recíproco. [Expresiones: **reciprocate** (reciprocar), **reciprocity** (derecho u obligación recíprocos, reciprocidad)]. *Cf* mutual, bilateral.

recitals *n*: relación de hechos contenida en un instrumento legal; preámbulo de un instrumento o escritura. *Cf* body of a deed, part, witnessing part.

reckless *a*: temerario, imprudente. *In criminal law* reckless *means "giving no thought or being indifferent to an obvious risk"*. [Expresiones: **be reckless** (cometer una imprudencia, ser imprudente o temerario), **reckless driving** (conducción temeraria o peligrosa, caracterizada por la negligencia grave o la imprudencia temeraria; este término es sinónimo de *dangerous driving*; V. *inconsiderate driving, careless driving, dangerous driving*), **recklessly** (temerariamente; V. *intentionally*), **recklessness** (imprudencia temeraria)]. *Cf* inconsiderate driving, careless driving, dangerous driving, drunk driving.

recluse *n*: recluso, inmate. [Expresión: **reclusion** (reclusión)].

recognition *n*: reconocimiento, gratitud, agradecimiento; fama, renombre. *The knighthood was bestowed on him in recognition of his services*. [Expresiones: **recognition strike** (huelga para reconocimiento del gremio; V. *sympathetic strike, wildcat strike*), **recognizance** (compromiso u obligación formalizado ante un tribunal; a veces, los acusados pueden quedar en libertad sin fianza hasta la celebración del juicio, debido al prestigio o reputación que le consta al juez que tienen), **recognizance of debt** (reconocimiento de deuda; V. *on one's own recognizance, release on one's own recognizance*), **recognize** (reconocer), **recognize an obligation** (reconocer una obligación), **recognize the speaker** (conceder la palabra), **recognizee** (beneficiario de un reconocimiento), **recognizor** (autor o agente de un reconocimiento)]. *Cf* refuse recognition.

recommend *v*: recomendar, acreditar, aconsejar. *In sentencing the man to life imprisonment, the judge included a recommendation that he should have a minimum of fifteen years*. [Expresión: **recommendation** (recomendación; propuesta)].

record *n*: acta, informe, memorial, autos procesales, actas, sumario, protocolo judicial; registro, inscripción. *Courts have an obligation to keep a full and accurate record of all proceedings*. [Expresiones: **on the record** (en el acta; V. *place on the record; off the record*), **record date** (fecha según registro; V. *date of record*), **record of convictions** (antecedentes penales o delictivos; V. *criminal background, antecedents*), **record of marriage** (acta de nacimiento; V. *narriage certificate*), **record of the proceedings** (actas del proceso, actas de las actuaciones, acta de las deliberaciones), **record office** (archivo), **record on appeal** (expediente de apelación), **records** (documentación), **there is no record** (no consta en acta)]. *Cf* public record, minutes, transcript, verbatim record; agree as a correct record, put on record.

record *v*: inscribir, registrar, anotar, hacer constar en acta. [Expresiones: **record a mortgage** (registrar una hipoteca), **recorded delivery** (entrega con acuse de recibo)].

recorder *n*: juez auxiliar de los *County Courts* o *Crown Courts*, juez instructor, juez municipal. *A recorder is barrister or solicitor appointed as a part-time judge*. *Cf* judge.

recourse *n/v*: recurso, remedio; recurrir. [Expresión: **have recourse** (apelar, recurrir)]. *Cf* appeal.

recover *v*: recobrar, recuperar. [Expresiones: **recover consciousness** (recobrar el conocimiento), **recover oneself** (volver en sí), **recovery** (recuperación)].

recruitment office *n*: centro, sección, agencia o departamento de selección de personal.

rectify *v*: rectificar, modificar, reequilibrar. *Deeds, contracts and other written instruments may be rectified with the consent of both parties*. [Expresiones: **rectification** (rectificación, modificación); **rectification of boundary** (rectificación de fronteras o límites)].

recur *v*: repetirse, recurrir, salir u ocurrir repetidamente, aparecer una y otra vez. *His name recurs several times in the records of the case*. [Expresiones: **recurrence** (reaparición, reincidencia), **recurrent** (periódico, que se repite, recurrente)].

red *a*: rojo. [Expresiones: **be in the red** (estar en números rojos; V. *red ink*), **red-handed** (*in fraganti*, con las manos en la masa), **red-herring** (pista falsa, trampa para desviar la atención del investigador), **red tape** (papeleo administrativo, rutina, burocracia; V. *paper work*)].

reddendum *n*: cláusula de un contrato de alquiler en donde se especifican la cantidad a pagar y los plazos acordados.

redeem *v*: cancelar, redimir, amortizar. [Expresiones: **redeem a loan** (amortizar un préstamo), **redeem a mortgage** (cancelar una hipoteca), **redeem a pledge,** etc. (desempeñar o liberar una prenda, etc.), **redeem a promise** (cumplir una promesa), **redeem shares** (reembolsar acciones), **redeemable** (redimible, rescatable, reembolsable, amortizable), **redemption** (amortización de deudas, bonos, obligaciones, etc., redención, rescate, cancelación), **redemption fund** (fondo de redención, de amortización)]. *Cf* callable.

redress *n/v*: reparación, compensación, desagravio, satisfacción, justicia; reparar, compensar, remediar, equilibrar. *Civil actions are brought to redress wrongs or injuries the plaintiff claims he has suffered.* [Los términos *remedy*, *redress* y *relief* son sinónimos parciales; el primero es el más general y se aplica normalmente a las reparaciones o compensaciones económicas por daños y perjuicios; el segundo se refiere a la reparación o desagravio por medio de la recuperación o reconocimiento de un derecho, etc., y el tercero es sinónimo de remedios de equidad. Expresiones: **redress a wrong/grievance** (reparar una injusticia, daño o perjuicio), **redress of grievances** (desagravio, reparación de agravios)]. *Cf* remedy, relief, give redress.

reduce *v*: disminuir, rebajar, reducir, cercenar. *The sentence was reduced on appeal.* [Expresión: **reduction** (reducción, rebaja, disminución)]. *Cf* abate, curtail.

redundancy *n*: excedente de plantilla, expediente de regulación de empleo. *The relations between management and labour force have been strained by the recent spate of redundancies.* [Expresiones: **redundancy payment** (indemnización por despido), **redundant** (excedente, redundante, superfluo, ocioso)]. *Cf* pay off, lay off, early retirement, voluntary redundancy; make someone redundant.

refer *v*: remitir, someter; referir. *The matter has been referred to a committee.* [Expresiones: **referee** (administrador judicial de la quiebra, ponente de la quiebra, juez de la quiebra; interventor del concurso nombrado por los acreedores, síndico en quiebras, árbitro, ponente, componedor amigable, hombre bueno, amigable componedor, funcionario auxiliar del Tribunal; V. *receiver, trustee in bankruptcy*), **reference** (referencia; remisión, informe para solicitud de trabajo, mención, alusión, bibliografía; V. *call number*), **reference on consent** (referencia al ponente con consentimiento de las partes), **with reference to** (en lo que afecta a; V. *with respect to*), **referral** (remisión, referencia)].

referendum *n*: referéndum.

refine *v*: perfeccionar, pulir, mejorar, clarificar.

reflect *v*: mostrar a la luz a una persona o institución; si no aparece ningún adverbio positivo, siempre se toma con significado negativo como «reprochar, dejar en mal lugar, decir poco en favor, poner en tela de juicio». *Your behaviour reflects on the whole institution.* [Expresión: **reflection** (censura, tacha)].

reform *n/v*: reforma; reformar(se). [Expresiones: **reformatory** (reformatorio, establecimiento penitenciario), **reformer** (reformador, reformista)].

refuge *n*: refugio, asilo. [Expresión: **refugee** (refugiado, asilado)]. *Cf* take refuge.

refund *n/v*: devolución, reembolso, reintegro; bonificar, reembolsar, amortizar. *The customer returned the unsatisfactory goods and asked for the money to be refunded.* [Expresiones: **refunding** (reintegro, amortización), **refundable** (reintegrable, reembolsable), **refunding bond** (bono de conversión, bonos de reintegración o de refundición), **refunding mortgage** (hipoteca de reintegración)].

refuse *n*: denegar, negar. *The prisoner was found guilty and leave to appeal was refused.* [Expresiones: **refusal** (denegación, rechazo, negativa, repulsa), **refuse an application** (denegar, desestimar, no admitir a trámite una petición, instancia o solicitud; V. *grant leave*)]. *Cf* grant, quash, uphold, dismiss.

refute *v*: refutar, rebatir. [Expresiones: **refutable** (refutable, impugnable), **refutation** (refutación)]. *Cf* disprove, confute.

regard to, with *fr*: en materia de.

register *n/v*: acto de registrar; inscripción, asiento, asiento registral, anotación a registro, matrícula; libro de registro; establecimiento de registro; inscribir(se), registrar(se), matricular, consignar, certificar. *If your name is not on the register, you can't vote.* [Expresiones: **register a ship** (abanderar un buque), **register book** (libro de registro), **register of electors** (censo electoral), **register of members, ships,** etc. (lista o registro de socios, buques, etc.), **register tonnage** (tonelaje de registro), **registered bond/share,** etc. (bono/acción, etc., nominativos; V. *bearer*), **registered capital** (capital nominal), **registered company/corporation** (sociedad inscrita en el registro mercantil; V. *corporation incorporated by royal charter; chartered company, statutory companies*), **registered holder** (tenedor inscrito), **registered land** (finca o propiedad inscrita en el registro), **registered mail** (correo certificado), **registered office** (domicilio social; V. *domicile, address for service*), **registered property** (bienes inmuebles inscritos o registrados), **registered trademark** (marca registrada)]. *Cf* net register, property register, proprietorship register.

registrar *n*: registrador; secretario o registrador judicial, juez auxiliar. [El *registrar* actúa de Escribano Oficial o Secretario del Tribunal (*Clerk of the Court*), siendo responsable de la organización administrativa de los *Count Courts*, y también puede actuar de juez auxiliar en algunos casos. Otra de sus funciones es velar por el cumplimiento de las normas procesales (*rules of the court*),

especialmente durante las diligencias previas a la vista oral, resolviendo los problemas que puedan surgir en la aplicación de las mismas; igualmente se encarga del seguimiento de las fases procesales que siguen al fallo judicial (*post-judgment stages of the case*). [Expresiones: **Registrar General** (Registro de la Propiedad Inmobiliaria en Irlanda del Norte; V. *H.M. Land Registry, Department of the Register of Scotland*), **registrar of companies** (secretario del Registro de Sociedades), **registrar of deeds** (registrador de la propiedad), **registrarship** (registro, registraduría, funciones de registrador o archivero)].

registration *n*: asiento registral, asiento de inscripción, inscripción, (acto de) inscripción en el registro; matriculación, abanderamiento. [Expresiones: **registration and transmittal** (regístrese y comuníquese a quien corresponda), **registration fee** (derechos de inscripción, etc.), **registration number** (número de matrícula de un coche; número de registro o de inscripción), **registration of encumbrances** (registro de cargas sobre los bienes raíces), **registration of title to property** (registro en el Catastro de un derecho de propiedad), **registration statement** (*amer*) (declaración a la Comisión de Valores y Bolsa en torno a una propuesta de venta de valores; V. *Stock Exchange Commission*)]. *Cf* re-registration.

registry *n*: inscripción; registro. *Property should be registered at the Land Registry.* [Equivale a *register,* y también a *registration,* aunque en la mayoría de los casos se refiere a la oficina de registro. Expresiones: **registry in the Trade Register** (inscripción en el Registro Mercantil), **registry of charges** (registro de cargas; V. *land certificate; registration of encumbrances*), **Registry Office** (Oficina del Registro Civil), **registry of property** (registro de la propiedad; V. *cadastre, land registry*)]. *Cf* certificate of registry.

regular *a*: ordinario, corriente, regular. [Expresiones: **regular session** (sesión ordinaria; V. *special session*), **regular course of business** (marcha o curso normal de los negocios), **regular meeting** (junta ordinaria), **regular member** (vocal titular), **regular term** (período ordinario de sesiones))].

regulate *v*: regular. *Driving over the speed limit is a regulatory offence.* [Expresiones: **regulated mortgage** (hipoteca protegida por tratarse de propiedad afectada por *regulated tenancy*), **regulated tenancy** (inquilinato o contrato de arrendamiento protegido por la Ley de Viviendas, inquilinato reglamentado o estatutario), **regulation** (regulación, disposición, reglamento, ordenanza), **regulations** (disposiciones reglamentarias, normas, normativa, reglamento, reglamentación; cada *regulation* consta de *paragraphs* y *subparagraphs*; V. *provision*), **regulations for preventing collisions at sea** (reglamento internacional para prevenir los abordajes en la mar; V. *rules of the road*), **regulatory** (reglamentario, regulador), **regulatory offence** (*amer*) (delito producido por la infracción de una norma o reglamento, delito tipificado; V. *statutory offence*), **regulatory scheme** (normativa, marco legal))].

reject *v*: rechazar, rehusar, desechar, denegar, desestimar. *The Minister has rejected the County's education proposals.* [Expresiones: **reject a motion** (rechazar una propuesta; V. *carry a motion, defeat a motion*), **reject a will** (repudiar una herencia), **rejection** (rechazo, repulsa, inadmisión))]. *Cf* defeat a motion; carry a motion; acceed to, dismiss.

rejoin *v*: hacer dúplica, responder. [Expresión: **rejoinder** (dúplica, respuesta, réplica o contrarréplica; V. *surrebutter*))].

relapse *n/v*: reincidencia, reiteración; recaer, reincidir, reiterar.

relate *v*: referirse a; emparentar; relatar. [Expresiones: **related in the direct line** (pariente en línea directa), **related to** (emparentado con, conexo a), **relation** (relación, relato; pariente; V. *bearing*), **relative** (relativo, pariente; deudo), **relations** (intercambios comerciales, etc.))].

release *n/v*: descargo, liberación, finiquito, quita; liberar, descargar, eximir, librar, relevar (de una carga, promesa, etc.). *The suspect was released after questioning.* [Expresiones: **release a mortgage** (redimir una hipoteca; V. *dismortgage*), **release a pledge** (despignorar), **release from a promise/obligation** (absolver o descargar de una promesa/obligación), **release on bail** (poner en libertad bajo fianza; V. *admit to bail, grant bail, remand on bail, discharge, commit in custody*), **release on licence/parole** (conceder libertad condicional a un preso), **release the bond** (desafianzar))]. *Cf* relieve, free, set free.

relevance/relevancy *n*: pertinencia, aplicabilidad. *The court has to decide before it considers the facts, whether the remedy claimed is relevant in law.* [Expresión: **relevant** (pertinente, que hace al caso, que está a la altura o acorde con los tiempos; V. *appropriate*))].

relict *n*: viuda.

reliction *n*: terreno ganado por receso de las aguas. *Reliction is the gradual and imperceptible withdrawal of water from land which it covers. Cf* accretion, avulsion.

relief[1] *n*: reparación solicitada a los tribunales o concedida por éstos, amparo; desagravio, reparación, compensación, satisfacción; socorro, ayuda material, asistencia o prestación social; conjunto de prestaciones de la seguridad social; beneficencia. *The plaintiff must state clearly the nature of the relief sought.* [El término *relief* o *equitable relief* se refiere normalmente a los remedios o soluciones de equidad concedidos por los tribunales, tales como *injunction, specific performance, rescission,* etc., y no se aplica por lo general a la indemnización de tipo económico)]. *Cf* remedy, redress; welfare, public assistance; tax relief.

relief[2] *n*: desgravación. *Cf* tax relief.

relieve[1] *n*: aliviar, librar; relevar. *The officer was relieved of his command following allegations of misconduct. Cf* release.

relieve[2] (*col*) *v*: robar, quitar. *She was relieved of her purse.*

relinquish (an action, an appeal, rights, a claim, etc.) *v*: renunciar a, desistir de, abandonar una demanda, un recurso o apelación, derechos, una pretensión, etc. *He signed a statement relinquishing all claims to the property*. [Expresión: **relinquishment** (renuncia, abandono)]. *Cf* abandon, forsake, renounce, waive.

rely *v*: fiarse, confiar; basarse, alegar como fundamento. *The judge ruled that the facts on which the plaintiff relied were irrelevant.* [Expresiones: **reliability** (fiabilidad, formalidad, seriedad, veracidad, crédito, confianza), **reliable** (fiable, serio, seguro, fidedigno, veraz), **reliance** (confianza)].

rem, action *n*: acción contra la cosa.

remainder[1] *n*: restante, resto; derecho en expectativa al dominio de una propiedad; derecho a una propiedad, condicionado a la extinción de otro derecho previo. *The will gave the estate to Jones for life, the remainder to Smith in fee simple.* [Expresiones: **remainder estate** (nuda propiedad; propiedad disminuida por estar gravada con un usufructo), **remainderman** (tenedor del derecho en expectativa, nudo propietario)]. *Cf* contingent remainder, reversion, vested remainder.

remainder[2] *n/v*: residuo, ejemplares de una edición no vendida; vender a precio de lote los ejemplares que quedan de una edición. *The book sold badly, and several hundred copies were remaindered.*

remand *v*: dictar o confirmar un auto de prisión; dictar auto de prisión preventiva. *The youth was remanded in custody pending a report from social workers.* [Expresiones: **remand home** (reformatorio, hogar tutelar de menores; V. *community homes*), **remand in custody** (dictar auto de prisión preventiva), **remand on bail** (dictar libertad bajo fianza a la espera de juicio o de ampliación de los informes; V. *release on bail, admit to bail, grant bail; on parole*), **remand prison** (establecimiento de preventivos), **remand prisoner** (preso preventivo)].

remediless doom *n*: sentencia irrevocable.

remedy[1] *n/v*: solución jurídica, remedio, medios, recurso; satisfacción; rectificar, superar. *The law provides the lender with various remedies if the borrower doesn't pay his debt.* [El término *remedy* se usa en la acepción que se encuentra en la frase *ubi jus, ibi remedium* (donde hay derecho, hay remedio o solución legal); con este término se alude a los medios, recursos, o procedimientos con que cuenta el derecho para la aplicación de una ley, para el amparo de derechos o para la recuperación de los mismos, que el demandante normalmente solicita de los tribunales. Los *remedies* pueden ser *legal remedies* y *equitable remedies*. Los primeros comprenden las soluciones o recursos dados por los tribunales de derecho consuetudinario (*common law courts*) a los demandantes; el más importante de todos es *damages*. El término *remedy* está relacionado con el de *redress* y *relief*. Expresiones: **remedial** (reparador, corrector, curativo, que da satisfacción o indemnización), **remedial statute** (*amer*) (ley de corrección de errores o erratas de otra anterior, ley mediante la que se crean nuevos remedios, recursos o soluciones), **remedy or action available** (acción a que tuviere derecho), **remedy a mistake** (rectificar un error), **remedy of appeal** (recurso de apelación)]. *Cf* redress, relief.

remembrancer *n*: título de varios consejeros regios con capacidad para nombrar a los *sheriffs*.

reminder *n*: aviso, recordatorio. [Expresión: **reminder of due date** (aviso de vencimiento)].

remise *v*: renunciar a un derecho, abandonar una pretensión.

remiss *a*: negligente. *It was extremely remiss of them not to send the bill immediately.* [Expresión: **remissness** (negligencia)]. *Cf* negligence.

remit *n/v*: mandato; precepto; condonar, perdonar, eximir, exonerar; remitir, enviar, hacer remesas, remesar. *There is no remission of a life sentence.* [Expresiones: **remission** (ab-solución, perdón, exoneración, remisión; rebaja, disminución; reducción aplicado a delitos, deudas, etc.; remesa comercial; abandono de un derecho), **remission of sentence** (reducción de la pena), **remitment** (gracia, exoneración, exención, condonación),

remittal (cesión, abandono, renuncia; remesa), **remittance** (provisión de fondos, envío, consignación, remesa, giro, letra de cambio), **remittee** (destinatario de una remesa)].

remittitur (*amer*) *n*: potestad de los jueces para reducir el importe de la indemnización concedida por un jurado a la parte demandante; potestad que tienen los tribunales superiores en su función de tribunales de apelación para negar la admisión a trámite de la apelación de aquellos procesos en los que el demandado acepta indemnizar al demandante en una cantidad inferior a la acordada por el tribunal de origen. [Expresión: **remittitur of record** (devolución de los autos o del sumario a un tribunal inferior a fin de que ejecute la resolución acordada por el superior)].

remnant *n*: residuo, resto.

remote *a*: remoto, indirecto. *Except in strict liability, the remoteness of damages is a matter of consequences that were within the defendant's "reasonable contemplation".* [Expresiones: **remote cause** (causa indirecta o remota, motivo indirecto), **remote damages** (daños remotos o indirectos), **remoteness of damage** (grado de proximidad de la causa del perjuicio)]. *Cf* strict liability, damages.

remove *v*: deponer, destituir, quitar, mudar, trasladar, suprimir. [Expresiones: **removal** (*amer*) (remoción, supresión, eliminación; deposición de un empleo, cambio de domicilio), **removal of a case** (traslación de una causa o proceso, normalmente desde un tribunal estatal a otro federal), **remove the ban** (levantar la prohibición), **remove cloud on title** (V. *action to remove cloud on title*), **remove the embargo** (levantar el embargo; V. *lift, raise*)].

remunerate *v*: remunerar, premiar. [Expresión: **remuneration** (retribución, remuneración, premio)]. *Cf* extinguish, eradicate, abate[3] a nuisance.

render *v*: hacer, rendir, prestar, devolver; verter. *Concealment of material facts in making a contract renders the contract void.* [Expresiones: **render a judgment/verdict** (pronunciar sentencia, veredicto; V. *return*),

render a service (prestar un servicio), **render an account** (rendir una cuenta, pasar la factura), **render assistance** (prestar auxilio), **render justice** (hacer justicia), **render into** (traducir, verter al), **render void** (anular), **rendering** (versión, traducción, rendición), **rendering of accounts** (rendición de cuentas)]. *Cf* submit, inform.

renounce *v*: renunciar, abandonar. [Expresiones: **renouncement/renunciation** (renuncia, renunciación), **renunciation of an inheritance** (renuncia o dejación de herencia), **renounce a right** (renunciar a un derecho)]. *Cf* resign; accede.

rent *n/v*: alquiler, arriendo, arrendamiento, canon, renta, anualidad; alquilar, arrendar, dar en arrendamiento. *Disputes between landlord and tenant may be referred to a rent tribunal* [Expresiones: **rent assessment committee** (comisión evaluadora o supervisora de los alquileres; V. *tribunal*), **rent-book** (libreta que conserva el inquilino y donde se anotan los pagos periódicos del alquiler), **rent officer** (funcionario nombrado por el gobierno para supervisar los alquileres en una región determinada), **rent rebate** (subsidio o subvención del alquiler), **rent registration** (registro de los alquileres oficiales permitidos en una región), **rent tribunal** (tribunal de alquileres), **rental** (arrendamiento, arriendo, alquiler, renta), **rental period** (plazo o periodicidad del alquiler)]. *Cf* denial of rent, peppercorn rent, rack rent.

repair *n/v*: reparación; reparar. *Betterments improve the price of the property; repairs or replacements leave the price unchanged.* [Expresiones: **reparation** (reparación, satisfaction), **reparations** (compensación en derecho internacional)]. *Cf* betterments.

repatriate *v*: repatriar. [Expresión: **repatriation** (repatriación)].

repeal *n/v*: derogación, abrogación, revocación, casación; derogar, revocar, abrogar, anular. *Laws can only be repealed with the consent of Parliament.* [*Repeal* se aplica normalmente a la anulación por medio de una disposición legislativa. Expresión: **repealing clause**

(cláusula derogatoria)]. *Cf* abrogation; quash, revoke, abrogate, invalidate, cassare, set aside, strike down; annul, abrogate, abate; annulment, abatement; derogate.

repel *v*: repeler, rechazar. [En el derecho escocés se emplea el término *repel* en lugar de *dismiss, overrule,* etc., con el sentido de «rechazar o desestimar»].

repetition of infringement *n*: reincidencia.

replevin *n*: solicitud de levantamiento provisional de embargo a la espera del fallo.

replication *n*: réplica.

reply *n/v*: contestación, respuesta, réplica; contestar, responder; replicar a la demanda. [Expresiones: **reply and defence to counterclaim** (réplica), **reply to interrogatories** (absolución de posiciones, confesión judicial, prueba confesional, contestación a interrogatorios)]. *Cf* surrebuter.

report *n/v*: atestado, denuncia, parte o informe (de un accidente, etc.), memoria, dictamen, nota, comunicación; informar, relatar, comunicar; denunciar, dar cuenta. *Even in relatively minor collisions, it is wise to request the presence of the police, so that an official accident report can be drawn up.* [Expresiones: **report stage** (fase de ponencia parlamentaria; V. *commission stage*), **reportedly** (al parecer, según se dice), **reporter** (informante, relator, periodista, recopilador, compilador, taquígrafo del tribunal), **reporter's gallery** (tribuna de periodistas; V. *press gallery*), **reporting day** (día en que el capitán comunica a los fletadores que pueden iniciar las tareas de carga o descarga; V. *lay days*)]. *Cf* audit report, information, damage report, police report.

repossess *v*: recuperar, recobrar, reivindicar. *People unable to meet their mortgage repayments face repossession.* [Expresión: **repossession** (ejecución de una hipoteca por parte de un banco, recuperación, recobro)].

reprehend *v*: reprender, censurar. [Expresiones: **reprehensible** (reprensible), **reprehensibleness** (incorrección), **reprehension** (reprensión, amonestación, censura, corrección)].

represent *v*: representar, ser apoderado de alguien. *A representation is a written or oral statement made during the negotiations for a contract.* [Expresiones: **representation** (aseveración oral o escrita realizada durante la negociación de un contrato; si resulta ser falsa —*misrepresentation*— podrá dar lugar a la anulación del contrato y a una demanda por daños y perjuicios; protestas, declaraciones, manifestaciones; V. *fraudulent representation, strong representation*), **representation letter** (carta de manifestaciones del cliente), **representative** (agente, albacea, diputado, representante, diputado), **representative at large** (representante de distrito general, representante por acumulación)].

repress *v*: reprimir. [Expresiones: **repressive** (represivo), **repressive measures** (medidas represivas), **repression** (represión)].

reprieve *n/v*: suspensión temporal de una pena; suspender la ejecución de sentencia en causa criminal, sobre todo, de la pena de muerte. *The condemned man's lawyers won a last minute reprieve. Cf* stay; pardon.

reprimand *n/v*: reprimenda, corrección; llamar la atención, amonestar, advertir. *The young man admitted the lesser charge, and the judge reprimanded him but did not fine him. Cf* admonish, caution.

reprisal *n*: represalia. *Boycotts and embargos are examples of reprisals.*

reproach *n/v*: tacha, reproche, culpa; reprochar.

reprove *v*: censurar, desaprobar, reprender. [Expresiones: **reprobate** (réprobo), **reprobation** (reprobación), **reprovable** (censurable, reprensible)].

republication of will *n*: segunda ejecución de un testamento o codicilo, enmendando o subsanando algún defecto. *Cf* revival of a will.

repudiate *v*: repudiar, renunciar, rechazar. *He repudiated the contract shortly after signing it.* [Expresión: **repudiation** (repudio, repudiación, rechazo, renuncia)]. *Cf* discharge an offer, ratify, adopt, approve, ratify.

repugnancy *n*: incoherencia, contradicción. *If the terms of a deed show repugnancy, the court tries to interpret the document in the* *light of the primary intentions of the parties.* [Expresión: **repugnant** (contradictorio)].

reputation *n*: nombre, crédito, reputación. *The accused, who was reputed to be dangerous, sat hand-cuffed to two wardens throughout the trial.* [Expresiones: **reputable** (estimable), **repute** (juzgar, reputar, considerar), **reputed father** (padre putativo), **reputed owner** (dueño aparente)].

request *n/v*: petición, ruego, demanda, instancia rogar. [Expresiones: **at the request of** (a instancias de; V. *at the motion of*), **request the floor** (solicitar el uso de la palabra), **requester** (solicitante)].

require *v*: exigir, pedir alguna cosa; demandar, necesitar. [Expresiones: **requirements** (necesidades, requisitos, estipulaciones, deberes; V. *statutory requirements*), **requirements of procedural** (trámites establecidos, requisitos habituales), **requisite** (necesario, requisito)].

requisition *n/v*: indagación, requisición, requisitoria; requisa; requisar. [Expresiones: **requisition on title** (solicitud de certificado oficial que garantice que un inmueble está libre de cargas; V. *raise a requisition, abstract of title*), **requisitorial letter** (exhorto)].

res ipsa loquitur *fr*: los hechos hablan por sí solos. [Se aplica esta frase, por ejemplo, a las llamadas *rebuttable presumptions*].

res judicata *n*: cosa juzgada, *res judicata*. [La *res judicata* se diferencia de *issue estoppel* en que en aquélla se prohíbe taxativamente la presentación de pruebas nuevas por ser firme la resolución judicial, mientras que *issue estoppel* no pone claramente esta barrera].

res nullius *n*: *res nullius*, cosa de nadie, sin dueño.

res gestae *n*: *res gestae*, circunstancias esenciales. [Se aplica a las aseveraciones relacionadas con un hecho ya probado o admitido].

rescind *v*: anular, rescindir, liquidar. *Failure to keep the terms of the bargain automatically rescinds a contract.* [En la *rescission* la anulación va a la raíz de los hechos, que, a efectos contractuales, se considera que nun-ca existieron. Expresiones: **rescindible** (rescindible), **rescinding/rescission** (rescisión, abrogación, anulación), **rescissory** (rescisorio)]. *Cf* annul, cancel.

rescript *n*: rescrito, nueva redacción.

rescue *n/v*: rescate, auxilio; rescatar. *Cf* release, callable. [Expresiones: **rescue party** (equipo de socorro), **rescuer** (libertador)].

research and development (r & d) *n*: investigación y desarrollo, i+d. *Successful firms commit a large part of their resources to research and development.*

reserve *n/v*: reserva; reservar, hacer salvedades. *The defence reserved the right to appeal against the court's decision.* [Expresiones: **reservation** (reserva, reservación; salvedad), **reservation of title clause** (cláusula contractual mediante la cual el vendedor se reserva el derecho de no entregar las mercancías al comprador hasta que éste no haya pagado el importe correspondiente; V. *Romalpa clause*), **reserve currency** (divisas fuertes; V. *currency reserves*), **reserve for renewals and replacements** (reserva para renovaciones y sustituciones), **reserve for taxes** (reserva para impuestos), **reserve fund** (fondo de reserva), **reserve for working capital** (reserva para aumentar el capital circulante), **reserve price** (precio de salida de una subasta, también llamado *reserve*; V. *with reserve*), **reserve rights** (reservarse el derecho o derechos), **with/without reserve** (con/sin precio mínimo fijado, y se aplica a los precios de determinados objetos en una subasta)]. *Cf* sinking fund reserve, all rights reserved.

reshuffle of the Cabinet *n*: remodelación ministerial, reajuste del consejo de ministros. *The scandal involving one of the senior ministers has led to a major reshuffle of the Cabinet.*

reside *v*: residir, morar en algún lugar. *A residential occupier cannot be forced to leave the premises he is occupying.* [Expresiones: **residence** (domicilio, residencia, morada; desde la Ley de Menores de 1989 se ha cambiado el término *access* por el de *residence*), **residence permit** (permiso de residencia), **resident** (residente, habitante, vecino), **resident alien** (extranjero con permiso de residencia), **residential occupier** (ocupante legal de una vivienda)]. *Cf* access; abode; certificate of residence.

residual/residuary *a*: remanente, residual. [Expresiones: **residual legatee** (heredero del remanente, heredero universal después de la liquidación), **residual value** (valor de desperdicio), **residuary bequest/devise/legacy** (legado remanente; V. *devise* y *legacy*), **residuary clause** (cláusula testamentaria sobre la heredad residuaria), **residuary estate** (heredad o patrimonio residual), **residue** (remanente del patrimonio una vez satisfechos los gastos del entierro y la administración, pagadas las deudas y efectuados los legados)].

resign *v*: dimitir, renunciar. *The union have demanded the resignation of the chairman.* [Expresión: **resignation** (renuncia, dimisión)]. *Cf* tender one's resignation.

resist *v*: resistir, rechazar, oponerse. [Expresiones: **resist arrest** (resistirse a la autoridad), **resistance** (resistencia)]. *Cf* to reject.

resolution *n*: resolución, acuerdo, decisión. *The resolution was carried by 8 votes to 5.* [Expresiones: **resolutory** (resolutorio), **resolutory condition** (condición resolutoria)].

resolve *v*: decidir, resolver. [Expresión: **be it resolved** (resuélvase)].

resort *n/v*: recursos; recurrir a, interponer recurso. *As they could not win by fair means they have resorted to foul.* *Cf* court of last resort, last resource.

resources *n*: recurso, medios, fuentes. *She is a resourceful young woman who should do well in business.* [Expresiones: **resource allocation** (asignación de recursos), **resourceful** (emprendedor, ingenioso, imaginativo)]. *Cf* state resources.

respect *n/v*: respeto; respecto; acatar, respetar. *Court decisions must be respected, although they may seem unfair.* [Expresiones: **in respect of/with respect to** (en razón de, en lo que afecta, en el campo de, en materia), **respectively** (respectivamente)].

respite *n*: aplazamiento, plazo, respiro, suspensión de una ejecución. *One of our bigger clients settled his account, giving us some respite from our own debts.* *Cf* stay.

respondent *n*: demandado, apelado. *An answer is a pleading served by the respondent to a petition.* [Este término se usa en vez de *defendant* en los procesos matrimoniales, en los de equidad y también en algunos tribunales superiores]. *Cf* defendant, co-respondent.

respondentia *n*: préstamo a la gruesa.

responsible *a*: responsable, fiable, solvente, autorizado. *The final decision is the minister's responsibility.* [Los términos *responsible, liable* y *answerable* son sinónimos parciales; *responsible* se refiere más a la cualidad moral y a las obligaciones de los cargos, puestos de mando, autoridad, etc.; *answerable* contempla el hecho de cargar con las consecuencias de los actos ante los superiores, mientras que *liable* subraya la penalización en que incurre el que responde de actos con consecuencias negativas. Expresiones: **responsible for, be** (incumbir), **responsible bidder** (proponente solvente y técnicamente capaz), **responsibility** (responsabilidad, carga; obligación, solvencia; V. *diminished responsibility, liability*)].

rest *v*: descansar, apoyar; recaer, corresponder, dar por concluido. *The issue rests on the evidence given by the girl.* [Expresiones: **the defence rests its case** (la defensa da por concluidos sus alegatos, la defensa no tiene nada más que alegar), **the responsibility rests with them** (la responsabilidad recae sobre/corresponde a ellos)].

restate *v*: redactar de nuevo; repetir, reiterar. *This argument is merely a restatement of the old one.* [Expresiones: **restated balance sheet** (balance regularizado), **restatement** (nueva exposición, puesta a punto)].

restitution *n*: restitución, devolución, reintegración. [Expresiones: **restitution order** (auto ordenando la restitución de los bienes a sus dueños), **restitution of conjugal rights** (restitución de los derechos conyugales, abolida en 1971)].

restore *v*: restaurar, restablecer, restituir. *The*

speaker intervened to restore order. [Expresiones: **restorable** (restituible), **restoration** (restauración, restablecimiento, rehabilitación), **restore a case** (reponer la causa, reinstalar el caso), **restore order** (restablecer el orden), **restoring** (restitución)].

restrain *v*: limitar, reprimir, restringir, prohibir; disuadir, contener, controlar, refrenar. *It is the duty of the owner of an animal to restrain it from attacking people.* [Expresiones: **restraining** (coercitivo, limitativo), **restraining order** (inhibitoria, interdicto, juicio de amparo, orden de entredicho; V. *prohibition, injunction*), **restrainment** (acción de reprimir, de impedir), **restraint** (represión, restricción, sujeción, limitación), **restraint of commerce/trade** (restricción de comercio, reprensión del comercio; V. *combination in restraint of commerce/trade*), **restraint of liberty** (restricción o limitación de libertad; V. *arrest, custody, confinement, detention*)]. Cf deter.

restrict *v*: limitar, restringir, coartar. *The plaintiff claimed the terms of the settlement unfairly restricted his rights as owner.* [Expresiones: **restricted contract** (contrato de inquilinato de vivienda amueblada; V. *security of tenure, assured tenant*), **restricted stock option** *amer* (opción de compra de acciones para empleados, de acuerdo con ciertos requisitos legales), **restricted issue** (emisión limitada), **restricted items** (artículos restringidos), **restriction** (restricción, limitación), **restriction order** (auto prohibiendo que una persona declarada culpable de un delito, y en tratamiento psiquiátrico por orden judicial, sea dada de alta durante un período de tiempo determinado), **restrictive** (restrictivo, represivo), **restrictive condition** (condición limitativa, restrictiva o negativa), **restrictive covenant** (pacto restrictivo o limitativo), **restrictive endorsement** (endoso restrictivo con prohibición de negociación), **restrictive measures** (medidas restrictivas), **restrictive practices** (prácticas comerciales restrictivas; V. *collusive*), **Restrictive Practices Court** (Tribunal de Defensa de la Competencia; V.

code of fair competition/trading, Director-General of Fair Trading)].

result *v*: resultar, recaer. *Any undisposed of interest in trust results to the original estate.* [Expresiones: **resulting trust** (fideicomiso resultante, fideicomiso creado por presunción legal; V. *constructive trust*), **results** (resultado, conclusión)].

resume *v*: reanudar; reasumir. *The meeting was resumed in the afternoon after its adjournment at half-past-ten.* [Expresión: **resumption** (reanudación, reasunción)].

retail *n/v*: vender, venta al por menor. [Expresiones: **retail outlets** (puesto de venta al por menor; V. *major retail outlets*), **retail price index, rpi** (índice de precios al consumo, IPC), **retail trade** (comercio al por menor; V. *wholesale*), **retail trader** (comerciante al por menor, detallista, minorista; V. *wholesale trader*), **retailer** (minorista; V. *wholesaler*)].

retain *v*: conservar, retener. [Expresiones: **retained profits** (beneficios retenidos), **retainer** (anticipo sobre los honorarios)]. Cf retention.

retaliate *v*: vengarse, desquitarse, tomar represalias. [Expresiones: **retaliation** (desquite, represalia), **retaliatory measures** (medidas de represalia)].

retention *n*: retención, mantenimiento. Cf retention.

retire *v*: jubilarse, retirarse; redimir. *The jury retired to consider the verdict.* [Expresiones: **retiral** (*amer*) (retiro; V. *retirement*), **retire bonds** (amortizar bonos), **retired** (jubilado, pensionista), **retirement** (jubilación, retiro; redención; V. *compulsory retirement; early retirement; retiral*), **retirement annuity** (pensión de jubilación, pensión), **retirement of debt** (redención de la deuda), **retirement plan** (plan de pensiones o de jubilación), **retiring president** (presidente saliente)]. Cf compulsory retirement, early retirement; withdraw.

retorsion, retortion *n*: retorsión.

retort *n*: réplica, recriminación.

retortion, retorsion *n*: retorsión.

retour sans protêt *fr*: expresión francesa que se incluye en una letra de cambio para que se devuelva sin protesto en caso de impago.

retract *v*: retractar, retirar; abjurar. [Expresión: **retractation** (retractación)].

retrench *v*: reducir, cercenar, economizar. [Expresión: **retrenchment** (cercenamiento del gasto)].

retribution *n*: recompensa; castigo justo; correctivo, pena merecida. *The concept of retribution has been replaced by the concept of rehabilitation.*

retroactive *a*: retroactivo. [Expresiones: **retroactivity** (retroactividad), **retroactive law** (ley retroactiva), **retroactive legislation** (legislación retroactiva)].

retrocede *v*: hacer retrocesión, retroceder. [Expresión: **retrocession** (retrocesión)]

retrospective *a*: retrospectivo. [Expresión: **retrospective legislation** (legislación retroactiva)].

return[1] *n/v*: regreso, vuelta, devolución, restitución, recuperación; devolver, restituir. [Expresiones: **by return of post** (a vuelta de correo), **return address** (señas del remitente), **return freight** (flete de ida y vuelta; flete de retorno), **returnable** (que puede ser devuelto), **returned bill of exchange** (letra de cambio devuelta)]. *Cf* lay-up return.

return[2] *n/v*: declaración (de la renta, etc.); relación, informe, nómina, lista, padrón; contestación, comparecencia; declarar. *Ten minutes after retiring, the jury returned a verdict of not guilty.* [Expresiones: **return a verdict** (pronunciar/dar el veredicto; V. *pass sentence*), **return day** (día de comparecencia del demandado), **return of service** (auto de significación), **return of writ** (contestación al auto; V. *writ of summons*)]. *Cf* false return, election returns, income tax return, official return.

return[3] *n/v*: elección de/elegir un parlamentario. *He stood for election and was duly returned.* [Expresión: **returning officer** (funcionario judicial encargado de vigilar las elecciones de un distrito electoral)]. *Cf* election returns.

return[4] *n*: rendimiento, resultado, producto; recompensa. *Foreign investors will not risk their money unless they are reasonably sure of a return on it.* [Expresión: **return on capital/investment** (rendimiento del capital/inversión)]. *Cf* financial return, diminishing returns, rate of return.

revalue *v*: revalorizar. *Revaluation is the process of writing up the book value of an asset to its market value.* [Expresión: **revaluation** (revalorización, revaluación)].

reveal *v*: revelar, mostrar. [Expresión: **reveal evidence** (revelar las pruebas; en los procesos civiles celebrados en el *Chancery Court* y en el *Family Division* del *High Court of Justice* cualquiera de las partes puede obligar a la otra a que revele, es decir, a que ponga al descubierto sus pruebas; a este proceso se le llama descubrimiento de las pruebas o *discovery of evidence*)]. *Cf* discovery.

revelation *n*: revelación.

revenge *n*: venganza.

revenue *n*: ingresos, rentas, recaudación, rendimiento, entradas; contribuciones a la hacienda pública. *Through careful planning and energetic execution many firms have achieved increases in their revenues and earnings.* [Expresiones: **revenue and expenditure** (ingresos y gastos), **revenue expenditure** (gastos corrientes o de operación), **revenue laws** (leyes fiscales), **revenue officer** (oficial de aduanas), **revenue stamp** (timbre fiscal o de impuesto)]. *Cf* earning, profit, income, inland revenue.

reverse *a/v*: inverso; revocar, anular un fallo, una sentencia, una condena. *The court of appeal reversed the man's conviction by five votes to four.* [Normalmente se aplica a *judgment, sentence,* y a *conviction*. Expresiones: **reverse a judgment on appeal** (anular un juicio en la instancia de apelación), **reverse charge call** (conferencia telefónica a cobro revertido; V. *collect call*), **reverse judgment** (revocar la sentencia), **reversal** (anulación, revocación; reversión), **reversal of a judgment, sentence, conviction** (revocación de un fallo, una sentencia, una condena), **reversible** (anulable, revocable, reponible), **reversible laydays** (días de plancha reversibles; el tiempo ganado en la carga se puede acumular en la descarga, o el tiempo empleado de más en la carga se puede compensar empleando menos tiempo en la descarga), **reversing entry** (asiento de reversión, contra-asiento, contrapartida), **reversion/reverter** (reversión, derecho de reversión, acto de reversión; V. *remainder*), **reversionary** (reversible, recuperable), **reversionary interest** (derecho de reversión), **reversioner** (titular o tenedor de un derecho de reversión)]. *Cf* uphold a conviction, throw out a conviction, countermand, make void, overthrow, undo, set aside.

revert *v*: revenir, retornar, volver a. *The property will revert to its original owners next year.* [Expresiones: **reverter** (reversión; V. *reversion*), **reverter of sites** (derecho de reversión a los propietarios originales o sus herederos de las parcelas que en su día se donaron o se expropiaron para determinados fines, siempre que se modifiquen los fines o las circunstancias para los que fueron donados o expropiados), **revertible** (reversible)].

review *n/v*: revisión judicial; recurso de apelación ante un tribunal superior (*High Court*) contra las resoluciones y/o actuaciones de cualquier tribunal inferior por procedimiento simplificado, desde 1977; revista, examen, revisión; revisar, fiscalizar. *The defence applied for judicial review of the case, and obtained a writ of certiorari removing the matter to the Supreme Court.* [Expresiones: **reviewing authority** (autoridad fiscalizadora), **under review** (en estudio)]. *Cf* mandamus, prohibition, certiorari; pretrial review, rehearing, retrial; appeal.

revise *v*: revisar, reconsiderar; modificar, enmendar, corregir. *The barrister revised his pleadings when fresh evidence arose.* [Expresión: **revision** (corrección, revisión)].

revive *v*: restablecer, volver a aplicar(se); reanimar. *The plaintiff applied for an order reviving the ownership rights over the property.* [Expresión: **revival** (renovación, reactivación, restablecimiento; V. *republication of a will*)]. *Cf* abeyance, suspension.

revocate/revoke *v*: revocar, abrogar, anular, cancelar. [Expresiones: **revocability** (revocabilidad), **revocable** (revocable), **revocable documentary credit** (crédito documentario revocable), **revocation** (revocación, derogación), **revocation of an order** (revocación de una orden), **revocation of probate** (anulación de la validación de un testamento), **revocation of will** (cancelación de un testamento)]. *Cf* abrogate, quash, abolish, annul, set aside, invalidate, repeal.

revolving credit *n*: crédito rotativo.

reward *n*: recompensa, gratificación, premio, remuneración. *A return is offered for the return of a pedigree dog which is missing from its home. Cf* damages reward, salvage reward.

reyne (le roi) le veult, la *fr*: la reina/el rey así lo desea; venimos en acordar. [Fórmula del **Royal Assent** (consentimiento real, mediante el cual un proyecto de ley o *bill* se convierte en ley o *act*)].

RICO Act *n*: Racketeer influenced and corrupt organizations act (Ley contra las organizaciones corruptas o influidas por extorsionistas; ley contra el crimen organizado)].

ride *v*: estar fondeado un buque.

rider *n*: anexo, acta adicional, añadidura, cláusula adicional. *That matter is clearly set out in a rider to the contract. Cf* codicil.

rig[1] *v*: aparejar, armar, equipar un buque. [Expresión: **rigging** (aparejo de un buque)].

rig[2] *v*: manipular, cometer fraude, hacer chanchullos. *After the election results were published, the losing party accused their rivals of ballot-rigging.* [Expresión: **rigging** (chanchullos, manipulación, fraude; V. *price-rigging*)]. *Cf* ballot-rigging, fraud, cheat.

right *a/n*: correcto, legítimo; derecho, privilegio, título, poder, autoridad; libertad. [La palabra *right* por ser básica en las relaciones humanas, está relacionada con muchas otras como *duty, liability* o *responsibility*. Aparece en cientos de expresiones, entre las que destacan: **right and proper** (justo y adecuado; V. *fair and just*), **right of access to a solicitor** (derecho a asistencia letrada al detenido; V. *legal assistance, right to counsel*), **right of action**

(derecho a interponer una demanda o a plantear una cuestión ante los tribunales, derecho a acudir a la vía judicial, derecho a demandar o proceder judicialmente; también se aplica el término *right of action* como sinónimo de *chose in action*), **right of action relating to fatal accident** (derecho de los familiares de la víctima mortal de un accidente de demandar al causante del mismo aunque éste haya fallecido también), **right of appeal** (derecho de apelar o recurrir), **right of assembly** (derecho de reunión, de asamblea), **right of audience** (derecho a ser oído por los tribunales, derecho de actuar en juicio), **right of benefit** (derecho a las prestaciones sociales), **right of enjoyment** (derecho de disfrute), **right of entry** (derecho de entrada), **right of inheritance** (derecho de sucesión), **right of inspection** (derecho de inspección), **right of lien** (derecho prendario), **right of passage** (derecho de paso; V. *right of way*), **right of petition** (derecho de petición, recurso de súplica), **right of pre-emption** (derecho de prioridad), **right of primogeniture** (derecho de primogenitura), **right of privacy** (derecho a la intimidad), **right of property** (derecho de dominio privado), **right of redemption** (retracto, derecho de retracto, derecho a redimir una propiedad, derecho de redención, de tracto), **right of retainer** (derecho de retención), **right of retention** (derecho de retención), **right of sanctuary** (derecho de asilo), **right of search** (derecho de visita, busca), **right of self-determination of peoples** (derecho de libre determinación), **right of silence** (derecho a no declarar o a guardar silencio; derecho a no contestar a las preguntas de la policía y a permanecer callado en el juicio; V. *caution, standing mute, visitation of God*), **right of visit and search** (derecho de visita y pesquisa), **right of way** (servidumbre de paso, permiso de paso), **right to air** (derecho a ventilación; normalmente se trata de una servidumbre con respecto a otros inmuebles o propiedades), **right to begin** (derecho a exponer en primer lugar en la vista pública; normalmente corresponde al demandante o al acusador), **right to buy** (derecho que tienen ciertos inquilinos a comprar el inmueble en el que habitan a precio inferior al del mercado; V. *secure tenancy*), **right to counsel** (derecho a asistencia letrada; V. *right of access to a solicitor, right to legal assistance*), **right to discharge** (derecho de despido, libertad de desahucio), **right to speak** (derecho de palabra), **right to strike** (derecho de huelga), etc.; deben destacarse, además: **right to work law** (*amer*) (ley que prohíbe la filiación sindical obligatoria para poder acceder a determinado puesto de trabajo; V. *union shop arrangement*), **rights** (derechos de propiedad), **rights issue** (emisión gratuita de acciones; emisión con derechos para los accionistas; emisión de acciones con derecho preferente de adquisición por parte de accionistas; V. *pre-emptive right*)]. Cf cause of action, precarious right; renounce a right.

right *v*: corregir. *She intervened between the two sides to try and right matters*. [Expresión: **right a wrong** (corregir un abuso)].

rightful *a*: legítimo. [Expresiones: **rightful heir** (heredero legítimo), **rightful owner** (propietario legítimo)]. Cf lawful, legal.

ring *n*: camarilla, banda, sindicato; corro, parqué de la Bolsa. *Three senior members of the spy ring have been captured*. [Expresión: **ringleader** (cabecilla)]. Cf syndicate².

riot *n*: motín, tumulto, revuelta. [Para que se pueda hablar de *riot*, debe haber 12 personas como mínimo. Expresión: **rioter** (alborotador, amotinador, bullanguero)]. Cf affray, mutiny, disorderliness.

rip-off (*col*) *n*: robo, timo, estafa.

riparian rights *n*: derechos ribereños. Cf right.

rise *n/v*: alza, aumento; subir, levantar la sesión. *The court rose at 12:30 p.m.* [Expresiones: **rising tendency** (tendencia al alza en la Bolsa, etc.), **rising of the court** (suspensión de la sesión, terminación del período de sesiones)].

risk *n/v*: riesgo, peligro; arriesgar. [Expresión: **without risk of** (sin riesgo de, con alevosía; V. *treacherously*)]. Cf bad debt risk, on account and risk, run a risk, against all risks, at sender's risk.

rival *n/v*: contrincante; competir.

road *n*: carretera. *Drivers who have paid their road tax must display the task disk in a prominent place.* [Expresiones: **road-block** (control policial o militar en carretera), **road tax** (impuesto de vehículos rodados)].

rob *v*: robar, atracar. *The bank robbers escaped in a waiting van.* [Expresiones: **robber** (ladrón, salteador de caminos, bandido; V. *hold-up man*), **robbery** (robo con violencia, latrocinio, sustracción, piratería, bandolerismo)]. *Cf* stealing, theft, burglary, abstracting.

rocket signals *n*: cohete de señales. *Cf* salvage.

rod *n*: bastón de mando.

rogatory commission *n*: comisión rogatoria. *Cf* letters rogatory, letter of request.

rogatory letters *n*: suplicatoria, exhorto, carta rogatoria. *Cf* letter of request.

roi *n*: V. *reyne*.

roll *n*: legajo, expediente, registro; lista o relación de colegiados o asociados de un colegio o asociación profesional. *Rolled-up pleas in actions for defamation claim that the comments are fair, made on good faith and true in substance and fact.* [*Roll* es el nombre antiguo de los documentos de registro público; de ahí, el nombre de *Master of the Rolls*. Expresiones: **roll-call** (votación nominal), **roll of solicitors** (lista oficial de *solicitors* colegiados; V. *law list, roster, Master of the Rolls*), **rolled-up plea** (nombre técnico de cierta defensa o circunstancia eximente, alegando comentario justo —*fair comment*— en las demandas o querellas por difamación)]. *Cf* judgment roll, Parliament roll, patents rolls, strike off.

roll-on, roll-off ship (RORO) *n*: buque roll-on roll-off.

roll-over *n*: refinanciación, emisión de títulos u obligaciones cubierta con el vencimiento de otra anterior, reembolso de obligaciones por intercambio con otras de las misma clase, emisión de valores del Estado que se cubren con la amortización de los títulos anteriores.

Romalpa clause *n*: cláusula contractual mediante la cual el vendedor se reserva el derecho de no entregar las mercancías al comprador hasta que éste haya pagado el importe correspondiente; V. *Reservation clause*.

Roman law *n*: derecho romano.

root of title *n*: escritura matriz, título o escritura original de un inmueble o propiedad. *Cf* abstract of title.

ropers *n*: cabo de un buque.

RORO *n*: V. *roll-on, roll-off*.

roster *n*: lista, registro; escalafón. *Cf* rolls.

rostrum *n*: tribuna.

rotate *v*: rotar. [Expresión: **rotation in office** (rotación en el cargo)].

rough draft *n*: primer borrador, borrador en sucio. *I've written a rough draft of the report and I should have the fair copy ready by next week.*

round up *n/v*: ronda policial; redada policial, detención policial; efectuar una redada la policía. *In some countries police first round up some suspects and after sort them out.*

round-table meeting/conference *n*: mesa redonda.

round-trip charter *n*: contrato de fletamento de ida y vuelta.

row, in a *fr*: seguidos, continuados. *Employees can claim statutory sick pay (SSP) when he has been ill for four days in a row.* *Cf* running; death row.

royal charter *n*: cédula real, carta real, título real, carta de privilegio. *Most charities and learned societies are formed by the grant of a Charter by the Crown under the Royal Prerogative or under special statutory powers.* *Cf* charter.

royal prerogative *n*: inmunidad especial de la Corona o el Estado, fundamentalmente en lo que afecta a la obligación de presentar pruebas documentales cuando, a criterio del Estado, éstas podrían ir en contra del interés o de la seguridad pública. *Cf* Crown privilege.

royal signet *n*: sello oficial del monarca.

royalty *n*: regalía, canon. [Expresión: **royalty of an author** (derechos de autor, regalía del autor)].

rubber stamp *n/v*: sello de caucho; dar el visto bueno. *A rubber stamp saying "cancelled" may be used to call off or revoke the effects of a document.*

rubric *n*: título, encabezamiento, objetivo, intención general; división, sección. *Cf* heading, title.

rule[1] *n/v*: regla, norma, artículo, reglamento (en plural), principio; auto, fallo de un juez o de un tribunal, resolución procesal; ley; reglamentar, estatuir, fallar, dictaminar. *Everybody has to abide by the rule of law.* [En plural, *rules* equivale a *regulation* (reglamento). Expresiones: **rule absolute** (fallo imperativo o final), **rule against accumulation** (*amer*) (ley que impide la formación de *trusts*), **rule against perpetuities** (principio que limita la inalienabilidad de bienes; V. *statutory lives in being; vest*), **rule of law** (norma jurídica, precepto legal, el imperio de la ley, principio o máxima del derecho, estado de derecho), **rules and regulations** (normas y reglamento), **rules of [the] court** (reglamento procesal, usos forenses o de los tribunales, normas procesales; V. *court rules*), **rules of evidence** (normas que rigen la pertinencia y admisibilidad de las pruebas; V. *evidence law*), **rules of practice** (reglamento de procedimiento, reglamento procesal), **rules of procedure** (reglamento de procedimiento, disposiciones procesales, artículos, reglas o normas procesales de derecho procesal civil; las normas de derecho procesal civil o *rules* están contenidas en *Rules of the Supreme Court*, llamado también *The White Book*, y en *County Court Rules*s, llamado también *The Green Book*; V. *order*[4]), **rules of professional conduct** (V. *model rules of professional conduct*), **Rules of the Supreme Court** (normas procesales del Tribunal Supremo o derecho procesal civil de aplicación en el *High Court of Justice*; se encuentran publicadas en *The Supreme Court Practice*; este libro, también conocido por los juristas con el nombre de *The White Book* o «Libro Blanco», contiene, además, comentarios, explicaciones e ilustraciones procesales aclaratorias; V. *order*[4]), **rules of the road** (normas de la buena marinería; en realidad es la expresión coloquial para referirse a *Regulation for preventing collisions at sea*; V. *accidental collision, negligent collision*), **Rules of the Supreme Court** (Derecho procesal civil; V.

order[4], *County Court Rules*)]. *Cf* adopt rules, evade rules; regulation; body of rules.

rule[2] *n*: gobierno, forma de gobierno; poder, mando, autoridad; mandar, dominar, ordenar; gobernar, reinar, regir. *The judge ruled that the claim was bad, being based on an invalid contract.* [Expresiones: **rule over** (dominar, gobernar), **rule out** (descartar, desechar, no admitir), **rule the market** (controlar o dominar el mercado), **ruler** (gobernante)].

ruling *a*: vigente. *We sell at ruling prices.*

ruling *n*: decisión, fallo, auto judicial. *The defendant was aggrieved by the ruling of the court when it excluded that question.* [*Ruling* se aplica al «fallo» de un *judgment* y también a las resoluciones procesales adoptadas por los jueces o tribunales en el desarrollo de todo proceso civil o penal]. *Cf* judgment, rule, resolution.

ruling case law *n*: compendio de principios de derecho con las decisiones fundamentales de cada uno.

rummage *n/v*: inspección de/inspeccionar un buque.

run[1] *v*: correr. *We run the risk of losing all if we take this case to court.* [Expresiones: **run aground** (embarrancar; V. *ground*), **run a risk** (correr un peligro o riesgo), **run a ship aground** (hacer varar un buque), **run away** (huir; V. *abscond, escape, flee*), **runner** (*argot*) (ratero, carterista), **running account credit** (crédito en cuenta corriente), **running days** (días seguidos; V. *lay days*)].

run[2] *v*: dirigir, organizar. *In every court there is a clerk who runs the organization of the court.* [Expresión: **running** (organización, marcha)].

run[3] *v*: ser de aplicación, tener validez legal, estar vigente.

run[4] **into** *v*: abordar. *Cf* collision, rule of the road.

run[5] **with** *v*: ir anejo con, correr parejo con la tierra, la propiedad, etc., transmitirse con la propiedad, etc. *In modern law, restrictive covenants run with the land, but positive covenants do not.* [Expresión: **running with the land** (ir parejo con la tierra)]

run[6] **to** *v*: ascender a. *It runs to £156.*

rustle *n/v*: robo de/robar ganado. *Cf* abaction.

S

s¹ *n*: V. *section*.

s² *n*: V. *steamer*.

sabotage *n/v*: sabotaje, daño premeditado, acto criminal; sabotear.

sack¹ (*col*) *v*: despedir, echar del trabajo. *She was sacked for continued late-coming. Cf* dismiss, fire, get the sack, give somebody the sack.

sack² *n*: saquear, pillar. *Cf* loot.

s.a.e. *fr*: V. *stamped addressed envelope*.

safe *a/n*: seguro, fuera de peligro, franco, ileso; caja fuerte, caja de caudales. *The centres of modern cities are not very safe at night.* [Expresiones: **safe-conduct** (salvoconducto), **safe-cracker** (ladrón de cajas fuertes), **safe-deposit company** (empresa o compañía de depósitos, de seguridad), **safeguard** (medida de control, protección, garantía, salvaguardia; salvaguardar, proteger), **safekeeping** (custodia)].

safety *n*: seguridad. *Under the Health and Safety at Work Act dangerous machinery must be securely fenced.* [Expresiones: **safety at work** (seguridad en el trabajo; V. *Health and Safety at Work Act*), **safety measures** (medidas de seguridad), **safety order** (mandamiento judicial mediante el cual se concede la patria potestad del menor que pueda sufrir daño o estar en peligro a una institución de la administración local), **safety paper** (papel de seguridad)]. *Cf* emergency protection order, health and safety at work.

sail *n/v*: vela; navegar a vela, hacerse a la mar, navegar. [Expresiones: **sailing boat** (embarcación de vela; V. *power-driven boat*), **sailing directions** (derroteros del Almirantazgo)].

salary *n*: salario, jornal. [Expresión: **salaryman** (asalariado)].

sale *n*: venta. [Expresiones: **on sale** (en venta, de venta), **sale and lease-back** (venta y arrendamiento de una propiedad), **sale by auction** (remate, venta en subasta), **sale by order of the court** (venta judicial), **sale by private contract** (venta por contrato privado), **sale by sample** (compraventa mercantil sobre muestras), **sale for future delivery** (venta a entrega), **sale on approval** (venta a prueba, venta sujeta a aprobación; V. *sale or return*), **sale on return** (contrato de retroventa), **sale or return** (venta a prueba; V. *sale on approval*), **saleable** (vendible), **sales allowance** (bonificación sobre ventas), **sales tax** (impuesto sobre las ventas)]. *Cf* absolute sale, bill of sale, clearance sale, conditional sale, execution sale, come up for sale, short sale.

salvage *n/v*: salvamento, servicio de salvamento; salvar, recuperar, recobrar. *The cost of general average or salvage charges is adjusted according to the contract of affreightment and/or the governing law and practice.* [Expresiones: **salvage agreement/charges/reward,** etc. (contrato de salvamento, derechos de salvamento, premio o indemnización por el servicio de salvamento),

salve (salvar), **salvor** (salvador)]. *Cf* contractor; rocket signals.

sample *n*: muestra, muestreo. *Goods sold by sample must match the standard of the specimen shown.*

sanction¹ *n/v*: aprobación, autorización, sanción, ratificación; aprobar, sancionar, autorizar. *Laws cannot come into force until they have been sanctioned by Parliament.*

sanction² *n/v*: castigo, sanción, restricción; castigar. *UNO Sanction against an offending country may include an embargo on trade.*

sanctuary *n*: asilo, santuario. *Cf* right of sanctuary.

satisfy *v*: convencer, satisfacer, cumplir; pagar, liquidar, cancelar, finiquitar. *The Court was satisfied that the woman was at risk from her husband, and granted her an injunction.* [Expresiones: **be satisfied** (constar a alguien algo), **satisfaction** (satisfacción, desagravio, pago, finiquito, liquidación, cumplimiento; V. *memorandum of satisfaction, compensation, accord and satisfaction*), **satisfaction piece** (escritura de cancelación, documento de satisfacción; V. *memorandum of satisfaction*), **satisfied judgment** (sentencia liquidada), **satisfied lien** (gravamen cancelado o liquidado), **satisfied term** (plazo cumplido)].

save *v*: ahorrar, salvar. [Expresiones: **saving** (ahorro), **saving and loan association** (cooperativa de ahorros y préstamos), **saving clause** (cláusula de excepción, salvedad o reserva; V. *escape clause*), **saving of goods** (salvamento de mercancías en un naufragio), **savings account** (cuenta de ahorro), **savings bank** (caja de ahorros), **savings book** (libreta o cartilla de ahorro; V. *passbook*)].

scab *n*: esquirol. *He was accused of being a scab and thrown out of the union by his workmates. Cf* blackleg, strike-breaker.

scaffold *n*: cadalso.

scale *n*: baremo, escala, balanza. [Expresiones: **scale down** (reducir según escala), **scale of wages** (escala salarial)]. *Cf* chart, sliding scale, table.

scandal *n*: escándalo, difamación. [Expresiones: **scandalous libel** (libelo difamatorio),

scandalous statement (alegato escrito que contiene materia impertinente u ofensiva y que puede ser excluido por orden del tribunal; V. *fair comment*)].

scapegoat *n*: víctima propiciatoria, chivo expiatorio, cabeza de turco.

scene of the crime *n*: lugar del delito o del crimen.

schedule¹ *n/v*: plan, lista, tabla, cuadro; horario; especificar. [Expresiones: **behind schedule** (atrasado, retrasado), **schedule of legal fees** (arancel de procuradores), **schedule of court fees** (arancel judicial)]. *Cf* non-scheduled disability, Scott schedule, tax rate schedule.

schedule² *n*: anexo (de una ley, etc.), cédula. *There is a schedule to the Act containing a list of the goods it applies to. Cf* annex.

scheme *n*: marco estatutario, régimen, plan, proyecto, sistema. *Workers who took early retirement were guaranteed a lump sum under the scheme.* [Expresión: **scheme of composition** (acuerdo preventivo, transacción previa a la quiebra)]. *Cf* composition; superannuation.

scienter *adv*: a sabiendas, a conciencia, con pleno conocimiento; conocimiento que es razonable suponer; con dolo, con conocimiento doloso. *Under the old common law classification of animals, the scienter rule was often applied to determine liability for damage caused.* [En Inglaterra se invoca esta figura, dentro de la expresión *scienter rule* (norma según la cual el demandado era consciente de los efectos perjudiciales), casi exclusivamente en las demandas por daños causados por animales, para sentar las bases de que al demandado no se le puede exigir responsabilidad civil si no se demuestra que era consciente de la tendencia potencialmente perjudicial de un objeto o animal; en EE.UU. se emplea también en el sentido de «conocimiento doloso»]. *Cf* knowingly; trespassing livestock.

scope *n*: ámbito, alcance, extensión. *To act ultra vires is to do something outside the scope of one's powers.* [Expresión: **scope of a provision** (ámbito o alcance de aplicación de una disposición)]. *Cf* range; field of application.

Scott schedule *n*: hoja de balance de formato preestablecido utilizado en el cálculo y presentación ante el tribunal de cuentas ajustadas, de acuerdo con el procedimiento *Official Referee's business.*

Scottish Sheriff Court (*der es*) *n*: tribunal de primera instancia. *Prosecutions in the Scottish Sheriff Courts are conducted by the Procurators-Fiscal for the area. Cf* private prosecution, sheriff.

scrap *n*: chatarra.

screen *v*: seleccionar, cribar, tamizar.

scrip *n*: cédula, póliza, vale. [Expresiones: **scrip certificate** (certificado de dividendo diferido, resguardo provisional), **scrip dividend** (dividendo abonado con pararé), **scrip issue** (emisión de acciones gratuitas distribuidas entre accionistas; V. *bonus shares, capitalization issue*)].

scrutiny *n*: examen minucioso, análisis, investigación, escrutinio. *One of the functions of Parliament is the scrutiny and criticism of government policy and administration.*

scuttle a ship *v*: hundir un buque abriendo las válvulas de fondo provocando intencionadamente una vía de agua. *The court decided that the captain had scuttled his ship to claim the insurance money. Cf* embezzling the cargo, forfeiture of the ship, barratry of master and mariners.

SDR, S.D.R. *n*: V. *special drawing rights.*

sea *n*: mar. [Como adjetivo se emplea en el sentido de «marítimo» o «relacionado con el mundo del mar». Expresiones: **sea and air transport** (transporte marítimo y aéreo), **sea carrier** (empresa de transporte marítimo), **sea customs** (costumbres marítimas), **sea damage** (avería marítima; V. *average*), **sea perils** (riesgos, peligros de la navegación), **sea risk** (riesgos del mar), **seaworthy** (apto para navegar, a son de mar; V. *ready for sea*)].

SEA *n*: V. *Single European Act.*

seal *n/v*: sello, precinto, sello de papel timbrado; sellar, lacrar. *Deeds should be signed, sealed and delivered.* [Expresiones: **seal with wax** (lacrar), **sealed and stamped** (sellado y lacrado), **sealed bids** (ofertas de compra, opas en pliegos cerrados), **sealed document** (documento solemne; V. *covenant*), **sealed instrument** (escritura sellada), **sealed verdict** (veredicto cerrado), **under seal** (escriturado, protocolizado)]. *Cf* customs seal, under my hand and seal, hand and seal; wax seal.

search *n/v*: registro, busca, investigación; registrar, buscar, investigar, cachear. *Police entered the building with a search warrant signed by a local magistrate.* [Expresiones: **search and seizure** (allanamiento, registro e incautación), **seizure of goods** (embargo de bienes), **search for arms and weapons** (cacheo; V. *frisk*), **search of premises** (registro domiciliario), **search of title** (revisión de título), **search warrant** (orden de registro, mandamiento de registro), **searcher** (inquiridor, investigador)].

seasonal unemployment *n*: desempleo estacional.

seat *n*: escaño, sede, residencia, morada. *The MP lost his seat at the last election.* [Expresión: **seat of government** (sede del gobierno)]. *Cf* see.

SEC *n*: V. *Stock Exchange Commission.*

second *a*: segundo. [Expresiones: **second ballot** (votación en segunda vuelta; V. *single ballot*), **second degree murder** (*amer*) (homicidio impremeditado), **second distress** (embargo suplementario), **second interrogatory** (preguntas añadidas), **second mortgage** (segunda hipoteca, hipoteca de segundo grado), **second offence** (delito reincidente, reincidencia; V. *recidivist*)].

second[1] *v*: apoyar, respaldar una moción. *The motion has been seconded by almost all the directors.* [En este caso el verbo *second* se pronuncia con acento en la primera sílaba. Expresión: **second a motion** (apoyar una moción, secundar; V. *back, support*)].

second[2] *v*: trasladar, enviar en comisión de servicio. *He was seconded for service in the President's main office* [En este caso el verbo *second* se pronuncia con acento en la segunda sílaba].

secondary *a*: derivado, secundario, subordinado, accesorio. [Expresiones: **secondary evidence**

(prueba derivada, secundaria; V. *primary evidence*), **secondary liability** (responsabilidad secundaria o subsidiaria), **secondary market** (mercado secundario), **secondary rights** (derechos secundarios)].

secret *a/n*: secreto, confidencial. [Expresiones: **secret ballot** (voto secreto; V. *show of hand*), **secret partner** (socio secreto; V. *sleeping partner*), **secret service** (policía secreta; V. *security police*), **secret trust** (fideicomiso secreto), **secrecy** (secreto, reserva)]. *Cf* classify.

secretary *n*: secretario. [Expresiones: **secretary-general** (secretario general), **Secretary of State** (título de algunos ministros en los países de habla inglesa), **Secretary of State for the Foreign Office** (ministro de Asuntos o de Relaciones Exteriores), **secretary's office** (secretaría)].

section(s) *n*: artículo de una ley; sección. *Acts are divided into sections, subsections and paragraphs*. [Al hablar de las divisiones del texto de una ley, *section* equivale a «artículo» y *article* a «sección» o división que comprende varios artículos o *sections*; pero la denominación no es la misma en el derecho procesal, donde se habla de *rules* y de *orders*]. *Cf* clause, order, paragraph, rule; provide; act.

sequestrate *v*: incautar(se), secuestrar. [Expresiones: **sequestration** (embargo, secuestro), **sequestrator** (depositario judicial)].

secure *v*: asegurar, garantizar, obtener. *The Court attempted unsuccessfully to secure a friendly settlement*. [Expresiones: **secure oneself** (cubrirse o asegurarse con una prenda), **secured** (asegurado, garantizado, con caución), **secured bond** (bono hipotecario o con caución), **secured credit** (crédito con caución), **secured creditor** (acreedor pignoraticio o garantizado), **secured value** (valor en prenda o garantía)].

securities *n*: valores, activos financieros. *Shares and debentures are company securities*. [Expresiones: **securities and exchange commission, SEC** (Comisión Oficial del Mercado de Valores, CNMV), **securities market** (bolsa, Bolsa de comercio, mercado bursátil o de valores, plaza bursátil), **securities trading department** (sección de valores), **securities with a fixed interest** (valores de renta fija)]. *Cf* asset backed securities, bonds, debentures, dated securities, discount securities, listed securities, shares, treasury securities.

security[1] *n*: garantía, caución, prenda, título. *The usual form of security demanded by courts is bail*. [Expresiones: **security for the defendant's cost** (caución de arraigo en el juicio; arraigo en el juicio; aseguramiento que se exige al demandante extranjero), **security deposit** (depósito de garantía), **security investment company** (sociedad de inversión mobiliaria), **security police** (policía secreta; V. *secret service*)]. *Cf* collateral; pledge.

security[2] *n*: seguridad. [Expresiones: **Security Council** (Consejo de Seguridad de las Naciones Unidas), **security police** (policía secreta)].

sedition *n*: sedición. [Expresión: **seditious** (sedicioso)].

seduce *v*: seducir. [Expresión: **seduction** (seducción)].

see *n*: sede. [Sólo se utiliza en la expresión *Holy See* o Santa Sede]. *Cf* seat.

seek *v*: solicitar, pedir, exigir, proponer, instar, recabar. *In the statement of claims he sought the award of damages*. [Expresiones: **seek a court judgment** (acudir a los tribunales), **seek an employment** (buscar o solicitar empleo), **seek damages** (reclamar daños y perjuicios), **seek divorce** (entablar demanda de divorcio), **seek leave of the court** (solicitar la admisión a trámite)]. *Cf* urge; obtain.

segregate *v*: segregar, separar. [Expresión: **segregation** (segregación)].

seisin/seizin *n*: posesión física. [Expresión: **be seised** (estar en posesión, ser dueño de)].

seize *v*: secuestrar, incautar, embargar, aprehender. *The bankrupt's goods were seized for debt*. [Expresión: **seizure** (captura, embargo, secuestro, confiscación, aprehensión, incautación; decomiso, comiso; la palabra *capture* se usa en el ámbito militar mientras que *seizure* se aplica a la jurisdicción civil)]. *Cf* attachment, confiscate, forfeiture, garnishment, immune from seizure, impound, levy,

self *a*: propio, auto-. [Expresiones: **self-defense** (defensa propia, legítima defensa), **self-determination** (autodeterminación), **self-employed person** (trabajador autónomo), **self-enforcing** (de aplicación inmediata), **self-executing** (efectivo inmediatamente), **self-government** (autonomía; V. *Home rule*), **self-help** (ayuda propia, práctica social de dejar en manos de los individuos los medios de resolver solos sus problemas), **self-incrimination** (auto-incriminación; V. *caution, Miranda warning/Rule, privilege against self-incrimination*), **self-inflicted injury** (autolesión), **self-interest** (egoísmo)].

sell *v*: vender. *The business went bankrupt and was sold up.* [Expresiones: **be sold** (ser estafado), **sell at a sacrifice** (vender con pérdida), **sell-by date** (fecha de caducidad), **sell off** (liquidar), **sell out** (liquidar, agotarse; traicionar), **seller** (vendedor), **selling price** (precio de venta)].

Senate *n*: Senado, sala de gobierno. [Expresión: **Senate of the Inns of Court** (Senado de los *Inns of Court*; ejerce funciones de coordinación entre los *Inns of Court*, y tiene capacidad disciplinaria; V. *disbar*)]. *Cf* Bar Council.

send *v*: enviar. *He was sent down for 3 years for armed robbery.* [Expresiones: **send down** (*col*) (condenar a prisión), **at sender's risk** (por cuenta y riesgo del remitente)].

senior *a*: principal, veterano, el de más antigüedad, rango o responsabilidad; padre. *Seniority generally counts for a lot in job promotions.* [*Senior* se aplica, dentro de una escala, al que posee antigüedad, mientras que *junior* se aplica al de menor categoría, al menor o al que no tiene experiencia. Expresiones: **senior partner** (socio principal), **senior officer** (alto cargo, cargo directivo), **senior post** (cargo directivo o de responsabilidad), **seniority** (antigüedad)]. *Cf* junior.

sensitive information *n*: información delicada, susceptible o confidencial. *The chairman was asked to resign following allegation that he had made improper use of sensitive information.*

sentence *n*/*v*: sentencia, condena; dictar sentencia, sentenciar. *When there are concurrent sentences the accused serves the longest one.* [A diferencia de lo que ocurre en español, la palabra *sentence* se emplea única y exclusivamente para designar la pena impuesta en juicios penales y, por tanto, *judgment* y *sentence* no son intercambiables. Expresiones: **sentence appealed** (sentencia recurrida), **sentence of exile** (pena de exilio)]. *Cf* award, judgment; concurrent sentences, determinate sentences, extended sentences, indeterminate sentences, suspended sentence; impose sentence, pronounce sentence.

separate *a*/*v*: separado, separar(se). *Written separation agreements sometimes include provision for maintenance.* [Expresiones: **separation agreement** (acuerdo de separación entre marido y mujer), **separate filing** (declaración de la renta por separado; V. *file separately*), **separate maintenance** (*amer*) (pensión alimenticia abonada por el marido a la esposa tras la separación o divorcio; V. *alimony*), **separation of powers** (separación de poderes)].

sequelae *n*: secuelas.

sequestrate *v*: secuestrar. [Expresiones: **sequestration** (embargo, secuestro; V. *seizure, embargo, attachment*), **sequestrator** (agente judicial encargado de llevar a cabo un embargo de bienes)]. *Cf* kidnap, hijack; confiscate, seize.

serious *a*: grave. *The company's serious dealings have come to the attention of the Serious Fraud Office.* [Expresiones: **serious fraud** (fraude o desfalco importante), **Serious Fraud Office** (Fiscalía/Juzgado especial de delitos monetarios, brigada anti-fraude), **serious offence** (delito grave; V. *indictable offence*)].

servant *n*: empleado; criado. [Hasta hace poco la ley que regulaba las relaciones entre la patronal y los empleados se llamaba *Masters* *and Servants Acts.* Expresión: **public servant** (funcionario del Estado; V. *civil servant*)].

serve¹ *v*: servir, ser miembro, prestar servicio, desempeñar un cargo. *She served for ten years on the local licensing committee.* [Expresiones: **serve an office** (desempeñar un cargo), **service** (servicio, administración; V. *employment service*), **service industry** (empresa de servicios), **service record** (hoja de servicios), **serviceable** (útil, utilizable)].

serve² *v*: dar traslado a, notificar cualquier comunicado oficial. *He filed an affidavit sworn in support of an application for leave to serve proceedings out of the jurisdiction.* [Expresiones: **serve a summons** (notificar una citación, entregar una citación), **serve a warrant** (ejecutar una orden de detención), **serve a writ on somebody** (demandar a alguien, dictar o presentar un auto judicial contra alguien; V. *serve proceedings*), **serve an indictment** (notificar una acusación), **serve an injunction** (notificar un interdicto), **serve proceedings** (presentar una demanda, iniciar acciones judiciales, entablar un proceso judicial), **server** (notificador, portador de citaciones oficiales o notificaciones judiciales, dador de la notificación, agente judicial que hace entrega de una notificación judicial, ujier; V. *process server*), **service** (notificación, servicio, entrega), **service by publication at court** (notificación en el tablón oficial de anuncios), **service of process/summons** (traslado de la demanda, notificación de la demanda, diligencias de emplazamiento)]. *Cf* acceptance/acknowledgment of service, accept service; personal service.

serve³ a conviction/sentence *v*: cumplir una condena, una sentencia o pena. *He served four months behind bars for theft.*

serve⁴ articles *n*: trabajar de pasante. *Before one lawyer can become a solicitor, he must serve articles in a solicitor's office.* Cf articles, article clerk.

servient *a*: sirviente, subordinado. *The servient tenement is subject to the encumbrance of an easement, a profit à prendre, or a restrictive covenant.* [Expresiones: **servient estate or tenement** (predio sirviente, heredad sirviente), **servitude** (servidumbre), **servitude of drainage** (servidumbre de desagüe), **servitude of light and view** (servidumbre de luces y vistas)]. *Cf* penal servitude; positive servitude, easement; dominant tenement.

session *n*: período de sesiones de un Tribunal; período parlamentario, normalmente de un año de duración, el cual consta de *sittings. During today's session the main defence witnesses were called to testify.* [Expresión: **session, be in** (celebrar sesión; V. *hold a session*)]. *Cf* Court of Session.

set *n*: conjunto; expediente formado por el original y las copias.

set *v*: fijar, señalar; premeditar. *The trial date was set for the end of the month.*

set aside¹ *v*: dejar sin efecto, anular, desestimar, rechazar, cancelar, resolver, abrogar. *A court may set aside a contract if it can be shown that a party has entered into it under violence. Cf* reverse, vacate, cancel, annul, invalidate, repeal, revoke, quash, abate.

set aside² *v*: reservar. *Money collected or set aside for charitable purposes may be tax-deductible. Cf* earmark, allocate, reserve.

set back *v*: retrasar, obstaculizar, trabar, causar o suponer un revés. *Interference by the various committees has set us back at least two months.*

set bail *v*: fijar la fianza.

set down *v*: hacer constar, poner por escrito, apuntar, registrar. *The secretary set down the declarations verbatim.* [Expresión: **set down for trial** (fijar/señalar la fecha de la vista, tras el cierre de los alegatos; V. *summons for directions, close of pleadings*)].

set effect *v*: poner en vía de ejecución.

set free/at liberty *v*: poner en libertad. *Cf* release.

set fire to *v*: incendiar, prender fuego. *Although capital punishment was abolished in Britain, it can be imposed for treason, piracy with violence or setting fire to H/M ships. Cf* arson.

set-off *n/v*: reconvención, contrademanda; contraponer, equilibrar; plantear una contrademanda o reconvención. *In his defence, B set off his claim of the debt due to him from A against A's claim against him. Cf* offset.

set on *v*: incitar, instigar. [Expresión: **setting on** (instigación, incitación)].

set out *v*: alegar, afirmar; exponer, expresar ordenadamente. *The plaintiff must clearly set out the nature and basis of his or her claims.*

set over *v*: traspasar, transferir.

set-up (*col*) *n*: arreglo, organización; estructuración, estructura financiera; apaño, tinglado. *It takes people a while to understand the set-up.* [El sustantivo *set-up*, en ocasiones, puede tener cierto tono coloquial o incluso despectivo, a diferencia del verbo *set up,* que no lo suele tener].

set up *v*: crear, establecer, montar, constituir, fijar, marcar. *The government has set up a committee of enquiry.*

setting *n*: marco.

settle[1] *v*: resolver, solucionar, determinar, allanar; liquidar, saldar, arreglar, finiquitar, ajustar. *In settling a cause, the judge will make any order he thinks fit.* [Expresiones: **settle accounts** (saldar/liquidar/ajustar cuentas; V. *pay accounts, keep accounts*), **settle by arbitration** (ajustar por arbitraje o por vía arbitral), **settle claims** (satisfacer demandas o reclamaciones), **settle differences** (componer o arreglar diferencias), **settle disputes** (resolver o arreglar las disputas), **settle money on somebody** (asignarle una cantidad o renta a alguien), **settle out of court** (llegar a un acuerdo o conciliación para evitar el juicio, arreglar extrajudicialmente), **settle up** (pagar deudas, arreglar cuentas), **settlement** (acomodo, acuerdo, composición, acuerdo extrajudicial, convenio, arreglo, solución, transacción, conciliación, liquidación, dote), **settlement of action** (retirada de la demanda por acuerdo entre las partes), **settlement of creditors** (convenio de acreedores)]. *Cf* covenant, agreement, arrangement, clean break; amicable settlement, divorce settlement; friendly settlement, equity to a settlement, out-of-court settlement, judicial settlement, full and final settlement, pay settlement.

settle[2] *v*: colonizar. *North America was settled by Europeans who subdued the Indians.* [Expresión: **settler/settlor** (colono, colonizador, poblador)].

settle[3] *v*: fijar una sucesión (al trono), asignar una dote o una pensión. [Expresiones: **settled land** (propiedad vinculada a las condiciones y disposiciones del *Settled Land Act*; V. *vesting deed*), **Settled Land Act** (Ley de la Propiedad Fiduciaria), **settlement** (disposición sucesoria que establece condiciones y limitaciones; las distintas clases de *settlement* se rigen por las normas del *trust* o fideicomiso y suelen tener el objeto de asegurar la continuidad de la cadena de la sucesión dentro de una misma familia), **settlor** (fideicomitente, creador de la disposición sucesoria o *settlement*, encargado de nombrar a los fiduciarios o *trustees of the settlement* en los dos documentos fundacionales: el *trust instrument* y el *vesting deed*), **settlement of an estate** (V. *proceedings for settlement of an estate*), **settlor** (fundador o creador de un *settlement*)]. *Cf* act of settlement, protector of settlement.

settle[4] *v*: arraigar, consolidar. *Justices are always willing to review what was once considered settled law.* [Expresión: **settled law** (derecho consolidado, inveterado, estable)]. *Cf* abiding.

several *a*: individual, de cada uno, por separado, privativo. [Expresiones: **several covenant** (pacto solidario), **several obligation** (obligación solidaria), **several obligor** (obligado solidario), **severally liable** (responsable solidariamente), **severalty** (posesión exclusiva; parte de una propiedad o conjunto de bienes que pertenece exclusivamente a uno)]. *Cf* joint and several.

sever *v*: romper, separar; excluir, anular. *After negotiations broke down, the sportsman severed his contract with the club.* [Expresiones: **severable** (divisible; se aplica a una propiedad de la que la posesión de las partes es determinable), **severable contract** (contrato válido aun después de la exclusión de alguna cláusula viciada), **severance** (ruptura, separación, cese; V. *words of severance*), **severance damage** (perjuicio por división), **severance pay** (cesantía, indemnización por despido o desahucio)].

sex *n*: sexo, sexualidad. *Despite several changes in the law and in people's attitudes, sex discrimination is still rife.* [Expresiones: **sex change operation** (intervención quirúrgica para cambio de sexo), **sex discrimination** (discriminación sexual), **sexual abuse** (abusos deshonestos, abusos contra la libertad sexual; V. *molest*), **sex assault** (agresión sexual), **sexual harassment** (acoso sexual; estupro laboral), **sexual intercourse** (coito, conocimiento carnal con penetración en la vagina), **sexual offences** (delitos contra la honestidad, abusos deshonestos)]. *Cf* rape, gross indecency.

shadow *a/v*: sombra; seguir secretamente. *The detective shadowed the suspect and saw him exchange bags with a stranger.* [Expresión: **Shadow Cabinet** (consejo de gobierno en la sombra; conjunto de ministrables de la oposición)].

sham *a/n*: fingido, simulado; ficción, simulacro, superchería; farsante. *The name, address and description of the company are a sham: it does no business and has never traded.* [Expresiones: **sham defence/plea** (defensa/alegación falsa o frívola), **sham marriage** (matrimonio de conveniencia para adquirir la nacionalidad o para obtener alguna ventaja; V. *marriage of convenience*)].

share *n*: acción, parte alícuota del capital de una empresa comercial; cuota, contingente, cupo, participación. *The company is controlled by a consortium holding 55% of the shares.* [Expresiones: **share capital** (capital social), **share certificate** (resguardo de acciones), **sharecropping** (aparcería), **sharecropper** (aparcero), **shareholder** (accionista; V. debenture holder), **share transfer** (certificado de transferencia de acciones al portador), **share warrant** (certificación de acciones al portador)].

share *v*: compartir, participar. [Expresiones: **share in the profits** (participar en los beneficios), **sharecropping** (aparcería)].

shark *n*: tiburón. *The company was swallowed up by its rivals, who were commercial sharks.*

sharp *a*: afilado. [Expresiones: **sharper** (estafador, timador), **sharpshooter** (tirador apostado, tirador certero; V. *sniper, marksman*)].

shed *n*: tinglado, cobertizo.

shelve *v*: archivar. *Cf* table (*amer*), defer; there is no case.

sheriff *n*: oficial de la justicia, ejecutor de las órdenes y autos judiciales. [Las funciones del *sheriff* varían mucho en los distintos países de habla inglesa. En Inglaterra y Gales es un «administrador regional de justicia»; como tal, representa a la Corona en su condado de residencia, donde es responsable de la organización de las elecciones, del cumplimiento de las distintas órdenes y autos en causas penales —y, por lo tanto, también de la salvaguardia de los detenidos y de su comparecencia ante los tribunales correspondientes— y del cumplimiento forzoso de los autos del *High Court*. En cambio, en Escocia es «juez titular de primera instancia»; como juez titular de un tribunal inferior aglutina las funciones y la jurisdicción equiparables a las ejercidas en Inglaterra por los *Magistrates Courts, Crown Court* y *County Court*. Finalmente, en EE.UU. es el «jefe de policía del condado». Expresiones: **sheriff's sale** (venta judicial), **sheriff's interpleader** (citación hecha por el funcionario de policía judicial constituido en tenedor de los bienes objeto de litigio al haberse incautado de ellos por embargo; V. *interpleader, stakeholder's interpleader*)]. *Cf* Scottish Sheriff Court; panel of jurors, array.

ship *n/v*: buque; transportar por vía marítima o fluvial; despachar, expedir. *The goods were shipped to Rio de Janeiro by a reputable import-export company.* [Expresiones: **ship building** (construcción naval), **ship broker** (corredor marítimo), **shipment** (carga, cargamento, envío, remesa, partida, embarque, envío, expedición; V. *cargo*), **shipper** (cargador, embarcador), **ship mortgage** (hipoteca marítima o naval), **shipowner** (naviero, armador), **ship's agent** (consignatario del buque), **ship's articles** (contrato de empleo de los marineros; V. *articles*), **ship's book/journal** (diario de navegación, cuaderno de bitácora; V. *log book*), **ship's papers** (documentación de a bordo; certificado y documentos que identifican a un buque y sus actividades), **shipping** (expedición), **shipping agent** (consignatario de buques), **shipping charges** (gastos de envío o de embarque), **shipping company** (compañía armadora, empresa naviera o marítima), **shipping documents** (documentos de embarque), **shipping order** (orden de embarque o envío), **shipping pool** (fusión de intereses de varios armadores; V. *pooling agreements*), **ship's receipt** (recibo de a bordo o de embarque), **shipwreck** (naufragio), **shipyard** (astillero)].

shoot *v*: fusilar, disparar. *The rebel leaders were shot by a firing-squad.* [Expresiones: **shoot-out** (tiroteo), **shot** (disparo, tiro)].

shoot up *v*: dispararse. *Prices have shot up dramatically over the past year.*

shop *n*: almacén, tienda, taller, fábrica; lugar de trabajo. [Expresiones: **shop steward** (enlace sindical; V. *closed shop*), **shop-lifter** (ladrón, ratero de tienda), **shoplifting** (hurto o ratería de tiendas; V. *making off without payment*)].

shore *n*: tierra, orilla, costa. *In order to shore up the bank regulators chose Mr Stewart for chairman.* [Expresión: **shore up a bank** (apuntalar, sostener o apoyar un negocio que se tambalea)].

short *a*: corto, reducido, escaso, insuficiente, deficiente. *The Government has proposed special measures to cope with the housing shortage.* [Expresiones: **short cause list** (lista de causas ante el *High Court* cuya vista se prevé durará menos de cuatro horas), **short committal** (procesamiento por vía abreviada), **short-dated** (a corto plazo), **short delivery, S.D.** (entrega corta, insuficiente o deficiente, merma; V. *extraneous perils*), **short lease** (arriendo a corto plazo), **short notice** (corto plazo de aviso), **short paper** (papel bursátil a corto plazo), **short sale** (venta en descubierto), **short summons** (emplazamiento para pronta contestación), **short-term** (a corto plazo; se aplica a *bonds, creditors, debt, liabilities,*

loans, etc.; V. *long-term*), **short-term imprisonment** (prisión menor), **short title** (título abreviado de una ley; V. *act, long title*), **shortage** (falta, escasez, carestía)]. *Cf* narrow.

show *n/v*: demostración; mostrar, demostrar. *If you cannot appear on the day contained in the citation you have to show cause.* [Expresiones: **by show of hands** (a mano alzada; V. *by ballot*), **show cause** (justificar, dar razones o explicaciones), **show standing** (demostrar que se es parte interesada)].

sick *a*: enfermo. [Expresión: **sick benefit/pay** (subsidio o beneficio por invalidez, o indemnización por enfermedad, subsidio de invalidez: V. *statutory sick pay*)].

sight *n*: vista. *Some bills of exchange are payable at sight* [Expresiones: **at sight** (a la vista; V. *on demand, upon presentation*), **on sight** (a la vista; V. *on demand*), **sight bill of exchange** (letra a la vista), **sight rate** (cambio a la vista)].

sign *n/v*: señal, nota; firmar, suscribir, rubricar. *A deed is not valid unless it has been signed by the maker in the presence of witnesses.* [Expresiones: **sign and seal** (firmar y rubricar), **sign by procuration/proxy** (firmar por poder), **sign jointly** (mancomunar firmas), **sign in blank** (firmar en blanco), **sign off** (firmar la ficha al terminar el trabajo, firmar la salida), **sign somebody in/out** (firmar el registro de llegadas/salidas, de visitas, de alta/baja médica, etc.), **sign something over to somebody** (firmar la cesión o traspaso de algo o alguien), **sign up** (contratar), **signature** (firma), **signal** (señal)]. *Cf* distress signals.

signatory *n*: signatario, firmante. *Cf* sign.

signet *n* sello. *Cf* royal signet.

silent partner *n*: socio comanditario secreto o capitalista. *Cf* dormant partner; ostensible partner.

silk *n*: V. *barrister*.

simple *a*: simple, sencillo. [Expresiones: **simple assault** (acometimiento), **simple average** (avería simple), **simple battery** (agresión simple), **simple confession** (declaración de culpabilidad), **simple contract** (contrato simple o verbal), **simple interest** (interés simple), **simple majority** (mayoría simple), **simple negligence** (imprudencia o negligencia simple), **simple trust** (fideicomiso puro o simple), **simple interest** (interés simple)].

simulate *v*: simular, fingir.

sine die (a meeting, a hearing, etc.) *v*: suspender, diferir, trasladar indefinidamente (una sesión, una vista oral, etc.). *The meeting was "sine died".* Cf adjourn, postpone, suspend.

single *a*: único, sencillo. *In 1992 the European Market will become a single market.* [Expresiones: **single ballot** (votación a una sola vuelta; V. *second ballot*), **single condition** (condición única), **single entry** (partida simple), **single entry bookkeeping** (teneduría de libros por partida simple; V. *double entry*), **Single European Act, SEA** (Acta Única Europea; V. *EEC, Common Market*), **single market** (mercado único)].

sink *v*: hundir, hundirse, irse a pique. *The share price was sunk dramatically as a result of the company's difficulties.* [Expresiones: **sink a debt** (amortizar una deuda), **sink in price** (disminuir en el precio), **sinking fund** (fondo de amortización), **sinking fund loan** (empréstitos de amortización; V. *bond loan*)].

sit *n/v*: constituir un tribunal, formar parte de un tribunal, celebrar una sesión, reunirse, tener la sede. *By statute, juvenile courts sit in different locations from other courts.* [Expresiones: **sit-down strike** (huelga de brazos caídos o cruzados, sentada; V. *work to rule strike, slow-down strike*), **sit-in** (sentada), **sit on a jury** (ser miembro de un jurado; V. *serve*), **sit on the bench** (ser juez o magistrado), **sit upon** (juzgar, sentenciar), **sitting** (sesión, turno, junta, reunión; V. *session*), **sitting in bank** (sesión de todo el tribunal)].

situation *n*: empleo, puesto, situación. [Expresión: **situations vacant/wanted** (oferta de puestos de trabajo anunciada en la prensa)].

skeleton *n*: esquema, trazado, proyecto pergeñado. *The sales manager gave the board the skeleton of the campaign and promised to fill in the details later.* [Expresiones: **skeleton staff** (servicios mínimos, personal reducido),

skeleton in the cupboard (asunto tapado, secreto vergonzoso)].

skipper *n*: patrón de cabotaje.

skyjacking *n*: secuestro aéreo.

slander *n/v*: calumnia oral, difamación oral, maledicencia, acusación falsa; calumniar, denigrar. *Slander of goods is a form of malicious falsehood and is actionable under certain circumstances.* [Expresiones: **slander of title, property, goods** (menosprecio, descrédito, imputación falsa de título, bienes o mercancías; V. *suit*), **slanderer** (calumniador, infamador), **slandering** (maledicencia), **slanderous** (calumnioso, injurioso, infamatorio)]. *Cf* backbiting, calumny, defamation; disparagement, libel.

slaughter *n*: matanza, carnicería, masacre. *Cf* slay, massacre, carnage, mass killing.

slay (amer) *v*: asesinar, matar. [En EE.UU. se emplea, sobre todo, en el lenguaje periodístico como sinónimo de *murder* o *assassinate*; en Gran Bretaña el término es anticuado y tiene connotaciones de «masacrar o cometer una carnicería». Expresión: **slayer** (asesino, homicida; V. *cut-throat, killer, gunman, murderer, triggerman, homicide, assassin*)]. *Cf* slaughter.

sleeping *a*: dormido, inactivo. [Expresión: **sleeping partner** (socio inactivo, socio comanditario, socio capitalista; V. *dormant partner*)]. *Cf* dormant, sleeping partner, ostensible partner.

slide *n/v*: baja, deslizamiento; bajar, deslizar. *Salaries are subject to a sliding scale, depending on age and experience.* [Expresiones: **slide in rates** (baja en los tipos de interés), **sliding scale** (escala móvil, variable; V. *chart, scale*), **sliding scale tariff/duties** (tarifa de escala móvil, derechos móviles)].

slight[1] *a*: insignificante, más bien poco. *The evidence is too slight to allow us to sue.*

slight[2] *n/v*: desaire, menosprecio; desairar, menospreciar. *Smith threatened to take Jones to court over the slight on his family's honour.* [Expresión: **slighting** (despectivo, despreciativo)].

slip[1] *n*: resguardo, recibo, matriz, papel. *When she checked her pay slip she found she had been overtaxed. Cf* pay-in slip.

slip[2] *n*: error, desliz. [Expresiones: **slip of the tongue** (lapsus, *lapsus linguae*), **slip of the pen** (*lapsus calami*, error de pluma), **slip rule** (norma procesal de las *Rules of the Supreme Court* que dispensa los errores leves cometidos en las alegaciones), **slip up** (desliz, patinazo; cometer un desliz, patinar)].

slot machine *n*: máquina tragaperras.

slum *n*: suburbios. *Cf* suburb, housing estate; suburban.

small claims *n*: demandas de menor cuantía.

small consideration, for a *fr*: si me pagas un poco, por una pequeña cantidad. *Cf* consideration.

smuggle *v*: pasar o introducir de contrabando. *There is a long tradition of smuggling along the rocky coasts of the southwest of England* [Expresiones: **smuggle in** (introducir fraudulentamente), **smuggled goods** (mercancías prohibidas), **smuggler** (contrabandista), **smuggling** (contrabando)].

sneak-thief *n*: ratero.

sniper *n*: francotirador. [Esta palabra tiene connotaciones negativas en inglés: «tirador oculto, persona cobarde que dispara sin ser vista»; se aplica, por tanto, a los enemigos y criminales, empleándose *sharpshooter* o *marksman* cuando quien dispara es de los «nuestros»]. *Cf* ambush.

snitch *n*: soplón, chivato policial. *Cf* stool pigeon.

society *n*: sociedad. *A society is an example of unincorporated association.* [Expresiones: **social** (social), **social security** (seguridad social, previsión social), **social work assistance** (asistencia social, labor de los asistentes sociales), **social service** (servicio social, prestación social), **social worker** (asistente social)].

sodomy *n*: sodomía. *Cf* buggery, bestiality, unnatural act.

soft *a*: blando. [Expresiones: **soft currency** (moneda débil; V. *hard currency*), **soft credit** (crédito blando)].

sole *a*: individual, único, exclusivo. [Este adjetivo se encuentra a veces pospuesto al nombre, como en *agent sole*. Expresiones: **sole agency** (agencia con exclusiva), **sole agent** (representante, agente, mandatario, apoderado, factor o gestor exclusivo; V. *assignee, attorney, factor, proxy; principal*), **sole and unconditional owner** (propietario único de dominio pleno), **sole corporation** (sociedad anónima formada por una sola persona), **sole heir** (heredero único), **sole licensee** (concesionario único), **sole owner** (único propietario), **sole proprietor** (empresario individual), **sole representative** (representante o agente exclusivo), **sole trader** (empresario individual)]. *Cf* aggregate, feme sole.

solemn *a*: solemne. [Expresión: **solemn procedure** (*der es*) (procedimiento penal equivalente al que se sigue en la justicia inglesa para los *indictable offences*; estos procedimientos se celebran en el tribunal superior de lo penal —*High Court of Justiciary*— o en el inferior —*Sheriff's Court*—; V. *indictable offence*)].

solicit *v*: solicitar, requerir; importunar; abordar; ofrecerse para la prostitución. *The woman, a known prostitute, was accused of soliciting in a public place.* [Expresiones: **solicitation** (solicitación, incitación, invitación, tentativa de corrupción), **soliciting** (incitación a la corrupción, tentativa de corrupción; V. *kerb crawling, procurement, streetwalker*)]. *Cf* canvassing.

solicitor *n*: abogado; procurador. *Solicitors offer legal advice to the public and prepare the case for the barrister.* [Los abogados en ejercicio de Inglaterra y Gales son *barristers* o *solicitors*, y en Escocia *advocates* y *solicitors*. Los *barristers* y *advocates* ejercen la abogacía (*advocacy*) con exclusividad ante los tribunales superiores (*High Court of Justice, Crown Court, etc.*); los *solicitors*, además de ser asesores jurídicos, pueden ejercer la abogacía en los tribunales inferiores (*Magistrates' Courts* y *County Courts*). Los *solicitors*, por otra parte, son los encargados de preparar el expediente de la causa, que servirá de base para la defensa que hará el *barrister*. Cada uno de estos abogados pertenece a distintos colegios profesionales, *The Bar* y *The Council*, respectivamente. Para referirse al hecho de «darse de alta en su colegio profesional», se usan distintos términos: los *solicitors* son *admitted to practise* mientras que los segundos son *called to the bar*. Expresiones: **Solicitor General** (Fiscal-Jefe; segundo cargo de la Fiscalía de Inglaterra y Gales después del *Attorney general*), **Solicitor General for Scotland** (Fiscal-Jefe de Escocia; se trata del segundo cargo de la Fiscalía de Escocia después del *Lord Advocate*), **solicitor's bill of costs** (costas y honorarios del letrado), **solicitor's lien** (derecho de retención de la propiedad del cliente del que disfruta un abogado para asegurarse el cobro de los honorarios), **Solicitors' Disciplinary Tribunal** (Tribunal de disciplina de los abogados en ejercicio)]. *Cf* barrister, practising lawyer, barrister.

solidary *a*: solidario. [Expresiones: **solidary account** (cuenta solidaria; V. *joint account*), **solidary obligation** (obligación solidaria)]. *Cf* joint and several.

solidum, in *fr*: en todo, solidariamente, *in solidum*.

solitary confinement/imprisonment *n*: prisión incomunicada.

solvency *n*: solvencia. [Expresión: **solvent** (solvente)]. *Cf.* bankruptcy, suspension of payments.

sound *a*: cabal, justo. *A person is capable of pleading when he is over eighteen and is of sound mind.* [Expresiones: **sound in body and mind** (sano de cuerpo y alma), **sound mind** (mente sana, juicio cabal), **soundness** (rectitud, justicia)].

source *n*: fuente, origen. *Past judgments in similar cases are a major source of English law.* [Expresiones: **at source** (en origen), **sources of law** (fuentes del derecho)].

spare *a/n/v*: disponible, sobrante, libre, ahorrado; repuesto; pasarse sin. *"I'm afraid a loan is out of the question at the moment; we can't spare the capital"*. [Expresiones: **spare capital** (ca-

pital disponible), **spare no expense** (no escatimar gastos), **to spare** (de sobra)].

Speaker of the House *n*: Presidente de cualquiera de las Cámaras del Parlamento británico.

special *a*: especial, singular, excepcional, específico, extraordinario. [Expresiones: **special acceptance** (aceptación de una letra para pago en lugar concreto), **special agent** (apoderado singular o para un fin determinado), **special appearance in court** (comparecencia ante los tribunales para objetar su jurisdicción), **special assessment** (tasación para mejoras), **special bail** (fianza especial o de arraigo, caución, fianza real; arraigo en el juicio, aseguramiento que se exige al demandante extranjero; V. *bail above*), **special business** (orden del día para junta extraordinaria), **special case** (juicio incidental; momento o fase especial del pleito; conflicto surgido de las versiones distintas de los hechos, o de la interpretación del derecho, presentadas por las dos partes, que requiere resolución judicial distinta a la del pleito central, y que es ventilado en juicio oral especial ordenado por el tribunal; sustanciar con carácter previo), **special charge** (instrucción al jurado sobre un punto especial; V. *charge to the jury*), **special count** (demanda especial), **special damages** (daños cuantificables, daños susceptibles de comprobación y cálculos; compensación por daños concretos que se pueden precisar de forma clara; los daños que no se pueden precisar de forma clara y que se indemnizan de acuerdo con lo que determina la ley se llaman *general/actual/compensatory damages*; V. *consequential damages*), **special defence** (eximente especial; argumento o circunstancias especiales que se alegan en la defensa, por ejemplo, la opinión justificada en una demanda por difamación, en la que la carga de la prueba de acción razonable o justificable recae en el demandado o acusado; V. *defence*[2], *general defences*), **special demurrer** (excepción especial), **special drawing rights, S.D.R.** (derechos especiales

de giro), **special duties** (derechos específicos), **special endorsement** (endoso completo o perfecto), **special finding** (decisión incidental o parcial), **special jurisdiction** (jurisdicción especial), **special notice** (notificación especial hecha con 28 días hábiles de antelación para presentación de puntos de especial importancia en la junta de accionistas de una sociedad mercantil), **special partnership** (sociedad constituida para un fin concreto y determinado), **special plea** (excepción especial, excepción perentoria contra el procesamiento mediante la declaración de *autrefois acquit*, etc., esto es, que el reo ya ha sido condenado o absuelto de la misma acusación en un juicio anterior y, por lo tanto, no debe ser procesado de nuevo), **special procedure** (procedimiento especial), **special procedure material** (material e información especiales adquiridos en el ejercicio de una profesión o práctica comercial, por ejemplo el periodismo, y que no puede ser incautado por la policía si no es con un mandamiento especial), **special provisions** (disposiciones particulares), **special rule** (regla especial, providencia concedida conforme a una moción; regla para gobierno de un caso particular), **special session** (sesión extraordinaria; V. *regular session*), **special term** (período de sesiones extraordinario), **special verdict** (veredicto sobre algunos hechos sin pronunciamiento general; veredicto en el que el jurado da por probados ciertos hechos y pide que sea el juez el que diga si constituyen o no delito o ilícito; veredicto de inocente por demencia; V. *general verdict*), **specialize** (especializar), **specialty** (especialidad), **specialty contract** (escritura de convenio, contrato sellado), **specialty debt** (deuda escriturada)].
specific *a*: concreto, específico. *Courts will order specific performance only if the loss occasioned by the breach of contract cannot be adequately compensated for by the payment of damages.* [Expresiones: **specific bequest** *amer* (legado de cosa cierta), **specific defence** (V. *special defence*), **specific denial** (negación de un punto concreto), **specific performance**

(cumplimiento o ejecución exacta del contrato tal como se estipuló; demanda o recurso exigiendo el estricto cumplimiento de lo convenido en el contrato; ejecución forzosa, cumplimiento material. Éste es un recurso de equidad que los jueces conceden en las demandas por incumplimiento de contrato cuando creen que la indemnización por daños y perjuicios es insuficiente o beneficia al que incumple el contrato; en estos casos, el actor solicita en su demanda el estricto cumplimiento de lo convenido en el contrato; V. *damages in lieu, action for specific performance*), **specifically** (concretamente, expresamente, explícitamente), **specifications** (pliego de condiciones, especificaciones), **specify** (mencionar, especificar, precisar)].
specimen of blood/breath *n*: muestra de sangre/muestra mediante respiración para determinar la ingestión de alcohol. *Cf* breathalise.
speculate *v*: especular, jugar. [Expresiones: **speculate for the advance** (jugar al alza; V. *bull, bear*), **speculator** (especulador)].
speeding *n/v*: exceso de velocidad en carretera; conducir a más velocidad de la permitida. *He was fined and banned from driving for a year for speeding.*
spend *v*: gastar, consumir. *Profits have dropped because of the slowdown in consumer spending.* [Expresiones: **spending** (gasto), **spent conviction** (culpa redimida, cancelación de antecedentes penales)].
spendthrift *n*: pródigo, disipador, derrochador. [Expresiones: **spendthrift clause** (cláusula de inembargabilidad de los beneficios), **spendthrift trust** (fideicomiso en protección de los pródigos, fideicomiso sin discreción en el beneficiario, fideicomiso para los pródigos)]. *Cf* squander.
sphere *n*: sector, ámbito.
split[1] *v*: dividir, partir. [Expresiones: **split decision** (decisión arbitral con división de opiniones o votos disidentes), **split sentence** (sentencia de multa con suspensión de la encarcelación), **split-off** (escisión; V. *demerger*), **split up** (dividirse; separarse)].

split² (*argot*) *v*: denunciar, «cantar», «soplar», «chivarse». *The hooligan threatened to knife his girlfriend if she split on him.*

spokesman *n*: portavoz.

sponsor *n*: garante, responsable, avalista; patrocinador, padrino. *When they saw the financial trouble the company was in, the sponsors withdrew their support.* [Expresiones: **sponsoring country** (país firmante, responsable o patrocinador), **sponsorship** (patrocinio)]. *Cf* surety, backer, guarantor.

spouse *n*: cónyuge. *The spouse of an accused is generally not a competent witness. Cf* competent witness; worldly goods.

spy *n/v*: espiar; espía.

squat *v*: usurpar, establecerse en el terreno o la propiedad de otro, apropiarse indebidamente o vivir ilegalmente en la propiedad de otro. *Squatting has become a significant social problem among the urban poor.* [Expresiones: **squatter** («ocupa», ocupapisos, colono usurpador, el que se establece en tierras ajenas, persona que vive ilegalmente en la casa de otro, ocupante ilegal, precario o sin título), **squatter's title** (prescripción adquisitiva; V. *adverse possession*)].

staff *n/v*: plantilla, personal; estado mayor; dotar de personal. *The office is staffed with a manager and 4 secretaries.* [Expresión: **be on the staff** (pertenecer a la plantilla)].

stage *n*: etapa, estadio, fase. *Cf* first-stage processing, multi-stage tax.

stake *n*: participación en una sociedad. *While Morgan has raised its stake in SVH from 4.9 per cent to 7.5 per cent, Morris has sold its 23.7 per cent stake.* [Expresión: **stakeholder's interpleader** (citación para la incoación del procedimiento de *interpleader* hecha por el que guarda el bien en depósito o en prenda, por ejemplo, el banco en el que el deudor tiene fondos en cuenta; V. *interpleader, sheriff's interpleader*)].

stale *a*: caducado. [Se suele aplicar a *stale cheque, stale claim, stale date, stale debt,* etc. Expresión: **stalemate** (estancamiento, paralización, punto muerto, posición de tablas en ajedrez)]. *Cf* laches.

stamp *n/v*: sello, timbre, cuño; sellar, timbrar. [Expresiones: **stamp duty** (timbre), **stamped addressed envelope, s.a.e** (sobre con sello y con el nombre y dirección del solicitante, etc.), **stamped paper/documents** (papel/efectos timbrados), **stamping** (estampillado)]. *Cf* seal.

stand (*amer*) *n*: banco o banquillo de testigos. *Counsel for defence made an effective use of all the witnesses on the stand. Cf* witness box, take the stand.

stand *v*: permanecer, ofrecer; avalar, soportar, sufrir. *The three businessmen are to stand trial next week on charges of fraud.* [Expresiones: **stand bail/security/surety** (prestar fianza, salir fiador, avalar), **stand mute** (guardar silencio), **stand by** (apoyar; estar o ponerse a disposición judicial), **stand-by ticket** (billete de avión adjudicable en lista de espera), **stand-by underwriting** (compromiso para compra de valores no vendidos), **stand out against somebody's release on licence** (oponerse a la libertad condicional de alguien), **standstill procedure** (statu quo), **stand trial** (someterse a juicio)]. *Cf* the meeting stands adjourned.

standard *n*: criterio, norma, medida, rasero, estándar. [Expresiones: **standard basis of taxation** (normas para la adjudicación de las costas), **standard-form contract** (contrato de adhesión), **standard of living** (nivel de vida), **standard price** (precio regulador), **standardization** (normalización)]. *Cf* level.

standing mute *n*: permanecer callado, estar o permanecer mudo. [Cuando el acusado se niega a contestar a la acusación, el tribunal ordena la formación de un jurado para que decida si el silencio del acusado se debe a la mera perversidad (*mute of malice*) o a una perturbación de sus facultades mentales (*mute by visitation of God*). En el primer caso se toma el silencio como declaración de inocencia; en el segundo, el jurado debe decidir si el acusado es incapaz de defenderse]. *Cf* right of silence, visitation of God.

standing¹ *a*: de pie. [Expresión: **standing vote** (voto que se emite y se cuenta poniéndose de pie)]. *Cf* show of hands.

standing² *a*: permanente. [Expresiones: **standing²** (**army, order, committee**, etc.) (ejército, pedido/orden, comité, etc., permanente), **standing civilian court** (tribunal permanente para causas no militares, para enjuiciar, según la jurisdicción ordinaria, a los familiares, etc., de los militares británicos con destino en el extranjero)].

standing³ *n*: crédito, posición, reputación, estatus. *This company has a high financial standing. Cf* rating, status.

standing⁴ *n*: capacidad legal, derecho. *The applicant for a declaratory judgment must show standing.*

standing⁵ *n*: antigüedad. *The division of the legal profession into barristers and solicitors is of long standing.*

standstill agreement *n*: acuerdo para la suspensión de un contrato o procedimiento.

stare decisis *fr*: «estar a lo decidido», considerar vinculantes las decisiones judiciales anteriores en causas similares, que es la base del *precedent*.

state *n*: estado. [Expresiones: **State affairs** (negocios de Estado), **State bank** (banco público), **state's rights** (*amer*) (derechos exclusivos de cada Estado de la Unión), **state of emergency** (estado de emergencia), **state machinery** (aparato de la administración pública, maquinaria del Estado), **state of mind** (estado de ánimo), **state of origin** (país de nacimiento), **state resources** (fondos estatales)].

state *v*: afirmar, declarar, informar, establecer, fijar, indicar. *At the trial the accused retracted the statement he had made to the police.* [Expresiones: **stated account** (cuenta conforme o convenida), **stated purpose** (exposición de motivos de una ley o documento), **stated capital** (capital declarado), **statement** (declaración, informe; estado, cuenta, estadillo; estado de posición; V. *fair comment, scandalous statement*), **statement of account** (estado de la cuenta; V. *extract*), **statement of claims** (cuerpo de la demanda conteniendo los hechos y los fundamentos de derecho, exposición de las pretensiones de la demanda y fundamentos de

la misma), **statement of condition** (balance de situación; V. *balance sheet*), **statement of defence** (pliego de defensa, declaración de la defensa; V. *peremptory plea, defence*), **statement of facts** (exposición detallada de hechos relativos a las operaciones de carga y descarga correspondientes a una póliza de fletamento, que sirve de base a las hojas de tiempo —*time sheets*—, con las que se calculan los días de plancha y, por tanto, las posibles demoras —*demurrages*— o el despacho adelantado o premio por despacho adelantado —*despatch money*—, si existe), **statement of means** (declaración de los recursos económicos), **statement of offence** (exposición o especificación del delito cometido, nombre del delito cometido. El escrito de acusación —*indictment*— especifica todos los cargos —*counts*—; cada uno de estos cargos debe contener el nombre del delito —*statement of offence*— y las circunstancias del mismo —*particulars of offence*—; V. *count, indictment, particulars of offence*), **statement of the prosecution** (declaración de la acusación)]. *Cf* case stated; financial statements, sworn statement.

status *n*: estado, posición, consideración, categoría, rango. *Cf* marital status.

statute *n*: ley parlamentaria. [Los términos *act* y *statute* son sinónimos y se refieren a las leyes que emanan del Parlamento británico o del Congreso americano y se emplean para diferenciarlas de las leyes de jurisprudencia (*judge-made law*), es decir, el *common law* y la *equity*. Expresiones: **statutes at large** (*amer*) (compilación de leyes del Congreso), **statute barred** (prescrito), **statute-barred debt** (deuda extinguida y no cobrable según ley, al haber transcurrido el plazo de prescripción; V. *barred by statute*), **statute book** (los códigos; todo el *corpus* del derecho escrito, actualmente en vigencia), **statute law** (derecho parlamentario), **statute of frauds** (ley contra el fraude), **statute of limitations** (ley de prescripción o de exención de derechos; V. *laches, caducity*)]. *Cf* act, enabling statute/act, disabling statute; common law, equity.

statutory *a*: legal, reconocido o amparado explícitamente por las leyes, amparado por las normas legales, estatutario, que cumple los requisitos exigidos por la ley, ley aprobada en el Parlamento y no nacida en el derecho común o el de equidad. *An employee can bring a complaint against an employer, when his statutory employment rights have been infringed.* [Expresiones: **statutory company/corporation** (sociedad constituida por ley parlamentaria expresa; V. *corporation incorporated by royal charter; chartered company, registered companies*), **statutory declaration** (declaración que se presenta en el registro mercantil manifestando que la sociedad en cuestión cumple todos los requisitos exigidos por la ley), **statutory instruments** (disposiciones o instrumentos legislativos; el objeto de los *statutory instruments* es el desarrollo de una ley de autorización (*enacting act*), o ley matriz o de bases (*parent act*); antes de su entrada en vigor, estas disposiciones deben ser notificadas al Parlamento (*laid before Parliament*), el cual ejerce un control sobre los mismos; las principales disposiciones legislativas son *Orders, Regulations, Rules, Directions, orders of local authorities*, etc.), **statutory interpretation** (interpretación de las leyes), **statutory law** (derecho estatutario; leyes emanadas del Parlamento; V. *common law, equity*), **statutory lives in being** (duración de la vida de la persona o personas nombradas directa o indirectamente en un testamento como posibles beneficiarios de una propiedad; el período se utiliza como base del cómputo de la duración de una disposición testamentaria cuando es incierta, formando parte de la *rule against perpetuities*, o norma jurídica que impide que se perpetúe o se aplace indefinidamente un derecho real sin concretarse en una persona determinada; en evitación de esto, se fija un período concreto, pasado el cual la propiedad toma raíz —*vests*— de manera definitiva e inalienable en el último beneficiario), **statutory offence** (delito establecido por la ley, delito tipificado;

V. *regulatory offence*), **statutory owner** (propietario legal, propietario *de iure* en defecto de otro con mayor derecho o durante la minoría de edad del beneficiario futuro), **statutory requirements** (normas legales, requisitos marcados por la ley), **statutory right** (derechos legales reconocidos por ley parlamentaria, derecho de acuerdo con la ley), **statutory sick pay, SSP** (indemnización por baja laboral), **statutory tenancy** (arriendo o inquilinato amparado por las leyes de la vivienda)].

stave off *v*: diferir, retrasar, retardar. *The company is desperately trying to raise funds to stave off bankruptcy.*

stay *n*: suspensión. *A court may order stay of proceedings if it considers the plaintiff's conduct is unreasonable.* [Expresiones: **stay of proceedings** (auto de sobreseimiento, interrupción o suspensión de la instancia), **stay of execution** (inejecución de la sentencia de acuerdo con los supuestos del código; suspensión de la ejecución de una sentencia cualquiera; V. *suspended sentence*)].

steal *v*: robar. *Cf* theft, burglary, abaction, lifting.

steamer *n*: buque de vapor.

stenographic record *v*: transcripción/acta taquigráfica. *Cf* verbatim record.

step *n*: gestión, trámite, diligencia, medio. *The first step in civil proceedings is the issue of a writ of summons.* [Expresión: **step by step** (paso a paso)]. *Cf* measure, formality, proceedings; take steps.

stern *n*: popa.

stevedore (*amer*) *n*: estibador. *Cf* longshoreman.

steward, shop *n*: V. *shop steward*.

stick to *v*: aferrarse a. *The accused stuck firmly to his story despite the prosecutor's penetrating cross-examination.* *Cf* hold to.

stipendiary magistrate *n*: magistrado estipendiario. [La mayoría de los jueces o magistrados de los *magistrates' courts* son legos y no reciben indemnización por su trabajo; hay, sin embargo, unos pocos jueces profesionales en dichos tribunales, llamados «magistrados estipendiarios» porque, como profesionales que son, están retribuidos]. *Cf* lay magistrate, justice, magistrates' courts, metropolitan stipendiary magistrate; committal proceedings.

stipulate *v*: estipular, especificar; pactar. [Expresión: **stipulation** (estipulación)].

stir (up) *v*: atizar, agitar, provocar. *It is an offence to use words in public that stir hatred against racial groups.*

stock[1] *n*: existencias.

stock[2] *n*: valores, acciones. *We have bought stock in the largest Japanese electronics company.* [El término es prácticamente sinónimo de *shares*. Expresiones: **stockbroker** (corredor o agente de Bolsa, bolsista), **stockbroker company** (sociedad instrumental de agentes), **stock dividend** (acción liberada; V. *bonus share*), **Stock Exchange** (Bolsa de Valores; V. *commodity exchange*), **Stock Exchange Commission, SEC** (Comisión Nacional del Mercado de Valores, CNMV; V. *registration statement*), **Stock Exchange list** (boletín de cambios, boletín de la Bolsa), **stock jobber** (bolsista), **stockholder** (accionista; V. *shareholder*), **stockholder of record** (accionista registrado)]. *Cf* listed stock, non-voting stock, option stock, premium stock, outstanding stock, voting stock.

stockfarming *n*: ganadería.

stool pigeon *n*: soplón, chivato policial. *Cf* snitch.

stop *v*: detener, parar, interrumpir. *The judgment creditors issued a stop notice to prevent the debtor from transferring shares to his partner.* [Expresiones: **stop notice** (prohibición de registrar acciones transferidas por un deudor por fallo judicial), **stopover** (escala en un puerto; V. *call*)]. *Cf* suspend, revoke, adjourn.

store *n*: provisión, pertrecho; almacén. [Expresiones: **store list** (manifiesto de provisiones de un buque), **storage charges** (derechos de depósito)].

stow *v*: arrumar, estibar. [Expresiones: **stowage** (arrumaje, estiba), **stowage factor** (factor de estiba)].

straight *a*: recto; honrado. *The accused told the judge that he had been going straight for two years.* [Expresiones: **straight bill** (letra simple, sin acompañamiento o respaldo de documentos), **straight bill of lading** (*amer*) (conocimiento de embarque no negociable, conocimiento de embarque nominativo, conocimiento a persona determinada; V. *named bill of lading*)]. *Cf* go straight.

strand *n*: orilla, costa. [Expresiones: **stranded** (varado, embarrancado), **stranding** (varada)].

straw *n*: paja. [Expresiones: **straw man** (testaferro; V. *man of straw*), **straw vote** (voto de tanteo)].

street *n*: calle, vía pública. [Expresiones: **street offences** (delitos relacionados con actos ilegales realizados en la vía pública), **street trading** (venta ambulante, venta en la vía pública), **streetwalker** (prostituta de calle; V. *solicitation*)].

strict *a*: riguroso, estricto. *Crimes of strict liability are defined as being those for which* mens rea *need not be proved.* [Expresiones: **strict construction** (interpretación rigurosa de la ley), **strict liability** (responsabilidad no culposa civil y penal, responsabilidad por hechos ajenos, responsabilidad por riesgo creado; V. *casual delegation, remoteness of damage*), **strict liability rule** (norma de responsabilidad inexcusable o estricta; V. *dangerous, common duty of care*)].

strike[1] *n/v*: huelga; declararse en huelga. *The union called on its members to strike in support of their pay-claim.* [Expresiones: **on strike** (en huelga), **strike-breaker** (esquirol; V. *blackleg, scab*), **strike fund** (caja de resistencia, fondo de huelga), **strike notice** (aviso de huelga), **strikers** (huelguistas), **strikes, riots and civil commotions clause** (cláusula de las pólizas de seguro sobre huelgas, tumultos y desórdenes)]. *Cf* disbar, sympathetic strike, wildcat strike.

strike[2] **a bargain** *n*: cerrar un trato, llegar a un acuerdo. *After tense negotiations, a bargain was struck and the two sides signed a contract.* *Cf* bargain.

strike[3] **from/off, out** *v*: suprimir, borrar. *The plaintiff failed to appear on the day set for trial and the action was struck off the list.* [Expresiones: **strike a solicitor off the Rolls**

(borrar, tachar, dar de baja en el Colegio de Abogados; V. *disbar*), **strike from the record** (borrar del acta)]. *Cf* court calendar, calendar of cases, docket, trial list, mark off.

strike⁴ price *n*: precio de ejercicio. *Option to buy shares at a certain price, called the "strike price", until a specified date, called the expiration date.*

stroke *n*: ataque, apoplejía.

strong representations *n*: fuertes protestas o manifestaciones.

sub *prefijo*: sub-. [Expresiones: **subheading** (subtítulo), **sub-lease** (subarriendo), **sub-tenant** (sub-inquilino)]. *Cf* under.

subject *n*: súbdito. *Under present law, a British subject may not be a British citizen. Cf* registration, citizenship, naturalisation.

subject to *fr*: a reserva de, sin perjuicio de, previa condición de, dentro de, sujeto a, sometido a, pendiente de. *An offer made subject to contract is not a binding agreement.* [Expresiones: **subject to approval** (pendiente de aprobación), **subject to contract** (previo contrato, sujeto a contrato), **subject to legal regulations** (dentro de lo que marca la ley), **subject to notice** (con preaviso; V. *account subject to notice*), **subject to tax** (gravable, imponible, tributable), **subject to the limits provided by law** (dentro de los límites legales)].

subject *v*: someter. *Counsel for defence subjected the accuser to a stiff cross-examination in order to show the inconsistencies of her testimony.*

subject-matter *n*: contenido, asunto.

subjugate *v*: subyugar. [Expresión: **subjugation** (subyugación)].

sublet *v*: subarrendar. [Expresión: **subletting** (subarrendamiento)].

submit *v*: presentar, formular, rendir; proponer, solicitar. *"It is my submission", said the prosecutor, "that you were present at the scene of the crime."* [El verbo *submit* y el sustantivo *submission* los utilizan los abogados durante la vista oral para proponer, solicitar o sugerir. Para decir «pienso que» se dice *I submit* y, consecuentemente, el sustantivo *submission* significa «teoría, interpretación o

tesis» del abogado. Expresiones: **submission** (teoría, interpretación o tesis; presentación, solicitud; propuesta, sometimiento), **submission of no case** (solicitud o petición de sobreseimiento hecha por la defensa; V. *there is no case to answer*), **submit evidence** (practicar una prueba), **submit for discussion** (presentar a debate)]. *Cf* I put it to you.

subordinate *a/v*: subalterno, subordinado; subordinar. [Expresión: **subordinate legislation** (legislación subordinada o delegada; es sinónimo de *delegated legislation*)].

subornation of perjury *n*: soborno de otro para que jure en falso, incitación a cometer perjurio.

subparagraph *n*: subapartado. *Cf* paragraph, clause, section.

subpetition *n*: otrosí, punto complementario o adicional.

subpoena *n/v*: apercibimiento, cédula de citación so pena de sanción, citación y emplazamiento; apercibir; citar para estrados so pena de multa. *The witness received a subpoena instructing her to appear in court the following month.*

subrogate *v*: subrogar. [Expresión: **subrogation** (subrogación)].

subsection *n*: inciso, subsección. *Cf* section.

subscribe *v*: suscribir, firmar; contribuir, abonarse. [Expresiones: **subscribe a loan, capital, shares,** etc. (suscribir un empréstito, capital, acciones, etc.), **subscriber** (suscriptor, abonado), **subscription** (suscripción, abono), **subscription certificate/warrant** (certificado, resguardo provisional o cédula de suscripción; V. *warrant*), **subscripción right** (derecho de suscripción)].

subsequent *a*: subsiguiente, posterior. [Expresiones: **subsequent pleadings** (alegatos posteriores a la réplica del demandante, como la contrarréplica, tríplica, etc.), **subsequently** (posteriormente, subsiguiente)].

subsidiary *a/n*: subsidiario, filial. *The tendency is for each modern subsidiary to specialize in a particular link in the chain of production.* [Expresión: **subsidiary company** (sociedad mercantil dominada, subsidiaria o filial; V. *parent company, affiliate*)].

subsidize *v*: subvencionar. [Expresión: **subsidy** (subsidio, subvención; V. *grant*)].

subsistence *n*: subsistencia. *Student grants often include the payment of a subsistence allowance.* [Expresión: **subsistence allowance** (dietas y viáticos, gastos de manutención; V. *travelling allowance*)]. *Cf* government annuity, legacy, grant; necessaries.

substandard *a*: de calidad inferior a la media, inferior, defectuoso. *The company was accused of knowingly marketing substandard goods.*

substantial *a*: apreciable, considerable, importante, sustancial. *As a result of arbitration, workers in the sector are to receive a substantial rise in wages.*

substantiate *v*: confirmar, establecer, probar, sustanciar. *The accused was unable to substantiate his claims with evidence.*

substantive *n*: real, sustantivo. [Expresión: **substantive law** (derecho sustantivo; V. *adjectival law*)].

substitute *a/v*: sustituto, suplente; sustituir, reemplazar. [Expresiones: **substituted service** (citación o notificación por cualquier medio sustitutorio de entrega en mano o envío por correo), **substitution** (sustitución, reemplazo), **substitutional legacy** (legado que pasa a los descendientes del beneficiario si éste premuere al testador)].

subtrust *n*: fideicomiso derivado de otro, creado cuando un beneficiario del primero se declara fideicomiso de terceros.

suburb *n*: barrio residencial. *It is very unusual for a publican to obtain a licence to open premises in a suburb.* [Expresión: **suburban** (residencial, burgués; el término español «suburbio» se traduce al inglés por *slum*)]. *Cf* slum, housing estate.

subvention *n*: subvención.

subvert *v*: subvertir. [Expresiones: **subversion** (subversión), **subversive** (subversivo)].

succeed *v*: heredar, suceder. [Expresiones: **succession** (herencia, sucesión), **successor in title** (derechohabiente)].

sudden death *n*: fallecimiento repentino, muerte súbita (en deportes, juegos, concursos, etc.). *Inquests are held in cases of sudden death.*

sue *v*: entablar juicio contra, pedir en juicio, demandar. *The actor threatened to sue the journalist if the article was published.* [Expresiones: **sue and labour** (cláusula de gestión y trabajo; mediante su inserción en una póliza de seguros marítimos, el asegurado se compromete a tomar todas las medidas razonables y oportunas con el fin de evitar o disminuir en lo posible las consecuencias del riesgo; el asegurador queda obligado a indemnizar esos gastos razonables independientemente del éxito que se obtenga; V. *waiver clause*), **sue for damages** (demandar por daños y perjuicios), **sueable** (procesable)]. *Cf* suit.

sufferance *n*: consentimiento, tolerancia. *The tenant is occupying the property on sufferance, but we have asked him to make other arrangements as soon as possible.* [Expresión: **on sufferance** (por tolerancia)]. *Cf* estate by sufferance.

sufficient *a*: suficiente. *A magistrate decides through the preliminary inquiry if there is a sufficient case to commit an accused person to trial.* [Expresiones: **sufficient case** (indicios racionales de criminalidad), **sufficient evidence** (elementos suficientes)].

suffrage *n*: sufragio.

suicide *n*: suicidio, suicida. [Expresiones: **commit suicide** (suicidarse), **suicide pact** (pacto de suicidio)].

suit *n*: demanda, litigio, pleito, proceso. *The company brought a suit against their competitors for slander of goods.* [Expresión: **X at the suit of Y/X a.t.s.Y** (X demandado por Y; se emplea esta fórmula para referirse a un pleito determinado, a modo de ilustración o ejemplo)]. *Cf* sue; abandonment of suit, vexatious suit.

sum *n/v*: suma, recapitulación; sumar. *In his summing up, the judge goes over the main points of the evidence and of the relevant law.* [Expresiones: **sum up** (resumir, recapitular), **summing up** (recapitulación; V. *summation*)]. *Cf* lump sum.

summarily *adv*: por procedimiento sumario. *The factory worker was summarily dismissed for* *being drunk in charge of dangerous machinery.*

summarize *v*: resumir, compendiar.

summary *a*: sumario, rápido. [El término *summary* se emplea en la expresión **summary offence/crime** (falta, delito menor o menos grave); estos delitos se juzgan directamente, y mediante un procedimiento inmediato o abreviado, caracterizado por la rapidez y la sumariedad, por jueces del Tribunal de Magistrados (*Magistrates' Court*). Expresiones: **summary conviction** (condena por un delito menor dictada por tribunal sin jurado; V. *offence triable either way, indictable offence*), **summary crime** (delito menos grave; V. *crime; offence, misdemeanour*), **summary judgment under Order 14** (fallo rápido o sumarial en causas civiles; cuando el demandante está seguro de que el demandado no tiene argumentos que oponer, especialmente en demandas por deudas o daños y perjuicios, puede pedir al tribunal que dicte un fallo rápido o sumarial, cumplimentando el impreso *Order 14 summons*; V. *quickie*), **summary procedure** (*der es*) (procedimiento penal abreviado que equivale al *summary trial* del derecho inglés; el procedimiento comienza con una *complaint* o denuncia, normalmente a instancias de la policía, casi siempre en el Sheriff's Court, ante uno varios jueces legos o *lay judges*), **summary trial** (juicio abreviado o rápido en el tribunal de magistrados sin jurado, por delito menos grave; no es indispensable que el acusado comparezca, y si se declara culpable, puede hacerlo por carta, en cuyo caso no hay actuación de ninguna de las partes, comunicándosele el fallo también por correo; V. *summary procedure*)].

summation *n*: escrito de conclusiones.

summon *v*: citar, notificar. *The Parliamentary secretary was summoned to the Minister's presence.* [Expresión: **summon Parliament** (convocar las Cámaras/el Parlamento)].

summons *n*: auto/orden de comparecencia, cédula de citación judicial a un demandado, emplazamiento, notificación, requerimiento, notificación que sirve para la incoación de un proceso civil. *He received a summons ordering him to appear in court at 10 a.m. on 21 March.* [Expresión: **summons for directions** (cédula de comparecencia emitida, a instancia del actor, en un litigio iniciado por *writ* en el *High Court*; forma parte del procedimiento obligatorio, a no ser que el propio tribunal emita *automatic directions*; tales directrices o instrucciones concluyen la etapa interlocutoria, cuando ya están cerrados los alegatos —*close of pleadings*—, y anuncian la vista oral, incluida la fecha; V. *set down for trial*)]. *Cf* subpoena, originating summons, writ of summons; vendor and purchaser summons.

sundry questions *n*: otras cuestiones.

superannuation *n*: fondo de pensiones. *We pay a percentage of our salary each month to the superannuation scheme.*

superintend *v*: supervisar, vigilar, ser responsable. *It is the task of the secretary to superintend the work of the committee.* [Expresiones: **superintendent** (responsable, vigilante, supervisor), **superintendent of police** (superintendente de policía, comisario de policía; V. *constable, sergeant*)].

superior *a/n*: superior, de mayor rango. [Expresión: **superior court** (tribunal superior; los tribunales superiores de Inglaterra son la Cámara de los Lores o *House of Lords*, el Tribunal de Apelación o *Court of Appeal* y el Tribunal de la Corona o *Crown Court*)]. *Cf* higher courts, lower courts.

superior orders *n*: órdenes de la superioridad, obediencia debida. *The soldier accused of shooting a civilian entered a plea of superior orders.*

supersede *n*: reemplazar, sustituir. *The old regulation has been superseded by the new directives.*

supersedeas *n*: sobreseimiento. V. *writ of supersedeas.*

supervise *v*: intervenir, supervisar. *The welfare officer begged the court to make out a supervision order for the child, whose parents showed no interest in looking after him.* [Expresiones: **supervision** (superintendencia, supervisión), **supervision order** (orden de acogimiento de un menor bajo la tutela de una autoridad o institución), **supervisor** (supervisor), **supervisory** (relacionado con la superintendencia o supervisión), **supervisory powers** (competencias de control)].

supplement *n/v*: suplemento; completar, suplementar. [Expresiones: **supplementary** (suplementario, secundario), **supplementary benefit** (sobresueldo, subvención que se pagaba en el pasado para igualar un salario al mínimo establecido; su nombre actual es *income support*)].

supply *n/v*: oferta; abastecer, proveer, suministrar. *An increase in the supply of raw material normally forces down their prices.* [Expresiones: **supplies** (suministros, aprovisionamiento, pertrechos; V. *tenders and supplies*), **supply and demand** (oferta y demanda)]. *Cf* provide.

support *n/v*: apoyo, manutención; avalar, prestar fianza, afianzar, respaldar, apoyar, suscribir, amparar, sostener, mantener. *The divorce petition included a claim for financial support for the children.* [Expresiones: **in support of** (en apoyo de, en favor de, en pro de), **supporter** (defensor, protector, simpatizante), **supporting** (justificativo, de apoyo, fundado), **supporting documents** (comprobantes o documentos justificativos), **supporting evidence** (justificante)]. *Cf* backing, support, back up, uphold, endorse, second.

supra protest *n*: supraprotesto, intervención bajo protesto. *Cf* acceptance supra protest.

Supreme Court of Judicature *n*: Suprema Corte de la Judicatura. *The Lord Chancellor, who is the Speaker of the House of Lords and President of the Supreme Court, is the highest ranking legal official in Great Britain.* [El nombre de *Supreme Court of Judicature* abarca todos los órganos jurisdiccionales superiores excepto la Cámara de los Lores]. *Cf* superior courts, higher courts.

suppress *v*: anular, abolir, omitir, suprimir; callar, ocultar. *Suppression of documents is a form of fraud if somebody is deprived of a right by this means.* [Expresión: **suppression**

of documents (ocultación o destrucción de documentos, ocultación o destrucción de documento público o privado)].

surcharge *n*: recargo, sobretasa. *Cf* surtax.

surety *n*: fianza, caución, recaudo; fiador, garante, abonamiento. *The surety forfeits his security in the event the defendant on bail fails to appear in court.* [Expresiones: **surety bond** (fianza, fianza de caución o de seguridad), **surety company** (institución de fianzas), **surety for a bill** (aval de una letra), **suretyship** (fianza, garantía, seguridad, afianzamiento, obligación de indemnidad en favor de alguno)]. *Cf* guarantor; security; backer, sponsor, joint surety, stand surety.

surface, on the *fr*: en apariencia.

surmise *n/v*: conjetura, suposición, sospecha; conjeturar, suponer, sospechar. *Everything the prosecution alleges is mere surmise; they have not produced a shred of evidence.*

surpass *n*: sobrepujar.

surplus *n*: superávit, excedente, sobrante. [Expresión: **surplusage** (material impertinente incluido en los alegatos)].

surrebut *v*: contrarreplicar. [Expresión: **surrebutter** (contestación a la contrarréplica; el orden de los alegatos en el derecho procesal inglés es el siguiente: *claim/defence, reply/rejoinder, surrejoinder/rebutter*. A partir del *rejoinder*, sólo se pueden presentar si el tribunal los admite —*with the leave of the court*—, y a partir del *surrejoinder* son una rareza en la práctica moderna)].

surprise *v*: sorprender. *Her shop had been broken into but she surprised the burglar in the very act.*

surrejoinder *n*: tríplica o respuesta a la dúplica. *Cf* surrebutter.

surrender *n/v*: entrega, renuncia, cesión, abandono, rendición, rescate; renunciar, ceder; capitular, rendirse. *A person released on bail undertakes to surrender to custody at an appointed time.* [Se aplica a *property* (bienes), *rights* (derechos), *charter* (cédula, privilegio o concesión real, etc.). Expresiones: **surrender charge** (coste de rescate), **surrender to custody** (entregarse a la autoridad; V. *escape,* *abscond*), **surrender value** (valor de rescate de una póliza de seguros; V. *call value, face value*), **surrenderee** (cesionario), **surrenderor** (cesionista)]. *Cf* give up, abandon.

surrejoinder *n*: tríplica.

surreptitious *a*: subrepticio, clandestino.

surrogation *n*: subrogación. *Surrogate mothers, who bear children for other women, are a source of new legal problems.* [Expresiones: **surrogate mother** (madre sustituta), **surrogation** (subrogación), **surrogacy** (sustitución, condición de sustituto)].

surtax *n*: recargo tributario, sobretasa, impuesto complementario. *Cf* surcharge.

surveillance *n*: vigilancia. *As investigators came upon more evidence linking him to the cartel, he was placed under surveillance.* [Expresión: **under surveillance** (vigilado, controlado)]. *Cf* electronic surveillance, under control, place somebody under surveillance.

survey *n/v*: estudio, reconocimiento, medición, informe detallado, panorámica; catastro, registro, apeo; examinar, medir, estudiar, inspeccionar, levantar un plano, etc. *The local corporation ordered a survey of housing in the area.* [Expresiones: **survey and marking of boundaries** (deslinde y amojonamiento; V. *cadastre, landmark*), **surveyor** (inspector; topógrafo, agrimensor; V. *average surveyor, quantity surveyor*)]. *Cf* damage survey, overall survey.

survive *v*: sobrevivir. [Expresiones: **survival** (supervivencia), **surviving spouse** (cónyuge supérstite), **survivor** (superviviente), **survivorship annuity** (anualidad de supervivencia), **survivorship clause** (cláusula de supervivencia del testador, también llamada *pre-decease clause*; V. *presumption of survivorship*)].

sus (*col*) *n*: sospecha. *The police arrested him on sus.* [Forma coloquial formada por la mutilación de *suspicion*]. *Cf* suspect.

suspect *a/v*: sospechoso, imputado; sospechar. [Expresión: **suspicion** (sospecha; V. *sus*)].

suspend *v*: suspender, dejar en suspenso. [Expresiones: **suspend business** (suspender los negocios), **suspend from practice** (suspender en el empleo o cargo, dar de baja provisional, prohibir el ejercicio de la profesión), **suspend payments** (suspender pagos), **suspended sentence** (condena/sentencia condicional; V. *stay of sentence*), **suspension** (suspensión), **suspension of payments** (suspensión de pagos; V. *temporary receivership*), **suspensive condition** (condición suspensiva), **suspensory** (suspensivo), **suspensory effect** (efecto suspensivo)]. *Cf* abeyance.

suspicion *n*: sospecha, presunción; simple conjetura. [Expresión: **suspicious** (sospechoso)].

sustain[1] *v*: sufrir, soportar, experimentar. *The plaintiff claimed compensations for the injuries he had sustained.* [Expresión: **sustain a loss/a wrong, damage/injury** (sufrir o experimentar una pérdida/daño)]. *Cf* suffer.

sustain[2] *v*: sostener, mantener, sustentar; confirmar, corroborar. *The judge sustained the prosecution's objection to the leading questions put to the witness by the defence.* [Expresiones: **sustain a conviction** (confirmar una condena o sentencia), **sustain an objection** (hallar con lugar una protesta, dar validez a una objeción o considerarla justificada o fundamentada)]. *Cf* hold, uphold, maintain.

sustenance *n*: alimentos, manutención. *Cf* necessaries.

swap *n*: trueque, cambio; cambiar, canjear, intercambiar. *The two businessmen swapped addresses and phone numbers.*

swear *v*: jurar, prestar juramento. *A person who does not wish to swear an oath may solemnly affirm that he is telling the truth.* [Expresiones: **swear a witness** (tomar juramento a un testigo), **swear allegiance** (jurar fidelidad), **swear false** (hacer un juramento en falso), **swear in** (tomar juramento a alguien al ocupar el cargo), **swearing of a witness** (juramento de un testigo)]. *Cf* administer an oath, take an oath; oath of allegiance, pledge allegiance.

sweat shop (*col*) *n*: taller, economía sumergida,

taller donde los pagos son insuficientes en relación con el trabajo. *A lot of these electronic gadgets are made in sweat shops.*

sweep (*col*) *n*: redada o barrida policial.

sweetener (*col*) *n*: gratificación, soborno. *The court told that 3 of the accused had received sweeteners from the foreign firms which won the contract.*

swindle *n/v*: estafa, timo; estafar, timar. *She was swindled out of her life savings by a crook.* [Expresiones: **swindler** (estafador, timador), **swindling** (fraude, estafa, timo; V. *fraud*)].

swoop *n*: V. *police swoop.*

sworn *a*: jurado. *Three witnesses signed sworn statements deposing to the identity of the accused.* [Expresiones: **be sworn in** (prestar declaración, declarar bajo juramento; V. *take an oath*), **being duly sworn** (habiendo prestado juramento), **sworn broker** (corredor jurado), **sworn declaration/statement** (declaración jurada)].

symbolic delivery *n*: entrega simbólica, esto es, entrega del albarán o de otro documento acreditativo de envío. *Cf* constructive delivery.

sympathetic strike *n*: huelga de solidaridad o de apoyo. *Cf* strike, wildcat strike.

syndicate[1] *n*: corporación de síndicos, consorcio, sindicato. [Expresión: **syndicate of brokers** (Colegio de Corredores)].

syndicate[2] (*amer, argot*) *n*: banda criminal, «sindicato». *Cf* ring.

system *n*: régimen, sistema. *Cf* legal system.

T

table *n*: tabla. [Expresiones: **table of contents** (índice de materias), **table of organisation** (organigrama; V. *organisation chart*)].

table *v*: someter a aprobación, presentar un informe, poner sobre el tapete. *An opposition MP tabled a motion requesting the setting up of a committee.* [Suele ir con palabras como *a motion, a bill, an amendment, a report*, siendo sinónimo de *submit*; en inglés americano el significado es, en cambio, «retrasar la presentación de un informe, dar carpetazo a un informe» siendo sinónimo de *defer, shelve*. Expresión: **table a motion of censure** (presentar una moción de censura; V. *interpellation*)]. *Cf* submit for discussion, questions from the floor.

tacit *a*: tácito, implícito, de común acuerdo, no legislado expresamente; de oficio o por funcionamiento de la ley. *Cf* implied, implicit; constructive; expressed.

tail *n*: propiedad limitada a ciertos herederos. *A fee tail was an interest in an estate that was limited to the lineal descendant of the original owner.* [En desuso desde 1926, el *fee tail* o *feodum talliatum* era una disposición testamentaria que limitaba la herencia de una propiedad real a los descendientes en línea directa del testador, bien en general (*tail general*), es decir, incluyendo a los descendientes directos habidos con una o más esposas, bien a un matrimonio concreto (*tail special*), con la posibilidad de limitar aún más la clase de herederos: sólo para varones (*tail male*) y sólo para mujeres (*tail female*). Desde 1926 se considera que todos los derechos nacidos de esta clase de heredad son *equitable interests*].

take *v*: tomar, llevar. [Expresiones: **take action** (emprender acciones judiciales), **take against a will** (recibir por testamento), **take an account** (pedir cuentas; calcular o ajustar el estado de las cuentas entre dos o más personas y un tercero que actúa de juez o árbitro), **take an exception to** (objetar a, oponerse a), **take an inventory** (hacer inventario), **take an oath** (prestar juramento; V. *swear; be sworn in, administer an oath; break one's oath; affirm*), **take back** (revocar), **take bids** (licitar, rematar, subastar), **take bribes** (aceptar sobornos), **take charge of** (encargarse de, tomar en depósito), **take delivery** (tomar posesión, aceptar, hacerse cargo de), **take effect** (surtir efecto, entrar en vigor, entrar en vigencia, empezar a regir, tener efecto, producir efectos; V. *effect, come into effect*), **take evidence from** (tomar declaración a; V. *give evidence, evidence, taking of evidence*), **take for granted** (asumir, dar por hecho), **take-home pay** (salario líquido), **take in a cargo** (tomar mercancías en depósito), **take in intestacy** (recibir por sucesión intestada), **take into account** (tener en cuenta), **take into custody** (detener), **take issue** (disputar), **take judicial cognizance** (V. *cognizance*), **take judicial notice of** (tener conocimiento de oficio; V. *judicial notice*), **take legal actions** (emprender actuaciones judiciales), **take legal measures** (adoptar o tomar medidas judiciales; V. *take action*), **take legal proceedings** (entablar un pleito), **take steps** (tomar medidas), **take off the embargo, the sequestration** (levantar el embargo, el secuestro; V. *lift, raise*), **take office** (tomar posesión de un cargo), **take on lease** (tomar en arrendamiento), **take out insurance** (asegurarse), **take over** (hacerse cargo de), **takeover bid** (oferta pública de adquisición, opa; V. *tender offer*), **take-over merger** (fusión por absorción), **take possession** (tomar posesión, entrar en posesión), **take private** (salir de Bolsa), **take proceedings against** (proceder judicialmente contra), **take steps** (hacer gestiones), **take the floor** (tomar la palabra), **take the stand** (testificar, dirigirse al banquillo), **take to court** (llevar a los tribunales, demandar), **taker** (tomador de un seguro, adquirente, etc.), **taker of averages** (tasador o liquidador de averías; V. *average adjustor*), **taking of an oath** (prestación de un juramento), **taking of evidence** (diligencia de prueba), **takings** (ingresos, ganancias)].

tales *n*: jurados adicionales o suplentes. [Expresión: **talesman** (jurado suplente)].

tally *n/v*: cuenta, cómputo; contar, computar, llevar la cuenta, cuadrar. [Expresión: **tally clerk/man** (contador)].

tamper *v*: entrometerse, falsificar, hacer modificaciones fraudulentas. *Tampering with witnesses by offering bribes or using threats is a serious offence.* [Expresión: **tampering with witnesses** (sobornar a los testigos o influir en ellos)].

tangible *a*: tangible.

tantamount *a*: equivalente a, (es tanto) como si. *If you sign that document it is tantamount to giving up your right. Cf* constructive.

targeted *a*: fichado (*amer*).

tariff *n*: derecho aduanero, arancel. *Customs tariffs are being phased out by the operation of EC law.* [Expresión: **tariff quotas** (cuotas o cupos arancelarios)]. *Cf* customs duty, excise duty, stamp duty.

task *n*: tarea, función, labor, mandato, misión.

tax *n/v*: impuesto, contribución; imponer impuestos. *The sharing of the tax burden is one of the most constant sources of social grievances.* [Expresiones: **tax abatement** (reducción del tipo impositivo), **tax accruals** (impuestos acumulados), **tax advisor** (asesor fiscal), **tax allowance** (desgravación fiscal, bonificación, deducción en los impuestos; V. *abatement*), **tax assessment** (estimación de la base impositiva), **tax at source** (impuesto pagado en la fuente o en origen), **tax avoidance** (rebaja fiscal utilizando recursos legales; elusión legal de impuestos; V. *bond washing, tax evasion*), **tax base** (base imponible), **tax bracket** (grupo impositivo), **tax burden** (carga tributaria), **tax collector** (recaudador de impuestos), **tax deferral** (moratoria), **tax deductible** (deducible), **tax deduction** (deducción de impuestos), **tax evasion** (defraudación fiscal; V. *tax avoidance*), **tax evasion amnesty** (amnistía fiscal), **tax exempt** (exento de impuesto; V. *non taxable*), **tax exemption** (exención o exoneración de impuestos), **tax haven** (paraíso fiscal), **tax inspector** (inspector de Hacienda), **tax law** (derecho fiscal, disposición tributaria), **taxpayer** (contribuyente, sujeto pasivo), **tax rate** (tipo impositivo; V. *abatement*), **tax rate schedule** (tarifa impositiva), **tax rebate** (desgravación fiscal, bonificación tributaria; V. *rebate*), **tax refund** (devolución de impuestos pagados), **tax relief** (desgravación), **tax relief to export** (desgravación a la exportación), **tax retained** (impuesto retenido; V. *tax withheld*), **tax return** (declaración a Hacienda, autoliquidación), **tax roll** (censo de contribuyentes, registro tributario), **tax shield** (amparo fiscal), **tax system** (sistema tributario), **tax valuation** (avalúo catastral), **tax withheld** (impuesto retenido; V. *tax retained*), **taxable** (gravable, imponible, tributable), **taxable base** (base imponible), **taxable income** (líquido imponible, renta imponible o gravable, valor gravable, cuota imponible; V. *assessable*), **taxable year** (año fiscal), **taxation** (imposición, tasación, fijación de impuestos, tributación; V. *double taxation*),

taxation of costs (tasación de costas; V. *assessor, taxing master, bill of costs*), **taxing** (tasación), **taxing master** (funcionario de los tribunales que calcula las costas de los litigantes; V. *assessor, taxation of costs, bill of costs*)]. *Cf* betterment tax, earmarked taxes, land tax, multi-stage tax, rebound tax.

tecnical *a*: técnico. [Expresiones: **technical error** (error material), **technical matters** (cuestiones técnicas), **technical service** (servicio técnico)].

technicality *n*: tecnicismo, formalidad. *The contract was adjudged void on a technicality.*

teller *n*: cajero; escrutador de votos. [Expresión: **teller's proof** (arqueo de caja)]. *Cf* cashier.

temporary *a/n*: temporal, provisional, eventual, transitorio, provisorio, interino, momentáneo; oficinista o mecanógrafo eventual o interino. *Many young actresses take jobs as temps while awaiting roles.* [Expresiones: **on a temporary basis** (con carácter transitorio), **temp** (*col*) (forma abreviada de *temporary*), **temporary injunction** (interdicto temporal, requerimiento provisional; en caso de perder el pleito el demandante resarcirá al demandado por los daños ocasionados por el interdicto), **temporary partial disability** (incapacidad parcial temporal), **temporary provisions** (disposiciones transitorias; V. *transitional provisions*), **temporary receivership** (suspensión de pagos; V. *suspension of payments*), **temporary total disability** (incapacidad absoluta temporal)]. *Cf* momentary, acting.

tenancy *n*: arrendamiento, inquilinato, tiempo de arrendamiento; período durante el cual se ocupa un cargo; tenencia, duración de un derecho, tiempo de posesión. *A tenancy at sufferance arises where the lease period ends and the tenant wrongfully holds over.* [Expresiones: **tenancy at sufferance** (posesión por tolerancia), **tenancy at will** (arrendamiento sin plazo fijo, arrendamiento cancelable o sujeto a anulación en cualquier momento), **tenancy by the entirety** (condominio de matrimonio), **tenancy for life** (tenencia vitalicia), **tenancy in common** (condominio, co-propiedad, tenencia en

común; V. *joint tenancy*), **tenant** (arrendatario, inquilino, usufructuario; V. *lessee; lessor, landlord*), **tenant in fee simple** (poseedor en dominio absoluto; V. *fee*), **tenant for life** (usufructuario vitalicio), **tenant for years** (inquilino a término), **tenant from year to year** (inquilino sin plazo fijo), **tenant in severalty** (inquilino exclusivo), **tenant in common** (codueño, cotitular; V. *co-heirs*), **tenant's fixtures** (instalaciones o muebles fijos aportados por el arrendatario)]. *Cf* assured tenancy, business tenancy, general tenancy, joint-tenant, landlord, leasehold, protected tenancy, co-heir.

tender[1] *n*: oferta, propuesta, ofrecimiento, concurso público. [Expresiones: **tender before action** (consignar el importe de una deuda u obligación; contestación a una demanda por deuda en la que el demandado alega que se había ofrecido para cancelar la deuda antes de que se le demandara y como prueba de buena fe consigna la cantidad en el juzgado y se lo comunica al demandante), **tender of amends** (oferta de reparación, compensación, corrección, satisfacción, gratificación; V. *rewards*), **tender of issues** (palabras de una alegación que someten la cuestión litigiosa a decisión), **tender of payment** (oferta de compensación económica), **tender offer** (oferta pública de adquisición; V. *take over bid*), **tenders and supplies** (convocatorias para la adjudicación de obras, servicios y suministros)]. *Cf* collusive tendering, legal tender.

tender[2] *n*: embarcación auxiliar.

tender *v*: ofrecer, hacer una oferta, presentar. *An accused person may tender a special plea, such as insanity, in bar of trial.* [Expresiones: **tender a plea** (contestar a la demanda o a la acusación, presentar un alegato), **tender one's resignation** (presentar la dimisión)]. *Cf* legal tender.

tenement *n*: vivienda, casa de vecindad o de pisos; heredad, finca. *Strictly, a tenement is any property which may be held in tenure, though it usually means an old-fashioned town house divided into flats.*

tenet *n*: credo, dogma, principio. *The most influential economists at the moment believe in the tenets of neoliberalism.*

tentative *a*: provisional, provisorio o tentativo, de prueba o tanteo. *The opposition MP made a tentative counter-proposal which he later withdrew.*

tenure *n*: tenencia, cargo en propiedad, duración del mandato, período de posesión. *The court ruled that the teacher could not be sacked as he had tenure. Cf* land tenure.

term[1] *n*: término, terminología, texto. [Expresiones: **terms and conditions** (plazos y condiciones), **terms of art** (terminología especializada de cualquier disciplina), **terms of the treaty** (texto de un tratado)]. *Cf* warranty, stipulation, condition, on equal terms; irrespective of.

term[2] *n*: plazo, duración, período, vigencia. *A term of years is an estate or interest in land to be enjoyed for a fixed period.* [Expresiones: **term of a patent** (duración de la patente), **term of court** (período de sesiones), **term of insurance** (vigencia de la póliza), **term of office** (mandato, período de un cargo, tenencia, disfrute), **terms of reference** (mandato), **term of years** (dominio por tiempo fijo; V. *estate in fee simple absolute*)]. *Cf* long term, short term.

term[3] *n*: condición. *The president of the commission asked for the term of reference to be clearly defined.* [Expresiones: **come to/make terms** (llegar a un acuerdo), **terms of payment** (condiciones de pago, plazos; V. *easy terms of payment*), **terms of reference** (puntos concretos de una investigación, ámbito de un informe, campo de aplicación), **terms of sale** (condiciones de venta)]. *Cf* easy terms.

terminate *v*: terminar, poner término. *Cf* abolish, annul, quash, abate. [Expresiones: **termination** (cese, extinción, expiración, fin, terminación), **termination of a treaty** (expiración de un tratado)].

terminis, in *fr*: en términos inequívocos.

territory *n*: región, territorio. [Expresión: **territorial waters** (aguas jurisdiccionales o territoriales, mar territorial)].

terrorism *n*: terrorismo. [Expresión: **terrorist** (terrorista)].

testamentary *a*: testamentario. [Expresiones: **testamentary execution** (testamentaría), **testamentary executor** (albacea testamentario), **testamentary instrument** (testamento, documento testamentario), **testamentary succession** (sucesión testamentaria), **testamentary trust** (fideicomiso familiar), **testator** (testador, el que hace un testamento), **testatrix** (testadora)].

test *n/v*: prueba, ensayo; probar. [Expresiones: **testa action** (acción constitutiva), **test case** (causa instrumental; acción constitutiva; juicio cuyo fallo sirve de fundamento para la presentación de demandas similares; juicio que pone a prueba cierta legislación o que sienta jurisprudencia en materia controvertida o debatida; precedente judicial que sienta doctrina o jurisprudencia), **testing clause** (cláusula de cierre de un instrumento notarial con una fórmula del tipo «en fe de lo cual»)]. *Cf* put to the test, stand the test.

testament *n*: testamento. [Expresiones: **testamentary disposition** (disposición testamentaria), **testamentary guardian** (cuidador o tutor testamentario), **testamentary instrument** (testamento, documento testamentario), **testamentary succession** (sucesión testamentaria), **testamentary trust** (fideicomiso sucesivo o gradual), **testamentary trustee** (fiduciario por testamento, fideicomiso testamentario, fideicomiso)].

testate *n*: el que, antes de morir, ha hecho testamento válido. [Expresión: **testator** (testador)].

testify *v*: dar testimonio, atestiguar, atestar, testificar. *She could not testify to the man's identity. Cf* bear witness, give evidence.

testimony *n*: testimonio, prueba testifical, declaración testimonial, deposición ante la justicia. *The testimony of witnesses or the presentation of real evidence to the court is competent evidence.*

testimonial *a/n*: testimonial; certificado, carta de recomendación, homenaje. *One of the candidates for the post asked her former* *employer to supply her with a testimonial.* [Expresión: **testimonial evidence** (prueba testifical)]. *Cf* competent evidence, negative evidence, real evidence, admissible, inadmissible, rules of evidence.

theft *n*: robo, hurto, sustracción. *The punishment for theft is up to ten years' imprisonment. Cf* abaction, stealing, burglary, larceny, lifting, hacking, abstracting.

theory of the case *n*: bases de la acción, mérito procesal, base jurídica de la causa; tesis mantenida por cualquiera de las partes, es decir, lo que según cada una de ellas ocurrió o es de justicia. *Cf* merits of the case.

there *adv*: allí. [Expresiones: **thereabouts** (por ahí, cerca, aproximadamente), **thereafter** (después de eso), **therein** (en dicho documento o lugar), **therefore** (por ello), **thereby** (al hacerlo, de ese modo), **therefrom** (de ahí), **thereto** (a eso), **theretofore** (antes de aquello, hasta entonces), **thereof** (de eso mismo, perteneciente al, a lo mismo, etc.), **thereupon** (en eso, acto seguido, a raíz de eso)].

there is no case (to answer) *n*: auto de archivo, auto de sobreseimiento, la causa queda sobreseída, sobreseimiento, archivo, no existen hechos punibles al amparo de las normas legales vigentes, las pruebas no son suficientes; no hay nada que juzgar. [Tras la exposición de los hechos por la acusación en la vista oral, la defensa puede solicitar del juez que dicte auto de sobreseimiento (*submission of no case to answer*), ya que no hay nada que contestar, porque no ha demostrado la acusación que existan indicios racionales de haberse perpetrado el hecho constitutivo del delito, o porque el hecho no sea constitutivo de delito, etc.]. *Cf* submission of no case, want of prosecution, non-suit, dismissal of a case.

thief *n*: ladrón, ratero. *Cf* burglar, abactor, theft.

thievery *n*: robo, acción de robar.

third degree *n*: interrogatorio bajo tortura. *He was given the third degree and ended up confessing.*

third-party *n*: tercero, tercera persona. [Expresiones: **third party** (terceros), **third-party defendant** (tercero demandado), **third-**party, fire and theft (seguro de responsabilidad contra terceros, contra incendios y robo; V. *casualty insurance, fully comprehensive*), **third party proceedings** (tercería)].

thoro et mensa *n*: V. *mensa et thoro*.

thoroughfare *n*: vía pública.

threat *n*: amenaza. *The prosecution alleged that the accused had uttered threats against the victim.* [Expresiones: **threaten** (amenazar, conminar), **threatening behaviour** (comportamiento ofensivo, intimidador, insultante, injurioso; V. *insulting language, contemptuous words, libel, actionable words, invective*), **threatening letter** (carta amenazadora)].

through bill of lading *n*: conocimiento mixto, conocimiento directo o corrido, conocimiento de embarque combinado. [Este tipo de conocimiento se usa cuando son varios los transportistas (ferrocarril y barco, por ejemplo) que se hacen cargo de la mercancía]. *Cf* combined transport bill of lading, direct bill of lading.

through rate *n*: gastos directos.

throughout *adv*: en el conjunto de, en todas partes, durante todo.

thug (*col*) *n*: criminal, gamberro, perdonavidas, bruto, bestia. *Cf drug thug*.

ticket *n*: billete, entrada; resguardo, boleto; lista electoral; multa por aparcar mal. *He parked on a double yellow line and later found he had been given a ticket.*

tie *n/v*: empate; empatar; paralizar, inmovilizar. *The two candidates tied and there had to be a second ballot* [Expresiones: **tie vote** (empate), **tied-up capital** (capital inmovilizado)].

tight *a*: ajustado, estrecho, estanco. [Expresión: **tightness of money** (escasez de dinero)]. *Cf* narrow.

time *n*: plazo, tiempo. [Expresiones: **time barred** (prescrito), **time charter** (fletamento en *time charter*, fletamento por tiempo y precio determinado), **time deposit** (cuenta a plazo fijo, imposición a plazo), **time of prescription** (plazo de prescripción), **time operation** (contrato a término), **time-lag** (efecto diferido), **time limit** (plazo), **time**

rates (V. *work at time rates*), **time sharing** (multipropiedad; V. *part-owner*), **time sheets** (hojas de tiempo)]. *Cf* allow time.

tip-off *n*: chivatazo. *Drugs were found aboard the ship on the high seas after the police had received a tip-off from her last port of call.*

title *n*: título, rótulo; dominio, derecho de propiedad; denominación, inscripción; tratamiento (de Excelencia, etc.). *A person claiming property must show clear title to it.* [Expresiones: **title by prescription** (título por prescripción adquisitiva), **title bond** (fianza de título o de propiedad), **title deed** (escritura de propiedad, título traslativo de dominio; V. *clare constat*), **title to property** (derecho a la propiedad; título de propiedad)]. *Cf* heading, rubric; abstract of title; bad title, cloud on title, absolute title, clear title, qualified title, possessory title; imperfect title.

TM *n*: V. *trade mark*.

together with *fr*: acompañado de.

toll[1] *n*: peaje. *At present no tolls are paid on British motorways. Cf* motorway.

toll[2] *n*: tasa; número de bajas o víctimas; estragos, daños, siniestralidad, mortalidad. *The toll of road deaths continues to rise. Cf* rate.

tonnage *n*: tonelaje; derecho de tonelaje. [Expresiones: **tonnage certificate** (certificado de arqueo), **tonnage dues** (derechos de tonelaje)].

top *a/m*: alto; cumbre, tope. [Expresiones: **top security prison** (prisión de alta seguridad; V. *escape-proof prison*), **top secret** (alto secreto)].

tort *n*: acto ilícito civil, hecho u omisión ilícitos, agravio, daño legal extracontractual, lesión jurídica, daño legal, perjuicio, delito; entuerto, culpa. *The usual remedy for tort is an action for damages.* [La mayor parte de las demandas civiles que se interponen ante los tribunales se deben a *torts* o a un *breach of contract.* Expresiones: **tortfeasor** (responsable/autor del daño, agravio o ilícito civil; V. *joint tortfeasor*), **tortious** (torticero, agravioso, dañino, culpable), **tortious liability** (responsabilidad que emana de una pérdida causada por un acto torticero)]. *Cf* civil wrong, actionable/ maritime/wilful tort, law of tort.

total *n/v*: total, completo; ascender una cifra a. [Expresiones: **total dependency** (dependencia total), **total disability** (incapacidad o invalidez absoluta, inhabilitación total, inutilidad física total), **total loss** (pérdida total efectiva o absoluta), **total sum** (cifra global, suma total)].

tough *a*: duro, violento. [Expresión: **tough criminal** (delincuente violento)].

tow *n/v*: remolque; remolcar. *The owners of the crippled ship had to pay towing charges to the rescuers.* [Expresiones: **towage** (derecho de remolque), **towboat** (remolcador), **tower's liability** (responsabilidad del remolcador), **towing charges** (derechos de remolque)].

town *n*: ciudad. [Expresiones: **Town Hall** (ayuntamiento, casa consistorial), **town-council** (consejo municipal o corporación consistorial), **town planning** (urbanismo)].

trade *n/v*: comercio, ocupación, profesión; intercambios comerciales, tráfico; mercancía; comerciar, negociar, traficar, contratar, llevar a cabo transacciones comerciales. *I traded in my old car to buy the new one.* [Expresiones: **trade acceptance** (aceptación comercial, aceptación de efectos del comercio), **trade agreement** (tratado o convenio comercial, acuerdo de intercambio), **trade allowance** (disminución, descuento, rebaja que se concede al minorista), **trade association** (asociación de comerciantes; asociación gremial), **trade balance** (balanza o saldo comercial), **trade cycle** (coyuntura, ciclo económico), **trade bill** (papel comercial), **trade mark, TM** (marca registrada, marca de fábrica, marca industrial; V. *patents and trademarks*), **trade name** (razón social, nombre o denominación comercial, nombre de marca o de fábrica; V. *name of the company*), **trade notes** (documentos o pagarés comerciales), **trade register** (registro mercantil), **trade restriction** (restricciones comerciales), **trade union** (sindicato), **trader** (operador; comerciante, mercader, detallista), **tradesman** (repartidor; tendero; artesano), **trading** (contratación de valores; V. *insider trading*), **trading account** (cuenta de explotación), **trading corporation** (sociedad mercantil),

trading enterprise (empresa mercantil), **trading partnership** (asociación comercial), **trading practices** (usos o prácticas comerciales), **trading profits** (beneficios de explotación)]. *Cf* Board of Trade, deflection of trade.

traffic police *n*: agrupación de tráfico.

train *v*: formar(se), educar(se), preparar(se). *After leaving school she trained as a nurse.* [Expresiones: **trained** (preparado, licenciado, titulado, competente), **training** (formación, preparación, enseñanza, aprendizaje, adiestramiento), **training programme** (programa de enseñanza)]. *Cf* day training center.

traitor *n*: traidor. [Expresión: **traitorous** (traidor, pérfido)]. *Cf* treason.

tramp *n*: vagabundo. [Expresiones: **tramp corporation** (*amer*) (sociedad anónima constituida en un estado donde no tiene negocios), **tramp ship** (buque que no tiene línea regular; V. *liner*)].

trace *n*: huella, vestigio, señal.

transaction *n*: transacción, negocio, gestión. [Expresión: **transactional** (transaccional)].

transcript *n*: copia, transcripción, texto íntegro; registro, expediente. *A law report only covers the essential matters in a case; for full details, you must read the transcript.* [Expresión: **transcript of record** (registro literal del juicio)]. *Cf* minutes, record.

transfer *n/v*: traspaso, cesión; traspasar, transferir, ceder, consignar, hacer una transferencia. [Expresiones: **transfer a business** (traspasar un negocio), **transfer agent** (agente de transferencias), **transfer by indorsement** (traspaso por medio de endoso), **transfer entry** (asiento de traspaso), **transfer of a cause** (traslado de una causa), **transfer of title** (traslación de dominio, transmisión de la propiedad), **transfer tax** (*amer*) (impuesto de timbre en las operaciones de Bolsa), **transferable** (transferible), **transferor** (cesionista, transferidor, enajenante)]. *Cf* assignment.

transgress *v*: transgredir. [Expresiones: **transgression** (transgresión, ofensa, delito; V. *trespass*), **transgressor** (transgresor, infractor)].

tranship, transship *n*: transbordar. [Expresión: **transshipment** (transbordo)].

transit *n*: tránsito. *Transit passengers do not have to clear customs.* [Expresiones: **transition** (paso), **transitional provisions** (disposiciones transitorias; V. *temporary provisions*)].

transmit *v*: transmitir, enviar. [Expresiones: **for trasnmittal** (comuníquese), **transmittal** (comunicación), **transmissibility** (transmisibilidad), **transmissible** (transmisible), **transmission** (envío)].

transport *n/v*: transporte; transportar. *Cf* sea and air transport.

travel *n/v*: viaje; viajar. [Expresiones: **travel and entertainment expenses** (gastos de viaje y representación), **travel expenses** (gastos de viaje), **traveller's cheques** (cheques de viaje), **travelling allowance** (gastos de viaje, compensación por gastos de viaje, viático; V. *per diem, subsistence allowance*)].

traverse *n/v*: contradicción, denegación de hechos; contradecir, negar lo que la otra parte afirma.

trawler *n*: pesquero de arrastre.

treachery *n*: perfidia, traición, alevosía. [Expresiones: **treacherous** (pérfido), **treacherously** (con alevosía; V. *without risk*)].

treason *n*: traición. [Expresión: **treasonable** (pérfido, criminal)]. *Cf* traitor.

treasure *n*: tesoro. *He has been barred from dealing in Treasury securities because of his past misconduct.* [Expresiones: **treasure trove** (tesoro con objetos de oro y plata hallado en un sitio donde ha estado oculto; en virtud de la prerrogativa real, tales tesoros pertenecen a la Corona), **Treasurer Solicitor** (Procurador General de su Majestad. Entre sus funciones destacan la de cursar instrucciones a los letrados del Ministerio de Hacienda y la de representar a la Corona en las causas matrimoniales más conflictivas; este último cometido lo realiza en su calidad de *Queen's Proctor*), **Treasury** (tesorería; en EE.UU., Tesoro público, erario, Departamento del Tesoro, Hacienda Pública; también llamado *Department of the Treasury*), **treasury bill**

(letra del tesoro, bono de caja), **treasury bond** (bono del tesoro), **Treasury Counsel** (abogado del Estado, grupo de *barristers* seleccionados por el Fiscal de la Corona o *Attorney General* para representar al Estado como fiscales en el *Old Bailey*; V. *Crown Prosecution Service*), **treasury note** (cédula o vale de tesorería, cédula), **Treasury securities/stocks** (valores del Tesoro; autocartera, acciones en cartera)]. *Cf* consolidated, exchequer, fund, national treasure, treasury bill, public bond, First Lord of Treasure.

treat *v*: negociar, tratar. *A shopkeeper's display of goods and prices is considered to be an invitation to treat.* [Expresiones: **treatise** (tratado, obra), **treatment** (tratamiento; V. *preferential treatment*)].

treaty *n*: tratado, trato, pacto, convenio. *Cf* terms of a treaty.

treble damages *n*: daños triplicados.

trend *n*: tendencia, moda. *House prices show a distinct downward trend at the moment.* [Expresión: **trend-setter** (lanzador de modas, estimulador de tendencias)].

trespass *n/v*: intromisión ilegítima, transgresión, agresión ilegítima, agresión a la intimidad, violación de la propiedad o de la intimidad, extralimitación; infringir, contravenir, transgredir, violar lo ajeno, vulnerar, entrometerse. *The common warning "Trespassers will be prosecuted" is often inaccurate, since trespass is usually a tort rather than a crime.* [La transgresión o translimitación (*trespass*), junto con las molestias o perjuicios (*nuisance*), es uno de los ilícitos civiles (*torts*) más peculiares del derecho civil inglés; este término, cuyo significado etimológico (*trans* + *passare*) nos recuerda su significado de invasión de terrenos no autorizada, se entiende en un sentido amplio y, a estos efectos, se habla normalmente de tres tipos de *trespass*: **trespass to the person** (violación de la intimidad, violación de los derechos personales o individuales, intromisión en la vida privada), **trespass to land** (entrar sin derecho, invadir, rebasar; asalto a la propiedad, allanamiento de morada, violación de domicilio; asalto a casas, viviendas, chalés, etc.), **trespass to goods** (manosear las pertenencias de otro, moverlas o llevárselas). Expresiones: **trespasser** (intruso, transgresor, violador de la propiedad ajena), **trespassing livestock** (ganado que invade la propiedad de un vecino; V. *scienter*)]. *Cf* encroach, action of trespass, malicious trespass; obstruction; privacy.

trial *n*: comprobación, ensayo; juicio, pleito, vista, prueba, experiencia. *After the close of pleadings, a case proceeds to trial.* [Expresiones: **triable** (procesable, conocible, enjuiciable; V. *indictable, actionable*), **triable either way** (enjuiciable o procesable por cualquiera de los dos procedimientos, esto es, *on indictment* o procesamiento solemne ante juez y jurado en el Tribunal Penal de la Corona —*Crown Court*— o por el método abreviado, de aplicación a los delitos menores o *summary offences*, ante un tribunal de magistrados; V. *offences triable either way, Crown Court, Magistrates Court, indictment*), **trial at bar** (juicio ante el tribunal en pleno; antiguamente, juicio muy solemne que se celebraba en el *Queen's Bench* ante tres o más jueces y jurado), **trial brief** (expediente, documentación o actas de un juicio; V. *brief*), **trial by jury** (juicio por jurado o ante jurado), **trial by the record** (juicio basado en el sumario sin testimonio), **trial calendar** (calendario de causas por conocer), **trial docket** (orden del día), **trial judge** (juez sentenciador, juez que entiende de la causa, juez competente, juez de primera instancia), **trial lawyer** *amer* (abogado procesalista, abogado que actúa ante los tribunales; V. *barrister*), **trial list** (lista de litigios durante un período de sesiones; V. *calendar, court calendar, calendar of cases, docket*), **trial balance** (balance de comprobación), **trial court** (tribunal de primera instancia; V. *appellate court*), **trial on first appeal** (segunda instancia), **trial on indictment** (juicio con jurado), **trial without pleadings**

(vista oral sin presentación previa de los alegatos)]. *Cf* case on trial, in bar of trial.

tribunal *n*: tribunal, organismo deliberativo con ciertas atribuciones judiciales. [De la misma forma que en inglés un *magistrate* es menos que un *judge*, un *tribunal* es menos que un *court*. Los *tribunals* son organismos judiciales creados por ley parlamentaria para entender de disputas y litigios de orden administrativo, social y laboral, etc., siendo los más importantes los *administrative tribunals* y los *industrial tribunals*, aunque también tienen consideración de *tribunal* algunos comités como el *rent assessment committee*, etc. Se caracterizan por la flexibilidad, la rapidez y la sencillez de sus procedimientos, y contra sus resoluciones se pueden invocar la doctrina de *ultra vires* y el recurso de *error on the face of the record*, para que resuelvan instancias superiores]. *Cf* court, administrative tribunal, industrial tribunal; face of the record.

trier of fact *n*: el que decide sobre los hechos, que es el jurado, si lo hay, o el juez. *Cf* fact-finding.

triggerman *n*: asesino, pistolero. *Cf* gunman, killer, cut-throat, murderer, homicide, slayer, assassin.

trim *n/v*: trimado; asiento, diferencia de calado; trimar, estibar adecuadamente la carga, poner en calado.

trover *n*: recuperación de la propiedad de un bien mueble. [Es el nombre antiguo de la demanda interpuesta para recuperar la propiedad]. *Cf* action of trover; conversion.

truce *n*: tregua.

truck bill of lading (*amer*) *s*: conocimiento de transporte por carretera. *Cf* bill of lading.

true *a*: verdadero, legítimo, fiel. *When a bill of indictment is approved by a grand jury it becomes a true bill or indictment.* [Expresiones: **true and lawful attorney** (apoderado, mandatario o representante legal), **true bill** (*amer*) (procesamiento, acusación fundada, acusación oficial aprobada por un gran jurado de EE.UU.; V. *bill of indictment*), **true born** (legítimo, de nacimiento legítimo), **true copy** (fiel copia del original), **true value**

(valor verdadero), **true verdict** (veredicto sin compulsión)].

trump *v*: falsificar. [Expresión: **trumped up charges** (acusación falsa; V. *slander, false accusation, trumped charges*)].

trust[1] *n*: confianza lícita. [Expresiones: **on trust** (sin más prueba que la palabra, a crédito, al fiado), **put one's trust in** (depositar su confianza en)]. *Cf* breach of trust, desert one's trust.

trust[2] *n*: grupo industrial, combinación, consorcio, cártel. *Cf* combine, group of companies; cartel, coemption, commodity, corner, trust.

trust[3] *n*: fideicomiso, consorcio; fiducia. *The duties of the trustee in bankruptcy are to administer and to realise the bankrupt's estate for the creditors.* [El *trust*, como conjunto de bienes que constituyen un patrimonio afecto a un fin determinado por voluntad de la persona que lo constituye, es una de las instituciones jurídicas más características del derecho inglés; en un *trust*, el fideicomisario (*trustee*) es el dueño jurídico de los bienes del fideicomiso, mientras que el *beneficiary*, que es el receptor del beneficio real de los mismos, es el dueño en equidad o administración (*equitable owner*). Expresiones: **in trust** (en fideicomiso), **trust account** (cuenta fiduciaria, cuenta de registro), **trust accounting** (contabilidad fideicomisaria), **trust agreement** (convenio de fideicomiso, contrato de fiducia), **trust bond** (obligación de fideicomiso), **trust company** (compañía o institución fiduciaria, sociedad de fideicomiso, banco fiduciario), **trust deed** (escritura fiduciaria, contrato de fideicomiso, título constitutivo de hipoteca), **trust deposit** (depósito especial), **trust estate** (bienes de fideicomiso), **trust funds** (fondos fiduciarios o de fideicomiso), **trust indenture** (escritura de fideicomiso, contrato fiduciario), **trust instrument** (escritura fiduciaria; V. *settlement*), **trust legacy** (legado en fideicomiso), **trust mortgage** (hipoteca fiduciaria), **trust territory** (territorio bajo fideicomiso o tutela, territorio fideicometido), **trustee** (fideicomisario, consignatario; V.

settlor), **trustee de son tort** (fideicomisario torticero; V. *de son tort*), **trustee in bankruptcy** (síndico de una quiebra, síndico definitivo, liquidador, administrador judicial, intendente de liquidación; V. *official receiver, commissioner*), **trustee of a settlement** (fideicomisario; V. *settlement*), **trusteeship** (condición de fideicomisario; administración fiduciaria), **trusteeship sysem** (régimen de administración fiduciaria), **trustor** (fideicomitente; V. *settlor*)]. *Cf* use; settlement; active trust, bare trustee, account in trust, board of trustees, breach of trust, collateral trust bond, executed trust, executory trust, mixed trust, living trust, naked trust, derivative trust, funded trust, perfect trust, precatory trust, testamentary trustee, advancement; have in trust, hold in trust, cy-près doctrine.

trustee, bankruptcy *n*: V. *bankruptcy trustee*.

try *v*: juzgar, enjuiciar, procesar, ensayar, probar. *A minor who kills somebody cannot be tried.* [Expresiones: **try a case** (ver una causa, conocer una causa), **try on indictment** (procesar por el procedimiento solemne reservado a los delitos graves; V. *indictment*), **try summarily** (procesar por el procedimiento abreviado; V. *summary offence*)].

tug *n*: remolcador.

tune-up *n*: puesta a punto.

turn *n/v*: rotación, vuelta; girar. *They never turned up a shred of evidence.* [Expresiones: **in turn** (por rotación), **turn Queen's evidence** (posibilidad que tiene todo inculpado de delatar a otros, aportando pruebas condenatorias a cambio de su propia exculpación o de una condena más favorable), **turn up evidence** (aportar, aducir, alegar, rendir, presentar pruebas; V. *adduce, call, lead, allege evidence*)].

turnover *n*: volumen de negocios, facturación, volumen de contratación, cifra de las transacciones, movimiento de mercancías o de capital, rotación. *The big cut-price supermarkets rely on quick turnover to make a profit.* [Expresión: **turnover tax** (impuesto sobre los ingresos brutos o sobre el volumen de contratación)]. *Cf* downturn, capital turnover, labour turnover.

turpitude *n*: infamia, bajeza moral, comportamiento vil o degenerado.

tutor *n*: tutor. [Expresiones: **tutorship** (tutoría), **tutorship by will** (curaduría o tutela testamentaria)]. *Cf* guardianship.

type *n*: naturaleza, clase, tipo.

Tynwald *n*: asamblea anual del Consejo de la Isla de Man, situada frente a Liverpool, en el oeste de Inglaterra, en la que se promulgan las nuevas leyes. *Cf* House of Keys.

U

uberrimae fidei *n*: de la máxima confianza, de total buena fe. *Insurance contracts are "contracts uberrimae fidei" and are voidable if the insured has concealed some material fact or circumstance from the insurer.*

ultimate *a*: final, último, decisivo, esencial, fundamental, primario. [Expresiones: **ultimate facts** (hechos decisivos, en la acusación o en la defensa), **ultimate issue** (cuestión decisiva)].

ultra *a*: más allá de, por encima de. [Expresión: **ultra-hazardous activities** (actividades extremadamente peligrosas; V. *danger money, dangerous, common duty of care*)].

ultra vires *adv*: extendiéndose o extra-limitándose en el uso de sus atribuciones, más allá de su capacidad legal, judicial o contractual, actuación desproporcionada. *If a Minister has acted ultra vires, his action is invalid even if done in complete good faith and in accordance with the public interest. Cf act ultra vires.*

umpire *n/v*: árbitro, compromisario, tercero, arbitrar, decidir, juzgar. [Expresión: **umpirage** (tercería, laudo de árbitro; V. *arbitral award*)]. *Cf* arbitrator.

un- *prefijo*: in-. [El prefijo inglés *un-* otorga un significado negativo (privación, negación, oposición) a la palabra de la que forma parte, equivaliendo a los españoles «in-», «des-», y también a «sin», «no» y otros; si la palabra a la que acompaña es de significación negativa, el resultado final será positivo como en **unabated** (completo, íntegro, no disminuido),

unabridged (íntegro, sin abreviar). Como sería impracticable hacer un inventario de todas las combinaciones con *un-*, presentamos una relación de las más corrientes: **unable** (incapaz, impotente, imposibilitado), **unaccomplished** (incompleto, inacabado), **unachievable** (inejecutable), **unacknowledged** (inconfeso, no reconocido, no confesado, no declarado, no acreditado), **unadjusted** (no ajustado, pendiente, ilíquido), **unadjusted assets** (activo o valores transitorios), **unadjusted credits** (abonos pendientes), **unadjusted debits** (débitos pendientes), **unadjusted liabilities** (pasivo transitorio, pasivo por ajustar), **unadjusted profits** (utilidades por aplicar), **unalienable** (inalienable, inajenable), **unallowable** (inadmisible), **unanswerable** (incontrovertible, irrefutable, incontestable), **unappropriated** (sin consignar, sin asignar, disponible; V. *appropriate*), **unassailable** (inatacable, inexpugnable, irrefutable), **unassignable** (intransferible), **unattached** (no embargado), **unauthenticated** (no legalizado, no autorizado), **unavailable** (no disponible, agotado), **unawares** (de improviso, inopinado), **unballast** (deslastrar; V. *ballast*), **unbecoming** (impropio, indecoroso, inmoral), **unbribable** (insobornable), **uncalled** (no desembolsado), **unchallengeable** (irrecusable), **uncertain** (dudoso, incierto), **unclaimed** (no reclamado, no solicitado), **unclaimed dividends** (dividendos no cobrados), unclaimed goods (bienes mostrencos; V. *lands in abeyance, waif*), unclean (no limpio, con observaciones; V. *foul*), unclean bill of lading (conocimiento con reservas u observaciones), uncollectable/uncollectible (incobrable; V. *bad debts*), uncommitted (no comprometido, sin pronunciarse, disponible), uncommitted balance (saldo no comprometido), uncommitted surplus (superávit disponible), uncommon (raro, poco frecuente), uncompromising (intransigente), unconditional (incondicional; V. *complete, final and absolute*), unconditional pardon (amnistía o indulto total e incondicional), unconsciousnable (poco razonable, excesivo, desmedido; V. *unconsciousnability*), unconsciousnability (*amer*) (carecer de moral o de escrúpulos en los negocios, se aplica a la práctica comercial fraudulenta, sancionada por los tribunales norteamericanos, consistente en inducir a firmar contratos de compraventa con cláusulas leoninas muy desventajosas en la letra pequeña), unconsciousness (falta de conciencia), unconstitutional (inconstitucional, anticonstitucional), uncontested (no disputado, sin oposición, no defendido), uncontested election (candidatura única), uncontrollable impulse (arrebato, emoción violenta, impulso incontenible o incontrolable), unconvinced (escéptico), uncorrupted (honesto, incorrupto), uncovered (descubierto), uncovered cheque (cheque en descubierto), uncrossed cheque (cheque abierto, sin cruzar o no cruzado; V. *open cheque*), undamaged (indemne, intacto, ileso), undeceive (desengañar), undefended (que no presenta reclamación, con el consenso de las partes, de mutuo acuerdo), undefended divorce/separation (divorcio o separación de mutuo acuerdo), undesigned (sin premeditación, involuntario), undesirable (indeseable), undisclosed principal (comitente encubierto o no revelado, mandante encubierto), undisputed (sin debate, incontestable, indiscutible), undivided surplus (superávit no repartido), undue (injusto, ilegal, innecesario, excesivo, desmedido, no apropiado), undue influence (intimidación, influencia indebida o impertinente, abuso de poder; V. *abuse of power, coercion, duress*), undue diligence (exceso de celo), unduly (indebidamente, ilícitamente), unearned (no devengado), unemployed (parado, desocupado, desempleado, en paro forzoso), unemployment (desempleo, paro, cesantía), unemployment benefit (seguro de desempleo), unemployment insurance (seguro de paro o desempleo; V. *forced unemployment, fluctuation unemployment*), unemployment rate (tasa de desempleo), unenacted law (derecho no escrito), unencumbered (libre de gravamen, sin cargas), unenforceable (no ejecutorio), unengaged (libre, no comprometido), unequivocal (inequívoco, claro), unexceptionable (irrecusable, que no admite excepción), unexempt (no exento, no privilegiado), unexpendable (no fungible), unexpired (inconcluso, no cumplido, no vencido), unexpired insurance premium (seguro vigente, primas de seguros no vencidas), unexpired term of office (mandato inconcluso), unfair (no equitativo, injusto, sin equidad, de mala fe), unfair competition (competencia injusta, competencia o concurrencia desleal o inequitativa), unfair dismissal (despido improcedente o injusto; V. *wrongful dismissal, constructive dismissal, dismissal statement, reinstatement*), unfaithful (infiel, pérfido, desleal, traidor), unfettered (sin estorbos), unfilled order (pedido no cumplimentado o atendido), unfinished (inconcluso, no concluido), unfit (incapaz, incompetente), unfit to plead (incapaz de defenderse; V. *standing mute*), unforceable (que no puede ejecutarse o hacerse cumplir, de cumplimiento voluntario), unfounded (infundado, sin motivo; V. *ungrounded, groundless, unsubstantiated*), unfulfilled (incumplido, no ejecutado, no acatado), unfunded (no consolidado, sin fondo para el pago de intereses), unfunded debt (deuda flotante), unfunded trust (fideicomiso sin depósito de fondos), unfurnish (despojar),

ungrounded (sin fundamento, infundado, gratuito; V. *groundless*), **unimpeachable** (incontestable, irreprochable, irrecusable), **unimpaired** (intacto, inalterado), **unimposing** (voluntario, libre), **unincorporated association** (sociedad no inscrita en registro oficial; V. *partnership, club, society, trade unions*), **unindorsed** (sin endoso, no endosado), **uninscribed** (no inscrito, sin inscripción), **uninsured** (sin asegurar), **unintended/unintentional** (no premeditado), **unissued stock** (acciones no libradas o por emitir), **unjudged** (no juzgado, pendiente, en litigio), **unknown whereabouts** (paradero desconocido; V. *with no fixed abode*), **unlawful** (antijurídico, contra derecho, ilegal, ilícito; V. *illegal*), **unlawful entry** (allanamiento de morada; V. *forcible entry*), **unlawful possession** (tenencia ilícita, posesión ilegítima), **unlawfulness** (ilegalidad), **unlicensed** (no autorizado), **unlimited** (pleno), **unliquidated** (no liquidado, no pagado, no saldado, no fijado), **unliquidated damages** (indemnización por daños y perjuicios que se determinarán en la ejecución de la sentencia, indemnización cuyo monto, al no haber sido acordado en un contrato, debe ser fijado por los tribunales, daños no determinados o no liquidados; V. *liquidated damages*), **unliquidated debt** (deuda ilíquida), **unlisted securities** (valores no inscritos en la Bolsa de Comercio), **unload** (descargar), **unmarketable** (invendible), **unmeant** (involuntario), **unnatural acts** (actos contra natura; V. *pederasty*), **unpaid** (impagado, en descubierto), **unperformed** (no ejecutado, no cumplido), **unprejudiced** (sin predisposición, imparcial; V. *unbiased*), **unpublished** (inédito), **unqualified** (que carece de la titulación correspondiente, sin reservas, no autorizado), **unqualified endorsement** (endoso total o sin reservas; V. *qualified*), **unrealized capital gain** (plusvalía teórica), **unreasonable** (arbitrario, no acorde a razón, poco razonable), **unreasonable behaviour** (comportamiento poco razonable, conducta no acorde con las normas de la convivencia civilizada, en el pasado, en las demandas de divorcio se empleaba el término *cruelty*, que ha sido sustituido por el de *unreasonable behaviour*), **unrefundable** (no restituible), **unrefunded** (no reembolsado), **unrepresented** (no representado), **unreserved** (sin reservas, no reservado), **unrest** (desorden, disturbios, malestar, inquietud), **unrestricted** (ilimitado), **unrightful** (injusto, ilegítimo), **unsatisfied** (no liquidado, insatisfecho), **unscheduled overtime** (horas extraordinarias no programadas), **unsecured** (sin garantía, sin caución o colateral), **unsecured credit** (crédito en blanco, sin fianza o sin garantía), **unsecured debt** (deuda sin garantía o caución), **unsecured loan** (préstamo sin caución o en descubierto; V. *unwarranted*), **unserved** (no notificado), **unsettled** (pendiente de pago, atrasado, pendiente, en mora, vencido, sobrevencido, sin pagar, devengado y no pagado; V. *overdue, outstanding, unsettled, pending, arrears, back*), **unsound** (defectuoso, erróneo, falso, viciado, perturbado, mentalmente inestable o incapacitado), **unsound mind, of** (privado de razón; V. *insania, non compos mentis, mental cruelty*), **unsubmissive** (rebelde), **unsubstantiated** (no probado, infundado; V. *groundless, unfounded*), **unsuccessful** (infructuoso), **unsubscribed** (no suscrito), **unswear** (abjurar), **unsworn** (que no ha prestado juramento), **untransferable** (intransferible), **untried prisoner** (detenido en prisión preventiva), **untrue** (falso, engañoso, inexacto), **untruth** (falsedad), **unwariness** (imprevisión, falta de previsión, imprudencia), **unwarranted** (no garantizado, incierto, inexcusable; V. *unsecured*), **unwise** (imprudente), **unworthiness** (indignidad)].

unanimity *n*: unanimidad. *Cf* majority.

under[1] *prep*: debajo de, bajo, a tenor de lo dispuesto, en virtud de, en el marco de, de conformidad con, de acuerdo con, al amparo de, según, comprendido/contemplado/considerado en. *He was charged under the Sale of Goods Act with fraud and intent to deceive.* [Expresiones: **under caution** (tras haber comunicado al detenido que puede no declarar y, si lo hace, lo que diga se podrá usar como prueba contra él; V. *caution, stand mute*), **under bond** (bajo fianza), **under compulsory powers** (de oficio), **under contract** (con contrato), **under duress** (bajo coacción, por coacción), **under false pretences** (con dolo, con medios fraudulentos, bajo falsas apariencias), **under instructions from** (por orden de), **under licence** (con licencia), **under my hand and seal** (sellado y firmado por mí, de mi puño, letra y sello), **under oath** (bajo juramento), **under obligation** (obligado, bajo obligación), **under penalty of** (bajo/so pena de), **under protest** (con reserva)].

under² *prefijo*: sub-, infra, secundario, etc. [*Under* puede actuar como prefijo, siendo sinónimo de *sub-* y antónimo de *over* en la mayoría de los casos; el significado más típico es el de «sub» o «por debajo de», con las connotaciones de «secundario, accesorio, menor, inferior, mal, etc.». Expresiones: **underaction** (acción secundaria, acción accesoria), **underage** (menor de edad; V. *elderly, full legal age*), **underagent** (subagente), **underbought** (comprado por menos del valor real), **undercharge** (cobrar de menos; V. *charge, overcharge*), **under-developed** (subdesarrollado), **underestimate** (subestimar), **undergo** (sufrir), **under-graduate** (licenciando, alumno de licenciatura), **underlie** (subyacer, estar en el fondo), **undermine** (minar, socavar), **underpaid** (mal pagado, mal retribuido), **undersecretary** (subsecretario), **undersigned** (infrascrito, suscrito, abajo firmante), **understanding** (acuerdo; V. *agreement*), **undertake** (encargarse de, asumir un compromiso), **undertaker** (especulador, empresario), **undertaking** (empresa, compromiso), **undertenant** (subarrendado), **undervalue** (infravalorar, tasar en menos de su valor real, subestimar), **underworld** (mundo del hampa), **underwrite** (asegurar, reasegurar, suscribir, firmar), **underwriter** (suscriptor, asegurador, empresa aseguradora, reaseguradora)]. *Cf* sub.

uniform *a/n*: uniforme. [Expresiones: **uniformed police** (policía nacional), **uniformed security personal** (guardas jurados uniformamados; V. *plain-clothes police/security personal/policemen*)].

union *n*: sindicato obrero, gremio, asociación. *For some jobs, membership of a union is obligatory.* [Expresiones: **union membership** (afiliación sindical), **union rules** (reglamento aprobado por los afiliados a un sindicato), **union shop** (empresa cuyo contrato colectivo exige la afiliación del contratado en el sindicato; V. *right to work law, closed shop agreement*)].

Union Jack *n*: nombre popular de la bandera del Reino Unido.

United Nations (UNO) *n*: Naciones Unidas.

United States of America (US) *n*: Estados Unidos de América.

United Kingdom (UK) *n*: Reino Unido.

unity of possession *n*: posesión conjunta.

universal *a*: universal, general. [Expresiones: **universal agent** (apoderado general), **universal time** (tiempo universal medido en Greenwich)].

unless *conj*: a menos que, salvo. [Expresiones: **unless otherwise stated** (salvo que se exprese lo contrario, salvo estipulación en contra), **unless there is evidence to the contrary** (salvo prueba en contra), **unless contrary intention appears** (salvo que se aprecie intención contraria)].

UK *n*: V. *United Kingdom*.

UNO *n*: V. *United Nations Organization*.

update *v*: actualizar, poner al día. *Laws have to be continually updated to keep pace with social change.* [Expresión: **updating** (actualización)].

uphold *v*: avalar, confirmar, respaldar, apoyar, sostener. *No court would uphold a contract signed at gun-point.* [Expresión: **uphold a conviction/sentence** (confirmar una condena, una sentencia; V. *reverse a conviction*)]. *Cf* back, support, endorse.

upon being notified *fr*: a partir de la notificación.

uprising *n*: rebelión, alzamiento. *Cf* rebellion.

upward trend *n*: tendencia alcista. *Cf* bullish tendency; downward trend.

urge *v*: instar, exhortar, animar, solicitar, urgir. *Her friends urged her to stand for the presidency.* [Expresiones: **urgency** (urgencia), **urgent** (urgente)]. *Cf* seek.

US *n*: V. *United States of America*.

usance *n*: uso, usanza.

use¹ *n*: uso, disfrute, beneficio. [El término *use*, en el sentido de «usufructo, derecho de disfrute o derecho de beneficiario», quedó obsoleto desde la entrada en vigor de la Ley de la Propiedad de 1925, que lo abolió. Sin embargo, aún aparece en pleitos aislados y es muy frecuente en textos jurídicos. La característica principal del *use* es la separación entre dueño legal (*legal owner*) y beneficiario (*cestui que use*); esta separación se generalizó en el período medieval para evitar el pago de impuestos o *feudal incidents*, y contribuyó a conformar con el tiempo dos rasgos importantes del derecho inglés, a saber: la distinción entre *legal rights* y *equitable rights*, por un lado, y la creación de las figuras del *trustee* o fideicomisario y del beneficiado del *trust* o fideicomiso, por otra. Se puede decir que, en cierto sentido, el *trust* nació del fracaso de la legislación diseñada para acabar con el *use*, y que la legislación moderna se ideó para poner orden en una situación marcada por la fragmentación de propiedades, derechos de sucesión y títulos, y por los conflictos surgidos entre los titulares del dominio y los del derecho de beneficiario, o los herederos de ambos]. *Cf* usufructo.

use² *n/v*: uso, costumbre, aprovechamiento, gasto, consumo, utilizar, usar, hacer uso. *Planning permission is required to change an office building into a supermarket since they belong to different use classes.* [Expresiones: **usage** (costumbre, uso), **use a privilege** (hacer uso de un privilegio), **use classes** (clasificación de terrenos y edificios según el uso al que se destinan; para este tipo de control de desarrollo urbanístico —*development*—, el mero cambio de actividad dentro del mismo *use class* no afecta la calificación del inmueble o terreno, pero si cambia la clase de actividad y, por ende, el *use class*, estamos entonces ante un caso de recalificación, necesitándose autorización gubernamental o municipal para que se pueda modificar o reconstruir el inmueble o dedicar el terreno a otro uso), **use something in evidence** (utilizar como prueba; V. *give in evidence*), **usual** (habitual, usual), **usual covenants** (garantías habituales), **usual place of abode** (residencia habitual; V. *whereabouts*), **useful** (útil; V. *effective*), **user** (usuario, consumidor)]. *Cf* enjoyment, drug use, improper use.

usher *n*: pasante, ujier. [Expresión: **usher somebody in** (hacer que alguien pase o entre, marcar el inicio de algo, ser el preludio de algo —en sentido figurado—)].

usucapio/usucaptio *n*: usucapión, modo de adquirir por la posesión, prescripción adquisitiva.

usufruct *n*: usufructo. *Usufruct seems to be more common under the Roman law than under English practice.* *Cf* use.

usurp *v*: usurpar, arrogarse. [Expresiones: **usurpation** (usurpación), **usurpation of authority** (usurpación de autoridad, abuso de autoridad; V. *abuse*), **usurper** (usurpador, el que se apodera de los bienes de otro mediante violencia o astucia)]. *Cf* encroach.

V

vacancy *n*: puesto vacante, laguna. *She read in the paper that a local firm had a vacancy for a bilingual secretary.* [Expresiones: **vacant** (vacante), **vacant possession** (derecho del comprador de una vivienda, etc., de encontrarla libre de ocupantes una vez la ha escriturado a su nombre), **vacant throne** (trono vacante)]. *Cf* appointments vacant, fill a vacancy, situations vacant.

vacantia *n*: V. *bona vacantia.*

vacate *v*: anular, revocar, evacuar, desocupar. *The eviction order required the family to vacate the premises immediately.* [Expresiones: **vacate a judgment** (anular una demanda; V. *motion to vacate a judgment*), **vacate the premises** (desocupar el local), **vacation** (vacaciones, feria judicial)]. *Cf* bona vacantia.

vacuum *n*: vacío. *Cf* legal vacuum.

vagrant *n*: vago y maleante, persona de mal vivir, vagabundo, prostituta. *The prostitute, who had previous convictions for soliciting in public places, was picked up by a police as a vagrant.* [Expresión: **vagrancy** (condición o vida de maleante)].

valid *a*: válido. [Expresiones: **validate** (validar, convalidar, legalizar), **validating statute** (ley de validación o de convalidación; V. *consolidating statute*), **validation** (convalidación), **validity** (vigencia, validez, fuerza legal, vencimiento; V. *period of validity*)].

value *n/v*: valor, valorar, dar valor a. [Expresiones: **valuable** (valioso, de valor), **valuable consideration** (causa contractual onerosa; V. *remuneration*), **valuables** (valores, artículos de valor), **valuation** (tasación, valoración, avalúo, evaluación, apreciación), **valuator** (tasador, evaluador), **value added tax, VAT** (impuesto sobre el valor añadido; V. *zero-rated supply*), **value as evidence** (valor probatorio; V. *probative value*), **value at maturity** (valor al vencimiento), **value in exchange** (valor al cambio), **valued policy** (póliza de seguro marítimo en la que se especifica el valor asegurado), **valuer** (tasador, evaluador)]. *Cf* appraised value, asset value, book value, market value, secured value, sound value, surrender value, residual value.

variance *n*: discrepancia, oposición, disidencia. *The councillors are at variance over the planned route for the new motorway.* [Expresión: **at variance with** (en desacuerdo con, reñido con)].

vary an order, etc. *v*: variar, modificar, cambiar, discrepar, estar en desacuerdo. *The Court of Appeal varied an asset-freezing injunction granted by the trial judge.* [Expresión: **variation** (modificación, discrepancia)].

VAT *n*: V. *Value Added Tax.*

vehicle *n*: vehículo.

vendor *n*: vendedor. [Expresión: **vendor and purchaser summons** (citación para que el vendedor y el comprador de una vivienda o un terreno comparezcan ante el juez a puerta cerrada para ventilar sus diferencias contractuales)].

venire facias (*amer*) *n*: orden dada por el juez al *sheriff* para formar un jurado. [Expresión: **venireman** (miembro del jurado)].

venture *n*: actividad comercial nueva, empresa con mayor o menor riesgo. *Some of the company's shareholders are not happy about the new venture.* [Expresión: **venture capital** (capital riesgo)]. *Cf* joint venture.

venue/visne *n*: tribunal por el que ha de ser juzgada una persona acusada de un delito; competencia, jurisdicción o vecindad en donde se ha cometido un delito o el ilícito civil. *The trial venue is nowadays stated at the commencement of the indictment.* [Los términos *jurisdiction* y *venue* no son sinónimos: *jurisdiction* se refiere a la autoridad o capacidad jurisdiccional para fallar o sentenciar en un proceso, en tanto que *venue*, que ya no se aplica en Inglaterra al enjuiciamiento civil, es la dependencia del tribunal competente más próxima al lugar donde había tenido lugar el delito. En la actualidad, basta con señalar en el auto de procesamiento el tribunal y la sala que habrá de entender en la causa, que puede ser cualquiera de los que tiene jurisdicción. En EE.UU. *venue*, en el enjuiciamiento civil, se refiere al lugar en donde se celebra el juicio, y también al derecho que tiene el demandado a que éste se celebre en determinado distrito judicial. Expresión: **venue of the trial** (lugar donde se celebra el juicio)]. *Cf* change of venue, local venue, mistake in venue.

verbal *a*: oral, verbal. [Expresiones: **verbal agreement** (acuerdo verbal), **verbal warning** (amonestación verbal, conminación; V. *written warning*)].

verbatim *a/adv*: al pie de la letra. *The Handsard reports, published by HMSO, contain a verbatim record of debates and all other proceedings.* [Expresión: **verbatim record** (acta literal)].

verdict *n*: veredicto, fallo del jurado. *Under Scots law there are three possible verdicts: guilty, not guilty, not proven.* [Expresiones: **verdict of not guilty** (absolución libre, exculpación, veredicto absolutorio o de no culpabilidad; V. *acquittal*), **verdict of guilty** (veredicto de culpabilidad o de condenación), **verdict of not proven** (*der es*) (veredicto de «sin pruebas o de falta de pruebas»)]. *Cf* alternative verdict, majority verdict, open verdict, perverse verdict, special verdict, sentence, judgment.

verify *v*: averiguar, comprobar, verificar. [Expresión: **verification** (verificación, comprobación, constatación)].

versus (vs) *prep*: contra.

vessel *n*: buque. [Expresiones: **vessel in distress** (buque en peligro; V. *distress, port of distress, signals of distress*), **vessel term bond** (fianza de buque a término)].

vest *v*: investir, conferir, conceder, transferir el título de propiedad, pasar a, descender a, recaer en. *A valid will transfers property rights, which vest in the heirs.* [Expresiones: **vested devise** (legado incondicional), **vested estate/property** (propiedad en dominio pleno), **vested in interest** (con derecho de goce futuro, dícese del derecho ya creado, que se hará efectivo cuando se produzca una condición futura, como por ejemplo el nacimiento del heredero), **vested in possession** (creado y traspasado, y cuya posesión y disfrute son inmediatos, con derecho de goce actual), **vested interests** (interés creado, derecho adquirido), **vested remainder** (ñuda propiedad efectiva), **vested rights** (derechos adquiridos, derechos intrínsecos, derechos inalienables), **vesting assent** (instrumento sin sello o no protocolizado ejecutado por el fideicomisario, que traspasa la propiedad del dueño fallecido al beneficiario o al representante legal del beneficiario), **vesting declaration** (declaración mediante la que se nombra a los nuevos fideicomisarios en quienes ha de recaer la posesión de una propiedad traspasada), **vesting deed** (escritura de traspaso *inter vivos* de una propiedad vinculada por disposición testamentaria en cadena o *settled land*; V. *settled land, trust, statutory owner, vesting assent*), **vesture** (acto de dar posesión, investir)]. *Cf* statutory lives in being, rule against perpetuities.

veto *n/v*: veto, vedar, vetar, poner el veto. *The UNO charter gives the power of veto to certain countries.*

vexatious *a*: vejatorio. [Expresiones: **vexatious action** (litigio vejatorio, demanda perversa presentada por motivos de venganza, etc., y que no tiene fundamento), **vexatious litigant** (litigante oneroso o vejatorio, picapleitos)].

vicarious *a*: vicario, sustituto, subsidiario. *The employer of a lorry-driver is vicariously liable for any accident caused by his employee* [Expresiones: **vicarious liability/responsibility** (responsabilidad civil subsidiaria; V. *strict liability rule*), **vicarious performance** (cumplimiento de contrato por persona interpuesta)].

vice *n*: vicio, inmoralidad, depravación, maldad, defecto, desviación.

victim *n*: víctima. [Expresión: **victimize a person** (vejar, escoger una persona como víctima, hacerla objeto de persecución)].

victual *v*: avituallar, proveer, abastecer. [Expresiones: **victualler** (proveedor, abastecedor), **victualling** (avituallamiento; V. *hoarding, corner*), **victuals** (provisiones, víveres)].

viewpoint *n*: punto de vista. *Cf* point of view.

villain (*col*): malo, malhechor, malvado. *Some people have a very simplistic concept of the law as a battle between heroes and villains.*

vindicate *v*: vindicar. [Expresiones: **vindication** (vindicación, justificación), **vindicatory** (vindicatorio), **vindictive** (vengativo, vindicativo), **vindictive damages** (daños punitivos o ejemplares. V. *exemplary damages*), **vindictiveness** (espíritu de venganza, rencor; V. *revengefulness*)].

violate *v*: infringir, violar, vulnerar, conculcar. [Expresiones: **violation** (infracción, violación; el término *violation* se emplea en expresiones tales como *parking violations, violations of health code,* etc., y se refiere a delitos menores o *regulatory offences*), **violator** (infractor, violador, transgresor)]. *Cf* minor offence, petty offence.

violence *n*: violencia. [Expresiones: **violent death** (muerte violenta), **violent disorder** (disturbio, desorden violento, conducta violenta, altercado violento; V. *affray, riot*), **violent presumption** (indicio violento o vehemente)].

visible injuries, no *fr*: sin lesiones apreciables.

visit *n/v*: visita, visitar. [Expresiones: **visitation** (inspección, visita, supervisión), **visitation of God, by** (por causas desconocidas; V. *standing mute*), **visiting forces** (fuerzas extranjeras estacionadas en Gran Bretaña), **visitor** (autoridad que visita una institución periódicamente para inspeccionar y supervisar)].

vitiate *v*: viciar, invalidar. [Expresión: **vitiation** (invalidación)]. *Cf* void.

vocation *n*: vocación, ocupación, empleo, oficio. [Expresiones: **vocational training** (formación profesional), **vocational retraining** (reconversión profesional)].

void *a/v*: nulo, sin valor ni efecto alguno, inválido, írrito, sin ningún efecto, valor o fuerza, anular, invalidar. *A power of attorney is void on the death of the signer.* [El término se aplica a *contract, indorsement, judgment, marriage,* etc. Expresiones: **void for vagueness** (nulo por imprecisión en la tipificación; es inconstitucional y, por tanto, nula de pleno derecho toda ley penal que no tipifique la conducta prohibida o la sanción que acarrea dicha conducta), **void trial** (juicio no válido), **void of** (desprovisto de), **voidability** (anulabilidad), **voidable** (anulable, cancelable; V. *uberrimae fidei*)]. *Cf* bad, wrong, ineffectual, inoperative, illegal, unlawful, illicit, invalidation, make/render null.

voir/voire dire *n*: examen preliminar hecho por el juez a probables testigos o miembros del jurado o al acusado dispuesto a confesarse culpable, con el propósito de comprobar si están en su sano juicio y/o pueden aportar pruebas fidedignas. [Este término en su origen normando significa «decir la verdad»].

voluntary *a*: espontáneo, voluntario. *In voluntary manslaughter there is always a mitigating circumstance, like provocation.* [Expresiones: **voluntary arbitration** (arbitraje voluntario), **voluntary assignment** (cesión contractual de bienes), **voluntary bankruptcy** (concurso voluntario, quiebra voluntaria), **voluntary homicide** (asesinato intencional), **voluntary conveyance** (cesión sin causa valiosa; V. *consideration*), **voluntary homicide** (homicidio intencional), **voluntary manslaughter** (homicidio, con circunstancias atenuantes como la provocación o la capacidad mental disminuida), **voluntary nonsuit** (sobreseimiento voluntario; V. *abandonment of action, etc., discharge from prosecution, abatement of proceedings*), **voluntary redundancy** (retiro o jubilación anticipada o voluntaria), **voluntary winding-up** (liquidación voluntaria; V. *compulsory winding-up*)].

vote *n/v*: voto, sufragio, votación, votar, pronunciarse. [Expresiones: **vote by ballot** (votación secreta), **vote by proxy** (voto por poder), **vote by roll call** (voto nominal), **vote by show of hands** (votación a mano alzada), **vote by acclamation** (voto por aclamación), **vote down** (rechazar una propuesta por mayoría de votos), **vote of lack of confidence** (moción de censura o de falta de confianza), **vote of thanks** (voto de gracias, agradecimiento expresado y aprobado para que consten en acta), **vote with the minority** (unir sus votos a los de la oposición), **voter** (elector, votante), **voting** (votación, comicios), **voting right** (derecho de sufragio), **voting list** (censo electoral), **voting-slip** (papeleta que contiene el voto; V. *ballot-paper*), **voting shares/stock** (acciones votantes o con derecho a votar), **voting trust** (fideicomiso para votación)].

vouch *v*: certificar, garantizar, atestiguar. [Expresiones: **vouch for somebody** (responder de alguien, ser garante de alguien, constituirse en fiador), **voucher** (comprobante, justificante, recibo, resguardo; V. *warrant*), **voucher of indebtedness** (comprobante de adeudo)].

vulnerability *n*: V. *legal vulnerability*.

W

W.A. *fr*: V. *with average*.

wage *n*: salario, paga, jornal. *The goverment's new wage packet has been rejected by the Trade Unions*. [Expresiones: **wage council** (comisión de revisión de salarios), **wage dispute** (disputa salarial), **wage scale** (escala salarial)]. *Cf* package deal.

wager *n/v*: apuesta, cantidad apostada, apostar. [Expresión: **wagering contract** (contrato de juego)]. *Cf* game, bet.

waif *n*: bienes mostrencos. *Cf* lands in abeyance, unclaimed goods.

wait *n/v*: espera, esperar. [Expresiones: **wait and see rule** (norma de aplicación a los casos de herencias aplazadas, según la cual el tribunal puede «esperar a ver» si una disposición testamentaria surte efecto o no dentro del período de prescripción), **waiting period** (término suspensivo)].

waive *v*: renunciar a, ceder, inhibirse, no hacer uso de, dispensar, pasar por alto, no tomar en consideración, suspender. *The court ruled that as the plaintiff had waived the claim 2 years before he could not reasonably bring it now*. [Expresiones: **waive a claim** (renunciar a una pretensión, renunciar al derecho de presentar una demanda), **waive of performance** (renuncia de cumplimiento específico), **waive one's rights** (abdicar su derecho; V. *yield one's rights, forbear, forfeit*), **waiver** (renuncia, repudio), **waiver clause** (cláusula de no renuncia al derecho de abandono, por parte del asegurado, o del de aceptación del abandono por parte del asegurador; V. *sue and labour, abandonment*), **waiver of jury** (renuncia al derecho de juicio con jurado), **waiver of exemption** (renuncia de exención), **waiver of notice** (renuncia de citación o de aviso), **waiver of protest** (excusa de protesto), **waiver of tort** (renuncia de daños por agravio), **waive the right to institute any proceeding** (renunciar a cualquier derecho)]. *Cf* abandonment of action, appeal, rights, claims, etc.

walk *v*: caminar. *The African delegates walked out of the Congress in protest over the resolution*. [Expresiones: **walk-away price** (precio de ruptura), **walk out** (abandonar una reunión, lugar de trabajo, etc., en señal de protesta, abandono airado, huelga)].

want of *fr*: falta de.

wanton *a*: insensible, imperdonable, injustificable. [Aparece junto a *negligence, misconduct*, etc.].

war risk clause *n*: cláusula de guerra. [En caso de guerra se autoriza al capitán mediante esta cláusula a descargar en donde considere mejor].

ward¹ *n*: menor, pupilo o huérfano acogidos a la tutela de los tribunales de menores. *On their parents' death the children were made wards of court*. [También se le llama *ward of court* o *ward in chancery*. Expresión: **wardship** (tutela, tutoría, pupilaje)].

ward² *n*: circunscripción, barrio o división de una ciudad a efectos electorales; sala de un hospital. *Cf* electoral ward, venue.

ward *v*: guardar, defender, proteger. [Expresiones: **warden** (responsable del bienestar de los residentes de instituciones como colegios mayores, etc.), **warden of a port** (capitán de un puerto; V. *harbour master*), **warder** (carcelero, guardián, funcionario de prisiones)].

ware *n*: mercadería, mercancía. [Expresiones: **warehouse** (almacén, depósito), **warehouse acceptance** (aceptación del almacén), **warehouse entry bond** (fianza de entrada para almacén afianzado), **warehouse bond** (fianza de almacén), **warehouse receipt** (certificado, conocimiento o guía o resguardo de almacén, guía de depósito, vale de prenda, recibo de almacén), **warehouse warrant** (duplicado del certificado de almacén; V. *warrant*)].

warn *v*: avisar, amonestar, alertar, advertir, prevenir, conminar. *The jury was warned not to pay any heed to newspaper reports of the trial.* [Expresiones: **warned list** (relación de causas que serán vistas próximamente; V. *cause list*), **warning** (aviso, amonestación, caución, notificación, advertencia), **warning of caveat** (notificación o aviso al que ha presentado un *caveat* para que comparezca ante el tribunal a fin de dar cuenta de su título o derecho a la propiedad)]. *Cordless phones carry a no-privacy warning.* Cf admonish, caution, prove the identity, establish identity.

warrant[1] *n/v*: garantía, certificado, justificación, justificante, comprobante, cédula, resguardo, duplicado; autorización, justificar, autorizar, avalar, certificar, garantizar, responder por, salir fiador. [Expresiones: **warranted** (garantizado), **warrantee** (garantizado, el que recibe una garantía), **warranter/warrantor** (garante, fiador), **warranty** (seguridad, garantía; la *warranty* es una promesa colateral, cuyo incumplimiento no basta para resolver un contrato; sin embargo, muchos tribunales interpretan que la *warranty* es la *condition* del contrato, con lo que su violación puede anularlo), **warranty deed** (escritura de propiedad con garantía de título), **warranty of fitness** (garantía de aptitud), **warranty of title** (garantía de título; V. *breach of warranty,*

express warranty)]. Cf absolute warranty, breach of warranty, condition, guarantee, customs warrants, unwarranted.

warrant[2] *n*: decisión judicial, orden, auto, orden judicial, mandamiento judicial, autorización, mandato. *The premises of the applicants were entered and searched on a warrant granted by Reading Justices under section 6 of the European Communities' Act.* [Expresiones: **warrant in bankruptcy** (auto de bancarrota, incautación de bienes y notificación a los acreedores), **warrant of arrest** (orden o auto de arresto, mandamiento de detención; V. *bench warrant*), **warrant of attachment** (autorización de intervención de salario, cuenta bancaria, etc.), **warrant of attorney** (poder), **warrant of execution** (orden de ejecución, autorización para proceder por vía ejecutiva), **warrant of attorney** (procuración, poder, mandato), **warrant for payment** (orden de pago), **warrantless arrest** (detención sin mandamiento judicial)]. Cf order, bench warrant, death warrant, general warrant, search warrant, witness warrant.

warrant[3] *n*: derechos de adquisición de acciones incorporados a títulos de renta fija, con independencia de que éstos sean convertibles o no. *A warrant is an option to buy stock from an issuing company at a specified price.*

washing *n*: V. *bond washing*.

waste *n/v*: residuos, deterioro, pérdida, desperfecto, uso, desgaste, estropear, deteriorar, echar a perder, gastar, desgastar. *A tenant is liable for all waste to the property caused by his actions or neglect.* [Expresión: **wasting assets** (activo o bienes agotables, consumibles o perecederos; cuando aparecen en un testamento, es deber del albacea venderlos o realizarlos cuanto antes para reducir las pérdidas; V. *perishable goods*)]. Cf disposal of radioactive waste, permissive waste.

water rights *n*: servidumbre de aguas.

waterway *n*: V. *inland waterway*.

wax seal *n*: sello de lacrar.

way *n*: forma, camino. *A bailee is a person to whom goods are entrusted by way of bailment.* [Expresiones: **by way of** (en forma de, por vía de), **way-mark** (mojón, poste, término; V. *abuttals*)].

weapon *n*: arma.

wear and tear *n*: desgaste lógico y normal; uso. *A manufacture is not obliged to replace goods which have deteriorated through fair wear and tear.* [Esta frase, que se encuentra en las cláusulas de los contratos de arrendamiento, aparece como *fair wear and tear* y también como *ordinary wear and tear*].

weather *n*: tiempo atmosférico. [Expresiones: **weatherbound** (bloqueado por el mal tiempo), **weather working days** (cuando el tiempo lo permite; mediante esta frase o la sinónima *weather permitting* se excluyen del cálculo de los días de plancha o *laydays*, los días que por mal tiempo no se pueden dedicar a la carga o descarga)].

weigh *v*: pesar, sopesar, ponderar, valorar. *The judge weighed the degree of prejudice to the defendant.* [Expresiones: **weigh evidence** (ponderar pruebas), **weight** (peso, preponderancia; V. *net weight*), **weight of evidence** (preponderancia de la prueba, apreciación de la prueba), **weighting** (ponderación)].

welfare *n*: bien, bienestar. [Expresiones: **welfare charges** (recaudación por asistencia social), **welfare fund** (fondo de pevisión), **welfare payment** (ayuda, asistencia social), **welfare state** (estado/sociedad de bienestar)].

wet dock *n*: dique flotante. *Cf* dry dock.

whether ... or *conj*: o ... o. [Expresión: **whether in berth or not** (atracado o no)].

wharf *n*: muelle.

wheeler-dealer (*col*) *n*: intrigante. *He is a real wheeler-dealer and brings in a lot of business for the firm.*

where *adv*: en aquellos casos en que, siempre que. *This generally occurs in the following cases: (1) where magistrates decide ..., (2) where several persons have been committed ..., (3) where it is desirable ...* [Expresiones: **where appropriate** (en su caso), **where necessary** (cuando fuere necesario, en caso necesario, en tanto fuere necesario; V. *as far as is necessary*)]. *Cf* in witness whereof.

whereabouts *n*: V. *unknown whereabouts*.

whereas *conj*: por cuanto, visto que, considerando de un documento. [Expresión: **whereas clauses** (considerandos)].

whip *n*: jefe del grupo parlamentario, diputado responsable de velar por intereses del grupo parlamentario, llamada a los diputados para que acudan a votar.

white *a*: blanco. [Expresiones: **White Book** (Normas de derecho procesal civil; V. *Rules of the Supreme Court*), **white-collar offences** (delitos de guante blanco), **white papers** (proposiciones de ley; V. *green papers, command papers*), **white slavery** (trata de blancas)].

wholesale *a/adv*: mayorista, al por mayor, en masa. *There were wholesale arrests.* [Expresiones: **wholesale house** (almacén), **wholesale price** (precio de mayorista), **wholesale trade** (comercio al por mayor, mayorista), **wholesale trader** (comerciante al por mayor), **wholesaler** (mayorista)].

whore *n*: ramera, prostituta.

wide *a*: amplio. *The new legislation is expected to widen the powers of local authorities.* [Expresiones: **wide definition approach sense** (definición o interpretación amplia o extensiva), **widen** (ampliar; V. *extend, enlarge, narrow*), **widening** (ampliación; V. *extension, enlargement*), **widespread** (muy difundido, ampliamente extendido)].

widow *n*: viuda. [Expresiones: **widow´s benefit** (subsidio de viudedad, formado por una suma a tanto alzado), **widow's pension** (pensión de viudedad), **widower** (viudo)].

width *n*: manga de un buque.

wildcat strike *n*: huelga no oficial, huelga salvaje.

wilful *a*: premeditado, intencionado. *The court has awarded aggravated damages against the defendant because he behaved wilfully.* [Expresiones: **wilful damage to property** (daño premeditado a la propiedad), **wilful misconduct** (dolo), **wilful murder** (asesinato con premeditación), **wilful neglect** (negligencia temeraria), **wilful tort** (agravio intencional), **wilfully** (deliberadamente, con premeditación; V. *maliciously*)].

will *n/v*: testamento, legar, disponer por testamento, desear, expresar su voluntad. [Expresión: **at will** (denunciable o sin plazo fijo de duración; V. *partnership at will, lease at will, tenant at will*)]. *Cf* last will and testament.

wil(l)ful *a*: premeditado, voluntario, hecho con intención. [Expresiones: **willfully** (premeditadamente), **willfulness** (perversidad, malignidad)]. *Cf* last will and testament, testament.

willingly *adv*: libremente, de buena voluntad. *The divorced woman claimed that her son had not willingly accompanied his father to the USA, but had been carried away by force.*

win *v*: ganar. *Spanish fishermen have won back their right to register their shipping vessels under the British flag.* [Expresiones: **win a damages award** (obtener un laudo o sentencia de indemnización por daños y perjuicios), **win an action** (ganar un pleito), **win back a right** (recuperar un derecho)].

wind up *v*: liquidar, disolver. *The business went into receivership and was wound up shortly afterwards.* [Expresión: **winding-up** (disolución, liquidación; V. *bankruptcy*)].

window cheque *n*: talón de ventanilla. [Expresión: **window dressing** (escaparatismo)].

wipe out *v*: cancelar, borrar. *The firm used the revenue to wipe out its outstanding debts.*

wire-tapping *n*: interceptación de mensajes telefónicos o telegráficos, escuchas electrónicas, colocación ilegal de escuchas telefónicas, «pinchar» teléfonos. *Cf* eavesdropping, electronic surveillance, phone-tapping.

withdraw *v*: retirar(se), dar(se) de baja, reintegrar, anular, borrar, rescindir, abandonar; sacar. *If you haven't got your bank-book on you, you can use your credit card to withdraw cash.* [Expresiones: **withdraw a bid** (retirar una oferta o propuesta), **withdraw a charge** (retirar una acusación), **withdraw a motion** (anular una proposición), **withdraw a suit** (desistir del pleito; V. *abandon*), **withdraw cash from the bank** (sacar dinero del banco),

withdraw from a partnership (retirarse de una sociedad), **withdraw from membership** (darse de baja, desafiliarse), **withdraw from the agenda** (borrar del orden del día), **withdrawal** (retirada, retiro, reintegro, retracto, acto de retractarse, anulación, supresión), **withdrawal of a power** (revocación de un poder), **withdrawal of an issue from the jury** (instrucción cursada por el juez al jurado de que declaren a favor de una de las partes por falta de pruebas), **withdrawal of an order** (anulación de un pedido; V. *abandonment*), **withdrawal of authority** (desautorización), **withdrawal of benefits** (supresión de ventajas o beneficios), **withdrawal receipt** (comprobante o recibo del reintegro)]. *Cf* reimbursement, abandon, deposit.

withhold *v*: retener, denegar, impedir. *If bail is withheld by a magistrate an accused may apply to the Crown Court.* [Expresiones: **withhold at source** (retener en origen o en la fuente), **withhold bail** (denegar la libertad bajo fianza), **withholding** (retención)].

within *prep*: dentro de los límites de. [Expresión: **within the meaning of the act** (dentro de los términos de la ley, en el ámbito de la ley, que se ajusta a la ley, que está tipificado)]. *Cf* subject to.

without motive *fr*: sin motivo. *Cf* groundless.

without prejudice *n*: sin perjuicio. [Cuando se quiere llegar a un acuerdo extrajudicial o *settlement* con la parte contraria, pero sin reconocer la responsabilidad civil, se suele escribir una carta, cuyo encabezamiento comienza con *without prejudice*; estos términos quieren decir que el autor de la carta acepta el acuerdo propuesto, quedando bien claro que la carta no se pueda utilizar como prueba en una posible demanda; en este sentido *without prejudice* significa que la cuestión de la responsabilidad queda intacta «sin perjuicio de los derechos que asisten a la parte que ha escrito la carta»]. *Cf* Calderbank letter.

withstand *v*: resistir, oponerse. *The evidence withstood the examination of an expert.*

witness *n/v*: testigo, atestar, atestiguar, testificar, autenticar. *Witnesses are required to swear on oath before giving evidence*. [Expresiones: **in witness whereof** (en testimonio/fe de lo cual), **witness box/stand** (banco o banquillo de testigos), **witness clause** (cláusula de atestación), **witness for the Crown** (testigo de cargo), **witness for the defence** (testigo de descargo, de la defensa), **witness for the plaintiff** (testigo de la parte actora), **witness for the prisoner** (testigo de descargo), **witness for the prosecution** (testigo de cargo, testigo aportado por el fiscal), **witness order** (orden de comparecencia como testigo), **witness proof** (prueba testimonial), **witnessing part** (fórmula contenida en un documento notarial que contiene la expresión *this deed witnesseth as follows* —por el presente instrumento hago constar— u otra del mismo tenor, cuya función es introducir el cuerpo del escrito; V. *part, recitals*), **witness warrant** (orden de detención para llevar a la fuerza a una persona ante la sala donde ha de comparecer como testigo; se dicta contra la persona que con anterioridad ha hecho caso omiso de una orden de comparecencia)]. *Cf* bear witness to, credible witness, ear-witness, eye-witness, friendly witness, prosecuting witness, tampering with witnesses, zealous witness.

Woolsack *n*: «saca de lana», asiento del Gran Canciller en la Cámara de los Lores. *Cf* Lord.

word *n/v*: palabra; expresar algo de una determinada manera. *The new wording of the Act met with the MPs' approval and it was duly passed*. [Expresiones: **give one's word** (dar su palabra), **word of honour/word as a gentleman** (palabra de honor), **words of art** (términos técnicos, términos jurídicos de uso establecido y de alcance conocido), **words of procreation** (palabras o texto de una escritura que crea una cadena de sucesión limitada a los descendientes lineales del beneficiario nombrado; V. *tail*), **words of purchase** (palabras de una escritura que identifican al adquirente del objeto traspasado), **words of limitation** (palabras de una escritura que limitan el derecho o la clase de dominio que se traspasa), **words of severance** (texto de una escritura que señala el dominio exclusivo de cada uno de sus dueños sobre una determinada parte de la propiedad; V. *co-owner, severance*), **words to like effect** (términos análogos, términos del mismo significado; V. *constructive*), **wording** (redacción)].

world *n*: mundo. *The formula used between spouses at marriage is "With all my worldly goods I thee endow"*. [Expresiones: **World Bank** (Banco Mundial; V. *International Bank for Reconstruction and Development*), **worldly goods** (bienes terrenales, bienes reales y personales)].

work *n/v*: trabajo, trabajar. [Expresiones: **work at piece rates** (trabajo remunerado por unidad de obra), **work at times rates** (salario por unidad de tiempo, trabajo remunerado por unidad de tiempo), **work in process/progress** (obra en curso), **work out** (elaborar, calcular, efectuar; V. *draw up*), **work to rule strike** (huelga de celo; V. *sit down strike, slow-down strike, wildcat strike*), **workaholic** (adicto o enviciado al trabajo), **workforce** (mano de obra; V. *labour, manpower*), **working** (funcional), **working assets** (activo circulante, activo de explotación; V. *current assets, liquid assets, quick assets, circulating assets, floating assets*), **working capital** (capital circulante), **working credit** (crédito de explotación), **working day** (día laborable; V. *legal day, dies juridicus, working day*), **working day of 24 hours** (se emplea, en el cálculo de los días de plancha, para indicar que sólo correrá un día por cada período de 24 horas), **working expenses** (gastos de explotación), **working hours** (horas hábiles de trabajo, jornada laboral), **working hypothesis** (hipótesis de trabajo), **working paper** (documento de trabajo), **working party** (grupo de trabajo), **working session** (sesión de trabajo)].

worth *n*: valor. *Cf* credit worthiness.

wound *n/v*: herida, herir; causar heridas. [Expresión: **wounding with intent** (causar heridas con la intención de que sean graves)].

wreck *n/v*: náufrago, naufragar.

writ *n*: mandamiento judicial, auto judicial, orden judicial, proveído, mandato, decreto, escrito. *A suit is officially commenced when the plaintiff takes out a writ advising the defendant of his intention to proceed.* [El *writ* es un auto o disposición —*order*— que dictan los tribunales superiores en nombre del monarca, o en el del Lord Canciller, ordenando el cumplimiento de algo o la abstención de hacer algo; por eso, también se le llama «escrito real»; de los varios tipos de *writ* que existen, el más utilizado es el *writ of summons*, ya que con él se incoan las demandas en el *High Court*. Hasta la Ley de Administración de la Justicia de 1938 (*Administration of Justice Act, 1938*) había cuatro *prerogative writs*: el *certiorari*, el *mandamus*, el *prohibition* y el *habeas corpus*; desde entonces, sólo el último conserva el rango de «escrito real» o *writ of prerogative*, habiéndose convertido los otros en *prerogative orders*. Expresiones: **writ of attachment** (mandamiento de embargo, autorización para intervenir el salario de un deudor, providencia de secuestro; V. *attachment*), **writ of capias** (orden judicial de embargo de bienes, orden judicial de arresto o de prisión; con esta orden judicial se confieren poderes suplementarios al *sheriff* para el cumplimiento o ejecución de una sentencia), **writ of delivery** (mandamiento para entrega de bienes muebles), **writ of entry** (auto de posesión, acción para recobrar la posesión de un inmueble), **writ of error** (auto de casación; V. *error*), **writ of execution** (auto ejecutivo, auto de ejecución de una sentencia, mandamiento de ejecución, ejecutoria, providencia ejecutoria; V. *execution, enforcement*; el término *writ of execution* es genérico y comprende los siguientes: *writ of fieri facias, writ of possession, writ of delivery, writ of sequestration*; V. *execution, warrant of execution*), **writ of expropriation** (auto de expropiación), **writ of fieri facias** (orden de ejecución relativa a bienes muebles o inmuebles), **writ of habeas corpus** (procedimiento de *habeas corpus*, auto firmado por un juez del *Queen's Bench Division* a instancia del letrado de un detenido, exigiendo la comparecencia inmediata ante él de un representante de la cárcel o institución penitenciaria en donde se halla detenido su representado, para que justifique dicha detención, que en principio parece dudosa, o bien ponga al detenido en libertad sin pérdida de tiempo; V. *habeas corpus*; *writ*), **writ of mandamus** (V. *mandamus*), **writ of ne exeat** (prohibición judicial al acusado de abandonar el lugar de la jurisdicción del tribunal), **writ of possession** (auto de posesión, interdicto de despojo, es uno de los *writs of execution*, mediante el que se da instrucciones al *sheriff* para que desaloje al ocupante de una finca y se la entregue al demandante), **writ of prohibition** (auto inhibitorio; V. *prohibition*), **writ of protection** (salvoconducto), **writ of replevin** (auto de reivindicación), **writ of restitution** (auto de restitución), **writ of review** (auto de revisión), **writ of summons** (escrito de demanda dirigido al demandado comunicándole que se ha incoado un proceso contra él y formulando la pretensión procesal; notificación oficial que sirve para la incoación de un proceso civil en el *Queen's Bench*; emplazamiento, escrito oficial de citación, auto de comparecencia, citación judicial a un demandado, requerimiento; V. *originating summons, service*), **writ of supersedeas** (auto de suspensión o de sobreseimiento, providencia ordenando la paralización de los procedimientos)]. *Cf* issue, summons, warrant.

write *v*: escribir. *The car was so badly damaged in the accident that the insurance company's assessor wrote it off.* [Expresiones: **write-down** (rebajar el valor contable de un activo, saneamiento, castigar), **write down of portfolio** (devaluación de la cartera de valores), **write-off** (saneamiento, deuda incobrable, pérdida total, eliminación de deudas incobrables, cancelar partidas contables, amortizar, dar por perdido, anular una partida contable; V. *debtor in default, recoverable debts, bad debts, be to the bad, loss*), **write up** (poner al día, redactar), **writer** (inversor, asegurador; V. *long investor,* *hedger*), **writing** (escrito, letra), **written** (escrito), **written agreement** (acuerdo escrito), **written contract** (acuerdo por escrito), **written evidence** (prueba escrita), **written law** (derecho escrito, ley escrita), **written testimonial** (certificado de buena conducta), **written warning** (amonestación por escrito a un trabajador; V. *verbal warning*)].

wrong *a/n*: equivocado, malo, injusto, injuria, abuso, ilícito civil, injusticia, agravio, error.

Evidence uncovered later proved that the police had arrested the wrong woman. [Expresiones: **wrongdoer** (malhechor; V. *evildoer*), **wrongdoing** (cometer alguna falta o delito, hacer algo malo o injusto), **wrongful** (injusto, abusivo), **wrongful death** (muerte causada por negligencia de otro), **wrongful dismissal** (despido improcedente; V. *unfair dismissal*), **wrongfully** (ilegalmente)]. *Cf* tort, bad, do a wrong to a person, ineffectual, inoperative, void, redress a wrong.

Y

year *n*: año, ejercicio. *The lease is renewable on a year-to-year basis.* [Expresiones: **yearbook** (anuario de jurisprudencia, etc.), **year-end** (fin de año), **year-end adjustments,** etc. (ajustes, etc., de cierre de ejercicio), **year-end closing** (cierre de ejercicio), **year-to-year basis** (régimen anual, régimen de renovación, cómputo, etc., anual), **yearly** (anual)]. *Cf* accounting year, calendar year, financial year, fiscal year, legal year, tax year, annual.

yellow-dog contract (*amer*) *n*: contrato laboral que prohíbe al empleado afiliarse a una central sindical.

yield[1] *n/v*: rendimiento, producto, renta; rentar, rendir, producir intereses, dividendos, etc. *High-yielding Government Bonds have been one of the most attractive investments.* [Expresiones: **yield rate** (tasa de rentimiento o productividad; V. *rate of return, output rate*), **yielding** (rentable)]. *Cf* capital yield, effective yield.

yield[2] *v*: ceder, abandonar, admitir, consentir, entregar, restituir. [Expresiones: **yield one's right** (ceder en su derecho), **yield to solicitation** (acceder/ceder a instancias), **yielding** (sumiso, dócil, obsequioso)].

young *a*: joven. [Expresiones: **young offender** (delincuente juvenil, entre 17 y 20 años), **young offender institution** (hogar tutelar de menores, centro de internamiento/acogimiento para menores; V. *community home, day training centre, detention in a young offender institution*), **young person** (joven, más de 14 años y menos de 17)]. *Cf* underage.

youth custody order/sentence *n*: V. *detention in a young offender institution.*

Z

zealous witness *n*: testigo indebidamente afanoso.

zebra-crossing *n*: paso de peatones.

zero-rated supply *n*: producto de tasación cero, producto exento de IVA. *Books in Great Britain are considered zero-rated supply and pay no VAT. Cf* VAT.

zip code *n*: código postal. *Cf* post code.

zoning regulations/rules *n*: reglamentación urbanística de tipo municipal que determina el tipo de construcción de cada zona o distrito municipal.

SPANISH-ENGLISH

A

abajo firmante *a/n*: undersigned. *Cf* infrascrito, suscrito.

abanderar *v*: register a ship/vessel. [Exp: **abanderamiento** (registration of a vessel/ship)].

abandonar *v*: abandon, desert, leave, disclaim, waive, give up, call off, quit, renounce, drop; cast off. [Exp: **abandonado** (abandoned, derelict), **abandonante/abandonador** (abandoner; S. *cesionista, abandonatario*), **abandonar familia, hijos,** etc. (abandon domicile, children, etc.; desert wife, children; S. *desamparar, descuidar, desertar, dejar, desatender*), **abandonar en señal de protesta** (walk out), **abandonar mercancías, géneros, fletes,** etc., **al asegurador** (abandon goods, freights, etc. to the insurer; S. *dejar, desatender, renunciar a mercancías, fletes,* etc.), **abandonar un cargo** (resign, leave office; S. *dimitir*), **abandonar una demanda, un recurso o apelación, derechos, una pretensión** (abandon an action, an appeal, rights, a claim; desist; relinquish; S. *ceder a, renunciar a, desistir de*), **abandonatario** (abandonee, beneficiary; S. *cesionario, derechohabiente, beneficiario*)]. *Cf* renunciar a, desistir de; desertar, desamparar.

abandono *n*: abandonment, desertion; discharge; surrender, remittal; disclaimer, dereliction, relinquishment, destitution. [Exp: **abandono de bienes muebles** (dereliction; S. *derrelicción*), **abandono culpable del cónyuge, de hogar** (desertion/abandonment of spouse, of domicile; S. *abandono implícito del hogar*), **abandono de funciones públicas/de servicio** (dereliction of duty, breach of duty, misfeasance; S. *abandono del servicio*), **abandono de la acción/demanda jurídica, la instancia, el recurso o la apelación, los derechos, las pretensiones, la servidumbre, el arrendamiento,** etc. (abandonment of action, suit, appeal, rights, claims, easement, lease, etc.; discontinuance; nonsuit; S. *caducidad de la instancia, sobreseimiento*), **abandono de la instancia** (nolle prosequi), **abandono de mercancías, fletes, bienes o valores asegurados,** etc. (abandonment of cargo, freight, insured property, etc.; S. *acción de abandono*), **abandono de menores/niños** (abandonment of children), **abandono de un derecho** (waiver of a right; non user; remission; S. *prescripción o pérdida de un derecho por falta de ejercicio*), **abandono del buque** (abandonment of the ship; S. *acto de cesión de la posesión de un buque a los aseguradores*), **abandono en señal de protesta** (walk out), **abandono implícito del hogar** (constructive desertion)]. *Cf* desistimiento, renuncia, desamparo, dejación, derrelicción, renuncia.

abarcar *v*: include, comprise, embrace, undertake, take in/on; corner, monopolize. [Exp: **abarcador** (monopolist)]. *Cf* incluir, comprender.

abarrotar *v*: overstock, stow. *Cf* acumular en exceso.

abastecer *v*: supply, provide. [Exp: **abastecedor** (purveyor, victualler; S. *proveedor*), **abastecimiento** (provision; S. *provisión*), **abasto** (supplies)]. *Cf* proveer, suministrar.

abatimiento de un buque *n*: leeway.

abdicación *n*: abdicación. [Exp: **abdicar** (abdicate, renounce, relinquish, give up), **abdicar de sus derechos** (waive one's rights)]. *Cf* renuncia de derechos.

abierto *a*: open; overt; open-ended; clear, evident; frank; aboveboard. *Cf* público, claro, notorio; no resuelto, pendiente; legítimo.

abigeato *n*: abaction, cattle stealing; rustle. [Exp: **abigeo** (abactor, cattle thief; S. *cuatrero, ladrón de ganado*)]. *Cf* hurto de cabezas de ganado, cuatrería.

abinstestato *n*: abintestate.

abjurar *v*: repudiate, unswear, retract, disavow, abjure, forswear (*obs*). [Exp: **abjuración** (abjuration)]. *Cf* jurar en falso, perjurar.

abogado *n*: lawyer, solicitor, barrister, advocate (*Scot*); counsel; attorney, attorney-at-law (*Amer*), public attorney; legal practitioner, legal adviser. [Exp: **abogacía** (legal profession; the bar), **abogado acusador o fiscal** (public prosecutor, prosecutor, counsel for the plaintiff, prosecuting attorney, *Amer*), **abogado consultor** (legal adviser), **abogado de los tribunales eclesiásticos** (proctor, Queen's Proctor), **abogado de oficio** (duty solicitor), **abogado de turno** (legal aid lawyer), **abogado del Estado** (Treasury Counsel, legal representative of the State; lawyer acting as counsel for the State in civil or criminal cases, especially, though not exclusively, in administrative matters), **abogado defensor** (counsel for the defence), **abogado o letrado de guardia o de oficio** (legal aid lawyer, duty solicitor, counsel appointed by the court or by the legal aid board), **abogado en ejercicio** (practising lawyer, member of the bar), **abogado en prácticas** (articled clerk; S. *pasante*), **abogado especializado en patentes** (patent attorney), **abogado penalista** (criminal lawyer), **abogado litigante/procesalista/que actúa ante los tribunales** (barrister-at-law, trial lawyer), **abogado principal** (leading counsel)]. *Cf* asesor jurídico, letrado, procurador, jurisconsulto, jurista, asistencia letrada.

abogar *v*: advocate, plead a case. [Exp: **abogable** (pleadable)]. *Cf* defender, apoyar.

abolengo *n*: inheritance, ancestry; ancestral heritage, lineage.

abolición *n*: abolition, abolishment, abrogation, extinction. [Exp: **abolible** (abolishable, abatable; S. *suprimible, reducible, desgravable*), **abolido** (extinct), **abolir(se)** (abolish; repeal; suppress; revoke; abate; S. *anular(se), revocar(se), suprimir, derogar*)]. *Cf* supresión, derogación, anulación, rescisión, revocación.

abonar[1] *v*: pay; subscribe; credit. [Exp: **abonar en cuenta** (credit to someone's account; S. *consignar en el haber*), **abonado** (subscriber; S. *suscriptor*), **abonamiento** (credit payment), **abonar al contado** (pay cash), **abonar de más** (overcredit, overpay), **abonaré** (promissory note, credit note; S. *pagaré*), **abono** (payment, subscription, credit entry; season ticket), **abono de tiempo de prisión** (commutation of sentence), **abonos pendientes** (unadjusted credits)]. *Cf* satisfacer, pagar, hacer efectivo.

abonar[2] *v*: answer for, stand bail/security for; back, guarantee. [Exp: **abonador** (bondsman; backer; guarantor; S. *fiador, garante, persona que da fianza por otra*), **abonamiento** (surety, bail), **abono** (guarantee, backing; S. *fianza, garantía, caución, aval*), **abono de personas/witnesses** (accreditation of third parties/witnesses; procedure whereby reliability of third parties is verified by a court)].

abordar[1] *v*: tackle, deal; canvass; accost; solicit. *Cf* tratar.

abordar[2] *v*: collide; run into; board a ship [Exp: **abordaje** (collision of ships), **abordaje dudoso** (unattributable collision), **abordaje fortuito, casual o inevitable** (accidental collision, unavoidable collision), **abordaje culpable** (negligent collision), **abordaje culpable recíproco o bilateral** (both-to-blame collision)]. *Cf* arrimarse, acercarse; requerir, importunar.

abortar *v*: abort; fail, miscarry. [Exp: **abortista** (abortionist), **aborto de propósito** (abortion), **aborto no de propósito** (miscarriage), **aborto despenalizado** (legal abortion)]. *Cf* dejar de, faltar, fallar, fracasar.

abreviar *v*: abridge, abbreviate. [Exp: **abreviación** (abridgement, abbreviation; S. *compendio*), **abreviador** (abridger), **sin abreviar** (unabridged; S. *íntegro*)]. *Cf* compendiar, extractar, resumir.

abrigar *v*: harbour, cherish, entertain. *Cf* albergar, dar cobijo, cobijar, esconder.

abrir *v*: open. [Exp: **abrir el juicio** (open the case), **abrir un crédito/una cuenta** (open a credit/ an account), **abrir/incoar (un) expediente** (institute proceedings, bring disciplinary proceedings, open a file), **abrir expediente contra un funcionario** (open or take proceedings against a civil servant), **abrir expediente sancionador** (bring someone to book), **abrir la sesión** (open the meeting, call the meeting to order), **abrir propuestas** (open bids), **abrir una investigación** (open an inquiry; S. *instruir diligencias*)].

abrogación *n*: annulment, abrogation, repeal, defeasance, rescission. [Exp: **abrogable** (annullable; repealable), **abrogar** (abrogate; annul; revoke, revocate; rescind; set aside; quash; repeal; S. *anular, casar, derogar, revocar; dejar sin efecto, desestimar, rechazar, resolver, cancelar*)]. *Cf* anulación, abolición, casación, revocación, rescisión, derogación.

abrumar *v*: oppress, crush, overwhelm. *Cf* afligir, presionar, apremiar, instar.

absentismo *n*: absenteeism. [Exp: **absentismo laboral** (labour absenteeism), **abstentista** (absentee)]. *Cf* ausentismo.

absolución *n*: acquittal, discharge, pardon, dismissal, remission. [Exp: **absolución condicional** (conditional pardon), **absolución de derecho/de hecho** (acquittal in law/in fact), **absolución de la demanda** (finding for the defendant; acquittal, dismissal, dismissal of complaint), **absolución de la instancia** (dismissal with prejudice; dismissal of the case, not proven, *Scot*), **absolución de posiciones** (reply to interrogatories; S. *posiciones, pliego de posiciones, confesión judicial, prueba confesional, contestación a interrogatorios*), **absolución incondicionada** (full pardon), **absolución libre** (verdict of not guilty, acquittal; S. *exculpación, veredicto absolutorio o de no culpabilidad*), **absolución total** (absolute discharge)]. *Cf* exoneración, descargo, sentencia absolutoria, perdón.

absoluto *a*: absolute, final, express, complete. *Cf* pleno, perfecto, incondicional, categórico, real, tajante, definitivo, firme, expreso, preciso, explícito.

absolutorio *a*: acquitting. *Cf* fallo absolutorio.

absolver *v*: acquit; assoilzie (*Scot*), discharge; remit; clear; release. [Exp: **absolver de la instancia** (discharge, acquit for lack of evidence; non-suit), **absolver las posiciones** (answer/reply to interrogatories)]. *Cf* exonerar, liberar, exculpar, eximir.

absorber *v*: offset, absorb. [Exp: **absorber pérdidas** (offset liabilities), **absorción de empresas** (take-over)].

abstenerse *v*: abstain, refrain. [Exp: **abstención** (abstention), **abstención de ejercer un derecho** (waiver), **abstenerse de pronunciarse** (fail to act)]. *Cf* inhibirse.

absuelto *a*: acquitted, assoilzied (*Scot*).

abuchear (a un conferenciante, político, etc.) *v*: heckle, boo, jeer, hoot. *Cf* reventar un mitin.

abusar *v*: abuse, wrong, misuse, take unfair advantage; encroach. [Exp: **abusador** (abuser; S. *déspota, tirano, seductor, embaucador*), **abusar de** (impose on/upon), **abusar de sus poderes** (exceed one's powers, act ultra vires)]. *Cf* seducir, injuriar, maltratar de palabra, engañar, violar, ultrajar, profanar.

abuso *n*: abuse, wrong; misuse of law; breach, betrayal; imposition. [Exp: **abuso de autoridad** (abuse/breach of authority, misuse of authority, usurpation of authority, misfeasance; S. *usurpación de autoridad*), **abuso de confianza** (breach of trust, misuse of trust, breach of faith, breach of confidence, betrayal of confidence; S. *deslealtad, infidelidad; cohecho, prevaricación, delito de violación de secretos*), **abuso de derecho**

(abuse of law; ultra vires), **abuso de jurisdicción** (abuse of process), **abuso de poder** (undue influence, abuse of power, misuse of power; S. *coacción, intimidación, influencia indebida o impertinente*), **abuso de poder discrecional** (abuse of judicial discretion), **abuso de posición dominante** (abuse of privilege; S. *explotación abusiva, prácticas abusivas*), **abusos contra la libertad sexual** (sexual abuse), **abusos deshonestos** (indecent assault, sexual abuse, gross indecency, sexual offences)]. *Cf* engaño, corruptela, injuria, ofensa, afrenta, ultraje; uso indebido; atropello.

acaparar *v*: hoard, engross, corner. [Exp: **acaparador** (engrosser, monopolist, monopolizer, profiteer), **acaparamiento** (monopolizing, cornering; S. *monopolio*), **acaparamiento de toda la oferta** (co-emption)]. *Cf* monopolizar.

acarrear *v*: convey, carry, haul, transport. [Exp: **acarreador** (carrier), **acarreo** (carriage), **acarreo de bienes robados** (asportation)].

acatar *v*: accept, respect, abide by, comply with. [Exp: **acatamiento** (observance; S. *cumplimiento, observancia*), **no acatado** (unfulfilled; S. *no ejecutado*)]. *Cf* respetar, cumplir, observar.

acceder[1] *v*: agree, accept, grant. [Exp: **acceder a instancias** (yield to solicitation), **acceder a lo solicitado** (grant an application; S. *aceptar/ admitir a trámite una petición, instancia o solicitud*), **acceder a una demanda** (grant a request, comply with a demand; S. *allanarse*)]. *Cf* consentir, aprobar, convenir, acordar, concordar, concertar, ponerse de acuerdo.

acceder[2] *v*: accede. [Exp: **acceder al trono** (accede to the throne)].

accesión *n*: accession. [Exp: **accesión natural en bienes inmuebles** (accretion; S. *acrecencia, acrecentamiento, avulsión*)]. *Cf* incorporación de modo inseparable, asentamiento.

acceso *n*: accession; access. *Cf* llegada, advenimiento.

accesorio *a*: accessory, ancillary, secondary; appurtenant. [Exp: **accesorios** (fittings)]. *Cf* incidental, subsidiario, ancilario, auxiliar,

secundario, subordinado; dependiente, perteneciente.

accidente *n*: accident; casualty; emergency. [Exp: **accidental** (accidental, fortuitous, contingent; S. *aleatorio, fortuito, casual, contingente*), **accidente de circulación** (traffic accident), **accidente de trabajo** (S. *accidente laboral*), **accidente in itinere** (accident on the way to and from home), **accidente inevitable** (pure accident), **accidente laboral/ professional** (occupational injury, accident at work, industrial accident), **accidente mortal** (fatal accident), **accidente no laboral** (non occupational accident), **accidentes de navegación** (accidents of navigation; S. *siniestros navales, siniestros marítimos, accidentes del comercio marítimo*), **accidentes del comercio marítimo** (accidents of navigation; S. *siniestros navales o marítimos*), **accidentes del mar** (perils of the sea; S. *riesgos o eventualidades del mar*)]. *Cf* urgencia, crisis, emergencia, siniestro.

acción[1] *n*: act, deed, action; agency. [Exp: **acción de investir** (feoffment), **acción de protesta** (action; S. *movilizaciones laborales*), **acción de pillaje** (looting), **acción delictiva** (criminal/unlawful act), **acción malintencionada** (wicked action), **acción u omisión** (act or default), **acción u omisión culposa** (actus reus)]. *Cf* acto, hecho; gestión.

acción[2] *n*: action, proceedings, act-at-law. [Exp: **acción a que hubiere lugar** (action which may lie), **acción a que tuviese derecho** (remedy or action available), **acción accesoria** (underaction, accessory action; S. *acción secundaria*), **acción amigable** (friendly suit), **acción caucionable** (bailable action), **acción cautelar** (action for an interim, provisional or interlocutory remedy), **acción civil proveniente de culpa** (action on the case; S. *acción derivada de un ilícito civil*), **acción constitutiva** (test/action case, moot case; S. *causa instrumental, causa determinante*), **acción contra la cosa** (action in rem), **acción contra persona** (action in personam; S. *acción personal*), **acción contractual o proveniente de contrato** (action on contract; S. *acción* *directa*), **acción de apremio** (action for recovery of debt, distress, distraint), **acción de desahucio** (eviction proceedings, eviction action), **acción de despojo** (dispossession or repossession proceedings), **acción de difamación** (suit for libel or slander), **acción de divorcio** (divorce petition, divorce action), **acción de indemnización** (remedial action), **acción de jactancia** (action in jactation/jactitation), **acción de nulidad** (application for annulment, cancellation or setting aside), **acción de reconocimiento de la paternidad** (paternity suit), **acción de reivindicación de la propiedad** (action for recovery, action of replevin; S. *acción para recuperar la posesión, repetición*), **acción de reivindicación inmobiliaria** (action for declaration of title to land; S. *expediente de dominio*), **acción de reparación o indemnización** (remedial action), **acción de reprimir o de impedir** (application for injunction), **acción de transgresión** (action for/in trespass; S. *demanda por transgresión o violación del ordenamiento jurídico*), **acción de vincular un inmueble** (entailment; S. *vinculación*), **acción declarativa** (declaratory action), **acción declarativa de dominio** (action to quiet title), **acción derivada del contrato** (action ex contractu), **acción derivada de culpa aquiliana o extracontractual, acción derivada de un ilícito civil** (action on the case), **acción emanada de delito o por causa de agravio** (action *ex delicto*), **acción directa** (action on contract; direct action; S. *acción contractual o proveniente de contrato*), **acción ejecutiva** (enforcement, execution), **acción en equidad** (action in equity), **acción falsa** (false action), **acción hipotecaria** (foreclosure action), **acción in *rem* o contra la cosa** (action in rem; S. *acción real*), **acción judicial** (proceedings, application, lawsuit, legal action; S. *demanda, proceso*), **acción mancomunada** (joint action), **acción negativa** (action to refuse claim for easement), **acción penal** (criminal act), **acción personal** (action in personam), **acción pignoraticia** (action of pledge; S. *ejecución del derecho de prenda*), **acción popular** (special form of *querella*, in which, even those who are not the victims of an outrage, fraud, etc., can bring and prosecute charges against the accused at the same time and in the same proceedings as the public prosecutor), **acción por daños y perjuicios** (action/suit for damages), **acción por ilícito civil** (action in tort), **acción por incumplimiento de contrato** (action for breach of contract, action ex contratu, action of assumpsit), **acción por silencio administrativo** (special form of appeal proceeding in "contentious administrative matters" whereby, application is made to a higher court for a ruling or intervention, following failure by administrative authorities to reply to a complaint made against some decision of theirs; S. *silencio administrativo*), **acción posesoria** (possessory action), **acción procesal** (lawsuit, legal action), **acción que no ha lugar/sin lugar** (action which does not lie), **acción real** (action *in rem*; S. *acción* in rem), **acción real y personal** (mixed action; S. *proceso mixto*), **acción redhibitoria** (redhibitory action), **acción reivindicatoria** (action for recovery of possession), **acción revocatoria** (action for revocation), **acción sin derecho** (faint action), **acción sin lugar, que no ha lugar** (action which does not lie), **acciones legales** (legal proceedings)]. *Cf* demanda, proceso, litigio, pleito.

acción[3], **acciones** *n*: share(s); stock. [Exp: **accionariado** (body of shareholders), **acciones al portador** (bearer stock/shares) **acciones amortizables o redimibles** (redeemable/callable shares), **acciones completamente liberadas** (fully paid-up shares), **acciones con derecho a voto** (voting shares/stock), **acciones con prima o primadas** (premium stock, option stock), **acciones con valor a la par** (full stock), **acciones convertibles** (convertible stock), **acciones cotizadas en Bolsa** (listed shares), **acciones cubiertas** (paid-up shares/stock), **acciones de capital** (capital stock, preference shares/stock; S. *capital escriturado, masa de* *capital, capital social*), **acciones de dividendo diferido** (deferred shares), **acciones de fundador** (founder's shares), **acciones de sociedades** (corporate stocks), **acciones diferidas** (deferred stock), **acciones emitidas** (stock issued), **acciones en circulación** (outstanding share/stock), **acciones generadoras de dividendos** (dividend-paying shares), **acciones gratuitas o liberadas** (paid-up shares/stock, stock dividend, bonus stock/shares; S. *acciones cubiertas*), **acciones no gravables** (non-assessable stocks), **acciones no libradas o por emitir** (unissued stock), **acciones nominativas** (registered shares), **acciones ordinarias de una mercantil** (ordinary shares/stock, common stock, equities, securities/shares; S. *renta variable*), **acciones preferentes o privilegiadas** (preference shares/stock, prior preferred stock; S. *acciones de capital*), **acciones sin derecho a voto** (non-voting share/stock), **acciones sin valor nominal** (no-par-value stock), **accionista** (shareholder, stockholder; S. *bonista, obligacionista*), **accionista minoritario** (minority shareholder or stockholder), **accionista disidente** (non assenting stockholder), **accionista fantasma** (dummy stockholder), **accionista registrado** (stockholder of record)]. *Cf* participación.

aceptación *n*: acceptance, endorsement; acceptance bill. [Exp: **aceptación a beneficio de inventario** (election, conditional acceptance of inheritance without liability beyond the assets descended), **aceptación absoluta o expresa** (express acceptance, express admission), **aceptación bancaria** (bank acceptance, banker's acceptance), **aceptación comercial** (trade acceptance), **aceptación condicional/limitada** (qualified acceptance), **aceptación de efectos del comercio** (trade acceptance), **aceptación de favor, de complacencia o por acomodamiento** (accommodation acceptance), **aceptación de una letra para pago en lugar concreto** (special acceptance), **aceptación de una sucesión o legado** (acceptance of an estate or legacy), **aceptación deducida o**

tácita (constructive acceptance), **aceptación del almacén** (warehouse acceptance), **aceptación del pedido** (order acceptance), **aceptación expresa y absoluta** (absolute acceptance; S. *conforme absoluto o sin condiciones*), **aceptación falsa** (mis-acceptation), **aceptación libre o general** (clean acceptance), **aceptación limitada, especificada o condicional** (qualified acceptance), **aceptación o enterado oficial de la demanda presentada contra el interesado** (acceptance of service), **aceptación o pago haciendo honor a la firma** (act of honour), **aceptación por intervención** (acceptance supra protest), **aceptación por menor cuantía** (acceptance for less amount), **aceptante** (acceptor, drawee of a bill of exchange), **aceptante por intervención** (acceptor for honour/supra protest)]. *Cf* admisión, acogida, respaldo.

aceptar *v*: accept; admit; assume; accede; endorse; take delivery. [Exp: **aceptabilidad** (acceptability, adequacy), **aceptable** (acceptable, adequate, reasonable), **aceptar a reserva de** (accept subject to or without prejudice; S. *aceptar sin perjuicio de*), **aceptar como prueba** (admit as/in evidence), **aceptar la jurisdicción** (place oneself on the court record), **aceptar sin perjuicio de** (accept subject to; S. *aceptar a reserva de*), **aceptar sobornos** (take bribes), **aceptar una herencia a beneficio de inventario** (accept a legacy subject to an inventory), **aceptar una letra** (accept a bill of exchange, a draft), **aceptar una petición, instancia o solicitud** (grant an application; S. *admitir a trámite, acceder a lo solicitado*)]. *Cf* consentir en, reconocer, admitir, asumir.

acervo hereditario *n*: undivided estate. *Cf* caudal hereditario.

aclarar *v*: clarify, ascertain, clear up. [Exp: **aclaratorio** (explanatory, illustrative)]. *Cf* averiguar, determinar, poner en orden, desembrollar.

acoger *v*: receive, harbour; admit;gather. [Exp: **acoger un motivo** (allow a ground), **acoger una sentencia la pretensión del demandante**

(judgment accepting the plaintiff's claim, judgment finding for or entered for the plaintiff), **acogerse** (avail oneself of, exercise one's right to), **acogerse a medidas de reinserción social** (apply for, or show oneself willing to comply with, rehabilitation procedures), **acogimiento de menores** (care of minors, children in care; S. *centro de acogimiento de menores*), **acogimiento en establecimientos públicos** (provision of care, care centres, community homes)].

acometer *v*: attack, assault, batter; start. [Exp: **acometida** (battery; S. *agresión, intimidación violenta, ataque físico*), **acometimiento** (aggression, attack, simple assault; S. *ataque, asalto, agresión*), **acometimiento y agresión** (assault and battery; S. *amenazas y agresión, asalto con lesión, asalto y agresión*)]. *Cf* arremeter, agredir, apalear, golpear, hostigar, asaltar, atacar.

acomodación *n*: settlement, compromise, composition. *Cf* transacción, compromiso, acuerdo, componenda.

acomodar *v*: accommodate, adjust. [Exp: **acomodamiento** (composition, agreement, settlement, accord; S. *consentimiento, convenio, acuerdo, conformidad, pacto, estipulación, transacción, concierto, avenencia*), **acomodar en nuevas viviendas** (rehouse; S. *realojar*), **acomodarse a** (bring or fall into line)]. *Cf* adaptar, concertar, regularizar, regular, adecuar, ajustar.

acomodo[1] *n*: settlement, accommodation, adjustment of the difference. *Cf* adaptación, convenio, arreglo, compromiso o composición de los puntos en litigio, ajuste.

acomodo[2] (*col*) *n*: berth, perch, soft option, cushy number (*col*). *Cf* puesto de trabajo.

acompañar *v*: accompany; enclose. [Exp: **acompañado de** (together with)].

aconsejar *v*: advise, recommend, advise. [Exp: **aconsejable** (advisable; S. *prudente, conveniente, oportuno*)]. *Cf* recomendar.

acontecimiento *n*: event, occurrence, development. *Cf* suceso, evento.

acordar *v*: agree, resolve, decide. [Exp: **acordar el inicio de la vía de apremio** (make an order for execution, order a distress to be levied; S. *dictar una providencia o mandamiento judicial, vía de apremio*), **acordar un dividendo** (declare a dividend), **acordar una moratoria** (grant a respite/delay), **acordar una patente** (grant a patent), **acordar una resolución** (pass a resolution)]. *Cf* concertar, acceder, aprobar, convenir.

acorde a razón *phr*: reasonable. [Exp: **no acorde a razón** (unreasonable; S. *arbitrario*)].

acosar *v*: harass, importunate. [Exp: **acosado** (beset), **acosar con preguntas** (ply with questions; S. *importunar*), **acoso sexual** (sexual harassment)]. *Cf* hostigar, atormentar.

acostumbrado *a*: customary. *Cf* a fuero, usual, habitual, consuetudinario, de acuerdo con los usos o las costumbres.

acrecer *v*: accrue, increase. [Exp: **acrecencia/acrecentamiento** (accretion, avulsion)]. *Cf* avulsión (predios), accesión; derecho de acrecer.

acreditar *v*: credit; accredit, certify; establish. [Exp: **acreditar una cuenta** (credit), **acreditación como medida de seguridad** (security clearance; S. *identificación*), **acreditación diplomática** (accreditation of diplomats)]. *Cf* abonar en cuenta, consignar en el haber; dar credenciales.

acreedor *n*: creditor; debtee; debenture holder. [Exp: **acreedor a favor del cual el naviero hace abandono del buque** (abandonee; S. *cesionario, abandonatario*), **acreedor anticrético** (creditor in antichresis), **acreedor con caución** (bond creditor), **acreedor concursal** (creditor of a bankruptcy, creditor in an insolvency proceeding), **acreedor ejecutante** (execution creditor), **acreedor embargante o prendario** (lien creditor, attaching creditor), **acreedor hipotecario** (mortgagee), **acreedor mancomunado** (joint creditor), **acreedor pignoraticio o asegurado** (secured creditor), **acreedor prendario** (holder of a chattel mortgage), **acreedor privilegiado o preferente** (preferred creditor, preferential creditor, prior creditor), **acreedor solidario** (joint and several creditor), **acreedor testamentario** (legatee)].

acta *n*: minutes, act, record, document; proceedings. [Exp: **acta adicional** (rider; S. *cláusula adicional, anexo*), **acta constitutiva de una sociedad colectiva** (memorandum of association, deed of partnership), **acta constitutiva de una sociedad mercantil** (memorandum of association, deed of incorporation; S. *escritura de constitución de una sociedad*), **acta de acusación** (bill of indictment; S. *auto de procesamiento, escrito acusación*), **acta de adhesión** (adherence), **acta de adhesión y aceptación** (adhesion; S. *entrada*), **acta de avería** (damage report; S. *atestado*), **acta de cesión o transmisión** (conveyance), **acta de complacencia** (act of accommodation), **acta de defunción** (death certificate; S. *fe de óbito*), **acta de interrogatorio** (record of interrogation, report recording questioning of suspect), **acta de las deliberaciones** (record of the proceedings; S. *autos, actas del proceso o de las actuaciones*), **acta de matrimonio** (record of marriage, marriage certificate), **acta de nacimiento** (birth certificate; S. *partida*), **acta de partición** (deed of partition), **acta de procedimiento** (process; S. *actos procesales*), **acta de protesta** (master's protest; S. *protesta del capitán*), **acta de protesto** (protest of a note, draft or bill of exchange), **acta de reconocimiento** (acknowledgment; S. *atestación*), **acta de la sesión** (record of session, court record), **acta de venta** (deed of sale), **acta del Congreso o del Parlamento** (act of Congress/Parliament; S. *ley*), **acta fiduciaria** (trust deed), **acta judicial** (court record, record of the court proceedings), **acta literal** (verbatim record), **acta notarial** (notary's deed/certificate, certificate of acknowledgement, affidavit; S. *testimonio notarial*), **acta notarial de presencia** (notary's attestation stating that a person was present; S. *fe de vida*), **acta pública** (official record; S. *documento oficial*), **acta subrogatoria** (act of subrogation, of substitution), **acta taquigráfica** (bill of evidence, stenographic record; S. *transcripción taquigráfica*), **Acta Única Europea** (Single European Act, SEA), **actas** (minutes of a meeting, record, porceedings; S. *sumario, protocolo judicial, autos procesales*), **actas del proceso o de las actuaciones** (record of the proceedings; S. *acta de las deliberaciones, autos*), **en el acta** (on the record)]. *Cf* libro de actas, informe, memorial, autos procesales, protocolo judicial, inscripción; constar.

actividad *n*: activity, operation. [Exp: **actividad comercial nueva o de riesgo** (venture), **actividad lucrativa** (gainful employment), **actividades extremadamente peligrosas** (ultra-hazardous activities), **actividades molestas, insalubres, nocivas y peligrosas** (nuisance)]. *Cf* operación, transacción, funcionamiento.

activista *a*: activist, militant. *Cf* radical, extremista.

activo *n*: assets. [Exp: **activo acumulado** (accrued assets), **activo agotable, consumible, perecedero** (wasting assets), **activo amortizable** (diminishing assets, depreciable assets), **activo aprobado o confirmado** (admitted assets; S. *activo computable*), **activo circulante** (working assets, circulating assets, floating assets, liquid assets), **activo computable** (admitted assets; S. *activo aprobado o confirmado*), **activo de caja** (bank reserves; S. *reservas bancarias*), **activo de capital** (capital assets; S. *activo fijo o inmovilizado, bienes de capital*), **activo de explotación** (operating assets, working assets), **activo de la quiebra** (bankrupt's estate), **activo disponible o en efectivo** (cash assets, quick assets, funds available; S. *tesorería*), **activo exigible** (receivables; S. *partidas a cobrar*), **activo fijo o inmovilizado** (capital assets, fixed assets, permanent assets), **activo generador de intereses** (earning assets), **activos financieros** (securities; S. *valores*), **activo intangible** (intangible assets), **activo gravado** (pledged assets), **activo hipotecario** (mortgaged assets), **activo líquido** (liquid assets), **activo neto** (net assets/worth), **activo neto realizable** (net quick assets), **activo neto relicto** (estate; S. *propiedades, bienes raíces*), **activo no acumulado** (non-accrual assets),

activo no computable (inadmissible assets), **activo no confirmado** (non-admitted assets), **activo oculto** (concealed assets), **activo realizable** (current assets, quick assets), **activo social** (corporate assets; assets of a partnership), **activo transitorio** (unadjusted assets)].

acto *n*: act, action, process, proceeding. [Exp: **acto administrativo** (administrative action), **acto bélico o de guerra** (act of war), **acto concursal** (bankruptcy proceedings), **acto criminal** (sabotage; S. *daño premeditado, sabotaje*), **acto de avería** (jettison), **acto de comisión** (act of commission), **acto de conciliación** (accord and satisfaction, arrangement accord; conciliation act; S. *acuerdo para evitar el litigio*), **acto de dar posesión** (vesture), **acto de disposición** (act of disposal), **acto de dominio** (act of ownership, act of state; S. *acto soberano, acto político*), **acto de hostilidad** (act of hostility), **acto de intervención** (act of honour), **acto de omisión** (act of omission), **acto de otorgamiento** (execution), **acto de presencia** (appearance; S. *comparecencia*), **acto de quiebra** (act of bankruptcy), **acto de rebeldía** (rebellion), **acto de servicio** (S. *indemnización por muerte en acto de servicio*), **acto de retractarse** (withdrawal; S. *retracto*), **acto de reversión** (reversion/reverter; S. *reversión, derecho de reversión*), **acto de testar** (bequeathal/bequeathment), **acto de transgresión** (act of trespass; S. *violación del ordenamiento*), **acto declarativo** (adjudicative decree), **acto delictivo** (offence; S. *acto punible*), **acto extrajudicial** (act of pais), **acto graciable** (acto of goodwill, gracious act, grant of favour or privilege), **acto gravado** (taxable transaction), **acto ilegal** (malfeasance; S. *fechoría, perversión, corrupción*), **acto ilícito civil** (tort, wrong; S. *lesión jurídica, daño legal, perjuicio, entuerto*), **acto ilícito civil de carácter público** (public wrong), **acto impropio o de mala conducta** (malfeasance, misbehaviour; S. *acto ilegal*), **acto impugnado** (contested act, act contested), **acto jurídico** (legal act, act in law, act of law, legal

proceeding), **acto jurídico documentado** (deed, document under seal), **acto legal efectuado de forma ilegal** (misfeasance; S. *abuso de autoridad, infidencia o infidelidad*), **acto ministerial** (ministerial act), **acto negligente** (tort; S. *ilícito civil*), **acto no conforme a derecho** (unlawful act), **acto perjudicial** (nuisance), **acto político** (act of state; S. *acto de dominio, acto soberano*), **acto procesal** (proceeding, stage of the proceedings), **acto punible** (offence, punishable act), **acto relativo al ejercicio del cargo** (act performed in the discharge of one's duty or office), **acto seguido** (whereupon, immediately afterwards, next), **acto soberano** (act of state; S. *acto político, acto de dominio*), **acto solemne de inauguración** (formal opening), **acto unilateral** (act of benevolence), **acto viciado** (defect, act rendering a document or procedure voidable), **actos** (proceedings; S. *proceso, actuaciones, trámites, diligencias*), **actos contra natura** (unnatural acts, crimes against nature; sodomy), **actos de baratería** (barratry), **actos jurídicos** (legislation), **actos jurídicos comunitarios** (EEC legislation, Community acts; S. *reglamento, directiva, decisión, recomendación, dictamen*), **actos procesales** (process), **en acto de servicio** (in the line/course of duty)]. *Cf* hecho, acción.

actor *n*: plaintiff, actor, claimant; agent. [Exp: **actor principal de un delito** (principal; S. *principal, causante, autor material*)]. *Cf* litigante, demandante, derechohabiente, reclamante.

actuación *n*: action, procedure, court practice. [Exp: **actuación de un órgano judicial o administrativo que se excede en el uso de sus atribuciones o en el desarrollo de una ley de bases; actuación de un representante que se excede en el uso de su poder de representación** (action ultra vires), **actuación distante o poco comprometida** (low profile; S. *nivel bajo de participación o compromiso*), **actuación de insolvencia** (act of insolvency; S. *alzamiento de bienes*), **actuación judicial** (court procedure, procedural steps, court practice; S. *trámites jurídicos, medidas* *judiciales*), **actuación militar/policial** (military/police action), **actuaciones** (procedure; proceedings; S. *trámites, diligencias*), **actuaciones alegatorias de las partes** (pleadings), **actuaciones interlocutorias** (interlocutory proceedings; S. *resoluciones interlocutorias*), **actuaciones preliminares** (preliminary proceedings, process)].

actual *a*: existing, current, present. *Cf* en vigor, corriente.

actualizar *n*: bring up to date, update. [Exp: **actualización** (updating)]. *Cf* poner al día.

actuar *v*: act; perform; proceed; behave. [Exp: **actuable** (actionable; S. *procesable, punible, perseguible*), **actuar colectivamente** (act in conjunction), **actuar conforme a derecho, siguiendo los usos y costumbres mercantiles, según lo dispuesto en el artículo 4.º, ateniéndose a las instrucciones,** etc. (act according to law, to business practice, section 4, instructions, etc.), **actuar de buena fe** (act in good faith), **actuar de intermediario** (act as intermediary), **actuar como/en calidad de** (act as/in the capacity of), **actuar en representación de alguien** (act on somebody's behalf/for somebody)]. *Cf* obrar, hacer, ejecutar, operar.

actuario *n*: actuary; clerk of the court.

acuchillar *v*: slash, knife, stab.

acudir *v*: go, come; turn up, have recourse to, resort to. [Exp: **acudir a las urnas** (go to the polls), **acudir a los tribunales** (go to law, go to court, seek a court judgment)].

acuerdo *n*: agreement, arrangement, settlement, understanding, deal, accord; resolution; bargain; compromise. [Exp: **acuerdo a cumplir en el futuro** (executory agreement), **acuerdo alcanzado por los abogados de las dos partes sobre los hechos** (plea-bargaining, case agreed on), **acuerdo amistoso** (amicable agreement/settlement), **acuerdo colectivo** (collective agreement), **acuerdo comercial o de negocios** (deal, commercial agreement), **acuerdo de fijación de precios** (price-fixing), **acuerdo de clearing** (exchange agreement, clearing agreement; S. *convenio de com-*

pensaciones), **acuerdo de intercambio** (trade agreement; S. *tratado o convenio comercial*), **acuerdo de no hacer algo** (negative covenant; S. *promesa de no hacer algo*), **acuerdo de reciprocidad entre naciones en el respeto de las leyes** (comity of nations), **acuerdo de separación entre marido y mujer** (separation agreement), **acuerdo de voluntades** (meeting of minds; S. *coincidencias de voluntades*), **acuerdo escrito/por escrito** (written agreement), **acuerdo expreso** (express agreement), **acuerdo extrajudicial** (out-of-court settlement; S. *transacción, composición, conciliación*), **acuerdo familiar** (domestic agreement), **acuerdo gravoso para una de las partes** (catching bargain; S. *contrato fraudulento*), **acuerdo marco** (framework agreement), **acuerdo monopolista o de limitación de la competencia** (combination in restraint of commerce/trade), **acuerdo no especulativo** (non-commercial agreement), **acuerdo para evitar el litigio** (conciliation act; S. *acto de conciliación*), **acuerdo para la suspensión de un contrato o procedimiento** (standstill agreement), **acuerdo preferencial** (preferential agreement), **acuerdo preventivo** (scheme of composition; S. *transacción previa a la quiebra*), **acuerdo salarial** (pay/wage settlement), **acuerdo verbal o no escriturado** (oral agreement, verbal agreement, parol agreement), **acuerdos para reducir la competencia en algunas líneas comerciales** (pooling agreement), **de acuerdo con** (under; in accordance with, in compliance with, in line with, pursuant to; S. *al amparo de, según, comprendido en, contemplado en, considerado en, debajo de, bajo, a tenor de lo dispuesto, en virtud de, de conformidad con, según, en el marco de, conforme a*), **de acuerdo con la ley** (legally, at law, under present law), **de acuerdo con lo dispuesto** (in compliance with the provisions), **de acuerdo con los usos o las costumbres** (customary, in accordance with custom or practice)]. *Cf* conformidad, pacto, estipulación, contrato, transacción, convenio, concierto, acomodamiento.

acumular *v*: accrue, accumulate. [Exp:

acumulable (cumulative; S. *adicional, acumulativo*), **acumulación** (accrual; joinder), **acumulación contable** (accretion), **acumulación de acciones** (joinder of causes of action), **acumulación impropia de acciones** (misjoinder), **acumular en exceso** (overstock; S. *abarrotar*), **acumulativo** (cumulative; S. *acumulable*)]. *Cf* incrementar, devengar.

acuñar moneda *v*: mint, coin.

acusación *n*: accusation, indictment, arraignment, charge, prosecution; information, impeachment. [Exp: **acusación falsa** (slander, false accusation, trumped charges; S. *calumnia, difamación*), **acusación formal hecha por el juez al acusado** (arraignment), **acusación fundada** (just charge; list of charges, indictment), **acusación oficial motivada** (indictment), **acusación oficial aprobada por un gran jurado americano** (true bill, *Amer*), **acusado** (defendant, accused, prisoner, prisoner at the bar; S. *reo, procesado, inculpado, encausado*), **acusado de** (accused of, indicted on a charge of, on charges of), **acusador** (accuser, complainant; prosecutor, procurator, *Scot*; S. *fiscal, denunciante, querellante, demandante*), **acusador particular** (private prosecutor), **acusador público** (public prosecutor; S. *fiscal*)]. *Cf* imputación, cargo, denuncia.

acusar *v*: accuse, charge, arraign, indict; bring a charge, prefer an indictment, prefer charges, prosecute. [Exp: **acusar de una acción** (charge somebody with a crime; lay an action to someone's charge), **acusar formalmente** (prefer an indictment; S. *levantar acta de acusación*), **acusatorio** (accusatory)]. *Cf* procesar, presentar cargos; denunciar, leer la acusación.

acusar recibo *v*: acknowledge receipt. [Exp: **acusar recibo de la notificación de una demanda** (acknowledge service of a writ; S. *darse por notificado*), **acuse de recibo** (acknowledgment of receipt), **acuse de recibo de una demanda aceptándola oficialmente** (acknowledgment of service, endorsement of service), **con acuse de recibo** (with receipt requested)]. *Cf* recibo.

achacar algo a alquien *phr*: charge somebody with something.

ad litem *phr*: ad litem.

adaptar *v*: adapt, fir, accommodate, adjust. [Exp: **adaptación** (accommodation; S. *convenio, arreglo*), **adaptación o transformación de una mercantil en otra con nueva inscripción en el registro mercantil** (re-registration), **adaptar el valor que consta en los libros al precio del mercado** (revalue, write up the book value; S. *revaluación, revalorización, revalúo*)]. *Cf* acomodar, ajustar, adecuar, ajustar.

adecuado *a*: right, proper, appropriate. *Cf* correcto, útil, pertinente.

adecuar *v*: adjust, bring into line. *Cf* ajustar, acomodar, adaptar.

adelantar *v*: bring forward, advance, lend money. [Exp: **adelantándose a** (in anticipation of; S. *con la esperanza de que, previendo*), **adelantar a un vehículo** (overtake), **adelanto** (advance, step forward), **adelanto sin intereses** (free advance payment, interest-free loan)].

adeudar *v*: charge, debit; owe; reliable for. [Exp: **adeudo** (charge, debit; S. *cargo, débito*)]. *Cf* cobrar, cargar en cuenta, consignar en el debe, debitar.

adherir el sello *v*: affix the seal or stamp. *Cf* poner el sello.

adherirse a *v*: accede, adhere. [Exp: **adhesión** (adherence, adhesion)].

adición *n*: addendum; addition. *Cf* apéndice, suplemento.

adicional *a*: additional, extra, collateral, cumulative. *Cf* incidental, colateral, secundario, subsidiario, suplementario.

adicto *a/n*: addicted/addict. [Exp: **adicto o enviciado al trabajo** (workaholic)]. *Cf* enviciado.

adiestramiento *n*: training. *Cf* formación, preparación, enseñanza, aprendizaje.

adir la herencia *v*: accept the legacy.

aditamento que modifica parcialmente una póliza de seguro *n*: endorsement. *Cf* suplemento.

adjudicación *n*: adjudication, award; allotment.

[Exp: **adjudicación de acciones**, etc. (allotment of shares, etc.), **adjudicación de contrato** (award), **adjudicación de obras por concurso** (award of a building contract following competitive tender/bidding), **adjudicación por subasta** (knocked down to someone at an auction)]. *Cf* fallo.

adjudicar *v*: adjudicate, adjudge, award, decide; allot. [Exp: **adjudicante/adjudicador** (adjudicator), **adjudicarse** (appropriate, keep something for oneself; S. *apropiarse, posesionarse, incautarse*), **adjudicatario** (adjudicatee, successful, bidder)]. *Cf* determinar judicialmente; asignar, destinar.

adjunto *a*: herein, herewith, attached hereto, in the present letter/document, enclosed. *Cf* con/en la presente.

administración *n*: management; administration. [Exp: **administración de una quiebra, de una sucesión, de bienes** (administration/receivership of a bankrupt's estate, an estate, property), **administración de trabajo** (employment service), **administración del Estado** (government administration), **administración fiduciaria** (trusteeship), **administración interior** (domestic administration), **administración judicial** (receivership), **administración judicial en equidad** (equitable/equity receivership), **administración local** (local authority), **administración postal** (postal authority)]. *Cf* dirección empresarial, gestión, dirección, patronal, empresa.

administrador *n*: manager, managing director, administrator; officer. [Exp: **administrador concursal** (receiver or trustee in bankruptcy), **administrador de aduanas** (collector of a port/the customs; S. *vista de aduanas*), **administrador de correos** (postmaster), **administrador de fincas** (land agent, factor, *Scot*), **administrador de un señorío** (bailiff), **administrador de una sucesión** (administrator of an estate; S. *albacea testamentario*), **administrador judicial** (liquidator, receiver), **administrador judicial de la quiebra** (receiver, official receiver, receiver in bankruptcy, referee, trustee in bankruptcy; S. *síndico de una quiebra*), **administrador solidario** (joint and several/sole administrator, agent, steward, etc.), **administador único** (sole agent)]. *Cf* gerente, director.

administrar *v*: administer; direct. [Exp: **administrar justicia** (administer justice), **administrar una cartera de valores** (administer a portfolio), **administrar una sucesión** (administer an estate)]. *Cf* dirigir, controlar, planificar, intervenir, gestionar.

administrativo *a*: administrative; managerial.

administrativo *n*: clerk; member of the secretarial staff; junior civil servant. *Cf* pasante, escribano, funcionario.

admisibilidad (de pruebas, recurso, etc.) *n*: admissibility (of evidence, an appeal, etc.); relevancy.

admisible *n*: allowable, admissible. *Cf* permitido, lícito, legítimo, conforme a derecho.

admisión *n*: admission; accession; confession, avowal. [Exp: **admisión a trámite** (leave to proceed, leave of the court, administrative go-ahead; S. *admitir a trámite*), **admisión a/de prueba** (admission as/of evidence), **admisión desfavorable o lesiva** (admission against interest), **admisión directa** (direct admission), **no admisión** (non admission)]. *Cf* declaración, confesión, reconocimiento.

admitir *v*: admit, accept; recognize; yield. [Exp: **admitir a trámite** (grant an application, give leave; give leave for a case to go ahead; allow; the Spanish expression "admitir a trámite" is widely used in administrative and bureaucratic contexts as well as in legal parlance, and is one of many instances of the highly developed and codified operations of the administrative law in countries influenced by the Napoleonic code. Any transaction involving the public administration must go through a clearly defined procedure, each stage of which is a "trámite". The first stage, of course, is to check that all documents have been properly drawn up, filled in, etc. and that the application is itself lawful. Thus the sense of the expression is that of rubber stamping a valid request, allowing the matter to proceed, giving it the administrative go ahead, granting leave to proceed, etc.; S. *trámite*), **admitir a trámite la apelación** (give leave to appeal), **admitir o atestar (un hecho, una deuda, una pretensión, una firma)** (acknowledge/ attest/vouch for a fact, a debt, a claim, a signature; S. *reconocer*), **no admitir** (rule out), **no admitir a trámite** (refuse/ reject/throw out/turn down an application; S. *desestimar, denegar*)]. *Cf* aceptar, autorizar, reconocer, ceder.

admonición *n*: warning, admonition; banns of matrimony. *Cf* advertencia, reprensión, apercibimiento; amonestaciones matrimoniales.

adopción *n*: adoption.

adoptar[1] *v*: adopt; accept, pass, establish; determine; enact. [Exp: **adoptar enmiendas** (determine amendments), **adoptar disposiciones/medidas apropiadas** (take the appropriate measures), **adoptar las disposiciones especiales** (lay down special provisions), **adoptar un acuerdo/decisión** (pass a resolution, take a decision), **adoptar una medida judicial/un acto administrativo** (enact a legal measure/an administrative act)]. *Cf* determinar, resolver, establecer, implantar.

adoptar[2] *v*: affiliate; adopt; father, foster. *Cf* legitimar, afiliarse, afiliar, prohijar.

adquirente *n*: taker, purchaser, buyer. [Exp: **adquirente a título gratuito** (donee), **adquirente a título oneroso** (purchaser for value)].

adquirir *v*: purchase, obtain, acquire. [Exp: **adquirir carta de naturaleza** (take out naturalization papers, become naturalized; *fig* become accepted, pass into common usage or practice), **adquirir fuerza legal** (acquire legal status/force of law, come into force; be transformed into a legally enforceable right)]. *Cf* compra, adquisición; comprar.

adquisición *n*: purchase, acquisition, acquirement. [Exp: **adquisición de una empresa** (buyout), **adquisición derivativa** (derivative acquisition), **adquisición original** (original acquisition), **adquisición procesal** (auction)]. *Cf* compra, propiedad adquirida.

adscribir *v*: attach, assign, appoint. *Cf* anexar, destinar.

aduana *n*: customs, customs house. [Exp: **aduana de entrada** (entry customs), **aduana de paso** (transit customs)]. *Cf* edificio de aduanas.

aduanar *v*: clear customs, put through customs.

aducción *n*: adduction. *Cf* alegación.

aducir *v*: adduce, enter. [Exp: **aducir pruebas/alegaciones** (adduce/call/lead/ produce/turn up evidence/allegations)]. *Cf* aportar, rendir, presentar, evacuar pruebas, alegar.

adulterar *v*: adulterate; falsify. [Exp: **adulteración**; S. *falsificación*)]. *Cf* falsificar, falsear.

adulterio notorio o flagrante *n*: open and notorious adultery.

advenimiento *n*: accession. *Cf* acceso, llegada.

adversario *n*: opponent, adversary, rival. *Cf* contrario, antagonista, rival, oponente, opositor.

advertencia *n*: caution, warning, caveat, admonition. [Exp: **advertencia contra la validación de un testamento** (caveat to will), **advertencia obligatoria de la policía al detenido** (caution), **dicho como advertencia u orientación** (cautionary; S. *cautelar, caucionado*)]. *Cf* aviso, amonestación.

advertir *v*: admonish, reprimand, warn, acquaint, advise. [Exp: **advertir al detenido de sus derechos** (caution a suspect)]. *Cf* amonestar, llamar la atención.

adyacente *a*: adjacent, adjoining, conterminal, conterminous. *Cf* limítrofe, colindante, contiguo, contérmino.

AELE *n*: S. *Asociación Europea de Libre Cambio*.

afección *n*: pledging, mortgaging. *Cf* garantía.

afectar *v*: affect; charge; encumber; earmark. [Exp: **afectación** (encumbrance, charge; S. *carga, servidumbre, gravamen*), **afectación de bienes a un proceso** (embargo; S. *bloqueo económico, embargo, secuestro de géneros*), **afectar fondos, cuentas, impuestos,** etc., **a fines específicos** (earmark funds, accounts, taxes, etc.; set aside; S. *destinar, reservar,* *consignar*), **en lo que afecta a** (with reference to, as far as ... is/are concerned)]. *Cf* hipotecar, pignorar, dar como garantía, gravar.

aferrarse a *v*: stick to, hold to.

afianzar *v*: bond, caution, guarantee, support, back (up); clinch. [Exp: **afianzado** (bonded, on bail; S. *garantizado por obligación escrita*), **afianzador** (bondsman, accommodation maker/party; S. *favorecedor*), **afianzamiento** (bail, suretyship, guarantee), **afianzamiento encubierto** (accommodation; S. *favor*)]. *Cf* dar fianza, caucionar, respaldar, apoyar.

afiliar(se) *v*: affiliate, become affiliated, join, take out membership; adopt, foster. [Exp: **afiliado** (member; S. *socio, miembro, vocal*), **afiliación** (membership; cover), **afiliación sindical** (union membership; S. *libertad de afiliación sindical*)]. *Cf* prohijar, adoptar.

afín *a/n*: related, germane, akin, relative. [Exp: **afinidad** (affinity, relationship)].

afirmar *v*: affirm, assert, state, declare, aver, certify, set out; contend; clinch. [Exp: **afirmable** (arguable; S. *sostenible, defendible*), **afirmación** (statement, affirmation, declaration; S. *ratificación, aseveración*), **afirmación o aseveración positiva que contiene otra negativa** (affirmative pregnant), **afirmativo** (affirmative, positive; S. *positivo*)]. *Cf* sostener, asegurar, declarar, alegar, exponer.

aflicción *n*: affliction, grief, distress; bereavement. *Cf* daños psicológicos, sufrimiento mental.

afligir *v*: afflict, grieve. *Cf* apesadumbrar, vejar, oprimir, dañar.

afluencia de divisas *n*: accrual of exchange, influx of foreign currency.

aforar[1] *v*: privilege, grant a privilege. [Exp: **aforado** (privileged; S. *privilegiado, persona aforada, inmunidad parlamentaria*)].

aforar[2] *v*: appraise, gauge, value, evaluate. [Exp: **aforador de aduana** (customs appraiser), **aforo** (appraisal; seating capacity)]. *Cf* valuar, tasar, justipreciar.

afrenta *n*: affront, outrage, insult. [Exp: **afrentar** (affront, insult, outrage)]. *Cf* ultraje, abuso, engaño, ofensa.

afrontar *v*: face, confront; bring face to face. *Cf* encararse.

agencia *n*: agency, bureau, office, branch; agentship; procuration. [Exp: **agencia ajustadora de tipos de prima** (rating bureau), **agencia calificadora de riesgos o de la solvencia crediticia de empresas y particulares** (credit reference agency, credit bureau, *Amer*), **agencia de empleo** (employment agency/bureau), **agencia de la propiedad inmobiliaria** (real estate agency), **agencia estatal** (authority; S. *junta, organismo público o autónomo, ente público*), **agencia exclusiva** (sole agency, exclusive agency), **agencia paralela** (bucket shop, *col*; S. *oficina de reventa*), **agencia por impedimento** (agency by estoppel), **agencia urbana** (branch)]. *Cf* gestoría, oficina, mediación, gestión.

agenciar *v*: negotiate, promote; fix, arrange. *Cf* discutir, negociar, gestionar.

agenda *n*: diary; commitments, schedule, agenda. [Exp: **agenda apretada** (tight/full schedule)].

agente *n*: agent, actor, operator, factor, broker, representative. [Exp: **agente administrador** (managing agent), **agente comisionado para el cobro de deudas** (factor, debt collector), **agente corredor de Bolsa** (exchange broker, stock broker), **agente de aduanas** (customs broker or agent), **agente de cambios** (broker), **agente de compras** (purchasing agent), **agente de créditos** (credit broker), **agente de la autoridad** (law enforcement officer), **agente de la propiedad inmobiliaria** (house-agent, real estate property agent, realtor), **agente de letras** (bill broker; S. *corredor de obligaciones*), **agente de libertad vigilada** (probation officer), **agente de negocios** (middleman), **agente de policía** (policeman, policewoman, police officer, police constable, PC), **agente de transferencias** (transfer agent), **agente de valores y Bolsa** (broker), **agente del crédere** (del credere agent), **agente ejecutor de los embargos** (sequestrator, bailiff, deputy to a sheriff, *Amer*), **agente exclusivo** (agent sole, sole agent), **agente**

fiduciario (trustee), **agente fletador** (chartering agent; S. *corredor de fletamentos*), **agente judicial** (usher, bailiff's clerk; S. *funcionario judicial, secretario judicial*), **agente judicial que hace entrega de una notificación judicial** (server; S. *notificador, portador de citaciones*), **agente responsable de la libertad vigilada o a prueba** (probation officer)]. *Cf* representante, mandatario, apoderado, factor, gestor, comisionista, mediador, corredor, intermediario.

agio o granjería *n*: agio, speculation. [Exp: **agiotista** (profiteer; jobber, agiotist; S. *acaparador*)].

agitar *v*: stir (up). *Cf* azuzar.

agotar (fondos recursos, etc.) *v*: deplete; exhaust. [Exp: **agotado** (out of stock, out of print, unavailable; S. *no disponible*), **agotamiento de recursos** (depletion, exhaustion), **agotarse** (sell out)]. *Cf* mermar.

agradecimiento *n*: gratitude, thanks, recognition, acknowledgment. *Cf* reconocimiento, gratitud.

agravante *n*: aggravating circumstance, aggravation. *Cf* grave.

agravar *v*: aggravate.

agraviar *v*: offend, injure, damage. [Exp: **agraviado** (offended/injured party; S. *parte perjudicada*)]. *Cf* faltar a, ofender, ultrajar.

agravio *n*: injury, damage, harm, tort, wrong, grievance. [Exp: **agravio contra la propiedad** (property tort), **agravio intencional** (wilful tort), **agravio malicioso** (malicious mischief), **agravio marítimo** (maritime tort), **agravio personal** (personal tort), **agravioso** (tortious; S. *torticero*)]. *Cf* injuria, ofensa, daño, abuso, injusticia.

agredir *v*: attack, assault, batter. *Cf* apalear, golpear, acometer, arremeter.

agregado *n*: attaché.

agresión *n*: attack, aggression, assault, battery. [Exp: **agresión a la intimidad** (trespass; S. *intromisión ilegítima, violación a la intimidad*), **agresión con daños físicos graves** (aggravated assault), **agresión ilegítima** (assault; S. *amenaza, insulto, ataque*), **agresión sexual** (sex/sexual assault), **agresión simple** (common/simple battery). *Cf* acometimiento, acometida, asalto, intimidación violenta, ataque físico.

agresivo *a*: violent, aggressive. *Cf* letal, violento, intenso, asesino.

agresor *n*: aggressor, assailant, attacker. *Cf* asaltador.

agrimensor *n*: land surveyor.

agrupación de tráfico *n*: traffic police.

aguas jurisdiccionales o territoriales *n*: territorial waters. *Cf* mar territorial.

ahorcar *v*: hang.

ahorrar *v*: save. [Exp: **ahorro** (saving)]. *Cf* salvar.

aires *n*: airspace. *Cf* vuelos.

aislar *v*: isolate; boycott. [Exp: **aislamiento** (isolation, solitary confinement)].

ajeno al caso *phr*: immaterial, irrelevant; nonoperating. *Cf* impertinente, inoportuno.

ajustado *a*: tight, narrow. [Exp: **ajustado a derecho** (lawful, in due process of law; S. *con las garantías procesales debidas*), **no ajustado** (unadjusted)]. *Cf* estrecho.

ajustador *n*: adjuster, adjustor. [Exp: **ajustador de reclamaciones** (claim adjuster)]. *Cf* componedor, asesor, tasador.

ajustar *v*: settle, adjust, bargain. [Exp: **ajustar cuentas** (square an account; *fig* square someone, get even, settle a score), **ajustar por arbitraje o por vía arbitral** (settle by arbitration), **ajustarse a** (apply to; abide by; S. *atenerse a*), **ajuste** (settlement, adjustment, composition agreement/settlement, accommodation, adjustment of the difference; S. *arreglo, acomodo, adaptación, convenio, avenencia, acomodamiento, composición, transacción*), **ajuste de cuentas** (settlement of account, adjustment of the difference), **ajustes de cierre de ejercicio** (year-end adjustments)]. *Cf* resolver, solucionar, negociar, pactar.

ajusticiar *n*: execute, put to death. *Cf* ejecutar.

al 31 de diciembre *phr*: as at 31 December.

albacea testamentario *n*: executor, testamentary executor, administrator of an estate, representative, personal representative. [Exp: **albacea adjunto o mancomunado** (coexecutor), **albacea dativo** (executor appointed

by the court, executor dative, *Scot*), **albacea en sustitución** (executor by substitution; S. *albacea sucesivo*), **albacea de *bonis non administratis*** (administrator de *bonis non administratis*), **albacea sucesivo** (executor by substitution; S. *albacea en sustitución*), **albacea torticero** (executor de son tort; S. *usurpador de los derechos de un albacea*), **albacea universal** (general executor), **albaceazgo** (executorship)]. *Cf* administrador.
albarán *n*: delivery note, invoice.
albergar *v*: harbour. *Cf* cobijar, esconder.
alborotar *v*: brawl, act in a disorderly fashion. [Exp: **alborotador** (brawler, troublemaker, rioter; S. *amotinador, bullanguero*), **alboroto** (brawl, disorderliness, disorderly conduct, breach of the peace; S. *pendencia, escándalo*)].
alcahueta *n*: bawd. [Exp: **alcahuete** (pimp, procurer), **alcahuetear** (procure, pimp; S. *dedicarse al proxenetismo*), **alcahuetería** (procurement)]. *Cf* celestina, obsceno, deshonesto.
alcalde *n*: mayor; Lord Mayor; Lord Provost, provost (*Scotc*). [Exp: **alcaldía** (mayor's office)].
alcance *n*: scope, range. *Cf* extensión, ámbito.
alcanzar *v*: attain, get, accede; manage to. [Exp: **alcanzar el quórum** (constitute a quorum)]. *Cf* lograr, conseguir, obtener.
alcista *a/n*: bullish; bull. *Cf* especulador de acciones al alza.
aleatorio *a*: dubious, uncertain, contingent; accidental, random. *Cf* accidental, condicional, contingente.
alegación *n*: pleading, plea, allegation, adduction, defence, argument. [Exp: **alegable** (pleadable), **alegación admitiendo hechos pero negando responsabilidad** (plea in confession and avoidance), **alegación de culpabilidad** (plea of guilty), **alegación de inocencia** (plea of not guilty), **alegación de exención de jurisdicción** (plea against/objection to the competency of jurisdiction), **alegación falsa o errónea** (misallegation), **alegación falsa o ficticia** (false plea), **alegación falsificada o coluso-**ria (collusory/faint pleading), **alegación improcedente** (departure; S. *desviación inadmisible en los alegatos*), **alegación privilegiada** (privileged plea), **alegaciones ante los tribunales** (court pleadings), **alegaciones contenidas en el escrito de acusación** (charges, counts of an indictment; S. *imputaciones, cargos*), **alegaciones razonadas** (itemized/detailed allegations), **alegaciones sobre el fondo de la cuestión** (pleadings on the merits of the case), **alegador, alegante** (pleader)]. *Cf* alegato, justificación.
alegar *v*: plead, allege, invopke, assert, set out; contend. [Exp: **alegando que** (on the ground that; S. *basándose en*), **alegar algún derecho infundado** (arrogate), **alegar como fundamento** (rely on; S. *basarse*), **alegar falsamente** (misallege), **alegar ignorancia** (plead ignorance), **alegar pruebas** (adduce/call/lead evidence; S. *aducir, aportar, rendir, presentar, evacuar pruebas*), **alegar una excepción** (enter a demurrer, except against), **la defensa no tiene nada más que alegar** (the defence rests its case; S. *la defensa da por concluidos sus alegatos*)]. *Cf* aducir, afirmar, declarar, exponer, mantener, asegurar, sostener.
alegato *n*: plea, pleading, allegation, reason, ground, argument, oral argument, contention, pleas-in-law, *Scot*. [Exp: **alegatos de hecho** (pleas-in-law, *Scot*; condescendence, *Scot*), **alegato de nulidad** (plea of no case to answer), **alegato escrito que contiene materia impertinente u ofensiva y que puede ser excluido por orden del tribunal** (scandalous statement), **alegato de que la obligación ha sido satisfecha** (plea of release), **alegatos erróneos** (mispleading), **alegatos nuevos** (repleader), **alegatos posteriores a la réplica del demandante** (subsequent pleadings), **la defensa da por concluidos sus alegatos** (the defence rests its case)]. *Cf* razón, argumento, motivo, excusa, disculpa, aseveración, manifestación, defensa, postura, alegación, contestación, declaración, defensa; desemejanza de alegatos.

alejar *v*: estrange; remove, keep away. [Exp: **alejamiento** (estrangement; S. *enajenamiento*). *Cf* extrañar, indisponer, enajenar.

alertar *v*: warn. *Cf* advertir, prevenir, avisar.

aletargado *a*: dormant. *Cf* en letargo.

alevosía *n*: aggravating circumstance, breach of trust, treachery, perfidy; *approx* premeditation, malice aforethought. *Alevosía* must be established for a charge of murder to stand, so that "malice aforethought" is an acceptable translation in this case. In lesser charges it constitutes an aggravating circumstance, and is understood to be any form of precaution taken by the perpetrator against the risk of being prevented or suffering mishap in carrying out the offence. Exp: **alevosamente, con alevosía** (treacherously, maliciously, without the risk of; S. *dolosamente*)]. *Cf* acción premeditada, perfidia, traición.

alguacil *n*: bailiff, marshall (*Amer*), deputy to a sheriff (*Amer*). [Exp: **alguacilazgo** (bailiwick; S. *bailía*)]. *Cf* administrador de una señoría.

alianza *n*: agreement, league, alliance, pact. *Cf* confederación, unión, liga.

alienación *n*: alienation, mental derangement, unsound mind.

alijo *n*: cache, smuggled goods, collection of smuggled goods. [Exp: **alijo de drogas** (drugs cache), **alijo de armas** (arms cache, consignment of smuggled arms), **alijo decomisado** (haul of smuggled/illegal goods confiscated by the police, etc.), **alijo forzoso** (jetsam), **alijar** (jettison; land, smuggle ashore)]. *Cf* echazón.

alimentos *n*: food, foodstuffs, alimony, sustenance, maintenance provided by law or a court, palimony (*col*). [Exp: **alimentos a la espera del juicio** (maintenance pending suit)]. *Cf* pensión alimenticia, prestaciones, manutención.

alistar *v*: conscript, enlist. [Exp: **alistamiento** (enlistment; conscription; S. *reclutamiento, servicio militar obligatorio*)]. *Cf* llamar a filas.

aliviar *v*: relieve, mitigate. [Exp: **alivio** (alleviation, relief; S. *paliativo*)]. *Cf* atenuar.

almacén *n*: store, warehouse, entrepot, depository, wholesale house; shop. [Exp:

almacén afianzado o aduanero (bonded warehouse, public warehouse; S. *bodega fiscal*), **almacenista** (depositary, bonder)]. *Cf* depósito.

alocución *n*: formal address. *Cf* discurso, memorial, petición.

alodio *n*: estate in fee simple, alodium.

alquilar *v*: hire, rent. *Cf* arrendar, tomar en arrendamiento, contratar.

alquiler *n*: hire, rent, rental; tenancy. [Exp: **alquiler-compra** (lease), **alquiler con opción a compra** (leasing; S. *arrendamiento financiero*), **alquiler de oficinas con fines comerciales** (business tenancy), **alquiler nominal** (peppercorn rent), **alquiler por un período fijo o determinado** (fixed-term tenancy), **alquiler trimestral** (quarter's rent)]. *Cf* arriendo, contratación.

alta *n*: certificate of discharge from hospital, medical fitness, fitness for work or duty. [Exp: **alta en el inventario** (placed upon the inventory, put on/included in/written into the company's book; S. *baja*)]. *Cf* dar de alta.

alteración *n*: alteration, change. [Exp: **alteración de lindes** (redrawing of boundaries), **alteración del orden público** (disturbance/breach of the peace; public nuisance)]. *Cf* desorden, disturbio.

altercado *n*: altercation, affray, brawl. [Exp: **altercado violento** (violent disorder; S. *disturbio, desorden violento*)]. *Cf* riña, disputa.

alternativa *n*: alternative, option. *Cf* remedio, salida, solución de recambio, disyuntiva.

alto *a*: high, top. [Exp: **alta mar** (open seas), **alta traición** (high treason), **altas partes contratantes** (High contracting parties), **alto cargo** (executive, senior officer, senior post; S. *ejecutivo, directivo*), **alto secreto** (top secret), **altamente confidencial** (strictly confidential, «for your eyes only»), **altas instancias** (senior ranks, upper reaches, highest échelons), **altas partes contratantes** (high contracting parties), **altos cargos de la administración/ funcionarios** (top/senior officials, senior civil servants, senior government posts)]. *Cf* superior, elevado.

alto *n*: halt, stop. [Exp: **alto el fuego** (cease-fire;

S. *cese de hostilidades, armisticio*)]. *Cf* dar el alto, hacer el alto.

alusión *n*: reference. [Exp: **por alusiones** (formula used in requesting permission to speak at a meeting, debate, etc. after reference has been made to one's words or actions by another speaker; *approx* right of reply; S. *derecho de réplica*)].

alzar *v*: raise, lift. [Exp: **alza** (rise, increase; S. *aumento*), **alzada** (appeal), **alzado** (absconder), **alzamiento** (rebellion, uprising; raising), **alzamiento de bienes** (concealment of assets, act of insolvency, absconding; S. *actuación en fraude o en perjuicio de los derechos de los acreedores*), **alzamiento de embargo o secuestro** (raising replevin/an embargo; replevy; S. *desembargar*), **alzar un embargo, un entredicho**, etc. (raise an embargo, an injunction, etc.; S. *levantar un embargo, un entredicho, etc.*), **alzarse** (abscond, rebel; appeal; S. *fugarse, esconderse, evadir, eludir o sustraerse a la acción de la justicia; apelar*)]. *Cf* elevar, subir, levantar.

allanamiento *n*: acquiescence, submission; search and seizure; compliance. [Exp: **allanamiento a la demanda** (acceptance of/compliance with the claim by the defendant), **allanamiento de morada** (housebreaking, breaking and entering; unlawful entry, trespass to land; forcible entry, burglary; S. *violación de domicilio, asalto a la propiedad, robo con escalo*), **allanar** (settle, adjust, pacify, acquiesce; trespass), **allanar dificultades** (overcome/remove difficulties), **allanar una morada** (break into a house, trespass; S. *entrar por la fuerza*), **allanarse** (accept, comply with a claim, acquiesce; S. *acceder a una demanda, consentir, asentir*)].

allegar recursos *v*: raise funds.

amancebamiento *n*: cohabitation. *Cf* cohabitación matrimonial o marital, contubernio.

amarradero *n*: berth. *Cf* puerto de atraque, muelle.

amarrar *v*: berth, moor, dock. *Cf* atracar.

ambiente *n*: background. [Exp: **ambiente cultural o social** (background), **ambiente de** marginación social (deprived background)]. *Cf* educación, base, formación; antecedentes.

ámbito *n*: scope, sphere. [Exp: **ámbito de un informe** (terms of reference; S. *campo de aplicación, puntos concretos de una investigación*), **ámbito o alcance de aplicación de una disposición** (scope of a provision), **en el ámbito de la ley** (within the meaning/scope of the act)]. *Cf* alcance, extensión, sector.

amenaza *n*: menace, threat; assault; bite (*slang*). [Exp: **amenazas y agresión** (threatening language, assault and battery; S. *asalto, acometimiento*), **amenazar** (menace, threaten; assault)]. *Cf* insulto, agresión ilegítima.

amigable/amistoso *a*: friendly. [Exp: **amigable componedor** (arbitrator, thirdsman, referee; S. *árbitro, compromisario, hombre bueno*)]. *Cf* favorable.

amillarar *v*: assess (a tax, etc.). [Exp: **amillarador** (assessor of taxes; taxing master; S. *tasador*), **amillaramiento** (assessment of rateable value of property, calculation of rates)].

amnistía *n*: amnesty; pardon, free pardon. [Exp: **amnistía fiscal** (tax evasion amnesty), **amnistía o indulto total e incondicional** (unconditional pardon), **amnistiar** (pardon, grant amnesty; S. *indultar*)]. *Cf* indulto, perdón, medida de gracia.

amojonamiento *n*: survey and marking of boundaries.

amonestación *n*: admonishment, warning; reprehension. [Exp: **amonestación por escrito a un trabajador** (written warning), **amonestación verbal** (verbal warning), **amonestaciones** (marriage banns, banns of matrimony; S. *proclamas de matrimonio*)]. *Cf* reprimenda, reprensión.

amonestar *v*: admonish; caution; reprimand, warn. *Cf* advertir, caucionar, afianzar, dar fianza, avisar.

amortizable *n*: callable, redeemable, depreciable. *Cf* redimible, rescatable, reembolsable.

amortización *n*: write-off, redemption, depreciation, extinction, replacement, refunding. [Exp: **amortización de deudas, bonos, obligaciones**, etc. (redemption, debt redemption), **amortización de una renta, de una anualidad** (extinction of a maturity)]. *Cf* depreciación.

amortizar *v*: repay, pay back, redeem, refund, write off. [Exp: **amortizar bonos** (retire bonds), **amortizar un préstamo** (redeem a loan), **amortizar una deuda** (sink a debt), **amortizar una hipoteca** (pay off a mortgage; S. *redimir una hipoteca*)]. *Cf* cancelar, redimir, anular una partida contable.

amotinarse *v*: riot, mutiny. [Exp: **amotinador** (mutineer, rioter; S. *sedicioso, rebelde*)]. *Cf* motín.

amparar *v*: cover, protect, support; abet. [Exp: **amparado o reconocido por las normas legales** (statutory), **amparador** (protective)].

amparo *n*: protection; legal protection; shield, relief; equity. [Exp: **al amparo de** (under the protection of, under the aegis of; under; S. *en virtud de, de conformidad con*), **amparo constitucional** (constitutional protection, constitutional guarantee for protection of rights), **amparo de los tribunales** (court protection), **amparo fiscal** (tax shield), **amparo jurídico** (legal protection, equal protection of the law), **amparo legal o jurídico** (legal protection), **amparo procesal** (procedural protection), **amparo y dependencia de la mujer casada** (coverture)]. *Cf* recurso de amparo, tutela, protección.

ampliación *n*: enlargement; expansion; increase; prolongation; widening. [Exp: **ampliación de los intercambios** (expansion of trade), **ampliación del capital** (capital increase), **ampliación del plazo** (prolongation of time or term, extension, prorogation, *Scot*; S. *prórroga*)].

ampliamente extendido *n*: widespread. *Cf* muy difundido.

ampliar *n*: widen, enlarge, extend, increase. [Exp: **ampliar los poderes** (increase powers), **ampliar un plazo** (grant an extension, extend the time limit, prorogate, *Scot*)]. *Cf* prorrogar, renovar, extender.

amplio *a*: wide, extensive. [Exp: **amplios**

poderes o facultades (extensive powers), **con amplios poderes** (at large, *Amer*; S. *general, en libertad*)]. *Cf* extenso, extensivo.

amplitud de la marea *n*: range of tide.

análisis *n*: analysis, scrutiny; debate. [Exp: **análisis de sangre** (blood-test), **análisis forense** (forensic analysis)]. *Cf* investigación, escrutinio; debate, discusión.

analogía *n*: analogy. [Exp: **analogía de ley** (construction; S. *interpretación judicial, interpretación por deducción*), **analógico** (constructive; similar; by analogy; S. *por deducción, presuntivo, a efectos legales*)].

ancestral *a*: ancestral, ancient, age-old, time-honoured, since time immemorial, long-established. *Cf* arraigado, tradicional.

anciliario *n*: ancillary. *Cf* auxiliar, secundario, subordinado, dependiente, accesorio.

ancla *n*: anchor. [Exp: **anclaje** (anchorage)].

androma *n*: easement of light. *Cf* servidumbre.

anejo con, ir *phr*: run with.

anexar *v*: attach, annex. [Exp: **anexión** (annexation), **anexo** (annex, rider, schedule; enclosure), **anexo a una propiedad** (fixture, appurtenance; appurtenant right or property), **anexo incorporado por medio de hoja adjunta** (allonge; S. *hoja adjunta a una letra de cambio*)]. *Cf* incorporar como anexo.

angustia *n*: distress, acute anxiety, anguish, suffering. *Cf* daños psicológicos, sufrimiento mental.

animal sin dueño que aparece en la finca de un particular *n*: stray.

animales peligrosos *n*: dangerous animals.

ánimo *n*: intention, intent. [Exp: **ánimo de defraudar** (intent to deceive, fraudulent intention), **ánimo de delinquir** (mens rea), **ánimo de lucro** (intention of profiting/making a profit, animus lucrandi), **sin ánimo de lucro** (non profit, for charitable purposes)].

anotar *v*: annotate, note, record. [Exp: **anotar las infracciones en el permiso de conducción** (endorse), **anotación** (note, notation), **anotación a registro** (entry in a register, registration), **anotación al dorso de un documento público** (endorsement), **anotación al dorso de la citación de la demanda**

(endorsement of writ), **anotación contable** (entry, accounting entry, entry in the books; S. *apunte contable, asiento*), **anotación preventiva** (caveat)]. *Cf* hacer constar en acta.

antagonista *n*: opponent, rival, the other side. *Cf* rival, oponente, opositor, adversario, contrario.

ante la sala *n*: in open court. *Cf* en sesión pública, en audiencia pública, en pleno.

antecedente *a*: aforegoing. *Cf* precedente.

antecedente *n*: cause, precedent. [Exp: **antecedentes** (information, data; record, past record, antecedents, history; S. *historial*), **antecedentes de una resolución judicial** (precedents, relevant, case-law), **antecedentes delictivos o policiales** (background, police record, police background, criminal record), **antecedentes penales** (record of convictions held in the *registro central de penados y rebeldes* or central register of convicted offenders), **sin antecedentes penales** (with no previous convictions, no criminal record)]. *Cf* motivo, razón, origen.

antecesor *n*: predecessor. *Cf* predecesor.

antedata *a/n*: antedate. [Exp: **antedatar/ antefechar** (antedate, date back, foredate; S. *retrotraer*)].

antedicho/antemencionado *a*: aforementioned, aforesaid.

antepasados *n*: ancestors.

antefirma *n*: style, formal or ceremonial title used before the signature.

antejuicio *n*: special form of impeachment proceedings held before the trial proper, when the criminal charges are brought against a judge or magistrate, alleging criminal offences arising out of their conducting of a previous case or cases.

anteproyecto de ley *n*: draft; bill. *Cf* borrador.

anterior *a*: previous, prior, former. [Exp: **anterior a la causa** (pre-trial)].

antes de *n*: prior to. [Exp: **antes de ahora** (heretofore, till now, so far), **antes de aquello** (theretofore), **antes del vencimiento** (prior to maturity, before the term or time limit elapses)].

anticipación *n*: acceleration, anticipation; bringing forward. [Exp: **anticipación de**

funciones públicas (irregular or unlawful holding of an office, unlawful discharge of public office before the appointment has been officially ratified or the appointee installed), **con poca anticipación** (at short notice; S. *a corto plazo*)].

anticipado *a*: early. *Cf* prematuro.

anticipar *v*: backdate; advance; lend. *Cf* retrotraer.

anticipo *n*: advance, prepayment. [Exp: **como anticipo** (as an advance), **anticipo de caja o tesorería** (cash advance), **anticipo en la herencia hecha por los fideicomisarios** (advancement), **anticipo sobre los honorarios** (retainer)]. *Cf* préstamo, provisión de fondos.

anticonstitucional *a*: unconstitutional. *Cf* inconstitucional.

anticresis *n*: antichresis.

antigüedad *n*: seniority, standing.

antiguo *a*: former, ancient, ex. *Cf* anterior, previo.

antijurídico *a*: unlawful. *Cf* ilegal, contrario a las leyes o al derecho.

antinomia legal *n*: conflict of laws.

anual *a*: annual, yearly.

anualidad *n*: annuity, rent. [Exp: **anualidad de supervivencia** (survivorship annuity), **anualidad o pensión dotal** (endowment annuity), **anualidad aplazada o diferida** (deferred annuity), **anualidad ordinaria** (ordinary annuity), **anualidad perpetua o continua** (perpetual annuity, perpetuity), **anualidad sin pago por muerte** (non-apportionable annuity), **anualidad vitalicia** (life annuity)].

anuario de jurisprudencia, etc. *n*: yearbook.

anuencia *n*: consent, agreement, acceptance.

anulabilidad *n*: voidability. [Exp: **anulable** (avoidable, defeasible, voidable, cancellable, reversible; S. *revocable, cancelable, rescindible, abrogable*)].

anulación *n*: annulment, abrogation, nullification, abolition/abolishment, cancellation, defeasance, extinction, discharge, extinguishment, reversal, withdrawal, rescission. [Exp: **anulación (de un legado)** (ademption), **anulación de la instancia**

(dismissal), **anulación de la jurisdicción** (ouster of jurisdiction), **anulación de la validación de un testamento** (revocation of probate), **anulación de las actuaciones** (setting aside of [pretrial] proceedings), **anulación de un pedido** (withdrawal/cancellation of an order), **anulación o extinción de un contrato** (discharge of a contract), **anulación o revocación de una sentencia** (cassation, overturning, setting aside of judgment), **anulación total o parcial de una demanda** (abatement/dismissal of proceedings, a suit/an action)]. *Cf* rescisión, cancelación, revocación, resolución, condonación, prescripción, extinción, nulidad.

anular *v*: annul, abolish, cancel, render void, recall, set aside, void, defeat, overrule, nullify, quash, cassare, dissolve, suppress, repeal. [Exp: **anular(se) impuestos**, etc. (abate taxes, etc.), **anular el testamento de alguien** (defeat a person's will, declare a will null and void), **anular un auto o mandamiento judicial** (discharge/set aside an order/a writ), **anular un contrato** (discharge a contract), **anular un fallo, una sentencia, una condena** (reverse/set aside a judgment, ruling or sentence), **anular un juicio en la instancia de apelación** (reverse a judgment on appeal), **anular un legado, o parte del mismo, de un testamento** (adeem a legacy from a will), **anular un pedido** (cancel an order), **anular una demanda** (dismiss an action, refuse leave to proceed, rule there is no case to answer, vacate a judgment), **anular una partida contable** (write-off an asset), **anular un proyecto de ley** (defeat a bill; S. *revocar*), **anular una proposición** (withdraw a motion), **anular una sentencia en rebeldía** (revoke a decree or judgment entered for failure to appear), **anulativo** (annulling)]. *Cf* dejar sin efecto, abolir, abrogar, cancelar, casar, desestimar, invalidar, revocar, rescindir.

anunciar *v*: announce. [Exp: **anunciar los nombres de los jurados** (call the jury), **anunciar una condena** (pass sentence, publish a sentence), **anuncio** (announcement, advertisement; S. *notificación, aviso*)].

anverso *n*: face. [Exp: **anverso de una letra de cambio** (face of a bill of exchange). *Cf* faz, cara, reverso.

añadir *v*: add. [Exp: **añadido** (allonge), **añadidura** (rider; S. *cláusula adicional, anexo, acta adicional*), **por añadidura** (moreover, into the bargain, as well)].

añagaza *n*: inducement, enticement; lure, decoy. *Cf* inducción dolosa a la comisión de un delito, autoría intelectual, trampa.

año *n*: year. [Exp: **año civil** (legal year, calendar year), **año fiscal** (fiscal year, taxable year), **año natural** (calendar year; S. *año civil*), **años de ejercicio de la profesión de abogado** (call)]. *Cf* ejercicio.

apógrafo *n*: apograph, exact transcript, literal copy made from the original.

apaciguamiento *n*: appeasement.

apalabrar *v*: make a verbal agreement; engage, bespeak.

apalancamiento *n*: gearing, leverage. [Exp: **apalancamiento de capital** (capital gearing)].

apalear *v*: batter. [Exp: **apaleamiento** (battery; grievous bodily harm)]. *Cf* golpear, acometer, arremeter, agredir.

apaño (*col*) *n*: set-up, fixing (*col*); temporary repair; a way round a difficulty. *Cf* tinglado, arreglo.

aparato administrativo *n*: administrative machinery.

aparato de la administración pública *n*: state machinery. *Cf* maquinaria del Estado.

aparato *n*: apparatus; machine; machinery; gadget; mechanism. *Cf* organización, maquinaria, mecanismos.

aparcería *n*: partnership; sharecropping. [Exp: **aparcero** (sharecropper)].

aparecer *v*: appear, turn up, show up. [Exp: **aparecer bajo el epígrafe de** (come under, be listed under; S. *estar comprendido en, estar sujeto a*), **aparecer una y otra vez** (recur; S. *repetirse*)].

aparejado *n*: appurtenant; ready, suitable. *Cf* perteneciente a, propio de, accesorio.

aparejador *n*: quantity surveyor.

aparejar *v*: rig a ship. *Cf* armar, equipar un buque.

aparejo de un buque *n*: rigging.

aparejos *n*: fishing gear/tackle.

aparente *a*: apparent, ostensible; visble, external. [Exp: **aparentemente en buen estado** (in apparent good condition)]. *Cf* evidente, manifiesto, obvio; pretendido.

aparición *n*: appearance. *Cf* de próxima aparición.

apariencia *n*: appearance; colo(u)r, front. [Exp: **en apariencia** (on the surface), **apariencia de legalidad/título** (colour of law/title), **con apariencia de validez o de derecho** (false, colourable; S. *falsificado, infundado, fraudulento, engañoso, especioso*), **de apariencia engañosa** (plausible, spurious, illusory)].

apartado *n*: paragraph, heading, section. [Exp: **apartado de correos** (post-office box)]. *Cf* párrafo, sección.

apartar(se) *v*: separate; remove; depart, deviate, withdraw. *Cf* desviar(se).

apelación *n*: appeal. [*Apelación* and "appeal" are not fully synonymous; *apelación* is the common form of appeal against the trial court's interpretation of the evidence, or its decision to accept or reject evidence, or its final judgment or sentence; such appeals do not involve intricate matters of jurisprudence and are heard by the next court in the hierarchy, whichever that happens to be; S. *recurso*. Exp: **apelable** (appealable), **apelación con efecto devolutivo** (devolution appeal; S. *recurso de alzada, súplica*), **apelación con efecto suspensivo** (appeal with suspension of execution), **apelar** (appeal against, lodge/make/file an appeal), **apelado** (appellee, respondent; S. *demandado*), **apelante** (appellant)]. *Cf* recurso, recurrir; casación.

apéndice *n*: appendi; schedule. *Cf* suplemento, adición.

apeo *n*: survey, marking or measurement of abuttals or boundaries. *Cf* lindes, deslinde, demarcación de una propiedad.

apercibimiento *n*: summons, subpoena; reprimand, admonition, official warning to a civil servant as to duty or conduct; notice,

notice of eviction. *Cf* reprensión; conminación, aviso, advertencia.

apersonarse *n*: be party to a suit, appear in person. [Exp: **apersonado** (party to a suit)]. *Cf* personarse, ser parte interesada o afectada en algo.

apertura *n*: opening. [Exp: **apertura de cuentas** (opening of accounts), **apertura de nuevos mercados** (opening of new markets), **apertura de propuestas o licitaciones** (opening bids), **apertura de juicio oral** (opening of trial, commencement of hearing proper; judge's order for hearing to commence)].

aplazamiento *n*: postponment, adjournment, deferment, deferral. [Exp: **aplazamiento de una sesión**, etc. (adjournment (of a sitting, etc.; S. *suspensión*), **aplazar** (adjourn, defer, postpone, continue, extend), **aplazable** (demurrable, postponable), **aplazar las sesiones** (prorogue; S. *clausurar por vacaciones, suspender temporalmente*), **aplazar de forma indefinida** (postpone, sine die), **aplazar el vencimiento de la hipoteca** (extend a mortgage), **aplazar un pagaré** (extend a note), **aplazar una reunión** (adjourn a meeting)]. *Cf* prórroga, moratoria.

aplicabilidad *n*: relevance/relevancy. [Exp: **aplicabilidad directa** (direct applicability; S. *efecto directo*)]. *Cf* pertinencia.

aplicación *n*: application; enforcement. [Exp: **en aplicación de** (pursuant to; S. *de conformidad con, de acuerdo con, en virtud de*), **aplicación abusiva** (misuse; S. *explotación abusiva*), **aplicación de fondos de un gobierno central a proyectos específicos** (grant-in-aid; S. *ayudas estatales, subvención*), **aplicación de la ley** (enforcement of the law; act of law), **cuando sea de aplicación** (when/where applicable), **de aplicación** (applicable; S. *pertinente*), **de aplicación inmediata** (self-enforcing), **ser de aplicación** (apply to, run, extend to; S. *ajustarse a*)]. *Cf* rigor carcelario.

aplicar *v*: apply to, enforce, impose; allocate. [Exp: **aplicar la ley** (enforce a law), **aplicar o explotar abusivamente** (misuse), **aplicar una política** (pursue a policy)]. *Cf* ejecutar, hacer cumplir, imponer.

apócrifo *a*: apocryphal. *Cf* supuesto, fingido.

apoderado *n*: attorney, true and lawful attorney, representative, agent, sole agent, assignee, donee, proxy, proxy holder. [Exp: **apoderado general** (universal agent), **apoderado singular o para un fin determinado** (special agent), **apoderamiento** (power), **ser apoderado de alguien** (represent; S. *representar*)]. *Cf* factor, gestor, representante, poderhabiente, donatario.

apología *n*: defence, apology. [Exp: **apología de delito** (statutory offence of conniving at a criminal act by expressing approval of it), **apología del terrorismo** (statutory offence of conniving at terrorist acts by expressing approval of them or publicly supporting their perpetrators or publicly supporting proscribed organizations)]. *Cf* defensa, alegación, justificación.

apoplejía *n*: stroke. *Cf* ataque.

aportación *n*: contribution. [Exp: **aportar** (put up; contribute), **aportar capital/fondos** (bring in capital/funds, furnish capital/funds, put up/in capital/funds; finance), **aportar pruebas** (adduce/call/lead evidence; S. *rendir/presentar/evacuar/alegar/aducir pruebas*)]. *Cf* donativo, contribución.

apostar *v*: bet, gamble, wager.

apostilla *n*: apostille, marginal note, annotation. *Cf* nota al margen.

apoyar *v*: support, aid, back, back up, second, endorse, uphold; abet. [Exp: **en apoyo de** (in support of; S. *en pro de*), **apoyar una moción** (second a motion; S. *secundar*), **apoyatura/apoyo** (support; S. *respaldo*), **apoyatura legal** (legal ground/support)]. *Cf* sostener, mantener, avalar, afianzar, respaldar.

apreciable *a*: material, substantial, appreciable, significant, considerable. *Cf* significativo, considerable, importante, influyente, esencial.

apreciación *n*: appreciation, (e)valuation; appraisal. [Exp: **apreciación de la prueba** (weight of evidence; S. *preponderancia de la fuerza*), **apreciar** (assess; appraise, appreciate, estimate), **apreciarse** (appreciate; increase in value; S. *depreciarse*), **aprecio** (esteem)]. *Cf* estimación, valoración, tasación.

aprehender *v*: catch, seize. [Exp: **aprehensión** (apprehension; seizure, capture; S. *captura, incautación, decomiso, confiscación*)]. *Cf* prender, apresar, coger.

apremiar *v*: press, oblige. [Exp: **apremiante** (imperative; S. *ineludible*), **apremiar a un deudor** (press a debtor), **apremiar el pago** (compel payment), **apremio** (compulsion, constraint, coercion; court order, decree; legal proceedings for collection; S. *compulsión, coacción*)]. *Cf* instar, obligar, presionar.

aprendizaje *n*: apprenticeship, training. *Cf* adiestramiento, formación, preparación, enseñanza.

apresamiento *n*: capture, hold, caption (*obs*). *Cf* aprehensión, captura.

apresar *v*: capture, catch; imprison, jail, gaol. *Cf* encarcelar, capturar, prender.

apretar las filas *phr*: close ranks.

aprobación *n*: approval, sanction, assent; passage. [Exp: **aprobación de una ley** (passage of a law), **aprobación previa** (prior approval)]. *Cf* autorización, sanción, visto bueno.

aprobar *v*: pass, approve, agree, carry, endorse, adopt. [Exp: **aprobar el acta** (agree/adopt as a correct record), **aprobar el balance de situación** (adopt the balance sheet), **aprobar el orden del día** (adopt the agenda), **aprobar una moción** (carry a motion)]. *Cf* sancionar.

apropiación *n*: appropriation. [Exp: **apropiación ilícita** (fraudulent conversion), **apropiación implícita o virtual** (constructive conversion), **apropiación indebida** (misappropriation)]. *Cf* distracción de fondos, malversación, defraudación.

apropiado *a*: adequate, proper, appropriate, right. [Exp: **no apropiado** (undue; S. *desmedido*)]. *Cf* propio, razonable, indicado, satisfactorio, pertinente.

apropiarse *v*: appropriate, take possession. [Exp: **apropiarse indebida o fraudulentamente de los bienes de otro** (convert), **apropiarse indebidamente o vivir ilegalmente en la propiedad de otro** (squat; S. *usurpar, establecerse en el terreno o la propiedad de otro*)]. *Cf* posesionarse, incautarse, adjudicarse.

aprovisionamiento *n*: supply, supplying. *Cf* pertrechos, suministros.

aproximación *n*: approach, alignment. [Exp: **aproximaciones de precios** (price alignment), **aproximación de las disposiciones legales** (approximation of legal provisions)].

aprovechar la ocasión *phr*: use the opportunity; take/seize the chance. *Cf* ocasión.

aptitud legal *n*: legal capacity/competency. *Cf* capacidad.

apto *a*: capable, efficient, apt, fit. [Exp: **apto para navegar** (seaworthy; S. *a son de mar*)]. *Cf* idóneo, competente, capaz, eficiente, eficaz.

apuesta *n*: bet, gamble, wager. *Cf* apostar.

apuntalar *n*: shore up (a bank, etc.). *Cf* sostener o apoyar un negocio que se tambalea.

apuntamiento *n*: brief; abstract of court record for use of the court and the parties.

apuntar *v*: set down, enter, take a note of, note down. [Exp: **apunte o anotación contable** (entry)]. *Cf* hacer constar, poner por escrito.

apuro(s) *n*: emergency; distress. *Cf* necesidad, urgencia, crisis, emergencia; peligro, daños psicológicos.

aquiescencia *n*: consent, acquiescence. *Cf* consentimiento, conformidad.

aquiliana *a*: S. *acción derivada de culpa aquiliana o extracontractual*.

arancel *n*: fee, tariff. [Exp: **arancel aduanero** (customs tariff, customs duty), **arancel de honorarios** (scale of fees), **arancel de procuradores** (schedule of legal fees), **arancel judicial** (schedule of court costs), **aranceles preferenciales** (preferential tariff)]. *Cf* derecho arancelario o aduanero.

aras a, en *phr*: as a concession to.

arbitraje *n*: arbitration, arbitrament (*formal*). [Exp: **arbitraje comercial** (commercial arbitration), **arbitraje extrajudicial** (out-of-court arbitration), **arbitraje voluntario** (voluntary arbitration)]. *Cf* arbitrio.

arbitrajista *n*: arbitrager. *Cf* cambista.

arbitral *n*: discretional, discretionary. *Cf* moderador, discrecional, prudencial, potestativo.

arbitrar *v*: umpire, arbitrate; contrive, collect. [Exp: **arbitrar recursos** (raise cash/money; S. *recoger fondos*), **arbitrar soluciones** (find/provide solutions, come up with answers)]. *Cf* decidir, juzgar, árbitro, compromisario, tercero.

arbitrario *a*: arbitrary, high-handed, unreasonable. *Cf* discrecional.

arbitrio¹ *n*: excise tax, tax, fee. [Exp: **arbitrio de plusvalía** (tax on the increase in value of land)]. *Cf* impuesto sobre consumos o ventas; contribución.

arbitrio² judicial *n*: decision, discretion, arbitrament. [Exp: **al arbitrio de** (at the discretion of)]. *Cf* potestad judicial o administrativa, facultad moderadora o decisoria de los jueces o de la administración, discreción, oportunidad.

árbitro *n*: arbitrator, umpire, referee, compounder. *Cf* compromisario, tercero, hombre bueno, componedor amigable.

archivar *v*: shelve, file. [Exp: **archivado** (on file), **archivar las diligencias** (shelve the record of proceedings)].

archivo¹ *n*: shelving of a case, staying of proceedings, ruling that there is no case to answer. *Cf* auto de sobreseimiento, la causa queda sobreseída, sobreseimiento.

archivo² *n*: record office, archive, file. [Exp: **archivero** (registrar, custodian), **archivo público** (public record, public records office), **archivador** (filing cabinet)].

ardid *n*: trick, dodge, frame-up, double cross. *Cf* estratagema, trampa, maniobra.

área de control y vigilancia de un policía *n*: beat. *Cf* ronda.

argucias jurídicas *n*: legal subtleties/quibbles/sophistries, hair-splitting. *Cf* recurrir a argucias jurídicas.

argüir/argumentar *v*: argue, debate, contend, maintain. [Exp: **argumento** (argument, reason, contention, ground), **argumentos a favor y en contra** (pros and cons), **argumentos jurídicos de las partes de una demanda** (case for each side, contentions of the parties)]. *Cf* razonar, defender; sostener, mantener.

arma *n*: weapon. [Exp: **arma blanca** (sharp instrument), **arma contundente** (blunt instrument, contusive weapon), **arma**

homicida (deadly weapon, the weapon used in the murder), **arma peligrosa** (prohibited weapon), **armas clásicas** (conventional weapons), **armas de fuego** (firearms), **armado** (armed)]. *Cf* robo.

armador *n*: shipowner. *Cf* naviero.

armar *v*: arm; equip, fit up, rig (ships). *Cf* equipar un buque, aparejar.

armisticio *n*: armistice; cease-fire. *Cf* alto el fuego, cese de hostilidades.

armonización de leyes *n*: harmonisation of laws. *Cf* equiparación.

arquear *v*: gage, gauge. [Exp: **arqueo** (tonnage, gauging), **arqueo de caja** (teller's proof, cash count)].

arraigado *a*: long-established; on bail. *Cf* tradicional, ancestral.

arraigo *n*: rootage. [Exp: **arraigo en el juicio** (real estate, landed property or cash equivalent deposited as security for the defendant´s cost, special bail, ne exeat regno)]. *Cf* aseguramiento o cautela de arraigo en el juicio, depósito de personas, fianza.

arras *n*: earnest money, deposit; symbolic dowry, normally of thirteen coins, offered as a marriage pledge by bridegroom to bride. *Cf* señal, prenda.

arrebatar *v*: snatch, seize, abduct, carry away by force. *Cf* despojar, quitar, robar, desposeer.

arrebato *n*: uncontrollable impulse, rage. *Cf* obcecación, emoción violenta, impulso incontenible o incontrolable, obcecación.

arreglar *v*: settle, adjust; fix (*col*). [Exp: **arreglar a uno**, *col* (fix, settle, see to, *col*; S. *trapichear*), **arreglar cuentas** (settle up), **arreglar extrajudicialmente** (settle out of court; S. *llegar a conciliación para evitar el juicio*), **arreglarse con los acreedores** (compound/compose with creditors)]. *Cf* finiquitar, ajustar, resolver, solucionar, liquidar, saldar.

arreglo *n*: settlement, arrangement, arrangement accord, adjustment, adjustment of the difference, accommodation, disposition; set-up. (*col*). [Exp: **arreglo arbitral** (settlement by arbitration), **arreglo de avería** (adjustment of average; S. *tasación/liquidación de avería*), **arreglo de una disputa** (accord and satisfaction; S. *acto de conciliación, conciliación, transacción*), **arreglo extrajudicial** (out-of-court settlement), **arreglo financiero definitivo en divorcios** (clean break), **arreglo improvisado o temporal** (makeshift), **con arreglo a** (in accordance with), **con arreglo a las leyes** (in due form of law, as prescribed by law)]. *Cf* liquidación, concierto, acuerdo, solución, transacción, composición, conciliación, apaño (*col*).

arremeter *v*: assail, atack, batter. *Cf* agredir, apalear, golpear, acometer.

arrendador *n*: landlord, lessor. *Cf* casero, terrateniente, locador.

arrendamiento *n*: rent, hiring, letting, lease, rental, tenancy; demise. [Exp: **en arrendamiento** (on a lease), **arrendamiento a plazo fijo** (fixed term tenancy or lease), **arrendamiento cancelable o sujeto a anulación en cualquier momento** (tenancy at will), **arrendamiento de servicios** (employment contract), **arrendamiento especial para la construcción de un edificio** (building lease), **arrendamiento financiero** (leasing; S. *alquiler con opción a compra*), **arrendamiento más gastos** (net lease), **arrendamiento por más de 21 años** (long tenancy), **arrendamiento por tiempo indefinido** (assured tenancy, protected tenancy), **arrendamiento sin plazo fijo** (tenancy at will), **arrendar** (rent, lease, let; demise; S. *alquilar*), **arrendatario** (tenant, leaseholder, lessee; S. *locatario, inquilino*)]. *Cf* alquiler, arriendo.

arrepentimiento *n*: repentance, apology, contrition, reconsideration. [Exp: **arrepentimiento espontáneo** (spontaneous recognition of responsibility; mitigating circumstance when the guilty party freely gives himself up to the police before a warrant for his arrest has been issued, or spontaneously undertakes to make amends, and before being required to do so offers to pay compensation or make any appropriate reparation), **arrepentirse** (repent)].

arresto *n*: detention, arrest, imprisonment, restraint. [The standard Spanish word for "arrest" is *detención* (verb, *detener*). The word *arresto* is properly understood to mean military detention or some temporary or attenuated form of privation of liberty, such as retraints for debt, house arrest, etc. Exp: **arresto domiciliario** (house arrest; S. *prisión atenuada*), **arresto ilegal** (false arrest), **arresto menor** (imprisonment for less than thirty days, minimum-term imprisonment), **arresto preventivo** (pre-trial custody, preventive detention), **arresto sustitutorio en caso de impago** (temporary detention or distraint for debt), **arresto mayor** (imprisonment for more than one day and less than six months)].

arribada forzosa *n*: emergency call, unscheduled stop at a port for repairs, etc.

arriendo *n*: lease, hire, rent, rental. [Exp: **arriendo a corto plazo** (short lease), **arriendo a plazo** (lease for years), **arriendo a voluntad, denunciable o sin plazo fijo de duración** (lease at will), **arriendo exorbitante** (rack rent), **arriendo o inquilinato por tiempo indefinido** (periodic tenancy), **arriendo verbal** (lease on parol)]. *Cf* arrendamiento, locación, alquiler; inquilinato.

arriesgado *n*: risky, hazardous. *Cf* peligroso.

arrimarse *n*: accost. *Cf* acercarse, abordar.

arrogación *n*: arrogation, unwarranted assumption. [Exp: **arrogación de funciones** (undue or unwarranted assumption of office, authority, etc.; abuse of power), **arrogación de poder, facultades, funciones o autoridad** (assumption of authority), **arrogarse** (arrogate, usurp), **arrogarse de nuevo** (reassume), **arrogarse funciones o un cargo** (exceed one's powers; overstep the mark, step out of line, *col*)]. *Cf* alegar algún derecho infundado, usurpar.

arrostrar *v*: face. *Cf* enfrentarse a.

arrumaje *n*: stowage. [Exp: **arrumar** (stow)]. *Cf* estiba.

artesano *n*: tradesman. *Cf* repartidor, tendero.

artículo *n*: article, item; provision, clause, order, rule. [In English acts, "artículo" is *section* or *s*.

Exp: **artículo básico de la carta constitucional de una sociedad mercantil** (objects clause), **artículo de comercio** (commodity; S. *género*), **artículo de una ley** (section(s)), **artículo o voz de un diccionario** (entry), **artículos de previo pronunciamiento** (peremptory plea; S. *excepción de nulidad, incidentes de previo pronunciamiento*), **artículos de un convenio, tratado**, etc. (articles of agreement, treaty, etc.), **artículos de valor** (valuables; S. *valores*), **artículos restringidos** (restricted items), **in articulo mortis** (at/on the point of death; S. *confesión/declaración in articulo mortis*]. *Cf* cláusula, disposición, estipulación.

artificio *n*: trick, dodge. *Cf* trampa, evasión, hacer trampas.

asalariado *n*: employee, salaried worker. *Cf* empleado, dependiente, subalterno, oficinista.

asaltador *n*: assailant, hold up man. *Cf* agresor, atracador.

asaltar *v*: assault, hold-up. *Cf* atracar.

asalto *n*: assault and battery, hold-up, assailment, aggression; affray. [Exp: **asalto a la propiedad/a viviendas** (trespass to land; S. *allanamiento de morada, violación de domicilio*), **asalto a mano armada** (armed robbery), **asalto con intención criminal** (assault with intent to commit a felony, felonious assault), **asalto con lesión** (assault and battery; S. *acometimiento y agresión*), **asalto con robo mediante tirón** (mugging; S. *robo del bolso mediante tirón*), **asalto y agresión** (assault and battery; S. *acometimiento y agresión*)]. *Cf* atraco, acometimiento.

asamblea *n*: assembly, convention, meeting. [Exp: **asamblea legislativa** (legislative assembly, legislature), **Asamblea legislativa de Irlanda o Eire** (Oireachtas), **asamblea o sesión constitutiva** (constituent assembly)]. *Cf* congreso, convención, sesión, reunión, junta general.

ascendiente *n*: ancestor. [Exp: **ascendiente en línea directa** (lineal ancestor)]. *Cf* ascendiente directo.

ascender *v*: promote. [Exp: **ascender a** (run to, total), **ascenso** (promotion, preferment)]. *Cf* fomentar, promover, promocionar.

asegurado *a/n*: assured, insured; secured, bonded; insured, policy-holder. *Cf* garantizado, con caución, titular de una póliza de seguros.

asegurador *n*: insurer, underwriter, assurer. [Exp: **asegurador a quien se ceden los restos de un naufragio, abordaje,** etc. (abandonee), **asegurador contra incendios** (fire underwriter), **asegurador contra riesgos marítimos** (marine underwriter)]. *Cf* empresa aseguradora, reaseguradora.

aseguramiento *n*: surety, security, bond. [Exp: **aseguramiento de bienes litigiosos** (embargo on property in litigation), **aseguramiento que se exige al demandante extranjero** (bail above, security for the defendant's costs; S. *cautela de arraigo en el juicio, arraigo en el juicio, fianza de arraigo*)].

asegurar[1] *v*: affirm, assert, declare; preserve, secure, make sure. [Exp: **asegurar el cumplimiento de una ley** (enforce; S. *aplicar, ejecutar, hacer cumplir, poner en vigor*), **asegurarse con esfuerzos una cuota de mercado** (carve out a market niche *col*)]. *Cf* alegar, afirmar, aseverar, sostener, ratificar.

asegurar[2] *v*: insure, assure, underwrite. [Exp: **asegurar mercancías** (insure goods), **asegurarse** (take out insurance), **sin asegurar** (uninsured)]. *Cf* suscribir, firmar, reasegurar.

asentamiento *n*: accession; entry. *Cf* accesión, incorporación de modo inseparable.

asentar *v*: settle, consolidate, affirm; set down, write down. [Exp: **asentar una partida** (make an entry in a ledger, etc.)]. *Cf* inscribir en un libro.

asentimiento *n*: assent. [Exp: **asentir** (assert, admit, acquiesce; S. *sostener, asegurar, afirmar*)]. *Cf* aprobación, refrendo, beneplácito, confesión.

aserción/aserto *n*: affirmation, assertion. *Cf* declaración, aserto, ratificación.

asertorio *a*: S. *juramento asertorio*.

asesinar *v*: murder, slay (*Amer*). [Exp: **asesinar a una figura relevante** (assassinate),

asesinato (murder, homicide, man-killing), **asesinato con premeditación** (wilful murder), **asesinato en primer grado** (murder in the first degree; S. *homicidio premeditado*), **asesinato intencional** (voluntary homicide), **asesino** (murderer, man-killer, slayer; assassin; S. *homicida*)].

asesor *a/n*: advisory; adviser, advisor, consultant; adjuster/adjustor. [Exp: **asesor en organización y gestión empresarial** (management consultant), **asesor fiscal** (tax consultant), **asesor jurídico** (legal adviser, counsellor-at-law; S. *letrado*), **asesor letrado** (legal adviser, counsellor; S. *asesor jurídico, abogado, asistencia letrada*)]. *Cf* consejero; tasador.

asesoramiento *n*: advice. [Exp: **asesoramiento técnico** (expert advice), **asesoramiento jurídico** (legal advice), **asesorar** (advise), **asesoría** (consultancy; S. *consultoría*)]. *Cf* consejo; pedir el asesoramiento.

aseveración *n*: assertion, representation, allegation. [Exp: **aseveración falsa negligente** (negligent misrepresentation/mis-statement; S. *falsedad negligente*), **aseveración falsa** (false statement; S. *mentira*), **aseveración negativa** (negative averment), **aseveración positiva** (averment)]. *Cf* manifestación, alegato.

aseverar *v*: aver, affirm. *Cf* ratificar, asegurar, confirmar, afirmar, declarar.

así, de ser *phr*: that being the case. *Cf* siendo así.

asiento *n*: entry, register. [Exp: **asiento de actualización, ajuste, corrección** (adjusting entry), **asiento de apertura o de constitución** (opening entry), **asiento de caja** (cash entry), **asiento de cierre** (closing entry), **asiento de inscripción** (registration; S. *inscripción*), **asiento de reversión** (reversing entry), **asiento de traspaso** (transfer entry), **asiento del libro Mayor** (ledger entry), **asiento global** (lump-entry), **asiento o inscripción en el registro de la propiedad** (registration of title, entry in the property register), **asiento registral** (register, registration)].

asignación *n*: allowance. [Exp: **asignación de recursos** (allocation, budgeting, resource allocation; S. *provisión de fondos*), **asignación**

para depreciación (depreciation allowance), **asignación por carestía de vida** (cost of living allowance), **asignación presupuestaria** (allocation)].

asignar *v*: allot, allocate, entrust, confer. [Exp: **asignado** (allottee; S. *suscriptor*), **asignar (fondos, cuentas, impuestos,** etc.) **a fines específicos** (earmark funds, accounts, taxes, etc.; S. *afectar, destinar, reservar o consignar*), **asignar un cargo** (depute; S. *delegar, nombrar sustituto*), **asignar una cantidad o renta a alguien** (settle money/an allowance on somebody), **asignar una dote o una pensión** (settle a dowry or pension), **asignatario** (legatee; S. *legatario*), **sin asignar** (unappropriated; S. *disponible, sin asignar*)]. *Cf* conceder, distribuir.

asilado *n*: refugee. [Exp: **asilo** (sanctuary, refuge), **asilo político** (political asylum)]. *Cf* refugiado.

asistencia¹ *n*: assistance, attendance, aid, relief. [Exp: **asistencia jurídica** (legal aid), **asistencia letrada** (legal assistance; S. *abogado, defensa letrada*), **asistencia letrada al detenido** (legal aid and assistance, prisoners' aid desk), **asistencia social** (social work assistance; welfare payment), **asistente social** (social worker), **asistir** (aid, assist, help), **asistir a alguien** (help a person; S. *socorrer*)]. *Cf* subsidio, auxilio.

asistencia² *n*: attendance. [Exp: **asistir a una reunión** (attend a meeting)]. *Cf* comparecencia.

asociación *n*: association, club, fellowship; partnership, co-partnership; union; combine, holding, conglomerate. [Exp: **asociación comercial o gremial** (trading partnership, trade association), **asociación de crédito** (credit union), **Asociación Europea de Libre Cambio, AELC** (European Free Trade Association, EFTA), **asociación ilícita o de malhechores** (unlawful assembly), **asociación patronal o de patronos** (employers' association), **asociación político-económica** (commonwealth; S. *mancomunidad*), **Asociación Europea de Libre Comercio** (European Free Trade Association)]. *Cf* peña.

asociado *n*: associate, partner. *Cf* socio, suplente.

aspirante *a/n*: eligible; applicant, candidate. *Cf* solicitante, elegible, con derecho a.

asta *n*: S. *a media asta.*

astillero *n*: shipyard.

astucia *n*: guile, deviance. *Cf* malicia, picardía.

asumir *v*: assume, adopt; take on, take over; accept. [Exp: **asumir un cargo** (come into office, take over a post; S. *entrar en funciones, llegar al poder*), **asumir un compromiso** (acquire an obligation, pledge/engage one's word), **asunción** (assumption), **asunción de riesgo** (asumption of risk)]. *Cf* aceptar, sancionar, autorizar, aprobar.

asunto *n*: subject, matter, subject-matter, issue, affair, concern; re. [Exp: **asunto incidental** (collateral business), **asunto tapado, secreto o vergonzoso** (skeleton in the cupboard), **asuntos de la administración diaria** (current business)].

atacar *v*: assault, attack. [Exp: **atacar por sorpresa** (ambush; S. *emboscada, tender una emboscada*)]. *Cf* provocar, acometer, hostigar, asaltar.

atañer *n*: affect, concern, apply to. *Cf* comprender a, ser aplicable o de aplicación a.

ataque¹ *n*: assault, aggression, attack, battery. [Exp: **ataque con intención criminal** (felonious assault, assault with intent to murder), **ataque físico** (battery; inflicting grievous bodily harm)]. *Cf* agresión, intimidación violenta, asalto, acometimiento, violencia física.

ataque² *n*: stroke. *Cf* apoplejía.

atasco *n*: traffic jam; foul-up, administrative jam. *Cf* retenciones de tráfico.

atención *n*: care. [Exp: **atención razonable que se espera** (due and proper care; S. *diligencia razonable*), **atención sanitaria** (health care)]. *Cf* cautela, prudencia, cuidado, precaución.

atender *v*: attend to; meet; honour. [Exp: **atender un compromiso** (meet an engagement), **atender una letra** (meet/honour a draft), **no atender una letra** (dishonour bill, let a bill lie over)]. *Cf* cumplir con, cuidar, hacer frente a.

atenerse a *v*: abide by, comply with, conform to,

follow, observe; rely on; know full well, be aware of, limit oneself to. *Cf* someterse a, ajustarse a, acatar, respetar.

atentado *n*: offence, crime, criminal act; outrage, attack. [Exp: **atentado a la intimidad** (infringement/invasion of privacy), **atentado contra la honra/el pudor** (indecent assault; S. *abusos deshonestos*), **atentado terrorista** (terrorist attack or outrage)].

atentar *v*: attempt; attack; commit an outrage; make an attempt on (person's life, etc.).

atenuación *n*: mitigation, abatement. [Exp: **atenuación de la sentencia** (mitigation of sentence), **atenuación de un daño, perjuicio o acto perjudicial** (abatement of a nuisance), **atenuantes** (alleviating/mitigating/extenuating circumstances), **atenuar** (alleviate, mitigate; S. *aliviar, mitigar, paliar*)].

atestación *n*: acknowledgment; attestation; affidavit.[Exp: **atestación por notario público** (notarization; S. *acta o escritura de reconocimiento*), **atestado** (report, official report, certificate, damage report; S. *denuncia, parte*), **atestado de avería** (damage report; S. *acta de avería*), **atestado policial** (police report), **atestar** (attest, testify, bear witness to; S. *legalizar, compulsar, dar fe*)].

atestiguación *n*: deposition, affidavit. *Cf* testimonio, juramento.

atestiguar *v*: witness, testify, bear witness, certify; prove; vouch. *Cf* testificar, dar testimonio.

atonía del mercado *n*: market sluggishness.

atracar[1] *n*: hold-up, rob. [Exp: **atracador** (hold-up man, armed robber, bandit, gangster; S. *asaltante*), **atraco** (hold-up, armed or highway robbery; S. *asalto*)]. *Cf* asaltar.

atracar[2] *n*: (berth; S. *amarrar*). [Exp: **atracadero** (berth), **atracado** (in berth, alongside), **atraque** (berth; S. *muelle*)].

atrasar *v*: defer, hold up, delay. [Exp: **atrasado** (behind schedule, in arrears, unsettled, back; S. *descubierto, en mora, pendiente, vencido*), **atraso(s)** (arrears), **atraso(s) en el pago de sueldo, intereses, alquiler**, etc. (arrears of wages, interest, rent, etc.)]. *Cf* diferir, demorar, aplazar.

atravesar *v*: undergo, experience.

atribución *n*: function, powers, authority. *Cf* función, ocupación.

atribuir *v*: impute, attribute.

atropellar *v*: outrage, ride roughshod over, ignore; disregard (rights, etc.). [Exp: **atropello** (abuse, outrage; S. *abuso de posición dominante, desmanes*)].

audiencia[1] *n*: high court. [Exp: **Audiencia Nacional** (special division of the Supreme Court set up to relieve pressure of business on the High Court; at present, sits only in Madrid, though nationwide expansion is envisaged; has criminal and civil divisions, both involving matters that are serious —terrorism, fraud, major drug trials, etc.— and/or complex administrative law, "contenciosos administrativos" business and appeals; National Criminal Court), **audiencia provincial** (principal court of a Spanish provincia; *approx* County Court; provincial criminal court; *approx* Crown Court), **audiencia territorial** (territorial court of appeal, high court with jurisdiction over a region, partly overlapping the autonomous regions; ranks immediately above the *audiencia provincial*)]. *Cf* tribunal de justicia, órgano jurisdiccional.

audiencia[2] *n*: hearing; trial; sitting of a court; audience. [Exp: **audiencia a puerta cerrada** (private hearing), **audiencia pública** (public hearing, open court), **audiencia previa a las partes** (pre-trial conference)]. *Cf* vista.

auditor *n*: auditor; legal adviser to a military court; magistrates' clerk. [Exp: **auditor general** (general judge-advocate), **auditor oficial o autorizado** (approved auditor), **auditoría** (auditing; auditor's office; S. *censura de cuentas*)]. *Cf* censor de cuentas, experto contable.

aumentar *v*: rise, raise, increase. [Exp: **aumento** (rise), **aumento de capital** (increase of capital, capital turnover; S. *ampliación*), **aumento del margen comercial** (markup), **aumento salarial lineal** (across-the-board increase)]. *Cf* alza.

ausencia *n*: absence; lack, want. [Exp: **ausencia de. precaución** (simple negligence; S.

imprudencia o negligencia simple, falta de precaución), **ausencia no justificada** (absence without leave, AWOL), **en ausencia de** (inthe absence of, for want of; S. *en defecto de*), **ausente** (absent), **ausentismo** (S. *absentismo*), **en ausencia** (in default)]. *Cf* incomparecencia; falta, carencia.

autenticar *v*: authenticate, witness. [Exp: **autenticación** (authentication; S. *legalización de documentos*), **autenticidad** (authenticity, genuineness), **auténtico** (authentic, genuine, true, bona fide)]. *Cf* autorizar, refrendar, legalizar.

auto- *a*: self. [Exp: **auto-incriminación, auto-inculpación** (self-incrimination), **auto-suficiencia** (self-help), **autocontrato** (self-dealing), **autodeterminación** (self-determination), **autolesión** (self-inflicted injury), **autolesionarse** (cause self-inflicted wounds), **autoliquidación** (tax return, voluntary payment of tax), **automatismo** (automatism), **autonomía** (devolution, home rule, self-government), **autónomo** (autonomous; freelance), **autopista** (motorway), **autopsia** (autopsy, post-mortem, coroner's inquest)]. *Cf* propio.

auto *n*: writ, court order, rule, order, decision, warrant. [Exp: **auto alternativo** (alternative writ), **auto de archivo** (order of stay of proceedings, order that there is no case), **auto de autorización del administrador** (letters of administration; S. *auto judicial de designación de albacea*), **auto de avocación** (certiorari, writ of certiorari), **auto de bancarrota** (warrant in bankruptcy), **auto de casación** (writ of error), **auto de comparecencia** (writ of summons), **auto de conclusión de sumario** (examining magistrate's writ advising prosecution and defence, or parties to a criminal damages action, that the preliminary proceedings are at an end), **auto de declaración judicial de quiebra** (bankruptcy order, adjudication order, receiving order), **auto de detención general** (general warrant), **auto de enjuiciamiento** (judgment), **auto de ejecución de una sentencia** (writ of execution; S. *ejecutoria, providencia*

ejecutoria), **auto de excarcelación inmediata** (gaol delivery, *obs*), **auto de expropiación** (writ of expropriation), **auto de inadmisión/no admisión** (court order refusing leave to proceed), **auto de nulidad** (decree of nullity), **auto de posesión** (writ of entry; S. *acción para recobrar la posesión de un inmueble*), **auto de prerrogativa de protección de los derechos del detenido** (habeas corpus; S. *habeas corpus*), **auto de prisión** (order of commitment to prison, order of committal, commitment; warrant for arrest), **auto de prisión dictado por un tribunal superior** (bench warrant), **auto de prisión dirigido por el juez al alcaide de una cárcel ordenándole que tenga al detenido a buen recaudo y a disposición del tribunal** (mittimus), **auto de prisión provisional** (remand/committal order), **auto de proceder** (order to proceed; S. *auto de sustanciación*), **auto de procesamiento** (bill of indictment, committal for trial order; S. *auto ordenando la apertura de juicio oral con jurado en el Crown Court*), **auto de reivindicación** (writ of replevin), **auto de restitución** (writ of restitution), **auto de revisión** (writ of review), **auto de significación** (return of service), **auto de sobreseimiento** (order that there is no case to answer, stay of proceedings, termination of proceedings for lack of evidence; S. *la causa queda sobreseída, sobreseimiento, archivo*), **auto de suspensión o de sobreseimiento** (writ of supersedeas, stay of proceedings; S. *providencia ordenando la paralización de los procedimientos*), **auto de sustanciación** (order to proceed), **auto definitivo** (determination, final decision or decree), **auto ejecutivo** (writ of execution), **auto inhibitorio** (writ of prohibition), **auto iniciador de una demanda** (originating process; S. *citación incoativa*), **auto interlocutorio** (interlocutory order/decree), **auto judicial** (writ, ruling; S. *orden judicial, proveído, mandato, decreto, escrito, mandamiento judicial*), **auto judicial de autorización de albacea** (letters testamentary; S. *carta testamentaria*), **auto judicial de designación de albacea** (letters of administration), **auto judicial de prerrogativa** (prerogative order), **auto judicial declarativo de quiebra** (bankruptcy order; adjudication order, receiving order), **auto judicial mediante el cual se concede la tutela de un menor** (custodianship order, care order), **auto judicial que restringe o anula el derecho de uno de los esposos a ocupar el domicilio matrimonial** (ouster order), **auto judicial mediante el que se otorga la libertad condicional a prueba** (probation order; S. *sentencia de libertad probatoria*), **auto o providencia que ordena un embargo** (distress warrant), **auto o sentencia de ejecución de otra sentencia dictado por un tribunal** (enforcement order), **auto/orden de comparecencia** (summons; S. *cédula de citación judicial a un demandado, emplazamiento, notificación, requerimiento, notificación que sirve para la incoación de un proceso civil*), **auto ordenando la apertura de juicio oral con jurado** (committal for trial order; S. *auto de procesamiento*), **auto ordenando la prestación de servicios comunitarios** (community order), **auto ordenando la restitución de los bienes a sus dueños** (restitution order), **auto perentorio** (peremptory writ), **autos** (court record, record of the proceedings, face of record; S. *actas del proceso y de las actuaciones, sumario, protocolo judicial*), **autos incidentales** (interlocutory proceedings)]. *Cf* providencia, decreto, orden; fallo, resolución procesal.

autor *n*: causer, doer. [Exp: **autor criminalmente responsable** (perpetrator of a crime), **autor de un daño** (wrong-doer), **autor material** (principal), **autor por inducción** (accessory who counsels and procures, instigator), **autoría intelectual** (entrapment; persuading to murder; abetment; abettal; S. *instigación o inducción dolosa a la comisión de un delito*)]. *Cf* causador, causante.

autoridad *n*: authority, agency, official. [Exp: **autoridad aparente** (colour of authority), **autoridad competente** (appropriate agency/ authority), **autoridad fiscalizadora** (reviewing authority, overseer, authority with a right to inspect), **autoridad pública** (public authority; S. *organismo público autónomo*), **autoridad portuaria** (port authority)]. *Cf* dignatario, juez, funcionario público.

autoritario *a*: authoritarian, dogmatic. *Cf* absoluto, dogmático.

autorización *n*: authorization, permit, warrant, authority, leave, licence, pass, permission, sanction. [Exp: **autorización de intervención de salario, cuenta bancaria**, etc. (warrant of attachment of earnings, etc.), **autorización de nuevas asignaciones de crédito** (appropriation warrant), **autorización de urbanización** (planning permission), **autorización de descarga** (landing order), **autorización expresa** (express permission), **autorización para abrir establecimientos dedicados a juegos de azar** (gaming licence), **autorización para edificar** (building permit; S. *permiso de obra nueva*), **autorización para presentar recurso** (leave to appeal), **autorización para proceder por vía ejecutiva** (warrant of execution)]. *Cf* licencia, permiso, venia, patente.

autorizado *a/n*: responsible, authorised; permit-holder, permittee. *Cf* responsable.

autorizar[1] *v*: authorize, empower, license, permit, approve, sanction. [Exp: **autorizar diplomáticamente** (accredit; S. *acreditar, dar credenciales*)]. *Cf* habilitar, sancionar, aprobar, conferir poderes, facultar, dar poder, dar permiso, licenciar.

autorizar[2] *v*: certify, authenticate. *Cf* refrendar, legalizar.

autoservicio mayorista *n*: cash and carry.

auxiliar *v*: aid. *Cf* prestar apoyo, socorrer, coadyuvar, apoyar, sufragar, subvenir, ayudar.

auxiliar *a*: auxiliary; ancillary. *Cf* secundario, subordinado, dependiente, subsidiario, accesorio.

auxilio *n*: help, rescue, aid, assistance. *Cf* ayuda, socorro.

aval *n*: guarantee, backing, collateral (signature); accommodation endorsement. [Exp: **aval de cumplimiento** (performance bond; S. *fianza* *de cumplimiento*), **aval de oferta** (bid bond; S. *fianza de licitador*), **aval de una letra** (surety for a bill), **avalado** (guaranteed), **avalar** (warrant, guarantee, uphold, back, back up, support, stand bail/security/surety; S. *apoyar, endosar, garantizar, prestar fianza, respaldar, responder por, salir fiador*), **avalista** (guarantor, surety, backer, sponsor)]. *Cf* garantía, fianza, caución, endoso.

avalúo *n*: appraisal, valuation, evaluation. [Exp: **avalúo catastral** (*approx*, rateable value of property, appraisal of value of real estate for property tax and rates; S. *catastro*)]. *Cf* tasación, valoración, evaluación.

avance *n*: progress, development, advancement. *Cf* progreso.

avenencia *n*: composition agreement/settlement, consent settlement. [Exp: **avenencia jurídica entre el quebrado y los acreedores** (composition in bankruptcy)]. *Cf* acomodamiento, composición, transacción, ajuste.

avenidor *n*: mediator. *Cf* medianero, mediador, tercero.

avenirse *v*: reach a settlement or agreeent or compromise; be reconciled; agree terms. *Cf* llegar a un compromiso.

avería *n*: average; damage; breakdown (vehicles, machinery). [Exp: **avería distinta de la avería general o gruesa** (average unless general), **avería gruesa o común** (general/gross average, G/A), **avería marítima** (sea damage), **averiarse** (break down)]. *Cf* contribución proporcional a un daño marítimo, siniestro, pérdida, quebranto, perjuicio.

averiguar *v*: ascertain; establish, check, verify. [Exp: **averiguable** (ascertainable), **averiguación del daño**, etc. (ascertainment of the damage, etc.; S. *estimación, determinación,*

valoración, fijación)]. *Cf* determinar, evaluar, fijar, aclarar, comprobar.

avisar *v*: advise, warn, acquaint, caution. *Cf* notificar, comunicar, advertir, informar.

aviso *n*: notice, advice, warning, announcement. [Exp: **aviso al público** (public notice), **aviso de abandono** (notice of abandonment), **aviso de abono** (credit note), **aviso de aceptación** (advice of acceptance), **aviso de asignación** (letter of allotment), **aviso de cargo** (debit note), **aviso de comparecencia** (subpoena, order to appear), **aviso de desalojo** (notice to quit; S. *requerimiento del casero al arrendatario*), **aviso de huelga** (strike notice), **aviso de no aceptación o de rechazo de una letra** (notice of dishonour), **aviso de protesto** (notice of protest), **aviso de vencimiento** (reminder of due date, due notice), **aviso falso de bomba** (bomb hoax; S. *falsa alarma*), **aviso oportuno o de antemano** (fair warning)]. *Cf* anuncio, notificación, emplazamiento, citación, advertencia.

avulsión (predios) *n*: accretion, avulsion. *Cf* accesión natural en inmuebles, acrecentamiento.

ayuda *n*: aid, assistance, help; welfare payment. [Exp: **ayuda material** (relief), **ayudante** (assistant, helper), **ayudante técnico sanitario, ATS** (nursing auxiliary, social health worker), **ayudar en la comisión de un delito** (aid and abet; S. *ser cómplice necesario, coadyuvar*), **ayudas estatales u oficiales** (grant-in-aid; S. *subvención*)]. *Cf* auxilio, socorro, asistencia social, subsidio.

ayuntamiento *n*: town/municipal/district council, Town Hall, City Hall. *Cf* casa consitorial, cabildo, diputación.

azuzar *v*: stir (up). *Cf* agitar.

B

babor *n*: port, port-side (of ship). *Cf* puerto.

bache *n*: depression, pothole, slack period, slump; bad patch. *Cf* depresión, crisis económica.

bailía *n*: bailiwick. *Cf* alguacilazgo.

baja[1] *n*: decline, fall, shortfall, drop, slide. [Exp: **a la baja** (dropping, down), **baja de los precios** (fall in prices; S. *caída, debilitamiento, contracción*), **baja en los tipos de interés** (slide in rates), **baja repentina** (slump; S. *desplome*)]. *Cf* rebaja, reducción, caída.

baja[2] *n*: discharge; casualty (in war, etc.). [Exp: **baja en el inventario** (written off, taken off the inventory), **baja laboral** (off work, on the sick list), **baja por enfermedad** (sick line; sick leave), **baja por maternidad** (maternity leave), **de baja** (on the sick, *col*]. *Cf* dar de baja; alta.

bajar *v*: reduce, decline, fall; be below. *Cf* descender; reducir; caer.

bajeza moral *n*: turpitude. *Cf* infamia.

bajista *a/n*: bearish, bear. *Cf* especulador de acciones a la baja.

bajo *a*: low, mean, contemptible, lower, lowly. *Cf* grosero, procaz, insultante, injurioso; clase baja.

bajo *prep*: under. [Exp: **bajo apercibimiento** (under admonition/penalty/warning), **bajo coacción** (under duress; S. *coaccionado*), **bajo (la) custodia** (in custody, under the care of; S. *encarcelado*), **bajo el reinado de** (in the reign of, under), **bajo falsas apariencias** (under false pretences; S. *con dolo, con medios fraudulentos*), **bajo fianza** (under bond or bail), **bajo juramento** (under/on/upon oath), **bajo los efectos del alcohol** (under the influence of alcohol), **bajo obligación** (under obligation/duress; S. *obligado*), **bajo palabra** (on parole), **bajo par** (below par), **bajo/so pena de, bajo prevención de una pena** (under/on penalty of)]. *Cf* a tenor de lo dispuesto, en virtud de, de conformidad con, de acuerdo con, al amparo de, según, debajo de.

bala[1] *n*: bullet. [Exp: **balazo** (shot, bullet wound; S. *tiro, tiroteo, arma de fuego*)].

bala[1] *n*: bale. *Cf* fardo.

balance *n*: balance. [Exp: **balance anual** (yearly balance, yearly settlement of accounts), **balance comercial** (trade balance, balance of trade), **balance comercial desfavorable o negativo** (adverse trade balance; S. *balanza de pagos deficitaria*), **balance comercial favorable** (advantageous balance of trade), **balance de comprobación** (trial balance), **balance de comprobación ajustado o regularizado** (adjusted trial balance), **balance de prueba final o definitivo** (final trial balance), **balance de recursos y necesidades** (statement of resources and needs), **balance de resultados** (profit and loss statement; S. *estado de pérdidas y ganancias*), **balance de situación/balance general** (balance sheet; S. *hoja de balance, estado de contabilidad, estado financiero*), **balance regularizado** (restated balance sheet)]. *Cf* saldo.

balanza *n*: balance, scale. [Exp: **balanza comercial** (trade balance), **balanza de pagos** (balance of payments), **balanza de pagos deficitaria/favorable** (adverse/advantageous trade balance)].

baliza *n*: beacon.

banca *n*: banking; banks, *collectively*; the banking world.

bancario *a*: financial, banking. *Cf* financiero, monetario.

bancarrota *n*: bankruptcy; failure. [Exp: **bancarrota fraudulenta** (fraudulent bankruptcy; conspiracy to deceive creditors), **bancarrotista** (bankrupt)]. *Cf* quiebra.

banco¹ *n*: bank. [Exp: **banco avisador** (advising bank), **banco central** (central bank, federal bank), **banco comercial de negocios** (acceptance house), **banco con privilegios o privilegiado** (chartered bank, privileged bank), **banco de crédito inmobiliario o hipotecario** (mortgage loan bank), **banco de comercio/mercantil** (commercial bank), **banco domiciliatario de las declaraciones y licencias de importación y exportación** (domiciling bank), **banco emisor/de emisión** (issue bank), **Banco de España** (Central Bank of Spain), **banco de negocios o financiero** (merchant bank), **banco estatal o nacional** (government bank), **banco europeo de inversiones** (European investment bank), **banco fiduciario** (trust company; S. *sociedad de fideicomiso*), **banco público** (State bank), **Banco de la Reserva Federal** (Federal Reserve Bank), **Banco Mundial** (World Bank, International Bank for Reconstruction and Development)].

banco² *n*: bench, seat. [Exp: **banco azul o banco del gobierno** (front benches, ministerial benches), **banco o banquillo de testigos** (witness box, stand, *Amer*), **banco o banquillo de los acusados** (dock for prisoners)].

banda¹ *n*: range, band. [Exp: **bandas de fluctuación** (fluctuation margins/range, bands of oscillation)]. *Cf* hilera, fila, gama.

banda² *n*: ring, gang. [Exp: **bandas armadas o terroristas** (armed terrorist organizations), **banda criminal** (gang of crooks, mob of gangsters, syndicate *Amer, slang*; S. *camarilla, «sindicato»*)]. *Cf* desarticular una banda criminal.

bandera *n*: flag. [Exp: **bandera de conveniencia** (flag of convenience), **bandera de parlamento o de tregua** (flag of truce)]. *Cf* pabellón.

bandido *n*: robber, bandit. *Cf* pistolero.

bando *n*: edict, proclamation, public notice; ban. *Cf* auto, decreto, edicto.

bandolerismo *n*: robbery, racketeerism (*Amer*). [Exp: **bandolero** (gangster, bandit, racketeer)].

banquero *n*: banker. *Cf* cambista.

banquillo *n*: S. *banco²*.

barajando la costa *phr*: coastwise.

baratería o engaño *n*: barratry. *Cf* propensión a pleitear.

barco *n*: boat, ship. [Exp: **barco de cabotaje** (coaster), **buque pesquero** (fishing vessel)].

baremo *n*: scale, rating system, points system. [Exp: **baremar** (rate, classify on a points system)].

barrera *n*: bar, obstacle, barrier. [Exp: **barrera aduanera** (customs barrier), **barreras encubiertas a la libre transacción comercial** (hidden obstacles to trade)].

barrida policial *n*: police swoop, raid. *Cf* redada.

barrio *n*: district, quarter, precinct. [Exp: **barrio periférico** (outlying district, housing estate; S. *urbanización de casas baratas*), **barrio residencial** (suburb)].

bártulos *n*: goods and chattels.

basar *v*: found; ground; base. [Exp: **basado en** (on the basis of), **basándose en** (on the ground that, on the basis of; S. *alegando que*), **basar una demanda** (base a claim), **basarse** (rely; S. *alegar como fundamento*)]. *Cf* fundar, fundamentar, establecer.

base *n*: basis, ground. [Exp: **base acumulativa/de acumulación** (accrual basis), **base cultural** (background; S. *formación cultural, ambiente cultural o social, educación*), **base de apoyo** (ground of argument), **base de liquidación** (basis of the amounts established as due), **base imponible o impositiva** (tax base, tax liability, taxable income; S. *valoración o determinación, valoración fiscal, deter-*

minación del valor imponible), **base jurídica de la causa** (theory of the case; S. *fondo de la cuestión*), **base legal suficiente** (cause of action; S. *causa o motivo de la demanda*), **base tarifada** (rate base/basis), **bases de la acción** (theory of the case, merits of the case, ground of action; S. *mérito procesal*), **bases de licitación** (bidding conditions/specifications; S. *pliego de condiciones*), **bases de un partido** (rank and file; S. *militantes de base*), **sobre la base de reciprocidad** (on a reciprocal basis)]. *Cf* cimientos, fundamento, argumento, alegato, defensa, causa, motivo.

básico *a*: basic, main, principal. *Cf* principal, fundamental.

bastante *adv*: enough, sufficient. [Exp: **bastantear** (deem sufficient, accept, express oneself satisfied with; acknowledge or admit a barrister's instructions, an attorney's power, an agent's mandate, credentials, etc.), **bastanteo** (acknowledgment, due admittance, acceptance of credentials, etc.; S. *poder bastante*)].

bastón de mando *n*: rod.

batida policial *n*: police raid, swoop, search, combing of an area, etc.

bebedor habitual *n*: habitual drunkard. *Cf* borracho.

beca *n*: grant, scholarship bursary. *Cf* bolsa de estudios o de viaje.

beneficencia *n*: charity. *Cf* fondo de beneficencia.

beneficiar *v*: benefit, meliorate; be to the advantage. [Exp: **beneficiarse** (profit by, derive benefit or advantage from)]. *Cf* mejorar.

beneficiario *n*: beneficiary, recipient; payee. [Exp: **beneficiario condicional** (contingent beneficiary), **beneficiario de abandono** (abandonee, beneficiary; S. *cesionario, abandonatario*), **beneficiario de los bienes de un fideicomiso** (beneficiary, cestui que trust; S. *dueño en equidad*), **beneficiario de preferencia** (preference beneficiary), **beneficiario de un cheque, letra**, etc. (payee of a cheque, bill, etc.; S. *tomador, tenedor o portador*), **beneficiario de un reconocimiento** (recognizee), **beneficiario en expectativa** (expectant beneficiary), **beneficiario vitalicio de una propiedad** (life beneficiary, cestui que vie), **beneficiario de una herencia** (beneficiary; S. *derechohabiente*)]. *Cf* destinatario.

beneficio *n*: benefit, earnings, gain, profit; use. [Exp: **beneficio(s) bruto(s)** (gross profit), **beneficio contable o según libros** (book profit), **beneficio de deliberar/deliberación** (option, right or time allowed to the beneficiary under a will to seek professional advice before accepting or declining the inheritance), **beneficio de excusión** (right of surety to force a creditor to make use of legal remedies against the principal debtor before having recourse against surety), **beneficio de explotación** (operating profit), **beneficio de gratuidad** (employee's right to waiver of fees, etc.), **beneficio de inimputabilidad** (right or benefit of non-imputation; S. *inimputabilidad*), **beneficio de inventario** (benefit of inventory; right of beneficiary, under a will, to await the outcome of an inventory on the estate before deciding whether or not to accept the inheritance; S. *aceptación a beneficio de inventario*), **beneficio de la duda** (benefit of the doubt), **beneficio de orden** (benefit of priority), **beneficio ficticio o sobre el papel** (paper profit), **beneficio fiscal** (tax abatement, tax allowance, tax profit), **beneficio justo** (fair return), **beneficios acumulados** (earned surplus), **beneficios adicionales o suplementarios al salario normal** (fringe benefits; S. *complementos de sueldo, ingresos suplementarios*), **beneficios carcelarios o penitenciarios** (prison benefits), **beneficios antes de impuestos** (pre-tax profits), **beneficios de explotación** (operating results, trading profits), **beneficios del capital** (capital profits), **beneficios más amortizaciones** (cash flow; S. *flujo de efectivo, flujo de caja, flujo de tesorería*), **beneficios obtenidos** (profit à prendre; S. *usufructo*), **beneficios penitenciarios** (prison benefits), **beneficios retenidos** (retained/withhold profits), **beneficios tras la liquidación de impuestos** (after-tax profits), **con beneficio** (at a profit)]. *Cf* ventaja, provecho, indemnización, producto, rendimiento, uso, disfrute.

benemérito *n*: meritorious. [Exp: **la Benemérita** (Spanish Civil Guard; S. *guardia civil*)]. *Cf* meritorio.

beneplácito *n*: assent. *Cf* confesión, reconocimiento, declaración, dictamen, asentimiento, aprobación, refrendo, visto bueno.

bestia *n*: thug (*col*). *Cf* criminal, gamberro, perdonavidas, bruto.

bestialidad *n*: bestiality. *Cf* sodomía.

bianual *a*: biyearly.

bibliografía *n*: reference, bibliography, reference. *Cf* referencia.

bien *adv*: well; properly; efficiently. [Exp: **bien construido** (cogent; S. *satisfactorio, convincente*)].

bien(es) *n*: asset; property; effects, goods; benefit, advantage, chose, chattel. [Exp: **bien comunal** (common, common property), **bien mueble** (moveable chattel, chose in possession), **bienes accesorios a un inmueble** (appurtenances, fixture, fittings), **bienes adventicios** (property which comes into one's possession otherwise than by inheritance from one's father; *literally*, "adventitious property"), **bienes agotables** (wasting assets), **bienes alodiales** (property free from liens or charges), **bienes aportados al matrimonio** (property brought as dowry upon marriage), **bienes colacionables** (property to be counted in dividing an estate amongst joint heirs, as part of the share of the heir who has received it from the testator during his lifetime), **bienes comunales** (common/public property), **bienes de capital/de equipo** (capital assets, capital goods, capital equipment; S. *bienes de inversión, bienes de capital*), **bienes de consumo** (consumer goods), **bienes de dominio público** (public property), **bienes de fideicomiso** (trust estate), **bienes dotales** (dowry, advancement), **bienes dotales privativos** (property received as a gift or dowry at marriage but which remains the sole possession of the recipient), **bienes efectivos o reales** (actual assets), **bienes gananciales** (property and money acquired by either or both spouses after marriage and which belongs to them jointly; S. *separación de bienes*), **bienes heredados** (inherited property), **bienes inmuebles** (property; S. bienes raíces), **bienes inmuebles inscritos o registrados** (registered property), **bienes inmuebles o raíces** (real assets, real property, immovables), **bienes invertidos** (capital goods), **bienes litigiosos** (property whose title is in suit), **bienes mostrencos** (lands in abeyance, unclaimed goods/property), **bienes muebles** (movables, moveable/movable estate/property, personal property, personalty), **bienes muebles y bienes raíces** (funds and properties), **bienes parafernales** (separate property of a married woman, paraphernal property, advancement), **bienes privativos** (property of a married person not belonging to the marital society), **bienes raíces o inmuebles** (land, landed property, real assets, realty, real estate), **bienes raíces que se disfrutan en arrendamiento** (chattels real), **bienes reales y personales** (mixed property), **bienes relictos** (estate of a deceased person), **bienes semovientes** (property in livestock), **bienes sociales** (partnership property; S. *fondo social*), **bienes sucesorios disponibles para liquidación de deudas** (legal assets), **bienes tangibles** (chattels personal), **bienes tangibles por heredar** (corporeal hereditaments), **bienes terrenales** (worldly goods; S. *bienes reales y personales*), **bienes troncales** (property inalienable from the blood-line, property that may not pass out of the family), **bienes vacantes** (bona vacantia), **bienes vinculados** (entailed property), **bienes y servicios** (goods and services)]. *Cf* caudal, pertenencias, propiedad, haberes.

bienestar *n*: welfare. [Exp: **bienestar público** (public welfare)]. *Cf* bien.

bigamia *n*: bigamy. [Exp: **bígamo** (bigamist)].

bilateral *a*: bilateral, reciprocal. *Cf* mutuo, recíproco.

billete *n*: ticket; note. [Exp: **billetes de banco** (stand-by ticket, banknotes; bill, *Amer*)]. *Cf* entrada, resguardo.

birlar (*slang*) *v*: nick, lift, pinch, swipe, knock off (*slang*). *Cf* trincar, manar, robar.

blanco, en *phr*: in blank.

blando *a*: lenient, soft. *Cf* indulgente.

blanquear dinero *v*: launder money. [Exp: **blanqueo de dinero** (money-laundering)].

bloquear *v*: obstruct, deadlock. [Exp: **bloqueado por el mal tiempo** (weatherbound), **bloquear una cuenta, dinero, fondos**, etc. (block an account, currency, funds, etc.; *S. congelar*), **bloqueo de discusiones, negociaciones**, etc. (breakdown of talks, negotiations, etc.; *S. punto muerto*), **bloqueo económico** (boycott, embargo; *S. embargo*)]. *Cf* impedir, obstruir, congelar, poner trabas, obstaculizar.

bodega *n*: warehouse. [Exp: **bodega de un barco** (hold, cargo space), **bodega fiscal** (bonded warehouse)]. *Cf* depósito de aduana, almacén afianzado.

BOE *n*: *S. Boletín Oficial del Estado*.

boicotear *v*: boycott. *Cf* aislar.

boletín *n*: bulletin, list; report; register. [Exp: **boletín de cambios** (list of quotations, stock exchange list), **boletín oficial** (official journal, gazette; *S. gaceta oficial*), **Boletín Oficial del Estado, BOE** (Official Gazette of the Spanish State, published daily; laws come into effect as of the date of their publication in this journal]. *Cf* lista, relación.

boleto *n*: ticket; coupon, slip.

bolsa *n*: exchange, market; grant. [Exp: **Bolsa de comercio** (securities market, goods exchange), **bolsa de estudios o de viaje** (grant; *S. beca*), **Bolsa de Valores** (Stock Exchange, securities market; *S. mercado bursátil o de valores*), **bolsa de trabajo** (employment exchange/bureau/office/agency; *S. agencia de empleo, bolsa de trabajo*), **bolsista** (exchange man, stock jobber, stock broker)]. *Cf* mercado, lonja.

bonificación *n*: allowance, bonus, bounty, discount, rebate, backward action, tax allowance. [Exp: **bonificación arancelaria** (customs duties allowance), **bonificación de celeridad en contratos de fletamentos** (dispatch money; *S. prima por celeridad, premio por* despatch money), **bonificación en la prima de seguro por no haber sufrido ningún siniestro** (no-claims bonus),

bonificación sobre fletes (freight allowance), **bonificación tributaria** (tax rebate; *S. tax rebate*), **bonificación sobre ventas** (sales allowance), **bonificar** (refund; bonify; *S. reembolsar*)]. *Cf* descuento comercial, rebaja, prima, gratificación.

bonista *n*: bondholder; holder of bonds/debentures/shares. *Cf* obligacionista.

bono *n*: bond, bonus, debenture. [Exp: **bono a perpetuidad** (perpetual bond; *S. bono sin vencimiento*), **bono asumido o garantizado por otra empresa** (endorsed bond), **bono basura** (junk bond), **bono colateral** (collateral trust bond; *S. bono con garantía prendaria o con garantía de valores*), **bono con doble garantía** (double-barrelled bond), **bono con garantía** (secured bond; *S. bono hipotecario*), **bono con garantía de activos** (debenture bond), **bono con garantía prendaria o con garantía de valores** (collateral trust bond), **bono con vencimiento aplazado** (continued bond), **bono convertible** (convertible bonds), **bono de caja** (bank commercial paper, treasury bill, short-term government note), **bono de confianza** (high-grade bond, gilt-edged bond), **bono de consolidación** (funding bond), **bono de conversión** (refunding bond), **bono de cupón cero** (deferred bond), **bono de entrega** (delivery order), **bono de interés diferido** (deferred bond; *S. bono de cupón cero*), **bono de reintegración o de refundición** (refunding bond), **bono de renta perpetua** (perpetual bond; *S. bono sin vencimiento*), **bono del Estado** (gilt-edged securities; *S. valores de primera clase, valores de canto rodado, valores de toda confianza*), **bono del tesoro** (Treasury bond), **bono garantizado con bienes raíces** (bonds secured on landed property), **bono garantizado con impuestos** (assessment bond), **bono garantizado con bienes personales** (bond secured on personal property), **bono hipotecario o con caución** (secured bond, mortgage bond, real bond, real estate bond; *S. bono inmobiliario, cédula hipotecaria*), **bono impagado en mora** (defaulted bond; *S. obligación en mora*), **bono inmobiliario** (real bond), **bono negociable** (marketable bond), **bono no retirable** (non callable bond), **bono no transferible** (non-marketable bond), **bono nominativo** (registered bond), **bono personal o particular** (personal bond), **bono redimible** (callable bond), **bono sin intereses** (passive bond), **bono sin vencimiento** (perpetual bond; S. *bono a perpetuidad*)]. *Cf* obligación, título, pagaré, cédula.

bordo, a *phr*: on board.

borracho *a/n*: drunk, drunkard. [Exp: **borracho habitual** (habitual drunkard)]. *Cf* ebrio, bebedor.

borrador *n*: draft; draft bill. [Exp: **borrador en sucio (de un acuerdo o documento)** (rough/first draft; S. *primer borrador*)].

borrar *v*: erase, wipe out, strike out/from/off. [Exp: **borradura** (deletion, erasure), **borrar de las listas de causas** (mark off the calendar), **borrar del acta** (strike from the record), **borrar del orden del día** (withdraw from the agenda)]. *Cf* suprimir, cancelar.

borroso *a*: faint, smudged, indistinct; vague, hazy. *Cf* poco claro.

bosquejar *v*: outline. [Exp: **bosquejo** (outline, sketch)]. *Cf* esquema, líneas generales.

botadura *n*: launch. [Exp: **botar** (launch)]. *Cf* lanzar en bolea.

botín *n*: loot, booty; prize. *Cf* pillaje, despojo; presa.

brigada *n*: brigade; division; squad, team of detectives. [Exp: **brigada anti-corrupción** (Fraud Squad), **brigada de estupefacientes** (drug squad), **brigada de homicidios** (homicide division), **brigada de investigación criminal** (criminal investigation department)].

broma pesada *n*: hoax. *Cf* trampa, falsa alarma.

brote *n*: outbreak.

bruto *a*: gross.

bruto *n*: thug (*col*). *Cf* bestia, criminal, gamberro, perdonavidas.

bueno *a*: good, genuine. [Exp: **a buen recaudo** (in a safe place, in safekeeping), **buena conducta** (good conduct, good background), **buena defensa** (meritorious defence), **buena inteligencia** (accord; S. *acuerdo, concierto*), **buena fama** (good name), **buena marcha** (efficiency; progress; S. *rendimiento*), **buenos oficios** (good offices), **de buena fe** (in good faith, bona fide; S. *de mala fe*), **de buena voluntad** (willingly), **en buena y debida forma** (in due form)].

bufete *n*: lawyer's office. *Cf* oficina, despacho.

buhonero *n*: pedlar, hawker. *Cf* vendedor ambulante.

bulto *n*: packet, pack, package. *Cf* embalaje, paquete.

buque *n*: ship, vessel. [Exp: **buque abandonado** (derelict), **buque de carga a granel** (bulk carrier), **buque de peaje** (passenger ship), **buque de propulsión mecánica** (power-driven vessel), **buque de salida** (outbound vessel), **buque de vapor** (steamer), **buque en peligro** (vessel in distress), **buque insignia** (flag ship), **buque mercante** (merchant ship, trading ship), **buque mineralero** (ore ship), **buque portacontenedores** (full container ship, FC ships), **buque sin línea regular** (tramp ship), **buque roll-on roll-off** (roll-on, roll-off ship, RORO), **Buque de la Marina Real** (Ship of the Spanish Royal Navy)].

burdel *n*: brothel. *Cf* lupanar, casa de prostitución.

burlar *v*: trick, deceive, circumvent, baffle. [Exp: **burlar una norma legal** (find a loophole in a rule, find a way round, get round a rule), **burlar la acción policial** (outwit/baffle the police, defeat police vigilance)]. *Cf* frustrar, engañar, enredar.

burocracia *n*: paper work, red tape; civil service; bureaucracy. [Exp: **burócrata** (civil servant, bureaucrat)]. *Cf* papeleo, trabajo administrativo.

busca/búsqueda *n*: search; hunt; pursuit. [Exp: **buscar** (search; seek, hunt), **buscar empleo o colocación** (seek an employment)].

C

cabal *a*: sound, sane; exact, true, precise, proper; whole. [Exp: **en su cabal juicio** (of sound mind; S. *sano de juicio*)]. *Cf* justo.

caber *v*: fit, be appropriate; be possible, lie, be pertinent. [Exp: **cabe un recurso** (an appeal lies, an appeal may be lodged), **no cabe que** (there is no room for)].

cabeza *n*: head, seat; poll. [Exp: **cabecilla** (ringleader), **cabeza de familia** (head of the family), **cabeza de partido judicial o de condado** (county seat), **cabeza de turco** (scapegoat; S. *chivo expiatorio, víctima propiciatoria*), **por cabeza** (per capita)].

cabildo *n*: municipal council, local authority council; chapter. [Exp: **cabildear** (lobby; S. *presionar*), **cabildeo** (lobbying; S. *gestión para influir en los legisladores*), **cabildero** (lobbyist), **cabildo insular** (regional authorities in the Canary Islands)].

cabina electoral *n*: polling-booth, election-booth.

cabotaje *n*: coasting, coastal trade. *Cf* comercio de cabotaje, navegación costera.

cacique *n*: «cacique», local bigwig/bully/political boss. [Exp: **cacicada** (undue influence in local affairs, dirty tricks, use of clout)]. *Cf* pez gordo, mandamás, gerifalte.

caco (*col*) *n*: pickpocket, thief. *Cf* carterista, ratero.

cacheo *n*: frisk, body search. [Exp: **cachear** (frisk, search)].

cadalso *n*: scaffold.

cadáver *n*: corpse, (dead) body. *Cf* levantamiento del cadáver.

cadena *n*: chain; imprisonment, jail. [Exp: **cadena de título** (chain of title), **cadena perpetua** (life imprisonment, custody for life, life sentence)]. *Cf* encadenamiento.

caducar *v*: lapse, prescribe. [Exp: **caducable** (lapsable; S. *prescriptible*), **caducado** (lapsed, stale, out of date; S. *prescrito*), **caducidad** (lapse, lapsing, expiry, sell-by date; forfeit, forfeiture, determination), **caducidad de la fianza** (bond forfeiture/forfeiture of a bond), **caducidad de la instancia** (lapsing of action; legal presumption of abandonment of action; discontinuance; S. *abandono de la acción*), **caducidad de tiempo** (lapse of time; S. *transcurso o lapso de tiempo*)]. *Cf* prescribir, extinguirse.

caer *v*: lie, fall, collapse. [Exp: **caer bajo la ley** (come/lie/be within the purview of the law or within the meaning of an act), **caer en desuso** (fall into abeyance), **caer en desgracia** (fall into disgrace, be disgraced), **caer en mora** (fall behind into arrears), **caer en reversión** (escheat), **caer en suerte** (fall to somebody's lot; S. *echar a suertes, suerte*)]. *Cf* haber fundamento para, corresponder.

caída *n*: decline; fall, drop, shortfall, downturn. [Exp: **caída de la demanda** (fall in demand), **caída en el volumen de negocios** (downturn), **caída repentina** (sharp downturn, collapse, crumbling)]. *Cf* debilitamiento, baja.

caja *n*: fund; safe, bank; cash register. [Exp: **caja**

de ahorros (savings bank), **caja de caudales o caja fuerte** (safe, bank vault), **caja de pensiones** (pension fund), **caja de resistencia** (strike fund; S. *fondo de huelga*), **caja de seguridad** (deposit box), **caja mutua de ahorros** (mutual savings bank), **cajero** (cashier, teller), **cajero automático** (cash dispenser, cash-line)]. *Cf* cámara.

calabozo *n*: dark cell, police station lockup. *Cf* depósito policial, dependencias policiales; mazmorra.

caladeros *n*: fishing grounds.

calado de un buque *n*: draught.

calcular *v*: assess, calculate, compute, work out, fix, evaluate. [Exp: **cálculo** (estimate, reckoning; S. *estimación*), **cálculo de costas** (cost accounting; S. *tasación de costas*)]. *Cf* determinar, precisar, tasar, calibrar.

calendario *n*: calendar. [Exp: **calendario judicial** (court calendar), **calendario de causas por conocer** (trial calendar, court calendar, calendar of cases, *Amer*), **calendario de causas diferidas** (deferred calendar)].

calibrar *v*: adjust. *Cf* tasar, calcular.

calidad *n*: quality, capacity. [Exp: **calidad de miembro o socio** (membership), **calidad de propietario** (proprietorship), **de calidad inferior a la media** (substandard; S. *inferior, defectuoso*), **en calidad de asesor** (in an advisory capacity; S. *a título consultivo*)].

calificar *v*: rate, classify. [Exp: **calificación del delito** (indictment; charge sheet, specification of charges, particulars of offence), **calificación de secreto o reservado** (classification on the secret or reserved list), **calificar los hechos delictivos** (specify the offences, bring specific charges)]. *Cf* baremar, tasar, evaluar.

caligrafía *n*: handwriting. [Exp: **calígrafo** (engrosser), **calígrafo perito** (handwriting expert)].

calumnia *n*: false accusation, aspersion, oral defamation, calumny. [Exp: **calumnia encubierta** (covert slander/libel), **calumnia oral** (slander), **calumniador** (blackener, slanderer, asperser; S. *difamador*), **calumniar** (slander, defame, asperse, malign, cast aspersion, calumniate, backbite *col*; S. *difamar,*

desacreditar), **calumnioso** (slanderous; S. *injurioso, infamatorio*)]. *Cf* acusación falsa, difamación, impostura.

cámara *n*: bureau, office; chamber, room. [Exp: **cámara acorazada de un banco** (bank vault), **cámara alta** (upper house, Senate, House of Lords), **cámara baja** (lower house, House of Representatives, House of Commons), **cámara de arbitraje** (arbitration board/council/panel; S. *tribunal, órgano o junta de arbitraje*), **cámara de comercio** (chamber of commerce), **cámara de compensación** (clearing house), **cámara de diputados** (Lower House, Chamber of Deputies; S. *cámara baja),* **cámara letal/de gas** (death/gas chamber), **cámara privada del juez** (judge's chambers), **Cámara de los Comunes** (The House of Commons), **Cámara de los Lores** (The House of Lords), **Cámara de los Representantes en el Congreso de Estados Unidos** (House of Representatives, *Amer*), **Cámara de Representantes del** *Oireachtas* **o Parlamento de la República de Irlanda o Eire** (Dáil Éireann), **Cámara del Parlamento de la Isla de Man** (House of Keys)]. *Cf* oficina, entidad, agencia.

camarilla *n*: ring; lobby. [Exp: **camarilla política** (pressure group, caucus, *Amer*; S. *comité electoral*)]. *Cf* grupo de presión, banda, «sindicato».

cambiar *v*: change, exchange, swap; cash. [Exp: **cambiar de dueño o de propietario** (change hands), **cambiar de idea** (back down, *col*), **cambiar dinero** (change hands), **cambiar de residencia** (move house, flit, *Scot, col*)]. *Cf* intercambiar, canjear.

cambio *n*: exchange, foreign change; rate, swap. [Exp: **a cambio de efectos pignorados** (against pledged securities), **a corto plazo** (short term, short-sight), **cambio a la par** (par of exchange), **cambio a la vista** (sight rate), **cambio base** (fixing), **cambio de domicilio** (removal), **cambio de contrabando** (black-market exchange, exchange on the black-market), **cambio de moneda** (foreign exchange, currency exchange), **cambio de rumbo** (departure), **cambio exterior** (foreign exchange)]. *Cf* canje, trueque, permuta, intercambio.

cambista *n*: arbitrager, money broker. *Cf* arbitrajista.

camello *n*: pusher, dealer; drug peddlar/ trafficker.

camino *n*: way, path, road. [Exp: **camino gravado con una servidumbre** (road subject to a right of way)].

campaña *n*: programme, campaign. [Exp: **campaña de sensibilización** (consciousness-raising campaign)]. *Cf* programa.

campo *n*: field, area, subject-matter. [Exp: **campo de aplicación** (scope field of application), **campo de concentración o de internamiento** (concentration camp, internment camp, detention camp), **campo de trabajos forzados** (labour camp), **del campo de uno** (in one's field, on one's beat, up one's street; S. *de la especialidad de uno*)]. *Cf* materia, especialidad.

cancelación *n*: annulment, cancellation, liquidation, revocation, discharge; obliteration, redemption; abatement. [Exp: **cancelación de antecedentes penales** (prescription of criminal record, spent conviction), **cancelación de un testamento** (revocation of will), **cancelación simultánea** (cross-default)]. *Cf* revocación, derogación, anulación, rescisión, finiquito.

cancelar *v*: cancel, annul, quash, set aside, call off, redeem, revocate, revoke, liquidate, wipe out. [Exp: **cancelable** (voidable), **cancelar partidas contables** (write-off; S. *eliminación de deudas incobrables*), **cancelar una deuda** (satisfy, pay, settle; S. *liquidar*), **cancelar una escritura o documento** (cancel a deed/ document, instrument), **cancelar una hipoteca** (redeem a mortgage), **cancelar una inscripción** (cancel an application)]. *Cf* suspender, anular, invalidar, dejar sin efecto.

canciller *n*: Minister of Foreign Affairs, Chancellor. [Exp: **cancillería** (Foreign ministry, Department of Foreign Affairs)].

candidato *n*: candidate. [Exp: **candidato a un cargo público** (candidate for office), **candidato propuesto** (nominee; S. *nominatario*), **candidatura** (nomination, candidacy; S. *designación, nominación*), **candidatura única** (uncontested election)].

canguro (*col*) *n*: babysitter; police security van, Black Maria, *col*.

canje *n*: exchange, conversion. [Exp: **canjear** (exchange, swap, convert; S. *cambiar, intercambiar*)]. *Cf* trueque, permuta, intercambio.

canon *n*: rate, rent, charge, tax, royalty; precept, rule, canon. [Exp: **canon de arrendamiento** (rate of rental), **canon enfitéutico** (emphyteutic tax, vasselage, overlord's perpetual right to title), **canon sobre las transacciones** (charge on transactions)]. *Cf* tasa, tarifa, exacción.

cantar (*slang*) *v*: split, grass, shop (*slang*). *Cf* «soplar», «chivarse», denunciar.

cantidad *n*: amount, quantity, sum, quantum. [Exp: **cantidad apostada** (wager), **cantidad global** (lump sum; S. *tanto alzado*), **cantidades** (monies; S. *fondos*)].

canto rodado, de *n*: high-grade bond. *Cf* bono de confianza.

cañada *n*: cattle track, right of way for livestock. *Cf* cordel, vías pecuarias.

capacidad *n*: capability, capacity, competence, faculty, power. [Exp: **capacidad civil** (civil rights, capacity to exercise civil rights), **capacidad competitiva** (competitive strength/capacity), **capacidad contractual** (capacity to contract, contractual capacity), **capacidad contributiva** (tax/fiscal capacity), **capacidad de un buque** (bulk of a ship), **capacidad delictiva** (capacity to commit a crime), **capacidad financiera** (credit rating), **capacidad jurídica o capacidad de obrar** (capacity to act, etc.), **capacidad laboral** (fitness for work), **capacidad legal** (legal capacity, standing), **capacidad para ser parte** (capacity to sue), **capacidad para testar** (disposing capacity/mind), **capacidad plena** (full authority), **capacidad o facultad procesal** (legal capacity to sue or plead), **capacidad sucesoria** (capacity to inherit/succeed)]. *Cf* aptitud legal, competencia.

capacitar *v*: enable, commission, empower,

qualify, allow. [Exp: **capacitado** (competent; S. *idóneo*), **capacitarse** (qualify as), **capacitación profesional** (professional training)]. *Cf* hacer capaz, facilitar.

capataz *n*: foreman.

capaz *n*: competent, efficient, capable. [Exp: **capaz para litigar,** etc. (capable of pleading, etc.)]. *Cf* bien organizado, eficiente, eficaz, competente.

capcioso *a*: captious. [Exp: **pregunta capciosa** (leading question)]. *Cf* sugestivo, impertinente.

capitación *n*: capitation, community charge, head tax, poll tax. *Cf* impuesto por cabeza.

capital[1] *n*: city, capital. [Exp: **capital provincial** (provincial capital, county town, principal town or city in an area)].

capital[2] *n*: capital, principal. [Exp: **capital autorizado** (authorized capital, nominal capital), **capital circulante** (working capital), **capital desembolsado o cuyo desembolso se ha solicitado** (called-up share capital, paid-up capital, paid-in capital, *Amer*), **capital declarado** (stated capital), **capital disponible** (spare capital), **capital e intereses** (principal and interest), **capital en obligaciones** (debenture capital), **capital escriturado** (authorized capital), **capital inicial** (original capital), **capital inmovilizado** (tied-up capital), **capital invertido** (invested capital), **capital neto** (net worth), **capital nominal** (authorized capital, registered capital; S. *capital escriturado, capital autorizado*), **capital ocioso** (idle capital), **capital pasivo** (capital liabilities; S. *pasivo patrimonial*), **capital riesgo** (venture capital), **capital social constituido por acciones pagaderas** (called-up share capital), **capital social** (capital stock, corporate capital, share capital, capital of a partnership; S. *capital escriturado, masa de capital*), **capital social y reservas** (common equity), **capital suscrito** (subscribed capital)]. *Cf* patrimonio.

capitalización *n*: capitalization, fund-raising, capital increase. [Exp: **capitalizar** (capitalize)].

capitán *n*: captain, master. [Exp: **capitán de barco** (captain, master), **capitán de puerto** (harbour master, warden of a port)].

capitular *v*: surrender, capitulate. [Exp: **capitulaciones matrimoniales** (marriage articles, settlement)]. *Cf* renunciar, ceder.

captura *v*: capture, arrest, apprehension, seizure, caption (*obs*). [Exp: **captar/capturar** (capture, bring to justice; S. *prender, apresar*)]. *Cf* apresamiento, aprehensión, detención.

cara *n*: face. [Exp: **carear** (confront, bring face to face), **careo** (confrontation, comparison), **careo de testigos** (face to face interview of witnesses, suspects, etc., ordered by a judge; S. *llevar a cabo un careo, comparar, cotejar*)].

carácter *n*: disposition, character, demeanour; nature. [Exp: **carácter o fuerza vinculante** (binding force), **con carácter vitalicio** (for life), **con carácter de** (in the capacity of; S. *a título de, en calidad de*), **con carácter transitorio** (on a temporary basis), **de carácter procesal** (procedural)]. *Cf* propensión, temperamento.

cárcel *n*: prison, jail, gaol, custody, clink (*col*), cooler (*slang*), jug (*slang*). [Exp: **carcelero** (gaoler, warder, jail-keeper)]. *Cf* penitenciaría, penal, presidio; chirona (*slang*), trena (*slang*).

carecer *v*: lack; not to have; be free of. [Exp: **carecer de antecedentes penales** (have no previous convictions/criminal background), **carecer del *quorum* necesario** (fall short of the required quorum), **carencia** (lack), **carencia de valor** (nullity), **carente de las condiciones necesarias** (wanting or deficient in the requisite conditions; bare, naked), **carestía** (shortage), **carestía o falta de viviendas** (housing shortage)]. *Cf* ausencia, falta, escasez.

carga[1] *n*: freight, load, shipment, freightage, cargo. [Exp: **carga a granel** (BIBO, bulk-in, bag-out), **carga de retorno** (return cargo), **carga en/sobre cubierta** (deck cargo), **carga general** (general cargo), **carga parcial** (partial cargo)]. *Cf* flete, cargamento.

carga[2] *n*: charge, duty; weight, encumbrance, burden, onus; responsibility. [Exp: **carga de la prueba o probatoria** (burden of proof, onus probandi/onus of proof), **carga tributaria o impositiva** (tax burden; S. *presión fiscal*), **cargas** (encumbrances, charges), **cargas**

sociales de una empresa, etc. (welfare charges), **cargas sobre la propiedad** (land charges), **sin cargas** (unencumbered, clear; S. *limpio, libre de gravamen*)]. *Cf* peso, servidumbre, gravamen.

cargamento *n*: freight, shipment, cargo. [Exp: **cargamento a granel** (bulk cargo), **cargamento de ida** (outward cargo)]. *Cf* carga.

cargar¹ *v*: load, ship. [Exp: **cargador** (shipper, docker), **cargar un buque** (lade)].

cargar² *v*: charge; burden. [Exp: **cargado de deudas** (encumbered/overburdened with debts); **cargar con el muerto** (carry the can; do the dirty work), **cargar en cuenta** (debit; S. *consignar en el debe*)]. *Cf* adeudar, cobrar; gravar.

cargarse a uno (*col*) *v*: fix, do in, bump off (*col, slang*).

cargo¹ *n*: accusation, charge, count of an indictment. [Exp: **cargos** (particulars of offence), **cargos generales** (common counts)]. *Cf* denuncia, acusación, imputación.

cargo² *n*: debit, charge. [Exp: **a cargo de** (in charge of; S. *al mando de, al frente de*), **cargos mensuales por saldo inferior al acordado** (carrying charges)]. *Cf* adeudo, débito.

cargo³ *n*: post, office, commission. [Exp: **cargo de confianza** (post held on a discretionary basis), **cargo de gestión o administrativo** (managerial position), **cargo directivo o de responsabilidad** (senior post), **cargo en propiedad** (tenure), **cargo político** (political office), **cargo público** (public office/service)]. *Cf* puesto, empleo; desempeñar un cargo.

cargos, detalles de los *n*: counts, particulars of offence, statement of offence.

caritativo o de beneficencia *a*: charitable, for charity. *Cf* entidad benéfica.

carnal *a*: carnal. *Cf* conocimiento carnal.

carnet de conducir *n*: driver's licence, driving licence.

carnicería *n*: carnage, mass killing, massacre, slaughter. *Cf* matanza, mortandad, estrago, masacre.

carretera *n*: highway.

carta *n*: letter, document, chart, map, charter; charterparty. [Exp: **carta al portador o a la orden** (order bill of lading), **carta amenazadora** (threatening letter), **carta blanca** (charte blanche, full power), **carta certificada** (registered letter), **carta constitucional de una mercantil** (memorandum of association), **carta credencial** (letter of credence), **carta de autorización** (letter of authority/authorization), **carta de aviso para cargar o descargar** (notice of readiness), **carta de aviso** (letter of advice; S. *carta de expedición*), **carta de compromiso** (letter of undertaking), **carta de crédito confirmada** (confirmed letter of credit), **carta de crédito documentaria** (documentary letter of credit), **carta de crédito** (bill of credit, letter of credit), **carta de crédito simple o abierta** (clean letter of credit), **carta de derechos** (bill of rights), **carta de despido** (dismissal statement, dismissal letter), **carta de diputación** (letter of delegation), **carta de expedición** (letter of advice), **carta de garantía o indemnidad** (letter of guaranty, letter of indemnity, backward letter), **Carta de las Naciones Unidas** (Charter of the United Nations), **carta de manifestaciones del cliente** (representation letter), **carta de naturaleza** (naturalization papers), **carta de naturaleza, dar** (naturalize), **carta de pago** (discharge, acquittance, receipt; S. *recibo, finiquito*), **carta de pedido** (purchase order), **carta de porte aéreo** (air consignment note, air way bill), **carta de porte** (bill of freight, carriage), **carta de porte por carretera** (consignment note), **carta de privilegio** (royal charter; S. *cédula real, carta real, título real*), **carta de recomendación** (testimonial, letter of recommendation), **carta de seguimiento** (follow-up letter), **Carta Magna** (constitution; Magna Carta), **carta náutica** (chart; S. *cuadro, plan*), **carta no reclamada** (dead letter; S. *papel mojado*), **carta-orden** (prerogative order/writ, *mandamus*, instruction diected from higher to lower court; S. *comunicaciones procesales*), **carta poder** (letter-proxy), **carta real** (royal charter; S.

carta de privilegio, cédula real), **carta rogatoria** (letter of request, letter rogatory; S. *comisión rogatoria*), **Carta Social Europea** (European Social Charter Rights), **carta testamentaria** (letters testamentary), **cartas de tutoría** (letters of guardianship)]. *Cf* contrato de fletamento de un buque, póliza de fletamento.

cártel *n*: trust, cartel. *Cf* grupo industrial, combinación, consorcio.

cartel *n*: bill, poster.

cartera *n*: holdings, list of assets; portfolio. [Exp: **cartera de obligaciones** (debenture stock), **cartera de pedidos atrasados** (backlog of orders), **cartera de renta fija** (debenture stock), **cartera ministerial** (office/portfolio of a minister)]. *Cf* valores en cartera, tenencias, propiedades.

carterista *n*: pickpocket. *Cf* ratero, caco.

cartilla o libreta de ahorro *n*: bank-book, pass book, savings book.

casa *n*: house. [Exp: **casa central** (headquarters, main office), **casa consistorial** (Town Hall; S. *ayuntamiento*), **casa de cambio** (exchange bureau), **casa de corretaje** (brokerage), **Casa de la Moneda** (mint), **casa de lenocinio** (brothel, bawdy house; S. *prostíbulo*), **casa de préstamos** (pawnbroker's shop; S. *monte de piedad*), **casa de prostitución** (disorderly house, brothel; S. *burdel, lupanar*), **casa de vecindad o de pisos** (tenement), **casa matriz** (parent company; head office), **casa solariega** (family seat, country seat)]. *Cf* heredad, finca, vivienda.

casar *v*: annul, quash, set aside on appeal; abrogate. [Exp: **casación** (repeal, abrogation, annulment, cassation of judgment; S. *anulación o revocación de una sentencia*), **casar una sentencia** (overturn, set aside a judgment)]. *Cf* revocar, anular, invalidar; apelación.

casero *n*: landlord. *Cf* terrateniente, arrendador.

caso *n*: case. [Exp: **caso académico** (moot case; S. *discusión de un caso práctico*), **caso aplicable** (case in point; S. *ejemplo ilustrativo*), **caso de urgencia o de fuerza mayor** (emergency; S. *necesidad, apuro*), **caso dudoso** (borderline case), **caso fortuito** (act of God), **caso imprevisto** (emergency), **en caso de** (in the event of, in the case of; S. *tratándose de*), **en caso de duda** (when in doubt, should doubt arise), **en caso de incumplimiento** (failure to comply will lead to; the consequences of non-performance will be), **en el caso de que** (in the event that/of the), **en caso necesario** (where necessary, as far as is necessary), **en su caso** (where appropriate), **en tal caso** (by doing so), **según los casos** (as the case may be)]. *Cf* causa judicial, causa criminal, proceso civil; según los casos.

castigar *v*: punish, penalize, sanction. [Exp: **castigable** (fineable, punishable; S. *multable, sancionable*), **castigo** (punishment, sanction, charge off), **castigo corporal o físico** (corporal punishment), **castigo justo** (retribution; S. *correctivo, pena merecida, recompensa*)]. *Cf* sanción, restricción.

casual *a*: fortuitous, accidental. [Exp: **casualidad** (chance, luck; coincidence)]. *Cf* eventual, temporero, coyuntural, fortuito.

catastro *n*: cadastre, land survey, Land Registry. *Cf* Registro de la Propiedad Inmobiliaria, valor catrastral, avalúo catastral.

categoría *n*: rank, rating, status. [Exp: **categoría financiera** (financial rating)]. *Cf* dignidad, empleo, graduación, grado, rango.

categórico *a*: categorical, absolute, complete, final. *Cf* tajante, perentorio, ineludible, inaplazable, definitivo, firme, absoluto, pleno.

caución *n*: caution, bail, pledge, security, gage, guarantee, surety, warning. [Exp: **caución absoluta** (bail absolute), **caución de arraigo en juicio** (security for the defendant's cost; S. *cautela de arraigo en el juicio*), **caución de indemnidad** (indemnity bond), **caución de licitador** (bid bond), **caución para costas** (security for costs), **caución por acción civil** (civil bail), **caucionable** (bailable), **caucionado** (cautionary), **caucionar** (bail, caution; S. *afianzar*), **con caución** (secured)]. *Cf* aval, medida cautelar, fianza, prenda, título, garantía.

caudal *n*: body of estate, effects; estate, means.

[Exp: **caudal hereditario o de una herencia** (body of an estate, estate of a deceased person; S. *sucesión*), **caudal social** (assets/capital of a partnership), **caudales públicos** (public funds)]. *Cf* masa, contenido, bienes, volumen.

causa[1] *n*: cause, reason, ground. [Exp: **a causa de** (by reason of, on account of, owing to; S. *por motivo de*), **causa de anulación** (ground for annulment), **causa de divorcio** (ground for divorce), **causa de la acción** (cause of action, right of action), **causa eficiente** (efficient/ moving cause), **causa indirecta o remota** (remote cause; S. *motivo indirecto*), **causa inmediata o próxima** (proximate cause, causa causans, causa proxima, dominant cause, efficient cause, immediate cause, legal cause, moving cause, next cause, producing cause), **causa interventora** (causation; S. *nexo causal*), **causa o motivo de demanda o acción civil** (cause of/for action), **causa razonable** (probable evidence; S. *prueba presunta*), **causa real** (effective cause), **causas de justificación o de inimputabilidad criminal, causa de exención de la responsabilidad criminal** (defence), **por causas desconocidas** (for reasons unknown, by visitation of God), **sin causa** (causeless, groundless; S. *infundado*)]. *Cf* motivo, fundamento, razón.

causa[2] *n*: case, lawsuit; re, matter. [Exp: **causa actual** (case at bar, case under consideration; S. *causa en curso*), **causa apelada** (case on appeal), **causa conocida y terminada/ resuelta** (case heard and concluded), **causa criminal** (criminal prosecution), **causa desestimada** (case dismissed), **causa determinante** (leading case, test case, moot case; S. *causa instrumental*), **causa dictaminada** (case settled), **causa en condiciones de conocer** (case ready for trial), **causa en curso** (case in hand, case under consideration, case at bar, case on trial; S. *causa actual*), **causa instrumental** (test case, moot case), **causa judicial** (case), **causa sujeta a la decisión de un tribunal** (cognizable case), **causas con prioridad** (preferred causes), **causas en espera** (waiting list), **la causa queda sobreseída** (there is no case to answer; S. *sobreseimiento*)]. *Cf* causa criminal, proceso civil.

causa[3] (**contractual**) *n*: consideration. [Exp: **causa adecuada** (good/adequate consideration), **causa ejecutada** (executed consideration), **causa equitativa** (moral consideration, equitable consideration), **causa fingida** (fictitious consideration), **causa ilícita** (illegal consideration), **causa implícita** (implied consideration), **causa insuficiente** (inadequate consideration), **causa justa o razonable** (fair consideration), **causa lícita** (legal consideration), **causa nominal** (nominal consideration), **causa onerosa o valorable** (valuable consideration), **causa pasada** (past consideration), **causa razonable** (due consideration), **causa realizable o ejecutable** (executory consideration), **causa recíproca** (mutual consideration), **causa válida** (good consideration), **causa valiosa** (meritorious consideration)]. *Cf* contraprestación, contrapartida de un contrato.

causador, causante *n*: principal, causer, effector, decedent, de cujus. *Cf* actor, autor.

causahabiente *n*: successor, assignee; trustee, executor.

causalidad *n*: causation, causality. *Cf* nexo causal.

causar *v*: cause, occasion. [Exp: **causar deterioros** (damage, neglect, estrepe), **causar estragos** (wreak havoc, take a heavy toll), **causar heridas** (wound), **causar heridas con la intención de que sean graves** (wound with intent), **causar inconvenientes** (cause trouble; put someone to trouble, inconvenience someone), **causar o suponer un revés** (set back; S. *retrasar, obstaculizar, trabar*)]. *Cf* ocasionar.

cautela *n*: care, caution. [Exp: **cautela de arraigo en el juicio** (security for the defendant´s costs; S. *arraigo en el juicio*), **cautelar** (cautionary, provisional, preventive; S. *caucionado, dado como fianza*)]. *Cf* diligencia razonable, prudencia, medida cautelar.

caza *n*: hunting, game. [Exp: **caza o pesca furtiva o en vedado** (poaching)].

CECA *n*: S. *Comunidad Europea del Carbón y del Acero.*

ceda el paso *n*: give way sign; yield sign, *Amer.*

ceder *v*: transfer, assign, make over, convey, alienate; grant, forsake, surrender, abandon, waive, yield. [Exp: **cedente** (assigner, assignor, endoser, principal; S. *mandante, principal, jefe, poderdante*), **cedente de todos sus bienes** (cessionary bankrupt; S. *fallido*), **ceder a una demanda, un recurso o apelación, derechos, una pretensión** (abandon an action, an appeal, rights, a claim; S. *renunciar a, desistir de, abandonar*), **ceder el uso** (grant someone the use of), **ceder el uso de la palabra** (give the floor), **ceder en su derecho** (yield/waive one's right), **ceder un negocio** (make over a business)]. *Cf* consignar, traspasar, transferir, enajenar; abandonar, renunciar, desistir de.

cédula *n*: bond, warrant, certificate, scrip, schedule. [Exp: **cédula de citación judicial a un demandado** (summons; subpoena; S. *emplazamiento, notificación*), **cédula de habitabilidad** (certificate of occupancy, occupancy permit, certificate of fitness for habitation, certificate of habitability), **cédula de notificación** (summons, subpoena), **cédula hipotecaria** (debenture bond, mortgage bond/certificate/debenture), **cédula hipotecaria garantizada con el arrendamiento de una propiedad** (leasehold mortgage bond), **cédula o patente de invención** (letters patent), **cédula o vale de tesorería** (treasury note), **cédula real** (royal charter; S. *carta de privilegio*)]. *Cf* título, resguardo, póliza.

celda *n*: cell. [Exp: **celda de aislamiento** (bull pen), **celdas de condenados** (condemned cells, death row; S. *corredor de la muerte*)].

celebrar *v*: execute, formalize, hold, carry out. [Exp: **celebrar consultas** (consult), **celebrar elecciones** (hold elections), **celebrar sesión** (hold court, be in session), **celebrar un contrato**, etc. (enter into/conclude/make a contract, etc.; S. *formalizar*), **celebrar un juicio** (hold a trial), **celebrar un nuevo juicio** (retry; S. *conocer de nuevo*), **celebrar una entrevista** (hold an interview), **celebrar una reunión** (hold a session/meeting, sit), **celebrar una vista** (hold a hearing)]. *Cf* tener lugar.

celestina *n*: procuress. *Cf* obsceno, deshonesto, alcahueta.

celoso cumplidor de su deber *n*: zealous, zealous in the performance of one's duty. *Cf* exceso de celo.

censo *n*: ground rent, leasehold; tax; list, register. [Exp: **censo de contribuyentes** (tax roll, taxpayers list; S. *registro tributario*), **censo de población** (census), **censo de por vida** (life annuity), **censo electoral** (voting list, register of electors), **censo enfitéutico** (emphyteusis, emphyteutic rentcharge, long lease), **censo fructurario** (*approx* beneficial ownership, use; land held to the use of another; relation between the legal and the beneficial owner), **censo pecuniario** (valuable consideration given for the use of land, life rent), **censo perpetuo** (perpetual annuity), **censualista** (lessor, annuitant; beneficiary of a long lease, liferent, annuity), **censuario** (annuitant)].

censor de cuentas *n*: auditor; comptroller. [Exp: **censor público/jurado de cuentas** (chartered accountant, certified public accountant CPA), **censura de cuentas** (auditing; S. *auditoría*)]. *Cf* auditor.

censura *n*: disapprobation, disapproval, reflection. *Cf* reprobación.

censurar *n*: disallow, reprove, object to. [Exp: **censurable** (objectionable, reprovable; S. *objetable*)]. *Cf* desaprobar, denegar.

centro *n*: institution. [Exp: **centro de acogimiento/educación/internamiento para menores** (young offender institution, detention centre; S. *hogar tutelar de menores*), **centro de educación de jóvenes delincuentes en régimen abierto** (day training centre), **Centro de Investigación Sociológica** (Spanish Institute for Social Research), **centro de selección de personal** (recruitment office; S. *sección, agencia o departamento de selección de personal*), **centro estadístico de fincas** (cadastre; S. *catastro*), **centro penitenciario** (prison, penitentiary; S. *presidio, penal, penitenciaría*), **centros de rehabilitación** (bail hostels)].

cercenar *v*: retrench, abridge, reduce. [Exp: **cercenamiento del gasto** (retrenchment)]. *Cf* economizar, reducir.

ceremonia *n*: ceremony. [Exp: **ceremonias previas** (preliminaries; S. *preparativos*), **ceremonioso** (formal)].

cerrar *v*: close. [Exp: **cerrar una cuenta bancaria** (close a bank account), **cerrar un trato** (close/make/conclude a bargain, do a deal, clinch a deal, strike a bargain), **cerrar una operación** (conclude a transaction)]. *Cf* clausurar, formalizar.

certificación *n*: attestation, registration, warrant, certificate. [Exp: **certificación de firmas** (certificate of acknowledgment), **certificación del pago de derechos de aduanas** (clearance; S. *despacho de aduanas*), **certificación de un testamento** (attestation of a will)]. *Cf* certificado.

certificado *a*: authentic, certified. *Cf* auténtico, legalizado.

certificado *n*: testimonial, attestation, certificate, warrant. [Exp: **certificado con garantía prendaria** (collateral trust certificate), **certificado de averías** (certificate of damage), **certificado de buena conducta** (written testimonial, certificate of good conduct), **certificado de buena salud** (clean bill of health; S. *patente de sanidad limpia*), **certificado de constitución de una sociedad mercantil** (certificate of incorporation), **certificado de defunción** (death certificate), **certificado de depósito** (bond note, certificate of deposit, CD/cd), **certificado de dividendo diferido** (scrip certificate), **certificado de francobordo** (certificate of freeboard), **certificado de propiedad** (proprietorship certificate), **certificado de reconocimiento de independencia** (certificate of independence), **certificado de registro** (certificate of registry; S. *patente de navegación*), **certificado de testamentaría** (probate), **certificado del síndico** (receiver's certificate), **certificado propiedad** (land certificate), **certificado notarial de reconocimiento** (certificate of acknowledgement; S. *acta notarial*), **certificado para compra de acciones a precio definitivo** (option warrant), **certificado para reintegro** (drawback debenture)]. *Cf* fe, partida.

certificar *v*: acknowledge, certify, attest, audit, warrant, register, vouch. *Cf* acreditar, dar fe, atestar, reconocer.

cesación *n*: discontinuance, cessation. [Exp: **cesación de la vida conyugal** (separation agreement), **cesación de responsabilidad** (cesser; S. *extinción anticipada de un derecho o interés*)].

cesantía *n*: unemployment, dismissal indemnity, severance pay. *Cf* desempleo, paro, indemnización por despido o desahucio.

cesar *v*: cease, dismiss, fire (*col*). *Cf* destituir (a un empleado), despedir; echar.

cese *n*: compulsory retirement, dismissal, cessation, termination, severance. [Exp: **cese de hostilidades** (cease-fire; S. *alto el fuego, armisticio*)]. *Cf* despido, remoción, destitución, desahucio.

cesión *n*: assignment, conveyance, transfer, cession, grant, delivery, demise, remittal, surrender. [Exp: **cesión-arrendamiento** (lease-back), **cesión con prioridades** (preferential assignment), **cesión contractual de bienes** (voluntary assignment), **cesión de bienes** (general assignment in favour of creditors), **cesión de derechos** (assignment of rights), **cesión de la posesión de un buque a los aseguradores** (abandonment of ship, cargo, insured property, etc.), **cesión libre o sin condiciones** (absolute conveyance), **cesión sin causa valiosa** (voluntary conveyance), **cesionario** (assignee, abandonee, beneficiary, grantee), **cesionario de bienes del fallido** (assignee in bankruptcy), **cesionista** (grantor, assigner/assignor, abandoner, surrenderor, transferor)]. *Cf* asignación, traslación de dominio.

cesta de monedas *n*: basket of currencies.

ciclo económico *n*: trade cycle. *Cf* coyuntura.

cierre *n*: close, closing; deadline. [Exp: **cierre de ejercicio** (year-end closing), **cierre de la fase de alegaciones** (close of pleadings), **cierre patronal** (lockout)]. *Cf* término, conclusión, clausura.

cifrar *v*: code. [Exp: **cifrado** (in code)].

cimientos *n*: basis. *Cf* fundamento, base.

circulación *n*: circulation, movement. [Exp: **circulación de capitales** (movements of capital), **circulante** (floating; S. *flotante*)].

circundar *v*: enclose. *Cf* encerrar, incluir.

circunscripción electoral *n*: constituency, precinct, electoral ward. *Cf* distrito electoral.

circunstancia(s) *n*: circumstance(s), background. [Exp: **circunstancialmente** (circumstantially), **circunstancias agravantes** (aggravating circumstances), **circunstancias atenuantes** (mitigating circumstances), **circunstancias causantes** (causation; S. *causalidad*), **circunstancias esenciales** (res gestae), **circunstancias eximentes de la responsabilidad criminal** (defence, exculpatory circumstances; S. *eximentes, causas de inimputabilidad criminal*), **circunstancias modificativas de la responsabilidad criminal** (extenuating circumstances), **circunstancias o argumentos que se aducen en la defensa** (defence)].

cita *n*: citation, quotation; appointment. [Exp: **cita previa/previa cita** (by appointment), **cita a leyes, normas**, etc. (authority, citation of authorities; S. *normas, fuente de prestigio jurídico*)].

citación *n*: notice, notification, summons, writ, process, call. [Exp: **citación a juicio** (writ of summons), **citación a licitadores** (call for bids, invitation to bidders), **citación de remate** (notice of public auction), **citación judicial** (judicial notice, summons), **citación para aportar pruebas** (subpoena duces tecum), **citación para sentencia** (final judgment summons), **citación y emplazamiento** (subpoena)]. *Cf* convocatoria, notificación formal, emplazamiento.

citar *v*: quote; summon, convene, subpoena, give notice. [Exp: **citar para estrados** (summons, subpoena)]. *Cf* notificar.

ciudadanía *n*: citizenship. [Exp: **ciudadano** (national, citizen), **ciudadano nacionalizado o naturalizado** (naturalized citizen), **ciudadano por nacimiento** (natural-born citizen)]. *Cf* nacionalidad.

civil *a/n*: civil; civilian.

clandestino *a*: surreptitious, clandestine. *Cf* subrepticio; pasar a la clandestinidad.

clarificar *v*: clarify, refine, clear (up). *Cf* perfeccionar, pulir, mejorar.

claro *a*: clear, open, unequivocal, flat, patent, daylight; blatant. *Cf* diáfano, convincente.

clase *n*: type, class. [Exp: **clase baja** (lower class; working class), **clasificar** (classify, sort, rank, rate, marshal), **clasificación** (ranking, rating, classification; S. *tasación, rango*), **clasificación de gravámenes** (marshalling of liens)].

cláusula *n*: clause, article. [Exp: **cláusula abrogatoria** (annulling clause), **cláusula adicional** (rider; S. *acta adicional*), **cláusula antirrenuncia** (antiwaiver clause), **cláusula colateral** (collateral contract), **cláusula compromisoria** (arbitration clause), **cláusula de anticipación o de amortización anticipada** (acceleration clause), **cláusula de atestación** (witness clause), **cláusula de autoexclusión** (opting-out clause), **cláusula de cierre de un instrumento notarial** (testing clause), **cláusula de comercio durmiente** (dormant commerce clause), **cláusula de coseguro** (coinsurance clause), **cláusula de confiscación** (forfeit clause), **cláusula de culpabilidad bilateral en abordaje** (both-to-blame collision clause), **cláusula de excepción** (saving clause; S. *salvedad o reserva*), **cláusula de exención** (exemption clause), **cláusula de franquicia de avería simple** (average clause), **cláusula de gestión y trabajo** (sue and labour clause), **cláusula de guerra** (war risk clause), **cláusula de hielo** (general ice clause), **cláusula de inembargabilidad de los beneficios** (spendthrift clause), **cláusula de nación más favorecida** (most favoured-nation treatment), **cláusula de no renuncia al derecho de abandono** (waiver clause), **cláusula de notificación** (notice clause), **cláusula de penalización** (penalty clause, indemnity clause), **cláusula de premoriencia** (survivorship clause, predecease clause), **cláusula de prioridad** (preemption clause), **cláusula de renuncia**

(waiver clause), **cláusula de rescisión** (contractual option), **cláusula de rescisión del contrato de fletamento** (cancellation/cancelling clause; S. *cláusula resolutiva*), **cláusula de salvaguardia de un contrato** (escape/safeguard clause, protective clause; S. *salvaguardia*), **cláusula de supervivencia del testador** (pre-decease clause, survivorship clause), **cláusula derogatoria** (repealing/derogatory clause), **cláusula facultativa** (optional clause), **cláusula penal** (penal clause, penalty), **cláusula resolutiva/resolutoria** (cancellation/cancelling clause, defeasance clause), **cláusula de reparación o indemnización por daños y perjuicios** (damage provision), **cláusula testamentaria sobre la heredad residuaria** (residuary clause), **cláusulas estatutarias** (partnership articles)]. *Cf* estipulación, sección, artículo, término.

clausura *n*: closure. [Exp: **clausurar** (close adjourn)]. *Cf* cierre.

clausurar *n*: close, adjourn. *Cf* concluir, cerrar, formalizar.

clave *n*: code. *Cf* código.

clemencia *n*: mercy, leniency, clemency. *Cf* lenidad.

cliente fallido *n*: bad debtor. *Cf* insolvencias, deudor moroso.

clientela de una empresa o negocio *n*: goodwill. *Cf* fondo de comercio, plusvalía.

club o asociación de protección e indemnidad *n*: protection and indemnity club.

co- *prefijo*: co-, joint, fellow. [Exp: **co-adjutor/coadyuvador** (fellow-helper), **co-agente** (joint agent), **co-arrendador** (co-lessor), **co-arrendatario** (co-lessee; S. *mediero*), **co-asegurador** (co-insurer), **co-aseguro** (co-insurance; S. *seguro copartícipe*), **co-autoría** (co-authorship), **co-avalista** (co-guarantor; S. *co-fiador*), **co-demandado** (co-defendant, co-respondent, joint defendant), **co-deudor** (joint debtor, co-debtor, comaker; S. *cogirador, fiador*), **co-dueño** (tenant in common; S. *cotitular*), **co-encausado** (joint defendant), **co-fiador** (co-guarantor, co-surety; S. *co-avalista*), **co-gestión** (co-management),

co-girador (co-drawer, co-maker), **co-heredero** (co-heir, co-inheritor, co-parcener, fellow-heir), **co-litigante** (co-litigant), **co-optar** (co-opt), **co-participación** (privity), **co-presidente** (co-chairman), **co-propiedad** (co-ownership, tenancy in common; S. *condominio*), **co-propiedad de cónyuges** (estate by entirety), **co-propietario** (co-owner; S. *condueño*), **co-responsabilidad en la falta o culpa de algún subordinado** (privity), **co-responsables de un ilícito civil** (concurrent tortfeasors), **co-titular** (co-owner, co-proprietor, tenant in common; S. *codueño*)]. *Cf* joint.

coacción *n*: compulsion, coercion, duress, undue influence. [Exp: **coacción con violencia** (duress), **coacción física** (actual coercion), **coacción violenta para el cobro de deudas** (harassment of debtors), **coaccionado** (under duress; S. *bajo coacción*), **coaccionar o chantajear con amenazas o violencia para cobrar deudas** (demand with menaces), **coactivo** (coercive)]. *Cf* fuerza, compulsión, intimidación.

coalición *n*: coalition, combination. [Exp: **coalición ilegal** (illegal combination)].

coartada *n*: alibi.

coartar *v*: coerce, restrict. *Cf* limitar, forzar, obligar.

cobarde *a*: coward. [Exp: **cobardía** (cowardice)].

cobertura *n*: coverage; hedging. [Exp: **cobertura de cambio** (exchange cover), **cobertura informativa** (press coverage)].

cobijar o esconder a un delincuente *v*: shelter/harbour a criminal. [Exp: **cobijo** (shelter, aid and comfort, harbouring; S. *dar cobijo*)]. *Cf* esconder.

cobrar *v*: charge; cash; receive, collect. [Exp: **cobrador** (collector), **cobrar de más** (overcharge), **cobrar de menos** (undercharge), **cobrar el sueldo** (draw one's salary), **cobranza/cobro** (collection), **cobro de deuda mediante recursos judiciales** (aggressive collection), **cobro excesivo** (overcharge; S. *recargo*), **por cobrar** (receivable)]. *Cf* percibir, recibir.

coche *n*: car, vehicle. [Exp: **coche celular** (prison van, police security van, Black Maria, *col; S. canguro*), **coche patrulla** (patrol car; S. *furgón policial*)].

codicilo *n*: codicil. *Cf* testamento.

código *n*: code; system of law; statute. [Exp: **codificación o cifrado** (coding), **codificar** (codify), **código civil** (civil code), **código de derecho estatutario** (statute book), **código de ética profesional** (code of professional ethics), **código de la circulación** (highway code), **código de policía** (police regulations), **código de procedimiento** (rules of procedure), **código de pruebas** (law of evidence), **código deontológico** (code of conduct/practice, model rules of professional conduct, *Amer*), **código o ley de procedimiento o de enjuiciamiento civil** (code of rules governing the trial of civil actions; *approx* Rules of the Supreme Court, The White Book, code of civil procedure, *Amer*), **código mercantil** (commercial law), **código penal** (penal code/laws), **código penal militar** (penal code for the use of military tribunals, courts martial rules for criminal law, *approx* articles of war), **código postal** (post code, zip code)]. *Cf* clave, normas.

coeficiente *n*: rate, ratio. [Exp: **coeficiente bancario obligatorio** (bank reserves ratio), **coeficiente de caja** (cash ratio; required cash reserve)]. *Cf* tasa, tarifa, índice.

coerción *n*: coercion, restraint. [Exp: **coercitivo** (coercive, restraining)].

coger *v*: catch. *Cf* aprehender, prender, apresar.

cognado *n*: cognate. *Cf* consanguíneo.

cognición *n*: cognizance. [Exp: **cognición judicial** (judicial cognizance/notice/knowledge)].

cohabitación matrimonial o marital *n*: cohabitation. *Cf* contubernio, amancebamiento.

cohecho *n*: bribe, bribery, especially when it involves a public servant or a judge, etc; embracery; breach of confidence, breach of faith. [Exp: **cohechador** (embracer; S. *sobornador*), **cohechar** (bribe, embrace; S. *sobornar*)]. *Cf* soborno, corrupción, corruptela.

coherente *a*: coherent, consistent. *Cf* consecuente.

cohete de señales *n*: flare, signal rocket; signal rocket.

coincidencias de voluntades *n*: meeting of minds. *Cf* acuerdo de voluntades.

coito *n*: sexual intercourse, carnal knowledge, coitus. *Cf* conocimiento carnal.

colaborador en delito *n*: accessory, aider and abettor. *Cf* cooperador, cómplice; cooperación/colaboración/participación delictiva.

colación *n*: collation, hotchpot. *Cf* comparación, cotejo.

colateral *a/n*: collateral; security, collateral. [Exp: **sin colateral** (unsecured; S. *sin garantía*), **colateralmente** (collaterally)]. *Cf* secundario, subsidiario, adicional.

colección *n*: aggregate. *Cf* totalidad, conjunto.

colectivo *a*: collective. [Exp: **colectiva e individualmente** (all and sundry; joint and several), **colectivamente** (as a body)].

colegiarse *v*: join/enrol oneself in, or as a member of, a professional body or association; become a Fellow. [Exp: **colegiación profesional** (enrolment in a professional body), **colegiado** (member of the bar), **colegio** (college, professional association), **colegio de abogados** (Bar Association, Inns of Court; Law Society, American Bar Association, Faculty of Advocates, *Scot*), **Colegio de Corredores** (syndicate of brokers), **colegio electoral** (polling station, polling place; electoral college)].

colindante *a*: adjacent/adjoining, conterminous, abutting. *Cf* contiguo, adyacente, limítrofe.

colisión *n*: crash, collision; conflict. [Exp: **colisión de derechos** (conflict of rights/laws)].

colocar *v*: lay, place; help someone find a job. [Exp: **colocar controles policiales** (set up police road-blocks or checkpoints), **colocarse** (take a job; find oneself a cushy number, *col*), **colocación cómoda/apetecible** (niche; nice or cushy job/number, *col*)]. *Cf* poner, situar.

colonizar *v*: settle. [Exp: **colonizador/colono** (settler; S. *poblador, colono*), **colono usurpador** (squatter; S. *ocupapisos*)].

colusión *n*: collusion. [Exp: **colusor** (collusor), **colusorio** (collusive)]. *Cf* convivencia desleal, confabulación.

colla de estibadores *n*: gang/team of dockers/stevedors. *Cf* mano, cuadrilla.

comandita *n*: limited/silent partnership. [Exp: **en comandita** (all together, as a team, in a bunch)]. *Cf* sociedad mercantil.

comando (terrorista) itinerante *n*: terrorist commando operating at large, outside their area.

combate *n*: combat, fight, battle, contest. [Exp: **combativo** (combative, contentious, argumentative; S. *terco, contencioso, discutidor*)]. *Cf* tumulto, refriega, riña, pendencia; fuera de combate.

combinación *n*: trust, cartel; combine. [Exp: **combinación de empresas** (combination, cartel, pool; S. *concentración de empresas*), **combinar** (merge; S. *fusionar*)]. *Cf* consorcio, grupo industrial.

comentario *n*: comment, observation. [Exp: **comentario justo** (fair comment; S. *eximente por comentario justo*)].

comenzar *v*: start, begin, commence, open. [Exp: **comenzar el turno de alegatos** (open the pleadings), **comenzar la descarga** (break bulk)].

comerciable *n*: marketable. *Cf* realizable, vendible.

comercial *a*: commercial, mercantile. *Cf* mercantil.

comercialización *n*: marketing, merchandising. *Cf* mercadotecnia.

comerciante *n*: merchant, middleman, trader, handler. [Exp: **comerciante al por mayor** (wholesale trader), **comerciante al por menor** (retail trader; S. *detallista, minorista*), **comerciante autorizado** (licensed trader), **comerciar** (trade, deal buy and sell, do business, be in business)]. *Cf* tratante.

comerciar *v*: trade, deal, buy and sell; do business, be in business.

comercio *n*: trade, commerce, business, dealing; shop, store, the shops. [Exp: **comercio al por mayor** (wholesale trade; S. *mayorista*), **comercio al por menor** (retail trade; S. *retailer*), **comercio de cabotaje** (coastal trade), **comercio interior** (domestic commerce)]. *Cf* trato, negocio, transacción, gestión.

cometer *v*: commit. [Exp: **cometer una falta o delito** (wrongdoing), **cometer fraude** (rig; S. *hacer chanchullos, manipular*), **cometer el fraude de imitación** (pass off), **cometer suicidio** (commit suicide), **cometer un delito, un asesinato** (commit a crime/an infraction/a murder), **cometer un desliz** (slip up), **cometer un ilícito civil** (commit a tort), **cometer una imprudencia** (be reckless), **cometido** (task, job, assignment)]. *Cf* provocar, incurrir.

comicios *n*: election, voting. *Cf* elecciones.

comisar *v*: confiscate, seize. *Cf* decomisar.

comisaría *n*: police station. [Exp: **comisaría general de información** (intelligence service), **comisario** (commissioner, deputy, delegate), **comisario de averías** (average surveyor), **comisario de la quiebra** (bankruptcy commissioner), **comisario de patentes** (commissioner of patents), **comisario de policía** (police inspector, superintendent, police commissioner), **comisario jefe de policía** (chief of police, *approx* Chief Constable), **comisario parlamentario** (ombudsman; S. *defensor del pueblo*)].

comisión[1] *n*: committee, commission, delegation, board, panel (*Scot*). [Exp: **comisión asesora** (advisory commission/board), **comisión central de arbitraje** (central arbitration committee), **comisión conjunta** (joint committee), **Comisión de Codificación** (Council of Law Reporting), **Comisión de la Reserva Federal** (Federal Reserve Board), **comisión de revisión de salarios** (wage council), **comisión de vigilancia** (committee of control), **comisión directiva, gestora o ejecutiva** (executive committee), **Comisión Europea** (European Commission), **comisión evaluadora o supervisora de los alquileres** (rent assessment committee), **Comisión Nacional del Mercado de Valores, CNMV** (Securities and Exchange Commission, SEC), **comisión parlamentaria, fase de** (commission stage), **comisión permanente** (standing committee), **comisión rogatoria** (rogatory commission, letter of request), **comisión técnica o de expertos** (panel), **comisionado** (deputy, delegate, commissioner, commissioned; S. *lugarteniente, diputado, delegado*), **comisionar** (delegate, commission; S. *delegar*)]. *Cf* junta, delegación.

comisión[2] *n*: factorage, fee. [Exp: **comisión de cobro** (collection fee, exchange), **comisión de gestión** (management fee), **comisión fija** (flat fee), **comisionista** (agent who works for commission), **comisionista de valores** (dealer; S. *corredor*), **comisionista expedidor** (forwarder merchant)]. *Cf* corretaje.

comisión[3] *n*: perpetration, commission. [Exp: **comisión de un delito** (commission of a crime)].

comiso *n*: confiscation, seizure, attachment. *Cf* decomiso, caducidad, prescripción, pérdida legal de algún derecho.

comitas gentium *n*: comity of nations. *Cf* cortesía internacional.

comité *n*: committee, panel. [Exp: **comité consultivo** (advisory comittee), **comité de dirección** (management/steering committee), **comité de redacción** (drafting committee), **comité ejecutivo** (executive committee), **comité electoral** (caucus, *Amer*)]. *Cf* comisión.

comitente *n*: principal. [Exp: **comitente encubierto o no revelado** (undisclosed principal; S. *mandante encubierto*)].

comodante *n*: bailer, bailor, lender. *Cf* depositante, fiador, garante.

comodatario *n*: bailee, borrower. *Cf* depositario de bienes, locatario, depositante de fianza, prestatario.

comodato *n*: commodatum, free loan for purposes of bailment.

compañero *n*: fellow, peer.

compañía *n*: firm. [Exp: **compañía armadora** (shipping company; S. *empresa naviera o marítima*), **compañía de depósitos o de seguridad** (safe-deposit company; S. *empresa de seguridad*), **compañía de seguros mutuos** (mutual insurance company; S. *mutua de seguros*), **compañía de crédito comercial** (finance company; S. *entidad financiera*), **compañía de transportes** (carrying company), **compañía fiadora** (bonding company), **compañía naviera** (navigation company), **compañía o institución fiduciaria** (trust company; S. *sociedad de fideicomiso, banco fiduciario*), **compañía operadora o de explotación** (operating company), **compañía subsidiaria controlada por interés mayoritario** (majority-held subsidiary), **compañía tenedora o matriz** (holding company; S. *sociedad de control*)]. *Cf* empresa, sociedad mercantil.

comparación *n*: collation. *Cf* cotejo, colación.

comparar *v*: compare, collate, confront. *Cf* cotejar, compulsar, llevar a cabo un careo, confrontar.

comparecencia *n*: appearance, attendance. [Exp: **comparecencia ante los tribunales** (court appearance), **comparecencia de testigos** (attendance of witnesses)]. *Cf* acto de presencia, asistencia.

comparecer *v*: appear in court, answer, come up before (*col*). [Exp: **comparecer ante el tribunal** (appear in/before the court, be brought to the bar), **comparecer para recibir la notificación de la sentencia** (come up for judgment/sentence), **no comparecer** (fail to appear, make default)]. *Cf* personarse; incomparecencia.

compartir *v*: share. *Cf* participar.

compatriota *n*: fellow-citizen. *Cf* conciudadano.

compendiar *v*: abridge, summarize. [Exp: **compendio** (abridgement, abstract; S. *abreviación*), **compendio de principios de derecho** (digest of rules, summary of practice)]. *Cf* extractar, resumir, abreviar.

compensación *n*: compensation, redress, relief, offset, amends. [Exp: **compensación bancaria** (clearing; S. *convenio bilateral de pagos*), **compensación complementaria por muerte en accidente** (accidental death benefit), **compensación en derecho internacional** (reparations), **compensación por gastos de viaje** (travelling allowance; S. *viático, gastos de viaje*)]. *Cf* satisfacción, reparación, retribución, remuneración, desagravio.

compensar *v*: compensate, clear; redress, offset. [Exp: **compensado** (balanced; S. *equilibrado*), **compensar contratos, apuestas,** etc., **entre sí** (balance; hedge, *col*), **compensar pérdidas** (offset losses)]. *Cf* contrarrestar, equilibrar.

competencia[1] *n*: competition. [Exp: **competencia desleal o injusta** (unfair competition; S. *competencia o concurrencia desleal o inequitativa*), **competencia leal o justa** (fair competition)]. *Cf* concurrencia, concurso.

competencia[2] *n*: power, duty, competence, capacity, faculty, authority, cognisance/cognizance. [Exp: **competencia decisoria** (decision-making powers), **competencia estatutaria** (power conferred by a statute, law, etc.), **competencia excepcional** (special jurisdiction), **competencia jurisdiccional** (competence, jurisdictional authority), **competencia legislativa** (law-making power), **competencias consultivas** (advisory powers; S. *consultant*), **competencias de control** (supervisory powers), **competencias de deliberación** (advisory powers)]. *Cf* capacidad jurídica, habilidad; tener competencia en.

competente *a*: capable, competent, efficient, applicable; trained. [Exp: **competente para litigar**, etc. (capable of pleading, etc.)]. *Cf* apto, idóneo, preparado.

competer *v*: concern, be incumbent on.

competir *v*: compete, rival. *Cf* contrincante.

compilar las leyes *v*: codify. [Exp: **compilación de leyes** (code, law reports, statutes at large, *Amer*), **compilador** (reporter; S. *recopilador*)]. *Cf* formar un código, codificar.

complemento de sueldo *n*: bonus, extra, fringe benefit.

completar *v*: accomplish, supplement. [Exp: **completado** (perfect; S. *formalizado, perfecto*)]. *Cf* concluir, cumplir, consumar, practicar, efectuar, realizar, llevar a cabo.

complicar *v*: complicate; involve, entangle. [Exp: **complicación** (involvement)]. *Cf* participación.

cómplice *n*: accomplice, aider and abetter/abettor, accessory, party to a crime; appellee. [Exp: **cómplice encubridor** (accessory after the fact), **cómplice instigador** (accessory before the fact), **cómplice necesario** (accessory), **complicidad** (complicity; aiding and abetting), **complicidad indirecta** (facilitation)]. *Cf* colaborador, cooperador de un delito.

complot *n*: conspiracy, plot, frame-up. *Cf* conspiración, confabulación, conjura.

componedor *n*: adjuster/adjustor, referee. [Exp: **componedor amigable** (S. *amigable componedor, hombre bueno, árbitro*), **componenda** (compromise, settlement; S. *acomodación, compromiso, acuerdo*), **componente** (component, member; S. *elemento, vocal*), **componer** (compound, compromise, settle, settle differences; S. *llegar a compromiso, transigir*)]. *Cf* asesor, tasador, ajustador.

comportar *v*: carry, involve. [Exp: **comportarse** (behave, conduct oneself)]. *Cf* entrañar.

comportamiento *n*: S. *conducta*.

composición *n*: composition, agreement, settlement. [Exp: **composición de los puntos en litigio** (adjustment of the difference)]. *Cf* avenencia, conciliación, convenio, arreglo.

compra *n*: purchase, acquisition, emption. [Exp: **compra de una empresa** (acquisition of a company), **compra por ejecutivos de la empresa** (management buy-out), **compra-venta a plazos** (hire-purchase), **compra-venta mercantil sobre muestras** (sale by sample), **comprado por menos del valor real** (underbought), **comprar** (purchase)]. *Cf* adquirir, adquisición.

comprender *v*: understand, realize. *Cf* ver, hacerse cargo, darse cuenta.

comprendido en *prep*: under. *Cf* contemplado en, considerado en.

comprensivo *a*: understanding. [Exp: **mostrarse/ser comprensivo** (make allowances for; S. *ser considerado, tener en cuenta*)].

comprobación *n*: proof, test, trial, verification. *Cf* prueba, práctica de la prueba, demostración.

comprobante *n*: voucher, warrant. [Exp: **comprobante de adeudo** (voucher of indebtedness), **comprobante de venta** (bill of sale), **comprobante o recibo del reintegro** (withdrawal receipt), **comprobantes o documentos justificativos** (supporting documents)]. *Cf* resguardo.

comprobar *v*: check, test, verify, prove. *Cf* verificar, acreditar, dar fe.

comprometerse *v*: bind oneself. [Exp: **comprometerse solemnemente** (give a solemn undertaking; S. *vincularse, obligarse*)].

compromisario *n*: arbitrator, umpire; representative, backer. *Cf* hombre bueno, amigable componedor, árbitro, tercero.

compromiso *n*: undertaking, commitment, engagement, bond; compromise, obligation, award, assumpsit; pollicitation; embarrassing position, jam, quandary. [Exp: **compromiso colateral** (collateral undertaking), **compromiso de avería** (average bond; S. *garantía o fianza de avería, obligación de avería*), **compromiso de entrega** (delivery bond), **compromiso de los puntos en litigio** (adjustment of the difference; S. *ajuste, acomodo*), **compromiso expreso** (express assumpsit), **compromiso formal** (formal commitment), **compromiso para compra de valores no vendidos** (stand-by underwriting), **compromiso u obligación formalizado ante un tribunal** (recognizance)].

compuesto *a*: compound. [Exp: **estar compuesto de** (consist of)].

compulsar *v*: attest, collate, compare; make a certified copy. [Exp: **compulsa** (attested copy, certified true copy)]. *Cf* dar fe, atestar, cotejar.

compulsión *n*: compulsion, duress. [Exp: **compulsión por detención de bienes** (duress of goods and property)]. *Cf* coacción, apremio.

computar *v*: estimate, tally. [Exp: **cómputo** (tally; S. *cuenta*), **cómputo anual** (year-to-year basis; S. *régimen anual, régimen de renovación anual*)]. *Cf* estimar, tasar.

común *a*: common, ordinary, prevailing. [Exp: **de común acuerdo** (by common consent, by mutual consent)]. *Cf* corriente, habitual, ordinario.

comunal *a*: communal, community. *Cf* bienes comunales.

comunicación/comunicado *n*: report, announcement (of death, marriage, etc.); contact. [Exp: **comunicación de confianza o privilegiada** (privileged communication), **comunicación escrita** (written communication)]. *Cf* aviso, anuncio.

comunero *n*: co-owner, joint owner.

comunicar *v*: give notice, acquaint. [Exp: **notificaciones** (subpoenas, writs or courts orders directed to the parties to a suit), **comunicaciones procesales** (procedural writs/order/notification/motions/petitions; process served as between court; S. *exhorto, carta-orden, suplicatorio, mandamiento, oficio*), **comuníquese** (for transmittal)]. *Cf* dar parte, informar, avisar, advertir.

comunidad *n*: community, commonwealth. [Exp: **comunidad de bienes, bienes gananciales** (community estate/property, joint ownership, community of property), **comunidad de intereses** (fellowship; S. *sociedad, asociación*), **Comunidad Económica Europea, CEE** (European Economic Community, EEC), **Comunidad Europea, CE** (European Community, EC), **Comunidad Europea del Carbón y del Acero** (European Coal and Steel Community, ECSC), **comunidades autónomas** (self-governing communities, autonomous communities)].

conceder *v*: grant; accord; admit; concede, vest. [Exp: **concedente** (grantor, licensor; S. *otorgante de una licencia*), **conceder el derecho** (entitle), **conceder el derecho al voto** (enfranchise; S. *dar carta de naturaleza*), **conceder un descuento, una rebaja** (allow/grant a discount/an allowance; S. *hacer un descuento*), **conceder la palabra** (recognize the speaker), **conceder la suspensión de la instancia** (grant a stay; S. *decretar la suspensión de la instancia*), **conceder libertad condicional a un preso** (release on licence, on parole), **conceder plazos** (extend terms, allow terms for payment), **conceder un crédito** (extend credit), **conceder un plazo para el pago** (grant a delay/postponement), **conceder un préstamo** (grant/make a loan), **conceder una amnistía** (grant amnesty; S. *amnistiar*), **conceder una licencia** (grant a licence), **conceder una prórroga** (allow time, grant a delay), **conceder una subvención** (grant a subsidy)]. *Cf* otorgar, adjudicar, admitir.

concejal *n*: provost, alderman, councillor (*Scot*), bailie (*Scot*). [Exp: **concejalía** (aldermanship), **concejo** (board)]. *Cf* edil, teniente de alcalde.

concepto de, en *phr*: as (a). [Exp: **en concepto de garantía** (as a security)].

concentración de empresas *n*: combination, consolidation, merger.

concerniente a *a*: concerning, regarding.

concertar *v*: agree, adjust, concert. *Cf* reglar, regularizar, regular, adaptar, adecuar, ajustar, acomodar.

concesión *n*: grant, concession, privilege; allowance. [Exp: **concesión administrativa** (dispensation), **concesión de licencias** (granting of licences), **concesión de patente** (assignment of patent), **concesionario** (dealer, grantee, licensee, concessionaire/concessionaire, concessionary; S. *distribuidor*), **concesionario único** (sole licensee)]. *Cf* donación, privilegio, subvención, bonificación.

conciencia *n*: conscience, equity. [Exp: **a conciencia** (scienter, knowingly; S. *con pleno conocimiento, a sabiendas*), **conciencia sin culpa** (blameless knowledge, clean hands; S. *conducta intachable*)].

concierto *n*: arrangement, accord, covenant, bargain. [Exp: **concierto de voluntades** (meeting of minds), **concierto económico o financiero** (financial arrangement)]. *Cf* acuerdo, arreglo, acomodamiento, convenio.

conciliación *n*: settlement, compromise, accord and satisfaction, conciliation, reconciliation. [Exp: **conciliación y arbitraje** (S. *servicio asesor para la conciliación y el arbitraje*), **conciliar** (mediate, conciliate, reconcile)]. *Cf* transacción, acto de conciliación; fórmula de conciliación.

conciudadano *n*: fellow-citizen. *Cf* compatriota.

concluir *v*: conclude, accomplish, close. *Cf* cerrar, formalizar, clausurar.

conclusión *n*: completion, close, results, finding. [Exp: **conclusión de la sociedad de gananciales** (S. *orden judicial disponiendo la conclusión de la sociedad de gananciales*), **conclusiones de una investigación** (findings; S. *resultados*), **conclusiones finales del juez** (closing speech, final speech), **conclusiones de derecho/hecho** (findings of law/fact), **concluyente** (conclusive, determining)]. *Cf* cierre, término, cumplimiento.

concomitante *a*: accompanying, attendant, concomitant. *Cf* adjunto, concurrente.

concordia *n*: concord. *Cf* pacto, convenio.

concordancia *n*: concordance; good agreement, harmony. [Exp: **concordar** (agree; be/run/stand on all fours; S. *concertar, convenir, acordar*), **concordato** (concordat)].

concreto *a*: specific. *Cf* específico.

concubinato *n*: concubinage.

conculcar *v*: infringe, violate; ride roughshed over. [Exp: **conculcación** (violation)]. *Cf* vulnerar.

concurrencia *n*: concurrence; competition. [Exp: **concurrencia de acciones** (joinder), **concurrencia de ofertas** (invitation to treat/tenders), **concurrencia desleal** (unfair competition; S. *competencia injusta o desleal*), **concurrente** (concurrent, attendant; S. *concomitante*), **concurrir** (compete, cooperate), **concurrir a una licitación** (submit a bid/tender)]. *Cf* concurso, competencia.

concursar *v*: compete, stand as candidate, apply for; sit (exam); declare bankrupt/insolvent. [Exp: **concursado** (bankrupt; S. *fallido, quebrado, insolvente*); **concursante** (competitor, bidder, offerer), **concurso** (competition; S. *competencia, concurrencia*), **concurso a licitadores/concurso público** (tender, call for bids; S. *convocatoria de propuestas, licitación*), **concurso de acreedores** (creditors' meeting, bankruptcy proceeding), **concurso de delitos** (offences treated jointly, offences considered together), **concurso-oposición** (competitive exam, Civil Service exam), **concurso público** (tender), **concurso voluntario** (voluntary bankruptcy)]. *Cf* quiebra voluntaria.

concusión *n*: extortion; graft (*col*). [Exp: **concusionario** (extortioner, extortionist; S. *extorsionador*)]. *Cf* exacción injusta, extorsión.

condecoración *n*: decoration, medal.

condena *n*: conviction of an offence, sentence, penalty. [Exp: **condena condicional** (suspended sentence), **condena en costas** (order to pay court costs), **condena por un delito menor** (summary conviction), **condenas**

acumulables (accumulative sentences, cumulative sentences)].

condenar *n*: find guilty, pass sentence, convict somebody. [Exp: **condenado** (convicted prisoner; S. *penado*), **condenado en régimen de libertad a prueba** (probationer), **condenado en régimen de libertad vigilada** (parolee), **condenar a alguien en rebeldía** (enter judgment against somebody for nonappearance as defaulter/as a defaulter; give decree in absence against somebody, *Scot*), **condenar a prisión** (imprison, send down, *col*), **condenar en costas** (order to pay costs)]. *Cf* declarar culpable, hallar culpable.

condición *n*: condition, term, proviso; prerequisite. [Exp: **a condición de que** (provided that; S. *siempre que, con tal que*), **condición de agente** (agency; S. mediación, intermediación), **condición de derecho** (condition in law), **condición de fideicomisario** (trusteeship), **condición de hecho** (condition in fact), **condición de tutor de un menor** (custodianship; S. *tutela*), **condición expresa** (express condition), **condición extintiva** (extinguishing condition), **condición incompatible** (repugnant condition), **condición limitativa, restrictiva o negativa** (restrictive condition), **condición mixta** (mixed condition), **condición mutua** (mutual condition), **condición o vida de maleante** (vagrancy), **condición potestativa** (optional condition), **condición precedente o suspensiva** (precedent condition, condition precedent), **condición resolutiva/resolutoria** (action for cancellation, defeasance clause, dissolving/resolutory condition, condition subsequent), **condición suspensiva** (suspensive condition), **condición única** (single condition), **condiciones de pago** (terms of payment), **condiciones de paz** (peace terms), **condiciones de venta** (terms of sale), **condiciones justas y equitativas** (fair field), **condicional** (contingent, conditional; S. *contingente, aleatorio, accidental*), **condicionalmente o con reserva** (conditionally)]. *Cf* cláusula, requisito, estipulación.

condicionar *v*: limit, qualify, restrict. [Exp: **condicionar una sucesión** (entail an inheritance, set conditions on inheritance)].

condominio *n*: condominium, common ownership, tenancy in common. [Exp: **condominio de matrimonio** (tenancy by the entirety), **condómino** (co-owner, joint owner)]. *Cf* comunidad de propietarios, copropiedad, tenencia en común.

condonación *n*: cancellation of a debt, etc.; remitment, forgiveness, acceptilation (*Scot*). *Cf* anulación, exoneración, cancelación.

condonar *v*: remit, condone, abate. [Exp: **condonar(se) impuestos,** etc. (abate taxes, etc.)]. *Cf* anular, perdonar.

conducción *n*: driving. [Exp: **conducción en estado de embriaguez** (drunk driving, driving while intoxicated), **conducción temeraria o peligrosa** (dangerous driving, reckless driving), **conducción a más velocidad de la permitida** (speeding), **conducir** (operate; drive; S. *dirigir, explotar, operar*)].

conducta *n*: behaviour, conduct. [Exp: **conducta contra la moral pública** (outraging public decency), **conducta criminal** (felony, offence), **conducta descuidada** (failure to show/take due care), **conducta ilegal o inmoral en el ejercicio de una profesión** (malpractice), **conducta indebida** (misconduct; S. *mala conducta*), **conducta intachable** (irreproachable conduct; clean hands; S. *conciencia sin culpa*), **conducta justa y equitativa** (fair dealing), **conducta no acorde con las normas de la convivencia civilizada** (unreasonable behaviour), **conducta pervertida, anormal o antisocial** (antisocial behaviour, unreasonable behaviour), **conducta violenta** (violent disorder; S. *altercado violento, disturbio, desorden violento*)].

conducto de, por *phr*: through.

condueño *n*: part-owner, co-owner. *Cf* copropietario.

conexión *n*: bearing, relation.

confabulación *n*: collusion; conspiracy. [Exp: **confabulación para restringir el libre comercio** (contract/conspiracy in restraint of trade), **confabularse contra alguien** (collude, conspire; S. *pactar en perjuicio de tercero*), **confabulado** (conspirator)]. *Cf* colusión.

confederación *n*: league, association. [Exp: **confederarse** (league; S. *aliarse, unirse*)].

conferencia *n*: conference, congress, assembly; call. [Exp: **conferencia telefónica a cobro revertido** (reverse-charge call, collect call, *Amer*)].

conferir *v*: award, confer, vest. [Exp: **conferir poderes** (empower)]. *Cf* facultar, autorizar, otorgar.

confesar *v*: declare, confess, admit, recognize. [Exp: **confesión** (confession, admission, avowal, deposition, assent; S. *reconocimiento, admisión*), **confesión bajo coacción** (admission under duress), **confesión de la deuda** (confession of indebtedness), **confesión espontánea** (voluntary confession), **confesión *in articulo mortis*** (death-bed confession, dying confession; S. *declaración*), **confesión judicial** (deposition, reply to interrogatories; S. *absolución de posiciones, declaración jurada por escrito, confesión, deposición*), **confesión o reconocimiento de culpabilidad/responsabilidad** (admission of guilt/liability), **confesión sin confirmación** (naked confession), **confesión sincera** (honest confession), **confesión y anulación** (confession and avoidance; S. *defensa de descargo*), **confeso** (self-confessed)]. *Cf* declarar, afirmar.

confianza *n*: confidence, trust, reliance; intimacy, freedom from formality, familiarity. [Exp: **en confianza** (in confidence); **de confianza** (reliable, trustworthy; responsible, involving responsibility), **confiando que** (in anticipation, in the expectation; S. *previendo, adelantándose a, con la esperanza de*), **confiar** (rely, entrust, commit; S. *encomendar*)]. *Cf* fiabilidad, formalidad, seriedad, veracidad, crédito.

confidencial *a*: secret, confidential. *Cf* secreto.

confinado *n*: prisoner. [Exp: **confinamiento** (confinement, period of imprisonment; S. *internamiento*), **confinar** (confine), **confinar con** (abut/border on)].

confirmación *n*: confirmation, ratification, acknowledgement. [Exp: **confirmación de la sentencia** (affirmance of judgment), **confirmar** (ratify, confirm, sustain, affirm, uphold, clinch; S. *ratificar, apoyar, sostener*), **confirmar una condena** (uphold a conviction, sustain a conviction)]. *Cf* ratificación, afirmación.

confiscación *n*: expropriation, seizure; confiscation. [Exp: **confiscar** (confiscate, expropriate, forfeit), **confiscable** (forfeitable, expropriable), **confiscación** (expropriation), **confiscatorio** (confiscatory), **confiscado** (forfeit)]. *Cf* decomiso, secuestro, incautación, embargo.

conflicto *n*: dispute, conflict. [Exp: **conflictivo** (quarrelsome, hasty; troublemaker), **conflicto colectivo de trabajo** (labour disputes), **conflicto de competencia o de jurisdicción** (conflict of jurisdiction), **conflicto de deberes** (conflict of duties; S. *eximente de conflicto de deberes*), **conflicto de derecho o de leyes** (conflict of laws; S. *antinomia legal*), **conflicto laboral** (labour dispute), **conflicto salarial** (pay dispute)]. *Cf* disputa, desacuerdo, controversia.

conforme *a/n*: agreed; in agreement; acceptance, approval. [Exp: **conforme a** (in accordance with), **conforme a derecho** (lawful, allowable; according to law; S. *lícito, legítimo, de acuerdo con, según, en el marco de*), **conforme absoluto o sin condiciones** (absolute acceptance; S. *aceptación expresa y absoluta*), **conformidad** (accordance, agreement, approval, consent, compliance, acquiescence; S. *consentimiento, aprobación*), **conformidad a derecho** (lawfulness; S. *legitimidad*), **de conformidad con** (under, in compliance with, according to, in line with; S. *de acuerdo con lo dispuesto, al amparo de, según, a tenor de lo dispuesto, en virtud de*)]. *Cf* cumplimiento, consentimiento, visto bueno.

confrontación *n*: confrontation. [Exp: **confrontar** (confront, compare, collate; S. *comparar, cotejar, compulsar, carear*)]. *Cf* conflictividad.

confutación *n*: disaffirmation, disproof. [Exp: **confutar** (disprove, refute, confute; S. *refutar*)]. *Cf* impugnación, refutación.

congelar (**una cuenta, dinero, fondos,** etc.) *v*: freeze/block an account, currency, funds, etc. *Cf* bloquear.

conglomerado *n*: conglomerate. *Cf* grupo industrial, asociación.

congreso *n*: convention. [Exp: **congresista** (Member of Congress; S. *diputado*)]. *Cf* convención, asamblea.

conjetura *n*: conjecture, surmise. [Exp: **conjetura fundada en la probabilidad** (circumstantial evidence; S. *pruebas indirectas*), **conjeturar** (surmise, conjecture; S. *suponer, sospechar*)]. *Cf* suposición, sospecha.

conjunción *n*: adjunctio, accessio (Roman Law).

conjunto *n*: array, aggregate. [Exp: **conjunto de socios** (membership, members *collect.*)]. *Cf* colección, totalidad.

conjura/conjuración *n*: conspiracy, plotting; combination. [Exp: **conjurador** (conspirator; S. *confabulado*)]. *Cf* conspiración, confabulación, complot.

conminar *v*: warn, threaten, subpoena, order under threat of penalty.

conmutación *n*: commutation. [Exp: **conmutación de la pena de cárcel/sentencia** (commutation of imprisonment/sentence), **conmutar una sentencia** (commute a sentence)].

connivencia *n*: connivance, collusion.

conocer *v*: know; hear, try. [Exp: **conocedor** (expert), **conocer causas** (hear cases, hold pleas), **conocer de nuevo** (retry; S. *celebrar un nuevo juicio*), **conocible** (cognizable; S. *enjuiciable, procesable*)].

conocimiento[1] *n*: knowledge, cognizance, notice. [Exp: **con conocimiento doloso** (scienter, knowingly; S. *a sabiendas, a conciencia, con pleno conocimiento*), **conocimiento carnal** (carnal knowledge, sexual intercourse; S. *relación sexual, coito*), **conocimiento de causa** (S. *obrar/hablar con/sin conocimiento de causa*), **conocimiento derivado o por deducción** (constructive knowledge), **conocimiento fundado** (reasonable deduction), **conocimiento judicial** (judicial notice), **conocimiento real** (actual knowledge), **conocimiento por un tribunal de hechos públicos y notorios** (cognizance)]. *Cf* saber.

conocimiento[2] (**de embarque**) *n*: bill of lading, B/L. [Exp: **conocimiento a la orden** (order bill of lading; S. *carta al portador o a la orden*), **conocimiento a persona determinada** (straight bill of lading, *Amer*), **conocimiento al portador** (negotiable bill of lading), **conocimiento con certificación consular** (certified bill of lading), **conocimiento con observaciones, con defectos**, etc. (foul bill of lading), **conocimiento con reservas u observaciones** (unclean bill of lading), **conocimiento con responsabilidad completa de la empresa de transporte** (full bill of lading), **conocimiento de embarque combinado** (combined transport bill of lading, through bill of lading), **conocimiento de embarque corrido** (combined transport bill of lading), **conocimiento de embarque de favor** (accommodation bill of lading), **conocimiento de embarque limpio** (clean bill of lading), **conocimiento de embarque no negociable** (straight bill of lading, *Amer*), **conocimiento de embarque nominativo** (straight bill of lading, *Amer*), **conocimiento de embarque nominativo o no traspasable** (named bill of lading, straight bill of lading), **conocimiento de embarque original** (original bill of lading), **conocimiento de embarque sin trasbordos** (direct bill of lading), **conocimiento de los transportistas públicos que explotan líneas regulares** (common carrier bill of lading, *Amer*), **conocimiento de transporte fluvial** (barge bill of lading, *Amer*), **conocimiento de transporte por carretera** (truck bill of lading), **conocimiento directo o corrido** (through bill of lading), **conocimiento mixto** (through bill of lading), **conocimiento o guía o resguardo de almacén** (warehouse receipt), **conocimiento que atestigua que la mercancía está a bordo** (on board bill of lading), **conocimiento recibido para embarque** (Received for shipment, B/L), **conocimiento sin reservas o cláusulas restrictivas** (clean bill of lading; S.

conocimiento limpio), **conocimiento sucio, tachado, con defectos**, etc. (foul/dirty/claused bill of lading, unclean bill of lading)].

consanguíneo *n*: cognate, collateral. [Exp: **consanguinidad** (cognateness, cognation, half-blood, consanguinity), **consanguinidad colateral** (collateral consanguinity), **consanguinidad lineal** (lineal consanguinity)]. *Cf* cognado, colateral.

consecución *n*: attainment, success. *Cf* realización.

consecuencia *n*: consequence, result. [Exp: **a consecuencia de** (following; S. *a resultas de, a raíz de*), **como consecuencia de** (as a result of, due to, owing to; S. *a resultas de, a raíz de*), **consecuencia natural o próxima** (proximate consequence), **consecuencial** (derivative), **consecuencias desagradables** (penalty), **consecuencias** (effect; S. *repercusión, resultado, efecto*), **consecuente** (consequential, consistent), **consecuentemente** (accordingly; S. *teniendo en cuenta lo anterior, y a ese respecto*)].

consecuente *a*: consistent, consequential. *Cf* coherente.

conseguir *v*: obtain, attain, get, manage, do, come up with, secure. [Exp: **conseguir un empréstito** (raise a loan)]. *Cf* alcanzar, lograr.

consejero *n*: consultant, director, advisor, adviser, counsellor; provost, bailie, councillor (*Scot*). [Exp: **consejero delegado** (managing director, counsellor delegate; S. *administrador*), **consejero sin cargo ejecutivo** (non-executive director)].

consejo[1] *n*: board; court, council, counsel. [Exp: **consejo de administración** (governing board, board of directors/governors; S. *junta directiva, órganos rectores, concejo*), **Consejo de Estado** (Council of State, Council of the Realm; *approx* Privy Council), **consejo de familia** (family council), **consejo de fideicomisarios, de gerencia o de gestión** (board of trustees; S. *patronato*), **consejo de gestión** (board of management), **consejo de gobierno en la sombra** (Shadow Cabinet), **consejo de guerra** (court martial), **consejo de ministros** (cabinet, council of ministers), **Consejo de Seguridad de las Naciones Unidas** (Security Council), **consejo de síndicos** (board of trustees; S. *patronato*), **consejo ejecutivo** (executive council), **Consejo General de la Abogacía Española** (General Council of Spanish Advocates; *approx* National Bar Council), **Consejo General del Poder judicial** (General Council of the Judiciary), **consejo municipal o corporación consistorial** (town-council), **consejo o junta de reclutamiento** (draft board), **consejo privado del soberano** (Privy Council)].

consejo[2] *n*: advice. [Exp: **con el consejo de** (on the advice of; S. *asesorado por*), **consejo y aprobación** (advice and consent), **consejero** (adviser/advisor)]. *Cf* consulta.

consentimiento *n*: agreement, consent, acquiescence; sufferance. [Exp: **consentimiento culpable** (privity), **consentimiento en la cosa y en la causa contractual** (consensus ad idem, acceptance), **consentimiento entre mayores de edad** (consenting adults; S. *base de la tolerancia jurídica de la homosexualidad*), **consentimiento expreso** (express consent), **consentimiento implícito** (constructive consent), **consentimiento mutuo** (mutual consent), **sin el consentimiento** (against the will; S. *contra la voluntad*)]. *Cf* convenio, acuerdo, conformidad, pacto.

consentir *v*: agree, accept, yield, acquiesce. [Exp: **consentir la sentencia** (accept the judgment), **consentir tácitamente** (consent tacitly, connive; S. *tolerar*)]. *Cf* asentir, acceder.

conservación *n*: maintenance, preservation. *Cf* entretenimiento, mantenimiento.

conservar *v*: maintain, retain. [Exp: **conservar como fianza** (hold as pledge)]. *Cf* preservar, mantener, sustentar.

considerable *a*: substantial. *Cf* importante, sustancial, apreciable.

consideración *n*: concern, status. *Cf* categoría, rango, estado, posición.

considerado *a*: considerate. *Cf* tener en cuenta, ser comprensivo o poco severo.

considerar *v*: consider, esteem. [Exp:

considerado en (under; S. *a tenor de lo dispuesto, en virtud de, de conformidad con*), **considerandos de una resolución judicial** (whereas clauses, narrative recitals; S. *fundamentos jurídicos, resultandos, relación de hechos*), **considerar procedente** (think proper, see fit, deem it right/prudent, etc.), **considerar responsable** (lay an action to someone's charge), **consideración** (advisement), **en consideración** (under advisement, advisedly; S. *en tela de juicio*)].

consignación *n*: deposit, appropriation, consignment, remittance. [Exp: **consignar** (earmark, appropriate, consign; S. *remitir, depositar*), **consignatario de buques** (agent, shipping agent, ship's agent; S. *gestor, representante, agente*)]. *Cf* cuenta de aplicación, de dotación o de consignación.

consignar *v*: consign, transfer, pay, register, convey (property). [Exp: **consignar el importe de una deuda u obligación antes de ser demandado** (tender before action), **consignar en el debe/haber** (debit/credit), **consignatario** (consignee, trustee; S. *destinatario*), **sin consignar** (unappropriated; S. *sin asignar, disponible*)]. *Cf* remunerar, transferir, ceder.

consocio *n*: fellow-partner, associate, co-partner.

consolidación *n*: consolidation. [Exp: **consolidación de empresas** (merger; S. *fusión, incorporación, unión*), **consolidación o refundición de leyes** (consolidation)].

consolidar *v*: consolidate, fund, merge. [Exp: **consolidar una deuda** (fund a debt)]. *Cf* refundir.

consorcio *n*: syndicate, pool, trust. [Exp: **consorcio bancario** (banking syndicate), **consorcio de reaseguro** (reinsurance pool)].

consorte *n*: spouse. *Cf* derecho de consorte.

conspiración *n*: conspiracy, plot. [Exp: **conspiración para robar** (conspiracy to rob)]. *Cf* confabulación, conjura, complot.

conspirar *n*: plot, combine, conspire. *Cf* urdir, tramar.

constancia *n*: record, evidence; voucher. [Exp: **para que conste** (S. *surtir efecto*), **constar a alguien algo** (be satisfied that, be aware of,

have knowledge of), **hacer constar** (place on record, record), **no consta en acta** (there is no record), **se hace constar** (to whom it may concern; know all men by these presents, notice is hereby given), **que conste** (for the record; let it be placed on the record), **sin constar/que conste** (off the record; S. *fuera de actas, no atribuible*)].

constatación *n*: confirmation, check. [Exp: **constatar** (confirm, check)]. *Cf* verificación, comprobación.

constituir *v*: constitute, found, establish, form, set up, organize. [Exp: **constituir el jurado** (empanel a jury), **constituir o reunir** *quorum* (constitute a quorum), **constituir un tribunal** (sit on a board/panel, tribunal), **constituir una hipoteca** (grant a mortgage), **sociedad mercantil** (incorporate/found/form a company, **constituir una sociedad colectiva** (enter into a partnership), **constituirse en rebeldía** (default; S. *incumplir contrato o estipulación*), **constituirse en fiador** (stand guarantor, vouch for; S. *afianzar, avalar, garantizar*), **constitutivo** (essential; formal, establishing), **constituyente** (constituent)]. *Cf* fundar.

construcción *n*: building, construction. [Exp: **construcción naval** (shipbuilding), **construcción por contrata** (building contract by tender), **constructivo** (positive, constructive)].

consuetudinario *a*: customary. *Cf* a fuero, usual, habitual; derecho consuetudinario.

consulta *n*: consultation, inquiry. [Exp: **consultar** (consult; S. *celebrar consultas*), **consultar a las urnas** (go to the polls, go to the country; hold a ballot), **consultivo** (advisory; S. *comité consultivo*), **consultor** (consultant), **consultoría** (consultancy; S. *asesoría*)].

consumación *n*: completion, consummation; performance, perpetration. [Exp: **consumación/consunción procesal** (principle that once issue has been joined, no part of the proceedings can ever after be repeated; *approx* issue estoppel)]. *Cf* conclusión, cumplimiento.

consumar *v*: accomplish, complete, achieve. *Cf* completar, concluir, cumplir.

consumir *v*: spend, use, consume. [Exp:

consumidor (consumer, user; S. *usuario*), **consumo** (use, expenditure; S. *uso, gasto*), **consumo de drogas** (drug use), **consumos** (municipal excise tax)]. *Cf* gastar.

contabilidad *n*: accounting, accountancy. [Exp: **contabilidad de costes** (cost accounting), **contabilidad fideicomisaria** (trust accounting), **contabilidad o teneduría de libros por partida simple/doble** (single/double entry bookkeeping)]. *Cf* contaduría, estado de cuenta.

contabilizar *v*: enter, record; count. *Cf* registrar, inscribir.

contable *n*: accountant, certified public accountant, CPA. *Cf* contador público, censor público/jurado de cuentas.

contador *n*: auditor, cashier, expert accountant; tally clerk. [Exp: **contador partidor** (partitioner), **contador público** (public accountant, certified public accountant, CPA, chartered accountant; S. *censor público/jurado de cuentas*)]. *Cf* auditor, experto contable, cajero.

contaduría *n*: accounting; auditor's office. *Cf* estado de cuenta, contabilidad.

contaminación *n*: pollution. [Exp: **contaminación maliciosa de ordenadores por medio de virus informáticos** (dark-side hacking), **contaminar** (pollute)].

contango *n*: contango. *Cf* reporte.

contante y sonante (*col*): cash down, cash on the nail (*col*). *Cf* en metálico.

contar *v*: tally, count. [Exp: **contarse entre** (rank; S. *figurar*), **sin contar con** (exclusive of, excluding; S. *descontado, excluido, con exclusión de*)]. *Cf* computar.

contemplar *v*: cover. [Exp: **contemplado en** (under, under the terms of; S. *en virtud de, de conformidad con, al amparo de, comprendido en*)]. *Cf* recoger.

contencioso *a/n*: contentious; defended action. [Exp: **contencioso-administrativo** (contentious-administrative; involving action taken against or challenging the rights of, the central administration; judicial review; S. *jurisdicción de lo contencioso-administrativo, silencio administrativo*)]. *Cf* litigioso.

contender *v*: contend, contest, argue, dispute. *Cf* debatir, argüir, discutir, disputar.

contener *v*: contain, restrain. *Cf* refrenar, reprimir, restringir.

contenido *n*: body, subject-matter, contents. [Exp: **contenido de los alegatos** (contents of the pleadings), **contenido sustantivo u operativo de una escritura** (body of a deed)].

contérmino *a*: adjacent, adjoining, conterminal, conterminous. *Cf* adyacente, limítrofe, colindante, contiguo.

contestación *n*: reply; return; plea. [Exp: **contestación a interrogatorios** (answer/reply to interrogatories; S. *absolución de posiciones, confesión judicial*), **contestación a la demanda** (answer, defence, pleading, plea; S. *réplica*), **contestación al auto** (return of writ)]. *Cf* respuesta, réplica.

contestar *v*: reply, answer, contest. [Exp: **contestar a la demanda o a la acusación** (tender a plea; S. *presentar un alegato*), **contestar con evasivas** (prevaricate; S. *ocultar la verdad*)]. *Cf* replicar a la demanda, responder.

contienda *n*: debate, dispute, contest, litigation. *Cf* litigio, disputa, controversia.

contiguo *a*: adjacent/adjoining, conterminous. *Cf* adyacente, limítrofe, colindante.

continencia de la causa *n*: principle whereby an action can only be tried as between clearly defined parties who are at issue over a specific matter in the presence of a single competent judge or bench of judges; *approx* litiscontestation.

contingencia *n*: contingency, accident, risk. *Cf* siniestro, accidente, baja, muerto.

contingente *n*: quota, share, contingent. [Exp: **contingente abierto** (open quota)]. *Cf* cuota, cupo.

continuar *v*: continue, pursue; remain; keep. [Exp: **continuación** (continuance, continuation), **continuados** (in a row; S. *seguidos*), **continuidad en el empleo** (continuity of employment)].

contra *prep*: against, counter, versus (vs). [Exp: **contra apelación** (counter appeal), **contra apelar** (counter appeal, cross-appeal), **contra**

asiento (reversing entry; S. *asiento de reversión*), **contra derecho** (unlawful; S. *ilegal, ilícito*), **contra el orden público** (against the peace), **contra entrega de documentos** (against documents), **contra la preponderancia de la prueba** (against the weight of evidence), **contra la voluntad** (against the will), **contra las normas**, etc. (contrary to law)].

contrabandista *n*: smuggler. [Exp: **contrabando** (smuggling)].

contracción *n*: decline. [Exp: **contracción en la demanda** (decline in demand)]. *Cf* baja, caída, debilitamiento.

contractual *a*: contractual.

contracuenta *n*: offset account.

contradecir *v*: contradict, deny, traverse, rebut, gainsay. *Cf* desmentir, refutar.

contrademanda *n*: counter-claim, cross-action, cross-claim, plea in reconvention, reconvention, set-off. [Exp: **contrademandante** (counter claimant), **contrademandar** (counter claim)]. *Cf* reconvención.

contradenuncia *n*: counter-accusation, counter-charge.

contradicción *n*: repugnancy, contradiction, traverse. [Exp: **contradictorio** (repugnant), **en contradicción con su propio saber** (contrary to one's knowledge)]. *Cf* incoherencia.

contrafianza *n*: back-bond, bond of indemnity. *Cf* fianza de indemnización.

contrafuero *n*: infringement, violation of law.

contragarantía *n*: counter-guarantee.

contrainterrogatorio *n*: cross-examination. *Cf* repreguntas.

contramaestre *n*: petty officer. *Cf* maestranza.

contraoferta *n*: counter-offer.

contrapartida *n*: balancing entry. [Exp: **contrapartida de un contrato** (consideration; S. *contraprestación, causa contractual*), **como/en contrapartida** (in return, as compensation)].

contraponer *v*: set-off, set off. *Cf* equilibrar, plantear una contrademanda o reconvención.

contraprestación *n*: consideration; return for service rendered. [Exp: **contraprestación adecuada** (good consideration; S. *causa contractual adecuada*)].

contraproducente *n*: counterproductive.

contraproposición *n*: counter-motion, counter-proposal.

contraproyecto *n*: alternative proposal, counter-proposal.

contraprueba *n*: counter-evidence, rebutting evidence.

contraquerella *n*: cross-action. *Cf* contrademanda.

contrario *a/n*: adverse, opposing; opponent, adversary. [Exp: **contrario a la ley** (unlawful, disorderly; S. *licencioso, inmoral, ilícito, ilegal*), **contrario a la moral y buenas costumbres** (destructive of the moral fabric of society, against or destructive of public decency or morals, liable to deprave or corrupt), **de lo contrario** (otherwise; S. *de no haber mediado dicha circunstancia*)].

contrarreclamación *n*: cross-claim, setoff, offset. *Cf* contrademanda.

contrarréplica *n*: rejoinder. [Exp: **contrarréplica a la tríplica** (rebutter; S. *respuesta a la tríplica, refutación*), **contrarreplicar** (surrebut)].

contrarrestar *v*: offset, counterbalance, counteract. *Cf* equilibrar, absorber, compensar.

contrasentido *n*: incoherence, absurdity.

contraste con, en *phr*: distinguished from; in contrast to, unlike. *Cf* a diferencia de.

contrata *n*: contract, tender. [Exp: **contrata a la gruesa** (bottomry bond), **contrata de arriendo** (lease), **contrata de fletamento** (charterparty)]. *Cf* construcción por contrata.

contratación *n*: undertaking, hiring. [Exp: **contratación a la luz del día** (daylight trading), **contratación de valores** (trading, dealing)]. *Cf* negocio, transacción.

contratar *v*: contract, sign up, make a contract, trade, engage. [Exp: **contratante** (contracting party), **contratante comprador** (bargainee), **contratante vendedor** (bargainor), **contratar personal** (hire), **contratista** (contractor)]. *Cf* altas partes contratantes.

contratiempo *n*: setback, mishap, contretemps. *Cf* desgracia.

contrato *n*: contract, covenant; engagement. [Exp: **con contrato** (under contract),

contratista (contractor), **contrato a costo más honorarios** (fee contract), **contrato a la gruesa** (bottomry bond; S. *hipoteca a la gruesa*), **contrato a tanto alzado** (lump-sum contract), **contrato a término** (time operation), **contrato a título gratuito/oneroso** (gratuitous/onerous contract), **contrato aleatorio** (hazardous contract), **contrato anticipado o de futuro** (forward contract), **contrato consensual** (simple contract, parol contract), **contrato conjunto** (joint contract), **contrato de adhesión** (standard-form contract), **contrato de alquiler** (contract of hire), **contrato de aprendizaje o de prácticas** (contract of apprenticeship), **contrato de arrendamiento de un buque** (charter party; S. *póliza de fletamento*), **contrato de palabra** (parol contract/lease), **contrato de arrendamiento de protección oficial** (protected tenancy), **contrato de asociación** (articles of partnership; S. *estatutos de una sociedad*), **contrato de buena fe** (contract uberrimae fidei), **contrato de compraventa** (contract of sale), **contrato de compraventa de bienes muebles** (bill of sale), **contrato de compraventa inmediata** (bargain and sale), **contrato de empleo** (contract of employment), **contrato de empleo de los marineros** (ship's articles), **contrato de empréstito** (bond indenture; S. *escritura de emisión de bonos*), **contrato de fideicomiso** (trust deed; S. *escritura fiduciaria*), **contrato de fiducia** (trust agreement; S. *convenio de fideicomiso*), **contrato de fletamento** (contract of affreightment, freightment contract, charterparty; S. *póliza de fletamento*), **contrato de fletamento de ida y vuelta** (round-trip charter), **contrato de inquilinato de vivienda amueblada** (lease on furnished property, restricted contract), **contrato de juego** (wagering contract), **contrato de locación** (leasehold), **contrato de mutuo** (mutuum), **contrato de prenda** (collateral contract), **contrato de representación** (agency; S. *gestión, mediación*), **contrato de retroventa** (sale on return), **contrato de salvamento** (salvage agreement), **contrato de servicios** (contract of service/for services), **contrato de sociedad** (partnership agreement/contract), **contrato de trabajo** (employment contract), **contrato de transporte, carta de porte** (bill of freight; S. *carta de porte*), **contrato de transporte, de fletamento** (contract of carriage by sea), **contrato expreso o explícito** (express contract), **contrato fiduciario** (trust indenture; S. *escritura de fideicomiso*), **contrato formal** (formal contract), **contrato fraudulento** (catching bargain; S. *acuerdo gravoso para una de las partes*), **contrato incumplido** (defaulted contract), **contrato justo de fletamento** (clean charter), **contrato matrimonial** (marriage settlement; S. *régimen de bienes*), **contrato mixto** (mixed contract), **contrato para ser perfeccionado** (executory contract), **contrato perfeccionado** (executed contract), **contrato protocolizado o documentado** (contract under seal), **contrato sellado** (specialty contract), **contrato simple o verbal** (simple contract), **contrato sin causa, precio o prestación** (nude contract, naked contract; S. *nudo pacto, nudum pactum*), **contrato verbal** (oral contract, parol contract), **contratos de futuros** (futures contracts)]. *Cf* pacto, acuerdo, convenio.

contravalor *n*: collateral, exchange value. *Cf* garantía prendaria, prenda, seguridad colateral.

contravención *n*: breach, infringement, violation; minor offence, misdemeanour. [Exp: **contravención de contrato** (breach of contract; S. *ruptura/incumplimiento/violación de contrato*)]. *Cf* falta, transgresión.

contravenir *v*: violate, infringe, conflict with, breach, act contrary to, trespass, contravene. *Cf* transgredir, infringir, violar, vulnerar, incumplir.

contribución *n*: contribution; tax, rates, quota. [Exp: **contribución o derrama a una cooperativa** (club call), **contribución proporcional a un daño marítimo** (average contribution), **contribución rústica o territorial** (land tax; tax on rustic property), **contribuciones a la hacienda pública** (revenue), **contribuciones directas** (assessed taxes), **contribuciones especiales** (special levies)]. *Cf* aportación, donativo; arbitrio.

contribuir *v*: contribute, subscribe, donate, pool. [Exp: **contribuir a gastos comunes** (club together; S. *escotar, pagar a prorrateo, reunir dinero*)]. *Cf* aportar, firmar.

contribuyente *a*: contributory, taxpayer. [Exp: **contribuyente municipal** (ratepayer)]. *Cf* contributor.

contrincante *n*: rival. *Cf* competir.

control *v*: control. [Exp: **control de cambios** (exchange control), **control de precios** (price control), **control parlamentario** (parliamentary control), **control policial o militar en carretera** (road-block, checkpoint; S. *colocar controles policiales, dispositivo policial de viligancia*), **controlado** (under surveillance; S. *vigilado*)].

controlar *v*: manage, restrain, control. [Exp: **controlar o dominar el mercado** (control/rule the market)]. *Cf* intervenir, dirigir.

controversia *n*: dispute, controversy, debate. *Cf* conflicto, litigio, disputa, desacuerdo.

controvertible *a*: arguable, questionable, dubious. *Cf* discutible, dudoso.

contumacia *n*: contempt, criminal contempt, defiance, nonappearance, contumacy (*formal*). [Exp: **contumacia directa o penal** (direct contempt), **contumacia indirecta** (constructive contempt)]. *Cf* desacato, desprecio.

contumaz *a/n*: guilty of contempt of court, nonappearance, etc; absconder, defaulter; *Cf* rebelde, declarado en rebeldía, prófugo, fugitivo.

contusión *n*: bruise.

convalidación *n*: validation.

convalidar *n*: validate. *Cf* legalizar, validar.

convecino *n*: neighbour, co-inhabitant.

convencer *v*: persuade, satisfy. *Cf* incitar, persuadir; demostrar.

convención *n*: convention; covenant; assembly. [Exp: **Convención de la Haya** (The Hague Convention), **Convención Europea de Derechos Humanos** (European Convention of Human Rights), **convención o garantía colateral o de materia ajena** (collateral covenant), **convencional** (conventional,

contractual, customary)]. *Cf* pacto, contrato, concierto; asamblea, congreso.

conveniencia *n*: suitability, advisability. [Exp: **conveniente** (advisable, expedient, due; S. *oportuno, aconsejable, prudente*), **las conveniencias** (the social conventions, the done or decent things)]. *Cf* oportunidad, convención.

convenio *n*: accord, settlement, treaty, agreement, pact, convention. [Exp: **convenio bilateral de pagos** (clearing; S. *compensación bancaria*), **convenio colectivo** (collective agreement), **convenio de acreedores** (composition/settlement of creditors), **convenio de compensaciones** (clearing agreement; S. *acuerdo de clearing*), **convenio de fideicomiso** (trust agreement; S. *contrato de fiducia*), **convenio de quita y espera** (deed of arrangement), **convenio ejecutivo** (executive agreement), **convenio expreso o de hecho** (express covenant), **convenio europeo** (European convention), **convenio mutuo** (mutual agreement), **convenio recíproco** (mutual understanding)]. *Cf* concierto, trato, pacto, acuerdo; pactar.

convenir *v*: agree, conclude, article; be desirable. *Cf* acordar, concordar, aprobar.

conversión de la deuda pública *n*: debt conversion.

convertibilidad gratuita *n*: free convertibility.

convertir en efectivo *v*: realise. *Cf* liquidar.

convertirse en realidad *v*: materialize.

convicto *a/n*: convict, convicted.

convincente *a*: cogent, convincing, effective, clear. *Cf* satisfactorio, eficaz.

convocante *n*: convener. *Cf* secretario de una reunión.

convocar *v*: call, summon, convene. [Exp: **convocar una junta general, una huelga, elecciones,** etc. (call a meeting, strike, elections, etc.), **convocar a concurso o licitación** (call for bids), **convocar de nuevo** (reconvene), **convocar las Cámaras/el Parlamento** (summon Parliament)]. *Cf* citar.

convocatoria *n*: call, citation, notice of a meeting. [Exp: **convocatoria de acreedores** (creditors' meeting; S. *concurso de acreedores*),

convocatoria de propuestas (call for bids; S. *concurso a licitadores, licitación*), **convocatoria para la adjudicación de obras, servicios y suministros** (invitation to submit tenders for public works and services; tenders and supplies; S. *servicios y suministros*)].

cónyuge *n*: spouse. [Exp: **cónyuge culpable** (guilty party in divorce proceedings), **cónyuge supérstite** (surviving spouse), **cónyuges** (husband and wife, married couple)].

cooperación *n*: cooperation. [Exp: **cooperación/ colaboración/participación delictiva** (aiding and abetting), **cooperador de un delito** (accessory, accomplice)]. *Cf* cómplice.

cooperativa *n*: cooperative, association. [Exp: **cooperativa de ahorros y préstamos** (saving and loan association), **cooperativa de crédito** (credit union; S. *asociación de crédito, unión crediticia*), **cooperativa de crédito para la construcción** (building and loan association)].

coparticipación *n*: joint participation, privity. [Exp: **partícipe** (privy, copartner)].

copia *n*: transcript, copy. [Exp: **copia auténtica o certificada** (certified copy), **copia de un documento sin valor transaccional** (non-negotiable copy), **copia del título** (abstract of title), **copia fiel** (true copy), **copia heliográfica** (blueprint; S. *ianotipo*), **copia limpia o en limpio** (fair copy), **copia maestra** (master copy of a file), **copiar** (copy)]. *Cf* transcripción.

cordel *n*: cattle track, drover's track; right of way for farm animals.

corporación *n*: company, corporation, guild. body. [Exp: **corporación privada** (private company/corporation; S. *entidad de derecho privado*), **corporación pública o municipal** (public corporation; S. *entidad de derecho público*)]. *Cf* cuerpo, gremio.

corporal *a*: bodily, corporal, corporeal, physical. *Cf* solemne.

corrección *n*: reprimand, revision, reprehension. [Exp: **corrección disciplinaria** (sanction, disciplinary measure), **correccional** (reformatory, detention centre, S. *reformatorio*), **correctivo** (punishment; S. *castigo justo*), **corrector** (corrective, remedial;

S. *revisor*)]. *Cf* reprimenda, amonestación.

corredor *n*: operator, dealer, broker; corridor. [Exp: **corredor/agente de Bolsa** (stockbroker) **corredor de cambios** (money broker; S. *cambista*), **corredor de comercio** (broker), **corredor de fletamentos, agente fletador** (chartering agent), **corredor de obligaciones** (bill broker), **corredor fletador** (chartering broker), **corredor de la muerte** (death row; S. *celdas de condenados que esperan ser ejecutados*), **corredor jurado** (sworn broker), **corredor marítimo** (ship broker)]. *Cf* agente, intermediario.

corregir *v*: revise, amend, emend, right. [Exp: **corregir un abuso** (right a wrong)]. *Cf* modificar, enmendar.

correligionario *n*: associate, fellow, fellow-member.

correo *n*: post, mail. [Exp: **correo certificado** (registered mail), **correo ordinario** (ordinary mail)].

correr *v*: run, circulate. [Exp: **correr con los gastos** (bear/meet the expenses), **correr por cuenta de alguien** (be paid by someone; be someone's responsibility, be on somebody), **correr un peligro o riesgo** (run a risk)].

corresponder *v*: concern, lie, rest. *Cf* haber fundamento para.

correspondencia *n*: correspondence. *Cf* correo.

corretaje *n*: brokerage, broker's commission, factorage. *Cf* comisión, honorarios.

corriente[1] *a*: common, current, prevailing, ordinary, regular, conventional. *Cf* preponderante, dominante, imperante, reinante.

corriente[2] *n*: current, flow. [Exp: **corriente marina** (current), **corriente de capital** (capital flow; S. *flujo de capital*)].

corro *n*: (Stock Exchange) floor, ring, pit (*Amer*). *Cf* parqué.

corroborar *v*: confirm, bear out, sustain. *Cf* verificar, confirmar, sancionar, ratificar.

corromper *v*: corrupt, bribe, debauch, deprave. [Exp: **corrupción** (corrupt practices, malfeasance, graft, *col*), **corruptela** (abuse, malpractice, illegal practice; S. *prácticas abusivas, prácticas delictivas*), **corrupto** (corrupt)]. *Cf* sobornar, depravar.

cortapisa *n*: obstacle; snag; restriction, condition. [Exp: **sin cortapisas** (without/no strings attached)]. *Cf* obstáculo, impedimento, traba.

cortejo fúnebre *n*: funeral cortège.

Cortes Generales *n*: Spanish Parliament. [It consists of the *Congreso de Diputados* (Congress of Deputies) and the *Senado* (Senate)].

cortesía internacional *n*: comity of nations. *Cf* acuerdo de reciprocidad entre naciones en el respeto de las leyes.

corto *a*: short. [Exp: **corto plazo** (short term), **a corto plazo** (at short notice, short-dated)]. *Cf* reducido, insuficiente.

cosa *n*: matter, thing; chose. [Exp: **cosa de nadie** (res nullius), **cosa juzgada** (res judicata; S. *res judicata*), **cosa o hecho natural** (matter of course), **cosa litigiosa** (matter at issue)]. *Cf* bien, posesión.

costa *n*: coast, shore, strand. *Cf* costear.

costas *n*: costs. [Exp: **costas judiciales o procesales** (court costs), **costas y honorarios del letrado** (solicitor's bill of costs)]. *Cf* coste, precio, litisexpensas.

coste, costo *n*: cost, charge. [Exp: **coste de la vida** (cost of living), **coste de rescate** (surrender charge), **coste marginal** (marginal cost), **coste y flete** (cost and freight, CAF), **coste, seguro y flete** (cost, insurance and freight, CIF), **costes variables** (prime costs), **costo o valor de reposición** (replacement cost; S. *amortización*)]. *Cf* precio.

costumbre *n*: use, custom, practice, usage. [Exp: **costumbre comercial** (business practice), **costumbres corruptas** (corrupt practices), **costumbres marítimas** (sea customs), **costumbres nacionales** (traditions of a country, general practice)]. *Cf* práctica, uso.

cotejar *v*: collate, compare. *Cf* compulsar, comparar.

cotejo *n*: collation, comparison. [Exp: **cotejo de letra** (comparison of handwriting)]. *Cf* colación, comparación.

cotización *n*: rate, quotation. [Exp: **cotización de divisas** (rate of exchange), **cotización oficial en bolsa** (official quotation), **cotizar** (quote)].

coyuntura *n*: trade cycle, phase, juncture. [Exp: **coyuntural** (passing, momentary, circumstantial; S. *fortuito, casual*)]. *Cf* ciclo económico.

crear *v*: establish, set up, create. *Cf* fundar, instituir.

crecer *v*: develop, grow, increase. *Cf* desarrollarse, madurar, elaborar.

credibilidad *n*: credit, credibility, reliability, reputation. *Cf* reputación.

crédito *n*: credit, accommodation; reliability, reputation, standing. [Exp: **a crédito** (on credit/trust), **crédito a devolver de una sola vez** (non-instalment credit), **crédito a una sola firma** (unsecured credit; S. *crédito en blanco*), **crédito al mercado** (margin buying), **crédito bancario** (bank loan), **crédito blando** (soft credit), **crédito con caución** (secured credit), **crédito de explotación** (working credit), **crédito descubierto** (overdraft credit), **crédito documentario** (documentary credit), **crédito documentario revocable** (revocable documentary credit), **crédito en blanco** (unsecured credit), **crédito en descubierto o en cuenta corriente** (bank overdraft), **crédito hipotecario** (mortgage/mortgaging credit), **crédito incobrable** (bad debts), **crédito mobiliario** (chattel mortgage), **crédito pignoraticio** (secured credit), **crédito respaldado** (secured credit, back-to-back credit), **crédito rotativo** (revolving credit), **crédito subsidiario** (back-to-back credit), **crédito transferible** (endorsable credit), **créditos autorizados** (appropriation; S. *asignación de recursos*), **créditos** (accounts receivable; S. *cuentas en cobranza*)]. *Cf* confianza, fiabilidad; entidad de crédito.

crimen *n*: murder, crime. [Exp: **crimen pasional** (crime of passion), **criminal** (criminal, felonious; felon, malefactor, thug, *col*; S. *delincuente, reo, malhechor*), **criminalidad** (criminality), **criminalista** (criminal lawyer)]. *Cf* asesinato, delito.

crisis *n*: crisis; emergency. [Exp: **crisis económica** (depression), **crisis de gobierno** (cabinet reshuffle)]. *Cf* urgencia, estado de necesidad.

criterio *n*: standard, criterion. *Cf* norma, medida, rasero.

cruel *a*: merciless, cruel. [Exp: **crueldad** (cruelty; S. *ensañamiento*), **crueldad mental** (mental cruelty)]. *Cf* inmisericorde.

cuaderno de bitácora *n*: ship's book/journal. *Cf* diario de navegación.

cuaderno de inspección de vehículos *n*: log-book.

cuadrar *v*: balance, tally. *Cf* computar, equilibrar.

cuadrilla *n*: gang of workmen. [Exp: **cuadrilla de ladrones** (gang of robbers, etc.; S. *pandilla*)]. *Cf* colla de estibadores, mano.

cuadro *n*: schedule, char; cadre, team of executives. *Cf* plan, lista, horario.

cuando fuere necesario *phr*: where necessary, as far as is necessary. *Cf* en caso necesario, en tanto fuere necesario.

cuando sea de aplicación *n*: when applicable.

cuantía *n*: amount involved, level. *Cf* de mayor/menor cuantía.

cuantificación *n*: assessment, quantum of damages.

cuantioso *n*: high, substantial, considerable.

cuarentena *n*: quarantine.

cuartel *n*: barracks, quarter(s). [Exp: **cuartel general** (headquarters; S. *sede principal*), **cuartelazo,** *col* (military coup, putsch)]

cuasi *a*: quasi; constructive. [Exp: **cuasi contrato** (quasi-contract), **cuasi servidumbre** (quasi-easement), **cuasi entrega** (constructive delivery), **cuasi contumacia** (civil contempt; S. *desacato indirecto*)].

cuatrería *n*: abaction, cattle-stealing, rustling. [Exp: **cuatrero** (abactor, rustler; S. *abigeo, ladrón de ganado*)]. *Cf* abigeato, hurto de cabezas de ganado.

cubrir *v*: cover. [Exp: **cubrir aceptaciones** (provide for acceptance), **cubrir los contratos de futuros** (hedge, *col*), **cubrir una vacante** (fill a seat/vacancy; S. *ocupar una vacante*), **cubrirse o asegurarse con una prenda** (secure oneself)].

cuenta *n*: account, bill; statement, tally, reckoning. [Exp: **a cuenta** (on account), **cuenta a plazo fijo** (time deposit; S.

imposición a plazo), **cuenta abierta** (charge account, open account), **cuenta certificada o auditada** (audited statement), **cuenta colectiva** (partnership account), **cuenta con preaviso de retiro** (account subject to notice), **cuenta conforme o convenida** (stated account), **cuenta corriente** (current account, c/a), **cuenta de ahorro** (savings account), **cuenta de aplicación, de dotación o de consignación** (appropriation account), **cuenta de crédito** (credit account, charge account, loan account), **cuenta de distribución de beneficios** (appropriation account), **cuenta de explotación** (trading/operating account), **cuenta de faltas y sobrantes** (over-and-short account), **cuenta de flete** (charge note), **cuenta de orden** (memorandum account), **cuenta de pérdidas y ganancias** (profit and loss account), **cuenta de persona fallecida** (dead account), **cuenta de préstamo** (loan account), **cuenta de registro** (trust account; S. *cuenta fiduciaria*), **cuenta de resultados** (nominal account), **cuenta fiduciaria** (account in trust, trust account), **cuenta imaginaria** (dead account), **cuenta inactiva** (dormant account), **cuenta individual o personal** (personal account), **cuenta reservada** (earmarked account), **cuenta solidaria** (solidary account), **cuenta transitoria** (clearing account), **cuentas a recibir, en cobranza o por cobrar** (accounts receivable), **cuentas dudosas** (bad debts; S. *fallidos, deudas incobrables, impagados*), **cuentas por pagar** (accounts payable), **por cuenta de** (at the risk of; caveat), **por cuenta propia** (for own account), **por cuenta y riesgo** (for/on account and risk of), **por cuenta y riesgo del vendedor** (caveat venditor), **por cuenta y riesgo del comprador/remitente/vendedor** (at the buyer's/sender's/seller's risk)]. *Cf* relación, estado, informe, declaración, información.

cuerpo *n*: body, guild, corps. [Exp: **cuerpo de la demanda** (statement of claims), **cuerpo de policía** (police force; constabulary), **cuerpo del delito** (body of the crime, corpus delicti), **cuerpo diplomático** (diplomatic corps),

cuerpo legislativo (legislative body), **cuerpo técnico de tasadores** (official valuers/appraisers/adjusters))]. *Cf* organismo, órgano, institución, gremio, corporación.

cuestión *n*: matter, point, question. [Exp: **cuestión artificial** (feigned issue), **cuestión central del proceso o pleito** (merits of the case, central/main issue; S. *mérito procesal, fondo del asunto*), **cuestión de competencia** (competency dispute), **cuestión de prejudicialidad** (first ruling procedure), **cuestión de derecho** (matter of law, point of law, question of law), **cuestión de hecho** (matter in deed, matter of fact, question of fact), **cuestión de procedimiento** (point of order), **cuestión decisiva** (ultimate/crucial issue), **cuestión en litigio** (matter at/in issue, matter in controversy/dispute), **cuestión jurídica** (legal question, matter/point of law), **cuestión palpitante** (question at issue), **cuestión pendiente** (open question; S. *punto sin resolver*), **cuestión prejudicial** (preliminary point of law, preliminary ruling), **cuestión previa** (prior issue, preliminary point; S. *artículo de previo pronunciamiento*), **cuestión sustancial** (matter of substance), **cuestiones en litigio** (facts in issue)]. *Cf* materia, proposición, punto.

cuestionar *v*: question, call in question, dispute, contest.

cuestionario *n*: form, questionnaire. *Cf* formulario.

cuidado *n*: care, prudence; maintenance. [Exp: **cuidado sanitario** (health care), **cuidado y atención razonables** (due care and attention)]. *Cf* atención, diligencia, prudencia.

cuidador o tutor testamentario *n*: testamentary guardian.

cuidar *v*: attend to, look after, see to. *Cf* atender, estar al frente de.

culpa *n*: guilt, fault, error. [Exp: **culpa contractual** (breach of contract), **culpa lata** (gross negligence), **culpa leve** (imprudence; ordinary negligence), **culpa redimida** (spent conviction), **culpable** (guilty, to blame, tortious, guilty party), **culpar** (accuse, blame; S. *censurar*), **culposo** (culpable, negligent; S. *inexcusable*), **por culpa de** (owing to; S. *a causa de*)]. *Cf* culpabilidad, negligencia.

cúmplase *n*: fiat; «the law must take its course». *Cf* orden judicial, fiat, decreto, hágase.

cumplimentar *v*: fill in (forms, etc.); carry out, perform (duty), comply with (regulation, etc.). [Exp: **cumplimentación de las formalidades del despacho de entrada/de salida** (clearance inwards, clearance outwards), **cumplimentación de los trámites de carga o salida de un buque** (entry outwards), **cumplimentación de los trámites de entrada o descarga de un buque** (entry inwards)].

cumplimiento *n*: achievement, compliance, fulfilment, enforcement, observance, performance, satisfaction, completion, execution, pursuance, carrying out. [Exp: **cumplimiento de contrato** (fulfilment of a contract), **cumplimiento de contrato por persona interpuesta** (vicarious performance), **cumplimiento de la ley** (law enforcement), **cumplimiento de la pena** (execution/carrying out of sentence; serving of sentence), **cumplimiento del deber,** etc. (performance, execution), **cumplimiento o ejecución de una sentencia firme** (enforcement of judgment)]. *Cf* observancia, desempeño, ejecución, práctica, consumación, conclusión, perfección.

cumplir *v*: accomplish, achieve, complete, comply with, satisfy, conform, follow, observe; discharge. [Exp: **cumplido** (performed), **cumplidor** (law-abiding), **cumplir con un deber, una promesa**, etc. (fulfil/perform a duty, a promise, etc.), **cumplir con las formalidades** (comply with the formalities; S. *atender*), **cumplir los plazos de vencimiento** (meet a deadline), **cumplir los requisitos** (meet the requirements, qualify for; S. *tener derecho*), **cumplir todos los trámites** (observe all the formalities), **cumplir un contrato** (perform a contract), **cumplir una condena/sentencia** (serve a conviction/sentence), **cumplir una obligación o un compromiso** (discharge an obligation, be as good as one's word), **cumplir**

una promesa (redeem a promise), **cumplirse el plazo** (mature, fall due; of a time limit end, expire; S. *vencer un efecto de comercio*)]. *Cf* completar, concluir.

cuño *n*: stamp. *Cf* sello, timbre.

cuota *n*: allotment, quota, share; dues; membership fees, etc. [Exp: **cuota de mercado** (market share), **cuota íntegra** (total tax liability), **cuota tributaria** (tax liability, taxable income; S. *líquido imponible, renta imponible o gravable, valor gravable*), **cuotas arancelarias** (tariff quotas), **cuotas de asociaciones** (membership dues)]. *Cf* cupo, porción, asignación de un reparto, parte.

cupón *n*: coupon, dividend. [Exp: **cupón pendiente por falta de pago** (overdue coupon), **cupón vencido** (due coupon)]. *Cf* dividendo.

cupo *n*: quota, allowance, share. [Exp: **cupos arancelarios** (tariff quotas)].

cura *n*: cure. [Exp: **curar** (cure, treat), **curarse** (heal, recover, get better), **curativo** (remedial; S. *reparador, corrector*)]. *Cf* remedio.

curador *ad litem* *n*: guardian *ad litem*, guardian for the suit.

curaduría o tutela testamentaria *n*: tutorship by will.

cursar *v*: lodge, put in, file, deal with, issue. [Exp: **cursar una pretensión, una queja, una demanda, una petición, una protesta** (make/file a claim, a complaint, a suit, a petition, a protest), **cursar una moción** (file a motion; S. *elevar un recurso*), **cursar una orden** (issue an order/instruction), **cursar una solicitud** (make/file an application), **curso** (course), **en curso** (current, present, in process, in operation, in progress)]. *Cf* presentar, formular; dar curso a, residenciar.

custodia *n*: custody (of children), hold, safekeeping. [Exp: **custodia efectiva** (actual custody), **custodia judicial** (legal custody)]. *Cf* protección, patria potestad.

CH

chaleco anti-balas *n*: bullet-proof jacket.

chanchullo *n*: fiddle, monkey/funny business, jiggery-pokery, rigging, graft (*col*), carve-up (*col*). *Cf* corrupción, manipulación, fraude.

chantaje *n*: blackmail, bite (*slang*). [Exp: **chantajear** (blackmail, put the bite on; S. *extorsionar*), **chantajista** (blackmailer; S. *extorsionista*)]. *Cf* amenaza, extorsión.

chapero (*slang*) *n*: male prostitute specialising in masturbation.

charta partita *n*: S. *charterparty*.

chatarra *n*: scrap.

cheque *n*: cheque. [Exp: **cheque abierto** (open cheque, uncrossed cheque), **cheque aceptado o visado** (certified cheque), **cheque al/en descubierto** (uncovered cheque, cheque not covered by funds), **cheque al portador** (cheque made payable to the bearer), **cheque cruzado** (crossed cheque), **cheque nominativo** (nominative cheque, personal cheque, cheque not transferable by endorsement), **cheque sin fondos** (bad cheque), **cheques de viaje** (traveller's cheques), **cheques devueltos** (bounced cheques)]. *Cf* talón.

chirona (*slang*) *n*: clink, cooler. *Cf* trena, cárcel.

chivarse (*col*) *v*: split, grass (*slang*). [Exp: **chivatazo** (tip-off), **chivato policial** (snitch, grass, stool pigeon; S. *soplón*)]. *Cf* denunciar, «cantar», «soplar».

chivo expiatorio *n*: scapegoat. *Cf* cabeza de turco, víctima propiciatoria.

chocar *v*: crash; fall out with, conflict/clash with, come/run up against. [Exp: **choque** (crash, collision)]. *Cf* colisión, tener un encontronazo con alguien.

chorizo (*slang*) *n*: crook, swindler; thief, sneak-thief. [Exp: **choricear** (swindle, swipe, pinch, lift, knock off)].

D

dación *n*: dation, payment, delivery. [Exp: **dación de arras** (payment of earnest money), **dación de cuentas** (account, accounting, action for an account; S. *rendir cuentas, dar cuenta*), **dación en especie** (payment in kind), **dación en pago** (dation in payment)].

dactilograma *n*: fingerprint. *Cf* huellas dactilares.

dádiva *n*: gift, grant, donation. *Cf* donación, regalo.

dado como fianza *phr*: cautionary. *Cf* cautelar, caucionado.

dador *n*: drawer, giver, donor, issuer. [Exp: **dador de la notificación** (process-server)].

damnificar *v*: damage, injure, harm. [Exp: **damnificado** (injured party, victim)]. *Cf* perjudicar, averiar, dañar.

dañar *v*: damage, aggrieve, injure, harm, impair, damnify; burden. *Cf* afligir, vejar, perjudicar, damnificar.

dañino *a*: noxious, tortious, damaging, prejudicial, injurious. *Cf* dañoso, perjudicial, torticero, culpable.

daño(s) *n*: damage, loss, harm, nuisance, detriment, prejudice, mischief, tort, business tort; damages. [Exp: **daño premeditado** (sabotage; S. *acto criminal*), **daños anticipados** (foreseeable damages, prospective damages), **daños causados por infracción de reglamento** (nuisance, incidental damage; S. *perjuicio*), **daños causados por ganado ajeno** (damage feasant; damage to which the "scienter" rule applies), **daños civiles** (civil damages), **daños compensatorios** (compensatory damages), **daños corporales** (bodily injuries, bodily harm, injury), **daños cuantificables** (special damages), **daños cuantiosos** (substantial damages), **daños directos o generales** (actual damage, direct damages, general damages; S. *daños efectivos*), **daños dolosos** (criminal damage), **daños efectivos** (actual damages, general damages, compensatory damages; S. *daños directos*), **daños ejemplares** (exemplary damages, punitive damages), **daños eliminables** (abatable nuisance), **daños emergentes, consecuentes o especiales** (consequential damages), **daños generales** (general damages, direct damages; S. *daños directos*), **daños indirectos a bienes raíces** (fee damages), **daños inmediatos** (proximate damages), **daño(s) marítimo(s)** (average), **daños materiales** (property damages), **daños morales** (pain and suffering; S. *indemnización por daños morales*), **daños no determinados y no liquidados** (unliquidated damages), **daños nominales o sin importancia** (nominal damages), **daños pecuniarios** (pecuniary damages), **daños personales** (bodily injuries), **daños por incumplimiento de contrato** (damages for breach of contract), **daño(s) premeditado(s) a la propiedad** (wilful damage to property), **daños previsibles** (foreseeable damage; S. *deber de prudencia*), **daños producidos por infracción de la legislación antialcohólica** (civil damages),

daños psicológicos (distress; S. *sufrimiento mental*), **daños punitivos o ejemplares** (punitive/vindictive damages; S. *exemplary damages*), **daños resarcibles** (reparable damages), **daños remotos o indirectos** (remote damages), **daños sobrevenidos** (losses incurred), **daños y perjuicios** (The full legal term, for which *daños* is the standard short form, is *daños y perjuicios* — literally, "damage and prejudicial consequences". This habit of viewing the dual effect of torts, etc., as injury suffered plus loss incurred is carried over into the classic Spanish formula for the measure of damages, viz. *daño emergente* and *lucro cesante*, i.e. the calculation of the bodily, moral or financial injury suffered together with the profit of which the victim has thereby been deprived)]. *Cf* indemnización; compensación.

dañoso *a*: S. *dañino*.

dar *v*: give, present, grant, confer. [Exp: **dar a entender** (purport; imply), **dar a luz** (give birth, be delivered of a child), **dar aviso de despido** (give notice; S. *notificar la rescisión del contrato laboral*), **dar carpetazo** (table; shelve), **dar carta blanca o poderes ilimitados** (give carte blanche), **dar cobijo a criminales** (harbour; aid and abet), **dar como garantía** (charge, provide as collateral; S. *afectar, gravar*), **dar credenciales** (accredit; S. *acreditar*), **dar cuenta** (report, account; S. *rendir cuentas*), **dar cumplida satisfacción** (make amends; S. *reparar, ofrecer excusas o reparación*), **dar curso a una solicitud** (deal with an application, process an application), **dar de alta** (pass fit, sign a certificate of fitness from work or duty; admit), **dar de baja** (cancel; strike off the list/Rolls; remove from membership, suscription, etc; dismiss, give notice, pay off; S. *darse de baja*), **dar de baja provisional** (suspend from practice), **dar derecho** (entitle), **dar/dictar una orden** (order; make out an order; S. *ordenar*), **dar el alto** (challenge, order to stop for questioning or identification), **dar el consentimiento o visto bueno** (approve, ratify, O.K., give the go ahead), **dar el veredicto** (return a verdict; S. *pronunciar el veredicto*), **dar el soplo** (squeal, split; S. *soplo*), **dar empleo o trabajo** (occupy, employ), **dar en arrendamiento** (rent), **dar en prenda** (pledge; S. *pignorar*), **dar entrada** (admit), **dar fe** (attest, certify; S. *atestar, legalizar, compulsar*), **dar fianza** (bail; caution; S. *salir/ser fiador de otro, caucionar*), **dar fuerza de ley** (approve), **dar instrucciones** (direct, charge, instruct), **dar instrucciones erróneas al jurado** (misdirect), **dar la libertad condicional o vigilada** (release on parole), **dar la palabra** (give the floor), **dar lugar a** (give rise to, cause, bring on/about, ocassion), **dar marcha atrás** (reverse), **dar muestras de** (evince; S. *patentizar, testimoniar*), **dar nombres de candidatos** (nominate; S. *proponer una candidatura*), **dar palabra de matrimonio** (promise marriage, plight one's troth, *col*), **dar parte** (acquaint, report; S. *informar, avisar, advertir, comunicar*), **dar permiso** (license; S. *autorizar*), **dar pie** (give cause), **dar plantón, col** (fail to show up, stand sombody up, *col*), **dar poder** (empower; S. *autorizar, facultar*), **dar poderes ilimitados** (give carte blanche), **dar por concluido** (consider closed, rest; bring to an end/close), **dar por hecho** (take for granted, presume; S. *presumir*), **dar por muerto** (consider dead), **dar por perdido** (write-off; S. *amortizar*), **dar por recibido** (acknowledge receipt), **dar posesión** (S. *acto de toma de posesión*), **dar preferencia o prioridad** (give priority), **dar prórroga** (extend the time limit), **dar publicidad a** (publicise; expose; S. *denunciar, poner al descubierto, revelar*), **dar razones o explicaciones** (show cause; S. *justificar*), **dar salida a** (dispose of; deal with; process; S. *despachar, resolver*), **dar satisfacción** (answer), **dar su palabra** (give one's word), **dar testimonio** (testify, bear witness; S. *atestiguar*), **dar traslado a** (give/serve notice, pass on a notification, refer to; S. *notificar*), **dar un discurso, una arenga o alocución** (give an address, make a speech), **dar una vuelta de campana** (turn a complete somersault, overturn), **dar validez a una objeción** (sustain an objection), **dar una**

paliza a alguien (beat somebody up), **dar valor a** (value; S. *valorar*), **darse a la fuga** (escape, run away, abscond), **darse cuenta** (realise; S. *comprender, ver, hacerse cargo*), **darse de alta** (discharge oneself from hospital; return to work after illness; join, become a member), **darse de baja** (go sick, be off work through illness; resign; give up; pull out; give up membership, withdraw, withdraw from membership; S. *desafiliarse*), **darse por notificado** (accept/acknowledge service of a writ; S. *acusar recibo de la notificación de una demanda*)].

data *n*: date. [Date and place as formula concluding a certificate, aplication, etc.].

datar *v*: date. *Cf* fechar.

dataría *n*: Datary. [Apostolic Chancery in Rome].

dativo *a*: dative, given or appointed by the court. *Cf* tutela dativa.

datos *n*: facts, information, data, details. [Exp: **datos personales** (particulars)]. *Cf* notas, documentación.

debajo de *prep*: under. [Exp: **por debajo del valor nominal** (below par; S. *por encima de la paridad*)].

debate *n*: debate, discussiont. [Exp: **debatir** (debate, contend, argue a point of law, etc.; S. *argüir, discutir, razonar, probar con argumentos, argumentar*), **sin debate** (undisputed)]. *Cf* discusión, examen, análisis.

debe *n*: debit. *Cf* adeudo, débito, cargo, saldo deudor; haber.

deber *n*: duty, obligation, commitment. [Exp: **deber de fidelidad** (duty of fidelity/good faith), **deber legal de prevención/prudencia** (duty of care; S. *precaución y diligencia*), **deber natural** (natural obligation), **deberes** (requirements, duties, tasks)]. *Cf* responsabilidad, incumbencia, obligación.

deber *v*: owe; have to, be bound to. *Cf* adeudar.

debido *a*: due; payable. [Exp: **a su debido tiempo** (in due course), **con las debidas grantías procesales** (in due process of law), **debida consideración** (due consideration), **debida diligencia** (due care and attention, due diligence), **debida notificación** (due notice),

debidamente (duly), **debido a** (on account of, due to; S. *a causa de, por motivo de*), **debido procedimiento legal** (due process of law; S. *ajustado a derecho, con las garantías procesales debidas*), **debido y no pagado** (overdue, outstanding; S. *moroso*)].

debilitamiento *n*: decline, fall; falling off, weakening. *Cf* contracción, baja, caída.

debitar *v*: debit. [Exp: **debitar de más** (overdebit), **débito** (debit; S. *cargo, saldo deudor, debe, adeudo*), **débito recíproco** (mutual debt), **débitos pendientes** (unadjusted debits)]. *Cf* adeudar, consignar en el debe, cargar en cuenta.

decano *n*: dean, senior or oldest member. [Exp: **decanato** (dean's office)].

decente *n*: law-abiding, respectable. *Cf* observante de la ley, cumplidor.

deceso *n*: death. *Cf* difunto.

decir *v*: say. [Exp: **diga ser cierto que...** (I put it to you)].

decidir *n*: decide, resolve, adjudge, adjudicate; decern (*Scot*); deal with, umpire. *Cf* determinar, resolver, fallar, juzgar, arbitrar, sentenciar, adjudicar.

decisión *n*: award, resolution, decision, finding, judgment, ruling. [Exp: **decisión arbitral** (award; S. *fallo arbitral, laudo arbitral*), **decisión incidental o parcial** (special finding), **decisión judicial** (judgment of courts or tribunals, resolution, ruling; S. *fallo, resolución*), **decisión sobre costas** (order as to costs), **decisivo** (final, ultimate; S. *definitivo, firme, absoluto, esencial, fundamental*), **decisorio** (decisive; S. *juramento/órgano decisorio*)]. *Cf* actos jurídicos comunitarios.

declaración *n*: declaration, statement, plea, report; affirmation, admission, assent, avowal, account; deposition, testimony. [Exp: **declaración a Hacienda** (tax return; S. *autoliquidación*)].

declaración de venta de valores (registration statement, *Amer*), **declaración arancelaria** (S. *declaración de aduana*), **declaración conjunta** (joint tax return; S. *declaración por separado*), **declaración contra el interés propio** (declaration against interest),

declaración de aduana (customs declaration, bill of entry), **declaración de ausencia legal** (declaration for legal purposes that somebody's whereabouts are unknown), **declaración de avería** (average statement), **declaración de bienes** (estate declaration), **declaración de concurso** (S. *declaración de quiebra*), **declaración de culpabilidad** (plea of guilty, confession, simple confession), **declaración de datos** (disclosure; S. *revelación*), **declaración de derechos** (bill of rights), **declaración de entrada** (S. *declaración de aduana*), **declaración de exportación/importación** (export/import declaration), **declaración de fallecimiento** (presumption of death), **declaración de fideicomiso** (declaration of trust), **declaración de herederos** (in the absence of a will, decree pronouncing the persons entitled to succeed), **declaración de impuestos** (tax return), **declaración de incapacidad** (declaration of incapacity; certification of unfitness), **declaración de inocencia** (plea of not guilty), **declaración de insolvencia** (decree of insolvency), **declaración de interés histórico-artístico de un edificio** (building preservation notice), **declaración de la acusación** (statement of the prosecution), **declaración de la defensa** (statement of defence; S. *pliego de defensa*), **declaración de la renta** (income tax return; S. *declaración del impuesto sobre la renta*), **declaración de la renta por separado** (separate return, separate filing; S. *declaración conjunta*), **declaración de los recursos económicos** (statement of means), **declaración de mercancías importadas o exportadas** (manifest; S. *manifiesto de embarque*), **declaración de nulidad** (decree of nullity, annulment), **declaración de no ha lugar** (dismissal), **declaración de quiebra o de concurso** (declaration of bankruptcy), **declaración de rebeldía** (declaration of contempt of court), **declaración de rechazo** (notice of dishonour), **declaración de salida** (entry outwards), **declaración de suspensión de pago** (act of bankruptcy; S. *acto de quiebra*), **declaración de testigo** (witness's statement), **declaración de utilidad** (declaration of public use), **declaración del impuesto sobre la renta** (income tax return), **declaración del mérito de la excepción** (affidavit on demurrer), **declaración falsa** (false statement; S. *falso testimonio*), **declaración final** (closing statement; S. *conclusiones finales*), **declaración impositiva** (income tax return), **declaración in artículo mortis** (death-bed statement/confession, dying declaration), **declaración inaugural** (opening statement), **declaración indagatoria** (statement in answer to charges; declaration, *Scot*), **declaración, tomar** (take a statement), **declaración jurada** (sworn statement, statement made on oath; S. *affidavit, juramento asertorio*), **declaración judicial** (court order, decree), **declaración judicial de extinción de embargo** (abatement of an attachment; S. *desembargo, levantamiento de embargo*), **declaración judicial de quiebra** (adjudication of bankruptcy, decree of bankruptcy), **declaración jurada** (affidavit, sworn declaration/statement), **declaración jurada de las alegaciones de la defensa** (affidavit of defence), **declaración jurada de notificación de la demanda** (affidavit of service), **declaración jurada para providencia de embargo** (affidavit for attachment), **declaración jurada por escrito** (deposition; S. *confesión judicial, testimonio*), **declaración jurada sobre las alegaciones de la defensa** (affidavit of merits), **declaración oficial** (official declaration/statement/return), **declaración testimonial** (testimony, witness's statement; S. *deposición ante la justicia, testimonio, prueba testifical*), **declarado en quiebra por los tribunales, ser** (be adjudged a bankrupt), **declarado en rebeldía** (declared in contempt of court, declared to have absconded; S. *prófugo, fugitivo, contumaz, rebelde*)]. *Cf* manifestación, deposición.

declarante *n*: affiant, affirmant, deponent.

declarar *v*: declare, pronounce, state, adjudicate, find, allege, affirm, aver, avow. [Exp: **declarar abierta la sesión** (declare a court in session), **declarar ante un juez** (give evidence/make a statement to a judge), **declarar abiertamente** (nuncupate), **declarar bajo juramento** (be sworn in, testify, make an affidavit, declare/state under oath, depone, *Scot*; S. *deponer*), **declarar culpable** (find guilty, convict), **declarar en quiebra** (declare someone bankrupt), **declarar improcedente** (dismiss, refuse leave, turn down; S. *declarar que no ha lugar*), **declarar inocente** (acquit), **declarar la extinción de un embargo** (abate an attachment; S. *levantar un embargo, desembargar*), **declarar nulo** (annul; set aside; S. *decretar la nulidad de un fallo*), **declarar que ha lugar** (allow, admit, uphold), **declarar que no ha lugar** (dismiss, overrule; hold there is no case to answer), **declarar secreto** (classify), **declararse culpable** (plead guilty; make admissions; S. *inculparse*), **declararse en huelga** (go on strike, come out on strike; S. *convocar una huelga*), **declararse en quiebra** (become bankrupt, file a bill/petition in bankruptcy; S. *instar la declaración judicial de quiebra*), **declararse en suspensión de pagos** (cease payments; announce cessation of payments), **declararse inocente** (plead not guilty), **declararse insolvente** (go into bankruptcy), **declararse insumiso** (refuse on principle to perform national service or to accept status of conscientious objector; S. *insumiso, objetor de conciencia*), **declarativo** (declaratory; S. *demostrativo*), **declaratorio** (declaratory judgment)]. *Cf* sentenciar, fallar, adjudicar, determinar judicialmente, alegar, proclamar, hacer constar; derecho a no declarar.

declinar *v*: decline. *Cf* renunciar, negarse a, rehusar.

declinatoria *n*: declinatory plea. *Cf* excepción declinatoria.

decomisar *v*: order forfeiture, seize, confiscate. [Exp: **decomiso** (attachment, forfeit, forfeiture, seizure, capture)]. *Cf* aprehensión, incautación, confiscación, secuestro, comiso; perder el derecho a una cosa, comisar.

decretar *v*: pronounce, decree, resolve, decide. [Exp: **decretar la nulidad de un fallo** (set aside a judgement), **decretar la suspensión de la instancia** (grant a stay; S. *conceder la suspensión de la instancia*), **decretar una pena** (pronounce sentence), **decrétese** (be it enacted; S. *queda promulgado*)]. *Cf* declarar.

decreto *n*: order, court order, decree, writ, edict, grant. [Exp: **decreto de confiscación de bienes** (confiscation of goods, forfeiture of property, *historically* bill of attainder), **decreto de filiación** (order of filiation), **decreto legislativo** (order in Council), **decreto-ley** (decree-law, order in Council, executive decree having the force of parliamentary act)]. *Cf* orden, auto, providencia, resolución, mandamiento, mandato.

dedicarse a *v*: follow (a trade, profession); ply/pursue a line of business, etc. [Exp: **dedicarse al proxenetismo** (procure)].

deducción[1] *n*: allowance, deduction, rebate. [Exp: **deducción de impuestos o tributaria** (tax deduction/allowance), **deducción en la fuente de ingresos o salario** (deductions at source), **deducción o desgravación por gastos personales** (personal allowance), **deducciones de capital** (capital allowances), **deducciones por renta de trabajo** (earned income allowance), **deducible** (allowable, deductible), **deducir una demanda** (bring action/file a complaint), **deducir(se) impuestos,** etc. (deduct/abate taxes, etc)]. *Cf* desgravación, reducción, rebaja, bonificación.

deducción[2] *n*: construction, inference, implication, deduction. [Exp: **deducción razonable o lógica** (necessary inference), **deducir** (conclude, construe, deduce; S. *llegar a la conclusión*), **por deducción** (constructive; S. *virtual*)]. *Cf* razonamiento por analogía, analogía de ley, interpretación judicial, interpretación por deducción.

defección *n*: desertion. *Cf* abandono de cónyuge o familia, deserción.

defecto *a*: defect, fault; vice. [Exp: **defecto constitutivo** (inherent defect/vice), **defecto de forma** (formal defect, defect of form), **defecto de interpretación** (constructional defect), **defecto de pago** (non-payment, default; S. *falta de pago*), **defecto de un título de propiedad** (cloud on title), **defecto manifiesto**

(patent defect), **defecto material** (defect of substance), **defecto o vicio oculto** (hidden defect), **defecto subsanable** (curable defect), **defectuoso** (faulty, defective, imperfect; unsound; bad; substandard, foul; S. *deficiente, imperfecto, inadecuado*), **en defecto de los demás** (by default; in the absence of the others; S. *en ausencia de*)]. *Cf* vicio, falta, negligencia.

defender *v*: defend, advocate, maintain, hold, argue, contend. [Exp: **defender ante los tribunales** (contend), **defender la validez de un testamento** (propound), **defender con firmeza** (adhere to; S. *apoyar, abogar*), **defender una causa** (champion, *col*; S. *ponerse al frente de una causa*), **defendible** (arguable), **defendible ante los tribunales** (enforceable; S. *ejecutable*)]. *Cf* probar con argumentos, sostener, argumentar, argüir; proteger, guardar.

defensa *n*: defence, plea, answer; counsel for the defence; argument, ground, reason; protection. [Exp: **defensa afirmativa** (affirmative defence, affirmative plea), **defensa de descargo** (plea in discharge, confession and avoidance), **defensa falsa, frívola o ficticia** (sham defence/plea), **defensa legítima** (self-defence, legal defence), **defensa letrada** (legal assistance, counsel for the defence; S. *abogado*), **defensa nacional** (national security), **defensa propia** (self-defence; S. *legítima defensa*), **defensivo** (defensory)]. *Cf* eximente; alegación, argumento; contestación a la demanda.

defensor *n*: advocate, counsel for the defence. [Exp: **defensor de oficio** (counsel appointed by the Court or by the Legal Aid Board), **Defensor del Pueblo** (Parliamentary Commissioner for Administration, ombudsman), **defensor de una causa** (supporter, champion, *col*)]. *Cf* abogado.

deficiencia/déficit *n*: deficiency. [Exp: **deficiente** (bad, short; S. *sin valor, defectuoso*), **deficiente mental** (mentally deficient/handicapped; mental defective)]. *Cf* falta.

déficit *n*: deficit, shortfall.

definitivo *a*: definitive, absolute, complete, conclusive, final, firm, permanent; liquidated. *Cf* firme, absoluto, perfecto, incondicional, categórico.

deformación *n*: distortion, defacement. [Exp: **deformar** (distort, deface)].

defraudación *n*: cheating, fraud, defrauding. [Exp: **defraudación fiscal** (tax evasion, tax fiddle, *col*), **defraudar** (deceive, defraud, bilk, *col*; S. *estafar*), **defraudador** (defaulter, defrauder; S. *malversador*)]. *Cf* desfalco, malversación, apropiación indebida, distracción de fondos.

defunción *n*: decease, death, demise. [Exp: **certificado de defunción** (death certificate)]. *Cf* óbito, muerte, fallecimiento.

degradar *n*: disendow; degrade; demote, strip of one's rank, etc. *Cf* despojar de un título o calidad de nobleza, deponer, destronar.

dejación *n*: abandonment, dereliction; abdication. [Exp: **dejación del deber con resultado de daño** (misfeasance, dereliction of duty; S. *infidencia*)].

dejar *v*: abandon, leave; desert. [Exp: **dejar a salvo** (hold harmless; S. *librar de responsabilidad*), **dejar caer** (drop), **dejar constancia** (put on record), **dejar cesante a un funcionario** (dismiss; S. *cesar, destituir*), **dejar de** (fail), **dejar de cumplir** (fail to perform, breach), **dejar en prenda** (pledge, pawn; S. *pignorar, empeñar, dar en prenda*), **dejar en suspenso** (suspend; S. *suspender*), **dejar en testamento** (bequeath, leave, demise; S. *legar*), **dejar por muerto** (leave for dead), **dejar probado** (establish; S. *demostrar*), **dejar sin efecto** (set aside, cancel, annul; S. *anular, desestimar*)]. *Cf* desatender, desamparar, abandonar, descuidar, desertar.

del crédere *n*: S. *agente del crédere*.

delación *n*: delation, (secret) accusation, information. [Exp: **delatar** (accuse, inform on, give away, report; turn King's/Queen's evidence; spill the beans, *col*), **delator** (informer, accuser; grass, *slang*; S. *denunciante*)].

delegación *n*: delegation, committee, proxy; agency; novation. [Exp: **delegación de**

atribuciones, competencias o poderes (delegation of authority/powers)]. *Cf* diputación, comisión.

delegado *n*: deputy, delegate, representative. *Cf* comisionado, diputado.

delegar *v*: delegate, depute. [Exp: **delegar el voto** (vote by proxy; empower s.o, vote for/insteadof one)]. *Cf* comisionar.

deliberar *v*: deliberate, consider, consult. [Exp: **deliberadamente** (on purpose, wilfully; S. *a propósito; con premeditación*), **en deliberación** (under advisement/deliberation; S. *en consideración*)].

delincuencia *n*: delinquency. [Exp: **delincuencia juvenil** (juvenile delinquency), **delincuente** (offender, delinquent; S. *criminal*), **delincuente habitual** (habitual offender, persistent, offender, recidivist), **delincuente juvenil** (young offender), **delincuente violento** (violent criminal), **delinquir** (offend, commit an offence)].

delinear *n*: outline. *Cf* bosquejo, esquema.

delito *n*: crime, offence, misdeed; transgression, tort. [Exp: **delito caucionable** (bailable offence), **delito común** (ordinary offence), **delito consumado** (actual offence; S. *delito frustrado*), **delito contra la tranquilidad, el orden público, la seguridad o la salud pública** (public nuisance, breach of the peace, public order offence), **delito fiscal** (fraud, tax evasion), **delito frustrado** (attempted offence), **delito grave** (notifiable offence, serious offence, arrestable offence, felony), **delito grave y muy grave** (indictable offence), **delito menor o menos grave** (summary offence/crime; S. *falta, infracción, contravención*), **delito no relacionado con el del juicio en curso** (extraneous offence), **delito producido por la infracción de una norma o reglamento** (offence against the bye-laws, regulatory offence, *Amer*), **delito punible con la pena de muerte** (capital crime/offence), **delito reincidente** (second offence; S. *reincidencia*), **delito tipificado** (statutory offence, offence specified in the Statute book, regulatory offence), **delitos contra el honor** (offences against a person's honour and/or reputation), **delitos contra la honestidad** (sexual offences), **delitos contra la propiedad** (crimes against property, possessory offences), **delitos contra las personas** (crimes against the person), **delitos culposos o por negligencia** (any statutory offence arising out of, or involging negligence, recklessness or imprudence; S. *dolo*), **delitos de comisión** (offences of commission; S. *delitos de omisión*), **delitos de flagrancia** (offences detected *flagrante delicto*), **delitos de guante blanco**, *col* ("gentlemanly"/white collar crimes, *col*), **delitos de incitación a los litigios o embrollos jurídicos, propensión a pleitear** (barratry), **delitos de lesiones al feto** (offence causing grievous bodily harm to the foetus; illegal abortion), **delitos de omisión** (offences of ommission; S. *delitos de comisión*), **delitos de soborno de testigo** (suborning of witnesses, compounding an offence), **delitos de violación de secretos** (breach of trust), **delitos dolosos** (deliberate crimes, offence involving *mens rea*; S. *dolo*), **delitos flagrantes** (actual crime), **delitos o faltas por infracción del código de circulación o del tráfico rodado** (motoring offences, road traffic offences), **delitos políticos** (political offences), **delitos relativos a actos ilegales realizados en la vía pública** (street offences), **delitos relativos a los recursos naturales y a la vida silvestre** (offence against the environment)]. *Cf* crimen, fechoría, violación, transgresión.

demanda *n*: action, action-at-law, suit, lawsuit, petition, complaint (*Amer*), statement of claims, particulars of claim; demand, claim, request, application. [Exp: **demanda condicionada** (action conditioned on the result of another case), **demanda de desahucio** (action for eviction), **demanda de divorcio** (action for divorce, petition for divorce), **demanda de mala fe** (vexatious action/litigation), **demanda de menor cuantía** (small claims), **demanda de nulidad** (motion to vacate a judgment; S. *recurso de casación*), **demanda de reivindicación** (action of replevin), **demanda de testamentaría**

(probate action), **demanda derivada** (derivative action), **demanda en juicio hipotecario** (bill for foreclosure), **demanda judicial** (lawsuit, bill of complaint, case), **demanda o recurso exigiendo el estricto cumplimiento de lo convenido en el contrato** (specific performance; S. *ejecución forzosa, cumplimiento material*), **demanda para la recuperación de bienes inmuebles** (real action), **demanda para la rescisión de un contrato** (action for rescission), **demanda para la separación de cuerpos y bienes** (action for separation of bed and board), **demanda para obtener el pago de una deuda** (action for payment of debt), **demanda por daños y perjuicios** (action for/in damages, claim for damages, action in tort; S. *acción por ilícito civil*), **demanda por incumplimiento de contrato** (action of covenant, breach of contract suit), **demanda por transgresión o violación del ordenamiento jurídico** (action for/in trespass), **demanda por incumplimiento de promesa** (action of assumpsit, action for breach of promise), **demanda por violación de propiedad industrial** (action for infringement of rights), **demanda principal** (declaration in chief), **demanda/querella por difamación** (libel suit, action for libel)]. *Cf* pleito, litigio, proceso civil; reconvención.

demandado *n*: defendant, respondent, defender (*Scot*). *Cf* parte demandada.

demandante *n*: plaintiff, actor, applicant, claimant, complainant, petitionary, petitioner, pursuer (*Scot*). [Exp: **demandante nominal sin interés en la causa** (*n*: nominal plaintiff), **demandante por auto de casación** (plaintiff in error)]. *Cf* actor, litigante.

demandar *v*: sue, file a lawsuit/suit, go to law, lay claim to, take to court, pursue; call for, demand. [Exp: **demandar a alguien** (sue somebody, proceed against somebody; bring an action, a case, proceedings, a suit against somebody), **demandar fondos** (make a call for funds), **demandar por daños y perjuicios** (sue for damages)]. *Cf* entablar un pleito, llevar a los tribunales, proceder contra alguien.

demarcación *n*: demarcation, bounds, abuttals. *Cf* apeo, lindes, deslinde.

demencia *n*: insanity. [Exp: **demente** (insane, non compos mentis, person of unsound mind; S. *con las facultades mentales perturbadas*)].

demérito *n*: demerit.

demora *n*: delay, demurrer; demurrage. [Exp: **demorar** (delay, defer; S. *retardar, aplazar, atrasar, diferir*)]. *Cf* retraso, dilación; gastos de demora, estadía, sobrestadía.

demostración *n*: proof, demonstration. *Cf* comprobación, prueba, práctica de la prueba.

demostrar *v*: establish, prove, demonstrate. [Exp: **demostrar al tribunal** (satisfy the court; S. *convencer*), **demostrar con argumentos la verdad que uno defiende** (prove one's case, prove the truth of one's statement), **demostrar por medio de pruebas** (prove by evidence), **demostrar que se es parte interesada** (show standing), **demostrativo** (demonstrative, declaratory)]. *Cf* probar, verificar, dejar probado.

denegación *n*: denial, refusal. [Exp: **denegación con pérdida de derecho en nuevo juicio** (dismissal with prejudice), **denegación de auxilio a la justicia** (failure to give all reasonable assistance to a court or court officer, conduct obstructing the proper administration of justice, *approx* contempt of court), **denegación de hechos** (traverse), **denegación de justicia** (denial of justice)]. *Cf* desmentido, rechazo, negativa, repulsa.

denegar *v*: reject, refuse, disallow, withhold, overrule. [Exp: **denegar la conformidad** (disaffirm; S. *anular, rechazar*), **denegar la libertad bajo fianza** (withhold bail), **denegar una petición, instancia o solicitud** (refuse/dismiss an application; S. *no admitir a trámite*)]. *Cf* desestimar, rechazar.

denigrar *v*: calumniate, asperse, slander. [Exp: **denigrador** (slanderer/slanderous; S. *difamador, calumniador*)]. *Cf* calumniar.

denominación *n*: title, denomination. [Exp: **denominación comercial** (firm name, trade name; S. *razón social*), **denominación legal** (legal name)]. *Cf* tratamiento, título, rótulo.

dentro de *prep*: subject to, within. [Exp: **dentro**

de lo que marca la ley (subject to legal regulations), **dentro de los límites de** (within), **dentro de los límites legales** (subject to the limits prescribed by the law, within the meaning of the act)]. *Cf* en el ámbito de, sujeto a, en el marco de.

denuncia *n*: information, accusation, allegation, complaint, report, exposure. [Exp: **denuncia de accidente** (accident report; S. *parte de un accidente*), **denuncia de la mora** (complaint to administrative authority for its failure to deal in due time with a matter referred to it; this *denuncia* is compulsory in order to institute *contenciosos administrativos* proceedings against the Administration; S. *mora*)]. *Cf* parte, queja.

denunciable *n*: terminable/redeemable at will; S. *sin plazo fijo de duración.*

denunciante *n*: accuser/accusant, complainant; informer. *Cf* acusador, querellante.

denunciar *v*: denounce, report, expose, arraign, complain; give notice of termination, denounce. [Exp: **denunciar en el juzgado** (lay an information before a magistrate), **denunciar un convenio** (denounce an agreement, repudiate a contract), **denunciar un préstamo** (call in a loan; S. *redimir*)]. *Cf* presentar una denuncia en un juzgado.

departamento *n*: department. [Exp: **departamento de comprobación** (proof department), **departamento de restauración** (catering department), **departamento de selección de personal** (recruitment office), **Departamento del Tesoro** (Department of the Treasury, Treasury; S. *Hacienda Pública*)]. *Cf* ministerio, negociado, sección, centro, servicio.

dependencia *n*: dependency; section, branch; room, outbuilding; premises. [Exp: **dependencias policiales** (police station lockup; S. *calabozo policial, depósito policial*)].

dependiente *a*: ancillary. *Cf* auxiliar, subsidiario, subordinado.

dependiente *n*: dependent; employee, shop-assistant. *Cf* subalterno, oficinista, asalariado, empleado.

deponente *n*: affiant, affirmant, deponent. *Cf* declarante.

deponer *v*: depose, remove; give evidence; depone (*Scot*). [Exp: **deponer su actitud** (rectify one's position, come round, drop an attitude; give oneself up; surrender)]. *Cf* destituir; deposición ante la justicia.

deportar *v*: deport; banish. [Exp: **deportación** (banishment, deportation; S. *destierro, expulsión*), **deportados** (banished persons, displaced people; S. *desterrados, desplazados, refugiados*)]. *Cf* expulsar.

deposición ante la justicia *n*: testimony, deposition, evidence. *Cf* testimonio, confesión judicial, prueba testifical, declaración testimonial.

depositar *v*: deposit, keep/hold in store. [Exp: **depositado para el pago de los derechos arancelarios** (bonded; S. *garantizado, hipotecado, asegurado*), **depositante** (bailer, bailor, depositor; S. *fiador, garante, comodante*), **depositar en el banco** (bank), **depositar su confianza en** (put one's trust in), **depositar una solicitud** (file an application), **depositaría** (depository; S. *almacén de depósitos*), **depositario** (depositary, bonder, pledgee, receiver/receiver in bankruptcy), **depositario de bienes** (bailee; S. *locatario, depositante de fianza, comodatario*), **depositario de plica** (escrow agent), **depositario judicial** (sequestrator)]. *Cf* consignar, ingresar.

depósito *n*: deposit, bailment; depot, pound, warehouse, yard, shed; tank; reservoir. [Exp: **depósito afianzado** (bonded warehouse), **depósito caucional** (bailment; S. *fianza*), **depósito con preaviso** (deposit subject to notice), **depósito de aduana** (bonded/customs warehouse), **depósito de animales, perrera**, etc. (pound), **depósito de cadáveres** (mortuary), **depósito de coches incautados por la policía** (pound), **depósito de garantía** (security deposit), **depósito de plica** (escrow deposit), **depósito de objetos incautados** (pound), **depósito efectivo** (actual bailment), **depósito especial** (trust deposit), **depósito exigible o disponible a la vista** (demand deposit), **depósito franco** (free depot), **depósito judicial** (deposit in court), **depósito**

legal (national book catalogue number), **depósito para recurrir en fianza de casación** (bail in error), **depósito policial** (police station lockup; S. *calabozo policial*)]. *Cf* fianza, prenda, consignación.

depravación *n*: evil, vice. *Cf* maldad, desviación, vicio, inmoralidad.

depravado *a*: evil. *Cf* dañoso, pernicioso, maldad, depravación.

depravar *v*: deprave. *Cf* corromper.

depreciación *n*: depreciation, devaluation. *Cf* amortización, devaluación.

depreciar(se) *v*: depreciate. *Cf* apreciar(se).

depresión *n*: depression. [Exp: **depresión del mercado** (depression/sluggishness of the market; S. *crisis económica, bache*)].

deprimir *v*: depress.

derecho *n*: right, title, entitlement; law; fee, charge, due, grant. [Exp: **con derecho a** (elegible; S. *aspirante*), **de derecho** (at law, of right, de jure, fair, right; S. *de forma legal, de acuerdo con las leyes*), **derecho a acudir a la vía judicial** (right of action; S. *derecho a demandar*), **derecho a asistencia letrada** (right to counsel/legal representation), **derecho a demandar** (right of action; S. *derecho a acudir a la vía judicial*), **derecho a desempeñar cargos públicos** (right to hold office), **derecho a exponer en primer lugar en la vista pública** (right to begin); **derecho a interponer una demanda** (right of action; S. *derecho a proceder judicialmente*), **derecho a la intimidad** (right to privacy), **derecho a la posesión pacífica** (right of quiet enjoyment), **derecho a la propia imagen** (right to freedom from injury to reputation, honour or feeling; right to privacy), **derecho a la propiedad** (title to property), **derecho a las prestaciones sociales** (right of benefit), **derecho a no declarar** (right of silence), **derecho a proceder judicialmente** (right of action; S. *derecho a demandar, derecho a acudir a la vía judicial*), **derecho a redimir** (right of redemption; S. *derecho de tracto, retracto, derecho de retracto*), **derecho a ser oído por los tribunales** (right of audience), **derecho a ventilación** (right to air), **derecho ad-**

ministrativo (administrative law), **derecho adquirido** (vested interests; S. *interés creado*), **derecho adquirido por uso continuo** (acquisitive prescription; S. *usucapión*), **derecho aparente o pretendido** (ostensible right), **derecho cambiario** (law of exchange), **derecho canónico** (canon law), **derecho civil** (civil law), **derecho común** (law of the land/common law), **derecho comunitario** (community law), **derecho consolidado o inveterado** (settled law), **derecho consuetudinario** (common law, case law, customary law, law of custom or usage; S. *jurisprudencia*), **derecho de acción** (accrued right, cause for/of action; S. *fundamento o razón para presentar una demanda*), **derecho de acrecer de los herederos** (accretion; S. *acrecencia, acrecentamiento*), **derecho de actuar en juicio** (right of audience), **derecho recogido/contemplado en el código** (statutory right), **derecho de amparo** (petition for redress of grievances, equity), **derecho de apelar o recurrir** (right of appeal), **derecho de arrendamiento** (leasehold; S. *contrato de locación*), **derecho de asilo** (right of sanctuary), **derecho de audiencia** (locus standi), **derecho de consorte** (right of one spouse, where both are civil servants, to be given a post in the same area as the other when he/she is transferred), **derecho de disfrute** (right of enjoyment, homestead right), **derecho de dominio privado** (property/owenership right), **derecho de elección** (option), **derecho de entrada** (right of entry), **derecho de entrada y salida** (access), **derecho de gentes** (rights of peoples), **derecho de huelga** (right to strike), **derecho de inspección** (right of inspection), **derecho de la demanda** (cause for/of action; S. *fundamento o razón para presentar una demanda, derecho de pedir, derecho de acción*), **derecho de libre determinación** (right of self-determination of peoples), **derecho de palabra** (right to speak), **derecho de paso** (right of way/passage), **derecho de pastoreo** (commonage, common), **derecho de patente** (patent law), **derecho de pedir** (cause for/of action; S. *derecho de acción*), **derecho de petición** (right of petition; S. *recurso de súplica*), **derecho de posesión inmediato** (right to present entry, present interest), **derecho de presas** (prize law), **derecho de primogenitura** (right of primogeniture), **derecho de prioridad** (right of pre-emption; S. *opción de compra prioritaria*), **derecho de propiedad** (proprietorship, title), **derecho de redención o rescate** (right of redemption, equity of redemption; S. *derecho de tracto*), **derecho de remolque** (towage), **derecho de réplica** (right of reply), **derecho de responsabilidad civil** (law of torts), **derecho de retención** (lien, right of retention, right of retainer; S. *embargo preventivo, derecho prendario*), **derecho de retención de un objeto o bien concreto** (particular lien), **derecho de retención del apoderado** (attorney's lien), **derecho de retención del transportista** (carrier's lien; S. *gravamen de transportista*), **derecho de retención por sobreestadías** (lien for demurrage), **derecho de retracto** (right of redemption; S. *retracto*), **derecho de retracto y tanteo** (right of redemption and pre-emption), **derecho de reunión o asamblea** (right of assembly), **derecho de reversión** (reversion/reverter, reversionary interest), **derecho de reversión al Estado** (escheat; caduciary right, *Scot*), **derecho de sociedades** (corporation law), **derecho de sucesión** (right of inheritance), **derecho de sufragio** (voting right), **derecho de suscripción** (subscription right), **derecho de tonelaje** (tonnage), **derecho de tracto** (right of redemption; S. *derecho de retracto*), **derecho de usufructo** (usufruct; quasi entail), **derecho de visita** (right of search), **derecho de visita de los padres a los hijos menores de edad** (access to the children), **derecho de visita y pesquisa** (right of visit and search), **derecho del trabajo** (labour law), **derecho del medio ambiente** (environmental law), **derecho escrito** (written law), **derecho estatutario** (statutory law), **derecho existente** (existing right), **derecho extranjero** (foreign law), **derecho fiscal** (tax law), **derecho hipotecario** (mortgage law, law of mortgages), **derecho inmobiliario** (law of real property), **derecho jurisprudencial** (bench legislation, case law, precedents law; S. *jurisprudencia*), **derecho marítimo** (Admiralty law, maritime law), **derecho mercantil** (commercial law, law merchant, mercantile law), **derecho natural** (natural justice, natural law), **derecho no escrito** (unwritten law, unenacted law), **derecho o título precario** (precarious right), **derecho orgánico** (fundamental law; S. *legislación de fondo*), **derecho penal** (criminal law), **derecho positivo** (positive law), **derecho prendario** (right of lien, general lien, *Amer*; S. *derecho de retención*), **derecho prioritario** (option), **derecho procesal** (procedural law, law/rules of the court, law of procedure, adjective law; S. *ley de procedimiento, leyes de enjuiciamiento*), **derecho procesal civil** (Rules of the Supreme Court, The Supreme Court Practice, The White Book, Federal Rules of Civil Procedure, *Amer*), **derecho público/privado** (public/private law), **derecho romano** (Roman law), **derecho secundario** (secondary right), **derecho internacional privado** (private international law), **derecho internacional público** (public international law), **derechohabiente** (beneficiary, assign, claimant, successor in title, dependant; S. *beneficiario, pretendiente*), **por derecho propio** (in one's own right)].

derechos *n*: duties, taxes, fees, charge, franchise; rights. [In its plural form, *derechos*, commonly refers to the amount paid for a service. Exp: **derechos arancelarios** (customs duties, excise duties; S. *arancel de aduanas*), **derechos adquiridos** (vested rights, acquired rights; S. *derechos inalienables*), **derechos civiles** (civil rights), **derechos conyugales** (marital rights), **derechos de amarre** (moorage), **derechos de atraque** (dockage), **derechos de autor** (copyright, royalty of an author; S. *regalía del autor, propiedad intelectual*), **derechos de comisión sobre un préstamo** (procuration money), **derechos de depósito** (storage charges), **derechos de entrada** (customs inwards), **derechos de flete o embarco** (lastage), **derechos de inscripción** (registration fee), **derechos de muelle** (pier dues), **derechos de negociación colectiva** (bargaining rights), **derechos de pastoreo** (common of pasture), **derechos de patente** (patent royalty), **derechos de propiedad** (property rights, proprietary rights), **derechos de puerto** (harbour dues), **derechos de remolque** (towing charges), **derechos de salvamento** (salvage agreement/charges/reward, etc.; S. *premio o indemnización por el servicio de salvamento*), **derechos de tonelaje** (tonnage dues), **derechos especiales de giro** (special drawing rights), **derechos específicos** (special duties), **derechos exclusivos** (exclusive rights), **derechos fundamentales** (fundamental rights, basic laws), **derechos humanos** (human rights), **derechos inalienables** (vested rights; S. *derechos adquiridos*), **derechos individuales** (civil liberties; S. *garantías constitucionales*), **derechos limitados o condicionales** (qualified rights), **derechos precautorios** (preventive rights), **derechos por fondear** (anchorage), **derechos reales** (real property rights), **derechos reales de garantía** (pledge), **derechos reales susceptibles de ser heredados** (hereditament), **derechos ribereños** (riparian rights), **derechos singulares** (absolute rights), **derechos subjetivos** (civil rights)]. *Cf* gravamen, exacción, canon, honorarios, estipendio, franquicia; tributos.

deriva *n*: drift. [Exp: **a la deriva** (adrift)].

derivar *v*: derive. [Exp: **derivado** (secondary; S. *secundario, subordinado, accesorio*), **derivado de** (arising out of), **derivados** (by-products; S. *subproducto, producto secundario*), **derivativo** (derivative; S. *consecuencial*)].

derogar *v*: repeal, abrogate, abolish, annul, derogate, revoke. [Exp: **derogación** (repeal, abrogation, derogation; S. *anulación, revocación, abolición*), **derogación expresa** (express repeal), **derogatoria** (annulment), **derogatorio** (abrogative, repealing,

derogatory, annuling; S. *revocatorio*)]. *Cf* revocar, abrogar, abolir, anular.

derrama *n*: call for contributions, apportionment of taxes, costs, repairs, etc. [Exp: **derramar** (leak; shed; apportion, distribute; S. *hacer una derrama*), **derramamiento de sangre** (bloodshed; S. *homicidio*)]. *Cf* merma, prorrateo.

derrelicción *n*: dereliction. [Exp: **derrelicto** (derelict ship, flotsam and jetsam, wreckage)]. *Cf* abandono de bienes muebles.

derribar *v*: overthrow, bring down; demolish, pull down. [Exp: **derribo** (overthrow, demolition)].

derrocar *v*: overthrow. [Exp: **derrocamiento** (overthrow)].

derrochar *v*: lavish, waste, squander. [Exp: **derrochador** (spendthrift; S. *pródigo, disipador*), **derroche** (waste, extravagance; superabundance, bags, *col*; S. *despilfarro, dispendio*)]. *Cf* dilapidar.

derrota[1], **derrotero** *n*: course. [Exp: **derroteros del Almirantazgo** (Admiralty Sailing Directions, sailing directions)]. *Cf* curso, rumbo.

derrota[2] *n*: defeat, setback. [Exp: **derrotar** (defeat), **derrotar una moción** (defeat a motion)].

derrumbamiento *n*: collapse. [Exp: **derrumbarse** (break down, collapse)]. *Cf* hundirse, caerse.

desacato *n*: contempt, disregard. [Exp: **desacato a la autoridad** (disrespect for duly constituted authority; a crime in Spanish law), **desacato al tribunal** (contempt of court), **desacato indirecto** (constructive contempt, civil contempt; S. *cuasicontumacia*)]. *Cf* desobediencia, rebeldía.

desaconsejar *v*: discourage, deter, advise against. *Cf* disuadir, escarmentar.

desacreditar *n*: discredit, disparage. *Cf* calumniar, difamar.

desacuerdo *n*: disagreement, dispute, controversy, discordance. [Exp: **desacuerdo acalorado** (heated exchange, angry words; S. *disputa*), **en desacuerdo** (at variance)]. *Cf* desavenencia, disensión.

desafianzar *v*: release the bond.

desafiar *v*: defy, challenge. [Exp: **desafío** (challenge, defiance)]. *Cf* reto, provocación; retar.

desafiliarse *n*: withdraw from membership. *Cf* darse de baja.

desaforar *v*: disbar; deprive of a privilege. [Exp: **desaforado** (lawless, disorderly, violent; S. *licencioso, desordenado, ilegal*), **desaforo** (disbarment; S. *exclusión del foro*)]. *Cf* inhabilitar para el ejercicio de la abogacía.

desafortunado *a*: unfortunate; ill-timed. *Cf* contrario, hostil, opuesto.

desafuero *n*: disorderly conduct; violent or outrageous behaviour; deprivation of rights. *Cf* fuero.

desagravio *n*: compensation, redress, redress of grievances, satisfaction, relief. [Exp: **desagraviar** (compensate, indemnify, redress)]. *Cf* compensación, indemnización, reparación, satisfacción.

desahuciar *v*: dispossess, evict; (of sick person) deem beyond recovery, deem past hope of saving. *Cf* lanzar, desposeer, desalojar, despojar.

desahucio *n*: eviction, dismissal, dispossession, ejectment. [Exp: **desahucio efectivo** (actual eviction/ouster)]. *Cf* desalojo.

desairar *v*: slight, snub. [Exp: **desaire** (slight; S. *menosprecio*)]. *Cf* menospreciar.

desalojar *v*: evict, dispossess, eject, oust; clear, clear the public out; abandon, move out. [Exp: **desalojar la sala** (clear the court; S. *despejar)*, **desalojamiento** (abandonment; clearing), **desalojo** (eviction; S. *desahucio*)]. *Cf* expulsar, desahuciar.

desamortizar *n*: disentail, disendow. *Cf* desvincular.

desamparar *v*: abandon/desert/forsake children, domicile, etc., cast off. [Exp: **desamparado** (destitute, unprotected, defenceless; S. *desvalido*), **desamparo** (abandonment, destitution; S. *abandono, dejación*), **desamparo de hijos** (abandonment of children)]. *Cf* abandonar, descuidar, desertar, desatender.

desaparecer *v*: disappear; die (off, out); be extinguished. *Cf* prescribir, extinguirse.

desaprobación *n*: disapproval; rejection. [Exp: **desaprobar** (disapprove, disallow, disavow, reprove, reject; S. *denegar, censurar, culpar*)]. *Cf* censura, reprobación.

desarrollar(se) *v*: develop. [Exp: **desarrollar actividades** (operate), **desarrollo** (development), **desarrollo del derecho comunitario** (development/implementation of community law), **desarrollo normativo** (development of rules and guidelines in law), **desarrollo urbanístico** (city/urban development; S. *urbanización*)]. *Cf* madurar, elaborar, crecer.

desarticular una banda de criminales *v*: dismantle a gang/anorganisation; smash a ring. *Cf* desenmarañar una trama negra/delictiva.

desatender *v*: neglect, abandon, default. [Exp: **desatender a los hijos** (abandon/desert children; S. *desamparar*), **desatender el pago** (dishonour a payment, default on payment)]. *Cf* descuidar, abandonar, dejar.

desautorizar *v*: disavow, strip/deprive someone of authority, officially withdraw another's statement, etc.; deny; embarrass someone by a denial; make someone look foolish; put a spoke in someone's wheel;, spike someone's guns, *col*. [Exp: **desautorización** (withdrawal of authority), **desautorizado** (unauthorized)] *Cf* repudiar, desaprobar.

desavenirse *v*: disagree. [Exp: **desavenencia** (discord, disagreement; S. *disensión, discordia*)]. *Cf* disentir.

desbandarse *v*: disband, scatter in confusion, run wild. *Cf* retirarse, desmandarse.

desbloquear negociaciones *v*: break the deadlock in negotiations.

descalificar *v*: disqualify, disparage, slight. [Exp: **descalificación** (disqualification; S. *tacha, inhabilitación, descrédito*), **descalificado** (disqualified; S. *inhabilitado, incompetente, incapacitado*)]. *Cf* inhabilitar.

descansar *v*: rest; take a break; be based on, rely on.

descanso *n*: recess, interval, break. *Cf* vacaciones parlamentarias, suspensión.

descarado *a*: blatant. *Cf* claro.

descargar *v*: discharge, release, exonerate, acquit; unload, land; shoot; fire. [Exp:

descarga (discharge), **descarga en sacos** (bulk-in bag-out, BIBO; S. *carga a granel*), **descargar de una promesa/obligación** (release from a promise/obligation; S. *eximir*)].

descargo *n*: acquittal, release; answer to a charge, argument(s), exoneration, quittance; unloading. [Exp: **descargo de una deuda** (settlement of debt; S. *finiquito*)]. *Cf* sentencia absolutoria, absolución; pliego de descargo, testigo de descargo.

descartar *v*: rule out. *Cf* desechar, no admitir.

descendencia *n*: offspring, issue, descendants, descents. [Exp: **descendencia colateral** (collateral descent), **descendencia legítima** (legal descent, lawful issue), **descendencia en línea directa** (lineal descent), **descendencia mediata** (mediate descent), **descendiente** (descendant), **descendientes directos por la línea masculina** (male issue)]. *Cf* prole.

descender *v*: decline, fall off, drop, come down; descend. *Cf* bajar.

descifrar *v*: decode. [Exp: **descodificador** (decoder)].

desconfianza *n*: distrust, lack of confidence.

desconsideración *n*: disregard.

descontar *v*: discount, deduct. [Exp: **descontado** (excluding; S. *con exclusión de, sin contar con*)]. *Cf* descuento.

descrédito *n*: discredit, loss of credit. [Exp: **descrédito de título, bienes, mercancías** (disparagement of title, property, goods)]. *Cf* desacreditar.

descripción del delito *n*: statement of offence, particulars of offence.

descuartizar *v*: dismember (a body, etc.). *Cf* desmembrar.

descubierto *a*: patent, obvious; uncovered, unsecured. [Exp: **al descubierto** (exposed, out in the open), **descubierto bancario** (overdraft), **en descubierto** (in arrears, overdrawn, unpaid; S. *en mora, atrasado*)].

descubrir *v*: detect, discover, ascertain. [Exp: **descubrimiento** (discovery; S. *revelación, exhibición*)]. *Cf* detectar.

descuento *n*: discount, trade allowance. [Exp: **descuento comercial** (trade allowance, commercial discount), **descuento de efecto** (bill discount, discounting of bills), **descuento sobre el precio marcado** (off the price)]. *Cf* rebaja, bonificación.

descuidar *v*: neglect, abandon. [Exp: **descuidado** (negligent, careless, perfunctory; S. *negligente*), **descuido** (carelessness, neglect, perfunctoriness, oversight; S. *falta de previsión o de diligencia debida, imprudencia, negligencia*)]. *Cf* desatender, abandonar.

desdoro *n*: disparagement. *Cf* falsedad.

desechar *v*: reject, rule out; scrap, throw out. [Exp: **desechable** (disposable; S. *disponible*), **desechar por falta de causa o base legal suficiente** (dismiss upon the merits)]. *Cf* denegar, desestimar, rechazar.

desembarcar *n*: disembark.

desembargar *v*: disembargo, replevin/replevy, abate an attachment. [Exp: **desembargo** (abatement of an attachment, raising an embargo or attachment; S. *levantamiento de embargo*)]. *Cf* declarar la extinción de un embargo, levantar un embargo.

desembolsar *v*: pay out, disburse. [Exp: **desembolsar acciones** (pay up; S. *abonar, hacer efectivo*), **desembolso** (payment, disbursement, expenditure, S. *pago*)].

desembrollar *n*: clear up, unravel, disentangle. *Cf* aclarar, poner en orden.

desempeñar *v*: perform, carry out, discharge. [Exp: **desempeñar las funciones de otro** (deputize; S. *sustituir a otro*), **desempeñar o liberar una prenda** (redeem a pledge), **desempeñar un cargo** (serve; hold an office, fill/occupy a post), **desempeñar una función** (perform a task/a function)]. *Cf* ejecutar, cumplir, ejercer, practicar.

desempeño *n*: performance, fulfilment, exercise. [Exp: **desempeño de las funciones** (carrying out of the tasks), **desempeño de una prenda** (redeeming of a pledge), **en el desempeño de las funciones** (in the exercise of one's duties)]. *Cf* ejercicio, ejecución, cumplimiento, práctica.

desempleo *n*: unemployment. [Exp: **desempleado** (jobless, unemployed, out of work; S. *en paro forzoso, parado, desocupado*), **desempleo estacional** (seasonal unemployment)]. *Cf* paro, cesantía.

desengañar *v*: undeceive.

desenmarañar *v*: disentangle, unravel. [Exp: **desenmarañar una trama negra/delictiva** (lay bare a plot, track down/unravel a conspiracy)]. *Cf* desarticular una banda de criminales.

deserción *n*: abandonment, desertion. [Exp: **desertar** (abandon/desert children, spouse, etc.; S. *desamparar, abandonar*), **desertor** (deserter; S. *tránsfuga*)]. *Cf* defección, abandono de cónyuge, abandono de familia.

desesperar *v*: despair, give up hope. [Exp: **a la desesperada** (as a last resort; S. *en último caso o término, como último recurso*), **desesperado** (desperate)].

desestabilizador *a*: S. *fuerzas desestabilizadoras*.

desestimación *n*: rejection, dismissal, derogation. *Cf* detractación, derogación.

desestimar *v*: dismiss, set aside, overrule, reject. [Exp: **desestimar un recurso de apelación, una causa, una solicitud,** etc. (dismiss an appeal, a case, an application, etc.)]. *Cf* dejar sin efecto, estimar.

desfalco *n*: embezzlement, defalcation, peculation. [Exp: **desfalcador** (embezzler; S. *malversador*), **desfalcar** (defalcate, embezzle; S. *malversar, sustraer dinero, hurtar*)]. *Cf* malversación, defraudación, distracción de fondos.

desfavorecido *a*: handicapped, impaired, maimed. *Cf* discapacitado, disminuido.

desgana *n*: reluctance, unwillingness. [Exp: **desganado** (perfunctory, reluctant; S. *negligente, descuidado*)].

desgastar(se) *v*: waste, wear (away, out). [Exp: **desgaste** (waste), **desgaste lógico y normal** (normal wear and tear; S. *deterioro, desperfecto, uso*)].

desglosar *v*: break down, itemise. [Exp: **desglose** (breakdown, itemisation)].

desgracia *n*: misfortune, ill luck, mishap. *Cf* contratiempo.

desgravar *v*: rebate, reduce or remove tax, disencumber. [Exp: **desgravación** (relief, tax relief, tax reduction), **desgravable** (tax deductible), **desgravación a la exportación** (tax relief to export), **desgravación fiscal** (tax relief, allowance or rebate), **desgravación por doble imposición** (double taxation relief), **desgravación por hijos** (child allowance; S. *subsidio familiar por hijos*), **desgravaciones sobre bienes de capital** (capital allowances)]. *Cf* reducir, descontar.

deshacer *n*: undo, unmake; take apart; destroy; violate. [Exp: **deshacerse de** (get rid of, dump; fob off, unload; part with; fob off, *col*)].

desheredar *v*: disinherit, cast off.

deshipotecar *v*: pay off a mortgage.

deshonesto *a*: indecent, obscene, bawdy, improper. *Cf* impúdico, obsceno.

deshonor/deshonra *n*: dishonour, disgrace, ignominy, shame. [Exp: **deshonrar** (dishonour, disgrace; ruin, seduce)]. *Cf* mácula, vergüenza, tacha, mancha.

designar *v*: designate, nominate. [Exp: **designación** (appointment, designation, nomination; S. *nombramiento, mandato*), **designado** (designate; S. *nombrado, electo*)]. *Cf* nombrar, destinar.

designio *n*: design. *Cf* intención, proyecto, plan.

desigualdad *n*: disparity. [Exp: **desigual a** (unequal; uneven; unfair; different, varying)].

desintermediación *n*: direct market access.

desistimiento *n*: abandonment, non-suit, voluntary dismissal of action. [Exp: **desistimiento de la demanda jurídica, la instancia, el recurso o la apelación, los derechos, las pretensiones, la servidumbre, el arrendamiento,** etc. (abandonment of action, suit, appeal, rights, claims, easement, lease, etc.)]. *Cf* abandono, renuncia.

desistir *v*: desist, drop, forsake, abandon, relinquish, waive. [Exp: **desistir de una demanda, recurso,** etc. (abandon/drop an action, an appeal, etc.), **desistir del pleito** (withdraw a suit)]. *Cf* abandonar, ceder, renunciar a.

deslastrar *v*: unballast.

desleal *n*: disloyal, unfaithful, false; unfair. *Cf* traidor, infiel.

deslealtad *n*: disloyalty, breach of trust. *Cf* infidelidad, abuso de confianza.

desligar *v*: free, release, absolve from a duty,

promise, etc.; separate, detach; distinguish. *Cf* eximir, dispensar, liberar.

deslinde *n*: abuttals; settling of boundaries, demarcation. [Exp: **deslindar** (define the boundaries of a property), **deslinde y amojonamiento** (survey and marking of boundaries)]. *Cf* apeo, lindes, demarcación de una propiedad.

desliz *n*: slip, slip-up; indiscretion. *Cf* patinazo.

desmán *n*: abuse, outrage, unseemingly conduct. *Cf* atropello, vituperación.

desmandarse *n*: go/get out control/hand; be cheeky/insolent; talk back. *Cf* desbandarse.

desmedido *n*: undue, unconscionable; excessive. *Cf* excesivo.

desmembrar *v*: dismember. *Cf* descuartizar.

desmentido *n*: denial. [Exp: **desmentir** (deny, issue a denial; refute; belie; S. *negar*)]. *Cf* denegación.

desobediencia *n*: disobedience, defiance, contempt of court. [Exp: **desobeder** (disobey)]. *Cf* reto, provocación, insolencia.

desocupado *n*: idle, unemployed; free, empty, vacant. *Cf* desempleado, parado, en paro.

desocupar *v*: vacate. [Exp: **desocupar el local** (vacate the premises; S. *evacuar*)].

desorden *n*: disturbance, lawlessness, disorder, unrest, breach of the peace. [Exp: **desorden público** (disorderly conduct), **desorden violento** (violent disorder; S. *altercado violento, disturbio*), **desordenado** (disorderly, lawless, riotous; S. *licencioso*), **desordenar** (disorder)]. *Cf* alteración del orden público.

despachar *v*: ship, issue, send; deal with. [Exp: **despacharse a gusto** (not to mince one's words, tell somebody a few home truths, tell somebody where they get off, *col*)]. *Cf* expedir.

despacho[1] *n*: office. [Exp: **despacho privado de un juez** (judge's chamber)]. *Cf* bufete, cámara.

despacho[2] *n*: dispatch, shipment; clearance; commission; message. [Exp: **despacho de aduana** (customs clearance; S. *formalidades aduaneras*), **despacho de entrada/salida de un buque** (clearance inwards, outwards clearance)].

despectivo *a*: derogatory, slighting, pejorative, scornful. *Cf* despreciativo.

despecho *n*: spite, malice. [Exp: **a despecho de** (despite; in defiance/spite of)].

despedir *n*: dismiss, lay off; sack (*col*), give the sack (*col*), fire (*col*). [Exp: **despedir a alguien por exceso de mano de obra** (make someone redundant), **despedir a un empleado liquidándole los haberes** (pay off), **despedirse voluntariamente** (give notice; S. *dar aviso de despido*), **ser despedido** (get the sack)]. *Cf* echar.

despejar(se) *v*: clear, clear up. [Exp: **despejar la sala** (clear the court/room), **¡despejen!** (move on!, along!, keep moving!)]. *Cf* desalojar.

desperfecto *n*: waste, damage. *Cf* uso, desgaste, deterioro.

despido *n*: dismissal, lay off. [Exp: **despido analógico o sobreentendido** (constructive dismissal), **despido improcedente** (wrongful dismissal), **despido improcedente o injusto** (unfair dismissal)]. *Cf* destitución, desahucio, cese.

despignorar *v*: release a pledge.

despilfarro *n*: waste, extravagance; superabundance, bags, *col*; S. *derroche, dispendio*.

desplazados *n*: displaced persons, refugees. *Cf* refugiados, deportados.

desplomarse *v*: collapse, topple, tumble. [Exp: **desplome de la Bolsa, las cotizaciones,** etc. (collpase/slide of Stock Market, prices, etc.)].

despojar *v*: unfurnish, despoil, divest/devest, bereave, deprive of, dispossess. [Exp: **despojado** (bereft; S. *desposeído*), **despojar de un título,** etc. (disendow; S. *degradar*), **despojar del dominio** (oust, disposses, disseise; S. *usurpar bienes raíces, desposeer*), **despojo** (spoils, plunder, ouster)]. *Cf* privar, desposeer, desheredar.

desposeer *v*: divest/devest, bereave, dispossess, disseise, oust. [Exp: **desposeer del dominio de** (dispossess, disendow), **desposeído** (bereft; S. *despojado*), **desposeimiento** (dispossesion), **desposesión ilegítima** (disseisin; S. *usurpación*)]. *Cf* despojar, enajenar.

déspota *n*: tyrant, abuser. *Cf* tirano.

desprecio *n*: disdain, contempt, scorn, snub. [Exp: **despreciable** (contemptible, worthless; negligible; S. *vil, infame*), **despreciativo** (slighting; S. *despectivo*)].

desproporcionado *a*: out of proportion, disproportionate.

desprovisto de *a*: devoid of, wanting/lacking in, without.

después *prep*: after. [Exp: **después de la muerte** (post-obit)].

desquitarse *v*: retaliate, get one's own back; recoup one's losses, recover debt/property. [Exp: **desquite** (retaliation, recovery, compensation, satisfaction; S. *represalia*)]. *Cf* tomar represalias, vengarse.

desregulación *n*: deregulation. *Cf* derregulación, liberalización de las normas o reglamentos.

destacado *n*: outstanding, notable, major.

destajo *n*: piecework, job and knowck, *col*. [Exp: **a destajo** (piecework, by contract; *fig* with awill, falt out)].

desterrar *v*: banish. [Exp: **desterrado** (banished person, outcast; S. *deportado, proscrito*), **destierro** (banishment; S. *deportación*)].

destinar *v*: destine, allot, designate, consign, earmark; appoint. [Exp: **destinar fondos a fines específicos** (earmark funds; S. *asignar, afectar*), **destinar a fines distintos de los previstos** (divert), **destinatario** (consignee, addressee, remittee, recipient; S. *consignatario, beneficiario*), **destino** (destiny, designation, post, appointment)].

destituir *v*: remove, depose, recall. [Exp: **destitución** (deprivation, destitution, dismissal; S. *cese, deposición, privación, pérdida*), **destituir (a un empleado)** (dismiss; S. *despedir, cesar*)]. *Cf* deponer, degradar.

destrozar *v*: destroy, deface. *Cf* mutilar.

destrucción *n*: destruction, defacement. [Exp: **destrucción material** (damages), **destrucción o mutilación maliciosa de un documento**, etc. (defacement)].

desuso *n*: disuse, desuetude. *Cf* falta de ejercicio de algún derecho.

desvalido *a*: destitute, helpless, defenceless; underprivileged. *Cf* indigente, desamparado.

desvalijar *v*: rob, burgle, ransack, rifle. [Exp: **desvalijo** (robbery/burglary)].

desventaja *n*: disadvantage. *Cf* menoscabo, detrimento.

desviación *n*: departure, deviation; abuse. [Exp: **desviación de poder** (abuse of power, misapplication of administrative norms), **desviación del tráfico comercial** (deflection of trade), **desviación inflacionista** (inflationary gap), **desviar(se)** (depart, deviate, divert, re-route; S. *apartarse*)]. *Cf* divergencia.

desvincular *n*: sever connections; detach; disentail. *Cf* desamortizar.

desvío *n*: deviation, diversion, re-routing. *Cf* desviación, divergencia.

desvirtuar *v*: invalidate.

detallar *v*: break down, itemize, list, specify. [Exp: **detalle** (detail, particular), **detalle técnico** (formal question/issue)].

detallista *n*: retail trader. *Cf* minorista, comerciante al por menor.

detectar *v*: detect, spot; establish; observe. *Cf* descubrir.

detector de mentiras *n*: lie detector.

detención *n*: arrest, detention, apprehension, detainer; seizure, distraint, distress. [Exp: **detención de buques** (embargo; S. *bloqueo económico*), **detención de la sentencia** (arrest of judgment), **detención ilegal o malicosa** (false imprisonment, duress of imprisonment, malicious arrest; S. *secuestro, prisión o encarcelamiento ilegal*), **detención o retención administrativa** (administrative detention), **detención por orden verbal del juez** (parol arrest), **detención preventiva** (preventive detention, pre-trial arrest, remand in custody), **detención subdiaria** (detainer), **detención violenta** (forcible detainer)]. *Cf* captura, retención, arresto.

detener *v*: arrest, effect an arrest, hold in legal custody, take into custody, detain; distrain, seize, stop. [Exp: **detener sin fianza** (hold without bail), **detenido** (detainee, person under arrest or in custody)]. *Cf* retenido; arrestar, retener.

detentar *v*: deforce, keep illegally, detain. [Exp:

detentador (deforcer, detainer)]. *Cf* detener, retener.

deteriorar *v*: waste, damage. [Exp: **deteriorado** (impaired; damaged; dilapidated; S. *en ruinas*), **deterioro** (waste, damage, deterioration), **deterioro de la moneda** (currency depreciation)]. *Cf* echar a perder, desgastar, estropear.

determinación *n*: assessment, determination, ascertainment. [Exp: **determinable** (ascertainable; S. *evaluable, averiguable*), **determinación de los hechos** (fact-finding), **determinación del daño**, etc. (ascertainment of the damage, etc.; S. *valoración, fijación*), **determinación del valor imponible** (assessment)]. *Cf* fijación.

determinado *a*: particular; given, set; certain.

determinar *v*: ascertain, settle, assess, determine, evaluate, fix, establish, decide. [Exp: **determinar judicialmente** (adjudicate)]. *Cf* evaluar, calcular, resolver, estimar, fijar; fallar.

detracción *n*: detraction. *Cf* difamación.

detractar *v*: detract.

detrimento *n*: damage, prejudice, loss, detriment, harm, disadvantage. [Exp: **sin detrimento** (without detriment/prejudice)]. *Cf* perjuicio, daño, menoscabo.

deuda *n*: debt, liability. [Exp: **deuda a corto/largo plazo** (short-term debt, long-term debt), **deuda afianzada o garantizada con pagarés u obligación escrita** (bonded debt), **deuda caducada** (stale debt), **deuda consolidada** (fixed debt; S. *deuda perpetua*), **deuda convertible** (convertible debt), **deuda escriturada** (specialty debt), **deuda flotante** (unfunded debt), **deuda ilíquida** (unliquidated debt), **deuda incobrable** (write-off, bad debts; S. *impagados, cuentas dudosas, fallidos*), **deuda líquida** (liquidated debt), **deuda perpetua** (perpetual debt, fixed debt; S. *deuda consolidada*), **deuda perpetua consolidada** (funded debt; S. *pasivo consolidado*), **deuda por juicio** (judgment debt, debt of record), **deuda privilegiada** (preferential debt, preferred debt, privileged debt, priority of debt; S. *prioridad de la deuda*), **deuda**

pública (national debt, public debt), **deuda que devenga intereses** (active debt), **deuda que no lleva aparejada interés** (passive debt), **deuda sin garantía o caución** (unsecured debt), **deudas** (liabilities, arrears, accounts payable; S. *atrasos*), **deudas documentarias** (legal debts)]. *Cf* descargo de una deuda, adeudar, saldar una deuda

deudor *n*: debtor, obligor. *Cf* prestatario. [Exp: **deudor en mora o moroso** (debtor in default, defaulter; S. *fallido*), **deudor hipotecario** (mortgagor), **deudor por juicio o por fallo judicial** (judgment debtor)].

deudos *n*: relatives; kinsman/kinswoman.

devaluación *n*: devaluation. [Exp: **devaluación de la cartera de valores** (write down of portfolio)]. *Cf* depreciación.

devengar *v*: earn, carry, accrue. [Exp: **devengado y no pagado** (unsettled, back; S. *pendiente, en mora, vencido, sobrevencido, sin pagar*), **devengar o producir intereses** (bear interest), **devengo** (accrual; S. *aparición, surgimiento, acumulación*)]. *Cf* producir.

devolución *n*: return, drawback, repayment, refund. [Exp: **devolución de impuestos pagados** (tax refund), **devolución de los autos o del sumario a un tribunal inferior** (remission/remittitur of record), **devolución o desgravación fiscal** (tax rebate), **devolución sin protesto** (retour sans protêt)]. *Cf* reembolso, reintegro.

devolver *n*: repay, return, refund, devolve, redeliver, pay back. [Exp: **devolver un cheque por falta de fondos** (return a bounced cheque; **devolutivo** (S. *prejudicial*)]. *Cf* reembolsar, reintegrar.

día *n*: day. [Exp: **día a día** (day-to-day), **día convencional** (notional day; S. *día nominal*), **día de comparecencia del demandado** (return day, appearance day), **día de fiesta oficial** (legal holiday), **día de paga** (pay-day), **día del vencimiento** (accounting day, date of maturity, law day), **día feriado o festivo** (holiday, bank holiday), **día hábil** (business day, working day, lawful day; S. *día laborable*), **día hábil a efectos jurídicos** (dies juridicus), **día inhábil** (legal holiday, no working day), **día inhábil a efectos jurídicos** (non judicial day, dies non-juridicus), **día laborable** (business day, working day; S. *día hábil*), **día no laboral** (non-business day), **día nominal o hipotético** (notional day; S. *día convencional*), **día señalado** (appointed day), **día señalado para la reanudación de la vista oral** (adjournment day), **días de detención o de plancha** (lay days), **días de plancha reversibles** (reversible laydays), **días naturales** (calendar days), **días seguidos** (running days, calendar days)].

diagrama de flujo *n*: flow chart.

diario *n*: daybook, journal. [Exp: **a diario** (every day, on a daily basis), **diario de navegación** (log-book, ship's book/journal), **diario oficial** (gazette, official register), **Diario Oficial de la Comunidad** (Official Journal of the Community), **diario de sesiones** (official record, published daily, of the sessions of the Spanish Parliamen, *approx* Hansard)].

dicente *n*: deponent, speaker. *Cf* deponente, declarante.

dictamen *n*: opinion, judgment, decision, award; report. [Exp: **dictamen consultivo** (advisory opinion), **dictamen jurídico** (legal opinion, opinion of counsel), **dictamen motivado** (reasoned opinion), **dictamen pericial** (expert opinion, expert testimony; S. *peritaje*)]. *Cf* resolución, opinión; actos jurídicos documentados.

dictaminar *n*: pass judgment, rule, decide; award. *Cf* pronunciar sentencia, fallar, resolver.

dictar *v*: pronounce, order; issue, enter. [Exp: **dictar auto de prisión** (remand commit; S. *ordenar la apertura de juicio oral*), **dictar auto de prisión preventiva** (remand in custody), **dictar libertad bajo fianza** (remand on bail), **dictar orden de lanzamiento** (oust; S. *desalojar, desposeer, despedir*), **dictar sentencia** (announce a decision, give judgment; pronounce/pass sentence, grant a decree, decern, *Scot*; S. *fallar, emitir un fallo*), **dictar sentencia condenatoria** (pass sentence; S. *condenar, pronunciar una sentencia*), **dictar sentencia condicional** (give a suspended sentence), **dictar un auto, providencia o mandamiento judicial** (make an order), **dictar un mandato judicial o interdicto** (grant an injunction)]. *Cf* pronunciar.

dicho *a*: said, aforesaid. [Exp: **en dicho documento** (in the place aforementioned; therein, etc.)].

dieta(s) *n*: allowance, per diem allowance, travelling expenses. [Exp: **dietas por asistencia** (attendance fees), **dietas y viáticos** (subsistence allowance; S. *gastos de manutención*)]. *Cf* subsidio, gasto deducible.

difamación *n*: defamation, aspersion, calumny. [Exp: **difamación escrita** (libel; S. *libelo*), **difamación oral** (slander, oral defamation)]. *Cf* calumnia, injuria, detracción.

difamar *n*: defame, libel, slander, asperse, malign, backbite (*col*), cast aspersion. [Exp: **difamador** (defamer, blackener, libeler, libelous; S. *calumniador*), **difamar por escrito** (libel), **difamatorio/difamante** (libelous)]. *Cf* desacreditar, murmurar, calumniar, injuriar.

diferencia *n*: difference. [Exp: **a diferencia de** (distinguished from; S. *en contraste con*), **diferencia de calado** (trim; S. *trimado*)].

diferir *v*: defer, postpone, delay, adjourn, put back, hold over; reserve. [Exp: **diferimiento** (contango; S. *reporte*), **diferir el plazo** (extend the time limit; S. *prorrogar el plazo de vencimiento*)]. *Cf* prorrogar, aplazar, posponer, dilatar.

difundir *v*: spread, divulge. [Exp: **difusión** (dissemination, spread, divulging), **se ha difundido la especie de que** (there is a rumour abroad that)].

difunto *a*: late, deceased. *Cf* causante, fallecido, finado.

digesto *n*: digest, compilation of laws. *Cf* recopilación, sumario, repertorio.

dignatario *n*: official, officer. *Cf* autoridad.

dignidad *n*: dignity, rank. *Cf* rango, categoría.

dilación *n*: delay. *Cf* tardanza, demora; proceso sin dilaciones indebidas.

dilatar *v*: delay, defer, postpone, extend. *Cf* prorrogar, aplazar, posponer, diferir.

dilatorio *a*: dilatory. *Cf* lento, tardo.

diligencia[1] *n*: diligence, care. [Exp: **diligencia debida o normal** (care, ordinary care; S. *prudencia, cuidado, precaución, atención*), **diligencia extraordinaria** (great diligence), **diligencia no apropiada** (undue diligence), **diligencia razonable o del buen padre de familia** (due care and attention; S. *cuidado y atención razonables*)]. *Cf* precaución, prudencia.

diligencia(s)[2] *n*: legal measures, procedural steps, proceedings, formalities, steps, judicial enquiry. [Exp: **diligencias de embargo** (attachment proceedings; S. *proceso para secuestro*), **diligencias de emplazamiento** (service of summons), **diligencias de instrucción** (preparatory enquiries), **diligencias de lanzamiento** (ejectment, disposses porceedings), **diligencias de procesamiento** (committal proceedings; S. *instrucción de una causa criminal*), **diligencias de protesto** (protest procedure, noting of dishonoured drafts), **diligencias de prueba** (taking of evidence), **diligencias judiciales** (S. *instruir diligencias judiciales*), **diligencias para mejor proveer** (ruling postponing final judgment until further or better evidence is produced, deferment, reservation of judgment pending the production of more particular evidence; *approx* proof before answer, *Scot*), **diligencias policiales** (police proceedings), **diligencias previas** (preliminary report, committal proceedings, precognition, *Scot*)]. *Cf* trámite, gestión, actuación; practicar diligencias; instrucción.

diligenciar *v*: conduct. [Exp: **diligenciar pruebas** (collect evidence)].

dimisión *n*: resignation. *Cf* renuncia.

dimitir *v*: resign, give up, leave office. *Cf* renunciar.

dinero *n*: money, currency, funds. [Exp: **dinero a la vista o con preaviso de un día** (money at/on call, call deposit; S. *cuenta de depósito a la vista*), **dinero caliente, dinero que entra y sale, dinero especulativo** (hot money, *col*), **dinero contante** (ready money; S. *dinero efectivo*), **dinero de curso legal** (legal tender), **dinero efectivo o en metálico** (cash, hard cash), **dinero falso** (counterfeit money), **dinero improductivo o sin interés** (barren money), **dinero líquido** (liquid money)].

diplomado *a/n*: certified, qualified; holder of a diploma, degree, certificate, etc. [Exp: **diplomado en contabilidad** (chartered accountant; S. *experto contable, perito*)].

diplomático *a/n*: diplomatic; diplomat. [Exp: **diplomacia** (diplomacy)].

diputar *v*: commission, empower, delegate. [Exp: **diputación** (delegation; S. *comisión, delegación*), **diputación provincial** (provincial/county council), **diputado** (representative, deputy, back-bencher, front-bencher; Member of Congress, MC, congressman; Member of Parliament, MP; S. *congresista, miembro del Congreso, representante; delegado, comisionado*), **diputado-jefe del grupo parlamentario** (whip)]. *Cf* comisionar, delegar.

dique *n*: dock (for ships). [Exp: **dique flotante** (floating dock, wet dock), **dique seco** (dry dock, graving dock)]. *Cf* muelle.

dirección[1] *n*: address. [Exp: **dirección oficial a efectos judiciales** (address for service), **dirección para hacer seguir el correo** (forwarding address; S. *domicilio para notificaciones oficiales*)]. *Cf* señas, domicilio.

dirección[2] *n*: direction; directorate; bureau; management, board of directors. *Cf* administración.

directiva[1] *n*: directive (EC law). *Cf* directriz; actos jurídicos comunitarios.

directiva[2] *n*: board of governors or of directors; directorate. *Cf* dirección, junta o consejo de administración.

directivo *a/n*: executive, managerial; director, manager. *Cf* alto cargo, poder ejecutivo, ejecutivo.

directo *a*: direct, lineal; positive; primary.

director *n*: manager, chief, managing director. [Exp: **director de la Casa de la Moneda** (Master Warden of the Mint), **director general** (director general; junior minister; secretary/undersecretary of State), **Director General de Correos** (Postmaster General),

Director General de la Competencia (Director-General of Fair Trading), **Director General de la Seguridad del Estado** (Minister for State Security), **Director General del Ministerio Fiscal/Servicio de Acusación Pública** (Director of Public Prosecution, DPP), **directora** (manageress)]. *Cf* gerente, administrador.

directriz *n*: directive, precept; guideline, circular. [Exp: **directrices** (policy), **directrices ministeriales** (government circulars)]. *Cf* directiva.

dirigente *n*: leader. [Exp: **dirigente empresarial** (corporate leader)]. *Cf* jefe.

dirigir *v*: manage, direct, order, operate, run. [Exp: **dirigir una petición** (petition; S. *suplicar, rogar*), **dirigir una recomendación** (make a recommendation), **dirigirse a** (proceed to), **dirigirse al banquillo** (take the stand), **dirigirse al tribunal** (address the court)]. *Cf* gestionar, administrar, controlar, planificar, intervenir.

discapacitado *a*: handicapped, disabled. *Cf* desfavorecido, disminuido.

disciplinario *a*: disciplinary.

disconformidad *n*: disagreeement, dissent, disapproval. [Exp: **disconforme** (dissenting, objecting)]. *Cf* inconformidad, desaprobación, censura, reprobación.

discordancia *n*: discord, disagreement. *Cf* disensión, desacuerdo, desavenencia, inconformidad.

discordia *n*: discord, disharmony.

discreción *n*: discretion. [Exp: **a discreción de** (at the discretion of), **a discreción gubernamental** (at the pleasure of the Crown), **discrecional** (discretional/discretionary, arbitrary, optional; S. *prudencial, potestativo, arbitral, moderador*)].

discrepancia *n*: discrepenacy; disagreement, dissent, variance. *Cf* modificación.

discrepar *v*: disagree, differ.

discreto *n*: discreet, cautious, tactful; sober, modest; average, middling, fair-to-middling, reasonable; discrete. *Cf* prudente, juicioso.

discriminación *n*: discrimination, distinction. [Exp: **discriminación directa** (direct discrimination), **discriminación sexual** (sex discrimination)].

discriminar *v*: discriminate; disintinguish, differentiate. [Exp: **discriminatorio** (discriminatory, discriminating)]

disculpar *v*: exculpate, excuse. [Exp: **disculpa** (plea, declaration, reply to charges; allegation; S. *excusa, razón*), **disculpan su inasistencia a la junta** (apologies for absence from a meeting)].

discurso *n*: address, speech. [Exp: **discurso inaugural** (opening speech/address; S. *alocución*)].

discusión *n*: argument, quarrel, debate, discusion; moot. *Cf* litigio, disputa, debate.

discutir *v*: argue, quarrel; contend, debate; negotiate; canvass. [Exp: **discutible** (arguable, debatable, dubious, moot; S. *dudoso*), **discutidor** (contentious; S. *contencioso, combativo*)]. *Cf* razonar, argumentar.

disensión/disenso *n*: disagreement, dissent, discord. *Cf* desacuerdo, desavenencia, inconformidad, discordancia.

disentir *v*: dissent, disagree, differ. *Cf* presentar un voto particular, disensión.

disfrutar *v*: enjoy, possess, have the benefit of. [Exp: **disfrutar de franquicia aduanera** (enjoy exemption from duty)]. *Cf* tener, poseer, gozar.

disfrute *n*: possession, use, enjoyment; satisfaction. [Exp: **disfrute de un derecho** (enjoyment of a right), **disfrute y posesión plena de lo adquirido** (quiet possession)]. *Cf* posesión, tenencia, goce, beneficio.

disidencia *n*: dissidence, dissent, variance. *Cf* discrepancia, oposición.

disidente o disconforme *a/n*: dissenting; dissident.

disimular *v*: dissimulate, dissemble; conceal, disguise; overlook, ignore, pass over, forgive, abatement. [Exp: **disimulación** (dissimulation; S. *ocultamiento*)].

disminución *n*: abridgement, reduction, remission, batement (*obs*). [Exp: **disminución de legado, donaciones, deudas, impuestos, rentas,** etc., **entre legatarios, acreedores,** etc. (abatement of legacy, gifts, debts, tax, declared income, etc. amongst legatees, creditors, etc.), **disminución de valor** (decrease in value), **disminución física** (handicap, disablement; S. *incapacidad física*), **disminuido** (handicapped; S. *desfavorecido, discapacitado*)]. *Cf* merma, reducción, deducción, rebaja.

disminuir *v*: decrease, diminish, reduce, abate. [Exp: **disminuir(se) impuestos**, etc. (abate taxes, etc.; S. *desgravar(se)*), **disminuir(se) proporcionalmente legados, donaciones, deudas**, etc. (abate legacies, gifts, debts, etc.)]. *Cf* reducir.

disolución *n*: dissolution, winding-up. *Cf* liquidación.

disolver *v*: dissolve, wind up, break up. [Exp: **disolver el contrato** (rescind the contract), **disolver una sociedad colectiva** (dissolve a partnership), **disolver una sociedad mercantil** (disincorporate, liquidate a corporation; S. *liquidar una mercantil*)]. *Cf* anular, liquidar.

disparar *v*: shoot. [Exp: **dispararse** (shoot up), **disparo** (shot)]. *Cf* fusilar.

dispendio *n*: waste, extravagance; superabundance, bags, *col*; S. *derroche, despilfarro*.

dispensa *n*: dispensation, exemption, privilege. *Cf* privilegio, exención, franquicia, inmunidad.

dispensar *v*: dispense, accord; excuse, forgive, pardon; acquit, absolve, discharge, exempt, waive. *Cf* absolver, exonerar, liberar, exculpar, eximir, descargar.

disponer *v*: dispose, provide; direct, order. [Exp: **disponer de** (have, have available, have the use of, be provided with, have at one's disposal), **disponer libremente** (make free use of), **disponer por testamento** (will, dispose of by will)]. *Cf* ordenar, estipular, fijar.

disponibilidad *n*: availability. [Exp: **disponibilidades existentes** (material available)].

disponible *a/n*: available, unappropriated, uncommitted; liquid; disposable; cash and bank. *Cf* realizable, líquido; sin consignar, sin asignar.

disposición *n*: regulation, provision, disposition, order, disposal; step, arrangement. [Exp: **a disposición policial o de los tribunales** (in custody), **disposición en contrario** (disposition/stipulation/order to the contrary), **disposición o distribución de los asientos** (order of precedence/priority/seating), **disposición sucesoria** (settlement of an estate), **disposición testamentaria** (testamentary disposition, devise), **disposiciones** (provisions, laws, byelaws), **disposiciones legislativas delegadas** (delegated legislation; S. *legislación delegada o subordinada*), **disposiciones más importantes** (major provisions), **disposiciones legislativas** (statutory instruments), **disposiciones particulares** (special provisions), **disposiciones procesales** (rules of procedure), **disposiciones reglamentarias** (regulations), **disposiciones transitorias** (temporary provisions, transitional provisions), **disposiciones tributarias** (tax laws, provisions)]. *Cf* instrumentos, normas, normativa, reglamento, reglamentación.

dispositivo *n*: gadget, device, mechanism, appliance. [Exp: **dispositivo de seguridad** (safety device/catch; security measure), **dispositivo policial de viligancia** (police security operation; S. *control policial*)].

dispuesto *a*: ready; disposed, willing. *Cf* listo.

disputa *n*: dispute, debate, controversy, altercation, argument, brawl. [Exp: **disputa de votos, de clientes,** etc. (canvassing of votes, customers, etc.), **disputa laboral/salarial** (wage dispute), **disputable** (rebuttable; S. *refutable*), **disputar** (dispute, debate, argue a point, take issue, question, bicker; S. *argumentar, contender, debatir, argüir, discutir, razonar*)]. *Cf* desacuerdo, controversia, conflicto, riña, altercado.

distar mucho de satisfacer a *phr*: fall short of the demands of.

distorsión *n*: distortion, perverting of the course of justice. [Exp: **distorsionar** (distort, twist)] *Cf* falseamiento, manipulación.

distracción de fondos *n*: misappropriation, embezzlement, peculation. [Exp: **distraer fondos** (misappropriate, divert, embezzle)]. *Cf* malversar; malversación, defraudación, apropiación indebida, desfalco.

distribución *n*: distribution, delivery; arrangement. [Exp: **distribución de beneficios** (dividend; profit sharing; S. *cuenta de distribución de beneficios*), **distribuidor autorizado** (authorized dealer), **distribuidor** (dealer; S. *concesionario*), **distribuir** (distribute, allocate, portion; S. *repartir*), **distribuir por lotes** (allonge)]. *Cf* entrega.

distrito *n*: district, precinct, borough, constituency. [Exp: **distrito impositivo** (tax area/district), **distrito de una comisaría** (police precinct), **distrito o circunscripción electoral** (constituency, ward), **distrito judicial** (circuit jurisdiction of a court; petty sessions area), **distrito postal** (postal district)].

disturbio *n*: riot, violent disorder; disturbance of the peace, unrest. *Cf* alteración del orden público.

disuadir *v*: dissuade, overpersuade; discourage; deter, restrain. [Exp: **disuasión** (deterrence; S. *escarmiento*), **disuasivo** (deterrent; S. *freno, medida disuasoria o represiva*)]. *Cf* inducir.

disyuntiva *n*: alternative; dilemma; tricky/difficult choice or decision. *Cf* alternativa, salida, solución de recambio.

divergir *v*: diverge; clash, conflict, differ. [Exp: **divergencia** (deviation; S. *desvío, desviación*)].

dividendo *n*: dividend. [Exp: **dividendo (abonado) con acciones** (bonus issue; S. *emisión gratuita*), **dividendo abonado con pagarés** (scrip dividend), **dividendo pasivo** (capital call), **dividendos atrasados** (arrears of dividends), **dividendos no cobrados** (unclaimed dividends)]. *Cf* cupón.

dividir *v*: split, divide. [Exp: **dividir una herencia** (break up an estate), **divisible** (severable, divisible), **división** (division, split), **división de los honorarios** (fee splitting) **división o región judicial** (circuit; S. *distrito judicial*), **división de apoyo** (support division)].

divisa *n*: national currency, foriegn currency, exchange. [Exp: **divisa a la vista** (demand exchange), **divisa convertible** (convertible foreign currency), **divisas** (foreign currency, foreign exchange; S. *moneda extranjera*), **divisas fuertes** (reserve currency)].

divorce *n*: divorcio. [Exp: **divorcio con el consentimiento de las partes** (undefended divorce), **divorcio concedido por un tribunal extranjero** (overseas divorce), **divorcio extrajudicial** (extrajudicial divorce), **divorcio o separación de mutuo acuerdo** (divorce by mutual consent, undefended divorce/separation)].

divulgación *n*: publication, publicity. [Exp: **divulgación de datos** (disclosure), **divulgar** (disclose; S. *revelar*)].

doble *a*: double, twice as many. [Exp: **doble imposición** (double taxation), **doblez** (double-dealing; S. *simulación*)].

doctrina de los propios actos *n*: estoppel. *Cf* impedimento legal, acción innegable.

documentación *n*: papers, records, documents, documentation, material. [Exp: **documentación de a bordo** (ship's papers), **documentación o actas de un juicio** (record of trial; S. *expediente*)]. *Cf* documento.

documento *n*: document, paper. [Exp: **documento acreditativo de cobertura** (cover note; agreement for insurance; S. *resguardo provisional*), **documento anónimo** (unsigned document), **documento auténtico** (authenticated document, genuine document), **documento de satisfacción o de cancelación** (memorandum of satisfaction, satisfaction piece), **documento de trabajo** (working paper), **documento de transmisión o venta** (deed, bill of sale), **documento falsificado** (false instrument), **documento jurídico** (deed; S. *escritura, título legal*), **documento notarial** (notarial document), **documento oficial** (official document; S. *acta pública*), **documento original** (original), **documento probatorio** (documentary proof/evidence), **documento público** (public record; S. *falsedad en documento público*), **documento solemne** (covenant, sealed instrument), **documento testamentario** (testamentary instrument; S. *testamento*), **documentos** (papers; S. *documentación*), **documentos comerciales** (commercial instruments/papers; S. *documentos negociables*), **documentos de embarque** (shipping documents), **documentos**

de instancia o solicitud (motion papers; S. *instancia*), **documentos negociables** (commercial instruments/papers), **documentos o pagarés comerciales** (trade notes), **documentos secretos** (classified material)]. *Cf* instrumento, acta.

dolo *n*: mens rea, bad faith; wrong, wrongdoing, actual malice, deceit, guilty knowledge; wilful misconduct. [Spanish law habitually distinguishes between *culpa*, which is guilt involving negligence, and *dolo*, which is malevolent intent or *mens rea*. Exp: **doloso** (fraudulent, deceitful), **dolosamente** (maliciously; S. *con alevosía o mala fe*), **con dolo** (under false pretences, scienter; S. *a sabiendas, bajo falsas apariencias*)]. *Cf* malicia expresa o de hecho, maldad, impostura, engaño.

dolor *n*: distress, pain. *Cf* flicción, sufrimiento.

domicilio *n*: address, abode, dwelling-house, residence. [Exp: **domiciliación de efectos** (domiciliation of bills), **domiciliar** (domicile, domiciliate), **domiciliar una letra de cambio** (domicile a bill), **domicilio a efectos legales** (legal address, address for service), **domicilio convencional o convenido** (elected domicile), **domicilio de origen** (natural domicile), **domicilio habitual del matrimonio** (matrimonial home), **domicilio legal** (legal residence), **domicilio necesario** (necessary domicile), **domicilio para notificaciones oficiales o judiciales** (address for service), **domicilio social** (domicile of corporation, registered office, business address)]. *Cf* dirección, señas, residencia.

dominante *n*: prevailing, dominant. *Cf* predominante, común, generalizado, reinante, corriente, extendido, preponderante.

dominar *n/v*: control, rule over. *Cf* controlar, fiscalizar.

dominio *n*: lordship, ownership, title, domain, authority, control. [Exp: **dominio absoluto o pleno** (fee absolute, fee simple, freehold), **dominio compartido** (co-ownership; S. *copropiedad*), **dominio vitalicio** (life estate), **dominio directo** (legal ownership, fee simple), **dominio eminente** (eminent domain),

dominio expectante (fee expectant), **dominio por tiempo fijo** (term of years), **dominio imperfecto** (qualified ownership), **dominio limitado, condicionado o por tiempo parcial** (particular estate), **dominio perfecto** (perfect ownership), **dominio público** (public domain), **dominio público, ser de** (be well-known or common knowledge), **dominio útil** (beneficial ownership, equitable interest)]. *Cf* derecho de propiedad, título.

donación *n*: gift, donation, grant, contribution. [Exp: **donación absoluta o incondicional** (absolute gift), **donación de capital** (capital grant), **donación inter vivos** (gift inter vivos; S. *absolute gift*), **donación por causa de muerte** (gift mortis causa), **donación de la herencia en vida** (advancement; S. *anticipo en la herencia hecha por los fideicomisarios*), **donante/donador** (donator, donor, feoffor), **donar** (bestow, donate, contribute, dispone, *Scot*), **donatario** (donee, appointee), **donativo** (gift, contribution, donation)]. *Cf* regalo, dádiva, contribución, aportación; a título de donación/gratuito.

dorso *n*: back of a document. *Cf* véase al dorso.

dotación *n*: endowment. [Exp: **dotación pura** (pure endowment), **dotar** (endow; S. *fundar*), **dotar de personal** (staff), **dotar de los medios necesarios** (provide with the necessary means or implements; S. *pertrechar*), **dote** (dowry, endowment, marriage portion; settlement)]. *Cf* dote, fundación.

droga(s) *n*: drugs, narcotics. [Exp: **drogodependencia** (drug addiction)]. *Cf* narcótico, estupefaciente.

duda *n*: doubt. [Exp: **duda razonable** (reasonable doubt), **dudar** (doubt, question), **dudoso** (arguable, doubtful, dubious, uncertain, debatable, moot; S. *controvertible, discutible*)].

duelo, en señal de *phr*: as a sign of mourning; to mark the dealth of. *Cf* a media asta; luto.

dueño *n*: master, owner, proprietor, landlord, freeholder; employer. [Exp: **dueño absoluto o sin restricciones** (absolute owner), **dueño absoluto, ser** (own outright), **dueño aparente** (reputed owner), **dueño colindante** (abutter),

dueño de predio dominante (dominant owner), **dueño de, ser** (be seised of), **dueño de una finca** (landowner; S. *terrateniente*), **dueño en derecho** (legal owner), **dueño en equidad** (equitable owner), **dueño en equidad de los bienes de un fideicomiso** (beneficiary, cestui que trust), **dueño en propiedad** (fee owner), **sin dueño** (res nullius)].

dúplica *n*: rejoinder. *Cf* respuesta, réplica o contrarréplica.

duplicado *a/n*: duplicate; duplicat copy.

duración *n*: duration, life, term. [Exp: **duración de la patente** (term of a patent), **duración de las funciones** (period of appointment), **duración de un derecho** (tenancy), **duración del mandato** (tenure; S. *período de posesión*)]. *Cf* vigencia, período, plazo.

duro *a*: hard, adamant, tough. *Cf* severo, inflexible; violento.

E

ebrio *a/n*: drunk, intoxicated; drunkard; under the influence of drink. [Exp: **ebrio habitual** (habitual drunkard; S. *bebedor habitual*)]. *Cf* borracho.

economía *n*: economy. [Exp: **con economía de medios** (efficiently), **economato** (company store), **economía de mercado** (market economy), **economía dirigida o planificada** (planned economy), **economía libre de mercado** (free market economy), **economía sumergida** (black economy/market; S. *mercado negro, taller de economía sumergida*), **economizar** (retrench)]. *Cf* reducir, cercenar.

ECU *n*: S. *unidad de cambio europea* (European currency unit).

echar *v*: throw, throw out/away. [Exp: **echar a perder** (waste; S. *estropear, deteriorar*), **echar a suertes** (draw lots for; S. *suerte, caer en suerte*), **echar al mar** (jettison), **echar el muerto a uno** (put/lay the blame on somebody), **echar la culpa a** (blame, put/lay the blame on), **echar del trabajo** (give the sack, *col*, sack, *col*, fire, *col*; S. *despedir*), **echar (a) suertes** (draw lots), **echar una carta** (post), **echarse atrás** (back down, *col*; back out, *col*; S. *cambiar de idea*), **echazón de mercancías al mar** (jetsam, jettison)].

edad *n*: age. [Exp: **edad de jubilación** (age of retirement), **edad de razón o discreción** (age of discretion), **edad legal** (lawful age/full age; S. *mayor de edad*), **edad núbil** (marriageable age; age of consent)].

edición *n*: publication; edition. *Cf* divulgación, publicación.

edicto *n*: edict, ban, decree; public notice; summons. [Exp: **edictos matrimoniales** (banns of marriage)]. *Cf* bando, decreto.

edificar *v*: build, construct, edify. [Exp: **edificio** (building), **edificio de aduanas** (customs house), **edificios declarados de interés histórico** (listed buildings), **edificios peligrosos o en estado de ruina** (dangerous premises)]. *Cf* construcción.

edil *n*: alderman, councillor. *Cf* teniente de alcalde, concejal.

educación *n*: education, background, training; politeness, good manners/breeding. [Exp: **educar** (educate, train; bring up; teach manners)]. *Cf* base, formación o ambiente cultural.

efectivo[1] *a*: actual, effective, real; liquidated. *Cf* real, material.

efectivo[2] *n*: cash, ready money. [Exp: **en efectivo** (cash, cash down; S. *dinero contante*)]. *Cf* moneda, dinero, numerario.

efecto(s)[1] *n*: draft, bill, note; commercial documents, belongings. [Exp: **efecto al cobro** (collection draft), **efecto cambiario** (bill of exchange), **efecto de comercio** (bill, commercial/mercantile paper; S. *papel comercial*), **efecto de favor o de complacencia** (bill of favour, accommodation bill of exchange; S. *letra de cambio aceptada, pagaré de favor o de cortesía*), **efecto descontable** (discountable bill), **efecto**

impagado (overdue bill), **efectos** (paper; S. *instrumento de crédito, papel*), **efectos a cobrar/al cobro** (notes receivable/receivable notes), **efectos a pagar** (notes payable; S. *pagarés*), **efectos al cobro** (bills payable), **efectos bancarios** (bank paper), **efectos financieros** (finance bills, financial paper), **efectos cobrables sin comisión** (par items), **efectos cotizables** (listed securities), **efectos de comercio** (negotiable instruments, commercial/business paper; S. *títulos de pago*), **efectos desatendidos** (dishonoured bills), **efectos embargados** (distress), **efectos negociables o descontables** (bankable paper, bills and notes), **efectos personales** (personal effects/belongings, chattels personal), **efectos pignorados** (pledged securities), **efectos redescontables** (eligible paper, *Amer*), **efectos timbrados** (stamped documents/paper), **por efecto o ministerio de la ley** (by operation of the law; S. *de oficio*), **sobre efectos pignorados** (against pledged securities)]. *Cf* obligación, nota de crédito, letra girada, pagaré, bienes, caudal, pertenencias.

efecto² *n*: effect, result, implication. [Exp: **a efectos legales** (legal purposes/effects; constructively), **con efectos desde** (with effect from; S. *vigente a partir de*), **con efecto retroactivo** (nunc pro tunc, backdated), **de efecto equivalente** (of equivalent effect, producing a similar result), **efecto devolutivo/en un solo efecto** (procedure whereby the trial court's decision is not disturbed by appeal or review; *approx* without stay of execution), **efecto diferido** (time-lag), **efecto directo** (direct applicability/effect/result), **efecto financiero** (financial bill), **efecto resolutorio** (the effect of discharging or repudiating a contract; defeasance), **efecto retroactivo** (retroactive effect), **efecto suspensivo/en dos efectos** (procedure whereby the effect of appeal or application for review is to hold the trail court's decision in abeyance; *approx* stay of execution pending appeal, suspensive effect), **sin efectos positivos o negativos** (neutral)]. *Cf* consecuencias, repercusión, resultado, influencia; bajo los efectos.

efectuar *v*: carry out, effect, accomplish, make, work out; file. [Exp: **efectuar estudios de** (qualify as; S. *prepararse, habilitarse*), **efectuar un parte de lesiones** (file a medical report), **efectuar una redada la policía** (sweep, carry out a raid), **efectuar una encuesta** (conduct a poll)]. *Cf* realizar, llevar a cabo, poner en ejecución, practicar, elaborar.

eficacia, eficiencia *n*: efficacy, efficiency. [Exp: **eficacia del acto** (enforceability), **eficacia probatoria** (value as evidence, probative value)]. *Cf* validez.

eficaz/eficiente *a*: effective, efficient; operative. *Cf* convincente, efectivo, apto, capaz; de elevado rendimiento.

ejecución *n*: enforcement, performance, fulfillment, carrying out, application; execution. [Exp: **ejecución capital** (capital punishment), **ejecución coactiva** (foreclosure), **ejecución concursal** (bankruptcy proceedings), **ejecución de actos sin intervención de la voluntad de forma normal o patológica** (automatism; S. *automatismo*), **ejecución de acuerdos o programas** (carrying out of agreements or programmes), **ejecución de embargo** (attachment execution), **ejecución de autos o sentencias** (enforcement of judgments, diligence, *Scot*), **ejecución de la ley** (law enforcement; S. *cumplimiento de la ley*), **ejecución de la pena de muerte** (execution; S. *ajusticiamiento*), **ejecución de los derechos del acreedor** (execution; S. *vía ejecutiva*), **ejecución de una hipoteca** (repossession), **ejecución de una norma** (application of a rule), **ejecución del derecho de prenda** (action of pledge), **ejecución específica** (action for specific performance), **ejecución forzosa** (enforcement of judgment, specific performance, general execution, *Amer*; S. *demanda solicitando el cumplimiento estricto de lo que se acordó en el contrato*), **ejecución parcial** (part-performance), **ejecución procesal** (enforcement of judgment), **ejecución voluntaria** (voluntary execution/performance)]. *Cf* cumplimiento, desempeño, ejercicio, práctica.

ejecutar *v*: enforce, act, put into effect, complete, carry out, perform, implement; execute, put to death. [Exp: **ejecutable** (workable, enforceable), **ejecutado** (executed), **ejecutante** (executant), **ejecutar a un reo** (execute a criminal, put to death; S. *ajusticiar*), **ejecutar el embargo de bienes** (attach property, distress; S. *embargar*), **ejecutar sumariamente** (lynch; S. *linchar, tomarse la justicia por su mano*), **ejecutar un acuerdo** (carry out/fulfill an agreement), **ejecutar una orden de detención** (serve a warrant, arrest on the order of a magistrate), **ejecutar una sentencia** (enforce a judgment; carry out a sentence), **ejecutar una hipoteca** (foreclose a mortgage), **ejecutar un pedido** (fill an order; S. *cumplimentar un pedido*)]. *Cf* cumplir, desempeñar; ajusticiar.

ejecutivo *n*: executive, managing director, officer. [Exp: **ejecutivo en formación** (management trainee)]. *Cf* directivo, alto cargo.

ejecutor *n*: executor, court officer, sheriff, marshall. [Exp: **ejecutor de la justicia** (hangman, executor; S. *verdugo*)].

ejecutoria *n*: final judgment; final process, enforceable judgment, enforcement action, writ of execution. *Cf* auto o mandamiento de ejecución de una sentencia.

ejecutorio *a*: executory, enforceable; final.

ejemplo ilustrativo *n*: case in point. *Cf* caso aplicable.

ejercer *v*: perform, exercise. [Exp: **ejercer acciones judiciales** (take/bring legal action, take a matter to the courts), **ejercer la abogacía, una profesión** (practise law/a profession), **ejercer un derecho** (exercise a right), **ejercer un negocio** (ply a trade), **ejercer un recurso** (lodge an appeal), **ejercer una función** (perform a task/mission/function)]. *Cf* practicar, desempeñar, ejecutar, cumplir, ejercitar.

ejercicio *n*: exercise, performance, year. [Exp: **en ejercicio** (acting; S. *suplente, interino, provisional, de servicio, en funciones*), **en el ejercicio de sus funciones** (in the exercise of her/his powers, in the performance of her/his duties), **ejercicio de la acción** (prosecution of an action), **ejercicio de la jurisdicción** (exercise of jurisdiction), **ejercicio de la profesión de abogado** (practice of law), **ejercicio económico, social o fiscal** (financial year, accounting year, corporate year, fiscal year, business year; S. *ejercicio social*), **ejercicio legítimo de un derecho** (about one's lawful business, in the lawful exercise of a right)]. *Cf* ejecución, desempeño.

ejercitar *v*: exercise, practise, put into practice. [Exp: **ejercitarse** (train, practise; drill)]. *Cf* ejercer.

elaboración *n*: processing; production, manufacture. *Cf* transformación, trámite.

elaborar *v*: draw up, process, work out; develop; produce, manufacture. *Cf* establecer, efectuar, calcular.

elección *n*: election; choice. [Exp: **elección parcial por fallecimiento, renuncia o enfermedad del titular del escaño** (by-election), **elecciones** (poll), **elecciones generales** (general elections), **elecciones municipales** (local election), **elecciones preliminares** (primaries), **electo** (designate, elect; S. *designado, nombrado*), **elector** (voter, elector; S. *votante*), **elector habilitado** (qualified voter), **electorado** (electorate), **electoral** (electoral)]. *Cf* comicios.

elegir *v*: choose; elect. [Exp: **elegible** (eligible), **elegibilidad** (eligibility), **elegir los miembros de un jurado** (impanel a jury)].

elemento *n*: element, component, factor. [Exp: **elemento de juicio** (item of evidence), **elemento probatorio** (item of proof), **elementos suficientes** (sufficient evidence)]. *Cf* componente.

elevado *a*: high; considerable. [Exp: **de elevado rendimiento** (efficient)]. *Cf* alto, grave, superior.

elevar[1] *v*: raise. [Exp: **elevar la condena** (increase the sentence, impose a more severe penalty; S. *rebajar la condena*), **elevar la tarifa** (raise the tariff)]. *Cf* subir, levantar.

elevar[2] *v*: file; forward, present, submit, refer. [Exp: **elevar a tribunal superior** (refer to a higher court), **elevar a público un documento**

privado (convert a private contract or agreement into a public document or deed, put on record), **elevar un informe o una memoria** (hand in/submit/present a report), **elevar un recurso** (file a motion), **elevar una protesta** (file a protest), **elevar una queja, una reclamación** (file/make a claim, a complaint)]. *Cf* presentar, exponer, instar, formular, cursar.

eliminación *n*: abatement, eradication, removal, elimination. [Exp: **eliminación de deudas incobrables** (write-off), **eliminación de un daño, perjuicio o acto perjudicial** (abatement of a nuisance), **eliminar** (abate, eradicate, remove, eliminate; bump off, rub out *slang*; S. *reducir, atenuar, suprimir*)]. *Cf* supresión.

eludir *v*: escape, evade. [Exp: **eludir el servicio militar** (dodge the draft), **eludir la acción de la justicia** (abscond; S. *alzarse, fugarse*)]. *Cf* evitar, sustraerse a.

ello *pron*: it, this, that. [Exp: **todo ello** (all of which), **por ello** (therefore, wherefore)].

emancipar *v*: emancipate, disenthrall. [Exp: **emancipación** (emancipation, disenthrallment)]. *Cf* manumitir.

embajada *n*: embassy. [Exp: **embajador** (ambassador), **embajador especial** (ambassador-at-large)].

embalaje *n*: packing, pack. [Exp: **embalar** (pack; S. *envasar*)].

embarcación *n*: boat, vessel, craft. [Exp: **embarcación auxiliar** (tender), **embarcación de práctico** (pilot boat), **embarcación de vela** (sailing boat), **embarcador** (shipper; S. *cargador*)].

embargar *v*: confiscate, attach, distrain, distress, seize, arrest, garnish, garnishee, factorize (*Amer*). [Exp: **embargable** (attachable; S. *secuestrable*), **embargado** (garnishee, factor, lienee), **embargante** (garnisher/garnishor, distrainer, lienor)]. *Cf* secuestrar, incautar, ordenar judicialmente la retención de una cosa.

embargo *n*: seizure; embargo, distraint, attachment, distress, capture; injunction; sequestration. [Exp: **embargo contra deudor residente** (domestic attachment), **embargo contra persona no residente** (foreign attachment), **embargo de bienes** (arrest, excussion, attachment of goods, seizure of goods), **embargo de inmuebles** (attachment of real property), **embargo de buques enemigos** (hostile embargo), **embargo preventivo** (attorney's lien, general lien, *Amer*; S. *derecho prendario*), **embargo provisorio** (temporary injunction), **embargo suplementario** (second distress)]. *Cf* secuestro, confiscación, aprehensión, incautación, decomiso.

embarrancado *a*: aground, stranded. [Exp: **embarrancar** (ground, run ground)].

embaucar *v*: deceive, dupe, swindle. [Exp: **embaucador** (swindler)]. *Cf* víctima de engaño o dolo, engañar.

embolsarse *v*: pocket.

emboscada *n*: ambush. *Cf* tender una emboscada, atacar por sorpresa.

embrollo *n*: embroilment, muddle, confusion, tangle; fraud. [Exp: **embrollo jurídico** (barratry; S. *baratería*), **embrollar** (embroil, confuse, entangle; fraud; diddle, *col*)]. *Cf* engaño, impostura, trampa, enredo.

emergencia *n*: emergency. *Cf* crisis, necesidad o apuro.

emisión *n*: issue; broadcast; utter; deliver. [Exp: **emisión con derechos para los accionistas** (rights issue, scrip issue), **emisión colocada** (presold issue), **emisión consolidada** (consolidated bond issue), **emisión de acciones nuevas** (new issue), **emisión de obligaciones** (bond issue, debenture issue), **emisión de títulos u obligaciones cubierta con el vencimiento de otra anterior** (rollover), **emisión excesiva** (overissue), **emisión gratuita de acciones** (rights issue, bonus issue), **emisión limitada** (restricted issue), **emisor** (issuer)].

emitir *v*: issue, draw, float. [Exp: **emitir un dictamen** (deliver an opinion), **emitir un empréstito por medio de obligaciones** (float a loan), **emitir un fallo** (give/pronounce judgment), **emitir un programa** (broadcast a programme, put a programme out), **emitir un voto** (cast a vote)]. *Cf* expedir, librar.

emoción violenta *n*: uncontrollable impulse. *Cf* impulso incontenible o incontrolable, obcecación, arrebato.

emolumento *n*: perquisite, perk (*col*). *Cf* gaje, plus, extra.

empadronar *v*: register, place on the voting list. [Exp: **empadronamiento** (registration, placing on the voting register/list)].

emparentar *v*: marry into (a family), be/become related by marriage.

empate *v*: tie. [Exp: **empatar** (tie)].

empeñar *v*: pawn, impawn, hypothecate, pledge. [Exp: **empeñarse** (undertake, be bound; pledge oneself), **empeñarse en hacer algo** (hold out for, insist on/persist in doing), **empeño** (pawning, pledging; S. *pignoración; determinación*)]. *Cf* dejar en prenda.

empeorar(se) *v*: impair; worsen; get/make worse.

empezar *v*: begin, start. [Exp: **empezar a regir** (take effect, come into effect, be effective)]. *Cf* tener efecto, producir efectos, surtir efecto, entrar en vigor.

emplazamiento[1] *n*: notice, citation, call, summons, originating process, writ of summons. [Exp: **emplazamiento judicial** (citation), **emplazar** (summon/summons, subpoena, give notice, cite to appear), **emplazar a los interesados** (give notice to the parties concerned)]. *Cf* comunicar, ordenar judicialmente.

emplazamiento[2] *n*: site.

emplear *v*: employ, take on. [Exp: **empleado** (employee, servant, office holder, clerk, clerical worker; S. *asalariado*), **empleador** (employer; S. *empresario, patrono*), **empleo** (employment, occupation, situation, position, post; rank; S. *ocupación, profesión, puesto*), **empleo discontinuo** (discontinuous employment), **empleo ininterrumpido o continuo** (continuous employment), **empleo precario** (short term/seasonal employment, casual work), **empleo provechoso** (gainful employment; S. *actividad lucrativa*)]. *Cf* contratar, dar trabajo o empleo.

emprender *v*: undertake, launch, start out, embark on; tackle. [Exp: **emprendedor** (resourceful; S. *ingenioso, imaginativo*), **emprender acciones judiciales** (take action, take legal action), **emprenderla con alguien** *col* (have a go/bash at somebody; pick, start a fight, etc. with somebody), **emprenderla a tiros con alguien** (have a shoot-out with somebody, take a pot-shot at somebody)]. *Cf* iniciar.

empresa *n*: business, concern, enterprise, firm, corporation, company; undertaking; management. [Exp: **empresa aseguradora** (underwriter), **empresa clasificada por una agencia de crédito** (rated concern), **empresa colectiva** (joint partnership), **empresa conjunta** (joint venture), **empresa constructora** (building society), **empresa cotizada en Bolsa** (listed/quoted company), **empresa de explotación** (operating company, enterprise), **empresa de interés público** (public utility enterprise), **empresa de seguridad** (security firm, safe-deposit company; S. *compañía de seguridad*), **empresa de servicio público** (public service corporation), **empresa de transportes** (carrier), **empresa de transporte marítimo** (sea carrier), **empresa de transporte público** (common carrier), **empresa fantasma o simulada** (dummy corporation), **empresa filial** (affiliate/subsidiary company), **empresa inversionista de capital variable y fondo mutualista** (open-end investment company), **empresa libre** (private enterprise), **empresa matriz** (parent company), **empresa mediana** (medium-sized firm), **empresa mercantil** (commercial company/enterprise, trading enterprise), **empresa mixta** (mixed company), **empresa naviera o marítima** (shipping company; S. *compañía armadora*), **empresa privada** (private company/corporation), **empresa pública** (public enterprise, state-owned company), **empresa u organización sin ánimo de lucro** (non-profit organization)]. *Cf* sociedad mercantil.

empresario *n*: businessman, entrepreneur, employer, manager, undertaker. [Exp: **empresario individual** (sole proprietor, sole trader)]. *Cf* dueño, patrono, empleador.

empréstito *n*: loan, borrowing. [Exp: **empréstito a la gruesa** (bottomry loan), **empréstito con garantía** (collateral loan; S. *préstamo* *pignoraticio*), **empréstito de amortización** (sinking fund loan, bond loan), **empréstito de renta perpetua** (perpetual loan), **empréstito forzoso** (forced loan), **empréstito municipal** (municipal loan)]. *Cf* préstamo.

enajenar *v*: alienate, sell, devest, transfer, dispose of property, estrange, dispone (*Scot*). [Exp: **enajenado** (alienee), **enajenador** (alienator), **enajenamiento** (estrangement, disposal), **enajenación de bienes** (alienation/disposal of property), **enajenación en vida de bienes testados** (transfer of property during the life of the testator; ademption), **enajenación forzosa** (expropriation; S. *confiscación, expropiación, indemnización pòr expropiación forzosa*), **enajenación mental** (mental alienation, insanity), **enajenante** (transferor; S. *cesionista, transferidor*), **enajenar bienes** (dispose of property)]. *Cf* traspasar, transferir, ceder.

encabezamiento *n*: heading, rubric. [Exp: **encabezamiento de un auto o documento** (caption), **encabezar** (head, lead, be at the top; entitle, head, caption)].

encallar *v*: ashore, run. [Exp: **encallado** (aground, stranded; S. *embarrancado, varado*)]. *Cf* envarar.

encarcelar *v*: imprison, gaol. [Exp: **encarcelado** (in custody, behind bars, *col*; S. *entre rejas, bajo custodia*), **encarcelamiento ilegal** (false imprisonment; S. *detención ilegal*)]. *Cf* recluir, apresar.

encargar *v*: commit, commission, entrust. [Exp: **encargarse de** (take charge of, deal with, undertake; S. *tomar en depósito*), **encargo** (commission, mandate, order; S. *despacho, mandato, nombramiento*)]. *Cf* encomendar, confiar.

encartar *v*: register, summon/summons; accuse, indict. [Exp: **encartado** (accused, prisoner at the bar)].

encausar *v*: indict, prosecute, sue. [Exp: **encausable** (indictable), **encausado** (defendant, accused; S. *acusado, inculpado, procesado*)]. *Cf* enjuiciar a un delincuente.

encerrar *v*: lock up, imprison, enclose. [Exp: **encierro** (custody; S. *prisión, cárcel*)].

encima de *prep*: above, over. [Exp: **por encima de la borda** (overboard), **por encima de la paridad** (above par; S. *sobre par, por debajo de la paridad*)].

encomendar *v*: commit, commission; entrust; commend, commend to the trust/charge of. *Cf* confiar, encargar.

encontronazo *n*: collision; conflict. [Exp: **tener un encontronazo con** (have a scene with, fall out with, fall foul of)].

encubierto *a*: disguised, hidden. *Cf* subyacente, oculto.

encubrir *v*: disguise, hide, cover up, abet. [Exp: **encubridor de un delito** (accessory after the fact), **encubrimiento** (hiding, complicity, concealment, harbouring; cover-up)].

encuesta *n*: poll, enquiry/inquiry, opinion poll. *Cf* sondeo, estudio.

endeudarse *v*: get into debt, contract a debt. [Exp: **endeudado** (indebted), **endeudamiento** (borrowing; S. *empréstito*)].

endosar *v*: endorse, back, back up. [Exp: **endosable** (endorsable), **endosador** (endorser; S. *endosante, cedente*), **endosante** (endorser), **endosante anterior** (prior indorser), **endosatario** (endorsee; S. *tenedor o portador por endoso*)]. *Cf* apoyar, garantizar, respaldar.

endoso *n*: endorsement. [Exp: **endoso a la orden** (endorsement to the order), **endoso absoluto** (absolute endorsement), **endoso completo o perfecto** (endorsement in full, full endorsement), **endoso condicional o limitado** (conditional endorsement/indorsement, qualified endorsement, endorsement without recourse), **endoso de favor, de garantía o por acomodamiento** (accommodation endorsement), **endoso en blanco** (endorsement in blank), **endoso restrictivo con prohibición de negociación** (restrictive endorsement), **endoso total o sin reservas** (unqualified endorsement), **sin endoso** (unindorsed)]. *Cf* garantía, aval.

enemistad *n*: enmity, hostility. [Exp: **enemistad manifiesta** (manifest enmity/hostility/ill-will), **enemistad entre familias** (feud)]. *Cf* hostilidad objetiva.

enfermedad *n*: illness, sickness, disease. [Exp:

enfermedad laboral (industrial disease), **enfermedad profesional** (occupational disease)].

enfiteusis *n*: emphyteusis. [Exp: **enfiteuta** (emphyteuticary)].

enfrentarse *v*: face, face up to, confront. [Exp: **enfrentamiento dialéctico** (heated exchange, difference of opinion)].

engañar *v*: dupe, mislead, deceive, abuse, double cross, baffle (*col*). [Exp: **engañadizo** (easily deceived, gullible), **engañador** (deceiver; S. *impostor*), **engañar con artificios** (circumvent; S. *burlar*), **engaño** (fraud, deceit, falsehood, deception, abuse, double-cross, circumvention; S. *estafa, trampa, dolo, por medio de engaño*), **engañoso** (deceitful, misleading, colourable, fallacious, deceptive, untrue; S. *falso, doloso, especioso*), **sin engaño** (bona fide; S. *sin mala intención*)]. *Cf* embaucar, defraudar.

enjuiciar *v*: judge, pass judgment, indict, prosecute, try, indict. [Exp: **enjuiciable** (triable; S. *procesable, conocible*), **enjuiciado** (defendant, accused), **enjuiciado o en procedimiento** (case in hand), **enjuiciamiento** (prosecution; S. *procesamiento*), **enjuiciamiento malicioso** (malicious prosecution; S. *demanda de mala fe*), **enjuiciamiento criminal** (penal/criminal prosecution)]. *Cf* procesar.

enlace *n*: liaison, link, connection. [Exp: **enlace sindical** (shop steward), **enlazar** (link, connect, relate, rendezvous)].

enmendar *v*: amend, emend, revise, correct. [Exp: **enmendado** (as amended), **enmendador** (curative; S. *rectificador*), **enmienda** (amendment, emendation, revision, correction; S. *modificación, reforma o rectificación*)]. *Cf* reformar, corregir, rectificar.

enredar *v*: trap, trick; involve; circumvent. [Exp: **enredo** (circumvention, deception, entanglement, trickery; S. *embrollo, engaño*)]. *Cf* burlar.

ensañamiento *n*: cruelty, ferocity. [Exp: **ensañarse** (take it out on, vent one's rage on, attack ferociously)]. *Cf* crueldad.

enseres *n*: chattels, fixtures.

entablar *v*: file, present, commence, begin, initiate. [Exp: **entablar conversaciones/ negociaciones** (open negotiations), **entablar demanda de divorcio** (file for divorce), **entablar juicio contra** (sue, go to law; S. *pedir en juicio, demandar, meterse en pleitos*), **entablar juicio hipotecario** (bring an action for foreclosure), **entablar negociaciones** (open negotiations), **entablar pleito** (file a lawsuit, take legal actions, serve proceedings, bring an action, implead; S. *demandar*), **entablar querella** (file a complaint)]. *Cf* cursar, elevar, instar, iniciar.

ente *n*: institution, entity; authority. [Exp: **ente jurídico** (legal authority, legal entity), **ente moral** (non-profit institution), **ente público** (authority, public body, agency or organism; S. *agencia estatal, organismo público/autónomo*)].

entender *v*: understand. [Exp: **entender en** (have jurisdiction over; try), **entender mal** (misunderstand; S. *interpretar mal*), **entender y resolver** (oyer and terminer), **entendido** (expert; S. *técnico, especialista, experto, perito*)].

enterar *v*: inform, acquaint. [Exp: **enterarse** (learn/hear of/about, be told of, find out about, get/come to know of/about), **enterado** (aware, well-informed, knowledgeable), **enterado (oficial)** (acceptance of service, acknowledgement, acknowledgement of receipt/report/information)].

entidad *n*: authority, bureau, body, institution. [Exp: **entidad aseguradora** (insurance carrier), **entidad benéfica** (charitable institution), **entidad comercial** (business concern/enterprise), **entidad de crédito** (leading institution), **entidad de derecho privado** (private company/corporation), **entidad de derecho público** (public corporation), **entidad fantasma** (dummy corporation), **entidad financiera** (finance company; S. *compañía de crédito comercial*), **entidad jurídica** (legal entity), **entidad social** (partnership)]. *Cf* agencia, cámara, oficina, sociedad mercantil.

entorpercer v: obstruct, slow down/up, delay, hinder, hamper.

entrada n: entry; adherence, adhesion, accession; ticket; downpayment. [Exp: **entrada en funciones** (assumption of office), **entrada en vigor de una ley** (commencement, entry into force of a law; effectiveness), **entrada neta de operación** (operating income), **entrada o anotación de anulación** (cancelling entry), **entradas** (earnings, revenue; S. *ganancias, ingresos, recaudación*), **entradas de capital** (capital inflow), **entradas y salidas** (receipt and expenditures)]. *Cf* ingreso.

entrañar v: entail, carry. *Cf* traer consigo, implicar, tener.

entrar v: go/come in. [Exp: **entrar en Bolsa** (go public), **entrar en funciones** (accede to office, come into office, take up one's post/functions, begin functions, come into office), **entrar en licitación** (bid; S. *pujar, ofrecer*), **entrar en posesión** (enter into possession, take possession), **entrar en vigor** (take effect, be/become effective, come into operation/effect/force), **entrar por la fuerza** (break into a house; S. *allanar una morada*), **entrar sin derecho** (trespass to/upon)]. *Cf* invadir.

entre rejas phr: behind bars (*col*). *Cf* encarcelado.

entredicho n: interdict, prohibition, ban, injunction. [Exp: **estar/quedar en entredicho** (be questionable/dubious/open to question, remain unclear, be in doubt, be challenged)].

entrega n: delivery, livery, consignment, surrender, service. [Exp: **entrega a cuenta** (down-payment; S. *pago inicial*), **entrega a domicilio** (home delivery), **entrega a los beneficiarios de los bienes heredados** (distribution of the estate among the heirs), **entrega corta** (short delivery; S. *merma*), **entrega de acciones gratuitas o liberadas** (bonus issue), **entrega de dividendo a cuenta** (dividend paid on account), **entrega efectiva** (actual delivery), **entrega efectiva de la propiedad real** (livery of seisin; S. *transmisión o traspaso de dominio*), **entrega en depósito de algo a un tercero** (bailment; S. *depósito caucional*), **entrega en mano de la notificación** (personal service; S. *notificación personal de la demanda*), **entrega simbólica** (symbolic delivery)]. *Cf* traspaso, envío, cesión, remesa, libramiento de fondos, otorgamiento, distribución.

entregar v: deliver, hand over, surrender; lodge. [Exp: **entregar en la mano** (hand in/over), **entregar una cantidad** (pay up/over), **entregarse** (give oneself up), **entregarse a la autoridad** (surrender to custody)]. *Cf* traspasar, enviar.

entrometerse v: intrude, meddle, interfere, trespass. [Exp: **entrometido/entremetido** (intruder; trespasser; obtrusive; S. *intruso*), **entrometimiento/entremetimiento** (interference, intrusion, meddling)]. *Cf* importunar.

enzarzarse en una pelea phr: get involved in a brawl/fight, come to blows with somebody.

envarar v: run aground. *Cf* encallar.

envasar v: pack. [Exp: **envasado** (packing; S. *embalaje*), **envase** (package, "pkge"; S. *embalaje*)]. *Cf* embalar.

envenenar v: poison. *Cf* veneno.

envergadura n: wingspan; extent, breadth; scope, reach, importance. [Exp: **de gran envergadura** (of considerable magnitude/importance, far-reaching)].

enviar v: deliver, forward, send, consign, remit. [Exp: **enviado extraordinario** (envoy), **enviar en comisión de servicio** (second; S. *trasladar*), **enviar la factura** (bill, send the bill), **enviar por correo** (post, mail)]. *Cf* consignar, entregar.

enviciar v: deprave, corrupt. [Exp: **enviciarse** (become corrupt, get hooked on, *col*), **enviciado** (addict; addicted, hooked, *col*)].

envío n: consignment, delivery, shipment, remittance, transmission. *Cf* expedición, entrega, consignación.

epígrafe n: head, heading, subheading. *Cf* título, partido.

epítome de título n: epitome of title.

época n: period, epoch, time. *Cf* período, plazo.

equidad n: equity, fairness. [Exp: **en equidad y justicia** (ex aequo et bono; S. *ex aequo et* *bono*), **equidad natural** (natural equity), **sin equidad** (unfair; S. *no equitativo, injusto*)]. *Cf* imparcialidad.

equilibrar *v*: balance, set-off, offset, redress. [Exp: **equilibrar el presupuesto**, etc. (balance the budget, etc), **equilibrado** (balanced, in balance; S. *compensado*)]. *Cf* nivelar, saldar, cuadrar.

equipar (un buque) *v*: rig (a ship). *Cf* aparejar, armar.

equiparación *n*: harmonisation. *Cf* armonización.

equiparar *v*: treat as equal, put/lump together; compare, liken.

equipo *n*: team, squad; equipment, kit, gear, outfit. [Exp: **equipo de socorro/rescate** (rescue party), **equipo y efectos de escritorio** (office equipment and supplies)].

equitativo *a*: equitable, fair. *Cf* justo, razonable.

equivalencia *n*: equivalence, offset, par. [Exp: **equivalencia procesal** (analogy, construction), **equivalente a** (tantamount; S. *es tanto como si*)]. *Cf* paridad.

equivocación *n*: error, mistake, wrong, misstatement. [Exp: **equivocado** (wrong, mistaken; S. *erróneo, defectuoso*), **equívoco** (equivocal, ambiguous, equivocation, ambiguity), **equivocar** (mistake, misdirect, cause to make a mistake, put/set wrong), **equivocarse** (make a mistake, be mistaken/wrong)]. *Cf* error, yerro.

erario público *n*: Exchequer, public treasury.

erradicación *n*: eradication, elimination. [Exp: **erradicar** (eradicate, eliminate)].

erróneo *n*: erroneous, wrong, mistaken, unsound. *Cf* viciado, defectuoso.

error *n*: wrong, error, misstatement. [Exp: **error de anotación o de pluma** (clerical error, slip of the pen; S. *lapsus calami*), **error de buena fe** (bona fide error), **error de derecho** (error in law, mistake of law), **error de hecho** (mistake/error of fact), **error esencial** (fundamental error), **error inexcusable** (harmful error), **error judicial** (miscarriage of justicia), **error judicial en las actuaciones judiciales** (error of law on the face of record; S. *error subsanable por un tribunal superior*),

error mutuo cometido (mutual mistake), **error sin perjuicio** (harmless error, error in vacuo), **error perjudicial** (harmful error), **error subsanable por un tribunal superior** (appealable error, error of law on the face of record)]. *Cf* yerro, equivocación, tergiversación, desliz.

escala *n*: scale, ranking; call. [Exp: **escala en un puerto** (call at a port, stopover), **escala móvil** (sliding scale), **escala para repostar** (fuelling stop), **escala salarial** (scale of wages, wage scale), **escalafón** (roster, promotion list)]. *Cf* balanza, baremo; puerto de escala.

escalamiento, escalo *n*: housebreaking, breaking and entering, burglary. [Exp: **escalador** (housebreaker)]. *Cf* allanamiento de morada.

escandalizar *v*: scandalize, outrage, shock. [Exp: **escándalo** (scandal, outrage; S. *alboroto*), **escándalo público** (disorderly conduct, breach of the peace; outrage against decency), **escandaloso** (scandalous, flagrant, obscene; S. *indecente*)]. *Cf* ultrajar, atropellar.

escaño *n*: seat in Parliament.

escapar(se) *v*: escape, flee, break out, run away. [Exp: **escapada/escape** (escape; leak; jailbreak; S. *huida, fuga, evasión*), **escaparse de la cárcel** (break jail, escape from prison), **escapatoria** (loop-hole)]. *Cf* huir, fugarse.

escaparatismo *n*: window dressing.

escarmentar *v*: teach a lesson, make an example of, deal severely with; learn one's lesson. [Exp: **escarmiento** (exemplary punishment, example, deterrence, deterrent; S. *disuasión*)]. *Cf* desaconsejar, disuadir.

escasez *n*: shortage, scarcity. [Exp: **escaso** (bare, short, scarce; S. *insuficiente, deficiente*)]. *Cf* carestía, falta.

escatimar gastos, no *phr*: spare no expense. *Cf* sufragar gastos.

escéptico *n*: unconvinced.

escisión *n*: split, split-off, demerger.

esclarecer *v*: clarify, elucidate, enlighten, shed light on. [Exp: **esclarecimiento** (clearing up, clarification, explanation)]. *Cf* aclarar.

escoger *v*: choose, select, pick. [Exp: **escoger a los jurados** (array the jury), **escoger a una persona como víctima** (victimize a person)].

escollera *n*: breakwater. *Cf* rompeolas.

escollo *n*: reef, pitfall, stumbling block. *Cf* trampa.

esconder *v*: hide, conceal; harbour. [Exp: **esconderse** (hide, abscond), **escondite/escondrijo** (hiding-place, hide-out)]. *Cf* cobijar.

escorar *v*: heel, list, lean to one side. [Exp: **escora** (list of a ship)].

escotar *v*: club together, pay one's own. [Exp: **escote** (share of expenses, so much a head)]. *Cf* pagar a prorrateo, ir a escote.

escotilla *n*: hatch/hatchway (ship, etc.).

escribano *n*: court clerk, clerk of the court. *Cf* secretario de un tribunal, oficial del juzgado.

escribiente *n*: clerk, copying clerk, copyist.

escrito *n*: writing, writ, text, document, writ. [Exp: **escrito de acusación** (indictment, bill of indictment), **escrito de agravios** (bill of complaint, complaint; S. *denuncia, queja*), **escrito de apelación** (application for appeal), **escrito de conclusiones** (final pleadings, summation), **escrito de recusaciones** (bill of exceptions), **escrito de súplica** (petition), **escrito oficial de citación** (writ of summons; S. *auto de comparecencia*), **escrito u oficio de remisión** (letter of transmittal), **por escrito** (in writing, express)].

escritura *n*: deed, indenture. [Exp: **escritura acreditativa de declaración unilateral** (deed poll), **escritura auxiliar o subordinada** (derivative deed), **escritura de afianzamiento o caución** (bail bond), **escritura de anulación o revocación** (defeasance), **escritura de arrendamiento o locación** (lease), **escritura de cancelación** (satisfaction piece, deed of release), **escritura de cesión** (assignment, deed of assignment; S. *translación de dominio, escritura de traspaso de bienes*), **escritura de cesión de derechos** (deed of release), **escritura de compraventa** (deed/act of sale), **escritura de concordato** (letter of licence; S. *moratoria*), **escritura de constitución de un banco** (bank charter), **escritura de constitución de una sociedad mercantil** (memorandum of association, deed of incorporation, corporation charter; S. *carta constitucional*), **escritura de convenio** (specialty contract), **escritura de donación** (deed of gift), **escritura de emisión de bonos** (bond indenture; S. *contrato de empréstito*), **escritura de fideicomiso** (deed of trust, trust indenture; S. *contrato fiduciario*), **escritura de fundación** (incorporation papers), **escritura de garantía** (deed of covenant), **escritura de pleno dominio** (deed in fee), **escritura de propiedad** (title deed; S. *título traslativo de dominio*), **escritura de propiedad con garantía de título** (warranty deed), **escritura de propiedad oculta por más de veinte años** (latent deed), **escritura de reconocimiento** (acknowledgment; S. *atestación*), **escritura de renuncia** (quitclaim deed), **escritura de sociedad** (partnership articles), **escritura de transmisión de propiedad o traspaso** (deed of conveyance), **escritura de traspaso de bienes** (deed of conveyance, assignment; S. *transferencia, escritura de cesión*), **escritura fiduciaria** (trust instrument, trust deed), **escritura hipotecaria** (mortgage deed), **escritura matriz** (root of title; S. *título o escritura original de un inmueble o propiedad*), **escritura pública** (notarial instrument, public document), **escritura sellada** (sealed instrument), **escritura social** (corporation papers, charter, partnership agreement), **escritura traslativa de dominio** (deed of conveyance), **escriturado** (under articles, under seal; S. *protocolizado*), **escriturar** (authorize, declare in writing, execute by deed; S. *otorgar ante notario*)]. *Cf* título legal, documento jurídico.

escrutinio *n*: counting (of votes), scrutiny, poll. [Exp: **escrutador de votos** (teller, scrutineer, returning officer)]. *Cf* examen minucioso, análisis, investigación.

escucha electrónica (electronic surveillance, eavesdropping, wire-tapping, phone tapping)]. *Cf* interceptación de mensajes telefónicos o telegráficos, pinchar.

escuela *n*: school, training centre. [Exp: **escuela de práctica jurídica** (law school)].

esencial *a*: essential, fundamental, chief, principal, main, ultimate. *Cf* constitutivo, fundamental.

esgrimir *v*: wield, flourish. [Exp: **esgrimir argumentos** (wield/use/brandish arguments), **esgrimir un arma** (flourish a weapon, wave a weapon upon, have a weapon in one's hand, flourish a knife, etc.)].

eslora *n*: length of a ship.

eso *a*: that. [Exp: **a eso** (thereto), **de eso mismo** (thereof), **en eso** (thereupon, hereupon, whereupon; S. *acto seguido*)].

especial *a*: special, especial. *Cf* singular, excepcional, específico, extraordinario.

especialidad *n*: specialty, specialism; particular field. [Exp: **de la especialidad de uno** (in one's field/province; up one's street, on one's beat, *col*; S. *del campo de uno*)].

especialista *n*: specialist, expert.

especie *n*: species; type, sort, kind; rumour, remark. [Exp: **corre la especie de que** (it is rumoured that), **en especie** (in kind), **especie en peligro de extinción** (endangered species), **especie extinta** (extinct species)].

especificaciones *n*: specifications. *Cf* pliego de condiciones.

especificar *n*: specify, schedule, stipulate. *Cf* precisar, mencionar.

específico *a*: special, specific. *Cf* especial, singular, concreto.

especioso *n*: colourable, specious, plausible. *Cf* con apariencia de validez o de derecho, engañoso.

especular *v*: speculate. [Exp: **especulación** (speculation), **especulador** (speculator, undertaker; grafter, *slang*), **especulador de acciones a la baja** (bear, decline especulator; S. *bajista*), **especulador de acciones al alza** (bull; S. *alcista*)]. *Cf* jugar.

esperar *v*: wait, await, expect, hope. [Exp: **a la espera de** (awaiting, pending; S. *pendiente*), **en espera de su dueño legítimo** (in abeyance, unclaimed; S. *en expectativa*), **espera** (wait)].

esperanza *n*: expectancy. [Exp: **con la esperanza de que** (in anticipation of, in the hope that; S. *previendo, en previsión de, adelantándose a, confiando que*), **esperanza de vida al nacer** (life expectancy)].

espía *n*: spy. [Exp: **espiar** (spy), **espionaje** (espionage)].

espigón *n*: pier. *Cf* muelle.

espíritu de venganza *n*: vindictiveness. *Cf* rencor.

esponsales *n*: betrothal. *Cf* noviazgo.

espontáneo *a*: voluntary. [Exp: **espontáneamente** (of one's own accord)].

esposa *n*: wife. [Exp: **esposa abandonada** (deserted wife), **esposas** (handcuffs, mànacles), **esposo** (husband), **esposos** (spouses, husband and wife)].

espurio *a*: spurious, bogus, counterfeit. *Cf* imitado, falso.

esquema *n*: outline, diagram, skeleton; plan, scheme, scheme. [Exp: **esquemático** (schematic, in outline)]. *Cf* bosquejo, trazado.

esquirol *n*: blackleg, scab (*Amer*), strike-breaker.

esquivar *v*: avoid, evade; dodge, elude, get round, side-step. *Cf* eludir, evadir, evitar.

establecer *v*: base, draw up, establish, found, ground, set up, state, provide. [Exp: **establecer contacto** (contact), **establecer el reglamento** (adopt rules of procedure), **establecer impuestos** (impose taxes; S. *fijar*), **establecer una disposición** (lay down a provision), **establecer una prelación** (place in order of priority, marshal; S. *ordenar, graduar*), **establecido por pruebas** (based on evidence, legally proved)]. *Cf* basar, fundar, fundamentar, constituir, fijar, implantar.

establecimiento *n*: establishment, institution, premises; adoption. [Exp: **en el establecimiento** (on the premises), **establecimiento autorizado para vender bebidas que se consumirán fuera de él** (off-licence), **establecimiento de una política común** (adoption of a common policy), **establecimiento financiero** (finance house), **establecimiento de preventivos** (remand prisons), **establecimiento penitenciario** (penal establishment, prison)]. *Cf* institución, poder establecido; local, propiedad.

estacionar *v*: place, station, park. [Exp: **estacionar piquetes de huelguistas** (picket)].

estadía *n*: demurrage. *Cf* demora o gastos de demora, sobrestadía.

estadillo *n*: bank statement; summary report. [Exp: **estadillo de pérdidas y ganancias** (earnings statement)]. *Cf* informe, estado.

estadio *n*: stage, phase. *Cf* fase, etapa.

estado *n*: state; statement; status; account; condition; government; institution of the State. [Exp: **estado civil** (marital status), **estado de ánimo** (state of mind), **estado de contabilidad** (balance sheet), **estado de cuenta** (accounting), **estado de derecho** (rule of law; S. *imperio de la ley*), **estado de emergencia** (state of emergency), **estado de flujo de fondos** (funds statement), **estado de la cuenta** (statement of account), **estado de los gastos previstos** (estimates of expenditure), **estado de necesidad** (emergency, necessity), **estado de pérdidas y ganancias** (profit and loss statement, gain and loss statement, operating statement; S. *balance de resultados*), **estado de posición** (statement; S. *declaración, informe*), **estado de resultados** (earnings statement), **estado de ruina** (dilapidation), **estado financiero** (balance sheet, financial statement; S. *balance de situación, hoja de balance*), **estado mayor** (staff, general staff), **estado pantalla** (buffer state), **estado policial** (police state), **en su estado actual** (in its present form)].

Estados Unidos de América, EE.UU. *n*: United States of America (USA).

estafa *n*: swindle, fraud, cheating, rip-off. [Exp: **estafado, ser** (be sold), **estafador** (dodger, swindler; S. *timador*), **estafar** (defraud, fraud, bilk, *col*; S. *engañar, defraudar*)]. *Cf* fraude.

estallar *v*: explode, blow up, go off; erupt; burst; break out. [Exp: **estallido** (outbreak)].

estampillar *v*: stamp, rubber-stamp. *Cf* cuño.

estancia *n*: stay, visit, residence. *Cf* residencia.

estándar *n*: standard. *Cf* criterio, norma, medida, rasero.

estar *v*: be, stay. [Exp: **estar a** (be bound by, abide by, come down/back to, stand by), **estar a favor de** (favour, be in favour, agree; S. *favorecer, patrocinar*), **estar a malas o en conflicto** (have fallen out with), **estar al frente de** (attend to), **estar comprendido en** (come under), **estar disponible o a dis-** posición (be available/at one's disposal), **estar dispuesto a considerar** (be prepared to consider, entertain), **estar en el fondo** (underlie; S. *subyacer*), **estar en el secreto** (be privy to), **estar en números rojos** (be in the red), **estar en posesión** (be seised), **estar en vigor desde** (be operative from), **estar previsto que se dicte el fallo** (come up for judgment/sentence), **estar sujeto a** (come under; S. *aparecer bajo el epígrafe de*), **estar vigente o en vigor** (be in effect; S. *regir, ser de aplicación*)].

estatuir *n*: enact, provide. *Cf* adoptar una medida, promulgar, sancionar.

estatus *n*: standing. *Cf* crédito, posición, reputación.

estatutario *n*: statutory.

estatuto *n*: act, statute; enactment; byelaw. [Exp: **estatuto municipal** (municipal ordinance; S. *ordenanza municipal*), **estatutos de una sociedad mercantil** (articles of association, memorandum of association, articles of incorporation, *Amer*; articles of partnership, partnership articles)]. *Cf* normativa, reglamento.

este *a*: this. [Exp: **por este acto o medio** (hereby), **sobre esto** (hereupon; S. *acto seguido*), **por esto** (therefore)].

estiba *n*: stowage. [Exp: **estibador** (docker, stevedore, longshoreman, *Amer*), **estibar** (stow; S. *arrumar*), **estibar adecuadamente la carga** (trim the cargo; S. *trimar*)]. *Cf* arrumaje.

estimable *a*: reputable.

estimación *n*: appraisement, ascertainment, estimate, appreciation, reckoning. [Exp: **estimación de la base impositiva** (tax assessment), **estimación objetiva** (objective evaluation)]. *Cf* tasación, valoración.

estimar *v*: estimate, esteem, ascertain, expect. [Exp: **estimar probado** (find, hold), **estimar un recurso** (allow an appeal) *Cf* computar, valuar, determinar.

estimulador de tendencias *n*: trend-setter. *Cf* lanzador de modas.

estipendio *n*: fee, stipend. *Cf* derechos, honorarios.

estipulación *n*: stipulation, agreement, article, proviso, requirement. [Exp: **estipulación básica de un contrato** (condition)]. *Cf* término, cláusula.

estipular *v*: provide, stipulate, set down. *Cf* fijar, disponer.

estorbar *v*: interfere, hinder, stand in the way, block, obstruct. [Exp: **estorbo** (obstacle, obstruction, hindrance; impediment; nuisance), **estorbo o disturbio público** (common nuisance), **sin estorbos** (unfettered), **sin estorbo ni obstáculo** (without let or hindrance)]. *Cf* molestia, obstáculo.

estrado *n*: bar, dais. [Exp: **estrado de testigos** (witness box/stand), **estrados** (law court/s)]. *Cf* foro; citar para estrados.

estragos *n*: havoc, ruin, destruction. *Cf* carnicería, matanza, mortandad; causar estragos.

estratagema *n*: stratagem; trick, frame-up. [Exp: **estratega** (strategist), **estrategia** (strategy)]. *Cf* ardid, trampa, maniobra.

estrechar *v*: narrow, tighten, squeeze. [Exp: **estrecha vigilancia** (close surveillance), **estrecho** (narrow, close, tight; S. *restrictivo, restringido, minucioso*), **estrechez** (shortage, want, straitened circumstances; narrowness, rigidity)].

estructura *n*: structure. [Exp: **estructura financiera** (financial structure/organization; set-up, *col*), **estructurar** (structure, organise, arrange)]. *Cf* organización, estructuración.

estudiar *v*: survey, explore. [Exp: **en estudio** (under review, under consideration), **estudiado o trabajado** (mature; S. *maduro*), **estudio** (study; enquiry/inquiry, examination, analysis; S. *examen, indagación, investigación*)]. *Cf* examinar.

estupefacientes *n*: controlled drugs, narcotics. *Cf* drogas, narcóticos.

estupro *n*: rape. [Full sexual intercourse with a minor who does not consent, compounded by deceit or misuse of authority]. *Cf* violación.

etapa *n*: stage, phase. *Cf* estadio, fase.

etiqueta *n*: label. [Exp: **etiquetar** (label, call; S. *tachar a alguien de*)].

eutanasia *n*: euthanasia, mercy killing.

evacuación *n*: evacuation; waste, exhaust; waste disposal. [Exp: **evacuación de residuos radiactivos** (disposal of radioactive waste), **evacuado** (evacuee), **evacuar** (vacate, empty; evacuate; fulfil, carry out), **evacuar pruebas** (adduce evidence, furnish proof), **evacuar un informe** (issue a statement, prepare/deliver a report), **evacuar una consulta** (answer an inquiry, furnish a legal opinion, hold discussion)]. *Cf* disposición.

evadir *v*: evade. [Exp: **evadir la justicia** (abscond, evade justice, evade the jurisdiction of a court)].

evaluar *v*: assess, appraise, evaluate, rate, ascertain the value of. [Exp: **evaluable** (appraisable, ascertainable; S. *tasable*), **evaluación** (evaluation, valuation), **evaluador** (assessor, valuer; S. *tasador, amillarador*)]. *Cf* calificar, baremar, tasar.

evasión *n*: escape, break-out, breakaway, getaway. [Exp: **evasión de capitales/divisas** (capital flight, flight of capital), **evasión fiscal** (tax evasion; S. *rebaja fiscal utilizando recursos legales*)]. *Cf* escape, huida.

evasivas *n*: prevarication. *Cf* tergiversación.

evasivo/esquivo *a*: non-committal, evasive.

eventual *a*: temporary, casual (workers). *Cf* provisorio, interino.

eventualidad *n*: eventuality, contingency. [Exp: **eventualidades del mar** (perils of the sea; S. *riesgos o accidentes del mar*)].

evidente *a*: evident, obvious, patent, apparent. *Cf* patente, manifiesto, claro.

evitar *v*: escape, avoid, evade, prevent; save, spare. [Exp: **evitable** (avoidable)]. *Cf* eludir, evadir.

evolución *n*: development; evolution.

ex delito *n*: ex delito. *Cf* por delito.

ex penado *n*: ex-convict; ex-con, old lag, *slang*.

exabrupto *n*: rude/offensive, ill-judged/unfortunate, abusive remark, etc. *Cf* invectiva, injuria, insulto.

exacción *n*: levy, charge. [Exp: **exacciones injustas** (extortion; S. *extorsión*)]. *Cf* canon, gravamen.

examen *n*: discussion, debate, review, examination, inspection, inquiry. [Exp:

examen antes del juicio (examination before the trial, breaking a case), **examen minucioso** (scrutiny; S. *análisis, escrutinio*), **examen posterior** (after-inquiry), **examen preliminar hecho por el juez sobre la idoneidad de los testigos** (voir/voire dire)]. *Cf* debate, discusión, excusión.

examinar *v*: examine, survey, explore. [Exp: **examinador** (examiner)]. *Cf* inspeccionar.

excarcelar *v*: release, set free, free from prison.

excedencia *n*: leave of absence. [Exp: **excedente** (excess, redundant, surplus, surplus to requirements), **excedente de capital** (capital surplus), **excedente de plantilla** (redundancy; S. *expediente de regulación de empleo*)]. *Cf* redundante, superfluo.

exceder *v*: exceed, overrun. [Exp: **excederse en el uso de sus atribuciones** (exceed one's duty, go too far, go beyond one's brief, act ultra vires; S. *sobrepasar sus atribuciones*)]. *Cf* sobrepasar, superar.

excepción *n*: exception, challenge, objection, demurrer; plea, defence. [*Plea* or *defence* is the recommended translation for "excepción". Exp: **excepción a la totalidad** (general issue), **excepción de acumulación errónea o de unión indebida** (plea of misjoinder), **excepción de compromiso previo** (exception of compact, defence of previous accord or settlement), **excepción de cosa juzgada** (defence of *res judicata*), **excepción de falta de base legal suficiente/causa de acción** (exception of no cause of action), **excepción de demanda insuficiente** (plea of insufficiency of complaint), **excepción de falta de derecho de acción** (plea of no right of action/cause of action), **excepción de falta de interés o de acción** (exception of want of interest), **excepción de impedimento** (plea of estoppel), **excepción de incapacidad de la parte o de falta de personalidad** (plea of lack of capacity, plea of incapacity of party), **excepción de incompetencia** (objection to the jurisdiction, foreign plea), **excepción de nulidad o perentoria** (peremptory plea, demurrer; S. *artículos de previo pronunciamiento*), **excepción declarativa** (declaratory exception/plea), **excepción declinatoria** (plea to the jurisdiction of the court, declinatory plea), **excepción dilatoria** (bar to proceedings, dilatory defence, dilatory exception, dilatory plea), **excepción especial** (confession and avoidance, special demurrer; S. *confesión y anulación, defensa de descargo*), **excepción general** (general demurrer), **excepción perentoria** (peremptory exception, plea in bar, peremptory defence, *Scot*), **excepción personal** (personal defence, exceptio in personam), **excepción previa** (demurrer; S. *incidentes de previo*), **excepción real** (exceptio in rem)].

excepcionar *v*: demur, object, enter a special plea or defence. [Exp: **excepcional** (extraordinary, exceptional, special; S. *extraordinario*), **excepcionable** (demurrable, to which exception may be taken)]. *Cf* objetar, presentar trabas, objeciones, excepciones o reparos.

excepto *prep*: barring, except. [Exp: **excepto en donde se disponga lo contrario** (except as otherwise provided; S. *salvo que se disponga expresamente lo contrario*)]. *Cf* salvo.

exceptuar *v*: exempt, except. *Cf* eximir, franquear, dispensar.

excesivo *n*: excessive, extortionate, unconscionable, undue. *Cf* inmoderado, gravoso.

exceso *n*: excess, surplus, glut. [Exp: **exceso de celo** (undue diligence; S. *celoso cumplidor de su deber*), **exceso de captura pesquera** (overfishing), **exceso de contratación** (overbooking), **exceso de población** (overpopulation), **exceso de velocidad en carretera** (speeding)].

excluido *a/n/prep*: excluding, barring. *Cf* con exclusión de, sin contar, descontado.

excluir *v*: exclude, preclude, sever. [Exp: **excluir a alguien del testamento** (exclude somebody from/cut somebody out of a will, disinherit somebody; S. *desheredar*), **excluir del ejercicio de la abogacía** (disbar; S. *expulsar del colegio de abogados*)]. *Cf* anular, separar.

exclusión *n*: exclusion, estoppel. [Exp: **con exclusión de** (excluding, exclusive of; S. *sin contar con, descontado*), **exclusión del foro** (disbarment), **exclusión o impedimento en

equidad (equitable estoppel)]. *Cf* impedimento, acción innegable.

exclusivo *a*: sole, exclusive. *Cf* individual, único.

excluyente *n*: S. *prejudicial*.

exculpar *v*: acquit, discharge; exculpate, exonerate. [Exp: **exculpación** (acquittal; verdict of not guilty; S. *veredicto absolutorio*), **exculpatorio** (exculpatory; S. *dispensable, eximente*)]. *Cf* eximir, absolver, exonerar.

excusa *n*: excuse, apology, immunity from prosecution. [Exp: **excusa absolutoria** (special immunity from prosecution), **excusa de protesto** (waiver of protest), **excusa para conocer** (disqualification to hear a case), **excusable** (excusable), **excusar** (excuse, pardon, forgive; apologize; ignore, overlook)]. *Cf* disculpa, alegato, razón.

excusión *n*: excussion. *Cf* embargo de bienes.

exención *n*: exemption, immunity, franchise, dispensation. [Exp: **exención arancelaria** (exemption from customs), **exención de derechos** (exemption from duty), **exención fiscal o tributaria** (tax exemption), **exención por personas a su cargo** (exemption for dependants)]. *Cf* exoneración, dispensa.

exento *a*: exempt. [Exp: **exento de** (free of/from; S. *franco de*), **exento de derechos** (duty-free), **exento de impuestos** (tax-exempt, tax-free, non taxable; S. *no gravable, libre de contribución*), **exento de timbre** (free of stamp)]. *Cf* eximir.

exequátur *n*: exquatur. *Cf* juicio de exequátur.

exhaustivo *n*: exhaustive, long-drawn-out.

exhibición *n*: exhibition, discovery, display. [Exp: **exhibir** (exhibit, display, show)]. *Cf* revelación.

exhortar *v*: urge. [Exp: **exhorto** (rogatory letters, requisitorial letter, petition directed to a court of equivalent status, national or foreign; S. *comunicaciones procesales*)]. *Cf* solicitar, instar.

exhumar *v*: exhume, disinter. [Exp: **exhumación** (disinterment, exhumation)].

exigencia *n*: demand, need, requirement, exigency.

exigible *a*: callable, due, leviable, demandable. [Exp: **exigible en cualquier momento** (at call; S. *reclamable*), **exigible en derecho/por ley** (claimable, enforceable; S. *reclamable, ejecutable*)]. *Cf* retirable, redimible, amortizable, vencido, debido.

exigir *n*: demand, enforce, exact, require, seek. [Exp: **exigir el pago de una deuda mediante secuestro o embargo** (distrain, levy a distress), **exigir garantía** (demand security), **exigir sin derecho** (extort; S. *extorsionar*)]. *Cf* imponer, hacer cumplir, forzar el cumplimiento.

eximente *n*: defence, plea; exculpatory circumstances; exculpatory, justifying. [Exp: **eximente de conflicto de deberes** (defence of conflicting duties, obligations, etc.), **eximente de necesidad** (defence of necessity), **eximente especial** (special defence), **eximente por comentario justo** (defence of fair comment, rolled-up plea), **eximentes generales** (general defences)]. *Cf* causas de inimputabilidad criminal.

eximir *v*: exempt, absolve, excuse, release, acquit, remit. [Exp: **eximir de alguna obligación** (discharge from a duty/obligation), **eximir de impuestos** (exempt from taxes/duties), **eximir de responsabilidad** (release/exonerate from responsibility)]. *Cf* dispensar, liberar.

existencias *n*: stock, stock on hand.

existir *v*: exist, obtain, be in place. *Cf* ser el caso, estar en vigor, regir, prevalecer.

exoneración *n*: exoneration, release, discharge, exemption, remission, acquittal, remitment. *Cf* exención, absolución, remisión, condonación.

exonerar *v*: exonerate, discharge, acquit, grant relief, remit, free from. *Cf* dispensar, eximir, absolver.

expectante *n*: expectant, in abeyance. *Cf* en suspensión.

expectativa de reversión *n*: abeyance. *Cf* suspensión, inacción transitoria, suspenso.

expectativa, en *a*: expectant, abeyant. *Cf* vacante.

expedición *n*: shipping, shipment, delivery, consignment; issue. *Cf* consignación, envío.

expedidor *n*: consignor, forwarding agency/agent.

expediente *n*: file, roll; record, transcript, trial brief, dossier; action, proceedings. [Exp: **expediente administrativo** (administrative enquiry), **expediente completo** (face of record; S. *autos*), **expediente de apelación** (record on appeal), **expediente de apremio** (collection proceedings), **expediente de adopción** (adoption proceedings), **expediente de despido** (notice of discharge), **expediente de dominio** (action for declaration of title to land), **expediente de liberación de cargas** (action to remove lien, charge encumbrance or cloud on title), **expediente de regulación de empleo** (redundancy measures, firm's statement announcing redundancy plans, shorter working hours, etc.; S. *excedente de plantilla*), **expediente disciplinario** (disciplinary proceedings), **expediente judicial** (documents of a court case, record), **expediente sancionador** (disciplinary measures/action)]. *Cf* inscripción, sumario, autos.

expedir *n*: issue, make out documents, certificates, etc.; ship. *Cf* despachar.

expender *v*: sell, deal. [Exp: **expendedor** (dealer)].

expensas *n*: costs. *Cf* litis expensas.

experimentar *v*: experience; sustain. [Exp: **experimentar una pérdida/daño** (sustain a loss/a wrong/damage/injury)]. *Cf* sufrir, soportar.

experto *n*: expert. [Exp: **experto contable** (auditor, chartered accountant; S. *censor jurado de cuentas*), **experto tributario** (tax expert)]. *Cf* auditor, perito, entendido, técnico.

expiración *n*: expiration, conclusion, termination, determination. [Exp: **expiración de un plazo** (term; closing date; S. *vencimiento*), **expiración de un tratado** (termination of a treaty)]. *Cf* rescisión.

explicación *n*: declaration; construction.

explícito *a*: express, explicit. *Cf* manifiesto, expreso, preciso.

exploración *n*: exploration; examination, probe. *Cf* interrogatorio, examen, registro, indagación, reconocimiento.

explorar *v*: explore, probe. *Cf* estudiar, examinar, sondear.

explosión *n*: explosion. [Exp: **hacer explosión** (go off, explode)].

explotación *n*: exploitation, use; running, working, operation. [Exp: **explotación abusiva** (abuse; S. *prácticas abusivas, corruptela*), **explotaciones** (enterprises), **explotar** (exploit, run, operate, work)].

exponer *v*: put forward, declare, expound, propound, set out. [Exp: **exponer a la consideración del Parlamento** (lay before Parliament), **exponer argumentos capciosos** (cavil), **exponer una pretensión, una queja, una demanda, una petición, una protesta** (make a claim, a complaint, a demand, a petition, a protest)]. *Cf* presentar, plantear, sugerir.

expoliación/expolio *n*: spoliation; pillage, plunder. [Exp: **expoliar** (loot, pillage, plunder, despoil)]. *Cf* despojar.

exportar *n*: export. [Exp: **exportación** (export; exportation)].

exposición *n*: exposition, declaration, statement. [Exp: **exposición de las pretensiones de la demanda y fundamentos de la misma** (statement of claims), **exposición de motivos de una ley o documento** (stated purpose), **exposición de motivos en un juicio** (considerations), **exposición o especificación del delito cometido** (statement of offence), **exposición oral** (delivery)]. *Cf* explicación, declaración.

expresar *v*: express, put in words; word; state expressly. [Exp: **expresión jurídica** (legal expression)]. *Cf* manifestar.

exp difamatoria *n*: defamatory statement.

expreso *a*: express. *Cf* preciso, explícito.

expropiación *n*: expropriation, compulsory purchase. [Exp: **expropiación de bienes por sentencia judicial** (eviction), **expropiación forzosa** (compulsory purchase order, condemnation, expropriation), **expropiado** (condemnee), **expropiador, expropiante** (expropriator, condemnor), **expropiar** (expropriate; S. *requisar*)]. *Cf* enajenación forzosa, requisa.

expuesto *a*: exposed, open, liable; on display. [Exp: **según lo expuesto anteriormente** (in

accordance with the provisions set out above)].
Cf amenazado con.

expulsar *v*: expel, deport, eject; turn out; throw/
kick out, *col*. [Exp: **expulsar del colegio de
abogados** (disbar; S. *inhabilitar para el ejercicio de la abogacía*), **expulsión** (deportation,
disfranchisement)]. *Cf* desalojar, deportar.

extender *v*: draw up, make out; issue; extend,
renew. [Exp: **extender el plazo** (extend the time
limit), **extender un cheque** (draw/make
out/write a cheque), **extender un contrato**
(draw up a cheque), **extendido** (prevailing,
prevalent, widespread; rife; S. *imperante*),
extensible (extendible; S. *prorrogable*), **extensión** (scope, extent; S. *ámbito, alcance*), **extenso** (extensive)]. *Cf* girar o expedir, librar,
emitir.

exterior/externo *a*: external, exterior, outer,
outward, foreign, extraneous.

extinción *n*: extinguishing, discharging, discharge, liquidation, paying off, annulment,
obliteration, abatement. [Exp: **extinción
anticipada de un derecho o interés** (cesser),
**extinción de los derechos de demanda por
una letra de cambio** (discharge of bill),
extinción de un contrato (discharge),
extinción total o parcial de una demanda
(abatement of proceedings, a suit/an action)].
Cf anulación, prescripción.

extinguir *v*: annul, discharge, pay off. [Exp:
extinguir una hipoteca (pay off/clear a
mortgage), **extinguir una relación** (sever a
link, allow a link to lapse), **extinguirse**
(extinguish, lapse; S. *prescribir, caducar*)].

extirpar *v*: eradicate, eliminate.

extorsión *n*: extortion, blackmail. [Exp:

extorsión de chantaje e intimidación
(racketeering), **extorsión sistematizada**
(protection racket, *Amer*), **extorsionar** (blackmail, extort; S. *chantajear, exigir sin derecho*),
extorsionador (extortioner, extortionist,
racketeer; S. *concusionario*), **extorsionista**
(blackmailer, racketeer; S. *chantajista*)]. *Cf*
chantaje, concusión.

extra *n*: extra, perquisite, perk (*col*). *Cf*
emolumento, plus, gaje.

extracontractual *n*: non-contractual, outside the
contract, extraneous to the contract.

extractar *v*: abridge. [Exp: **extracto** (abstract,
summary; financial statement; S. *resumen,
síntesis*), **extracto de cuenta** (bank statement,
extract of account), **extracto de los autos**
(abstract of record)]. *Cf* resumir, abreviar,
compendiar.

extradir *v*: extradite. [Exp: **extradición**
(extradition)].

extrajudicial *a*: extrajudicial, in pais.

extrajurídico *n*: illegal, unlawful.

extranjero *a/n*: alien, foreign; foreigner, foreign
national. [Exp: **extranjero con permiso de
residencia** (resident alien; S. *foráneo,
exterior*), **en el extranjero** (beyond the seas,
overseas; S. *ilocalizable, fuera del país*)].

extraordinario *a*: extraordinary, special. *Cf*
excepcional, singular.

extraterritorial *a*: extraterritorial. [Exp:
extraterritorialidad (extraterritoriality)].

extremista *a/n*: extremist, militant. *Cf* activista,
radical.

extremo *n*: details, particular, point, matter,
issue, question.

extrínseco *a*: extrinsic.

F

fábrica *n*: factory; shop. [Exp: **fabricación** (manufacture, manufacturing), **fabricante** (manufacturer), **fabricar** (manufacture; fabricate; S. *urdir, fingir*)]. *Cf* factoría; taller.

facción *n*: faction, splinter group. [Exp: **faccioso** (rebellious, factious; S. *alborotador*)]. *Cf* banda.

facilidades *n*: facilities, provisions, arrangements. [Exp: **facilidades de crédito** (credit facilities or provisions), **facilidades de pago** (easy terms of payment)]. *Cf* prestaciones.

facilitar[1] *v*: furnish, provide, supply, give, offer, hand out. [Exp: **facilitar información** (supply information)]. *Cf* proveer, proporcionar.

facilitar[2] *v*: facilitate, help, enable. *Cf* habilitar.

factible *a*: practicable, feasible.

factor[1] *n*: factor, element. [Exp: **factor humano** (human factor), **factor suerte** (luck factor, element of chance), **factor tiempo** (time factor)]. *Cf* elemento.

factor[2] *n*: agent, factor, manager. [Exp: **factor de estiba** (stowage factor), **factor o gestor exclusivo** (sole agent), **factoraje/factoría** (agency, agentship; S. *agencia, contrato de representación, intermediación*)]. *Cf* agente, gerente, gestor, representante, mandatario, apoderado, consignatario de buques.

factoría *n*: factory. *Cf* fábrica.

factura *n*: bill, invoice. [Exp: **factura de venta** (bill of sale), **factura proforma** (pro-forma invoice), **factura provisional** (memorandum invoice), **facturación** (invoicing, billing, turnover; S. *volumen de negocios*), **facturar** (invoice, bill; S. *enviar la factura*)]. *Cf* cuenta, efecto de comercio.

facultad *n*: power, authority, faculty; right. [Exp: **facultad de asesoramiento** (advisory capacity), **Facultad de Derecho** (Faculty of Law, Law School), **facultad de disponer de una propiedad nombrando a un beneficiario** (power of appointment), **facultad del demandante para elegir el recurso que solicita en su demanda** (election of remedies), **facultad legislativa** (legislative capacity), **facultad moderadora de los jueces** (judicial discretion; S. *discreción, potestad judicial o administrativa*), **facultad policial** (police power), **facultad procesal** (right to sue, legal capacity to sue), **facultades** (authority, discretionary power; S. *poderes discrecionales*), **facultades accesorias** (appendant powers), **facultades mentales perturbadas, con las** (non compos mentis, while the balance of her/his mind was disturbed; S. *demente*)]. *Cf* potestad, autoridad, poder, competencia.

facultar *v*: empower, enable, authorize. *Cf* dar poder, autorizar, conferir poderes.

facultativo *a*: optional, medical, professional. *Cf* potestativo, opcional, discrecional.

facultativo *n*: professional, practitioner (especially doctor).

falacia *n*: deceit. [Exp: **falaz** (fallacious, deceitful, deceptive; S. *engañoso, fraudulento*)]. *Cf* engaño.

falsear *v*: falsify, forge, counterfeit, distort; juggle with; fiddle, *col*. [Exp: **falsario** (forger, counterfeiter; S. *falsificador*), **falseamiento** (distortion)]. *Cf* adulterar, falsificar.

falsedad *n*: falsehood, untruth, misrepresentation, disparagement; forgery. [Exp: **falsedad dolosa o intencionada** (malicious falsehood), **falsedad en documento** (misrepresentation of facts in a public record), **falsedad en la declaración de renta** (false return), **falsedad fraudulenta** (fraudulent representation), **falsedad importante** (material misrepresentation), **falsedad negligente** (negligent misrepresentation/misstatement)]. *Cf* falsificación, engaño.

falsificar *v*: falsify, forge, misrepresent, tamper, counterfeit, adulterate, trump. [Exp: **falsificación** (forgery, counterfeit), **falsificación de documento público** (misrepresentation of facts in a public record, forging of public record), **falsificación de pruebas** (fabrication of evidence), **falsificado** (counterfeit, false; S. *espurio, falso, infundado, fraudulento, con apariencia de validez, postizo, falso*), **falsificar pruebas para inculpar a alguien** (frame, *slang*), **falsificador** (forger, counterfeiter; S. *falsario*)]. *Cf* falsear, adulterar, violar.

falso *a*: false, counterfeit, deceitful, bogus, unsound, untrue, bad, dud (*col*). [Exp: **falsa alarma** (false alarm, bomb hoax; S. *aviso falso de bomba*), **falsa interpretación** (misinterpretation), **falsas apariencias** (false pretences), **falso testimonio** (perjury, false testimony; S. *juramento falso, perjurio*)]. *Cf* inexacto, engañoso, espurio, fraudulento.

falta[1] *n*: lack, fault, shortage, failure, want. [Exp: **a falta de** (in the absence of, failing, for want of), **falta de aceptación** (non-acceptance), **falta de causa contractual** (failure of consideration), **falta de conciencia** (unconsciousness, unawareness), **falta de conformidad** (failure to agree, non-conformance), **falta de cumplimiento** (non-compliance, non-fulfillment, non-performance, failure to comply/perform; S. *incumplimiento*), **falta de eficacia** (nullity; S. *ilegalidad* absoluta de un acto, nulidad, carencia de valor*), **falta de ejercicio de algún derecho** (desuetude), **falta de ética profesional** (professional misconduct), **falta de manutención** (failure to support, non support), **falta de moral o de escrúpulos** (unscrupulousness, unconscionability, *Amer*), **falta de pago** (default, non-payment, failure to pay), **falta de previsión o de diligencia debida** (carelessness, want of due care, negligence, unwariness; S. *imprudencia, negligencia*), **falta de prueba** (lack of evidence, failure of evidence), **falta de responsabilidad** (irresponsibility), **falta de sucesión** (failure of issue), **falta de testamento** (intestacy), **falta de título bueno** (failure of title), **falta de unión o de asociación** (non-joinder), **sin falta** (without fail)]. *Cf* carencia, ausencia; fracaso, fallo.

falta[2] *n*: misdemeanour, malfeasance, minor offence, summary offence/crime, petty offence, fault. [Exp: **falta administrativa** (negligence or misconduct by a public servant, dereliction of duty, minor administrative misdemeanour), **falta de lesiones** (recklessness or carelessness leading to injury), **falta grave** (serious misconduct), **falta leve** (minor/petty offence, non-indictable offence), **falta o delito marítimo** (maritime tort), **faltas incidentales** (minor counts, additional charges arising out of the commission of a serious offence)]. *Cf* contravención, infracción penal, delito menor.

falta[3] *n*: error, mistake, flaw, defect. *Cf* error, yerro, equivocación.

faltar *v*: fail, default; breach, break; offend, be disrespectful. [Exp: **faltar a alguien** (offend somebody), **faltar a su deber** (fail in one's duty, desert one's trust), **faltar a su palabra** (break one's word/promise), **faltar al juramento** (break one's oath)]. *Cf* incumplir, no comparecer, ofender, fallar, dejar de.

fallar[1] *v*: adjudicate, pass judgment, find, decide, rule, award, find for/against, decern (*Scot*). [Exp: **fallar a favor/en contra del apelante** (give judgment/in favour of/against, find for/against the plaintiff), **fallar a favor del**

apelante (allow an appeal)]. *Cf* pronunciar una sentencia o laudo, laudar, adjudicar, determinar judicialmente, decidir, sentenciar, dictar sentencia.

fallar² *v*: fail, break down.

fallecimiento *n*: decease, death. [Exp: **fallecimiento repentino** (sudden death; S. *muerte súbita*)]. *Cf* defunción, óbito, muerte.

fallido *n*: bankrupt, bad loan, non-performing loan, bad debts. [Exp: **fallido absoluto** (absolute failure), **fallido fraudulento** (fraudulent bankrupt), **fallido o quebrado rehabilitado** (discharged bankrupt), **fallidos** (bad debts; S. *deudas incobrables, impagados*)]. *Cf* quebrado, concursado, insolvente.

fallo¹ *n*: adjudication, ruling, award, judgment, finding(s). [Exp: **fallo absolutorio** (verdict of not guilty, acquittal), **fallo administrativo** (administrative order), **fallo arbitral** (award of an arbitrator; S. *laudo arbitral*), **fallo condenatorio** (conviction, verdict of guilty; S. *sentencia, condena*), **fallo de deficiencia** (deficiency judgment), **fallo de divorcio condicional** (decree nisi), **fallo de indemnización por daños y perjuicios** (damages award), **fallo de validación del testamento** (probate order), **fallo definitivo o imperativo** (final decision/judgment/ruling), **fallo del jurado** (verdict), **fallo o sentencia judicial por incomparecencia de la parte** (default judgment; S. *sentencia en rebeldía*), **fallo parcial o sesgado** (biased judgment)]. *Cf* auto judicial, adjudicación, decisión, resolución.

fallo² *n*: defect, flaw, failure, pitfall. *Cf* incumplimiento, falta, fracaso.

fama *n*: reputation, repute, character. *Cf* reputación; mala fama.

familia *n*: household, family. [Exp: **de familia** (bodily; S. *de sangre*), **familiar** (domestic), **familiares** (dependents; S. *personas a cargo del cabeza de familia*)].

fase *n*: phase, stage. [Exp: **fase de ponencia parlamentaria** (report stage), **fase de comisión parlamentaria** (commission stage), **fase probatoria** (stage of proceedings where evidence is taken; production)]. *Cf* etapa, estadio.

favor *n*: favour, accommodation, aid. [Exp: **a favor de** (pro, in favour of, on behalf of, to the order of), **en favor de** (in favour of; S. *en apoyo de, en pro de*), **favorable** (favourable, advantageous, friendly, in favour), **favorecedor** (accommodation maker/party; S. *afianzador*), **favorecer** (favour; S. *patrocinar, proteger*), **favorecido** (favoured; S. *cláusula de nación más favorecida*)]. *Cf* servicio, ayuda.

faz *n*: face, front. *Cf* cara, anverso, importe o valor nominal.

fe *n*: faith, testimony, credence, certificate. [Exp: **en fe de lo cual** (in witness whereof), **fe de óbito** (death certificate; S. *acta de defunción*), **fe de vida** (certificate issued by public records office testifying for official purposes that an individual is alive and is who he says he is; S. *acta notarial de presencia*), **fe notarial** (affidavit), **fe pública** (notarization, authority to attest documents)]. *Cf* certificado, partida.

fecha *n*: date. [Exp: **con fecha de** (dated, as of; S. *a partir de*), **fecha de anuncio de dividendos** (declaration date), **fecha de caducidad** (expiration date, sell-by date), **fecha de emisión** (date of issue), **fecha de entrada en vigor de una ley** (date of commencement, effective date), **fecha de presentación** (date of filing), **fecha de presentación de la petición de quiebra** (date of bankruptcy/cleavage), **fecha de registro** (date of record), **fecha de valor o de vigencia** (effective date), **fecha de vencimiento** (due date, expiration day, maturity date, expiry period; S. *plazo de prescripción*), **fecha límite** (deadline, latest date, qualifying date; S. *plazo, término, cierre*), **fecha real de extinción de un contrato** (effective date of termination), **fecha según registro** (record date, date as per record)]. *Cf* fedatario.

fechar *v*: date. *Cf* datar.

fechoría *n*: crime, evil deed, misdeed. *Cf* perversión, corrupción.

fedatario público *n*: commissioner for oaths. *Cf* notario.

federal *a*: federal.

fehaciente *n*: certifying, authentic; reliable, satisfactory.

felón *n*: felon. [Exp: **felonía** (felony, disloyalty, treachery; S. *crimen, delito mayor o grave*)]. *Cf* criminal.

feria judicial *n*: judicial vacation. *Cf* vacaciones.

fiabilidad *n*: reliability. *Cf* crédito, confianza.

fiable *a*: responsible, reliable. *Cf* solvente, fidedigno.

fiador *n*: answerer, backer, bailer, bailor, bondsman, cautioner, guarantor, warrantor, surety. [Exp: **fiador judicial** (bail, guarantor, person who stands bail), **fiador en bancarrota** (bankruptcy surety), **salir/ser fiador por/de otro** (go/stand bail for somebody)]. *Cf* garante, comodante, depositante.

fianza *n*: bond, bail, bailment, caution, cautionary payment, deposit, guarantee bond, guarantee, payment bond, surety, surety bond. [Exp: **con fianza** (on bail), **fianza aduanera** (customs bond), **fianza arbitral o de arbitraje** (arbitration bond), **fianza carcelaria** (bail), **fianza de almacén** (warehouse bond), **fianza de apelación** (appeal bond), **fianza de arraigo** (solvency bond, bail above, bail to the action; S. *aseguramiento que se exige al demandante extranjero*), **fianza de buque a término** (vessel term bond), **fianza de caución o de seguridad** (surety bond), **fianza de comparecencia** (bail bond), **fianza de conservación o de manutención** (maintenance bond), **fianza de contrato a la gruesa** (bottomry bond; S. *hipoteca a la gruesa*), **fianza de cumplimiento** (performance bond), **fianza de demandado** (defendant's bond), **fianza de desembarque** (land bond, landing bond), **fianza de embargo** (attachment bond), **fianza de entrada para almacén** (warehouse entry bond), **fianza de falsificación** (forgery bond), **fianza de fidelidad** (fidelity bond), **fianza de funcionario público** (official bond), **fianza de incumplimiento** (penalty bond), **fianza de indemnización** (bond of indemnity), **fianza de levantamiento de embargo** (discharge-of-attachment bond), **fianza de licitador** (bid bond; S. *aval de oferta*), **fianza de pago** (payment bond), **fianza de participación en un concurso** (bid bond; S. *aval de oferta*), **fianza de reclamante** (claim bond), **fianza de responsabilidad civil** (liability bond), **fianza de seguridad** (surety bond), **fianza de subastador** (auctioneer's bond), **fianza de transportista** (carrier's bond), **fianza de título o de propiedad** (title bond), **fianza de usufructuario** (cautio usufructuaria), **fianza efectiva** (actual bailment; S. *depósito efectivo*), **fianza especial o de arraigo** (bail to the action), **fianza hipotecaria** (mortgage), **fianza judicial** (judicial bond), **fianza notarial** (bond of notary), **fianza ordinaria** (common below), **fianza para costas** (cautio pro expensis), **fianza para multa** (penal bond), **fianza personal** (voluntary bond), **fianza pignoraticia o prendaria** (collateral security), **fianza real** (special bail; S. *arraigo en el juicio*), **fianza reivindicatoria** (replevy bond), **fianza simple u ordinaria** (common bail), **fianza solidaria** (joint and several bond), **sin fianza** (unsecured credit)]. *Cf* garantía, caución, medida cautelar.

fiar *v*: bail, bond, go surety for. [Exp: **fiarse** (rely; S. *confiar*)]. *Cf* dar fianza, ser fiador de otro.

fiat *n*: fiat. *Cf* decreto, hágase, cúmplase.

ficción *n*: fiction, sham. [Exp: **ficción de derecho** (legal fiction), **ficticio** (fictitious, dummy; S. *simulado, falso*)]. *Cf* simulacro.

ficha *n*: token, index card; dossier, record, file. [Exp: **ficha bancaria** (bank charter), **ficha de antecedentes penales** (file listing criminal record, background report), **ficha delictiva** (file showing criminal record), **ficha policial o delictiva** (police file/report, custody record), **fichado por la policía** (having a police record, known to the police), **fichar** (open a file on), **fichero** (filing cabinet; file, document)].

fidedigno *a*: reliable, trustworthy. *Cf* veraz, fiable, serio, seguro.

fideicomisario *n*: trustee, trustee of a settlement, cestui que trust, beneficiary of a trust. [Exp: **fideicomisario judicial** (judicial trustee)].

fideicomiso *n*: trust, testamentary trustee. [Exp: **en fideicomiso** (in trust), **fideicomiso activo** (living trust), **fideicomiso benéfico** (charitable trust), **fideicomiso comercial** (business trust), **fideicomiso condicional** (contingent trust), **fideicomiso de fondos depositados** (funded trust), **fideicomiso de pensiones** (pension trust), **fideicomiso directo o expreso** (express trust), **fideicomiso familiar** (testamentary trust), **fideicomiso formalizado o perfecto** (executed trust, perfect trust), **fideicomiso imperfecto** (executory trust), **fideicomiso implícito** (precatory trust), **fideicomiso nominal** (nominal trust), **fideicomiso para los pródigos** (spendthrift trust), **fideicomiso pasivo** (naked trust, passive trust, dry trust), **fideicomiso perpetuo** (perpetual trust), **fideicomiso público o de beneficencia** (public trust), **fideicomiso resultante** (resulting trust), **fideicomiso secreto** (secret trust), **fideicomiso sin albedrío fiduciario** (ministerial trust), **fideicomiso sin depósito de fondos** (unfunded trust), **fideicomiso sucesivo o gradual** (testamentary trust), **fideicomiso testamentario** (testamentary trustee)].

fideicomitente *n*: trustor, founder of a trust, settlor. *Cf* creador de una disposición sucesoria.

fidelidad *n*: allegiance, fidelity. *Cf* pleitesía, obediencia debida.

fiducia *n*: trust, confidence. [Exp: **fiduciario** (trustee; fiducial, fiduciary; trust), **fiduciario pasivo o nominal** (bare trustee), **fiduciario por testamento** (testamentary trustee)].

fiel *a*: faithful, trustworthy, loyal; true, exact, accurate. [Exp: **fiel copia** (true copy), **fiel cumplimiento** (faithful observance/performance)]. *Cf* verdadero, legítimo.

figurar *v*: figure, appear, be among, rank. [Exp: **figurar en el orden del día** (appear on the agenda)]. *Cf* contarse entre, encuadrarse, colocarse, clasificar.

fijación *n*: fixing, joining, setting, settling, ascertainment. [Exp: **fijación de impuestos** (taxation), **fijación del daño,** etc.

(ascertainment of the damage, etc)]. *Cf* averiguación, estimación, determinación, valoración.

fijar *v*: fix, establish, set, lay down, specify, ascertain, assess, clinch, provide, set up. [Exp: **fijar la fecha de la vista** (set down for trial), **fijar la hora y el orden del día** (lay down the time and the agenda), **fijar la fianza** (set bail), **fijar los daños y perjuicios** (assess damages), **fijar una sucesión (al trono)** (settle the succession)]. *Cf* aclarar, averiguar, determinar, evaluar, descubrir, estimar.

fila *n*: rank, file, row. *Cf* llamar a filas, apretar las filas, ponerse en fila.

filiación *n*: filiation, relationship; parents' names; personal characteristics.

filial *a/n*: subsidiary. *Cf* subsidiario.

filibusterismo *n*: filibustering. *Cf* obstrucción parlamentaria.

filtrar *v*: filter, seep, leak. [Exp: **filtraciones a la prensa** (stories leaked to the press), **filtrar información** (leak information)].

fin *n*: objective; end, close, termination. [Exp: **a este fin** (to this end), **a los fines enunciados/previstos in** (for the purposes set out/provided for in), **fin de año** (year-end), **fin de plazo** (closing date; S. *fuera de plazo*)]. *Cf* conclusión, cierre; poner fin a.

finado *a/n*: deceased; decedent. *Cf* difunto, causante.

finalizar *v*: conclude, end. [Exp: **al finalizar** (by the end of)] *Cf* terminar, concluir, acabar.

financiar *v*: finance. [Exp: **financiero** (financial), **finanzas** (finance/s)].

finca *n*: property; farm; tenement. [Exp: **finca de regadío** (irrigated land; S. *tierra de secano*), **finca rústica** (country property/estate), **finca urbana** (city property, urban real estate)].

fingir *v*: feign, pretend, simulate, fabricate. [Exp: **fingido** (assumed; sham; S. *supuesto*), **fingimiento** (colour, pretence)]. *Cf* simular.

finiquitar *v*: satisfy, settle, close an account. *Cf* cumplir, liquidar, cancelar.

finiquito *n*: discharge, release, quittance, quitclaim, acquittance, satisfaction; final receipt, receipt in full, full and final settlement. [Exp: **finiquito gratuito** (acquittance without payment, free remission; acceptilation, *Scot*), **finiquito por consenso** (discharge by agreement)]. *Cf* liquidación, pago, carta de pago.

firma *n*: signature; firm, company. [Exp: **firma colateral** (collateral signature; S. *aval*), **firma de favor** (accommodation endorsement), **firma en blanco** (blank signature), **firma autorizada** (corporate signature, authorized signature), **firma y sello** (hand and seal), **firmado y sellado por mí** (under my hand and seal; S. *de mi puño y letra y con mi sello*)].

firmante *n*: signatory, maker. *Cf* signatario, librador.

firmar *v*: sign, subscribe; underwrite. [Exp: **firmar en blanco** (sign a blank cheque), **firmar la cesión o traspaso de algo a alguien** (sign something over to somebody), **firmar la ficha/la salida al terminar el trabajo** (sign off), **firmar por poder** (sign by procuration/proxy), **firmar y rubricar** (sign and seal), **firmó y selló el presente** (hereunto set his hand and seal)]. *Cf* suscribir, rubricar.

firme *a*: firm, absolute, final. [Exp: **en firme** (definitive), **firme voluntad** (firm intention), **firmeza** (firmness; determination; steadiness)]. *Cf* fijo, definitivo.

fiscal *a*: fiscal, tax. [Exp: **fisco** (tax authorities)]. *Cf* ejercicio fiscal.

fiscal *n*: prosecutor, Crown prosecutor, public prosecutor, counsel for the prosecution, public attorney, government attorney (*Amer*), procurator (*Scot*), advocate-depute (*Scot*). [Exp: **fiscal de distrito** (district attorney, *Amer*; county prosecutor, *Amer*; procurator-fiscal for the area, *Scot*), **Fiscal General del Estado** (Solicitor General, Attorney-general), **fiscal jefe** (Director of Public Prosecution, DPP), **fiscal jefe de zona** (Chief Crown Prosecutor), **fiscalía** (prosecutor's office; prosecuting authorities), **fiscalía especial de delitos monetarios** (Serious Fraud Office), **Fiscalía General del Estado** (Crown Prosecution Service, CPS)]. *Cf* acusador público.

fiscalización *n*: control, supervision. [Exp: **fiscalizar** (control, review; S. *controlar*)]. *Cf* control, intervención.

fisgonear *v*: pry, snoop, eavesdrop.

físico *a*: physical, material, actual. *Cf* natural, real, efectivo.

flagrancia *n*: S. *delito de flagrancia*.

flagrante *a*: flagrant, in the very act, red-handed. [Exp: **en flagrante** (red-handed, flagrante delicto)]. *Cf* notorio, escandaloso.

fletador *n*: affreighter, charterer, freighter. *Cf* fletante.

fletamento *n*: charter, affreightment. [Exp: **fletamento con operación por cuenta del fletante** (gross charter, contract of affreightment), **fletamento por tiempo y precio determinado** (time charter)].

fletante *n*: affreighter. *Cf* fletador.

fletar *v*: charter, hire, freight, affreight. *Cf* flete, cargamento, carga, mercancías transportadas.

flete *n*: freight, rate, freightage. [Exp: **flete a cobrar o contra entrega** (collect freight), **flete bruto** (cost of gross charter), **flete de ida y vuelta** (outward and home freight), **flete de retorno** (return freight), **flete falso** (dead freight), **flete más demoras** (freight and demurrage, FD), **flete pagado** (freight paid), **flete por adelantado** (advanced freight)]. *Cf* cargamento, carga, mercancías transportadas.

flota *n*: fleet.

flotación *n*: flotation, floating; float. [Exp: **a flote** (afloat), **flotación dirigida o sucia** (managed float), **flotante** (floating), **flotar** (float), **flotar un empréstito** (float a loan)]. *Cf* poner en circulación, emitir.

flujo *n*: flow. [Exp: **flujo de capital** (capital flow; S. *corriente de capital*), **flujo de efectivo** (cash flow; S. *flujo de caja*), **flujos monetarios** (money flow)].

forcejeo *n*: violent struggle.

fomentar *v*: encourage, promote. [Exp: **fomento** (development, promotion; S. *promoción, progreso*)]. *Cf* promover, promocionar.

fondeadero *n*: anchorage. *Cf* derechos que se pagan por fondear.

fondo[1] *n*: bottom; background; depth; heart. [Exp: **a fondo** (thorough, thoroughly), **al fondo de** (behind; at the bottom of), **fondo de la cuestión** (merits of the case; S. *fundamento de derecho*), **fondo del asunto o del litigio**

(merits of the case; S. *base jurídica de la causa*)]. *Cf* llegar al fondo de la cuestión.

fondo² *n*: pool, fund. [Exp: **a fondo perdido** (à fonds perdu, non-returnable), **fondo acumulativo** (sinking fund), **fondo benéfico-social** (charitable and civic funds), **fondo común** (common fund), **fondo consolidado** (Consolidated Fund), **fondo de amortización** (depreciation fund, sinking fund), **fondo de comercio** (goodwill; stock in trade; S. *plusvalía, clientela de una empresa o negocio*), **fondo de compensación territorial** (interterritorial compensation fund), **fondo de garantía de depósito** (deposit guarantee fund), **fondo de huelga** (strike fund; S. *caja de resistencia*), **fondo de inversión cerrado** (closed end fund), **fondo de inversión mobiliaria** (securities investment fund; mutual fund; S. *mutualidad*), **fondo de maniobra** (management fund), **fondo de pensiones** (pension fund, superannuation), **fondo de previsión** (pension fund, welfare fund, reserve fund), **fondo de redención o de amortización** (redemption fund), **fondo de regulación** (buffer fund), **fondo de reserva o de garantía** (reserve fund, guarantee fund), **fondo destinado a beneficencia o fines benéficos** (charity fund), **Fondo Europeo de Desarrollo** (European Development Fund), **fondo para gastos menores** (petty cash), **fondo social** (capital of corporation, partnership property, assets of a partnership; S. *bienes sociales*), **Fondo Social Europeo** (European Social Fund) **fondos** (monies), **fondos afectados** (earmarked funds), **fondos comerciales** (business assets), **fondos de orientación y de garantía agrícola** (agricultural guidance and guarantee funds), **fondos creados para fines especiales** (purpose trusts), **fondos documentales** (documentary section; documents; documents and archives), **fondos en plica** (escrow funds), **fondos de promoción de empleo** (job creating funds), **fondos estatales** (state resources), **fondos fiduciarios o de fideicomiso** (trust funds), **fondos públicos** (public funds), **sin fondos** (unfunded)]. *Cf* recursos, cantidades.

forajido *n*: outlaw, bandit; fugitive. *Cf* fugitivo.

foráneo *a/n*: alien, outside; outsider. *Cf* extranjero.

forcejeo dialéctico *n*: heated exchange of views.

forma *n*: form, way. [Exp: **en forma de** (in the shape of; by way of; S. *por vía de*), **en forma debida o apropiada** (in due form, duly), **de forma abusiva** (misused, irregularly), **de forma equitativa** (on an equitable basis), **de forma implícita** (constructively, implicitly, impliedly; by implication), **de forma legal** (legally; in due legal form)].

formación *n*: training, teaching, education; background, cultural background. [Exp: **formación profesional** (career training, vocational training)]. *Cf* preparación, enseñanza, aprendizaje.

formal *a*: formal; reliable; polite, refined. *Cf* ceremonioso, solemne; fiable.

formalidad¹ *n*: reliability. *Cf* seriedad, veracidad, crédito, confianza, fiabilidad.

formalidad² *n*: formality, requirement, technicality. [Exp: **formalidades** (formalities), **formalidades aduaneras** (clearance, customs formalities; S. *despacho de aduanas*), **formalidades procesales debidas** (due process of law)]. *Cf* requisito, tecnicismo.

formalización *n*: execution. *Cf* celebración, otorgamiento.

formalizar *v*: legalize, formalize, give proper form to; close, enter (into a contract, etc.). [Exp: **formalizar un contrato, seguro**, etc. (enter into a contract, an insurance policy, etc.), **formalizar un tratado** (close a treaty)]. *Cf* celebrar.

formar *v*: form, draw up; train, teach. [Exp: **formar parte de** (participate in; be part of), **formar parte de un tribunal** (sit on a board, tribunal, etc.), **formar proceso** (bring suit), **formarse** (be trained, receive one's training/education)].

fórmula *n*: formula; form. [Exp: **fórmula de conciliación** (compromise formula), **fórmula de propuesta** (form of proposal), **por pura fórmula** (for form's sake, as matter of form)]. *Cf* formulario.

formular *v*: formulate, frame; file, lodge, submit.

[Exp: **formular cargos** (bring charges), **formular recomendaciones** (make recommendations), **formular/hacer observaciones** (comment, pass remarks; object, raise objections), **formular reparos, pretensiones, una petición, una protesta**, etc. (lodge/file/raise/make objections, claims, a petition, a protest), **formular una pregunta** (pose/ask a question)]. *Cf* cursar, elevar, instar, presentar.

formulario *n*: form, printed form. [Exp: **formulario de solicitud** (application form), **formulario de inscripción** (enrolment form, membership application form)]. *Cf* impreso.

foro *n*: the bar, the legal profession, law court. *Cf* estrado, lugar reservado para el tribunal y los abogados.

fortuito *a*: accidental, fortuitous. *Cf* casual, accidental.

forzar *v*: force, compel, make, oblige, coerce, press; break into, enter by force; rape. [Exp: **forzado** (conscripted), **forzar el cumplimiento** (enforce; S. *hacer cumplir*), **forzoso** (unavoidable, compulsory, mandatory; S. *mandatorio, obligatorio, preceptivo*)]. *Cf* obligar, coartar, violentar; trabajos forzados.

fracasar *v*: fail, break down; come to nothing, fall through. [Exp: **fracaso** (failure, ruin; breakdown, collapse; S. *fallo, falta*)]. *Cf* abortar, dejar de, faltar, fallar.

fragmento *n*: fragment, extract. *Cf* extracto.

fraguar *n*: forge, contrive, devise; scheme, plot. *Cf* maquinar.

franco *a*: frank, safe; free; ex ship. [Exp: **franco a bordo** (free on board, FOB), **franco de avería particular** (free of particular average), **franco de derechos** (non-dutiable), **franco de** (free of/from; S. *exento de*), **franco de fábrica** (ex factory, ex works), **franco en barcaza** (free into barge, FIB), **franco en el muelle** (ex dock, ex quay), **franco en estación** (free on rail)].

francotirador *n*: sniper.

franquear *v*: free, exempt, enfranchise; allow, grant; open, clear; get round/over, negotiate. [Exp: **franqueo** (postage, franking, clearance), **franquicia** (exemption, freedom from duty; excess (insurance), grant, immunity)]. *Cf* dispensar, exceptuar.

fraude *n*: fraud, deceit, rigging, swindling. [Exp: **fraude electoral** (electoral fraud, ballot-rigging, *col*; S. *pucherazo electoral*), **fraude flagrante** (actual fraud), **fraude implícito** (constructive fraud), **fraude legal** (fraud in equity or in law), **fraudulencia** (fraudulence, fraudulency), **fraudulento** (fraudulent, false; S. *falaz, engañoso*)]. *Cf* engaño, estafa.

freno *n*: brake; deterrent. *Cf* medida disuasoria o represiva, disuasivo.

frente *n*: front, face. [Exp: **al frente de** (in charge of; S. *a cargo de, al mando de*), **frente a la costa** (off the coast; S. *a la altura de*)].

fructífero *n*: profitable, fruitful. *Cf* provechoso, ventajoso, rentable.

frustrar *v*: frustrate, baffle, thwart, disappoint. [Exp: **frustración** (frustration), **frustrado** (attempted), **frustrarse** (miscarry, fail, collapse)]. *Cf* engañar, burlar.

frutos *n*: fruits, proceeds, commodities. *Cf* productos; ganancias.

fuente *n*: source. [Exp: **fuentes de confianza o solventes** (reliable sources of information), **fuentes jurídicas solventes** (reliable legal sources), **en la fuente** (at [the] source)]. *Cf* origen; medios.

fuera *adv/prep*: out, outside; beyond. [Exp: **fuera de actas** (off the record; S. *sin constar/que conste, no atribuible*), **fuera de combate** (knockout, KO), **fuera de plazo** (out of time, beyond the time limit), **fuera de peligro** (out of danger, safe; S. *franco, ileso, seguro*), **fuera del buque** (ex ship; S. *franco*). **fuera del país** (beyond the seas; S. *en el extranjero, ilocalizable*), **fuera del período de sesiones** (out of term)]. *Cf* afuera.

fuero *n*: privilege, absolute privilege; exemption; jurisdiction; common law. [Exp: **a fuero** (customary; S. *usual, habitual, consuetudinario, de acuerdo con los usos o las costumbres*), **fuero concurrente** (concurrent jurisdiction), **fuero de sucesiones** (probate jurisdiction)]. *Cf* inmunidad, privilegio.

fuerza *n*: force, power. [Exp: **fuerza de ley** (force of law, S. *dar fuerza de ley*), **fuerza**

ejecutiva (enforceability; S. *tener fuerza ejecutiva*), **fuerza laboral** (labour force), **fuerza legal** (validity, force of law), **fuerza mayor** (act of God, force majeure; S. *caso fortuito*), **fuerza pública** (police power), **fuerzas desestabilizadoras** (destabilizing forces)]. *Cf* vigor.

fuga *n*: escape. [Exp: **fuga de cerebros** (brain drain), **fuga de agua** (leak), **fuga de información secreta** (security leak), **fuga de la cárcel** (jailbreak, flee, escape from prison; S. *esconderse, evadir la justicia*), **fugarse** (run away, escape, jump bail, abscond), **fugarse de la cárcel** (break out of prison), **fugitivo** (absconder, fugitive, outlaw, bandit, escaped; S. *forajido, prófugo*)]. *Cf* huida, escape.

función *n*: function, task, mission, purpose. [Exp: **en funciones** (acting; S. *interino, suplente*), **función decisoria de los jueces o de la administración** (discretion; S. *potestad judicial o administrativa*), **función política** (political office; S. *cargo político*), **función pública** (civil service), **funcional** (working, functional), **funciones jurisdiccionales** (judicial offices), **funciones públicas** (official duties)]. *Cf* misión.

funcionamiento *n*: operation. *Cf* operación.

funcionar *v*: act, operate, be in operation, work, be in working order. *Cf* obrar, actuar, operar.

funcionariado del Estado *n*: civil service. [Exp: **funcionario** (civil servant, civil officer/official; functionary, clerk, officer), **funcionario de carrera** (career/tenure civil servant; S. *oposición*), **funcionario de prisiones** (prison warder), **funcionario eventual o interino** (non-tenure civil servant, part-time civil servant), **funcionario encargado del cumplimiento de la ley** (enforcement officer; S. *agente de la autoridad*), **funcionario judicial** (court officer/clerk; S. *agente judicial, secretario judicial*)].

fundamentación *n*: basis, ground. [Exp: **fundamentación de una sentencia** (ratio decidendi)].

fundamental *a*: fundamental, main, major, principal, ultimate. *Cf* esencial, básico, decisivo.

fundamentar *v*: base, found, ground. [Exp: **fundamento** (basis, foundation, ground, merit; S. *base, cimientos*), **fundamento o razón para presentar una demanda** (cause for/of action), **fundamentos de derecho** (fundamental points of law; legal grounds, precedents; whereas clauses; S. *considerandos*), **sin fundamentos** (groundless, baseless)]. *Cf* establecer, basar, fundar.

fundar *v*: found, establish, base, ground, endow, form; raise. [Exp: **fundación** (endowment, foundation; institution, establishment; S. *dotación, dote*), **fundado** (well founded, reasonable, admissible), **fundador** (founder), **fundador o creador de un *settlement*** (settlor)]. *Cf* instituir, crear, constituir; fundamentar, basar.

fungibles *n*: fungibles/fungible articles.

furgón policial *n*: prison van; Black Maria, *col*. *Cf* coche patrulla.

fusilar *v*: shoot, execute by firing squad. *Cf* disparar.

fusión *n*: merger, amalgamation, union. [Exp: **fusión de intereses** (pooling of interest), **fusión de intereses de vários armadores** (shipping pool), **fusión de procedimientos/demandas** (joinder of actions), **fusión de sociedades** (merger), **fusión por absorción** (take-over merger), **fusionar** (combine, merge, consolidate, unite; S. *mancomunar, unirse*)]. *Cf* incorporación, unión, consolidación de empresas.

futuros *n*: futures.

G

gabarra *n*: lighter. [Exp: **gabarraje** *n*: lighterage; S. *gastos de descarga de un barco*)].

gabela (*obs*) *n*: tax.

gabinete *n*: cabinet. *Cf* consejo de ministros, gobierno.

gaceta oficial *n*: official journal. *Cf* boletín oficial.

gajes *n*: perquisites, perks (*col*). [Exp: **gajes del oficio,** *col* (occupational hazards, drawbacks of the trade)]. *Cf* plus, extra, emolumento.

galería de una cárcel *n*: prison wing.

gamberro *n*: hooligan, thug (*col*). *Cf* perdonavidas, bruto.

ganancia(s) *n*: profit, benefit, gain; earnings, proceeds, takings. [Exp: **ganancias brutas/netas** (gross/net earnings/profit), **ganancias especulativas o de explotación** (operating profit/earnings), **ganancias de capital** (capital gains; S. *plusvalías de capital*), **ganancias previstas** (anticipated profits)]. *Cf* ingresos, rendimiento, lucro, beneficio, renta.

ganar *v*: earn, gain, win. [Exp: **ganan los síes** (the ayes have it), **ganar dinero** (earn/make money), **ganar prestigio** (gain prestige), **ganar un pleito** (win a lawsuit/case)].

ganga *n*: bargain.

garante *n*: bailer/bailor, bondsman, guarantee, guarantor, warranter/warrantor, sponsor, surety. *Cf* comodante, depositante, fiador.

garantía *n*: guarantee, warranty, backing, bond, safeguard, pledge, covenant, security, suretyship. [Exp: **con [las debidas] garantías procesales** (in due process of law; S. *ajustado a derecho*), **garantía bloqueada** (escrow; S. *plica*), **garantía de licitación** (bid bond; S. *aval de oferta, fianza de licitador*), **garantía del préstamo a gruesa** (bottomry bond; S. *fianza de contrato a la gruesa*), **garantía hipotecaria** (mortgage security, real security), **garantía prendaria** (collateral; S. *pledge*), **garantía procesal** (bond for court costs), **garantía secundaria, subsidiaria o indirecta** (collateral assurance/security), **garantías constitucionales** (constitutional rights, civil liberties; S. *derechos individuales*), **garantías escritas o expresas** (express warranties), **sin garantías** (unsecured, without collateral; S. *sin caución o colateral*)]. *Cf* aval, caución, fianza.

garantizar *v*: warrant, guarantee, ensure, secure, preserve, vouch. [Exp: **garantizado** (secured, warrantee; S. *con caución, asegurado*), **garantizado por obligación escrita** (bonded)]. *Cf* responder por, avalar, afianzar.

garrote (vil) *n*: gar(r)t(t)e, mechanism used in Spain for executing criminals by strangulation.

gastar *v*: spend, disburse, lay out, use (up). *Cf* desembolsar, consumir.

gasto *n*: spending, expenditure, outlay, disbursement; consumption; cost. [Exp: **gasto público** (public spending), **gasto excesivo** (overspending), **gastos** (disbursements; S. *desembolso*), **gastos accesorios** (incidental expenses), **gastos corrientes** (running/operating costs), **gastos de conservación**

(maintenance charges), **gastos de demora** (demurrage; estadía), **gastos de descarga de un barco** (lighterage; S. *gabarraje*), **gastos de descarga** (landing charges), **gastos de funcionamiento o de explotación** (operating expenses), **gastos de manutención** (subsistence allowance; S. *dietas y viáticos*), **gastos de operación** (operating expenses), **gastos de representación** (entertainment allowance), **gastos de un procedimiento o pleito** (court costs; S. *costas judiciales o procesales*), **gastos de viaje** (travelling allowance), **gastos del pleito** (law expenses), **gastos fijos** (constant costs, fixed costs), **gastos generales** (overheads), **gastos judiciales** (legal charges)].

genealogía *n*: genealogy, pedigree, family tree. *Cf* linaje.

general *a/n*: general. [Exp: **en general** (in general), **por lo general** (generally), **generales de la ley** (relevant particulars, particulars of witnesses)].

generalizado *a*: prevailing. *Cf* imperante, corriente, extendido, predominante.

género *n*: merchandise, commodity; type, kind. *Cf* mercancía, mercaderías, primeras materias.

gente del mar *n*: seamen.

genuino *n*: genuine. *Cf* veraz, legítimo.

gerencia *n*: management of business; managership; manager's office.

gerente *n*: managing director, manager. *Cf* consejero delegado.

gerifalte (*col*): top brass, bigwig. *Cf* cacique, pez gordo, mandamás.

gestión *n*: management; running, conduct; operation; transaction, step. [Exp: **en gestión** (in process; S. *en curso*), **gestión de cartera de valores** (management of portfolio), **gestión de liquidez o de tesorería** (cash management), **gestión de servicios** (operation of services), **gestión financiera** (finacial management), **gestión para influir en los legisladores** (lobbying; S. *cabildeo*), **gestionar** (manage, negotiate, handle, deal with; S. *administrar, dirigir, hacer gestiones*), **gestionar un empréstito** (negotiate a loan),

gestionar una causa (conduct a case; S. *tramitar*)]. *Cf* administración, negocio; trámite, diligencia.

gestor *n*: promoter, agent, managing director. *Cf* administrador, agente, apoderado.

girador *n*: drawer, maker. [Exp: **girado de una letra de cambio** (drawee of a bill of exchange; S. *tomador, aceptante, librado*), **girador de una letra de cambio** (drawer of a bill of exchange; S. *librador*), **girar** (draw; S. *librar, extender*), **girar en descubierto** (overdraw), **giro** (remittance, draft), **giro a la vista** (sight draft), **giro en descubierto** (overdraft), **giro postal** (postal order, post office giro)].

gobernar *n*: govern, order, rule over, run. [Exp: **gobernante** (in power), **gobernador** (governor), **gobernador del Banco de España** (governor of the Bank of Spain), **gobernador civil** (governor of a Spanish province, a civilian with powers akin to those of a Chief Constable), **gobernador militar** (military governor, highest ranking officer in a Spanish province), **gobierno** (government; rule), **gobierno municipal** (local government)]. *Cf* dirigir, ordenar, dominar.

goce *n*: possession, enjoyment. *Cf* disfrute, posesión, tenencia.

golpear *v*: strike, hit, punch; knock. [Exp: **golpe** (blow, punch; knock; collision, stroke, stroke of wit), **golpe de efecto** (smart move, coup de thêatre), **golpe de estado** (coup d'état), **de golpe** (suddenly, violently)].

gorila *n*: henchman. *Cf* seguidor político, secuaz, hombre de confianza.

gozar *v*: possess, hold, enjoy. [Exp: **gozar o disfrutar de un derecho, privilegio o monopolio** (enjoy a right, a privilege, a monopoly)]. *Cf* disfrutar, tener, poseer.

gracia *n*: mercy, clemency, remitment; grace; privilege, favour. *Cf* clemencia; privilegio, período de gracia.

gracioso *a*: gracious; gratuitous. *Cf* a título gratuito, gratuito.

grado *n*: degree, rate, level. [Exp: **grado de parentesco** (degree of kinship), **graduar** (graduate, adjust, measure, marshal),

graduar la masa de la quiebra (marshal the assets)].

grande *a/n*: big, large, great; grandee. [Exp: **grande de España** (Spanish grandee, senior Spanish nobleman), **grandes superficies de venta** (major retail outlets), **grandes almacenes** (department stores)].

gratificación *n*: fee, reward; tip, gratuity; sweetener (*col*). [Exp: **gratificar** (reward); gratify, pay a bonus), **se gratificará** (a reward is offered to the finder, etc.)]. *Cf* premio, recompensa.

gratitud *n*: gratitude, recognition. *Cf* agradecimiento.

gratuito *a*: free, gratis; gratuitous, ungrounded, groundless, baseless, unwarranted, uncalled for. *Cf* a título gratuito, gracioso; sin fundamento, infundado.

gravable *a*: taxable, subject to tax. *Cf* imponible, tributable.

gravamen *n*: levy, encumbrance, lien, general lien [Exp: **gravamen de transportista** (carrier's lien; S. *derecho de retención del transportista*), **gravamen municipal por tasación para mejoras** (municipal lien), **gravamen o exacción sobre el capital o el patrimonio** (capital levy), **gravamen o privilegio marítimo** (maritime lien), **gravamen precedente o anterior** (prior lien), **gravamen sobre bienes muebles** (chattel mortgage; S. *hipoteca prendaria*)]. *Cf* carga, afectación, servidumbre, derecho prendario, embargo preventivo.

gravar *v*: tax, impose a tax, assess, encumber, levy. [Exp: **gravar con hipoteca** (encumber with a mortgage; S. *cargado de deudas, obligaciones,* etc.), **gravar con tributos** (impose taxes), **gravar impuestos** (levy taxes)]. *Cf* imponer, exacción, imposición, gravamen.

grave *a*: grave, serious. [Exp: **gravedad** (gravity, seriousness; solemnity)].

gravoso *a*: burdesome, onerous, costly, heavy. *Cf* excesivo, inmoderado.

gremio *n*: guild, trade union; trade association. [Exp: **gremial** (guild, organised on a guild basis)]. *Cf* corporación, cuerpo; sindicato.

grilletes *n*: fetters, shackles.

grosero *a*: gross, rude, coarse, crude, ill-mannered. [Exp: **grosería** (rudeness; coarseness; coarse remark)]. *Cf* impúdico, escandaloso, indecente, procaz.

grueso *a/n*: thick, stout, fat, heavy; thickness; main body, etc. [Exp: **préstamo a la gruesa** (bottomry loan)].

grupo *n*: group, combine. [Exp: **grupo de presión o de intereses** (lobby, caucus, *Amer*; S. *comité electoral*), **grupo industrial** (combine, conglomerate, holding, trust; S. *asociación, conglomerado, consorcio, cártel*), **grupo de presión** (pressure group; lobby), **grupos dominantes** (interest groups)].

guarda *n*: custody, protection, safekeeping; guard, watchman, keeper. [Exp: **guarda jurado** (security guard, private police)]. *Cf* guardia, almacén, depositario.

guardar *v*: guard, ward, keep, hold, observe. *Cf* ocupar, tener, poseer, gozar.

guardia[1] *n*: custody, protection, care.

guardia[2] *n*: constable, detective constable; duty. [Exp: **de guardia** (on duty), **guardia civil** (Spanish Civil Guard; S. *Benemérita*), **guardia urbano** (municipal police officer)]. *Cf* policía; servicio, turno.

guardián *n*: custodian; warder, depositary.

gubernamental *a*: governmental.

guía *n*: guidance; guide, courier. [Exp: **guía de depósito** (warehouse receipt; S. *recibo de almacén*)]. *Cf* orientación.

H

habeas corpus *n*: habeas corpus.

haber *n*: credit balance. [Exp: **haberes** (salary, wages; proerty, resources; S. *sueldo, bienes*)].

haber *v*: have, be. [Exp: **de no haber mediado dicha circunstancia** (otherwise; S. *de lo contrario*), **habiendo prestado juramento** (being duly sworn), **haber fundamento para** (be competent, lie), **no ha lugar** (discontinuance, no bill, not a true bill, not found), **no ha lugar a procesamiento** (nolle prosequi; stay of proceedings)]. *Cf* debe; crédito, saldo acreedor.

hábil *a*: lawful, qualified, capable, competent. *Cf* legal, lícito, legítimo; día hábil, en tiempo hábil.

habilidad *n*: capacity. *Cf* competencia, capacidad.

habilitación *n*: authorisation. [Exp: **habilitado** (paymaster; authorized), **habilitar** (authorize, enable, qualify; S. *autorizar*), **habilitarse** (qualify as; S. *prepararse, capacitarse*)].

habitante *n*: inhabitant, resident. [Exp: **habitabilidad** (habitability; S. *cédula de habitabilidad*)]. *Cf* vecino, residente.

habitual *a*: habitual, common, conventional, usual, customary. *Cf* ordinario, común, corriente.

hablar con/sin conocimiento de causa *phr*: S. *obrar con conocimiento de causa.*

hacer *v*: make, do; render. [Exp: **hacer a alguien objeto de persecución** (victimize a person), **hacer acto de presencia** (be present), **hacer agiotaje** (gamble in stock), **hacer balance** (balance an account), **hacer campaña política, de marketing,** etc. (campaign, canvass), **hacer caso omiso** (ignore), **hacer cesión** (make an assignment, assign), **hacer concesiones** (make allowances for; S. *tener en cuenta, ser comprensivo o poco severo, ser considerado*), **hacer constar** (set down; S. *poner por escrito*), **hacer constar en acta** (place on the record, record), **hacer contrabando** (smuggle), **hacer cumplir** (enforce), **hacer chanchullos** (rig; cheat; S. *manipular, cometer fraude*), **hacer dúplica** (rejoin), **hacer efectivo** (cash, pay; S. *cobrar; pagar, desembolsar*), **hacer el alto** (stop, halt, come to a halt), **hacer el servicio entre** (ply between), **hacer escala** (call), **hacer frente a** (counter; defray; S. *sufragar*), **hacer frente a los compromisos contraídos** (meet one's liabilities), **hacer funcionar** (operate), **hacer gestiones** (take steps, attend to a piece of business), **hacer inventario** (take an inventory), **hacer juramento** (take an oath), **hacer justicia** (do justice), **hacer las veces de** (act as, stand in for), **hacer modificaciones fraudulentas** (tamper; S. *falsificar*), **hacer negocios con alguien** (have dealings with a person), **hacer que alguien pase o entre** (usher somebody in), **hacer remesas** (remit), **hacer responsable a alguien** (hold somebody responsible), **hacer saber** (advise, notify, make known; S. *saber, por la presente se hace saber*), **hacer salvedades** (draw distinctions, distinguish), **hacer señales** (flag), **hacer suyos,** etc. (adopt), **hacer trampas** (dodge), **hacer

juramento en falso (commit perjury, make a false statement under oath), **hacer un llamamiento** (call for), **hacer un pedido** (place an order, order), **hacer un presupuesto** (estimate; S. *estimar, computar*), **hacer una oferta** (tender), **hacer una redada** (raid), **hacer una transferencia** (transfer; S. *transferir*), **hacer uso de** (avail oneself of, use; S. *usar, utilizar*), **hacer uso de la palabra** (take the floor), **hacer valer** (put into effect), **hacer valer su derecho** (maintain one's right), **hacer varar un buque** (run a ship aground), **hacerse a la mar** (set sail), **hacerse cargo de** (realise; S. *darse cuenta, comprender*), **hacerse cargo de un negocio** (take over a business), **hacerse cargo de un paquete** (take delivery of a parcel), **hacerse garante de** (go/stand surety for), **hacerse pasar por** (personate, impersonate, personate; S. *usurpar nombre*), **hacerse socio de un club** (join a club, take out membership in a club), **no hacer caso de** (ignore), **no hacer frente a los pagos** (default on payments), **no hacer uso de** (waive; S. *renunciar a, ceder, inhibirse*)].

hacienda *n*: estate, landed property, rural property, Treasury. [Exp: **Hacienda Pública** (Treasurey, Department of the Treasury, Exchequer)]. *Cf* propiedades, patrimonio; bienes raíces.

hágase *n*: fiat, peremptory order. *Cf* cúmplase, orden judicial, providencia, mandato absoluto, fiat, decreto.

hallar *v*: hallar. [Exp: **hallar culpable** (find guilty), **hallarse en sesión** (hold court; S. *celebrar sesión*)].

hampa *n*: underworld.

hasta *prep*: until. [Exp: **hasta ahora** (hereto, heretofore), **hasta aviso en contra/nuevo aviso/nueva orden** (until further notice/order), **hasta entonces** (theretofore)].

hecho *n*: fact, act, occurrence. [Exp: **de hecho** (de facto, in fact; in deed; as a matter of fact; S. *en realidad, el caso es que*), **de hechos posteriores** (ex post facto), **hecho consumado** (fait accompli), **hecho de guerra** (act of war; S. *acto bélico o de guerra*), **hecho esencial, fundamental, influyente o pertinente** (material fact), **hecho notorio o de todos conocido** (fact of common knowledge), **hecho tangible** (physical fact), **hecho u omisión ilícitos** (tort; S. *ilícito civil*), **hechos decisivos** (decisive issues, ultimate facts), **hechos evidenciales o justificativos** (evidential/evidentiary facts), **hechos o cuestiones en litigio** (facts in issue), **hechos probados** (proved facts), **hechos que dan derecho a incoar un pleito** (cause for/of action; S. *derecho de acción, derecho de la demanda*), **los hechos hablan por sí solos** (res ipsa loquitur), **los hechos tal como han quedado demostrados** (facts as found)].

heredad *n*: tenement, homestead, estate. [Exp: **heredad dominante** (dominant tenement; S. *predio dominante*), **heredad o patrimonio residual** (residuary estate), **heredad sirviente** (servient estate or tenement; S. *predio sirviente*)].

heredar *v*: inherit, succeed; descend. *Cf* suceder, pasar a, transmitirse.

heredera, heredero *n*: heiress, heir. [Exp: **heredero abintestato** (heir-at-law, heir on intestacy), **heredero absoluto o libre** (heir unconditional), **heredero adoptivo** (heir by adoption), **heredero colateral** (heir collateral), **heredero del remanente** (residual legatee), **heredero en expectativa** (expectant heir, heir expectant), **heredero en línea directa** (lineal/bodily heir), **heredero fideicomisario** (fiduciary heir), **heredero forzoso o necesario** (heir by necessity, heir who cannot be passed over, heir apparent, heir whatsoever), **heredero legítimo** (heir-at-law, rightful heir), **heredero natural** (natural heir), **heredero presunto** (heir presumptive, presumptive heir), **heredero testamentario** (heir under a will, heir testamentary), **heredero único** (sole heir), **heredero universal** (universal heir, residuary legatee)].

hereditario *a*: hereditary.

herencia *n*: inheritance, legacy, estate, hereditament, succession, disposition, descent. [Exp: **herencia compartida o conjunta** (co-inheritance), **herencia residual** (residuary estate)].

herir *v*: wound, injure. [Exp: **herida** (wound, injury), **herido** (wounded, injured, person injured or wounded), **herido de muerte** (mortaly wounded, fatally injured)]. *Cf* causar heridas.

higiene *n*: hygiene, health. *Cf* salud.

hijo, hija *n*: child; son, daughter. [Exp: **hijo adoptivo** (adopted child), **hijo legítimo** (legitimate child, lawful issue), **hijo natural** (natural son), **hijo putativo** (putative/supposed child), **hijo póstumo** (posthumous child)].

hipoteca *n*: mortgage. [Exp: **hipoteca a cobrar** (mortgage receivable), **hipoteca a la gruesa** (bottomry bond; S. *garantía del préstamo a gruesa*), **hipoteca avalada por una dote o fundación** (endowment mortgage), **hipoteca de reintegración** (refunding mortgage), **hipoteca de segundo grado** (second mortgage; S. *segunda hipoteca*), **hipoteca equitativa** (constructive mortgage, equitable mortgage), **hipoteca fiduciaria** (trust mortgage), **hipoteca inmobiliaria** (real estate mortgage), **hipoteca judicial** (mortgage ordered by the court), **hipoteca legal** (legal mortgage), **hipoteca marítima o naval** (ship mortgage), **hipoteca prendaria** (chattel mortgage; S. *crédito mobiliario*)].

hipotecar *v*: mortgage, hypothecate. [Exp: **hipotecable** (mortgageable), **hipotecado** (mortgaged, encumbered; S. *afianzado*), **hipotecante** (mortgagor)]. *Cf* pignorar, afectar, empeñar.

hipótesis *n*: hypothesis. [Exp: **en la hipótesis de que** (assuming that), **hipótesis de trabajo** (working hypothesis)].

historial *n*: record, curriculum vitae (CV). [Exp: **historial delictivo** (criminal background/record; S. *antecedentes penales*), **historial técnico** (log-book)]. *Cf* currículum.

histórico *n*: historic; historical, long-standing. *Cf* de rancia tradición.

hogar tutelar de menores *n*: community home, remand home, young offender institution. *Cf* centro de delincuentes juveniles.

hoja *n*: paper, sheet. [Exp: **hoja de balance** (balance sheet; S. *balance de situación*), **hoja de servicios** (record; record service), **hojas añadidas** (allonge), **hojas de tiempo** (time sheets), **hoja registral** (page of a property register)].

hológrafo, ológrafo *a*: holograph.

hombre *n*: man. [Exp: **hombre bueno** (arbitrator, referee; S. *amigable componedor, árbitro, compromisario*), **hombre de confianza** (right-hand man), **hombre de paja** (dummy, front man)].

homicida *n*: murderer, murderess, slayer, killer; murderous, homicidal. *Cf* asesino, arma homicida.

homicidio *n*: homicide, unlawful homicide. [Exp: **homicidio accidental** (excusable homicide, homicide by misadventure), **homicidio sin premeditación** (manslaughter), **homicidio culpable o culposo** (murder), **homicidio en segundo grado** (murder in the second decree), **homicidio impremeditado** (second degree murder, *Amer*), **homicido intencionado** (voluntary homicide, murder), **homicidio involuntario** (excusable homicide, culpable homicide, misadventure homicide; S. *imprudencia temeraria con resultado de muerte*), **homicidio por imprudencia** (homicide by negligence), **homicidio por necesidad o inculpable** (lawful homicide), **homicidio premeditado** (first degree murder, murder in the first degree; S. *asesinato en primer grado*), **homicidio preterintencional** (manslaughter, unlawful homicide)].

homologar *v*: confirm, bring into line. [Exp: **homologar un testamento** (prove a will)].

honesto *n*: honest, fair, just; chaste. *Cf* honrado.

honorarios *n*: fee, honorarium. [Exp: **honorarios condicionales** (contingent fee), **honorarios de procurador** (solicitor's fee), **honorarios del letrado** (counsel's fee, legal fees, profits costs)].

honrado *a*: honest, honorable, reliable. *Cf* honesto.

horario *n*: timetable, schedule. [Exp: **horario de negocios, de oficina o de trabajo** (business hours, working hours; S. *jornada laboral*), **horas de contratación bursátil** (market hours), **horas extraordinarias no programadas** (unscheduled overtime)].

horca *n*: gallows.

hostigamiento *n*: harassment. [Exp: **hostigar** (plague, assault, harass; S. *provocar, meterse con*)].

hostil *a*: hostile, adverse. [Exp: **hostility** (enmity, hostility)]. *Cf* enemistad manifiesta.

huelga *n*: strike. [Exp: **huelga autorizada** (legal strike), **huelga de brazos caídos o cruzados** (sit-down strike; S. *sentada*), **huelga de celo** (work-to-rule strike), **huelga de solidaridad o de apoyo** (sympathetic strike), **huelga general** (general strike), **huelga no oficial o salvaje** (wildcat strike; S. *huelga salvaje*), **huelga no autorizada** (illegal strike), **huelga para reconocimiento del gremio** (recognition strike), **huelguistas** (strikers), **en huelga** (on strike)]. *Cf* declararse en huelga.

huella *n*: trace. [Exp: **huella de pisada** (footprint), **huellas dactilares o digitales** (fingerprints, blue prints, dabs, *col*)]. *Cf* vestigio, señal, rastro.

huida *n*: escape. *Cf* evasión, escape.

huir *v*: escape, run away. *Cf* escapar.

humanitario *a*: humane, humanitarism.

hundimiento *n*: sinking, collapse, heavy fall, sharp drop. *Cf* derrumbamiento, colapso.

hundirse *v*: sink, collapse. *Cf* irse a pique, derrumbarse.

hurtar *v*: steal, pilfer, purloin, make away with, plagiarize, lift (*fam*); abstract. [Exp: **hurto** (larceny, petty theft; S. *robo, sustracción*), **hurto de cabezas de ganado** (abaction; rustling; S. *cuatrería, abigeato*), **hurto de cosas de poco valor** (petty larceny), **hurto de información contenida en ordenadores** (hacking), **hurto implícito** (constructive larceny), **hurto mayor** (grand larceny), **hurto o ratería de tiendas** (shoplifting)]. *Cf* sustraer, robar.

I

IAE *n*: S. *impuesto de actividades económicas.*
ianotipo *n*: blueprint. *Cf* copia heliográfica.
IBI *n*: S. *impuesto sobre/de bienes inmuebles.*
identidad *n*: identity. [Exp: **identidad de litigios, de las partes,** etc. (identity of suits/causes of action, of parties, etc.), **ser idéntico** (be identical, be/run/stand on all fours, *col*; S. *estar en armonía, concordar*)].
identificación *n*: identification. [Exp: **identificación a efectos de seguridad** (clearance; S. *acreditación*), **identificación de cadáver** (identification of a body), **identificación positiva o sin confusión posible** (positive identification), **identificar** (identify)].
idóneo *a*: suitable, fit. [Exp: **idoneidad** (suitability, fitness)]. *Cf* apto, capacitado.
ignominia *n*: ignominy, disgrace, dishonour. *Cf* deshonra, deshonor.
ignorancia *n*: ignorance. [Exp: **ignorar** (be unaware of, be ignorant of), **la ignorancia de la ley no exime de su cumplimiento** (ignorance of the law is no defence)].
igual *a*: equal, similar, the same.
igualdad *n*: equality. [Exp: **en igualdad de condiciones** (on an equal footing/basis, in the same circumstances), **igualdad ante la ley** (equal protection of the law), **igualitario** (equitable; S. *justo, imparcial, equitativo*)].
ilegal *a*: illegal, unlawful, lawless, disorderly; undue. [Exp: **ilegalidad** (illegality, lawlessness, unlawfulness; S. *ilicitud, desorden, desobediencia*), **ilegalmente** (wrongfully)]. *Cf* ilícito, injusto.

ilegítimo *a*: illegitimate, illegal.
ileso *a*: safe, undamaged. *Cf* indemne, intacto.
ilicitud *n*: lawlessness, illegality. [Exp: **ilícito** (unlawful, illicit; disorderly; S. *ilegal, contrario a la ley*), **ilícito civil** (tort, civil wrong, act of trespass), **ilícitamente** (unduly, illegally; S. *indebidamente*)]. *Cf* ilegalidad, violación del ordenamiento.
ilimitado *a*: unlimited, unrestricted.
ilíquido *a*: unadjusted, unliquidated, illiquid. *Cf* no ajustado, pendiente.
ilocalizable *a*: whose whereabouts are unknown, beyond the seas. *Cf* fuera del país, en el extranjero.
ilustración obligatoria al detenido acerca de sus derechos *n*: caution. *Cf* prevenir al detenido de sus derechos.
imbecilidad *n*: imbecility. *Cf* retraso intelectual.
imitar *v*: imitate, counterfeit. [Exp: **imitado** (bogus; S. *falso, espurio*)].
imagen *n*: S. *derecho a la propia imagen.*
impagado *a*: unpaid. [Exp: **impagados** (bad debts; S. *fallidos, deudas incobrables*), **impago** (non payment, failure to pay; S. *falta de pago*)]. *Cf* en descubierto.
imparcial *a*: fair, unprejudiced, evenhanded, impartial; equitable. [Exp: **imparcialidad** (impartiality, evenness; S. *equidad*)]. *Cf* justo, equitativo.
impedido *a*: disabled; disqualified, handicapped. *Cf* discapacitado.
impedimento *n*: impediment, hindrance, encumbrance, obstacle, handicap, disability;

estoppel, bar; encumbrance. [Exp: **impedimento absoluto** (absolute impediment), **impedimento colateral** (collateral estoppel), **impedimento de/por escritura** (estoppel by deed), **impedimento de/por registro público** (estoppel by record or by judgment), **impedimento dirimente** (canonical disability, diriment impediment), **impedimento impediente** (prohibitive impediment), **impedimento legal** (estoppel, bar; disablement, legal impediment), **impedimento personal** (estoppel, personal bar, *Scot*), **impedimento por contradicción con manifestaciones o comportamientos anteriores** (estoppel by conduct), **impedimento por creación de derecho de propiedad** (proprietary estoppel), **impedimento por falta de declaración** (estoppel by silence), **impedimento por hechos externos** (estoppel in pais or by conduct), **impedimento por negligencia** (estoppel by laches), **impedimento por promesa** (promissory estoppel), **impedimento por tergiversación** (estoppel by representation), **impedimentos matrimoniales por razón de parentesco, consanguinidad, adopción, afinidad,** etc. (prohibited degrees of relationships; S. *impedimento dirimente e impediente*)]. *Cf* traba, cortapisa, obstáculo; afectación, servidumbre, gravamen, carga.

impedir *v*: prevent, obstruct, bar, withhold, stop, preclude, hinder; estop; disable, handicap. *Cf* prohibir, obstaculizar.

impensas *n*: cost of repairs, upkeep, etc. maintenance expenses.

imperante *n*: prevailing. *Cf* reinante, corriente, extendido, preponderante, común, generalizado.

imperativo legal *n*: legal requirement, mandate.

imperdonable *a*: wanton. *Cf* injustificable, insensible.

imperfecto *a*: defective, faulty. [Exp: **imperfección del título** (cloud on title; S. *título insuficiente*)]. *Cf* con defecto de forma, defectuoso.

imperio de la ley *n*: rule of law.

impertinente *a*: immaterial, irrelevant. [Exp:

impertinencia (irrelevancy)]. *Cf* ajeno al caso, inoportuno.

impignorable *a*: not-pledgeable.

implantar *v*: establish. [Exp: **implantación** (establishment)]. *Cf* adoptar, establecer.

implicar *v*: entail, involve, implicate. *Cf* entrañar, traer consigo.

implícito *a*: implicit, implied; constructive, tacit. *Cf* tácito, sobreentendido, virtual.

imponer *v*: charge; enforce; levy, impose assess, carry; lay. [Exp: **imponer la obligación de** (bind over), **imponer tributos** (impose taxes; S. *gravar*), **imponer un criterio** (carry a point), **imponer una multa** (impose a fine), **imponer una pena** (give/pass/impose a sentence), **imponibilidad** (taxability), **imponible** (assessable, excisable, dutiable, leviable, taxable, subject to tax/duty; S. *gravable, tributable, sujeto a contribución o exacción*)]. *Cf* aplicar, ejecutar, hacer cumplir, forzar.

importante *a*: important, material, substantial; large, considerable. *Cf* influyente, esencial, apreciable, físico.

importe *n*: amount, sum. [Exp: **importe o valor nominal** (face, face amount), **importe de la sentencia sin interés** (face of judgment)].

importunar *n*: importune, pester, ply with questions. *Cf* entrometerse.

imposible *a*: impossible. [Exp: **imposibilidad** (impossibility; inability, incapacity), **imposibilidad material** (physical impossibility), **imposibilitar** (disable, incapacitate; prevent, preclude, make impossible), **imposibilitado** (disabled person; S. *incapaz, impotente, discapacitado*)]. *Cf* impedir.

imposición *n*: taxation, levy; deposit. [Exp: **imposición a plazo** (time deposit, fixed term deposit; S. *cuenta a plazo fijo*), **imposición cumulativa en cascada** (cumulative multi-stage tax), **imposición de costas** (taxation of costs), **imposición o tributación directa** (direct tax, direct taxation), **impositor** (depositor; S. *depositante*)]. *Cf* tasación, fijación de impuestos, tributación.

impostor *n*: deceiver, impostor. [Exp: **impostura** (imposture, deceit, false imputation, calumny; circumvention; S. *trampa, embrollo, engaño, fraude, dolo*)]. *Cf* engañador.

impotencia *n*: impotence. [Exp: **impotente** (impotent, unable; S. *imposibilitado, incapaz*)].

impremeditado *a*: unpremeditated.

impreso *n*: form; printed matter. [Exp: **impreso de ingreso** (pay-in slip), **impreso de representación** (proxy form), **impreso de solicitud** (application form), **impresos** (printed matter)]. *Cf* formulario de solicitud.

imprevisión *n*: lack of foresight, unwariness; thoughtlessness; negligence. [Exp: **imprevisión profunda** (gross negligence), **imprevisto** (unforeseen), **imprevistos** (unforeseen circumstances or expenses)]. *Cf* falta de previsión, imprudencia.

ímprobo *a*: dishonest; arduous, strenuous. [Exp: **improbidad** (dishonesty)].

improcedente *a*: inapplicable, inappropriate; wrong, unfair, inadmissible, contrary to correct procedure. [Exp: **improcedencia** (lack of relevancy, illegality)].

impropio *n*: unbecoming. *Cf* indecoroso, inmoral.

improrrogable *n*: non renewable, not extendible.

improvisar *v*: improvise; think on one's feet; make shift. [Exp: **de improviso** (unawares; S. *inopinado*), **improvisación** (improvisation), **improvisado** (makeshift, provisional)].

imprudencia *n*: negligence; unwariness, carelessness. [Exp: **imprudencia negligente, concurrente o contribuyente** (contributory or concurrent negligence; S. *negligencia concurrente, negligencia culpable*), **imprudencia o negligencia simple** (simple/slight negligence; S. *ausencia de precaución*), **imprudencia simple con infracción de reglamentos** (mere negligence not involving infringement of rules; S. *conducta descuidada, imprevisión profunda*), **imprudencia temeraria** (reckless negligence, active negligence, recklessness, gross negligence), **imprudencia temeraria con resultado de muerte** (culpable homicide; involuntary manslaughter, causing death by reckless driving; S. *homicidio involuntario*)].

Cf omisión o falta de previsibilidad o de diligencia debida, culpa, negligencia.

imprudente *a*: careless, negligent, imprudent, indiscreet, rash, unwise, reckless. *Cf* temerario.

impúber *n*: minor, underage, below the age of puberty, below marriageable age.

impúdico *a*: obscene, bawdy. *Cf* escandaloso, indecente, procaz, grosero.

impuesto *n*: tax, levy; rate, duty, assessment. [Exp: **impuesto a cuenta** (pay-as-you-earn, PAYE; S. *retención en la fuente de la renta*), **impuesto al consumo** (consumption tax, excise tax), **impuesto arancelario** (customs duties), **impuesto básico** (normal tax), **impuesto de actividades económicas, IAE** (tax on commercial and professional activities; trading licence), **impuesto de circulación** (vehicle tax; S. *sacar el impuesto de circulación*), **impuesto de patrimonio** (capital gains tax, property increment tax; S. *impuesto de plusvalía o sobre incremento de valor*), **impuesto de plusvalía** (local tax on increased value of real estate), **impuesto de sociedades** (corporation tax, company tax, corporate income tax), **impuesto de sucesiones** (death duties, inheritance tax; probate duty), **impuesto de timbre en las operaciones de Bolsa** (transfer tax, *Amer*), **impuesto de vehículos rodados** (road tax), **impuesto en cascada** (S. *imposición cumulativa en cascada*), **impuesto hipotecario** (tax on mortgage), **impuesto local o municipal** (rates, community charge, poll tax, local rate; S. *capitación*), **impuesto pagado en la fuente o en origen** (tax at source), **impuesto por cabeza** (capitation, poll tax; S. *capitación*), **impuesto progresivo** (progressive tax), **impuesto repercutido** (rebound tax), **impuesto retenido** (tax retained, tax withheld), **impuesto sobre adquisiciones** (accession tax; S. *impuesto sobre herencias y donaciones acumuladas*), **impuesto sobre beneficios extraordinarios** (excess-profit tax), **impuesto sobre/de bienes inmuebles, IBI** (rates, real estate tax, *Amer*), **impuesto sobre bienes raíces** (real estate tax; S. *contribución inmobiliaria*), **impuesto sobre**

consumos específicos (excise duty; S. *tasa o derecho arancelario*), **impuesto sobre consumos o ventas** (excise tax; S. *arbitrios*), **impuesto sobre beneficios extraordinarios** (excess-profits tax), **impuesto sobre donaciones o sobre transferencias a título gratuito** (gift tax), **impuesto sobre el consumo** (excise), **impuesto sobre el patrimonio** (capital gains tax), **impuesto sobre el valor añadido, IVA** (value added tax, VAT), **impuesto sobre herencias y donaciones acumuladas** (accession tax; S. *impuesto sobre adquisiciones*), **impuesto sobre la renta de las personas físicas, IRPF** (income tax), **impuesto sobre las entradas a espectáculos** (admissions tax), **impuesto sobre las ventas** (sales tax), **impuesto sobre los ingresos brutos o sobre el volumen de contratación** (turnover tax), **impuesto sobre las rentas del trabajo** (payroll tax), **impuesto sobre sucesiones** (inheritance tax, estate duty, capital transfer tax, CTT), **impuesto sobre trabajo personal, IRTP** (pay-as-you-earn, PAYE), **impuesto sobre transmisiones** (transfer tax), **impuesto sobre transmisiones patrimoniales y actos jurídicos documentados** (transfer tax and stamp duty), **impuestos acumulados** (tax accruals), **impuestos afectados o finalistas** (earmarked taxes)]. *Cf* contribución.

impugnabilidad *n*: legal vulnerability, exceptionableness. [Exp: **impugnable** (open to appeal, exceptionable, refutable, legally vulnerable; S. *opinable, recusable*), **impugnación** (objection, contest, challenge, exception, disproof, legal attack, refutation, contradiction; S. *objeción, recusación, excepción*), **impugnador** (objector, challenger; S. *recusante, objetor*), **impugnar** (dispute, challenge, oppose, impugn, contest, oppose, take exception, note), **impugnar una herencia** (dispute an inheritance), **impugnar una sentencia** (dispute/contest a judgment, appeal against a decision or sentence)]. *Cf* recusabilidad.

impulsar *v*: move; drive, urge, impel. [Exp: **impulsión procesal** (S. *principio de impulsión procesal*), **impulso** (impulse, urge,

development), **impulso de parte** (instance of one party to the action), **impulso incontenible o incontrolable** (uncontrollable impulse; S. *obcecación, arrebato, emoción violenta*), **impulso procesal** (expediting of a court action)]. *Cf* promover.

impune *a*: unpunished, scot-free. *Cf* salir impune.

imputar[1] *v*: credit on account, impute. [Exp: **imputación de costes** (cost allocation), **imputación de pagos** (allocation of payments, appropriation of payments)].

imputar[2] *v*: charge, accuse, impute. [Exp: **imputable** (chargeable, imputable; attributable; responsible), **imputabilidad** (imputability, attributability), **imputación** (charge, accusation, count of an indictment; S. *cargo, alegación, denuncia, acusación*), **imputaciones alternativas expresadas en el acta de acusación** (counts framed in the alternative), **imputado** (suspect, accused, charged; S. *inculpado, procesado, encausado*)]. *Cf* inculpar, delatar, denunciar.

in fraganti *phr*: flagrant delicto, red-handed, in the very act. *Cf* con la manos en la masa.

in- *prefijo*: un-, in-, im-, dis-, etc.

inabrogable *a*: not annullable, indefeasible.

inacabado *a*: unfinished, unaccomplished, incomplete. *Cf* incompleto.

inacción *n*: inaction, omission, failure to act, abeyance. [Exp: **inacción transitoria** (abeyance; S. *expectativa de reversión*)].

inactivo *a*: inactive, in abeyance, dead, dormant, sleeping. *Cf* latente, sin movimiento, sin valor.

inadmisible *n*: unallowable, inadmissible.

inadmisión *n*: nonadmission, rejection. *Cf* rechazo, no admisión.

inajenable/inalienable *a*: unalienable, nonforfeitable. *Cf* inconfiscable, indecomisable.

inalterado *a*: unaltered; intact; unimpaired. *Cf* intacto.

inapelable *a*: unappealable; intact. *Cf* intacto.

inaplazable *a*: urgent, not postponable, requiring immediate attention, that brooks no delay; without further loss of time. *Cf* perentorio, ineludible.

inasistencia *n*: nonattendance, absence; failure to attend, show or appear.

inatacable *a*: incontestable, unassailable, irrefutable. *Cf* inexpugnable, irrefutable.

inaugural *a*: inaugural, opening. *Cf* apertura, inicial.

incaducable *a*: nonforfeitable.

incapacidad *n*: disability, incapacity, incompetence; nullity. [Exp: **incapacidad absoluta/permanente y absoluta** (total disability; S. *invalidez absoluta, inhabilitación total, inutilidad física total*), **incapacidad absoluta permanente** (permanent total disability), **incapacidad absoluta temporal** (temporary total disability), **incapacidad física** (disablement), **incapacidad jurídica, legal o procesal** (legal disability/incapacity, civil disability, lack of legal capacity, diminished capacity, *Amer*; S. *inhabilitación*), **incapacidad laboral transitoria** (temporary unfitness for work, disability; S. *prestaciones por incapacidad laboral transitoria*), **incapacidad mental** (mental incapacity/incompetency), **incapacidad no especificada en la ley** (non-scheduled disability), **incapacidad parcial permanente** (permanent partial disability), **incapacidad parcial temporal/transitoria** (temporary partial disability)]. *Cf* invalidez, inhabilitación.

incapacitar *v*: disable, disqualify, incapacitate. [Exp: **incapacitado** (disqualified, under a disability; disabled, legally incompetent; S. *inhabilitado, incompetente*), **incapaz** (unable, unfit, incompetent, not qualified), **incapaz de defenderse** (unfit to plead)]. *Cf* impotente, imposibilitado.

incautación *n*: attachment, seizure; capture. [Exp: **incautación de bienes y notificación a los acreedores** (warrant in bankruptcy), **incautar** (seize, sequestrate, attach, confiscate, appropriate, impound; S. *embargar, secuestrar*)]. *Cf* decomiso, embargo, secuestro, confiscación.

incendiar *v*: set fire to, set on fire, set alight. [Exp: **incendiario** (arsonist), **incendio doloso, intencional o provocado** (arson), **incendio** (fire)]. *Cf* prender fuego.

incesto *n*: incest.

incidental *a*: incidental, accidental, accessory, collateral. *Cf* colateral, secundario.

incidente *n*: incident, occurrence; plea. [Exp: **incidente de nulidad** (motion for dismissal), **incidente de oposición** (exception), **incidente de pobreza** (plea of poverty, request for legal aid), **incidentes de previo pronunciamiento** (plea/motion/request for declaratory judgment, peremptory plea, questions to be settled before trial can proceed; S. *artículos de previo pronunciamiento*; *excepción previa, prejudicial, de previo pronunciamiento*)].

incierto *a*: unwarranted, untrue; unsure, uncertain.

inciso *n*: subsection, subparagraph, clause. [Exp: **un inciso/a modo de inciso** (by the way, in passing)].

incitación *n*: abetment, abettal, incitement, solicitation, setting on. [Exp: **incitación a la corrupción** (soliciting; S. *tentativa de corrupción*), **incitación a matar** (incitement to kill/commit murder), **incitador** (egger on, enticer, abetter/abettor; S. *instigador*), **incitar** *v*: move, entice, persuade, set on; S. *instigar, impulsar, promover*), **incitar a la sedición** (move to sedition), **incitar al mal** (abet)]. *Cf* inducción, autoría intelectual, instigación, tentativa de corrupción.

inclinar *v*: bias, incline. *Cf* predisponer, sesgar.

incluir *v*: include, enclose. [Exp: **incluir en el orden del día** (put down on the agenda)].

inclusa *n*: orphanage; home for foundlings.

incoacción *n*: commencement, opening, initiation. [Exp: **incoar** (commence, enter; file), **incoar/abrir (un) expediente** (institute proceedings, bring disciplinary proceedings, open a file), **incoar una causa criminal** (commence legal proceedings, indict, prosecute; S. *instruir un proceso*), **incoar una demanda o acción judicial contra alguien** (bring an action, a case, a prosecution, proceedings, a suit against somebody, commence a suit; S. *entablar proceso o pleito*)].

incobrable *a*: uncollectible, irrecoverable, noncollectible; bad (debt, etc.).

incoherencia *n*: incoherence, inconsistency, repugnancy, groundlessness. *Cf* contradicción, incongruencia.

incombustible *a*: fire-proof.

incomparecencia *n*: failure to appear, absence, nonappearance, default. [Exp: **incomparecencia no justificada** (failure to appear; absence without leave, AWOL; S. *ausencia no justificada*), **incompareciente** (defaulting; defaulter)]. *Cf* ausencia, rebeldía, contumacia.

incompetencia *n*: incompetence; incompetency. [Exp: **incompetencia en la administración** (maladministration), **incompetente** (unfit, unqualified, not qualified, incompetent; S. *incapaz*)].

incompleto *a*: incomplete, partial, unaccomplished. *Cf* inacabado.

incomunicación *n*: isolation, solitary confinement, incommunication. [Exp: **incomunicado** (incommunicado, in isolation, solitary confinement, cut-off)].

inconcluso *a*: unexpired, unfinished. *Cf* no cumplido, no vencido.

incondicional *a*: unconditional, absolute, complete, final. *Cf* categórico, tajante, definitivo, firme.

inconfeso *a*: unacknowledged; accused, suspect who makes no plea or declaration, or denies the charges.

inconfiscable *n*: non-forfeitable. *Cf* indecomisable, inalienable, no sujeto a pérdida.

inconforme *a*: dissenting. [Exp: **inconformidad** (dissent, disagreement, disapprobation, disapproval; S. *desaprobación, censura, reprobación, disconformidad*)].

incongruencia *n*: incongruousness, incongruence, incongruity. *Cf* incoherencia.

inconsecuente *a*: inconsistent; inconsequential. [Exp: **inconsecuencia** (inconsistency; inconsequentiality)].

inconstitucional *a*: unconstitutional. *Cf* anticonstitucional.

incontestable *a*: incontestable, unanswerable, undisputable, undeniable. *Cf* irreprochable, irrecusable, indisputable.

incontrovertible *a*: incontrovertible, unanswerable, indisputable. *Cf* irrefutable, incontestable.

incorporación *n*: incorporation, merger. [Exp: **incorporación de modo inseparable** (accession; S. *accesión*), **incorporación de reservas** (capitalization of reserves)]. *Cf* unión, fusión.

incorporar *v*: incorporate, merge, absorb; bring in; co-opt. [Exp: **incorporar como anexo** (annex)].

incorrecto *a*: wrong, incorrect; inaccurate; improper; unseemly. [Exp: **incorrección** (reprehensibleness)].

incorrupto *a*: uncorrupted. *Cf* honesto.

incrementar *v*: accrue; increase, raise, grow. [Exp: **incremento del patrimonio** (capital gains; S. *plusvalías de capital, ganancias de capital*), **incremento del precio** (markup; S. *aumento del margen comercial*), **incremento patrimonial sujeto a contribución** (chargeable gain)]. *Cf* devengar, acumular.

incriminar *v*: incriminate, accuse.

incruento *a*: bloodless, without bloodshed, without a shot being fired.

inculpabilidad *n*: innocence; verdict of not guilty. [Exp: **inculpado** (accused, defendant; S. *imputado, acusado, procesado*), **inculpar** (accuse, charge, incriminate), **inculparse** (confess to a crime, plead guilty)].

incumbencia *n*: incumbency, duty, obligation; responsibility, liability; field, province. [Exp: **incumbir** (be incumbent on), **le incumbe a él** (the onus is upon him)]. *Cf* obligación, responsabilidad, deber.

incumplimiento *n*: failure, failure to complete/perform, breach, non-compliance, nonfeasance, non-fulfillment, non observance, non-performance. [Exp: **incumplido** (unfulfilled; S. *no ejecutado*), **incumplimiento de contrato/cláusula/condición,** etc. (breach of contract/covenant/condition, etc.), **incumplimiento de la entrega prometida** (non-delivery), **incumplimiento de un pago** (dishonour/default of a payment), **incumplimiento de un trámite o formalidad** (non-observance of a formality), **incumplimiento**

del deber asignado a funcionario (neglect of official duty, false return), **incumplir** (fail to perform, fail to fulfill, default, be in default; breach; break the law, entrench, default; be in default; S. *infringir o vulnerar normas, etc.*), **incumplir un pago, contrato o estipulación** (dishonour a cheque/bill of exchange/condition, default on)]. *Cf* falta de cumplimiento, inobservancia, omisión, negligencia.

incuria *n*: negligence, carelessness.

incurrir *v*: incur; commit. [Exp: **incurrir en una falta o delito** (commit a crime), **incurrir en mora** (become delinquent on a debt), **incurrir en multa** (incur a penalty), **incurrir en perjurio** (commit perjury, oath-breaking; S. *quebrantar un juramento*), **incurrir en responsabilidad** (incur responsibility, become liable), **incurrir en soborno** (compound an offence, commit bribery)].

indagar *v*: investigate, enquire, examine, ascertain. [Exp: **indagación** (examination, enquiry/inquiry, requisition; S. *investigación, exploración*)].

indagatoria *n*: inquest, preliminary investigation or inquiry; magistrate's first examination of the accused. [Exp: **indagatoria del forense** (coroner's inquest)].

indebidamente *adv*: improperly, wrongfully, illegally, unlawfully. [Exp: **indebido** (undue, wrongful, improper, unlawful, illegal)]. *Cf* ilícitamente.

indecente *a*: obscene, indecent. *Cf* procaz, grosero, pornográfico.

indeclinable *a*: unwaivable, unavoidable; that cannot be refused.

indecomisable *a*: non-forfeitable. *Cf* inalienable, inconfiscable, no sujeto a pérdida,

indecoroso *a*: indecorous, unseemly, indelicate. *Cf* inmoral, impropio.

indefensión *n*: defencelessness, lack of proper defence. [Exp: **indefenso** (defenceless, without a defence, with no proper legal representation)].

indemne *a*: undamaged; safe, unharmed. [Exp: **indemnidad** (indemnity)]. *Cf* intacto, ileso.

indemnización *n*: indemnification; indemnity, compensation, benefit, damages, benefit. [Exp: **indemnizable** (recoverable; S. *recobrable, recuperable*), **indemnización a tanto alzado** (lump sum settlement), **indemnización adicional por daños morales** (aggravated damages), **indemnización apropiada** (due compensation; S. *justa remuneración*), **indemnización compensatoria por daños directos, generales o efectivamente causados** (actual damages, general damages, compensatory damages), **indemnización de daños y perjuicios por incumplimiento de contrato** (damages in contract/damages for breach of contract), **indemnización de daños y perjuicios por ilícito civil o por agravio** (damages in tort), **indemnización doble por muerte accidental** (double indemnity), **indemnización por accidente** (accident benefit/compensation), **indemnización por baja laboral o enfermedad** (statutory sick pay, SSP), **indemnización por daños morales** (compensation for suffering distress, bereavement, etc.; S. *daños morales*), **indemnización por daños y perjuicios fijada en la sentencia o en el contrato** (liquidated damages), **indemnización por daños y perjuicios no cuantificada** (unliquidated damages), **indemnización por despido** (dismissal indemnity, redundancy payment, severance pay), **indemnización por fallecimiento del asegurado** (compensation for death of the insured), **indemnización por muerte en acto de servicio** (death in the line of duty), **indemnización por expropiación** (compensation for compulsory acquisition; land damages), **indemnización sustitutoria de la prestación pactada y no cumplida** (damages in lieu), **indemnizaciones por traslado** (resettlement allowances)]. *Cf* reparación, retribución, remuneración, desagravio, compensación.

indemnizar *v*: indemnify, compensate. [Exp: **indemnizado** (indemnitee), **indemnizador** (indemnitor), **indemnizar o compensar daños, etc.** (compensate for damage/make good damages)]. *Cf* reparar, gratificar, satisfacer.

indeseable *a*: undesirable.

indicado *a*: right, proper, suitable, likely. *Cf* pertinente.

indicador *n*: pointer, indicator.

índice *n*: index, ratio, rate. [Exp: **índice de cobros** (ratio of collection), **índice de cotización** (exchange rate; S. *tipo de cambio*), **índice de materias** (table of contents), **índice de precios al consumo, IPC** (retail price index, CPI), **índice de referencia** (call number), **índice de rendimiento o beneficio** (rate of return), **índice de solvencia** (current ratio), **índice o tasa de mortalidad** (death rate/toll), **índice o tasa de natalidad** (birth rate)]. *Cf* coeficiente, tasa, grado.

indicio(s) *n*: indicia, indication, clue evidence, token. [Exp: **indicio claro o indudable** (clear/conclusive/irrebuttable evidence; S. *sospecha fundada o indudable, presunción absoluta*), **indicio dudoso** (rebuttable/disputable/inconclusive evidence), **indicio inculpatorio** (evidence against somebody, evidence pointing to somebody's guilt), **indicio leve** (light presumption, rash presumption), **indicio vehemente** (strong evidence), **indicios de fraude** (evidence/badges of fraud), **indicios racionales de criminalidad** (prima facie case, case, sufficient case, reasonable evidence, legally sufficient evidence), **indicios razonables pero no concluyentes** (prima facie evidence)]. *Cf* prueba circunstancial o indiciaria, conjetura fundada en la probabilidad.

indiferencia *n*: carelessness, indifference. *Cf* descuido.

indigencia *n*: indigence, poverty. [Exp: **indigente** (destitute; S. *desvalido*)]. *Cf* pobreza.

indignidad *n*: unworthiness, indignity.

indirecto *a*: indirect, remote.

indiscutible *a*: indisputable, unquestionable, irrebuttable.

indispensable *a*: necessary, essential, indispensable.

indisputable *n*: indisputable, incontestable, non contestable. *Cf* incontestable.

individual *a*: individual, personal, sole. *Cf* personal, particular, privado.

indivisibilidad del contrato *n*: entirety of contract.

indivisible *a*: entire. *Cf* entero.

indiviso *a*: undivided.

inducción *n*: abetment, aiding and abetting, inducement, enticement, [Exp: **inducción al asesinato** (persuading to murder), **inducción dolosa a la comisión de un delito** (entrapment), **inducir** (discounsel, abet; S. *disuadir*), **inductor** (abetter, abettor)]. *Cf* autoría intelectual.

indulgente *a*: lenient, permissive. *Cf* permisivo, tolerante.

indultar *v*: pardon. [Exp: **indulto** (pardon, free pardon, clemency; S. *medida de gracia*), **indulto incondicional** (absolute pardon)]. *Cf* amnistiar, perdonar.

industria transformadora *n*: processing industry.

inédito *a*: unpublished; new, original.

ineficacia *n*: inefficiency, ineffectiveness, inefficacy. [Exp: **ineficaz** (ineffective, invalid, inoperative)].

ineludible *a*: unescapable, imperative, unavoidable. *Cf* inaplazable.

inembargable *a*: unattachable.

ineptitud *n*: incompetence, ineptitude. [Exp: **inepto** (incompetent, unfit, incapable)]. *Cf* carencia de valor, falta de eficacia.

inequívoco *a*: unequivocal, unambiguous, express. *Cf* claro

inexacto *a*: untrue, incorrect; inaccurate. *Cf* falso, engañoso.

inexcusable *n*: obligatory, necessary, essential; unforgivable, inexcusable.

inexistencia *n*: non-existence; absolute nullity. *Cf* nulidad radical, nulidad absoluta.

inexpugnable *a*: unassailable. *Cf* irrefutable, inatacable.

infalsificable *a*: forgery-proof.

infamación *n*: slander, defamation. [Exp: **infamador** (slanderer, asperser; S. *calumniador*), **infamar** (slander, defame), **infamatorio** (slanderous; S. *calumnioso, injurioso*)].

infame *a*: infamous, corrupt, base. [Exp: **infamia** (turpitude; S. *bajeza moral*)]. *Cf* despreciable, corrupto.

infanticidio *n*: infanticide. [Exp: **infanticida** (child-killer, child-slayer, infanticide)].

inferencia *n*: inference, deduction, presumption. [Exp: **inferencia natural o lógica** (natural/logical presumption)].

inferior *a*: inferior; substandard. *Cf* defectuoso.

inferir *v*: infer; cause, lead to; inflict. [Exp: **inferir daños y perjuicios** (cause damages; S. *infligir*)].

infidelidad *n*: infidelity, breach of trust, disloyalty. [Exp: **infidelidad en la custodia de documentos** (breach of trust in the custody of public records), **infidelidad en la custodia de presos** (gross negligence/breach of trust in the custody of prisoners)]. *Cf* deslealtad.

infidencia o infidelidad *n*: misfeasance. [Exp: **infidente** (disloyal)].

infiel *a*: unfaithful. *Cf* pérfido, desleal, traidor.

inflación *n*: inflation. [Exp: **inflación subyacente** (hidden inflation)].

inflexible *a*: inflexible, adamant. *Cf* inflexible, duro.

infligir *v*: inflict, impose. [Exp: **infligir un castigo** (inflict/impose a penalty/punishment), **infligir daño** (cause harm), **infligir una ofensa** (offend)].

influencia *n*: influencia; effect. [Exp: **influencia indebida** (undue influence; S. *intimidación, tráfico de influencias*), **influyente** (influential)].

información *n*: information, report, account. [Exp: **información delicada o confidencial** (sensitive/confidential information), **información falsa o equivocada** (misinformation, disinformation; misstatement; false statement; S. *tergiversación, error*), **información general** (background), **información privilegiada que afecta a la cotización de valores** (price-sensitive information; insider trading), **informante** (reporter, informer; S. *delator*), **informar** (inform, advise, report, state, acquaint; S. *avisar, notificar*)].

informal *a*: informal; unreliable.

informe *n*: report; statement; record; notice; account; return. [Exp: **informe de auditoría** (audit report), **informe de gestión** (management report), **informe detallado** (survey), **informe para solicitud de trabajo** (reference), **informe preliminar** (preliminary report), **informe sobre accidente** (accident report; S. *denuncia o parte de un accidente*), **informe sobre la marcha de los trabajos** (progress report)]. *Cf* estudio.

infracción *n*: crime, offence; breach, contravention; infringement, violation; petty/minor offence, violence, breach of regulation; infringement of bye-laws, statute, duty, etc. [Exp: **infracción de las normas de convivencia civilizada** (nuisance), **infracción de ley** (lawbreaking; S. *recursos por infracción de ley*), **infracción de una norma** (infringement of a norm/bye-law, etc.), **infracción simple/grave** (minor/serious violation), **infractor** (petty offender, lawbreaker, transgressor, violator)]. *Cf* delito, falta, contravención.

infrascrito *a/n*: undersigned. *Cf* suscrito, abajo firmante.

infraseguro *n*: underinsurance.

infravalorar *v*: undervalue, underrate, underestimate. *Cf* subestimar.

infringir *v*: infringe, break, violate, contravene. [Exp: **infringir la ley, las normas,** etc. (break the law, act contrary to), **infringir la ley por exceso** (act ultra vires; S. *excederse en el uso de sus atribuciones*)]. *Cf* violar, vulnerar, contravenir, incumplir, transgredir.

infructuoso *a*: unsuccessful.

infundado *a*: baseless, groundless, unfounded, ungrounded, unsubstantiated, causeless, false. *Cf* sin fundamento/causa/motivo o razón.

ingresar *v*: deposit, pay in; join, become a member; be taken to/admitted to (jail, hospital, etc.). [Exp: **ingresar en cuenta** (bank; S. *depositar en el banco*), **ingresar en la cárcel** (be imprisoned, be sent to prison), **ingresar cadáver** (be dead on arrival at hospital, DOA)]. *Cf* depositar, consignar.

ingreso *n*: deposit; income; takings; revenue; entrance, admission, accession. [Exp: **ingreso a cuenta** (deposit), **ingreso en el colegio de**

abogados (admission/call to the Bar), **ingreso en prisión** (imprisonment), **ingresos** (earned income, earnings, revenue, takings), **ingresos de explotación** (operating income), **ingresos devengados** (earned income; S. *renta salarial*), **ingresos suplementarios** (fringe benefits), **ingresos y gastos** (revenue and expenditure)].

inhábil *a*: unqualified, incompetent. [Exp: **inhabilidad** (legal incapacity, incompetence, disability, incompetency)].

inhabilitación *n*: disability, disablement, disqualification. [Exp: **inhabilitación absoluta** (absolute disability or disqualification), **inhabilitación especial** (specific/particular disability or disqualification), **inhabilitación perpetua** (civil death), **inhabilitación total** (total disability; S. *inutilidad física total, incapacidad o invalidez absoluta*), **inhabilitado** (disqualified, under a disability), **inhabilitado para cargos públicos** (barred from public office), **inhabilitar** (disqualify; S. *descalificar*), **inhabilitar para el ejercicio de la abogacía** (disbar; S. *expulsar del colegio de abogados*)]. *Cf* descalificación, incapacidad legal o procesal.

inherente (a) *a*: inherent (in), attached (to).

inhibición *n*: inhibition, abstention, prohibition. [Exp: **inhibir** (restrain, stay; inhibit), **inhibirse** (abstain, waive, stand down, pass a case on; S. *abstenerse, no hacer uso de, dispensar, pasar por alto*), **inhibitoria** (writ of prohibition, restraining order; writ of waiver whereby a judge stands down, passes a case on or acknowledges the prior or superior jurisdiction of another judge or court)].

inhumación ilegal *n*: illegal burial/disinterment.

inhumanidad *n*: cruelty. [Exp: **inhumano** (cruel, cold-blooded; S. *a sangre fría*)].

inicial *a/n*: original, opening. *Cf* original.

iniciar *v*: initiate; begin, start, originate; file. [Exp: **iniciar acciones judiciales** (serve proceedings, bring an action; S. *entablar un proceso judicial, presentar una demanda, querellarse*), **iniciar la sesión** (open court, open a case)]. *Cf* elevar, instar, formular.

iniciativa *n*: initiative; lead motion, move. [Exp: **a iniciativa propia** (on one's own initiative, of one's own motion), **iniciativa privada** (private sector), **por iniciativa de** (at the motion of, at the initiative of)]. *Cf* propuesta, petición, ponencia, moción; tomar la iniciativa.

inimpugnable *a*: not exceptionable.

inimputable *a*: immune from prosecution, unarraignable; privileged. [Exp: **inimputabilidad** (special privilege, immunity from prosecution)]. *Cf* beneficio de inimputabilidad.

injerencia *n*: interference, meddling; trespass. [Exp: **injerencia en los asuntos internos** (interference in a country's internal affairs), **injerirse** (interfere, meddle)].

injuria *n*: insult, offence, affront; abuse, wrong. [Exp: **injuriar** (insult, abuse, wrong; S. *maltratar de palabra*), **injurias a la autoridad** (contempt for authority; insulting a state official), **injurioso** (slanderous, offensive, libelous, abusive, contemptuous; S. *calumnioso, insultante*)]. *Cf* insulto, exabrupto, invectiva, ofensa, vituperación, ultraje.

injusticia *n*: injustice, miscarriage of justice, grievance, wrong. [Exp: **injusticia notoria** (manifest injustice; form of appeal against administrative decisions on the ground of their manifest injustice), **injusto** (unjust, undue, wrong, unfair, wrongful; S. *excesivo, desmedido*)].

injustificable *a*: wanton. *Cf* imperdonable, insensible.

inmatriculaclón *n*: registration; record; entry; original entry in the Land Registry.

inmisericorde *n*: merciless. *Cf* cruel.

inmobiliario *a*: estate, property. [Exp: **agente inmobiliario** (estate agent, property dealer), **agencia inmobiliaria** (estate agency, real estate office)].

inmoderado *a*: excessive, immoderate, extortionate. *Cf* gravoso, excesivo.

inmoral *a*: immoral, indecent. [Exp: **inmoralidad** (vice, immorality; S. *vicio*)]. *Cf* licencioso, impropio, indecoroso.

inmueble(s) *n*: building; property, immovables, real estate, property. *Cf* bienes inmuebles, bienes, pertenencias.

inmunidad *n*: privilege, immunity, absolute privilege, exemption, franchise. [Exp: **inmunidad de arresto** (privilege from arrest), **inmunidad limitada** (qualified privilege), **inmunidad parlamentaria** (parliamentary privilege; S. *aforado*)]. *Cf* privilegio, prerrogativa, fuero.

innegociable *a*: not negotiable, non transferable. *Cf* intransferible.

innominados *n*: innominate contracts.

inobservancia *n*: non-observance, nonfeasance. [Exp: **inobservancia de un deber oficial** (neglect of official duty; S. *incumplimiento*), **inobservancia justificable** (excusable neglect)]. *Cf* falta de cumplimiento, omisión, negligencia.

inocencia *n*: innocence. [Exp: **inocente** (not guilty, innocent), **inocente por falta de pruebas** (acquitted for lack of evidence; not proven, *Scot*)].

inocuo *n*: innocuous, harmless. *Cf* inofensivo.

inoficioso *a*: ineffective. *Cf* testamento inoficioso.

inopinado *a*: unexpected. [Exp: **inopinadamente** (unexpectedly; out of the blue, *col*)].

inquietar *v*: perturb, disturb, trouble, worry. [Exp: **inquieto** (anxious, troubled; restless, fidgety), **inquietud** (worry, anxiety, uneasiness, unrest)]. *Cf* perturbar.

inquilinato *n*: leasehold, lease, tenancy. [Exp: **inquilinato de protección oficial** (regulated tenancy), **inquilino** (tenant, occupant, lessee, occupier), **inquilino a término** (tenant for years), **inquilino exclusivo** (tenant in severalty), **inquilino sin plazo fijo** (tenant from year to year)].

inquirir *v*: enquire/inquire, ask; investigate. [Exp: **inquiridor** (investigator; S. *investigador*)]. *Cf* investigar, pedir información.

insacular *v*: ballot, draw lots.

insalubre *a*: unhealthful.

insatisfecho *n*: unsatisfied. [Exp: **insatisfacción** (dissatisfaction)]. *Cf* no liquidado.

inscribir *v*: inscribe; enter, register, record. [Exp: **inscribible** (registrable, recordable), **inscribir en un libro** (make an entry, place on record; S. *asentar una partida*), **inscribir por error** (misenter), **inscribir en el registro civil** (enter/record in the civil register), **inscribirse** (enroll, register, put down one's name; S. *matricularse*)]. *Cf* contabilizar, registrar.

inscripción *n*: entry, enrollment, matriculation, registration, title. [Exp: **inscripción constitutiva** (registration of a new mortgage), **inscripción de la propiedad inmobiliaria** (land registration), **inscripción en el Registro Mercantil** (entry in the Trade Register), **inscripción en el registro civil** (recording of birth, marriage or death; entry in the registry office), **sin inscripción** (uninscribed/unrecorded)]. *Cf* expediente, asiento, asiento registral.

insensible *a*: wanton. *Cf* imperdonable, injustificable.

insidia *n*: guile; trap, snare. [Exp: **insidioso** (insidious, underhand, treacherous)]. *Cf* astucia.

insignificante *a*: insignificant, marginal, slight. *Cf* marginal, mínimo, nimio.

insobornable *a*: incorruptible; unbribable.

insolencia *n*: insolence, imprudence defiance. [Exp: **insolente** (insolent, impudent)]. *Cf* desobediencia, reto, provocación.

insolvencia *n*: insolvency; bankruptcy, failure. [Exp: **insolvencia culpable** (deliberate/fraudulent bankruptcy), **insolvencia notoria** (notorious insolvency), **insolvencia punible** (bankruptcy involvin criminal negligence or malpractice), **insolvente** (bankrupt, insolvent; S. *concursado, fallido, quebrado*)]. *Cf* quiebra.

inspección *n*: inspección; visitation. [Exp: **inspección judicial/ocular** (judicial examination of evidence, scene of the crime, etc.; examination of relevant objects, places, etc., conducted by lr on behalf of the judge or examining magistrate; the equivalent in civil cases is *reconocimiento judicial*), **inspección de un buque** (rummage), **inspeccionar** (inspect, survey; S. *examinar, estudiar*), **inspector** (inspector, examiner, surveyor), **inspector de guardia** (duty officer), **inspector de Hacienda** (tax inspector), **inspector de policía** (police inspector, detective inspector)]. *Cf* supervisión.

instalaciones *n*: facilities.

instancia *n*: application, petition, letter of application, request; instance; appeal, action; sphere, échelon, reach. [Exp: **a instancias de** (at the motion of, at the request of, on/upon the application of), **a instancia de parte** (ex parte, at the request of one of the parties, at the petition of the plaintiff), **instancia de arbitraje** (arbitration proceedings; S. *juicio arbitral o de tercería*), **instancia de nulidad** (abater, plea in abatement), **instancia de solicitud** (motion papers)]. *Cf* súplica, petición, solicitud; apelación; altas instancias; primera/segunda instancia.

instar *v*: press, beseech, urge. *Cf* suplicar, rogar, pedir, formular.

instigación *n*: instigation; abetment, abettal, enticement, egging, setting on. [Exp: **instigador** (abettor, enticer, instigator), **instigar** (abet, entice, abet, procure, set on), **instigar a cometer un delito** (counsel and procure)]. *Cf* incitación.

institución *n*: establishment, body, institution. [Exp: **institución de fianzas** (surety company), **institución de fideicomiso** (trust company), **instituto de mediación y arbitraje** (S. *Instituto de Mediación, Arbitraje y Conciliación*), **instituir** (found, establish; create; S. *establecer, crear, fundar*)]. *Cf* organismo, órgano, establecimiento.

instituto *n*: institute, institution, body, board. [Exp: **Instituto de Mediación, Arbitraje y Conciliación** (Advisory, Conciliation and Arbitration Service), **Instituto de Reforma y Desarrollo Agrario, IRYDA** (Official Body for Reform and Development of Agriculture), **Instituto Nacional de Empleo** (National Institute for Employment)].

instrucción *n*: instruction, directive; investigative stage of criminal proceedings, pre-trial period of examination of accused, witnesses, etc. [Exp: **instrucción de una causa criminal** (committal proceedings, pre-trial hearing; precognition, *Scot*. The *instrucción* is peculiar to the systems deriving from Roman Law, and has no equivalent in English or American legal practice, where the judge's role is rather that of umpire than of pursuer, investigator, accuser or inquisitor. The judge of first instance or, in more serious matters the judge of the senior court with jurisdiction has absolute power and discretion to interview, examine, detain and indict persons whom there are reasonable grounds for proceeding against, as well as to examine witnesses and make other relevant orders. The evidence thus collected, the writs issued and the record of all the proceedings are collectively known as the *sumario —approx* "process"— which is sent on to the trial court if and when the case comes up. All such procedure, except the formal matters of bringing charges —which is the English "committal proceedings"— is handled in the Anglo-American tradition by the prosecution services of the DPP; S. *diligencias de procesamiento, investigación preliminar*), **instrucción de una petición** (examination of a request)]. *Cf* instruir.

instruir *v*: instruct, prepare criminal cases, conduct preliminary examination of suspects, etc. [Exp: **instructor** (S. *juez instructor*), **instruir diligencias judiciales** (open an inquiry; S. *abrir una investigación*), **instruir un sumario** (prepare the groundwork of criminal prosecution; collect evidence and specify charges; S. *incoar una causa criminal*)]. *Cf* instrucción.

instrumento *n*: instrument, deed, document. [Exp: **instrumento de crédito** (cedit instrument), **instrumento derivado** (derivative deed), **instrumento público** (public instrument), **instrumentos o valores negociables** (negotiable instrument)]. *Cf* acta, documento, escritura.

insuficiencia *n*: inadequacy, insufficiency. [Exp: **insuficiencia de la prueba** (lack of proof), **insuficiencia evidente** (gross inadequacy), **insuficiente** (insufficient, inadequate; short, bare; S. *deficiente, corto, reducido, escaso*)].

insultar *v*: assault, hurl abuse. [Exp: **insultante** (insulting, offensive, contemptuous), **insulto** (insult, abuse, affront; S. *ofensa, vituperación*)]. *Cf* provocar, meterse con.

insumiso *a/n*: insubmissive; rebellious; conscript who refuses to comply with call-up order and declines the status of conscientious object; draft rebel. *Cf* rebelde, prófugo; declararse insumiso, objetor de conciencia.

intacto *a*: intact, undamaged, unimpaired. *Cf* ileso, indemne.

integrante *n*: member. *Cf* socio, miembro, vocal, afiliado.

integrar *v*: integrate; pay, reimburse; make up, be part of, form. [Exp: **integración** (integration), **íntegramente** (entirety, in full), **íntegro** (full, complete, unabridged)].

intempestivo *a*: unseasonable, untimely. [Exp: **intempestivamente** (without due notice, unseasonably)].

intención *n*: intent, intention, purpose, design, premeditation, willingness. [Exp: **intención dolosa** (*mens rea*, malice aforethought, criminal intent), **intencionado/intencional** (deliberate, wilful; S. *premeditado*)]. *Cf* propósito, objeto, voluntad.

intendente *n*: superintendent, commissioner. [Exp: **intendente de liquidación** (trustee in bankruptcy; S. *síndico de una quiebra*)].

intentar *v*: attempt. [Exp: **intento** (attempt; intent), **intento de homicidio** (attempted murder), **intento de robo** (attempted robbery), **intentona golpista** (coup attempt, attempted coup)].

intercambiar *v*: exchange, swap. [Exp: **intercambio** (exchange; S. *cambio, canje, trueque o permuta*), **intercambio de favores políticos** (logrolling, *col*), **intercambio de ideas y propuestas** (informal meeting, exchange of views), **intercambio de notas** (exchange of notes), **intercambios comerciales** (trade realtions)]. *Cf* canjear.

interceptar *v*: intercept; tap, eavesdrop. [Exp: **interceptación de mensajes telefónicos o telegráficos** (wire-tapping; electronic eavesdropping; S. *escuchas electrónicas ilegales*)].

intercesión *n*: mediation. [Exp: **interceder** (intercede, mediate)]. *Cf* mediación, tercería, interposición.

interdicción civil *n*: convicted prisoner's loss of civil rights.

interdicto *n*: injunction, restraining order or interdict (*Scot*) involving the ownership of real estate; interlocutory injunction involving ownership, or nuisance caused by property. [Exp: **interdicto de adquirir** (interlocutory injunction granting ownership), **interdicto de despojo o desalojo** (interlocutory injunction removing ownership), **interdicto de obra nueva/ruinosa** (order for repair or demolition of a dangerous building, etc.), **interdicto de recobrar** (interlocutory injunction restoring possession), **interdicto de retener** (restraining order), **interdicto definitivo** (final injunction), **interdicto mandatario** (mandatory injunction), **interdicto permanente** (permanent injunction), **interdicto preventivo** (preventive injunction; S. *requerimiento precautorio*), **interdicto prohibitivo** (prohibitory injunction, prohibitory interdict, *Scot*), **interdicto provisorio o temporal** (temporary injunction)]. *Cf* juicio de amparo, orden de entredicho, inhibitoria.

interés *n*: interest, concern. [Exp: **de interés común** (privity), **de interés público** (of public interest), **interés compuesto/simple** (compound/simple interest), **interés común** (common concern, joint interest), **interés con condición modal** (entailed estate/interest), **interés creado** (vested interests; S. *derecho adquirido*), **interés dominante** (controlling interest), **interés legal** (legal interest), **interés limitado** (qualified interest; S. *dominio imperfecto*), **interés mediato** (mediate interest), **interés mutuo en la propiedad** (privity in estate), **intereses atrasados** (arrears of interest), **intereses concurrentes** (concurrent interests), **intereses de mora, punitivos o de demora** (penal interest, interest for delayed payment), **intereses de minoría** (minority interest), **intereses devengados** (earned interest), **intereses fijados o establecidos** (absolute interest), **intereses futuros** (executory interests, future interests), **intereses vencidos** (due interest), **sin interés** (ex interest, free of interest)].

interesarse *v*: be interested; take an interest; ask after. [Exp: **interesado** (interested party, person concerned)].

interino *a*: acting, temporary, provisional, pro tempore. *Cf* provisional, de servicio, en funciones, en ejercicio, suplente.

interior *a*: domestic, internal. *Cf* familiar, intestino, nacional.

interlocución *n*: interlocutory decree. [Exp: **interlocutores sociales** (both sides of industry), **interlocutorio** (interlocutory)].

intermediación *n*: agency. [Exp: **intermediario** (intermediary, go-between, middleman, broker; S. *mediador, comerciante, agente de negocios*), **intermedio** (intermediate, intervening)]. *Cf* agencia, mediación.

internamiento *n*: internment, confinement, committal. [Exp: **internado** (internee), **internamiento en un centro de rehabilitación o reeducación de jóvenes** (detention in a young offender institution), **interno** (inmate, prisoner; S. *recluso*)].

interpelación *n*: interpellation, plea; formal request for an explanation or question.

interponer *v*: interpose; present, file, bring, prefer. [Exp: **interponer un recurso** (bring an action, institute proceedings, bring an action before the court; S. *recurso*), **interponer un recurso de apelación** (file/make/lodge an appeal), **interponer una querella** (bring a charge, make a complaint, sue; S. *querella*), **interposición** (mediation; S. *intercesión, mediación, tercería*)].

interpretación *n*: interpretation, construction, submission. [Exp: **interpretación amplia o equitativa** (equitable construction, liberal interpretation, broad definition), **interpretación auténtica** (authentic interpretation, statutory interpretation), **interpretación de un testamento extranjero** (desistement, *Amer*), **interpretación doctrinal** (authoritative interpretation of doctrine or law), **interpretación errónea** (misconstruction), **interpretación extensiva o por extensión** (extensive interpretation), **interpretación judicial** (judge's construction or interpretation; S. *analogía de ley*), **interpretación por deducción** (construction; S. *interpretación judicial*), **interpretación restrictiva** (limited interpretation, narrow definition approach sense), **interpretación usual** (customary interpretation), **interpretar** (construe, interpret, expound), **interpretar erróneamente/mal** (misconstrue, misunderstand, misinterpret)].

interrogar *v*: examine, question, interrogate. [Exp: **interrogador** (questioner), **interrogatorio** (questioning, examination, interrogation, interrogatory), **interrogatorio bajo tortura** (third degree), **interrogatorio directo** (direct examination), **interrogatorio o examen de un testigo** (examination of a witness), **interrogatorio policial** (police examination/questioning, custodial interrogation), **interrogatorio preliminar** (preliminary examination)]. *Cf* examinar.

interrumpir *v*: discontinue, stop, suspend. [Exp: **interrupción** (interruption), **interrupción de la ejecución** (stay of execution), **interrupción de la prescripción** (suspension of prescription by operation of the law), **interrupción del proceso** (stay of proceedings)]. *Cf* suspender, detener.

intervalo lúcido o claro *n*: lucid interval.

intervención *n*: agency, control; audit, auditing, intervention. [Exp: **intervención bajo protesto** (supra protest), **intervención general** (office of the comptroller), **intervención militar** (military action), **intervención policial** (police action), **intervenir** (intervene, manage, mediate, control; audit, supervise; S. *controlar, supervisar*), **intervenir en juicio** (join in an action), **interventor** (controller/comptroller; S. *ordenador de pagos*), **interventor de cuentas** (auditor; S. *auditor, experto contable*), **interventor de averías** (average surveyor), **interventor del concurso o quiebra nombrado por los acreedores** (referee; S. *síndico en quiebras*)]. *Cf* agencia, mediación, intermediación.

intimación *n*: intimation, notification, demand. [Exp: **intimación a la persona** (personal demand), **intimación de pago** (demand for payment; S. *requerimiento de pago*), **intimar** (intimate, notify, require), **intimar el pago** (demand payment), **intimatorio** (intimating, notifying, demanding)].

intimidación *n*: intimidation, threat, bullying, undue influence. [Exp: **intimidación violenta** (battery; S. *ataque físico, acometida*), **intimidador** (threatening behaviour), **intimidar** (intimidate, threaten, bully)]. *Cf* abuso de poder, coacción, tráfico de influencias.

intimidad *n*: privacy. [Exp: **íntimo** (close)]. *Cf* atentado a la intimidad.

intransferible *a*: non-negotiable, not transferable, unassignable, untransferable. *Cf* innegociable.

intransmisible *a*: not transferable

intransigente *a*: uncompromising, intransigent.

intrigar *v*: plot, scheme, collude. [Exp: **intrigante** (wheeler-dealer, *col*)]. *Cf* conspirar, urdir, tramar.

introducción *n*: introduction; bringing in. [Exp: **introducir fraudulentamente o de contrabando** (smuggle in)].

intromisión *n*: interference, meddling, invasion. [Exp: **intromisión en la intimidad** (invasion of privacy)].

intrusión *n*: intrusing, trespass; encroachment. [Exp: **intrusismo profesional** (unwarranted interference, encroachment), **intruso** (intruder, trespasser; S. *entremetido*)]. *Cf* usurpación. invasión.

inutilidad física total *n*: total disability, complete physical incapacity. *Cf* incapacidad o invalidez absoluta.

invadir *n*: invade, trespass; encroach. [Exp: **invasión** (invasion)].

invalidación *n*: invalidation, annulment. [Exp: **invalidar** (annul, cancel, nullify, void, quash, cancel; S. *revocar, casar, rescindir, anular*)].

invalidez *n*: disability; invalidity. [Exp: **invalidez absoluta** (total disability; S. *incapacidad absoluta, inhabilitación total*), **invalidez o incapacidad física** (physical disability), **inválido** (invalid, void; disabled; S. *nulo; incapacitado*)]. *Cf* incapacidad, incapacidad legal o procesal

invectiva *n*: invective, abuse. *Cf* ofensa, vituperación, ultraje, maltrato, malos tratos, desmanes, injuria, insulto, exabrupto.

invendible *a*: unmarketable, unsellable.

inventario *n*: inventory. [Exp: **inventario-balance** (schedule of all assets and liabilities), **inventario en libros** (book inventory), **inventario inicial** (opening inventory), **inventario real, físico o extracontable** (physical inventory)].

inversión *n*: investment, outlay. [Exp: **inversión directa** (direct investment), **inversiones de cartera** (portfolio investments), **inversionista/inversor** (investor, writer), **inversor asegurado** (long investor, hedger), **inversor bursátil con expectativas alcistas/bajistas** (bull/bear), **invertir** (invest, place money, lay out)].

inverso *n*: reverse. [Exp: **a la inversa** (vice versa, the other way round, inversely)].

investigación *n*: investigation, enquiry/inquiry, probe, scrutiny, search. [Exp: **investigación de las causas de un accidente con resultado de muerte** (fatal accident enquiry), **investigación de título** (title search), **investigación preliminar** (preliminary inquiry/investigation; S. *instrucción*), **investigación ulterior** (after-inquiry; S. *examen posterior*), **investigación y desarrollo, i+d** (research and development, rd), **investigador** (searcher), **investigar** (enquire/inquire, probe; research; S. *explorar, examinar*)]. *Cf* indagación, pesquisa, estudio, encuesta.

investir *v*: vest, invest, confer. [Exp: **investidura** (investiture)].

inviable *a*: inviable, not feasible. [Exp: **inviabilidad** (inviability, impossibility)].

inviolable *a*: inviolable. [Exp: **inviolabilidad** (inviolability, immunity)].

involuntario *a*: involuntary; excusable, undesigned, unmeant. *Cf* excusable.

ir *v*: go. [Exp: **ir a escote** (club together, go Dutch, each pay his/her own), **ir a la quiebra** (go into bankruptcy), **ir a las urnas** (go to the polls), **ir contra la ley** (go against the law), **ir más allá de** (overreach), **ir parejo con** (be on a par with, be on all fours with, run with; S. *transmitirse con*), **irse a pique** (sink), **irse sin pagar** (make away/off without paying)].

irrecurrible *a*: unappealable.

irrecusable *a*: unchallengeable, unexceptionable, unimpeachable. *Cf* incontestable, irreprochable.

irredimible *a*: irredeemable.

irrefutable *a*: irrefutable, unanswerable, unassailable, conclusive. *Cf* incontestable, incontrovertible.

irregular *a*: irregular. [Exp: **irregularidad** (irregularity), **irregularidad en la forma** (legal irregularity, formal defect)].

irremediable *a*: irremediable, incurable, without remedy.

irrenunciable *a*: compulsory, obligatory, that cannot be waived.

irreparable *a*: irreparable, irretrievable.

irreprochable *a*: irreproachable, unimpeachable. *Cf* irrecusable, incontestable.

irresponsable *a*: irresponsible; not liable, unimpeachable, not judicially answerable.

irretroactividad *n*: non-retroactive nature. [Exp: **irretroactivo** (not retroactive)].

irreversible *a*: irreversible.

irrevocable *a*: irrevocable, indefeasible.

irritable *a*: voidable.

írrito *a*: null and void, invalid. *Cf* nulo y sin efecto, sin valor.

irrogar *v*: cause/occasion harm or damage. [Exp: **irrogar perjuicios** (cause damage)].

irrumpir en un local *v*: raid, burst/break/rush in. *Cf* hacer una redada.

J

jactancia *n*: jactitation of marriage.

jaula (*slang*) *n*: cage; nick, jug (*slang*); lock-up. *Cf* cárcel, trena.

jefatura *n*: headquarters, HQ; central office. [Exp: **jefatura de policía** (police headquarters), **jefatura superior de policía** (regional/provincial police headquarters)].

jefe *n*: chief, head, leader, boss, manager, principal. [Exp: **jefe de Estado** (head of state), **jefe de familia** (head of the family), **jefe de la oposición** (leader of the opposition), **jefe de legación** (envoy), **jefe de máquinas** (chief engineer), **jefe de personal** (personnel manager), **jefe de servicio** (section head), **jefe de servicios** (services manager), **jefe de una banda de drogas** (drug lord), **jefe de ventas** (sales manager), **jefe del grupo parlamentario** (parliamentary whip), **jefe provincial de policía** (chief constable)]. *Cf* director, gerente; dirigente, ejecutivo.

jerga *n*: jargon, parlance. [Exp: **jerga jurídica** (legal parlance, words of art)].

jornada laboral *n*: working hours, working day.

jornal *n*: wage, day's wages/pay. [Exp: **jornal a destajo** (piece-work wage), **jornal por horas** (hourly wage), **jornalero** (day labourer; S. *obrero, trabajador*)]. *Cf* salario, paga, sueldo.

jubilación *n*: pension, retirement. [Exp: **jubilación anticipada** (early retirement), **jubilación anticipada voluntaria** (voluntary redundancy), **jubilación de vejez** (old-age pension), **jubilación por invalidez** (forced retirement due to disablement, illness, etc.), **jubilado** (pensioner; retired person; S. *pensionista*), **jubilar(se)** (pension, retire on a pension)]. *Cf* pensión, retiro.

judicatura *n*: judicature, judiciary, judgeship.

judicial *a*: judicial; of/by the judge. [Exp: **judicialización de la vida ciudadana** (tendency to overuse court procedure in solving every day problems; failure to settle problems out of court)].

juego *n*: game, play, gambling; set, matching set. [Exp: **juego limpio/sucio** (fair/foul play; S. *proceder leal/desleal*), **juego completo** (full set), **juego de azar** (gaming, gambling; game or play involving wagers)].

juez *n*: judge, magistrate; beak (*slang*). [Spanish and English usage are quite different in that *juez* is the generic word, whilst *magistrado* means a senior judge, i.e. an experienced career professional, unlike an English magistrate, who may be a layman and always sits in the lower court. Exp: **juez de los hechos** (trier of fact; S. *jurado de los hechos*), **juez asesor** (assistant judge, master), **juez asesor en la Corte Europea de Justicia** (Advocate-General), **juez auxiliar** (recorder, registrar, master), **juez comarcal** (district judge), **juez competente** (trial judge), **juez de carrera o profesional** (qualified judge; S. *juez lego*), **juez de distrito** (district judge, *Amer*), **juez de la quiebra** (referee in bankruptcy), **juez de guardia** (duty magistrate), **juez de instrucción** (examining magistrate, committing magistrate), **juez de paz** (justice of the peace, JP; magistrate; S. *juez lego*), **juez de primera instancia e instrucción** (examining magistrate, committing magistrate), **juez de vigilancia penitenciaria** (prison judge), **juez eclesiástico** (official), **juez ponente** (judge who acts as rapporteur; judge who delivers the leading opinion), **juez presidente** (presiding judge, chief judge/justice), **juez suplente** (judge appointed as reserve or substitute for an absent member of the bench), **juez titular** (judge assigned to a particular court, circuit judge)]. *Cf* magistrado.

jugar *v*: play; stake; speculate, gamble, game. [Exp: **jugar a la baja** (bear the market; S. *especular a la baja*), **jugar al alza** (speculate on arising market), **jugar limpio** (play the game, play fair), **jugar sucio** (play dirty)].

juicio *n*: trial; hearing; case; proceedings, action, court case, suit; opinion, reason; prudence; reasonable ff, sanity. [Exp: **juicio abortado o sin sentencia** (abortive trial, stopped case; withdrawn case), **juicio arbitral o de tercería** (arbitration proceedings/award), **juicio basado en el sumario sin testimonio** (trial by the record), **juicio cabal** (sound mind), **juicio cautelar** (suit for provisional remedy), **juicio con jurado** (trial by jury), **juicio confirmativo** (affirmative judgment), **juicio de adopción** (probate of adoption), **juicio de alimentos** (suit for alimony), **juicio de amparo** (restraining order, action for relief; S. *amparo*; *orden de entredicho, inhibitoria, interdicto*), **juicio de apelación** (appeal proceedings), **juicio de apremio** (suit for collection of a debt of record), **juicio de cognición** (declaratory proceedings; S. *juicio declaratorio*), **juicio de consignación** (action of a debtor have judicial deposit ordered), **juicio de desahucio** (eviction proceedings), **juicio de exequátur** (exequatur procedure, proceeding to determine enforceability of a foreign judgment; S. *procedimiento del juicio de exequátur*), **juicio de faltas** (summary trial, summary on minor offence), **juicio de los peritos** (expert's report), **juicio de mayor/menor cuantía** (suit for more/less than a limiting amount; S. *mayor/menor cuantía*), **juicio de quiebra, de concurso o concursal** (bankruptcy proceedings; S. *procedimiento de quiebra*), **juicio declarativo** (declaration, declaratory action, declaratory judgment; S. *juicio de cognición, sentencia interpretativa de un documento, sentencia declarativa*), **juicio ejecutivo** (executory process, action for enforcement of judgment), **juicio hipotecario** (foreclosure suit), **juicio imparcial** (fair trial), **juicio incidental** (special case), **juicio laboral** (action under labour laws), **juicio nulo o viciado de nulidad** (mistrial), **juicio oral** (oral proceedings), **juicio político** (impeachment), **juicio que sienta doctrina** (test case), **juicio rápido y sin dilaciones** (fact and speedy trial), **juicio regido por el principio de contradicción** (adversary proceeding/suit), **juicio solemne con tribunal en pleno y jurado** (trial at bar), **juicio sucesorio** (proceedings for settlement of an estate), **juicio testamentario o sucesorio** (probate proceedings), **juicios acumulados** (combined actions), **juiciosamente** (advisedly; S. *con sensatez*), **juicioso** (cautious; S. *discreto, prudente*), **para el juicio** (ad litem)]. *Cf* pleito, vista, audiencia.

junta *n*: board, committee; meeting; committee/board meeting; authority; junta. [Exp: **junta de acreedores, de accionistas,** etc. (meeting of creditors/shareholders, etc.), **junta de arbitraje** (arbitration board/council/panel; S. *tribunal, órgano o cámara de arbitraje*), **junta de control de cambios** (exchange control board), **junta de gobierno** (ruling body), **junta de revisión de avalúos** (board of equalization), **junta de síndicos** (board of trustees; S. *consejo de gerencia, consejo de fideicomisarios, patronato*), **junta directiva** (board of directors; S. *consejo de administración*), **junta electoral** (election committee), **junta general** (general/ordinary meeting), **junta general anual** (annual general meeting, AGM), **junta general de accionistas** (general meeting of share-holders) **junta nacional de aeropuertos** (airport authority), **junta o consejo de**

administración (board of directors; S. *directiva, dirección*), **junta o consejo de aseguradores** (board of underwriters), **Junta Nacional de Relaciones Laborales** (National Labor Relations Board, *Amer*)]. *Cf* órganos rectores.

jurado *a/n*: sworn; person who has been sworn in; member of a jury, juror; jury. [Exp: **jurado de acusación o gran jurado** (grand jury, *Amer*), **jurado de juicio** (jury, petty jury), **jurado sustituto** (alternative juror), **jurados suplentes** (talesmen, tales)]. ·

juramento *n*: oath; affidavit. [Exp: **bajo juramento** (on oath), **juramento asertorio** (sworn statement, statement made on oath; S. *declaración jurada*), **juramento condicional** (limited/qualified oath), **juramento de fidelidad** (oath of allegiance), **juramento de toma de posesión de un cargo público** (oath of office), **juramento de un testigo** (swearing of a witness), **juramento decisorio** (decisory oath), **juramento extrajudicial** (extrajudicial oath), **juramento falso** (perjury; S. *perjurio, falso testimonio*), **juramento promisorio** (promissory oath), **juramento solemne** (solemn or corporal oath)].

jurar *v*: swear. [Exp: **jurar en falso** (commit perjury, misswear; S. *perjurar*), **jurar fidelidad/lealtad** (swear/pledge allegiance, take an oath of allegiance; S. *prestar juramento*)].

jurídico *a*: legal, juridical. *Cf* legal, en derecho, de acuerdo con la ley, implícito.

jurisconsulto *n*: legal consultant; jurisconsult, master of/expert in jurisprudence. *Cf* procurador, jurista, abogado.

jurisdicción *n*: jurisdiction; venue, district; competency (esp. Scots Law). [Exp: **jurisdicción acumulativa, concurrente o coexistente** (concurrent jurisdiction), **jurisdicción administrativa** (jurisdiction in cases involving administrative law), **jurisdicción civil/criminal** (civil/criminal jurisdiction), **jurisdicción contencioso-administrativa o de lo contencioso-administrativo** (jurisdiction for suits under administrative law), **jurisdicción de último**

grado (final jurisdiction, last resort), **jurisdicción delegada** (jurisdiction assigned from one judge to another), **jurisdicción en apelación** (appellate jurisdiction), **jurisdicción en primer grado o en primera instancia** (first instance jurisdiction, original jurisdiction), **jurisdicción en un solo condado** (local venue, *Amer*), **jurisdicción exclusiva** (exclusive jurisdiction), **jurisdicción limitada** (limited jurisdiction), **jurisdicción o vecindad en donde se ha cometido un delito o el ilícito civil** (venue/visne), **jurisdiccional** (jurisdictional)]. *Cf* salto de jurisdicciones.

jurisprudencia *n*: case law, judge-made law, law of precedent; jurisprudence, science of law; S. *jurisprudence* in the English-Spanish section.

jurista *n*: lawyer. *Cf* abogado, jurisconsulto, procurador.

justicia[1] *n*: justice, fairness, equity, soundness; redress. [Exp: **justicia natural** (natural justice)]. *Cf* derecho, equidad.

justicia[2] *n*: magistrate, justice. *Cf* juez de paz, juez de primera instancia e instrucción.

justiciero *a*: righteous, self-righteous, aggressively assertive about rights and wrongs.

justificar *v*: justify, show cause; evince, warrant; substantiate; excuse, condone. [Exp: **justificación** (justification, apology, defence, vindication; warrant; S. *excusas, apología*), **justificante** (voucher; warrant, acknowledgment of receipt, etc.; proof of payment, etc.; supporting evidence), **justificante de caja** (cash voucher), **justificativo** (justifying, justificative, justificatory, defensory; supporting; S. *defensivo*)]. *Cf* dar razones o explicaciones, testimoniar.

justipreciar *v*: appraise, value, estimate. [Exp: **justipreciador** (appraiser, estimator), **justiprecio** (appraisal, estimate/estimation; fair price, true value; S. *estimación, valoración, tasación, aprecio*)]. *Cf* aforar, valuar, tasar.

justo *a*: just, fair, right, warranted; reasonable; sound, evenhanded, equitable. [Exp: **justa remuneración** (due compensation; S. *indemnización apropiada*), **justo precio**

(appraised value; S. *valor de tasación, valor de avalúo, valor estimado*), **justo y adecuado** (right and proper), **justo y equitativo** (fair and just)]. *Cf* equitativo, razonable, imparcial, apropiado, debido, conveniente, oportuno, razonable.

juzgado *n*: court of law, court. [Exp: **juzgado de guardia** (night court, police court, Duty Magistrates' Court), **juzgado de distrito** (district court), **juzgado de instrucción** (magistrates' court; S. *instrucción*), **juzgado de lo civil** (civil court), **juzgado de lo penal** (criminal court, magistrates' court), **juzgado de paz** (justices' court; magistrates' court)]. *Cf* tribunal de justicia, sala; audiencia.

juzgar *v*: judge, sit upon; adjudge, adjudicate; award, evaluate, umpire; think consider, deem, decide. [Exp: **a juzgar por las apariencias** (apparently; S. *evidentemente*), **juzgar con anticipación** (*v*: forejudge; S. *prejuzgar*), **juzgar de nuevo** (rejudge), **juzgar erróneamente** (misjudge)]. *Cf* árbitro, compromisario, tercero; arbitrar, decidir.

L

LAB *n*: S. *libre a bordo*.

labor *n*: work, task, action. [Exp: **laboral** (occupational; S. *profesional*), **laboralista** (lawyer specialising in Labour Law)]. *Cf* operación, misión, tarea, función.

lacra(s) social(es) *n*: scourge(s), curse(s), bane(s) of society.

lacrar *v*: seal, seal with wax. [Exp: **lacre** (sealing wax)].

ladrón *n*: thief, burglar, robber, housebreaker, shoplifter, larcenist. [Exp: **ladrón de cajas fuertes** (safe-cracker), **ladrón de ganado** (rustler, abactor; S. *abigeo, cuatrero*), **ladrón de tiendas** (shop-lifter)]. *Cf* escalador, ratero, salteador de caminos, bandido.

laguna *n*: vacuum, gap, omission. [Exp: **laguna legal** (legal vacuum/loophole)].

lanzamiento *n*: dispossession, ouster, eviction. [Exp: **lanzar** (evict, dispossess; S. *desposeer, desalojar, despojar, desahuciar*)].

lapso *n*: lapse, time, period of time.

lapsus calami *n*: slip of the pen. *Cf* error de pluma.

lapsus linguae *n*: slip of the tongue.

largo plazo, a *phr*: long-term, long-dated.

lastimar *v*: hurt, harm; damage, impair; wound.

lastre *n*: ballast, dead weight. [Exp: **lastrar** (ballast)].

latente *a*: dormant, latent. *Cf* inactivo, oculto.

latifundio *n*: large privately owned rural estate. [Exp: **latifundia** (large estates), **latifundista** (landowner)]. *Cf* minifundio.

latrocinio *n*: robbery, theft. *Cf* robo, fraude.

laudar *v*: award. [Exp: **laudo** (arbitration finding, award), **laudo arbitral** (decision of an arbitrator, award, arbitral award, umpirage), **laudo de indemnización por despido improcedente** (compensatory award for unfair dismissal)].

laudemio *n*: laudemium.

lazo *n*: bond, link. *Cf* vínculo, compromiso, pacto.

leal *a*: loyal, fair. [Exp: **leal saber y entender, según mi** (to the best of my knowledge and belief), **lealtad** (allegiance, loyalty)].

lectura *n*: reading. [Exp: **lectura de la acusación** (arraignment), **leer la acusación** (arraign), **leer los derechos al detenido** (caution a suspect; S. *advertir al detenido de sus derechos*)].

legación *n*: legation.

legado *n*: legacy, legate, devisem devisal, disposition, bequest, bequeathal/bequeathment. [Exp: **legado a título universal** (general legacy), **legado absoluto o incondicional** (absolute bequest, absolute legacy, vested devise), **legado acumulado o adicional** (accumulative legacy, cumulative legacy), **legado caducado, caduco o anulado por muerte del legatario** (lapsed devise or legacy), **legado condicional** (contingent remainder, conditional bequest), **legado de bienes raíces** (devise), **legado de cosa cierta** (specific devise, *Amer*), **legado demostrativo** (demonstrative legacy), **legado diferido de bienes muebles** (executory bequest), **legado**

en fideicomiso (trust legacy), **legado general** (general legacy/devise), **legado remanente** (residuary bequest/devise/legacy), **legado sustitutorio** (substituted legacy)]. *Cf* testamento, acto de testar, manda.

legajo *n*: roll, file, docket. [Exp: **legajo de sentencia** (judgment roll)].

legal *a*: legal, lawful, statutory. [Exp: **legalidad** (legality, lawfulness, legitimacy, licitness), **legalización** (legalization), **legalización de documentos** (authentication; S. *autenticación*), **legalizado** (authentic; under seal; S. *certificado, auténtico*), **legalizar** (attest, legalize, execute, validate, authenticate, legitimate; S. *legitimar, compulsar, dar fe, atestar*), **legalizar una firma** (attest a signature), **legalmente** (lawfully, legally; S. *de acuerdo con la ley*)].

legar *v*: will, bequeath, devise. [Exp: **legatario** (legatee, devisee, beneficiary), **legatario de bienes raíces** (heir to an estate, devisee), **legatario de bienes muebles** (beneficiary of a legacy, legatee), **legatario general o universal** (general/universal devisee/legatee), **legatario residual** (residuary legatee)]. *Cf* disponer por testamento, expresar su voluntad.

legislación *n*: legislation; laws; law-making. [Exp: **legislación de emergencia o excepción** (emergency legislation), **legislación de fondo** (fundamental law), **legislación delegada** (delegated legislation; S. *disposiciones legislativas delegadas*), **legislación fiscal** (tax law/legislation), **legislación interna** (domestic law), **legislación retroactiva** (retrospective/retroactive legislation), **legislación subordinada** (delegated legislation, subordinate legislation), **legislador** (lawmaker, law-giver, draftsman), **legislar** (legislate), **legislativo** (legislative), **legislatura** (legislature), **legislatura parlamentaria** (life of a Parliament)]. *Cf* actos jurídicos.

legítima *a/n*: legitimate, lawful; share of an estate which passes by law to the family and dependants; inalienable succession of two thirds of the value of deceased's estate. [Spanish law does not recognise testamentary freedom; the *legítima* or *legítima larga* is

divided into the *legítima estricta* and the *tercio de mejora*; the remaining third is called *tercio de libre disposición*. Exp: **legítima estricta** (one third of total value, divided equally among lawful heirs), **legítima larga** (the sum formed by the *legítima estricta* and the *tercio de mejora*), **legítima del cónyuge viudo** (the "third for betterment" to which the surviving spoes is entitled as a life interest or usufruct), **legítima defensa** (self-defence; S. *defensa propia; necesidad racional del medio*), **legitimación** (legitimation), **legítimamente** (lawfully), **legitimar** (legitimate, legalize), **legitimidad** (legitimacy, lawfulness, legality), **legítimo** (lawful, legitimate, genuine, right, true; true born)]. *Cf* tercio de libre disposición, tercio de mejora.

lego *a/n*: lay; layman. *Cf* seglar, secular.

lenguaje difamatorio, infamatorio, calumniador o perseguible *n*: actionable words, abusive language, contemptuous words.

lenidad *n*: leniency. *Cf* clemencia.

lesión *n*: injury. [Exp: **lesión corporal** (physical/bodily injury), **lesión jurídica** (tort, damage; S. *perjuicio*), **lesión no mortal** (non fatal injury), **lesión o herida mortal** (fatal injury), **lesiones graves** (grievous bodily harm), **lesiones y sufrimientos psíquicos y morales** (pain and suffering), **sin lesiones apreciables** (no visible injuries)].

letargo, en *a*: dormant.

lesionar *v*: wound, injure; wrong; interfere with; impair, damage, prejudice. [Exp: **lesionar derechos** (infringe/encroach on/interfere with rights; violate/break rules/laws)]. *Cf* dañar, vulnerar.

letal *a*: lethal.

letra[1] *n*: handwriting; letter; literal meaning/sense; words. [Exp: **a la letra** (to the letter, literarally), **en letra** (in full, in words, longhand), **letra de imprenta** (print, block capitals), **letra manuscrita** (handwriting, longhand), **letra de la ley** (letter of the law)].

letra[2] *n*: bill of exchange, bill of exchange, demand draft. [Exp: **letra a la vista** (sight bill of exchange, demand draft), **letra aceptada** (acceptance bill, due bill, accommodation bill of exchange), **letra de cobro** (collection draft; S. *efecto al cobro*), **letra de deferencia o de acomodadamiento** (accommodation bill of exchange), **letra de favor, de complacencia o de «pelota»** ("kite", accommodation note/draft/paper/bill of exchange), **letra de remesa o salida** (outward bill), **letra del tesoro** (treasury bill, public bond), **letra devuelta, no atendida** (dishonoured bill of exchange, returned bill of exchange), **letra documentaria** (documentary draft, bill with documents attached), **letra domiciliada** (domiciled bill of exchange), **letra girada** (draft), **letra girada en el interior** (domestic bill), **letra limpia, sin documentos o no documentaria** (clean bill of exchange), **letra no documentaria** (clean draft), **letra o giro a la vista** (demand bill/draft), **letra protestada** (protested/noted bill), **letra simple** (straight bill), **letras a pagar** (bills payable), **letras de cambio sin riesgo** (prime bills), **letras/efectos documentarios** (documentary bills/drafts), **letras al cobro** (bills receivable), **letras/efectos impagados** (outstanding bills of exchange)].

letrado *n*: lawyer, counsel, barrister; counsellor, Counsellor-at-law; member of the Bar, legal practitioner. [Exp: **letrado asesor o consultor** (consulting solicitors), **letrados de las Cortes** (parliamentary counsel)].

levantamiento *n*: raising, lifting. [Exp: **levantamiento de embargo** (abatement of an attachment; S. *desembargo*), **levantamiento del cadáver** (removal by the police of a dead body after judicial inspection; judge's warrant for this), **levantamiento del secreto del sumario** (lifting of *sub judice* rule, lifting of reporting and disclosure on a case that is *sub judice*, raising of ban on comment, upon completion of preliminary investigations, committal proceedings, etc.)].

levantar *v*: raise, lift, remove, take off. [Exp: **levantar acta** (take the minutes, keep a record, enter up a record), **levantar acta de acusación** (prefer an indictment; S. *acusar formalmente*), **levantar acta notarial por falta de pago del librado** (note a bill/draft; S. *protestar un*

pagaré o una letra), **levantar el embargo** (release/abate an attachment, raise an embargo), **levantar el secreto** (lift reporting restrictions), **levantar la prohibición** (remove the ban), **levantar la sesión** (adjourn a meeting, close a meeting), **levantar un embargo, un secuestro, un interdicto** (take off/remove/lift an embargo, a sequestration, an injunction, etc.; S. *alzar*), **levantar un plano** (survey), **levantar una hipoteca** (clear off a mortgage), **levantar una prohibición** (lift a ban), **levantar una sesión, una vista oral,** etc. (adjourn a meeting, a hearing, etc.; S. *suspender, diferir*), **se levanta la sesión** (the meeting stands adjourned)]. *Cf* alzar.

ley *n*: act, law; rule; enactment, norm. [Exp: **ley adjetiva** (adjective law, procedural law; S. *derecho procesal o adjetivo*), **ley básica de protección de los derechos del detenido** (habeas corpus), **ley cambiaria** (law of negotiable instruments), **ley contra el crimen organizado** (racketeer influenced and corrupt organizations act, RICO Act), **ley contra el fraude** (statute of frauds), **ley de actualización de una ley** (revision/updating of a law, act or statute), **ley de aplicación en los contratos internacionales** (proper law of a contract), **ley de autorización** (enabling act/statute, parent act), **ley de bases** (fundamental provisions of an act or law), **ley de créditos suplementarios** (deficiency bill), **ley de enjuiciamiento** (law of procedure), **ley de enjuiciamiento civil** (Rules of civil law procedure, Rules of the Supreme Court, The White Book, The Green Book, code of civil procedure, *Amer*), **ley de enjuiciamiento criminal** (code of criminal procedure, Criminal Procedure Code, Police and Criminal Evidence Act 1984, PACE), **ley de extranjería** (law governing aliens), **ley de la oferta y la demanda** (law of supply and demand), **ley de la Vivienda** (Housing Act), **ley de plazos para el aborto** (termination of pregnancy act), **ley de prescripción o de exención de derechos** (statute of limitations), **ley de procedimientos** (procedural law; S. *ley adjetiva*), **ley de secretos oficiales** (Official

Secrets Act), **ley de seguridad e higiene en el trabajo** (Health and Safety at Work Act), **ley de sociedades anónimas** (corporations law), **ley de vagos y maleantes** (vagrancy law), **ley de validación o de convalidación** (validating statute), **ley declarativa** (declaratory statute/act), **ley del Congreso o del Parlamento** (act of Congress), **ley fundamental** (fundamental law, basic law, constitution), **ley general de sociedades mercantiles** (law of mercantile companies), **ley hipotecaria** (law of mortgages; S. *derecho hipotecario*), **ley marcial** (martial law), **ley parlamentaria** (act, statute, statutory law, Parliamentary act, Congress Act, *Amer*), **ley penal** (criminal law), **ley refundida** (consolidating statute, consolidation), **ley reguladora de los juegos de azar** (Betting, Gaming and Lotteries Act), **ley retroactiva** (retroactive law), **ley sustantiva** (substantive law), **ley unificadora de otras** (codifying legislation; S. *texto refundido*), **ley vigente** (existing law, law in force at the present time), **leyes fiscales** (revenue laws), **leyes orgánicas** (basic laws and statutes affecting individual rights and duties, approved by Parliament giving legal effect to the Constitution; *approx* public general acts of Parliament), **leyes penales** (penal laws; S. *código penal*)].

libelo *n*: libel. [Exp: **libelista** (libelant, libeler), **libelo difamatorio** (scandalous libel), **libelo o difamación escrita** (libel)]. *Cf* difamación.

liberal *a*: liberal. [Exp: **liberación** (exoneration, release), **liberalización de las normas o reglamentos** (deregulation; S. *desregulación, derregulación*), **liberalizar** (liberalise, deregulate), **liberar** (free, discharge, release; S. *eximir, dispensar, exculpar*), **liberatorio** (releasing, discharging)].

libertad *n*: liberty, freedom; right. [Exp: **libertad a prueba** (probation), **libertad bajo fianza o caucional** (freedom on bail), **libertad bajo palabra** (parole), **libertad condicional a prueba o probatoria** (parole, release on licence, conditional release), **libertad de afiliación sindical** (freedom to join a Union), **libertad de palabra** (freedom of speech), **libertad de reunión** (freedom of assembly), **libertad provisional** (pre-trial release), **libertad provisional con fianza** (bail), **libertad provisional sin fianza** (release without bail), **libertad vigilada** (parole), **libertador** (rescuer)].

libertinaje *n*: debauchery, licentiousness. [Exp: **libertino** (licentious; S. *licencioso*)]. *Cf* vida disoluta o licenciosa.

librar *n*: issue, deliver; draw; release, relieve. [Exp: **librado** (drawee of a bill of exchange; S. *tomador, aceptante, girado*), **librador** (drawer of a bill of exchange), **libramiento** (order of payment, draft), **libramiento de fondos** (payment/release of funds), **libranza** (money order), **librar de responsabilidad** (exonerate from responsibility), **librar fondos** (deliver)].

libre *a*: free. [Exp: **libre a bordo, LAB** (free on board, FOB), **libre al costado del vapor** (free alongside vessel), **libre albedrío** (free will), **libre circulación de capitales** (free movement of capital), **libre circulación o práctica** (freedom of movement), **libre de cargas** (free of charges, acquitted, discharged), **libre de derechos** (duty free), **libre de deudas, sospechas, imputaciones,** etc. (in the clear), **libre de gravámenes** (free of incumbrances, unemcumbered), **libre de impuestos** (duty-free), **libre disposición** (S. *tercio de libre disposición, legítima*), **librecambista** (free trader), **libremente** (willingly)]. *Cf* franco, sin intereses, gratuito.

libreta de ahorro *n*: savings book, passbook, bank-book.

libro *n*: book. [Exp: **libro de actas** (book of proceedings, minute book), **libro de entradas y salidas** (receiving book, daybook), **libro de familia** (family register; a record held by the head of a family in which stamped copies of the marriage, birth of children, etc, are entered for official purposes), **libro de inventarios y balances** (inventory record), **libro de pedidos** (order book), **libro de registro** (register), **libro de registro general del juzgado** (Cause Book), **libro diario** (cash book, account book, journal), **libro mayor** (ledger), **libros de comercio** (company's book), **libros del**

registro civil (records of births, marriages and deaths; records of the public registry office)].

licencia *n*: permit, licence; leave, permission. [Exp: **con licencia** (under licence), **licencia de apertura** (opening licence), **licencia de construcción** (building licence), **licencia de importación** (import licence), **licencia de patente** (patent licence), **licencia matrimonial** (marriage licence), **licencia o permiso con/sin sueldo** (paid/unpaid leave/permit/ leave of absence), **licencia paterna** (parents' permission/consent)]. *Cf* permiso, autorización, venia.

licenciar *v*: license; discharge from service; grant leave of absence. [Exp: **licenciado** (University graduate; citizen who has performed military service), **licenciando** (undergraduate)]. *Cf* autorizar, dar permiso.

licencioso *a/n*: licentious, disorderly, lawless; debauchee. *Cf* libertino.

licitación *n*: bid, bidding. [Exp: **licitación en la subasta** (auction bid), **licitar** (bid)]. *Cf* oferta de adquisición; sacar a licitación.

lícito *a*: lawful, licit, legitimate, allowable, reasonable, according to the law. *Cf* legítimo, legal.

liga *n*: league. [Exp: **Liga de Naciones** (league of Nations), **ligamen** (link, bond), **ligarse** (league; S. *aliarse, unirse*)]. *Cf* alianza, unión.

limitar *v*: limit, restrain, restrict; abut. [Exp: **limitación** (constraint, restraint, restriction, limited, limitation), **limitado** (limited; S. *parcial, restringido*)]. *Cf* reprimir, restringir, controlar, refrenar.

límite *n*: limit, bound, landmark, boundary. [Exp: **límite de la jurisdicción marina** (twelve mile limit), **límite legal** (statutory ceiling), **límite máximo de alcohol en sangre permitido a los conductores** (prescribed alcohol limit), **límites** (abuttals), **sin límites preestablecidos** (open-ended)]. *Cf* mojón de lindero, linde, línea limítrofe.

limítrofe *a*: adjacent/adjoining, conterminous, abutting. *Cf* colindante, contiguo, adyacente.

linaje *n*: lineage, pedigree, descent. *Cf* genealogía.

linchar *v*: lynch. *Cf* tomarse la justicia por su mano, ejecutar sumariamente.

lindar *v*: abut. [Exp: **lindero/linde** (boundary, abuttals, call, *Amer*; S. *límite, linderos, apeo*)]. *Cf* limitar, confinar.

línea *n*: line. [Exp: **línea aérea no regular o independiente** (non-scheduled airline), **línea ascendente** (ascending line, upward trend; ancestor), **línea colateral** (collateral line), **línea de crédito** (accommodation line), **línea descendente** (descending line, downward trend; descendant), **línea dura** (hard line), **línea materna/paterna** (mother's side, father's side), **líneas de conducta** (course of conduct, policy), **líneas directrices** (guidelines), **líneas generales** (outline)].

liquidación *n*: liquidation, payout, payment, settlement, dissolution, adjustment of the difference, satisfaction, winding-up. [Exp: **liquidación de avería** (adjustment of average), **liquidación de beneficios** (distribution of profits), **liquidación de existencias** (clearance sale), **liquidación de una sucesión** (settlement of an estate), **liquidación forzosa de una mercantil** (compulsory winding-up by the court), **liquidación voluntaria** (voluntary winding-up)]. *Cf* pago, cancelación, finiquito.

liquidar *v*: settle, clear, pay up/off/out, satisfy, discharge, liquidate, sell off/out, realise, wind up. [Exp: **liquidado** (liquidated), **liquidador** (administrator in bankruptcy, trustee in bankruptcy, average adjuster, liquidator), **liquidar judicialmente** (wind up by order of the Court), **liquidar una deuda** (settle/pay off a debt), **liquidar una mercantil** (wind up/liquidate a company; S. *disolver una sociedad mercantil*), **liquidez** (liquidity), **líquido** (clear, liquid, liquidated; S. *neto disponible*), **líquido imponible** (taxable income)]. *Cf* saldar, arreglar, finiquitar.

lista *n*: list, array, roll, roster, schedule, return; register. [Exp: **lista abierta** (open list), **lista de causas o litigios** (docket, court calendar, trial list, cause list), **lista de causas abandonadas** (dropped calendar), **lista de causas alzadas o recurridas** (calendar of appeals), **lista de comparecientes** (appearance docket), **lista de precios** (price list), **lista de recursos contenciosos** (motion calendar), **lista de tripulantes** (crew list), **lista electoral** (electoral roll/list, ticket), **lista oficial de un colegio profesional** (roll), **lista oficial de abogados colegiados** (roll of solicitors, law list), **listado** (listing)].

litigación *n*: litigation. [Exp: **litigante** (litigant, litigator, claimant, party to a suit; S. *demandante, parte de la demanda*), **litigante oneroso o vejatorio** (vexatious litigant; S. *picapleitos*), **litigante vencedor/vencido** (winning/losing side/party, successful/unsuccessful party to a suit), **litigar** (litigate; S. *pleitear*)]. *Cf* pleito, litigio.

litigio *n*: lawsuit, suit, case, contest, litigation; debate. [Exp: **en litigio** (in dispote, at/in issue), **litigio dentro del derecho marítimo** (maritime cause), **litigio vejatorio** (vexatious action), **litigioso** (litigious)]. *Cf* proceso judicial, demanda judicial, pleito.

litis/lite *n*: suit, case, action, lawsuit. [Exp: *litis denuntiatio* (service of process to the defendant), **litisconsorcio** (joinder of parties, joint litigation), **litisconsorte** (partner in joinder of parties), **litiscontestación** (litiscontestation, joinder of issue), **litisexpensas** (costs; S. *costas*), **litispendencia** (lis pendens, litispendency), duration of the issue, period between joinder of issue and judgment)]. *Cf* pleito, causa.

locación *n*: lease, rental, bailment. [Exp: **locación de servicios** (hiring of services, employment), **locador** (lessor, bailor), **local** (premises), **locatario** (bailee, lessee; S. *depositante de fianza*)]. *Cf* arrendamiento.

loco *n*: mad, insane, unhinged; crazed. [Exp: **locura** (madness, insanity)]. *Cf* demente.

locutorio de una cárcel *n*: booth, visiting room at a jail.

logia *n*: freemason's lodge. *Cf* reunión de francmasones.

logotipo *n*: logotype, logo (*col*). [Exp: **logotipo social** (corporate logo)].

lograr *v*: obtain, attain; manage, be able. *Cf* sacar, adquirir, obtener.

logrero *n*: money lender, profiteer.

lote *n*: lot; package, portion, share.

lucro *n*: gain, profit. [Exp: **lucrativo** (lucrative, profit-making), **lucro cesante** (claim for damages for loss of profit; S. *daños emergentes*)]. *Cf* ganancia, beneficio, utilidad.

lugar *n*: place, spot. [Exp: **lugar de custodia** (depository; S. *almacén de depósitos*), **lugar de trabajo** (workplace; S. *taller, fábrica*), **lugar del delito o del crimen** (scene of the crime), **lugar y fecha de la emisión** (data, place and date of issue), **no ha lugar** (case dismissed, objection overruled; leave is refused, request out of order), **si ha lugar** (where applicable), **sin lugar a dudas** (undoubtedly)].

lupanar *n*: brothel. *Cf* casa de prostitución o de lenocinio, burdel.

luto, en señal de *phr*: as a sign of mourning; to mark the dealh of. *Cf* duelo; a media asta.

LL

llamar *v*: call. [Exp: **llamada a licitadores** (call/invitation for bids; S. *licitación*), **llamamiento a juicio** (summons, citation), **llamada de atención** (reprimand, complaint), **llamar a capítulo** (call to account), **llamar a filas** (conscript, call up, call to the ranks, call for military service), **llamar a la huelga** (call out to strike), **llamar al orden** (call to order), **llamar la atención** (reprimand)]. *Cf* amonestar, advertir.

llegar *v*: arrive, come. [Exp: **llegada** (accession; S. *advenimiento, acceso*), **llegar a la mayoría de edad** (attain one's majority), **llegar a un acuerdo** (reach an agreement/settlement), **llegar a un acuerdo de cooperación** (pool resources), **llegar a un acuerdo extrajudicial** (settle out of court), **llegar a un arreglo/término medio/compromiso** (reach a compromise), **llegar al fondo de la cuestión** (get to the bottom/heart of the matter), **llegar al poder** (come to power)].

llevar *v*: bear, carry, take. [Exp: **llevar a cabo** (carry out, execute, effect; S. *efectuar, practicar, poner en ejecución*), **llevar a cabo un careo** (confront), **llevar a efecto** (put into effect), **llevar a los tribunales** (take to court; S. *demandar*), **llevar aparejado o consigo** (carry with it; entail, involve; lead necessarily to), **llevar un negocio** (run a business, ply one's trade), **llevar una causa, un expediente, un pleito,** etc. (conduct a case, have charge of a hearing, suit, etc.; S. *tramitar, gestionar*)].

M

mácula *n*: aspersion. *Cf* tacha, deshonra, difamación, calumnia.

madre sustituta *n*: surrogate mother.

mafia *n*: mafia, gangsters, gangland; hoods or thugs collectively. [Exp: **mafia de la droga** (drug barons, dope peddlars)].

magistrado *n*: senior judge, *approx* puisne judge; magistrate, justice. [Exp: **magistrado de término** (puisne judge, senior judge), **magistrado ponente** (judge appointed as rapporteur), **magistrado suplente o sustituto** (acting judge, judge who stands in for another), **magistratura** (magistracy, *approx* the Bench)]. *Cf* juez.

mal *a/n*: bad, foul; wrong; wrongdoing; ill, evil. [Exp: **mal material o moral** (damage), **mal pagado/retribuido**) (underpaid), **mal rato** (ordeal)].

maldad *n*: malice, evil, maliciousness, vice. *Cf* ruindad, dolo.

maleante *n*: S. *vago y maleante*.

malearse *v*: go to the bad.

maledicencia *n*: slander, slandering, backbiting. *Cf* calumnia oral, difamación oral.

maléfico *a*: malicious.

malentendido *n*: misunderstanding.

malestar *n*: unrest; discomfort, uneasiness. *Cf* inquietud, desorden, disturbios.

malevolencia *n*: malevolence. [Exp: **malévolo** (malevolent, malicious)]. *Cf* adversión.

malhechor *n*: malefactor, offender, wrongdoer, villain *col*. *Cf* malvado, criminal, culpable.

malicia *n*: malice, maliciousness. [Exp: **malicia de hecho o expresa** (malice in fact, actual malice, express malice), **malicia premeditada** (preconceived malice, malice aforethought)]. *Cf* maldad, mala intención.

maligno *a*: malicious; evil, pernicious. [Exp: **malignidad** (perversity, viciousness, malice)].

malo *a*: bad, foul, wrong. [Exp: **de mala fama/reputación** (disreputable, notorious, of evil repute, of ill fame), **de mala fe** (in bad faith, unfair; mental reservation; S. *buena fe*), **con/sin mala intención** (de dolo, bona fide), **mala administración** (mismanagement), **mala conducta** (misbehaviour, misconduct), **mala fama** (notoriety), **mala intención** (maliciousness; S. *malicia, maldad*), **mala interpretación** (misconstruction, misinterpretation), **malos tratos** (ill treatment, violence, physical violence; abuse; S. *desmanes, insulto, exabrupto, invectiva, ofensa, vituperación*)]. *Cf* injusto, equivocado.

maltratar *v*: maltreat, ill-treat; punch up, knock about, beat up; abuse. [Exp: **maltratar de palabra** (abuse), **maltrato** (maltreatment, abuse; S. *malos tratos*), **maltrato de menores** (child abuse, battering of children)]. *Cf* ultrajar, injuriar.

malversación *n*: misappropriation, defalcation, embezzlement. [Exp: **malversación de caudales/fondos públicos** (embezzlement/misappropriation of public funds), **malversador** (defalcator, embezzler; S. *defraudador*), **malversar** (misappropriate, embezzle; S. *distraer fondos*)]. *Cf* distracción de fondos.

mancomún, de *adv*: jointly, together; by common consent. [Exp: **mancomunada y solidariamente** (joint and several), **mancomunar** (club together, pool, combine), **mancomunar firmas** (sign jointly; collect signatures), **mancomunidad** (commonwealth)]. *Cf* comunidad, asociación político-económica.

mancha en la reputación *n*: blemish. [Exp: **sin mancha** (clear)]. *Cf* tacha, deshonra.

manda *n*: legacy, bequest, bequeathal. *Cf* legado, testamento.

mandamás (*col*) *n*: boss, top brass, bigwig, high heid yin; baron (*col*). *Cf* pez gordo, cacique.

mandamiento (judicial) *n*: order, precept, mandate, writ, warrant, mandamus. [Exp: **mandamiento de detención** (warrant of arrest; S. *orden o auto de detención*), **mandamiento de ejecución** (writ of execution; S. *ejecutoria*), **mandamiento de embargo** (writ of attachment), **mandamiento de registro** (search warrant; S. *orden de registro*), **mandamiento judicial mediante el que se encomienda la patria potestad a una institución de la administración local** (emergency protection order), **mandamiento para entrega de bienes muebles** (writ of delivery)]. *Cf* comunicaciones procesales, orden judicial, providencia, auto.

mandar *v*: order, enjoin; send; bequeath. [Exp: **mandante** (principal, mandator), **mandante encubierto** (undisclosed principal), **mandatario** (agent, attorney, donor, proxy; S. *apoderado, representante, agente, procurador*)].

mandato *n*: mandate, writ, warrant, injunction, precept, power/letter of attorney, commission, appointment; term of office. [Exp: **mandato absoluto** (fiat), **mandato de ejecución** (mandatory injunction), **mandato de procuraduría** (power of attorney; S. *poder notarial, poder de representación*), **mandato imperativo** (mandatory instructions), **mandato inconcluso** (unexpired term of office), **mandato de pago** (order for payment), **mandatorio** (mandatory; S. *obligatorio, preceptivo, forzoso*)]. *Cf* orden, decreto,

mandamiento judicial, auto judicial, orden judicial, proveído.

mando de, al *phr*: in charge of. *Cf* al frente de, a cargo de.

manera *n*: manner, way. [Exp: **de manera impensada** (recklessly, heedlessly, without due thought), **de manera impulsiva** (on impulse), **de manera precipitada** (hastily)].

maníaco *n*: maniac. [Exp: **maníaco sexual** (sex maniac), **maníaco depresivo** (maniac-depressive)].

maniatar *v*: handcuff, tie somebody's hands. *Cf* esposar.

manifestar *v*: show, declare, state, allege. [Exp: **manifestación** (statement, declaration, allegation, pleading; public demonstration), **manifiesto** (manifest, express, patent, apparent; blatant), **manifiesto de embarque** (ship's manifest), **manifiesto de provisiones de un buque** (store list)].

maniobra *n*: manoeuvre; trick, move. [Exp: **maniobrar** (manoeuvre; scheme, jockey for position)].

manipulación *n*: handling; manipulation, rigging. [Exp: **manipulación de precios** (price-rigging), **manipulación de la justicia** (perverting of the course of justice), **manipulación fraudulenta de una votación** (ballot-rigging; S. *«pucherazo electoral»*), **manipulador** (manipulator), **manipular** (manipulate, rig; S. *cometer fraude, hacer chanchullos*)]. *Cf* fraude, chanchullos.

mano *n*: hand. [Exp: **a mano** (to hand), **a mano alzada** (by show of hands), **a mano armada** (S. *robo*), **con las manos en la masa** (red-handed, in the act; S. *in fraganti*), **en manos de** (in the hands of, in pawn to; S. *a merced de*), **mano de obra** (labour, manpower, workforce), **manos limpias** (clean hands; S. *conducta intachable*)].

mantener *v*: maintain, sustain, assert, hold, support, preserve. [Exp: **mantener/poner a raya** (hold at bay, keep/hold back; keep within bounds; S. *pasar de la raya*), **mantener una entrevista** (hold an interview), **mantener vigilado a alguien** (place somebody under surveillance), **mantenimiento** (maintenance;

S. *cuidado, sustento, alimentación, conservación, entretenimiento*), **mantenimiento de la paz** (maintaining peace, preservation of peace), **mantenimiento del orden** (maintenance of order)].

manutención *n*: sustenance, support. *Cf* alimentos.

maquinar *v*: conspire, combine. [Exp: **maquinación** (machination, conspiracy; S. *conjura, trama*), **maquinación para alterar el precio de las cosas** (conspiracy to rig prices)]. *Cf* fraguar, conspirar.

mar *n*: sea. [Exp: **mar territorial** (territorial waters)]. *Cf* aguas jurisdiccionales o territoriales; gente del mar.

marca *n*: mark; make, trade mark. [Exp: **marca de fábrica, industrial o registrada** (trade mark, TM), **marca de lindes** (landmark; S. *señal, límite, mojón de lindero*), **marca de identificación** (identifying), **marcación (náut.)** (bearing; S. *orientación*), **marcar** (mark), **marcas de calado** (draught marks), **marcas de lindes naturales o artificiales** (metes and bounds)]. *Cf* marca.

marco *n*: framework, setting. [Exp: **en el marco de** (under), **marco estatutario o legal** (regulatory scheme, legal framework; S. *normativa*)]. *Cf* ámbito, acuerdo-marco.

marcha *n*: running, movement; progress; working order. [Exp: **marcha o curso normal de los negocios** (regular course of business)]. *Cf* organización; poner en marcha.

margen *n*: margin. [Exp: **margen comercial bruto** (gross margin), **margen de cobertura** (backwardation)].

marginar *v*: marginalise; leave out; sideline. [Exp: **marginado social** (drop-out, marginalised)].

marido y mujer *n*: husband and wife, married couple. *Cf* cónyuges.

marina *n*: Navy.[Exp: **marina mercante** (merchant marine, merchant navy), **marinero** (seaman, sailor, deck hand), **marinero preferente** (able-bodied seaman), **marino** (naval officer; marine), **marítimo** (maritime)].

masa *n*: mass, body. [Exp: **masa de acreedores** (body of creditors), **masa de la quiebra** (assets of a bankruptcy, bankrupt's estate), **masa hereditaria** (estate; S. *activo neto relicto*)].

matanza *n*: slaughter, mass killing, massacre. [Exp: **matar** (kill; murder, slay, *Amer*; S. *asesinar*)]. *Cf* matanza, carnicería.

materia *n*: matter, field. [Exp: **en materia de** (with regard to), **materia de registro o de autos** (matter of record), **material** (material), **material procesal** (subject of a suit), **material de oficina** (office supplies), **materiales de construcción** (building materials), **materias primas** (raw materials)]. *Cf* cuestión.

matrícula *n*: licence, register; registration number. [Exp: **matriculación** (enrollment), **matricular** (register, enrol, matriculate)].

matrimonio *n*: marriage, matrimony; married couple. [Exp: **matrimonial** (matrimonial, consistorial, *Scot*; S. *marital*), **matrimonio canónico** (canonical/church marriage), **matrimonio civil** (civil marriage), **matrimonio de conveniencia** (marriage of convenience, sham marriage), **matrimonio de hecho** (common-law marriage), **matrimonio mixto** (mixed marriage), **matrimonio morganático** (morganatic marriage), **matrimonio no consumado** (unconsummated marriage), **matrimonio por poder** (marriage by proxy), **matrimonio rato** (unconsummated marriage)].

matriz *n*: matrix; stub of a cheque; voucher; coupon; slip, original document, master copy. *Cf* papel, resguardo, recibo; casa matriz.

mayor *a*: main, major, principal; head, high; older, greater; adult, person of full age. [Exp: **al por mayor** (wholesale), **de mayor rango** (superior, senior), **mayor de edad** (of full age; of legal age; adult), **mayor/menor cuantía** (division of civil actions into those involving claims greater or less than a standard amount; the process and court procedure is slightly different in each case; S. *juicio de mayor/menor cuantía*)].

mayorazgo *n*: right of primogeniture; entailed estate, entailment.

mayoría *n*: majority. [Exp: **mayoría de edad** (majority, legal age, full age, full legal age,

age of consent, lawful age), **mayoría de votos** (majority of votes), **mayoría del capital** (major part of the capital), **mayoría escasa** (bare majority), **mayoría simple** (simple majority), **mayoritario** (majority), **mayorista** (wholesale trade; wholesaler; S. *comercio al por mayor*), **por mayoría** (by a majority)]. *Cf* mayoritario, mayoría de edad.

media asta, a *phr*: at half-mast.

mediación *n*: agency, mediation. [Exp: **mediante** (by means of), **mediador** (broker, mediator, middleman; S. *agente, corredor, intermediario*), **mediar** (mediate; S. *intervenir*), **mediato** (mediate)]. *Cf* intermediación, agencia, gestoría.

medianera/medianería *n*: party wall. *Cf* lindero.

medianero *n*: mediator. *Cf* mediador, tercero.

medición *n*: measurement; survey. [Exp: **medir** (measure; examine, survey, assess), **medir las palabras** (weigh one's words; word a statement carefully)].

medicina *n*: medicine. [Exp: **medicamento** (medicine, drug), **medicina legal** (medical jurisprudence, forensic medicine), **médico** (medical; physician, doctor), **médico forense** (forensic surgeon, specialist in forensic medicine)].

medida *n*: measure, step, action, procedure, means; standard. [Exp: **en la medida en que** (to the extent that, in as much as, in so far as), **en la medida en que fuere necesario** (as far as may be necessary), **medida cautelar** (precautionary measure, interins relief, precaution; S. *fianza, garantía, caución*), **medida de control** (safety measure, safeguard; S. *protección, garantía*), **medida de expulsión** (expulsión order), **medida de gracia** (pardon; S. *amnistía, indulto, perdón*), **medida disuasoria o represiva** (deterrent), **medidas de orden interno** (administrative arrangements), **medidas de represalia** (reprisals, retaliatory measures), **medidas de seguridad** (safety measures), **medidas disciplinarias** (disciplinary measures), **medidas generales** (general measures), **medidas legales o judiciales** (action, procedure, legal measures/steps, procedural steps; S. *trámites, diligencias*), **medidas preferenciales** (preferential treatment; S. *trato preferencial*), **medidas preventivas** (preventive measures), **medidas protectoras o de salvaguardia** (protective measures), **medidas provisionales** (provisional measures), **medidas represivas** (repressive measures), **medidas restrictivas** (restrictive measures)].

medio(s) *a/adv/n*: half; mean; medium; step; means, resources. [Exp: **a medio plazo** (medium-term), **con medios fraudulentos** (under false pretences; S. *bajo falsas apariencias, con dolo*), **medio ambiente** (environment), **medios** (facilities, means, resources; S. *prestaciones, servicios e instalaciones*), **medios de comunicación social** (mass media), **medios de defensa** (defeance), **medios de prueba** (means of proof), **medios económicos** (financial resources, means), **medios legales** (legal remedies; S. *soluciones, recursos, remedios*), **por medio de engaño** (by deception)]. *Cf* gestión, trámite, diligencia.

medir *v*: survey. *Cf* estudiar, examinar.

mejor *a*: better, best. [Exp: **con mejor título o derecho** (with a better right), **mejor postor** (highest bidder)].

mejora *n*: betterment, melioration. [Exp: **mejora de apelación** (formerly, the pleas-in-law and other particulars addressed by the appellant to the appeal court following the lodging of an appeal), **mejora de embargo** (second or further distraint or attachment levied on the goods of a debtor when the proceeds of the earlier distraint are insufficient to satisfy the rights of creditors), **mejora hereditaria** (part of an inheritance that may be used to benefit any or all of the rightful heirs more than anyone else; S. *legítima*), **mejora patrimonial** (beneficial improvement), **mejoras en propiedad arrendada** (leasehold improvements)].

mejoramiento *n*: amelioration.

mejorar *v*: improve, meliorate; increase an inheritance above the legal share.

memorándum *n*: memorandum. *Cf* nota, memoria.

memoria *n*: memorandum, report. [Exp:

memoria financiera anual de las empresas (annual return), **memoria de una mercantil** (company's annual report)]. *Cf* informe.

memorial *n*: petition; record, statement; brief. [Exp: **memorial de agravios** (list of grievances)].

mencionar *v*: mention, specify. [Exp: **mención** (reference), **mención de autoridades** (citation of authorities), **mencionado** (aforementioned)]. *Cf* especificar, precisar.

menor cuantía *n*: S. *mayor cuantía*.

menor *a/n*: minor, lesser; smaller; younger; junior; under age; minor child; juvenile; ward. [Exp: **menor de edad** (juvenil, minor, person under age)].

menos *a/adv*: less, least. [Exp: **a menos que** (unless, except, save; S. *salvo*), **a menos que se estipule lo contrario** (except as otherwise herein provided)].

menoscabo *n*: damage, impairment, detriment, loss, disadvantage. [Exp: **en menoscabo de** (to the detriment of), **menoscabo de los privilegios** (breach of privilege)].

menospreciar *v*: undervalue, underestimate; disparage, slight. [Exp: **menosprecio** (scorn; contempt; slander of title, property, goods; S. *descrédito*)]. *Cf* desacreditar.

mensaje de la Corona *n*: Crown's address.

mensualidad *n*: monthly instalment/payment/allowance.

mentalmente inestable o incapacitado *phr*: unsound; of unsound mind; non compos mentis. *Cf* perturbado.

mente sana, de *phr*: of sound mind. *Cf* de juicio cabal.

mentir *v*: lie; deceive. [Exp: **mentira** (lie, false statement, false pretences)].

menudeo *n*: retail, retail trade. *Cf* minorista, detallista.

mercader *n*: trader, merchant. *Cf* comerciante, negociante.

mercadería(s) *n*: goods, commodities, wares, merchandise. *Cf* primeras materias, géneros, mercancía.

mercado *n*: market, exchange. [Exp: **mercado abierto** (market overt, open market), **mercado alcista** (bull market), **mercado bajista o** replegado a la baja (bear market), **mercado bursátil o de valores** (securities market; S. *Bolsa de comercio*), **mercado con escaso volumen de contratación** (narrow market), **mercado a plazo fijo** (forward market), **mercado de divisas** (foreign exchange market), **mercado de futuros** (futures markets), **mercado de materias primas** (commodity exchange), **mercado de opciones** (options market), **mercado de petróleo** (oil exchange), **mercado indeciso** (hesitant market), **mercado interior** (domestic market), **mercado intervenido** (controlled market), **mercado libre** (free market), **mercado monetario** (money market), **mercado negro** (black market), **mercado secundario** (secondary market), **mercado telefónico** (over-the-phone market), **mercado único** (single market), **Mercado Común Europeo** (European Common Market), **mercadotecnia** (marketing)]. *Cf* bolsa, plaza.

mercancía *n*: merchandise, trade, ware. *Cf* mercaderías, primeras materias, géneros.

mercante *a*: mercantile. *Cf* mercantil, comercial.

mercantil *a/n*: mercantile; company. *Cf* comercial; sociedad mercantil.

merced *n*: pleasure, will; gratitude. [Exp: **a la merced de** (at the mercy of, in the hands of), **merced a** (thanks to)].

mercenario *n*: hireling, mercenary.

mérito *n*: merit. [Exp: **mérito procesal** (merits of the case, theory of the case; S. *fondo del asunto o de la cuestión*), **meritorio** (meritorious)].

merma *n*: leakage, shrinkage, loss, decrease, wastage, short delivery. [Exp: **mermar** (deplete, reduce, lessen, cut), **sin merma** (without loss to, without detriment)]. *Cf* derrama.

merodear con fines delictivos o sospechosos *v*: loiter with intent. [Exp: **merodeo** (marauding)].

mesa *n*: table; management, board, commission. [Exp: **mesa electoral** (polling-place, polling station; S. *colegio electoral*), **mesa directiva/ejecutiva** (board of governors/directors), **mesa presidencial** (general committee), **mesa redonda** (round-table meeting/conference)].

meterse *v*: interfere, meddle. [Exp: **meterse con** (provoke, insult, accost, pick a fight with), **meterse en pleitos** (go to law; S. *entablar juicio*)].

método *n*: method, process. *Cf* modalidad, procedimiento.

miedo *n*: fear. [Exp: **miedo insuperable** (unconquerable fear)].

miembro *n*: member. [Exp: **miembro de un piquete** (picket), **miembro del consejo de administración** (director)]. *Cf* vocal, afiliado, socio.

minar *v*: undermine. *Cf* socavar.

minifundio *n*: small estate, small holding; small farm.

mínimo *n*: minimum; marginal, marginal. *Cf* nimio, insignificante, marginal.

ministerio *n*: ministry, government department, office. [Exp: **Ministerio de Asuntos Exteriores** (Foreign Office, Ministry of Foreign Relations, State Department), **Ministerio de Comercio e Industria** (Department of Trade and Industry, DTT), **Ministerio de Hacienda** (Ministry of Finance; Ministry of the Treasury; Exchequer), **Ministerio de Industria** (Ministry of Industry), **Ministerio de Marina** (Admiralty), **Ministerio de Trabajo** (Ministry of Labour), **Ministerio del Interior** (Ministry of Interior; Home Office), **ministerio fiscal/público** (public prosecutor, Attorney General; department of public prosecutions, DPP; procurator's office, *Scot*), **por ministerio o efecto de la ley** (by operation of the law; S. *de oficio*)].

ministro *n*: minister, minister of State. [Exp: **Ministro de Asuntos o de Relaciones Exteriores** (Secretary of State for the Foreign Office, Minister of Foreign Affairs), **Ministro de Finanzas** (Minister of Finance), **Ministro de Hacienda** (Chancellor of the Exchequer), **Ministro de Justicia** (Minister of Justice; Attorney-general), **Ministro del Interior** (Home Secretary, Secretary of State for the Home Office, Home Secretary; Minister of the Interior), **ministro sin cartera** (minister without portfolio)].

minoría *n*: minority. [Exp: **minoritario** (minority)].

minorista *n*: retail trader, retailer. *Cf* comerciante al por menor, detallista.

minusvalía *n*: capital loss. *Cf* pérdidas de capital; plusvalía; variaciones patrimoniales en el impuesto de la renta, minusvalía.

minuta *n*: draft, draft copy; fee; note, memorandum, memo.

misión *n*: mission, task. [Exp: **misión de investigación** (fact-finding mission)]. *Cf* tarea, función.

mitigar *v*: mitigate, alleviate. *Cf* paliar, atenuar.

mixto *a*: mixed.

moción *n*: motion, proposition. [Exp: **moción de censura o de falta de confianza** (motion of censure, vote of lack of confidence), **moción de dejar sin efecto** (motion to set aside; S. *recurso de reposición*), **moción de levantar la sesión** (motion to adjourn)]. *Cf* iniciativa, propuesta, petición, ponencia.

modalidad *n*: basis, form, modality.

moderador *a/n*: moderating; moderator, umpire.

modificar *v*: modify, revise, amend, rectify, alter. [Exp: **modificable** (amendable, revisable), **modificación** (modification, amendment, revision; S. *enmienda, reforma*), **modificación fundamental en un documento** (material alteration to the wording of a document)]. *Cf* enmendar, corregir, revisar, reconsiderar.

mojón *n*: landmark; milestone. *Cf* término, marca de lindes.

molestar *v*: trouble, annoy, pester, inconvenience; molest. [Exp: **molestia privada/pública** (private/public nuisance; S. *infracción de las normas de convivencia civilizada*)]. *Cf* importunar.

momento procesal *n*: stage of a trial.

moneda *n*: coin, currency. [Exp: **moneda de curso legal** (legal currency, legal tender), **moneda o divisa débil/fuerte** (soft/hard currency), **moneda extranjera** (foreign currency; S. *divisas*), **moneda falsa** (counterfeit coin), **moneda nacional** (local currency)]. *Cf* casa de la moneda.

monetario *a*: monetary, financial. *Cf* bancario, financiero.

monopolio *n*: monopoly, trust, cartel. [Exp: **monopolio fiscal** (trade monopoly, monopoly industry), **monopolio gremial** (closed shop agreement, pre-entry closed shop, post-entry closed shop), **monopolizador** (monopolist; S. *acaparador*), **monopolizar** (monopolize)]. *Cf* acaparar.

montar *v*: set up, establish. [Exp: **montaje** (set up, fiddle; graft)]. *Cf* constituir, fijar, marcar, crear, establecer.

montante/monto *n*: sum, amount, total.

monte de piedad *n*: pawnbroker's shop. *Cf* casa de préstamos.

mora *n*: default, delay, arrears, mora. [Exp: **en mora** (in default, overdue, in arrears; S. *moroso*), **moratoria** (moratorium, deferment, deferral; S. *aplazamiento*), **moroso** (defaulter, in default)]. *Cf* falta de pago, incumplimiento; denuncia de la mora.

morir *v*: die, decease. [Exp: **mortal** (fatal), **mortalidad** (death toll, toll of victims; mortality rate), **mortandad** (mortality, carnage)]. *Cf* fallecer.

mostrenco *a*: abandoned, in abeyance, with no known owner. *Cf* bienes mostrencos.

motín *n*: riot, mutiny. [Exp: **amotinado** (rioter)]. *Cf* tumulto, revuelta.

motivo *n*: cause, motive, reason, call, ground, occasion; case. [Exp: **motivo de acusación** (count of an indictment; S. *imputación, cargo*), **motivo de apelación** (ground for appeal), **motivo indirecto** (remote cause), **motivo suficiente** (adequate/good cause, cause of action), **motivos fundados** (reasonable grounds), **sin motivo** (without motive, causeless, groundless, unfounded; S. *infundado*)]. *Cf* causa, razón, base, móvil, argumento.

mover *v*: move, shift; induce, cause, prompt. [Exp: **mover pleito a** (take to court, take action/proceedings against), **móvil** (motive; S. *motivo, razón*)].

movilización *n*: mobilization. [Exp: **movilizaciones laborales** (action; S. *acciones de protesta*), **movilizado o permanente** (permanent assets; S. *activo fijo*)].

movimiento *n*: movement. [Exp: **movimiento del capital** (capital turnover; S. *rendimiento de la inversión*), **movimientos de precios** (price variation, changes in prices), **movimientos de una cuenta** (movements/transactions in an account), **movimiento obrero** (working class movement)].

mudar *v*: change, alter; move; move house; remove. [Exp: **mudanza** (removal, move; change)]. *Cf* trasladar, suprimir, deponer, destituir, quitar.

mueble *a/n*: movable; persona; furniture. [Exp: **muebles y enseres** (furniture and fixtures, fittings), **bienes muebles** (movables, personal property, personalty, goods and chattels)]. *Cf* inmueble, raíz.

muelle *n*: berth, dock, pier, wharf. [Exp: **muelle de atraque** (quay), **franco sobre muelle** (free on quay)]. *Cf* atracadero, amarradero.

muerte *n*: death, decease, demise. [Exp: **muerte accidental** (accidental death, death by misadventure), **muerte causada por negligencia de otro** (wrongful death), **muerte civil** (civil death; S. *inhabilitación perpetua*), **muerte natural** (natural death), **muerte presunta** (presumptive death), **muerte sin descendencia** (failure of issue), **muerte repentina** (sudden death), **muerte violenta** (violent death)]. *Cf* fallecimiento, defunción, óbito.

muerto *a/n*: dead, deceased; dead man/woman, dead body; victim casualty. *Cf* cargar con el muerto, dejar por muerto, dar por muerto, echar el muerto a uno.

muerto sin testar *a*: abintestate. *Cf* abintestato.

muestra *n*: sample. [Exp: **muestra de sangre** (specimen of blood), **muestreo** (sample)].

mujer *n*: woman, wife. [Exp: **mujer casada** (married woman, feme covert — in common law), **mujer soltera, viuda o divorciada** (unmarried woman, feme discovert/feme sole)].

multa *n*: fine, penalty, forfeiture, amercement (*obs*). [Exp: **multable** (fineable; S. *sancionable, castigable*), **multar** (fine, penalize, impose a penalty)].

multiplicidad de acciones judiciales *n*: multiplicity of actions or suits.

multipropiedad *n*: time sharing.

municipio *n*: municipality, borough, burgh. [Exp: **municipal** (municipal, local)].

murmuración *n*: gossip; grumbling, backbiting. [Exp: **murmurador** (backbiter; S. *detractor*), **murmurar** (gossip, grumble; backbite, *col*; S. *calumniar, difamar, desacreditar*)]. *Cf* maledicencia, detracción, murmuración.

mutilación *n*: mutilation, maiming, disfiguring; defacement, destruction. [Exp: **mutilación criminal de una parte del cuerpo** (deliberate mutilation of a limb, etc., criminal injury), **mutilación o destrucción maliciosa de un documento,** etc. (defacement), **mutilar** (maim, mutilate, deface)]. *Cf* destrozar.

mutuo *a*: mutual, reciprocal. [Exp: **de mutuo acuerdo/consentimiento** (mutual consent; S. *divorcio de mutuo acuerdo*), **mutua** (mutual society), **mutua constructora** (building society), **mutua de seguros** (mutual insurance company, insurance mutual), **mutualidad** (mutual fund, mutuality), **mutuo** (mutuum, mutual arrangement or contract)]. *Cf* recíproco, bilateral.

N

nacer *v*: be born; arise, issue, flow, originate; accrue (of a right). [Exp: **nacido fuera de matrimonio** (born out of wedlock; natural; S. *ilegítimo*), **nacido muerto** (stillborn), **nacido vivo** (born alive), **nacimiento** (birth; accrue, accruing), **nacimiento de un derecho** (accrual of a right), **nacimiento de la obligación tributaria** (S. *devengo*)].

nación *n*: nation, country, land. [Exp: **nacional** (national, domestic, local; S. *interior; súbdito, ciudadano*), **nación más favorecida** (most favoured-nation; S. *cláusula de*), **nacionalidad** (nationality, citizenship; S. *ciudadanía*), **nacionalidad por origen** (nationality by birth or descent), **nacionalización** (naturalization; S. *carta de naturaleza*), **nacionalizar** (nationalise, naturalize)].

Naciones Unidas *n*: United Nations (UN).

narcótico *n*: drug. [Exp: **narco,** *col* (drug trafficker), **narcóticos** (narcotics; S. *estupefacientes, drogas*), **narcotraficante** (drug trafficker/peddlar), **narcotráfico** (drug traffic)]. *Cf* droga.

nasciturus *n*: nasciturus, fetus, viable fetus.

nato *a*: ex officio.

natural *a*: natural; physical. [Exp: **naturaleza** (nature, nationality, citizenship)].

naufragar *v*: wreck, capsize. [Exp: **naufragio** (shipwreck), **naufragio casual/culpable** (accidental/negligent shipwreck), **náufrago** (wreck, castaway)]. *Cf* naufragar.

navegación *n*: navigation. [Exp: **navegabilidad** (seaworthiness), **navegación aérea** (air transport), **navegación costera** (coasting; S. *cabotaje*), **navegación de estima** (dead reckoning)].

naviero *n*: shipowner; ship builder. *Cf* armador.

necesario *n*: necessary. [Exp: **en tanto fuere necesario** (where necessary; S. *en la medida en que fuere necesario*), **necesidad** (necessity, need, emergency; call), **necesidad natural o física** (physical necessity), **necesidad racional del medio** (reasonable force required by the circumstances — part of the doctrine of self-defence), **necesitar** (need, require)]. *Cf* estado de necesidad; exigencia.

necropsia/necroscopia *n*: autopsy, post-mortem examination.

negación *n*: denial, refusal; disclaimer. *Cf* negador, abandono, renuncia.

negar *v*: deny, gainsay, disaffirm, reject, refuse, withhold; disclaim, disown. [Exp: **negarse a** (refuse, decline; S. *rehusar, declinar*)]. *Cf* contradecir, desmentir, no aceptar.

negativo *a*: negative. *Cf* negativa.

negativa *n*: denial, refusal, negative averment.

negatorio *a*: negatory.

negatoria *n*: defence to a claim for right of way.

negligencia *n*: negligence, neglect, carelessness; recklessness; breach of duty of care; misfeasance, nonfeasance, fault, perfunctoriness, laches. [Exp: **negligencia clara o evidente** (manifest negligence), **negligencia colateral o subordinada**

(collateral negligence), **negligencia con-currente** (concurrent negligence), **negligencia culposa, contribuyente o de la parte actora** (contributory negligence, culpable negligence, active fault or negligence; S. *culpa flagrante*), **negligencia grave** (gross negligence), **negligencia indirecta** (prior negligence), **negligencia inexcusable** (culpable negligence; S. *negligencia culposa*), **negligencia procesable** (actionable negligence), **negligencia temeraria** (recklessness), **negligente** (negligent, careless, perfunctory, remiss, reckless; S. *descuidado*)].

negociación *n*: negotiation. [Exp: **negociación colectiva** (collective bargaining), **negociación de efectos** (draft discounting), **negociaciones de paz** (peace talks)].

negociado *n*: bureau, office, department. *Cf* oficina, entidad, agencia.

negociar *v*: trade, treat, deal, bargain, negotiate. [Exp: **negociador** (negotiator; S. *gestor*), **negociante** (merchant; S. *mercader, comerciante*)]. *Cf* traficar, contratar, comerciar.

negocio *n*: business, dealing; deal, transaction. [Exp: **negocio de buena fe** (bona fide transaction)]. *Cf* empresa.

neto *a*: clear, net. *Cf* líquido.

nexo causal *n*: causal connection/link, chain of causation, causation.

nicho o cuota de mercado *n*: market niche.

niño expósito *n*: foundling, orphan.

nivel *n*: level. [Exp: **nivel de actuación o participación** (profile), **nivel de asistencia** (turnout; audience figures), **nivel de vida** (standard of living), **nivelar** (balance, adjust)]. *Cf* saldar, cuadrar, equilibrar.

no *adv*: no; non, un-, dis-. [Exp: **no caucionable** (non-bailable), **no comprometido** (uncommitted), **no consolidable** (non-fundible), **no consolidado** (non-consolidated, unfunded), **no disponible** (unavailable; S. *agotado*), **no embargado** (unattached), **no endosado** (unindorsed), **no negociable** (non-assignable, non negotiable; S. *intransferible*), **no notificado** (unserved), **no premeditado** (unintended/unintentional), **no reclamado/solicitado** (unclaimed), **no reembolsado**

(unrefunded), **no residente** (non-resident), **no restituible** (unrefundable), **no sometido a la jurisdicción** (outside the jurisdiction), **no suscrito** (unsubscribed), **no tener constancia** (have no record), **no tener en cuenta** (disregard), **no tomar en consideración** (waive; S. *dispensar, pasar por alto*), **no transferible** (non assignable), **no vencido** (not due, unexpired)].

no obstante *conj*: however, nevertheless; all the same; in spite of, notwithstanding. [Exp: **no obstante lo dispuesto en los artículos 4 y 5** (notwithstanding the provisions of articles 4 and 5; the provisions of articles 4 and 5 notwithstanding)].

nocivo *a*: harmful. *Cf* perjudicial, peligroso.

noche *n*: night. [Exp: **nocturnidad** (the fact that a criminal act was perpretated under cover of darkness — an aggravating circumstance in Spanish criminal law)].

nombramiento *n*: appointment, designation; commission, nomination, naming. [Exp: **nombrado** (designate; S. *electo, designado*), **nombramiento ilegal** (unlawful appointment), **nombrar** (appoint, nominate, name, designate), **nombrar representante** (nominate someone as proxy), **nombrar sustituto** (appoint somebody substitute)]. *Cf* mandato, designación.

nombre *n*: name, reputation. [Exp: **en nombre de** (in the name of, on behalf of), **nombre colectivo** (trade name, firm name, partnership name), **nombre comercial, de marca o de fábrica** (business name, trade name; S. *razón social*), **nombre supuesto** (alias, assumed name)]. *Cf* crédito, reputación.

nómina *n*: payroll; pay statement, list, return; roll. *Cf* lista.

nominación *n*: nomination. *Cf* presentación de candidaturas, candidatura, propuesta, nombramiento, designación.

nominal *a*: nominal, face. *Cf* valor nominal.

nominativo *n*: nominative, registered. *Cf* cheque nominativo.

norma *n*: rule, order, precept, norm, standard, regulations, code; canons. [Exp: **norma de cobro** (collection policy), **norma funda-**

mental (basic rule or principle), **norma jurídica** (rule of law), **normas de aplicación** (rules applicable to a case), **normas de actuación** (policy; S. *directrices*), **normas de conducta profesional** (code of conduct/practice, etiquette; S. *código deontológico*), **normas de procedimiento** (procedure, procedural rules), **normas de régimen interno** (internal rules; S. *ordenamiento interno*), **normas de sucesión** (canons of inheritance), **normas legales** (statutory requirements; S. *requisitos marcados por la ley*), **normas procesales** (rules of court)]. *Cf* normativa, reglamento, reglamentación, reglas, disposiciones reglamentarias.

normal *a*: ordinary, conventional. *Cf* corriente, ordinario, común.

normalización *n*: standardization. [Exp: **normalizar** (standardize; regularize; bring into line)].

normativa *n*: regulatory scheme; regulation, byelaw. *Cf* reglamento, marco legal.

nota *n*: note, memo, memorandum, report. [Exp: **nota al margen, nota marginal** (marginal note; S. *apostilla*), **nota de abono** (credit note), **nota de adeudo** (debit note), **nota de aviso** (advice note), **nota de crédito** (credit note), **nota de excepciones** (bill of exceptions), **nota de pago** (promissory note; S. *pagaré, vale, abonaré*), **nota o resguardo de depósito** (deposit slip/receipt)]. *Cf* informe, parte, aviso.

notario *n*: notary, commissioner for oaths. [Exp: **notarial** (notarial; S. *requerimiento notarial*), **notaría** (notary's office)]. *Cf* fedatario público.

notificación *n*: notice, process, citation, notification, service, summons; warning. [Exp: **notificación al interesado de que se ha incoado una demanda contra él** (service of process/summons, notice of the complaint, writ of summons, originating summons), **notificación de desistimiento o abandono de la demanda** (notice of discontinuance), **notificación del protesto efectuada por el notario** (note of protest), **notificación**

efectiva (actual notice), **notificación judicial** (process; S. *actos procesales, proceso*), **notificación personal de la demanda** (personal service), **notificación por cédula** (summons, subpoena; S. *cédula de citación*), **notificación por edicto en estrados de oficina o tribunal** (notice by publication at court), **notificación sobreentendida** (legal notice, implied/constructive notice; S. *notificación legal*)]. *Cf* comunicaciones procesales.

notificar *v*: notify, serve notice, advise, summon. [Exp: **al serle notificado** (on/upon notice of), **notificador** (process-server, court bailiff)]. *Cf* dar traslado.

notorio *a*: well-known; patently obvious, self-evident. [The Spanish word *notorio* does not necessarily have the pejorative sense of its English counterpart)]. *Cf* público, sabido.

novación *n*: novation, substitution. *Cf* sustitución.

nudo *a*: mere, bare, naked, nude (only in the legal sense). [Exp: **nuda posesión** (naked possession), **nudo pacto** (nude contract), **nuda propiedad** (bare legal title, legal but not beneficial ownership), **nuda propiedad efectiva** (vested remainder, legal ownership as opposed to beneficial ownership), **nudo propietario** (remainderman; S. *tenedor del derecho en expectativa*)].

nuevo *a*: new. [Exp: **nueva audiencia** (rehearing), **nuevo albacea en una sucesión** (administrador de *bonis non administratis*; S. *albacea secundario*), **nuevo aplazamiento** (readjournment), **nuevo juicio** (rehearing, new trial), **nuevo señalamiento** (setting of a fresh date for trial)].

nulidad *n*: nullity, defeasance; void act, fact or deed. [Exp: **nulidad absoluta, radical, manifiesta o de pleno derecho** (absolute nullity; inexistencia), **nulidad de actuaciones** (annulment of proceedings), **nulidad derivada** (derivative nullity), **nulidad procesal** (procedural nullity), **nulidad relativa** (relative, conditional or alleged nullity)]. *Cf* carencia de valor; anulación.

nulificar *v*: annul, nullify. [Exp: **nulificar un testamento** (break a will)].

nulo *a*: void, null, null and void; empty, bad. [Exp: **nulo por imprecisión en la tipificación** (void for vagueness), **nulo y sin efecto** (null and void)]. *Cf* sin valor o efecto, írrito, inválido, vacío, defectuoso.

nuncupativo *a*: nuncupative. *Cf* verbal, de viva voz; testamento nuncupativo.

O

obcecación *n*: obstinacy, blind fury, uncontrollable impulse, loss of self-control. [Exp: **en un momento de obcecación** (when the balance of his/her mind was disturbed)]. *Cf* arrebato.

obediencia *n*: obedience. [Exp: **obediencia debida** (allegiance; obedience to the orders of one's superiors; superior orders)].

óbiter dictum *n*: obiter dictum.

óbito *n*: decease; demise. *Cf* muerte, fallecimiento, defunción.

objeción *n*: exception, objection, challenge. [Exp: **objeción a interrogatorios o a prestar declaración** (demurrer to interrogatories), **objeción a todo el jurado** (challenge to the whole array), **objeción por parcialidad** (challenge propter affectum, challenge to the favour), **objeción sobrevenida** (act of declaring oneself a conscientious objector after call-up for national military service)]. *Cf* recusación, tacha, impugnación.

objetar *v*: object, oppose, challenge, contest, demur. [Exp: **objetante** (objecting, who objects), **objetable** (objectable, objectionable; S. *discutible*), **objetar a** (take exception to; S. *oponerse a*), **objetor** (objector; S. *impugnador, recusante*), **objetor de conciencia** (conscientious objector; S. *insumiso, declararse insumiso*)]. *Cf* presentar trabas, objeciones, excepciones o reparos, excepcionar.

objetivo *a/n*: objective.

objeto *n*: purpose, object, aim; object, thing, chose. [Exp: **objeto abandonado** (derelict, ownerless property), **objeto de la demanda o acción** (object of an action)]. *Cf* intención, propósito.

obligación *n*: duty, obligation, engagement, liability, responsibility; debenture, debenture bond. [Exp: **obligación concurrente** (concurrent obligation), **obligación contractual** (privity of contract), **obligación de avería** (average bond), **obligación de fideicomiso** (trust bond), **obligación de prevención** (duty of care), **obligación de probar** (onus probandi/onus of proof; S. *carga de la prueba*), **obligación de rendir cuentas** (duty to account), **obligación en mora** (defaulted bond), **obligación expresa o convencional** (express obligation), **obligación garantizada** (guarantee debenture), **obligación hipotecaria** (mortgage bond; S. *cédula hipotecaria, bono hipotecario*), **obligación incondicional o ilimitada** (absolute obligation/responsibility), **obligación legal** (legal duty/obligation), **obligación o vínculo contractual** (contractual obligation), **obligación penal** (penal obligation), **obligación perfeccionada** (perfect/effective obligation), **obligación preferente** (preferential bond/debenture), **obligación preferente** (prior lien), **obligación recíproca** (mutual obligation), **obligación solidaria** (solidary/joint and several obligation), **obligación/contrato unilateral** (base/naked contract), **obligaciones** (capital debentures),

obligaciones a corto plazo (current liabilities), **obligaciones a la vista** (demand liabilities), **obligacionista** (debenture holder, bond holder, holder of bonds/debentures/shares; S. *tenedor de obligaciones, bonista, accionista*), **por obligación** (as a duty, whether one likes it or not, with no choice in the matter)].

obligar *v*: oblige; force, coerce, press, bind, compel, bind over. [Exp: **de obligado cumplimiento** (legally binding), **obligado** (liable, under obligation; obligor; S. *deudor*), **obligado solidario** (joint and several obligor; person under a joint and several liability), **obligante** (obligee), **obligarse** (undertake, bind oneself; S. *comprometerse*), **obligarse recíprocamente** (enter into a mutual engagement), **obligatorio** (binding, compulsory, mandatory; S. *vinculante, preceptivo*)]. *Cf* coartar, violentar, forzar.

obra *n*: work (building or artistic). [Exp: **obra en curso** (work in process/progress), **obras públicas** (public works), **obrero** (workman, labourer; S. *trabajador, jornalero*)].

obrar *v*: act, operate; behave. [Exp: **obrante en autos** (entered into the record, placed upon the record), **obrar/hablar con conocimiento de causa** (be aware of the meaning of one's acts/words, know what one is doing/saying), **obrar conforme a** (act according to), **obrar de acuerdo con una resolución, las condiciones de un acuerdo**, etc. (abide by a decision, the terms of an agreement, etc.; S. *observar, atenerse a, ajustarse a, acatar*), **obrar sin conocimiento de causa** (be unaware of the meaning of one's acts/words, not to be responsible of the meaning of one's acts, not be responsible for what one does/says)]. *Cf* actuar, proceder.

obscenidad *n*: obscenity. [Exp: **obsceno** (obscene; S. *deshonesto*)]. *Cf* indecencia.

observación *n*: remak; observation; observance. [Exp: **con observaciones** (unclean; S. *no limpio*), **observar** (observe, notice, spot; abide by a decision, the terms of an agreement, etc.; S. *respetar, cumplir, atenerse a*), **observancia** (observance), **observante de la ley** (law-abiding; S. *cumplidor*)]. *Cf* comentario; hacer/formular observaciones.

obstaculizar *v*: obstruct, set back. [Exp: **obstáculo** (obstacle, barrier, let; S. *estorbo*), **obstáculos comerciales** (barriers to trade)]. *Cf* bloquear, trabar, impedir, obstruir, impedir, poner trabas.

obstrucción *n*: obstruction. [Exp: **obstrucción a la autoridad/justicia** (obstructing a court/police officer, hindering a court/police officer in the course of his duty), **obstrucción a los procedimientos** (bar to proceedings), **obstrucción parlamentaria por medio de discursos prolongados e irrelevantes** (filibustering)].

obstruir *v*: obstruct. *Cf* impedir, poner trabas, obstaculizar, bloquear, impedir.

obtener *v*: obtain, get, procure, secure, gain, earn, win. [Exp: **obtención** (obtainment; security), **obtener fondos** (procure/raise funds)]. *Cf* lograr, sacar, adquirir.

obviar *v*: obviate, dispense with, remove; *loosely*: clear, absolve; save, spare. [Exp: **obvio** (obvious, manifest, apparent; S. *aparente, evidente, manifiesto*)].

ocasión *n*: opportunity, occasion. [Exp: **con ocasión de** (on the occasion of; in the course of), **de ocasión** (second-hand)]. *Cf* posibilidad, motivo, oportunidad; aprovechar la ocasión.

ocultación *n*: concealment, hiding; suppression. [Exp: **ocultación de un delito** (misprision; compounding an offence; impeding aprehension or prosecution; formerly being an accessory after the fact), **ocultación o destrucción de documentos** (suppression of documents), **ocultamiento** (dissimulation), **ocultar** (conceal, hide, suppress), **oculto** (hidden, latent, dormant)].

ocupación[1] *n*: occupancy, possession; seizure, confiscation. [Exp: **«ocupa», ocupapisos** (squatter), **ocupación ilegal** (adverse possession; squatting; ouster), **ocupante** (occupant, occupier), **ocupante legal de una vivienda** (owner-occupier, residential occupier), **ocupar** (hold, occupy, take possession of; S. *tener, poseer, gozar, guardar*)]. *Cf* tenencia.

ocupación² *n*: job, occupation, vocation, trade. [Exp: **ocupar** (employ, occupy), **ocupar una vacante** (fill a seat/vacancy; S. *cubrir una vacante*)]. *Cf* función, profesión, cargo.

ocurrir *v*: occur, happen, take place. *Cf* suceder.

ofender *v*: offend, insult, wrong, slight. [Exp: **ofensa** (offence, abuse, abusiveness, affront; S. *ultraje, agravio*), **ofendido** (offended, hurt, person who has taken offence), **ofensivo** (grievous, offending, offensive; S. *ultrajante, injurioso*), **ofensor** (offender)]. *Cf* ultrajar, agraviar.

oferta *n*: offer, proposal, tender, bid, supply. [Exp: **oferta de adquisición** (bid; S. *puja, licitación*), **oferta de compensación económica** (tender of payment), **oferta de puestos de trabajo anunciada en la prensa** (situations vacant/wanted), **oferta de reparación, compensación,** etc. (tender of amends), **oferta en firme** (firm offer), **oferta pública de adquisición, OPA** (takeover bid, tender, offer), **oferta súbita de valores para producir una baja instantánea de la cotización** (bear raiding), **oferta y aceptación** (offer and acceptance; accord and satisfaction), **oferta y demanda** (supply and demand), **ofertas de compra** (sealed bids; S. *opas en pliegos cerrados*)]. *Cf* propuesta.

oficial *a/n*: official; officer. [Exp: **oficial de aduanas** (customs officer, revenue officer), **oficial de custodia o de plica** (escrow officer), **oficial de enlace** (liaison officer), **oficial de la justicia** (court officer/official; police officer; sheriff), **oficial del juzgado** (court clerk), **oficial mayor** (chief-clerk), **oficialidad** (officers, *collec*)]. *Cf* funcionario público.

oficina *n*: office, agency, bureau. [Exp: **oficina de marcas y patentes** (patent and trademark office, patent office bureau), **oficina de reventa** (bucket shop, *col*), **oficina del catastro** (land office), **oficina principal o central** (head office; S. *casa matriz, sede*), **Oficina del Registro Civil** (Registry Office)]. *Cf* entidad, despacho, agencia.

oficiar *v*: officiate; act as.

oficio, de *n*: ex officio, by virtue of one's office, by the powers in one invested, by operation of law. *Cf* por efecto o ministerio de la ley; abogado de oficio.

oficio¹ *n*: profession, work, trade, job, vocation. *Cf* vocación, ocupación, empleo.

oficio² *n*: official letter or comuniqué: formal written request, requirement or order; judicial instruction directed by a court to a non-judicial body, institution, etc.)]. *Cf* comunicaciones procesales.

oficioso *a*: unofficial, semiofficial. [Exp: **oficiosamente** (unofficially, in a semiofficial or informal way or capacity; S. *a título personal, sin carácter oficial*)].

ofrecer *v*: offer, provide, bid, tender. [Exp: **ofrecer excusas** (apologize; S. *dar cumplida satisfacción*), **ofrecer compensación** (offer to pay compensation/make amends; S. *reparar*), **ofrecimiento** (offer; tender)]. *Cf* proveer, suministrar, facilitar.

olvidar *v*: forget, omit. [Exp: **olvido** (oblivion; forgetfulness; slip; neglect; oversight; omission)]. *Cf* omitir, suprimir.

omisión *n*: omission, omittance, default, nonfeasance; negligent act. [Exp: **omitir** (omit, suppress; S. *suprimir, olvidar*)].

oneroso *a*: onerous, heavy. *Cf* a título oneroso.

ONU *n*: S. *Organización de las Naciones Unidas*.

onus probandi *n*: burden of proof. *Cf* carga de la prueba.

opa, oferta pública de adquisición *n*: takeover bid; bid, tender, offer. [Exp: **opa hostil** (hostile bid), **opas en pliegos cerrados** (sealed bids)].

opción *n*: option; privilege, right; choice. [Exp: **opción de compra** (option to purchase), **opción de compra a precio prefijado** (net option), **opción de compra de bonos** (debt warrant), **opción de compra de valores** (call, call option), **opción de compra prioritaria** (pre-emption; S. *prioridad, derecho de prioridad, retracto y tanteo*), **opción de venta de acciones** (put, put option), **opción de venta y compra** (call and put option), **opcional** (optional; S. *discrecional, facultativo*)]. *Cf* alternativa.

operación *n*: operation, action. [Exp: **operación a plazo** (forward transaction), **operación**

legítima (legitimate transaction/operation), **operación mercantil** (commercial transaction; S. *transacción*), **operaciones de compra basadas en el endeudamiento** (leveraged buy-outs), **operaciones hechas directamente sin pasar por la Bolsa de Comercio** (over-the-counter transactions), **operador** (trader), **operar** (act, work, operate; S. *funcionar, actuar, ejecutar*), **operativo** (effective, operative, operating)].

opinión *n*: opinion. [Exp: **opinión contraria** (different opinion, dissenting voice, contrary opinion), **opinión generalizada** (prevailing opinion), **opinión o dictamen incidental expresado por un juez en la fundamentación de la sentencia** (obiter dictum), **opinión personal o extraoficial** (private view), **opinión pública** (public opinion)]. *Cf* dictamen, resolución.

oponer *v*: oppose, resist. [Exp: **oponente** (opponent, adversary; S. *opositor, adversario, contrario, antagonista, rival*), **oponer resistencia a la autoridad** (obstruct a police officer/justice; S. *obstrucción a la justicia*), **oponer un alegato** (put in a defence or plea), **oponerse** (object to, oppose, resist, withstand, defy, take exception to), **me opongo** (I object), **oponerse a la libertad condicional de alguien** (stand out against/object to somebody being released on licence), **oponible** (exceptionable; S. *recusable, impugnable*)]. *Cf* objetar, impugnar, formular reparos, hacer cargos.

oportunidad *n*: opportunity; chance; opportuneness, appropriateness, timeliness; bargain. *Cf* conveniencia, discreción.

oportuno *a*: opportune, advisable, appropriate, right, suitable, expedient. *Cf* aconsejable, prudente, conveniente.

oposición[1] *n*: objection, opposition, variance. [Exp: **sin oposición** (uncontested)]. *Cf* impugnación, objeción.

oposición[2] *n*: competitive examination; examination procedure for promotion among career civil servants. *Cf* concurso.

opositor *n*: opponent. *Cf* adversario, contrario, antagonista, rival, oponente.

optimización *n*: maximization.

opuesto *a*: opposite; contrary, adverse, opposing. *Cf* desafortunado, contrario, hostil.

oral *a*: oral, verbal, parol. *Cf* no solemne.

orden *n*: order, mandate, warrant, writ, fiat, enjoinment. [Exp: **a la orden de** (to the order of), **de orden y por cuenta de** (by order and on account of), **hasta nueva orden** (till further notice), **orden dada por un organismo oficial a otro inferior** (precept; S. *mandato, mandamiento*), **orden de acogimiento de un menor bajo la tutela de una autoridad o institución** (supervision order), **orden de citación o comparecencia** (summons, writ of summons; subpoena), **orden de clausura de un inmueble** (closing order), **orden de comparecencia como testigo** (witness order/subpoena), **orden de confiscación de una fianza** (estreat), **orden de desahucio** (certificate of eviction), **orden de desalojo y derribo de un grupo de casas, un barrio,** etc. (clearance order), **orden de detención** (arrest warrant), **orden de ejecución** (order for enforcement, warrant of execution), **orden de ejecución de la pena de muerte** (death warrant), **orden de ejecución de una hipoteca** (foreclosure order absolute), **orden de embargo de bienes** (writ of capias), **orden de embarque o envío** (shipping order), **orden de entredicho** (restraining order), **orden de importancia** (ranking), **orden de ingreso en prisión** (committal order), **orden de lanzamiento** (ouster order), **orden de pago** (warrant for payment), **orden de pago de pensión o indemnización a uno de los cónyuges tras el divorcio o separación legal** (financial provision order), **orden de prioridad** (order of precedence/priority/seating), **orden de puesta en libertad** (order of release), **orden de registro** (search warrant), **orden del día** (agenda, order of the day, order of business), **orden del día, estar a la** (be the order of the day), **orden ejecutiva** (order for enforcement), **orden exigiendo el pago al deudor hipotecario** (foreclosure order nisi), **orden judicial disponiendo la conclusión y liquidación de la sociedad de**

gananciales (property adjustment order, allegation of faculties, clean break, financial provision order), **orden ministerial** (ministerial order/directive/instruction), **orden para la domiciliación bancaria de pagos regulares** (banker's order), **orden público** (public peace, public order, law and order), **orden sobre costas procesales** (order as to costs), **órdenes de la superioridad** (superior orders, orders from above), **por orden de** (by order of, under instructions from, at the command of), **por orden de antigüedad/cronológico** (in order of seniority/in chronological order)]. *Cf* proveído, mandato.

ordenador general de pagos *n*: paymaster general. *Cf* habilitado general.

ordenamiento *n*: rule, set of rules. [Exp: **ordenamiento interno** (internal rules; S. *normas de régimen interno*), **ordenamiento jurídico** (set of laws; legal system), **ordenamiento penitenciario** (prison rules; S. *tercer grado*)].

ordenanza *n*: regulation, ordinance. [Exp: **ordenanzas laborales** (labour regulations setting out rights and duties within trades, professions, etc.), **ordenanza municipal** (byelaw, municipal ordinance), **ordenanzas municipales reguladoras de la construcción** (building code)]. *Cf* normativa, reglamento, disposiciones.

ordenar *v*: order, direct, prescribe, marshall; put into order, arrange. [Exp: **ordenar el ingreso en prisión** (commit to prison), **ordenar la apertura de juicio oral** (commit for trial; S. *procesar*), **ordenar prisión preventiva** (make an order for preventive detention, remand in custody), **ordenar la suspensión de la ejecución de un acto** (order that application of an act be suspended), **ordenar recursos** (marshal remedies)]. *Cf* dar instrucciones, administrar, orientar.

ordinario *a*: common, ordinary, regular; coarse, common, vulgar. *Cf* común, corriente, habitual.

organigrama *n*: organisation chart, table of organisation. [Exp: **organigrama del proceso de toma de decisiones** (decision tree)].

organismo *n*: authority, body; institution, organ; agency. [Exp: **organismo administrativo** (administrative agency), **organismo autónomo** (autonomous institution; S. *ente público, agencia estatal, junta*), **organismo consultivo o asesor** (advisory body), **organismo de control o fiscalización** (regulatory agency), **organismo de derecho privado** (private-law body), **organismo paraestatal** (quasi-official agency, quango, quasi-autonomous non-governmental organization), **organismo público** (authority, public body, government agency)]. *Cf* institución, cuerpo.

organización *n*: organization/organisation, planning, machinery; disposition, running. [Exp: **Organización de las Naciones Unidas, ONU** (United Nations Organization), **organización prohibida** (proscribed organization), **organizar(se)** (organise, run)]. *Cf* dirigir.

órgano *n*: body, organ, agency; authority, council, board. [Exp: **órgano administrativo** (administrative authority), **órgano decisorio** (decision-making body), **órgano directivo o rector** (executive committee/council, board of governors; steering committee), **órgano jurisdiccional nacional** (court or tribunal of a Member State), **órganos de gestión** (managerial posts), **órgano jurisdiccional** (court), **órgano jurisdiccional colegiado** (bench of judges; S. *tribunal colegiado*), **órgano jurisdicional unipersonal** (sole judge court; S. *tribunal unipersonal*), **órganos rectores** (governing board; board of directors/governors)]. *Cf* institución, cuerpo, organismo.

orientar *v*: direct, instruct, provide guidance. [Exp: **orientaciones** (guidelines)].

origen *n*: origin, cause, source; ground.

oscilación *n*: fluctuation. [Exp: **oscilar** (fluctuate)]. *Cf* fluctuación.

ostentar un cargo público *v*: hold office. *Cf* desempeñar una función o un cargo.

otorgamiento *n*: delivery; grant; conferring; deed; document. [Exp: **otorgamiento de una escritura, testamento, documento** (execution of a deed, a will, an instrument), **otorgante de una licencia** (licensor, maker), **otorgar** (award, grant, accord, confer, bestow, give; S. *adjudicar, conceder, conferir, donar*), **otorgar ante notario** (notarize, authorize), **otorgar una garantía** (furnish a guarantee), **otorgar una escritura** (execute a deed; S. *deliver*), **otorgar una fianza** (furnish a bond), **otorgar una licencia o concesión** (grant a licence), **otorgar una patente** (grant a patent)].

otrosí *adv*: furthermore; and I further aver; and you/he did also.

P

pabellón *n*: flag. *Cf* bandera.

pactar *v*: agree, covenant, bargain, contract.
[Exp: **pactado** (stipulated, agreed), **pactante**
(party to a covenant/contract/agreement,
contracting party), **pactar en perjuicio de
tercero** (collude; S. *confabularse contra
alguien*), **pactar un convenio con los
acreedores** (make a composition with
creditors)]. *Cf* convenir, concertar.

pacto *n*: pact, covenant, agreement, deal, treaty,
bargain; bond. [Exp: **pacto comisorio** (pledge,
loan pledge; bailment), **pacto condicionado**
(conditional covenant), **pacto de caballeros** (gentlement's agreement), **pacto de
obligación mutua** (mutual covenant), **pacto
de recompra** (repurchase agreement), **pacto de retroventa o reventa** (repurchase
agreement), **pacto de suicidio** (suicide pact),
pacto en contra (agreement to the contrary),
pacto restrictivo o limitativo (restrictive
covenant), **pacto solidario** (joint and several
covenant), **pacto verbal cumplido por ambas
partes** (executed verbal agreement)]. *Cf*
acuerdo, compromiso, estipulación, contrato,
concierto.

padre o madre *n*: parent. [Exp: **padre de
familia** (head of the family), **padre putativo**
(reputed father), **padres adoptivos** (foster
parents)].

padrón *n*: register, roll of members; list, survey,
census.

paga *n*: pay, wage. [Exp: **paga extraordinaria**
(bonus; S. *gratificación*), **pagadero** (payable;
S. *debido, pagadero, por pagar*), **pagadero a
la entrega o presentación** (payable on
delivery/presentation), **pagadero a la orden**
(payable to order), **pagadero a la vista** (due
on demand, payable at sight), **pagadero por
anticipado** (prepayable, to be paid in advance;
S. *a pagar*)]. *Cf* jornal, salario, sueldo.

pagar *v*: pay, pay up/off, satisfy; settle; disburse,
discharge. [Exp: **a pagar** (payable,
prepayable; S. *pagadero por anticipado*),
pagado (paid), **pagado en origen o por
anticipado** (prepaid), **pagado íntegramente**
(paid in full), **pagador** (paymaster, payer,
disburser), **pagar a prorrateo** (club together;
S. *contribuir a gastos comunes, escotar*),
pagar a cuenta (pay on account), **pagar al
contado** (pay down, pay as deposit), **pagar
como consignación** (pay into court as
security; S. *prestar fianza ante el juzgado*),
pagar como depósito o desembolso inicial
(pay down), **pagar deudas** (settle up; S.
arreglar cuentas), **pagar en efectivo o en
metálico** (pay cash), **pagar gastos** (defray
costs/expenses), **pagar la fianza** (put up/post
bail, lodge a caution), **pagar la fianza para
poner en libertad provisional a alguien** (bail
a person out), **pagar los plazos de las
acciones** (pay calls on shares), **pagar o
levantar una hipoteca** (clear a mortgage), **sin
pagar** (unsettled; S. *pendiente de pago, en
mora, atrasado*)]. *Cf* desembolsar, abonar,
satisfacer.

pagaré *n*: promissory bill/note, note, IOU, note

of hand, bond. [Exp: **pagaré a la vista** (demand note), **pagaré a la orden** (negotiable note), **pagaré al portador** (bearer note), **pagaré con garantía prendaria** (collateral note), **pagaré con opción de pago adelantado** (acceleration note), **pagaré de favor o de cortesía** (accommodation bill of exchange; S. *letra de deferencia o de acomodamiento*), **pagaré del Tesoro** (Treasury bill), **pagaré hipotecario** (mortgage note), **pagaré mancomunado** (joint-note), **pagaré solidario** (joint and several note)]. *Cf* vale, abonaré, efecto a pagar.

pago *n*: payment, satisfaction, settlement, discharge; disbursement, acquitment, acquittal. [Exp: **presentar al. pago** (present for collection/payment), **pago completo o íntegro** (full settlement), **pago contra entrega** (cash/payment on delivery, COD), **pago contra entrega de documentos** (payment/cash against documents), **pago de señal, simbólico o nominal** (token payment), **pago del flete** (payment of freight), **pago fraccionado** (payment in instalments, settlement of a debt by instalments), **pago haciendo honor a la firma** (act of honour), **pago inicial** (deposit, down-payment; S. *primer plazo, entrega a cuenta*), **pago judicial** (payment ordered by the court), **pago por consignación al Tribunal** (payment into Court), **pago por honor o por intervención** (payment for honour), **pago previo o por adelantado** (prepayment; S. *anticipo*), **páguese a la orden de** (pay to the order of)]. *Cf* desembolso.

país *n*: country, nation; domicile. [Exp: **país de adopción** (domicile of choice), **país de nacimiento** (country of origin), **país de origen** (domicile of origin), **país desarrollado** (developed country), **país en vías de desarrollo** (developing country)]. *Cf* domicilio, domiciliar.

paisano, de *phr*: in civilian clothes, in plain clothes; plain-clothes.

palabra *n*: word, promise; right to speak, turn. [Exp: **con la palabra y compromiso personal** (on one's own recognizance; S. *por su propia reputación*), **de palabra** (verbally), **palabra de honor** (word of honour/word as a gentleman), **palabras valederas** (operative words)]. *Cf* pedir el uso de la palabra, medir las palabras, turno de palabra.

palacio de justicia *n*: law court, courthouse.

paliar *v*: palliate, alleviate; afford, relief, mitigate. [Exp: **paliar los daños** (mitigate loss or damage), **paliativo** (palliative, alleviation, affording relief)]. *Cf* atenuar, mitigar.

paliza *n*: beating. *Cf* dar una paliza a alguien.

pancarta *n*: placard, banner.

pandilla de ladrones *n*: gang of robbers, etc. [Exp: **pandillero** (gangster, racketeer)]. *Cf* cuadrilla.

papel *n*: paper, part, slip. [Exp: **papel bancario** (bank paper), **papel bursátil a corto plazo** (short paper), **papel comercial** (mercantile paper; promissory note, trade bill; S. *efectos de comercio*), **papel de barba o de documentos oficiales** (engrossment paper, foolscap), **papel mojado** (dead letter, worthless paper), **papel moneda** (paper money), **papel timbrado** (stamped paper), **papeles** (documents; bureaucracy, red tape)]. *Cf* efectos, resguardo, recibo.

papeleo *n*: paper work; red tape. *Cf* trabajo administrativo, burocracia, rutina.

papeleta de voto *n*: voting slip, ballot-paper. *Cf* votación secreta, votación a mano alzada.

paquete *n*: pack, package, "pkge". [Exp: **paquete de acciones** (block of shares), **paquete de medidas** (government package, set of measures)]. *Cf* fardo, bulto.

par *n*: par; peer. [Exp: **a la par** (at par), **paridad** (par value, parity; S. *valor a la par*), **paridad cambiaria** (par of exchange), **sobre par** (above par; S. *por encima del valor nominal*)]. *Cf* compañero.

paradero desconocido, en *phr*: whereabouts unknown, whose whereabouts are unknown.

parar *v*: stop, halt; check, bring to a halt/standstill. [Exp: **parado** (idle, laid off, unemployed; S. *desempleado; salir bien/mal parado*), **paro, paro forzoso** (unemployment; S. *desempleo, subsidio de paro, cola del paro*), **paro estacional** (seasonal unemployment)].

paraíso fiscal *n*: tax haven.

paralizar *v*: paralyse; bring to a halt/standstill; deadlock. [Exp: **paralización** (stalemate, standstill, deadlock)]. *Cf* punto muerto.

parcela de terreno *n*: parcel, plot; building land/plot. *Cf* solar.

parcial *a*: partial, limited; prejudiced, biased. [Exp: **parcialidad** (bias, partiality, prejudice)]. *Cf* sesgado; restringido.

parecer *n*: opinión. [Exp: **a mi/su parecer** (in my/his, etc. opinion), **eran del parecer que** (they took the view that, they gave it as their opinion that), **cambiar/mudar de parecer** (change one's mind, alter one's opinion)].

parecer *v*: seem, appear. [Exp: **parecerle a uno** (think, opine), **según parece** (apparently, to all appearances), **al parecer** (apparently, reportedly)].

pared medianera *n*: partition wall.

parentesco *n*: relationship. [Exp: **parentesco cognaticio** (cognateness, consanguinity; S. *consanguinidad*), **parentesco íntimo** (close relationship)].

pariente *n*: relative, relation, kinsman/ kinswoman. [Exp: **pariente en línea directa** (related in the direct line), **pariente más próximo** (next-of-kin), **parientes colaterales** (collateral kinsmen), **parientes consanguíneos** (blood relations)].

paritario *a*: having an equal number of representatives of both sides, as in a management and workers committee.

parlamento *n*: parliament. [Exp: **parlamentario** (parliamentary; member of parliament or congress), **parlamento autonómico** (devolved parliament, autonomous parliament), **Parlamento Europeo** (European Parliament)].

paro *n*: unemployment; strike; lockout. [Exp: **paro fluctuante** (fluctuating unemployment)]. *Cf* desempleo; parado.

parqué de la Bolsa *n*: ring/floor of the Stock Exchange. *Cf* corro.

párrafo *n*: paragraph. *Cf* sección, apartado.

parricidio *n*: parricide. [Exp: **parricida** (parricide)].

parte[1] *n*: report, communication, dispatch. [Exp: **parte de lesiones** (doctor's report of the injuries sustained by the victim of an accident or an attack; medical report), **parte del accidente** (accident report), **parte policial de incidencias** (police report; S. *atestado policial, denuncia*)].

parte[2] *n*: part, share, portion, section, allotment. [Exp: **parte alícuota de la indemnización por responsabilidad civil** (civil liability contribution), **parte alícuota del capital de una empresa comercial** (share; S. *acción*), **parte o sección efectiva de una escritura** (operative part), **parte rogatoria o suplicatoria** (prayer; crave, *Scot*; petition)]. *Cf* pieza, cuota, porción; sección.

parte[3] *n*: party, interest. [Exp: **de parte** (ex parte), **parte actora** (plaintiff), **parte beneficiada o acomodada** (accommodated party), **parte contraria** (other party, other side), **parte demandante o querellante** (plaintiff), **parte demandada o querellada** (defendant), **parte culpable** (guilty party), **parte interesada** (interested party), **parte interesada o afectada en algo, ser** (be party to something; S. *apersonarse, personarse en algo*), **parte o firmante por acomodación** (accommodation maker/party; S. *favorecedor, afianzador*), **parte perjudicada** (aggrieved party, offended party), **parte personada** (party represented in an action, especially if there is a *querella* or same form of public or private prosecution annexed to the main action), **partes contratantes** (contracting parties, parties to the contract; S. *altas partes contratantes*), **partes de la demanda o litigantes** (parties to the suit, parties in litigation; S. *litigantes*), **partes indispensables** (necessary parties)].

partible *a*: partible, divisible, severable.

partición *n*: division, distribution, partition. [Exp: **partición de la herencia** (distribution of an estate, partition of a succession)].

participación *n*: share; stake; participation; sharing. [Exp: **participación de beneficios** (profit sharing), **participación de control o dominante** (controlling interest; S. *interés dominante*), **participación de la minoría** (minority interest; S. *intereses de minoría*),

participación en una sociedad (stake), **participación mayoritaria** (majority holding)]. *Cf* acción.

participar[1] *v*: participate, share. [Exp: **participante** (participant), **partícipe** (participator, partner), **partícipe de una herencia** (co-heir; joint heir; S. *coheredero*), **partícipe en un reparto** (allottee)]. *Cf* compartir.

participar[2] *v*: inform, advise, announce, notify.

particular *a*: private, personal. *Cf* privado, individual, personal.

partida[1] *n*: departure; shipment, consignment. *Cf* salida; envío.

partida[2] *n*: certificate; entry. [Exp: **partida de defunción** (death certificate), **partida de nacimiento** (birth certificate), **partida doble/simple** (double/single entry), **partidas a cobrar** (receivables)]. *Cf* título, certificado.

partida[3] *n*: each of the several divisions of a municipality.

partido *n*: political party; district. [Exp: **partido de la oposición** (opposition party), **partido judicial** (area or district within the jurisdiction of a court, district served by a court), **partido político** (political party), **partidos de la minoría** (minority parties)]. *Cf* parte, persona.

partidor *n*: partitioner, auditor. *Cf* contador.

partir *v*: depart; divide, split. [Exp: **a partir de una fecha** (as of a given date, starting from a given date, with effect from a given date), **a partir de la notificación** (upon being notified, following service of notice; S. *notificación*)]. *Cf* salir; dividir.

pasante *n*: clerk, articled clerk, law clerk. *Cf* escribano, administrativo.

pasar *v*: pass; transfer, convey.[Exp: **pasar a** (descend to, vest in; S. *transmitirse, transferir el título*), **pasar a administración judicial** (go into receivership), **pasar a disposición judicial** (be brought before a magistrates' court), **pasar a cuenta nueva** (carry forward), **pasar a la clandestinidad** (go into hiding), **pasar el control de aduanas** (clear customs), **pasar de la raya** (overstep the mark/limit; S. *mantener/poner a raya*), **pasar factura** (render an account, send the bill, bill; S. *rendir cuenta*), **pasar/introducir de contrabando**

(smuggle), **pasar información** (leak/pass on information; S. *filtrar*), **pasar por alto** (pass over, waive; S. *no tomar en consideración, dispensar*), **pase** (pass, permit)].

pasivo *a/n*: passive; liabilities. [Exp: **pasivo a largo plazo** (long-term liabilities), **pasivo acumulado** (accrued liabilities), **pasivo circulante, corriente, exigible o flotante** (current liabilities), **pasivo consolidado** (funded debt), **pasivo diferido** (deferred liabilities), **pasivo fijo** (funded liabilities, passive liabilities), **pasivo fijo no exigible** (fixed liabilities; S. *deuda consolidada*), **pasivo patrimonial** (capital liabilities), **pasivo real** (net liabilities), **pasivo representado por bonos** (bonded debt), **pasivo transitorio o por ajustar** (unadjusted liabilities), **pasivos computables** (affected liabilities)]. *Cf* deudas, obligaciones.

paso *n*: way, passage, crossing, transition, step. [Exp: **paso a paso** (step by step), **paso de peatones** (zebra-crossing), **paso en falso** (falses step/move; slip-up)].

pastos *n*: pasture. [Exp: **pastos comunales** (common; S. *derecho de pastoreo*)].

patente *a/n*: patent; grant, permit, licence, franchise, privilege. [Exp: **patentar un invento** (patent an invention), **patente de navegación** (certificate of registry), **patente de sanidad** (bill of health), **patente de sanidad con anotaciones** (foul bill of health), **patente de sanidad limpia** (clean bill of health; S. *certificado de buena salud*), **patente en tramitación** (patent pending), **patente expresa** (express licence), **patente primitiva** (basic patent), **patente registrada** (registered patent), **patentes y marcas** (patents and trademarks), **patentizar** (evince, make evident; S. *testimoniar, dar muestras de*)]. *Cf* manifiesto, claro, evidente; licencia, permiso.

paternidad *n*: paternity.

patria potestad *n*: patria potestas, custody/care and control (of children).

patrimonio *n*: patrimony; heritage, capital, net worth, the value of a company's property, real estate and unearned income together. [Exp: **patrimonio cultural** (cultural heritage),

patrimonio de bienes raíces (estate), **patrimonio de dominio pleno o absoluto** (legal estate; estate in fee simple absolute possession), **patrimonio de la Corona o del Estado** (Crown/Estate Lands), **patrimonio heredable** (hereditaments, heritage), **patrimonio líquido** (net worth), **patrimonio nacional** (national heritage, national treasures), **patrimonio neto** (net worth), **patrimonio total** (alls), **patrimonio social** (capital of a company)].

patrocinar *v*: sponsor. [Exp: **patrocinio** (sponsorship)]. *Cf* favorecer.

patrón *n*: employer; landlord. [Exp: **patrón de cabotaje** (skipper), **patronal** (management, the bosses, *col*; S. *empresa, dirección empresarial*), **patronato** (board of trustees; trusteeship), **patrono** (employer, master)]. *Cf* empleador, empresario, dueño.

pauta *n*: pattern. *Cf* norma, criterio, medida, estándar.

pecuniario *a*: pecuniary, financial, money.

pedáneo *a*: applied to the judge or mayor (*juez pedáneo, alcalde pedáneo*) of a municipality with jurisdiction over outlying hamlets and country areas.

pederasta *n*: pederast. [Exp: **pederastía** (pederasty)].

pedido *n*: order; request. [Exp: **pedido de compra** (purchase order), **pedido en firme** (firm order), **pedido no cumplimentado o atendido** (unfilled order)].

pedimento *v*: pleading; remedy; claim, remedy claimed, petition, request, application, crave (*Scot*). *Cf* súplica.

pedir *v*: ask, request, claim, seek, require, beseech (*formal*), crave (*Scot*). [Exp: **pedir cuentas** (take an account), **pedir el asesoramiento de** (call in/seek the advice of), **pedir (el uso de) la palabra** (request the floor), **pedir en juicio** (sue; S. *demandar*), **pedir información** (make an enquiry, enquire/inquire; S. *inquirir, investigar*), **pedir la devolución de dinero** (call in funds/loans/outstanding debt; S. *redimir un préstamo, retirar fondos*)]. *Cf* instar, suplicar, rogar.

pega (*col*) *n*: catch, *col*; trick; snag; trick question. [Exp: **de pega** (false, counterfeit; dud, fake)]. *Cf* poner pegas.

peligro *n*: peril, danger, risk, jeopardy, hazard. [Exp: **peligros de la navegación** (perils of the sea), **peligros no previstos (pólizas de seguro de transporte de mercancías por mar)** (extraneous perils, unforeseen hazards, navigation perils), **peligroso** (dangerous, hazardous; S. *arriesgado*)]. *Cf* riesgo.

pena *n*: sentence; penalty, punishment; prison term. [Exp: **pena accesoria** (penalty attaching to or following inevitably from the main penalty), **pena ampliada** (extended sentence), **pena capital o de muerte** (death penalty, capital punishment), **pena grave** (heavy sentence/penalty), **pena máxima** (maximum sentence/punishment), **pena merecida** (retribution), **penado** (convict, convicted prisoner)]. *Cf* castigo, sanción; so pena de.

penal *a*: penal, criminal.

penal *n*: prison, penitentiary. [Exp: **penalidad** (penalty; hardship), **penalista** (criminal lawyer), **penalizar** (penalize; S. *sancionar, multar*)]. *Cf* penitenciaría, centro penitenciario, presidio, cárcel.

pendencia *n*: brawl, affray. *Cf* alboroto, disputa, riña.

pendiente *a*: awaiting, pending, open, back, outstanding, unadjusted, unjudged, unsettled, in abeyance. [Exp: **pendiente de** (subject to, pending; S. *a reserva de, sin perjuicio de*), **pendiente de aprobación** (subject to approval), **pendiente de pago** (unpaid, unsettled, outstanding), **pendiente de resolver** (pending decision)]. *Cf* atrasado, en mora, a la espera de, en trámite.

penitenciaría *n*: penitentiary, prison. *Cf* centro penitenciario, presidio, penal, prisión, cárcel.

penoso *a*: physically demanding; overtaxing.

pensión *n*: pension, annuity, provision, allowance; alimony. [Exp: **pensión alimenticia o compensatoria entre cónyuges** (alimony, financial provision, allowance for necessaries, separate maintenance, *Amer*; S. *alimentos*), **pensión de invalidez** (disability benefits/pension), **pensión de jubilación**

(retirement annuity or pension, old age pension), **pensión de vejez** (old-age pension), **pensión de viudedad** (widow's pension), **pensionar** (pension, pension off), **pensionista** (retired; pensioner, old-age pensioner, OAP; S. *jubilado*)]. *Cf* pensión, jubilación, retiro.

per capita *phr*: per capita. *Cf* por cabeza.

percibir *v*: receive, receive payment; earn. [Exp: **percibir dividendos,** etc. (collect/receive payment of dividends, etc.)]. *Cf* recibir, cobrar.

perder *v*: lose; forfeit; waste; miss. [Exp: **pérdida** (loss, damage, waste, deprivation, detriment; forfeiture), **pérdida consecuente o consiguiente** (consequential loss), **pérdida contable** (loss according to the books, book loss), **pérdida convenida o implícita** (constructive loss; S. *pérdida total implícita*), **pérdida de un derecho por falta de ejercicio** (non user; S. *prescripción, abandono de un derecho*), **pérdida de un familiar** (bereavement; S. *desgracia, aflicción*), **pérdida efectiva o directa** (direct/actual loss), **pérdida efectiva total** (actual total loss), **pérdida fortuita** (casualty loss), **pérdida legal de algún derecho** (forfeit, forfeiture; S. *comiso, decomiso, caducidad, prescripción*), **pérdida parcial** (partial loss, P/L), **pérdida por siniestro** (casualty loss), **pérdida total** (write-off), **pérdida total concertada** (compromised total loss), **pérdida total efectiva o absoluta** (absolute total loss), **pérdidas de capital** (capital loss; S. *minusvalías*)]. *Cf* daño, quebranto, desperfecto.

perdón *n*: pardon, remission; discharge; forgiveness. [Exp: **perdonar** (pardon, remit; forgive; S. *absolver, eximir, exonerar, condonar*), **perdonar una deuda** (remit a debt)]. *Cf* indulto, medida de gracia.

perentorio *a*: peremptory, absolute. *Cf* ineludible, inaplazable.

perfección *n*: completion, perfection; legal validity. [Exp: **perfeccionar** (improve, perfect, complete, execute, formalize; S. *completar, formalizar, consumar*), **perfecto** (perfect, absolute; legally binding)]. *Cf* consumación, conclusión.

perfidia *n*: falsehood, perfidy, treachery. [Exp: **pérfido** (unfaithful, treasonable; S. *desleal*)].

pericia *n*: expertise, skill.

periódicamente *adv*: at regular interval, periodically.

período *n*: term, period. [Exp: **período de carencia** (qualifying period —insurance; grace period— credit terms), **período de gracia** (day/days of grace, grace period, period of grace), **período de libertad vigilada** (probationary period), **período de maduración** (maturity period), **período de posesión** (tenure, tenancy), **período de práctica como pasante** (apprenticeship, time of articled service), **período de prueba** (time allotted for producing evidence), **período de prueba en un empleo** (probation), **período de sesiones** (term of court, session), **período de sesiones ordinario/extraordinario** (regular/special term), **período de veda** (close season; S. *veda*), **período de vigencia** (period of validity), **período fiscal** (accounting period), **período impositivo** (chargeable period), **período parlamentario** (session of a parliament)]. *Cf* vigencia, plazo, duración.

perista (*col*) *n*: fence (*col*); resetter (*Scot*), receiver of stolen goods. *Cf* receptador.

perito *n*: expert; appraiser. [Exp: **peritaje** (expert testimony; appraisal; S. *dictamen pericial*), **perito caligráfico** (handwriting expert), **perito mercantil** (expert accountant)]. *Cf* entendido, técnico, especialista, experto.

perjudicar *v*: harm, damage, impair, injure; be to someone's disadvantage, be detrimental. [Exp: **en perjuicio de** (to the prejudice/detriment of; S. *pactar en perjuicio de terceros*), **perjudicado** (damaged, aggrieved; injured party), **perjudicial** (prejudicial, detrimental, noxious, damaging; S. *dañino; prejudicial*), **perjuicio** (damage, detriment, harm, mischief, nuisance; prejudice; tort), **perjuicio de derechos** (failure of justice, miscarriage of justice; S. *injusticia*), **perjuicio material o económico** (real injury, pecuniary loss), **perjuicios indemnizables** (legal damages), **sin perjuicio** (subject to, without prejudice to; S. *previa condición de, dentro de, sujeto a, sometido a, pendiente de,* *a reserva de*)]. *Cf* daño, agravio, quebranto, detrimento, molestia.

perjurar *v*: commit perjury; forswear. [Exp: **perjurio** (perjury, false oath/swearing, oath-breaking; S. *falso testimonio*)]. *Cf* abjurar, jurar en falso.

permanente *a*: standing, permanent.

permiso *n*: permit, pass, permission, permittance, licence, authority, grant; leave of absence. [Exp: **de permiso** (off, on leave), **permisible** (permissible), **permisivo** (permissive; S. *tolerante, indulgente*), **permiso de caza** (game licence), **permiso de conducción** (driving/driver's licence), **permiso de exportación** (export licence), **permiso de obra nueva o de construcción** (building permit), **permiso de residencia** (residence permit), **permiso para ausentarse** (leave of absence; S. *licencia sin sueldo*)]. *Cf* autorización, licencia.

permitir *v*: permit, allow, let. [Exp: **permitido** (allowable, permitted, licit; S. *lícito, legítimo, conforme a derecho, admisible*)]. *Cf* autorizar.

permuta *n*: barter, permutation; exchange; exchange of posts between two civil servant. *Cf* trueque, compensación.

pernicioso *a*: pernicious; evil. *Cf* depravado, dañoso.

perpetrar *v*: perpetrate. [Exp: **perpetración de un delito** (commission of a crime), **perpetrador** (perpetrator; S. *autor material de un crimen*), **perpetrar un delito** (commit a crime)]. *Cf* consumar, cometer.

perro policía *n*: police dog.

persecución/perseguimiento *n*: pursuit, chase; hunt. [Exp: **persecución extraterritorial** (following of a suspect abroad), **perseguir** (hunt, pursue, chase; persecute; pester; prosecute; curb, put down, bring the weight of the law to bear on), **perseguible** (requiring the action of the law; prosecutable, undictable)]. *Cf* perseguimiento, búsqueda.

persona *n*: person. [Exp: **en persona** (in person), **persona a su cargo** (dependant), **persona aforada** (privileged person), **persona autorizada** (licensee), **persona con derecho a protección oficial** (protected person), **persona legalmente a cargo de otra** (legal dependant), **persona con las facultades perturbadas** (mentally disordered person, person with the balance of his/her mind disturbed), **persona de mal vivir** (vagrant; S. *vagabundo, vago y maleante*), **persona de toda solvencia** (uteerly reliable/trustworthy person), **persona física** (natural person, individual), **persona interpuesta** (dummy, straw man, front man; S. *tapadera; por persona interpuesta*), **persona jurídica** (body corporate, corporate person, artificial person, legal person), **persona jurídica constituida por una sola persona** (corporation sole), **persona nombrada** (designee), **persona privada de derecho público** (quasi-public corporation), **por persona interpuesta** (by proxy; through the agency of a third party; S. *persona interpuesta*)].

personal *n*: staff, personnel. [Exp: **personal de cabina** (crew; S. *tripulación*), **personal de una empresa** (personnel, *staff of a firm*)]. *Cf* plantilla.

personalidad *n*: personality, faculty. [Exp: **personalidad jurídica** (legal personality; juristic person), **personalidad procesal** (capacity to sue or to be sued, capacity to be a party to suit; legal capacity; fitness to stand trial; S. *capacidad para ser parte, capacidad procesal*)]. *Cf* capacidad, competencia.

personarse *v*: S. *apersonarse*.

pertenecer *v*: belong. [Exp: **pertenecer a la judicatura** (be on the Bench), **pertenecer a la plantilla** (be on the staff), **perteneciente a** (appertaining, appurtenant), **pertenencia** (ownership, property, holding, membership; S. *propiedad*); **pertenencias** (belongings, appurtenances, effects, property; S. *efectos, bienes, caudal*)].

pertinencia *n*: relevance/relevancy, appropriateness. [Exp: **pertinencia o admisibilidad en derecho** (legal relevancy), **pertinente** (relevant, applicable, appropriate)]. *Cf* aplicabilidad.

pertrechar *v*: equip, provide with equipment, implements, gear, etc. [Exp: **pertrechos** (gear, equipment, implements; supplies)]. *Cf* suministros, aprovisionamiento.

perturbación *n*: perturbation; disturbance; anxiety. [Exp: **perturbación del orden público** (disturbance, breach of the peace; S. *desorden en la vía pública, escándalo público*), **perturbado** (of unsound mind; S. *mentalmente inestable o incapacitado*), **perturbador del orden público** (person guilty of a breach of the peace), **perturbador** (disturber, agitator), **perturbar** (disturb, perturb)].

perversidad *n*: perversity, wilfulness; depravity. [Exp: **perversión** (perversion, malfeasance, corruption; S. *corrupción*), **perversión de la justicia** (perverting of the course of justice), **perverso** (perverse, wilful, depraved)]. *Cf* malignidad.

pesar *v*: weigh, weight down; grieve, afflict, cause to feel/be sorry; bear down on, hang over. [Exp: **pesa sobre él una orden de busca y captura** (there is a warrant out for his arrest; he is a wanted man), **peso** (weight, burden; S. *preponderancia, carga*), **peso bruto** (gross weight), **peso de la prueba** (burden/onus of proof), **peso muerto** (dead weight), **peso neto** (net weight)]. *Cf* sopesar, ponderar, valorar.

pesquisa *n*: enquiry/inquiry, probe. *Cf* investigación, indagación.

petición *n*: petition, request, appeal, application, motion, prayer. [Exp: **a petición de** (on/upon the application of; S. *a instancias de*), **a petición de parte interesada** (at the suit/request of the interested party), **petición concluyente** (plaintiff's final pleading/statement of claim), **petición de anulación** (petition for annulment/setting aside), **petición de gracia o de clemencia** (petition of clemency), **petición de nueva audiencia** (petition for rehearing), **petición de nuevo juicio** (motion for a new trial, bill for a new trial, *Amer*), **petición de parte** (application by the party), **petición o demanda de satisfacción o remedio jurídico** (application/prayer for relief), **petición o instancia de suspensión de la pena** (plea in suspension), **petición o solicitud de declaración de quiebra** (bankruptcy petition), **petición para impedir el registro de la sentencia** (motion in arrest of judgment), **petición para presentar nuevos alegatos** (motion for a repleader), **petición para que se abra de nuevo el juicio** (motion for a new trial), **petición para que una demanda sea desestimada** (motion to dismiss), **peticionario** (petitioner; S. *recurrente, solicitante*)]. *Cf* solicitud, demanda, súplica, ruego.

pez gordo (*col*) *n*: big shot, top brass, high heid yin (*col*). *Cf* cacique, mandamás, gerifalte.

picapleitos *n*: pettifogger; vexatious litigant.

pie *n*: foot. [Exp: **al pie de la letra** (verbatim, literally, in a literal sense, word for word), **todos en pie** (be upstanding)]. *Cf* dar pie.

pignorar *v*: pledge, pawn. [Exp: **pignorable** (pledgeable), **pignoración** (pledge, pignoration, pawning collateral loan, hypothecation, chattel mortgage; S. *prenda, seguridad colateral, empeño*), **sobre pignoración de efectos** (against pledged securities)]. *Cf* dar/dejar en prenda, afectar, hipotecar.

pillaje *n*: loot, plunder. [Exp: **pillar** (loot, plunder, sack)]. *Cf* saquear.

pinchar un teléfono (*slang*) *v*: bug/tap a phone (*col*).

piquete de huelga *n*: picket, picketline.

piratería *n*: piracy, robbery; infringement of copyright. [Exp: **piratería aérea** (hijacking), **pirata** (pirate)].

pista *n*: track, trail; lead, clue. [Exp: **pista de aterrizaje** (runway, landing strip), **pista falsa** (red-herring)].

pistola *n*: gun. [Exp: **pistolero** (gunman; S. *bandido*)].

plagiar *v*: plagiarize. [Exp: **plagiario** (plagiarist), **plagio** (plagiarism, piracy)]. *Cf* propiedad intelectual, pirata.

plan *n*: plan, chart, design, schedule, scheme. [Exp: **plan de ajuste presupuestario** (budget adjustment plan), **plan de pensiones o de jubilación** (retirement plan, occupational pension scheme), **plan de urbanización** (planning permission), **plan general de contabilidad** (general accounting rules)]. *Cf* proyecto, plan.

plancha *n*: lay days, lay-time. *Cf* tiempo de plancha, días de detención.

planificación *n*: planning. [Exp: **planificación familiar** (family planning), **planificar/planear** (plan, manage)]. *Cf* programación.

plante *n*: stand on an issue, organised opposition. *Cf* desplante.

plantear *n*: set up, put forward, propound, raise, pose; create, establish; put to. [Exp: **plantear excepción** (file a special plea/defence), **plantear una cuestión** (raise a point, propound a question, raise an issue), **plantear una demanda** (bring suit)].

plantilla *n*: staff. *Cf* pertenecer a la plantilla.

plataforma *n*: platform. [Exp: **plataforma reivindicativa** (common platform for wage demands, etc.)].

plaza *n*: market; place, post, job, position. [Exp: **plaza bursátil** (securities market), **plaza en un cuerpo de la Administración** (civil service post), **plazas o puestos de trabajo libres o sin ocupar** (vacant/unfilled posts)].

plazo *n*: time, time limit, term, life, period, due date, respite, deadline; loan payment. [Exp: **a plazo** (forward), **a plazos** (by instalments, hire purchase, HP), **plazo convencional** (usual/agreed time limit), **plazo cumplido** (satisfied term), **plazo de acceso** (qualifying period), **plazo de entrega** (delivery period), **plazo de gracia** (period of grace), **plazo de interposición de un recurso** (time within which an action must be brought), **plazo de prescripción** (expiry period, time limit for legal action, limitation period, time of prescription), **plazo de validez** (date of taking effect), **plazo de vencimiento** (expiry date), **plazo fijo** (fixed term), **plazo legal** (time allowed by law for action before a court), **plazo límite o fatal** (deadline), **plazo o duración de la patente** (life of a patent), **plazos** (terms of payment), **plazos y condiciones** (terms and conditions)]. *Cf* ley de plazos para el aborto.

plebiscito *n*: plebiscite.

pleitesía *n*: allegiance. *Cf* fidelidad, rendir pleitesía.

pleito *n*: case, suit, lawsuit, action, litigation. [Exp: **pleitear** (litigate, go to law; S. *recurrir a los tribunales, litigar*), **pleitista** (vexatious litigant, barrator), **pleito posesorio** (possessory action)]. *Cf* causa criminal, proceso civil.

plenipotenciario *a*: plenipotentiary.

pleno *a/n*: full, absolute, complete, unlimited; plenary meeting, plenum; committee of the whole house. [Exp: **ante el pleno** (before the court, in open court, at bar), **con pleno conocimiento** (scienter, knowingly), **de pleno derecho** (with full rights), **en plena vigencia** (in full force), **plena competencia** (full jurisdiction), **plena propiedad o pleno dominio** (absolute property, legal ownership, fee simple; S. *propiedad absoluta*), **plenamente autorizado/con plenos poderes** (fully empowered), **pleno de la comisión** (full assembly of the committee), **pleno del tribunal** (full session, full court, in banc; S. *sesión plenaria*), **pleno empleo** (full employment), **plenos poderes** (full powers)]. *Cf* perfecto, firme, absoluto.

plica *n*: escrow. *Cf* garantía bloqueada.

pliego *n*: sheet of paper, file of papers, folder; bill, document; pleadings; condescence (*Scot*). [Exp: **pliego de aduanas** (bill of entry), **pliego de condiciones** (articles and conditions, bidding conditions or specifications; S. *bases de licitación*), **pliego de costas** (bill of costs), **pliego de defensa** (pleadings of the defence, plea, statement of defence; S. *declaración de la defensa*), **pliego de descargo** (allegations in defence, written reply to charges, etc.), **pliego de excepciones** (bill of exceptions), **pliego de licitación o de propuestas** (bidding form), **pliego de posiciones** (question sheet, interrogatory; S. *posiciones, absolución de posiciones*)].

pluriempleo *n*: moonlighting (*col*). [Exp: **pluriempleado** (moonlighter)].

plus *n*: bonus, perquisite, perk (*col*). [Exp: **plus por peligrosidad o trabajo peligroso** (danger money)]. *Cf* extra, emolumento, gaje.

plusvalía *n*: capital gain. [Exp: **plusvalía teórica** (unrealized capital gain)]. *Cf* ganancias de capital, variaciones patrimoniales en el impuesto de la renta, minusvalía; arbitrio de plusvalía.

población *n*: population. [Exp: **población**

reclusa (prison population, total number of inmates in the country's prisons)].

pobreza *n*: poverty. *Cf* indigencia; incidente de pobreza.

poder *n*: power, authority, power of attorney, letter of delegation, procuration, notarial warrant/letter, proxy; efficacy. [Exp: **el poder** (the established power), **en el poder** (in power), **poder adquisitivo** (purchasing power), **poder aparente** (apparent authority), **poder beneficioso** (beneficial power), **poder colateral** (collateral power), **poder de decision** (power to take decisions), **poder de disposición** (power of disposition), **poder de representación** (power of attorney; S. *mandato de procuraduría, poder notarial*), **poder de revocación** (power of revocation), **poder de sustituir o de sustitución** (power of substitution), **poder establecido** (established institutions, establishment), **poder independiente de la propiedad** (power in gross), **poder judicial** (the judiciary), **poder legislativo** (legislature), **poder notarial** (power of attorney), **poder nudo** (bare power), **poder público** (official authority), **poder subordinado a la propiedad** (power appurtenant or coupled with interest), **poder unilateral o sin interés del apoderado** (naked power), **poderes discrecionales** (discretionary powers; S. *facultades*), **poderes excepcionales** (emergency powers), **por poder** (by proxy)]. *Cf* autorización, permiso, competencia, facultades, autoridad, apoderamiento, validez, eficiencia, eficacia; dar poderes ilimitados.

poderdante *n*: principal, person who empowers another to act on his/her behalf, grantor of power. *Cf* cedente, mandante, principal.

poderhabiente *n*: person empowered to act for another; legal representative; attorney, proxy, proxy holder. *Cf* apoderado.

policía *n*: police, police force; policeman, policewoman, constable, detective constable, DC. [Exp: **policía de barrio** (precinct police, beat policeman), **policía de investigación criminal** (criminal investigation department, CID; murder squad; homicide division/squad), **policía de paisano** (detective, plain-clothes police/security personal/policemen), **policía de tráfico o tránsito** (traffic police, highway police), **policía judicial** (criminal investigation department, CID; members of the police acting directly under the orders of the courts), **policía montada** (mounted police), **policía nacional** (state police), **policía u oficial de servicio en comisaría** (duty officer), **policíaco** (police)]. *Cf* guardia.

policitación *n*: pollicitation, offer not yet accepted.

poligamia *n*: polygamy. [Exp: **polígamo** (polygamous; polygamist)].

política *n*: policy; politics. [Exp: **política aduanera o arancelaria** (tariff policy), **política de bienestar** (policy of welfare); **política de puertas abiertas** (open door policy), **política exterior** (foreign policy), **política general** (overall policy), **política impositiva** (tax policy), **política permisiva o complaciente** (accommodating policy), **política pública** (public policy), **política recaudadora** (collection policy)]. *Cf* programa, directrices.

político *a/n*: political, politician.

póliza *n*: policy, warrant; permit, scrip, ticket, voucher, receipt. [Exp: **póliza abierta** (open policy), **póliza caducada** (lapsed policy), **póliza de crédito en cuenta corriente** (overdraft authorization), **póliza de fletamento** (charter party; net charter), **póliza de seguro de responsabilidad civil del depositario** (bailee policy), **póliza de seguro de vida** (life assurance/insurance policy), **póliza de valor declarado** (valued policy) **póliza dotal** (endowment policy), **póliza general o flotante** (floating policy), **póliza limpia de fletamento** (clean charter), **póliza mixta** (mixed policy)].

ponderar *v*: evaluate, weigh. [Exp: **ponderación** (weighting), **ponderar pruebas** (weigh evidence)]. *Cf* evaluar, juzgar.

ponencia *n*: discussion document; report, paper; written account; delivery of the opinion of a bench of judges; leading opinion. [Exp: **ponente** (rapporteur, referee, speaker; person presenting a report; paper or opinion; judge responsible for drafting the leading opinion for the consideration of his brethren), **ponente de la quiebra** (referee)].

poner *v*: lay, put, place. [Exp: **poner a disposición de** (make available to), **poner al descubierto** (expose; S. *revelar, dar publicidad, denunciar*), **poner al día** (bring up to date, update), **poner bajo fianza** (bind over), **poner el cargo a disposición del superior** (tender one's resignation, offer to resign), **poner el matasellos** (postmark), **poner el sello** (affix the seal; S. *adherir el sello*), **poner el veto** (veto; S. *vetar*), **poner en calado** (trim; S. *estibar adecuadamente la carga*), **poner en circulación** (issue, put into circulation, utter, float; S. *emitir*), **poner en conocimiento del interesado** (inform/give notice to the interested party), **poner en ejecución** (put into execution, carry into effect, effect; S. *efectuar, realizar, llevar a cabo*), **poner en entredicho** (challenge, call in, question, look askance at; S. *poner excepción a*), **poner en libertad** (free, set free/at liberty, discharge), **poner en libertad bajo fianza** (bail, release on bail, admit to bail, grant bail; S. *caucionar*), **poner en marcha** (start, set on foot, operate), **poner en orden** (order, clear up; S. *ordenar, desembrollar*), **poner en peligro** (endanger), **poner en tela de juicio** (question, challenge; S. *poner en entredicho*), **poner en venta** (put something up for sale; S. *sacar a la venta*), **poner en vía de ejecución** (deal with, see that something goes through the proper channels), **poner en vigor** (apply, put into effect/operation, enforce; S. *aplicar, ejecutar*), **poner fin/término a** (bring to an end, put an end to, terminate), **poner la aceptación** (provide with acceptance), **poner pegas** (make difficulties, be fussy, raise objections), **poner por escrito** (set down, put in writing; S. *hacer constar*), **poner sobre el tapete** (table; S. *someter a aprobación*), **poner por testigo** (call to witness), **poner trabas** (obstruct; S. *obstaculizar*), **ponerse de acuerdo** (agree, reach agreement; S. *acceder, consentir*), **ponerse en contacto** (contact), **ponerse en**

fila (line up), **poniendo en la balanza** (on the balance of; S. *en un cálculo de*)]. *Cf* colocar, imponer cargas u obligaciones.

porción *n*: part, portion, share, allotment. [Exp: **porción hereditaria** (legacy), **porción legítima** (part of an estate passing to an heir-at-law, heir general or heir whatsoever; S. *legítima*)]. *Cf* parte, cuota.

pormenores *n*: details, particulars. [Exp: **pormenorizar** (itemize)].

pornografía *n*: pornography, obscenity, obscene material. [Exp: **pornográfico** (pornographic, obscene; S. *indecente, impúdico, libidinoso*)]. *Cf* obscenidad.

portador *n*: bearer, holder. [Exp: **al portador** (payable to the bearer), **portador de citaciones o notificaciones judiciales** (server, process-server), **portador de una letra** (payee of a bill; S. *tomador*)]. *Cf* tenedor, poseedor, titular.

portafolio *n*: portfolio.

portavoz *n*: spokesman/spokeswoman/spokesperson. [Exp: **portavoz del jurado** (foreman/forewoman/foreperson of a jury)].

porte *n*: carriage, conveyance by road, carriage/haulage charges, demeanour. [Exp: **porte(s) debido(s)** (freight forward, freight collect, *Amer*), **porte(s) pagado(s)** (freight prepaid), **porteador** (carrier; S. *transportista*), **porteador común** (common carrier), **portes** (haulage)].

poseedor *n*: possessor, holder, owner, tenant. [Exp: **poseedor de buena/mala fe** (bona/mala fide possessor), **poseedor en dominio absoluto** (tenant in fee simple), **poseedor de acciones** (stockholder), **poseedor de obligaciones** (bondholder), **poseedor originario** (natural possessor), **poseer** (own, hold; S. *tener, gozar*), **poseer de acuerdo con la ley** (be the legal owner of/ hold as of right)]. *Cf* titular, portador, tenedor.

posesión *n*: possession, holding, tenure, seisin; chose. [Exp: **posesión a título precario** (estate by sufferance; S. *posesión por tolerancia*), **posesión conjunta** (joint ownership), **posesión contingente o limitada** (qualified estate), **posesión de bienes raíces** (ownership of an estate), **posesión de hecho** (bare possession), **posesión de hecho** (naked possession; S. *posesión sin título*), **posesión de tierras** (ownership of land; S. *terratenencia*), **posesión denunciable por el locador o el locatario** (estate at will), **posesión derivativa o derivada** (derivative possession), **posesión efectiva o de hecho** (possession in deed or in fact), **posesión exclusiva** (exclusive possession), **posesión legal o de jure** (legal possession, possession in law), **posesión física** (seisin/seizin), **posesión hostil** (hostile possession), **posesión ilegítima** (unlawful possession; S. *tenencia ilícita*), **posesión limitada** (qualified possession), **posesión material** (physical possession), **posesión natural** (base possession; S. *posesión de hecho*), **posesión por prescripción** (adverse possession), **posesión de buena/mala fe** (bona/mala fide possession), **posesión por tiempo fijo** (estate for years), **posesión por tolerancia** (estate by sufferance, tenancy at sufferance), **posesión precaria** (precarious possession), **posesión sin título** (naked possession), **posesión sin justo título** (adverse possession), **posesión sobreentendida,** etc. (constructive possession), **posesión viciosa** (possession without proper title), **posesiones** (property, wealth), **posesionarse** (appropriate, make over to one's use), **posesorio** (possessory)]. *Cf* tenencia, goce, disfrute.

posibilidad *n*: possibility, chance; opportunity. [Exp: **posibilidades de empleo** (employment opportunities), **sin posibilidad de reparación** (beyond repair), **posible** (possible)].

posibilitar *v*: allow, enable.

posición *n*: position, status, standing; opinion, point of view. [Exp: **posición defendida** (contention, theory of the case, position, pleading), **posiciones** (pleadings — in Spanish law taking the form of a series of written questions formulated by each side to the other, together with the latter's written answers, which are drawn up in a single document called the *pliego de posiciones*. This is close to the Scots law system of "open record" and "closed record". The final form of the pleadings, by which issue is joined, is called the *absolución de posiciones*, for which Scots law provides "adjusted record". The term "close of pleadings" seems a satisfactory English equivalent, or, as an alternative, "joinder of issues" itself; S. *pliego de posiciones, absolución de posiciones*)]. *Cf* consideración, reputación categoría, rango, estado; opinión.

posponer *n*: postpone, put off.

postergar *v*: postpone; pass over, especially in favour of a junior.

posterior *a*: subsequent. [Exp: **posteriormente** (subsequently)]. *Cf* subsiguiente.

póstumo *a*: posthumous.

postura *n*: position, attitude, opinion, contention.

potencia *n*: power, potency. [Exp: **potencia mandataria** (mandatory power)]. *Cf* energía, capacidad.

potestad *n*: authority, jurisdiction, discretionary powers. [Exp: **potestad discrecional, judicial o administrativa** (discretion, discretionary authority; S. *facultad decisoria de los jueces o de la administración*), **potestad reglamentaria** (power of making regulations), **potestativo** (discretional/discretionary, facultative, optional; S. *facultativo, arbitral, moderador, discrecional, prudencial*)]. *Cf* poderes discrecionales, facultades.

pp (por poder) *n*: by authority, by proxy/deputy, per procurationem, per pro.; p.p.

práctica *n*: practice, performance; circulation. [Exp: **práctica de la prueba** (sifting/examination of evidence), **práctica forense** (code of procedure), **prácticas abusivas** (abuse; S. *abuso de posición dominante, explotación abusiva*), **prácticas comerciales** (trading practices, general customs; S. *usos comerciales*), **prácticas comerciales restrictivas** (restrictive practices, collusive tendering), **prácticas concertadas** (concerted practices), **prácticas delictivas** (criminal conduct; corrupt practices; S. *corruptela*)]. *Cf* cumplimiento, desempeño, ejercicio, ejecución.

practicar *v*: practise; accomplish, carry out, perform; exercise. [Exp: **practicable** (feasible, workable; S. *viable, hacedero*), **practicar diligencias** (carry out/take procedural steps), **practicar un aborto** (carry out an abortion), **practicar una autopsia** (perform an autopsy), **practicar una notificación** (notify), **practicar una prueba** (hear/sift/examine evidence, hold a trial of the evidence/submissions, etc.)]. *Cf* desempeñar, ejecutar, efectuar, realizar.

práctico *a*: practical, effective. *Cf* efectivo, eficaz, operativo.

práctico *n*: pilot (nautical). [Exp: **práctico de barra** (bar pilot), **práctico de puerto** (dock pilot)].

preámbulo *n*: preamble; recitals.

preaviso *n*: notice. [Exp: **con preaviso** (subject to notice), **preaviso de retiro** (notice of withdrawal)].

prebenda (*col*) *n*: sinecure, easy number (*col*), soft job (*col*), cushy number (*slang*).

precario *a*: precarious. [Exp: **precariedad en el empleo** (threat of unemployment, lack of job security), **en precario** (in a precarious position; up in the air)].

precaución *n*: precaution, caution, cautionness; care, diligence, duty of care. [Exp: **precautorio** (preventive, precautory, interim, interlocutory; S. *cautelar*)]. *Cf* diligencia razonable.

precedencia *n*: precedence, priority, preference. [Exp: **precedencia de embargo** (priority of attachment)]. *Cf* prioridad.

precedente *a*: preceding, aforegoing, foregoing.

precedente *n*: precedent, case law. [Exp: **precedente convincente pero no vinculante** (persuasive authority), **precedente vinculante** (binding precedent)]. *Cf* jurisprudencia.

precepto *n*: rule, order, dictate, precept, provision. [Exp: **preceptivo** (mandatory, binding; S. *forzoso, mandatorio, obligatorio*), **precepto constitucional** (constitutional provision), **precepto legal o de ley** (rule of law, legal principle), **preceptuar** (provide, dispose, establish)].

precinto *n*: seal. [Exp: **precintar** (seal, seal off; place out of bounds condemned building, premises under investigation; impound, etc.), **precinto de aduanas** (customs seal)].

precio *n*: price, cost, charge, rate. [Exp: **con/sin precio mínimo fijado** (with/without reserve), **precio al contado** (cash price), **precio alzado** (fixed price; S. *precio por unidad de medida*), **precio con rebaja** (marked down price), **precio de ejercicio** (strike price), **precio de mayorista** (wholesale price), **precio de ocasión o de saldo** (bargain price), **precio de oferta** (bid price), **precio de redención o amortización de un bono** (call price), **precio de ruptura** (walk-away price), **precio de salida de una subasta** (reserve price, put-up price), **precio de venta** (selling price), **precio del dinero** (rate of interest), **precio del mercado** (market quotation), **precio fijo o definitivo** (firm quotation), **precio garantizado por el gobierno** (support price), **precio global o a tanto alzado** (all-round price, lump sum), **precio justo** (fair price), **precio mínimo en subasta a la baja** (stop-out price), **precio nominal** (nominal consideration; S. *causa contractual*), **precio oficial** (official quotation), **precio por unidad de medida** (unit price, price per unit; S. *precio alzado*), **precio puesto en destino** (landed price), **precio reducido** (cut-price), **precio regulador** (standard price)]. *Cf* tasa, tarifa, flete.

preclusión *n*: estoppel, preclusion. *Cf* oponer preclusión, doctrina de los actos propios.

precontrato *n*: binding agreeement for a future contract, contract *in futuro*. *Cf* promesa de contrato.

predecesor *n*: predecessor. *Cf* antecesor; premorir.

predio *n*: rural real estate, landed property. [Exp: **predio dominante** (dominant tenement), **predio edificado** (improved property), **predio rural** (rural property, farm), **predio sirviente** (servient estate or tenement)]. *Cf* heredad.

predisponer *v*: predispose, bias, prejudice. [Exp: **predisposición** (bias, prejudice, partiality; S. *parcialidad, prejuicio, propensión*), **sin predisposición** (unprejudiced; S. *imparcial*)]. *Cf* sesgar, inclinar.

predominar *v*: predominate, prevail. [Exp: **predominante** (predominant, prevailing;

prevalent; S. *extendido, imperante, reinante, preponderante, dominante*), **predominio** (predominancy, prevalence)]. *Cf* tener prioridad, prevalecer.

preferencia *n*: preference. [Exp: **preferente** (preferential, preferred; S. *con prioridades, privilegiado*)]. *Cf* trato preferente, trato de favor.

pregón *n*: publication, announcement, street cry, hawker's cry. [Exp: **pregonar** (announce, proclaim, disclose, boast, vaunt, extol, praise publicly, cry, hawk), **pregonero** (announcer, town crier)].

pregunta *n*: question. [Exp: **pregunta legítima** (fair question), **pregunta tendenciosa, capciosa o insidiosa** (leading question, catch question), **preguntar** (ask questions), **preguntas añadidas** (second interrogatory)]. *Cf* repregunta.

prejudicialidad *n*: S. *cuestión de prejudicialidad.*

prejuicio *n*: prejudice, bias, prejudgment, forejudgment. [Exp: **con prejuicio** (prejudiced; S. *parcial*), **prejudicial** (that must be decided before trial of the main action or the criminal case. Care should be taken to distinguish this term from its near neighbour *perjudicial*, which means "prejudicial". Under Spanish criminal law, cases involving disputed issues of civil or administrative law follow the principle that the civil issues must be decided first since the nature of the criminal charges will depend on the outcome. Such "predeterminable issues" may be *devolutivos/excluyentes* — i.e., they fall to be decided by the competent civil court to which they are "returned" or "sent on" —or *no devolutivos*—, i.e. they fall to be determined by the criminal court itself under the doctrine of *incidentes de previo pronunciamiento* or "issues to be decided beforehand", issues of an interlocutory nature)]. *Cf* propensión, predisposición, parcialidad; cuestión prejudicial.

prejuzgar *v*: prejudge, prejudice; determine beforehand, decide first.

prelación *n*: preference, priority; order of priority. [Exp: **prelación de créditos** (order of priority of creditors in solvency proceedings), **prelación de bienes en el embargo** (order of priority of attachment; first against one possession of the debtor, then another, and so on, until the debt is satisfied)].

preliminar *a/n*: preliminary.

prematuro *a*: early, premature. *Cf* anticipado.

premeditación *n*: premeditation, malice aforethought. [Exp: **con premeditación** (wilfully, with malice, aforethought; S. *deliberadamente*), **premeditadamente** (wilfully), **premeditado** (wilful, aforethought, deliberate; malicious; S. *voluntario, intencional*), **premeditar** (premeditate), **sin premeditación** (unpremeditated, without malice, undesigned; S. *involuntariamente*)].

premiar *v*: reward; award a prize. [Exp: **premio** (prize; remuneration, reward; S. *retribución, remuneración, recompensa, gratificación*)].

premorir *v*: predecease. [Exp: **premoriencia** (predecease)].

premura *n*: urgency.

prenda *n*: pledge, token, pawn, security, deposit, gage, collateral. [Exp: **prendador** (pledger), **prendar** (pledge, pawn), **prendero** (pawnee; S. *prestamista*)]. *Cf* caución, seguridad colateral, garantía prendaria, señal.

prender *v*: capture, detain, apprehend, catch. [Exp: **prender fuego** (set fire to; S. *incendiar*)]. *Cf* apresar, capturar.

prenombrado *a*: aforesaid, aforementioned.

preparar *v*: prepare, train, instruct, teach. [Exp: **preparación** (training; S. *enseñanza, aprendizaje, adiestramiento, formación*), **preparado** (trained; S. *licenciado, titulado, competente*), **prepararse** (qualify as; get ready for; S. *capacitarse, habilitarse, efectuar estudios de*), **preparativos** (preparations)].

preponderancia *n*: weight, preponderance, balance. [Exp: **contra la preponderancia de la prueba** (against the evidence, balance of probabilities), **preponderancia de la prueba** (weight of evidence), **preponderancia evidente** (clear/reasonable balance of the evidence), **preponderante** (prevailing; S. *dominante, predominante, generalizado, imperante, reinante, corriente, extendido*)].

prerrogativa *n*: prerogative, privilege. *Cf* privilegio, fuero, inmunidad.

presa marítima *n*: prize.

prescribir *v*: prescribe, determine, lapse, be extinguished; dispose, specify. [Exp: **prescripción** (extinguishment, forfeit, limitation, prescription, determination; S. *extinción, anulación*), **prescripción adquisitiva** (acquisitive prescription; adverse possession, squatter's title; S. *derecho adquirido por uso continuo*), **prescripción adquisitiva** (acquistive prescription; usucapion; S. *usucapión*), **prescripción de acción** (limitation of action), **prescripción de un derecho por falta de ejercicio** (non user, negative prescription; S. *abandono o pérdida de un derecho*), **prescripción del delito** (lapsing of the period during which prosecution may be brought), **prescripción de la pena** (lapsing of sentence), **prescripción extintiva** (extinctive prescription), **prescripción negativa** (negative prescription; laches; S. *tardanza o negligencia en reclamar un derecho*), **prescripción positiva** (acquisitive prescription; S. *derecho adquirido por uso continuo, usucapión*), **prescripciones legales** (legal prescriptions) **prescriptible** (lapsable, prescriptible; S. *caducable*), **prescrito** (lapsed, time barred, barred by statute of limitations; S. *caducado*)]. *Cf* ordenar, extinguirse, caducar.

presentación *n*: presentation, production, filing, submission. [Exp: **a la/su presentación** (on presentation, on production), **presentación de alegatos alternativos** (pleadings in the alternative), **presentación de candidaturas** (nomination), **presentación de pruebas** (production of evidence), **presentación documental de pruebas** (notice to produce, notice of intention to produce), **presentación ordenada de hechos** (marshalling of facts, orderly presentation of facts)].

presentar *n*: submit, file, enter, produce, lodge, announce, present, put forward, tender, put in. [Exp: **al presentar** (on production; S. *a la presentación*), **presentar a debate** (submit for discussion), **presentar a la aceptación** (present for acceptance), **presentar a la firma** (present for signature), **presentar al cobro/pago** (present for collection/payment), **presentar alegatos nuevos** (replead/bring subsequent pleadings), **presentar cargos** (prefer charges; S. *acusar*), **presentar como prueba** (offer in evidence), **presentar excusas o justificación** (make an apology), **presentar la declaración de la renta** (file/make an income tax return), **presentar la dimisión** (tender one's resignation), **presentar pruebas** (call/adduce/lead/produce/furnish evidence; S. *aducir, aportar, rendir*), **presentar trabas** (demur), **presentar un acusado ante el tribunal** (arraign an accused person), **presentar un alegato** (serve a pleading, settle pleadings), **presentar un informe** (table a report; S. *someter a aprobación*), **presentar un proyecto de ley** (bring in a bill), **presentar un voto particular** (dissent from the leading opinion), **presentar una cuestión** (propound a question; S. *plantear*), **presentar una demanda** (prosecute a claim, serve proceedings, bring an action/case/proceedings/a suit against somebody), **presentar una demanda de divorcio** (file for divorce), **presentar una denuncia en un juzgado** (lay an information before a magistrate, bring/make a complaint; S. *denunciar*), **presentar una instancia/solicitud**, etc. (apply, make/file an application), **presentar una moción de censura** (table a motion of censure), **presentar una propuesta de reforma o rectificación** (move an amendment; S. *proponer una enmienda*)]. *Cf* formular, proponer, solicitar.

presente *a*: current, present. [Exp: **la presente** (these presents), **con la presente** (herewith), **en la presente** (herein)].

preservar *v*: preserve, conserve; keep, maintain. *Cf* mantener, sustentar, conservar.

presidencia *n*: chairmanship, presidency; chair, chairman, chairwoman, chairperson. [Exp: **presidente** (chairman, chairwoman, chairperson, president), **presidente de la empresa** (head/chairman, etc., of the company), **presidente de Sala** (chief justice/judge), **presidente del consejo** (chairman of the board), **presidente en funciones** (acting president, caretaker president/chairman), **presidente o portavoz del jurado** (foreman of a jury), **presidente saliente** (retiring/outgoing president), **Presidente del Tribunal Supremo** (President of the Supreme Court, Chief Judge/Justice), **Presidente de las Cámaras** (president of Congress/Senate, *approx* Speaker of the House)].

presidio *n*: jail, prison, penitentiary; imprisonment. *Cf* penal, penitenciaría, centro penitenciario.

presidir *v*: chair, preside over.

presión *n*: pressure, duress, bite (*slang*). [Exp: **presión fiscal** (S. *carga tributaria*), **presionado** (under pressure), **presionar** (press, press for, put pressure on, bring pressure to bear on; S. *apremiar, instar, obligar*)]. *Cf* coacción, compulsión.

preso *n*: convict, prisoner. [Exp: **preso común** (common convict), **preso de conciencia** (prisoner of conscience), **preso político** (political prisoner), **preso preventivo** (prisoner in preventive detention, prisoner awaiting trial; S. *preventivo*)].

prestación *n*: aid, assistance; benefit, facility; service. [Exp: **prestación de servicios** (rendering of services), **prestación de un juramento** (swearing, taking of an oath), **prestación social** (social service; S. *servicio social*), **prestación social sustitutoria** (social service in lieu of military service), **prestaciones** (benefit, facilities; S. *indemnización*), **prestaciones asistenciales** (social service), **prestaciones por incapacidad laboral transitoria** (sickness benefits)]. *Cf* realizar una prestación.

prestamista *n*: lender, money-lender, moneybroker, pawnbroker. *Cf* fiador; prestatario.

préstamo *n*: loan, advance, accommodation. [Exp: **préstamo a la gruesa** (bottomry, bottomry loan, loan on bottomry, respondentia), **préstamo a la vista o diario** (call loan), **préstamo a persona de solvencia o sin garantía colateral** (character loan), **préstamo con garantía prendaria, pignoraticio o sobre valores** (collateral loan; pleade loan; S. *pignoración*), **préstamo en dinero efectivo** (cash loan), **préstamo garantizado con títulos-valores** (loan against securities), **préstamo globo** (balloon loan/note/payment), **préstamo hipotecario** (mortgage loan), **préstamo puente o de empalme** (bridging loan), **préstamo sin caución o en descubierto** (unsecured loan), **préstamo sin interés** (flat loan), **préstamo y arriendo** (lend-lease)]. *Cf* crédito.

prestar *v*: lend, loan; render, give, provide, furnish. [Exp: **prestar apoyo para la comisión de un delito** (aid and abet), **prestar auxilio** (render assistance), **prestar caución** (give/furnish bail; S. *constituir fianza*), **prestar consentimiento** (consent), **prestar declaración** (give evidence, make a statement; S. *declarar*), **prestar dinero a la gruesa, con seguridad colateral, con prenda,** etc. (lend on bottomry/collateral/pawn, etc.), **prestar dinero sin garantía o con una garantía provisional** (accommodate), **prestar fianza** (go/stand bail/security/surety, support, back/back up; S. *avalar, respaldar, apoyar, sostener, endosar, salir fiador*), **prestar fianza ante el juzgado** (pay into court as security; S. *pagar como consignación*), **prestar juramento** (swear, take an oath), **prestar servicio** (serve, render a service; S. *servir*), **prestar sobre hipoteca** (lend on mortagage), **prestatario** (borrower, debtor, pawner; S. *deudor; prestamista*)].

presunción *n*: presumption, suspicion. [Exp: **presunción absoluta** (absolute/conclusive presumption/evidence; S. *indicio claro*), **presunción de hecho y de derecho** (mixed presumption), **presunción de inocencia** (presumption of innocence, benefit of the doubt), **presunción de muerte** (presumption of death/survivorship), **presunción dudosa** (disputable presumption), **presunción legal** (judicial notice, judicial cognisance/cognizance, presumption of law), **presunción**

rebatible o refutable (disputable/rebuttable presumption)]. *Cf* conjetura, sospecha.

presunto/presuntivo *a*: presumed, presumptive, constructive, purported, apparent. [Exp: **presunto culpable** (presumptive culprit, the accused), **presunta entrega** (constructive delivery; S. *cuasi-entrega*), **presuntamente** (purportedly, allegedly), **presunto heredero** (heir apparent/presumptive)]. *Cf* sobreentendido, implícito.

presuponer *v*: presuppose; imply, involve. [Exp: **presuposición** (presupposition)]. *Cf* presupuesto.

presupuesto *n*: budget; presupposition. [Exp: **presupuestario** (budgetary), **presupuestos procesales** (prerequisites or rules of procedure). *Cf* presuposición.

pretendiente *n*: candidate; applicant, claimant, suitor, pretender. [Exp: **pretendiente a un trono** (claimant)]. *Cf* derechohabiente.

pretensión *n*: claim, pretension, pretence, cause of action. [Exp: **pretensión infundada** (groundless/baseless/unfounded claim), **pretensión legítima** (legitimate claim), **pretensión litigiosa** (subject of a suit)].

preterición *n*: preterition, wrongful omission or passing over in a will of an heir-at-law or heir whatsoever. [Exp: **preterintencionalidad** (preterintentionality, plea or defence that the harm done was greater than that intended)].

pretexto *n*: pretext, excuse, pretence, colour.

prevalecer *v*: prevail, obtain. *Cf* predominar.

prevalerse *v*: avail oneself of; take advantage of.

prevaricar *v*: wilfully or negligently deliver an unfair judgment or reach an unfair decision in a mater of public interest or in the discharge of public duties; unlawfully dislcose information in breach of professional confidence; deliberately or negligently suppress the truth in any of these situations; prevaricate). [Exp: **prevaricación** (breach of official duty, breach of trust), **prevaricador** (prevaricator)].

prevenir *v*: prevent, warn; provide for; preclude; garnish; avoid; estop. [Exp: **prevención** (prevention, precaution, fair warning), **prevenido de sus derechos** (under caution),

prevenir al detenido de sus derechos (caution the suspect), **preventivo** (preventive, cautionary; remand prisoner; S. *preso preventivo, establecimiento de preventivos*)].

prever *v*: foresee; envisage, expect, anticipate; contemplate. [Exp: **en previsión de/previendo** (as a precaution against; in contemplation that, in anticipation of; S. *confiando en que, con la esperanza de que*), **previsión** (foresight; caution, estimate, planning), **previsión social** (social security; S. *seguridad social*), **previsto** (envisaged, expected; covered)].

previo *a*: former, previous, prior. [Exp: **de previo [y especial] pronunciamiento** (predeterminable; that must be decided beforehand; S. *incidente*), **previa cita** (by appointment), **previa condición de** (subject to; S. *a reserva de, sin perjuicio de*), **previa petición** (on request), **previo contrato** (subject to contract), **previo informe** (after receipt of report), **previo pago** (against payment), **sin previo aviso** (without previous notice)]. *Cf* antiguo, anterior.

prima *n*: bonus, bounty, premium. [Exp: **prima a la exportación** (bounty on exportation), **prima de aceleración** (acceleration premium), **prima de amortización de un bono** (call premium), **prima de celeridad** (dispatch money), **prima de emisión** (paid-in surplus), **prima de opción a vender** (put option), **prima de opción** (option), **prima de permanencia** (long-service bonus, golden handcuffs), **prima de rendimiento** (efficiency bonus), **prima de rescate o de amortización anticipada** (call premium), **prima de riesgo** (risk premium), **prima de enganche** (signing-on bonus, golden hello), **prima devengada** (earned premium), **prima pagada por entrega aplazada** (backwardation), **prima por cancelar el préstamo antes de su vencimiento** (prepayment penalty/premium), **prima de productividad** (productivity bonus)]. *Cf* gratificación, bono, bonificación, sobresueldo, paga extraordinaria.

primario *a*: primary, principal, original. *Cf* básico, principal, fundamental.

primero *a*: first. [Exp: **a la primera de cambio**

(from the outset, right from the start, from the word go), **a primera vista** (prima facie, at first blush), **primer borrador** (rough draft), **primer gravamen** (first lien), **primer interrogatorio de testigo** (examination-in-chief), **primer oficial** (chief officer), **primer oficial de un buque** (first mate), **primer plazo** (deposit, down-payment; S. *entrega a cuenta, pago inicial*), **Primer Ministro** (Prime Minister, PM), **primera de cambio** (first of exchange), **primera hipoteca** (first mortgage), **primera infracción** (first offence), **primera instancia** (first instance, first trial of a suit), **primera transformación** (first-stage processing), **primeras materias** (merchandise)].

primogénito *a*: first-born. [Exp: **primogenitura** (primogeniture)].

primordial *a*: primordial, fundamental, basic, crucial, primary. *Cf* directo, primario, esencial, fundamental.

principal *a/n*: principal, leading, prime, capital, main, major, master; senior; head, chief.

príncipe heredero *n*: crown prince, heir to the throne.

principio *n*: principle, rule, theory, tenet. [Exp: **principio de adquisición procesal** (principle whereby the evidence produced by one side may be used for its own purposes by the other), **principio de impulsión/impulso procesal** (principle that the rules and practice of the courts must give effect, through decisions and orders, to the law as it stands; principle that judicial proceedings are governed by the rules of court and not dependent on the initiative of the parties; authority of procedural rules and practice), **principio de derecho** (rule of law, legal principle, abiding laws), **principios fundamentales** (basic principles), **principios jurídicos** (legal principles), **principios tributarios** (canons of taxation)]. *Cf* origen, antecedente, motivo, razón.

prioridad *n*: priority, preference, pre-emption. [Exp: **con prioridad(es)** (preferential), **prioridad de la deuda** (priority of debt; S. *deuda privilegiada*), **prioridad del accionis-**ta a suscribir acciones de nuevas emisiones (pre-emptive right), **prioridad por antigüedad** (prior right, occupational/professional seniority), **prioritario** (having priority, prior, priority, top priority)]. *Cf* derecho de prioridad, opción de compra prioritaria.

prisión *n*: prison; custody, imprisonment, seizure; caption (*obs*). [Exp: **prisión atenuada** (house arrest; S. *arresto domiciliario*), **prisión de alta seguridad** (top security prison, escape-proof prison), **prisión ilegal** (false/wrongful imprisonment), **prisión incomunicada** (solitary confinement/imprisonment), **prisión menor** (probation; term of imprisonment below the minimum which is served in practice), **prisión preventiva** (custody while awaiting trial, protective custody, pre-trial custody, preventive detention), **prisionero** (prisoner; inmate), **prisionero de guerra** (prisoner of war, POW)]. *Cf* cárcel, penitenciaría, penal, presidio, encierro; cadena perpetua.

privación *n*: deprivation; destitution; privation. [Exp: **privación de libertad** (loss of liberty, custody, imprisonment), **privación de los derechos** (civil death; S. *inhabilitación perpetua*), **privación del permiso de conducción** (confiscation of driving licence, ban from driving), **privar de** (deprive, abridge; S. *despojar, quitar*), **privar de los derechos civiles** (disfranchise), **privar de un título o derecho** (disentitle), **privar del derecho de pensión** (deprive of the right to a pension)]. *Cf* pérdida, desamparo.

privado *a*: private, personal, privy; deprived. [Exp: **privado de razón** (of unsound mind), **privativo** (exclusive, restricted, special), **privatización** (privatization), **privatizar** (privatise)]. *Cf* particular, personal.

privilegio *n*: prerogative, privilege, immunity, exemption, franchise; grant, patent; royal charter; concession. [Exp: **privilegiado** (privileged, preferential; S. *aforadado, preferente*), **privilegio absoluto** (absolute privilege), **privilegio contra la autoincriminación** (immunity from self-incrimination, right not to say or do anything that would or might incriminate one; fifth amendment, *Amer*; S. *fuero, privilegio absoluto, inmunidad*), **privilegio de invención** (patent), **privilegios e inmunidades** (privileges and inmunities)]. *Cf* exención, franquicia, inmunidad, gracia.

pro *n*: good, advantage, woth, wothiness, prestige. [Exp: **en pro de** (pro, in support of; S. *en apoyo de*), **proforma** (pro-forma; S. *factura proforma*), **pro indiviso** (pro indiviso, undivided property, in common, accumulatively; S. *en común*), **pro tempore** (pro tem., for the time being)].

probanza *n*: highly formal, proof, evidence. [Exp: **probanza en juicio** (legal proof, proof in court), **probanza procesal** (evidence in court), **probar** (prove, establish, evince, try, test), **probar con argumentos** (argue a point of law, etc.), **probar judicialmente un testamento** (probate a will), **probar la existencia de** (establish the existence de), **probar su inocencia** (prove one's innocence)]. *Cf* quedar probado, dejar probado, demostrar; prueba.

probatoria *n*: pleadings; period allowed for the gathering, submission and consideration of evidence; period of the trial between joinder of issue and delivery of judgement; trial proper.

probatorio *a*: evidential, evidentiary, probative.

probidad *n*: honesty, integrity.

procaz *a*: coarse, indecent; foul-mouthed. *Cf* grosero, impúdico, indecente.

procedente *a*: appropriate, correct, fit, fitting; coming from. [Exp: **procedencia** (appropriateness; origin)]. *Cf* adecuado, correcto; considerar procedente.

proceder *n*: procedure, action. [Exp: **proceder leal** (fair play, honest dealing; S. *recto proceder*)].

proceder *v*: proceed, take action, operate. [Exp: **procede declarar la nulidad,** etc. (it is proper for/incumbent on this court to declare the action void; this court has no other course than to declare the action void), **proceder a la liquidación** (proceed to liquidation), **proceder contra alguien** (proceed/bring an action

against somebody), **se procede a** (we shall now proceed to..., the next step is to...)]. *Cf* iniciar una acción judicial.

procedimental *a*: procedural.

procedimiento *n*: process, procedure, method, proceeding. [Exp: **procedimiento acusatorio** (accusatorial/accusatory/adversary procedure), **procedimiento administrativo** (administrative procedure), **procedimiento civil/criminal** (civil/criminal procedure), **procedimiento de apremio o coactivo** (compulsory process), **procedimiento de cobro coercitivo** (action for/proceedings for enforced collection action), **procedimiento de ejecución equitativa de una sentencia por parte del acreedor de la misma** (equitable execution), **procedimiento de embargo** (garnishment proceedings), **procedimiento de oficio** (ex officio procedure, action instituted by the court of its own motion), **procedimiento de quiebra** (bankruptcy proceedings, proceedings in bankruptcy; S. *juicio concursal*), **procedimiento de revisión** (review procedure), **procedimiento de solución** (method of settlement), **procedimiento de urgencia** (emergency procedure), **procedimiento del juicio de exequátur** (exequatur procedure; S. *juicio de exequátur, exequátur*), **procedimiento ejecutivo hipotecario** (foreclosure), **procedimiento especial** (special procedure), **procedimiento incidental o subsidiario** (ancillary proceeding), **procedimiento judicial** (legal/judicial proceeding; S. *acto jurídico*), **procedimiento judicial relacionado con la guarda y tutela de los menores** (care proceedings), **procedimiento ordinario** (ordinary proceeding), **procedimiento penal abreviado** (summary trial; summary procedure, *Scot*), **procedimiento penal para delitos graves** (trial on indictment; solemn procedure, *Scot*), **procedimiento probatorio** (S. *probatoria*), **procedimiento verbal** (oral proceedings), **procedimientos de separación, divorcio,** etc. (matrimonial causes), **procedimientos en demandas contra el Estado** (Crown Proceedings Act)]. *Cf* actuaciones, trámites, diligencias, actos, proceso, tramitación, medida, normas de procedimiento.

procesal *a*: procedural, pertaining to legal process or procedure; practice, relating to judges' rules.

procesalista *n*: an expert or authority on adjective law, judges' rules, practice directions, the rules of the Supreme Court, etc.

procesamiento *n*: indictment, arraignment, prosecution. [Exp: **procesable** (indictable, triable), **procesado** (indictee, indicted, accused, defendant; S. *inculpado, acusado, encausado*), **procesamiento por segunda vez por un mismo delito** (prior jeopardy), **procesamiento por vía abreviada** (short committal), **procesar** (indict, commit, commit for trial, arraign, pursue, prosecute, proceed against somebody, bring a charge, try; process), **procesar por el procedimiento abreviado o rápido** (try summarily), **procesar por el procedimiento solemne reservado a los delitos graves** (try on indictment)].

proceso *n*: action, process, suit, proceedings, act at law, prosecution, cause; the documents in a case; record of process or procedure, court record. [Exp: **en el proceso de** (re), **proceso acumulativo** (joinder, consolidated actions; S. *concurrencia de acciones*), **proceso administrativo** (action under administrative law), **proceso auxiliar o secundario** (ancillary proceedings), **proceso cautelar** (provisional remedy, preventive action), **proceso civil** (civil action), **proceso colectivo** (joint action), **proceso concursal** (bankruptcy proceedings), **proceso constitutivo** (test action), **proceso de cognición** (action aimed at establishing a right or legal principle; test case; — used in opposition to *proceso de ejecución*), **proceso criminal** (criminal prosecution), **proceso de ejecución** (action aimed at vidicating a right, especially a property right; action for debt; real action; S. *proceso de ejecución*), **proceso de ejecución concursal** (bankruptcy proceedings), **proceso de ejecución singular** (foreclosure by one creditor), **proceso de embargo** (process of garnishment), **proceso**

de residencia (impeachment proceedings), **proceso declarativo ordinario** (declaratory action), **proceso disciplinario** (disciplinary proceedings), **proceso incidental** (subsidiary action, claim, etc.; claim or dispute arising in the course of an action or criminal trial an d which fall to be decided before the main action resumes or is decided; S. *incidentes de previo pronunciamiento*), **proceso inicial** (original process), **proceso judicial** (lawsuit, judicial proceeding), **proceso laboral** (action under labour law), **proceso legal** (process of law), **proceso mixto** (mixed action; S. *acción real y personal*), **proceso monitorio** ([application for] enforcement of judgment for payment of debat), **proceso para secuestro** (attachment proceedings; S. *diligencias de embargo*), **proceso penal** (criminal trial), **proceso por incumplimiento de compromiso implícito** (general assumpsit), **proceso que marca la ley** (due course of law), **proceso sin dilaciones indebidas** (fact and speedy trial), **proceso sumario** (summary process), **proceso testamentario** (probate proceedings)]. *Cf* causa, demanda, litigio, pleito.

proclamar *v*: declare, establish, proclaim, promulgate. [Exp: **proclama** (banns; public notice), **proclamas de matrimonio** (banns of matrimony; S. *amonestaciones matrimoniales, edictos matrimoniales*)]. *Cf* declarar.

procuración *n*: procuration, proxy, letter of attorney, warrant of attorney, mandate. *Cf* poder, agencia.

procurador *n*: legal representative; barrister; solicitor; procurator, attorney, lawyer, proctor. [Exp: **procurador general** (solicitor general, attorney general)]. *Cf* mandatario, abogado.

producción *n*: output, production. [Exp: **producción en masa** (mass production), **producir** (produce, carry, earn; S. *devengar*), **producir beneficio** (produce/yield a profit, pay), **producir efectos** (take effect, be effective; S. *surtir efecto*), **producir intereses** (bear/yield interest; S. *rentar, rendir*), **productividad** (productivity, efficiency; S. *eficacia, eficiencia, rendimiento*), **producto** (produce, product, return, yield; earnings; S.

rendimiento), **producto equitativo** (fair return; S. *beneficio justo*), **producto exento de IVA** (zero-rated product/product exemtp from VAT), **producto financiero** (financial product), **producto nacional bruto** (gross national product, GBP), **producto neto o líquido** (proceeds; S. *ganancias*), **producto peligroso y tóxico** (hazardous and noxious substance, HNS), **producto secundario** (byproduct; S. *derivados*), **producto transformado** (processed product), **productos perecederos** (perishable goods)].

profanar *v*: profane, desecrate; defile. [Exp: **profanación o violación de cadáveres/ tumbas** (desecration of corpses/tombs), **profano** (layman)]. *Cf* violar, ultrajar.

profesión *n*: profession, occupation, job, trade. [Exp: **profesional** (professional man or woman), **profesional (de la medicina, la abogacía, etc.)** (practitioner)]. *Cf* empleo, ocupación.

prófugo *n*: absconder, fugitive; deserter. *Cf* fugitivo.

programa *n*: policy, programme. [Exp: **programa de enseñanza** (training programme), **programa del partido** (party ticket), **programación** (planning; S. *organización, planificación*), **programación de efectivos** (personnel planning)]. *Cf* directrices, política.

progreso *n*: progress, development, advance. *Cf* avance, promoción; desarrollo.

prohibición *n*: prohibition, prohibitory interdict (*Scot*). [Exp: **prohibición judicial** (injunction; S. *interdicto prohibitivo*), **prohibición judicial al acusado de abandonar el lugar de la jurisdicción del tribunal** (writ of ne exeat)].

prohibir *v*: forbid, prohibit, proscribe, ban, bar. [Exp: **prohibida la entrada a las personas ajenas a este centro** (no admittance except on business), **prohibir el ejercicio de la profesión** (suspend from practice, debar; S. *suspender en el empleo o cargo*), **se prohíbe fijar carteles** (no bills)].

prohijar *v*: adoptar, affiliate. [Exp: **prohijamiento** (adoption)]. *Cf* adoptar.

prole *n*: offspring, issue. *Cf* descendencia.

prolongar *v*: prolong; extend. *Cf* extender, ampliar, prorrogar.

promedio *n*: average. *Cf* término medio.

promesa *n*: pledge, promise; covenant. [Exp: **promesa de contrato** (binding promise, promise to enter a contract that is tantamount to a contract; S. *precontrato*), **promesa contractual vinculante** (executory consideration), **promesa formal** (formal promise), **promesa no vinculante** (nudum pactum), **promesa solemne** (solemn promise, affirmation), **promesa unilateral o sin causa** (naked promise, promise without consideration), **prometer** (promise, affirm, pledge), **promisorio** (promissory)]. *Cf* pignoración, garantía, caución.

promoción *n*: promotion, development, advance, progress. *Cf* fomento, ascenso; promover.

promotor *n*: promoter, developer. [Exp: **promotor de una mercantil** (promoter), **promotor de viviendas** (property developer)].

promover *v*: promote, move, raise, help on, further, advance; set in motion, get moving. [Exp: **promover un pleito** (bring an action, file a suit), **promoción** (promotion)]. *Cf* ascender, agenciar, fomentar.

promulgación *n*: promulgation, enactment. [Exp: **a la promulgación** (on enactment), **promulgar** (promulgate, publish, enact, proclaim; S. *sancionar*)].

pronunciamiento *n*: pronouncement; decision, judgement, order; pronunciamiento, coup, putsch, insurrection.

pronunciar *v*: pronounce. [Exp: **pronunciar el veredicto** (return a verdict), **pronunciar sentencia** (pronounce/give/deliver/ a judgment; S. *fallar, resolver, dictaminar*), **pronunciar sentencia condenatoria** (pronounce sentence, pass judgment, convict), **pronunciar un discurso** (deliver a speech), **pronunciarse** (pronounce on, deliver judgement, announce a decision; S. *abstenerse de pronunciarse*), **pronunciarse con carácter prejudicial o sobre cuestiones preliminares** (give preliminary rulings), **sin pronunciarse** (uncommitted; withholding a final decision)].

propensión *n*: bias, disposition; propensity,

tendency. *Cf* predisposición, parcialidad, prejuicio.

propiedad *n*: property, ownership, domain, land, premises. [Exp: **en propiedad** (in fee), **propiedad absoluta, plena o sin restricciones** (absolute property/estate/legal ownership), **propiedad actual con derecho de posesión futura** (executed remainder), **propiedad adquirida** (acquest, adquisition), **propiedad arrendada** (leased property), **propiedad basada en el derecho de equidad** (equitable estate), **propiedad comunal** (joint estate; common land), **propiedad con derecho de sucesión limitado** (estate tail), **propiedad condicional** (estate upon condition), **propiedad contingente** (contingent estate), **propiedad de dominio absoluto, propiedad sin limitación alguna** (freehold estate/property), **propiedad disminuida por estar gravada con un usufructo** (remainder estate; S. *nuda propiedad*), **propiedad en común** (co-ownership), **propiedad en dominio pleno** (estate in fee simple absolute in possession, vested estate/property), **propiedad horizontal** (property in a condominium, flat, appartment), **propiedad indivisa** (tenancy in common), **propiedad industrial** (industrial property), **propiedad intelectual** (copyright intellectual property), **propiedad libre de hipotecas, gravámenes,** etc. (clear estate/unencumbered estate or ownership), **propiedad limitada a ciertos herederos** (estate in tail), **propiedad particular** (private property), **propiedad limítrofe** (adjoining property), **propiedad poseída en común** (co-owned property), **propiedad real** (real estate), **propiedad real o personal sin dueño** (bona vacantia), **propiedad real, tangible y transmisible** (corporeal hereditaments), **propiedad social, colectiva o pública** (collective ownership), **propiedad vinculada a condiciones de fideicomiso** (trust estate, settled land), **propiedad y posesión actual** (executed estate), **propiedades** (estate, holdings, hereditaments), **propiedades inmuebles** (land and buildings, inmovables)].

propietario *a/n*: propietary; owner, proprietor, ownership. [Exp: **propietario absoluto de una casa** (freeholder; S. *dueño*), **propietario legal** (statutory owner), **propietario legítimo** (rightful owner), **propietario registrado** (owner of record), **propietario único de dominio pleno** (sole and unconditional owner), **propietario vitalicio** (life tenant)]. *Cf* dueño, titular.

propinar *v*: strike, deal, give. [Exp: **propinar una paliza, un puñetazo, una patada** (beat, punch, kick)]. *Cf.* puñetazo.

propio *a*: own, one's own; self, same, very; special, peculiar, characteristic; fitting, proper, suitable; self-. *Cf* razonable, satisfactorio; doctrina de los propios actos.

proponer *v*: propose, propound, put forward, nominate; plan; outline. [Exp: **proponente** (proponent, bidder), **proponer a debate** (put up for debate), **proponer una candidatura** (nominate a candidate), **proponer una enmienda** (move an amendment)].

proporcionar *v*: provide, furnish, supply. *Cf* facilitar, proveer.

proposición *n*: proposition, proposal, point, bid. [Exp: **proposición de compra** (bid), **proposiciones de ley** (white papers), **proposiciones no de ley** (green papers)]. *Cf* punto, cuestión, propuesta.

propósito *n*: purpose, object, aim. [Exp: **a propósito** (on purpose; S. *deliberadamente*)]. *Cf* objeto, intención.

propuesta *n*: proposal, nomination, motion, recommendation, bid, overtures, submission, tender. [Exp: **a propuesta de** (on a proposal from)]. *Cf* iniciativa.

prorrata *a/n*: pro-rata; share, quota. [Exp: **prorratear** (apportion, share out, prorate), **prorrateo** (call, apportionment)].

prórroga *n*: extension, deferral, deferment, postponement; prorogation. [Exp: **prórroga del contrato de alquiler** (extension of lease term, renewal), **prórroga especial** (day/days of grace; S. *período de gracia*), **prórroga forzosa** (compulsory extension/deferment), **prórroga tácita del contrato de alquiler** (tacit extension of lease term by operation of law), **prorrogable** (extendible, demurrable, postponable), **prorrogar** (renew, extend, hold over), **prorrogar el plazo de vencimiento** (extend the time limit; S. *diferir el plazo*)]. *Cf* ampliación del plazo.

proscribir *v*: outlaw, proscribe, attaint (*obs*). [Exp: **proscripción y confiscación** (attainder), **proscrito** (outlaw, banished person)]. *Cf* prohibir.

prosecución *n*: prosecutio, continuance; continuation; pressing; pursuit. *Cf* continuación, aplazamiento.

proseguir *v*: pursue; continue, go on (with), carry on. *Cf* seguir, continuar, procesar, demandar.

prosperar *v*: prosper, succeed. [Exp: **la demanda prosperó** (the claim was upheld; the court found for the plaintiff; judgment was entered for the plaintiff)].

prostíbulo *n*: brothel. *Cf* casa de lenocinio.

prostituta *n*: prostitute, whore, streetwalker.

protección *n*: care, protection, prevention, safeguard. *Cf* amparo, precaución, garantía. [Exp: **protección de datos almacenados electrónicamente** (data protection), **protección efectiva de los jueces** (effective protection of the court), **protección judicial** (in the custody/under the protection of the court), **protección policial** (police/protective custody)]. *Cf* tutela, amparo.

protector *a/n*: protective; protector, supporter. *Cf* amparador, que protege.

proteger *v*: protect, ward, safeguard. *Cf* amparar.

protesta *n*: protest. [Exp: **bajo protesta** (under protest), **protesta de avería o del capitán** (captain's protest, master's protest, protest in common form), **protestable** (protestable), **protestado** (under protest, protested), **protestar** (protest), **protestar un pagaré o una letra** (note a bill/draft), **protestar una letra** (note; S. *levantar acta*), **protestas** (representations, strong representations; S. *declaraciones*)].

protesto *n*: protest, noting of a dishonoured bill of exchange, etc. [Exp: **protesto de una letra** (protest/noting of a bill), **protesto por falta de aceptación** (protest for non-acceptance),

protesto por falta de pago (protest for non-payment)].

protocolo *n*: protocol; court record; notary's protocol, minute or record. [Exp: **protocolizar un documento** (enter a document into record), **protocolizado** (under seal; S. *escriturado*), **protocolo judicial** (court's record)].

provecho *n*: benefit, advantage, profit. [Exp: **provechoso** (beneficial, profitable; S. *ventajoso, rentable*)].

proveer *v*: provide, supply, furnish, purvey. [Exp: **proveedor** (provider), **proveído** (interlocutory judgment; writ expressing or giving effect to this; S. *auto/orden judicial*)].

providencia *n*: court order, direction of the court, decision, award. [Exp: **providencia de secuestro** (writ of attachment), **providencia ejecutoria** (writ of execution), **providencia ordenando la paralización de los procedimientos** (writ of supersedeas), **providencia precautoria de arraigo** (writ of ne exeat regno), **providencias** (practice directions), **providencias ordinarias** (automatic directions)]. *Cf* arraigo, depósito de personas.

provision *n*: provision, furnishing, supplying. [Exp: **provisión de fondos** (provision/ allocation of funds, advance; downpayment to lawyer), **provisiones** (victuals; S. *víveres*)]. *Cf* proporcionar, facilitar, suministrar.

provisional *a*: temporary, makeshift, provisional, tentative; acting; nisi. *Cf* eventual, provisorio, interino.

provocación *n*: provocation; incitement. [Exp: **provocador** (provocative), **provocar** (provoke, cause, stir up, rouse, arouse), **provocar alzas/bajas en el mercado** (bull/bear the market), **provocar un incendio de forma voluntaria** (commit arson), **provocativo** (provocative, arousing)]. *Cf* insolencia, desobediencia, oposición obstinada, desafío, reto.

proxeneta *n*: procurer, pimp.

próximo *a*: near, close; next; proximate. [Exp: **de próxima aparición** (forthcoming)].

proyecto *n*: project design, plan, proposal, scheme, blueprint (*col*). [Exp: **proyecto de ley**

(bill, draft bill, private/public bill, omnibus bill, private member's bill), **proyecto de ley de asignación presupuestaria** (appropriation bill)]. *Cf* plan, designio, intención.

prudencia *n*: care, diligence, sound judgement, reasonable care, ordinary care, common duty of care, caution. [Exp: **con/sin la prudencia debida** (with/without reasonable care), **prudencia extraordinaria** (special care, special duty of care), **prudencia normal** (ordinary care), **prudencia razonable** (proper care, due and reasonable care), **prudencial** (prudential; discretional/discretionary; S. *moderador, discrecional*), **prudente** (cautious, prudent; S. *discreto, juicioso*), **prudentemente** (advisedly)]. *Cf* diligencia razonable o normal, precaución.

prueba *n*: evidence, proof; trial; test; argument; check; demonstration, deraignment. [Exp: **a prueba** (on probation; on approval, on trial), **a prueba de balas** (bullet-proof), **contra prueba** (against the evidence; S. *contra la preponderancia de la prueba*), **de prueba o tanteo** (tentative; S. *provisional o tentativo*), **prueba acumulativa o concordante** (cumulative evidence), **prueba admisible** (competent evidence, proper evidence, admissible evidence), **prueba admisible y suficiente** (legally sufficient evidence), **prueba caligráfica** (proof of handwriting), **prueba circunstancial o indiciaria** (circumstantial evidence), **prueba clara y convincente/contundente/definitiva** (clear and convincing proof, conclusive proof), **prueba confesional** (reply to interrogatories; S. *absolución de posiciones, confesión judicial*), **prueba contraria** (disproof; S. *impugnación, refutación, confutación*), **prueba corroborativa** (coroborating evidence), **prueba irrefutable** (irrefutable proof/evidence; preponderance of evidence), **prueba de alcoholemia** (breathaliser test), **prueba de cargo** (evidence for the prosecution, State's evidence), **prueba de descargo** (evidence for the defence), **prueba de fuente distinta** (extrinsic/extraneous evidence), **prueba de la identidad** (evidence of identity), **prueba de solvencia moral** (character evidence), **prueba de validez de un testamento** (probate of a will), **prueba demostrativa o material** (demonstrative evidence), **prueba derivada** (mediate testimony, secondary evidence), **prueba directa** (positive evidence, direct evidence), **prueba documental** (documentary evidence), **prueba eficiente** (probative evidence), **prueba escrita** (written evidence), **prueba falsificada** (fabricated/false evidence; S. *testimonio fraudulento*), **prueba fehaciente o consistente** (convincing evidence), **prueba fortuita o incidental** (casual evidence), **prueba indirecta** (indirect/negative evidence, hearsay evidence), **prueba material** (real evidence), **prueba negativa** (negative evidence), **prueba pericial** (evidence of opinion), **prueba pertinente** (relevant evidence), **prueba por indicios** (presumptive evidence), **prueba por referencia, por rumor o de oídas** (hearsay evidence), **prueba positiva** (positive proof, proof positive), **prueba presunta** (probable cause), **prueba primaria** (primary evidence), **prueba real** (real evidence), **prueba secundaria** (secondary evidence), **prueba testifical** (testimony, witness proof, evidence of witnesses), **prueba testifical *in articulo mortis*** (dying declaration), **prueba verbal o testimonial** (oral evidence, evidence given by witnesses), **pruebas aportadas por la policía** (police evidence), **pruebas en contra** (evidence on/to the contrary)]. *Cf* práctica de la prueba, demostración, comprobación.

publicación *n*: publication. [Exp: **publicar** (publish; S. *promulgar*)]. *Cf* edición.

público *a*: public, official, open, overt; notorious.

pucherazo electoral (*col*) *n*: ballot-rigging (*col*). *Cf* manipulación fraudulenta de una votación.

puerta cerrada, a *phr*: in camera, in chambers, in closed session. *Cf* en sesión secreta.

puerto *n*: harbour, port. [Exp: **puerto de entrada o aduanero, puerto fiscal, puerto habilitado** (port of entry), **puerto de escala** (port of call), **puerto de refugio, de arribada forzosa o de amparo** (port of refuge, port of distress), **puerto de salida** (port of departure), **puerto final o terminal** (port of delivery), **puerto franco** (free port)].

puesta *n*: putting, setting; placing. [Exp: **puesta a punto** (restatement, fine-tuning), **puesta en vigor** (enactment, effectiveness), **puesta en común** (ironing out of differences; compromise agreeement; scheme of joint action), **puesta en libertad con fianza** (release on bail), **puesta en servicio** (putting into service)].

puesto *n*: situation, post. [Exp: **puesto de la guardia civil** (civil guard post/barracks), **puesto de trabajo** (job, position, berth, *col*), **puesto de venta al por menor** (retail outlet), **puesto vacante** (vacancy)]. *Cf* situación, empleo, cargo.

puja *n*: bid at an auction. [Exp: **puja hostil** (hostile bid; S. *opa hostil*), **pujar** (put in a bid, bid; S. *ofrecer, entrar en licitación*)]. *Cf* licitación.

pulir *v*: polish, refine; finetune; improve the wording. *Cf* mejorar, clarificar, perfeccionar.

punible *n*: punishable, sanctionable. *Cf* sancionable, castigable.

punta de pistola, a *n*: at gun-point.

puntal de carga *n*: derrick.

punto *n*: point, item; place. [Exp: **punto de venta** (point of sale), **punto de vista** (viewpoint), **punto en cuestión** (point at issue), **punto en el orden del día** (item on the agenda), **punto muerto** (deadlock, stalemate, breakdown of talks, negotiations, etc.; S. *bloqueo*), **punto sin resolver** (unresolved issue, undecided question; open question), **puntos en litigio** (facts in issue)].

puño y letra y con mi sello, de mi *phr*: under my hand and seal. [Exp: **de puño y letra de X** (in X's handwriting, in X's own hand)]. *Cf* firmado y sellado por mí.

pupilo *n*: ward. [Exps: **pupilaje** (wardship)]. *Cf* menor; tutela; tutoría.

putativo *a*: putative, reputed.

Q

quebrado *a*: bankrupt. [Exp: **quebrado o fallido rehabilitado** (discharged bankrupt). *Cf* en situación de quiebra, insolvente, concursado, fallido.

quebrantamiento *n*: default, breaking. [Exp: **quebrantamiento de condena** (failure to comply with a judgment order or with the terms of a sentence), **quebrantamiento de forma** (procedural defects; S. *recursos por quebrantamiento de forma*)]. *Cf* incomparecencia, incumplimiento.

quebrantar/quebrar *v*: break. [Exp: **quebrantar la ley** (break the law), **quebrantar un juramento** (break an oath; S. *incurrir en perjurio*), **quebrantar un testamento** (revoke annul a will a will; S. *nulificar un testamento*)]. Cf quiebra; infringir, violar, transgredir.

quebranto *n*: damage, loss, detriment. [Exp: **quebranto de la disciplina** (breach of discipline; failure to toe to party line, etc.), **quebranto del arraigo** (jumping bail, breaking the terms of bail, absconding; S. *violación de la libertad condicional*)]. *Cf* perjuicio, agravio, menoscabo.

quedar *v*: remain; stay; be; stand. [Exp: **queda promulgado** (it is hereby enacted), **quedar probado** (be established, stand proved; S. *proclamar, establecer*)].

queja *n*: complaint, protest.

quemarropa, a *n*: point blank.

querella *n*: action, suit; complaint; charge, accusation, private prosecution. [There is no equivalent to the Spanish *querella* in English law. It is an action arising out of a civil wrong which is also an offence, like defamation, and may have consequences under both civil and criminal law. Because it involves a criminal element, proceedings may theoretically be instituted by any citizen, though in practice it is usually the victim or his/her representative who prefers the charge, together, in serious cases, with the public prosecutor. The adjectives *privada* and *pública* make this distinction clear. Exp: **querella por difamación** (action for defamation), **querella por fraude electoral** (election petition), **querella privada** (action for damages), **querella pública** (action brought at the suit of the public prosecutor), **querellante** (plaintiff; accuser, complainant; S. *contencioso, litigioso*), **querellarse contra alguien** (lodge a complaint against somebody, sue somebody, bring an action, a case, a prosecution, proceedings, suit, etc. against somebody)]. *Cf* iniciar una acción judicial.

quiebra *n*: bankruptcy, failing, failure; winding-up. [Exp: **quiebra bancaria** (bank failure), **quiebra fortuita** (fortuitous bankruptcy), **quiebra forzosa** (winding-up by the court), **quiebra fraudulenta** (fraudulent bankruptcy), **quiebra voluntaria** (voluntary bankruptcy)]. *Cf* bancarrota; quebrantar.

quita *n*: acquittance, release. [Exp: **quita y espera** (arrangement with creditors)]. *Cf* descargo, liberación, finiquito.

quórum *n*: quorum.

R

racista *a/n*: racist, racialist. [Exp: **racismo** (racism)]. *Cf* raza.

radical *a/n*: militant, radical, activist. *Cf* extremista, activista.

radicar *v*: lodge with the court, file; present. Exp: **radicar apelación** (appeal, lodge an appeal), **radicar una causa** (bring suit/a charge, file suit/a complaint, lay a complaint, etc. before a court), **radicarse** (be/become established)].

raíz de, a *phr*: following, after; as a result of. [Exp: **a raíz de eso** (whereupon, hereupon, thereupon; S. *acto seguido*). *Cf* como/a consecuencia de, a resultas de.

rama/ramo *n*: branch. [Exp: **ramo** (class, type, section, department; ministry), **ramo de seguro** (class of insurance)]. *Cf* sucursal.

ramera *n*: whore, prostitute. *Cf* prostituta.

rancia tradición, de *phr*: long-standing. *Cf* histórico.

rango *n*: rank, status, rating; ranking, position in a hierarchy; position in the list of priorities. [Exp: **tener el rango de** (rank)]. *Cf* categoría, dignidad, grado, posición.

rapiña *n*: rapine, robbery. [Exp: **rapaz** (rapacious)].

raptar *v*: abduct, kidnap. [Exp: **rapto** (abduction, kidnapping; S. *sustracción de menores*), **rapto de menor** (kidnapping), **raptor** (abductor, kidnapper)]. *Cf* secuestrar.

rasero *n*: standard. *Cf* norma, criterio, medida, pauta, estándar.

rastro *n*: trace, track, trail; scent. [Exp: **rastrear** (follow a trail; track; track down; search, comb, drag, dredge), **rastrear una zona** (search/comb an area), **rastrillo** (flea market)]. *Cf* huella.

ratear (*col*) *v*: pilfer, swipe, pinch, knock (*slang*). [Exp: **ratería,** *col* (petty theft, larceny, pilferage, shoplifting; S. *hurto, robo, sustracción, sisa*), **ratero** (pickpocket, pilferer, sneak-thief, thief; S. *caco, carterista, ladrón*), **ratero de tienda** (shop-lifter)]. *Cf* sisar, hurtar.

ratificar *v*: ratify, affirm, endorse, confirm. [Exp: **ratificación** (ratification, confirmation, sanction, affirmation; S. *aprobación, sanción, confirmación*), **ratificación de la sentencia** (adhering to judgment, confirmation/affirmation/affirmance/upholding of judgement or sentence; S. *confirmación*)]. *Cf* confirmar, aprobar, sancionar, corroborar, verificar.

rato *n*: S. *matrimonio rato*.

raya *n*: line, mark, boundary, limit. [Exp: **a raya** (at bay), **rayado** (barred; S. *excluido*)]. *Cf* mantener/poner a raya, pasar de la raya.

raza *n*: race. *Cf* etnia; racista.

razón *n*: allegation; reason, motive; cause; rate, ratio; information, further information; details. [Exp: **en razón de** (as a result of, in view of), **por razones de** (on grounds of), **razón social/comercial** (business name, firm name, company/corporate name, trade name; S. *nombre comercial, empresa*), **razones fundadas** (supporting reasons, arguments in support), **sin razón** (causeless; S. *sin causa,* *infundado*)]. *Cf* excusa, disculpa, alegato, motivo, móvil, causa; proporción, índice.

razonar *v*: reason, debate, argue; contend; reason out, found, explain, justify. [Exp: **razonable** (reasonable, adequate, fitting, fair, proper; S. *adecuado, equitativo, satisfactorio, apropiado, justo, lógico*), **razonamiento** (reasoning), **razonamiento por analogía** (construction; S. *interpretación judicial por deducción*)]. *Cf* argumentar, probar con argumentos.

re- *prefix*: re-, again; back. [Exp: **reabrir la causa** (reopen the case), **reactivación** (revival; S. *restablecimiento, renovación*), **readmisión** (readmission, readmittance, reinstatement; S. *reposición*), **readmitir** (reinstate; S. *rehabilitar, restablecer*), **readquisición por el vendedor original** (repurchase), **reajustar** (renegotiate; S. *renegociar*), **reajuste** (readjustment), **reajuste del consejo de ministros** (Cabinet reshuffle; S. *remodelación ministerial*), **realojamiento** (rehousing), **realojar** (rehouse; S. *acomodar en nuevas viviendas*), **reanimar** (revive), **reanudación** (re-opening; resumption), **reanudar** (renew, resume), **reaparición** (reappearance, recurrence; S. *reincidencia*), **reaseguradora** (underwriter), **reasegurar** (underwrite), **reaseguro** (reinsurance, reassurance), **reasentamiento** (relocation), **reavaluar** (reappraise), **reavalúo** (reappraisal), **renegociación** (renegotiation), **renegociar** (renegotiate), **recapitalización** (recapitalization), **recapitulación** (recapitulation; summing up), **recapitular** (recapitulate, sum up), **recompra** (repurchase; S. *pacto de recompra*), **redescontar** (rediscount; S. *redescuento*), **redescuento** (rediscount), **retasación** (reappraisement)].

real *a*: real, absolute, actual, effective; physical. *Cf* efectivo, real, material, bien raíz.

realización *n*: realization, attainment, fulfilment, carrying out. [Exp: **realización en dinero** (conversion), **realización plena** (completion, performance), **realizar** (accomplish, effect, complete; make, do; attain, fulfil; S. *llevar a cabo, efectuar, poner en ejecución, completar, concluir, cumplir, consumar, practicar,*

ejecutar), **realizar gestiones** (negotiate, take measures/steps), **realizar una encuesta** (take a poll, poll; conduct a survey; S. *sondear*), **realizar una prestación** (provide a service), **realizable** (convertible, liquid, marketable; liquid assets; S. *activo circulante; líquido, disponible, comerciable*)]. *Cf* consecución.

rebaja *n*: discount, reduction, sale price; deduction, cut, rebate; reduction, fall, drawback. [Exp: **rebaja de legado,** etc. (abatement of legacy, etc.), **rebaja de minorista** (trade allowance), **rebaja del tipo de descuento** (bank rate cut, fall in the discount rate), **rebajado** (cut-price), **rebajar** (reduce, deduct, cut, rebate), **rebajar el valor contable de un activo** (write-down), **rebajar la pena** (reduce, lower, bring down, reduce the sentence), **rebajas, las** (the sales)]. *Cf* bonificación, descuento comercial, deducción, desgravación; saldo.

rebatir *v*: refute, rebut. *Cf* refutar, contradecir.

rebelarse *v*: rebel. [Exp: **en rebeldía** (in contempt of court), **rebelde** (rebellious, escaped; rebel, absconder, absentee conscript, deserter, defaulter; person in contempt of court; S. *declarado en rebeldía, prófugo, fugitivo, contumaz*), **rebeldía** (default, nonappearance, contempt of court, contumacy, offence of disrespect for duly constituted authority; S. *incomparecencia, desacato, desobediencia; condenar a alguien en rebeldía*), **rebelión** (rebellion, mutiny)]. *Cf* sublevarse.

recabar *v*: obtain, seek, gather. [Exp: **recabar información** (gather/seek information), **recabar la opinión** (request/obtain the opinion)]. *Cf* solicitar, pedir, instar.

recaer *v*: fall to, go to, pass to; fall on, devolve on; recoil on; vest in; relapse.

recargo *n*: surcharge, surtax, overcharge. [Exp: **recargo por demora** (penalty for delayed payment)]. *Cf* sobretasa.

recaudación *n*: collection, taking; revenue. [Exp: **recaudación de impuestos** (collection of tax), **recaudación en origen** (deduction at source), **recaudación por seguridad/asistencia social** (welfare charges), **recaudador de impuestos**

o contribuciones (collector of internal revenue, collector of taxes, tax collector), **recaudar impuestos/derechos** (collect/levy duties/taxes)]. *Cf* entradas, ingresos.

recaudo *n*: collection; surety, bond. *Cf* a buen recaudo.

receptar *v*: receive/deal in stolen goods; reset (*Scot*). [Exp: **receptación de cosas robadas** (receiving stolen goods), **receptador** (receiver of stolen goods, fence (*col*)].

receptor *n*: receiver, beneficiary, abandonee. [Exp: **receptoría** (office of tax collector, receivership)]. *Cf* abandonatario, beneficiario.

recesión *n*: recession.

recibir *v*: receive. [Exp: **al recibir la notificación** (on/upon notice of; S. *al serle notificado*), **recibí** (receipt; S. *recibo*), **recibir a prueba** (admit as evidence), **recibimiento a prueba** (discovery of evidence), **recibir por sucesión intestada** (take in intestacy), **recibir por testamento** (take against a will), **recibir por transmisión** (derive; inherit; S. *derivar*)]. *Cf* cobrar, percibir.

recibo *n*: receipt, slip; acknowledgment of receipt. [Exp: **recibo de a bordo o de embarque** (ship's receipt), **recibo de almacén** (warehouse receipt), **recibo del pago de derechos de aduanas** (clearance), **recibo por saldo de cuenta o finiquito** (receipt in full, full receipt, receipt in full and final payment)]. *Cf* acusar recibo; resguardo.

recidivista *n*: recidivist, habitual criminal. *Cf* reincidente, delincuente habitual.

recinto *n*: enclosure; site.

reciprocidad *n*: reciprocity. [Exp: **reciprocar** (reciprocate), **recíproco** (reciprocal, mutual)]. *Cf* bilateral, mutuo.

reclamación *n*: claim, objection, plaint, complaint. [Exp: **reclamable** (claimable; S. *exigible en derecho*), **reclamación de cantidad** (action of debt, action for payment), **reclamación por fraude** (bill for fraud), **reclamante** (claimant; S. *pretendiente, demandante*), **reclamar** (claim), **reclamar daños y perjuicios** (seek/sue for/claim damages), **reclamar una deuda** (demand payment of a debt)].

recluir *v*: confine, imprison, jail. [Exp: **reclusión** (imprisonment; S. *internamiento, confinamiento*), **reclusión mayor** (imprisonment for a period between twenty years and a day and thirty years, with loss of civil rights for the duration of the sentence), **reclusión perpetua** (life imprisonment), **reclusión menor** (imprisonment for a period between twelve years and a day and twenty years, with loss of civil rights for the duration of the sentence), **recluso** (prisoner; inmate; recluse; S. *interno*)].

reclutamiento *n*: conscription. [Exp: **reclutar** (draft, conscript)]. *Cf* alistamiento.

recobrar *v*: recover, repossess. [Exp: **recobrar el conocimiento** (recover consciousness, recover oneself; S. *volver en sí*), **recobro** (repossession, recaption; S. *recuperación*)]. *Cf* recuperar, resarcirse.

recoger *v*: collect; gather, pick up; assemble, bring together, compile. [Exp: **recoger fondos** (raise cash/money; S. *arbitrar recursos*), **recogida** (collection; gathering)].

recomendación *n*: recommendation. [Exp: **recomendar** (recommend)]. *Cf* formular recomendaciones; actos jurídicos comunitarios.

recompensa *n*: reward, compensation, remuneration, recompense, retribution. [Exp: **recompensar** (reward, remunerate, recompense)]. *Cf* gratificación, premio, remuneración.

reconciliación *n*: reconciliation, reconcilement. [Exp: **reconciliar** (reconcile)].

reconducir *v*: change tack, start afresh/anew/again, set/place on a new footing; rearrange, rethink; renew, renew a lease. [Exp: **reconducción** (fresh start; new footing; renewal of a lease)].

reconocer *v*: recognize, acknowledge; accept, admit, avow, identify; inspect, examine; reconnoitre. [Exp: **reconocer a un hijo ilegítimo** (acknowledge an illegitimate child), **reconocer un derecho** (acknowledge a right), **reconocer una firma** (acknowledge/verify/identify a signature), **reconocer una obligación** (acknowledge an obligation)]. *Cf* examinar, certificar, admitir o atestar.

reconocimiento *n*: recognition, acknowledgement; avowal, confession, assent, admission, examination, assent, survey, identification; reconnaissance. [Exp: **reconocimiento de deuda** (acknowledgement of debt), **reconocimiento de firma** (acknowledgment/ authentication of signature), **reconocimiento de hijos naturales** (acknowledgement of illegitimate children), **reconocimiento en rueda** (identity parade), **reconocimiento judicial** (judicial examination of evidence, relevant objects, etc., conducted by or on behalf of the judge; the equivalent in criminal cases is *inspección judicial/ocular*), **reconocimiento tácito** (tacit/implied acknowledgment)]. *Cf* declaración, admisión, confesión; gratitud.

reconsiderar *v*: reconsiderar, revise. *Cf* modificar, enmendar, corregir, revisar.

reconstituir *n*: reorganize, reconstruct. *Cf* reorganizar.

reconstruir *v*: reconstruct. [Exp: **reconstrucción de los hechos** (reconstruction of a crime)].

reconvención *n*: reconvention, counterclaim, set-off, plea in reconvention. [Exp: **reconvenir** (counterclaim, countercharge; recriminate)]. *Cf* contrademanda.

reconversión *n*: conversion, reconversion; rebuilding. [Exp: **reconversión de una empresa** (modernization of an industry, conversión of a firm/company), **reconversión industrial** (rationalisation of a sector, industrial restructuring), **reconversión profesional** (retraining, vocational retraining)].

recopilación *n*: digest, summary; codifying. [Exp: **recopilación de leyes** (law digest, codifying of laws), **recopilador** (reporter, compiler), **recopilar** (compile, summarize)]. *Cf* sumario, repertorio, digesto.

recortar *v*: cut. [Exp: **recorte** (cut; S. *rebaja, reducción*), **recorte presupuestario** (budget cut)]. *Cf* rebajar, reducir.

recriminación *n*: recrimination; countercharge, retort. [Exp: **recriminar** (recriminate, reproach)]

rectificación *n*: correction, rectification, amendment. [Exp: **rectificación de fronteras o límites** (rectification of boundaries), **rectificador** (curative), **rectificar** (rectify, amend; S. *reformar, reparar, modificar, enmendar*), **rectificar una ley, un alegato,** etc. (amend an act, a pleading, etc.), **rectificar un error** (correct/rectify/remedy a mistake, cure a defect; S. *salvar o subsanar un error*)]. *Cf* enmienda, modificación, reforma.

rectitud *n*: rectitude, honesty. [Exp: **recto** (honest, straight, sound), **recto proceder** (honest/fair dealing; S. *proceder leal*)]. *Cf* justicia.

recuperable *n*: recoverable, reversionary. *Cf* indemnizable, recobrable, reivindicable.

recuperación *n*: recovery, recapture; return, repossession. [Exp: **recuperación de bienes** (recovery of goods), **recuperación económica** (economic recovery), **recuperar** (recover, repossess), **recuperar la propiedad de** (revest), **recuperar un derecho** (win back a right), **recuperarse de daños y perjuicios** (recoup one's losses, receive compensation for damages; S. *resarcirse*)]. *Cf* resarcimiento.

recurrente *a/n*: recurrent; petitioner, appellant, applicant. *Cf* suplicante, solicitante, demandante, peticionario; recurrir.

recurrir *n*: appeal, lodge/file an appeal, appeal against, have recourse. [Exp: **recurrir a** (resort to, avail oneself of), **recurrir a argucias jurídicas** (have recourse to legal subtleties/quibbles), **recurrir a los tribunales** (go to law; S. *pleitear*), **recurrir a medios apropiados** (take appropriate steps), **recurrir en queja** (complain to the court), **recurrir una condena, una resolución judicial, un interdicto provisional** (appeal against a conviction, a decision, an interim injunction, etc.)]. *Cf* apelar, interponer recurso.

recurso[1] *n*: appeal, action, application; remedy, legal remedy, equitable remedy; petition, prayer. [All forms of appeal are types of *recurso*. Exp: **recurso adicional** (cumulative remedy), **recurso administrativo** (administrative remedy, appeal to executive authority), **recurso admisible** (admissible appeal, appeal with leave), **recurso contencioso-administrativo** (judicial review;

appeal to the ordinary courts against decisions of the government or administration; note that *contencioso-administrativo* removes the matter from the administrative courts into the jurisdiction of the ordinary courts), **recurso de aclaración** (petition for clarification, appeal by way of case stated), **recurso de alzada** (appeal to the court or tribunal immediately above that which has given judgment in an administrative matter), **recurso de amparo** (application for a declaration of fundamental rights, appeal for legal protection), **recurso de apelación** (remedy of appeal; S. *en segunda instancia*), **recurso de audiencia** (application for a hearing; appeal lodged by a person against whom judgement has been entered for nonappearance), **recurso de casación** (appeal to the Supreme Court, motion to vacate), **recurso de casación en intereses de la ley** (application for a declaration or clarification of the law lodged by the public prosecutor. Note: such appeals do not affect the judgment of the trial court or the rights of the parties and are lodged when the losing side has not appealed; their purpose is to settle disputed issues of law for the future), **recurso de indemnización** (proceedings for damages), **recurso de injusticia notoria** (application to the Supreme Court for a writ of mandamus or certiorari; appeal on the ground of manifest injustice of a previous decision), **recurso de anulación** (appeal for annulment), **recurso de nulidad** (action to have decisions declared void), **recurso de queja** (appeal against refusal of leave to appeal; S. *recurrir en queja*), **recurso de reforma** (appeal/application for amendment, motion to quash an interlocutory order in a criminal case; S. *recurso de reposición, recurso de súplica*), **recurso de reposición** (appeal for reversal, motion to set aside; application/appeal for the quashing or amendment of an interlocutory order made in the course of a civil action; S. *recurso de súplica*), **recurso de revisión** (appeal for judicial review, revision or rehearing), **recurso de súplica** (same as *recurso de reposición*, when application is made to a court higher than the trial court. Note: *recurso de reposición* and *recurso de súplica* are the civil law equivalents of *recurso de reforma* used in criminal cases), **recurso exclusivo** (exclusive remedy), **recurso extraordinario** (extraordinary legal remedies), **recurso interino** (provisional remedy, interlocutory remedy), **recurso judicial conforme al derecho interno** (judicial remedy under national law, domestic remedy), **recurso para declaración de no ha lugar** (motion to dismiss), **recurso por incompetencia** (appeal on the grounds of incompetency, ultra vires), **recurso por infracción de ley** (appeal for review on the grounds of error of law on the face of the record), **recurso por quebrantamiento de forma** (appeals on ground of procedural defects), **recurso por vicios sustanciales de forma** (appeal on ground of infringement of an essential procedure requirement)]. *Cf* interponer recurso.

recurso(s)[2] *n*: means, facilities, resources, resort. [Exp: **recursos escasos** (insufficient means, lack/scarcity of means; scarce natural resources), **recursos financieros** (financial means)]. *Cf* medios.

recusación *n*: objection, challenge. [Exp: **recusable** (challengeable; S. *impugnable, oponible*), **recusación de un juez** (challenging of a judge, objection to a judge), **recusación del jurado** (challenge to the [whole] array), **recusación por causa principal** (principal challenge), **recusación por delincuencia** (challenge propter delictum), **recusación por falta de competencia** (challenge propter defectum), **recusación por parcialidad** (challenge propter affectum), **recusación por falta de competencia** (challenge propter defectum), **recusación sin causa** (peremptory challenge), **recusante** (objector), **recusar** (challenge, except, question; S. *poner excepción a, tachar*)]. *Cf* tacha, objeción, impugnación.

rechazar *v*: reject; repel, repudiate, resist; dismiss, set aside, overrule. [Exp: **rechazar la autoridad de alguien** (disallow/refuse to recognise someone's authority), **rechazar una**

propuesta (reject a proposal/motion), **rechazar una propuesta por mayoría de votos** (vote down a proposal), **rechazo** (rejection, repudiation, dismissal, non-acceptance; S. *repulsa*), **rechazo de algún instrumento comercial** (non-acceptance of a commercial instrument)]. *Cf* rehusar, desechar, denegar, desestimar.

red *n*: net, network. [Exp: **red de distribución, ventas,** etc. (sales/distribution, etc. network), **red de prostitución** (prostitution ring)].

redactar *n*: write, draft, word, frame, draw up. [Exp: **redacción** (wording), **redacción definitiva de un documento** (final form/wording of a document; engrossment), **redactar de nuevo** (restate/rewrite/reword), **redactar en forma legal** (engross), **redactar un anteproyecto de ley** (draft a bill), **redactar un programa** (draw up a programme), **redactor de una ley** (draftsman; S. *legislador*)].

redada policial *n*: round-up, police raid/swoop; crackdown. *Cf* detención policial, ronda policial.

redención *n*: redemption, remission, ransom. [Exp: **redención de censos** (redemption of emphyteusis, redemption by the perpetual tenant of the life-rent payable to the grantor), **redención de deudas, bonos, obligaciones** (settlement of debt, cancellation of debentures/obligations, payment in full of bonds, etc.; S. *rescate, cancelación*)]. *Cf* rescate.

redhibición *n*: redhibition, cancellation of sale on ground of defect goods. [Exp: **redhibitorio** (redhibitory)].

redimir *v*: redeem, pay off. [Exp: **redimible** (redeemable, callable; S. *rescatable, reembolsable, amortizable*), **redimir una hipoteca** (pay off/clear/redeem a mortgage)]. *Cf* amortizar, cancelar.

rédito *n*: rate of interest; proceeds, revenue, return. *Cf* tipo o tasa de interés.

redondear *v*: round off.

reducción *n*: reduction, cut, diminution; abridgment. [Exp: **reducción de capital** (capital reduction/decrease; diminution of capital, impairment), **reducción de penas o deudas** (remission of punishment/debt; S.

rebaja, remisión), **reducción de legado, donaciones, deudas, impuestos, rentas,** etc. **entre legatarios, acreedores,** etc. (abatement of legacy, gifts, debts, tax, declared income, etc., amongst legatees, creditors, etc.), **reducción de las pérdidas** (mitigation of loss), **reducción del tipo bancario** (cut in the bank rate, fall in the discount rate; S. *rebaja del tipo de descuento*), **reducción del tipo impositivo** (reduction/drop in tax rate)]. *Cf* rebaja, disminución.

reducir *v*: reduce, cut, decrease, rebate, abate, abridge, lower, narrow, retrench. [Exp: **reducible** (reducible, abatable; S. *desgravable, abolible, suprimible*), **reducir al mínimo** (reduce to the/a minimum, minimize), **reducir el margen comercial** (narrow the commercial margin), **reducir según escala** (scale down)]. *Cf* rebajar, recortar.

redundante *a*: redundant. *Cf* superfluo, ocioso, excedente.

reembarcar *v*: reship. [Exp: **reembarque** (re-shipment)].

reembolsar *v*: repay, reimburse, refund. [Exp: **reembolsable** (refundable, redeemable; S. *reintegrable, amortizable, redimible*), **reembolsar acciones** (redeem shares), **reembolsar el capital** (refund capital), **reembolso** (refund, drawback, recoupment, reimbursement, repayment; S. *reintegro, devolución*), **reembolso anticipado** (prior repayment), **reembolso de obligaciones por intercambio con otras de la misma clase** (roll-over)]. *Cf* reintegrar, devolver.

reemplazar *v*: replace, substitute, supersede. [Exp: **reemplazo** (replacement, substitution, replacement cost; S. *sustitución, renovación, reposición*)]. *Cf* sustituir.

refacción *n*: financing, backing; loan.

referencia *n*: reference, referral. [Exp: **con referencia a la factura, el aviso, el contrato, el convenio,** etc. (as per invoice, advice, contract, agreement, etc.; S. *según consta en*), **referencia cruzada** (cross-reference), **referencia técnica** (identification code)]. *Cf* remisión, informe para solicitud de trabajo, mención, alusión, bibliografía.

referéndum *n*: referendum.

referir(se) *v*: relate, refer, advert to a case, a point of law, etc.

reforma *n*: reform, amendment. [Exp: **reformador** (reformer), **reformar** (reform, amend, revise), **reformar una ley, un alegato,** etc. (amend an act, a pleading, etc.; S. *reparar, rectificar, enmendar*)]. *Cf* enmienda, modificación o rectificación, recurso de reforma.

reformatorio *n*: reformatory. *Cf* establecimiento penitenciario, correccional.

refractario *a*: opposed.

refrendar *v*: authenticate, endorse, countersign. [Exp: **refrendo** (authentication, assent; S. *beneplácito, reconocimiento, aprobación*)]. *Cf* legalizar, autenticar, autorizar.

refriega *n*: brawl, fight, scuffle; affray. *Cf* riña, pendencia, combate, tumulto.

refugiar(se) *v*: flee; take refuge. [Exp: **refugiado** (refugee, displaced person; S. *asilado, deportado, desplazado*), **refugio** (refuge, asylum, sanctuary; S. *asilo*)].

refundir *v*: rewrite, redraft; refund, consolidate. [Exp: **refundición** (revision, consolidation, new version; consolidation of statutes)]. *Cf* consolidar.

refutación *n*: refutation; disproof, denial, rebuttal. [Exp: **refutable** (refutable, rebuttable; S. *disputable, impugnable*), **refutar** (disprove, rebut, refute; S. *confutar, rebatir*)]. *Cf* confutación, impugnación.

regalía *n*: privilege, royalty. [Exp: **regalía del autor** (royalty of an author; S. *derechos de autor*)].

regalo *n*: gift. *Cf* dádiva, donación.

regatear *v*: bargain, haggle. [Exp: **regateo** (bargaining)]. *Cf* negociar, pactar, ajustar.

régimen *n*: régime; basis, scheme. [Exp: **en régimen abierto** (open-plan; S. *centro de educación/rehabilitación de jóvenes delincuentes en régimen abierto*), **en régimen de** (on a grants basis; S. *a título de*), **en régimen de reciprocidad** (on reciproal basis), **régimen (de renovación) anual** (year-to-year basis; S. *régimen de renovación anual, cómputo anual*), **régimen de perfeccionamiento** (temporary imports), **régimen de transparencia** (entities subject to flow-through taxation), **régimen legal de bienes en el matrimonio** (marriage settlement), **régimen jurídico** (legal system)]. *Cf* plan, proyecto, sistema, marco estatutario.

región *n*: region, area, territory. *Cf* territorio.

regir *v*: rule, govern, manage, run, control; be in effect/force. *Cf* tener vigencia, estar vigente o en vigor.

registrar[1] *v*: search, inspect; survey; examine.

registrar[2] *v*: enter, register, record, set down. [Exp: **registrado como artículo de segunda clase** (entered as second class matter), **registrador** (registrar), **registrador de la propiedad** (registrar of deeds), **registrador suplente** (deputy registrar), **registrar una hipoteca** (record/close a mortgage), **regístrese de salida y comuníquese a los interesados** (registration and transmittal order)]. *Cf* inscribir, anotar, hacer constar en acta.

registro[1] *n*: search, inspection, examination. [Exp: **registro domiciliario** (search of a house), **registro e incautación** (search and seizure)]. *Cf* indagación, busca, cacheo.

registro[2] *n*: register, roster, roll, list; registrarship; registration, record, transcript, entry. [Exp: **registro central de penados y rebeldes** (central register of convicted offenders), **registro civil** (registry office, record office; register/registry of birth, marriages and deaths), **registro de actos de última voluntad** (probate register/court), **registro de buques** (shipping register), **registro de cargas sobre bienes raíces** (registry of encumbrances/charges), **registro de la propiedad** (Land Registry, Property Register; S. *catastro*), **registro de la propiedad intelectual** (Copyright Office), **registro de la titularidad de los bienes raíces** (proprietorship register), **registro de patentes** (Patents Office), **registro de propiedad industrial** (patent and trade mark office), **registro de socios, buques,** etc. (register of members, ships, etc.), **registro en el Catastro de un derecho de propiedad** (registration of title to property), **registro literal del juicio** (transcript of record), **registro mercantil** (Mercantile Register, trade register), **registro público** (public records office), **registro**

tributario (tax roll)]. *Cf* lista; inscripción, anotación.

regla *n*: rule, norm. [Exp: **regla rígida** (hard and fast rule), **reglas de interpretación judicial de leyes** (canons of construction), **reglas procesales** (code of procedure, rules of court, practice directions)]. *Cf* norma, reglamento.

reglamentación *n*: regulations. [Exp: **reglamentación urbanística municipal** (zoning regulations/rules)]. *Cf* disposiciones reglamentarias, normas, normativa, reglamento.

reglamentar *v*: regulate, make rules/regulations. [Exp: **reglamentario** (regulatory; S. *regulador*)]. *Cf* estatuir.

reglamento *n*: regulations, rules, by(e)-law(s). [Exp: **reglamento de procedimiento** (rules of practice; S. *reglamento procesal*), **reglamento de una sociedad mercantil** (articles of association, articles of incorporation, *Amer*; S. *estatutos de una sociedad mercantil*), **reglamento interno** (internal rules, association's code of conduct), **reglamento procesal** (rules of court/practice/procedure; S. *usos/normas de los tribunales, normas procesales*), **reglamento sindical** (union rules)]. *Cf* reglamentación, disposiciones reglamentarias, normas, normativa; actos jurídicos comunitarios.

reglar *v*: regulate, adjust. *Cf* regular.

regulación *n*: regulation, control.

regulador *a*: regulatory. *Cf* reglamentario.

regular *a*: regular, usual, customary, normal; medium, average; middling, fair-to-middling, etc. *Cf* ordinario, corriente.

regular *v*: regulate, adjust. *Cf* reglar.

rehabilitación *n*: rehabilitation, discharge, restoration. [Exp: **rehabilitación de un preso** (rehabilitation of an offender; S. *reinserción social de un preso*), **rehabilitación del quebrado** (discharge in bankruptcy, bankruptcy discharge), **rehabilitar** (rehabilitate, discharge, reinstate; S. *reinsertar*)]. *Cf* reinserción.

rehén *n*: hostage.

rehusar *v*: refuse, reject, decline. *Cf* declinar, negarse.

reinar *v*: reign, rule; prevail. [Exp: **reina**

(queen), **reinado** (reign), **reinante** (prevailing; S. *corriente, preponderante*), **reino** (kingdom), **rey** (king)]. *Cf* bajo el reinado de.

reincidencia *n*: repetition/recurrence of infringement, second offence, relapse. [Exp: **reincidente** (recidivist, habitual criminal, backslider; S. *delincuente habitual, recidivista*), **reincidir** (relapse)]. *Cf* delito repetido.

Reino Unido *n*: United Kingdom (UK).

reinsertar *v*: reinsert, rehabilitate. [Exp: **reinserción** (rehabilitation), **reinserción social de un preso** (rehabilitation of an offender; S. *rehabilitación*)]. *Cf* rehabilitación.

reintegrar *n*: reimburse, repay, withdraw. [Exp: **reintegrable** (refundable), **reintegración** (reimbursement, restitution; S. *reembolso, devolución*), **reintegro** (refund, refunding, withdrawal; S. *devolución, reembolso*)]. *Cf* reembolsar.

reiteración *n*: reiteration, repetition.

reivindicar *v*: claim, make/assert a claim, demand. [Exp: **reivindicación salarial** (pay/wage claim)].

relación *n*: relation, bearing; account, return, list; privity. [Exp: **con relación a** (re), **relación de hechos de un instrumento legal** (recitals, narrative recitals; S. *considerandos*), **relación entre arrendador y arrendatario** (privity in estate), **relación entre las partes** (privity), **relación entre las partes contratantes** (privity of contract), **relación jurídica** (legal relation[ship]), **relación sexual** (sexual relations/relationship; sexual intercourse; S. *conocimiento carnal*), **relaciones humanas** (human relations; privity), **relaciones laborales** (industrial relations), **relaciones mutuas** (mutual dealings)]. *Cf* conexión, estado, informe.

relatar *v*: report, relate, give an account. [Exp: **relato** (relation, narration, account), **relator** (reporter)]. *Cf* comunicar, denunciar, informar.

relativo *a*: relative; relating to, appertaining to.

relevar *v*: relieve; exonerate. [Exp: **relevar a uno del cargo** (relieve somebody of his/her post), **relevar a uno de una obligación** (relieve somebody of a duty/obligation), **relevo** (relief)]. *Cf* dispensar, descargar.

rellenar *v*: fill in, complete. [Exp: **rellenar un impreso** (fill in/out a form), **relleno** (padding)].

remanente *a/n*: remainder, surplus; residue, carryover; residuary, residual.

rematar *v*: kick off, finish off; round off, conclude; sell off, include in a clearance sale, auction off, knock down at auction. [Exp: **rematador** (auctioneer; S. *subastador, subastero*), **rematario** (successful bidder), **remate** (auction, competitive bidding, sale by auction; S. *venta en subasta, venta de remate*), **remate al martillo** (auction sale)]. *Cf* subastar, adjudicar en pública subasta.

remediar *v*: remedy, redress; relieve, provide, relief. [Exp: **remedio** (remedy, legal remedy, appeal, recourse, redress, cure; S. *recurso, solución jurídica, medios legales*), **remedio de derecho** (legal remedy/redress/relief), **remedio de equidad** (equitable remedy)]. *Cf* reparar, compensar, curar.

remesa *n*: remittal, remission, remittance; delivery. [Exp: **remesa comercial** (remission), **remesa documentaria** (documentary remittance), **remesa simple** (clean collection), **remesar** (remit, send, ship, consign; S. *remitir, enviar*)]. *Cf* libramiento de fondos.

remisión[1] *n*: reference, cross-reference. *Cf* alusión, bibliografía, referencia, nota.

remisión[2] *n*: remission, remittance, shipment, consignment. *Cf* referencia, envío, remesa.

remisión[3] *n*: remission, forgiveness, pardon. [Exp: **remisión de deuda** (freeing from debt, acceptilation, *Scot*; S. *condonación de deuda, finiquito gratuito*), **redención de las penas por el trabajo** (remission of sentence for the performance of useful work)]. *Cf* absolución, perdón, exoneración, condonación.

remisión[4] *n*: waiver. *Cf* abandono de un derecho.

remitir *v*: remit, refer, postpone; lodge, send, forward, consign. [Exp: **remitente** (sender), **remitir a la justicia** (lodge with the court; S. *radicar*), **remitir una causa** (refer a case), **remitirse a las legislaciones nacionales** (make reference/refer to the national laws)]. *Cf* someter, enviar, condonar.

remoción *n*: removal, dismissal. *Cf* cese.

remodelación ministerial *n*: reshuffle of the Cabinet. *Cf* reajuste del consejo de ministros.

remoto *a*: remote. *Cf* indirecto.

remunerar *v*: pay, remunerate, compensate. [Exp: **remuneración** (pay, compensation, reward, remuneration), **remunerativo/remuneratorio** (productive)].

rencor *n*: rancour, resentment, grudge, submission, yield. [Exp: **rencoroso** (spiteful, resentful, bitter, embittered, malicious)]. *Cf* espíritu de venganza.

rendición *n*: surrender, rendering, submission; yield. [Exp: **rendición de cuentas** (rendering of accounts)]. *Cf* rendimiento.

rendimiento *n*: earnings, output, return, yield, revenue; efficiency, performance. [Exp: **rendimiento al vencimiento** (yield at maturity), **rendimiento decreciente** (diminishing returns), **rendimiento del capital, de la inversión** (return on capital/investment; capital turnover), **rendimiento efectivo** (effective yield), **rendimiento medio** (average yield), **rendimiento por acción** (earnings per share, EPS)]. *Cf* beneficio, resultado, ganancia, producto.

rendir *v*: produce, render, yield; submit. [Exp: **rendir cuentas** (account, render an account), **rendir interés** (yield/bear/carry interest; S. *devengar*), **rendir pruebas** (turn up/adduce/lead evidence; S. *presentar, evacuar, alegar, aducir, aportar*), **rendir un informe** (submit a report; S. *presentar, formular*), **rendir pleitesía** (pay tribute/homage; show respect/courtesy), **rendirse** (surrender; S. *renunciar, ceder, capitular*)].

renombre *n*: recognition. *Cf* reconocimiento, gratitud, agradecimiento, fama.

renovación *n*: renewal, renovation, revival. [Exp: **renovar** (renew, extend; S. *prorrogar, ampliar*)]. *Cf* reemplazo, sustitución, reactivación.

renta *v*: rent, ground rent, yield, earnings, revenue; rental. [Exp: **renta de la tierra** (ground rent), **renta fija** (fixed interest securities, fixed yield), **renta imponible** (assessed income, taxable income), **renta imputada** (imputed rent), **renta nacional**

(national income), **renta salarial o del trabajo** (earned income), **renta variable** (equities), **renta vitalicia** (life annuity; life-rent, *Scot*), **rentabilidad** (earnings, profitability; S. *rendimiento, beneficio*), **rentable** (profitable, productive; S. *fructífero*), **rentar** (yield; S. *producir intereses, dividendos,* etc.), **rentas** (revenue; S. *ingresos, recaudación*), **rentista** (rentier, fund-holder, annuitant, person who lives on investments, etc.)]. *Cf* ingresos, beneficio, ganancia, rendimiento, producto.

renuncia *n*: renunciation, resignation, surrender, abandonment, waiver, disclaimer relinquishment, repudiation. [Exp: **renuncia a un cargo o puesto** (resignation from a post, etc.; S. *dimisión*), **renuncia a la demanda jurídica, la instancia, el recurso o la apelación, los derechos, las pretensiones, la servidumbre, el arrendamiento,** etc. (abandonment of action, suit, appeal, rights, claims, easement, lease, etc.; S. *desistimiento, abandono*), **renuncia abdicativa** (abandonment), **renuncia al derecho de juicio con jurado** (waiver of jury), **renuncia de citación o de aviso** (waiver of notice), **renuncia de cumplimiento específico** (waiver of specific performance), **renuncia de daños por agravio** (waiver of tort), **renuncia de derechos** (abandonment/abdication of rights), **renuncia de exención** (waiver of exemption), **renuncia de una de las partes en litigio** (discontinuance; notice of discontinuance), **renuncia traslativa** (discontinuance for the purpose of altering claim or jurisdiction; S. *traslado de dominio*), **renuncia voluntaria o expresa** (express waiver/abandonment)]. *Cf* repudio, rechazo, cesión, abandono, rendición.

renunciar *v*: renounce, discontinue, resign, disclaim, waive, forsake, relinquish, give up, decline. [Exp: **renunciar a cualquier derecho** (waive the right to institute any proceeding), **renunciar a mercancías, fletes,** etc. (abandon goods, freights, etc.), **renunciar a un cargo o puesto** (resign from a post), **renunciar a un derecho** (renounce/waive a right, pass up a claim), **renunciar a una demanda, un recurso o apelación** (abandon an action, an appeal), **renunciar a una pretensión** (waive a claim, abandon/discontinue a claim)].

reñir *v*: quarrel, differ; fight. [Exp: **reñido con** (at variance with; S. *en desacuerdo con*)].

reo *n*: culprit, defendant, prisoner, prisoner at the bar, accused. [Exp: **reo de estado** (traitor; person accused of a crime against the state), **reo de muerte** (prisoner under sentence of death, prisoner found guilty of a capital offence)]. *Cf* acusado, procesado, inculpado, encausado.

reorganización *n*: reorganization. [Exp: **reorganizar** (reorganize; S. *reconstituir*)].

reparación *n*: reparation, redress, relief, repair, compensation, amends, indemnity. [Exp: **reparación de agravios** (redress of grievances; S. *desagravio*), **reparación de los daños** (reparation of damages, damage recovery; S. *resarcimiento de daños*), **reparación positiva** (positive relief), **reparador** (remedial), **reparar** (make amends, grant relief, give redress, repair, redress, amend: observe, heed, notice, pay attention to; S. *satisfacer, indemnizar; darse cuenta*), **reparar una ley, un alegato,** etc. (amend an act, a pleading, etc.), **reparar una injusticia, daño o perjuicio** (redress a wrong/grievance), **reparo** (objection; S. *objeción, impugnación*)]. *Cf* compensación, desagravio, satisfacción.

repartir *v*: share, distribute, allot, portion. [Exp: **repartidor** (distributor), **repartimiento** (sharing/division/distribution of the cause list), **reparto** (partition, distribution; S. *repartimiento*), **reparto de avería** (adjustment of average; S. *tasación/liquidación de avería*), **reparto de beneficios a accionistas** (distribution of profits/dividends among shareholders)]. *Cf* distribuir, adjudicar, atribuir, asignar, destinar.

repatriación *n*: repatriation. [Exp: **repatriar** (repatriate)].

repeler *v*: repel, reject; disgust. [Exp: **repeler un ataque** (repel an attack)]. *Cf* rechazar.

repercusión *n*: repercussion, effect, implication. [Exp: **repercutir** (have repercussion)]. *Cf* resultado, efecto, consecuencias.

repertorio *n*: digest, list,index; repertoire, repertory. *Cf* digesto, recopilación, sumario.

repetir *v*: repeat; restate; rehear. [Exp: **repetición** (repetition; action for recovery), **repetido** (continuous), **repetir un juicio o vista oral** (rehear), **repetirse** (recur)].

réplica *n*: reply, answer, reply and defence to counterclaim, rejoinder, replication. [Exp: **replicar** (file a rejoinder)]. *Cf* contestación, respuesta, reparo, objeción; contrarréplica.

reponer la causa *n*: restore a case.

reponible *n*: reversible. *Cf* anulable, revocable.

reportar *v*: fetch, bring in, cause,occasion. [Exp: **reportaje** (report, article), **reportarse** (behave; control oneself, calm down)].

reposición *n*: reinstatement, replacement, reinvestment, ploughing back. *Cf* readmisión; recurso de reposición.

repregunta *n*: cross-examination. [Exp: **repreguntar** (cross-examine)].

reprender *v*: reprehend, reprove; take to task, tick off, *col*. [Exp: **reprensible** (reprovable, reprehensible, blameful; S. *censurable*), **reprensión** (reprimand, admonition, reprehension; S. *apercibimiento, admonición, advertencia, amonestación, corrección verbal*), **reprensión del comercio** (restraint of commerce/trade), **reprensión privada** (private reprimand; ticking off, *col*), **reprensión pública** (public reprimand)]. *Cf* censurar, desaprobar.

represalia *n*: reprisal, retaliation. *Cf* desquite.

representación *n*: representation. [Exp: **representación falsa** (false representation), **representación hereditaria** (hereditary representation), **representación legal** (legal representation, counsel), **representación procesal** (representation before the court)].

representante *n*: agent, representative. [Exp: **representante de distrito general** (representative at large), **representante de un menor o de un incapacitado** (next friend), **representante exclusivo** (sole agent), **representante en una junta** (proxy), **representante patronal** (management representative), **representante legal** (true and lawful attorney), **representante por acumulación** (representative at large)]. *Cf* agente, mandatario, apoderado, factor, gestor.

representar *v*: act for, represent. [Exp: **representar con plenos poderes** (act with full powers)]. *Cf* ser apoderado de alguien.

represión *n*: repression, restraint. [Exp: **represión del comercio** (restraint of trade), **represivo** (repressive, restrictive), **reprimenda** (admonishment, warning, reprimand; S. *reprensión, amonestación*), **reprimir** (repress, restrain, curb; S. *restringir, limitar*)]. *Cf* restricción, sujeción, limitación.

reprobación *n*: reproval, reprobation, disapproval, reprobation. [Exp: **reprobable** (reprovable, reprehensible, blameworthy), **reprobar** (reject, disapprove, take exception to), **réprobo** (reprobate)]. *Cf* disconformidad, inconformidad, desaprobación, censura.

reprochar *v*: reproach. [Exp: **reproche** (reproach; S. *culpa, tacha*)].

repudiar *v*: repudiate, disown, disavow. [Exp: **repudiar una herencia** (reject a will), **repudiación** (repudiation; S. *rechazo, renuncia, repudio*), **repudiación de herencia** (rejection of a will), **repudio** (repudiation, waiver)]. *Cf* negar, invalidar, anular, rechazar, denegar la conformidad.

repulsa *n*: rejection, refusal; condemnation. *Cf* rechazo.

reputación *n*: credit, good name, character, reputation, standing. [Exp: **reputación financiera o crediticia** (credit-standing/worthiness; S. *solvencia*), **reputación sin mancha** (unsullied name)]. *Cf* crédito, credibilidad.

reputar *v*: repute. *Cf* considerar, juzgar.

requerimiento *n*: demand, summons, injunction, writ of summons, subpoena, notification. [Exp: **requerimiento de pago** (demand for payment), **requerimiento de pago de acciones suscritas** (call to pay up shares), **requerimiento de desalojo de la vivienda** (notice of eviction), **requerimiento imperativo** (mandatory injunction), **requerimiento interlocutorio/provisional** (interlocutory/provisional injunction), **requerimiento notarial** (duly attested summons), **requerimiento precautorio** (preventive injunction), **requerir** (require, request; call upon; summon; S. *solicitar*), **requiriente** (authority serving the summons)]. *Cf* aviso.

requisa *n*: requisition, commandeering (*mil*). [Exp: **requisar** (commandeer), **requisición** (requisition)]. *Cf* expropiación.

requisito *n*: requisite, requirement, necessary condition. [Exp: **requisito formal** (formal requirement), **requisito necesario** (prerequisite, proviso), **requisitos** (formalities, requirement; S. *formalidades*), **requisitos legales** (statutory requirements), **requisitos habituales** (requirements of procedure), **requisitos marcados por la ley** (statutory requirements; S. *normas legales*)]. *Cf* trámite, exigencia.

requisitoria *n*: warrant for the arrest of a wanted or accused person. *Cf* requisa, requisar, indagación, requisición.

resarcimiento *n*: compensation, indemnity, damages, recovery of losses. [Exp: **resarcimiento de daños** (damage recovery; S. *reparación de los daños*), **resarcir** (indemnify, compensate), **resarcirse** (recover, retrieve, recoup one's losses; S. *recuperar*), **resarcirse de las pérdidas** (recoup one's losses)]. *Cf* recuperación, reembolso.

rescatar *v*: rescue, redeem, recover, ransom; salvage, recapture. [Exp: **rescatable** (redeemable; S. *reembolsable, amortizable, redimible*), **rescatar un barco naufragado**, etc. (salvage a shipwrecked vessel), **rescate** (rescue, surrender, ransom, recapture, redemption; S. *equipo de socorro*), **rescate legal de los bienes retenidos ilegalmente** (recaption)]. *Cf* rescate, auxilio.

rescindir *v*: rescind, annul, cancel. [Exp: **rescindible** (rescindible, cancellable), **rescindir un contrato** (cancel a contract). *Cf* derogar, anular, cancelar, invalidar, revocar.

rescisión *n*: severance, abolition/abolishment, abrogation, annulment, rescinding/rescission, cancellation, conclusion. [Exp: **rescisión definitiva sin prima de indemnización** (flat cancellation), **rescisión unilateral de un contrato** (unilateral severance of a contract)]. *Cf* revocación, derogación, anulación.

reserva *n*: reservation, reserve, secrecy, caution, pool. [The term is used in the Spanish laws governing inheritance to mean that portion of an estate that may not be alienated from the bloodline of the original testator. Hence, **reserva** (portion or remainder of an estate of a person dying without issue, which passes first to this lineal ancestor and may not the be alienated from the direct degree of kinship where a better claim subsists), **reserva lineal/troncal** (as the foregoing), **reserva viudal** (widow or widower's life interest in the estate of deceased spouse which may not be alienated from the original line of descent to a natural heir born later nor to the legitimate issue of a subsequent marriage, but it reverts to the issue of the original marriage and their heirs). Exp: **a reserva de** (subject to; S. *sin perjuicio de, previa condición de, dentro de, sujeto a, sometido a, pendiente de*), **con reserva** (under protest, conditional), **reserva legal o estatutaria** (legal reserve), **reserva mental o tácita** (mental reservation), **reserva para aumentar el capital circulante** (reserve for working capital), **reserva para impuestos** (reserve for taxes), **reserva para renovaciones y sustituciones** (reserve for renewals and replacements), **reserva realizable** (liquid reserves), **reservas bancarias** (bank reserves), **reservas en moneda extranjera** (currency reserves), **reservas encubiertas en los libros** (hidden reserves), **reservas expresas** (express reserves), **reservas ocultas** (hidden reserves), **reservar** (reserve, exempt, retain), **reservado** (close; S. *íntimo*), **reservado para uso oficial** (for official use only), **reservados todos los derechos** (all rights reserved), **reservar fondos, cuentas, impuestos, etc., a fines específicos** (earmark funds, accounts, taxes, etc.; S. *consignar, afectar, destinar*), **reservarse el derecho** (reserve the right), **reservista** (en derecho sucesorio, el obligado a una reserva de bienes), **sin reservas**

(unreserved, unqualified, uberrimae fidei; S. *de la máxima confianza*)]. *Cf* reservación.

resguardo *n*: receipt, stub, slip, ticket, guarantee, safeguard, defence. [Exp: **resguardo de acciones** (share certificate), **resguardo de aduana** (customs warrant), **resguardo de depósito** (depósito receipt), **resguardo provisional** (binder, scrip certificate, subscription certificate/warrant), **resguardo provisional de seguro mientras se tramita el nuevo** (cover note, agreement for insurance; S. *documento acreditativo de cobertura*)]. *Cf* carta de pago, recibí, recibo, talón.

residencia *n*: abode, residence, home, seat. [Exp: **residencia habitual** (usual place of abode, principal residence), **residencial** (suburban), **residenciar alegaciones** (lodge pleaclings), **residente** (resident), **residir** (reside)]. *Cf* estancia, morada, habitación, domicilio.

residuo *n*: remainder, remnant. [Exp: **residual** (residual/residuary), **residuos** (waste)].

resistencia *n*: resistance; endurance; opposition. [Exp: **resistencia a la autoridad** (resisting arrest), **resistencia pasiva** (passive resistance) **resistir** (resist, withstand; S. *oponerse*)].

resolución[1] *n*: resolution, order, decision, opinion. [Exp: **resolución afirmativa** (affirmative resolution), **resolución judicial** (order, disposal, court decision/judgment. determination; S. *orden judicial, providencia*), **resolución ministerial** (minister's direction/directive, order), **resolución motivada** (text of a judgment, laying out the reasons for the decision; leading opinion delivered by one of a bench of judges, to which his/her brethren assent or from which they dissent), **resolución negativa** (negative resolution), **resolución procesal** (rule of procedure), **resolver** (resolve, determine, give/pass a judgment, decide, dispose of, settle, decern, *Scot*; S. *decidir, determinar*), **resolver disputas** (settle disputes), **resolver un litigio** (determine a dispute), **sin resolver** (pending; S. *pendiente, en trámite*)]. *Cf* acuerdo, decisión, fallo, auto.

resolución[2] *n*: discharge, cancellation, annulment, defeasance. [Exp: **resolución de un contrato** (defeasance), **resolver** (set aside, annul, rescind), **resolver un contrato** (discharge a contract)]. *Cf* condonación, anulación, cancelación, rescisión.

resolutorio *n*: resolutory; defeasance. *Cf* condición resolutoria.

respaldar *v*: back, back up, support, uphold, endorse. [Exp: **respaldar una moción** (second a motion), **respaldo** (endorsement, backing; S. *endoso, garantía*)]. *Cf* secundar, apoyar, suscribir, avalar.

respecto *n*: respect. [Exp: **con respecto a** (as compared with), **respectivamente** (respectively), **y a ese respecto** (accordingly; S. *consecuentemente, teniendo en cuenta lo anterior*)]. *Cf* acatar, respetar, respeto.

respetar *v*: respect. [Exp: **respetar una decision, un acuerdo,** etc. (abide by a decision, the terms of an agreement, etc.), **respeto** (respect)]. *Cf* acatar.

respiro *n*: breathing space, respite, reprieve; grace period, extension of the time. *Cf* suspensión de una ejecución, aplazamiento, plazo.

responder *v*: answer, reply, respond; be responsible/answerable; answer for. [Exp: **responder con evasivas** (hedge, *col*), **responder de** (answer for, be answerable for), **responder en persona o por procurador o abogado** (appear), **responder solidariamente** (be jointly and severally responsible/liable)].

responsabilidad *n*: accountability, answerability, liability; responsibility; obligation, duty. [Exp: **responsabilidad atenuada** (diminished capacity, diminished responsibility), **responsabilidad civil** (civil liability), **responsabilidad civil subsidiaria** (vicarious liability/responsibility), **responsabilidad contractual** (contractual responsibility; liability under a contract), **responsabilidad criminal/penal** (criminal liability), **responsabilidad delegada** (delegate responsibility), **responsabilidad directa o definida** (direct liability), **responsabilidad extracontractual** (tort; contributory negligence; breach of statutory duty; strict liability; any form of liability not reducible to breach of contract or criminal liability, including dangerous things or animals, products liability or damage caused by minors under the defendant's care and control; delictual responsibility, *Scots Law*), **responsabilidad ilimitada** (unlimited liability), **responsabilidad jurídica** (legal liability), **responsabilidad no culposa civil y penal** (strict liability), **responsabilidad objetiva** (tort; crime, offence; law of delict, *Scot*; any form of liability, intentional or otherwise, not arising from a breach of contract, which involves breaking the law, or a breach of legal duty or the violation of a right, i.e. the basis of *responsabilidad extra-contractual*, absolute liability), **responsa-bilidad pecuniaria o económica** (financial liability), **responsabilidad penal** (criminal liability), **responsabilidad por daños corporales** (property-damage liability), **responsabilidad por hechos ajenos** (strict liability), **responsabilidad solidaria** (joint and several liability in solidum), **responsabili-dad subsidiaria** (secondary liability), **responsabilidad suplementaria** (double liabilities)].

responsable[1] *a*: liable, responsible, accountable, answerable, amenable; reliable. [Exp: **responsable solidariamente** (jointly and severally liable)].

responsable[2] *n*: principal, managing director, person who is liable. [Exp: **responsable de un acto negligente** (tortfeasor)]. *Cf* administrador, director, gerente, gestor, ejecutivo, jefe.

respuesta *n*: answer, reply, response; rejoinder. [Exp: **respuesta a la dúplica** (surrejoinder), **respuesta a la tríplica** (rebutter)]. *Cf* réplica.

restablecer *v*: restore; revive; re-establish. [Exp: **restablecer el orden** (restore order), **restablecimiento** (restoration, revival)]. *Cf* restituir, restaurar.

restaurar *v*: restore (monarchy, work of art, etc.). [Exp: **restauración** (restoration; S. *restablecimiento, rehabilitación*)]. *Cf* restablecer, restituir.

restitución *n*: restitution, restoration, regrant,

redelivery; return. [Exp: **restituir** (restore, return, refund, pay back, reinstate, redemise; S. *restaurar, restablecer*), **restituible** (returnable, restorable, refundable)]. *Cf* devolución, reintegración.

restricción *n*: constraint, restraint, restriction. [Exp: **restricción de comercio** (restraint of commerce/trade, trade restriction), **restricción de libertad** (restraint of liberty), **restricción mental** (mental reservation), **restrictivo** (restrictive, narrow, limited; S. *restringido*), **sin restricción** (non restrictive)]. *Cf* limitación.

restringir *v*: restrain, restrict; qualify; derogate. *Cf* limitar, reprimir.

resuélvase *n*: be it resolved.

resultar *v*: result; turn out/prove to be; work out; result in; stem from; follow/be evident from. [Exp: **a resultas de** (as a result of, following; S. *a raíz de, como consecuencia de, a consecuencia de*), **resultado** (effect, outcome, result, return, event; S. *efecto, consecuencias, repercusión, conclusión, producto*), **resultados de una elección** (election returns), **resultados de una investigación** (findings of an inquiry/investigation; S. *conclusiones*), **resultandos** (whereas clauses), **considerandos de una resolución judicial** (whereas clauses or narrative recitals of a judgment; S. *fundamentos jurídicos; resultandos, relación de hechos*)]. *Cf* recaer.

resumir *n*: sum up, abridge; summarize. [Exp: **resumen** (abstract, digest, summary; S. *síntesis, compendio, resumen, extracto*), **resumen de título** (abstract of title)]. *Cf* recapitular, abreviar, compendiar, extractar.

retención *n*: deduction of tax, etc.; withholding, retention, lien, distraint, detention, detainment, attachment. [Exp: **retención de impuestos en origen** (deduction of tax at source, withholding/collection at the source, pay-as-you-earn, PAYE; S. *impuesto a cuenta*), **retención ilegal de bienes muebles** (wrongful withholding of goods), **retención policial para interrogatorio, identificación,** etc. (detention for questioning/identification), **retención prendaria** (bailee's lien),

retenciones de tráfico (traffic holdup/
delay/jam/tailback; S. *atasco*), **retenedor**
(detainer)]. *Cf* detención, detentador.

retener *v*: withhold, detain, retain, distrain, hold
in legal custody. [Exp: **retener en origen o en
la fuente** (withhold/deduct at source), **retener**
mediante orden judicial (attach), **retenido**
(detainee; S. *detenido*)]. *Cf* detener.

retirable *a*: callable. *Cf* redimible, exigible,
amortizable, rescatable.

retirada *n*: withdrawal. [Exp: **retirada de la
demanda por acuerdo entre las partes**
(withdrawal/settlement of action), **retirada
masiva de fondos** (deposit rundown)]. *Cf*
retiro, anulación, supresión.

retirar *v*: call in, retire, withdraw, revoke,
retract. [Exp: **retirar dinero/fondos del banco**
(withdraw/call in money from the bank; S.
sacar dinero), **retirar una acusación**
(withdraw a charge), **retirar una oferta o
propuesta** (withdraw a bid), **retirarse** (retire,
withdraw, disband, back out, *col*; S. *darse de
baja, echarse atrás*), **retirarse de una
sociedad** (withdraw from a partnership)]. *Cf*
reintegrar, anular, borrar, rescindir, abandonar.

retiro *n*: retirement, withdrawal, retiral, *Amer*;
pension; recall, *Cf* redención, jubilación.

reto *n*: challenge, defiance. *Cf* desafío.

retornar *v*: return, revert. [Exp: **retorno**
(deferred rebate)]. *Cf* volver a, revenir.

retorsión *n*: retortion.

retractar *v*: retract, withdraw. [Exp: **retractarse**
(withdraw, go back on/take back one's word or
pledge), **retractación** (retractation),
retracto/derecho de retracto (right, in
pursuance of a right of pre-emption or first
refusal, to have a sale of the property to a third
party set aside or retracted. The property is
then purchasable by the holder of the right at
the original price, right of redemption; S.
tanteo), **retracto arrendaticio rústico** (sitting
tenant's right of pre-emption or first refusal or
preferential option to purchase the property
he/she is leasing; leaseholder's option),
retracto convencional (vendor's option to
repurchase from buyer on agreed terms and
bearing any costs), **retracto de coherederos o**

del derecho hereditario (repurchase option of
all or any of all the co-heirs over share of joint
estate sold by one or more of the fellow heirs),
retracto de colindantes (preferential option of
adjoining farmland to purchase farmland that
is physically continuous with their own),
retracto de comuneros (preferential option of
right of preemption held by joint users of
common land or property over against a
stranger wishing to purchase any part of the
common right, the property being divided
proportionally among all those who exercise
the right), **retracto legal** (right of pre-emption,
etc., the terms of which are set out in a law),
retracto y tanteo (S. *derecho de retracto y
tanteo*)]. *Cf* volverse atrás.

retransmisión *n*: retransfer. [Exp: **retransmitir**
(retransfer, reconvey)].

retrasar *v*: delay, hold up, slow down, hold back,
set back; postpone. [Exp: **retrasado** (behind
schedule), **retrasado mental** (mentally
retarded), **retrasarse en los pagos acordados
contractualmente** (default on/fall into arrears
of payments), **retraso** (delay, backwardness;
S. *dilación, tardanza*), **retraso intelectual**
(mental deficiency, subnormality; intellectual
backwardness; feebleness of mind)].

retribuir *v*: pay, reward, remunerate. [Exp:
retribución (earned income; remuneration;
fee; compensation; S. *remuneración, ingresos*), **retribuido** (paid)]. *Cf* desembolsar, abonar, hacer efectivo.

retroacción *n*: retroaction. [Exp: **retroacción en
la quiebra** (bankruptcy, retrospective
annulment of a bankrupt's dealings in
property, etc. from a date specified in the
judgment), **retroactividad** (retrospective
effect, retroactive nature), **retroactivo**
(retroactive, backward)].

retroceder *v*: move back, recede. [Exp:
retrocesión (recession), **retroceso** (decrease,
falling off;), **retroceso de la actividad
económica** (recession, slump; S. *recesión,
regresión económica*)].

retrospectivo *a*: retrospective.

retrovender *v*: resell back. [Exp: **retroventa** (S.
retracto convencional)].

reunión *n*: meeting, sitting. [Exp: **reunión de la junta** (board meeting; S. *junta general*), **reunión plenaria** (plenary session), **reunión popular** (mass meeting)]. *Cf* sesión.

reunir *v*: join, bring/put together; gather assemble, collect; raise. [Exp: **reunir dinero** (raise funds, club together; S. *pagar a prorrateo*), **reunir quorum** (constitute a quorum), **reunir** (meet, gather, convene), **reunirse de nuevo** (reconvene; S. *convocar de nuevo*), **reunirse un tribunal** (sit)].

revalorizar *v*: revalue. [Exp: **revalorizarse** (appreciate, go up in value), **revalorización** (revaluation), **revaluable** (re-rateable; S. *tasable*), **revaluación** (reappraisement, revaluation), **revaluación de bienes, activos, moneda,** etc. (appreciation of property, assets, currency, etc.), **revalúo** (revaluation)]. *Cf* retasación, revalorización.

revelación *n*: revelation, disclosure; exposure. [Exp: **revelación de datos/secreto** (disclosure of information), **revelar** (reveal, disclose; S. *divulgar, poner al descubierto*), **revelar las pruebas** (disclose evidence)]. *Cf* exhibición, descubrimiento.

revender *n*: resell. [Exp: **reventa** (resale)]. *Cf* venta de segunda mano.

reventar *v*: irritate, pester, upset, annoy. [Exp: **reventar un mitin** (heckle, drown out the speaker at a meeting, ruin a meeting), **reventador de mítines** (heckler)]. *Cf* abuchear a un conferenciante o político.

reversión *n*: reversion/reverter, reversal. [Exp: **reversible** (reversionary, revertible; S. *recuperable*)]. *Cf* anulación, revocación, derecho de reversión, acto de reversión.

reverso *n*: back, other or reverse side (of a document, etc.). *Cf* anverso.

revestir *v*: invest; adorn; have, be instinct with. [Exp: **revestir importancia** (be important; be a matter of some moment)].

revisar *v*: inspect, examine, revise, audit, review, check. [Exp: **revisión** (review, revision, emendation; S. *revisión judicial*), **revisión contable** (auditing), **revisión de título** (examination of title, search of title), **revisión judicial** (judicial review), **revisión por un**

tribunal de apelación (appeal review), **revisor** (emendator)]. *Cf* reconsiderar, fiscalizar, corregir.

revista *n*: journal review, rehearing. *Cf* examen, revisión.

revocación *n*: revocation; recall, reversal; setting aside; repeal, annulment, abolition, abolishment. [Exp: **revocabilidad** (revocability), **revocable** (reversible, revocable, defeasible), **revocación de donaciones** (revocation/ademption of gifts), **revocación de un legado** (ademption), **revocación de testamento** (revocation of will/probate), **revocación de un fallo, una sentencia, una condena** (reversal of a judgment, sentence, conviction), **revocación de un poder** (withdrawal of a power), **revocación de una orden** (revocation of an order), **revocar** (revoke; recall; repeal, reverse, set aside; overturn; abolish, abrogate, annul; adeem; vacate, abate; discharge, defeat; S. *anular, derogar, cancelar, invalidar*), **revocar un acuerdo o contrato** (discharge/set aside a contract or agreement), **revocar un mandamiento** (countermand an order), **revocar una orden** (cancel an order)]. *Cf* derogación, anulación, rescisión, cancelación.

revuelta *n*: riot. *Cf* motín, tumulto.

ridículo *n*: ridicule; exposure. *Cf* denuncia, publicidad, revelación.

riesgo *v*: risk, peril; gamble. [Exp: **a riesgo de insolvencia** (bad debt risk), **a riesgo del actor** (at the doer's risk; caveat actor), **a riesgo del comprador** (at the risk of the buyer; caveat emptor), **a riesgo del porteador** (at the risk of the carrier), **a riesgo del vendedor** (at the risk of the seller; caveat venditor), **a todo riesgo** (fully comprehensive, against all risks, a.a.r.), **riesgo corriente o común** (common peril), **riesgo de cobro** (default risk), **riesgo profesional** (occupational hazard/accident), **riesgos del mar** (marine risk, perils of the sea, sea perils, sea risk; S. *accidentes o eventualidades del mar, peligros de la navegación*), **sin riesgo de** (without risk of)]. *Cf* peligro, contingencia, jugada arriesgada; por cuenta de.

rigor carcelario innecesario, aplicación de *phr*: disproportionate severity in applying prison regulations.

riña *n*: affray, altercation. [Exp: **riña tumultuaria** (violent disorder; affray leading to homicide)]. *Cf* pendencia, combate, tumulto, refriega.

rival *n*: rival, opponent. *Cf* oponente, opositor, adversario, contrario, antagonista.

robar *v*: steal, rob, purloin, carry off; relieve (*col*), lift (*col*). [Exp: **robar con violencia** (commit robbery with violence), **robar ganado** (rustle), **robar por procedimiento del tirón** (snatch, mug, *slang*; S. *tironero*), **robo** (theft, thievery, abstraction), **robo a mano armada** (armed robbery), **robo con escalo** (breaking and entering, burglary; S. *allanamiento de morada*), **robo con intimidación de arma de fuego/arma blanca** (robbery/hold-up at gun-point/knife-point), **robo con violencia/fuerza** (robbery with violence), **robo de cantidades pequeñas** (larceny; S. *hurto, ratería*), **robo de ganado** (abaction, rustling)]. *Cf* hurtar, atracar, quitar, despojar, birlar, mangar; plagiar.

rogar *v*: pray, petition, beseech (*formal*), crave (*Scot, formal*). [Exp: **rogatorio** (rogatory, precatory)]. *Cf* suplicar.

romper *v*: break; breach. [Exp: **romper el trato** (sever, break off relations; S. *cerrar un trato*)].

ronda *n*: beat. [Exp: **ronda policial** (police officer's beat, patrol by the police; S. *redada policial*)].

rotación *n*: rotation, turnover. [Exp: **por rotación** (in turns, by turns; by a rota system, by rota), **rotación de personal** (labour turnover), **rotación en el cargo** (rotation in office), **rotar** (rotate), **rotativo** (rotary, rotating; S. *en turno rotativo*)].

rótulo *n*: title, rubric, heading.

rubricar *v*: sign; sign and seal. *Cf* firmar, suscribir.

rueda *n*: ring, circle. [Exp: **rueda de prensa** (press conference), **rueda de presos o de reconocimiento** (identification parade)].

ruego *n*: request. [Exp: **a ruego de** (at the request/entreaty of), **ruegos y preguntas** (other business/any other business)]. *Cf* instancia, petición.

ruindad *n*: viciousness; callous or vile behaviour, actual malice. *Cf* dolo, maldad.

rumor *n*: rumour, hearsay.

ruptura *n*: severance, breach; rupture. [Exp: **ruptura de contrato** (breach of contract; S. *incumplimiento/violación de contrato*)]. *Cf* separación, cese.

rutina *n*: routine; red tape. [Exp: **por rutina** (as a matter of course), **rutinario** (routine, day-to-day)]. *Cf* burocracia, papeleo administrativo.

S

S. A. *n*: limited, ltd., plc.; S. *sociedad anónima*.

saber *n*: knowledge. [Exp: **a saber** (namely), **a sabiendas** (scienter, knowingly; S. *con pleno conocimiento; con dolo, con conocimiento doloso*), **de todos sabido** (well-known, notorious), **saber y entender** (knowledge and belief/understanding), **por la presente se hace saber** (know all men by these presents; S. *hacer saber*), **según mi leal saber y entender** (to the best of my knowledge and belief)].

sabotaje *n*: sabotage. [Exp: **sabotear** (sabotage), **saboteador** (saboteur)].

saca *n*: authorized/certified copy of a (notarial) document.

sacar *v*: obtain, get, take out, withdraw, extract. [Exp: **sacar a la venta** (put something up for sale, offer for sale; S. *poner en venta*), **sacar a licitación pública o pública subasta** (call for bids, put up something for auction; S. *subastar, rematar*), **sacar dinero** (raise cash/money; S. *arbitrar recursos, recoger fondos*), **sacar dinero del banco** (withdraw cash from the bank; S. *retirar dinero*), **sacar el impuesto de circulación** (take out a vehicle licence), **sacar la conclusión** (draw a conclusion; S. *llegar a la conclusión, deducir*), **sacar provecho de** (profit by, make a profit)]. *Cf* adquirir, obtener, lograr.

sala *n*: courtroom, room, hall, chamber; bench, court, tribunal, division of a court. [Exp: **sala de apelación** (court of appeal, appeals court, appellate court, appellate division), **sala de audiencia** (courtroom), **sala de in-** terrogatorios o de detenidos (detention room), **sala de estrados** (chamber of presence), **sala de gobierno** (governing body of a collegiate court; administrative and disciplinary division of a court; *approx*, Senate of the Inns of Court, Bencher/Masters of the Bench sitting as a domestic tribunal), **sala de juntas o de sesiones** (boardroom, meeting-room, assembly room), **sala de justicia** (Bench, court, chamber), **sala de lo civil** (civil court/civil division of a court), **sala de lo contencioso-administrativo** (court that hears appeals against administrative decisions), **sala de lo penal** (criminal court), **sala de máquinas** (engine room), **sala de vacaciones** (court that sits for urgent hearings during the judicial vacation), **sala de un hospital** (ward), **sala de vistas** (bar)].

salario *n*: salary, wage(s). Exp: **salario acumulado** (accrued wage), **salario por unidad de tiempo** (pay at time/hourly rates, time wage), **salarios reales** (actual wages)]. *Cf* paga, jornal, sueldo.

saldar *v*: balance, clear, settle. [Exp: **saldar una cuenta** (settle/balance an account; S. *liquidar, ajustar; cuadrar una cuenta*), **saldar una deuda** (cancel/discharge/pay off a debt; S. *liquidar*)]. *Cf* liquidar, cuadrar, finiquitar.

saldo *n*: balance; remainder, rest; sales. [Exp: **saldo a cuenta nueva** (balance carried forward; S. *suma y sigue*), **saldo a favor o acreedor** (credit balance), **saldo anterior** (carry-over), **saldo comercial** (trade balance),

saldo de apertura (opening balance), **saldo de caja/en efectivo** (cash balance), **saldo de cierre** (closing balance), **saldo deudor** (debit balance), **saldo no comprometido** (uncommitted balance), **saldo pendiente** (outstanding balance), **saldo vencido** (due/matured balance)]. *Cf* balance, balanza.

salida *n*: exit; leaving, departure; outgoing; vent; way out; solution, alternative, opening; loophole; outlet, outflow. [Exp: **salida comercial** (outlet; S. *punto de venta, establecimiento*), **salida de capital** (outflow of capital), **salida de efectivo** (disbursements; S. *desembolso*), **salida profesional** (professional opening, job opportunity)]. *Cf* dar salida a.

salir *v*: go out. [Exp: **salir a cotizar en Bolsa** (go public), **salir bien/mal parado** (come out of it well/badly), **salir de Bolsa** (take private), **salir/ser fiador/garante de alguien** (warrant, act as security for somebody, go/stand bail/security/surety; S. *avalar, prestar fianza, responder por*)].

saltar/saltarse *v*: jump, jump over, leap over; skip. [Exp: **salto de jurisdicciones** (leap-frog procedure)].

salvar *v*: save; rescue; salvage; cure; except; get round; overcome; negotiate. [Exp: **salvador** (saviour), **salvaguardar** (safeguard, preserve), **salvaguardia** (safeguard; S. *cláusula de salvaguardia*), **salvamento** (salvage/capture of ships, etc.), **salvar errores** (rectify, cure defects, enter a correction in the margin; S. *rectificar/subsanar un error*), **salvar obstáculos** (circumvent obstacles), **salvedad** (exception, reservation, qualification; errors and omissions excepted, e. and o.e.)]. *Cf* recuperar, recobrar, subsanar.

salvo *conj*: saving, save, excepting, except, barring; unless. [Exp: **salvo disposición contraria en la presente ley,** etc. (except as otherwise provided herein), **salvo error u omisión, s.e.u.o** (errors and omissions excepted, e. and o.e.), **salvo estipulación/pacto en contra** (unless otherwise stated), **salvo prueba en contra** (unless there is evidence to the contrary), **salvo que se aprecie intención contraria** (unless contrary intention appears), **salvo que se disponga expresamente lo contrario** (except as otherwise provided), **salvo que se exprese lo contrario** (unless otherwise stated; S. *salvo estipulación en contra*)]. *Cf* excepto, a menos que.

salvoconducto *n*: letter of safe-conduct, safe-conduct, writ of protection.

sanción¹ *n*: punishment, sanction. [Exp: **sanción administrativa** (disciplinary penalty), **sanción por cancelar un préstamo antes de su vencimiento** (prepayment penalty), **sancionable** (punishable), **sancionar** (penalize; S. *penalizar, multar*)]. *Cf* pena, castigo.

sanción² *n*: sanction, approval, authorization, passing of a law, enactment. [Exp: **sancionar** (adopt, approve, authorize, confirm, ratify, endorse, enact, assent to; S. *autorizar, aprobar, ratificar*)]. *Cf* ratificación, aprobación, autorización.

saneamiento *n*: disencumbrance, write-off, write-down. [Exp: **saneado** (free from encumbrance, net, guaranteed), **saneamiento de título** (clearing of title), **sanear** (free from encumbrance, clean up; clear off debt; overhaul)]. *Cf* desgravamen.

sangre *n*: blood; bloodline. [Exp: **a sangre fría** (in cold blood, cold-blooded), **de su sangre, de la sangre de uno** (of the [full] blood, bodily)].

sanidad *n*: health, public health; soundness; Ministry/Department of Public Health, Health and Welfare Department). [Exp: **sano** (health), **sano de cuerpo y alma** (sound in body and mind), **sano de juicio** (of sound mind; S. *en su cabal juicio*)].

sano *a*: sound, fit, healthy. [Exp: **en su sano juicio** (of sound mind; in his/her/their right mind), **sana crítica** (fair comment)].

Santa Sede *n*: Holy See.

santuario *n*: sanctuary. *Cf* asilo.

saquear *v*: loot, plunder, sack, ransack. [Exp: **saqueo** (looting; S. *pillaje*)]. *Cf* pillar.

satisfacción *n*: satisfaction, settlement, amends, reparation, redress, relief. [Exp: **satisfacción parcial** (part-performance; S. *ejecución* *parcial*)]. *Cf* pago, finiquito, liquidación, cumplimiento; compensación, desagravio.

satisfacer *v*: satisfy, pay, complete, discharge; meet, fulfil, make amends. [Exp: **satisfacer a los acreedores** (satisfy the creditors), **satisfacer las exigencias** (meet the needs), **satisfacer las necesidades** (meet the requirements; S. *cumplir requisitos*), **satisfacer una deuda** (discharge a debt), **satisfacer una demanda o reclamación** (settle a claim, discharge a claim)]. *Cf* abonar, pagar; reparar; ofrecer excusas, compensación o reparación.

satisfactorio *a*: satisfactory, adequate, sufficient, enough, acceptable, convincing, cogent. *Cf* pertinente, suficiente, apropiado, razonable.

saturación *n*: glut. [Exp: **saturar** (glut)]. *Cf* exceso.

sección *n*: department, office; part, section. [Exp: **sección de contabilidad** (bookkeeping/accounts department), **sección de selección de personal** (recruitment office), **sección de Valores** (securities trading department), **sección de una ley** (article, section, paragraph, part of a law; S. *artículo, cláusula, sección, paragraph, apartado, párrafo*), **Secciones Civiles de las Audiencias provinciales** (civil divisions of the provincial courts; *approx* County Courts)].

secretaría *n*: secretary's office, secretariat. [Exp: **Secretaría de Estado** (State Department, Ministry), **secretaría del juzgado** (court office), **secretariado** (secretariat)].

secretario *n*: secretary, officer, registrar. [Exp: **secretario de un tribunal/del juzgado** (clerk of the court/court clerk; S. *escribano*), **secretario judicial, o de un tribunal o juzgado** (court secretary/officer; recorder; registrar; S. *oficial del juzgado, agente judicial*), **secretario de una reunión** (convener/secretary of a meeting), **secretario del Registro de Sociedades** (registrar of companies), **secretario general** (secretary-general), **secretario interino** (acting secretary), **Secretario de Estado** (Secretary of State; Minister of Foreign Affairs), **Secretario Permanente de la Cámara de los Comunes**

(Clerk of the Parliaments)]. *Cf* funcionario, oficial, ejecutivo, administrador.

secreto *a/n*: secret; secrecy, confidential. [Exp: **secreto del sumario o sumarial** (sub judice rule, rule prejudicing cases that are sub judice; *approx* reporting restrictions), **secreto profesional** (trade/professional secret)]. *Cf* declarar secreto.

sector *n*: sector, sphere, branch. [Exp: **sector privado/público** (private/public sector), **sector económico** (branch of economy)]. *Cf* ámbito.

secuaz *n*: henchman, underling, hireling; follower. *Cf* gorila, seguidor político.

secuelas *n*: consequence, implications; scars. [Exp: **secuelas psicológicas** (psychological damage/scars)].

secuestrar *v*: kidnap, abduct; attach, distrain, seize, sequestrate. [Exp: **secuestrable** (attachable, sequestrable), **secuestrador** (abductor, highjacker; S. *raptor*), **secuestrar mercancías** (lay/put/place an embargo on goods; S. *prohibir el comercio con mercancías*), **secuestrar un avión,** etc. (highjack)]. *Cf* arrebatar, raptar, detener, retener, embargar, incautar.

secuestro *n*: seizure, attachment, sequestration, forfeiture, distress; capture. [Exp: **secuestro aéreo** (skyjacking), **secuestro de géneros** (embargo, sequestration of goods), **secuestro de una persona** (kidnapping, abduction; false imprisonment; S. *prisión, detención o encarcelamiento ilegal o injustificado*), **secuestro o rapto de menores** (child stealing), **secuestro precautorio** (preventive attachment)]. *Cf* confiscación, retención, aprehensión, incautación, decomiso, captura, embargo.

secundar *v*: second (a motion, etc.). *Cf* apoyar, respaldar.

secundario *a*: secondary, collateral, ancillary, supplementary. *Cf* subordinado, accesorio, subsidiario, dependiente .

sede *n*: seat; see; central office. [Exp: **con sede en** (based in), **sede del gobierno** (seat of government), **sede central/principal** (main office, headquarters)]. *Cf* residencia; Santa Sede.

sedición *n*: sedition. [Exp: **sedicioso** (mutinous, seditious; rebel, mutineer; S. *rebelde, amotinador*)].

seducción *n*: seduction, seducement, decoying, abuse, seduction. [Exp: **seducir** (seduce, debauch, corrupt, abuse; S. *engañar, corromper*), **seductor** (abuser; seducer; S. *embaucador; déspota, tirano*)]. *Cf* engaño, abuso.

seglar *a/n*: lay; layman, laywoman. *Cf* secular, lego.

segregación *n*: segregation. [Exp: **segregación racial** (racial segregation), **segregar** (segregate; S. *separar*)].

seguir *v*: follow; continue; ensue; proceed; pursue. [Exp: **lo siguiente** (as follows), **seguidos** (in a row; S. *continuados*), **seguimiento de una causa criminal** (prosecution; S. *enjuiciamiento, acusación, procesamiento*), **seguir los trámites** (proceed, follow the procedure; S. *proceder*), **seguir secretamente** (shadow), **seguir un pleito o una causa** (bring/file a suit), **siguiendo los usos y costumbres mercantiles** (according to trade practice)]. *Cf* como sigue.

según *prep*: under, in accordance with, as, as per, pursuant to; depending on. [Exp: **según (consta en) el aviso, el contrato, la factura, el convenio, el pedido**, etc. (as per advice, contract, invoice, agreement, order, etc.), **según el caso/los casos** (as the case may be), **según él mismo reconoce** (on his own admission), **según lo dispuesto en el artículo 4.º** (under section 4), **según se convenga** (as may be agreed upon, as agreed)]. *Cf* a tenor de lo dispuesto, en virtud de, de conformidad con, de acuerdo con, al amparo de, en el marco de, conforme a.

segundo *a*: second. [Exp: **en segunda instancia** (in the second instance, on appeal), **segunda ejecución de un testamento o codicilo, enmendando o subsanando algún defecto** (republication of will), **segunda hipoteca** (second mortgage; S. *hipoteca de segundo grado*), **segunda repregunta** (recross-examination), **segundo de a bordo** (second mate; second in command), **segundo**

interrogatorio directo (second direct examination), **segundo mercado** (over the counter market, OTC)]. *Cf* adicional, suplementario, sustituto.

seguridad *n*: safety, suretyship, security; certainty; warranty, guaranty. [Exp: **seguridad colateral** (collateral; S. *garantía prendaria*), **seguridad en el trabajo** (safety at work), **seguridad jurídica** (legal certainty), **seguridad social** (national insurance, social security; S. *previsión social*)].

seguro *a*: safe, reliable; sure, certain. *Cf* fuera de peligro, fiable, veraz, fidedigno.

seguro *n*: insurance; underwriting; insurance policy. [Exp: **seguro a/contra todo riesgo** (fully comprehensive insurance; all-in policy, *Amer*), **seguro contra alteración del importe del cheque** (cheque alteration insurance), **seguro colectivo** (group insurance), **seguro contra desfalco** (embezzlement insurance), **seguro contra falsificación** (forgery insurance), **seguro contra incendios** (fire insurance), **seguro copartícipe** (co-insurance; S. *coaseguro*), **seguro de accidentes** (accident insurance, casualty insurance), **seguro de cambio** (exchange insurance), **seguro o subsidio de desempleo** (unemployment benefit/insurance; S. *subsidio*), **seguro de enfermedad** (health insurance), **seguro de garantía para el pago de la deuda en caso de muerte del asegurado** (credit life insurance), **seguro de paro o desempleo** (unemployment insurance), **seguro de responsabilidad civil** (public liability insurance), **seguro de responsabilidad contra terceros, incendios y robo** (third-party, fire and theft), **seguro de responsabilidad patronal** (employer's liability insurance), **seguro de riesgo de insolvencia** (credit insurance), **seguro de vejez** (old-age insurance), **seguro de vida** (life assurance, life insurance), **seguro marítimo** (marine insurance), **seguro vigente** (valid insurance premium)].

seleccionar *v*: select, choose, pick; screen.

selecto *n*: exclusive; choice, select; fine. [Exp: **selectivo** (selective)]. *Cf* distinguido, caro, lujoso.

sello *n*: stamp; seal; signet. [Exp: **sellado** (stamped, sealed; stamp, stamping), **sellado y firmado por mí** (under my hand and seal), **sellado y timbrado** (sealed and stamped), **sellar** (stamp, affix stamps; seal; S. *lacrar*), **sello** (postage stamp), **sello de caucho** (rubber stamp), **sello de lacrar** (wax seal), **sello fiscal** (revenue stamp), **sello oficial del monarca** (royal signet), **sello social** (corporate seal)]. *Cf* timbre, cuño.

semestral *a*: biannual, half-yearly.

Senado *n*: Senate.

sencillo *a*: simple, easy, straightforward, plain; single. *Cf* simple, limpio, sin tacha.

sensato *a*: sensible, showing good sense. [Exp: **sensatez** (good sense, common sense), **con sensatez** (sensibly; advisedly)].

sentar *v*: sit, seat; settle, place, put in place; establish, lay. [Exp: **sentada** (sit-down strike; S. *huelga de brazos caídos o cruzados*), **sentar a alguien en el banquillo,** *col* (put somebody in the dock; haul somebody up in front of the beak, *slang*), **sentar las bases** (lay the foundation), **sentar los principios** (lay down the principles), **sentarse** (sit down)].

sentencia *n*: decision, ruling, judgment, decree (esp. Scots Law), disposal of a case by the judge, etc.; verdict (decision of the jury); sentence (punishment: criminal law only). [Exp: **sentencia absolutoria** (acquittal, discharge, dismissal; S. *absolución*), **sentencia acordada** (consent judgment), **sentencia arbitral o de arbitraje** (arbitration award), **sentencia condenatoria** (verdict of guilty), **sentencia condicional** (suspended sentence), **sentencia confirmatoria** (decision of an appeal court upholding or confirming the judgment given by the trial court), **sentencia consentida** (accepted judgment), **sentencia de conformidad** (plea bargaining), **sentencia de divorcio firme o definitivo** (decree absolute; S. *fallo de divorcio condicional*), **sentencia de libertad probatoria; libertad condicional o bajo palabra** (probation order), **sentencia de muerte** (death sentence), **sentencia de multa con suspensión de la encarcelación** (split sentence), **sentencia de privación de libertad en un establecimiento penitenciario** (prison/custodial sentence), **sentencia declarativa o interpretativa** (declaratory judgment, declarator, *Scot*), **sentencia definitiva** (final judgment; decree, *Scot*), **sentencia en rebeldía o en contumacia** (default judgment, judgment in default, decree in absence), **sentencia firme** (final/executable judgment), **sentencia irrevocable** (irrevocable judgment), **sentencia leída en privado** (chambers judgment), **sentencia liquidada** (satisfied judgment), **sentencia motivada** (reasoned decision), **sentencia no privativa de libertad** (non-custodial sentence), **sentencia nula** (void judgment/sentence), **sentencia o auto de embargo** (factorizing, garnishment order), **sentencia o auto judicial por la que se establece la paternidad** (affiliation order), **sentencia o condena grave** (heavy sentence), **sentencia ordenando el pago de pensión de alimentos a ex mujer e hijos** (maintenance order), **sentencia parcial** (partial verdict), **sentencia posesoria** (possessory judgment), **sentencia provisoria** (interlocutory judgment), **sentencias simultáneas o concurrentes** (concurrent sentences)]. *Cf* resolución judicial, auto definitivo, condena.

sentenciar *v*: sentence, pass sentence, adjudicate, decide, deliver judgment; decern, *Scot. Cf* dictar sentencia, fallar, adjudicar, determinar judicialmente, decidir, declarar.

sentido *n*: meaning, sense, purport; interpretation, construction. [Exp: **sentido de la documentación** (face of record), **sentido lato** (broad sense, widest sense, liberal interpretation; S. *interpretación amplia*), **sentido riguroso o estricto** (strict sense, *strictu sensu*, strict interpretation)].

señal *n*: signal, sign; token, trace; earnest money, deposit; landmark. [Exp: **en señal de** (in token of), **señal de socorro** (flag of distress, distress signal), **señalado por ley** (provided/laid down by law), **señalar** (mark, set, appoint; S. *fijar*), **señalar el día de la vista** (assign a day/set a date for trial)]. *Cf* prenda, depósito, arras; marca, vestigio, huella.

señas *n*: address. [Exp: **señas del remitente** (return address)]. *Cf* domicilio, dirección.

separación *n*: separation, severance. [Exp: **separación de poderes** (separation of powers), **separación canónica/legal** (canonical/legal separation), **separación de bienes** (separation of estates), **separado** (separate), **separar(se)** (separate, split up; sever, segregate)]. *Cf* cese, ruptura.

serie *n*: series, range; succession, sequence, set. [Exp: **con una serie de** (by a number of), **fabricar en serie** (mass produce), **fuera de serie** (remaindered, left over; outstanding, *fig*)]. *Cf* fila, gama.

seriedad *n*: reliability, dependability; seriousness. [Exp: **serio** (serious; businesslike, reliable; trustworthy; S. *profesional, fidedigno, fiable*)]. *Cf* crédito, fiabilidad, formalidad.

serpiente inflacionaria *n*: creeping inflation.

servicio *n*: duty, service; accommodation; agency, authority. [Exp: **de servicio** (on duty), **servicio de salvamento** (salvage), **servicio nocturno** (night duty), **servicio técnico** (technical assistance), **servicio social** (social service), **servicios e instalaciones** (facilities; S. *medios, prestaciones*), **servicio militar** (military service, national service), **servicio militar obligatorio** (conscription), **servicios mínimos** (skeleton staff), **servicios públicos** (public services)]. *Cf* turno, guardia.

servidumbre *n*: easement, servitude, encumbrance, adverse enjoyment; right of way/light/air, etc.; bondage. [Exp: **servidumbre acordada** (agreed easement), **servidumbre continua** (continuous easement), **servidumbre de aguas** (water rights), **servidumbre de conveniencia** (easement of convenience), **servidumbre de desagüe** (servitude of drainage), **servidumbre de luces** (easement of light), **servidumbre de luces adquirida por prescripción** (ancient lights), **servidumbre de luces y vistas** (servitude/easement of light and view), **servidumbre de medianería** (party wall/hedge/fence, etc.), **servidumbre de paso, vía o acceso** (right of way, easement of access), **servidumbre de pastos** (common, common of pasture; S. *derecho de pastoreo*), **servidumbre de vistas** (easement of view), **servidumbre discontinua o no aparente** (discontinuous easement, non-apparent easement), **servidumbre equitativa** (equitable easement), **servidumbre legal, necesaria o imprescindible** (easement of necessity), **servidumbre negativa o pasiva** (negative easement), **servidumbre particular** (private easement), **servidumbre personal** (easement in gross), **servidumbre por prescripción** (easement by prescription), **servidumbre positiva** (affirmative/positive easement/servitude), **servidumbre pública** (public easement), **servidumbre real, predial o sobre finca colindante** (easement appendant/appurtenant, appurtenant easement), **servidumbre tácita o sobreentendida** (easement by implication)]. *Cf* androma.

servir *v*: serve, be used/useful. [Exp: **no servir para nada** (be useless, be no use/good), **servir de ayuda** (help, be helpful, come in handy, *col*), **servir de prueba** (serve as a proof or evidence), **servir un pedido** (fill/attend to an order)]. *Cf* prestar servicio.

sesgar *v*: bias. [Exp: **sesgado** (biased, partial), **sesgo** (bias)]. *Cf* inclinar(se), predisponer.

sesión *n*: meeting, sitting, session. [Exp: **en sesión secreta** (in camera; S. *a puerta cerrada*), **sesión a puerta cerrada** (closed session; sitting in chambers), **sesión aplazada** (adjourned session), **sesión bursátil** (stock exchange session), **sesión bursátil de realización de beneficios** (profit-taking session), **sesión conjunta** (joint session), **sesión de todo el tribunal** (sitting in bank; at bar; in/en banc), **sesión de trabajo** (working session), **sesión ejecutiva** (executive meeting), **sesión evaluativa de un tribunal de lo social previa a la vista oral** (pre-hearing assessment by a domestic tribunal), **sesión extraordinaria** (special session), **sesión ordinaria** (regular session), **sesión parlamentaria** (meeting of parliament), **sesión plenaria** (plenary meeting)]. *Cf* reunión, junta general, asamblea.

seudónimo *n*: assumed name, nom de plume, pseudonym.

severo *a*: strict, severe; harsh, stringent. [Exp: **severidad** (harsh treatment)]. *Cf* duro.

sida *n*: AIDS.

siempre *adv*: always, ever. [Exp: **para siempre** (for ever, in perpetuity) **siempre que** (provided that, always assuming, so long as)]. *Cf* en aquellos casos en que.

siendo así *phr*: that being the case. [Exp: **siendo así que** (since, given that; when the truth of the matter is that)].

signatario *n*: signatory. *Cf* firmante.

silencio administrativo *n*: failure by the administration to reply within the stipulated time limit to a complaint lodged against its procedure or a challenge to its decisions. It is frequently used as the basis of an appeal through the *contencioso administrativo* procedure; in modern law silence may mean consent.

simpatizante *n*: supporter. *Cf* defensor.

simple *a*: simple, clean, bare. [Exp: **simple conjetura** (suspicion)].

simulación *n*: simulation, pretence, double-dealing, mere suspicion or conjecture. [Exp: **simulación de enfermedad** (malingering), **simuladamente** (by misrepresentation), **simulado** (false, dummy, sham, simulated; S. *ficticio*), **simular** (pretend, fake, sham, feign, simulate; S. *fingir*)].

simulacro *n*: simulacrum; sham, pretence; mere semblance, sham. *Cf* ficción.

simultáneo *a*: simultaneous, concurrent. [Exp: **simultanear** (conduct two pieces of business simultaneously, do two things at once, fit two things in with one another)]. *Cf* concurrente.

sin *prep*: without, exclusive of, free from.

sindicato *n*: trade union, syndicate. [Exp: **sindicación** (unionization), **sindical** (union, trade-union), **sindicalista** (trade-unionist), **sindicar** (syndicate, pool, unionize), **sindicatura** (receivership; S. *administración judicial*), **sindicatura amigable** (friendly receivership), **síndico** (trustee, receiver, syndic), **síndico de la quiebra** (administrator in/trustee bankruptcy, referee, receiver/ receiver in bankruptcy, liquidator; S. *liquidador, administrador judicial, intendente de liquidación*)]. *Cf* gremio, asociación.

siniestralidad *n*: loss; accident, accident rate; road deaths, etc. [Exp: **siniestro** (casualty, loss, damage, accident, shipwreck), **siniestro nuclear** (nuclear accident/disaster), **siniestros marítimos o navales** (accidents of navigation), **siniestros pendientes** (losses incurred)]. *Cf* mortalidad.

sirviente *a/n*: servient; servant. *Cf* subordinado, servidumbre, dominante, predio.

sisa *n*: pilferage, cheating on accounts, dipping the till, filching small amounts from the housekeeping money. [Exp: **sisar** (pilfer, pinch, cheat in small ways, dip the till; S. *hurtar, ratear*)]. *Cf* hurto, ratería.

sistema *n*: scheme, system, arrangement. [Exp: **sistema bancario** (banking system), **sistema contable** (accounting system/system of accounts), **sistema de cuotas** (quota system), **sistema financiero** (financial system), **sistema monetario europeo, SME** (European Monetary System, EMS), **sistema tributario** (tax system), **sistemas de compensación de remanentes** (carry-over arrangements), **sistemático** (orderly, systematic; S. *metódico, ordenado*)].

sito *a*: located, situated.

situación *n*: position, situation; post, job. [Exp: **situación de hecho** (accomplished fact, effective position, the way things stand, the way one is actually placed; S. *hecho consumado*), **situación de urgencia** (emergency; S. *estado de necesidad*), **situación económica** (financial/economic situation/position), **situación jurídica** (legal status), **situación difícil** (awkward situation/position, tricky position, awkward spot; jam, tight corner)]. *Cf* empleo.

situar *v*: place, put. *Cf* colocar.

so *prep*: under. [Exp: **so pena de** (under/upon pain/penalty of)].

soberanía popular *n*: popular sovereignty.

sobornar *v*: suborn, bribe, corrupt, fix (*col*). [Exp: **sobornador** (embracer; S. *cohechador*), **sobornar testigos** (tampering with witnesses), **soborno** (bribe, bribery, bribery and corruption; hush-money, *col*; sweetener, *col*), **soborno de testigos** (suborning of witnesses, compounding an offence, interfering with witnesses, perverting the course of justice), **soborno político** (graft)]. *Cf* cohechar.

sobrecapitalizar *v*: overcapitalize.

sobrecarga *n*: overload. [Exp: **sobrecargar** (overburden, overload; S. *gastos generales*)].

sobrecargo *n*: bursar, purser.

sobreentender *v*: deduce, infer, construe; understand, gather. [Exp: **sobreentendido** (constructive, implicit; S. *virtual, implícito*)].

sobregastos *n*: carrying charges. *Cf* cargos mensuales por saldo inferior al acordado.

sobregirar *v*: overdraw. [Exp: **sobregiro** (overdraft)]. *Cf* girar en descubierto.

sobreinversión *n*: overinvestment. *Cf* inversión excesiva.

sobrepasar *v*: exceed, surpass; overreach, overshoot. [Exp: **sobrepasar sus atribuciones** (act ultra vires, go beyond one's brief; S. *excederse en el uso de sus atribuciones, infringir la ley por exceso*)]. *Cf* superar, exceder.

sobreproducción *n*: overproduction.

sobrepujar *v*: outbid.

sobreseer *v*: stay, nonsuit, dismiss, supersede, annul. [Exp: **sobreseimiento** (stay of proceedings, discontinuance, dismissal of action, withdrawal of action from jury, nonsuit, supersedeas; there is no case to answer), **sobreseimiento involuntario** (compulsory non-suit), **sobreseimiento voluntario** (voluntary non-suit), **sobreseimiento por tardanza excesiva del demandante** (dismissal for want of prosecution)]. *Cf* desistimiento, renuncia a la instancia, sobreseimiento.

sobrestadía *n*: demurrage. *Cf* estadía, demora o gastos de demora.

sobresueldo *n*: bonus, extra pay. *Cf* paga extraordinaria, prima, gratificación, bono, bonificación.

sobretasa *n*: surcharge, surtax. *Cf* recargo.

sobrevalorar *v*: overrate.

sobrevencido *n*: past due, unsettled. *Cf* atrasado, pendiente, en mora, vencido.

sobrevenido *a*: ex post facto. *Cf* objeción sobrevenida.

sobrevivir *v*: survive, outlive.

socavar *n*: undermine. *Cf* minar.

social *a*: corporate, social; social; company's; firm's. [Exp: **socialista** (socialist), **socialismo** (socialism), **socialización** (socialization)].

sociedad *n*: society, association, fellowship; company, partnership, firm. [Exp: **sociedad agraria de transformación** (farm partnership), **sociedad anónima, S. A.** (corporation; public limited company, plc; joint-stock company, *Amer*), **sociedad anónima cerrada** (close company/corporation), **sociedad anónima constituida en un estado donde no tiene negocios** (tramp corporation, *Amer*), **sociedad anónima formada por una sola persona** (sole corporation), **sociedad anónima que cotiza en Bolsa** (public limited company, plc), **sociedad civil** (non-profit entity; not for profit entity; partnership; civil society), **sociedad colectiva** (general partnership; S. *contrato de sociedad, sociedad regular colectiva*), **sociedad comanditaria** (general and limited partnership), **sociedad constituida por cédula real** (corporation incorporated by royal charter), **sociedad cooperativa** (cooperative; S. *cooperativa*), **sociedad cooperativa de viviendas** (building society), **sociedad de arrendamiento financiero** (leasing company), **sociedad de beneficencia** (charitable organization), **sociedad de bienestar** (welfare state), **sociedad de cartera** (portfolio company), **sociedad de contrapartida** (market maker), **sociedad de control** (holding company; S. *compañía tenedora o matriz*), **sociedad de crédito hipotecario** (mortgage company), **sociedad de fideicomiso** (trust company), **sociedad de garantía recíproca** (mutual/reciprocal guarantee company), **sociedad de inversión mobiliaria, SIM** (security investment company), **sociedad de responsabilidad limitada** (limited liability company), **sociedad de seguros de mutua y de acciones** (mixed insurance company), **sociedad mercantil filial, dominada o subsidiaria** (daughter company, affiliated company, subsidiary, *Amer*), **sociedad**

financiera (credit company), **sociedad gestora** (management company), **sociedad instrumental de agentes** (stockbrokers company), **sociedad inscrita en el registro mercantil** (registered company/corporation), **sociedad inversionista** (combination fund, open-end trust, management trust), **sociedad judicializada** (society/state under the rule of law, society with an independent judiciary), **sociedad limitada** (limited company, company limited by shares; S. *sociedad de responsabilidad limitada*), **sociedad matriz o principal** (parent company), **sociedad mediadora del mercado de dinero, SMMD** (discount house, money market house), **sociedad mercantil** (company, corporation, firm, trading corporation; S. *empresa*), **sociedad mercantil cuyo domicilio social, a efectos fiscales, está en el extranjero** (dormant company), **sociedad mercantil dominante/dominada** (controlling/controlled company), **sociedad participada** (investee company), **sociedad regular colectiva** (general partnership), **sociedad tenedora** (holding company), **sociedad mutualista de inversiones** (mutual investment company), **sociedad no inscrita en registro oficial** (unincorporated association), **sociedad particular** (private company/corporation; S. *corporación privada, entidad de derecho privado, empresa privada*), **sociedad privada de beneficencia** (eleemosynary corporation), **sociedad secular** (lay corporation), **sociedad sin acciones** (non-stock corporation)]. *Cf* cooperativa, asociación, comunidad de intereses; transformación de una mercantil.

socio *n*: partner, member, associate; participator. [Exp: **socio aparente** (ostensible partner), **socio capitalista** (capitalist partner, silent/sleeping partner), **socio colectivo** (general partner), **socio comanditado** (active partner), **socio comanditario/inactivo** (dormant/sleeping/silent partner; contributory; limited liability partner), **socio fundador** (founding partner, founder-member), **socio gerente o administrador o gestor** (managing partner),

socio industrial (industrial partner), **socio nominal** (nominal partner), **socio vitalicio** (life member), **socio principal** (senior partner), **socio secreto** (secret partner)]. *Cf* miembro, vocal, afiliado, integrante.

socorrer *v*: aid, assist, help. [Exp: **socorro** (aid, assistance, relief)]. *Cf* ayudar, auxiliar, prestar apoyo.

sodomía *n*: sodomy, buggery. [Exp: **sodomizar** (bugger)]. *Cf* bestialidad.

solar *n*: plot, building site, land lot (*Amer*); family/country seat, ancestral home. [Exp: **solariego** (ancestral; family memorial; noble)]. *Cf* terreno, parcela de terreno.

soldado *n*: soldier, private. [Exp: **soldado de reemplazo** (conscript)].

solicitación *n*: canvassing of votes, customers, etc. *Cf* localización de votos, disputa de clientes, etc.

solicitar *v*: seek, solicit; apply for, make an application; canvass (for), urge. [Exp: **solicitante** (applicant, petitioner, requester; S. *demandante, peticionario, recurrente, suplicante*)]. *Cf* pedir, formular, exigir, instar, recabar, requerir.

solicitud *n*: application, petition, submission; concern; solicitude. [Exp: **a solicitud escrita de** (on/upon application of), **solicitud de arreglo, acuerdo o pacto** (petition for arrangement), **solicitud de declaración de no ha lugar** (motion to dismiss), **solicitud de declaración de quiebra** (petition in bankruptcy), **solicitud de prevención de litigios múltiples** (bill of peace), **solicitud de reparación o desagravio** (call for redress), **solicitud de revisión judicial** (bill of review), **solicitud de una orden judicial para impedir un daño futuro** (application for an injunction quia timet)]. *Cf* petición, instancia.

solidario *a*: solidary, jointly and several, in solidum. [Exp: **solidariamente, in sólidum** (in solidum, joint and severally)].

solución *n*: solution, remedy; settlement. [Exp: **solución de recambio** (alternative), **solución jurídica** (remedy; S. *remedio, recurso*), **solucionar** (settle, solve, arrange; S. *arreglar, resolver*)]. *Cf* transacción, composición, conciliación, convenio, arreglo; en vías de solución.

solvencia *n*: solvency, credit-standing/worthiness. [Exp: **solvencia crediticia** (credit standing), **solvente** (reliable, responsible; solvent; S. *autorizado, responsable, fiable*)]. *Cf* reputación financiera o crediticia, persona de toda solvencia.

sombra *n*: shadow. [Exp: **sin sombra de duda** (beyond the shadow of a doubt), **sombra de sospecha/de mala reputación** (taint of suspicion; S. *badge*)].

someter *v*: refer, subject, submit. [Exp **someter a alguien a juicio** (bring up for trial; S. *sentar a alguien en el banquillo*), **someter a aprobación** (refer, table; submit to the approval of; S. *poner sobre el tapete*), **someter a debate o discusión** (canvass, moot; S. *proponer a debate*), **someter a la prueba de alcoholemia** (breathalise), **someter a votación** (put to a vote, put a motion to the vote), **someter al tribunal** (lodge with the court), **someterse a** (abide by; S. *observar, acatar, respetar*), **someterse a juicio** (stand trial), **someterse a lo pactado o dispuesto** (comply with/yield/acquiesce to the terms of the agreement; S. *atenerse a*), **sometido a** (subject to), **sometimiento** (submission, acquiescence; S. *aquiescencia, consentimiento, conformidad, sumisión*)]. *Cf* remitir, referir.

son de mar, a *phr* seaworthy. *Cf* apto para navegar.

sondear *v*: probe, poll; take soundings, sound out. [Exp: **sondear la intención de voto** (conduct an opinion poll), **sondeo** (poll, polling), **sondeo de opinión** (opinion poll)]. *Cf* realizar una encuesta.

sopesar *v*: weigh, weigh up. *Cf* ponderar, valorar, pesar.

soplar *v*: split, grass, squeal (*slang*). [Exp: **soplo** (tip-off), **soplón** (snitch, grass, squealer; S. *chivato policial*)]. *Cf* chivarse, denunciar, cantar; dar el soplo.

soportar *v:* bear, stand, sustain. [Exp: **soportar una prueba** (pass a test), **soporte legal** (legal foundations/support)].

sospecha *n*: suspicion, sus (*col*); surmise. [Exp

sospecha fundada (well-founded/well grounded suspicion; absolute presumption; S. *presunción absoluta, indicio claro*), **sospecha fundada de fraude** (badge of fraud)]. *Cf* presunción, simple conjetura.

sospechar *v*: suspect, entertain suspicions, surmise. [Exp: **sospechoso** (suspicious; suspect)]. *Cf* suponer, conjeturar.

sostener *v*: assert, allege, contend, maintain, sustain, support, back/back up, uphold. [Exp: **sostenible** (arguable; S. *defendible, afirmable*), **sostener una postura/versión** (adhere to a point; stick to one's story)]. *Cf* probar con argumentos, argumentar, debatir, defender.

sub-inquilino *n*: sub-tenant.

subalterno *a/n*: subordinate, auxiliary, secondary; minor official, junior member of staff. *Cf* subordinado.

subarrendar *v*: sublet. [Exp: **subarrendado** (undertenant), **subarriendo** (sub-lease)].

subasta *n*: public auction. [Exp: **subasta a la baja** (Dutch auction), **subastador** (auctioneer), **subastar** (auction, put up something for auction; take bids; S. *licitar, rematar*), **subastero** (auctioneer)].

subdesarrollado *n*: underdeveloped.

súbdito *n*: subject, national. *Cf* ciudadano, nacional.

sublevarse *v*: rebel, rise.

subordinado *a/n*: subordinate, ancillary, servient, secondary. *Cf* dependiente, auxiliar.

subproducto *n*: byproduct. *Cf* producto secundario; derivados.

subrepticio *a* surreptitious. *Cf* clandestino.

subrogación *n*: subrogation. [Exp: **subrogar** (subrogate)].

subsecretario *n*: undersecretary. [Exp: **subsecretario de Estado** (under secretary of state)].

subsidiario *a:* subsidiary, accessory, collateral, vicarious, ancillary, appurtenant. [Exp: **subsidiariamente** (collaterally; S. *colateralmente*)]. *Cf* auxiliar, colateral, secundario.

subsidio *n*: allowance, aid, subsidy. [Exp: **subsidio de invalidez** (sickness benefit/pay), **subsidio de viudedad** (widow's benefit),

subsidio familiar por hijos (child/family allowance), **subsidio de desempleo/paro** (unemployment benefit; social security allowance; dole, *col*), **subsidio de invalidez** (handicapped person's allowance; accident benefit), **subsidio para gastos de entierro** (death grant), **subsidio para igualar el salario al mínimo establecido** (income support, supplementary benefit)]. *Cf* ayuda, auxilio.

subsiguiente *a*: subsequent. *Cf* posterior.

subsistencia *n*: subsistence.

substraer, substracción, etc. *v/n*: S. *sustraer, sustracción,* etc.

subtítulo *n*: subtitle, subheading. *Cf* epígrafe.

suburbio *n*: slum.

subvención *n*: grant, subsidy, grant-in-aid. [Exp: **subvención a fondo perdido** (non-recoverable grant), **subvencionar** (subsidize)]. *Cf* subsidio, prima.

subversión *n*: subversion. [Exp: **subversivo** (subversive), **subvertir** (subvert)].

subyacer *v*: underlie. [Exp: **subyacente** (subyacente, hidden)]. *Cf* estar en el fondo.

suceder *v*: occur, happen; follow; succeed; inherit. *Cf* ocurrir.

sucesión *n*: descent; succession; estate of a deceased person. [Exp: **en lo sucesivo** (henceforth, thenceforth), from now/then on), **sucesión hereditaria** (hereditary succession), **sucesión natural** (natural succession), **sucesión testamentaria** (testamentary succession), **sucesivo** (successive, consecutive; following)]. *Cf* transmisión hereditaria, herencia, descendencia.

suceso *n*: event, occurrence. [Exp: **suceso fortuito** (chance, event, accident, unforeseen occurrence)]. *Cf* evento; incidente, acontecimiento.

sucesor *n*: beneficiary under a will, heir, assignee, assign; successor. *Cf* apoderado, cesionario.

sucursal *n*: branch, branch office; dependency. *Cf* dependencia, pertenencia.

suelo *n*: land. [Exp: **suelo urbanizable** (land which may be developed), **suelo urbano** (urban land)].

suerte *n*: luck, chance, fate, fortune, destiny.

[Exp: **la suerte quiso que** (as luck would have it)]. *Cf* echar a suertes, caer a alguien en suerte.

sufragar *v*: defray; aid. [Exp: **sufragar los gastos** (cover expenditure, defray/meet the costs; S. *no escatimar gasto*)]. *Cf* hacer frente a, pagar.

sufragio *n*: vote, suffrage. *Cf* votación, voto.

sufrir *v*: suffer, bear, stand, sustain, undergo. [Exp **sufrimiento mental** (distress; S. *daños psicológicos*), **sufrir una pérdida/daño** (sustain a loss/a wrong, damage/injury)]. *Cf* soportar, llevar, cargar.

sugerir *v*: suggest, hint; put forward. *Cf* exponer, presentar, plantear.

suicida *n*: suicide. [Exp: **suicidarse** (commit suicide), **suicidio** (suicide act)].

sujeción *n*: subjection, restraint; seizure. [Exp: **con sujeción a** (subject to, as provided by)]. *Cf* limitación, represión, restricción.

sujeto *a/n*: subject; person, individual. [Exp: **sujeto a** (subject to, liable; S. *sometido a, a reserva de, sin perjuicio de, previa condición de, dentro de*), **sujeto a contrato** (subject to contract; S. *previo contrato*), **sujeto a contribución** (assessable; S. *imponible, gravable*), **sujeto a exacción** (excisable), **sujeto a la jurisdicción** (amenable to the jurisdiction), **sujeto a/pendiente de aprobación** (on/subject to approval), **sujeto a impuesto** (liable to tax), **sujeto activo de una obligación** (obligee, person to whom a bond, promise, etc. is made; S. *tenedor de una obligación, obligante*), **sujeto de derecho** (individual subject of the law), **sujeto pasivo** (obligor; person who gives a bond, promise, etc. to another; taxpayer; S. *contribuyente*), **sujetos de la acción** (parties to the suit; S. *litigantes*)].

suma *n*: sum. [Exp: **en suma** (in a word, in short), **suma total** (total amount, sum total), **suma y sigue** (carried forward), **sumar** (sum)]. *Cf* suma, recapitulación.

sumario *a*: summary; concise, short, brief.

sumario *n*: record of process and inquiries conducted by the examining magistrate in a criminal case; *approx* committal proceedings, precognition (*Scot*), record, face of record, file; case. [Exp: **sumario del expediente de apelación** (index on appeal), **sumario del fallo de un tribunal** (abstract of judgment)]. *Cf* instrucción de una causa criminal; secreto del sumario.

suministrar *v*: supply, provide, purvey. [Exp: **suministros** (supplies, goods; S. *aprovisionamiento, pertrechos*)]. *Cf* abastecer, proveer, facilitar.

sumisión *n*: submission, submissiveness, acquiescence. [Exp: **sumiso** (submissive, obedient, docile, unresisting)]. *Cf* sometimiento, aquiescencia, consentimiento, conformidad.

superar *v*: exceed, surpass, overcome, surmount; get past/through, be over. *Cf* exceder, sobrepasar.

superávit *n*: surplus. [Exp: **superávit de exportación, de la balanza comercial, etc**. (export/trade, etc. surplus), **superávit disponible** (uncommitted surplus), **superávit no repartido** (undivided/undistributed surplus). *Cf* excedente, sobrante.

superior *a/n*: superior, paramount, high; senior. *Cf* alto, elevado; de mayor rango.

suplantar *v*: supplant; impersonate. [Exp: **suplantación de la personalidad con fines ilícitos** (impersonation; deception)].

suplementario *n*: supplementary. *Cf* secundario.

suplemento *n*: addendum, allonge, supplement; endorsement; additional charge, excess charge, surcharge. *Cf* adición, apéndice, anexo, hoja adjunta.

suplente *a/n*: deputy, substitute, stand-in; acting, alternative, associate, substitute, supply. [Exp: **suplir** (supply, make good/up for; substitute, replace, take the place of), **suplir a uno en un cargo** (deputise for somebody, stand in for somebody, perform a task, etc. in somebody's place, perform somebody's office, etc.; S. *hacer las veces de*)]. *Cf* interino, provisional, de servicio, en funciones, en ejercicio.

súplica *n*: petition, appeal, application, prayer, crave (*Scot*). [Exp: **a súplica de** (on/upon the application of), **de súplica** (precatory; S. *rogatorio*)]. *Cf* recurso de súplica; petición, solicitud, instancia.

suplicante *n*: petitioner. *Cf* solicitante, demandante, peticionario, recurrente.

suplicar *v*: petition, pray, beseech (*formal*), crave (*Scot*). *Cf* rogar, pedir, instar.

suplicatoria *n*: rogatory letters. *Cf* exhorto, carta rogatoria.

suplicatorio *n*: letter supplicatory; petition directed from a lower to a higher court; formal procedure whereby The Supreme Court of Justice petitions Parliament to set aside privilege, thus enabling it to prosecute an MP. *Cf* comunicaciones procesales.

suponer *v*: suppose; presuppose, involve; presume. [Exp: **suposición** (surmise), **suposición temeraria o infundada** (rash presumption; S. *sospecha*)].

supraprotesto *n*: supra protest. *Cf* intervención bajo protesto.

supremo *a*: supreme, paramount. [Exp: **el Supremo** (The Supreme Court)].

supresión *n*: suppression, abolition, withdrawal, removal, elimination. [Exp: **supresión de la jurisdicción de un tribunal en una causa concreta** (ouster of jurisdiction), **supresión de un daño o perjuicio** (abatement of a nuisance), **supresión de un impuesto** (abolition of a tax), **supresión de ventajas o beneficios** (withdrawal of benefits)]. *Cf* derogación, anulación, abolición.

suprimir *v*: suppress; abolish, abate, strike out/off, do away with, remove, eliminate. [Exp: **suprimible** (abatable), **suprimido** (extinct; banned), **suprimir controles** (remove controls)]. *Cf* derogar, anular, abolir, revocar.

supuesto *a*: assumed; ostensible, supposed. [Exp: **supuesta infracción** (suspected infringement)]. *Cf* fingido.

supuesto *n*: supposition; assumption; hypothetical case; circumstance, case; contingency. [Exp: **supuestos de inaplicabilidad de una disposición legislativa** (cases/circumstances in which a rule/law is inapplicable or does not apply)].

surgir *v*: arise, crop up/come up; accrue. [Exp: **surgimiento** (accruing, accrual; S. *nacimiento*)].

surrogación *n*: subrogation.

surtir *v*: supply, furnish; produce. [Exp: **surtir efecto** (take effect, have the desired effect; work), **y para que conste y surta efectos donde convenga/los efectos oportunos** (formula used at the end of certificates, etc. roughly equivalent to the English formula "to whom it may concern" at the beginning)]. *Cf* entrar en vigor, producir efectos.

suscitar *v*: raise, stir up; cause, give rise to, arouse. [Exp: **suscitar dificultades** (raise difficulties), **suscitar una presunción** (raise a presumption)].

suscribir *v*: sign, subscribe, endorse, support, underwrite. [Exp: **suscribir un empréstito, capital, acciones**, etc. (subscribe a loan, capital, shares, etc.), **suscribir un tratado** (conclude a treaty), **suscripción** (subscription; S. *abono*), **suscriptor** (subscriber, allottee, underwriter; S. *abonado*), **quien esto suscribe** (the undersigned)]. *Cf* firmar, respaldar, aprobar, sancionar, ratificar, endosar, apoyar.

suscrito *a/n*: undersigned. *Cf* abajo firmante, infrascrito.

susodicho *a/n*: above/before-mentioned, aforesaid, aforementioned.

suspender *v*: suspend, adjourn; discontinue, defer; waive; cancel, sine die. [Exp: **suspender en el empleo o cargo** (suspend from practice), **suspender la ejecución de una sentencia** (reprieve), **suspender la sesión** (adjourn the session), **suspender los negocios** (suspend business), **suspender pagos** (go into temporary receivership, call in the receiver; suspend payments), **suspender temporalmente las sesiones del parlamento** (prorogue Parliament; S. *aplazar las sesiones, clausurar por vacaciones*), **suspender una reunión/una vista,** etc (adjourn/cancel a meeting, a hearing, etc.)]. *Cf* anular, interrumpir.

suspensión *n*: suspension; cancellation; abeyance, adjournment; recess; stay. [Exp: **suspendido del ejercicio de la abogacía** (suspended from practice), **suspensión de una sesión, vista, junta,** etc. (adjournment of a sitting, a hearing, a meeting, etc.; S. *aplazamiento*), **suspensión de la ejecución de una sentencia** (reprieve; stay of execution), **suspensión de la instancia** (stay of proceedings), **suspensión de la jurisdicción** (ouster of jurisdiction; S. *anulación de la jurisdicción de un tribunal en una causa concreta*), **suspensión de pagos** (suspension of payments, temporary receivership), **suspensión o clausura temporal del parlamento** (prorogation of Parliament)]. *Cf* inacción transitoria.

suspensivo *a*: suspensory.

sustancial *a*: substantial, considerable. [Exp: **sustancia** (substance, matter), **sin sustancia** (lacking in substance, shallow)]. *Cf* apreciable, considerable, importante.

sustentar *v*: maintain, sustain, advocate, support, uphold. [Exp: **sustento** (maintenance; S. *alimentación, conservación*)]. *Cf* mantener, conservar, confirmar.

sustitución *n*: replacement, substitution, surrogacy, novation. [Exp: **en sustitución de** (by proxy)]. *Cf* renovación, reemplazo; novación.

sustituir *v*: substitute, replace. [Exp: **sustituir a otro** (deputize)].

sustituto *a*: substitute, alternative; replacement, reserve, deputy; locum tenens, depute (*Scot*). *Cf* suplente, subsidiario, vicario.

sustracción *n*: theft, robbery, abstraction. [Exp: **sustracción de menores** (kidnapping; abduction), **sustraer** (subtract, deduct; purloin, steal, take away; abstract; S. *deducir; hurtar*), **sustraer dinero** (steal, embezzle; S. *desfalcar*), **sustraerse a** (evade, avoid; withdraw from, get out of; dodge, duck; S. *eludir, evadir, evitar, esquivar, soslayar*), **sustraerse a la acción de la justicia** (abscond; fail to surrender to custody; S. *alzarse, fugarse*), **sustraerse a las normas** (evade rules)]. *Cf* rapto, ratería, hurto, robo.

sutil *a*: subtle, fine, nice, overnice. [Exp: **sutileza** (subtlety; overcleverness, equivocation), **sutilizar** (cavil, split hairs, indulge in legal quibbles)]. *Cf* exponer argumentos capciosos.

T

tabla *n*: table. [Exp: **tabla de retenciones** (table of withholdings), **tablón de anuncios** (bulletin board, notice board)].

tácito *a*: tacit; constructive; implied, implicit; by operation of the law. [Exp: **tácita reconducción** (automatic extension of a lease by operation of the law)]. *Cf* implícito, sobreentendido.

tacha *n*: reproach, blemish; flaw, defect; challenge, objection, impeachment, disqualification; aspersion, reflection. [Exp: **sin tacha** (clean), **tacha al jurado** (challenge), **tacha a todo el jurado** (challenge to the whole array/panel, challenge propter affectum), **tacha con causa o justificación** (challenge for cause), **tacha por parcialidad** (challenge for favour, challenge propter affectum), **tacha sin causa o justificación** (peremptory challenge; S. *recusación sin causa*), **tachadura** (erasure, obliteration; S. *cancelación, extinción*), **tachar** (delete, strike out; challenge, object to; S. *borrar*), **tachable** (erasable, challengeable), **tachar a alguien de** (accuse somebody of being), **tachar a un jurado, un juez,** etc. (object to/challenge a juror, a judge, etc.; S. *recusar a, poner excepción a*), **tachar de ilegalidad** (question the lawfulness of), **tachar de la lista oficial de abogados** (strike a solicitor off the Rolls; S. *dar de baja*), **tachón** (erasure, crossing out)]. *Cf* reproche, culpa, deshonra.

tajante *a*: emphatic, sharp, definite. [Exp: **tajantemente prohibido** (absolutely forbidden)].

tal *a/pron*: such. [Exp: **con tal de que** (provided that, so long as, on condition that; S. *a condición de que, siempre que*), **tal cual** (exactly, just as; in exactly the same way, condition, etc.; just as it is/was; as is, *Amer, col*)].

talón *n*: cheque. [Exp: **talón conformado** (certified cheque; banker's draft), **talón de ventanilla** (window cheque, cashier's cheque), **talón registrado** (certified cheque), **talonario de cheques** (cheque-book)]. *Cf* recibo, resguardo.

taller *n*: workshop, works; shop, *col*. [Exp: **taller de economía sumergida** (sweat shop, *col*)]. *Cf* fábrica.

tantear *v*: reckon, calculate; size/weigh up; test; work out approximately; approach; probe, put out feelers, explore. [Exp: **tanteo o fadiga** (right of first refusal at the original selling price, pre-emption; S. *retracto, derecho de tanteo*)]. *Cf* explorar, sondear.

tanto *n*: so much. [Exp: **en tanto fuere necesario** (where/when necessary, as far as is necessary; S. *en caso necesario*), **es tanto como si** (this is tantamount to, as good as; S. *equivalente a*), **tanto alzado** (lump sum; S. *precio global*), **tanto como se ha merecido** (quantum meruit), **tanto como valía** (quantum valebat; S. *por su valor*), **tanto por ciento** (rate per cent, so much per cent; percentage)].

tapadera *n*: front, cover, blind, bogus/phoney business. *Cf* persona interpuesta.

taquígrafo de los tribunales *n*: court stenographer, reporter.

tara *n*: defect; tare.

tardar *v*: be long, delay, be slow/late. [Exp: **a más tardar** (at the latest)].

tarifa *n*: rate, tariff; fare. [Exp: **tarifa de carga** (freight/cargo rate), **tarifa de escala móvil** (sliding scale tariff), **tarifa de la renta** (tax rates), **tarifa de transporte de viajeros** (fare), **tarifa de transporte** (freight rate), **tarifa impositiva** (tax rate, tax rate schedule)]. *Cf* flete, precio, tasa.

tarjeta de crédito *n*: credit card.

tasa *n*: rate, fee; toll; duty, excise duty; appreciation, rating. [Exp: **tasa de amortización** (amortization quota), **tasa de cambio** (rate of exchange), **tasa de desempleo** (unemployment rate), **tasa de emisión** (rate of issue), **tasa de fecundidad matrimonial** (marriage fertility rate), **tasa de interés** (rate of interest; S. *rédito*), **tasa de rendimiento o productividad** (rate of return, output rate, productive rate, yield rate), **tasas** (rates, taxes; administrative charges, dues, fees, etc.)]. *Cf* índice; tarifa, derecho.

tasación *n*: adjustment, appraisal, appraisement, rating, assessment, taxation, taxing, valuation. [Exp: **tasación de avería** (adjustment of average; S. *liquidación de avería*), **tasación de costas** (assessment/taxation of costs), **tasación para mejoras** (special assessment), **tasación pericial** (expert appraisal)]. *Cf* valoración, estimación.

tasador *n*: adjuster, adjustor, appraiser, assessor, valuer, valuator. [Exp: **tasador de averías** (average adjuster, taker of averages; S. *liquidador*), **tasador de los siniestros** (loss adjustor), **tasador de reclamaciones** (claim adjuster)]. *Cf* ajustador, componedor, asesor, justipreciador, perito, valuador, amillarador.

tasar *v*: appraise, assess, evaluate, estimate, fix, rate, adjust. [Exp: **tasable** (appraisable, rateable; S. *valuable, evaluable*), **tasar el daño** (estimate the damage), **tasar en menos de/por debajo de su valor real** (undervalue; S. *subestimar, infravalorar*), **tasar en ex-**ceso/por encima de su valor real (overvalue; S. *valuar en exceso*)]. *Cf* computar, calcular, determinar, evaluar.

taxativo *a*: strict, specific; peremptory.

tecnicismo *n*: technicality, formality. *Cf* formalidad.

técnico *a/n*: technical; technician, assessor; expert. [Exp: **técnico contable** (expert accountant; S. *contador, perito mercantil*)].

tela de juicio, en *phr*: dubious, challenged, disputed. [Exp: **poner en tela de juicio** (cast doubt on, question; examine minutely)].

temerario *a*: reckless, rash; ill-advised, heedless, foolish, foolhardy, hasty. [Exp: **con temeridad y mala fe** (recklessly and unscrupulously, without care or scruple, with reckless disregard for the rights of others) **temerariamente** (recklessly, rashly), **temeridad** (recklessness)]. *Cf* imprudente.

temporal *a*: temporary, makeshift. *Cf* provisional, eventual, interino.

tendencia *n*: trend, tendency. [Exp: **tendencia a la baja o bajista** (downward trend, bearish tendency, downturn), **tendencia alcista** (upward trend, rising tendency, bullish trend), **tender una emboscada** (ambush)]. *Cf* atacar por sorpresa, emboscada; moda.

tenedor *n*: holder; beneficiary. [Exp: **tenedor de acciones** (shareholder, stockholder, fundholder; S. *rentista*), **tenedor de bienes** (property holder), **tenedor de gravámenes** (encumbrancer; S. *acreedor hipotecario*), **tenedor de interés limitado** (qualified owner), **tenedor de licencia o de patente** (permit-holder), **tenedor de obligaciones** (debenture holder; S. *acreedor, obligacionista*), **tenedor de pagarés u obligaciones** (note-holder), **tenedor de una letra** (payee of a bill; S. *beneficiario, tomador*), **tenedor de una obligación** (obligee; S. *obligante*), **tenedor de una prenda** (pledgee; S. *depositario*), **tenedor de una promesa** (promisee), **tenedor del derecho en expectativa** (remainderman; S. *nudo propietario*), **tenedor inscrito** (holder of record, registered holder), **tenedor legal** (lawful beneficiary/owner), **tenedor legítimo**

o de buena fe (rightful owner; holder in dure course), **tenedor o portador por endoso** (endorsee; S. *endosatario*)]. *Cf* poseedor, titular, portador.

teneduría de libros *n*: bookkeeping. [Exp: **teneduría de libros por partida doble/simple** (double-/simple- entry bookkeeping)].

tenencia *n*: possession, tenancy, occupancy, tenure, holding. [Exp: **tenencia en común** (tenancy in common; S. *condominio, copropiedad*), **tenencia ilícita de armas** (unlawful possession of weapons), **tenencia sin plazo** (general tenancy), **tenencia vitalicia** (tenancy for life, life tenancy), **tenencias** (holdings; S. *valores en cartera*)]. *Cf* pertenencia, posesión, disfrute; inquilinato.

tener *v*: have, own, hold, possess. [Exp: **tener a alguien a su merced** (have a hold over somebody, have somebody at one's mercy/over a barrel, *col*), **tener a propio** (own), **tener a raya** (hold at bay, keep in check, keep off), **tener buena demanda** (be at a premium; S. *ser muy solicitado*), **tener conocimiento de** (know, be privy to), **tener conocimiento de oficio** (take judicial notice of), **tener como pantalla** (operate under cover of), **tener competencia en** (be responsible for), **tener derecho** (have a right, be entitled to, qualify for; S. *cumplir los requisitos*), **tener derecho a reclamar** (have a right to claim), **tener derecho de prioridad** (have first refusal right of pre-emption), **tener efecto** (take effect; S. *producir/surtir efecto*), **tener el poder** (be in office), **tener en almacén o existencias** (carry in stock), **tener en cuenta** (make allowances for, discount, take into account), **tener en dominio pleno** (hold a legal estate in full ownership in, have full ownership of, demesne), **tener en expectativa** (hold in abeyance), **tener fuerza ejecutiva** (be enforceable), **tener la palabra** (hold/have the floor), **tener la sede en** (be based in), **tener lugar** (take place), **tener por directo** (cause; S. *causar*), **tener prioridad** (have priority over; S. *predominar*), **tener validez legal** (run, be enforceable; S. *estar vigente, ser de aplicación*), **tener varios nombres supuestos** (go under several aliases), **tener vigencia** (be in effect), **tener y poseer** (have and hold), **teniendo en cuenta lo anterior** (accordingly, bearing this in mind, on this basis; S. *y a ese respecto, consecuentemente*)]. *Cf* poseer, gozar, disfrutar.

teniente *n*: deputy. [Exp: **teniente de alcalde** (deputy mayor, alderman), **teniente fiscal** (deputy prosecutor/district attorney, assistant district attorney, advocate-depute, *Scot*)].

tenor *n*: sense, meaning, tenor, purport. [Exp: **a tenor de lo dispuesto** (under, pursuant to, in pursuance of; S. *en virtud de, de conformidad con, al amparo de, según, de acuerdo con, en aplicación de*)].

tentativa *n*: attempt to commit a crime. [Exp: **tentativa de corrupción** (solicitation, soliciting; S. *incitación*), **tentativa de homicidio** (homicide attempt, attempted homicide), **tentativa de influir en un miembro del jurado** (embracery; attempting to bribe, intimidate or otherwise influence a member of the jury; S. *cohecho, soborno*)].

terapia ocupacional o de rehabilitación laboral *n*: occupational therapy.

tercer grado penitenciario *n*: prison rules that allow certain benefits, e.g. weekend leaves to inmates of good conduct.

tercera persona *n*: third-party. *Cf* tercero.

tercería¹ *n*: mediation, arbitration, umpirage. [Exp: **tercero** (mediator, umpire; S. *avenidor, mediador*)]. *Cf* laudo de árbitro, mediación, juicio arbitral.

tercería² *n*: right of a third party; third party proceedings. [Exp: **tercería coadyuvante** (proceedings in which a third party is called in to support one or other of the contending parties), **tercería de dominio** (third party claim to ownership), **tercería de mejor derecho** (third-party intervention with a paramount right), **tercero(s)** (third party), **tercero demandado** (third-party defendant), **tercero en discordia** (umpire, oversman, *Scot*)].

tercio *n*: third. [Exp: **tercio de libre disposición** (portion of an estate disposable at will; S. *legítima*), **tercio de mejora** ("third for betterment", apportionable at will to any or all of the lawful heirs; S. *legítima*).

terco *a*: stubborn, obstinate; defiant, contumacious. *Cf* discutidor, combativo.

tergiversación *n*: equivocation, misstatement; prevarication. [Exp: **tergiversar** (prevaricate, distort the sense of words; misrepresent)]. *Cf* error, información falsa o equivocada.

terminación *n*: termination. [Exp: **terminación de oficio de un procedimiento judicial** (abatement of proceedings, a suit/an action), **terminación del período de sesiones** (rising of the court)]. *Cf* suspensión, extinción, expiración, fin.

terminar *v*: conclude, terminate, cease; determine. *Cf* concluir, acabar, finalizar, poner fin/término, extinguir.

término[1] *n*: deadline, expiration; term. [Exp: **término de una asociación mercantil** (expiration of a partnership), **término medio** (average, middle way, golden mean; S. *promedio*), **término perentorio** (deadline, time limit), **término probatorio** (time allowed for producing evidence), **término resolutorio** (time the expiration of which discharges an obligation), **término supletorio de prueba** (extension of time to introduce evidence), **término suspensivo** (waiting period), **términos judiciales** (time allowed for the preparation of the various stages of proceedings; deadline fixed by the judge)]. *Cf* vencimiento, expiración, caducidad.

término[2] *n*: clause, term, word, article; condition, provision. [Exp: **en términos inequívocos** (in express terms, roundly, in good set terms, in the plainest language, in unmistakable terms), **términos análogos** (words to like effect), **términos esenciales** (the words required by law), **términos generales** (general terms), **términos jurídicos de uso establecido y de alcance conocido** (terms of art, technical terms, familiar legal turns of phrases, habitual legal terminology), **términos o condiciones contractuales** (contractual provisions), **términos técnicos** (words of art)].

término[3] *n*: boundary, district boundary; limit of

jurisdiction. [Exp: **término municipal** (municipality, municipal district)]. *Cf* mojón; circunscripción.

terminología *n*: terminology. [Exp: **terminología especializada de cualquier disciplina** (terms of art)].

terna *n*: short-list of three candidates for a post.

terquedad *n*: obstinacy, stubbornness; defiance, contumacy. *Cf* contumacia, desafío.

terratenencia *n*: land tenure/holding. [Exp: **terrateniente** (landed proprietor, landlord, landowner), **terrateniente absentista o in absentia** (absentee landlord)]. *Cf* arrendador, casero, dueño de una finca.

terreno *n*: ground, land, lot (*Amer*). [Exp: **terreno ganado por receso de las aguas** (reliction), **terrenos edificables o urbanizables** (development land)]. *Cf* propiedad, solar.

territorio *n*: territory. [Exp: **territorio bajo fideicomiso o tutela** (trust territory), **territorios dependientes** (dependent territories)].

terrorismo *n*: terrorism. [Exp: **terrorista** (terrorist)].

tesis *n*: theory, thesis; theory of the case.

tesoro *n*: treasure. [Exp: **tesorería** (treasury; cash and bank; S. *disponible, activo disponible*), **tesorero** (treasurer), **tesoro público** (public treasurer)].

testador/a *n*: testator, testatrix, legator. [Exp: **testador de bienes raíces** (devisor)].

testaferro *n*: man of straw, straw man, mere figurehead, front man; dummy. *Cf* persona interpuesta.

testamentaría *n*: testamentary execution; probate proceedings, execution of a will; administration of an estate. [Exp: **testamentario** (testamentary; executor), **testamentario público de una sucesión** (public administrator/executor)].

testamento *n*: will, testament, will and testament, testamentary instrument, bequethal/bequeathment. [Exp: **testamento abierto o nuncupativo** (nuncupative will), **testamento cerrado** (sealed will), **testamento inoficioso** (inoperative will depriving forced heirs of their legal portions; S. *legítima*), **testamento**

mancomunado (joint will), **testamento mutuo** (mutual or reciprocal will), **testamento ológrafo** (holographic will), **testamento privilegiado** (privileged will), **testar** (make a will), **testar oralmente** (nuncupate)].

testificar *v*: testify, depose, declare, give evidence, take the stand; attest, testify to. [Exp: **testificador** (testifier), **testificante** (attesting, witnessing)]. *Cf* atestiguar, atestar.

testigo *n*: witness. [Exp: **ser testigo de** (witness, be/act as witness; S. *testimoniar*), **testigo abonado** (witness not physically present in the courtroom through absence or death but whose declaration or sworn statement is admitted as evidence as being made in good faith and the course of duty), **testigo adverso, desfavorable u hostil** (hostile witness), **testigo auricular o de oídas** (earwitness), **testigo certificador** (attestor; S. *testigo instrumental*), **testigo competente o capacitado** (competent witness, compellable witness), **testigo de cargo** (witness for the prosecution; witness for the Crown), **testigo de conducta y carácter** (character witness), **testigo de descargo o de la defensa** (witness for the defence, witness for the prisoner), **testigo de la parte actora** (witness for the plaintiff), **testigo desfavorable** (hostile witness), **testigo digno de crédito** (credible witness), **testigo exento o privilegiado** (privileged witness), **testigo favorable** (friendly witness), **testigo inhábil** (person not competent to be a witness), **testigo instrumental o certificador** (attesting witness), **testigo pericial** (expert witness), **testigo presencial u ocular** (attesting witness, eyewitness), **testigo testamentario** (witness to a will)].

testimonial *a/n*: testimonial. *Cf* certificado, carta de recomendación, homenaje.

testimoniar *v*: evidence, evince. *Cf* ser testigo de, patentizar.

testimonio *n*: testimony, evidence, deposition, attestation; affidavit. [Exp: **testimonio contradictorio** (conflicting evidence), **testimonio de reputación** (character evidence), **testimonio de delación de los cómplices** (King's/Queen's evidence, State's evidence; approvement, appeal), **testimonio fraudulento** (false evidence, perjury), **testimonio notarial** (notarial act/certificate; S. *acta notarial*), **testimonio oral** (oral/parol evidence), **testimonio pericial** (expert testimony), **testimonio pericial médico** (medical evidence), **testimonio por referencia, por rumor o de oídas** (hearsay evidence)]. *Cf* juramento, atestiguación, declaración, deposición.

texto *n*: text. [Exp: **texto de un tratado** (terms/text of the treaty), **texto íntegro** (transcript), **texto refundido** (consolidation, codifying legislation)].

tiempo *n*: time. [Exp: **a tiempo completo** (full-time), **a tiempo parcial** (part-time), **en tiempo hábil** (at the proper time, duly, within the prescribed time limit), **tiempo de arrendamiento** (duration of tenancy or lease), **tiempo de plancha** (lay-time), **tiempo de posesión** (tenancy)].

tierra *n*: land; shore. [Exp: **tierra solariega** (manorial lands, domain, demesne), **tierras abandonadas** (ownerless property, avulsion, derelict lands), **tierras comunales** (common land), **tierras patrimoniales** (domain)].

timbrar *v*: stamp, seal. [Exp: **timbre** (stamp, stamp duty), **timbre fiscal o de impuesto** (revenue stamp)]. *Cf* sellar.

timo *n*: swindle, confidence trick; rip off (*col*). [Exp: **timador** (swindler; S. *estafador*), **timar** (swindle; con, *slang*; rip off, *col*)]. *Cf* estafa, fraude, robo.

tinglado *n*: fiddle (*col*), set-up (*col*). *Cf* arreglo, apaño.

tipificar *v*: typify, specify; create. [Exp: **tipificar un delito** (create a crime/an offence)]. *Cf* delito tipificado.

tipo *n*: rate, type, kind, class, category; pattern, standard. [Exp: **tipo bancario** (bank rate), **tipo básico** (prime lending rate; S. *tipo preferencial*), **tipo de cambio** (exchange rate, rate of exchange; S. *índice de cotización*), **tipo de cambio real** (real exchange rate), **tipo de cambio vigente** (going rate), **tipo de depreciación** (depreciation rate), **tipo de descuento** (discount rate), **tipo de interés**

(rate of interest; S. *rédito*), **tipo de interés preferencial** (prime rate), **tipo de interés en préstamos** (lending rate; S. *tipo básico*), **tipo de interés legal** (legal rate), **tipo fijo de interés** (fixed rate of interest), **tipo impositivo** (tax rate), **tipo medio** (average rate)]. *Cf* canon, proporción, grado, razón.

tirano *n*: tyrant, despot. [Exp: **tiránico** (tyrannical, despotic, domineering)]. *Cf* déspota, dominante.

tirar *v*: throw; shoot [Exp: **tiro** (shot), **tirón** (snatch, bag-snatch; S. *robar por el procedimiento del tirón*), **tiroteo** (exchange of gunfire/shots), **tirotear** (have a shoot-out, shoot at each other, exchange shots; fire at shoot repeatedly)]. *Cf* disparo.

titular *a/n*: titular; holder, proprietor. [Exp: **titular de acciones privilegiadas** (preference shareholder), **titular de buena fe** (bona fide holder), **titular de un juzgado de instrucción** (magistrate in charge of a district court, judge holding office in. a court), **titular de un cargo** (holder of an office), **titular de un permiso** (permit-holder; S. *autorizado*), **titular de una cuenta** (holder of an account), **titular de una póliza de seguros** (policy-holder; S. *asegurado*), **titularidad** (ownership; S. *propiedad*)]. *Cf* portador, tenedor, poseedor.

título *n*: title, entitlement, right; deed, certificate of title, licence; degree, diploma; heading, caption, rubric; bond; reason. [Exp: **a título consultivo** (in an advisory capacity; S. *en calidad de asesor*), **a título de** (by way of, as being; on the basis of, acting as, in the capacity of; S. *en régimen de*), **a título de donación** (on a grant basis, as a grant), **a título gratuito** (as a gift, gratuitous), **a título oneroso** (S. *título oneroso*), **a título provisional** (on provisional basis), **con los títulos pertinentes** (duly qualified), **título a la orden** (order instrument), **título abreviado/completo de una ley** (short/long title of a law), **título absoluto o de plena propiedad** (full legal ownership), **título académico** (academic degree), **título al portador** (bearer certificate, bearer bond), **título anulable** (defeasible title), **título aparente o con apariencia de validez** (apparent title, colour of title, colourable title), **título de acciones, obligaciones,** etc. (stock/bond, etc. certificate), **título de adquisición** (bill/act of sale), **título de constitución de hipoteca** (trust deed, mortgage deed), **título de crédito** (credit instrument), **título de dominio** (title deed), **título de privilegio** (letters patent), **título de propiedad** (deed, title deed, title to property, certificate of registration of title to a property, paramount title), **título defectuoso, imperfecto, insuficiente o vicioso** (bad/defective title, cloud on title; S. *título limpio*), **título diferido** (deferred bond; S. *bono de cupón cero*), **título dudoso** (paper title, doubtful title), **título ejecutivo** (deed, bill or bond conveying an enforceable right), **título en equidad** (equitable title), **título gratuito** (lucrative title, title acquired gratuitously, gift), **título hipotecario** (mortgage bond), **título legal** (deed; S. *escritura*), **título legítimo** (lawful/valid title), **título limpio, válido, seguro, incontestable o inobjetable** (clear/good title, marketable title; S. *título defectuoso*), **título lucrativo** (S. *título gratuito*), **título no traslativo de dominio** (legal estate for a term of years;leasehold; deed expressing this), **título nominativo** (registered bond), **título oneroso** (title acquired by purchase), **título original** (root of title; S. *escritura matriz o matriz*), **título perfecto** (legal title), **título por prescripción adquisitiva** (title by prescription), **título posesorio de propiedad** (possessory title), **título presunto** (presumptive title), **título real** (royal charter; S. *carta de privilegio, cédula real*), **título sorteado** (drawn bond), **título traslaticio** (deed of conveyance), **título valor** (security, bond), **títulos admitidos a cotización en Bolsa** (listed securities; S. *valores cotizados*), **títulos bancarios** (bank paper), **títulos con vencimiento a plazo fijo** (dated securities), **títulos del Estado** (government bonds/securities; S. *valores del Estado*), **títulos o acciones preferentes o privilegiadas en Bolsa** (preferential shares/

stock)]. *Cf* derecho de dominio; pagaré, cédula, bono, obligación; rótulo, encabezamiento de un auto o documento.

todo *a*: all, every. [Exp: **a todo riesgo** (fully comprehensive; all in, *Amer, col*), **en todo** (in solidum; S. *solidariamente, in sólidum*), **todos y cada uno** (all and sundry)].

toga *n*: gown. [Exp: **togado** (senior judge; judge of military tribunal)].

tolerancia *n*: tolerance; indulgence; permissiveness, sufferance. [Exp: **por tolerancia** (on sufferance), **tolerante** (tolerant, indulgent, permissive; S. *indulgente, permisivo*)]. *Cf* consentimiento.

tolerar *v*: tolerate, allow; connive at. *Cf* autorizar, permitir.

tomar *v*: take. [Exp: **toma de decisiones** (decision-making), **toma de declaración** (taking of statements/evidence), **toma de razón** (notation, recording), **toma de posesión** (entry upon office, swearing-in ceremony), **tomador** (drawee/payee of a bill, a cheque, etc., taker; S. *tenedor o portador de una letra, beneficiario de un cheque*), **tomador de un seguro** (taker), **tomar a préstamo** (borrow), **tomar declaración a** (take evidence from), **tomar en arrendamiento** (take on lease, hire; S. *arrendar*), **tomar en depósito** (take charge of; S. *encargarse de*), **tomar juramento** (administer an oath, swear in), **tomar juramento a un testigo** (swear a witness), **tomar la iniciativa** (take the initiative), **tomar medidas** (take steps), **tomar mercancías en depósito** (take in a cargo), **tomar partido por** (side with, take sides with; S. *abrazar una causa*), **tomar posesión** (take possession/delivery, take up), **tomar posesión de un cargo** (take office), **tomar represalias** (take reprisals, retaliate), **tomarse la justicia por su mano** (take the law into one's own hand, lynch; S. *linchar*)].

tonelada *n*: ton. [Exp: **toneladas de peso muerto** (dead weight tons, DWT, dwt), **toneladas de registro neto** (net register), **tonelaje de registro** (register tonnage)].

torticero *a*: tortious, de son tort. *Cf* dañino, culpable.

toxicomanía *n*: addiction, toxicomania. [Exp: **toxicómano** (drug addict)].

traba *n*: obstacle, obstruction. [Exp: **traba de ejecución** (attachment, distraint), **trabar** (set back, fetter, shackle; unite, join; S. *retrasar*), **trabar ejecución** (distrain)].

trabajar *v*: work. [Exp: **trabajador** (labourer, worker, workman), **trabajador autónomo** (self-employed person), **trabajar de pasante** (serve articles, work as a lawyer's clerk), **trabajo acumulado o atrasado** (backlog of work/orders, etc.), **trabajo administrativo** (clerical work, paper work; S. *burocracia, papeleo*), **trabajo de oficina** (clerical work), **trabajo remunerado por unidad de obra** (work at piece rates), **trabajo remunerado por unidad de tiempo** (work at time/hourly rates), **trabajo comunitario** (community service), **trabajos forzados** (hard, labour, forced labour, hard labour, penal servitude, labour camp)].

traer aparejado/consigo *v*: carry with it; entail, involve; lead necessarily to. *Cf* implicar, tener, entrañar.

traficar *v*: deal, trade; traffic. [Exp: **traficante** (smuggler, trafficker; dealer; pusher), **traficante de licores,** etc. (bootlegger, *slang, Amer*), **traficante de armas** (gun-runner), **tráfico** (trade, commerce; traffic, transit), **tráfico de artículos robados** (handling stolen goods, reset, *Scot*), **tráfico de influencias** (graft, exercise of undue influence, influence peddling)]. *Cf* negociar, comerciar, tratar.

traición *n*: treason, treachery, betrayal; double-cross. [Exp: **traicionar** (betray, sell out), **traicionar jugando a dos bandas o barajas** (double cross), **traidor** (traitor; treasonable, disloyal, traitorous, unfaithful; S. *desleal*)]. *Cf* engaño, traición.

trama *n*: plot, conspiracy. [Exp: **trama delictiva** (conspiracy; conspiracy to defraud; ramifications of a conspiracy)]. *Cf* conspiración, desenmarañar.

tramitación *n*: handling, procedure; transaction, step, measure; processing, putting or seeing through a process; practice. [Exp: **en tramitación/trámite** (pending; S. *sin resol-*

ver, pendiente de, a la espera de, hasta que), **tramitación legal** (legal procedure), **tramitación parlamentaria** (passing through the stages of parliamentary), **tramitar** (conduct, handle, see through, carry out), **tramitar una causa, un expediente, un juicio,** etc. (conduct a case), **trámite** (stage, step, processing; S. *gestión, diligencia, medida; admitir a trámite*), **trámites** (procedure, proceedings, arrangement, formalities, legal measures; S. *tramitación*), **trámites establecidos** (procedural steps; requirements of procedure; S. *requisitos habituales*), **trámites judiciales** (court proceedings)].

trampa *n*: trap, pitfall; frame-up, fraud, entrapment; catch (*col*). [Exp: **sin trampas** (aboveboard), **trampear** (cheat, swindle), **tramposo** (swindler; tricky, crooked)]. *Cf* legítimo, abierto.

transacción *n*: transaction, compromise, accord and satisfaction, composition agreement/ settlement, agreement, compromise, operation, settlement, dealing. [Exp: **transacción amigable** (friendly settlement, amicable agreement/settlement; S. *acuerdo amistoso*), **transacción previa a la quiebra** (scheme of composition; S. *acuerdo preventivo*), **transaccional** (transactional)]. *Cf* gestión.

transcripción *n*: transcript. [Exp: **transcripción completa** (full transcript), **transcripción manuscrita de un documento** (engrossment), **transcripción taquigráfica** (stenographic record)].

transcurrir *v*: elapse, go by/past, pass. [Exp: **transcurrido el plazo** (upon expiry of the time limit)].

transferir *v*: transfer, assign, make over, alienate, convey (property, etc.), vest, reconvey. [Exp: **transferencia** (transfer, conveyance, assignment, remittance; S. *remesa*), **transferible** (transferable, assignable), **transferibilidad** (assignability, transferability), **transferidor** (transferor, assigner; S. *enajenante, cesionista*), **transferir a un poseedor precedente** (reconvey)]. *Cf* traspasar, ceder, consignar, enajenar.

transformar *v*: transform, process. [Exp: **transformación** (transformation, processing), **transformación o adaptación de una mercantil en otra con nueva inscripción en el registro mercantil** (re-registration)]. *Cf* elaborar, procesar.

tránsfuga *n*: deserter. *Cf* desertor.

transgredir *v*: transgress, trespass, break the law. [Exp: **transgredir la buena fe contractual** (commit breach of trust, perform an act in breach of trust), **transgresión** (trespass, breaking, misdeed, transgression), **transgresión premeditada** (overt act), **transgresor** (infringer, trespasser, law-breaker, violator, transgressor)]. *Cf* violar, infringir, incumplir, vulnerar la ley, las normas, etc.

transigir *v*: compromise; settle, compound, reach/make a composition.

tránsito *n*: transit.

translimitación *n*: trespass, breach of close. [Exp: **translimitación con violencia** (forcible trespass)]. *Cf* intromisión ilegítima, transgresión, violación de la intimidad.

transmisibilidad *n*: transmissibility. [Exp: **transmisible** (transmissible)]. *Cf* transmitir.

transmisión *n*: transmission, transmittal; transfer. [Exp: **transmisión de propiedad** (conveyance, transfer of title; livery of seisin; S. *traslación de dominio*), **transmisión hereditaria** (descent), **transmisión o traspaso de dominio o propiedad** (conveyance, transfer of title, livery of seisin), **transmitir** (transmit, convey, transfer, devolve), **transmitir en pleno dominio** (grant in fee simple), **transmitir por endoso** (transfer by endorsement), **transmitirse** (descend)]. *Cf* traspasar, devolver.

transportar *v*: transport, carry, convey, haul. [Exp: **transporte por carretera** (conveyance by road) **transporte por vía marítima o fluvial** (shipment), **transporte** (transport, carriage, freightage), **transporte de mercancías en régimen de conocimiento** (bill of lading (blading, B/L), **transporte marítimo y aéreo** (sea and air transport), **transporte público** (public/mass transportation), **transportista** (carrier, hauler, haulage contractor)].

traslación *n*: conveyance, assignment. [Exp: **traslación de dominio** (assignment, conveyance, transfer of title; S. *escritura de transmisión de propiedad o traspaso*), **traslación de pérdidas a un ejercicio futuro a efectos fiscales** (carry-over; S. *remanente*), **traslación de pérdidas a un período anterior a efectos fiscales** (carry-back), **traslación de una causa o proceso** (removal of a case)].

trasladar *v*: transfer, second, refer to, remove (employee, etc. to a new post). [Exp: **trasladar indefinidamente una sesión, una vista oral,** etc. (postpone a meeting, a hearing, etc., sine die or indefinitely; S. *suspender, diferir*), **trasladar una sesión, una vista oral,** etc. (adjourn a meeting, a hearing, etc.), **traslado** (resettlement, transfer, secondment; S. *dar traslado a*), **traslado de jurisdicción** (change of venue, transfer of jurisdiction), **traslado de la demanda** (service of process/ summons), **traslado de una causa** (transfer of a cause/case)]. *Cf* enviar en comisión de servicio.

traspasar *v*: transfer; alienate, set over, assign; deliver, devolve, dispone (*Scot*). [Exp: **traspasar** (convey (property, etc.)), **traspasar un negocio** (transfer a business), **traspaso** (transfer, change of possession, delivery, disposition), **traspaso de dominio** (conveyance; livery of seisin), **traspaso por medio de endoso** (transfer by endorsement)]. *Cf* transferir, ceder, consignar.

trastorno *n*: disturbance, disorder; upheaval, confusion. [Exp: **trastorno mental** (derangement, mental disturbance), **trastornar** (upset; disturb, overturn; derange, unhinge)].

trasunto *n*: copy, transcription; transumpt (*Scot*).

tratado *n*: treaty; treatise. [Exp: **tratado comercial** (trade agreement; S. *acuerdo de intercambio*), **tratado constitutivo de la Comunidad** (treaty establishing the Community), **tratado de derecho internacional** (convention), **tratado de reciprocidad** (reciprocal convention, treaty of reciprocity)]. *Cf* trato, pacto, convenio.

tratamiento *n*: title; treatment, style used in addressing somebody.

tratar *v*: treat, deal with. [Exp: **de trato agradable** (pleasant in manner, affable, etc.), **en tratos con, estar/entrar** (have/enter into dealings/relations/negotiations with), **trata de blancas** (white slavery), **tratable** (friendly, sociable, amenable; S. *dúctil*), **tratándose de** (in the case of; S. *en el caso de*), **tratante** (handler; S. *comerciante*), **tratarse de** (be a matter/question ; be about; have to do with, concern), **trato** (deal; treaty; treatment, dealing; S. *malos tratos, romper el trato, cerrar un trato*), **trato de favor/preferente/ preferencial** (special/preferential treatment), **trato hecho** (it's a deal), **trato vejatorio** (abuse; S. *vejar*)]. *Cf* traficar, negociar, comerciar.

tregua *n*: truce.

trena (*slang*) *n*: clink, nick, cooler. *Cf* cárcel, chirona.

treta *n*: trick, dodge, scam (*slang*). *Cf* engaño.

tribuna *n*: platform, dais, rostrum; press box; stand. [Exp: **tribuna de periodistas** (reporter's gallery, press box/gallery), **tribuna del jurado** (jury box)].

tribunal *n*: court, bench; tribunal, panel, commission, board, bench of judges. [Exp: **tribunal administrativo** (administrative tribunal), **tribunal arbitral o de arbitraje** (arbitration board/panel; S. *órgano/junta de arbitraje*), **tribunal colegiado** (bench of judges; S. *tribunal unipersonal, órgano jurisdiccional colegiado*), **Tribunal Constitucional** (Constitutional Court), **tribunal de alquileres** (rent tribunal), **tribunal de apelación** (Court of Appeal, appellate court), **tribunal de cuentas** (court of Exchequer, court of auditors), **tribunal de distrito o circuito** (circuit court), **tribunal de instrucción** (the lowest ranking criminal court, where committal proceedings, indictments etc. are brought), **tribunal de justicia** (court of law, law court), **tribunal de lo penal** (court of criminal jurisdiction; *approx* Crown Court; Magistrates' Courts), **tribunal de lo social** (industrial tribunal), **tribunal de patentes** (Patents Court), **tribunal de primera instancia** (court of first instance, trial court,

Magistrates' Court), **tribunal de quiebras** (bankruptcy court), **tribunal de última instancia** (court of last resort), **tribunal en pleno** (sitting of a full bench of judges; at bar, en/in banc/bank, court in banc), **tribunal superior de justicia de una comunidad autónoma** (high court of one of Spain's autonomous regions), **tribunal testamentario o de sucesiones** (Court of Probate), **tribunal tutelar de menores** (children's court), **tribunal unipersonal** (court with a judge sitting alone, sole judge court; S. *órgano jurisdiccional unipersonal/colegiado*), **Tribunal de Apelaciones de lo social** (Employment Appeal Tribunal, EAT), **Tribunal de Defensa de la Competencia** (Restrictive Practices Court), **Tribunal de la Armada** (Admiralty Court), **Tribunal de Justicia de las Comunidades Europeas** (Court of Justice of the European Communities, European Court of Justice), **Tribunal disciplinario del Colegio de Abogados** (Solicitors' Disciplinary Tribunal), **Tribunal Europeo de Derechos Humanos** (European Court of Human Rights), **Tribunal marítimo** (maritime Court), **Tribunal Supremo** (Supreme Court of Justice), **Tribunal testamentario** (prerogative Court), **tribunales inferiores/superiores** (lower/ higher courts)]. *Cf* audiencia.

tributación *n*: taxation, system of taxation. [Exp: **tributable** (taxable, subject to tax; S. *gravable, imponible*), **tributación de sociedades** (company taxation), **tributar** (pay taxes), **tributación directa** (direct tax), **tributo** (tax, levy), **tributos internos** (domestic taxes)]. *Cf* imposición, tasación, fijación de impuestos.

tríplica *n*: surrejoinder, plaintiff's answer.

tripulante *n*: crewman, member of the crew. *Cf* personal de cabina, tripulación.

trono vacante *n*: vacant throne.

trueque *n*: exchange, swap, barter, permutation. *Cf* permuta, cambio.

tumulto *n*: affray, riot. *Cf* pendencia, refriega, riña.

turbulencia *n*: disorderliness, disorderly conduct; breach of the peace. *Cf* alboroto, escándalo.

turno *n*: duty, spell of duty; shift. [Exp: **en turno rotativo** (on a rota system), **turno de día/noche** (day/night shift), **turno de oficio** (spell of each duty solicitor in the legal aid scheme)]. *Cf* guardia, servicio.

tutela *n*: custodianship, guardianship, wardship, protection. [Exp: **tutela dativa** (guardianship decided by the court, appointment of a guardian over a ward of court), **tutela de los derechos** (protection of rights), **tutela efectiva de los jueces y los tribunales** (actual legal guardianship, effective protection of the court, due process), **tutelado por la ley** (ward of court), **tutelar a un profesional en su período de prácticas** (instruct/give guidance to an apprentice in the profession)]. *Cf* amparo, protección.

tutor *n*: custodian, guardian, tutor. [Exp: **tutor dativo** (guardian appointed by the court), **tutor elegido por el menor** (guardian by election), **tutor natural** (natural guardian), **tutor subrogado** (deputy guardian), **tutor testamentario** (guardian by statute), **tutoría** (tutorship, wardship)]. *Cf* pupilaje, tutela.

U

ujier *n*: process-server, usher, attendant. *Cf* agente judicial, notificador.

último *a*: last, ultimate. [Exp: **en último recurso/término** (in the last resort; S. *a la desesperada*), **última instancia** (last resort), **última voluntad o testamento** (last will and testament), **último día de plazo** (closing date; deadline), **últimos movimientos de la cuenta** (statement of account showing most recent transactions; S. *extracto de cuenta*), **último plazo** (deadline; S. *fecha límite*)]. *Cf* esencial, fundamental, primario.

ultra vires *n*: ultra vires.

ultrajar *v*: outrage, abuse, offend, affront, outrage, maltreat. [Exp: **ultrajante** (offending, offensive; S. *ofensivo, injurioso*), **ultraje** (outrage, abuse, indignity, offence; S. *injuria*)]. *Cf* profanar, despreciar, abusar, agraviar, faltar a, ofender, atropellar.

unánime *a*: unanimous. [Exp: **unanimidad** (unanimity), **por unanimidad** (unanimously)].

único *a*: single; sole; only. [Exp: **única de cambio** (sole copy of a letter of exchange), **única instancia** (single instance; without right of appeal), **único propietario** (sole owner)]. *Cf* sencillo, exclusivo.

unidad de cambio/cuenta europea *n*: European currency unit (ECU). In practice the English acronym is used in Spanish.

uniforme *a/n*: uniform.

unilateral *a*: unilateral.

unión *n*: union, unity; combination, consolidation, merger; alliance, league. [Exp: **unión aduanera o arancelaria** (customs union), **unión crediticia** (credit union), **unión de las partes** (joinder of parties), **unión de litigios** (consolidation of actions, joinder of actions), **unión errónea o indebida** (misjoinder; S. *acumulación impropia de acciones*)]. *Cf* coalición, alianza, liga, confederación, fusión.

unir(se) *v*: merge, join, combine, unite. [Exp: **unir esfuerzos** (pool resources), **unir sus votos a los de la oposición** (vote with the minority), **unirse en matrimonio** (marry, be married, be united in marriage)]. *Cf* fusionar, combinar.

universal *a*: universal, general. [Exp: **universalidad** (total estate in a succession)].

urbanismo *n*: town planning. [Exp: **urbanización** (development; urban development, residential area, suburb), **urbanización autorizada** (permitted development), **urbanizar** (develop)].

urdir *v*: plot, fabricate, scheme. *Cf* tramar, intrigar, conspirar.

urgencia *n*: emergency; urgency, pressure. [Exp: **urgente** (urgent), **urgir** (urge; S. *instar*)]. *Cf* crisis, emergencia.

urna electoral *n*: ballot-box.

usar *v*: use. [Exp: **usar como pantalla** (use as a cover/blind shield)]. *Cf* utilizar.

uso *n*: usage, use, custom, practice; waste, wear and tear. [Exp: **de uso público** (used by the general public, of public utility), **uso actual** (present use), **uso contrario u hostil** (adverse use), **uso de la palabra** (turn to speak; S.

pedir el uso de la palabra), **uso de nombre supuesto** (impersonation), **uso establecido** (established usage), **uso indebido** (misuse, undue use, infringement; S. *abuso*), **uso y tenencia** (use and occupancy; possession), **usos contingentes** (executory uses), **usos comerciales o de comercio** (trading practices; S. *prácticas comerciales*), **usos convencionales, usos forenses o de los tribunales** (rules and practice of court; S. *normas procesales*), **usos locales** (local customs/practices/usages), **usos y costumbres** (custom and usage)]. *Cf* costumbre; disfrute; desgaste, desperfecto.

usual *a*: usual, customary, common. *Cf* habitual.

usuario *n*: consumer, user. *Cf* consumidor.

usucapión *n*: acquisitive prescription. *Cf* prescripción adquisitiva, derecho adquirido por uso continuo.

usufructo *n*: usufruct, enjoyment, use, right to use and enjoy; life interest. [Exp: **usufructo legal** (statutory usufruct, i.e user over a third of the estate of deceased spouse or of other automatic inheritance), **usufructo vidual** (widow's usufruct in husband's estate), **usufructo voluntario** (voluntary usufruct, i.e. user over property as expressed in a will or contract or profit à prendre by express or tacit consent of owner), **usufructuar** (use, have the use or usufruct of), **usufructuario/usufructuador** (usufructuary, cestui que use, tenant)].

usura *n*: usury, profiteering. [Exp: **usurario** (usurious), **usurar/usurear** (profiteer; S. *explotar*), **usurero** (usurer; S. *acaparador*)]. *Cf* estraperlo.

usurpación *n*: usurpation, encroachment, encroaching, disseisin; impersonation. [Exp: **usurpación de autoridad** (usurpation of authority; S. *abuso de autoridad*), **usurpación de funciones** (impersonation of a public officer), **usurpador de los derechos de un albacea** (executor de son tort; S. *albacea torticero*), **usurpador** (usurper, encroacher), **usurpar** (accroach, encroach, defraud, squat; S. *estafar, defraudar*), **usurpar bienes raíces o el dominio** (disseise; S. *despojar del dominio*)].

útil *a*: useful, beneficial, appropriate. *Cf* provechoso, adecuado.

utilidad *n*: gain, profit. [Exp: **utilidad gravable** (taxable profit), **utilidad pública** (public utility)]. *Cf* lucro, ganancia, beneficio.

utilizar *v*: use. [Exp: **utilizar como prueba** (give something in evidence, use something in evidence)]. *Cf* usar, hacer uso.

V

vacaciones *n*: holiday. [Exp: **vacaciones judiciales** (vacation of court; S. *sala de vacaciones*), **vacaciones parlamentarias** (recess)]. *Cf* suspensión, descanso.

vacante *a*: vacant, unoccupied; unclaimed. *Cf* en expectativa.

vagabundo *n*: vagabond, tramp, vagrant. [Exp: **vagancia** (vagrancy), **vago y maleante** (person loitering with intent; rogue; like their Spanish counterparts, these terms are now obsolete in law, though still in ordinary use)].

vacío, vacuo *a/n*: empty; emptiness, vacuum. [Exp: **vacío legal** (legal vacuum), **vacuo** (vacant, vacuous)]. *Cf* empty.

vagón *n*: carriage, van, truck (on train). [Exp: **sobre vagón** (free on truck)].

vale *n*: promissory note, debenture; note, voucher, scrip; OK. [Exp: **vale de prenda** (warehouse receipt; S. *recibo de almacén*), **valer** (be valid, be worth something; be OK), **valedero** (valid)]. *Cf* abonaré, pagaré.

validar *n*: validate. [Exp: **validación de un testamento** (probate; S. *certificado de testamentaría*), **validar un testamento** (probate)].

validez *n*: efficacy, validity, force. [Exp: **validez de un título** (validity of a deed or title to property), **validez legal** (legal validity; S. *eficiencia, fuerza legal*), **válido** (operative, valid, legal, binding), **válido hasta nueva orden** (good until cancelled)]. *Cf* operativo.

valija diplomática *n*: diplomatic pouch/bag.

valioso *a*: valuable. *Cf* de valor.

valor *n*: value, worth, price, amount; rate; bond, share. [Exp: **de valor** (effective; valuable), **por el valor** (ad valorem, Ad Val), **por su valor** (at its value, quantum valebat), **sin valor ni efecto alguno** (null and void, empty, dead, bad; S. *nulo, defectuoso, inválido*), **valor a la par** (par value; S. *sin prima ni descuento*), **valor actual** (present value/worth), **valor al cambio** (value in exchange), **valor al vencimiento** (maturity value, value at maturity), **valor asignado** (rating; S. *categoría, rango, tasación*), **valor/bono al portador** (bearer security), **valor catastral** (rateable value, assessed value/valuation; S. *valor fiscal*), **valor contable/en libros** (book value, ledger value), **valor de activo neto** (net asset value), **valor de adquisición** (first cost), **valor de avalúo** (appraised value; S. *valor estimado*), **valor de cesión** (assignment value), **valor de desperdicio** (residual value), **valor de plaza o de mercado** (market value), **valor de renta fija a largo plazo** (debenture; S. *obligación*), **valor de reposición** (replacement cost; S. *reemplazo o renovación*), **valor de rescate de una póliza de seguros** (surrender value of insurance policy), **valor de tasación** (appraised value; S. *justo precio*), **valor declarado** (entered value), **valor en cuenta** (value in account), **valor en libros** (carrying value; S. *valor no recuperado*), **valor en liquidación** (realization value), **valor en prenda o garantía** (secured value), **valor entendido** (value agreed upon), **valor**

equitativo de venta (equitable value, fair market value), valor estimado (appraised value), valor fiscal (rateable value, assessed value; S. *valor catastral*), valor liquidativo o en realización (liquidating value), valor nominal (face value), valor normal de mercado (fair market value), valor patrimonial en libros (carrying value), valor por amortización anticipada (call value), valor preferente (paramount value), valor probatorio (value as evidence), valor real (actual value), valor realizable (realizable value), valor recibido (value received), valor verdadero (true value), valores (securities, stock, valuables; S. *activos financieros*), valores bursátiles (listed securities), valores cotizables (marketable papers), valores cotizados (listed securities; S. *títulos admitidos a cotización en Bolsa*), valores de canto rodado (gilt-edged securities; S. *valores de toda confianza*), valores de primera clase, de gran liquidez, de toda confianza o con la garantía del Estado (gilt-edged securities, blue chip stock; S. *valores punteros en Bolsa*), valores de renta fija (fixed interest securities), valores del Tesoro (Treasury securities/stocks), valores en cartera (holdings), valores garantizados (guarantee stocks), valores inscritos/no inscritos en la Bolsa de Comercio (listed/unlisted securities), valores materiales (physical assets), valores mobiliarios (movables), valores realizables (quick assets), valores respaldados por activos (asset backed securities, ABS), valores transmisibles (negotiable securities)]. *Cf* valor en libros.

valoración *n*: appraisement, assessment, valuation. [Exp: valoración de daños (damage survey, ascertainment of the damage; S. *determinación*), valoración fiscal (assessment of rateable value)]. *Cf* determinación, aprecio, estimación, valoración, tasación.

valorar *v*: value, assess, fix, weigh. *Cf* calcular, tasar, determinar, evaluar, fijar.

valuable *a*: appraisable. *Cf* evaluable, tasable.

valuación *n*: assessment, valuation, appraisal. *Cf* estimación, tasa.

valuador *n*: appraiser, assessor. *Cf* tasador, justipreciador, perito.

valuar *v*: appraise, estimate, evaluate. *Cf* tasar, justipreciar, aforar.

varar(se) *v*: run aground, be stranded. [Exp: varada (stranding), varado (aground, stranded; S. *encallado, embarrancado*)].

veda *n*: prohibition, interdiction; close season. [Exp: vedado (closed, off limits), vedar (close, prohibit, put limits, declare out of bounds)]. *Cf* período de veda.

vejación *n*: molestation, nuisance; interfering. [Exp: vejaciones corporales (physical bodily molestation; degrading treatment; interfering physically with somebody), vejar (ill-treat; molest, victimize; offend; harass; S. *maltratar, molestar*), vejatorio (degrading, humiliating, offensive; S. *trato vejatorio*)].

vejez *n*: old-age.

velar por el cumplimiento *v*: enforce, watch over; safeguard. *Cf* observar, cumplir, guardar, atenerse a, respetar.

venal *a*: venal; corrupt. [Exp: venalidad (bribery and corruption; offence committed by public servant or officer who receives gifts of money, etc. for performing his/her duty)].

vencer *v*: expire, fall dure; mature. [Exp: vencido (mature, due, overdue; S. *en mora*), vencido y pagadero (due and payable), vencimiento (maturity, expiry, maturity date; S. *vigencia*), vencimiento de un contrato (expiration of a contract), vencimiento de un efecto (maturity a bill of exchange)]. *Cf* caducar, prescribir, vencer, expirar.

vendedor *n*: seller, vendor. [Exp: vendedor ambulante (peddlar; S. *buhonero*), vendedor de productos a domicilio (door-to-door salesman), vender (sell, market, retail; carry in stock), vender con pérdida (sell at a loss), vender en remate (auction off), vendible (saleable, marketable)]. *Cf* comerciable, realizable.

venganza *n*: revenge. [Exp: vengarse (retaliate, take revenge; S. *desquitarse, tomar represalias*), vengativo (vindictive)]. *Cf* vindicativo.

venia *n*: leave, consent. [Exp: con la venia de su señoría (with your Lordship's permission/

leave), **venia del Tribunal** (leave of the court)]. *Cf* autorización, permiso, licencia.

venta *n*: sale. [Exp: **en venta** (on sale), **venta a entrega** (sale for future delivery), **venta a plazos** (hire purchase, credit sale), **venta a prueba** (sale on approval, sale or return), **venta acordada pero no realizada** (executory sale), **venta al por mayor** (wholesale), **venta al por menor** (retail), **venta ambulante o en la vía pública** (street trading, hawking, peddling), **venta condicionada** (conditional sale), **venta consumada** (executed sale), **venta de niños** (child-selling), **venta de rebajas** (bargain sale), **venta de remate** (breakout sale), **venta de segunda mano** (resale), **venta al menudeo** (retail), **venta en almoneda** (public auction; S. *subasta*), **venta en descubierto** (short sale), **venta en documento privado** (private sale), **venta en firme** (firm sale), **venta en pública subasta** (sale by auction, auction; S. *remate*), **venta forzosa** (forced sale), **venta incondicional** (absolute sale), **venta judicial** (sale by order of the court, execution sale, foreclosure sale, sheriff's sale), **venta por contrato privado** (sale by private contract), **venta por liquidación** (closing-down sale), **venta sujeta a aprobación** (sale on approval), **venta y arrendamiento de una propiedad** (sale and lease-back), **venta y recompra de valores en Bolsa** (bond washing)].

ventaja *n*: advantage, benefit. [Exp: **ventajas adicionales** (fringe benefits; S. *ingresos suplementarios*), **ventajoso** (advantageous, profitable; S. *rentable, fructífero, provechoso*)]. *Cf* provecho, beneficio.

ver *v*: see, consider; hear in court. [Exp: **véase al dorso** (please turn over, PTO, overleaf), **ver una causa** (try a case, hear a case; S. *conocer una causa*)]. *Cf* vista.

veracidad *n*: truthfulness, veracity, reliability. [Exp: **veraz** (truthful, credible, reliable)]. *Cf* crédito, confianza, fiabilidad, formalidad, seriedad.

verbal *a*: verbal, oral; parol, nuncupative. *Cf* oral.

verdugo *n*: executioner, hangman. *Cf* ejecutor de la justicia.

veredicto *n*: verdict. [Exp: **veredicto absolutorio o de no culpabilidad** (verdict of not guilty), **veredicto alternativo** (alternative verdict), **veredicto cerrado** (sealed verdict), **veredicto contrario a los hechos probados o a las directrices judiciales** (perverse verdict), **veredicto de culpabilidad** (verdict of guilty), **veredicto de «sin pruebas o de falta de pruebas»** (verdict of not proven, *Scot*), **veredicto general o declarativo** (general verdict), **veredicto mayoritario** (majority verdict), **veredicto ordenado por el juez** (directed verdict), **veredicto sin compulsión** (true verdict), **veredicto sobre algunos hechos sin pronunciamiento general** (special verdict)]. *Cf* fallo del jurado.

verificar *v*: verify, check, confirm, substantiate, prove. [Exp: **verificación** (checking; establishment), **verificarse** (take place, be held; happen)]. *Cf* averiguar, comprobar.

versión *n*: version, account, story, side. [Exp: **versión falsa** (misrepresentation)]. *Cf* traducción, rendición.

vesania *n*: madness, insanity, dementia. [Exp: **vesánico** (insane, lunatic)].

vestigio *n*: vestige, trace. *Cf* huella, señal.

vetar *v*: veto. [Exp: **veto** (veto; v. *poner el veto*)].

vía *n*: way; procedure; channel, process, means. [Exp: **en vías de** (on the way to, in process of), **en vías de solución** (in process of being solved, close to a solution), **por vía arbitral** (by arbitration), **por vía de** (by way of; S. *en forma de*), **vía administrativa** (administrative/executive action), **vía contenciosa** (litigation, argument and counter argument; civil law action as opposed to application of automatic administrative procedure; appeal against administrative decisions), **vía de agua** (leak), **vía de apremio** (attachment proceeding; notification of distraint; application for a writ of sequestration o fieri facias, charging or garnishee order, etc; S. *acordar el inicio de la vía de apremio*), **vía ejecutiva** (execution, enforcement procedure; diligence, *Scot*), **vía gubernativa** (appeal to government or ministerial authority over the heads of administrative officials; request for government or ministerial intervention by an applicant alleging maladministration or injustice in administrative procedure or decisions; this step is a prerequisite in instituting proceedings under the *contencioso administrativo* procedure; administrative procedure), **vía judicial** (by judicial means, by process of law), **vía oficial** (official means, official channels), **vía ordinaria** (ordinary proceedings), **vía penal** (criminal process), **vía pública** (street, thoroughfare), **vía sumaria** (summary proceedings), **viabilidad** (viability, feasibility), **viable** (viable, feasible; S. *hacedero, practicable*), **vías pecuarias** (cattle tracks; S. *cañada*)].

viático *n*: travelling allowance, expenses. *Cf* gastos de viaje, compensación por gastos de viaje.

vicario *a*: vicarious. *Cf* sustituto, subsidiario.

vicepresidente *n*: vice president; deputy chairman, chairwoman, chairperson.

viciar *v*: vitiate, nullify, invalidate; pervert, corrupt. [Exp: **viciado** (null, void, invalid, vitiated, defective; V. *defectuoso, sucio*), **vicio** (defect, fault, flaw, vicio), **vicio de forma** (infringement of an essential procedural requirement), **vicio manifiesto o patente** (patent defect), **vicio oculto, inherente o latente** (latent/inherent, hidden defect), **vicio en consentimiento** (circumstance rendering a contract voidable or void, e.g. through misrepresentation, lack of capacity, illegality, undue influence, mistake, nondisclosure, etc.), **vicio redhibitorio** (redhibitory defect)].

víctima *n*: victim. [Exp: **víctima de engaño o dolo** (victim of fraud; dupe; S. *engañar, embaucar*), **víctima propiciatoria** (scapegoat; S. *chivo expiatorio, cabeza de turco*)].

vigencia *n*: legal force, force of law, effect, validity, life, term, effectiveness. [Exp: **en vigencia** (in force; S. *en vigor*), **vigencia de la garantía** (life of a guaranty), **vigencia de la póliza** (period covered by an insurance policy), **vigente** (operative, ruling, going, in force; S. *en vigor, en vigencia*), **vigente a partir de** (with effect from; S. *con efectos desde*)]. *Cf* validez, fuerza legal, vencimiento.

vigilar *v*: guard, control, watch over; supervise. [Exp: **vigilado** (under surveillance; S. *controlado*), **vigilancia** (surveillance)]. *Cf* ser responsable, supervisar.

vigor *n*: force. [Exp: **en vigor** (in force, existing; S. *en vigencia*)]. *Cf* fuerza.

vil *a/n*: vile, corrupt, scurrilous, base. *Cf* infame, despreciable, corrupto, sobornar, corromper.

vilipendio *n*: vilification, abuse, scorn, insult. [Exp: **vilipendiar** (vilify, abuse, treat scornfully)]. *Cf* insulto, ofensa, vituperación.

villa *n*: borough, municipality. *Cf* municipio.

vinculación *n*: connection; bond; binding obligation; entail. [Exp: **vinculante** (binding, obligatory; S. *obligatorio*), **vincular una sucesión** (entail an estate), **vincular(se)** (bind, bind oneself), **vínculo** (link, bond)]. *Cf* acción de vincular un inmueble.

vindicación *n*: vindication. [Exp: **vindicar** (vindicate; recover, reclaim), **vindicativo** (vindictive; S. *vengativo*), **vindicatorio** (vindicatory)]. *Cf* justificación.

violación *n*: rape; breach; infringement; violation. [Exp: **violación de contrato** (breach of contract; S. *ruptura de contrato, incumplimiento de contrato*), **violación de domicilio** (breaking and entering, trespass to land; S. *allanamiento de morada*), **violación de garantía** (breach of warranty), **violación de juramento** (oath-breaking, perjury; S. *perjurio*), **violación de la intimidad** (trespass to the person), **violación de la libertad condicional** (breaking bail; jumping bail, *col*; S. *quebranto del arraigo*), **violación de los derechos de autor** (plagiarism, piracy; S. *piratería, plagio*), **violación de patente** (patent infringement), **violación de privilegios** (breach of privilege), **violación de secretos** (breach of official secrets), **violación o profanación de sepulturas** (desecration of graves), **violación del derecho de propiedad** (ouster; S. *ocupación ilegal*), **violación del ordenamiento** (act of trespass), **violación maliciosa** (malicious trespass)].

violar *n*: violate, breach, break, infringe; rape. [Exp: **violador** (rapist), **violar a una menor**

(rape a girl under the age of consent), **violar la ley** (break/breach the law)]. *Cf* infringir, incumplir, transgredir, vulnerar.

violencia *n*: violence, assault; force. [Exp: **violencia carnal** (assault with intent to rape), **violencia física** (common/simple assault, actual violence; S. *intimidación*), **violentar** (coerce, assault, use force on/against; force; force open, effect a forcible entry; violate; S. *forzar, obligar*), **violento** (violent); S. *agresivo*)]. *Cf* infracción.

virtual *a*: virtual, potential. *Cf* en potencia.

virtud de, en *prep*: by virtue of, pursuant to, under. *Cf* en aplicación de, de conformidad con, a tenor de lo dispuesto, de acuerdo con.

visado *n*: visa, permit. [Exp: **visar** (stamp, visa; endorse, approve)].

vista *n*: sight; hearing, trial. [Exp: **a la vista** (at/on sight, at call, on demand, on/upon presentation), **en vista de** (whereas, considering, in view of), **vista completa** (full hearing), **vista de aduanas** (customs inspector, collector of a port/the customs; S. *administrador de aduanas*), **vista del recurso** (hearing of an appeal), **vista imparcial** (fair hearing), **vista preliminar** (pre-trial/preliminary hearing/review), **vista pública** (public hearing)]. *Cf* celebrar una vista.

visto *a*: seen; whereas. [Exp: **visto bueno** (approval, O.K., countersignature; S. *aprobación, conformidad*), **visto el fondo de la cuestión** (on the merits), **visto para sentencia** (conclusion of the trial; situation at the end of the trial before judgment is given; judge's announcement that the trial is at an end and judgment will follow in due course), **visto que** (seeing that, considering that; whereas)].

vitalicio *a*: life, for life, lifelong. *Cf* vigencia, plazo, duración.

vituperación/vituperio *n*: vituperation, abuse, insult, immoderate censure/criticism, scurrilous abuse. *Cf* malos tratos, desmanes, vilipendio, insulto, ofensa.

vivo *a*: live, alive, living. [Exp: **de viva voz** (viva voce, aloud, oral, orally, nuncupative)]. *Cf* nuncupativo, verbal.

víveres *n*: victuals. *Cf* provisiones.

vivienda *n*: house, housing; home, dwelling, tenement, block of apartments/flats. [Exp: **viviendas de protección oficial** (private housing partly financed by government grants and subject to price control)]. *Cf* casa de vecindad o de pisos, heredad, finca.

vocal (de un consejo o junta) *n*: member, board member/boardmember, member of a board/committee, voting member. [Exp: **vocal suplente o sustituto** (replacement/reserve/substitute member), **vocal titular** (regular/full member)].

volumen *n*: volume, amount, mass. [Exp: **volumen de contratación o de negocios** (turnover, volume/quantity/amount of business, trading volume)]. *Cf* facturación.

voluntad *n*: will; wish; desire; intention. [Exp: **voluntad presunta o tácita** (implied/assumed/tacit intention), **voluntario** (voluntary; volunteer; S. *espontáneo*)]. *Cf* firme voluntad; intención.

volver a *v*: return; do again, re-. [Exp: **volver a examinar o inspeccionar** (reexamine), **volverse atrás en un contrato** (recede from a contract)]. *Cf* retractarse.

votación *n*: voting, ballot, poll. [Exp: **votación a mano alzada** (vote by show of hands), **votación a una sola vuelta** (single ballot), **votación en segunda vuelta** (second ballot), **votación nominal** (vote by roll-call), **votación oral** (oral vote), **votación secreta** (secret vote, ballot)]. *Cf* elección.

votar *v*: vote, cast a vote. [Exp: **votar o aprobar una ley** (pass a law), **voto** (vote; S. *sufragio, votación*), **voto de calidad** (casting vote), **voto de censura** (vote of censure/no confidence), **voto de confianza** (vote of confidence), **voto de tanteo** (straw vote), **voto mayoritario** (majority vote), **voto negativo** (nay), **voto nominal** (vote by roll call), **voto particular** (dissenting vote/opinion; vote running counter to the majority opinion by an individual who sets out his/her reasons/opinion for withholding assent), **voto particular acorde con la mayoría** (concurring opinion), **voto por aclamación** (vote by acclamation), **voto por poder** (vote by proxy), **voto que se emite y se**

cuenta poniéndose de pie (standing vote), **voto reservado** (dissenting vote of a judge who sets forth the reasons for dissenting wholly or in part from his/her brethren), **voto secreto** (secret ballot), **votos a favor y votos en contra** (votes for and against, those in favour and those not in favour, the ayes and nays)].

vuelta *n*: turn, return; reversal. [Exp: **a vuelta de correo** (by return of post), **vuelto** (overleaf)]. *Cf* girar, rotación.

vulnerar *v*: breach, break, violate; trespass; infringe; damage, injure. [Exp: **vulneración de derechos legales** (infringement of rights), **vulnerar la ley** (break the law), **vulnerar derechos fundamentales** (infringe/violate basic rights)]. *Cf* conculcar, infringir, incumplir, transgredir, contravenir, violar.

Y

yerro *n*: error, mistake. *Cf* equivocación, auto de casación, falta, culpa, error.

Z

zona *n*: zone, area, region, centre. [Exp: **zona de libre cambio** (free-trade area), **zona franca** (bonded area, duty-free zone)].

zozobrar *v*: capsize, founder, collapse. [Exp: **zozobra** (sinking, capsizing, foundering; anxiety, overwrought condition, jumpiness, nervousness)]. *Cf* dar la voltereta, naufragar.

Z

Impreso en el mes de diciembre de 1992
en Talleres Gráficos DUPLEX, S. A.
Ciudad de Asunción, 26
08030 Barcelona